中国版权年鉴 2020

CHINA COPYRIGHT YEARBOOK

中国版权年鉴编委会 编

中国人民大学出版社
· 北京 ·

2019年3月11日至4月24日，云南省委宣传部版权管理部门面向全体在昆明高校学生开展以"保护版权、鼓励创新"为主题的原创作品征集比赛活动，并于4月26日举行颁奖仪式。（云南省版权局供图）

2019年3月30日，推进使用正版软件工作部际联席会议第八次全体会议在京召开，中宣部副部长梁言顺主持会议并讲话。（摄影：郁致原）

2019 年 4 月 15 日，2019 网络视听版权论坛在上海举行，来自学术界、司法界及网络视听企业的代表围绕网络视听版权的保护及发展进行讨论。中国版权协会理事长阎晓宏出席并致辞。（上海市版权局供图）

2019 年 4 月 18 日，“数据驱动的国际版权贸易与保护”高峰论坛在京举行。中宣部版权管理局局长于慈珂出席并致辞。中国、美国、日本等相关影视版权机构、影视制作和传播企业代表就数字环境下保护电影版权展开讨论。（冠勇科技供图）

2019年4月19日，安徽省卫健委和省版权局联合召开全省卫生健康系统推进使用正版软件工作会议，动员和部署全省卫生健康系统推进使用正版软件工作。（安徽省版权局供图）

2019年4月24日，广东省“4·26”世界知识产权日版权主题活动在广州举行。活动现场，广东省版权局发布了“广东省2018年度打击侵权盗版十大案件”。（摄影：陈强军）

2019 年 4 月 26 日，2019 中国网络版权保护与发展大会在京举行，大会邀请了相关政府部门、权利人、互联网产业界、学界、法律实务界代表，就网络版权保护与发展年度热点深入广泛交流、分享成功经验、探讨创新思路。（摄影：郁致原）

2019 年 4 月 26 日，国家版权局、国家互联网信息办公室、工业和信息化部、公安部四部门联合启动打击网络侵权盗版“剑网 2019”专项行动，针对媒体融合发展、院线电影、流媒体、图片市场等重点领域开展版权专项整治。（摄影：郁致原）

2019年4月28日，国务院新闻办公室在京举行2018年中国知识产权发展状况新闻发布会。国家知识产权局局长申长雨（左二）、国家知识产权局副局长赵刚（右二）、中宣部版权管理局局长于慈珂（右一）出席发布会。（摄影：郁致原）

2019年4月29日，公安部就成功侦破春节档电影侵权盗版“2·15”系列专案在江苏扬州召开新闻发布会。（公安部供图）

2019年6月4日，中国国家版权局和韩国文化体育观光部联合主办的2019中韩版权研讨会在四川省成都市举行，会议主题为“数字环境下中韩版权交流与合作”。（摄影：王玉颖）

2019年6月15日，北京知识产权法研究会在京举办著作权集体管理相关法律问题研讨会，我国五大著作权集体管理组织的代表、学者、法官、律师、企业代表、使用者代表等近200人参会。（北京知识产权法研究会供图）

2019年7月1日，中国国家版权局、英国知识产权局和英国驻华大使馆联合主办的中英版权研讨会在苏州举行，会议聚焦新形势下国际版权交流与合作，就两国在网络版权保护、版权产业发展方面的举措和经验进行了交流。（摄影：王玉颖）

2019年7月5日至7日，2019青岛国际版权交易会在青岛举行。交易会汇聚了国内外知名IP和版权产业链条上的优质资源，海内外版权企业代表及专家学者与会，共商推动中国文化输出发展新路径。（山东省版权局供图）

2019 年 7 月 17 日，陕西省召开推进使用正版软件工作联席会议第一次全体（扩大）会议，陕西省委常委、宣传部部长牛一兵出席并讲话。（摄影：孙涛）

2019 年 7 月 22 日至 8 月 2 日，推进使用正版软件工作部际联席会议检查组对湖南省省级政府机关软件正版化工作进行检查。8 月 2 日检查组在长沙召开意见反馈会。（湖南省版权局供图）

2019年8月16日至19日，第十一届中国国际影视动漫版权保护和贸易博览会在东莞举行，广东省版权局在会上设立版权服务工作站，为参展商提供作品版权免费登记，开展版权综合服务。（摄影：周卓）

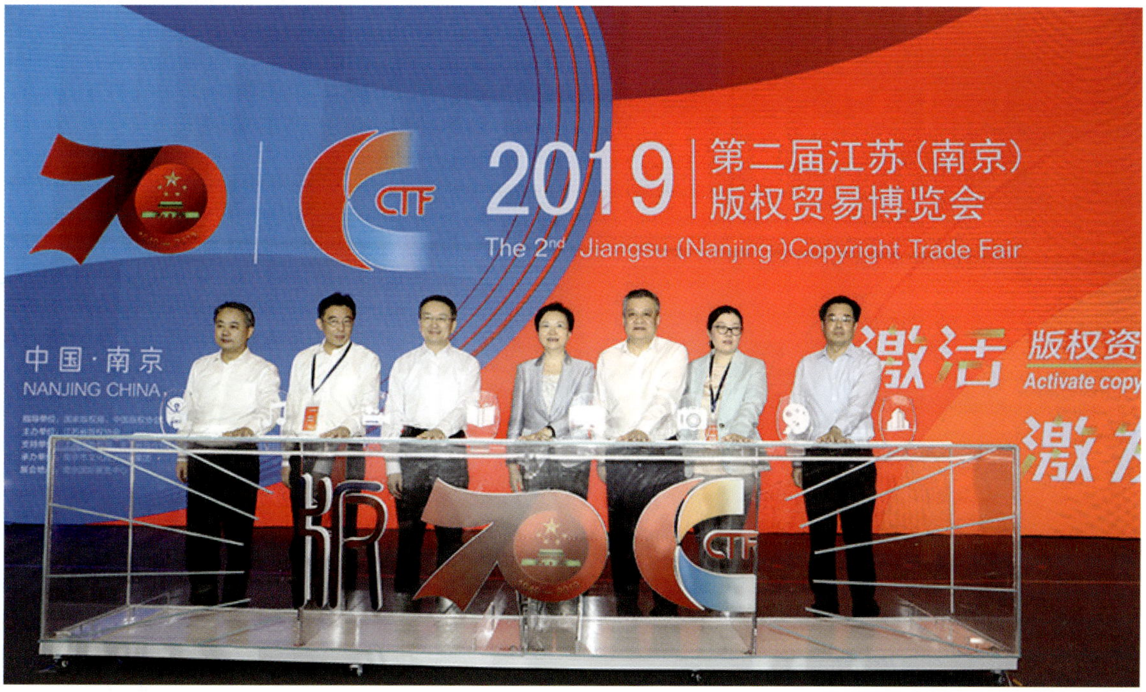

2019年8月30日，第二届江苏（南京）版权贸易博览会在南京开幕。博览会以“激活版权资源，激发创意活力”为主题，聚焦优质特色版权资源，打造促进版权成果转化等平台。（江苏省版权局供图）

2019 年 9 月 3 日，北京市高级人民法院与北京互联网法院联合召开北京互联网法院成立一周年新闻发布会，北京互联网法院院长张雯在会上发布《北京互联网法院审判白皮书》。（北京互联网法院供图）

2019 年 9 月 5 日，2019 年海峡两岸版权保护论坛在吉林长春召开，论坛主题为“数字环境下著作权的应对措施”。（中国版权协会供图）

2019年9月10日，中国国家版权局和日本文化厅联合主办的2019中日版权研讨会在日本东京举行，会议主题为“数字时代中日版权发展现状及挑战”。（摄影：胡萍）

2019年9月24日至25日，中国国家版权局与欧盟委员会IP Key中国项目联合主办的“中欧数字环境下版权保护研讨会”在上海举行。中欧版权界代表就数字环境下中欧版权保护最新进展及国际版权热点焦点等议题进行了交流与沟通。（摄影：王玉颖）

2019年10月20日至22日，国家版权交易中心联盟主办的2019中国·北京国际版权授权大会在京举办，大会主题为“守正 创新 合作 共赢”，中宣部版权管理局局长于慈珂（前排左11）出席大会并致辞。（国家版权交易中心联盟供图）

2019年11月6日，北京知识产权法院召开五周年审判工作新闻发布会，著作权委员会主任张晓霞法官就著作权审判情况做专题报告。（北京知识产权法院供图）

2019 年 11 月 8 日，中国人民大学国家版权贸易基地在京举办区块链技术与版权保护研讨会，探讨区块链技术在版权保护和交易管理上的创新性应用，以及所面临的风险和难题。（中国人民大学国家版权贸易基地供图）

2019 年 11 月 13 日，中宣部版权管理局在京举办 2019 年国家版权监管平台应用专题培训，向各地方参训人员系统介绍平台的功能与工作要求，指导平台用户更好地使用平台，开展相关版权管理工作。（摄影：叶婷婷）

2019年11月，推进使用正版软件工作部际联席会议办公室召开中央和国家机关软件正版化工作检查情况通报会。（摄影：朱小龙）

2019年12月2日，2019成都国际数字版权交易博览会开幕。图为世界知识产权组织（WIPO）副总干事西尔维·福尔班在开幕式上致辞。（摄影：底建琴）

2019年12月2日至4日，中国国家版权局和世界知识产权组织联合在成都主办“一带一路”版权国际论坛，论坛主题为“数字经济下版权与创意产业新挑战和新机遇”。（摄影：底建琴）

2019年12月4日，第十一届全国大学生版权征文活动颁奖仪式在成都举行，颁发优秀论文奖、优秀指导老师奖、优秀组织奖。图为中宣部版权管理局局长于慈珂（右一）为特等奖论文获得者颁奖。（中国人民大学国家版权贸易基地供图）

2019年12月12日，2019年全国版权示范城市联盟年会在广州召开，主题为“突出创新引领，推进版权发展”。图为中宣部版权管理局副局长赵秀玲在年会上致辞。（国家版权局供图）

2019年12月19日，中国版权协会第六次全国会员代表大会在京召开，中宣部副部长梁言顺出席会议并讲话。（中国版权协会供图）

中国版权年鉴

2020

（总第十二卷）

中国版权年鉴编委会　编

中国人民大学出版社
·北京·

图书在版编目（CIP）数据

中国版权年鉴．2020/中国版权年鉴编委会编．--北京：中国人民大学出版社，2021.3
ISBN 978-7-300-29028-7

Ⅰ.①中… Ⅱ.①中… Ⅲ.①版权-中国-2020-年鉴 Ⅳ.①D923.41-54

中国版本图书馆CIP数据核字（2021）第030899号

中国版权年鉴2020
（总第十二卷）
中国版权年鉴编委会　编
Zhongguo Banquan Nianjian 2020

出版发行	中国人民大学出版社		
社　　址	北京中关村大街31号	**邮政编码**	100080
电　　话	010－62511242（总编室）		010－62511770（质管部）
	010－82501766（邮购部）		010－62514148（门市部）
	010－62515195（发行公司）		010－62515275（盗版举报）
网　　址	http：//www.crup.com.cn		
经　　销	新华书店		
印　　刷	涿州市星河印刷有限公司		
规　　格	210 mm×297 mm　16开本	**版　　次**	2021年3月第1版
印　　张	40.75 插页58	**印　　次**	2021年3月第1次印刷
字　　数	1 226 000	**定　　价**	300.00元
广告经营许可证	京海工商广字第0086号		

《中国版权年鉴 2020》编纂委员会

钟　华　山东省委宣传部副部长、省新闻出版（版权）局局长
段桂鉴　中国版权保护中心主任、党委书记
姚玉和　吉林省委宣传部副部长、省新闻出版（版权）局局长
敖　然　中国音像与数字出版协会常务副理事长兼秘书长
夏　祯　山西省委宣传部副部长、省新闻出版（版权）局局长
徐　炯　上海市委宣传部副部长、市版权局局长
董杰人　青海省委宣传部副部长、省版权局局长
蒋祖烜　湖南省委宣传部常务副部长、省新闻出版（版权）局局长
程宁博　陕西省委宣传部副部长、省版权局局长
谢　念　贵州省委宣传部副部长、省新闻出版（版权）局局长
谭福森　河南省委宣传部副部长、省新闻出版（版权）局局长
黎隆武　江西省委宣传部副部长

《中国版权年鉴》特约编辑

（以姓氏笔画为序）

于晓红　辽宁省委宣传部版权管理处处长
马秀荣　最高人民法院知识产权审判庭三级高级法官
马晓军　宁夏回族自治区党委宣传部版权管理处处长
王　成　云南省委宣传部版权管理处四级调研员
王丹若　中国文字著作权协会总干事助理、办公室主任
王军湘　湖南省委宣传部版权管理处处长
王金根　海南省委宣传部出版印刷发行（版权）处三级调研员
王威伟　工业和信息化部信息技术发展司软件产业处处长
车廷毅　天津市委宣传部版权管理处处长、二级巡视员
史文霞　中国电影著作权协会副秘书长
付成久　青海省委宣传部印刷发行（版权）管理处副处长
朱严政　中国音乐著作权协会副总干事
朱宝祺　中国摄影著作权协会副总干事
向　辉　四川省委宣传部版权管理处处长
闫富东　湖北省委宣传部版权管理处处长
许　炜　中央宣传部版权管理局社会服务处处长
严庆荣　浙江省委宣传部版权处处长
杜中伟　河北省委宣传部版权管理处二级调研员
李　钧　内蒙古自治区党委宣传部版权管理处处长
李秀英　安徽省委宣传部版权管理处处长
杨志云　山西省委宣传部版权管理处处长
杨基炫　广东省委宣传部版权和印刷管理处处长
吴进科　重庆市委宣传部版权管理处处长

邹国平　黑龙江省委宣传部版权管理处处长
张卜元　河南省委宣传部版权和印刷发行处副处长
张文娟　中国版权保护中心党办主任、办公室副主任
张志远　吉林省委宣传部版权管理处处长
张松柳　陕西省委宣传部版权管理处处长
张晓生　山东省委宣传部版权管理处处长、二级巡视员
张新革　新疆维吾尔自治区党委宣传部版权管理处处长
陈　好　广西壮族自治区党委宣传部版权管理处副处长
陈　晔　江苏省委宣传部版权管理处处长
郑良斌　中央宣传部版权管理局办公室主任
赵　杰　中央宣传部版权管理局执法监管处处长
赵　靖　上海市委宣传部版权管理处处长
胡　萍　中央宣传部版权管理局国际事务处处长
侯健美　北京市委宣传部版权管理处处长
袁俊华　福建省委宣传部版权管理处处长
徐　梅　贵州省委宣传部版权管理与印刷发行处二级调研员
曾　晋　中国版权协会副秘书长
谢青民　甘肃省委宣传部版权管理处处长
阙米秋　江西省委宣传部版权管理处处长
德　吉　西藏自治区党委宣传部出版处副处长

《中国版权年鉴》编辑部

主　　编：于慈珂
副 主 编：汤兆志　白连永　于　波
编辑部主任：李方丽
策划编辑：王宏霞
责任编辑：王　喆　白俊峰　杨晓菲　张佳佳
执行编辑：邢　璐
装帧设计：迟海玉

编纂说明

一、《中国版权年鉴》由国家版权局组织编纂，中国人民大学出版社、中国人民大学国家版权贸易基地编辑出版，是我国唯一全面系统反映全国版权创造、运用、保护和管理基本概貌的大型专业性工具书。本年鉴于2009年创刊，逐年编纂，连续出版，每年一卷，2020年卷为第十二卷。

二、本卷年鉴主要汇辑2019年全国版权保护与版权产业发展的综合概况、动态信息、文献资料和统计数据，港澳台版权信息及国际版权动态。

三、本卷年鉴采用分类编辑法。根据2019年我国版权创造、运用、保护和管理的基本情况与主要特点，采用类目、分目和条目三个层次的结构，以文章、条目、条文和图表的形式表述。全书共设13个类目，分列43个分目或次分目。

四、本卷年鉴在延续前十一卷编纂总体框架下，为实现年鉴的整体性和在有限篇幅里反映高度密集有效信息，对年鉴内容进行了必要的补充及调整，使之方便读者查阅。

1. 特载：刊登中共中央办公厅、国务院办公厅《关于强化知识产权保护的意见》，中国银保监会、国家知识产权局、国家版权局《关于进一步加强知识产权质押融资工作的通知》和国务院知识产权战略实施工作部际联席会议办公室《2020年深入实施国家知识产权战略加快建设知识产权强国推进计划》。

2. 专文：刊载中国人民大学知识产权学院院长、教授，中国知识产权法学研究会会长刘春田文章《跨越世纪的伟大觉醒——发现创造和知识产权》，中南财经政法大学文澜资深教授吴汉东文章《试论知识产权制度建设的法治观和发展观》。

3. 版权工作概览：全面记录2019年我国各级版权行政管理部门、版权司法审判机构及版权管理与社会服务组织开展的版权工作概况。

4. 版权要闻：刊载由国家版权局公布的2019年中国版权十件大事，翔实记载2019年全国版权相关立法、司法、行政管理、宣传教育、交流研讨、社会管理与服务、国际交流与合作、产业发展等方面的动态信息及港澳台版权信息。

5. 版权产业与版权贸易：刊载《2018年中国版权产业的经济贡献》和《中国网络版权产业发展报告（2019）》，以及反映2019年我国新闻出版、广播电视、电影、动漫、软件、网络游戏等版权产业基本状况与发展趋势的产业报告。

6. 典型案件选编：刊登2019年全国著作权司法保护典型案件、2019年度全国打击侵权盗版十大案件、"剑网2019"专项行动十大案件、2019年部分省（自治区、直辖市）著作权司法保护典型案件和行政执法典型案件。

7. 法律法规及规章文件：汇辑《国家版权局印发〈关于依法加强对境外著作权认证机构常驻中国代表机构管理的意见〉的通知》等2019年国家版权局印发的版权工作文件，以及《天津市知识产权保护条例》。

8. 年度表彰：刊登2019年度查处重大侵权盗版案件有功单位及个人、2019年（第十一届）全国大学生版权征文获奖名单。

9. 理论研究：集中展示2019年全国版权领域的理论研究成果。对2019年中国著作权法理论研究现状进行了梳理和回顾；刊登 2019 年度著作权热点问题研究十佳论文导览及 2019 年度著作权学术论文摘要；对 2019 年出版的著作权相关图书进行了简要介绍。

10. 统计资料：收集 2019 年与版权登记、版权保护、版权管理和版权贸易有关的统计数据，以及新闻出版产业、广播影视产业和软件产业的统计资料。

11. 名录：刊登版权行政管理部门、版权公共服务机构、版权协会、著作权集体管理组织、版权代理公司、国家级版权交易机构及知识产权教学与研究机构最新的通信联络信息。

12. 国际版权动态：作为附录介绍 2019 年国外版权法律制度发展的最新动向，包括立法与行政、司法判例及业界动态。

13. 索引：采用内容分析和主题词检索的方式，按汉语拼音字母顺序编制本卷内容的主题索引。

五、本卷年鉴中所载内容无特别说明外，均按时间先后顺序排列；涉及各省（自治区、直辖市）的内容，均以全国行政区划为序。因组稿条件有限，本卷年鉴未包含香港、澳门特别行政区和台湾省的版权工作概况及相关统计数据。

六、本卷年鉴配备双重检索系统：书前刊有详细目录，书后备有内容索引。

七、本卷年鉴中统计资料由中国新闻出版研究院、工业和信息化部信息技术发展司、国家广播电视总局广播影视发展研究中心等单位提供。

八、本卷年鉴在组稿和编辑过程中，得到了中央宣传部版权管理局、工业和信息化部信息技术发展司、中国新闻出版研究院、国家广播电视总局广播影视发展研究中心、中国人民大学知识产权学院、地方版权局版权管理处及其他版权相关单位的大力支持和帮助，在此一并谨致谢意。

九、因为编辑部人员的水平和能力所限，本卷年鉴中定存有疏漏与错误之处，诚请版权界同人和广大读者给予批评、指正。

目　录

特　载

关于强化知识产权保护的意见 3
中国银保监会 国家知识产权局 国家版权局关于进一步加强知识产权质押融资工作的通知 7
2020 年深入实施国家知识产权战略加快建设知识产权强国推进计划 10

专　文

跨越世纪的伟大觉醒
——发现创造和知识产权 刘春田 19
试论知识产权制度建设的法治观和发展观 吴汉东 31

版权工作概览

2019 年全国版权工作 45
2019 年全国版权行政管理工作 中央宣传部版权管理局 45
2019 年全国版权司法保护工作 最高人民法院知识产权审判庭 48

2019 年地方版权工作 51
北京市 赵晓鹏 51
天津市 李文卫 53
河北省 杜中伟 54
山西省 郝子谋 56
内蒙古自治区 马　达 57
辽宁省 田大鹏 59
吉林省 杜宇震 61
黑龙江省 闫　石 62
上海市 王　骞 64
江苏省 袁学术 64
浙江省 严庆荣 68
安徽省 胡　子 69
福建省 郑开辟 71
江西省 何宏勇 72
山东省 蒋金坤 73

河南省 焦艳娜 76
湖北省 张 威 78
湖南省 张荣涛 80
广东省 易瑾媛 80
广西壮族自治区 赵明明 82
海南省 王金根 84
重庆市 汤裕洁 85
四川省 李晓曦 87
贵州省 徐 梅 88
云南省 王 成 89
西藏自治区 周详祎 91
陕西省 张 亮 92
甘肃省 谢青民 95
青海省 付成久 96
宁夏回族自治区 郝 辉 96
新疆维吾尔自治区 张新革 98

2019 年版权公共服务机构与社会服务组织工作 99
中国版权保护中心 张文娟 99
中国版权协会 曾 晋 101
中国音乐著作权协会 张 群 103
中国音像著作权集体管理协会 马继超 105
中国文字著作权协会 张洪波 107
中国摄影著作权协会 朱宝祺 111
中国电影著作权协会 史文霞 113

版权要闻

十大事件 117
2019 年中国版权十件大事 117

动态百条 119
立 法 119
全国人大立法调研组赴津 对修改著作权法进行立法调研 119
全国政协双周协商座谈会围绕“著作权法的修订”建言资政 119
全国首部省级知识产权保护综合性地方性法规出台 120
国务院公布《优化营商环境条例》 加大对知识产权保护力度 120

司 法 121
广州法院针对游戏直播平台发出第一个禁令 121
十三届全国人大二次会议听取两高报告 121
2018 年度上海十大版权典型案件发布 121
海南获批设海口知识产权法庭和海南涉外民商事法庭 122
最高检：2018 年起诉侵犯知识产权犯罪案 4 458 件 122

最高法：知识产权司法保护体制不断完善 123
首例云服务器存储侵权案改判 阿里云不担责 123
国内第一起问答类作品侵权案件宣判，“知乎”赢了 123
北京互联网法院“在线智慧诉讼服务中心”启动 124
法院裁定禁止“刷宝”抓取“抖音”短视频行为 124
国内首例涉及“微信表情”和“微信红包”著作权纠纷案宣判 125
全国首例“图解电影”案一审宣判 优酷胜诉获赔3万元 125
我国首起“同人小说”纠纷案尘埃落定 126
北京互联网法院一年共收案三万多件 著作权案件近八成 126
厦门知识产权法庭正式揭牌 127
浙江知识产权审判“三合一”已受理3.3万余件案件 127
北京知识产权法院五年结案近六万件 127
上海判决首个“深度链接”侵权案 128
文著协网络维权第一案终落槌 128
法院首次确认AI生成作品具独创性 受著作权法保护 128
《梦幻西游》网络游戏直播侵权案终审宣判 网易获赔2 000万元 129

行政管理 129
处理侵权链接6 362条 国家版权局强力遏制春节档影片盗播行为 129
国家版权局通报“剑网2018”成果 130
推进使用正版软件工作部际联席会议第八次全体会议在京召开 131
北京全面启动2019年软件正版化工作 132
天津市网信办依法对视觉中国网站做出行政处罚 132
北京部署图片版权整顿工作 《规范图片版权运营秩序倡议书》获业界响应 132
国家版权局等四部门启动“剑网2019”专项行动 132
上海约谈东方IC等5家图片类企业 下架5万张图片 133
福建启动“剑网2019”专项行动 133
北京市部署“剑网2019”专项行动 134
山东省版权监管工作会议在青岛市即墨区召开 134
天津市启动打击网络侵权盗版“剑网2019”专项行动 135
内蒙古打击网络侵权盗版“剑网2019”专项行动拉开帷幕 135
《2019年深入实施国家知识产权战略 加快建设知识产权强国推进计划》印发 136
安徽省开展打击利用移动存储介质从事侵权盗版违法行为专项整治 136
天津市实行作品著作权免费登记 136
中国银保监会发布《关于进一步加强知识产权质押融资工作的通知》 137
江苏省“剑网2019”专项行动重点案件联合督办会在南京召开 137
廊坊成河北首个“全国版权示范城市” 137
国家版权局在深圳前海设立“国家版权创新发展基地” 138
景德镇市获批创建全国版权示范城市 138
佛山市获批创建全国版权示范城市 139
中办、国办印发《关于强化知识产权保护的意见》 139
中宣部版权管理局与文化和旅游部市场管理司举办“卡拉OK领域版权工作座谈会” 139
“剑网2019”专项行动成果及十大案件发布 140

宣传教育 141
2018 CPCC 十大中国著作权人评选结果揭晓 141
国家版权局确定 2019 版权宣传活动主题 141
第三届中国龙山黑陶版权作品展览开展 142
《2018 年中国网络版权保护年度报告》在京发布 142
成都举办 2019 版权宣传活动 40 家企业发起禁止网络侵权行为倡导 142
《中国知识产权保护与营商环境新进展报告（2018）》发布 142
中国政法大学知识产权创新与竞争研究中心成立 143
陕西省首届教育软件正版化主题活动举行 144
《2018 年中国知识产权发展状况评价报告》发布 144
《全球数字版权保护技术跨世纪追踪与分析（1994—2017）》发布 144
新形势下开展游戏反盗维权工作发布会在沪召开 145
安徽举办全省版权执法工作培训班 145
山东省版权局举办 2019 年全省版权执法监管培训班 145
第十届全国大学生版权征文活动优秀论文结集出版 145
湖北省动漫游戏企业版权管理培训班在武汉举行 145
2019 年国家版权监管平台应用专题培训在京举办 146
第十一届全国大学生版权征文活动颁奖仪式在成都举行 146
湖北省版权保护中心在夷陵区举办著作权法宣讲培训会 146
贵州省软件正版化工作推进暨培训会议召开 147
2019 年国有企业软件正版化工作培训班在长沙举办 147
《中国电子商务知识产权发展研究报告（2019）》发布 147
2019 年全国版权示范城市联盟年会在广州举行 147
山东省“版权进乡村”行动总结推进会议召开 148

交流研讨 148
全国政协围绕“网络环境下的知识产权保护”建言资政 汪洋主持 148
“重版权·控风险”网络媒体版权研讨会在京召开 149
2019 阳光知识产权论坛在京举办 149
电子商务版权保护研讨会在京举办 149
衍生品开发与版权服务论坛在京举办 150
版权资产管理与内容产业论坛在京举办 150
2019 知识产权南湖论坛在郑州举办 150
网络视听版权论坛在上海举办 151
“电影和版权”论坛呼吁北京条约早日生效 151
“数据驱动的国际版权贸易与保护”高峰论坛在京举行 151
2019 中国网络版权保护与发展大会在京召开 152
北京文博版权授权交流培训会举办 152
著作权集体管理法律研讨会热议卡拉 OK 版权收费 153
短视频与避风港规则研讨会在沪举行 153
长三角版权产业高质量发展论坛举行 153
电子商务法颁布 1 周年研讨会召开 154
互联网教育行业知识产权保护研讨会召开 154
2019 年海峡两岸版权保护论坛在吉林长春举办 154
艺术品版权保护研讨会在京召开 154

网络游戏内容知识产权研讨会在京召开 155
摄影作品著作权与肖像权法律问题研讨会在京举办 155
直播行业的平台责任学术研讨会在京举行 156
第八届中国知识产权司法保护热点问题研讨会举办 156
音像版权研讨会在京召开 156
区块链技术与版权保护研讨会于中国人民大学举行 156
广深佛举办版权服务体系建设交流会 157
AIPPI 中国版权热点论坛（2019 年度）在京举行 157
“海峡两岸暨香港、澳门地区著作权法制发展研讨会”在深圳召开 158
深圳版权产业高峰论坛举办 158

社会管理与服务 159
中国版权保护中心华南版权登记大厅正式启用 159
江苏版权服务平台上线运营 159
第九届北京国际电影节“北京市场”首次搭建版权交易平台 159
院线电影版权保护联盟成立 160
微信公布 2018 年知识产权保护进展状况 160
国内首个版权保护“IPTM 时间标志”生态平台上线 160
国家版权交易中心联盟签署版权保护战略合作协议 161
广东推出版权维权保险 侵权立案即可赔 161
2019 青岛国际版权交易会签约额超 137 亿元 161
中国摄影著作权协会启动超 200 万元稿酬转付工作 162
第一届当代艺术国际 IP 授权展举行 162
中国网络文学 IP 价值智能评估系统发布 162
中国—东盟版权贸易服务网在京正式上线 163
江苏省可信时间戳服务中心成立 163
第二届江苏（南京）版权贸易博览会闭幕 163
江苏国家版权贸易基地揭牌 164
第 15 届海图会达成两岸图书版权贸易 396 项 164
中国（上海）自贸试验区版权服务中心启动运行 164
广东东莞滨海湾新区牵手中国版权保护中心打造大湾区版权服务高地 164
知识产权大数据泛东北亚区域平台正式发布上线 165
“2019 中国・北京国际版权授权大会”在北京召开 165
中国财经媒体版权保护联盟与腾讯达成战略合作 166
2019 北京优秀版权项目推介会在京开幕 166
进博会版权服务工作受各方好评 166
百度文库正版联盟成立 167
中国出版协会与拼多多签署协议合力打击盗版 167
全国首个开放式媒体区块链版权保护平台上线 167
“易犬智能版权大数据平台”在沪发布 168
2019 成都国际数字版权交易博览会开幕 168
国家版权局设立网络版权保护研究基地 168
2019 中国・广东广州国际版权授权大会召开 169
中国音乐家版权保护与服务平台上线 169
中国漫动画版权服务联盟在江苏海门成立 170

上海成立影视版权服务机构 助力青年影人圆梦 170
湖南省长沙市马栏山版权服务中心正式揭牌运行 170
云南版权登记系统正式上线 171
中国版权协会第六届理事会成立 171
中国版权保护中心与阿里达成战略合作 172

国际交流与合作 172
中埃两国企业签署 12 部中国图书阿语版权协议 172
中国公司与俄总统办公厅国家电影资料档案馆签署电影版权购买协议 172
伦敦书展闭幕 中外出版交流结硕果 173
2019 中韩版权研讨会聚焦数字环境下交流与合作 173
中英版权研讨会在苏州举行 173
中罗建交 70 年首次签署翻译出版协议 174
第二十六届北京国际图书博览会闭幕 174
中日版权研讨会在东京举行 174
中欧数字环境下版权保护研讨会举行 175
VFine Music 与日本音乐版权交易平台 Audiostock 达成战略合作 175
第 71 届法兰克福书展闭幕 175
我国与“一带一路”相关国家版权贸易协议 3 年增长 86.5% 176
第十二届福建厦门国际动漫节达成国际版权合作意向 120 多项 176
2019 中国上海国际童书展达成中外版权贸易协议约 1 500 项 176
“一带一路”版权国际论坛在成都举行 176

产业发展 177
阅文集团发布网络文学发展报告 177
《中国互联网络发展状况统计报告》出炉 177
太合音乐强化互联网音乐版权运营 177
欢聚时代吞并海外直播 剥离在线游戏 177
腾讯发布 2018 年业绩报告：全年收入 3 126.94 亿元人民币 178
2018 年中国艺术品市场交易额 128 亿美元 178
《全球音乐报告 2019》发布 中国音乐市场跃升全球第 7 位 179
湖南卫视原创节目模式输出北美 179
国家电影局出台措施支持港澳电影业在内地进一步发展 180
抖音与六大影视公司达成战略合作共同推出“视界计划” 180
因出售新丽传媒股份 光线传媒 2018 年净利润同比增长逾六成 180
2017 年中国版权产业行业增加值超 6 万亿元 180
《北京市超高清视频产业发展行动计划（2019—2022 年）》发布 181
《2019 中国网络视听发展研究报告》在成都发布 181
阿里影业发布 2019 财年业绩报告 181
2018 年国家音乐产业基地（园区）总资产 235 亿元 182
阅文集团与传音控股达成战略合作 共同开发非洲在线阅读市场 182
网络视频市场三年翻三番 182
华为与优酷达成内容合作 183
上海网游年收入超 700 亿元 沪上区位优势明显 183
盛趣游戏宣布正式回归 A 股 启动新文化业态 184

全国新华书店 2018 年营收 1 278.62 亿元 184
2018 年中国电子竞技市场规模突破 940.5 亿元 184
知乎 4.34 亿美元融资将重点扶持原创内容 185
2018 年国内数字出版产业收入规模达 8 330.78 亿元 185
国家新闻出版署发布《2018 年新闻出版产业分析报告》 186
《中国传媒产业发展报告（2019）》发布 187
《全球电影产业发展报告（2019）》发布 187
2018 年中国音乐产业总规模达 3 747.95 亿元 188
北京将打造“国际音乐之都”和“国际网络游戏之都” 188

港澳台版权信息 190
香港知识产权署公布“香港市民保护知识产权意识调查 2018”结果 190
香港与澳大利亚就知识产权领域合作签订谅解备忘录 190
2019 国际知识产权澳门论坛举行 191
澳门举办内地与港澳地区知识产权研讨会 191
粤港知识产权与中小企业发展研讨会在广州举行 191
2019 粤港澳大湾区知识产权交易博览会在广州闭幕 192

版权产业与版权贸易

2018 年中国版权产业的经济贡献 中国新闻出版研究院 195
中国网络版权产业发展报告（2019） 国家版权局网络版权产业研究基地 209
2019 年中国新闻出版产业分析报告 国家新闻出版署 241
2019—2020 年中国数字出版产业年度报告 中国数字出版产业年度报告课题组 268
2019 年中国广播电视与网络视听产业发展报告 国家广播电视总局广播影视发展研究中心 276
2019 年中国电影产业发展报告 中国文联电影艺术中心 281
2019 年中国动漫产业发展报告 北京电影学院现代创意媒体学院 304
2019 年中国软件产业发展报告 工业和信息化部信息技术发展司 320
2019 年中国网络游戏产业发展报告 易观分析 325

典型案件选编

2019 年全国著作权司法保护典型案件 339

2019 年度全国打击侵权盗版十大案件 351

“剑网 2019”专项行动十大案件 354

2019 年地方著作权司法保护典型案件 356
北京市 356
天津市 357
河北省 359

山西省 362
内蒙古自治区 364
辽宁省 365
吉林省 366
黑龙江省 366
上海市 367
江苏省 368
浙江省 371
安徽省 371
福建省 372
山东省 373
河南省 373
湖北省 374
湖南省 374
广东省 375
广西壮族自治区 376
海南省 377
重庆市 378
四川省 379
贵州省 380
甘肃省 382
青海省 383

2019 年地方著作权行政执法案件 385
天津市 385
河北省 385
内蒙古自治区 386
辽宁省 386
吉林省 386
江苏省 387
江西省 389
山东省 390
河南省 392
湖北省 392
湖南省 394
广东省 395
四川省 397
陕西省 397
宁夏回族自治区 398

法律法规及规章文件

2019 年版权工作文件 403
国家版权局印发《关于依法加强对境外著作权认证机构常驻中国代表机构管理的意见》

的通知
国版发［2019］3 号 403
国家版权局关于废止 1 件规范性文件的决定
国版发［2019］4 号 404
国家版权局关于公布继续有效的规范性文件目录的公告
2019 年第 1 号 404
关于 2018 年全国著作权登记情况的通报 406
2019 年度第一批重点作品版权保护预警名单 408
2019 年度第二批重点作品版权保护预警名单 408
2019 年度第三批重点作品版权保护预警名单 409
2019 年度第四批重点作品版权保护预警名单 409
2019 年度第五批重点作品版权保护预警名单 410
2019 年度第六批重点作品版权保护预警名单 411
2019 年度第七批重点作品版权保护预警名单 411

2019 年地方性法规 413
天津市知识产权保护条例 413

年度表彰

2019 年度查处重大侵权盗版案件有功单位及个人 421
2019 年（第十一届）全国大学生版权征文获奖名单 436

理论研究

同祖国共成长
——2019 年中国著作权法研究综述 于 波 445
2019 年著作权学术论文导览 452
2019 年著作权相关图书简介 517

统计资料

2019 年中国版权统计资料 527
2019 年全国作品登记情况统计 527
2019 年全国版权合同登记情况统计 528
2019 年全国版权执法情况统计 529
2019 年全国引进出版物版权汇总表 529
2019 年全国输出出版物版权汇总表 530

2019 年中国新闻出版产业统计资料 531
2019 年全国各地区图书出版总量 531
2019 年全国各级报纸出版数量 532
2019 年全国各地区各类期刊出版数量 534

2019 年全国各地区电子出版物出版品种、数量及发行数量（按载体形式分类） 536
2019 年全国各地区录音制品出版品种、数量及发行数量（按载体形式分类） 538
2019 年全国各地区录像制品出版品种、数量及发行数量（按载体形式分类） 540
2019 年全国新华书店系统、出版社自办发行单位出版物发行进、销、存情况 542
2019 年全国图书、期刊、报纸进出口情况 543
2019 年全国音像制品、电子出版物、数字出版物进出口情况 543

2019 年中国广播影视产业统计资料 544
2019 年全国广播电视发展主要指标一览表（一） 544
2019 年全国广播电视发展主要指标一览表（二） 546

2019 年中国软件产业统计资料 548
2019 年各省市软件和信息技术服务业业务收入表 548
2019 年全国软件和信息技术服务业主要经济指标表 549

名　录

版权行政管理部门 553
版权公共服务机构 555
版权协会 556
著作权集体管理组织 559
版权代理公司 560
国家级版权交易机构 561
知识产权教学与研究机构 562

附录：国际版权动态

综　述 569
全球化与信息化背景下的著作权制度：挑战与回应
——2019 年国际著作权法制发展回顾 郭　禾　白志晖 569

2019 年国际版权动态 576
立法与行政 576
日本：扩大非法下载对象的《著作权法修正案》被搁置 576
澳大利亚将封锁 80 多个海盗网站和流媒体网站 576
美参议院就美国版权局工作召开听证会 577
监测报告：关于《马拉喀什条约》施行的最新进展 578
印尼政府继续打击盗版流媒体网站 579
英国政府报告称，分散的网络平台独家发行不同的版权内容可能促使用户选择使用盗版内容 579
美众议院司法委员会不希望在贸易协定中加入类似 DMCA 避风港规则之条款 580
美国通过 CASE 法案，有望在版权局内成立小额索赔裁判庭 580
美国版权局召开现代化系列在线研讨会 581

菲律宾知识产权局建议对本国知识产权法典做出修订 581
肯尼亚版权委员会和通信管理局发布联合通告加强版权保护 582
爱尔兰《2019 年版权与其他知识产权法案》生效 582
特朗普签署《美墨加贸易协议》，输出美国版权政策 583

司法判例 583
美国最高法院拒绝恢复针对耐克公司的著作权诉讼 583
美国联邦最高法院同意受理谷歌与甲骨文长达近 10 年的版权诉讼战 584
美国最高法院：版权人仅有权就经版权局登记的作品提起侵权诉讼 585
欧洲法院将新闻自由和信息自由排除于著作权限制之外 586
凯蒂·佩里版权诉讼案的判决结果证明现行音乐相关版权法律规定亟待优化 587
举证责任的转换——微软对盗版软件的常年诉讼终获胜诉 588
美联邦最高法院就《佐治亚州官方法典注释》能否获得版权法保护进行裁决 589
欧盟法院：未经授权出售二手电子书侵犯版权 589
英国高等法院：在线音乐广播平台未经权利人许可传播权利人作品的行为构成侵权 590
印度电影制片人诉谷歌、YouTube 版权侵权案胜诉 591

业界动态 591
“Hakuna Matata”商标引发的文化与版权争论 591
法国著名 DJ、音乐人大卫·库塔涉嫌抄袭被诉 592
日本爱知县艺术博物馆公布经典作品供公众免费使用 592
日本音乐行业要求苹果公司删除应用商店中侵犯版权的程序 594
声田、谷歌、潘多拉、亚马逊联手起诉词曲版权费用增加的决议 594
谷歌在法国的举措给欧洲版权法改革带来挑战 595
南非恐因网络盗版问题面临美国贸易制裁 595
日本拟缩小下载受版权保护漫画的限制范围，允许少量下载或截屏 596
欧盟学术界就欧盟《版权指令》第 17 条提出建议 596
意大利版权集体管理组织与区块链公司合作保护版权 597
Facebook 将版权滥用视为平台的主要挑战之一 598
美国电影协会希望加强对盗版流媒体机顶盒的边境执法 599
非法流媒体设备将盗版产品带入大众市场 600
美国大量标志性作品将从 2019 年起陆续进入公共领域 600
欧盟研究显示网络盗版情况复杂 601
版权制度与视觉作品：机遇与挑战并存的法律前景 602

索　引

索　引 607

Contents

Specials

Advices on Strengthening Intellectual Property Protection 3

Notice on Further Strengthening Intellectual Property Pledge Financing Released by China Banking and Insurance Regulatory Commission, China National Intellectual Property Administration and National Copyright Administration 7

Deepening the Implementation of National Intellectual Property Strategy; Advancing the Initiative to Construct a Strong Country in Intellectual Property in 2020 10

Special Articles

The Great Cross-Century Awakening —Discovery, Creation and Intellectual Property Liu Chuntian 19

On the Concepts of Rule of Law and Development in the Construction of Intellectual Property System Wu Handong 31

Copyright Work Overview

National Copyright Work in 2019 45

National Copyright Administrative Work in 2019 Copyright Management Division, CPC Central Publicity Department 45

National Judicial Protection of Copyright in 2019 Intellectual Property Tribunal, Supreme People's Court of China 48

Regional Copyright Work in 2019 51

Beijing Municipality Zhao Xiaopeng 51

Tianjin Municipality Li Wenwei 53

Hebei Province Du Zhongwei 54

Shanxi Province Hao Zimou 56

Inner Mongolia Autonomous Region Ma Da 57

Liaoning Province Tian Dapeng 59

Jilin Province Du Yuzhen 61

Heilongjiang Province Yan Shi 62

Shanghai Municipality Wang Qian 64

Jiangsu Province Yuan Xueshu 64
Zhejiang Province Yan Qingrong 68
Anhui Province Hu Zi 69
Fujian Province Zheng Kaipi 71
Jiangxi Province He Hongyong 72
Shandong Province Jiang Jinkun 73
Henan Province JiaoYanna 76
Hubei Province Zhang Wei 78
Hunan Province Zhang Rongtao 80
Guangdong Province Yi Jinyuan 80
Guangxi Zhuang Autonomous Region Zhao Mingming 82
Hainan Province Wang Jin'gen 84
Chongqing Municipality Tang Yujie 85
Sichuan Province Li Xiaoxi 87
Guizhou Province Xu Mei 88
Yunnan Province Wang Cheng 89
Tibet Autonomous Region Zhou Xiangyi 91
Shaanxi Province Zhang Liang 92
Gansu Province Xie Qingmin 95
Qinghai Province Fu Chengjiu 96
Ningxia Hui Autonomous Region Hao Hui 96
Xinjiang Uygur Autonomous Region Zhang Xin'ge 98

Work of Public Copyright Service Institutions and Social Copyright Service Organizations in 2019 99
Copyright Protection Center of China Zhang Wenjuan 99
Copyright Society of China Zeng Jin 101
Music Copyright Society of China Zhang Qun 103
China Audio-Video Copyright Association Ma Jichao 105
China Written Works Copyright Society Zhang Hongbo 107
Images Copyright Society of China Zhu Baoqi 111
China Film Copyright Association Shi Wenxia 113

Major Copyright News

Top Ten Events 117
Top Ten Copyright Events of China in 2019 117

News 100+ 119
Legislation 119
Legislative Research Group of the NPC Visits Tianjin, Conducting Legislative Research on Revising the Copyright Law 119
CPPC Biweekly Consultative Forum Advise on Revising the Copyright Law 119
The First Comprehensive Provincial Local Regulation of Intellectual Property

Protection in China Introduced 120
The State Council Releases *Regulations on Optimizing the Business Environment*, Strengthening Intellectual Property Protection 120

Judicial Cases 121
Guangzhou Court Issuing the First Injunction to Game Live Stream Platform 121
Second Session of the 13th NPC Heard Reports of the Supreme People's Court and the Supreme People's Procuratorate 121
Shanghai's 10 Typical Copyright Cases of the Year 2018 Released 121
Hainan Obtained Approval for Setting Haikou Intellectual Property Protection Court and Hainan Foreign Civil and Commercial Court 122
Supreme People's Procuratorate: 4,458 Criminal Cases of Intellectual Property Rights Infringement Prosecuted in 2018 122
Supreme Law: Judicial Protection System of Intellectual Property Constantly Improved 123
Result of First Infringement Case of Cloud Server Storage Reversed; Alibaba Cloud Disclaimed 123
China's First Infringement Case of Q&A Works Ruled in Favor of Zhihu 123
Online Intelligence Lawsuit Service Center of Beijing Internet Court Launched 124
Court Prohibited *ShuaBao* from Grabbing Short Videos from *Douyin* APP 124
China's First Copyright Dispute Case in Regard of "WeChat Emoji" and "WeChat Red Pocket" Sentenced 125
YOUKU Won in China's First "Graph Movies" Case in the First Instance, Compensated with RMB 30,000 125
China's First Dispute Case of Fan Fictions Sentenced 126
Over 30,000 Cases Entertained by Beijing Internet Court Last Year, Copyright Cases Took Up About 80% 126
Xiamen Intellectual Property Court Officially Unveiled 127
Over 33,000 Cases Entertained Since the "Three-in-One" (Civil Case, Administrative Case, and Criminal Case) Policy in Trails of Intellectual Property Came into Effect in Zhejiang Province 127
Near 60,000 Cases Closed in Beijing Intellectual Property Court in the Last Five Years 127
The First Infringement Case of "Unofficial Download Link" Sentenced in Shanghai• Municipality 128
China Written Works Copyright Society's First Online Rights Protection Case Pronounced 128
Originality of AI Works Admitted by Copyright Law, Confirmed by Court for the First Time 128
Final Instance of the Live Streaming Infringement Case of Cyber Game *Menghuan Xiyou* Sentenced; NetEase Compensated with 20 Million Yuan 129

Administration 129
National Copyright Administration Dealt with 6,362 Unauthorized Links, Aiming to Restrain Illegal Broadcasts of Films During the Spring Festival Holiday 129
Results of "Sword Net 2018" Special Action Reported by National Copyright Administration 130

The Eighth Plenary Session of Ministerial Joint Conference for Promoting Use of Licensed Software Held in Beijing 131
Beijing Launched the Work in Using Licensed Software in 2019 132
Tianjin Cyberspace Administration Office Conducted Administrative Punishment upon Visual China Group, According to Law 132
Beijing Issued *Initiative to Regulate the Operation Order of Photo's Copyright* to Rectify Photo's Copyright, Responded by the Industry 132
Four Departments Including National Copyright Administration Carried Out "Sword Net 2019" Special Action 132
Shanghai Initiated Meetings with Five Photo-Related Enterprises Including IC Photo; 50,000 Photos Removed 133
Fujian Carried Out "Sword Net 2019" Special Action 133
Beijing Deployed "Sword Net 2019" Special Action 134
Copyright Supervision Working Conference of Shandong Province Held in Jimo District, Qingdao 134
Tianjin Implemented "Sword Net 2019" Special Action to Crack Down on Network Infringement and Piracy 135
Inner Mongolia Launched "Sword Net 2019" Special Action to Crack Down on Network Infringement and Piracy 135
Deepening the Implementation of National Intellectual Property Strategy; Advancing the Initiative to Construct a Strong Country in Intellectual Property in 2019 Printed and Distributed 136
Anhui Carried Out Special Inspection Work to Crack Down on Infringement and Piracy via Mobile Storage Medium 136
Tianjin Implemented Free Copyright Registration 136
China Banking and Insurance Regulatory Commission Launched *Notice on Further Strengthening Intellectual Property Pledge Financing* 137
Key Cases' Joint Supervision Conference of Jiangsu "Sword Net 2019" Special Action Held in Nanjing 137
Langfang Became the First National Copyright Model City in Hebei Province 137
National Copyright Administration Established National Copyright Innovative Development Base in Qianhai, Shenzhen 138
Jingdezhen Approved to Estabilish National Copyright Model City 138
Foshan Approved to Estabilish National Copyright Model City 139
Opinion on Strengthening Intellectual Property Protection Printed and Distributed by General Office of the CPC Central Committee and General Office of the State Council 139
Copyright Administration of Publicity Department of CPC and Market Management Department of the Ministry of Culture and Tourism Held Work Seminar on Copyright in Karaoke Field 139
Results of "Sword Net 2019" Special Action and Top 10 Cases Announced 140

Publicity and Education 141
Results of 2018 CPCC Top 10 Chinese Copyright Owners Selection Released 141
National Copyright Administration Pinned Down Themes of Copyright Publicity

Activities for the Year of 2019 141
The Third China Longshan Copyright Work Exhibition for Black Pottery Inaugurated 142
2018 Annual Report for China Network Copyright Protection Released in Beijing 142
Chengdu Held 2019 Copyright Publicity Activities; 40 Enterprises Called for Banning Network Infringement 142
China Report on New Improvements in Intellectual Property Protection and Business Environment (2018) Released 142
Research Center on Intellectual Property Innovation and Competition of China University of Political Science and Law Founded 143
Shaanxi Province Held the First Theme Activity for Copyrighted Educational Software 144
2018 China Evaluation Report on Intellectual Property Development Released 144
Tracing and Analyzing Report on the World Digital Copyright Protection Technologies (1994 -2017) Released 144
Work Conference on Anti-Piracy and Rights-Protection for Online Games Held in Shanghai 145
Anhui Province Held Training Sessions on Copyright-Related Enforcement Throughout the Province 145
Shandong Copyright Bureau Held 2019 Training Sessions on Copyright-Related Enforcement and Supervision 145
Excellent Essays in the Tenth National Copyright-Related Essay Competition for College Students Published 145
Hubei Province's Copyright Administration and Training Session for Animation and Game Enterprises Held in Wuhan 145
2019 Special Training on Using National Copyright Supervising Platform Held in Beijing 146
Rewarding Ceremony for Authors of Excellent Essays in the 11th National Copyright-Related Essay Competition for College Students Held in Chengdu 146
Hubei Copyright Protection Center Held Publicity and Training Sessions on Copyright Law inYiling District 146
Follow-up Meeting and Training Session on Software Authorization of Guizhou Province Held 147
2019 Training Session on Software Authorization for State-Owned Enterprises Held in Changsha 147
2019 Research Report on China E-Commerce Intellectual Property Development Released 147
2019 Annual Conference for Alliance of Copyright-Modeling Cities Throughout the Country Held in Guangzhou 147
Shandong Province's Follow-up Meeting for "Copyright into Villages" Action Held 148

Exchanges and Discussion 148
Chinese People's Political Consultative Conference (CPPCC) Provided Suggestions and Insights on Intellectual Property Protection on Internet; Hosted by Wang Yang 148
Network and Media Copyright Seminar on Enhancing the Awareness on Copyright and Controlling the Risks Held in Beijing 149

2019 "Sunshine" Intellectual Property Forum Held in Beijing 149
E-Commerce Copyright Protection Seminar Held in Beijing 149
Derivative-Product Development and Copyright Service Forum Held in Beijing 150
Copyright Assets Management and Content Industry Forum Held in Beijing 150
2019 Intellectual Property Nanhu Forum Held in Zhengzhou 150
Network Video and Audio Copyright Forum Held in Shanghai 151
"Film and Copyright" Forum Called for Beijing Convention to Come into Effect Soon 151
Summit Forum on Data-Driven International Copyright Trade and Protection Held in Beijing 151
2019 China Network Copyright Protection and Development Conference Held in Beijing 152
Beijing Held Exchange and Training Session on Copyright Licensing for Cultural and Museum-Related Works 152
Copyright-Related Charges in Karaoke Funhouses Well Discussed on Legal Seminar on Copyright Collective Management 153
Seminar on Regulations for Short Videos and "Safe Harbor Rules" Held in Shanghai 153
Forum on High-Quality Development of Yangtze River Delta's Copyright Industry Held 153
Seminar on the First Anniversary of the Launching of E-Commerce Law Held 154
Intellectual Property Protection Seminar in Online Education Industry Held 154
2019 Cross-Strait Copyright Protection Forum Held in Changchun, Jilin Province 154
Copyright Protection Seminar for Arts Work Held in Beijing 154
Content and Intellectual Property Seminar for Cyber Games Held in Beijing 155
Seminar on Photography Works and Legal Question of Portrait Rights Held in Beijing 155
The Academic Seminar on Platform Responsibility in the Live Stream Industry Held in Beijing 156
The 8th Seminar on Hot Issues in China's Intellectual Property Judicial Protection Held 156
Audiovisual Copyright Seminar Held in Beijing 156
Seminar on Blockchain Technology and Copyright Protection Held at Renmin University of China 156
Copyright Service System Construction Exchange Seminar Jointly Held by Guangzhou, Shenzhen and Foshan 157
AIPPI China Hot Copyright Issues Forum (2019) Held in Beijing 157
Cross-Strait, Hong Kong and Macau Seminar on the Development of Copyright Legal System Held in Shenzhen 158
Shenzhen Copyright Industry Summit Forum held 158

Social Management and Services 159
The South China Copyright Registration Hall of China Copyright Protection Center Officially Opened 159
Jiangsu Copyright Service Platform Goes Online 159
"Beijing Market" of the 9th Beijing International Film Festival Set Up Copyright Trading Platform for the First Time 159
Alliance for Copyright Protection of Theatrical Films Established 160
WeChat Released the Progress of Intellectual Property Protection in 2018 160

"IPTM Time Mark", the First Domestic Systematic Copyright Protection Platform Goes Online 160
National Copyright Exchange Alliance Signed Copyright Protection Strategic Cooperation Agreement 161
Copyright Protection Insurance Launched in Guangdong; Compensation on Filing of Infringement Cases 161
Contracts Signed on 2019 Qingdao International Copyright Fair Adding Up to Over 13.7 Billion Yuan 161
Images Copyright Society of China Initiates the Transfer of Over 2 Million Yuan in Remuneration to Copyright Holders 162
The First International IP Authorization Exhibition of Contemporary Art Held 162
Smart Evaluation System Tailored for China's Online Literature IP Value Released 162
China-ASEAN Copyright Trade Service Network Officially Launched in Beijing 163
Jiangsu Trust Time Stamp Authority Established 163
The 2nd Jiangsu (Nanjing) Copyright Trade Fair Closed 163
Jiangsu National Copyright Trade Center Unveiled 164
The 15th Cross-Strait Book Fair Reached 396 Copyright Deals on Books from Both Sides of the Strait 164
Copyright Service Center of China (Shanghai) Pilot Free Trade Zone Started Operation 164
Binhaiwan Bay Area, Dongguan, Guangdong and China Copyright Protection Center Joining Hands to Create a Copyright Service Highland in Guangdong-Hong Kong-Macau Greater Bay Area 164
Intellectual Property Big Data Platform of Pan-Northeast Asia Area Officially Launched 165
2019 IP Global Licensing Conference Held in Beijing 165
Chinese Financial Media Copyright Protection Alliance and Tencent Reached Strategic Cooperation 166
2019 Beijing Excellent Copyright Project Promotion Conference Opened in Beijing 166
Copyright Service of China International Import Expo Praised by All Parties 166
Baidu Library Authorization Alliance Established 167
The Publishers Association of China and Buy Together Signed Agreement to Combat Piracy 167
China's First Open Media Blockchain Copyright Protection Platform Goes Online 167
EQain Intelligent Copyright Big Data Platform Released in Shanghai 168
2019 Chengdu International Digital Copyright Expo Opened 168
National Copyright Administration Established Research Base for Network Copyright Protection 168
2019 Global Licensing Conference Held in Guangzhou 169
Chinese Musicians Copyright Protection and Service Platform Goes Online 169
China Comic Animation Copyright Service Alliance Established in Haimen, Jiangsu 170
Shanghai Established Film and Television Copyright Service Agency to Help Young Filmmakers Realize Their Dreams 170
Malanshan Copyright Service Center Officially Inaugurated and Put into Operation in Changsha, Hunan Province 170
Yunnan Copyright Registration System Officially Launched 171
The Sixth Board of Directors, Copyright Society of China Formed 171

The Copyright Society of China Reached a Strategic Cooperation with Alibaba 172

International Exchange and Cooperation 172

Chinese and Egyptian Enterprises Signed Agreements on the Arabic Language Rights of 12 Chinese Books 172

Chinese Company Signed Film Copyright Acquisition Agreement with National Film Archive, Presidential Executive Office of Russia 172

London Book Fair Concluded; Fruitful Achievements Made in Sino-Foreign Publishing Exchange 173

2019 China-ROK Copyright Seminar Focused on Exchange and Cooperation in a Digital Environment 173

China-Britain Copyright Seminar Held in Suzhou 173

First Translation and Publishing Agreement Signed Between China and Romania Since the Establishment of Diplomatic Relations Seven Decades Ago 174

The 26th Beijing International Book Fair Concluded 174

China-Japan Copyright Seminar Held in Tokyo 174

China-Europe Seminar on Copyright Protection in a Digital Environment Held 175

VFine Music and Audiostock, the Japanese Music Copyright Trading Platform, Reached Strategic Cooperation 175

The 71st Frankfurt Book Fair Concluded 175

Copyright Agreements Between China and the Belt and Road Countries Increased by 86.5% over the Past Three Years 176

More than 120 Projects Attracted Intent for Cooperation During the 12th Xiamen International Animation Festival 176

About 1,500 Copyright Agreements Reached at the 2019 China Shanghai International Children's Book Fair 176

The Belt and Road International Forum on Copyright Held in Chengdu 176

Industry Development 177

CHINA LITERATURE Released Internet Literature Development Report 177

Report on China's Internet Development Released 177

Taihe Music Enhances Its Operation of Online Music Rights 177

JOYY Merged with Overseas Live Stream Service and Divested Its Online Game Business 177

Tencent Released 2018 Performance Report: Annual Income Reached 312.694 Billion Yuan 178

Transaction Volume of the Chinese Art Market Totaled 12.8 Billion US Dollars in 2018 178

Global Music Report 2019 Released; Chinese Music Market Raised to the Seventh in Global Ranking 179

Hunan TV Original Program Model Exported to North America 179

China Film Administration Introduced Measures to Support Further Development of Hong Kong and Macau Film Industries in the Mainland of China 180

Douyin Reached Strategic Cooperation with Six Major Film Enterprises to Launch the "Plan of the Vision" 180

Enlight Media Achieved Net Profit Growth Exceeding 60%, Thanks to Its Sale of New Classics Media 180
Chinese Copyright Industry Grew by over 6,000 Billion Yuan in 2017 180
Beijing Ultra HD Video Industry Development Action Plan (2019－2022) Released 181
2019 China Internet Audiovisual Development Research Report Released in Chengdu 181
Alibaba Pictures Released 2019 Fiscal Year Performance Report 181
Assets of National Music Industry Bases (Parks) Totaled 23.5 Billion Yuan in 2018 182
CHINA LITERATURE and TRANSSION Reached Strategic Cooperation in Joint Development of African Online Reading Market 182
Online Video Market Octupled in Three Years 182
HUAWEI and YOUKU Reached a Content Cooperation Agreement 183
Income from Online Games Exceeded 70 Billion Yuan in Shanghai; the City Enjoys Outstanding Location Advantage 183
Shengqu Games Declared Official Return to the A-Share Market; New Type of Culture Business to Be Initiated 184
Revenue of Xinhua Bookstores Across the Country Totaled 127.862 Billion Yuan in 2018 184
Scale of China's Electronic Sports Market Exceeded 94.05 Billion Yuan 184
Zhihu to Focus the 434 Million US Dollars Raised from Financing on Supporting Original Creation 185
Income of Domestic Digital Publishing Industry Reached a Scale of 833.078 Billion Yuan in 2018 185
National Press and Publication Administration Released *2018 Press and Publication Industry Analysis Report* 186
Report on Development of China's Media Industry (2019) Released 187
Annual Report on Development of Global Film Industry (2019) Released 187
China's Music Industry Reached a Total Scale of 374.795 Billion Yuan in 2018 188
Beijing Aims to Develop into a "Global Capital of Music" and "Global Capital of Online Games" 188

Copyright Information of the Hong Kong S. A. R, the Macau S. A. R., and Taiwan 190
Intellectual Property Department, the Government of the Hong Kong S. A. R Published the Results of the "Survey on Hong Kong Citizens' Intellectual Property Awareness 2018" 190
The Hong Kong S. A. R. and Australia Signed Memorandum of Understanding on Intellectual Property Cooperation 190
2019 International Intellectual Property Macau Forum Opened 191
Mainland, Hong Kong S. A. R., and Macau S. A. R. Intellectual Property Symposium Held in Macau 191
Hong Kong S. A. R. and Macau S. A. R. Intellectual Property and Small and Medium-Sized Enterprises Development Symposium Held in Guangzhou 191
Guangdong-Hong Kong-Macau Greater Bay Area Intellectual Property Trade Expo 2019 Closed in Guangzhou 192

Copyright Industry and Copyright Trade

Economic Contribution of China's Copyright Industry in 2018
Chinese Academy of Press and Publication 195
Report on Development of China's Online Copyright Industry (2019)
National Copyright Administration Online Copyright Industry Research Base 209
2019 Analysis Report on China's Press and Publication Industry
National Press and Publication Administration 241
2019 - 2020 Annual Report on China's Digital Publishing Industry
China Digital Publishing Industry Annual Report Research Group 268
2019 Report on the Development of China's Radio, Television, and Internet Audiovisual Industry
Radio, Film and Television Development and Research Center of National Radio and Television Administration 276
2019 Report on the Development of China's Film Industry
Film and Art Center of China Federation of Literary and Art Circles 281
2019 Report on the Development of China's Animation Industry
Beijing Film Academy Modern Creative Media College 304
2019 Report on the Development of China's Software Industry
Department for the Development of Information Technology, Ministry of Industry and Information Technology 320
2019 Report on the Development of China's Online Game Industry Analysys 325

Selected Compilation of Typical Cases

Typical Cases of Judicial Copyright Protection Across the Nation in 2019 339

Top 10 Cases of Crackdown Against Infringement and Piracy Across the Nation in 2019 351

Top 10 Cases of "Sword Net 2019" Special Action 354

Typical Cases of Judicial Copyright Protection in 2019 by Region 356
Beijing Municipality 356
Tianjin Municipality 357
Hebei Province 359
Shanxi Province 362
Inner Mongolia Autonomous Region 364
Liaoning Province 365
Jilin Province 366
Heilongjiang Province 366
Shanghai Municipality 367
Jiangsu Province 368

Zhejiang Province 371
Anhui Province 371
Fujian Province 372
Shandong Province 373
Henan Province 373
Hubei Province 374
Hunan Province 374
Guangdong Province 375
Guangxi Zhuang Autonomous Region 376
Hainan Province 377
Chongqing Municipality 378
Sichuan Province 379
Guizhou Province 380
Gansu Province 382
Qinghai Province 383

Administrative Law Enforcement Cases of Copyright in 2019 by Region 385
Tianjin Municipality 385
Hebei Province 385
Inner Mongolia Autonomous Region 386
Liaoning Province 386
Jilin Province 386
Jiangsu Province 387
Jiangxi Province 389
Shandong Province 390
Henan Province 392
Hubei Province 392
Hunan Province 394
Guangdong Province 395
Sichuan Province 397
Shaanxi Province 397
Ningxia Hui Autonomous Region 398

Laws, Regulations and Regulatory Documents

2019 Documents of Copyright Work 403
Notice by National Copyright Administration of Issuing *the Opinions on Strengthening the Administration of Resident Representative Offices of Overseas Copyright Certification Bodies in China*
(Guo Ban Fa [2019] No. 3) 403
National Copyright Administration's Decision of Abolishing One Normative Document (Guo Ban Fa [2019] No. 4) 404
National Copyright Administration's Announcement on Releasing the List of Valid Regulatory Documents

(2019, No. 1) 404
Notice on Situation of Copyright Registering Work Throughout the Country in 2018 406
2019 Copyright Protection Warning List for the First Batch of Key Works 408
2019 Copyright Protection Warning List for the Second Batch of Key Works 408
2019 Copyright Protection Warning List for the Third Batch of Key Works 409
2019 Copyright Protection Warning List for the Fourth Batch of Key Works 409
2019 Copyright Protection Warning List for the Fifth Batch of Key Works 410
2019 Copyright Protection Warning List for the Sixth Batch of Key Works 411
2019 Copyright Protection Warning List for the Seventh Batch of Key Works 411

2019 Local Regulations 413
Tianjin's Protection Regulation on Intellectual Property 413

Annual Rewarding

Outstanding Institutions and Individuals in Major Infringement and Piracy Cases in 2019 421
Rewarding List of 2019 Copyright-Related Essay Competition for College Students (the 11th) 436

Theoretical Researches

Making Progress Together with Motherland
—2019 Research Overview on China's Copyright Law Yu Bo 445
Introduction of Copyright-Related Academic Essays in 2019 452
Introduction of Copyright Books in 2019 517

Statistics

China Copyright Statistics in 2019 527
Statistics of Nationwide Works Registration in 2019 527
Statistics of Nationwide Copyright Contract Registration in 2019 528
Statistics of Nationwide Copyright Law Enforcement in 2019 529
Copyright Summary Table of Publications Exported to China in 2019 529
Copyright Summary Table of Publications Imported from China in 2019 530

China Press and Publication Statistics in 2019 531
Total Number of Books Published in China in 2019 by Region 531
Number of Newspapers Published in China in 2019 by Administrative Level 532
Number of Journals Published in China in 2019 by Region 534
Varieties, Quantities and Circulations of Electronic Publications Published in China in 2019 by Region (Categorized by Carrier) 536
Varieties, Quantities and Circulations of Audio Products Published in China in 2019 by

Region (Categorized by Carrier) 538
Varieties, Quantities and Circulations of Video Products Published in China in 2019 by Region (Categorized by Carrier) 540
Nationwide Purchases, Sales and Stocks of Publications of the Xinhua Bookstore System and Publisher-Owned Distributors in 2019 542
Nationwide Import and Export of Books, Journals and Newspapers in 2019 543
Nationwide Import and Export of Audio-Video, Electronic and Digital Publications in 2019 543

China Broadcast, Film and Television Industry Statistics in 2019 544
Table of Major Indicators of National Broadcast, Film and Television Development in 2019 (1) 544
Table of Major Indicators of National Broadcast, Film and Television Development in 2019 (2) 546

China Software Industry Statistics in 2019 548
Table of Revenue of the Software and IT Service Industry by Province, Autonomous Region and Municipality in 2019 548
Table of Major Economic Indicators of the Software and IT Service Industry in 2019 549

Directory

Copyright Administrative Departments 553
Copyright Public Service Institutions 555
Copyright Associations 556
Copyright Collective Management Organizations 559
Copyright Agencies 560
National Copyright Exchange Institutions 561
Intellectual Property Teaching and Research Institutes 562

Appendix: International Copyright News

Overview 569
Copyright System under Globalization and Informatization: Challenges and Responses —Review of the Development of International Copyright Laws in 2019
Guo He, Bai Zhihui 569

International Copyright News in 2019 576

Legislation and Administration 576
Japan: Amendment of Copyright Law Resulting in Deteriorating Illegal Downloads Suspended 576
Australia to Block Over 80 Pirated Websites and Streaming Media Websites 576

U. S. Senate Held Public Hearings on the Work of Copyright Administration 577
Supervision Report: Latest Development on the Implementation of Marrakesh Treaty 578
Indonesian Government Constantly Creaking Down on Streaming Media Website Infringement 579
Different Copyrighted Contents Distributed Exclusively by Dispersed Online Platforms Might Lead Users to Incline to Use Pirated Content, According to U. K. Government 579
U. S. House Judiciary Committee Opposed DMCA-Style Safe Harbors in Trade Agreement 580
U. S. Approved CASE Bill, Expecting to Establish Small-Claim Court in Copyright Administration 580
American Copyright Administration Held Modernization Series Online Seminar 581
Intellectual Property Office of the Philippines Proposed to Revise National Intellectual Property Law 581
Kenyan Copyright Committee and Communication Administration Jointly Announced to Enhance Copyright Protection 582
Ireland's Copyright and other Intellectual Property Law Provisions Act 2019 Came into Effect 582
Trump Signed US-Mexico-Canada Trade Agreement to Export American Copyright Policies 583

Judiciary Cases 583
U. S. Supreme Court Refused to Restart the Copyright Lawsuit on NIKE Company 583
U. S. Supreme Court Agreed to Entertain the Copyright Lawsuit Between Google and Oracle Which Have Lasted for Nearly 10 Years 584
U. S. Supreme Court: Proprietors Only Have Rights to Initiate Legal Proceedings for Works Registered in National Copyright Administration 585
European Court of Justice Freed Press Freedom and Information Freedom from the Yoke of Copyright Restrictions 586
Results for Katy Perry's Copyright Lawsuit Saw Copyright Law and Regulations for Modern Music Need Improvements 587
Conversion of Role for Evidence-Providers—Microsoft's Long-Lasting Lawsuit on Pirated Software Finally Won 588
U. S. Supreme Court Ruled on Whether *Official Code of Georgia Annotated* be Protected by Copyright Law 589
European Court of Justice: Sales of Second-Hand Digital Books Without Proprietors' Grant Infringes Copyright 589
Supreme Court of U. K.: Online Music Broadcasting Platforms' Transmitting Copyrighted Work Without Proprietors' Grant Infringes Copyright 590
Indian Film Producer Won Copyright Infringement Case Against Google and YouTube 591

Industry Trends 591
"Hakuna Matata" Trademark Caused Disputes on Culture and Copyright 591
French Well-Known DJ, Musician David Guetta Sued for being Suspected of Plagiarization 592
Arts Museum of Aichi-ken County in Japan Exhibited Classic Works for Free and

for Public 592
Japanese Music Industry Asked Apple Company to Remove APPs Which Infringe Copyright from Apple's APP Store 594
Spotify, Google, Pandora and Amazon Jointly Sued the Verdict to Uplifting Copyright Charges for Song Scripts and Lyrics 594
Google's Deeds in France Brought Challenges for Revolution of European Copyright Law 595
South Africa Likely Faced Trade Sanctions from America Due to Network Piracy 595
Japan to Narrow Limitations on Downloading Copyrighted Cartoons, Allowed Limited Amount of Downloads and Screenshots 596
Academia of EU Suggested on the 17th Term of EU's Copyright Directive 596
Italian Copyright Collective Management Organization and Block-Chain Companies Joined Hands in Copyright Protection 597
Facebook Took Copyright Abuse as Platform's One of the Giant Challenges 598
American Film Association Hoped to Strengthen Border Enforcement of Pirated Streaming Media Set-Top Boxes 599
Illegal Streaming Media Equipment Brought Pirated Products into Mass Market 600
Large Numbers of Iconic Works in America to Enter Public Domain since 2019 600
Researches of EU Showed the Complexity of Network Piracy 601
Copyright Regulation and Visual Works: Legal Prospects with Coexistence of Chances and Challenges 602

Index

Index 607

特　载

TE ZAI

关于强化知识产权保护的意见

中共中央办公厅　国务院办公厅

加强知识产权保护，是完善产权保护制度最重要的内容，也是提高我国经济竞争力的最大激励。为贯彻落实党中央、国务院关于强化知识产权保护的决策部署，进一步完善制度、优化机制，现提出如下意见。

一、总体要求

以习近平新时代中国特色社会主义思想为指导，全面贯彻党的十九大和十九届二中、三中、四中全会精神，紧紧围绕统筹推进“五位一体”总体布局和协调推进“四个全面”战略布局，牢固树立保护知识产权就是保护创新的理念，坚持严格保护、统筹协调、重点突破、同等保护，不断改革完善知识产权保护体系，综合运用法律、行政、经济、技术、社会治理手段强化保护，促进保护能力和水平整体提升。力争到2022年，侵权易发多发现象得到有效遏制，权利人维权“举证难、周期长、成本高、赔偿低”的局面明显改观。到2025年，知识产权保护社会满意度达到并保持较高水平，保护能力有效提升，保护体系更加完善，尊重知识价值的营商环境更加优化，知识产权制度激励创新的基本保障作用得到更加有效发挥。

二、强化制度约束，确立知识产权严保护政策导向

（一）加大侵权假冒行为惩戒力度。研究制定知识产权基础性法律的必要性和可行性，加快专利法、商标法、著作权法等修改完善。完善地理标志保护相关立法。加快在专利、著作权等领域引入侵权惩罚性赔偿制度。大幅提高侵权法定赔偿额上限，加大损害赔偿力度。强化民事司法保护，有效执行惩罚性赔偿制度。研究采取没收违法所得、销毁侵权假冒商品等措施，加大行政处罚力度，开展关键领域、重点环节、重点群体行政执法专项行动。规制商标恶意注册、非正常专利申请以及恶意诉讼等行为。探索加强对商业秘密、保密商务信息及其源代码等的有效保护。加强刑事司法保护，推进刑事法律和司法解释的修订完善。加大刑事打击力度，研究降低侵犯知识产权犯罪入罪标准，提高量刑处罚力度，修改罪状表述，推动解决涉案侵权物品处置等问题。强化打击侵权假冒犯罪制度建设，探索完善数据化打假情报导侦工作机制，开展常态化专项打击行动，持续保持高压严打态势。

（二）严格规范证据标准。深入推进知识产权民事、刑事、行政案件“三合一”审判机制改革，完善知识产权案件上诉机制，统一审判标准。制定完善行政执法过程中的商标、专利侵权判断标准。规范司法、行政执法、仲裁、调解等不同渠道的证据标准。推进行政执法和刑事司法立案标准协调衔接，完善案件移送要求和证据标准，制定证据指引，顺畅行政执法和刑事司法衔接。制定知识产权民事诉讼证据规则司法解释，着力解决权利人举证难问题。探索建立侵权行为公证悬赏取证制度，减轻权利人举证责任负担。

（三）强化案件执行措施。建立健全知识产权纠纷调解协议司法确认机制。建立完善市场主体诚信档案“黑名单”制度，实施市场主体信用分类监管，建立重复侵权、故意侵权企业名录社会公布制度，健全失信联合惩戒机制。逐步建立全领域知识产权保护案例指导机制和重大案件公开审理机制。加强对案件异地执行的督促检查，推动形成统一公平的法治环境。

（四）完善新业态新领域保护制度。针对新业态新领域发展现状，研究加强专利、商标、

著作权、植物新品种和集成电路布图设计等的保护。探索建立药品专利链接制度、药品专利期限补偿制度。研究加强体育赛事转播知识产权保护。加强公证电子存证技术推广应用。研究建立跨境电商知识产权保护规则，制定电商平台保护管理标准。编制发布企业知识产权保护指南，制定合同范本、维权流程等操作指引，鼓励企业加强风险防范机制建设，持续优化大众创业万众创新保护环境。研究制定传统文化、传统知识等领域保护办法，加强中医药知识产权保护。

三、加强社会监督共治，构建知识产权大保护工作格局

（五）加大执法监督力度。加强人大监督，开展知识产权执法检查。发挥政协民主监督作用，定期开展知识产权保护工作调研。建立健全奖优惩劣制度，提高执法监管效能。加强监督问责，推动落实行政执法信息公开相关规定，更大范围更大力度公开执法办案信息，接受社会和舆论监督。

（六）建立健全社会共治模式。完善知识产权仲裁、调解、公证工作机制，培育和发展仲裁机构、调解组织和公证机构。鼓励行业协会、商会建立知识产权保护自律和信息沟通机制。引导代理行业加强自律自治，全面提升代理机构监管水平。加强诚信体系建设，将知识产权出质登记、行政处罚、抽查检查结果等涉企信息，通过国家企业信用信息公示系统统一归集并依法公示。建立健全志愿者制度，调动社会力量积极参与知识产权保护治理。

（七）加强专业技术支撑。加强科技研发，通过源头追溯、实时监测、在线识别等技术手段强化知识产权保护。建设侵权假冒线索智能检测系统，提升打击侵权假冒行为效率及精准度。在知识产权行政执法案件处理和司法活动中引入技术调查官制度，协助行政执法部门、司法部门准确高效认定技术事实。探索加强知识产权侵权鉴定能力建设，研究建立侵权损害评估制度，进一步加强司法鉴定机构专业化、程序规范化建设。

四、优化协作衔接机制，突破知识产权快保护关键环节

（八）优化授权确权维权衔接程序。加强专利、商标、植物新品种等审查能力建设，进一步压缩审查周期。重点提高实用新型和外观设计专利审查质量，强化源头保护。进一步发挥专利商标行政确权远程审理、异地审理制度在重大侵权行政执法案件处理中的作用。健全行政确权、公证存证、仲裁、调解、行政执法、司法保护之间的衔接机制，加强信息沟通和共享，形成各渠道有机衔接、优势互补的运行机制，切实提高维权效率。

（九）加强跨部门跨区域办案协作。制定跨部门案件处理规程，健全部门间重大案件联合查办和移交机制。健全行政执法部门与公安部门对涉嫌犯罪的知识产权案件查办工作衔接机制。在案件多发地区探索建立仲裁、调解优先推荐机制。建立健全知识产权案件分流制度，推进案件繁简分流机制改革。推动建立省级行政区内知识产权案件跨区域审理机制，充分发挥法院案件指定管辖机制作用，有效打破地方保护。

（十）推动简易案件和纠纷快速处理。建立重点关注市场名录，针对电商平台、展会、专业市场、进出口等关键领域和环节构建行政执法、仲裁、调解等快速处理渠道。推动电商平台建立有效运用专利权评价报告快速处置实用新型和外观设计专利侵权投诉制度。指导各类网站规范管理，删除侵权内容，屏蔽或断开盗版网站链接，停止侵权信息传播，打击利用版权诉讼进行投机性牟利等行为。

（十一）加强知识产权快保护机构建设。在优势产业集聚区布局建设一批知识产权保护中心，建立案件快速受理和科学分流机制，提供快速审查、快速确权、快速维权“一站式”纠纷解决方案。加快重点技术领域专利、商标、植物新品种审查授权、确权和维权程序。推广利用调解方式快速解决纠纷，高效对接行政执法、司法保护、仲裁等保护渠道和环节。

五、健全涉外沟通机制，塑造知识产权同保护优越环境

（十二）更大力度加强国际合作。积极开展海外巡讲活动，举办圆桌会，与相关国家和组

织加强知识产权保护合作交流。探索在重要国际展会设立专题展区，开展中国知识产权保护成就海外巡展。充分发挥知识产权制度对促进共建“一带一路”的重要作用，支持共建国家加强能力建设，推动其共享专利、植物新品种审查结果。充分利用各类多双边对话合作机制，加强知识产权保护交流合作与磋商谈判。综合利用各类国际交流合作平台，积极宣传我国知识产权保护发展成就。

（十三）健全与国内外权利人沟通渠道。通过召开驻华使领馆信息沟通会、企业座谈会等方式，加强与国内外行业协会、商会、社会团体等信息交流。组织召开知识产权保护要情通报会，及时向新闻媒体和社会公众通报重大事项和进展，增信释疑，积极回应国内外权利人关切。

（十四）加强海外维权援助服务。完善海外知识产权纠纷预警防范机制，加强重大案件跟踪研究，建立国外知识产权法律修改变化动态跟踪机制，及时发布风险预警报告。加强海外信息服务平台建设，开展海外知识产权纠纷应对指导，构建海外纠纷协调解决机制。支持各类社会组织开展知识产权涉外风险防控体系建设。鼓励保险机构开展知识产权海外侵权责任险、专利执行险、专利被侵权损失险等保险业务。建立海外维权专家顾问机制，有效推动我国权利人合法权益在海外依法得到同等保护。

（十五）健全协调和信息获取机制。完善涉外执法协作机制，加大工作协调力度，进一步加强我国驻外使领馆知识产权对外工作。选设海外知识产权观察企业和社会组织，建立信息沟通机制。健全重大涉外知识产权纠纷信息通报和应急机制。组织开展我国企业海外知识产权保护状况调查，研究建立国别保护状况评估机制，推动改善我国企业海外知识产权保护环境。

六、加强基础条件建设，有力支撑知识产权保护工作

（十六）加强基础平台建设。建立健全全国知识产权大数据中心和保护监测信息网络，加强对注册登记、审批公告、纠纷处理、大案要案等信息的统计监测。建立知识产权执法信息报送统筹协调和信息共享机制，加大信息集成力度，提高综合研判和宏观决策水平。强化维权援助、举报投诉等公共服务平台软硬件建设，丰富平台功能，提升便民利民服务水平。

（十七）加强专业人才队伍建设。鼓励引导地方、部门、教育机构、行业协会、学会加大对知识产权保护专业人才培训力度。加强知识产权行政执法和司法队伍人员配备和职业化专业化建设，建立有效激励行政执法和司法人员积极性的机制，确保队伍稳定和有序交流。推动知识产权刑事案件办理专业化建设，提高侦查、审查逮捕、审查起诉、审判工作效率和办案质量。在有关管理部门和企事业单位，全面推行公职律师、公司律师、法律顾问制度，促进知识产权管理和保护工作法治化。充分发挥律师等法律服务队伍作用，做好知识产权纠纷调解、案件代理、普法宣传等工作。建立健全知识产权仲裁、调解、公证、社会监督等人才的选聘、管理、激励制度。加强知识产权保护专业人才岗位锻炼，充分发挥各类人才在维权实践中的作用。

（十八）加大资源投入和支持力度。各地区各部门要加大对知识产权保护资金投入力度。鼓励条件成熟的地区先行先试，率先建设知识产权保护试点示范区，形成若干保护高地。推动知识产权行政执法和司法装备现代化、智能化建设。鼓励企业加大资金投入，并通过市场化方式设立知识产权保护维权互助基金，提升自我维权能力和水平。

七、加大组织实施力度，确保工作任务落实

（十九）加强组织领导。全面加强党对知识产权保护工作的领导。各有关方面要按照职能分工，研究具体政策措施，协同推动知识产权保护体系建设。国家知识产权局要会同有关部门不断完善工作机制，加强协调指导和督促检查，确保各项工作要求有效落实，重大问题要及时按程序向党中央、国务院请示报告。

（二十）狠抓贯彻落实。地方各级党委和政府要全面贯彻党中央、国务院决策部署，落实

知识产权保护属地责任，定期召开党委或政府专题会议，研究知识产权保护工作，加强体制机制建设，制定配套措施，落实人员经费。要将知识产权保护工作纳入地方党委和政府重要议事日程，定期开展评估，确保各项措施落实到位。

（二十一）强化考核评价。建立健全考核评价制度，将知识产权保护绩效纳入地方党委和政府绩效考核和营商环境评价体系。建立年度知识产权保护社会满意度调查制度和保护水平评估制度。完善通报约谈机制，督促各级党委和政府加大知识产权保护工作力度。

（二十二）加强奖励激励。按照国家有关规定，对在知识产权保护工作中作出突出贡献的集体和个人给予表彰。鼓励各级政府充分利用现有奖励制度，对知识产权保护先进工作者和优秀社会参与者加强表彰。完善侵权假冒举报奖励机制，加大对举报人员奖励力度，激发社会公众参与知识产权保护工作的积极性和主动性。

（二十三）加强宣传引导。各地区各部门要加强舆论引导，定期公开发布有社会影响力的典型案件，让强化知识产权保护的观念深入人心。加强公益宣传，开展知识产权保护进企业、进单位、进社区、进学校、进网络等活动，不断提高全社会特别是创新创业主体知识产权保护意识，推动形成新时代知识产权保护工作新局面。

中国银保监会 国家知识产权局 国家版权局 关于进一步加强知识产权质押融资工作的通知

银保监发［2019］34号

各银保监局，各省、自治区、直辖市、新疆生产建设兵团、计划单列市知识产权局（知识产权管理部门）、版权局，各政策性银行、大型银行、股份制银行，邮储银行，外资银行，金融资产管理公司，各保险集团（控股）公司、保险公司、保险资产管理公司，其他会管经营类机构：

为贯彻落实党中央、国务院关于知识产权工作的一系列重要部署，促进银行保险机构加大对知识产权运用的支持力度，扩大知识产权质押融资，现就有关事项通知如下：

一、优化知识产权质押融资服务体系

（一）银行保险机构、知识产权质权登记机构应当统一思想认识、保持战略定力，高度重视知识产权质押融资工作的重要性。鼓励银行保险机构积极开展知识产权质押融资业务，支持具有发展潜力的创新型（科技型）企业。

（二）支持商业银行建立专门的知识产权质押融资管理制度。大型银行、股份制银行应当研究制定知识产权质押融资业务的支持政策，并指定专门部门负责知识产权质押融资工作。

（三）鼓励商业银行在风险可控的前提下，通过单列信贷计划、专项考核激励等方式支持知识产权质押融资业务发展，力争知识产权质押融资年累放贷款户数、年累放贷款金额逐年合理增长。

（四）支持商业银行建立适合知识产权质押融资特点的风险评估、授信审查、授信尽职和奖惩制度，创新信贷审批制度和利率定价机制。鼓励商业银行通过科技支行重点营销知识产权质押贷款等金融产品。鼓励商业银行积极探索知识产权金融业务发展模式，根据自身业务特色和经营优势，重点支持知识产权密集的创新型（科技型）企业的知识产权质押融资需求。

二、加强知识产权质押融资服务创新

（五）鼓励商业银行对企业的专利权、商标专用权、著作权等相关无形资产进行打包组合融资，提升企业复合型价值，扩大融资额度。研究扩大知识产权质押物范围，积极探索地理标志、集成电路布图设计作为知识产权质押物的可行性，进一步拓宽企业融资渠道。

（六）鼓励商业银行建立对企业科技创新能力的评价体系，通过综合评估企业专利权、商标专用权、著作权等知识产权价值等方式，合理分析企业创新发展能力和品牌价值，通过知识产权质押融资业务把握企业发展方向。商业银行应当积极同相关部门合作，完善对创新型（科技型）企业的认定及评价机制。支持商业银行运用云计算、大数据、移动互联网等新技术研发知识产权质押融资新模式。鼓励商业银行在提供知识产权质押融资服务基础上，为企业提供综合金融服务。

（七）支持商业银行与知识产权密集型产业园区开展战略性合作，给予园区合理的意向性授信额度。鼓励商业银行加大对产业供应链中的创新型（科技型）小微企业的融资支持力度，促成小微企业知识产权质押“首贷”，进一步探索将小微企业纳入知识产权金融服务体系的有效途径。

（八）支持商业银行与投资基金等具备投资能力和条件的机构开展合作，积极支持拥有较高技术水平、良好市场前景的知识产权质押融资借款人。支持保险机构依法合规投资知识产权密集的创新型（科技型）小微企业，有效提升保险机构金融综合服务能力。

三、健全知识产权质押融资风险管理

（九）商业银行开展知识产权质押融资业务应当对出质人及质物进行调查，办理质权登记，加强对押品的动态管理，定期分析借款人经营情况，对可能产生风险的不利情形要及时采取措施。

（十）鼓励商业银行培养知识产权质押融资专门人才，建立知识产权资产评估机构库，加强对知识产权第三方资产评估机构的合作准入与持续管理。逐步建立和完善知识产权内部评估体系，加强内部风险评估、资产评估能力建设，探索开展内部评估。支持商业银行探索以协商估值、坏账分担为核心的中小微企业知识产权质押融资模式。

（十一）商业银行知识产权质押融资不良率高出自身各项贷款不良率 3 个百分点（含）以内的，可不作为监管部门监管评级和银行内部考核评价的扣分因素。商业银行应当进一步建立健全符合知识产权质押融资特点的内部尽职免责机制和科学的绩效考核机制。对经办人员在知识产权质押融资业务办理过程中已经尽职履责的，实行免责。

（十二）鼓励保险机构在风险可控前提下，开展与知识产权质押融资相关的保证保险业务。鼓励保险机构开展知识产权被侵权损失保险、侵权责任保险等保险业务，为知识产权驱动创新发展提供保险服务。

四、完善知识产权质押融资保障工作

（十三）银行保险监督管理部门与知识产权管理部门、版权管理部门建立知识产权金融协同工作机制，加强信息数据共享，共同推动知识产权质押融资相关支持政策的制定和实施工作。

（十四）各银保监局、地方知识产权管理部门、地方版权管理部门等应当加强对本地区知识产权金融工作的组织领导，制定和完善本地区知识产权金融工作的具体措施。各银保监局、地方知识产权管理部门、地方版权管理部门要与地方政府有关部门加强合作，推动建立和完善知识产权质押融资的风险分担和损失补偿机制，促进知识产权质押融资业务可持续发展。

（十五）各银保监局、地方知识产权管理部门、地方版权管理部门应当积极为商业银行与创新型（科技型）企业创造对接机会与平台。推动建立知识产权资产评估机构库、专家库和知识产权融资项目数据库，推进知识产权作价评估标准化，为商业银行开展知识产权质押融资创造良好条件。地方知识产权管理部门和地方版权管理部门应当加强对商业银行知识产权押品动态管理的专项服务，联合商业银行探索知识产权质物处置、流转的有效途径，充分发挥国家知识产权运营公共服务平台等各类知识产权交易平台作用，做好质物处置工作。

（十六）知识产权管理部门、版权管理部门推动建立统一的专利权、商标专用权、著作权质押登记公示信息平台，便于商业银行、社会公众等进行查询。对于商业银行行使质权获得的知识产权等，可按程序减免维持费用。知识产权质权登记机构应当不断优化知识产权质押登记流程，缩短登记时间。

（十七）商业银行应当加强知识产权质押融资业务的统计分析，定期向银行保险监督管理部门报送知识产权质押融资统计数据及相关工作情况。各级银行保险监督管理部门、知识产权管理部门、版权管理部门应当积极促进银行保险机构之间、银行保险机构与知识产权运营服务机构之间的交流，适时对辖内银行保险机构、知识产权运营服务机构开展知识产权质押融资业务情况进行评估，对业务开展良好的商业银行可按规定实施监管激励。

（十八）鼓励商业银行以外的银行业金融机构以及经银保监会或银保监局批准设立的其他

金融机构参照本通知的规定，积极开展知识产权质押融资业务，支持具有发展潜力的创新型（科技型）企业。

（十九）各级银行保险监督管理部门、知识产权管理部门、版权管理部门要及时总结交流知识产权质押融资典型案例和良好经验；对于政策执行过程中出现的问题和困难，要加强研究，及时报告上级主管部门。

中国银保监会
国家知识产权局
国家版权局

2019 年 8 月 6 日

2020 年深入实施国家知识产权战略加快建设知识产权强国推进计划

国务院知识产权战略实施工作部际联席会议办公室

一、深化知识产权领域改革

（一）改革完善知识产权政策

1. 制定出台促进知识产权服务业高质量发展的政策文件，高标准推进知识产权服务业集聚区建设，打造服务业品牌机构。（知识产权局负责）

2. 复制推广全面创新改革试验中的知识产权保护举措，在 8 个改革试验区推广“建立跨区域的知识产权远程诉讼平台”“建立提供全方位证据服务的知识产权公证服务平台”等改革。（最高人民法院、司法部、知识产权局、中央宣传部按职责分别负责）

3. 出台《提升高等学校专利质量促进转化运用的若干意见》。（教育部、知识产权局、科技部负责）

4. 出台《组织开展国家知识产权试点示范高校建设工作的通知》。（知识产权局、教育部负责）

5. 出台《推进中央企业知识产权工作高质量发展的指导意见》。（国资委、知识产权局负责）

6. 推动建立知识产权（专利）密集型产业增加值核算与发布机制。完善知识产权产品核算方法，完善知识产权产品统计制度。（统计局、知识产权局负责）

7. 推进知识产权军民融合试点工作，加快国防知识产权代理受理、转移转化、维权保护等军民融合工作机制落地。建立知识产权双向转化工作机制。（中央军委装备发展部、知识产权局负责）

8. 出台《加强新形势下国防知识产权工作的意见》。（中央军委装备发展部、知识产权局、财政部、国防科工局负责）

9. 出台《国防知识产权管理规定》《军用计算机软件著作权登记工作暂行规则》，制定《国防专利定密解密工作规程》《国防专利行政执法办法》《国防专利代理管理办法》。（中央军委装备发展部、知识产权局、财政部、国防科工局、中央宣传部负责）

10. 建立国防科技工业重大科研项目知识产权评议和报告制度。（国防科工局、知识产权局负责）

11. 持续深化企业名称登记管理改革，推进《企业名称登记管理规定》修订，强化企业名称规范管理，对驰名商标、知名企业字号、中华老字号等商业标识加强保护。（市场监管总局负责）

12. 出台《中国科学院院属单位知识产权管理办法》。（中科院负责）

（二）深化知识产权领域“放管服”改革

13. 研究启动制定适当加强知识产权保护中央事权政策文件相关工作。（财政部、知识产权局负责）

14. 落实《关于深化知识产权领域“放管服”改革 营造良好营商环境的实施意见》，配合开展国内营商环境评价。（知识产权局负责）

15. 保障知识产权公共服务网有效运行，推进业务服务、政务服务和信息服务“一网通办”。（知识产权局负责）

16. 加强知识产权信息公共服务主干网络建设，新建30家技术与创新支持中心（TISC）和一批高校国家知识产权信息服务中心。推进知识产权大数据中心和公共服务平台立项工作。推动知识产权基础信息和资源平台整合利用，促进基础数据开放和共享，指导支持社会机构开展信息资源深度开发。（知识产权局、教育部负责）

17. 深入推进“蓝天”专项整治行动，打击知识产权非法代理。（知识产权局负责）

18. 清理著作权登记事项，提升便利化程度，优化计算机软件著作权登记，探索建立全国统一的著作权登记信息公示查询系统。（中央宣传部负责）

19. 规范对著作权集体管理组织和境外著作权认证机构的管理。（中央宣传部负责）

20. 严格实施认证领域“双随机、一公开”监管工作，加大对知识产权认证的监管力度。（知识产权局、市场监管总局负责）

21. 继续推行进出口货物知识产权状况预确认制度，在处理出口货物专利纠纷担保放行过程中，允许第三方机构为收发货人提供反担保服务。（海关总署负责）

二、加大知识产权保护力度

（一）完善法律法规规章

22. 配合做好《专利法》修改，推进《专利法实施细则》修订，修订《专利审查指南》，完善相关领域审查标准。加快商标、地理标志相关规章、规范性文件的制修订工作。加强知识产权基本法研究。（市场监管总局、知识产权局负责）

23. 配合做好《著作权法》修订工作。（中央宣传部、广电总局负责）

24. 推进专利、商标、商业秘密、反不正当竞争等领域的知识产权民事和刑事诉讼司法解释的起草工作。制定《关于办理侵犯知识产权刑事案件具体应用法律若干问题的解释（三）》，修订《关于办理侵犯知识产权刑事案件适用法律若干问题的意见》《关于公安机关管辖的刑事案件立案追诉标准的规定》（一）（二）。（最高人民法院、最高人民检察院、公安部负责）

25. 加快修订《国防专利条例》，推动制定国防专利纠纷司法解释。（中央军委装备发展部、国防科工局、知识产权局、最高人民法院负责）

26. 推动修订《植物新品种保护条例》《植物新品种保护条例实施细则》。（农业农村部、林草局负责）

27. 推进《生物遗传资源获取与惠益分享管理条例》立法工作。（生态环境部负责）

（二）加强保护长效机制建设

28. 制定实施2020—2021年贯彻落实《关于强化知识产权保护的意见》推进计划，完善工作机制，加强统筹协调，强化督促指导和绩效考核。（知识产权局负责）

29. 优化知识产权保护中心建设布局。加强知识产权维权援助公共服务平台建设。（知识产权局负责）

30. 深入推进“互联网＋”知识产权保护，加强信息技术手段运用。（知识产权局负责）

31. 大力培育知识产权仲裁机构和调解组织，完善调解制度规范。推进成立中国贸促会调解中心知识产权分中心。（知识产权局、司法部、贸促会负责）

32. 继续开展知识产权保护社会满意度调查。（知识产权局、中央政法委负责）

33. 探索建立新业态新领域版权案件查办方式，依法及时公开侵权盗版行政处罚案件信息，建立社会化网络版权保护监测机制。（中央宣传部、广电总局负责）

34. 完善软件正版化工作机制和检查考核制度，巩固政府机关软件正版化工作成果，推动重要行业和重点领域使用正版软件，加强软件正版化工作督促检查。（中央宣传部、工业和信息化部、国管局负责）

35. 建立健全与司法机关信息共享、案情通报、案件移送制度，完善案件移送标准和程

序，强化对侵权假冒的追踪溯源和链条式治理。（中央宣传部、公安部、海关总署按职责分别负责）

36. 完善生物多样性保护监管平台和生物遗传资源相关传统知识数据库。（生态环境部负责）

37. 依托中国非遗传承人群研修研习培训计划、传统工艺振兴计划等工作，继续加强对非遗传承人群知识产权培训，提高保护意识。（文化和旅游部负责）

38. 加快建设中医药传统知识保护数据库和保护名录，推动制定中医药传统知识保护条例。（中医药局、卫生健康委负责）

（三）强化知识产权行政保护

39. 加快出台商标侵权判断标准。健全知识产权行政执法保护业务指导体系，推进专利侵权纠纷行政裁决示范建设和知识产权侵权纠纷检验鉴定技术支撑体系试点工作。开展知识产权行政执法典型案例评选发布工作。建立专利侵权纠纷行政裁决与专利确权程序联动机制。（知识产权局负责）

40. 推进地理标志专用标志换标工作，推进地理标志产品保护示范区建设。加强特殊标志、官方标志的保护，做好北京冬奥会、冬残奥会的知识产权立体化保护。（知识产权局负责）

41. 继续开展打击网络侵权盗版治理"剑网"专项行动。（中央宣传部、中央网信办、工业和信息化部、公安部负责）

42. 针对商标专利侵权假冒等违法行为持续开展集中执法保护行动，聚焦重点市场、重点领域和重点产品，加大案件指导督查督办力度。（市场监管总局、知识产权局负责）

43. 继续开展网络市场监管专项行动，加强线上线下一体化监管，落实平台主体责任，维护网上交易秩序和跨境电子商务健康发展。（市场监管总局、海关总署负责）

44. 严厉打击不正当竞争行为，加大对市场混淆、侵犯商业秘密等行为的监管执法力度，加大对处理跨区域市场混淆等重大案件的统一部署，探索商业秘密等知识产权保护新模式。（市场监管总局负责）

45. 构建以信用为基础的文化和旅游市场监管机制，深入开展网络表演、网络音乐、网络动漫市场知识产权执法行动。（文化和旅游部负责）

46. 组织开展知识产权海关保护"龙腾 2020"专项行动，组织开展"一带一路"沿线国家和地区出口侵权商品专项整治。完善知识产权海关保护案例指导工作体系，发布《2019 年中国海关知识产权保护典型案例》。（海关总署负责）

47. 逐步建立健全国家、省、市、县四级农业、林草植物新品种保护执法体系。（农业农村部、林草局按职责分别负责）

48. 加快推进快递业信用体系建设。依法打击寄递企业违规收寄侵犯知识产权物品的行为。（邮政局负责）

（四）加强知识产权司法保护

49. 深入推进知识产权审判"三合一"工作，制定"三合一"工作指导意见。（最高人民法院负责）

50. 强化知识产权案件审判指导，促进裁判标准统一。开展知识产权民事诉讼程序繁简分流改革试点。（最高人民法院负责）

51. 完善知识产权案件监督机制，在生效裁判监督、审判违法监督和执行监督中实现对专门法院的无缝衔接。探索建立知识产权刑事案件集中管辖制度。加大对侵犯知识产权刑事案件权利人权利义务告知试点工作指导。（最高人民检察院负责）

52. 研究制定《侵犯知识产权犯罪案件公诉工作证据审查指引》，适时发布检察机关保护知识产权案件典型案例或指导性案例。（最高人民检察院负责）

53. 加大知识产权刑事执法力度，组织开展"昆仑 2020"专项行动。（公安部负责）

54. 完善规范知识产权犯罪侦查制度，推进基础支撑体系建设。（公安部负责）

三、促进知识产权创造运用

（一）提高知识产权审查质量和效率

55. 加强专利审查能力建设，完善质量评价机制，高价值专利审查周期压减至16个月以内。完善集中审查、优先审查、专利审查高速路、延迟审查等模式。（知识产权局负责）

56. 优化商标审查质量评价指标体系，完善审查质量管理，将商标注册平均审查周期压减至4个月。深化商标注册便利化改革，推进商标评审、异议、撤销等业务的电子化。加快智能审查系统开发，加大人工智能技术在审查中的运用。（知识产权局负责）

57. 探索改进林草植物新品种审批授权机制，扩大保护名录和新品种测试范围，逐步建立健全保护测试机构，加快测试指南编制，建立并推广电子申报系统，推动林草植物新品种审批智能化便利化改革，加快新品种测试机构和保藏机构建设。（林草局负责）

58. 加快修订农业植物品种复审规定，完善品种权保护及复审案件审理程序，健全复审工作机制，提升审查质量与效率。（农业农村部负责）

（二）强化知识产权质量导向

59. 形成打击非正常专利申请和商标恶意注册、囤积行为的长效机制。推动地方全面取消实用新型、外观设计和商标申请注册环节的资助与奖励。（知识产权局负责）

60. 逐步建立高校职务科技成果披露制度和专利申请前评估制度，停止对专利申请的资助奖励，大幅减少并逐步取消对专利授权的奖励，可通过提高转化收益比例等“后补助”方式对发明人或团队予以奖励，在职称晋升、绩效考核、岗位聘任、项目结题、人才评价和奖学金评定等政策中，坚决杜绝简单以专利申请量、授权量为考核内容，增加专利转化运用绩效的权重。（教育部、知识产权局、科技部负责）

61. 深化对国家科技重大专项相关领域的重大技术专利分析和预警。（科技部、知识产权局负责）

（三）加强知识产权综合运用

62. 出台专利导航实施指南，协调推进重点产业、重点产业集群专利导航工作。建立以产业数据、专利数据为基础的新兴产业专利导航决策机制。编制产业知识产权发展状况报告。（知识产权局、发展改革委、科技部负责）

63. 开展商标、地理标志区域品牌培育行动，大力实施地理标志运用促进工程，深入开展地理标志助力精准扶贫和商标品牌培育工作。（知识产权局负责）

64. 完善集体商标、证明商标注册管理制度，加强区域品牌建设，促进区域经济发展。（知识产权局负责）

65. 探索开展专利与技术标准融合试点。（知识产权局、市场监管总局负责）

66. 推动建立财政资助科研项目专利信息披露制度。推动国有企事业单位建立健全知识产权资产管理制度，完善知识产权价值评估机制。（知识产权局、科技部、国资委负责）

67. 开展知识产权金融服务综合示范，完善知识产权质押融资业务模式。鼓励保险公司开发知识产权保险产品。完善知识产权担保和风险补偿机制，鼓励融资担保公司开发适合知识产权的担保产品。（知识产权局、人民银行、银保监会按职责分别负责）

68. 深入实施中小企业知识产权战略推进工程。（知识产权局、工业和信息化部负责）

69. 全面落实知识产权服务民营企业创新发展的若干措施，开展优势示范企业培育工作。（知识产权局负责）

70. 启动知识产权质押信息平台第一阶段系统建设。（发展改革委、知识产权局、中央宣传部、银保监会负责）

71. 积极引导企业做好知识产权会计信息披露工作。督促上市公司严格执行知识产权信息披露相关规定。加快推进知识产权证券化试点，推动上海、深圳证券交易所等相关单位开展知识产权证券化工作。（财政部、知识产权局、证监会按职责分别负责）

72. 积极探索非物质文化遗产合理开发利用，推进文化创意、设计服务与相关产业融合发展。（文化和旅游部负责）

73. 聚焦重大疾病和罕见病、特殊人群等市场动力不足的临床用药需求，遴选公布第二批鼓励仿制药品目录。（卫生健康委负责）

（四）促进知识产权转移转化

74. 做好知识产权运营平台分类管理，加快重点城市知识产权运营服务体系建设。（财政部、知识产权局按职责分别负责）

75. 编制《创新过程知识产权管理规范》国家标准草案，修订《企业知识产权管理规范》国家标准，规范和优化企业、高校、科研组织、专利代理机构贯标工作。（知识产权局、市场监管总局负责）

76. 搭建国际版权保护交易平台。（中央宣传部、广电总局负责）

77. 依托高校、科研院所，建设一批专业化技术转移与知识产权管理运营为一体的机构，探索开展技术经理人培养。鼓励高校与第三方知识产权运营服务平台合作，支持高校根据岗位设置管理有关规定自主设置技术转移转化系列技术类和管理类岗位。（教育部、知识产权局、科技部、工业和信息化部、中科院按职责分别负责）

78. 启动赋予科研人员职务科技成果所有权或长期使用权试点工作。继续实施国家科技成果转化引导基金。（科技部负责）

79. 推动中科院院属单位开展贯标工作，推行知识产权全过程管理模式。完善知识产权服务网络，挖掘存量专利价值，依托中科院科技成果转化基金促进科技成果转移转化。（中科院、知识产权局负责）

80. 实施军工技术推广专项奖励性后补助，出台《国防科技工业知识产权转化目录（第六批）》，开展前五批《国防科技工业知识产权转化目录》效果调查工作。编制2019年国防科技工业专利年度报告。（国防科工局、知识产权局负责）

81. 开展中国数字版权保护技术的国家标准立项研究，推进专利、技术和标准国际化，建立产业生态体系，促进人工智能、区块链等新技术在广播电视和网络视听版权保护领域的应用。（广电总局负责）

四、深化知识产权国际交流合作

82. 维护多边主义，稳步推进与重点国家、地区和国际组织知识产权交流与合作。积极参与世界知识产权组织、世界贸易组织等多边框架下全球治理和规则制定。积极参与自贸协定知识产权章节谈判。积极参与并推动保护广播组织条约制定磋商进程。（知识产权局、外交部、商务部、中央宣传部、最高人民法院、市场监管总局、广电总局、林草局、贸促会按职责分别负责）

83. 认真落实中美第一阶段经贸协议知识产权章节相关工作。做好中欧地理标志协定生效的技术准备。（商务部、外交部、知识产权局按职责分别负责）

84. 办好2020年“一带一路”知识产权高级别会议。（知识产权局、中央宣传部、外交部、商务部负责）

85. 继续面向发展中国家开展知识产权学位教育培训。（知识产权局、教育部负责）

86. 促进国家海外知识产权纠纷应对指导中心高效运行，建设布局一批地方和海外分中心。继续完善海外展会知识产权综合服务机制。（知识产权局、贸促会负责）

87. 推进国际执法交流与合作，开展中欧知识产权保护重点行动。加强与美国、欧盟、俄罗斯、日本、韩国等海关执法合作机制建设，重点拓展与“一带一路”沿线国家海关合作。加强与国际刑警组织、各国执法部门交流合作，围绕重点案件开展联合执法行动。（最高人民检察院、公安部、海关总署按职责分别负责）

五、加强顶层设计和组织实施

（一）加强知识产权战略谋划和实施

88. 加快制定知识产权强国战略纲要。继续推动地方完善知识产权战略实施统筹协调机制。（联席会议办公室、联席会议成员单位负责）

89. 开展《“十三五”国家知识产权保护和运用规划》实施总结评估，做好“十四五”规划编制工作。（知识产权局负责）

90. 制定实施知识产权高质量发展工作指引，深化知识产权强省、强市、强企建设。（知识产权局负责）

91. 落实《制造业知识产权行动计划（2018—2020年）》，出台并实施《工业和信息化部2020年知识产权推进计划》。（工业和信息化部负责）

92. 制定《林业和草原知识产权“十四五”规划》，组织实施加快建设知识产权强国林业和草原推进计划，编辑出版《2019中国林业和草原知识产权年度报告》。（林草局负责）

93. 编制《中国科学院“十四五”知识产权发展规划纲要》。（中科院负责）

（二）夯实知识产权事业发展基础

94. 依托实施专业技术人才知识更新工程，加大对知识产权领域专业技术人才培养培训工作的支持力度。做好知识产权专业职称工作。做好知识产权行政管理人员轮训工作。（人力资源社会保障部、知识产权局负责）

95. 加快推进知识产权特色智库建设。（知识产权局负责）

96. 支持有条件的高校设置知识产权本科专业，推出一批知识产权一流专业建设点，打造一批知识产权“金课”，引导有条件的高职院校开设知识产权管理相关专业。（教育部负责）

97. 进一步加大知识产权人才引进培育支持力度。在党政领导干部和中管企业领导班子考核中，注重了解知识产权相关工作成效。继续指导加强干部知识产权培训工作。（中央组织部负责）

（三）大力倡导知识产权文化

98. 组织办好世界知识产权日、全国知识产权宣传周、中国专利周、版权宣传周、中国知识产权年会、中国知识产权保护高层论坛、中国网络版权保护与发展大会、中国国际专利技术与产品交易会、中国国际设计博览会、中国国际版权博览会、2020年国际版权论坛、2020国际保护知识产权协会（AIPPI）世界知识产权大会，支持办好上海知识产权国际论坛等活动。探索组织中国知识产权保护成就海外展。（知识产权局、中央宣传部、林草局、海关总署、贸促会负责）

99. 拓展知识产权知识普及教育，深化中小学知识产权教育工作，继续开展全国大学生版权征文活动。（知识产权局、教育部、中央宣传部负责）

100. 依托全国科技活动周、全国科普日等重点科普活动，推进知识产权科普工作。在各类知识竞赛中纳入知识产权相关内容。（科技部、中国科协负责）

上述各项任务分工中，由多个部门负责的，列第一位的部门为牵头部门，其他为参与部门。

版

专文

ZHUAN WEN

权

跨越世纪的伟大觉醒

——发现创造和知识产权

刘春田*

2018年12月18日，习近平总书记在庆祝改革开放四十周年大会上的讲话指出："改革开放是我们党的一次伟大觉醒，正是这个伟大觉醒孕育了我们党从理论到实践的伟大创造。改革开放是中国人民和中华民族发展史上一次伟大革命，正是这个伟大革命推动了中国特色社会主义事业的伟大飞跃！"① 觉醒，按照《现代汉语词典》的解释，是醒悟、觉悟之意，是指由迷惑而明白，由模糊而认清，由错误而正确。觉醒就是对不理性的扬弃、摆脱、否定，是飞跃，是质变，是重生。没有否定就没有进步，没有对错误、蒙昧、偏见及其后果的反思，就无法放弃历史包袱，面向未来。"觉醒"二字意义深刻，"伟大觉醒"更是寓意非凡。"觉醒"客观、准确地总结了改革开放四十年乃至新中国成立七十年的理论与实践。习近平总书记的讲话代表了党中央的认知，把上述"伟大创造"、"伟大革命"和"伟大飞跃"，做了极为精练的概括和总结，把它们归功于"伟大觉醒"，足见"觉醒"的决定性作用。一言以蔽之，今天的变革都源于觉醒，正可谓："巨大的变革不是由观念单独引起的；但是没有观念就不会发生变革。"② 中国近现代百余年的历史，也可说是一部民族觉醒的历史，转变观念的历史。觉醒，让我们亲近理性，创立社会主义初级阶段理论，对道路和制度做出正确的选择。觉醒，让我们改革开放，重回国家与社会发展的正轨。觉醒，让我们建立市场经济和法治，把落后的农业社会带进工业社会。觉醒，让我们改革财产制度（经济学上称作"产权制度"），构建以知识产权为核心的现代财产体系。觉醒，让我们选择创新，走上可持续发展的健康道路。面对逝去的七十年，本文以"觉醒"和转变观念为主旨，以市场经济、私权重建、发现创造与知识产权为主线，诠释改革开放。

一、重建私权和发现知识产权是跨越世纪的伟大觉醒

财产是人类一切活动的基础。"天下熙熙皆为利来，天下攘攘皆为利往"。人类的一切活动都是围绕财富的创造、分配、交换和消费进行的。理性、稳定的财产秩序是一切经济得以发展、一切社会得以长治久安的基石。工业革命以来，依靠创新增长财富是最具影响的经济活动，知识产权则成为人类的新财富。

中国人关于新财富的觉醒与观念转变始于鸦片战争，跨越世纪。西方发端的技术革命和世界贸易实现了农业文明到工业文明的世代更替。工业以其无可争议的先进性披坚执锐、波及全球，打破了千年封闭的东方帝国，催生了中国早期知识产权意识的觉醒。"五口通商"后，西方技术、物产和贸易规则的进入，一方面诱发了因关注西方坚船利炮而产生的洋务运动，另一方面也使中国人出现了对西方文化的观察和典章制度的兴趣。如福建人林氏在海外，用"以蠡测海"的态度描述了在美国观察到"应心得手，创一技便可成名（其俗不尚虚文，凡人能首创一艺足以利世，特加奖励）"③ 的知识产权现象。太平天国时期的洪仁玕在研究西方专利制度的基础上，提出建立专利制度的系统设计。1898年，清王朝在"戊戌变法"中颁布的《振兴工艺给奖章程》则是这一觉醒所孕育的标志性成果。清朝在覆灭前夕，又先后颁布了《商标注册试办章程》和

---

* 刘春田，中国人民大学知识产权学院院长、教授，中国知识产权法学研究会会长。

① 习近平. 在庆祝改革开放40周年大会上的讲话［N］. 人民日报，2018-12-19（2）.

② 霍布豪斯. 自由主义［M］. 朱曾汶，译. 北京：商务印书馆，2009：24.

③ 钟叔河. 走向世界［M］. 北京：商务印书馆，1985：55.

《大清著作权律》，完成了知识产权制度的最初设计。北洋政府和国民政府时期，中国知识产权制度体系基本形成。但是，旧时的中国，是一个半殖民地半封建的落后的农业社会，国家没有统一。即便在知识界的努力下制定了较为健全的知识产权制度，但是囿于国家、社会、国民的历史状况，知识产权制度没能发挥其应有的作用。

中华人民共和国的建立，为国家现代化和民族复兴提供了坚实的基础。但七十年来，我国在财产制度建设中却走过了一条曲折的道路。

十年动乱，我国付出沉重代价，经济到了崩溃的边缘。"文革"结束，激发全民族的认真反思、痛定思痛、幡然醒悟，我们开始转变。改革开放的四十年，我们在不断觉醒、不断转变中不断探索，"摸着石头过河"，走过了艰辛的道路，取得了举世瞩目的伟大成就，创造了人类历史的奇观。理性积淀，对四十年道路历经的风雨和是非做一个勾画，呈现出一条思想觉醒、观念转变的历史脉络。逻辑清晰，大道至简。

第一，贫穷不是社会主义。在我们的理想中，国家是全体国民的物质共同体和精神家园。人们普遍受的教育是：只有社会主义能够救中国。但是，究竟什么是社会主义？我们曾经经历的那种贫穷、落后、窘迫，是不是社会主义，社会主义还有无其他方案、其他模式？中国人在贫穷、落后的现实与全盘公有制天经地义社会主义理念的冲突面前纠结多年。一方面，九亿农民养活不了一亿城市居民，几亿人民不得温饱；另一方面，我们又纠结于僵化的意识形态，死扛硬挺，把所谓"姓资姓社"当作头等是非，"饿死事小，失节事大"。在理想与现实的冲突之间，邓小平"贫穷不是社会主义"一语，石破天惊，让国民的思想冲破牢笼，引发了中国国民的伟大觉醒，成就了我国社会持续四十年的伟大转变。

第二，发展才是硬道理。发展是当代世界的两大主题之一。社会主义的根本任务是解放和发展生产力，发展经济，提高国民的物质与精神生活水平。经济建设是中心任务，是纲、是本、是主要矛盾。我们却长期本末倒置，以阶级斗争为纲，把发展经济的任务说成是目、是末、是次要矛盾，甚至可有可无。邓小平"发展才是硬道理"，大道至简，体现了在中国社会历经多年的艰苦摸索之后，这位饱经沧桑的老人"文革"中"处江湖之远"的思考和改革决心，这是对以经济建设为中心基本国策最精要的诠释和强力的支撑。这在当年，可谓振聋发聩，让国人打破了对"有计划、按比例、高速度"教条式基本经济规律的盲目崇信，最终放弃了多年来舍本逐末的"计划经济"，开启向市场经济的根本转变。

第三，改革开放。运动是生命的存在方式，开放是生命发展的基本条件。对外、对内都是如此。明末清初，我国的闭海政策使她与世界隔绝，错失工业革命的历史良机，造成了与西方跨越"时代"的差距。中华人民共和国成立后的最初三十年，由于外部世界的"封锁"，由于我们自身的失误，屡失发展良机，加大了这一差距。对内，由于计划体制制约下的社会生产、分配、流通、消费，国民个体法律地位不张，读书、求职、创业，甚至居家、旅行、谈情说爱、婚丧嫁娶等本属于公民的私人事务，一般都要受到公权力的干预和支配。记得 20 世纪 80 年代末，购买机票还须出具县团级以上人事部门的介绍信。在这种体制下，社会及个体的基本物质资源、知识资源、劳动资源、智力资源等，因超经济力量的条条块块管控而被封闭、隔绝、束缚、窒息，无法实现基于经济规律的自由配置，难以形成生产力。开放，就是为社会、为个体开辟合理的发展空间，给生产力"松绑"，给经济社会发展以活力。开放，就是开放由公权力控制的本属于社会、个体的生存发展权利。开放是一个漫长的过程，与计划体制休戚相关的陈规旧制不会轻易退出历史舞台。2014 年 9 月 11 日李克强在考察天津滨海新区行政审批局时，看到简政放权后，只要一枚公章，就取代了过去 109 枚公章的权限。在他的见证下，109 枚公章被永久封存。他拿起一枚作废的公章说，这章做得多结实啊，不知曾经束缚了多少人！① 当时，距离改革开放"元年"已历时 35 年。一个小小的城市新区，为了审查批准民商事主体某些经营行为权限，要设 109 个机构，还要规定一道道烦琐的程序，配备一众人员建立部门和办公场所，这支"大军"不但自己不创造财富，空耗社会财富，反过来还为社会、为他人创造财富设置关卡。这种情况在全国普遍存在，仅此一项，如果算一笔账，全国会浪费多少财富！因此，开放的内容之一，就是对资源控制权的开放。为了"以人民为中心"，为了发展生产

---

① 李克强见证封存 109 枚审批公章［EB/OL］.（2014-09-12）. http://www.gov.cn/guowuyuan/201409/12/content_2749611.htm.

力，应当尽可能把更多的资源投放到市场上，给个体、社会更多的自由，任市场主体更大范围地选择，更自由地配置。不难想象，改革开放还蕴藏着解放生产力的多少潜能。

第四，社会主义市场经济。在一定意义上，市场经济是最大的生产力。经济史说明，市场经济是技术进步、经济发展和社会文明的必经之路。但是由于我们过早地实行全盘公有制，并由此建立起脸谱式的非此即彼、黑白分明的价值观，就全盘否定了市场经济。改革开放前，消灭“小生产”，“割掉资本主义尾巴”，阉割了个人从事经济活动的基础。计划经济实行产品“统购统销”，抹杀差别，造成产品同质，弥合了不对称，也就消灭了商品，关闭了市场。经济发展进入“死局”。迷途思返，于是转而寻求市场经济。但是，在改造计划经济中建设市场经济，谈何容易。

市场经济是开放、多元、自由和发展的经济。市场充满生机，是在要素的自由活动和重组中进化的经济。市场提供了多元与选择，而“生命在进化过程中产生了不可预见的各种形态……这种活动始终在不同程度上带有偶然性；它至少有一种选择的基础。然而，选择必须以多种可能活动的预先表现为前提”①。市场还是创新的温床。市场源自差异，没有差异就没有交易，多元与不对称是选择和交易的前提。市场必然鼓励竞争，鼓励创新、差异、多元和不对称。开放的市场是靠规律的力量把尽可能多的要素吸引在这个天高地阔、自由选择的交易大平台上。市场上，经济要素通过交融，形成几何级数的“聚合”效应，催生新的“核裂变”式的创造力，爆发更大的社会潜能。可见，市场经济符合自然法则、顺从经济规律，它反映的近乎是自然的力量，其合理性无须证明。在我国，有两件事十分典型，虽然时过境迁，但令人回味。其一，关于社会主义社会有无商品之争。改革之初，我国经济学界顶尖的经济学家们为中国是否存在商品生产，以及货币是不是商品等今天的常识问题曾经发生过激烈的争论。当时，商品、货币、私有财产、市场经济被认为是资本主义的本质和主要特征，社会主义革命已经让这些东西成为历史，虽然中央提出要“补商品经济的课”，但对能否让这些东西都恢复，大家吵得热火朝天。其二，社会主义社会个体经济的法律地位和对资源的配置限度，应否有人为的标准。计划经济阉割了个体的经济本能，剥夺了个体的法律地位。市场经济则承认个体天生的经济潜能，承认其法律地位，并为实现资源自由配置和创造财富提供了广阔的空间。改革开放重新赋予个体民商事主体资格，这是一个重大的历史转折。有如打开潘多拉魔盒，个体经济潜能一发而不可收。改革之初尽管资源有限，但百业待兴的局面还是给个体经济带来了勃勃生机，凭着智慧和勇气，私有经济如沐浴春风的原上之草，发展之迅猛远超预期，很多地方雇工超过政策规定的 8 人之限。当年，最令人关注的是“傻子瓜子”案，安徽芜湖的“傻子瓜子”经营户年广久，瓜子炒制技术冠绝当地，名动一时。由于生意兴隆，他雇工达 103 人，家财百万，惊动乡里、引发争论。有人质疑这种人力、物力、财力和市场规模是否属于资本主义性质“剥削”，争论波及全国。个体震恐、“心有余悸”，以至引起中央高层关注。1982 年，面对争议，邓小平做了“看一看、等一等”的提议，中央组织力量进行调查研究，谨慎对待，不轻易表态，担心若出台限制政策，会影响个体刚刚被激发的创业热情。此后这种现象不断涌现，仍有质疑之声。1984 年邓小平提议“再看一看”。那年，年广久又上新台阶，纳税三十多万元。在“看一看”中，全国各地私有经济如雨后春笋，蓬勃发展，这种市场导向的资源配置方式不向国家伸手，不单个人致富，还向国家交钱，同时解决了众多人的就业问题，人民生活内容也丰富了，于国于民于社会，无不利好。此后，质疑之声逐渐平息。

四十多年来，在市场力量的调动下，我国私有经济蓬勃发展，动辄雇工几万的私有企业数不胜数，“家财万贯”“富可敌国”的企业也为数不少。华为雇工十六七万人，靠着市场的开放与合作机制，实现了全球范围的资源配置，显示了市场经济无与伦比的资源配置“大功率”“高效率”优势。

市场经济与计划经济不限于财富生产和经济发展策略的不同，而且是生产、生活方式的根本转变。市场经济既是一个社会形态，也是一所大学校，这一转变，也促成了人的解放。它使人们生产、生活的知识、技术、思维方式、行为方式等工具几乎全面地更新换代。比如效益、奖金、竞争、市场、拍卖、提成、打折、回扣、财产、合同、债权、违约、侵权、投资、租赁、招商、信用、信托、股市、股票、期货、理财、支票、基金、保险、外汇、信用卡、签证……不一而足，计划经济时代绝迹的商业

---

① 亨利·伯格森. 创造进化论［M］. 姜志辉，译. 北京：商务印书馆，2004：98.

词汇弥漫于今天的日常生活。国民个体伴随重获主体地位而带来的眼界的提升和视野的扩大，以及由此促成的世界观的丰富和生产、生活能力的提高，变得更为聪明。一言以蔽之，市场经济让人脱胎换骨，焕然一新。计划经济下的个体，是被教导、按规定地生活。市场经济下的个体则是在法律的限度内，自主地选择生活方式。因此，它是人的身心的解放。还应当看到，发达国家积累了长期的市场经济经验，凝练了丰富的市场经济文化，而中国人对市场经济的认知，如“杨家有女初长成”，还有很多“课”要补。向市场要财富，中国的潜力无穷。

还应看到，计划经济的习惯和意识还根深蒂固，它天然地排斥个体。实践中以所有制为基准，在国企、私企之间划分“嫡”“庶”的社会风气于今为烈。众所周知，经济活动无论如何配置资源，都应当“以实现对物的使用、占有和转让等的功利最大化”和“以实现对物的使用、占有和转让等的效率最大化”① 为宗旨。但有些地方，为了眼前的、局部的利益，打着捍卫“公”的旗号，不惜违背经济规律，荒诞地制造“公”“私”身份对立，在政策甚至法律上偏私“公”，妖魔化“私”，同时损害了个体利益、社会利益和国家利益。这种旧意识不退出历史舞台，始终影响经济发展。

第五，重建私权，重塑财产体系。改革开放是“多方面地改变同生产力发展不适应的生产关系和上层建筑，改变一切不适应的管理方式、活动方式和思想方式，因而是一场广泛、深刻的革命”②。根据中共十一届三中全会精神，重新界定财产关系成为发展经济的主要任务，重建私权又是重中之重。私权即个体的权利，财产权是私权的核心。私权既是对个体利益的有效保障，也是对个体行为的理性约束。私权是发展市场经济的法律基础，没有私权，市场经济就没有法律保障。重建私权并非一帆风顺。国家强制下的全盘公有消灭了“财产”，使国民个体只拥有维持温饱、提供劳动力再生产的基本“生活资料”。“财产”观念在公众意识中淡出，甚至一度被认作邪恶，大家“谈财色变”。所谓“财产是一个人有权占有和享有的任何事物”③。众所周知，在文明社会，财产作为私权的核心，是实现个体自由、健康和安全的基础，是捍卫个人尊严的物质保障。古已有训：“有恒产始有恒心”。汉字“富”，形象地描述了家有田产、丰衣足食的安定田园景象。而“窮”（穷）字，则惟妙惟肖地刻画了主人公家徒四壁，在低矮的房子下委屈地弓着身子的落寞无奈，以及内心求变却被压抑着的反弹张力。古代民谣中也可以看到那些穷愁潦倒的人，他们一无所有、处处无家，就盼着哪天天快点儿塌下来的心境。理性的财产制度是社会稳定、国家长治久安的物质基础和法律保障。一个社会，作为基本成员的个体没有财产，私权不张，也就瓦解了国家的物质、法律和道德基础。小岗村农民的“联名状”，表达的是朴素而明确的财产宣示，它重燃了社会主义条件下国民对久违的财产的强烈诉求。土地联产承包关系，催生了重新构建财产权制度的先声。此后四十多年的改革，不断地重新界定各类主体的利益关系，这些几乎都是围绕财产关系进行的。这一时期，《宪法》几度修改，也是为了认可与巩固私权重建的成果。

改革开放中，每一项财产制度的建设都不顺利。20 世纪 80 年代，法学界曾经就中国究竟应当制定《经济法典》还是《民法典》吵得不可开交。争论中出现了“文革”的“路线斗争”思维，认为民法的基础是市场经济，个体居于经济活动的核心，因而《民法典》属于资本主义。《经济法典》的基础是计划经济，国家利益是中心，是社会主义。主张《民法典》的代表人物，著名民法学家佟柔先生被戴上“资产阶级民法学家”帽子，弄得民法学界一时间“门前冷落鞍马稀”。当年，笔者正拜在佟先生门下攻读民法学专业研究生，佟先生曾悲愤地对我言讲：“哪怕中国只剩下一个人还敢承认自己是民法学家，那就是我佟柔！”足见私权建设之艰难。作为开私权制度建设先河的知识产权立法尤为突出。1982 年《商标法》出台还没有引起重视，但是 1984 年的《专利法》和 1990 年的《著作权法》则是在制定过程中一波三折，在尖锐的矛盾与争议中艰难出台。当时介绍专利制度的出版物还深受苏联理论影响，认同“专利法作为资产阶级法律的一部分，是随着资产阶级作为一个阶级的出现而产生的，并且随着资本主义生存方式的确立而最后形成”④ 的观点。在中国，社会主义制度下的知识、技术是否属于财产，能否属于私人所有，是否可以被商品化等问题

① 斯蒂芬·芒泽. 财产理论 [M]. 彭诚信，译. 北京：北京大学出版社，2006：3.

② 中共中央文献研究室. 三中全会以来重要文献选编：上 [M]. 北京：人民出版社，1982：4.

③ 斯图尔特·班纳. 财产故事 [M]. 陈贤凯，许可，译. 北京：中国政法大学出版社，2017：1.

④ 中国科学技术情报所专利馆编. 国外专利法介绍（一）[M]. 北京：知识出版社，1981：3.

曾一度困扰法律的建设[①]。

1986年，具有划时代意义的《民法通则》是中华人民共和国国民的私权宣言。此后，私权单行法律相继出台，为完善我国私权制度奠定了良好的基础。特别是中共中央决定2020年构建完成中国国民的私权总章程《民法典》，则是历史性的决策，必将成为法治建设的里程碑。毋庸置疑，随着我国私权制度的复兴与完善，我国经济将激发更大的活力和动力，更为健康、可持续地发展。

重建私权，关键在于思想解放和观念转变，要害是承不承认个体经济行为是人与生俱来的能力，法律上是否赋予私有财产以切实保障。一个绕不开的问题是，我们如何面对亿万个有活力、有想法、有诉求的生命个体。说到底，就是如何对待自然法则，如何对待人性。现代社会，私权制度属于国家基础设施，这个问题解决不好，老百姓的日子就过不下去。老百姓日子不好，国无宁日。然而，财产与私权，这些被社会主义改造送进历史的东西，已经上了“本本”，应不应当恢复，基于种种顾虑，怎么转这个弯子，几乎是中国社会改革全过程最让人纠结的事情。“正统”教育坚持认为，财产公有与财产私有是社会主义与资本主义的本质区别，“公”与“私”水火不容，这种认识不容置疑。实践说明，财产实行全盘公有制并不合时宜，虽有人提出质疑，但囿于政治考量，无人大胆造次。三年困难时期，在“调整、巩固、充实、提高”方针下，曾出现的包产到户、分配自留地、给农民有限的自由等在生产关系上的微调，不过是共克时艰的权宜之计。不涉及根本，既没有普遍价值，也不可持久，算不上改革，遑论法律上的私权。但是，事实却与近乎“教条”式的观念南辕北辙。个体自然人作为先天的存在，人世间的一切智慧、知识、创造能力、劳动能力、组合能力和激情，归根到底，都出自个体人。人，是一切力量的源泉，也是一切财产的源泉。个体作为经济发展内在的、能动的力量，作为生产力要素，是自然法则、经济规律和人性使然。这种人所固有的属性作为财产，天然地属于个人所有，它无法让渡、放弃、剥夺和替代，也是外在的人力、制度所无法泯灭的。以上认识，只是对客观事实、对人的天性的一个描述，是常识，无论中外，自古而然，无关思想与政治，无关社会制度。令人啼笑皆非的是，我们却长期用思想争论甚至政治手段对待常识，用意识否认存在。重返理性，必须正视的是，作为“经济增长的一种基本要素——人力资源连同它的各种表现——是天生附在个人身上的资产。个人在实际上控制着人力资源的发挥和生产性供给，这在任何经济制度下都是一样的。所谓市场经济，就是法律正式承认私产，特别是私产的转让权利的制度。这决定了人力资源在不同经济制度下得到了不同的利用和发挥”。以上认识，无疑可以成为“一个理论支点，有助于解释公有制下人们的行为，有助于解释公有制的改革，更重要的是，有助于解释在国家强制性剥夺和消灭私产制之后，私产为什么还能够得以重建”[②]。在根深蒂固的“教条”与生活现实的矛盾面前，邓小平放弃教条、打破迷思，选择了理性与觉醒，选择了现实。他说：“一个党，一个国家，一个民族，如果一切从本本出发，思想僵化，迷信盛行，那它就不能前进，它的生机就停止了，就要亡党亡国。”[③] 值得庆幸的是，我们的理想和理性在反复的碰撞中磨合，在社会主义市场经济条件下，正在逐步建立起中国特色的私权制度。今天，我们之所以仍然不厌其烦地重复着常识，当然并非“杞人忧天”。

重塑财产体系。重建私权不是“刻舟求剑”，不是在改变了的地基上恢复旧物，而是在财产概念下实施与时俱进、“脱胎换骨”式的财产体系再造。古希腊思想家赫拉克利特在两千多年前说过，人不能两次踏进同一条河流。财产也是这样，是一个随着技术进步、经济发展和社会关系变动与时俱进、不断地推陈出新的开放的体系。“任何特定时间内存在的财产种类以及支配这些财产的规则，均不是一成不变的”[④]。自文明社会至今，世代变迁，从人到物，从行为到知识，从精神到肉体，从机会到权力，凡是可以占有、享有和支配的事物，都曾做过财产的对象。西方社会，奴隶、封建“土地保有权”，子女、长子继承权，公职、圣职推荐权等都曾是财产对象，如今都成遗迹。计划经济时代，粮票、布票、肉票、蛋奶票、工业券、介绍信、出差证明、批条……都是事实上的财产证书。市场经济把这些都送进历史。改革开放，“土地承包经营权”成为中国农民获得的第一笔新财产。随着经济发展和人民生

① 韩秀成. 沧桑巨变：知识产权与改革开放四十年［J］. 知识产权，2018（9）.

② 周其仁. 改革的逻辑［M］. 北京：中信出版社，2013：53.

③ 邓小平. 邓小平文选：第2卷［M］. 2版. 北京：人民出版社，1994：143.

④ 斯图尔特·班纳. 财产故事［M］. 陈贤凯，许可，译. 北京：中国政法大学出版社，2017：30.

活方式的变革，会有越来越多的财产形态进入国民私权“彀中”。社会主义初级阶段，在中国人的生活中，将有一个不断延长、不断丰富的财产名单。

第六，知识是人类世界取之不尽、用之不竭的“能源”，知识产权制度是以知识为燃料的财富生产发动机，是资源配置无与伦比的杰作。在人类社会历史上，财产经历了从物质实体到关系实在的演变。古代社会，物质财产是第一也是唯一被法律承认的绝对财产，物权数千年独占财产体系鳌头。但是自古以来，知识、技术在产品价值形成中的作用并非没有体现。知识、技术隐藏在物质背后，在产品交易中事实上占据交易份额，比如设计独特、做工精美的手工艺术品价格，显然高出做工低劣的同类产品。原创艺术孤品，价格肯定会高出同类作品的批量制品。可见，知识、技术从来都是有价值的，只是隐于产品背后，在交易中没有独立的“身份”，在制度上没有获得“正名”，在法律上没有可依据的保障。经济进步最终显示，知识、技术才是驱动经济发展的真正原因，科学技术是第一生产力不是一句口号，而是一条客观规律，是事实。工业文明促使知识、技术在交易中从其产品的物质载体中“脱颖”而出，知识、技术的可交易性，使之形成独立的财产形态——知识产权。

知识产权制度是一项伟大的发明。知识产权制度推动了世界跨越式的进步。一切发明创造都是资源配置，无论是产品的，还是方法的。知识产权制度作为文明的标志，是比任何杰出的科技创造更为伟大的发明。它酷似宇宙“黑洞”，以恢宏的手笔，以知识、市场、私权制度等人世间最本质、最宏伟、最强大的资源作为配置要素，将三者熔为一炉，“为天才的创造之火添加利益的柴薪”，构筑前无古人的“巨无霸”式的经济发展发动机，体现了典型的顶层规划与设计的优势。知识产权制度既是上层建筑，也是生产力。与工业时代之前相比，知识产权制度使得在大工业和贸易的推动下，作为财富源泉的知识、技术，由在农业社会只能零星地、分散地获得利益，一举实现质变，建立起知识、技术转化为财产的稳定、可靠、有法律保障的机制，因而成为一种社会建制，成为经济发展的基础性资源，成为激发和解放生产力的力量。实践证明，知识产权制度作为一种自发、持久、普遍的技术力量，对人类物质与精神文明进步，发挥了空前的推动作用。中国改革开放伊始就构建起知识产权制度，筚路蓝缕四十年，知识产权已经成为我们从这个世界收获的最好的礼物之一。

拜改革开放所赐，中国人民遇见了知识产权，找到了经济发展、社会进步的持久动力。知识产权制度作为技术、作为产品，如同一架“内燃机”，本身就是设计的产物，在“功率”、“效率”和“质量”三个要素上都有不断创新、升级换代的空间。首先，气缸的排量越大，容纳的燃油越多，功率越大。同市场经济一样，知识产权制度的优势也在于规模，越是大型经济体，越容易发挥该制度的优势。其次，作为一架机器，知识产权制度在优化资源配置和机制设计、提升效率、提高“性价比”上还有不断的上升空间。再次，质量是产品的生命，质量精良的机器可以提高机器“性价比”，增强竞争力。制度也是同样道理。曾听到一个故事，作为世界顶级品牌的苹果公司向来以精益求精闻名于世，为保障质量，高价聘请了德国的公司做质量监理。不久前，一款产品，经过反复修改、完善，连苹果公司都觉得满意有加，决定投产。但德国监理公司死活不认可，坚决不退让，并提出，如果苹果公司坚持投产，宁可退还高额监理费用，也不肯“掉价”为该设计“背书”。这就是德国人对质量的原则。我们买德国汽车，常常为选择品牌、考虑价位而纠结，买苹果手机，往往为选择款式而踌躇，但对它们的产品质量却极少怀疑。对照上述三个要素，我们发现，中国知识产权制度既有巨大的优势，也有巨大的提升空间。首先，我们是一个稳步增长的超大型经济体，知识产权制度这架超大“马力”“机器”的规模效应无与伦比；其次，初建的知识产权体系有巨大的降低成本、提升效率的空间；再次，几近粗放的知识产权机制，可以在提高制度的质量上挖掘更大的潜力。

二、发现创造是决定未来的伟大觉醒

通常认为，一个理论创新，可以转变观念，可能是人类文明的一大步。在传统劳动论的基础上，创造论观点的提出是一个突破。这与其说是创新，倒不如说是发现。如下的阐述可以被称为对一个久已存在的事实的揭示，如同我们曾经发现知识产权是第一财产权一样，创造被从劳动现象中剥离、提取出来，取得了与神圣劳动比肩而立的地位，既有重要的理论意义，也有重大的实践价值。

本文对创造观的基本描述是：创造与劳动是两种不同的人类活动。创造不属于劳动。创造应当获得与其行为相匹配的独立存在，不可以长期被劳动所掩盖和抹杀。劳动是人的本质。创造也是人的本质，而且是比劳动更为深刻的人的本质。创造是劳动的指南和主宰。

人类生产力进步，经济发展，是创造主宰，还是劳动主宰，是技术水平决定劳动模式、形态，还是劳动模式、形态决定技术水平，这如同大脑与四肢的关系。这可能影响自洛克以来经济学所确立的劳动在经济生活中的核心、主宰地位。可能涉及人类的未来，涉及当今社会，或涉及颠覆人类有史以来的价值观。发现创造或许是经济发展里程碑式的伟大觉醒。

上述发现，我们可以在权威性的政治文件中找到相似思想的端倪。党的十六大报告提出："必须尊重劳动、尊重知识、尊重人才、尊重创造，这要作为党和国家的一项重大方针在全社会认真贯彻。"2016年4月26日，习近平总书记在一个座谈会上指出："实现中华民族伟大复兴，必须依靠知识，必须依靠劳动……"① 习近平总书记还指出，"创新是一个民族进步的灵魂，是一个国家兴旺发达的不竭动力，也是中华民族最深沉的民族禀赋"②。"知识是创造的成果，而非劳动的成果。创造无价……作为创造成果的知识，无论科学技术、文学艺术，还是商业标记，本身是无价的。故知识和作为劳动成果的物品，两种产品是不同质的，二者没有共同的价值标准"③。"'创造成果'的概念，使之与'劳动成果'划清了界限。我国传统理论以及知识产权著作，包括本书作者以往的观点，一向把'创造'活动归入劳动范畴，把创造成果归为劳动成果范畴，因而将劳动划分为创造性劳动和非创造性劳动。近年来的研究认为：在经济学上，创造与劳动是截然不同的两种事物。劳动的同质性决定，无论劳动的具体方式如何，无论劳动的技术含量高低，无论是简单劳动还是复杂劳动，其质的规定，无一例外是人类无差别的智力与体力综合支出的凝结。其量的规定，是具体劳动各自所需要的社会必要劳动时间。劳动成果是可计量的，不同劳动成果之间是可比较、可交换、可再现的。创造则截然不同。创造成果是唯一的，创造是不可再现的。创造成果与创造成果之间，创造成果与劳动成果之间，都是异质的，不具有可比性，因而无法直接通融"④。这些表达反映了研究者对这一问题的持续思考。本文认为，在劳动观之后，创造观的提出是一个重大的理论创新，它对于解释知识产权的正当性，对于发展以知识产权为核心的服务创新的法律制度，都有重要的指导价值。尽管对其结论的科学、谨慎的理性求证，还任重而道远，但是作为一个大胆的假设，其是对传统理论的突破，是一个尝试。它代表着一种觉醒、一种启蒙、一种转变。它就像是一束火炬，照亮了我们的心田，引导我们前行。如果创造观具备足够的解释力，会是对经济社会发展理论的重要贡献。

按照传统理论，劳动被认为是最具道德和法律正当性的人类行为，劳动是财富的唯一源泉。在洛克的财产理论中，劳动居于中心地位，按照洛克的财产理论，一切源于劳动，个人可以通过其劳动——针对苹果和橡子的采集行为，或者针对土地的清理和培植行为——合法地将财产从自然状态中脱离出来。而劳动本质论、劳动价值论、劳动解放论又是马克思主义理论的核心内容之一。按照《资本论》的观点，劳动首先是人与自然之间的过程，是人以自身的活动来引起，调整和控制人与自然之间的物质变换的过程。劳动过程就我们……把它描述为它的简单的抽象的要素来说，是制造使用价值的有目的的活动，是人为了人类的需要而占有自然物。我们根据马克思对劳动及其结果的论述，撇开经济理论的宏大叙事，就人的具体行为，从具体的劳动活动中将创造与劳动分析开来，分别提取出创造和劳动这两种人类活动及其成果的要素。

根据经典劳动定义：（1）劳动是人类与自然界进行物质变换的手段。（2）劳动是人类脑力与体力的综合支出，是能量和技术的复合行为。（3）劳动是有目的的。马克思曾特别强调劳动的目的性。他举例说明："蜘蛛的活动与织工的活动相似，蜜蜂建筑蜂房的本领使人间的许多建筑师感到惭愧。但是，最蹩脚的建筑师从一开始就比最灵巧的蜜蜂高明的地方，是他在用蜂蜡建筑蜂房以前，已经在自己的头脑中把它建成了。劳动过程结束时得到的结果，在这个过程开始时就已经在劳动者的表象中存在着，即已经观念地存在着。"⑤ 上述例子说明，上述劳动的"目的"，无论逻辑上还是事实上必然先于劳动，是早在劳动之前就已经明确的一个客观存在。"目的"显然在引导、支配着劳动，并规范着劳动行为的整个过程，规定着劳动的最终结果，充当界定劳

① 习近平．在知识分子、劳动模范、青年代表座谈会上的讲话［N］．人民日报，2016-04-30（2）．
② 习近平．习近平谈治国理政［M］．北京：外文出版社，2014：59．
③ 刘春田．司法对《反不正当竞争法》的补充和整合［J］．法律适用，2005（4）．
④ 刘春田．知识产权法［M］．北京：高等教育出版社，2010：4-5．
⑤ 马克思．资本论：第1卷［M］．北京：人民出版社，1975：202．

动结果是否“适格”的标准。“目的”是劳动的灵魂和归宿，与劳动之间是灵魂与肉体、精神与物质的关系。这些特征说明，劳动“目的”不是劳动的产物。相反，劳动却是劳动“目的”的产物。劳动“目的”另有所踪。（4）劳动凝结价值。知识以及其他诸多人力活动无法凝结价值。劳动成果就是物质变换的结果，经过劳动的物质无论它所呈现的形态如何，它都还是物质的，物质就其物理性质而言，可以成为承载能量和“形式”“符号”的双重事物的载体，可以凝结价值。作为劳动目的和过程的行为规则和成果，仅就其形态而言，属于技术，是知识本身。作为非物质实体的纯“形式”“符号”，知识之上无法承载能量，凝结价值。另外，人类的活动是多元的，如阅读、听课、学习、锻炼、休闲、娱乐、听音乐、看表演、旅行、购物、思考、对话、竞赛、睡眠、做梦、开会、研讨、发明、创造、劳动……不胜枚举。劳动只是无数种人类活动的一种，劳动不能代替一切。事实上，劳动无法替代其他行为，也无法用劳动理论解释其他行为。因此，在劳动之上加上劳动所不能承受之重，既不符合人类活动事实，也是欠缺理性的。囿于传统劳动价值论和劳动观，墨守成规，局限于用劳动的眼光看待一切可能创造价值的行为，为了从形式上符合传统劳动观，通行理论把创造归于劳动，称之为“创造性劳动”，这是违反逻辑的封闭思维的结论。事实上，从人类劳动和劳动成果的外在形态中，可以在劳动过程及其结果中解析出劳动与创造是两种不同的人类活动。只不过创造长期隐于劳动背后，被劳动所掩盖、吸收，“养在深闺人未识”，如同知识、技术被产品掩盖，知识产权被物权掩盖一样。创造和劳动是两种内涵不同的行为，继续用劳动来定义创造，既不合逻辑，也不符合事实，当然，也不公平。

根据目前的能力，我们可以分析提炼出创造与劳动的如下区别。

（一）劳动提供价值，创造提供使用价值

劳动过程是人与自然界之间的物质变换，其间，既有物质的运动，也有精神的表达。就物质变换而言，最本质的经济学特征是通过人的活动转移能量，劳动成果则是以物质为载体将这些能量凝结为价值。创造成果是人的思维活动的外在表达，是非物质的、纯“形式”化的知识，它既不能承载和转移能量，也不凝结价值。这个二元结构可以分解，作为精神表达的知识，可以从其物质载体中被提取出来，既可以被图示化，也可以被数字化。可见，知识是创造的成果，它提供使用价值。

（二）劳动与创造有不同的价值观和价值体系

劳动的价值是客观的，劳动的价值在劳动产品交易之前就已经存在，市场只是该价值实现的手段。劳动价值有通行的客观计量标准和价值体系。劳动既是个人的，也是社会的。社会必要劳动时间是劳动成果价值统一的计量标准，它可以衡量人类任何地方、任何劳动形态和任何劳动成果的价值量。英格兰的羊绒，北美的大豆，苹果手机，东南亚的服装……无论物产多么稀奇古怪，都有可换算的标准，交易通行无阻。反之，作为创造成果的知识，只具有使用价值。知识、技术的价值与形成它所投入的人力、物力、财力的金钱价值无关，在被交易之前并不存在价值。我们无法得知它的价值，只在其使用价值被承认和交易时才以价格的方式形成。因此，知识的价值，实际上是其使用价值的交易价格。因此，创造成果的价值和价值量，取决于市场的认可和认可程度。既可能因无人问津而一钱不值，也可能被市场认可而价值连城。比如众多重金制作的电影，因不被观众认可而血本无归，被直接送进电影资料馆的库房。而失业妇女J. K. 罗琳，在窘境中创作的《哈利·波特》，却因风靡大众而洛阳纸贵。

（三）劳动与创造的行为性质迥异

劳动作为技术、技能，可以通过学习、传承、训练获得，劳动过程本质上是既有的知识、技术的实现行为，因而是重复行为，是已有知识、技术的再现，是现有生活方式的复制，是从1到2，是量变，是质变基础上的量的扩张。重复行为不产生新技术，不如创新那样能较快促进生产力的提高、经济发展和社会进步。创造不同于劳动，创造成果前无所授，是设计新的生活方式的行为，因而不是复制，无法通过任何学习和训练获得。创造是突破，是飞跃，具有唯一性，是从0到1、从无到有的质变。用劳动理论，即本质上重复行为的理论无法解释创造。

（四）创造是劳动的源泉与命运指南，劳动是创造成果知识、技术的派生

创造决定劳动的“为何”、“如何”、“几何”与“奈何”问题。劳动是人类的重要标志。但与创造相比，劳动是一种后发行为。是创造决定劳动，不是劳动决定创造。其一，创造决定劳动的目的，即“为何”劳动的问题。其二，创造在提供了知识、技术的同时，也创造了实现知识、技术的劳动及劳动模式，即“如何”劳动问题。其三，劳动受到技术和技术水平的制约，是技术的派生品、附属物。任

何劳动，无论简单劳动，还是复杂劳动，都蕴含技术，都以技术为前提。离开技术就不存在劳动。劳动因技术、知识含量或密度的差异而区分为不同层级的劳动，经济学大体将它们划分为简单劳动和复杂劳动。理论上之所以提出要消灭体力劳动与脑力劳动的差别，源于复杂劳动与简单劳动作为劳动是同质的。随着技术进步，各类劳动的技术含量不断接近，消除脑体劳动的差别已成趋势，创造主宰着这个进程，决定劳动的层级、强度和密度，决定各种劳动的能量转化的质与量，即劳动的“几何”问题。有观点把创造比作复杂劳动或脑力劳动，把劳动说成简单劳动或体力劳动，是混淆了创造与劳动的本质区别。其四，在知识产权时代，劳动不仅在实质上受创造的主导，在法律上还要受到正当权利的主宰。只有基于权利人授权的情况下，复制产品、作品或方法的劳动才具有正当性，否则，该劳动会被认定非法，该劳动成果有遭毁灭之虞。因此，创造还是劳动行为正当性的“奈何”主宰。

（五）劳动与创造的目的不同

劳动和劳动成果的价值与创造及创造成果的价值，因本质区别而不具有可比性。众所周知，劳动或劳动成果的价值，无论如何计算，不管是计时，还是计件，都与劳动的付出量成正比。这是因为劳动作为一种人类活动，它所转移并凝结的无外乎是同一样东西——能量。其中，在躯干和四肢部分燃烧卡路里较多的属于简单劳动，能量消耗脑细胞较多的属于复杂劳动。能量或者被物化在产品中，或者被消耗在服务中，都可以被准确地计算出来。简单劳动，复杂劳动，概莫能外。基于此，劳动价值实质上是对能量耗费的回报，原则是保障劳动力再生产。故，劳动报酬的基本原则是：有劳动，有价值；有能量耗费，有对等回报；一次劳动，一次回报；没有劳动，没有回报。创造所提供的是使用价值，不是价值，使用价值是创造成果的价值所在。创造成果的本体是“形式”“结构”“符号”，是“数字”，在非物质的创造成果中无法储存能量，无法凝结价值，故作为创造成果的知识、技术本身没有价值。创造成果作为使用价值，是生活方式。生活方式是可以复制的，只要有需求，就有市场，就有交换价值，创造成果的交换价值就成了创造成果的价值。事实上，经济生活中知识、技术的市场价值，就是它们的交换价值。与劳动或劳动成果不同，知识的使用价值是未知的，一次创造的成果，可以有 0 或者 N 次使用价值，以及相应的回报。很多作品与《哈利·波特》一样，它们的作者只创作一次，却可以具有 N 次的回报机会。脍炙人口、誉满天下的作品，可以源源不断地、反复地收获使用价值的市场价值，常有一旦成名，“一夜暴富”的现象。这种现象以传统劳动观的理论和方法无法解释。

（六）劳动与创造相比较，是不自由的

任何劳动都是具体的，有目的的，因而要受到特定产品和服务的既定目标的制约。劳动具有强制性，必须遵循严格的技术规范。对技术而言，劳动没有改变，必须“墨守成规”“萧规曹随”，劳动者不可以自由发挥。所以，劳动通常不那么令人愉悦。反之，创造是突破，是颠覆，是脱胎换骨、弃旧图新，它可以不受既定技术规范的限制，只要在遵循自然法则、经济规律、不违背人性的前提下，尽可以“关公战秦琼”，天马行空，对资源做出新的配置。因此，比之劳动，创造是自由的，创造是一种改变，改变通常总是令人愉悦的。显而易见，与劳动相比，人类对创造更容易倾注更大的激情。

（七）创造是劳动的上游，或是前卫概念

创造与劳动分别提供使用价值和价值。使用价值是劳动的目的，劳动是实现使用价值的手段。创造与劳动有天然的联系。创造在其主观构思阶段通常寓于其他活动之中，是抽象的、无形的精神活动。但要实现从主观思维到客观知识的过渡，往往要通过现有语言外壳等表达技术，并借助于劳动行为完成，创造的“内核”被劳动的“外壳”所覆盖，因而实际上后发的劳动与先发的创造呈现出二者“同至”的表象。结果造成创造被劳动掩盖，创造的价值也被劳动价值抹杀，甚至创造被直接当成劳动，创造所转化的价值被当成劳动价值的后果。20 世纪末以来，人们即便看到二者有别，在理论上仍把创造归于劳动范畴，称之为“创造性劳动”，劳动仍是创造的上位概念。本文无意主张创造是劳动的上位概念，但至少前述分析中有关劳动的目的先于劳动的观点说明，创造起码是劳动的“上游”或“前卫”概念。创造与劳动二者是引领和追随的主从关系，在财富生产中，创造与劳动的地位、功能截然不同，前者显而易见地居于决定性的优势地位。仅以文学创作为例，J. K. 罗琳穷愁潦倒时创作，自己构思，自己打字，创作、劳动重叠在一起，合二为一，创作被劳动掩盖了。但 J. K. 罗琳发迹以后，我们假设她开始雇用助手打字，这样，在现象上创造与劳动就被分离开了，之所以被分解，是因为这是两种行为、两个角色。J. K. 罗琳和她的打字员各司其职，J. K. 罗琳口述《哈利·波特》后续作品的行为是创造，打字员准确无误记录的行为属于劳动。J.K. 罗琳居于上游，居于决定地位，她基于创造而收获版税。而打字员效率再高，也是劳动，居于下游，被人雇用，无论计时计件，收入再多，也是工资，是劳动报酬。事实上，我们早已习惯于把创造成果作为产品或产业链的上游因素，劳动是产品或产业链的下游活动。创造是呼风唤雨的产业“帝王”，劳动是产业唯命是从的打工仔。生活中典型如高通、耐克，它们纯粹是产品的设计者，高居产业链上游，稳操主动权，只从事“原创”，不事生产劳动，不制造产品。

（八）创造与劳动作为人的本质，不可泯灭

创造与劳动是“心”与“力”，是精神与肉体、大脑与四肢的关系。二者形影相随、不离不弃。富兰克林指出，人是制造工具的动物。制造工具的目的是改善人的劳动条件，改变生活方式，使人们摆脱各种不自由的劳动方式。人类劳动的早期形态，无论狩猎，还是采集，无疑都是徒手完成与自然界的物质变换，劳动艰辛而繁重。工具提高劳动生产效率。创造作为劳动的命运主宰，通过发明新工具变革劳动方式，使劳动性质和样态不断推陈出新，不断消灭不道德、不人性的劳动，使劳动者逐步得以解放。创造终将把一切强迫与束缚人类自由的劳动方式送入坟墓。最后，表达和沟通可能成为唯一被保留下来的劳动形态。

创造有别于劳动，以及对二者关系的揭示，为经济学理论关于科学技术是第一生产力的论断找到了合理的根据，也为知识产权作为有别于传统物权以及其他财产形态的崭新财产，为确立知识产权制度，找到了客观根据。同时为知识产权作为社会财富生产的主发动机，作为现代国家力量的基石，奠定了坚实的基础。随着技术进步，相信有关创造的研究、有关创造与劳动关系的研究必将更为深入。

马克思认为科学技术是生产力。邓小平进一步明确指出，科学技术是第一生产力。也就是说，科学技术是生产力的主宰，是生产力的生产力。它决定生产力的发展水平和能力层级，是生产力的决定因素。如果说财产制度的重建体现了人类社会的普世价值，那么，创造论的提出无疑是对人类本质的真正发现。这一认识是伟大觉醒的产物，是思想解放的结果，是观念转变的结晶。这对当下，对未来，都具有里程碑式的作用。创造终将成为中国社会进步、经济发展的先锋和引领力量。

三、与世界同行是“新经济”时代的伟大觉醒

（一）“新经济”时代，创造可以帮助中国经济实现跨越式发展

经过一个世纪的变革，在 21 世纪初，人类进入一个新的经济时代，很多人称之为“知识经济”时代。据 1957 年统计，1909—1949 年，美国非农业部门劳动生产率翻了一番，其中，技术进步因素的贡献占 87.5%，起了决定性作用，而劳动和资本的贡献只占 12.5%[①]。此后，以美国为代表的西方经济学界就知识、技术对经济发展的作用持续进行了几十年的研究，相继提出“后工业社会”“知识价值社会”“信息社会”“智能经济”“创新经济”“知识经济”等概念，认为人类正在进入一个新的时代，知识、技术对经济的贡献越来越重要，正在取代资本和能源而成为创造财富的主要资产，正如三百年前资本和能源取代土地和劳动力一样。1996 年经济合作与发展组织在其《1996 年科学、技术和产业展望》报告中，系统阐述了知识经济的定义：知识经济是指以知识（智力）资源的占有、配置、生产和使用（消费）为最重要因素的经济。我们从石器等工具取代四肢，资本和能源取代土地和劳动力，知识、技术取代资本和能源的历史实践中，可以看出一条逻辑，从原始社会到农业社会，再从工业社会发展到知识经济社会，主导这一变迁的不变因素是知识、技术，而决定知识、技术的是创造。这印证了本文前述创造论的观点：创造是人类真正的本质，创造是人间一切力量的源泉，创造决定一切。

对创造的认识是对人的本质的真正发现，也是觉醒，它对于中国的发展理论、方法具有决定性的影响。它为中国经济有可能实现跨越式发展创造了可能。工业革命是人类智力大爆发的起点，中国输在了工业文明的“起跑线”上，比西方落后了上百年。说到起跑线，令人想起牙买加运动员博尔特，他常常落后于起跑，却往往领先于冲刺。改革开放的中国，花了四十年左右的时间基本实现了工业化。今天，中国与发达国家之间已经不是农业社会与工业社会的“时代”差距，而是同属一个时代的先进与后进的区别，在个别领域中国已经处于领先地位。据世界知识产权组织发布的《2019 年全球创新指

---

① 罗伯特·索罗. 技术变化与总量生产函数 [J]. 经济学和统计学评论，1957 (39).

数》，中国的创新能力已经跃居全球第 14 位。实践给了我们启示，落后在起跑线上不足为忧，日本、韩国都曾落后，但也都曾先后觉醒，找到了创新发展之路，成为发达国家。进入新时代，创新已经成为不断觉醒的中国社会的核心价值观，创造有可能帮助中国在“新经济”时代实现跨越式发展。

（二）“新经济”时代，要求创新国家能力、转变政府职能

现代社会，国家能力作为一种庞大的资源，一笔巨大的财产，潜力可观。合理地配置政府资源，对一国的经济发展具有举足轻重的作用。因此，政府是经济发展必不可少的资源要素。

在市场决定资源配置的基础上，如何更好地发挥政府的作用，而不是拒斥政府资源，是各国共识，无论美欧，都是如此。美国学者明确地描述了这一事实：“大多数民众认为自由市场和政府担任守夜人的角色是商业成功的固定模式，这一观点存在明显的错误……即使不是从建国之初，至少在南北战争之后，美国政府和商业就紧紧地联系在一起，不可分割……当市场充当推动创造性和企业家精神发展的引擎的角色时，它从来没有能够独自引发一场经济革命……只有在商业、政府和公民社会之间建立一种公开、透明的综合性伙伴关系才能为经济转型提供动力。”并断言：“美国经济史上所取得的每一项巨大成就，都是在政府资助重要资源和通信基础设施建设，并长期协助的结果，这样数以千计的新兴产业才能够发展壮大……无法想象，如果城市、郡、州和联邦各个层面上政府与商业组织间没有一个全面而健康的关系，有何种途径可以推动美国进入新经济时代。”“在政府与产业的亲密关系上，我们的欧洲盟友走得更远”①。这段引述文字较长，但它就市场与政府的关系，就国家能力对经济发展的决定性作用，从历史、当下和对未来的预见，做了全面回答，对我国经济发展既坚持保障国家能力的作用，又与时俱进、创新国家能力，更好地发挥政府作用，具有重要的参考价值。

在我国的改革开放中，政府力量的运用是一个优势，它为有效激发市场和个体的创造热情、助推创新力量、提高生产力做出了无可替代的巨大贡献。比如中国政府提出的“863 计划”、“211 规划”、“985 规划”、《国家知识产权战略纲要》等都对中国发展发挥了重要引导作用，“中国制造 2025”则是对建设创新型经济体的重要指引和参考②。有发达国家批评中国政府对经济的影响，把它作为诟病中国、否认中国市场经济地位的理由之一，并试图用“超经济”的手段阻碍中国的科技进步和经济发展，在发达国家与中国之间适用双重标准，这显然是不公平的。同时，也要看到，在创新国家能力、转变政府职能、提高法治水平上，我们还有很多功课要做，还有很长的路要走。

从政府与经济生活的关系上看。历史上，我国政府的职能几经变迁。新中国成立之初，多种经济成分并存，政府充当“守夜人”角色。计划经济时期，政府成为经济活动的主体，配置资源的权力咸出自政府，企业是行政的附属物，经济活动往往不是按自然法则、经济规律和人性需求进行，而是按照领导人的主观意志自上而下地安排推行，结果可想而知。四十多年来我国在改革中逐渐进行政府职能改革，而改革的最大挑战是市场经济。政府退出经营活动，企业走上前台充当主角，政府职能面临根本转变。应当看到，农业社会和工业社会、计划经济和市场经济各自要求的政府职能是不同的。计划经济是支配型经济，它用“超经济”的力量驾驭经济生活，需要的是“强势政府”。市场经济是自由、平等、法治经济，用“超经济”力量难以与市场的力量相配置，要求政府从支配型转变为服务型，否则，二者就会脱节。知识经济与工业经济的根本转变是人与其他生产要素的关系角色转换。工业经济，人是生产体系机器的一部分，主导者是机器，如电影《摩登时代》里生产线上的工人。知识经济，人通过他所创造的知识成为经济发展的主宰，进而获得主体地位。“新经济”时代，是创新型社会，需政府遵循科学、理性与法治，提升专业化，成为智能型、法治化政府。

（三）“新经济”时代，中国与世界同行

全球化日益把世界经济联系、编织在一个系统中，各国命运休戚与共、一荣俱荣。“封闭自存”或“遗世独立”都无法发展。马克思提出，无产阶级只有解放全人类，才能最后解放自己。韩国前总统朴槿惠有句名言：想要走得快，就一个人走；想要走得远，就一起走。改革开放四十多年，中国发展之快，出人意表，使世界为之侧目，甚至引起发达国家的不安。这对中国也是一个提醒，四十年节点，是一个驿站。我们要调整心态，适应变化了的自己，

① 杰里米·里夫金．第三次工业革命［M］．张体伟，张豫宁，译．北京：中信出版社，2012：131-135.

② 甘绍宁．与改革开放同步发展的中国知识产权事业［J］．知识产权，2018（9）.

掌握理性驾驭自己的能力，安排时间与空间沉淀思想文化，还要学会补课，补科学的课、民主的课、法治的课、工业革命的课。人类近现代社会科学、民主、法治和工业革命发展到今天，大体经历了三四百年形成传统。中国要想在三四十年里毕其功于一役，把别人三四百年的传统浓缩集成，一蹴而就，是不可能的。因此，我们要提倡工匠精神，学会从容。

新中国成立之初，毛泽东说过，中国应当对人类有较大的贡献。当下，习近平总书记提出“人类命运共同体”的愿景，可以说是一脉相承的态度：“新经济”时代，中国将与世界同行。与世界同行，是改革开放的升级版，是又一次伟大觉醒。脱离世界，曾是我们落后的重要原因。融入国际社会，诱发中华民族复兴。与世界同行，为中国社会的科学发展指明了方向。

新中国成立七十年，中国人民在经济建设上经历了巨大的曲折与困惑，也创造了前无古人的伟大辉煌。党的十一届三中全会诱发了全体国人跨越世纪的伟大觉醒。思想解放，让我们冲破牢笼，重新认识社会发展规律，创造了社会主义初级阶段的伟大理论。转变观念，让我们重拾市场经济，复兴私权。发现创造，让我们构建以知识产权为核心的崭新财产体系，选择“创新驱动发展”道路。改革开放让我们融入国际体系，提出“人类命运共同体”的美好愿景，在发展“新经济”的道路上与世界同行。在中国共产党的领导下，全体国人的觉醒，将成为未来中国发展尊重自然法则、尊重经济规律、尊重人性的保障。觉醒，将护佑我们的民族、国家理性前行。

试论知识产权制度建设的法治观和发展观

吴汉东*

知识产权制度是知识产权规范存在形式和基本构成的总和。一般认为，制度的基本含义，是作为社会成员共同遵守的办事规程和行为准则。从其类别来说，包括可辨识的正式制度，如法律规范、政策规章；也包括难以辨识的非正式制度，如道德、习俗、观念文化。由此可以认为，与知识产权相关的法律和政策是知识产权制度的主要构成。制度具有调整社会关系与服务社会需要的功能。舒尔茨在述及制度所具有的服务功能时说到，人的经济价值的提高产生对制度新的需求，一些政治和法律就是用来满足这些需求的①。对于发展中国家而言，知识产权制度是一种“舶来品”，这一制度能否实现预期的法律效益和政策目标，不仅要考量制度选择所涉及的规范理念、规范内容以及规范形式的先进性、合理性和科学性，更要顾及制度存在的经济技术状况、社会环境、文化条件等与相关规范的一致性、协调性以及相适应性。

从近代到现代，中国知识产权制度的百年史，是一个从“逼我所用”到“为我所用”的法律变迁史，也是一个从“被动调整”到“主动创制”的政策发展史。其制度生成表现了从“知识产权弱国”到“知识产权大国”的演化和转型过程。新中国的知识产权制度建设，是以法律本土化为基础、现代化发展为目标的。从新中国成立到“文化大革命”时期，我国知识产权制度建设处于探索阶段，虽然宪法和一些规范性文件含有知识产权保护的规定，但并无专门的知识产权法律。由于计划经济体制的主导和“法律虚无主义”的影响，知识产权制度在社会生活中的作用甚微。改革开放以后的四十年，中国知识产权制度建设开启新的历史进程，先后颁布《中华人民共和国商标法》（1982 年）、《中华人民共和国专利法》（1984 年）、《中华人民共和国著作权法》（1990 年）、《中华人民共和国反不正当竞争法》（1993 年）等法律法规，由此建立了知识产权法律的基本框架。特别是进入 21 世纪以来，制定并实施《国家知识产权战略纲要》（2008 年），并在这一战略的“总政策目标”指引之下，形成了以知识产权为导向的公共政策体系。通过法律实施和政策推进，中国知识产权事业取得长足的进步。关于法制建设成就，时任世界知识产权组织总干事鲍格胥博士曾经高度评价：“在知识产权历史上，中国完成所有这一切的速度是独一无二的。”② 关于政策发展经验，现任世界知识产权组织总干事高锐博士给予充分肯定：“中国将知识产权上升为国家战略，其经验值得其他国家特别是发展中国家学习。”③

当下我国正处于全面建设社会主义现代化强国的新时代。党的十九大做出了中国特色社会主义进入新时代的重大判断，为我国发展明确了新的历史方位。站在新的历史起点，我们要准确把握党和国家事业发展的新目标，认真谋划好知识产权事业的未来发展④。从知识产权大国走向知识产权强国，新时代中国知识产权制度建设，即要从自身发展需要出发，加强知识产权的规范建构、环境治理和文化养成，围绕完善产权制度、支撑创新发展、促进对外开放、保障国家安全等工作重点，制定和实施知识产权强国战略。从现在起到 2035 年，是在全面

* 吴汉东，中南财经政法大学文澜资深教授。

① 舒尔茨．制度与人口经济价值的不断提高［M］//科斯，等．财产权利与制度变迁．刘守英，等译．上海：上海三联书店，2014：175.

② 中华人民共和国国务院新闻办公室．中国知识产权保护状况［EB/OL］．（2000－09－08）．http://www.scio.gov.cn/zfbps/ndhf/1994/Document/307997/307997.htm.

③ 世界知识产权组织总干事：中国国家知识产权战略值得推广［EB/OL］．（2011－11－10）．http://news.cntv.cn/20111110/108125.shtml.

④ 申长雨．一项兴国利民的国家战略［M］//国务院知识产权战略实施工作部际联席会议办公室．一项兴国利民的国家战略：《国家知识产权战略纲要》颁布实施十周年纪念文集．北京：知识产权出版社，2018：6.

建成小康社会的基础上，基本实现社会主义现代化的重要阶段。中国知识产权制度建设应以社会主义法治观和发展观为思想基础，在吸收世界制度文明成果和借鉴外国先进法治观念的同时，注重本土知识产权的思想自立、制度创新和实践导向，走出一条知识产权制度建设的“中国道路”。本文以新时代为背景，试从法治思想的基本命题、发展理念的核心要义、制度构成的法律体系和政策体系等方面开展研究，以探讨中国知识产权制度建设法治观和发展观的精神实质和规范表现。

一、知识产权制度建设的中国问题导向与思想引领

在法律制度的历史上，知识产权制度是罗马法以来“财产非物质化革命”① 的制度创新产物，也是欧美国家近四百年来不断发展成长的“制度文明典范”②。不同历史时期的不同发展类型国家对知识产权制度的创制和接纳，有着不同的国际环境、时代情景和社会场景，但总体说来，发展中国家包括中国立法活动的主要经验是制度引进，即所谓的法律移植。对外国法制或国际规则的制度引进，需要立法者做出理性选择，但更需要进行本土改造，唯此才能使外来制度为整个社会“吸收”和“内化”③。

中国知识产权制度建设，存在着中国问题的特殊性，即在法律移植本土化基础上解决制度现代化和国际化的问题：一是本土化与现代化的关系，即在现代化目标指引下的知识产权制度本土化问题。“现代化”是一个世界文明发展的历史进程，通常被用来描述现代国家发生的社会和文化变迁的现象。这一过程以知识化、工业化为社会发展动力，以法治化、市场化为社会环境构成，从而形成既定特征作为目标实现的标志，表明社会完成从传统走向现代的转型④。知识产权制度是现代国家的法律制度，这一法律的基本功能是为创新活动进行产权界定并提供激励机制，为创意产业进行产权配置并提供交易机制，为创造性成果进行产权保护并提供市场规范机制。在制度文明转型中，诸如工业化发展水平、市场要素构成以及创新主体发育程度等是现代知识产权制度生成并有效运转的基本条件。而中国作为一个后发国家，存在经济与社会发展的不充分、不平衡、不协调等诸多问题，其城乡差距、中西部差距、行业差距、贫富差距等，容易导致知识产权制度与现行社会的背离与脱节，因而可能在知识产权治理现代化的进程和路径方面出现“非均衡性”现象并产生矛盾。二是本土化与国际化的关系，即全球化趋势下的知识产权制度本土化问题。“经济全球化”，意味着世界市场的开放与连接、国际经济的分工与合作，这是对第二次世界大战前殖民体系下经济体制的根本改变，其目标是消除贸易壁垒、规范国际市场规则、推动世界贸易自由化的进程。经济全球化的制度机制，主要来自关贸总协定及其后续的世界贸易组织⑤。知识产权保护是现今国际经济贸易体制的重要组成部分，在世界贸易组织的框架下成为缔约方必须遵守的“贸易规则”。这就是说，任一缔约方在国际贸易体制内享有无差别的最惠国待遇，但同时需要承诺对知识产权提供充分、有效的保护。我国是一个有世界影响力的发展中大国，超大型的人口规模、经济规模以及相应的知识产权事业规模⑥所形成的中国崛起是史无前例的。超大型国家本身蕴藏着巨大的发展力量以及相应的国际影响，同时，超大型国家也会产生现代化治理的诸多困难，这即是“超大型治理”的中国问题。对此，我们无法简单依赖西方国家的思想工具做出诠释，也不可能对以往的大国崛起经历进行复制。应该看到，知识产权全球版图正在重构，新兴经济体成为国际知识产权制度发展的重要力量。我国作为发展中国家的国际地位没有改变，但改革开放以来，我国从国际规则的遵循者、追随者逐步转变为参与者、建设者。如何参与知识产权全球治理，维护知识产权国际法律秩序，推动知识产权国际保护制度朝着

① 肯尼斯．万德威尔德．十九世纪的新财产：现代财产概念的发展［J］．经济社会体制比较，1995（1）．

② 刘春田．知识产权法［M］．北京：高等教育出版社，2000：19．

③ 刘星．重新理解法律移植：从“历史”到“当下”［J］．中国社会科学，2004（5）．

④ 关于现代化问题，参见罗荣渠的相关表述（罗荣渠．现代化新论：世界与中国的现代化进程［M］．北京：商务印书馆，2004：第1.2节．）。

⑤ 张汉林，刘光溪．经济全球化世界贸易组织与中国［M］．北京：北京大学出版社，1999：第5、6章．

⑥ 据统计，2017年中国发明专利申请已占全球申请总量的44%，连续7年居世界首位，数据来源于世界知识产权组织发布的《世界知识产权指标》（WIPI）年度报告；注册商标申请量、有效注册商标量、累计注册商标量连续16年稳居世界第一，数据来源于原国家工商行政管理总局商标局商标评审委员会编著的《中国商标品牌战略年度发展报告（2017）》（中国工商出版社，2018年版）；版权产业对经济发展的贡献率达到7.35%，超过世界平均水平，数据来源于中国新闻出版研究院发布的“2017年中国版权产业的经济贡献”调研结果。

更加公正、合理的方向发展，这是“超大型崛起”的发展中大国面临的国际问题。

在本土语境和国际话语中探讨中国知识产权制度建设，不仅涉及本土问题导向，而且需要找到解决问题的中国思想方案。知识产权制度是国家现代化发展的一种制度标志。正如学者所言，“所有知识产权法律都是其所处社会和经济政治环境的产物”①。自知识产权制度问世以来，欧美国家是这一制度最早的推行者，也是最大的受益者。知识产权制度本是西方地缘环境中产生的法制文明，在“欧洲中心主义”的解读下，被喻为现代化过程的必需品，使其成为社会历史进步的一个“标准样板”②。毋庸置疑，在经济全球化时代，世界贸易组织塑造了多边贸易体制的法律秩序，《与贸易有关的知识产权协议》为各缔约方提供了知识产权保护的统一规则。但是，不同发展阶段、不同发展程度的国家都有着自己对知识产权制度安排的思想认识和目标指引。换言之，在遵从国际公约“最低保护标准”原则指引下，各国可以在知识产权制度建设方面自主进行思想表达，即在现代化、国际化的大趋势下，呈现出多元性的不同发展样态。中国知识产权制度建设，一方面要消解制度经验积累不足、法治精神构造不力的历史背负，实现现代法治的时代性跨越；另一方面又要在一体化的基础上构建适合本土国情的法律体系和政策体系，达至知识产权强国的战略性目标。改革开放以来，我国对知识产权的接受并未停步于制度引进，而是注重制度学习和吸收，逐步将其融入国家创新体系之中。概言之，知识产权已然成为知识创新活动、知识产业发展和知识市场秩序的基本法律制度。中国知识产权制度建设的理论与实践，对于发展中国家在国际社会构建多元现代化模式是有着示范意义的。立足当下并面向未来，我们应从国家治理和社会发展的战略高度，审视知识产权的法律价值和规范功能，这些议题涉及制度目标设计及其实现路径、制度规范体系及其实施措施。可以说，新时代社会主义法治观和发展观为中国知识产权制度建设提供了重要的理论基石和思想引领。

法治观是知识产权制度建设理论的核心范畴。知识产权制度在本质上是一项法律制度，是现代国家制度文明的法律构成。以法律的名义确认知识财产的私人产权，促进无形商品的产权交易，并提供相应的法律秩序保障，即知识产权的产生、利用、限制和保护首先是作为法律规范而进行制度设计的。关于知识产权的本质属性和基本功能，不同学科对其蕴意有不同解读，诸如“知识财产”（法学）、“无形资产”（管理学）、“信息产权”（经济学）、“政策工具”（政策科学）、“贸易规则”（国际贸易学）等，反映了对知识产权认知的多维性。但是，知识产权不能改变其“独立的规范性价值”③。质言之，知识产权作为私法领域的法律制度，这是其基本属性的要义和主旨，承认知识产权法治观所具有的思想基础地位具有重要意义。法治是知识产权制度建设的首要任务，法治是知识产权事业发展的重要保障，法治是知识产权治理活动的基本方式。法治力量的彰显，在于实现知识产权的法律正义价值，防止知识产权成为行政权力意志和利益集团的工具④。法治观是习近平知识产权论述的核心范畴。习近平法治思想，涵盖了“科学立法、严格执法、公正司法、全民守法”的法治要求，蕴含着“尊重和保障人权”“公平正义”“诚实信用”“和谐善治”的法治观念，对中国知识产权法律发展和法律治理具有思想纲领和行动指南的作用。习近平强调加强知识产权保护、塑造营商环境、建立综合管理体制、推进司法管理体制改革、加快知识产权保护制度建设、提升知识产权意识等，都是社会主义法治观在知识产权方面的重要论述，为知识产权创造、运用、管理、保护、服务的事业发展奠定了重要的法治思想基石⑤。

发展观是知识产权制度建设理论的目标范畴。知识产权是为“创新之法”和“产业之法”，在一国的法律体系中独具保护智力创造成果、促进创意产业发展、规制知识经济市场秩序的制度功能。现代经济发展的实质在于创新，熊彼特认为经济发展的基本观念是创新，因而将创新作为“经济发展理论

① Alison Firth. The prehistory and development of intellectual property system [M]. London: Sweet & Maxwall, 1997: 3.

② 刘星教授认为，某些权力框架模式，在现代性观念的掩护下，被视作“前进性”的发展目标，成了一种具有特定利益驱动的制度推广，从而忽视了他者在不同历史条件下的权利配置要求（刘星. 现代性观念与现代法治：一个诊断分析 [J]. 法制与社会发展，2002 (3).）。

③ 董涛. “中国特色知识产权理论体系”研究论纲 [J]. 知识产权，2013 (5).

④ 博登海默认为，在文明社会里，法律旨在防止压制性的权力（无论是私人权力还是政府权力）的扩张。（E. 博登海默. 法理学：法律哲学与法律方法 [M]. 邓正来，译. 北京：中国政法大学出版社，1999：363.）

⑤ 吴汉东. 新时代中国知识产权制度建设的思想纲领和行动指南：试论习近平关于知识产权的重要论述 [J]. 法律科学，2019 (4).

的核心"①。知识产品的商品化、产业化并由此形成的知识经济市场，是知识产权制度建立和运作的原动力。这是因为，知识生产活动立足于科技、文化、经济一体化的目标，是一种新知识的创造和利用的市场化活动，它离不开相应制度的法律规范和约束。概言之，基于知识经济发展的内生动力，必然会产生知识产权的制度需求。制度创新是知识产权法律得以生存和发展的本质属性所在，而知识创新亦成为知识产权法律的立法宗旨和价值目标。在人类社会的创新活动中，知识产权表现了其制度创新本质和知识创新使命。当下中国的"新发展理念"，有着"创新、协调、绿色、开放、共享"等丰富内涵，涉及经济、科技、文化和环境等社会发展多个方面，是对我国改革开放以来发展思想和实践以及国际先进经验和理论的重大突破。为破解发展难题，增强发展动力，厚植发展优势，习近平提出"坚持以人民为中心的发展思想"，强调"贯彻新发展理念，建设现代化经济体系"②，中国知识产权制度的时代构建，必须坚持新发展的核心理念，强调人本主义的"创新发展"和公平正义的"协调发展"、人与自然和谐的"绿色发展"、面向世界的"开放发展"、利益平衡的"共享发展"，以此保持知识产权制度发展的正确方向。创新是引领发展的第一动力。习近平准确把握创新发展与知识产权的关系，诸如"依法惩治侵犯知识产权和科技成果的违法犯罪行为""释放各类创新主体创新活力"等论述，强调了新时代社会主义发展观的基本要求，指明了知识产权制度的创新价值目标③。

在中国知识产权制度建设中，新时代社会主义法治观和发展观具有自洽的逻辑关系。就现代经济发展体系而言，经济增长、知识创新与法治建设应是一个相互作用、相互促进的协调机制。经济增长对社会变革起着决定性作用，它带来社会物质财富的快速增长，也引起社会生活方式的巨大变化。因此现代各国特别是发展中国家，必须重视生产力发展，将经济增长作为现代文明的推进器。在科技、经济和法律的协调机制中，经济处于中轴地位，而科技与法律为之进行曲线偏向摆动。其中，科技创新是经济发展的动力机制，知识经济是以知识创新为动力、以知识为基础的经济，而法治建设是经济增长的保障机制。知识产权法以制度创新促进知识创新，是一种"利用市场机制的巧妙体系"④。习近平从法治建设和创新发展两个方面强调了知识产权制度的重要作用，可以认为，新时代社会主义法治观和发展观为中国知识产权制度建设奠定了重要的思想基础。

二、中国知识产权法治思想的基本命题

知识产权法治思想是一整套包括法治指导方针、法治本质特征、法治价值构成、法治基本原则以及法治推进方式等内容的法治理论体系。它以法律规范为对象，回答和解决知识产权立法、行政执法、司法和守法等基本问题，表达了知识产权法律构建的科学性、正当性和合理性，以及法律实施的有效性、协调性和妥当性等基本认识。

知识产权法治思想的构建，已在发达国家知识产权法律的建立、变革与发展过程中得以完成。西方国家知识产权法治文明的经验在于：以私法精神作为私法制度形成的思想基础，并在私法制度运作中贯彻私权神圣的精神主张，从而达到私法精神、私法制度、私法保护的契合。在知识产权法律发祥地近代英国，正是由于政治上的开明专制主义、经济上的重商主义、思想上的私有财产神圣的权利观念等各种思潮和社会变革的相继兴起，才得以在《自由大宪章》的基础上颁布了《英国垄断法规》（专利法）和《安娜法令》（著作权法）。知识产权制度和企业法人制度的出现，得以成为"现代产权制度建立的标志"和现代制度文明建设的典范⑤。我们可以认为，将知识资源私权化，是西方知识产权法治思想的要义和主旨。中国知识产权法律变迁，经历了从法律移植到法律生成的历史过程。新中国成立以来，特别是改革开放四十年间，中国从基本国情和发展需要出发，塑造法律价值目标，建构法律运行机制，能动地进行法律制度转化和法律精神再造。在这一发展进程中，属于"本土资源"并彰

① 约瑟夫·阿洛伊斯·熊彼特．经济发展理论：对利润、资本、信贷、利息和经济周期的探究［M］．叶华，译．北京：中国政法大学出版社，1999：363.

② 决胜全面建成小康社会 夺取新时代中国特色社会主义伟大胜利：习近平同志代表第十八届中央委员会向大会作的报告摘登［N］．人民日报，2017-10-19（2）.

③ 吴汉东．新时代中国知识产权制度建设的思想纲领和行动指南：试论习近平关于知识产权的重要论述［J］．法律科学，2019（4）.

④ 中山信弘．多媒体与著作权［M］．张玉瑞，译．北京：专利文献出版社，1997：3.

⑤ 刘凤朝．论技术创新与制度创新的互动：以知识产权制度的创立和发展为例［J］．科学技术与辩证法，2000（2）.

显“中国特色”的知识产权法治观，在思想引领和实践导向两个方面发挥了重要作用。如何加强知识产权法治，新时代中国特色社会主义法治思想提出以下基本命题：

（一）知识产权法治的指导思想

习近平总书记明确指出：“我们必须坚持把依法治国作为党领导人民治理国家的基本方略、把法治作为治国理政的基本方式，不断把法治中国建设推向前进。”① 可以认为，全面依法治国是新时代坚持和发展中国特色社会主义的基本方略，理所当然是知识产权强国建设、知识产权法治建设的战略指导思想。

全面依法治国是社会主义事业总体布局的重要构成。习近平在党的十九大报告中提出中国特色社会主义事业发展“五位一体”的总体布局。其中，“法治建设属于政治建设的重要组成部分，并渗透于、贯穿在经济建设、政治建设、文化建设、社会建设、生态文明建设之中”②。知识产权法治建设是一种制度文明建设。诸如物质文明、精神文明、生态文明的现代化建设，促进和推动着制度文明建设的发展，从而形成知识产权法治建设的强大动力；同时，法治建设又为现代化文明建设提供法律服务和保障，作为制度文明的知识产权法律为创新发展、协调发展、绿色发展、开放发展、共享发展营造了“于法有据”的法治环境。面向中国特色社会主义现代化建设的新时代，知识产权是摆脱资源耗费型与技术依赖型发展方式的战略布局，是实现创新驱动发展的战略安排，是保障我国经济安全、文化主权和科技发展主动权的战略举措。

全面依法治国是社会主义法治一体建设的战略引领。习近平在主持十八届中共中央政治局第四次集体学习时指出，“坚持法治国家、法治政府、法治社会一体建设”。在全面落实依法治国基本方略，建设社会主义法治国家的过程中，既要坚持全面推进法治国家建设，又要同步推进法治政府和法治社会建设。中国特色社会主义法治一体建设，体现了法治国家从总体目标到法治政府，再从法治政府到法治社会的层层递进落实关系③。在全面依法治国战略的指引下，法治国家、法治政府、法治社会一体建设的命题，对新时代知识产权法治提出以下要求：一是制度体系层面。知识产权制度体系是包含一整套制度安排、组织形态和治理体制、机制的制度体系，其制度形式主要是法律，但也包括政策和社会自治规则。二是制度能力层面。知识产权制度能力是制度供给、制度管理、制度践行等方面能力的整体表现，涉及国家机关、工作人员以及社会群体或成员的法治信念认同和行为方式。三是制度秩序层面。知识产权制度秩序，是一种以法律为基础、公共治理和社会自治共生的秩序形态，包括法治环境、政策环境、市场环境、文化环境等。总体而言，新时代知识产权法治就是要实现上述社会主义法治一体建设的基本要求。

（二）知识产权法治的基本目标

建设中国特色社会主义法治体系，建设社会主义法治国家，是全面推进依法治国的总体目标。根据党的十九大提出的战略安排，我国法治化进程与全面建设现代化国家的总体进程是一致的。从2020年到21世纪中叶，我国的法治建设可以分为两个阶段：第一个阶段，从2020年到2035年，在基本实现社会主义现代化的同时，基本完成法治国家建设；第二个阶段，从2035年到21世纪中叶，把我国全面建设成为一个现代化法治国家④。

新时代中国知识产权法治，应以全面推进依法治国和全面建设现代化强国为战略指引，围绕本土发展战略大局，根据战略布局中的自身方位，在知识产权强国建设过程中发挥法治的基础性、支撑性和保障性的制度功用。这就是知识产权法治目标的基本命题。我们可以从以下两个方面解读。

一是法治功能目标。全面依法治国和现代化强国建设的总体目标，在中国知识产权的语境下具象为知识产权强国。知识产权强国是以知识产权制度支撑并保障创新发展，具有强大的知识产权治理能力和知识产权发展实力的先进国家。从现代化和法治化的意义来说，知识产权强国应该具有两个方面的基本品质：它既是创新型国家，也是法治化国家。从知识产权强国建设需要出发，知识产权法治功能的目标任务，包括构建“系统完备、科学规范”的知识产权法律体系，形成“严格执法、公正司法”

① 习近平：在庆祝全国人民代表大会成立60周年大会上的讲话［EB/OL］.（2014-09-06）. http://cpc.people.com.cn/n/2014/0906/c64093-25615123.html.

② 张文显．新思想引领法治新征程：习近平新时代中国特色社会主义思想对依法治国和法制建设的指导意义［J］．法学研究，2017（6）.

③ 中国法学会．法治中国建设问答［M］．北京：法律出版社，2015：24.

④ 胡明．用中国特色社会主义法治理论引领法治体系建设［J］．中国法学，2018（3）.

的知识产权法律运行机制，塑造“健康有序、公平开放”的知识产权市场环境，造就“尊重知识、崇尚创新”的知识产权文化氛围。可以认为，知识产权法治功能目标的实现，就是知识产权强国建设目标的实现，并以此作为法治中国和现代化强国建成的基本表征。

二是法律价值目标。法律价值目标与法治功能目标有相似之处，这是因为法律价值的实现，离不开法律的社会实践活动，包括基于国家立法、执法、司法以及社会公众的守法等而形成的治理体系。但是，“法的价值体系，可以蕴含在法律制度之中”①。这意味着人们可以在一种法律价值观指导下进行立法活动，或是对法律规定性文件进行价值的概括和总结，既包括对法律体系的现实认知和评价，也包括对法律体系的未来愿望和选择。明确法律价值取向，对于知识产权法治建设具有重要意义，它以法律理想的目标追求，为知识产权法律体系奠定了科学的发展方向。一般认为，知识产权法律价值主要是正义、效率和创新，概为立法者理性主义的法律目标追求。其中，正义是伦理理性，法律正义体现了知识产权法律的正当性基础；效率是经济理性，知识产权法律承载配置知识产权资源、促进知识财富增长的效率价值使命；而创新是科学理性，知识产权法律具有制度创新本质和促进知识创新功能②。法律价值目标，表现于法律规范文件之中，又通过法律实践活动使“文本中的法律”变为“行动中的法律”，这些都是法律价值目标的实现。

（三）知识产权法治的运行方式

法治运行是指法律按照一定的意图和特有方式的运动状态，即从创制到实施再到实现的运动过程③。具言之，知识产权法治运行，即以法律制定为起点，以法律实施为主要节点，以法律目标实现为终点。其运行机制是一系列过程、环节和方面的总和，涉及知识产权法律建构的科学性、正当性和合理性，以及知识产权法律实施的有效性、协调性和妥当性。有据于此，知识产权法治运行方式及其效果形成以下命题：

一是“良法善治”。在国家治理语境中，“善治”为科学之治，是国家治理科学化的衡量标准和目标取向。“善治”需以“良法”为基础，政治学强调“善治需要优良的制度保障”④，法学则主张“法治是良法之治”⑤。无论是“优良的制度”还是“良法”，都是公共理性的产物，具有科学规范的内涵和属性。制定“良法”是贯彻依法治国方略的首要的基础性环节，在法治体系建设中表现为“科学立法”。知识产权法律是国家现代化发展的一种制度标志，必须保持法律本身的时代先进性和促进社会发展的进步性。从科学立法的要求出发，知识产权法律是反映社会规律、适应创新需要、符合人民愿望的法律。为达致“善治”需要先立“良法”，唯此才能实现现代法治的理想状态。

二是“和谐法治”。在现代国家治理活动中，和谐是“文明之治”，是法治文明的一种实现状态。和谐、文明、法治及其一体化，不仅体现国家治理体系的制度特征，更是新时代知识产权法律的运行方式和发展向度。所谓“和谐法治”，表现了人的和谐、社会的和谐、自然的和谐，以及人与社会、自然的和平共存与进步的法治文明。知识产权法治文明的“和谐”状态是：在主体利益关系方面，注重权利保护，协调当事人之间、个人与社会之间的利益关系；在治理体系方面，既关注知识产权法律的自身制度功能，同时也发挥传统知识保护、知识共享、科技奖励等制度补充作用；在运行机制方面，妥善处理社会经济发展与环境生态和谐共存的关系，将和谐作为知识产权法律运行全过程的基本理念。

三是“多元共治”。知识产权的全球治理和国际治理，应是政治多极化和经济全球化基础上的“多元共治”。从构建“人类命运共同体”的基本理念出发，中国致力于“建立平等相待、互商互谅的伙伴关系”“营造公道正义、共建共享的安全格局”“谋求开放创新、包容互惠的发展前景”“促进和而不同、兼收并蓄的文明交流”⑥。具言之，在知识产权国际事务方面，反对单方面的制度强加、规则主导。中国遵循全球合作、避免对抗的原则，与欧美国家“求同存异”，与新兴共同体“合作共赢”，对欠发达国家“普惠包容”，发挥“国际体系的参与者、建设者、贡献者”的重要作用。

① 卓泽渊. 法的价值论［M］. 北京：法律出版社，2006：125.

② 吴汉东. 知识产权法价值的中国语境解读［J］. 中国法学，2013（4）.

③ 张文显. 法理学［M］. 2版. 北京：高等教育出版社，2003：213.

④ 燕继荣. 现代国家治理与制度建设［J］. 中国行政管理，2014（5）.

⑤ 亚里士多德言：“法治不仅指人们对法律的普遍遵守，而且要求被普遍遵守的法律应是良法。”

⑥ 习近平. 携手构建合作共赢新伙伴 同心打造人类命运共同体：在第七十届联合国大会一般性辩论时的讲话［N］. 人民日报，2015-09-29（2）.

三、中国知识产权发展理念的核心要义

知识产权发展理念，是关于知识产权事业发展的战略指引、政策方针、规划布局、实现路径和效益评价的一整套智识经验体系。它以发展和运行模式的规律性、协调性、有效性为思想工具，表达了有关知识产权创造、运用、管理、保护、服务等全部过程、环节和方面的基本认知。

知识产权发展理念的形成，与一国经济和社会发展状况有着密切的关联。欧美发达国家是知识产权制度最早的推行者，也是最大的受益者，在知识产权制度实施和事业推进中积累了丰富的经验知识：它们根据不同发展阶段的不同发展要求，对知识产权做出选择性的制度安排（“实用主义态度”）；从国内、国际两个方面推进知识产权政策，既是其本国产业发展的创新政策，也是世界贸易的竞争政策（“公共政策立场”）；确定以知识产权服务国家利益的战略目标，为本国现代化发展提供制度产品（“发展战略选择”）[①]。对于发展中国家而言，知识产权制度引进的同时也是知识产权保护标准一体化的开始，质言之，发展中国家不具备欧美国家知识产权制度成长的必要过渡期和准备期，因而缺乏知识产权运作的制度理性沉淀和政策经验积累。新中国知识产权事业七十年的发展，经历了政策调整—法律引进—制度吸收的曲折过程。正是由于四十年改革开放，知识产权得以置于国家创新体系之中，成为创新活动和创意产业发展的制度保障。上述情形，使得中国知识产权制度建设具有自己的思想智识和实践经验。进入新时代以来，“创新、协调、绿色、开放、共享”的新发展理念，成为我国经济社会发展必须长期坚持的重要遵循，对知识产权事业建设具有战略性、纲领性和引领性的作用，其核心要义表现为以下几个方面：

（一）知识产权事业发展的总体思路

习近平指出，“发展是党执政兴国的第一要务，是解决中国所有问题的关键”[②]。新发展理念是改革开放以来中国发展观的重大飞跃，对解决中国发展问题提出了新的总体思路。“创新、协调、绿色、开放、共享”五大发展理念，概以发展为基本要义，但表现了各自的内涵要求：“创新”“开放”本质上是以促进经济社会发展为目标，提供新的发展动力，开辟发展的国际环境；而“绿色”“协调”则是面对发展带来的负面影响而提出的矫正手段；“共享”则体现了发展的最终价值依归[③]。

在以往国际主流思想体系中，发展是以经济效益为主要目标的发展，知识产权被认为是促进经济增长的制度工具，其贡献率的评价标准表现为促进贸易、投资自由和提高技术转让效益[④]。新发展理念告诉我们，发展是以经济为龙头、联动社会各方面因素协调发展的过程，它包括经济发展、社会发展与制度发展等多个层面[⑤]。因此，知识产权的制度功用，在解决知识财富增长的“经济问题”的同时，还应当考虑“人的问题”、资源环境的“社会问题”。从新发展理念出发，我们应厘清和明确知识产权事业发展的基本思路：一是“以人民为中心”的发展思想。坚持“以人民为中心”的发展思想就是把增强人民福祉、促进人的全面发展作为发展的出发点和落脚点[⑥]。这一政治命题在法价值意义上即是“人本主义”。“人本主义”的要义，是以人为本位，维护人的主体地位，实现每一个人和一切人的全面发展。知识产权制度的人本主义，旨在在保护创造者权利的基础上，让全社会分享知识产权事业带来的经济和社会效益，是为“个人的发展、社会的发展、国家的发展以及全球人类社会的共同发展”[⑦]。二是以“创新度”“协调度”“和谐度”“开放度”为发展评价标准。发展动力的“创新”水平、发展方式的“协调”尺度、发展质量的“绿色”标准、发展环境的“开放”程度，应作为知识产权事业发展状态及其成效评价的标准。

新发展理念与中国知识产权制度建设有着逻辑联络，其实现进路或是转换为法律价值内容，将正义、效率、创新、平等、和谐等法的价值在法律构建和实施中进行精神转化，或是转换为政策构想和政策原则，在知识产权战略规划以及创造、运用、保护和管理的政策文件中进行规范构成。

（二）知识产权政策的科学维度和法治基础

习近平指出，“必须适应国家现代化总进程”，

① 吴汉东．知识产权制度运作：他国经验分析与中国路径探索［J］．中国版权，2007（2）：7.

② 习近平．在庆祝中国共产党成立95周年大会上的讲话［N］．人民日报，2016-07-02（2）.

③ 周佑勇．逻辑与进路：新发展理念如何引领法治中国建设［J］．法制与社会发展，2018（3）.

④ Daniel J. Gervais. Intellectual property，trade & development：the state of play［J］．74 Fordham L. Rev. 505（2005）：528-534.

⑤ 杨生平．五大发展理念：中国特色社会主义的新发展观［J］．中国特色社会主义研究，2017（2）.

⑥ 中共中央宣传部．习近平总书记系列重要讲话读本：2016年版［M］．北京：人民出版社，2016：127.

⑦ 吴峰．知识产权·人权·发展［J］．上海理工大学学报（社会科学版），2005（3）.

"在国家治理体系和治理能力现代化上形成总体效应、取得总体效果"①。在政治学理论中，国家治理能力被理解为国家治理活动中所具有的制度供给和创新、制度管理和实施等方面的制度执行能力。政府制定知识产权公共政策的能力，是为一种国家治理能力，属于新发展理念中制度发展的范畴。制度发展是协调发展过程的基础，对经济发展和社会发展起着促进和保障作用。建立以知识产权为导向的公共政策体系，以制度创新推动知识创新，是发达国家和新兴经济体的普遍做法。我国注意借鉴创新型国家的政策发展经验，同时强调发挥自身制度优势和政策力量，为知识产权事业提供必要的政策环境。从提高国家治理能力和推进制度发展的要求出发，新时代知识产权政策应把握以下两个基本问题：

一是知识产权政策的科学维度。即政策体系的规则配置及其运作必须科学合理、协调高效。知识产权政策可以划分为总政策、基本政策和具体政策，它们之间存在着衍生与被衍生、统摄与被统摄的关系，不同效力的各种公共政策构成一个统一的政策体系②。在我国，国家知识产权战略规划作为总政策或元政策，是一定历史时期关于知识产权问题的整体性谋划和全局性安排，对其他各项政策起着指导和规范作用。总政策下的各项政策，应遵循协同效应理论的基本原则，保持相互之间的协调与配合。"政策体系的完善不仅单纯依靠数量的增长、规范内容的细化，更应注重建立合理的运作机制"③，即使各种政策功能耦合达成配合和联动的关系，提高实施计划、践行方案的有效性，适时评估、调整政策措施，以期实现预期的政策目标。

二是知识产权政策的法治基础。法治是政策规范化的基本形态和基石范畴。公共政策的制定和推行，要求制度与规范，强调程序与秩序，是国家治理能力包括政策能力法治化的基本面向。知识产权在本质上是一项法律制度，是知识财产之上所设定的私人产权，是国家法律体系中的有机组成部分。知识产权在本质上是作为法律规范而进行制度设计的，其立法宗旨在于维护知识财产的正义秩序，实施知识传播的效益目标。承认法治在知识产权制度建设中的基础地位，强调法治对于知识产权政策的规制作用，在于维护法律的权威，防止行政权力的任意行使。

（三）知识产权运行要素的绩效要求

习近平从中国创新发展的战略需要出发，准确把握知识产权"创新之法"和"产业之法"的制度功能，精辟分析知识产权与科技革命、经济发展乃至国家安全的关系，彰显了知识产权制度建设的新发展理念。

知识产权运行既是一个立法、执法、司法、守法的法治动态过程，也是一个创造、运用、管理、保护和服务的政策运行过程，后者在经济社会发展机制中表现为各运行要素、运行环节的作用和影响，进而产生运行绩效的动态化活性系统。新发展理念对我国经济的发展动力、发展方式和发展质量做出新的战略考量，由此形成关于知识产权运行的新的战略要求，包括：每一环节、要素的合理有效运行状态；各个环节、要素的协调、整合系统；诸环节、要素的外部运行资源和环境条件的配备；整个环节、要素良好运行所达致的经济和社会绩效；等等。

知识产权运行要素是影响创新发展目标的关键节点。习近平在党的十九大报告中指出："强化知识产权创造、保护、运用"。从新发展理念出发，"强化"知识产权运行要素必须做到以下几点：一是高质量知识产权创造。知识产权的高质量创造是创新发展的基本内涵。创造是一切知识产权活动的初始源头，创造力是体现知识产权实力的首要因素。2011年，世界知识产权组织发布《2011年世界知识产权报告》，强调"拥有知识产权已成为创新企业的战略核心"。可以认为，知识产权本身就是一种产权化的创新，构成经济发展的原动力。在某种意义上讲，创新驱动就是知识产权驱动。中国"建设现代化经济体系"和实现"高质量发展"④，需要相应的高质量知识产权产品，包括核心技术专利、版权精品、知名品牌，"实现知识产权创造由多向优、由大到强的转变"⑤。二是高水平知识产权保护。知识产权的高水平保护是创新发展的制度保障。知识产权保护规则是国际经贸领域的法律秩序，也是本土创新发展的制度基础。中国企业和产业"走出去""走

① 习近平．习近平谈治国理政［M］．北京：外文出版社，2014：105．

② 彭茂祥．我国知识产权公共政策体系的构建［J］．知识产权，2006（5）．

③ 周莹，刘华．知识产权公共政策的协同运行模式研究［J］．科学学研究，2010（3）．

④ 决胜全面建成小康社会 夺取新时代中国特色社会主义伟大胜利：习近平同志代表第十八届中央委员会向大会作的报告摘登［N］．人民日报，2017-10-19（2）．

⑤ 申长雨．一项兴国利民的国家战略［M］//国务院知识产权战略实施工作部际联席会议办公室．一项兴国利民的国家战略：《国家知识产权战略纲要》颁布实施十周年纪念文集．北京：知识产权出版社，2018：6．

上去”，都离不开知识产权。可以说，保护知识产权就是保护创新发展，就是保护改革开放。高水平知识产权保护，即履行世界贸易组织《与贸易有关的知识产权协议》关于“加强救济、强化威慑”的国际规则，完善知识产权保护制度，增强知识产权司法效能，提高知识产权行政执法能力，建立遏制侵权的长效机制，营造有利于创新发展的法治环境。三是高效益知识产权运用。知识产权的高效益运用是创新发展的重要路径。知识产权本身只是一种独占性的法律授权，只有与市场经济相结合并进行转化和运用，才能产生经济和社会发展的效益，知识产权运用的基本方式有应用于生产经营活动的“产业化”、进行产权交易活动的“商品化”、作为投资运营活动的“资本化”。无论如何，应着眼提升创新型国家所具备的科学技术竞争力、文化产品软实力和品牌经济影响力。

四、知识产权法治观和发展观的制度实现

社会主义法治观和发展观，是关于中国法治发展问题的理性思维和实践经验总结，对新时代知识产权制度建设具有思想引领作用。在方法论上，思想引领的实现路径，或是通过立法程序表现为法律，或是通过政府创制活动制定为政策，从而完成从思想理念到制度构成的转换。下面分述之。

法律是知识产权制度中最为重要和主要的表现形式。知识产权法律文本对法治观、发展观的接受，可以表现为纲领性条款（立法指导思想）和规范性条款（具体制度构成）的方式。中国知识产权法律规范的体系构建，应注意以下几个问题：

（一）知识产权立法宗旨表达

法律宗旨，一般表现为相关法律文本的总则条款。知识产权法律的宗旨，在于保护创造者的合法权益，促进知识产品的广泛传播。这种二元价值目标，是以权利保护的激励机制为基础，以利益平衡的调节机制为手段来实现的。知识产权法以基于创新所产生的社会关系为主要调整对象，通过独占权利的授予，体现了保护私权、激励个人创新的主旨；同时注意利益关系的协调，明确知识传播、促进社会创新的目标。知识产权相关法律文本，在立法宗旨中都有法治观和发展观的思想表达。例如，《著作权法》规定，保护著作权以及与著作权有关的权益，鼓励作品的创作和传播，促进社会主义文化和科学事业的发展和繁荣。《专利法》规定，保护专利权人的合法权益，鼓励发明创造，推动发明创造的应用，提高创新能力，促进科学技术进步和经济社会发展。总体而言，立法活动是在一定法价值观指导下的国家创制行为。知识产权立法宗旨，表现了对文化、科技创新以及经济社会发展的价值选择、价值评价和价值活动目的。

（二）知识产权法典化安排

法典编纂是实现法律现代化的重要途径。这是因为，“法典历来是固化和记录一定的统治秩序、社会秩序和社会改革成果的更有效形式”①。对于当下中国而言，知识产权法典化是回应知识经济发展、完成民事权利体系、承接《民法通则》立法传统的制度需求。在知识产权领域，法典化运动大抵有两个含义：一是实现知识产权法与民法典的连接，即在民法典框架中对知识产权进行制度安排，是一个知识产权法“入典”问题；二是实现知识产权法律体系化，即在民法典之外再设专门法典，是一个知识产权法“成典”问题。无论是“入典”还是“成典”，都是知识产权法律创新与制度建设的重要构成。2017 年《民法总则》采取客体列举式的方式规制知识产权，诸多优点已为学者专家所肯定。但《总则》“知识产权条款”也留下了缺憾，即这些规定仅是宣示性的，难以达到统领各单行法的目的，在司法裁判活动中也不敷使用。知识产权法典化不能就此止步，未来立法有两种选择：一是在民法典中独立设置“知识产权编”。即将知识产权与物权、合同、继承等民事权利置于同等的位阶，实现民法典及知识产权法的现代化、时代化的制度转型。二是专门制定“知识产权法典”。与各单行法相比较而言，体系化的知识产权法典具有更高的价值体现和更多的功能优势，可以更好地发挥知识产权法的整体效应②。

（三）知识产权法律现代化改造

法律现代化，是指制度本身的时代先进性和促进社会发展的进步性。知识产权法律现代化改造，表现了其制度创新的本质和促进知识创新的功能。信息技术和基因技术作为 21 世纪最具影响力的时代技术，使得知识产权法律在规范内容上有许多变革和创新。当下中国知识产权立法和修法，有以下重点和难点任务：一是注重产权保护制度建设。习近

---

① 周旺生. 法典在制度文明中的位置［M］//封丽霞. 法律编纂论. 北京：清华大学出版社，2002：13.

② 吴汉东. 论知识产权一体化的国家治理体系：关于立法模式、管理体制与司法体系的研究［J］. 知识产权，2017（6）.

平强调："加快新兴领域和业态知识产权保护制度建设。"[①] 对于大数据、互联网、电子商务、基因物质发现、商业方法及人工智能生成物等有必要探索法律保护的新路径、新规则，或是改造传统法律对新的技术方案给予保护，或是创设特别保护制度，以容纳新的信息产品。二是完善产权交易制度。科技成果转化的法律形式，即是法律运行机制中的知识产权运用。修订专门法律，规范交易秩序，完善以知识产权为核心的创新成果转化运用机制，是创新发展的法律要求。三是制定专门条例，保证法律实施效果。现行反不正当竞争法、专利法对商业秘密保护、职务发明权益分配有原则规定，但条款粗疏，有必要制定专门条例，以保证相关法律的有效实施。

（四）知识产权替代性制度选择

现代法制建设和社会发展，需要一个科学、完备的知识产权制度系统，它主要是知识产权法律，但也包括其他一些替代性制度。后者或是弥补知识产权法律的制度缺陷，或是在知识产权法律之外发挥制度补充功能。替代性制度主要有：一是传统知识和遗传资源保护制度。传统知识是特定人群为应对特定社会生态环境而发展起来的知识类型，表现出鲜明的文化多样性特征。遗传资源则是传统部族独有的具有稀缺性的物质资源，记载有生物多样性"遗传密码信息"。现行知识产权法律的保护对象，限于是新的知识形态而不能涵盖知识创造的源泉。因此，应在知识产权法律之外，创造出一种保护"本源性""传统型"知识财产的专门制度，即与知识产权有关的文化多样性、生物多样性保护问题[②]。二是公共领域制度。公共领域是典型的"知识共有物"，即知识产品的非专有领域，或者说知识产权客体的排除领域。国内法框架下的公共领域，包括保护期届满的知识产品，不具备保护条件的知识产品，人类社会共有的知识产品；国际公约体系下的公共领域，则涉及可以自由复制的表达形式，自由使用的科学技术，自由使用的标志符号，自由应用的设计以及思想等[③]。三是知识创新奖励制度。对于知识创新的激励和保护，专利法是主要但并非唯一的专门制度。相关替代性制度，还可采取"专利奖赏制度"，即国家向专利权人支付金钱补偿，其发明专利归社会享有[④]。也可适用"发明奖励制度"，即由国家给发明人以精神和物质上的奖励，其成果进入公有领域，是为非市场机制的奖励制度。

公共政策是现代知识产权制度的基本构成，包括政策规划、政策执行、政策评价等制度规章。在一国知识产权制度体系中，公共政策与法律相互联系、相互作用，共同服务于经济和社会发展的总目标。公共政策基于其类型的不同，或是对法律建构和实施提出目标要求（总政策），或是作为法律规范的制度补充（基本政策），或是在法律之外发挥协调支撑作用（关联政策、支持政策）。中国知识产权政策表现了自己的思想主张和实践经验，具有服务创新发展目标和配置法治规范的重要功能。未来知识产权政策发展应做好以下几项工作：

1. 谋划国家知识产权发展战略

知识产权战略是公共政策体系中的"总政策"，或者说是政策战略化的载体。它是主体通过规划、执行和评估等战略举措，谋求战略目标实现而采取的全局性、整体性的谋略和行动安排。由此可见，知识产权战略是一个具有活性的动态系统，包括战略规划、战略执行、战略评估；同时它也是一个服务特定战略目标，发挥知识产权制度正效应的公共政策体系。这种战略应是一国处理知识产权事务的基本出发点，是关于知识产权问题的整体性谋略和全局性安排。知识产权战略实施具有明确的价值目标取向，换言之，在知识产权法律推行、知识产权政策运用过程中，知识产权战略处于一种统率和引领地位，并以一定的价值理念和功能目标为引领。在制度规范体系中，发展战略对一个国家的社会运行起着根本性和决定性的指导作用，在特定的历史时期，始终具有较强的总括性和稳定性[⑤]。

到目前为止，我国已基本实现《国家知识产权战略纲要》（2008 年）的预期目标，成为有世界影响力的知识产权大国。当下我国知识产权事业已处于新的历史方位，正由"知识产权大国"向"知识产权强国"迈进。按照国家"两步走"战略部署，为加强知识产权与国家总体目标的战略协同，我国将制定面向 2035 年的知识产权强国战略纲要。知识

① 习近平主持召开中央财经领导小组第十六次会议强调 营造稳定公平透明的营商环境 加快建设开放型经济新体制［N］. 人民日报，2017-07-18（1）.

② 吴汉东. 文化多样性的主权、人权与私权问题分析［J］. 法学研究，2007（6）；吴汉东. 关于遗传资源客体属性与权利形态的民法学思考［J］. 月旦民商法杂志，2006（6）.

③ 张艳梅. 国际知识产权条约体系下的国际公共领域研究［J］. 当代法学，2011（4）.

④ 刘友华. 专利制度的未来模式：替代、革新抑或全球化［J］. 华南师范大学学报（社会科学版），2011（4）.

⑤ 吴鸣. 公共政策的经济学分析［M］. 长沙：湖南人民出版社，2004：5.

产权强国建设是为贯彻新时代社会主义法治观和发展观而做出的战略部署和顶层制度设计，是国家深入实施知识产权战略的阶段转折和目标提升①。面对新时代、新形势、新要求，国家知识产权战略发展方向及其战略重点将要做出相应变革和调整，即在知识产权发展实力和治理能力方面，达致“制度建设完善”“创造能力领先”“产业发展先进”“环境治理优良”②，成为创造型和法治化的现代化国家。

2. 制定知识产权事业发展规划和年度推进计划

制定国民经济和社会发展“五年规划”，是我国通过中期规划安排和政策资源配置，以实现经济和社会发展目标的实践经验和制度优势。改革开放以来，“五年规划”的基本定位，是为宏观经济活动提供框架性指导，为政府履行公共服务职责提供依据。可以认为，“五年规划”既是国家现代化治理的基本手段，也是评价国家治理成效的重要依据。自2016年以来，我国首次将知识产权发展规划纳入国家“五年发展规划”之中，即成为国家的重点专项规划。今后知识产权事业发展规划，应以国民经济和社会发展“五年规划”和面向2035年的《知识产权强国战略纲要》为依据，明确阶段性的中期规划目标、重点任务和主要措施。年度推进计划则根据当年发展形势和发展需要而制定，往往列举重点事项作为计划内容，是落实和分解五年规划目标的具体政策文件，也是调整和细化近期工作的行动方案。我国、日本、韩国等国都有制定知识产权年度推进计划的成功经验。

3. 完善以知识产权为导向的公共政策体系

建立以知识产权为导向、多种政策协调的制度体系，是许多国家特别是发达国家提升自主创新能力、增强国家竞争优势的普遍做法。在我国，与知识产权相关的公共政策包括：通过知识产权运用，促进产业结构调整与优化，发展战略性新兴产业的“产业政策”；通过知识产权扶持，培育地方特色经济，促进区域经济协调发展的“区域政策”；激励文化创新活动，推动文化事业繁荣和版权产业发展的“文化政策”；提升自主创新能力，发展科学技术，形成知识产权核心竞争力的“科技政策”；转变贸易发展方式，完善对外贸易领域知识产权管理体制、预警应急机制、海外维权机制的“贸易政策”；推进知识产权素质教育，培养知识产权专门人才的“教育政策”。此外，诸如财政、金融、投资、政府采购、能源及环境保护等政策，也会涉及知识产权问题。总而言之，我们应注意借鉴创新型国家的政策发展经验，有效发挥自身制度的优势和政策力量，为知识产权战略目标实现提供必要的政策环境。

① 关于知识产权强国的阶段划分，参见韩秀成的相关表述（韩秀成．知识产权强国战略制定工作思路研究［M］//申长雨．迈向知识产权强国之路：知识产权强国建设实施问题研究：第二辑．北京：知识产权出版社，2017：6-7.）。

② 张志成，吴汉东．知识产权局谈新形势下加快知识产权强国建设［EB/OL］．（2015-12-31）．http://www.gov.cn/wenzheng/talking01/20151231ft190/.

版权工作概览

BAN QUAN GONG ZUO GAI LAN

2019 年全国版权工作

2019 年全国版权行政管理工作

中央宣传部版权管理局

2019 年，国家版权局以习近平新时代中国特色社会主义思想和党的十九大精神为指引，全面贯彻全国宣传思想工作会议精神和全国宣传部长会议部署，深入实施《版权工作“十三五”规划》，积极做好各项版权管理工作，为建设版权强国、构建创新型国家、促进文化发展繁荣做出积极贡献。

一、持续加大打击侵权盗版力度

（一）建立联控机制，打击院线盗版

会同相关部门开展加强院线电影版权保护专项工作，部署相关地区迅速开展案件查办，相继查办了江苏、宁夏、贵州、广东、山西等地院线电影盗版重点案件 30 余起，抓获犯罪嫌疑人 200 余人，打掉盗版影视网站 360 余个、盗版手机软件 57 个，查缴用于制作高清盗版影片的放映服务器 7 台、设备 1.4 万件，涉案金额 2.3 亿元。加大院线电影版权预警工作力度，将版权预警覆盖面扩展至引进影片和日常档期，发布 5 批 33 部院线电影版权保护重点作品预警名单，要求相关网络服务商采取有效措施及时处理侵权盗版行为，督促微信、微博、网盘、应用商店等网络服务商迅速核查删除侵权盗版信息 3 万余条。推动成立院线电影版权保护联盟，引导制片方、发行方与商业网站开展版权合作，充分发挥集体维权作用。

（二）开展“剑网”行动，强化专项整治

2019 年 5 月至 11 月，国家版权局会同中央网信办、工业和信息化部、公安部开展“剑网 2019”专项行动。各级版权执法监管部门实施分类管理，着力推进媒体融合发展、院线电影网络版权专项保护，重点整治流媒体、图片领域网络侵权盗版行为，持续加强短视频、有声读物、知识分享、网络直播等平台版权治理。专项行动期间，共删除侵权盗版链接 110 万条，收缴侵权盗版制品 1 075 万件，查处网络侵权盗版案件 450 件，其中查办刑事案件 160 件、涉案金额 5.24 亿元，专项行动取得显著成效。

（三）狠抓案件查办，加强督查指导

以案件查办为执法监管工作重中之重，要求各地积极查办各类侵权盗版案件。2019 年，全国各级版权执法部门共立案查办侵权盗版案件 2 539 起，移送司法机关案件 186 起，捣毁窝点 152 个。会同最高人民检察院、公安部等联合挂牌督办了北京覃某某等涉嫌侵犯著作权案等 90 起侵权盗版大要案件，多次会商最高人民检察院、公安部等相关部门，积极协调、指导相关地区办案工作。会同中央网信办、工业和信息化部、最高人民检察院、公安部组成 8 个督查组，赴江苏、河南、山西等 14 个省份，对专项行动和重点案件查办情况进行专项督查，解决地方查办案件中的瓶颈问题，强化工作合力与协同效应。

（四）强化版权监管，推动社会共治

继续对网络视频、音乐、文学及网盘等领域主要网络服务商进行版权重点监管，推动其全面履行企业主体责任。公布 7 批 67 部重点作品版权保护预警名单。聚焦媒体融合发展版权工作，推动中国新闻媒体版权保护联盟和中国财经媒体版权保护联盟充分发挥行业组织作用，打造媒体版权保护新格局。进一步规范网络音乐版权秩序，保持对网络音乐侵权盗版的高压态势，继续规范音乐作品转授权模式，推动各方共建良性商业生态。指导京版十五社反盗版联盟、少儿出版反盗版联盟、在华国际出版商协会与阿里巴巴、微信、拼多多等网络平台强化版权保护合作，共同保护权利人的合法权益。

（五）提升执法效能，完善激励机制

完成国家版权监管平台全部建设任务，提升版权执法监管效能。举办 3 期全国版权执法监管工作培训班，对 31 个省（自治区、直辖市）版权执法监管工作人员进行培训，实现全国所有地市级版权执法监管部门培训全覆盖。举办“2019 中国网络版权保护与发展大会”，发布《2018 年中国网络版权保护年度报告》、2018 年度全国打击侵权盗版十大案件，树立执法办案优秀典型。加大执法办案奖励力度，对 2018 年度查处侵权盗版重大案件的 182 家有功单位、240 名有功个人进行奖励。

二、深入推进软件正版化工作

（一）加强工作部署，强化工作机制

组织召开推进使用正版软件工作部际联席会议第八次全体会议，系统总结软件正版化工作阶段性成效，研究部署工作任务，加强对各地区各部门软件正版化工作指导。联席会议各成员单位制定工作计划，进一步细化要求，形成各部门各司其职、相互配合、齐抓共管的工作格局。各地区各部门不断完善工作机制，加强制度建设，推动责任落实。北京等 26 个省（自治区、直辖市）调整为由省（自治区、直辖市）党委常委、宣传部部长担任领导小组组长或联席会议总召集人，加强对此项工作的组织领导。

（二）加强督促检查，巩固工作成果

组织 13 个联合检查组，利用国家版权监管平台智能检查工具，对 20 家中央和国家机关、9 个省（自治区、直辖市）的软件正版化工作进行检查，共检查单位 278 家、计算机 4.5 万台，其中对北京、天津、湖南、广东、广西 5 省（自治区、直辖市）的省级政府机关进行了全覆盖检查。软件正版化工作成果得到有效巩固，促进软件产业健康快速发展，2019 年，软件业务收入 7.18 万亿元，同比增长 15.4%。

（三）加强服务指导，扩大宣传培训

加强对各地区各部门软件正版化工作政策指导，推动各地区各部门进一步落实《政府机关使用正版软件管理办法》和《正版软件管理工作指南》，进一步完善软件正版化工作机制，规范正版软件采购、使用管理、考核评议、年度报告等工作。会同工业和信息化部、国资委、国管局、银保监会等举办 4 期软件正版化工作培训班，对北京、天津、河北、上海、江西、河南 6 省（直辖市）省级机关及北京等 16 个省（自治区、直辖市）省属国有企业的软件正版化工作责任人进行培训。编辑出版《2018 年软件正版化工作汇编》，集中宣传软件正版化工作成果，营造软件正版化工作良好氛围。

三、不断完善版权社会服务工作

（一）加强著作权登记相关工作

年初发布 2018 年全国著作权登记的基本情况。在苏州举办著作权登记培训班，对机构改革后省级版权登记机构进行全面培训。根据国务院常务会议决定，配合中国银保监会和国家知识产权局出台《关于进一步加强知识产权质押融资工作的通知》。根据中央深改委决定，配合国家发展改革委等部门出台《关于推动先进制造业和现代服务业深度融合发展的实施意见》。

（二）加强著作权集体管理监管工作

对四家著作权集体管理组织进行调研。召开著作权集体管理组织工作会议，总结 2018 年工作，部署 2019 年工作。赴最高人民法院交流著作权集体管理相关工作，强化司法与行政协调解决突出问题。邀请相关部门（司法、集体管理组织、娱乐业协会等）举行集体管理座谈会，联合文化和旅游部共同召开卡拉 OK 领域版权工作座谈会，研究推进著作权集体管理工作。协助相关部门积极处理集体管理组织脱钩过程中的资产属性认定问题，处理集体管理组织涉及投诉纠纷事宜，确保稳定局面，收到较好效果。

（三）加强对境外著作权认证工作的管理

举行境外著作权认证机构驻华代表机构年度通气会，参加公安部境外非政府组织管理相关座谈会。配合公安部完成《境外非政府组织在中国境内活动领域和项目目录、业务主管单位名录 2019》。配合北京市公安局完成 6 家境外著作权认证机构驻华代表处的年度检查工作。根据境外非政府组织的管理体制变化，结合我国境外著作权认证机构的管理历史和现状，出台《关于依法加强对境外著作权认证机构常驻中国代表机构管理的意见》，进一步强化对境外著作权认证工作的管理。

（四）加强版权宣传教育工作

组织评选发布“2018 年中国版权十件大事”，组织编纂《中国版权年鉴 2019》。利用国家版权局官方网站、微博、微信，围绕“4·26”世界知识产权日宣传主题，开展版权宣传周、中国网络版权保护与发展大会等相关宣传活动。配合新中国成立 70 周年庆祝活动，发布新中国 70 周年版权事业发展成就回顾庆祝文章，协助有关部门妥善处理国庆 70 周年宣传重点推荐使用相关作品版权事宜。组织中央媒体对青岛国际版权交易会、江苏（南京）版权贸易博览会、2019中国·北京国际版权授权大会、2019成都国际数字版权交易博览会等进行集中宣传报道。举办第十一届全国大学生版权征文活动，举行颁奖仪式和大学生版权论坛。推进版权历史资料库建设。

四、大力推动版权产业健康有序发展

（一）开展版权产业经济贡献率调研工作

开展中国版权产业经济贡献率调查，发布2018年版权产业经济贡献率报告和2018年网络版权产业发展报告，2018年版权产业对国民经济的贡献率达7.37％。

（二）深化版权示范工作

加强对全国版权示范城市联盟工作的指导和协调。赴山东、湖北、广东、江苏、江西等地，实地核查部分版权示范城市、示范单位、示范园区（基地）。顺利完成对版权示范城市（10家）、示范园区（基地）（29家）和示范单位（109家）的核查工作，撤销5家示范单位，调整3家示范单位，调整2家示范园区（基地）。完成对创建期届满（2017年批复）的河北省廊坊市和四川省绵阳市的检查验收批复工作。开展2019年版权示范创建工作申报审核工作，批复江西省景德镇市和广东省佛山市创建全国版权示范城市。

（三）开展国家版权创新发展基地试点工作

根据融合国家发展战略、发挥版权创新属性、提升版权工作能级的需要，2019年9月批复深圳前海深港现代服务业合作区设立国家版权创新发展基地，助力粤港澳大湾区和深圳市中国特色社会主义先行示范区建设。落实党中央、国务院提出的自贸区战略和长三角一体化发展战略，批复上海市建设上海自贸试验区版权服务中心，推进自贸区版权创新工作。

（四）打造全国版权展会授权交易体系

以中国国际版权博览会为龙头，指导和支持全国版权交易中心联盟（北京）、山东青岛、江苏南京、广东东莞、四川成都开展版权交易会、博览会等活动，在资源、人员、结构和媒体等方面增加投入，打造全国版权展会授权交易体系，运用社会力量，促进版权转化运用，推进版权产业发展。

五、着力强化版权涉外应对

（一）继续加强国际版权多边话语体系建设

一是继续巩固和加强与世界知识产权组织（WIPO）等国际组织的良好合作关系，积极参加相关委员会会议，参与重要国际版权条约磋商，包括与WIPO合作举办“‘一带一路’版权国际论坛”，配合外交部磋商并签署《承认与执行外国民商事判决公约》等。二是采用多种方式推动《视听表演北京条约》早日生效，2019年底批准或加入的国家已达29个，2020年4月28日正式生效。三是参加世界贸易组织（WTO）对华贸易政策审议和我对其他成员贸易政策审议工作，参加亚太经合组织（APEC）知识产权专题会议，积极应对版权有关事务。

（二）进一步提高版权双边、区域交流合作与应对水平

大力推进国际传播能力建设，深化双边版权交流对话机制，本着合作共赢原则，进一步完善、巩固中欧、中英、中日、中韩版权交流合作关系，与欧盟、英国、日本、韩国进行政府间版权工作会谈以及举办国际版权研讨会。积极参与中美经贸摩擦磋商应对工作和《区域全面经济伙伴关系协定》谈判，推进中日韩、中挪自由贸易协定等自贸区谈判进程，开展中欧、中日、中瑞等工作组谈判。落实“一带一路”倡议，派出版权代表团赴南非、越南、哈萨克斯坦等开展“一带一路”沿线国家和地区版权交流。推动《海峡两岸知识产权保护合作协议》的具体落实，参加内地与港澳知识产权研讨会，推动两岸、内地与港澳在版权领域的沟通合作。

（三）加大对外宣传力度，不断提升版权国际影响力

利用国家版权局英文网站，针对国外不同对象，通过线上、线下、文字、视频等不同方式有针对性地开展宣传。利用接待来访，组团出访，举办、参加国际多双边版权会议等机会，主动做好版权对外宣传，发出权威声音，讲好中国版权制度建设与版权保护的故事，争取国际舆论支持，营造我版权涉外工作良好局面。

（四）做好相关国际版权课题研究及人才培养工作

有针对性地开展版权国际应对宏观策略研究、版权国际应对具体问题研究等，进一步提升我国国际版权应对能力和理论积累。在青岛、南京开展两期国际版权人才培训班，其中，南京培训班首次与世界知识产权组织合作，邀请其专家来华授课，并为学员颁发世界知识产权组织培训证书，提升了国内相关管理人员的版权治理工作能力，为对外版权贸易保驾护航。

2019 年全国版权司法保护工作

最高人民法院知识产权审判庭

2019 年是新中国成立 70 周年，是全面建成小康社会、实现第一个百年奋斗目标的关键之年，也是实施人民法院第五个五年改革纲要的开局之年。人民法院坚持以习近平新时代中国特色社会主义思想为指导，深入贯彻落实党的十九大和十九届二中、三中、四中全会精神，增强“四个意识”、坚定“四个自信”、做到“两个维护”，深入贯彻落实中共中央办公厅、国务院办公厅《关于加强知识产权审判领域改革创新若干问题的意见》和《关于强化知识产权保护的意见》，紧紧围绕“努力让人民群众在每一个司法案件中感受到公平正义”目标，坚持服务大局、司法为民、公正司法，全面发挥司法保护知识产权主导作用，不断提升著作权司法保护水平。

一、发挥审判职能，加强著作权案件审理

2019 年，地方各级人民法院共新收民事一审著作权案件 293 066 件，同比上升 49.98%，占全部知识产权民事一审案件的 73.44%；新收行政一审著作权案件 16 件，与 2018 年持平；新收侵犯著作权类刑事一审案件 210 件，同比上升 34.62%，占全部侵犯知识产权刑事一审案件的 4%。2019 年，最高人民法院共受理著作权案件 245 件，占全部案件的 6.37%，是 2018 年的 4.9 倍。一年来，人民法院审结的具有较大社会影响的著作权案件有：明河社出版有限公司、完美世界（北京）软件有限公司与北京火谷网络科技股份有限公司等侵害改编权及不正当竞争纠纷案；苏州蜗牛数字科技股份有限公司与成都天象互动科技有限公司、北京爱奇艺科技有限公司侵害著作权纠纷案；河北山人雕塑有限公司与河北中鼎园林雕塑有限公司等侵害著作权纠纷案；北京乐动卓越科技有限公司与阿里云计算有限公司侵害作品信息网络传播权纠纷案；北京众得文化传播有限公司与万达影视传媒有限公司、岳龙刚等侵害作品改编权纠纷案；陈力等犯侵犯著作权罪案；等等。

二、加大赔偿力度，弘扬正确价值导向

人民法院认真贯彻《关于完善产权保护制度依法保护产权的意见》，提高知识产权司法救济的及时性和便利性，努力实现侵权损害赔偿与知识产权市场价值的协调性和相称性，依法加大侵害著作权案件的损害赔偿力度，提高侵权成本，引导全社会自觉尊重著作权，维护著作权。在北京市高级人民法院二审审理的明河社出版有限公司、完美世界（北京）软件有限公司与北京火谷网络科技股份有限公司等侵害改编权及不正当竞争纠纷案中，法院综合侵权人因运营侵权游戏所获得的高额利润，权利人作品的知名度、市场价值，侵权人的主观过错、行为性质、侵权持续时间、经营规模，以及权利人维权的合理费用等因素，并考虑了许可费标准，判令被告承担 1 600 余万元的赔偿责任，坚持了知识产权侵权赔偿的市场价值导向，切实保障权利人获得了充分赔偿。同样，在江苏省高级人民法院二审审理的《花千骨》游戏作品侵权案中，判赔数额达到 3 000 万元；在深圳知识产权法庭审理的《全民枪战》侵害《穿越火线》游戏地图著作权纠纷一案中，判赔数额超过 4 500 万元。

在不断提高著作权侵权赔偿数额的同时，人民法院在著作权案件审判中注重以司法裁判的强制性引导全社会大力弘扬和践行社会主义核心价值观，妥善审理涉红色经典作品著作权案件，使裁判结果既尊重历史、符合法律，又契合国情社情民意。在“刀靶大捷雕塑”侵害著作权纠纷案中，贵州省高级人民法院秉承尊重法律、尊重权利、尊重经典的原则，在判决不停止侵权的同时，通过提高侵权赔偿金和使用费的方式对权利人进行救济，既充分考虑了对权利人的有效保护，也有力兼顾了经典传承，使裁判结果实现了法律效果、政治效果和社会效果的有机统一。

三、推动繁简分流，提高案件审理效率

为提升审判质效，减轻群众诉累，最高人民法院先后出台了《关于进一步推进案件繁简分流优化司法资源配置的若干意见》《关于民商事案件繁简分

流和调解速裁操作规程（试行）》等文件。与此同时，最高人民法院支持和鼓励地方各级人民法院深化司法体制机制改革，就知识产权案件繁简分流速裁机制建设开展积极探索，及时总结成功经验进行推广。在此基础之上，各地法院结合地方实际，针对著作权案件数量多，特别是系列化案件多的特点，积极运用信息化技术手段，开展繁简分流机制探索。

北京知识产权法院建立完善与北京互联网法院的衔接机制，专设网络著作权二审案件合议庭，积极尝试涉互联网法院二审案件的线上审理模式。湖北省高级人民法院大力推进裁判文书简化工作和“两表指导、审助分流”快审工作机制。武汉市中级人民法院在辖区两级法院试行涉KTV著作权案件裁判文书简化工作，对原告相同、诉讼标的种类相同、侵权事实与侵权人类型相似的KTV侵害著作权纠纷实行裁判文书简化机制，制作了“要素式”“简略式”“令状式”三种裁判文书简化模板。武汉知识产权审判庭2019年受理的涉“索隆”KTV案件4 155件，适用该裁判文书简化机制，全部于2019年8月底结案，平均审理周期为45天，极大地提高了审理效率。

四、延伸司法职能，开展多元纠纷化解

人民法院坚持把非诉讼纠纷解决机制挺在前面，坚持和发展新时代“枫桥经验”，推进多元解纷体系建设，鼓励当事人通过非诉讼方式化解纠纷，进一步提升著作权纠纷解决效率。最高人民法院成功调解了北京典范文化传媒有限公司与西安曲江影视投资（集团）有限公司侵害著作权纠纷一案，解决了各方十余年的纠纷矛盾。安徽省高级人民法院成功调解了首起知识产权一审案件——中广影视卫星公司诉中国电信安徽分公司侵害广播组织权纠纷案，标的额逾1亿元，社会关注度较高。黄山市中级人民法院针对当地大量KTV经营场所因未经授权使用音像制品而被起诉的情况，积极推进源头治理，主动协调黄山市文化娱乐业协会，促成当地KTV经营业主代表同中国音像著作权集体管理协会安徽地区负责人进行了多轮协商，最终签订了《黄山市KTV经营场所音像著作权版权收费标准》，成为推动类案调解的重要参照，促进了当地KTV经营场所的规范经营。广州互联网法院坚持多元纠纷在线化解，落实“协商＋调解＋判决”三级维权机制，依托“在线调解＋在线庭审＋在线旁听参与”的示范调解模式，成功调解了广州纬泉文化传播有限公司与各大音乐平台侵害录音录像制作者信息网络传播权纠纷案件近1万件，全年以调解、撤诉方式结案20 845件，占结案数的94.36%。该院还联合15家音乐版权公司和网络音乐平台共同签署《关于共同构建网络著作权纠纷三级维权机制的倡议书》，为推动多维保护互联网文化产业智力成果、适应网络空间治理的多元解纷需求做出共同承诺。重庆市第二中级人民法院通过版权纠纷行政调解平台，委托当地文化行政执法部门多方调解处理著作权侵权纠纷，调解、撤诉率达到94.94%。

五、总结审判经验，推动完善著作权立法

各级法院积极总结著作权案件审判经验，推动著作权法律的不断完善，同时针对著作权案件呈现出的涉网络比例增大，系列化、新类型案件增多等特点开展调研。最高人民法院参加全国政协“网络环境下的知识产权保护”和“著作权法的修订”双周协商座谈会，向全国政协反映著作权案件中的主要问题及对《著作权法》修订的建议；参加全国政协关于《著作权法修正案草案》民间文学艺术作品保护相关会议，积极参与《著作权法》的修订和相关法律法规的制定。最高人民法院还就图片著作权前沿问题进行研讨，明晰了裁判标准，回应了社会关切。北京市高级人民法院为加强对全市著作权案件审判工作的指导，举办两次“北京法院版权沙龙”，针对集体管理组织提出的相关具体问题和“视觉中国”事件，研究形成了KTV著作权案件赔偿问题和涉图片类案件审理工作两个座谈会会议纪要，既统一了著作权案件裁判标准，又及时回应了社会热点问题。广西壮族自治区高级人民法院也组织召开“《著作权法》修改座谈会”，围绕《著作权法》修改中的重难点问题、知识产权司法保护与行政保护的协调等问题展开讨论，形成《著作权法修改座谈会意见整理稿》，为全国政协开展《著作权法》修改专项调研积极建言献策。广东省高级人民法院针对广东游戏产业大省的定位，牵头完成“网络游戏知识产权司法保护对策研究”专题调研，形成了全面系统的调研报告，起草了《广东省高级人民法院关于网络游戏知识产权民事纠纷案件若干问题的审判指引》，对促进网络游戏知识产权创造和运用有重大意义。针对涉图片类著作权纠纷频发、有关裁判规则亟待明晰的情况，广东省高级人民法院还组织全省法院调研骨干力量集中研究，出台了《关于涉图片类著作权纠纷案件若干问题的解答》，指导全省法院依法审理相关案件。

六、推进司法公开，宣传普及著作权保护

人民法院积极顺应司法改革要求，推进以庭审公开、裁判文书公开为核心的全流程、全方位、深层次的司法公开，以公开促公正、以公正树公信，回应全社会对著作权案件审判的高度关注。除邀请人大代表、政协委员、社会公众到院旁听庭审以外，各级法院创新庭审公开形式，充分运用电视和网络媒体，开展庭审直播；精选典型案例，不定期到社区、学校、企业、工业园区等地进行公开审理。上海市徐汇区人民法院精选具有社会广泛关注度的涉中华老字号“沈大成”著作权权属纠纷一案，进行庭审电视直播，邀请多家媒体旁听庭审，接受社会公众监督。内蒙古自治区高级人民法院在内蒙古财经大学开展“庭审进校园”活动，公开审理侵害著作权纠纷案，300 余名师生观摩了庭审，新浪网进行了网络直播，内蒙古电视台法制专线等新闻媒体全程参与并对法官及学生进行了现场采访。

此外，各级法院还积极利用举办新闻发布会、发布白皮书、公布典型案例、开展法律咨询等形式，加强保护著作权的宣传。最高人民法院在 2019 年全国知识产权宣传周期间，发布《中国法院知识产权司法保护状况（2018 年）》（白皮书）以及 2018 年中国法院知识产权司法保护十大案件和 50 件典型案例，总结了全国法院的著作权司法保护情况，推出了多个著作权案件。河北省高级人民法院民三庭与张家口市中级人民法院共同主办“奥标保护暨‘4·26’知识产权宣传日”活动，将“4·26”宣传活动与《奥林匹克标志保护条例》宣传相结合，宣传有关法律法规以及党和国家的决策部署，普及奥运会标识使用知识，收到了良好效果。贵州省贵阳市中级人民法院知识产权庭与贵州省版权局等单位联合举办以“世界知识产权日，版权宣传保护周”为主题的专题讲座，近 200 名贵州大学师生参加，该活动增强了在校大学生的版权保护意识，营造了重视保护版权的社会风气。

七、加强队伍建设，夯实著作权审判基础

人民法院坚持以政治建设为统领，不断提高政治站位，大力推进审判队伍革命化、正规化、专业化、职业化建设，着力锻造一支政治坚定、顾全大局、精通法律、熟悉技术并具有国际视野的著作权审判队伍，为做好新时代著作权审判工作提供坚实组织保障和人才保障。一是扎实开展思想政治教育活动，将政治建设摆在首位，深入开展“不忘初心、牢记使命”主题教育活动，充分运用好党内政治生活各项制度，唤醒守初心意识、增强担使命本领。二是筑牢干警廉洁自律思想防线，贯彻落实中央八项规定及其实施细则精神，整治“四风”，反对形式主义、官僚主义，将党风廉政建设和反腐败斗争不断向纵深推进。三是加强队伍司法能力建设，着力打造一支忠诚干净有担当的高素质审判队伍。最高人民法院加大统筹协调和对下指导力度，推动各地法院制定专门人才培养和储备规划，建立形式多样的人员交流机制。各地法院以提升司法能力为重点，充分运用专题培训、专题研讨、在职培养、交流挂职、庭审观摩等形式，打造学习型审判队伍以适应著作权审判工作新形势、新要求，队伍专业化、职业化水平不断提升。

2019年地方版权工作

北　京　市

一、版权普法宣传活动和《视听表演北京条约》宣传工作

（一）举办“4·26”世界知识产权日系列活动

每年度的“4·26”世界知识产权日是版权宣传活动的重要时间节点。2019年北京市版权局围绕《视听表演北京条约》和版权创新举办了两场宣传活动。4月16日，与世界知识产权组织中国办事处、北京国际电影节组委会联合主办了“电影和版权：机遇与挑战并存”论坛。世界知识产权组织副总干事王彬颖、中宣部版权管理局局长于慈珂、北京市委宣传部副部长王野霏出席并致辞。三位嘉宾在致辞中表示，要进一步加强版权保护，为电影产业发展营造更好的法律和市场环境，努力推进《视听表演北京条约》早日生效，完善全球知识产权法律体系。影视版权专家学者、表演者代表、影视制作和传播企业代表，哈萨克斯坦、津巴布韦、吉尔吉斯斯坦等16国知识产权及文化官员出席论坛活动。4月25日，在国家版权创新基地主办以“创新引领发展，版权筑造核心”为主题的版权创新发展论坛。中国版权协会理事长阎晓宏、中宣部版权管理局副局长汤兆志、北京市委宣传部副部长王野霏、朝阳区委宣传部部长黄晓伟出席并致辞。论坛设置了版权保护与运用创新、版权平台运营创新、网络版权保护创新、版权金融保障创新、版权生态建设创新、版权司法保护创新等重点话题。

（二）启动《视听表演北京条约》宣传工作

《视听表演北京条约》自2012年6月签订以来，中国政府为推动其生效做了大量卓有成效的工作。根据条约约定，批准或通过的国家达到30个，条约即可生效。为提前筹划条约生效后的宣传活动，北京市版权局率先启动条约宣传工作，包括条约解读与生效后的庆祝活动。

（1）举办高级研修班。9月初，与世界知识产权组织联合主办了《视听表演北京条约》高级研修班。世界知识产权组织特别邀请的西班牙籍版权法专家Marta Garcia Leon围绕“视听表演者权利与《视听表演北京条约》”做了精彩演讲。中国版权协会理事长阎晓宏，中宣部版权管理局局长于慈珂、副局长赵秀玲，北京市委宣传部副部长王野霏出席高级研修班。本次高级研修班成员均为我国版权领域权威专家学者，包括中国知识产权法学研究会会长刘春田、北京知识产权法院副院长陈锦川、北京互联网法院院长张雯、原国家版权局巡视员许超、北京大学知识产权学院常务副院长张平、中国社会科学院法学研究所研究员李顺德、北京市广播电视局政策法规处处长赵红仕、首都版权产业联盟秘书长韩志宇等。

（2）启动条约解读工作。本项工作的主要内容是组织编写、出版、发行三本解读读物，分别为《条约释义》《条约与产业发展》《条约的历史进程》。9月中旬已举行解读工作启动仪式暨第一次编务工作会议，由教育部高等学校法学类专业教学指导委员会副主任委员吴汉东教授牵头，经历条约签署和推进过程的各级党政机关领导同志和对条约有深厚造诣的法学专家共计30余人参加。

（3）筹划条约庆祝活动。拟于条约生效后举办主题庆祝活动，以“见证”为主题，以“庆祝条约生效 展现首都形象”为宗旨，通过丰富的节目形式，回顾条约签署历程和中国政府为推动条约生效做出的努力，向全世界充分展示条约的里程碑意义以及北京市版权保护的良好形象，推进北京市科技创新中心和国际交往中心建设。

（三）开展版权公益广告宣传和优秀版权项目推介展示活动

（1）通过公益广告大力宣扬版权保护理念。为提高全社会的版权保护意识，营造良好的社会氛围，在世界知识产权日期间，围绕版权与创新进行了为期一个月的公益广告宣传，覆盖北京市不同区域投放了1 700个《人民日报》数字屏，200多个地铁、公交候车厅和楼宇电梯媒体。央视市场研究公司开展的传播效果评估报告显示，当期公益广告触达率68.6%，社会认可度90.7%，社会信任度92.2%，版权问题居民重视度88.2%。

(2) 举办优秀版权项目推介会。11 月 1—9 日，在通州宋庄文化聚集区举办“2019 北京优秀版权项目推介会”，北大方正、河图创意等 11 家优秀文化企业参展，分享了艺术品版权开发成果和版权成果孵化经验。本次推介会是在开展版权示范单位创建活动的大背景下举办的，通过组织优秀版权项目推介、版权大讲堂、专家论坛和专项培训的形式，为文化企业提供版权保护知识讲解和版权服务绿色通道。推介会期间，朝阳法院的法官为艺术家专门讲解了艺术品版权保护问题，版权调解中心全程提供免费版权咨询服务，“京版版权认证”“共建可信数字版权生态”等版权服务平台亮相版权大讲堂。

二、软件正版化工作

（一）强化组织领导

4 月 3 日，北京市召开软件正版化工作动员部署会议，市委常委、宣传部部长杜飞进出席会议，对北京市软件正版化工作做出指示，要求各有关单位认清形势、健全制度、明确责任，做好 2019 年度软件正版化工作。会议总结了 2018 年北京市软件正版化工作，肯定了成绩，提炼了经验，从完善制度、补齐短板、加强培训、做好巡查、落实责任等方面，对 2019 年度的软件正版化工作提出了系统要求。会议对个别单位存在的制度欠缺、工作松弛、责任不实等问题提出批评，要求抓紧整改。9 月，召开北京市使用正版软件工作联席会议，各成员单位认真梳理前期工作情况，表示要发挥职能优势、形成工作合力，为年度考核后续工作的顺利进行提供坚实保障。

（二）优化宣传培训

着眼于提高宣传培训的针对性和实效性，督促各有关单位自 5 月起开展软件正版化工作的分级、分层、分类培训，共举办 66 期培训班，培训近 3 000 人。版权管理处指导并参与了其中大部分培训班。针对机构改革后各单位软件正版化工作人员变动较大的情况，版权管理处对规范性文件进行了搜集和梳理，编印《软件正版化工作重要文件汇编》并发放各单位，推动了各单位的培训、指导和各项具体工作的落实。

（三）细化服务管理

建立了北京市软件正版化工作责任人员数据库，运用软件正版化信息管理系统统一管理北京市软件正版化工作相关信息。积极开展咨询服务，对存在实际困难的单位，通过日常走访、实地督导等模式予以帮助；同时积极推广先进经验和有效做法，帮助各单位提升管理水平。6 月，版权管理处督促各单位认真开展自查自纠，发现并消除了存在的一些死角。7 月，在前期自查自纠的基础上，版权管理处对存在突出问题的 9 家单位又实施了第二轮乃至第三轮督促检查。通过自查自纠和反复督促检查，最大限度地解决了北京市软件正版化工作中存在的问题。

（四）深化督查考核

8 月下旬，国家版权局牵头推进使用正版软件工作部际联席会议，对北京市市级政府部门软件正版化工作进行了全覆盖检查。此次检查共涉及 48 家市级政府机关的 8 489 台计算机软件安装使用情况。其中，操作系统软件正版率达到 99.98%，办公软件正版率达到 99.99%，使用预装操作系统计算机比例达到 93.27%。在已经完成的 21 个省市检查结果中，北京市三个项目的检查统计数值均位居全国第一。10 月至 12 月，联席会议办公室组成若干考核组，按照听取汇报、查阅文件资料、实地上机检查等步骤，对全市 97 家党政机关单位、1 200 余家市属国有企业及 89 家卫生健康系统单位进行考核评议。

2019 年，北京市软件正版化取得了显著成绩。《北京日报》等主流媒体对相关工作进行了报道，《中国新闻出版广电报》《中国知识产权报》以“软件正版化‘北京模式’的启示”为主题刊发了长篇通讯；在国家版权局举办的各省（自治区、直辖市）软件正版化工作推进部门培训班、2019 年国有企业软件正版化工作培训班上，版权管理处均做了经验介绍。

三、行业整顿、版权监测和版权保护工作

（一）全面部署“剑网 2019”专项行动

5 月 24 日，以北京市版权局名义召开北京市“剑网 2019”专项行动动员会。各区融媒体中心和互联网企业的代表 120 多人参加了动员会，局领导出席会议，并就开展专项行动提出具体要求。会议宣布专项行动工作方案，明确五项工作重点：一是深化媒体融合发展版权专题保护；二是严格院线电影网络版权专项整治；三是加强流媒体软硬件版权重点监管；四是规范图片市场版权保护运营秩序；五是巩固网络重点领域版权治理成果。方案规定了北京市“剑网 2019”专项行动领导小组的组成，明确了各部门职责分工。

（二）大力整顿图片版权经营秩序

“黑洞图片”事件之后，北京市版权局召开了部署会议，推动开展了北京市图片行业版权规范整顿工作。会议印发了《关于规范图片版权经营秩序的通知》，首都版权产业联盟向图片行业发出《规范图

片版权运营秩序倡议书》。全景视觉、视觉中国、东方IC等主要图片企业对本企业图片库中无授权、权属不清或者权属存疑的图片以超高比例采取了下线措施，合计审核过滤库中图片超过2亿张，对权属有待进一步明晰的3 000多万张图片做了预防性下线处理，基本达到了“无授权必须下线，权属不清晰必须下线，内容有歧义必须下线”的要求。

（三）积极监测著作权侵权行为

委托北京网络版权监测中心主动开展网络版权监测。截至10月底，累计监测发现网络侵权链接56.8万条，综合下线率约97%。首都版权产业联盟将30个小网站侵权传播影视作品线索移送注册地管理部门。版权管理处对前期移送公安机关的网络侵权传播案中的3个案件补充证据，2名犯罪嫌疑人被批捕。文化执法部门对网络传播实施严格监管，对侵权传播进行严厉打击。北京市文化市场行政执法总队关闭侵权盗版网站2个，删除侵权盗版链接1.4万条，收缴侵权盗版制品2万余件；查办行政处罚案49起，实施罚没款78.17万元；查办国家版权局移转案件13起，向公安机关移送案件2起。

（四）持续督促网络企业守法经营

通过召开会议和走访，反复督促企业矫正经营中存在的偏差，特别提醒不得滥用避风港规则打侵权传播擦边球，作品审核机制中必须安排足量人力资源，在维护自身合法权益过程中要避免引发群体性纠纷。北京市文化执法部门加强与京版十五社反盗版联盟等行业协会的联系，召开版权预警会3次，完善和提升了版权预警机制和版权保护绿色通道。

（五）努力推动调解化解纠纷，促进发展

支持首都版权产业联盟依托调解中心平台机制推动版权纠纷调解。2019年，北京调解中心共受理各类申请人直接提出申请的行业调解案件及行政调解案件460起，其中已结案381起，调解成功、当事人达成和解的案件121起。接受朝阳法院委托案件1 972件，其中信息网络传播权纠纷907件、合同纠纷170件、侵害商标权纠纷79件、侵害作品放映权纠纷302件、著作权权属侵权纠纷511件、不正当竞争纠纷3件，累计涉案金额超过4 500万元人民币。接受北京互联网法院委托信息网络传播权纠纷、网络购物合同纠纷、著作权权属侵权纠纷案件4 644件，累计涉案金额近2.5亿元人民币，完结案件2 764件。派调解员入驻北京知识产权法院，协助进行一审案件诉前调解及诉中调解。

（六）认真开展版权保护规则制定工作

在完成信息网络传播权保护指导意见修改前期工作后，提请法制工作部门对指导意见修改稿进行了合法性审查。在此基础上进行必要调整，并通过网站公布了《北京市版权局关于信息网络传播权保护的指导意见》（征求意见稿），公开征求意见。参加了北京市知识产权局根据市领导指示牵头开展的立法调研工作，就北京市知识产权综合立法工作和《北京市奥林匹克知识产权保护规定》修订工作分别提出了意见建议。

（赵晓鹏）

天 津 市

一、版权保护工作

（一）开展打击网络侵权盗版“剑网2019”专项行动

天津市“剑网2019”专项行动自5月30日启动，11月初结束，历时5个月。专项行动期间，天津市版权局对全市网站进行调查摸底，截至2019年11月，天津市共有备案网站48 076家，其中网络文化企业423家，拥有数字出版许可的企业18家。

专项行动期间，天津市版权局、市委网信办、市通信管理局、市公安局、市文化市场行政执法总队联合印发了《关于开展打击网络侵权盗版“剑网2019”专项行动的通知》，针对5项重点任务，举办了网络版权保护培训会，对市重点网站进行联合检查。各区履行主体责任，主动开展检查，在全市范围形成了打击网络侵权盗版的强大态势。

经市、区两级相关部门协同配合、深挖案源、联合检查，全市共查办侵权盗版案件6起，行政罚款4.5万余元。持续配合好国家版权局等4部门对天津市3起版权刑事案件的督办，案件办理均有较大进展。

（二）开展版权认定和版权纠纷调解工作

2019年，天津市版权局共完成3起案件6批30种涉嫌侵权图书的认定工作，向市出版物质检中心移交1批5种涉嫌非法出版的图书。完成1起版权纠纷调解工作，受到了双方当事人的好评。

（三）组织开展查处侵权盗版案件有功个人申报

按照《国家版权局关于开展2018年度举报、查处侵权盗版案件奖励工作的通知》要求，天津市版权局组织市级和各区版权及通信、公安、海关、市场监管、网信、法院、检察院等单位开展申报工作。天津各有关单位得到国家版权局的好评，获得多项奖励。天津市文化市场行政执法总队执法二队获得有功单位一等奖；天津市滨海新区文化市场行政执法大队、天津市南开区文化市场行政执法大队分别获得有功单位三等奖；天津百练教育科技集团有限公司销售盗版培训教材案专案组成员获得有功个人一等奖；天津爱迪自动化科技有限公司侵犯软件著作权案专案组成员和天津市版权局、天津海关的二名同志均获得有功个人三等奖。

二、版权公共服务

（一）实施版权登记免费政策

为鼓励天津市创新创造能力，提升公共服务质量，自2019年8月1日起，天津市实行作品登记免费政策。免费政策实施后，受到全市普遍好评，版权登记数量呈几何级数增长。2019年版权登记数量58 135件，同比增长132倍。

（二）开展版权示范单位评选

开展“天津市2019年优秀版权单位”推荐工作，共评选出10家版权示范单位，在天津市主要媒体进行宣传报道，提高优秀版权单位的知名度和影响力。同时，天津市积极推动版权贸易的开展，2019年引进版权431种。

（三）组织企业参加版权展会

组织市版权单位参加“2019青岛国际版权交易会”。在本届版交会上，杨柳青画社荣获“最佳IP赋能企业金奖”、“最佳版权产品金奖”和“最佳版权单位银奖”。

三、软件正版化工作

（一）强化组织领导，完善相关制度

天津市版权局在政府机构改革后，及时调整天津市推进使用正版软件工作联席会议的总召集人，以市委常委、市委宣传部部长陈浙闽和副市长曹小红为总召集人，增补联席会议成员单位。组织召开天津市推进使用正版软件工作扩大会议，推进使用正版软件工作联席会议成员单位分管领导和16个区的常委、宣传部部长参会，市委常委、市委宣传部部长陈浙闽和副市长曹小红出席会议并发表了讲话，对进一步推进天津市软件正版化工作提出了明确要求，有力地推动了软件正版化工作，确保推进使用正版软件工作扎实开展，相关政策措施有效落实。

（二）组织开展培训检查

组织了2019年市、区两级政府机关使用正版软件工作培训；与南开区委宣传部、市卫生健康系统和国资系统共同开展了软件正版化工作培训，市版权局同志现场辅导授课，及时推广了正版化工作的相关信息。

（三）加强督导检查

进一步推广安装正版软件检查工具，下发《关于更新正版软件检查工具的通知》，在天津市市级政府机关大力推广安装正版软件检查工具，推进全市软件正版化工作规范化、标准化。全年共分三次组织开展政府机关推进使用正版软件督促检查工作，督查市、区两级机关90余家次。

（四）迎接国家检查考核

10月21—31日，由国家版权局牵头组成的软件正版化工作检查组对天津市38家市级政府机关进行了实地检查。11月1日上午，国家检查组召开检查情况反馈会。检查组对天津市使用正版软件工作给予了高度评价。检查的38家单位的6 099台计算机，操作系统软件的正版率达到99.23%，办公软件的正版率达到97.75%。

四、版权宣传工作

（一）积极筹备，精心组织

结合天津市实际，制定年度宣传工作方案，积极筹备、精心组织，市、区联动，在“4·26”知识产权宣传周、“剑网2019”专项行动期间，多形式、多渠道开展宣传活动，天津市主要媒体进行了频密重点报道，提高了全社会的版权保护意识。

（二）拓展渠道，营造氛围

邀请版权专家学者进机关、进企业、进学校、进社区开展专题讲座；分别与天津市软件行业协会、天津市版权协会联合开展版权保护座谈会；印制2万张公益海报，张贴在高校、书店、商场、医院、社区、街道及机关企业内，加大版权宣传影响力；利用地铁、楼宇LED显示屏，播放版权宣传视频；充分发挥“津云”、各区有线电视、官网、微博、微信公众号等新媒体矩阵作用，精准推送版权宣传信息，开启版权内容“霸屏模式”，提高群众知晓率。

五、配合全国人大常委会著作权法立法调研组来天津调研工作

配合全国人大常委会著作权法立法调研组来天津调研。调研组实地察看“津云”中央厨房等与著作权有关的6家企业后，听取了天津市贯彻实施执行著作权法有关情况的汇报，并对天津市贯彻落实著作权法工作情况给予充分肯定。

（李文卫）

河　北　省

一、软件正版化工作

经河北省委批准，在省使用正版软件工作领导小组基础上，成立了以省委常委、省委宣传部部长焦彦龙为总召集人，常务副部长宋文新为召集人的省推进使用正版软件工作联席会议制度，成为全国率先建立由省委领导担任联席会议总召集人的少数省份之一，进一步强化了省委对该项工作的领导，受到了中央宣传部版权管理局的充分肯定。焦彦龙对软件正版化工作专门做出重要批示。在全面完成党政机关和国有企业软件正版化的基础上，着力推进事业单位和民营企业软件正版化。省版权局与各地、省直各单位主要负责人签订使用正版软件承诺书，进一步压实了责任；重新修订《河北省推进使用正版软件工作考核办法（试行）》，加大对设区市推动本级和所辖县级政府软件正版化工作力度；对全部省直机关和部分市县软件正版化工作开展督导检查。顺利完成了迎接全国打击侵犯知识产权和制售假冒伪劣商品工作领导小组办公室考核组对河北省打击侵权假冒工作的年度考核相关工作，获得满分5分的好成绩，受到省打侵办的表扬。

二、版权执法工作

一是按照国家版权局工作部署，联合公安、网信、通信管理部门认真组织开展打击网络侵权盗版“剑网2019”专项行动。全省共出动执法人员3 000余人次，检查各类经营场所5 000余家次，网上主动巡查万余家网站或自媒体，屏蔽、过滤、删除违法有害信息6万多条，约谈自媒体10余家，查办各类违法违规案件近500起（其中，涉嫌侵犯著作权案件16件），处理违法违规人员400余名。二是突出查办大案要案，查办国家挂牌督办案件孙某侵犯著作权案、保定市铭泰达印刷有限公司侵犯著作权案、定州王某某涉嫌侵犯著作权案、石家庄“快听小说APP”侵犯著作权案，司法机关对有关涉案人员分别给予刑事处罚。三是有关单位和个人受到国家版权局通报表彰。在国家版权局《关于奖励2018年度查处侵权盗版重大案件的决定》（国版发[2019] 5号）中，河北省保定市文化市场行政执法大队荣获有功单位一等奖，河北省委宣传部版权管理处、河北省石家庄市张某某侵犯著作权案专案组荣获有功单位二等奖，河北省石家庄市正定县文化市场行政执法队、河北省保定市满城区文化综合行政执法队、河北省衡水市文化市场综合行政执法局荣获有功单位三等奖，河北省委宣传部版权管理处尹志军、河北保定霍某某销售侵权复制品案专案组（王维山等）荣获有功个人一等奖，河北省石家庄市委宣传部任晓英荣获有功个人二等奖，河北保定乐喵影咖侵犯著作权案专案组（李满义等）、河北保定贾某某侵犯著作权案专案组（王涛等）荣获有功个人三等奖。

三、版权示范创建工作

2019年8月，国家版权局正式发函授予廊坊市“全国版权示范城市”称号。河北省成为第7个拥有“全国版权示范城市”的省份，廊坊市成为全国第11个“全国版权示范城市”。2019年10月18日，河北省版权局在廊坊市组织召开“全国版权示范城市”授牌仪式暨河北省版权示范创建工作座谈会。中央宣传部版权管理局局长于慈珂，河北省委宣传部常务副部长、省新闻出版局（省版权局）局长宋文新及廊坊市主要领导出席会议，于慈珂为廊坊市授牌。

深入基层调研版权示范创建工作，赴邢台沙河、平乡，保定曲阳等地开展调研座谈，探讨版权保护和示范创建工作。专门组织人员赴福建德化学习调研，考察全国版权示范创建工作。细化省级版权示范单位和示范园区（基地）申请材料和模板，积极与国家版权局沟通，明确版权示范单位创建工作方向。新华网、人民网、光明网、今日头条、长城网等媒体对河北省版权示范创建工作取得的成绩进行了广泛深入的宣传报道，产生了积极的社会影响。

四、版权宣传工作

多种形式宣传版权管理工作的意义、措施、进展和成效，使广大群众认识和了解侵权的危害、知识产权保护的途径等，不断增强社会公众的法律意识和维权意识，营造良好社会氛围。4月23日，河北省新闻出版局、省版权局、省“扫黄打非”办公室联合举办了河北省全民阅读活动暨河北省侵权盗版及非法出版物集中销毁活动启动仪式。4月24日，公布了河北省2018年侵权盗版典型案件，并与《河北日报》、河北广播电视台、长城新媒体集团、河北出版传媒集团等10家单位签订了版权保护承诺书。《河北日报》在“4·26”知识产权日刊发了题为《版权保护，让创新者无后顾之忧》的深度报道文章。4月26日，河北广播电视台《河北新闻》播发录音报道《今天是世界知识产权日，记者举案说法：典型案例带给我们什么启发?》。4月24日，融媒体新闻中心记者就河北省版权平台上线一年后的数据分析和企业版权价值转化及企业版权保护意识提升等问题进行了专题采访。4月27日，《河北新闻联播》栏目播出了《打造版权服务平台，助力文化企业高质量发展》新闻片。4月21日，经济频道联合河北省版权保护中心、呈明书店等单位举办“版权保护 你我同行”知识产权主题沙龙。长城新媒体集团举全集团之力，通过全媒体多样呈现，及时报道2019年河北省知识产权宣传周版权宣传活动。

五、版权社会服务工作

继续完善"河北省版权信息数据库平台"项目，实现河北省著作权人无纸化在线作品登记。河北省登记服务平台在"过程前置保护""作品侵权预判""证据多维存储""权利细分管理""协议模块拟定"等方面有亮点、有创新，信息化水平走在全国前列。2019 年，全省作品自愿登记总量 19 004 件，同比增长 60.09%，连续三年增幅超过 50%，创历史新高。在廊坊市创建"全国版权示范城市"工作中，以省版权保护中心的名义在廊坊市设立了版权服务站，并协助在各区县设立 23 个市级服务站，建立了一支廊坊版权工作社会化服务队伍。廊坊市登记版权作品由 2017 年的 100 余件增加到 2019 年的 6 000 余件，在全省排第一位。同时，协助廊坊市组织的 6 场近千人次的版权专题培训，主动走入版权园区和重点企业进行现场版权指导，协助推动了如乐聪科技、大厂影视、茗卡通、1206 印刷文创等一批版权优秀园区和版权企业的涌现。

六、"冬奥版权保护"工作

对张家口辖区大型集贸市场、娱乐场所、图书批发、电子商务平台等进行重点监管。2019 年，张家口市出动执法人员 635 人次，检查出版物经营单位 51 家次、印刷企业 18 家次、娱乐场所 286 家次、大型集贸市场 50 家次，制止了各类侵权行为。认真做好"冬奥版权保护"工作宣传普及，广泛宣讲法律法规，使广大市民群众对冬奥版权和知识产权保护工作有了全新的认识与了解。

（杜中伟）

山　西　省

一、版权行政执法监管工作

山西省版权局联合省通信管理局、省公安厅、省互联网信息办公室于 2019 年 6—10 月牵头开展第 15 次打击网络侵权盗版专项治理"剑网"行动。此次行动以网络侵权多发领域为重点目标，以查办网络侵权盗版案件为重要抓手，高度关注权利人和群众反映强烈的网络侵权盗版问题，着力推动媒体融合发展、院线电影网络版权专项保护，重点整治流媒体、图片领域网络侵权盗版行为，持续加强短视频、知识分享、有声读物等平台版权治理，突出查办案件，依法严厉打击、从严查处，维护清朗的网络空间秩序，营造良好的网络版权环境。山西省全年共查办侵犯著作权案件 48 起。版权领域打击侵权假冒工作圆满通过国家考核，并为全省加分 0.4 分。建设省级版权执法骨干库的做法被江苏等版权工作先进地区学习采用。省委宣传部和省公安厅联合办理的"圣城家园网"侵犯著作权案，入选全国 2019 年度打击侵权盗版十大案件，被《检察日报》列为全国 2019 年十大典型刑事案件。山西省版权局版权管理处已连续九年被评为全国打击侵权盗版有功单位。

二、版权宣传教育工作

紧紧围绕"加强知识产权保护，推动转型跨越发展"的宣传主题，于 4 月 19—26 日组织全省各市宣传部版权管理部门广泛开展版权宣传活动。

（一）版权宣传进校园

山西省版权局重点选择山西传媒学院、太原理工大学等创意密集型高校进行版权宣传活动，开设版权宣传专题讲座。太原市、晋城市向各小学发放《小学生漫画版权读本》3 000 册、宣传资料 4 000 余份，组织学生开展制作课间板报、诵读版权读本、开设主题课堂、互动交流演讲等多种主题活动。

（二）版权宣传进企业

晋中市平遥县文化中心组织平遥推光漆器企业和部分文创企业开办版权知识讲座，发放宣传资料，解答企业版权咨询，现场受理文创版权登记 100 余件；吕梁市向全市书店及印刷企业发放宣传资料及海报，开展现场版权咨询。

（三）版权宣传进媒体

各市充分运用报纸、广播、电视、门户网站、公交移动电视、户外 LED 屏、微信、微博等媒介，通过刊登公益广告、设置专栏专题、播放公益视频、开展版权问答等方式进行广泛宣传。

（四）版权宣传进街区

山西省版权局在平遥古城广场开展版权宣传活动。太原市组织出版物经营者和文化艺术学校学生在南宫广场开展版权宣传。大同市邀请专家进行了"数字经济时代的版权产业发展与保护"的专题讲座。

（五）版权宣传进影院

在山西省部分影院大力开展以"保护电影版权，打击盗录盗播"为主题的版权宣传活动，通过在显著位置张贴版权宣传海报、在影片播放前插播版权公益广告等方式，倡导广大观众主动抵制盗录盗播影片，树立全民保护正版意识。

（六）版权宣传进社区

太原市、忻州市、运城市等市采取发放版权宣传资料、悬挂条幅、张贴海报、开展现场咨询等形式，进街道、进社区、进居委会讲解识别盗版图书常识，设立侵权盗版举报点，深受社区群众欢迎。

三、政府机关软件正版化工作

（一）认真安排部署

下发了《山西省2019年推进使用正版软件工作计划》，确立了坚持统一领导、属地（行业）管理、科学有序、逐步推进的工作原则，以及规范正版软件使用管理、加强软件使用情况全覆盖检查等年度重点任务。

（二）全面落实责任

为充分落实工作责任，山西省版权局牵头对省推进使用正版软件工作领导小组组成情况进行调整，由省委常委、省委宣传部部长吕岩松任组长。同时对省直各单位软件正版化工作责任人信息数据库进行核实清理，对因机构改革等原因造成的软件正版化工作责任人变动进行及时调整，进一步推动工作责任有效落实。

（三）加强监督检查

按照推进使用正版软件工作部际联席会议的要求，分9个组对全省94个省级党政机关、人大政协、法检两院、民主党派、人民团体正版化工作责任落实情况、软件正版化工作实施情况、软件安装和使用情况、软件资产管理和软件正版化长效机制建设情况等进行全覆盖检查，全面提高软件正版化工作质量。

四、版权执法工作机制建设

一是加强行政执法与刑事司法衔接配合机制建设，联合山西省公安厅加强大案要案办理。在圣城家园网案件查办过程中，山西省版权局以及长治市文化综合执法队对案件全程跟踪、全程配合、全程参与，配合公安部门开展案件侦查、证据认定、案件办理等具体工作，开创了网络侵权盗版刑事案件的办案新模式。二是加强版权执法能力建设。吸收各市版权管理部门、文化市场行政综合执法部门版权执法精干力量，建设省级版权执法骨干库，破解网络版权执法难题，提高新形势下打击侵权盗版违法行为的能力。三是与山西省高级人民法院开展版权执法与司法审判工作座谈交流并深入交换意见。四是组织开展了全省版权执法人员培训、版权执法骨干培训、政府机关软件正版化工作培训等各类业务培训，并积极参加全国版权培训班，全省共计500余人次参训。

五、版权公共服务

（一）强化版权登记工作

转变管理思路，超前服务预防侵权，努力发挥作品版权登记工作在厘清版权权属、化解版权纠纷、提供权利证据、避免版权侵权等方面的重要作用，授权山西省版权保护中心开展作品登记工作，积极扩大工作的覆盖面和社会影响，全年完成作品版权登记500余件。

（二）开展版权示范创建

为有效提升山西省版权创造、运用、保护和管理水平，加强版权示范创建工作，全面发挥其典型带动示范作用，全年成功创建全国版权示范单位1个，省级示范单位11个，省级示范园区2个。

（郝子谋）

内蒙古自治区

一、版权宣传教育工作

（一）利用“4·26”知识产权纪念日等主题集中开展版权宣传活动

2019年4月23日，内蒙古自治区版权局与多部门联合在鄂尔多斯市共同举办“书香内蒙古 颂扬70年”——内蒙古自治区2019年草原阅读季、版权宣传、“绿书签”活动鄂尔多斯行暨全市第十届全民阅读、版权、“扫黄打非”活动集中宣传启动仪式。活动围绕主题，以设立咨询台、推出展架、张贴标语、悬挂宣传海报、大屏幕滚动播放课件、发放宣传册等形式大力宣传《中华人民共和国著作权法》，并对版权登记、版权保护等相关内容进行答疑解惑，引导广大公众提升版权保护意识，增强版权维权意识。

（二）广泛开展“六进”活动，推动宣传工作常态化

2019年，内蒙古自治区版权局组织全区各盟市开展了版权“六进”等内容丰富、形式多样的宣传活动。联合全民阅读、“大众创业、万众创新”等活动，扩大宣传影响，提高全社会的版权保护意识。同时开展了非法盗版物集中销毁活动，据统计，全区共销毁各类侵权盗版和非法出版物151 536件，其中盗版书刊99 210册，盗版音像电子出版物52 326件。

（三）举办各种类型版权培训，提高版权队伍整体素质

自治区本级的培训从全国各地邀请了版权法规政策、正版化管理、作品登记等方面的专家学者授课，覆盖了各盟市版权管理部门和执法部门、自治区直属单位、高等院校、医疗机构、国有企业的版权相关人员300多人。指导盟市组织版权培训9批次，包括旗县版权工作者在内的参训人员达900多人次，有效提高了版权队伍工作能力和执法水平。

二、版权执法监管工作

（一）开展“剑网 2019”打击网络侵权盗版专项行动

为贯彻落实国家版权局等四部委开展“剑网2019”专项行动工作要求，2019 年 6 月 3 日，内蒙古自治区版权局、网信办、通信管理局、公安厅联合召开“剑网 2019”专项行动工作部署电视电话会议。会议聚焦加强媒体融合发展版权专题保护、开展院线电影网络版权专项整治、加强流媒体软硬件版权重点监管、规范图片市场版权保护运营秩序、巩固网络重点领域版权治理成果等五项重点工作任务。坚持以人民为中心的工作导向，聚焦权利人和群众反映强烈的网络侵权问题，集中力量查办一批侵权盗版案件，有效运用分类监管、约谈整改、行政处罚、刑事打击等多种举措，不断加大版权执法监管力度，提升网络版权综合管理水平，为庆祝新中国成立 70 周年营造良好的网络环境。

（二）进一步加大版权执法监管力度

2019 年，内蒙古自治区版权局先后七次赴盟市开展案件督办，指导满洲里市查办了《假日传奇》网络游戏侵权案件，指导呼和浩特市查办了“EHSHIG”蒙古音乐网侵权案件。这两起案件的查处，对内蒙古自治区查办此类案件具有重要指导意义。在查处案件的同时，要求各级版权执法部门对按照一般程序查办的版权行政处罚案件，在做出行政处罚决定以及行政处罚决定变更或者撤销之日起 20 个工作日内，将案件信息在网上依法进行公开，并在年底对信息公开工作进行检查。

（三）营造浓厚打击侵权盗版宣传舆论氛围

要求全区各级媒体紧密围绕“剑网 2019”专项行动，主动曝光违法案例，提升全社会版权认知度，营造打击侵权盗版的浓厚氛围。专项行动期间，《内蒙古日报》、腾格里新闻网等主流新闻媒体共刊发相关新闻报道 16 篇（条），同时向全社会公布了内蒙古自治区打击网络侵权盗版案件举报受理电话、邮箱，产生了强大的舆论聚焦效力。

三、版权社会服务工作

（一）打造版权服务示范标杆

2019 年内蒙古自治区版权局指导内蒙古自治区版权服务工作站建成区内首个网上版权工作站和微信服务号，打通了线上、线下版权宣传、咨询、登记、扶助、运营、交易、展示全流程服务，完成了以作品登记为重点的版权工作任务，以便民高效的服务，收到了很好的社会效益，树立了优质窗口形象，为全区各盟市开展版权服务发挥了很好的示范带动作用。

（二）完善作品登记机制

2019 年内蒙古自治区版权局探索建立“以上带下、层级负责、属地管理、方便快捷、免费服务、规范标准”的版权社会服务机制。机构改革后，督导全区 12 个盟市的版权服务工作站全部重新挂牌并恢复登记，为群众就近享有著作权免费登记等便捷高效版权服务提供了便利条件。2019 年全区共登记著作权作品 1 427 件，较上年度增长 131%。

（三）创新版权服务方式

2019 年，内蒙古自治区版权局先后深入 6 个盟市 20 个旗县区，进行版权资源调研考察工作。开展了王府刺绣等 6 个专项版权服务活动，为草原豆思动漫公司完成 2 例著作权转让合同备案，达成了以知识产权（IP）为核心的大额融资意向。通过批量作品登记、专题版权保护，主动开展版权创造、运用、宣传、推广服务。

四、软件正版化工作

（一）加强正版化工作组织领导

机构改革后，按照上下贯通、执行有力的原则，内蒙古自治区版权局及时调整了联席会议成员单位和相关工作职能，由自治区党委常委、宣传部部长白玉刚担任自治区推进使用正版软件工作联席会议总召集人。此举提升了联席会议的工作权威性和领导力，完成了机构改革后成员单位的调整充实工作。

（二）推动正版化工作督查常态化

2019 年是内蒙古自治区机构改革后年度考核工作做出重大调整改革后实施的第一年，在考核项目大幅压缩精简的情况下，依然保留了软件正版化考核这一关键性抓手，连续五年将软件正版化工作纳入考核体系。2019 年 11 月，根据内蒙古自治区《2019 年度盟市、自治区直属单位考核指标及评价办法》，修订了软件正版化考核指标，按照平时考核占 50%、年终考核占 50%分值比例操作，形成了符合工作实际的考核体系，提高了部门使用正版软件的自觉性与主动性，以考核促工作的目标基本达成。同时，首次采取购买社会服务的方式发挥第三方专业机构优势，补齐人员和技术短板。2019 年，自治区版权局牵头，共组成 18 个督查组对列入考核的全部区直机关单位进行软件正版化督查，全区各级版权部门全年共督查区级机关 74 家次、盟市级机关 750 家次、旗县级机关 5 452 家次，实地上机检查计算机 7 800 余台。

（三）扩大企事业单位覆盖范围

针对内蒙古自治区教育、医疗卫生行业单位在全区企事业单位中所占比例较大的现实情况，分别制定教育、医疗卫生行业软件正版化工作规划，发挥重点行业示范引领作用。同时以卫生健康、教育系统为重点领域，开展了企事业单位软件正版化工作检查。共督导检查了14家国有企业、6所高校、5个区直医疗机构，检查计算机1 200余台。

（马　达）

辽　宁　省

一、打击侵权盗版工作

（一）开展“剑网2019”专项行动，强化网络版权治理

在国家版权局下达开展“剑网2019”专项行动任务后，辽宁省版权局根据国家版权局等四部委的工作部署，结合辽宁省工作实际，及时组织开展专项行动。

（1）积极发挥牵头作用。专项行动期间，省版权局通过组织媒体广泛宣传，召开中期推进会议，加强部门沟通协调，派出督查组对各市督导检查，聘请专家培训，反复强调工作目标和工作要求等工作，保证专项行动取得成效。

（2）大力宣传，强化共治。专项行动启动后，在抓好传统主流媒体宣传造势的同时，明确要求省、市属地新闻网站和有影响力的“两微一端”等自媒体账号大力宣传专项行动的措施、进展和成效。具有新闻服务许可资质的网站平台要开设专栏或专题，普及版权保护法律法规，集纳报道大案要案及相关典型案例，积极参与网络信息版权保护和违法犯罪活动举报工作。

（3）分工负责，密切配合。省公安厅、省通信管理局在专项行动启动后，成立专项工作领导小组或工作专班，制定下发系统内专项行动工作方案，迅速形成全省系统内上下联动的整体工作格局，保证专项行动深入、务实开展。

（4）着眼办案，务求实效。各市委宣传部高度重视网络版权治理工作，明确要求市版权局作为牵头单位，按全省统一部署，扎实开展属地专项行动，积极主动与文化市场综合执法、网信、公安等部门密切协作，做到宣传、教育、案件查办三个手段并重。

专项行动期间，全省共查处案件26起，其中刑事案件4起，行政罚款22万元，删除侵权链接38个，关闭侵权网站12个。其中，沈阳芦某等网络影视侵权案于10月底列入国家版权局等五部委督办案件。

（二）加强版权保护预警工作

根据国家版权局统一部署，及时部署和督导各市及省内主要网站，落实国家版权局包括中央电视台《2019年春节联欢晚会》在内的7批次重点作品版权保护预警工作。通过全省版权工作微信群、省内主要网站、省内重点院线影院等，对《我和我的祖国》、《中国机长》、《攀登者》、2019年第8届国际足联女足世界杯相关节目、《复仇者联盟4：终局之战》等及时予以预警保护。

（三）组织开展版权执法培训

在“剑网2019”专项行动办案攻坚阶段，省版权局根据调研督查的实际情况，及时举办全省网络环境下版权管理和版权执法工作培训会议。此次培训特别邀请华东政法大学知识产权学院丛立先教授举办“网络版权领域热点问题及其版权执法”专题讲座。各市版权局、市文化市场综合执法队版权工作负责人和部分省版权工作站负责人参加了培训。

（四）开展部委联合挂牌督办案件督导工作

省版权局、省“扫黄打非”办先后指导和督办了沈阳陈某擘等图书侵权案、沈阳芦某等网络影视侵权案、沈阳任某某图书侵权案等3起重大侵权盗版案件，并及时将案件向国家版权局申请予以挂牌督办。至2019年10月底，上述案件均已列入国家版权局等五部委督办案件。

2019年11月，国家版权局公布2018年度全国查处重大侵权盗版案件有功单位和有功个人名单，辽宁省共有1家单位获有功单位二等奖，2家单位获有功单位三等奖，4人获有功个人二等奖，4人获有功个人三等奖。

二、党政机关和企业软件正版化工作

（一）召开省使用正版软件工作领导小组成员单位联络员会议，重点工作专门会商

来自省直19家单位的正版化工作联络员参加了会议，全面总结了2018年推进政府机关和企业软件正版化工作情况，讨论通过了《辽宁省2019年推进使用正版软件工作安排》，并与省国资委负责同志就全面推进国有企业软件正版化工作进行了专门会商。

（二）组织召开省市政府机关软件正版化业务培训，强调国产化优先

为贯彻落实国务院办公厅《政府机关使用正版软件管理办法》精神，根据《辽宁省2019年推进使用正版软件工作实施方案》的安排，省版权局组织召开了省2019年度推进使用正版软件工作暨培训会议，各市版权局、省直各单位、部分省属国有企业

和民营企业负责软件正版化工作的部门负责人共110余人参会。省版权局负责人重点强调了优先使用国产办公软件和操作系统的工作要求。

（三）开展省直机关软件正版化考核评议，巩固工作成果

按照《辽宁省政府机关使用正版软件工作考核办法（试行）》，于11月下旬到12月上旬对78家省直机关单位软件正版化工作进行了年度考核。考核内容主要包括单位软件正版化率、正版软件管理台账、工作制度建设、责任落实等情况。考核结果是30家单位为优秀单位，48家单位为合格单位。通过年度考核评议，有效地推动了长效机制的建立，进一步巩固了省直机关软件正版化工作成果。

（四）突出市县级党政机关“回头看”督查，强调责任落实

2019年，辽宁省软件正版化督查工作列入全省重点督查工作内容，《中共辽宁省委办公厅 辽宁省人民政府办公厅关于印发〈2019年辽宁省督查检查考核工作计划〉的通知》（厅秘发［2019］4号）对软件正版化督查工作提出明确要求。督查重点对象包括对2018年市县级督查中发现问题较多的地区和单位开展“回头看”。督查内容以党政机关软件正版化工作主体责任落实情况、长效机制建设情况、正版化百分比、国产化软件优先为重点。

省版权局不定期对14个市的市县级政府机关和20个省直机关的软件正版化工作情况进行了检查，查阅了各市各单位软件正版化工作管理制度、软件资产台账、年度报告等基础材料，上机抽查了20个省直机关、42个市直机关、23个县区机关共310余台电脑安装使用软件的情况。从检查的总体情况看，省直机关好于市县级机关。存在问题的地区和单位对督查整改意见给予了高度重视，承诺立整立改，对存在的正版软件缺口及时做出了预算安排，并做出了正版软件采购计划。

（五）持续推进全省国有企业软件正版化工作

省版权局、省国资委实地指导企业如何选择、测试相关产品的兼容性、适用性，尤其强调了国有企业集中采购、优先使用国产化办公软件的两项要求。2019年，省属国有企业采购约3 000套金山WPS 2019办公软件，各集团企业年内新购预装正版操作系统电脑的百分比达80%。本溪钢铁集团有限公司克服经费困难，科学研判单位实际，优化正版软件采购方式，于2019年初以场地授权模式完成了集团及二、三级单位的正版化全覆盖；华晨汽车集团在完成集团本部正版化任务的基础上，着力推进二级单位工作，已确定采购计划，签订采购正版软件意向书。

（六）以宣传培训为抓手促重点行业企业软件正版化工作

省版权局联合辽宁银保监局、省工商联等成员单位先后举办了三期企业软件正版化培训班，省内交通、机械制造、商业服务、金融保险等重点行业的72家企业100余名主管领导和信息化部门负责人参加了培训。通过各单位自查整改上报采购数据以及省版权局组织的抽检验收，共有62家企业实现了通用软件正版化工作任务。

三、版权社会服务工作

省版权局通过不断增强服务意识、坚决把好质量关，着力宣传普及、简化办理程序、拓展登记渠道，不断提升登记工作的规范化、标准化、信息化水平，确保作品登记数量持续增长，使“先登记、后应用，再保护、再应用”的“以保促用”理念深入文创业界，激发文化创新活力，助力文化产业发展。

一是加大宣传力度，促使版权意识提升。以知识产权宣传周为重要平台，以著作权法律法规海报、展报和作品自愿登记指南等为主要内容开展版权集中和日常宣传，注重营造尊重版权的社会环境。让创作者了解版权价值，知晓版权登记作用。

二是针对艺术作品、非遗文博、美术、设计等核心授权领域，积极设立版权工作站，拓展服务空间，为沈阳故宫博物院、沈阳莎梦文化、沈阳庠序等设站单位提供版权登记和版权业务咨询的绿色通道。

三是组织本土优秀文创企业代表参加全国和国际性版权（交易）博览会等活动，提供和搭建平台拓展省内业界视野，展示辽宁文创精品，助力辽宁文创“走出去”。

2019年，全省共办理作品自愿登记10 512件，审核出版境外图书著作权合同登记227件。

四、版权保护宣传周系列活动

根据《国家版权局关于做好2019年全国知识产权宣传周版权宣传活动的通知》（国版发［2019］2号）精神，结合辽宁省实际印发了《关于做好全省2019年“4·26世界知识产权日”版权宣传活动的通知》，明确主题、任务和目标要求。

主要活动包括：在第八届全民读书节开幕式主会场开展版权集中宣传咨询活动；通过“学习强国”平台播放公益宣传片，上传版权法律常识；与东北大学出版社、辽宁大学出版社、沈阳庠序文化（书

刊）有限公司等在沈出版单位，举办系列座谈会和讲座；为抚顺雷锋团、抚顺作家和文创人员实地开展著作权法宣传；通过2018年度辽宁省知识产权发展与保护状况新闻发布会发布2018年度辽宁省版权工作情况，并就热点问题回答记者提问。

按照国家版权局和省版权局的统一要求，各市以主题宣传活动启动仪式现场为集中宣传主阵地，市县（区）两级党委政府、知识产权、市场监管、检法两院、文联、书协等多部门联动，采用网络媒体、平面媒体和电视媒体、官网公众号等全方位结合的多种形式，多角度、多渠道做好宣传工作，扩大宣传影响，引导正面舆论氛围，提高全社会的版权保护意识。

五、组织辽宁展团参加第26届北京国际图书博览会

为提升辽宁省图书海外市场影响力，省版权局组织和指导辽宁展团参加第26届北京国际图书博览会。辽宁展团16家出版单位共携1 800余种精品图书参展。展会期间，共举办了《春归库布其》阿拉伯语版权签约仪式、《寻找张展》海外版权开发签约仪式等9场高品质、国际化推广活动。据不完全统计，本次书展中共洽谈了近200项版权贸易项目。其中版权引进意向62项，签署协议27项；版权输出意向51项，签署协议26项；合作意向28项，签署协议6项。

（田大鹏）

吉林省

一、版权执法监管工作

（一）组织各类专项执法活动，开展重点领域的集中治理

在2019年度元旦和春节期间，以打击侵权盗版和净化网络市场环境为主要任务，吉林省版权局印发文件通知，组织全省各级版权管理部门及文化综合执法部门开展了集中治理，维护版权市场秩序，营造良好节日氛围。5—10月，吉林省版权局联合省网信办、省通信管理局、省公安厅共同组织开展了打击网络侵权盗版“剑网2019”专项行动，全省各级版权执法机关结合实际，以网络侵权多发领域为重点目标，以加强案件查办为主要手段，通过集中治理和规范引导，巩固网络转载、网络文学、网络视频、网络音乐、电子商务平台及网络广告联盟等领域的专项整治成果，维护良好的网络版权秩序，通过版权保护促进舆论环境净化，为全省经济社会发展营造良好的营商环境。2019年度全省共立案涉网侵权案件9件，做出行政处罚6件，行政调解2件，关闭电脑服务器2台，约谈网站负责人30余次，行政罚款金额总计5万元。协调“扫黄打非”工作部门开展了“秋风2019”专项行动，有力打击复制发行盗版出版物的违法行为。继续组织开展对省内印刷复制企业进行集中执法检查，规范印刷复制行为和市场秩序。

（二）强化对全省版权执法监管工作的统一领导，加大案件查处力度

省版权局严格落实版权执法工作月报制度，及时调度各市县版权执法工作进展情况，组织全省各级版权执法机关开展案件查办工作，强化对各市县级版权执法机关的指导，及时处理上级部门移转的案件，通过督办、转办等方式对各地查办案件工作进行督促检查。进一步完善落实版权执法案件信息公开制度，组织各级版权执法机关利用各类途径对2019年度的行政处罚案件进行及时公开，加强社会监督，提高版权执法监管工作质量。2019年共查处各类版权侵权案件30件，罚款总额超过26万元。吉林省的版权执法工作受到上级部门的充分肯定，版权管理处及处内执法人员连续第三年获得国家版权局查处侵权盗版有功单位、有功个人一等奖，全省各级版权执法机关和执法人员获得奖励数量居全国前列。

二、软件正版化工作

（一）制定工作方案，安排部署全省软件正版化工作

为加强对全省使用正版软件工作的统一领导，落实相关职能部门工作责任。建立省推进使用正版软件工作联席会议制度，由省委常委、省委宣传部部长担任联席会议总召集人。省版权局充分发挥联席会议办公室职能，协调各成员单位，完善工作机制及各项制度，充分发挥领导小组的统一领导作用，形成整体工作合力。2019年初，省版权局牵头组织联席会议各成员单位的软件正版化工作联络员召开了2019年度软件正版化专题工作会议，共同研究新形势下做好软件正版化工作的具体工作举措，确定2019年度重点工作任务，并对省版权局拟定的软件正版化年度工作计划征求意见。制定印发了《吉林省2019年推进使用正版软件工作计划》，部署2019年度全省软件正版化工作，指导各级政府开展软件正版化工作。省内各市县级政府成立的软件正版化工作领导机构按照省推进使用正版软件工作领导小组的统一部署和具体工作要求，结合本地实际情况，

研究制定本地区软件正版化工作实施方案，明确各成员单位的责任分工和工作任务，有针对性地组织开展软件正版化工作。

（二）加强督促检查，完善软件正版化长效工作机制

为巩固省级政府机关软件正版化工作成果，省版权局在上半年开展了省级政府机关软件正版化检查“回头看”，了解各有关部门对本单位存在问题的整改落实情况，提出指导意见和整改要求，定期调度进展完成情况，持续推动相关问题的整改。为进一步推进市县级政府机关软件正版化工作，省版权局于 2019 年下半年组织检查组分别对延边朝鲜族自治州、四平市、吉林市进行软件正版化工作现场检查。此外，省版权局及时了解各市县级政府软件正版化牵头业务部门的工作开展情况，督促有关业务部门落实软件正版化工作主体责任，加强对本级党政机关单位软件正版化工作自查整改落实情况的检查和指导，积极推进全省各级政府机关建立软件正版化工作长效机制。

（三）落实整改采购要求，确保机关单位正版软件全覆盖

督促、指导各省级党政机关单位及各市县级政府软件正版化工作牵头业务部门，按照上级有关部门督查反馈意见，结合本单位开展的自查，统计正版软件实际需求，做好新增正版软件采购和软件升级工作，持续推进各级党政机关单位正版软件全覆盖。省教育厅、省畜牧局等省级机关单位根据本单位新增软件需要和系统升级要求，采购了正版操作系统和通用办公软件。

（四）加强检查指导，加速推进企业软件正版化

按照 2019 年初确定的软件正版化工作计划，继续有重点地推进国有企业软件正版化。省版权局与省国资委共同组织召开省国资委监管企业软件正版化工作专题会议，对参会企业开展软件正版化工作进行业务指导，并提出工作要求，统一安排下一步整改工作。上半年，省版权局与省国资委组织联合检查组对省内 11 家省国资委监管企业的软件正版化整改落实情况进行现场检查，向企业负责人反馈检查中发现的问题，并就现场检查结果向各有关企业印发正式通报，提出明确整改要求和完成时限，有效地推进了省属国有企业软件正版化整改工作。为确保有关企业正版软件采购工作顺利进行，降低采购成本，省版权局与省国资委协调组织有关国有企业与软件供应商召开软件采购洽谈会，为企业搭建软件采购谈判平台。

三、版权宣传培训工作

按照国家版权局统一安排部署，积极策划“4·26”世界知识产权日版权宣传周集中宣传系列活动，及时安排部署全省各地的集中宣传工作。省版权局在动漫集团和吉林动画学院开展作品集中登记和版权知识宣讲活动；通过各类媒体公布 2018 年度打击侵权盗版十大案件；协调省电台、省电视台、网络电视台就第十九个世界知识产权日采写专题新闻报道，宣传吉林省版权保护工作及版权创意产业发展成就。宣传周期间，全省各级版权管理部门组织参与的各类街头、社区宣传活动超过 50 次，发放各类宣传品超过 3 万份，极大地提高了本次集中宣传活动的公众参与度。

除在重要时间节点开展集中宣传外，省版权局还加强在日常工作中的宣传普法和专题培训活动，提高社会公众的版权意识。2019 年度，省版权局分别在吉林市、四平市、延边朝鲜族自治州举办三期政府机关软件正版化工作培训，与省国资委共同举办企业软件正版化工作培训 1 期，通过培训提高相关工作负责人的认识和工作水平，持续推动软件正版化工作。进一步加大版权执法培训力度，组织全省各级版权执法骨干人员开展专题执法培训和业务研讨，配合国家版权局举办全国第三期版权执法骨干培训班，全面提升基层版权执法人员的综合业务素质。同时，全省各级版权管理部门充分利用“4·26”世界知识产权日、“3·15”消费者权益日等重要节点对著作权法及相关知识进行重点宣传，提高社会公众的认识，为版权保护工作营造良好的社会舆论环境。

四、版权社会服务工作

为强化版权社会化服务，支持和指导版权示范基地（园区）、单位的创建工作，2019 上半年启动开展了版权示范单位、版权示范园区（基地）的申报评选活动。指导长春市版权局在长春市版权保护协会、长春市图书馆等四家单位设立版权服务工作站，完善版权公共服务体系。继续完善改进版权作品自愿登记工作，为相关版权企业及著作权人提供多层次的法律服务，2019 年登记数量超过 5 600 件，同比增长超过 100%。

（杜宇震）

黑龙江省

一、软件正版化工作

为进一步明确职责，充分发挥联席会议制度优

势，机构改革完成后，结合黑龙江省实际情况，研究制定黑龙江省工作方案，对全省软件正版化工作进行了总体部署，及时调整省推进使用正版软件工作联席会议制度，由省委常委贾玉梅担任总召集人，新增省委办公厅、省委网信办、省教育厅、省卫健委4家单位，现有成员单位18家。召开省推进使用正版软件工作联席会议，会议审议通过了《黑龙江省推进使用正版软件工作联席会议制度》。为进一步推进黑龙江省软件正版化工作，在对省、市、县三级党政机关开展软件正版化自查自纠工作的基础上，指派有关同志协同各成员单位分组赴13个市（地）和省直各有关部门进行实地指导。共召开9场座谈会，200余个单位参加座谈交流，现场指导150多家单位的软件正版化工作。

严格规范计算机软件采购流程，审核15批次省财政统筹支付单位办公软件采购计划，对不符合采购规定的，要求其按照规定采购正版办公软件。

二、版权执法工作

组织全省开展打击网络侵权盗版“剑网2019”专项行动，对省内有影响力的互联网媒体进行监控，形成8期互联网视听节目监测月报。对各地市执法部门办理著作权案件进行多方面指导，并受理9件社会各界投诉举报案件的线索，均及时按属地管辖原则转交各地核实处理。指导大庆市依法查办国家四部委联合督办的大庆市华兴书店销售侵权复制品案。推动执法长效机制建设，与省法院就解决知识产权多元化纠纷、完善技术事实查明机制、加强刑事行政案件指导监督等方面进行了深度交流。

2019年，全省各级版权行政管理部门加强对出版物市场的监管执法，严厉打击各类侵权盗版行为。节假日期间，组织有关部门对黑龙江省大部分城市的出版物及计算机软件市场开展检查，加强日常监管，对6起图书、软件等侵权盗版案件予以行政处罚，3起侵权盗版案件进行刑事侦查司法审判。

重点案件简介：（1）姚某、宣某侵犯著作权案。2018年4月—2019年4月间，被告人姚某伙同被告人宣某，以营利为目的，未经著作权人迅竞科技有限公司许可，复制该公司独家版权所有的“来offer”课程视频，以人民币600～1 500元的价格在互联网和微信朋友圈中私自贩卖，共销售视频课程329套，价值人民币13 908 658元，销售金额197 446元。该案立案后，鉴于承办案件单位没有查办此类案件的经验，省版权局及时指导公安机关对案件管辖予以确认，固定微信记录、转款记录等电子证据，并协调检察部门对电子证据鉴定结果予以定性，使该案顺利批捕、起诉、审判。2019年12月26日，哈尔滨市香坊区人民法院审理认定姚某、宣某犯侵犯著作权罪，判处两名嫌疑人有期徒刑3年6个月，分别并处罚金10万元。（2）王某侵犯著作权案。2018年1—5月期间，被告人王某以营利为目的，未经著作权人（美资企业）授权并在中国地区唯一合作的黑龙江新亚国际货物代理有限公司许可，通过微信购买该公司独家版权所有的网络课程视频并以每套3 000～6 000元不等的价格在互联网和微信朋友圈中私自贩卖给15人，销售金额共计47 980元。2019年9月19日，哈尔滨市香坊区人民法院对被告人王某判处有期徒刑10个月并处罚金。（3）徐某、徐某某销售侵权复制品案。大庆市铁人公安分局民警在萨尔图区华兴书店发现盗版图书，随后将犯罪嫌疑人抓获，查获盗版图书1 628种、11 346册，经营数额为255 000.8元。2019年7月16日，大庆市中级人民法院判处徐某、徐某某犯销售侵权复制品罪，判处有期徒刑6个月，并处罚金各10 000元。

三、宣传培训工作

以“4·26”知识产权宣传周为契机，联合省政府新闻办公室、省知识产权局、省市场监督管理局、省法院召开黑龙江省知识产权保护状况新闻发布会，发布会互联网图文直播的观看人数超过46 000人。深入黑龙江大学、东北林业大学、哈尔滨理工大学发放宣传材料1 000余份。分别举办全省版权执法业务培训班和省推进使用正版软件工作联席会议成员单位联络员、各市（地）工作人员软件正版化工作培训班，参训人员140人。组织黑龙江省版权工作人员参加两期国家基层版权执法培训和软件正版化培训。

四、版权示范创建工作

开展全国版权示范单位核查工作。对国家版权局批准授牌的黑龙江出版集团、黑龙江同源文化发展有限公司等5家全国版权示范单位进行实地核查，提出整改意见，确保了黑龙江省版权示范创建工作可持续发展。组织推荐黑龙江省有关单位申报2019年度全国版权示范单位工作，共推荐了黑龙江教育出版社有限公司、哈尔滨中央书店等8家单位。

五、社会公共服务

开展作品登记和合同备案工作。共受理审核作品著作权登记520件，涉外合同备案273件，其中音乐作品107件、文字作品290件、美术作品118件、电影及类似电影作品4件、摄影作品1件。

六、组织北京国际图书博览会参展工作

组织省出版集团和省内13家图书出版单位参加第26届北京国际图书博览会，参展出版物达1 000多种，充分展示了黑龙江省新闻出版业的风采，为省内出版单位搭建了一个与国际交流合作的平台。

（闫　石）

上　海　市

一、提升公共服务能级

积极探索“放管服”先行先试政策，启动运行首个自贸区国家级功能平台中国（上海）自贸区版权服务中心。协助建成上海影视版权服务中心，为上海乃至长三角影视企业提供专业精细化服务。推进作品版权登记保护应用平台升级改造。推进版权服务工作向各区延伸，实现版权工作站在上海各区覆盖。联合中国版权保护中心、中国音乐著作权协会、浦东知识产权局等单位，助力第二届进博会版权保护。

二、加强版权行政监管

加强网络主动监管，全网监测一批重点作品，盗版链接下线率超90%，“剑网”专项行动查处案件50余起，连续六年荣获国家版权局查处侵权盗版案件有功单位一等奖。邀请上海公、检、法、海关、文化执法部门的相关负责人以及版权领域知名学者及律师，本着“公开、公正、透明”的原则，评选出2019年度上海版权十大典型案件。调整重组上海市使用正版软件工作联席会议，强化组织领导，持续深入推进软件正版化工作规范化、常态化和制度化。

三、加强政策引导和品牌塑造

开展长三角版权合作，签署《长三角地区共同营造版权产业高质量发展市场环境合作协议》，建立联合执法办案、区域内版权纠纷调解等联动工作机制，建立版权贸易基地联盟。推进版权示范创建培育工作，修订《上海版权示范园区（基地）、示范单位认定办法》，认定11家版权示范单位和1家版权示范园区（基地）。形成《上海版权产业统计报告（2017）》《上海版权产业分析报告（2017）》。2019年办理作品自愿登记291 803件，完成各类行政审批工作1 241件。实施上海翻译出版促进计划，推动文化“走出去”。组织上海市30余家出版单位参加2019北京国际图书博览会，与外方达成版权贸易意向209项；组团参加第二届江苏（南京）版权贸易博览会，展出原创展品近千件，充分展示上海版权产业发展水平，促进上海版权企业国际交流与合作。

四、开展版权宣传培训

开展“4·26”世界知识产权日宣传活动，数十家中央和地方媒体进行了深入报道，引发热烈社会反响。针对不同人群开展培训，提升全社会的版权认知度。

（王　骞）

江　苏　省

一、版权产业服务工作

（一）举办第二届江苏（南京）版权贸易博览会

由国家版权局、中国版权协会、江苏省版权局指导，江苏省版权协会主办，上海市版权局、浙江省版权局、安徽省版权局和南京市版权局支持，南京文化投资控股集团承办的第二届江苏（南京）版权贸易博览会于8月30日—9月1日在南京新庄国际展览中心举办。本届版博会展出面积达21 000平方米，设置15个区域展区和10个专业展区，参展单位200多家，展示展销拥有自主版权的图书音像、影视音乐、动漫游戏、计算机软件、工艺美术等优秀作品超万种，充分展示近年来版权产业发展的成果。展会期间，国家版权局、世界知识产权组织中国办事处和江苏省版权局共同启动了“世界知识产权组织版权保护优秀案例示范点调研项目（吴江丝绸产业）”，这是继江苏南通家纺市场成功创建成为世界知识产权组织版权保护优秀案例示范点后，江苏省第二个创建项目。上海、江苏、浙江和安徽共同签署了《长三角地区共同营造版权产业高质量发展市场环境合作协议》，合力构建长三角区域版权产业高质量发展高地。国家版权局授予苏州大学“国际版权人才培训基地”称号，为江苏培养优秀国际化版权人才队伍、开展广泛国际版权交流合作提供了有效支撑。版博会期间还举办了长三角版权产业高质量发展论坛、第五届江苏省大学生版权论坛、网络文学版权开发创新论坛、艺术授权论坛、视觉图片版权市场开发论坛、企业版权论坛、江苏广电总台七个频道节目版权推广等30余项主题活动，来自世界知识产权组织、国家版权局的领导和国内外著作权领域知名的专家学者、著作权人、著作权工作者等汇聚一堂，为做好新时代的版权工作献计献策。版博会以打造“国内一流、国际有一定影响力”的版权盛会为目标，围绕“激活版权资源，激发创新活力”主题，开展形式多样、丰富多彩的版权宣传，制作版博会海报、宣传片、官方网页，组织网络版权知识竞赛，在《新华日报》《中国新闻出版广电报》《现代快报》刊登专访，组织30多位中央媒体记者赴常州、南京采访版权密集型企业，中央电视台《午间新闻》栏目对版博会进行了报道，中央、省、市、县各级媒体发表版博会相关报道近300篇。据不完全统计，本届版博会观展人数达3.28万人次，签订版权贸易合同3.9亿元，达成意向性合同金额2 051.5万元，现场销售109.8万元。

（二）推动苏州吴江丝绸产业创建世界知识产权组织版权保护优秀案例示范点

设立省、市、区、镇四级创建机构，落实配套人员和资金保障，各项工作正式开展。完善市、区两级对丝绸等相关版权企业的产业扶持政策。开通吴江区丝绸企业申报省版权示范单位绿色通道，争取成功创建2～3家省版权示范单位。吴江丝绸创意产业园通过苏州市版权计划项目立项。开展首次丝绸企业版权经理人培训。通过调研学习南通、德化创建经验，对吴江丝绸产业基础数据、吴江版权工作现状进行全面分析，完成《世界知识产权组织版权保护优秀案例示范点调研项目（吴江丝绸产业）工作方案》，已报中宣部版权管理局并获批准，下一步将下发工作方案，进入项目具体实施阶段。

（三）加大江苏国家版权贸易基地建设力度

一是贸易基地成员单位扩充到11家，其中企业9家，经营版权交易类目涵盖了影视、文学、摄影、动漫、游戏、画稿、科教、非遗、文创，已累计实现版权交易45.26亿元；另有服务机构2家，包括江苏省版权研究中心（南京理工大学知识产权学院）和江苏省版权培训基地（苏州大学苏州知识产权研究院），持续开展版权理论、实务研究和教育培训工作。二是贸易基地秘书处市场化运作取得初步成效。秘书处目前拥有530平方米办公场地，专职工作人员8人，开发上线了“江苏版权服务网”，引入了区块链、时间戳等新技术，服务业务包括版权确权、监测取证、投诉维权和技术外包等，为基地成员单位和广大版权企业提供专业服务。确权作品已超过8万件，监测移送侵权线索8 600多条，处理投诉维权148件，技术输出8项。三是围绕版权贸易主业的战略规划基本形成。已完成对贸易基地联盟成员单位和其他图书出版、影视动漫、图片艺术、视频和文创等行业的前期调研，基本形成未来全面开展版权贸易业务的总体思路。针对图书版权交易市场需求开发了Coplat版权资产管理和交易平台1.0版，组织省内外8家出版单位内测，于2019年底前正式全面上线运营。四是推动版权资源集聚成效明显。通过提供优质版权服务，吸引全国各地头部内容运营企业来南京投资，包括视觉中国、功夫动漫、站酷、锐景创意、UI中国、古田路9号、D9X创新社区和123RF图库等。五是版权专业服务能力得到提升。组建了紫金山版权律师联盟，面向全省招募专业版权律师团队，已有11个律师团队入驻，通过举办交流培训、沙龙研讨等活动，版权律师专业化法律服务能力得到提升。与权威企业合作成立“江苏省可信时间戳服务中心”，目前已完成时间戳认证项目1.64万件。六是统筹组织贸易基地11家成员单位集体亮相第七届中国国际版权贸易博览会。组织全国新型版权保护技术企业参展第二届江苏（南京）版权贸易博览会，并成功承办视觉图片版权市场开发论坛。受中共南京市委宣传部委托，制定区域性版权交易中心建设实施方案。

（四）推进全省版权示范创建

按照国家版权局有关部署，开展全国版权示范城市、示范单位、示范园区（基地）及国家版权交易中心（版权贸易基地）的核查工作，努力推动版权示范创建及国家版权交易中心的可持续发展。对照《江苏省版权示范城市、示范单位和示范园区（基地）创建和管理办法》，细化验收考核标准，进一步引导各地、各单位、各园区（基地）扎实开展好版权工作。组织4个考核组对8个地市申报江苏省版权示范单位和园区（基地）的18家单位和1家园区进行验收，于2019年底前新认定一批江苏省版权示范单位。

（五）发布2017年度版权产业经济贡献率调查报告

连续六年开展版权产业经济贡献率调查，2017年江苏版权产业的行业增加值已达7 365.22亿元，占全省GDP的比重为8.57%。其中，核心版权产业的增加值为4 697.27亿元，占2017年GDP的5.47%，比2016年提高0.02个百分点。2013—2017年，江苏省版权产业快速发展，行业增加值从4 644.57亿元增长至7 365.22亿元，五年间产业规模增长了58%，在国民经济中的比重从7.85%提至8.57%，对推动江苏省经济高质量发展做出积极贡献。

（六）充分发挥省版权研究中心和版权培训基地作用

省版权研究中心完成2017年度版权产业经济贡献率调查报告，成功承办版博会高质量发展论坛和大学生版权论坛。省版权培训基地完成国家版权局版权监管培训班、涉外版权工作培训班等培训任务，开展系列知识产权主题巡回展览展示、主题宣讲、答题竞赛以及专业沙龙活动，进一步普及宣传教育版权知识。

二、版权执法监管工作

（一）加强版权执法监管工作

全省共立侵权盗版案件 213 起（网络案件 109 起），其中行政处罚 120 起，罚没额合计 170 余万元，刑事案件 35 起，调解案件 58 起。其中，国家四部门挂牌督办案件 12 起，国家三部门挂牌督办“2·15”系列案件 7 起，省版权局挂牌督办案件 10 起。国家版权局向各地办案单位拨付案件经费补贴 188 万元，省版权局向各地办案单位拨付案件经费补贴 18 万元。无锡“紫薯影院”微信公众号传播盗版影视作品案、淮安“BT 天堂”网传播盗版影视作品案被列为 2018 年度全国打击侵权盗版十大案件。江苏省委宣传部版权管理处等 19 个单位被评为 2018 年度查处侵权盗版案件有功单位，宋晓春等 28 名个人被评为 2018 年度查处侵权盗版案件有功个人。组织评选江苏省 2018 年度打击侵权盗版十大案件，较好发挥了查办典型案例的示范引导作用。

（二）加大重点领域整治，深入开展专项行动

一是在南通举办 2019 江苏省打击网络侵权盗版集中办案周活动。江苏省各设区市、省管县（市）及张家港市版权执法骨干参加，省通信管理局、省“扫黄打非”办以及无锡、常州、南通和扬州执法支队专家进行现场指导。在集中办案周期间共办结行政处罚案件 33 起，合计没收 97 531.49 元，罚款 1 382 368 元。活动期间，国家版权局领导带队并组织全国 8 个重点省市版权局赴现场观摩，这种分类指导、以案代训、协同作战的创新办案模式受到国家版权局领导的高度肯定和兄弟省市的一致好评。二是深入开展“剑网 2019”专项行动。与省公安厅、省互联网信息办公室、省通信管理局联合制定《江苏省开展打击网络侵权盗版“剑网 2019”专项行动实施方案》，从媒体融合发展版权保护、院线电影网络版权整治、流媒体软硬件版权监管、图片市场版权运营秩序维护、网络重点领域治理成果巩固等五个方面严厉打击侵权盗版行为。

（三）加强联合执法协作，推动案件成功办理

积极协调配合各级公安部门加大对春节档电影侵权盗版违法犯罪活动打击力度，协助侦办“2·15”系列专案，并成立督查工作领导小组，加大对江苏省 7 起案件的督查指导力度。加强与美国电影协会北京代表处、韩国著作权委员会北京代表处及腾讯、优酷、爱奇艺、支付宝、百度等公司的协作配合，建立常态化协查机制，为成功办理打击网络侵权盗版案件提供有力支持。

（四）完善多元化调解机制建设，设立江苏版权调解中心

为有效化解版权纠纷，加快改善版权市场环境，在省高级人民法院的支持下，依托省版权协会、江苏国家版权贸易基地，建立江苏版权调解中心，为广大市场主体提供版权纠纷调解服务。已成功调解版权侵权案件 48 件，累计为权利人挽回损失 112 万元。

三、软件正版化工作

（一）完善工作机制，组织领导进一步加强

版权职能划入省委宣传部后，省委、省政府对软件正版化工作的重视程度、领导力度进一步加强。2019 年 5 月，江苏省将原“省版权工作领导小组”调整为“省推进使用正版软件工作领导小组”，由省委常委、宣传部部长王燕文和省政府副省长王江任领导小组组长，省政府分管副秘书长和省委宣传部常务副部长、省版权局局长任副组长，14 个成员单位分管领导为小组成员。召开省推进使用正版软件工作领导小组（扩大）会议，对 2019 年软件正版化工作做出全面部署。6 月 11 日，中宣部《每日要情》刊登了《江苏精心组织推进使用正版软件工作》，充分肯定了江苏推进使用正版软件工作的工作机制、经验做法和工作成效。

（二）严格落实制度，巩固党政机关推进成果

扎实推动全省各级机关做好国务院办公厅印发的《政府机关使用正版软件管理办法》的贯彻落实工作。一是推进责任落实到人。确定了省、市、县三级机关单位软件正版化工作责任部门和责任人，将软件正版化工作成效与具体责任人挂钩。二是完善软件资产管理制度。主动与省财政厅、省机关事务管理局加强沟通协调，在省级机关国有资产管理绩效评价工作中将软件正版化工作纳入考评范围，并派员参加考评组进行现场核验。三是做好查漏补缺。省、市、县三级机构改革后，全面系统梳理党政机关、企事业单位软件正版化工作完成情况，分类汇总各级各类单位软件正版化工作基础信息，全面核清底数，对在自查工作中发现的问题，对照《政府机关使用正版软件管理办法》，认真分析原因，并做好补缺工作。

（三）适度扩大范围，国企、事业单位软件正版化工作稳步推进

一是省属国有企业软件正版化工作稳步推进。根据国家统一部署，省版权局和省国资委通过学习

先进经验、举办正版化培训班、召开工作推进会等方式，联合推进省属国有企业软件正版化工作。一方面与国产办公软件企业加强磋商，完善“场地授权、购买服务”模式，降低了软件采购成本；另一方面对进展缓慢的企业进行督查督办，上门了解情况，帮助解决实际困难，加大正版化推进力度。二是省属事业单位软件正版化工作扎实推进。按照国家推进使用正版软件工作部际联席会议统一部署，原省版权工作领导小组于2018年7月全面启动省属事业单位软件正版化工作。各省级机关积极响应，做出部署，加快推进。各单位软件正版化报送情况显示，省财政厅、水利厅、农业农村厅、商务厅、广电局、省委党校、省贸促会等23家省级机关已率先完成所属事业单位软件正版化整改工作。三是结合版权示范创建，推动创建园区企业完成软件正版化。在制定《江苏省版权示范城市、示范单位和示范园区（基地）创建和管理办法》时，将软件正版化列为重要评定指标，要求上报省级版权示范的单位和园区必须完成软件正版化工作。2019年在验收申报省版权示范的园区和单位的过程中，对2家未完成软件正版化工作的企业实施“一票否决”。

（四）严格执法、广泛宣传，营造良好社会氛围

一是重点打击侵犯软件著作权行为。对打击侵犯知识产权行为始终保持高压态势，并将打击侵犯软件著作权作为打击侵权假冒“双打”行动和打击网络侵权盗版“剑网2019”专项行动重点内容，徐州、常州、苏州等地版权执法部门在专项行动中查办的7起侵犯软件著作权案件被国家版权局挂牌督办。二是深入开展软件正版化宣传。制作设计了软件正版化宣传海报，在全省各地电视台、影院、户外大屏、单位宣传栏等平台投放。同时曝光侵犯软件著作权的企业和违反规定使用盗版软件的典型案例，提高了软件正版化工作的影响力和社会认知度。三是扎实开展推进使用正版软件培训。组织了全省党政机关、国有企业软件正版化培训班。各地版权部门也分类型组织了相应的正版化培训，宣讲国家政策，推广软件正版化工作先进单位的经验做法。

四、版权公共服务体系建设

（一）加强人才队伍建设

对全省新进作品登记工作人员进行岗前培训。督促各地结合本地实际开展作品登记培训，解决突出问题。举办全省作品登记培训班，进一步提升全省作品登记工作能力。

（二）稳步提升作品登记质量

全省完成作品登记24.6万件，软件合同备案706件。开展“作品登记质量年”活动，严控低质量作品登记，着力提升文字作品登记质量。首次通过江苏版权服务网的优秀版权作品申报系统开展优秀版权作品申报认定工作，共申报作品777件，比2018年增长80%以上，97件作品被认定为优秀版权作品。境外图书出版合同登记工作实现线上全流程操作，大大提高了工作效率，共为企业登记出版境外图书合同641份，登记出版境外游戏合同22份。

（三）改进作品登记平台

上线作品登记电子证书功能。为进一步提升作品登记服务质量，提高登记工作效率，便利权利人版权交易和权利举证，启用作品登记电子证书功能。开发上线新开发关键字提醒功能。进一步完善作品登记功能，通过技术手段协助作品登记审核人员筛查过滤涉及违法违规内容的作品，保障作品登记工作有序开展。

五、版权宣传教育活动

（一）面向公众，形式多样组织版权宣传

制作设计了一组版权保护、软件正版化宣传公益视频、音频和海报。在全省各地电视台、影院、网络、户外大屏等平台投播版权保护公益视频宣传片；在全省收听率较高的电台播放音频公益广告；在公交地铁站点、公共阅报栏、学校、社区等公共场所张贴版权保护公益海报。《新华日报》、《扬子晚报》、《现代快报》、《南京晨报》、江苏电视台、江苏新闻广播、中江网等省内主要媒体对全省“4·26”世界知识产权日版权宣传活动进行了集中报道，江苏版权、书香江苏及江苏版权保护中心公众号对全省各地的宣传活动内容进行了实时推送。

（二）贴近产业，积极开展版权进园区活动

2019年4月25日，省版权局在苏州吴江丝绸文化创意产业园举行2019年江苏省暨苏州市版权宣传周活动启动仪式。全省各地版权部门以“严格版权保护 推进创新发展”为主题，积极开展版权宣传进园区活动，深入到家纺、影视、动漫、紫砂、丝绸、刺绣、水晶、壁纸、玩具等版权密集型产业基地、专业市场集中开展版权宣传活动，举办版权知识讲座，组织版权知识竞赛，普及版权保护知识，努力营造打击侵权盗版、保护版权的良好氛围。

（三）突出重点，展示江苏版权工作成就

在“4·26”世界知识产权日版权宣传活动期间，各地版权部门精心策划并开展了一系列宣传活动，集中展示近年来版权工作取得的成绩，向社会公布了2017年版权产业经济贡献率调查报告、2018

年度江苏省优秀版权作品奖和打击侵权盗版十大案件，树立了江苏尊重版权、保护版权、崇尚创新的良好形象。

（袁学术）

浙 江 省

一、组织部署打击侵权盗版

（一）做好售卖盗版春节档《流浪地球》等电影处置工作

根据习近平总书记等多位中央领导和朱国贤部长的批示精神，2019年2月9日，浙江省版权局与杭州市文化市场执法总队驻阿里工作站会同阿里巴巴紧急联动，及时删除437条盗版链接。2019年2月15日，由公安部、中宣部、最高检挂牌督办的杭州《麻花影视》APP涉嫌侵犯春节档电影著作权案，抓获犯罪嫌疑人5名，为加快案件取证、鉴定进程，国家版权局专门给予20万元案件补贴，案件还在进一步侦办中。

（二）及时做好有关微信公众号售卖侵权出版物鉴定工作

根据上级关于处置涉政非法出版物问题有关要求，浙江省版权局针对杭州等5地市公安部门提供的相关微信公众号售卖盗版电子书等材料，为涉及的30多家出版单位、4 000多种图书及时做好侵权鉴定工作，及时有效配合公安部门打击制售涉政非法出版物行为。

（三）做好版权行政培训工作

2019年，版权执法培训仍采用和江苏合办的模式，2019年8月29日，来自两省的120余名版权执法人员在江苏南京参加了培训。2019年9月23日，浙江省版权局组织全省120余名版权执法一线人员在杭州举办版权执法监管培训班，学员普遍反映培训课程安排合理，内容丰富，针对性、可操作性强。此外还组织30余名骨干参加国家版权局组织的版权执法监管提升班培训。

（四）部署打击网络侵权盗版“剑网2019”专项行动

印发《浙江省打击网络侵权盗版“剑网2019”专项行动实施方案》。截至2019年12月底，全省共立案查处各类侵权盗版案件36件，移送司法机关6件，行政处罚共23.69万元。删除淘宝网盗版链接41 200个，关闭淘宝网各类违规店铺80余家。共巡查网站108 700家次：清理无证擅自从事网络出版活动微信公众号32个、文学网站21个、音乐网站17个，责令关闭音乐和文学网站6个。协调指导挂牌督办案件7起。嘉兴段某某等制售盗版图书案被国家版权局评为2018年度全国打击侵权盗版十大案件。

二、持续推进使用正版软件

（1）印发《浙江省版权局关于做好省级预算单位办公软件集中申领有关事项的通知》，及时解决由于机构改革、人员调整造成的部分省级单位正版办公软件缺口问题。

（2）组织浙江省原使用软件正版化工作领导小组成员单位部门负责人参加全国软件正版化工作培训，印发《2019年浙江省推进使用正版软件工作计划》；会同浙江省国资委指导省属国有企业开展使用正版软件自查工作。对省属国有企业推进使用正版软件工作提出明确的时间表和路线图，做好迎接国家检查组来浙江省检查的准备。

（3）建立浙江省使用正版软件工作联席会议制度。根据国务院办公厅颁发的《政府机关使用正版软件管理办法》及国家推进使用正版软件工作部际联席会议第八次全体会议要求，建立浙江省使用正版软件工作联席会议制度，召集各成员单位召开第一次全体会议。会议学习了国家推进使用正版软件工作部际联席会议第八次全体会议精神，总结了2018年浙江省软件正版化工作，部署了2019年重点工作任务，明确了联席会议各成员单位工作职责。

（4）召开省、市、县三级软件正版化工作培训会。2019年6月25日，省、市、县三级软件正版化工作培训会在杭州召开，全省73家省级单位、11个市90个县区的政府机关及15家省属国有企业相关负责人共260人参加了培训，卢春中副部长在会上做了开班动员书面讲话，对下一步如何更好地做好软件正版化工作提出期望和要求。培训会上，省财政厅、省审计厅、省国资委有关部门负责同志就软件采购政策、软件资产管理、软件正版化审计、如何推进国有企业软件正版化等工作做了专题辅导，为下一步全面推进软件正版化工作打下了良好的基础。

（5）做好中央督察组到浙江省督查省级机关及省属国有企业软件正版化工作的相关工作。2019年9月16—20日，国家联合检查组对浙江省6家省级政府机关4家省属国有企业软件正版化工作进行了现场检查。浙江省版权局做好相关服务协调工作，检查结果反馈后，向浙江省委、省政府递交了专题报告，约谈问题较多单位，要求限时整改，同时，把此次检查情况通报给省级单位，举一反三，防止类似问题发生。

三、宣传展示版权保护成果

(1) 组织版权主题宣传活动，举办浙江省第七届“知识产权杯”创意设计大赛。印发了《关于在4·26期间做好版权主题宣传活动的通知》，通知要求各市在世界知识产权宣传周期间开展以“严格版权保护 推进创新发展”为主题的版权宣传系列活动。成功举办浙江省第七届“知识产权杯”创意设计大赛，“知识产权杯”创意设计大赛已成为浙江省版权主题宣传的一个重要品牌，活动旨在激发创新活力，推动全省创意设计产业持续发展，强化公众知识产权意识，营造全社会关注、尊重和保护知识产权的良好氛围。

(2) 组织参加长三角三省一市2018年知识产权发展与保护状况新闻发布会，参加中国网络版权大会及省知识产权强省建设工作联席会议等，进一步宣传展示浙江省加强版权保护，助推经济社会发展的成果。

(3) 举办中国纺织面料花样版权保护论坛。2019年9月27日，以“尊重原创、创新发展”为主题的中国纺织面料花样版权保护论坛在绍兴柯桥举行，论坛云集国内外著名专家和学者，共同交流与探讨当前中国纺织面料花样版权保护和产业发展的新动向、新趋势。纺织品花样版权作为版权保护领域的一个细分领域，专门召开论坛，这在全国还是首次，论坛对于促进纺织产业版权保护，推动全国纺织业高质量发展，提升产品附加值，探索新思路，谋求新发展，具有重要的现实意义。

四、强化版权社会服务功能

(一) 做好浙江省2019年经典中国国际出版工程和丝路书香工程及涉外出版项目推荐申报工作

根据国家新闻出版署关于申报经典中国国际出版工程和丝路书香工程及涉外出版2019年项目的通知要求，推荐报送浙江省9家出版单位重点选题212个，其中经典中国国际出版工程项目56个、丝路书香工程项目156个，推荐报送浙江省7家出版单位涉外出版项目选题55个。

(二) 有序推进浙江版权贸易“走出去”工作

2019年10月24日—11月1日，浙江版权贸易图书展代表团对摩洛哥、荷兰两国出版界进行了访问交流。访问期间，浙江出版界与摩洛哥、荷兰政府及出版界同人进行了广泛的交流和版权贸易业务洽谈、在孔子学院设立“百柜工程—悦读浙江”图书专柜、参观荷兰阿姆斯特丹国立图书馆及海牙中国文化中心、考察当地书店等活动，有力地推动了浙江出版在摩洛哥、荷兰的“走出去”工作。

(三) 强化跨区域合作协作，共同营造版权产业高质量发展市场环境

建立了浙江、江苏、山东、广东纺织品花样版权保护联盟协作机制，实现不同区域的行政执法部门在案件移送、取证、送达和执行等方面的互助协作。签订《长三角地区共同营造版权产业高质量发展市场环境合作协议》，优化长三角地区版权市场环境，提升版权制度对经济社会发展的促进作用。

(四) 组团参加北京国际图书博览会、江苏(南京)版权贸易博览会

组织浙江省14家图书出版单位参加第26届北京国际图书博览会，参展出版物达1 000多种。2019年8月22日上午，中央政治局委员、中宣部部长黄坤明视察了浙江展区，对浙江的出版和“走出去”工作给予了充分肯定。博览会期间，浙江省参展单位共达成100多项版权输出协议和意向。8月30日，组织浙江省部分企业参加江苏(南京)版权贸易博览会，展示了浙江省企业版权创造、版权运用、版权保护成果。

(五) 做好作品自愿登记等工作

截至2019年12月31日，已登记一般作品24 851件，核准登记出版境外图书合同391件，办理涉外图书、音像制品、电子出版物制作合同登记1 102件，计算机软件著作权合同备案240件。

(严庆荣)

安 徽 省

一、版权执法监管工作

2019年，安徽省共查办侵权盗版案件94件，行政案件结案数较上年翻一番，收缴各类侵权盗版出版物8万多件，依法关闭侵权盗版网站13个，罚款人民币62.25万元。33个单位和个人荣获国家版权局2018年度查处侵权盗版案件有功单位和有功个人荣誉，其中10个单位和个人获一等奖。

(一) 细化深化专项行动

安徽省版权局与省公安厅、省网信办、省通信管理局共同印发《安徽省开展打击网络侵权盗版“剑网2019”专项行动实施方案》，明确工作目标、重点、措施和要求，从5月至10月开展安徽省打击网络侵权盗版“剑网2019”专项行动。创新开展打击利用移动存储介质从事侵权盗版违法行为及电影侵权盗版行为专项行动。共检查各种经营场所359

家，依法收缴各类侵权复制品 7 000 多张（盘），重点督办了合肥许某某等侵犯著作权案、滁州“懒人听书”网涉嫌侵犯著作权案等 10 起网络涉嫌侵犯著作权案件。

（二）严查严办侵权盗版案件

安徽省各级版权管理部门坚持日常监管与专项治理行动相结合，抓住重要时间节点和重点范围领域，大力查办侵权盗版案件。2019 年，全省共办结案件 68 件，其中行政案件 64 件，移送司法机关追究刑事责任案件 4 件。共办理 4 起国家版权局等部门挂牌督办案件。安徽肥西谢某等侵犯著作权案入选国家版权局和全国“扫黄打非”工作小组办公室联合发布的 2019 年度全国打击侵权盗版十大案件。

（三）深入开展打击侵权假冒工作

安徽省版权局按照国家版权局和省“双打”办工作要求，指导市县做好打击侵权假冒行为，按时向国家版权局和省“双打”办报送案件信息，受到国家“双打”办、国家版权局的充分肯定。

（四）加强版权执法队伍建设

安徽省版权局通过组织部分一线执法人员参加国家版权局执法监管培训班、举办全省版权执法人员培训班、召开全省版权执法工作会议、在全省文化市场综合执法人员资格认证培训班上授课等方式，着力提升版权执法队伍的能力水平。2019 年，共培训基层一线执法人员 200 多人次。

（五）完善区域联防协作机制

安徽省版权局认真贯彻落实《长三角地区共同营造版权产业高质量发展市场环境合作协议》，建立案件协办协查、联合执法办案、案件执行协助等工作机制，形成工作合力。

二、软件正版化工作

安徽省软件正版化工作扎实推进，政府机关和行业企业采购各类正版软件共 11 万套，采购资金 4 431 万元。两次在全国、一次在兄弟省介绍安徽软件正版化工作经验。

（一）领导高度重视，部门各尽其职

安徽省委常委、宣传部部长担任调整后的省软件正版化工作联席会议总召集人并出席全体会议，对全省软件正版化工作提出明确要求，确保全省软件正版化工作顺利开展。各成员单位发挥职能部门作用，强化督促检查，加强指导培训，积极推进工作。

（二）开展培训宣传，广泛凝聚共识

安徽省版权局召开了 16 场次培训会议，共有 680 家政府机关和行业企业参加。利用各类媒体广泛宣传软件正版化工作，引导全社会理解、重视、支持软件正版化工作。

（三）强化督促检查，巩固工作成果

积极推进 360 多家各级政府机关单位进行了有效整改，其中省财政厅、省税务局等单位严把采购关，建立健全长效机制。将“央采网”26 种办公软件产品纳入“安徽省政府机关正版软件定点库”，并对“徽采网”软件产品进行清理，严防盗版软件流入政府机关。对蚌埠、马鞍山、宣城、铜陵、池州、黄山等 6 市开展全覆盖检查，共检查 151 家单位 3 432 台计算机，其中铜陵市和宣城市利用场地授权方式购买正版软件，实现了办公软件正版化率百分之百、国产化率百分之百。

（四）服务督促并行，扩大正版覆盖

在全国率先开展医疗卫生行业软件正版化工作，随后推动教育、住建、文旅、交通、能源、邮政、烟草、中小金融机构以及省属、民营等 10 个行业软件正版化工作，召开行业企业软件正版化工作落地会议进行培训辅导，搭建省属企业正版软件采购服务平台，助力推进 28 家省属企业软件正版化工作。全省共有 310 家企业进行了整改，采购各类正版软件 76 000 多套，采购资金 3 400 万元。

三、版权社会服务工作

（一）加强作品著作权登记工作

安徽省版权局作品版权登记项目进驻安徽省政务服务窗口，网上作品著作权登记系统纳入安徽省政务服务网，实现“一网一门一次”办理。督促安徽省版权交易中心主动对接版权密集单位，提供上门服务。将作品著作权登记工作纳入安徽省政府文化产业发展目标管理绩效考核，督促各市加强作品著作权登记工作。2019 年，作品著作权登记量 42 378 件，增长近 110%，登记量超过前 3 年的总和。

（二）开展版权示范创建

安徽省版权局注重版权示范单位培育和申报，向国家版权局申报 7 家全国版权示范单位和 1 家软件正版化示范单位，其中，时代出版传媒股份有限公司、安徽徽州书局文化传播有限公司和马鞍山百助网络科技有限公司被国家版权局授予“全国版权示范单位”称号；安徽投资集团控股有限公司被国家版权局授予“全国版权示范单位（软件正版化）”称号。安徽省现已创建全国版权示范单位（基地）10 家，全国版权示范单位（软件正版化）2 家，省级版权示范单位 6 家，省级软件正版化示范单位8家。

（三）推进版权产业发展

中宣部版权管理局调研组赴皖调研期间，参观了安徽省全国版权示范单位安徽新媒体集团及科大讯飞股份有限公司，对两家单位版权保护工作给予高度肯定。科大讯飞股份有限公司受邀在中英版权研讨会上代表中方做主题发言。组织省内有代表性的版权企业参加第二届江苏（南京）版权贸易博览会。博览会上，安徽省版权局获优秀组织奖，4家参展单位分获优秀参展单位奖和优秀版权贸易奖。中宣部版权管理局局长于慈珂等参观博览会安徽展区，给予充分肯定。安徽与上海、江苏、浙江三省一市版权部门在博览会上签署了《长三角地区共同营造版权产业高质量发展市场环境合作协议》。据统计，安徽省2019年共实现版权输出500项。

四、版权宣传工作

（一）开展知识产权周版权宣传活动

安徽省版权局联合中国科学技术大学、省知识产权局举办安徽省知识产权发展与保护白皮书报告会，并在现场对中国科学技术大学知识产权博士论坛进行版权登记。开展“版权进企业”活动，局领导带队到民营企业合肥育才文化传播有限公司徽州书局开展版权宣传，召开版权工作座谈会，组织执法人员现场向读者介绍如何识别盗版图书，并举行“保护版权 从我做起”签名活动，发放“绿书签”。在省委、省政府、省人大、省政协办公楼及有关单位、电影院摆放版权公益宣传海报展架近200个，全省各级广播电视台播放版权公益宣传片超过2 800分钟，全省各影院在电影放映前播放版权公益宣传片。

（二）组织参加版权征文活动

安徽省版权局联合省教育厅积极组织全省高校学生参加国家版权局第十一届全国大学生版权征文活动，全省共报送征文203篇，报送的有效征文数在各省市中位列第一，共有6人获奖，其中一等奖1人。全省3个单位获优秀组织奖，安徽省版权局作为优秀组织奖代表在颁奖大会上发言。

（三）加大媒体宣传力度

《中国新闻出版广电报》、《安徽日报》、国家版权局网站、中安在线等介绍宣传安徽版权工作20余次，其中《中国新闻出版广电报》管理专版和《安徽日报》要闻版报道9篇。安徽省版权局发布平台在中安在线网站上线试运行。

（胡　子）

福　建　省

一、版权行政执法监管工作

（一）持续加大版权执法和案件查办力度

充分发挥版权行政执法优势，将严格保护作为政治要求和工作主线，提高案件办理数量和质量。4月，组织省、市、县三级版权行政管理部门和市、县文化市场综合执法部门的业务骨干120余人参加2019年全省版权执法培训班，进一步提升基层版权执法人员业务素质和执法水平。2019年，福建省共办理国家版权局督办或四部门联合挂牌督办案件7起，处理国家版权局移转的案件线索5条。全省新闻出版（版权）行政执法部门共查办各类侵权盗版案件128起，比2018年增长60%。其中行政处罚28起，同比增长12%，刑事判决2起，移送司法机关在办4起，调解2起，核查后关闭或拟提请关闭网站、注销备案及对域名停止解析并禁止转移的46起，其他方式处理9起，在办案件37起。全省8组13家单位、10组24名个人获评国家版权局2018年度查处侵权盗版案件有功单位和有功个人，其中省委宣传部版权处被评为查处侵权盗版案件有功单位一等奖。

（二）深入开展打击网络侵权盗版“剑网2019”专项行动

根据全国统一部署，2019年5—10月，福建省积极组织开展打击网络侵权盗版“剑网2019”专项行动，不断加大版权执法监管力度，充分运用约谈、预警、责令整改等工作方式，健全“两法”衔接工作机制，加大对网络侵权盗版案件的行政处罚和刑事打击工作力度，进一步净化了网络版权空间，维护了网络版权秩序，为庆祝新中国成立70周年营造了良好的网络环境。省版权局会同省网信办、省公安厅、省通信管理局于5月21日联合召开福建省“剑网2019”专项行动工作会议，组织各设区市版权局、省属文化企业、电影院线及各大影院、三大运营商、重点互联网企业等参会，部署专项行动工作任务。各级版权执法部门采取多项措施，重点开展五项专项整治，即深化媒体融合发展版权专题保护、严格院线电影网络版权专项整治、加强流媒体软硬件版权重点监管、规范图片市场版权保护运营秩序、巩固网络重点领域版权治理成果。据统计，全省各地各部门共出动执法人员9 000余人次，主动巡查网站20 467家，检查APP 1 100余款，发现并移送案件线索156条，依法查办版权类案件115

起（其中网络侵权案件 107 起），清理含侵权盗版链接在内的各类有害信息 10 万余条，下架违法违规 APP 800 余款，关闭侵权盗版网站 40 多家，注销微信、搜狐号等公众账号 20 余个，受理处置各类网络举报信息 1.4 万余条（其中侵权类信息 209 条），播放版权公益广告 5 000 多次。9 月，国家“剑网 2019”专项行动重点案件联合督办组对福建省开展现场督办工作，对福建省开展专项行动和重点案件查办工作取得的成绩给予充分肯定。

二、软件正版化工作

根据国家推进使用正版软件工作部际联席会议第八次全体会议精神和福建省机构改革情况，省推进使用正版软件工作厅际联席会议对成员单位和人员组成进行调整，由省委常委、宣传部部长梁建勇任厅际联席会议总召集人，组成单位由 15 家调整为 13 家。5 月 21 日，组织召开厅际联席会议第六次全体会议，通报福建省 2018 年软件正版化工作情况，审核通过 2019 年全省软件正版化工作实施方案。6 月 5 日、12 日，印发《福建省 2019 年推进使用正版软件工作实施方案》（闽版权［2019］17 号）、《福建省版权局关于进一步做好省直机关软件正版化工作的通知》（闽版权［2019］21 号），要求各地各成员单位认真贯彻实施工作方案，各省直机关加强对软件正版化工作的组织领导，巩固软件正版化工作成果，推进事业单位软件正版化检查整改。7 月底至 8 月初，省版权局联合省国资委对 10 家省国资委所出资企业及权属企业软件正版化工作开展专项督查。11 月，组织各省直机关开展 2019 年度使用正版软件工作考核，要求各单位报送 2019 年软件正版化工作总结及直属事业单位软件正版化工作推进情况。11 月 5 日，举办 2019 年省直机关及省属参公事业单位软件正版化培训班，79 家省直机关和 76 家事业单位派人参训。11 月 27—29 日，联合省国资委、省工商联举办 2019 年福建省企业软件正版化培训班，110 家省属国有企业、民营企业代表参训。先后组织 6 家厅际联席会议成员单位、8 家省属国有企业正版化相关部门负责人参加国家版权局软件正版化工作培训班。12 月，牵头开展省级政府机关软件正版化“回头看”专项工作，对 25 家单位开展 2018 年全覆盖检查存在问题的整改情况督查。

三、版权公共服务工作

（一）认真做好作品登记工作

新开发的“福建省作品自愿登记系统”投入运营，实行网上申报、在线审核、电子发证等全程无纸化运作，实现“一趟不用跑，在家就能办”，最大限度方便作品登记申请人。2019 年全省共登记作品 111 955 件，继续保持全国前列。

（二）开展版权示范创建核查工作

根据国家版权局部署要求，对本省 1 家全国版权示范城市（厦门市）、2 家全省版权示范单位（福建泉州顺美集团有限责任公司和福建省三福古典家具有限公司）开展核查；同时，对福建省 63 家版权示范单位、3 家版权示范园区开展核查工作，及时发现问题、改正问题，推动福建省示范创建工作。

四、版权宣传教育工作

第 19 个“4·26”世界知识产权日期间，围绕“严格版权保护 推进创新发展”的宣传主题和庆祝新中国成立 70 周年这一主线，制定下发《2019 年知识产权宣传周版权宣传活动方案》，组织全省各地开展版权宣传系列活动。联合省“扫黄打非”办公室在泉州晋江举行福建省“护苗 2019”绿书签行动暨知识产权集中宣传周活动启动仪式，现场开展侵权盗版物品销毁活动；协调全省 39 家电视台播出《申报版权 保护版权 用好版权》公益广告片，累计播出 5 039 次；在福建电视台少儿频道播放版权知识系列动画片。“剑网”行动期间，《福建日报》、福建网络广播电视台（海博 TV）、省广播影视集团等共刊播相关报道 300 篇（条）。福州市在“5·18”海峡两岸经贸交易会上设立版权咨询服务台，为参展商和市民提供版权法律咨询等服务。泉州市开展了版权宣传作品有奖征集活动，公开征集以“版权保护知识宣传”为主题的平面作品和微视频作品。德化县开展以“保护版权、助推企业发展”为主旨的活动，积极引导助推“德化经验”。

（郑开辟）

江　西　省

一、版权执法工作

江西省版权局结合工作实际，强化版权执法手段，加大案件查办和“两法”衔接力度，狠抓大案要案查处工作。在重大案件督办中，江西省版权局与江西省公安厅等多部门通力合作、密切配合，多次组成联合案件督办组，分赴上饶、鹰潭、九江、赣州等地对重点案件实地督办，对基层办案单位给予信息、协调、经费等全方位的支持，案件查办工作取得实效。

一是国家部委挂牌督办案件数量、质量实现双提升。2019 年，上饶“5·25”涉嫌侵犯网络游戏著作权案、鹰潭“3·21”涉嫌侵犯网络影视作品著作权案、九江陆某等侵犯网络文学著作权案等7起案件由国家版权局等多部委挂牌督办。其中，九江陆某等侵犯网络文学著作权案属于当年查处、当年办结的国家挂牌督办案件。2019年挂牌案件数量、办结质量实现双提升。

二是案件查办区域实现全覆盖。国家版权局表彰2018年度查处侵权盗版案件有功单位和有功个人，江西的获奖面涵盖10个设区市。2019年全省共办结侵权盗版案件110起（含2起刑事案件），全省11个设区市案件查办实现全覆盖。

三是版权执法成果实现大丰收。江西九江陆某等侵犯网络文学著作权案入选2019年度全国打击侵权盗版十大案件，江西版权案件连续3年入选全国打击侵权盗版十大案件。2019年12月，吉安“5·28”涉嫌侵犯影视作品著作权案入选全国“剑网2019”专项行动十大案件。2019年11月，国家版权局表彰2018年度查处侵权盗版案件有功单位和有功个人，江西15家单位（含1个专案组）和32名个人（含12个专案组）获奖，获奖单位数量全国占比为8.24%，获奖个人数量全国占比为13.33%，江西省委宣传部版权管理处连续3年获得有功单位一等奖。

二、软件正版化工作

一是强化组织领导。鉴于江西机构改革后的实际情况，江西省版权部门对省使用正版软件工作领导小组及成员进行了调整，由江西省委常委、宣传部部长施小琳任省使用正版软件工作领导小组组长，省委宣传部副部长黎隆武任省使用正版软件工作领导小组副组长。领导小组的成立，进一步理顺了组织机构和成员的关系，为顺利推进正版软件工作部署和各项要求奠定了组织基础。

二是完善长效机制。省使用正版软件工作领导小组办公室制定下发《2019年江西省推进使用正版软件工作计划》，部署开展2019年省推进使用正版软件工作，要求各单位按照责任分工抓好落实。同时，指导省国资委下发《2019年度江西省属国有企业软件正版化工作计划的通知》，部署安排推进省属企业软件正版化工作任务；指导省工商联下发《2019年推进民营企业使用正版软件工作计划的通知》，规范指导民营企业推进正版软件工作。

三是加大督查力度。9月17—20日，省使用正版软件工作领导小组办公室牵头组织到鹰潭、抚州两地，对所辖市直政府机关软件正版化工作进行督查，并对市级政府的软件正版化工作进行了督导。为推进江西省国有企业全面实现软件正版化，省使用正版软件工作领导小组办公室指导督促省国资委对国有企业软件正版化工作进行了督查，江西省软件正版化工作有序推进。

三、示范创建和版权贸易工作

江西省版权局积极指导景德镇市申报创建全国版权示范城市。11月6日，国家版权局正式批复同意景德镇市创建全国版权示范城市，景德镇市成为全国第13个创建全国版权示范的城市。

8月21日，第26届北京国际图书博览会开幕。江西精选1200个品种参展，与49家海外合作伙伴达成版权输出协议72项、输出意向209项、引进意向54项，版权贸易取得丰硕成果。《一百个孩子的中国梦》《瓷上中国》等9种出版物入选国家新闻出版署主办的“新中国成立70周年精品出版物展”，《农村百事通》《大灰狼画报》等9种刊物入选中国期刊协会主办的“庆祝中华人民共和国成立70周年精品期刊展”。

四、版权社会宣传工作

江西省版权局充分发挥宣传部门工作优势，围绕“3·15”消费者权益日、“4·26”世界知识产权日宣传周等重要节点，组织中央和省内主要媒体报道正面典型、发布重要政策和重要行动信息、曝光大案要案、做好互联网和舆论引导等宣传工作。“4·26”活动期间，省版权局精心策划组织了“版权知识大讲堂”宣讲活动，活动邀请国内著名知识产权专家吴汉东教授以“文化创新、文化产业发展与知识产权”为主题进行授课，省委宣传部领导及省直宣传思想文化系统各单位相关部门负责人共300余人参加了活动。2019年江西版权部门举行了“全省高校版权知识巡回宣讲”活动，活动现场师生达1万余人，实现了省属相关高校全覆盖。同时，全省各级版权部门通过各种线上线下方式，广泛开展版权宣传，提升群众对版权的认知度和版权保护意识。

（何宏勇）

山 东 省

一、版权执法与打击侵权盗版工作

（一）案件查办督办实现新突破

山东菏泽“11·7”涉嫌侵犯著作权案、青岛市李沧区发顺源电子产品经营部涉嫌侵犯著作权案、山东东营“7·18”涉嫌侵犯著作权案等被列入国家版权局、全国“扫黄打非”工作小组办公室、公安部和最高人民检察院四部门联合挂牌督办案件；山东济宁“5·15”涉嫌侵犯著作权案被列为国家版权局挂牌督办案件。2019 年获国家版权局重大侵权盗版案件办案经费补贴 40 万元。

（二）全国查处侵权盗版案件有功单位及个人评奖取得好成绩

根据《国家版权局举报、查处侵权盗版行为奖励暂行办法》及实施细则要求，组织推荐山东省查处侵权盗版案件有功单位和个人。2019 年 11 月 28 日，国家版权局印发《关于奖励 2018 年度查处侵权盗版重大案件的决定》，山东省委宣传部版权管理处等 14 家单位及山东省潍坊市文化市场综合执法支队牛兆星等 28 名个人获奖，获奖数量及奖励金额居全国前列。

（三）深入开展打击网络侵权盗版“剑网 2019”专项行动

在 6—10 月联合开展的第 15 次打击网络侵权盗版专项治理“剑网”行动中，全省共立案查处网络侵权盗版案件 28 起，刑事移交案件 10 起，关闭侵权网站 15 家，并列入黑名单管理。淄博“6·26”涉嫌侵犯标准作品著作权案入选“剑网 2019”专项行动十大案件。

（四）召开全省版权监管工作会议，安排部署版权工作重点

针对体制机制改革后版权管理人员变化情况，为稳定队伍，提升版权监管水平，2019 年 5 月 25 日，召开全省版权监管工作会议，总结工作，交流经验，安排部署版权工作重点。会议采取以会代训的方式，对 150 余名版权工作骨干进行了培训。会议强调，做好新时代版权工作，要进一步提高政治站位，不断增强工作的责任感、使命感，全面提升版权创作、保护、运用、管理和服务水平，推动全省版权工作再上新的台阶。

二、软件正版化检查整改工作

（一）巩固党政机关软件正版化工作成果

一是完善体制机制，规范软件源头采购。2019 年 5 月 21 日，省软件正版化工作联席会议印发了《2019 年山东省推进使用正版软件工作计划》（鲁版电［2019］6 号），对全省软件正版化工作进行了全面部署，对山东省软件正版化工作的制度建设、软件采购、软件资产管理、监督检查等工作做出具体分工，提出明确要求。二是启动实施 2019 年度新购计算机配置国产办公软件场地授权服务，为省直预算单位 2019 年度新购计算机统一配装国产办公软件。2019 年，国产办公软件总安装量达 11 000 台。

（二）扎实推进企业软件正版化工作

联合省国资委、省工商联进一步做好企业使用正版软件工作。各省管企业扎实巩固成果，并深入推进权属企业进行正版软件检查整改工作；民营企业软件正版化工作取得新突破。

（三）完成省软件正版化工作联席会议调整工作

根据国家推进使用正版软件工作部际联席会议要求，结合山东省党政机关机构改革实际，印发《关于调整山东省软件正版化工作联席会议成员单位的通知》，对省软件正版化联席会议成员单位做出相应调整。根据调整情况，山东省由省委常委、宣传部部长和省政府联系版权工作的副省长担任联席会议总召集人，省委宣传部副部长、省政府副秘书长任召集人，成员由省版权局、省教育厅、省工业和信息化厅、省财政厅等 13 个单位组成，进一步健全了山东省软件正版化工作联席会议工作机制。

（四）筹建山东省版权大数据平台

针对以往软件正版化数据上报方式松散、格式不统一、数据不准确等问题，推出版权大数据平台。版权大数据平台是利用大数据技术和移动互联网技术，并结合各级版权主管部门软件正版化管理工作的具体业务定制开发而成，可以对各级各行业正版软件相关信息进行准确收集、集中化存储及统一可视化管理，并按照业务要求对这些数据进行不同维度、不同层次的精细化智能分析，挖掘出有价值的信息，为主管部门提供决策依据，为软件用户提供软件正版化信息上报、台账统计等服务。

三、版权社会服务体系建设

（一）完善著作权作品登记体系

顺利完成数字版权登记服务平台迁移工作。对全省版权服务站统一管理，指导其作品登记的初审及发证工作。2019 年，全省著作权作品登记达 10 万余件，比 2018 年同比增长 18.7%，其中摄影作品 70 959 件，美术作品 20 325 件，文字作品 6 326 件，类似摄制电影方法创作的作品 1 353 件。

（二）做好涉外版权合同登记工作

加强图书出版、影视剧等涉外版权合同登记工作，开展图书选题合同登记备案工作。2019 年，共办理引进图书版权合同 323 份，输出图书版权合同 341 份。

四、国际交流合作及版权贸易“走出去”

（一）举办“一带一路”国际版权贸易会

“一带一路”国际版权贸易会是“2019 孔子家乡山东文化贸易（中东欧）展”的重要组成部分，

本次展会是山东省“一带一路”版贸展团第二次走进中东欧。组织青岛出版集团、济南出版有限责任公司、大众报业集团、山东影视传媒集团有限公司等28家版权企业共计50余人赴塞尔维亚、匈牙利、英国开展“一带一路”国际版权贸易会、版权交流推介等系列活动。本届版贸会成果丰硕、亮点突出，以版权为主体的文化贸易交易团共达成合作意向40个，意向出口约475万美元。同时，版贸展团积极与外方版权贸易主管部门、行业协会及重点企业，就图书、影视、文创等版权领域进行深入交流，推动了山东省与“一带一路”沿线国家和地区版权贸易合作长远发展。

（二）举办“2019青岛国际版权交易会”

2019年7月5—7日，由国家版权局指导，山东省版权局和青岛市人民政府共同主办的“2019青岛国际版权交易会”在青岛国际博览中心成功举办。本届版交会以“版权新动能，创意新未来”为主题，注重版权资源的有效转化和利用，助力新旧动能转换，搭建起版权展示、交易的国际化高端平台。展览面积2万多平方米，分中国风、动漫企业、IP赋能企业、电影影视、传统版权示范城市、人机互动等6大展区，吸引了包括50多家国外企业在内的世界各地300余家企业和版权机构参展，全面展示了新闻出版、动漫游戏、影视音乐、艺术美术、工业设计等方面的最新版权创意成果。中影集团、故宫文创、流浪地球、作家出版社、大嘴猴等知名IP精彩亮相，青岛出版社、济南出版社、荒岛书店、鸿儒文创、平度草编等山东省内近50家企业的版权产品在本届版交会展现，版权交易成果实现有效转化，累计成交额140多亿元。版交会上，各类媒体集中发声，全方位解读，社会反响强烈，公众参与度和成交量创历史新高，经济效益和社会效益取得双丰收。

五、版权宣传培训工作

（一）开展版权宣传周系列活动

根据国家版权局通知要求，4月份集中开展版权宣传活动，并以4月16—26日为重点宣传时段，全省联动、形成合力，掀起版权宣传热潮。2019年，全省版权部门共开展版权宣传活动32起，制作宣传海报2万余份、展板180余份，发放绿书签4万余份、宣传册5 000余份，赠送图书手账本3 000余册。

（二）充分利用网站平台进行版权知识普及教育

为扩大版权普及范围，利用“学习强国”平台等展播公益宣传片及微电影《保护版权 从我做起》《“剑网”在行动》《正好，正版好》《尊重新闻版权》《风筝谣》等，用通俗易懂的语言和活泼灵动的画面展示版权知识，起到老少咸宜的传播作用。2019年，在学习强国山东学习平台、国家版权局网站、新华网、《人民日报》、《光明日报》、《中国新闻出版广电报》、山东宣传网站等共发布文章和视频60余条。

（三）结合山东省新时代文明实践中心建设要求，开展版权志愿服务及调研活动

3月28日、6月20日、12月2日，山东省版权局三次主动对接群众需求，以志愿服务形式深入调研宁津县新时代文明实践中心建设工作。调研深入宁津县家事综合服务中心、县级文明实践中心、县新华书店等站点，实地考察了解宁津县新时代文明实践中心建设情况，同时根据工作实际提出进一步提升文明实践中心内涵和质量的意见建议。形成调研报告2篇。

4月16日，组织第三届中国龙山黑陶版权作品展，同时开展“版权进园区”志愿服务活动。活动通过播放公益宣传片、法律讲解、正盗版展示与识别，广泛宣传版权保护的重要意义。同时，调研园区在版权登记、法律维权、版权交易等方面的实际情况，研讨黑陶园区版权保护工作。

4月23日，为增强少年儿童创新意识，把版权概念植入校园生活，版权管理处志愿服务队走进济南市燕翔小学，开展“版权进校园”公益服务活动，向广大青少年读者传递“以读书为乐，维护正版”的阅读精神。

7月5日，在“2019青岛国际版权交易会”期间深入开展“版权进展会”志愿服务活动。此次公益服务活动通过播放公益宣传片、作品登记现场服务、版权知识法律讲解等方式号召大家增强版权保护意识，提升主体责任意识，积极参与打击侵权盗版，营造创新环境，助力版权产业健康发展。

（四）深入开展版权进乡村行动

2019年为“版权进乡村”行动全面推广年，各市文化旅游局、文化市场执法局结合“4·26”知识产权宣传周活动，总结推广版权保护典型示范建设的做法和经验，积极调动各方力量，聚合各类资源，广泛开展版权进乡村宣传普及活动，努力用点上的成绩激发面上的创建，用点上的经验指导面上的工作。据统计，2019年，全省共组织活动20余场，刊发宣传报道35篇，动员乡村版权创意产品登记5 000余份。乡村处处有版权、大山里面有版权、农民同样需要正版等普及宣传活动正在引向深入。

2019 年 12 月 19—20 日，山东省版权局在潍坊市召开“版权进乡村”总结推进会议，总结推广“版权进乡村”试点经验，积极谋划好下一年工作，推动提升全省版权管理水平。

（五）举办 2019 年全省版权执法监管培训班

为进一步提升全省版权执法监管工作水平，举办了全省版权执法监管培训班。各市文化和旅游局分管版权执法工作的负责人、各市执法支队版权执法人员、部分县市区一线执法人员近 100 人参加培训。此次培训内容丰富、形式多样，采取理论讲解+案例剖析的形式，聚焦新时代环境下的版权执法监管工作，围绕著作权行政执法要点、案件证据采集与鉴定、版权与公安联动执法、著作权刑事案件查办等重点难点热点问题进行了专业培训。会上还对“剑网”行动及软件正版化工作进行了安排部署。

（六）召开省软件正版化工作联席会议第一次全体会议暨全省软件正版化工作培训班

2019 年 10 月 10—11 日，召开省软件正版化工作联席会议第一次全体会议暨全省软件正版化工作培训班。省软件正版化工作联席会议成员单位各成员参加会议。各成员单位联络员、省直各部门相关处室工作人员、各市文化和旅游局有关负责人和工作人员共 100 余人参加培训。会议重点安排部署当前软件正版化工作重点，进一步明确各成员单位、各行业主管部门职责分工。培训班特邀中宣部版权管理局、工业和信息化部信息和软件服务业司相关业务负责人进行专题授课；省机关事务管理局、潍坊市文化和旅游局、山东高速集团三家单位做典型发言和经验交流。会议对版权大数据管理系统应用及 2019 年国产办公软件配装工作进行了部署安排，有关软件厂商就通用软件产品优势、特点等方面内容进行了讲解和演示。

六、推动版权产业发展相关工作

（一）开展第三次版权产业经济贡献率调研

为全面掌握山东省版权产业的发展状况，增强全省公众和政府部门对版权保护与版权产业发展的认识与支持，依据前两次调研经验，委托中国新闻出版研究院开展第三次版权产业国民经济贡献率调研。

（二）深入推进版权示范单位创建管理工作

为认真落实国家版权局《关于开展全国版权示范创建活动及国家级版权交易中心核查工作的通知》（国版发函［2019］16 号）要求，山东省版权局组织工作专班，采取单位全面自查、省局实地核查的方式，先后对济南、青岛、临沂、枣庄等市获批的全国版权示范城市、示范单位、示范园区（基地）以及国家级版权交易中心（贸易基地）进行了督查，并将有关情况上报国家版权局。

积极组织开展版权示范单位（园区）申报创建工作，经认真考察审核，为山东高速集团等 13 家单位、企业申报全国版权示范单位。经研究，公布山东金石博物馆等 34 家单位、企业为“山东省版权示范单位、园区（基地）”。

（蒋金坤）

河　南　省

一、版权执法监管工作

（一）深入开展版权日常监管执法

注重加强对文化市场综合行政执法的指导监督，着力提升版权执法效能和履职能力。通过抽样检查、现场督导、源头追溯等手段，强化对印刷复制源头企业、出版物仓储物流运输企业、出版物批发零售经营商家的监督管理。积极发挥版权行业组织、社会团体、专业版权机构、权利人和广大群众的“信息员”作用，提供相关线索，协助行政管理部门查处相关侵权盗版案件，构建打击侵权盗版的社会共治体系。2019 年，河南省共检查经营单位 21 438 个，取缔违法经营单位 41 个，收缴侵权盗版制品 850 441 件，较好发挥了日常监管执法作用，有力打击了侵权盗版行为。

（二）强力推进“剑网 2019”专项行动

河南省版权局联合省网信办、省通信管理局、省公安厅开展“剑网 2019”专项行动，凝聚部门合力、细化实施方案，着力深化媒体融合发展版权专题保护，加强县级融媒体中心版权保护和运营，持续推动主流媒体不断提升传播力、引导力、影响力、公信力。认真做好院线电影网络版权专项整治，加大对影院偷拍盗录等行为的打击力度，深挖盗版源头，坚决切断高清盗版传播的黑产链条。切实加强流媒体软硬件版权重点监管，严格规范图片市场版权保护运营秩序，推动相关企业积极履行主体责任和法律义务，健全版权管理机制，不断规范版权运营市场，着力巩固网络重点领域版权治理成果。并通过现场指导、电话问询等不同形式，对各地各部门专项行动的开展情况及时跟踪了解，坚持每月对全省专项行动开展情况、主要做法、存在问题及案件信息进行汇总，全面研判、协调推进、重点推动。

（三）严肃查处大案要案

2019年国家版权局在河南省挂牌督办案件4起，分别为：南阳“2·15”王某军等涉嫌侵犯著作权案、南阳“2·15”李某绪等人涉嫌侵犯著作权案、郑州“2·15”曾某军涉嫌侵犯著作权案、焦作《今日影视》APP涉嫌侵犯著作权案。河南省高度重视，成立由副省长、省公安厅厅长舒庆任组长的“2·15”专案领导小组，制定侦查方案，召开任务部署会，明确责任分工。在侦办过程中，充分发挥省、市、县三级联动机制的作用，集中研判、分工负责、协同作战，各级版权、公安等部门组织精干力量，辗转辽宁、广东、四川等十余省，并多次赴北京国家电影技术质量监测所对关键证据进行鉴定。公安部、国家版权局多位领导亲赴一线坐镇指挥，就案件侦破工作予以指导，帮助理清侦查思路，明确侦查方向，有力推动了案件查办，其中3起案件已移送检察机关依法进行起诉。

二、软件正版化工作

（一）加强组织领导

积极发挥省推进使用正版软件工作联席会议作用，凝聚成员单位合力，强化协调配合，逐步形成了齐抓共管的工作格局，尤其是机构改革后，河南及时调整成员单位，明确由省委常委、宣传部部长江凌担任总召集人，并召开2019年联席会议，会议要求各成员单位以“不忘初心、牢记使命”主题教育为契机，切实提高政治站位，用主题教育的成果推动软件正版化工作。会议还研究了全省软件正版化工作的新形势和面临的新问题，并制定了河南省2019年软件正版化工作计划，有力指导全省版权行政管理部门开展工作。

（二）强化督查指导

充分发挥督查的“指挥棒”作用，将自查和督查相结合，全面普查和重点督查相结合，督查和整改相结合，确保督查实效。2019年6月，下发《关于开展软件正版化自查督查工作的通知》，要求各部门、各单位自7月开始到9月底前，对照国家版权局明确的制度建设和责任落实、软件日常使用管理、计算机软件安装等三方面认真组织开展自查，做到立查立改。12月18—20日，河南省版权局邀请省推进使用正版软件工作联席会议成员单位组成联合督查组，在第三方机构的配合下，对省工业和信息化厅、省科学技术厅等单位的软件正版化工作进行了督查，并将督查发现的问题立即向单位负责同志进行了反馈，要求按期进行整改，随后对整改情况进行了“回头看”，确保督查发现的问题不折不扣地整改到位、落实到位。

（三）深化教育培训

一是积极参加国家版权局组织的培训。6月19—22日，组织省直机关共70余人参加国家版权局举办的2019年第一期软件正版化工作责任人培训班，提升了省级机关软件正版化工作的能力和水平。二是组织开展全省培训。10月15—18日，在郑州举办全省版权行政执法和软件正版化工作培训班，各省辖市、省直管县（市）版权管理部门和省管企业、部分民营企业的负责同志共计120人参加培训。培训班邀请北京市文化市场行政执法总队、华东政法大学国际法学院、北京印刷学院版权研究中心有关专家，围绕版权行政执法、著作权法律法规、软件正版化工作流程和标准等主题进行授课。三是指导全省各级版权部门开展培训。鼓励各省辖市根据工作需要、结合本地特点开展形式多样的培训，并在专家邀请、现场督查等方面给予支持。

三、版权普法和社会服务工作

（一）持续营造版权良好舆论氛围

通过采取集中宣传和日常宣传相结合、线上宣传和线下活动相配合的方式，推动版权宣传工作长流水、不断线。在4月26日世界知识产权日前后，集中开展“4·26”知识产权宣传周普法宣传活动，围绕“严格版权保护 推进创新发展”主题，采用报纸、电台、电视台和微信、微博、抖音、快手等新闻宣传方式，小品、相声、书法、绘画等文艺宣传方式，发放宣传页、张贴海报、悬挂横幅、制作展板等社会宣传方式，全方位、多角度、多渠道开展版权宣传。不定期地组织公益宣传、公益活动，开展版权保护进企业、进单位、进社区、进学校、进广场等活动，不断提高全社会特别是创新创业主体的版权保护意识，营造版权保护的浓厚社会氛围。

（二）深入开展版权作品登记和版权贸易合同审核登记

通过传统媒体、新媒体等平台，加大对版权作品登记的意义、流程的宣传，调动了群众主动登记版权作品的积极性，2019年共受理各类版权作品登记1 831件和电话咨询1 000余人次。从牢牢掌握意识形态工作的领导权、管理权、话语权的高度，按照“谁交易、谁登记、谁负责”的原则，夯实各出版社的主体责任，加强对版权贸易合同审核登记的管理，2019年审核登记出版单位从境外引进版权贸易合同229件，切实维护意识形态领域安全。

（三）积极发挥版权示范单位（园区）作用

严格对照《全国版权示范城市、示范单位和示范园区（基地）管理办法》，切实加强对河南省版权示范单位（园区）的管理和服务，调动其积极性、主动性和创造性，发挥其在作品的创作与传播、版权保护、版权贸易等方面的作用，以及在诚信守法、依法经营、带动版权产业发展方面的示范作用。培育了一批知识产权优势企业、知识产权密集型产业，实现了知识产权“量”“质”齐头并进，专利申请量以及国家专利金奖、专利优秀奖不断突破，推动版权保护工作更好地为经济建设服务，促进了经济、文化、科技和社会发展。

（焦艳娜）

湖 北 省

一、打击侵权盗版工作

根据国家版权局的统一部署，湖北省版权局联合省通信管理局、省公安厅和省网信办在全省组织开展了打击网络侵权盗版“剑网 2019”专项行动，将院线电影网络版权专项整治、融媒体版权保护、流媒体软硬件版权监管和规范图片市场版权秩序等作为工作重点，发动群众举报，开展网络巡查，集中收集线索，组织案情分析，采取果断措施，取得初步成效。行动期间，省版权局先后组织了两轮网上巡查，累计排查网站 14 万多家，筛查出涉嫌侵权网站 20 多家。通信管理部门累计下发整改通知 241 份，先后约谈 7 家域名接入商，暂停 8 家接入商接入，清理空壳主体 37 105 家、空壳网站 87 668 家，有力规范了网络版权市场秩序。

省网信办积极发挥国家“12377”举报平台及湖北省互联网违法和不良信息举报平台作用，受理研判处置网民关于网络侵权盗版的举报信息，累计受理处置侵权盗版举报线索 324 条。

“剑网”行动开展以来，各级版权执法部门先后办理了一批侵犯著作权大案要案，其中黄石查办的“2·15”系列专案两起重点案件被国家版权局、公安部和最高人民检察院联合挂牌督办；襄阳周某等侵犯《绝地求生》网络游戏著作权案被国家版权局、全国“扫黄打非”办公室、公安部和最高人民检察院等四部门联合督办；由省版权局发现线索并移送公安部门处理的湖北浠水 91 系列网涉嫌侵犯影视作品著作权案，被评为国家版权局“剑网 2019”专项行动十大案件。宜昌、孝感、随州、荆州等地查办的 4 起网络侵权盗版案件也得到了权利人的充分肯定。9 月初，国家版权局“剑网 2019”专项行动重大案件查办联合工作组对湖北的行动开展情况及取得的成绩予以了充分肯定。

省版权局积极稳妥地处理了涉台、涉外版权侵权问题，对崇文书局涉嫌侵犯台籍作家著作权投诉进行了立案查处，并督促做好赔偿等善后工作。对长江文艺出版社《红星照耀中国》一书的版权纠纷问题，专题向总局汇报，争取总局出面协调，避免事态扩大造成恶劣影响。

2019 年，全省各级版权行政执法部门累计立案查处侵权盗版案件 63 件，其中行政处罚 47 件，移送公安机关 13 件，涉案金额达 7 000 多万元，有效打击了日益猖獗的侵权盗版违法犯罪行为，净化了版权市场整体环境。

在国家版权局组织的 2018 年度查处侵权盗版重大案件有功单位和有功个人评选活动中，湖北省 14 个单位、9 人分别荣获有功单位和有功个人奖。

二、版权宣传教育活动

3 月 15 日，省版权局联合省市场监督管理局、省消费者委员会等部门举行“3·15”国际消费者权益日宣传咨询服务活动，现场受理侵权盗版投诉、举报，开展版权咨询服务并在消费维权新闻通报会上发布了版权领域消费维权典型案例。

4 月 25 日，联合省知识产权局、省体育局、武汉军运会执委会在洪山礼堂举办了 2019 年湖北省知识产权宣传周暨“4·26”世界知识产权日主题宣传活动，同时启动“剑网 2019”专项行动。杨云彦副省长致辞并与中国工程院院士张联盟、奥运会跳水冠军刘蕙瑕、著名作家范春歌、军运会志愿者形象大使官东等嘉宾一道为到场观众签名赠书。

武汉市版权局联合湖北高校法学辩论联盟主办了第九届“法理争鸣”湖北高校法学专业辩论赛暨 2019 年武汉市大学生版权专题辩论赛，各高校辩论队围绕“发展全媒体是更应鼓励作品传播还是更应重视版权保护”等辩题展开一场场激情燃烧的“论战”，吸引了武汉大学、华中科技大学等九所高校 3 000 多名学生的参与，使得版权保护更加深入人心。

荆门市版权局联合市场监督管理局、文化和旅游局等部门举办 2019 年知识产权集中宣传日活动，展示在体育产业知识产权保护方面采取的行动和取得的突出实效，倡导创新主体自觉依法维权，切实增强全社会知识产权意识。

十堰、恩施等地积极利用市、县两级电视平台投放宣传公益广告，各类媒体共播发相关新闻 210

余条，市、县两级电视台累计滚动播放公益宣传片 300 余次，网络视频点播超 5 万人次。恩施州还通过恩施电台《法制之窗》栏目宣传包括版权在内的知识产权相关知识，提升社会公众对知识产权的关注度。

省版权保护中心精心组织版权“三进”（进校园、进社区、进园区）系列宣传教育活动，先后赴中南民族大学、华中师范大学华侨城附属小学、武汉诺斯顿金童子幼儿园、华中数字出版基地等开展版权宣传教育活动。

宣传周活动期间，省、市、县三级联动，集中开展非法及侵权出版物销毁活动，全省共销毁各类非法及侵权出版物 280 多万件，形成宣传声势，取得显著成效。

三、版权社会服务工作

湖北省版权局把版权示范创建作为推动版权公共服务体系建设的重要抓手。5 月初，以省版权局名义下发《关于做好 2019 年版权示范城市、示范单位和示范园区（基地）创建工作的通知》，按照“全覆盖推广、大纵深推进”的总体要求，对示范创建活动进行具体安排部署。

8 月初，中宣部版权管理局副局长赵秀玲带队对国家级版权示范单位（园区）和版权交易中心组织核查验收，华中国家版权交易中心、武大科技园、博润通文化科技股份有限公司等单位均顺利通过考核组验收，并受到好评。在国家版权局 2019 年度版权示范创建活动中，武汉两点十分文化传播有限公司等 3 家单位分别荣获国家版权局“全国版权示范单位（园区）”称号，武汉斗鱼网络科技有限公司等 18 家单位、6 家园区分获“湖北省版权示范单位（园区）”称号。版权示范创建取得初步成效，服务对象参评积极性高涨，社会效应初步凸显。

湖北省版权局注重提升服务质量，拓展版权登记覆盖面，为版权权利人提供便捷高效的服务。2019 年全省作品登记近 4.5 万件，办理出版外国图书合同登记和著作权合同备案登记 390 件，涉及美、英、德、法、日、俄等近 18 个国家和地区，合同金额超 1 亿元人民币。2019 年 5 月 14 日，在苏州召开的全国版权社会服务工作会上，湖北省介绍了版权登记工作的先进经验。

四、软件正版化工作

湖北省抓住党政机关机构改革的契机，积极对接省委督查室，成功申请保留软件正版化督查项目，成为全国首个将软件正版化督查检查纳入省委年度重要工作督查检查考核的省份。

4 月，根据国家推进使用正版软件工作部际联席会议精神，结合机构改革实际，及时调整了省推进使用正版软件工作领导小组成员单位，省委常委、宣传部部长王艳玲亲自担任领导小组组长。4 月下旬，组织召开了转隶后的首次成员单位联席会议，专题研究部署 2019 年软件正版化工作任务。6 月，组织举办了湖北省版权行政监管暨软件正版化工作培训班，17 个市州、35 家省直单位和 80 余家国有大型企事业单位参加培训，传达贯彻中央宣传部和国家版权局有关版权工作的指示精神，学习传授版权和软件正版化相关法律法规知识、政策要求、专业技术和工作方法，重点讨论研究 2019 年软件正版化工作面临的新情况新问题，交流探讨机构改革后版权管理工作的使命任务和努力方向，组织参观省内优秀版权企业。2019 年全省各级版权及相关部门共举办软件正版化培训班 233 期，参训单位 2 843 家次，参训人员 20 477 人次。

根据《湖北省 2019 年软件正版化督查工作实施方案》要求，省、市（州、直管市、林区）推进使用正版软件工作领导小组分层分片对各地市政府机关、国有企事业单位软件正版化工作开展了专项督查，累计抽查 3 315 家次，检查计算机 12 274 台，其中省级政府机关督查 35 家次、市州县区政府机关督查 2 948 家次，全省企业督查 332 家次，在全省范围内营造政府机关、国有企事业单位带头使用正版软件、保护软件著作权的良好社会氛围。在全国“双打”办组织的年度目标责任制考核中，湖北省软件正版化工作连续 7 年取得满分成绩，国产软件应用试点取得圆满成功。

五、版权产业服务工作

湖北省版权局注重以华中国家版权交易中心为龙头的全省版权产业发展，完成了交易中心专题调研，向省委宣传部领导上报了调研报告，提出了建设发展建议。根据交易中心原股权人深圳南山集团的请求，稳妥推进华中国家版权交易中心股权调整和经营团队重组工作，湖北长江出版集团提出的增持股份计划已获部领导和董事会批准，新的经营团队已经重组完毕，业务内容也整合完毕，后期重点推进电影基金和视频点播院线项目。积极协调交易中心做好各级考察考核工作。

2019 年 4—6 月，华中国家版权交易中心先后完成了全国政协著作权法专题调研组、中国文联版权调研组、山西省版权局调研组和云南省版权局调研组的调研考察接待工作，受到全国政协副主席汪永清等领导的高度评价。中国文联、山西省版权局和云南省版权局还与版权交易中心达成多项版权交易合作意向。

9月，湖北省版权局继续组织省内优秀版权企业参加青岛国际版权交易会，并荣获最佳组织奖。华中国家版权交易中心、中文在线、学而思教育荣获最佳版权单位金奖，湖北版权“走出去”战略稳步推进中，成效显著。

湖北省版权局积极组织湖北日报传媒集团、湖北广播电视台（集团）、知音传媒集团、中文在线集团、小米科技、好未来教育等企业版权法务部门发起成立湖北版权产业发展联合会，加强版权行业自律监管，延伸版权管理链，提高版权维权效率，筹建工作正在稳步扎实推进中。

（张　威）

湖　南　省

一、软件正版化工作

研究制定了《湖南省2019年度推进使用正版软件工作计划》，部署推进湖南省软件正版化年度重点工作。聘请专业技术人员帮助43家单位安装正版软件检查工具，走访、辅导机构改革涉改单位、新增单位13家，顺利通过国家推进使用正版软件工作部际联席会议检查组的全覆盖检查。

突出问题导向，组织开展全面自查整改。企业软件正版化工作有序推进，省属监管的23家国有企业基本完成集中检查整改，省工商联15家委员民营企业启动使用正版软件工作。研究推进省级联席会议调整方案，印发《关于调整湖南省推进使用正版软件工作联席会议成员的通知》，增加了重要行业和领域的业务主管部门，成员单位数量由8家扩大到17家。

二、版权执法监管工作

开展《流浪地球》等热映院线电影著作权保护、打击制售假冒伪劣和侵犯知识产权、打击网络侵权盗版专项整治等执法活动，制定专项方案。突出主流媒体、影视作品、流媒体、图书版权市场等重点领域，查办长沙“3·29”侵犯图书著作权案、“蓝莓阅读”侵犯网络文学著作权案、岳阳“2·26”侵犯网络游戏著作权案等典型案件。开展版权纠纷行政调解，调处4家企事业单位涉嫌侵犯字库字体著作权纠纷。推动长沙中标图书侵权等重大案件研讨推进和法律适用研究工作。开展互联网巡查，2019年，巡查网站、微博、微信账号6 112家，监管网站175家，组织网站删除涉嫌侵权作品782件，检查私人影吧58家，提请关闭侵权网站、公众号212个，收缴侵权制品5 600余件。查处案件47起。

三、版权产业服务工作

落实“最多跑一次”的要求，联合印刷发行部门进一步理顺境外委托印刷复制业务著作权人授权书备案程序。启动对湖南省版权代理有限责任公司经营性国有投资的清理工作。组织5家全国版权示范单位、全国版权示范园区开展年度核查，向国家版权局推荐2家全国版权示范单位。启动马栏山视频文创园版权基层工作站建设，对第一届“马栏山杯”文化创意设计大赛初评过审的300余件参赛作品予以加急、免费登记，实施重大版权活动快保护、全保护。联合中国版权保护中心在长沙天心文化（广告）产业园举办中国版权共享课堂。2019年，共登记作品5 030件，完成引进外国图书合同版权备案355件，办结境外委托印刷著作权人授权书备案38件。

四、版权宣传培训工作

联合长沙市版权局共同举办首届马栏山版权保护论坛。协同湖南省工商联举办了工商系统诚信建设暨软件正版化工作培训研讨会。开展版权展会推介，组织15家湖南出版单位参加第26届北京国际图书博览会，达成版权输出协议及意向160份，版权引进协议及意向105份。开展重点版权工作培训，派人赴岳阳、郴州就版权工作实务、软件正版化等内容进行宣讲。协助国家版权局开办2019年国有企业软件正版化工作培训班，来自16个省、区、市的180余名学员参加了培训。

（张荣涛）

广　东　省

一、作品登记工作

健全作品登记审核工作机制，严把作品登记内容关。2019年完成49 337件一般作品（其中约15%为文字作品）登记工作，对一批禁止出版传播、登记内容涉及敏感信息的作品不予版权登记，作品登记质量进一步提升。

二、版权产业统计工作

根据新闻出版研究院统计，2018年广东省版权产业的行业增加值为8 472亿元（占全省GDP的8.71%），就业人数540万人，在广东省经济和社会发展中的重要地位进一步巩固。

三、版权相关规章制度建设工作

一是积极推动《广东省版权条例》地方立法工作。推动《广东省版权条例》列入省人大常委会2018—2022年立法工作计划，通过公开招标确定由广州大学（法学院）承担文本起草工作。二是版权执法长效机制进一步完善。协调省委编办印发了《关于明确版权行政执法有关事项的通知》，在全国率先明确了市、县版权执法职能；印发了《关于进一步强化版权行政执法监管工作的通知》，强化广东省版权行政执法实效。联合省电影局印发了《关于进一步加强电影作品版权保护的通知》，建立电影版权保护联动机制。

四、版权执法监管工作

一是贯彻落实中央领导同志批示精神，督促指导各地市以春节档电影版权保护为重点，打击侵犯电影版权违法犯罪行为。省版权局联合中山市查处了“小马映画”私人影院侵犯电影作品著作权案，联合深圳市查处了“雷锋电影院”微信公众号侵犯电影作品著作权案，联合江门市查处了劳某某盗录院线电影侵犯著作权案。三案均已进入司法程序追究有关人员刑事责任。

二是开展打击网络侵权盗版“剑网2019”专项行动。全省共查处网络侵权盗版案件62起，移送司法机关15起，调解结案3起。关闭网站61家，删除侵权盗版链接688条，收缴侵权盗版制品494万件，网络版权秩序进一步好转。

三是重点查办侵犯著作权案件，转办地市查办案件22起，各地版权执法部门共立案查处著作权侵权案件101起。其中包括广州、深圳、佛山、惠州、东莞5市联合查处鹿角巷美术作品侵犯著作权案，广州市查处侵犯金庸作品著作权系列案件，珠海市查处斗门区白蕉镇向荣玩具加工厂侵犯美术作品著作权案，茂名市查处张某某等人侵犯网络游戏著作权案，汕头市查处李某某侵犯他人玩具美术作品著作权案等一批侵权盗版案件。

四是按照省委全面依法治省委员会“法治广东建设”工作部署，组织考评工作并形成考评报告，发挥考评指挥棒作用，引导广东省版权保护工作向纵深发展。

2019年，广东省共荣获国家版权局“2018年度查处侵权盗版案件有功单位及个人”21项，位居全国前列。省委宣传部版权和印刷管理处荣获2018年度查处侵权盗版案件有功单位一等奖；广州市查处的龙某某等运营网络游戏私服案入选国家版权局、全国“扫黄打非”办公室联合发布的2018年度全国打击侵权盗版十大案件；中山市查处的“2·15”侵犯电影著作权案被评为“2·15”侵犯著作权十大典型案件；珠海市查处斗门区白蕉镇向荣玩具加工厂侵犯美术作品著作权案入选2019年度全国打击侵权盗版十大案件。

五、版权社会服务工作

一是加大版权宣传力度。全省联动举办“4·26”版权宣传周主题活动；广州市制作版权公益宣传片在广州地铁播放；佛山市在全省地市率先发布了《佛山市版权登记白皮书（2018）》；肇庆市举办“版权进校园”“版权进社区”等活动15场；汕头市、潮州市采用灯谜的形式将版权知识融入全民读书节、学生第二课堂；揭阳市在第十八届中国（揭阳）玉文化节举办“艺术品版权的保护及案例分析”专题讲座；阳江市开展“严格版权保护 推进创新发展”宣传咨询活动；梅州市举办“2019年梅州市版权宣传周暨周末创意集市”活动。

二是积极提供展会版权服务。在中国进出口商品交易会（广交会）、中国（深圳）国际文化产业博览交易会（深圳文博会）、中国国际影视动漫版权保护和贸易博览会（东莞漫博会）、南国书香节以及一些有代表性的地方性展会上设立版权工作服务站，为参展商提供版权服务工作。

三是创新版权服务形式。深圳市建立知识产权“一站式”协同保护平台，为社会提供全类别、全链条知识产权保护服务；佛山市在全省首创著作权纠纷一门式和解机制。

六、版权示范创建工作

一是评选认定5家“广东省版权兴业示范基地”和20件“广东省最具价值版权作品”，发挥版权主体示范效应。

二是指导组织版权示范城市、示范单位、示范园区（基地）创建、申报及核查工作。深圳市前海深港现代服务业合作区成功申报国家版权创新发展基地，佛山市成功获批创建“全国版权示范城市”；广州中望龙腾软件股份有限公司、雅昌文化（集团）有限公司被评为2019年度全国版权示范单位；中国平安保险（集团）股份有限公司、广东省交通集团有限公司被评为2019年度全国版权示范单位（软件正版化）；佛山创意产业园被评为2019年度全国版权示范园区（基地）。

三是指导广州市版权局成功举办2019年全国版权示范城市联盟年会、国家版权贸易基地（越秀）举办“2019年中国·广州国际版权授权大会”，加强版权业界交流协作。

四是基层版权示范工作不断深化。佛山市出台实施《佛山市版权示范单位、园区、基地和优秀版权作品认定资助办法》，首次开展市级版权示范单位（园区、基地）的认定资助；东莞市对3项版权扶持资助政策进行了修订；汕头市首次开展市级层面版权示范创建工作。

目前，广东省有全国版权示范城市2个（佛山市获国家版权局批准正在创建全国版权示范城市），全国版权示范单位7个，全国版权示范园区2个，国家版权贸易基地1个，版权产业规模居全国前列。

七、对外交流合作工作

根据粤港保护知识产权合作专责小组工作安排，组织省内18家单位共20人参加2019年度粤港版权产业企业交流活动，积极组织开展粤港中学生版权知识和版权保护交流活动，并与香港海关共同商讨打击网上侵权协作事宜。

八、软件正版化工作

（1）召开2019年广东省推进使用正版软件工作联席会议全体会议。

（2）开展推进使用正版软件工作重点单位现场验收工作，对全省293家重点单位5 538台计算机进行了随机抽查。广州、深圳、珠海、汕头、中山、惠州、汕尾等市软件正版化工作比较规范。其中汕头市是全省唯一超额完成推进任务的市。

（3）国家软件正版化工作检查成绩突出。积极配合推进使用正版软件工作部际联席会议软件正版化工作检查组对广东省省级政府机关和省国资委监管企业的软件正版化工作进行检查，检查结果显示企业操作系统软件和办公软件的正版率、使用国产办公软件的比率位居全国前列；在获得通报表彰的全国27家单位中，广东省有11家单位，位列2019年检查的9个省（区、市）第一，得到推进使用正版软件工作部际联席会议的高度肯定。

九、版权教育培训工作

（1）扎实开展教育培训工作。省版权局先后举办了全省版权和印刷管理暨行政执法培训班、软件正版化培训班等，参训人员近300人。河源、韶关、湛江等市举办市级软件正版化工作培训班，进一步提高软件正版化工作水平。

（2）充分发挥行业协会纽带作用。委托、指导省版权保护联合会举办广东省首届大学生版权知识演讲大赛，较好地激发了行业协会的工作热情，促进业务工作有力推进。

（易瑾媛）

广西壮族自治区

一、打击侵权盗版工作

广西版权局以“剑网2019”专项行动为抓手，组织全区版权部门以查处网络侵权盗版案件为重点，查办各类侵权盗版案件，提高版权管网治网能力，有力地维护了全区版权秩序和清朗网络空间。2019年6月，广西版权局联合自治区通信管理局、公安厅、网信办等部门印发《广西打击网络侵权盗版“剑网2019”专项行动方案》，并组织召开了全区“剑网2019”专项行动动员部署会，对全区14个市提出明确要求，做出周密部署。各市版权部门均制定了本市“剑网2019”行动实施方案，会同本市各相关部门合力推进“剑网2019”行动深入开展，形成上下联动、步调一致的格局。在专项行动中，全区版权部门深入各重点领域寻找案件线索，运用分类监管、约谈整改、行政处罚、刑事打击等多种措施，整治各类侵权盗版行为。

（一）深化媒体融合发展版权专题保护

全区着力强化主流报刊台网版权保护工作，严厉打击未经授权转载主流媒体新闻作品的侵权行为。南宁市、梧州市查办了微信公众号“横县大小事”“梧州同城信息网”“梧州的那些事儿”擅自转载他人新闻作品的案件。

（二）严厉打击通过网站传播盗版影视作品的行为

全区查办了一批利用网络侵犯影视作品版权的案件，如：柳州市的“狐狸妞影院”网站擅自通过互联网传播视听节目，被罚款人民币1万元；北海市合浦县陈某某未经录音录像制作者许可，通过信息网络向公众传播其制作的录音录像制品，被罚款人民币2 000元。

（三）开展网络文学领域版权执法检查

全区加大力度打击网站、微信公众号等领域的网络文学侵权行为。南宁市检查了“满天文学”等传播网络小说的微信公众号的版权授权情况，查办了“js代码个人技术分享”网站侵犯著作权案。贵港市查办了微信公众号“洋葱卷联盟”非法传播网络出版物案。

（四）开展短视频等重点领域版权治理工作

全区严厉打击短视频领域、网络直播领域未经授权复制、表演、网络传播他人作品的侵权行为，以及有声读物领域存在的通过复制、表演、改编、汇编等方式非法传播他人作品的侵权行为，有效地规范了这些重点领域的版权秩序。

2019年，全区共立案查处各类侵权盗版案件97起（当年办结58起），处罚金额17.5万元，关闭侵权网站13家，查封地下窝点1个，收缴各类侵权盗版制品48万余件。3起案件转为刑事案件，移送司法机关。其中，柳州市查办的伊考斯网涉嫌侵犯著作权案被国家版权局、全国“扫黄打非”办公室列为联合挂牌督办案件。2019年11月，国家版权局做出奖励2018年度查处侵权盗版重大案件的决定，广西共获得有功单位奖励和有功个人奖励4项。

二、软件正版化工作

（一）加强领导和部署

在机构改革的大背景下，广西制定了《自治区使用正版软件工作领导小组及厅际联席会议调整方案》，及时调整了工作领导机构，理顺了工作领导机制。广西版权局一季度组织召开了区直机关软件正版化工作会议，从落实责任、加强采购管理和软硬件资产管理、促进工作常态化、加强督促检查和宣传培训等四个方面，对区直机关2019年使用正版软件工作提出要求；印发了《2019年广西推进使用正版软件工作计划》，从完善工作机制等六个方面着手，对全区软件正版化工作做出部署。

（二）加强督促检查，改进和巩固区直机关软件正版化工作

2019年一季度，广西版权局抽查了28家区直机关；5月中下旬，配合国家版权局对43家区直政府机关进行了检查。检查结束后，广西版权局采取多项措施，推动各单位落实整改要求，改进和巩固工作。一是6月印发整改通知，向各单位通报检查结果，提出整改要求，强化其责任意识；二是9月召开区直机关软件正版化工作专题会，要求各单位进一步提高认识，认真贯彻落实《中国共产党宣传工作条例》，把推进软件正版化工作作为落实意识形态工作责任的重要内容；三是到问题较多的26家区直政府机关调研，针对各单位存在的问题，深入分析原因，为它们提供政策和技术支持，帮助各单位改进工作。通过扎实的整改，各单位软件正版化工作得到了加强，工作机制进一步完善，软件采购、日常维护、软件台账管理等工作环节进一步规范。存在问题较多的区直政府机关软件正版化率大大提高，工作局面有明显改观。

（三）主动上门指导，促进市县机关和国有企业软件正版化工作

鉴于基层机关和国有企业推进软件正版化工作经验不足、技术力量欠缺等现实困难，广西版权局增强主动服务意识，上门现场指导，9月联合自治区国资委到21家区直国有企业指导工作，11—12月到全区14个市224家市县机关进行了指导。在每家单位，指导组查看工作台账资料，查看软件安装使用情况，现场反馈发现的问题，并结合实际分析产生问题的原因，提出整改要求和工作建议，帮助各基层单位理清改进工作的思路，找准落实工作的措施。这种做法受到了各单位的欢迎，同时起到了督促检查的作用，有力地促进了基层单位软件正版化工作水平的提高。

（四）大力开展宣传培训

全区版权部门开展了多种形式的宣传工作，营造推进软件正版化工作的氛围。4月，广西版权局利用全国知识产权宣传周的契机，制作了软件正版化工作专题板报和3部版权宣传动漫短片，发放给各区直机关和各市版权部门张贴和播放，提高各单位使用正版、抵制盗版的意识；2019年先后对95家区直机关、全区14个市版权部门和21家区直国有企业进行了培训，全区各市版权部门也都组织本市各单位进行了培训。

三、版权服务社会工作

（一）主动实行作品著作权登记制度改革

2019年1月，广西版权局顺应版权工作形势的发展，主动实行作品著作权登记制度改革，免费为全区著作权人办理作品登记，受到广大群众欢迎。全年共办理作品登记3 003件，与2018年相比增幅超过260%。

（二）指导广西版权保护协会换届

广西版权局认真履行业务主管部门职责，经过周密筹备，指导广西版权保护协会于8月进行了换届改选，产生了新一届理事会，充实了协会的力量，进一步加强了协会的工作。

（三）开展版权宣传活动，提升全社会版权意识

广西版权局把开展全区版权宣传活动作为全年的一项重点工作，制定了版权宣传活动方案，要求各市围绕“严格版权保护，推进创新发展”的主题，以4月20—26日为重点时段，集中开展版权宣传活动。4月25日，广西版权局举办了广西版权工作新闻发布会，《广西日报》、广西广播电视台、新华社广西分社等24家区内外主流媒体参加，对广西版权工作进行了集中报道。全区各地版权部门积极行动，纷纷创新方式方法，采取张贴海报、播放短视频、举行文艺演出、进行有奖竞答等形式，充分利用报纸、广播、电视、网络、电子屏等媒介，进行了全

方位、立体化、多样态的宣传，让版权知识走进机关、学校、社区和企业，走进基层广大群众的意识。如南宁市在全市张贴海报 1 万余张，散发“绿书签” 1 万余枚。桂林广播电台在其微信公众号“温度桂林”中推送“版权知识知多少”。北海市在多个社区共发放宣传单 3 500 多份，还邀请律师现场开设版权法律咨询服务站；北海电视台从 4 月 24 日至 30 日在三个频道播放版权宣传片。钦州市举办版权知识宣传文艺晚会，与演艺公司、社区文艺队签订协议，在文艺表演中增加版权知识节目，开展版权知识有奖问答。

四、对外版权贸易工作

2019 年，广西版权局加强对全区各有关企业的指导和协调，从政策保障和激励等多个方面采取措施，推动全区企业积极开展对外版权贸易，取得了丰硕的成果。全区 2019 年共引进图书版权 263 种，输出图书版权 531 种（次）、软件版权 3 种（次），引进输出比为 0.49∶1，保持了 2018 年以来输出版权品种数量超过引进版权品种数量的势头，提升了中华文化的对外传播力和影响力。

（赵明明）

海　南　省

一、软件正版化工作

（一）取得的工作成效

（1）政府机关软件正版化工作有新成效。2019 年，海南省政府机关软件正版化工作趋稳向好，各项制度日趋完善，日常管理日益规范，正版软件使用率进一步提高，成果得到深入巩固。截至 2019 年底，海南省各级政府机关持有操作系统软件授权 8.62 万套、办公软件授权 9.12 万套、杀毒软件授权 6.09 万套，实现了正版软件全覆盖。

（2）国有企业软件正版化工作有新要求。7 月，与省国资委联合印发《省属重点国有企业软件正版化通知》，明确 2020 年完成正版化任务，并组织开展软件正版化视频培训。12 月中下旬，组织对海南省 19 家省属重点国有企业进行全覆盖督查，并建立问题台账，指导整改。2019 年，19 家省国资委监管企业及下属企业新购操作系统软件（不含预装操作系统）共计 336 套、办公软件 443 套、杀毒软件 310 套，采购经费 100.31 万元，软件升级及维护投入 59.69 万元。

（3）金融机构软件正版化工作有新进展。截至 2019 年底，琼海大众村镇银行、万宁国民村镇银行等 6 家银行业法人机构完成 2019 年软件正版化工作目标任务，完成比例 75%。2019 年辖区内银行法人机构新购操作系统软件（不含预装操作系统）共计 112 套、办公软件 3 套，采购经费 17.78 万元，软件升级及维护投入 12.4 万元；证券期货机构新购操作系统软件（不含预装操作系统）共计 190 套、办公软件 305 套、杀毒软件 380 套，采购经费 115.33 万元，软件升级及维护投入 15.06 万元。

（4）民营企业软件正版化工作有新突破。重点动员海马汽车集团股份有限公司、海南科力集团有限公司和半山半岛集团有限公司等 3 家民营企业使用正版软件。这 3 家企业使用正版软件比例达到 90%以上。

（二）采取的工作措施

（1）完善工作机制，增强工作合力。调整海南省使用正版软件工作厅际联席会议成员，增加省委常委、宣传部部长肖莺子为总召集人，增加省教育厅、省卫健委为联席会议成员单位。修订完善海南省使用正版软件工作厅际联席会议制度，进一步明确各成员单位的职责，从机制上保障成员单位既分工负责又彼此协作，充分发挥厅际联席会议机制优势。大部分市县也相应完成对软件正版化工作领导机构的调整。

（2）强化工作部署，明确目标任务。召开省使用正版软件工作厅际联席会议第四次全体会议，省委常委、宣传部部长肖莺子出席并讲话。会议审议通过 2019 年工作计划，明确 2020 年底前完成省级国有企业软件正版化工作，并将教育、医疗卫生行业单位纳入软件正版化工作范围。

（3）定期督查考核，推动责任落实。2019 年，厅际联席会议组织对 19 个市县的政府机关和 86 个省直机关进行全覆盖督查考核，检查电脑 1 500 多台次；督查国有企业 19 家次，检查电脑近 2 000 台。以督查考核为手段，促进正版软件管理进一步规范化、标准化，有效遏制安装使用盗版软件情况发生，推动使用正版软件工作主体责任有效落实。

（4）开展宣传培训，营造良好氛围。2019 年，组织举办软件正版化工作培训班 3 次，近 400 人参加培训。部分市县组织开展 1～2 期业务培训，培训效果较好。通过加强业务培训，增强工作人员责任意识和业务技能。

（5）加强采购把关，确保正版合规。组织实施《海南省政府机关办公软件采购管理规定》《海南省政府机关计算机硬件采购管理规定》，督促各级政府机关严格落实“新购计算机须预装正版操作系统软件”规定，推动各市县、各单位就新购办公计算机是否预装正版操作系统软件、采购单价是否超标等内容向版权部门备案。同时，主动与有关部门对接，通过培训、督查考核等形式对政府机关采购使用国产软件提出硬性要求。

二、版权宣传工作

组织完成2019年海南省知识产权宣传周版权宣传活动，参加宣传周启动仪式，现场接受群众咨询80余人次，散发宣传折页近50份。利用展板展示海南省近年来版权管理和执法成果，组织海南生态软件园巴别时代、海南元游等公司通过易拉宝宣传其产品。在天涯社区、南海网、动网先锋、海疆在线等网站投放著作权公益广告。

三、打击侵权盗版工作

（一）开展“秋风2019”专项行动，开展出版物市场专项整治

省“扫黄打非”领导小组办公室与文化、公安、工商、邮政、网信等部门联合行动，重点对印刷复制企业、书店、报刊亭、学校周边文具店等出版物经营销售场所和游商摊点进行不间断检查。2019年，检查书店、音像店、报刊亭（社）、印刷复制企业、文具店、流动摊贩、网站媒体等各类出版物经营单位2 806家次，取缔违法经营单位20个，共收缴侵权盗版出版物24 241件，删除不良信息100余万条。严厉查处非法印刷与侵权盗版，加大出版物发行单位年度核验力度。海南省598家出版物发行单位，暂缓年度核验74家。扎实开展印刷监管、内部资料管理检查。2019年初以来，多次联合有关成员单位组成督查组，对海口、三亚、儋州、文昌、琼海等重点市县出版物印刷企业进行全覆盖检查，对内部资料性出版物主动监管，均未发现违法内容。

（二）部署开展打击网络侵权盗版“剑网2019”专项行动

2019年5—10月，联合省通信管理局、省公安厅、省网信办，在全省范围内开展深化媒体融合发展版权专题保护、严格院线电影网络版权专项整治、加强流媒体软硬件版权重点监管、规范图片市场版权保护运营秩序、巩固网络重点领域版权治理成果等工作。2019年，组织网络巡查10多次，发现问题线索15条，涉及网站2个、淘宝账号3个、微信公众号10个。组织开展省内互联网企业侵权盗版自查自纠活动，参与企业10余家。立案查处盗录传播院线电影案件1起，正处于调查取证阶段；协调省通信管理局关停涉嫌侵权网站1个；责令某网站下架涉嫌侵权软件107款；排除侵权微信公众号8个。

（三）开展侵权盗版及非法出版物集中销毁活动

12月11日，海南省“扫黄打非”领导小组办公室举行海南省2019年侵权盗版及非法出版物集中销毁活动，此次活动共销毁侵权盗版及非法出版物7.2万多件。

四、版权社会服务工作

2019年，海南省共登记各类作品186件，审核备案涉外图书版权贸易合同160个，引进图书版权163种，输出图书版权4种。

（王金根）

重 庆 市

一、版权工作机制建设

不断完善版权执法监管、社会化服务、产业发展“三位一体”工作机制，工作触角和覆盖面不断延伸。深化版权、公安、文化执法协作机制，建立版权、法院联动诉调机制，建立版权、检察保护版权协作机制，健全互联网企业的约谈、警示、通报机制，加强庭审前、中、后各阶段联系协作，应用第三方大数据分析等技术提高打击精准度，深化普法教育、推进协同作战、强化案件办理。重庆市版权局探索建立集监管、执法、公诉、裁判等行政司法于一体的版权保护工作机制，入选国家知识产权局第一批知识产权强省建设试点经验与典型案例。

构建版权合作体系，CCDI“版权云”与重庆版权企业签署战略合作框架协议。在2019中国国际大数据产业博览会“大数据领航·打造媒体融合发展新业态”高端对话活动中，市委宣传部和贵州省委宣传部共同组织重庆华龙艾迪信息技术有限公司、重庆西信天元数据资讯有限公司、八戒知识产权网与中国文化（出版广电）大数据产业项目CCDI“版权云”签署战略合作协议，进一步提升渝黔两地大数据和移动互联网背景下作品登记、侵权监测、版权维护、版权交易等领域的工作水平，共同打造渝黔数字版权联盟和版权金融服务体系，切实发挥版权对经济社会高质量发展的助推作用。

二、版权执法监管工作

按照国家“剑网2019”专项行动部署，市版权局、市委网信办、市公安局、市通信管理局、市文化执法总队联合印发《关于开展打击网络侵权盗版“剑网2019”专项行动的通知》（渝版权〔2019〕1号），着力推进媒体融合发展、院线电影网络版权专

项保护，重点整治流媒体、图片领域网络侵权盗版行为，持续加强短视频、有声读物、知识分享、网络直播等平台版权治理，明确时间节点和主要任务，督促基层版权执法监管部门将地方论坛、门户网站及 APP 纳入监管。各区县（自治县）文化执法大队加大日常网络巡查力度，仅 2019 年“剑网”专项行动开展期间，累计出动执法人员 5.6 万余人次，受理各类举报投诉 301 件，检查文化经营场所 4.5 万余家次，办理案件 972 件，停业整顿 21 家次，取缔无证照文化经营场所 36 家，收缴非法出版物 3 万余册。加强与通信管理、网络视听节目管理、数字出版管理等部门的协作，加强内容入网源头管理。2019 年累计获取监测数据 53 万余条，处置有害网页 4.75 万余个，移送涉嫌违法违规网站线索 146 条，断开未备案网站接入 4 066 家，清查层层转租 4 045 家，核查 CDN 服务器 1.4 万余台，审查备案节目、栏目 40 个。

加大对各类侵权盗版行为的打击力度。办理融特公司侵犯信息网络传播权、“锐读书城”网侵权、269 小说网侵权、“8·6”互联网侵权等一批大案要案，处理各类版权纠纷 800 余起。市版权局版权管理处连续 4 年被国家版权局评为查处侵权盗版案件有功单位。2019 年以来，市公安局、渝中区公安分局、南岸区公安分局、万州区公安分局在办影视作品、网络游戏侵权盗版案件 3 起，涉案金额 40 余万元。强化新闻出版行业网络版权保护，赴重庆日报报业集团、重庆广电集团（总台）、华龙网集团开展媒体融合版权保护专题调研 3 场，举办媒体融合版权保护专题讲座 1 场，进一步规范重庆市新闻作品网络版权秩序。

三、软件正版化工作

自国务院提出推进使用正版软件工作任务以来，市委、市政府一直高度重视，常抓不懈，建立了由市版权局、市财政局、市经信委等部门组成的联席会议制度，统筹推进软件正版化工作，基本形成了党政机关、国有企业带头使用正版软件的工作格局，建立了以正版软件台账管理为核心的计算机及软件资产管理制度。市版权局每年牵头开展软件正版化工作检查，不断巩固工作成果，营造良好营商环境。2019 年，市版权局对全市 1 191 个党政机关、国有企业和事业单位进行了软件正版化工作专项检查，并对存在问题的单位提出了限期整改意见。积极推进软件正版化工作，加强业务培训和专项督查，共举办专题培训班 45 场，对 3 584 个单位的 4 188 名业务骨干进行了培训，进一步巩固重庆市软件正版化工作成果。

软件正版化工作坚持将正版化、信息化、国产化相结合，鼓励和倡导党政机关、企事业单位带头使用国产软件，并开展了系列试点工作。组织国产操作系统、办公软件、排版软件、数据库软件、芯片等组成“国产基础软硬件一体化团队”集中亮相智博会，充分展示国产基础软硬件最新技术成果及生态应用方面的良好兼容环境，推动一铭软件股份有限公司与渝北区政府签署战略协作协议，建立重庆市仙桃数据谷国产软硬件兼容适配中心。

四、版权社会服务工作

2019 年，重庆市作品登记量 15.77 万件，同比增长 82.65%，居全国第五位，得到了国家版权局的通报表扬。率先推行作品免费登记，激发登记热情。针对社会公众版权登记意识较弱、登记数量较少的情况，在全国率先设立“作品登记专项资金”，实行作品免费登记，已累计投入专项资金 600 余万元。这项举措推动了重庆市作品登记的爆发式增长，年登记数量从 2011 年的 800 余件上升至 2019 年的 15.77 万件，增幅连续 8 年保持在 50%以上，排名从全国下游上升为全国第五。全力推动网上作品登记，提升登记成效。开发建成“重庆市数字版权云端服务平台”，全面实现作品网上登记，累计为 52 万权利人和作品使用者提供集约式、便捷化、高效率的服务。同时在猪八戒网设立“威客创意网络版权保护中心”，建立“酷版权开放平台”，已累计发放“数字证书＋纸质证书”双证超过 43 000 件，为作品评估、交易、融资、维权提供了大数据支撑。探索推进“一点多面”服务体系，拓展登记领域。将版权保护和服务关口前移，变被动登记为主动服务，以文化产业龙头企业和文创名人为服务重点，建立起覆盖 100 余家单位和 500 余名创作者的“一点多面”服务体系，并在黄桷坪艺术园区、重庆广播电视集团（总台）、重庆出版集团、重庆艺术大市场少儿艺术中心先后设立了 10 家版权服务工作站，针对各方需求开展个性化版权保护综合服务。

五、版权宣传工作

2019 年重庆市“世界知识产权日”系列宣传活动成效显著。以“严格版权保护 推进创新发展”为主题，开展“4·26”知识产权宣传周活动，共发放《作品登记指南》《识假防假小知识》等宣传读本、资料、活页 5 000 余份，就市民关注的版权保护范围和业务、版权作品价值评估、自媒体与版权、盗版出版物现场鉴伪等内容接受现场咨询。

六、版权对外合作

2019 年，重庆市出版单位引进图书版权 222 项，输出图书版权 97 项，图书版权贸易逆差同比降低 53.6%。鼓励出版企业、游戏动漫企业积极开拓海外市场，组织重庆出版集团、重庆大学出版社等 20 余家企业参加法兰克福书展、伦敦书展等国际专业展会，重点推出“中国特色社会主义‘五大建设’丛书”（11 卷）、“当代中国著名学者论丛”（7 卷）等学术价值高、影响力广泛的出版物和《渝水流泽：重庆历史文化遗产存珍》等反映重庆历史人文风貌、传统文化的出版物。与加拿大皇家柯林斯出版集团、英国农格出版社、英国 Taylor & Francis 出版集团、荷兰博睿学术出版社、新西兰贝特曼出版公司、印度 BKM 柯林斯出版社、新加坡圣智出版集团等国际知名出版机构达成 20 余项国际版权合作协议。

（汤裕洁）

四　川　省

一、版权宣传培训工作

（1）开展“4·26”知识产权宣传周活动。按照国家版权局《关于做好 2019 年全国知识产权宣传周版权宣传活动的通知》部署安排，在全省各地组织开展形式多样的版权宣传活动，先后开展“天府数字文化资产交流——版权保护与发展”主题论坛、“关注版权保护和产业发展”研讨会等活动。4 月 26 日，省版权局联合成都市版权局组织 40 家网络和出版企业代表、56 个版权服务工作站在宽窄巷子开展主题版权宣传活动，发布四川省 2018 年度版权保护典型案例，集体倡议禁止网络侵权盗版行为，开展版权保护主题宣讲等。

（2）开展版权宣传配合活动。宣传周期间各地适时组织文化市场综合行政执法机构、市场监督管理等部门开展版权联合执法检查 14 次，出动执法人员 5 520 人次，检查文化经营场所 8 636 家次，检查出版物经营单位 513 家次，销毁侵权盗版及非法出版物 1 万余件。

（3）广泛宣传报道版权宣传活动。组织省内重点媒体积极宣传四川省版权宣传活动开展情况，《四川日报》、四川人民广播电台、四川电视台、四川新闻网、《四川手机报》、四川观察、封面新闻等媒体在 4 月 22—26 日分别刊发或发布四川省版权宣传活动重要信息，形成较大的版权宣传声势。

（4）组织全省 21 个市（州）版权局负责人、执法骨干参加软件正版化和版权执法培训，讲授网络侵权盗版案件查办技巧，分享典型案例，指导跨部门联合执法及联合处置方式方法。同时，对全省版权执法进行再动员再部署，要求全省版权执法监管部门，切实加强组织领导，强化主体责任，积极查办案件，营造良好版权环境。

二、版权执法监管工作

（一）开展“剑网 2019”专项行动

按照专项行动统一部署，省版权局联合省通信管理局、省公安厅、省互联网信息办公室印发《关于开展打击网络侵权盗版“剑网 2019”专项行动的通知》（川版权〔2019〕2 号），要求各级版权执法监管部门把网络作为版权管理工作的主阵地、主战场，夯实基层版权执法基础，发挥综合协调作用，抓好大案要案查办，精心组织好“剑网 2019”专项行动，展现四川省版权执法监管工作新气象新作为。

（二）狠抓案件督办

督办中宣部版权管理局、全国“扫黄打非”工作小组办公室、公安部治安管理局、最高人民检察院第四检察厅联合挂牌督办案件“四川成都‘9·25’沙某某涉嫌侵犯著作权案”“电影《攀登者》被盗录案”“绵阳市徐某等侵犯计算机软件著作权案”，组织相关单位召开督办协调会议，成立案件督办工作领导小组，落实部门责任分工，指定专人督办跟踪案件。

三、软件正版化工作

一是按照省委、省政府关于清理议事协调机构相关要求，将四川省原省推进使用正版软件工作领导小组调整为省推进使用正版软件工作联席会议。征求省推进使用正版软件工作联席会议成员单位意见，拟制印发《2019 年四川省推进使用正版软件工作计划》，明确各成员单位的职责和分工，要求各成员单位认真贯彻落实国家软件正版化工作部署，巩固党政机关、省属国有企业软件正版化成果，推进市级国有企业软件正版化，开展工业软件正版化工作。

二是迎接全国推进使用正版软件工作部际联席会议检查组检查并反馈情况。省版权局按照领导批示要求，认真分析存在的问题，研究具体整改措施，向 4 个存在问题的单位分别印发了整改通知，要求各单位按照国家督查组明确要求，组织开展问题整改，对本次督查未接受现场检查的计算机开展全面排查，发现问题一并整改。同时，省版权局对问题整改实施动态跟踪，为各单位问题整改提供政策法规咨询服务与软件使用管理技术指导。

三是全省软件使用管理规范工作成效明显，操作系统软件和办公软件正版率等各项指标在全国处于领先水平。开展软件正版化培训，800 余人参训。

四、版权社会服务体系建设

（一）抓实版权社会服务工作

推动版权作品登记工作提质保量，完成作品版权登记，加强版权“走出去”工作，重点鼓励版权产品向“一带一路”国家和欧美发达国家输出，完成版权贸易合同登记 1 094 件，较 2018 年增长 6.42%，其中：版权引进 625 件，较 2018 年下降近 20%；版权输出 469 件，较 2018 年增长 84.65%。版权输出量大幅度增长，版权引进量逐步下降，并逐渐趋于平衡。建立打击图书侵权盗版联动工作机制，发布 4 次共 196 种川版图书版权保护书目。

（二）促使版权产业快速发展

启动实施版权相关产业的经济贡献调研工作，加强版权相关产业的经济贡献的量化研究，切实摸清全省版权产业底数，为推动版权相关产业发展提供科学依据。绵阳市成功创建全国版权示范城市，四川汇德轩文化艺术有限公司创建全国版权示范单位，南充市非物质文化遗产保护中心创建省级版权示范单位，引导 14 家国家、省级版权示范城市、单位、园区（基地）发挥引领示范作用。加强版权“走出去”工作，重点鼓励版权产品向“一带一路”国家和欧美发达国家输出，配合国家版权局在四川省成功举办 2019 中韩版权交流活动和“一带一路”版权国际论坛，促进四川省版权对外交流合作。

（李晓曦）

贵 州 省

一、采用“无钥签名区块链”技术开展版权登记

在省委宣传部的指导推动下，贵州省版权登记中心引入“无钥签名区块链”技术开发完成“双证”模式，“区块链+版权登记”应用场景成功落地。该技术能够为数字作品提供高效、简单、易操作、成本较低的版权登记服务，作为优秀案例被工业和信息化部信息中心载入《2018 年中国区块链产业白皮书》。截至 2019 年 11 月中旬，平台累计注册用户已超过 5 000 人，签约版权登记代办机构、素材交易网站、版权综合服务商、内容运营商等 B 端客户 15 家，累计完成版权存证 33 076 件、作品登记收件 34 635 件，收件申请量约为 2018 年的 29 倍。同时，贵州省版权登记中心实现了与中宣部版权管理局监管平台数据接口的对接，准确高效按要求报送贵州省作品登记数据，系全国开通数据接口的七个省份之一。

二、组织媒体融合的版权保护与运营专题研修班

为推进贵州省媒体融合和版权产业创新发展，引导贵州省宣传文化系统各级版权行政管理部门、媒体机构和内容生产单位版权管理从业人员进一步把握新机遇、认清新形势、应对新挑战，11 月 27 日—12 月 2 日，省委宣传部与北京大学合作举办了“媒体融合发展的版权保护与运用”专题研修班。中宣部版权管理局对贵州省的做法给予充分肯定，专门派出分管负责同志出席培训班并授课。这是全国首个在省级层面以该主题举办的培训班，对探讨版权工作如何进一步服务党委政府中心工作、如何促进媒体融合发展进行了有益的尝试。

三、开展版权管理服务工作

（一）努力推进软件正版化工作

一是及时调整省推进使用正版软件工作领导小组。由省委常委、宣传部部长担任领导小组组长，省政府联系版权工作的副省长担任副组长，加强了党对软件正版化工作的领导，形成党政齐抓共管的局面。

二是配合完成国家检查组对贵州省的软件正版化检查工作。2019 年 8 月，省领导小组办公室按照国家部际联席会议办公室的相关要求，对省教育厅等 10 家政府机关和省级国有企业安排了预检，并要求各家单位按要求做好迎接国家检查的准备。9 月，国家检查组对贵州省 10 家单位的 1 731 台计算机进行了检查，反馈结果是贵州省 2019 年软件正版化率为 89%，较 2018 年提升 40 个百分点，但与全国相比仍有较大差距。

三是召开全省软件正版化工作推进暨培训会议。12 月 11 日，会议举行，领导小组组长、副组长出席会议并讲话。会议全面安排部署全省软件正版化工作，特别是针对国家检查组反馈的问题提出了整改要求。中宣部版权管理局有关负责同志出席会议并对各级各部门具体负责同志开展了软件正版化培训。

四是制定印发系列规范文件。先后制定印发了《贵州省 2019 年推进使用正版软件工作计划》《关于进一步强化国家检查组反馈我省软件正版化工作存在问题整改的通知》《关于进一步加强和改进软件正版化工作的实施方案》等，促进贵州省软件正版化工作机制化常态化。

（二）加大版权执法力度，提升案件查处数量

按照中宣部要求，认真部署贵州省第十五次打击网络侵权盗版“剑网”行动，联合有关部门建立贵州省“剑网”行动工作领导小组，切实加大版权执法力度。2019年全省共查处办理侵权盗版案件10件，其中，办理中宣部转办的电影盗录案件1件，案件数量较往年有所增长。贵州省版权局版权管理处获中宣部版权管理局评选的2018年度查处侵权盗版案件有功集体三等奖。

（三）认真组织版权宣传，提升版权意识

一是开展“4·26”世界知识产权日宣传活动。于贵州大学举办版权保护知识讲座，组织邀请专家、法官等进行“以案释法”现场讲解，开展作品登记知识宣传和现场服务，取得了很好的反响。

二是参与制定了《贵州省知识产权保护状况白皮书》。参加“省知识产权保护状况白皮书”新闻发布会，就版权保护回答记者提问，努力在全社会营造尊重创新、保护知识产权的良好氛围。

（徐　梅）

云　南　省

一、版权执法监管工作

云南省版权局在执法监管工作中坚持日常监管和专项行动相结合，重点突出大案要案查处和重点行业专项治理，将网络作为履行版权监管职责的重要阵地，不断净化网络版权环境，加大侵权行为惩治力度，营造和维护了合法有序的版权环境。联合省网信办、省通信管理局、省公安厅、省文化和旅游厅等部门在全省范围内开展打击网络侵权盗版“剑网2019”专项行动，重点突出对深化媒体融合发展版权专题保护、严格院线电影网络版权专项整治、加强流媒体软硬件版权重点监管、规范图片市场版权保护运营秩序、巩固网络重点领域版权治理成果等五个方面的专项检查。截至10月底，云南全省各级文化市场综合行政执法机构在专项行动中共出动检查人员11.37万人次，检查经营单位5 075家次，责令改正79家；受理举报23件，立案调查79件，清理有害信息1 368条，吊销许可证1家，取缔摊点26家次，罚款28.05万元，没收违法所得5 800元，共收缴非法出版物87 617件（册、盘），其中报纸期刊1 048件、其他类66 386件；收缴侵权盗版出版物16 864件，其中盗版教材教辅1 898件、其他类14 966件；没收非法音像制品3 319张（盘），检查网站1 317个，关闭网站9家，约谈网站相关负责人205人次，对300多个自媒体账号发布的200余万篇信息进行巡查。通过强化分类管理，加强重点领域监测监管，及时发现和查处侵权盗版行为，共查办重点版权案件8件，结案8件，4件做出行政处罚，有效打击和震慑了各类侵权盗版行为。

二、软件正版化工作

一是根据党政机关改革职能转化的实际，省推进使用正版软件工作联席会议制度调整为由省委常委、宣传部部长担任联席会议召集人，宣传部副部长、版权局局长担任联席会议办公室主任，保留省版权局、省工业和信息化厅、省财政厅、省商务厅、省审计厅、省国资委、省市场监督管理局（知识产权局）、省工商联、云南银保监局、云南证监局、省机关事务管理局等11家成员单位，新增省国家保密局、省司法厅、省教育厅、省卫生健康委员会、省地方金融监督管理局等5家成员单位，并于10月15日召开了2019年云南省推进使用正版软件工作联席会议全体会议。

二是完成新一轮全省党政机关国产办公软件集中采购工作。为确保云南省各级党政机关上一轮集中采购的金山WPS Office办公软件在2019年12月到期后继续合法使用，有效防止全省党政机关软件正版化工作反弹，经云南省人民政府同意省版权局为授权人后，会商省财政厅、省审计厅和省机关事务管理局启动了新一轮集中采购国产办公软件升级续费工作，于12月完成合同签订。连续9年以集中采购方式购买国产办公软件，从采购源头有效防止全省党政机关软件正版化工作反弹。

三是开展省属国有企业国产办公软件集中采购。为快速推进省属国有企业软件正版化工作，同时降低企业采购软件成本，省国资委组织企业代表与金山办公软件谈判确定价格后，各省属国有企业结合自身实际在不高于本次谈判价格的基础上开展集中采购工作，年内所有省属国有企业基本完成合同签订。

四是在2018年启动省直教育系统事业单位软件正版化工作的基础上，于2019年又启动了省属医疗卫生行业单位软件正版化推进工作。

三、版权社会服务工作

云南省版权局以新视野在版权服务领域实施新举措，初见成效。

一是整合资源搭建版权登记系统平台，为提升

全省著作权作品登记数量和质量，给著作权人提供便捷的登记渠道。2019 年，省版权局建设完成云南省版权登记系统开发。12 月 19 日，云南省版权局举办“云南版权网”开通仪式，云南版权登记正式上线运行，省委宣传部、网信办、高校工委，省文化和旅游厅，省广播电视局，省知识产权局，省文联，云南文投集团、出版集团、报业集团、广电传媒集团、广电网络集团等相关部门领导出席开通仪式。

二是建立专兼职作品登记队伍，委托云南省新闻出版产业技术中心配备 4 名著作权登记工作人员负责全省作品登记办理工作；同时依托省内较好的版权产业园区或企业设立 4 个版权登记服务站，增加了面向社会的作品登记窗口。

三是改进作品登记工作方式，改变坐等权利人上门的服务方式，开展版权服务进校区、进展会等主动服务工作，借助微信公众号等网络手段，为作者提供“零距离”登记服务。2019 年，云南省共计办理作品登记 1 160 件，登记量同比增长 260.25%，创年登记量突破 1 000 件的历史新高。

四是严格按照国家版权局关于版权贸易合同登记的相关要求，做好全省版权引进合同登记工作。截至 11 月 30 日，对云南省 201 种图书版权引进合同进行审核，对 65 份版权引进合同中版权授权不清晰及合同条款明显有失公允的地方给予建议，并督促出版社补全资料文书，取得外方合法授权，避免了合同履行中的法律纠纷，有效净化了全省版权引进合同登记的大环境。

四、版权宣传培训工作

宣传工作以“4·26”世界知识产权日版权宣传周为重要平台，整合网络媒体资源，配合全省版权重点工作有计划开展。

一是主动融入大局，进行权威发布。4 月 20 日，省委宣传部副部长、省版权局局长蔡祥荣参加“2019 年云南省知识产权宣传周活动启动仪式暨新闻发布会”，向在场的 40 多家媒体记者发布了近年来云南省版权工作所取得的成效，特别是党的十八大以来全省在版权执法监管、推进软件正版化、版权社会服务和版权宣传培训等方面的工作成果。

二是突出重点群体，开展原创作品征集。3—4 月，省版权局开展了 2019 年大学生原创作品网上征集比赛活动。省内外 35 所高校的学生踊跃参加，共收到文字、漫画、摄影参赛作品 1 329 件，评选出获奖作品 126 件。

三是抓住重要节点，进行集中宣传。按照国家版权局确定的重点时段，云南省于 4 月 20—26 日在全省范围内组织开展了主题为“严格版权保护 推进创新发展”的“4·26”知识产权宣传周版权宣传系列活动，取得良好社会效益。宣传周云南主会场活动在云南师范大学举行，4 月 25—26 日，举行版权宣传主会场集中宣传活动。活动分为两部分：一是在云南师范大学师生流动密集的贝壳广场搭建保护版权宣传展区开展活动；二是于 4 月 26 日在云南师范大学演播厅举行了版权宣传大学生原创作品征集活动颁奖仪式暨文艺演出。省委宣传部、省版权局、省委高校工委、云南师范大学、云南艺术学院、云南省文化市场综合行政执法总队等部门单位的领导参加了活动，参与宣传活动的师生和观众达近万人次。

四是利用全媒体平台，展开全方位宣传。发挥组织协调优势，进行全方位全媒体的版权宣传，截至 11 月 30 日，共发布版权宣传稿件 210 余篇。并将年初专业团队精心策划制作的保护版权主题公益宣传片在全省 300 多家城市数字影院播放。7—12 月，利用“云南版权”微信公众号在全网开展版权知识问答 12 期。

培训工作突出针对性、实用性和可操作性。6 月 23—25 日，联合省教育厅、省卫健委举办云南省省属事业单位推进使用正版软件工作培训班；8 月 12—14 日，举办云南省州市级政府机关软件正版化暨版权执法监管工作培训班；8 月 15 日，联合省国资委举办云南省省属国有企业软件正版化工作培训班；12 月 18—20 日，举办云南省版权登记工作培训班，课程突出政策辅导及应用。四期培训班参与人数达 500 多人，有效提升了全省版权工作从业人员的业务能力。

五、历年版权工作档案收集整理工作

按照云南省新闻出版（版权）志编纂协调组任务分工，省版权局组织人员保质保量地完成了省版权局成立以来长编资料收集整理任务，共计查阅资料 30 余万字，整理 Word 文档 11 万余字、Excel 文档 4 万余字，总计提供电子版资料 15 万余字。同时，将处室档案资料按照分类别、分年度、分保管期、装盒、编目、入库上架进行了整理，实现了科学化、标准化、规范化和安全有效地管理资料档案。共计整理 1995—2018 年档案资料 17 606 份、文件 11 452 份、作品登记 3 639 份、合同登记 2 515 份，并分类上架。

（王　成）

西藏自治区

一、软件正版化工作

根据国家部际联席会议精神，西藏自治区版权局通过制定工作计划、完善各项制度、召开联席会议、组织宣传培训、开展督查考核、探索场地授权等工作，深入推进全区党政机关和企事业单位软件正版化工作，不断巩固和扩大西藏自治区软件正版化工作成果。

（一）工作目标任务全面部署

结合西藏自治区工作实际，制定印发了《2019年西藏自治区推进使用正版软件工作计划》，以完善长效机制、推进责任落实、严抓日常工作、加强市场监管、做好宣传培训为主要工作任务，深入持续地推进全区软件正版化工作。

（二）参加国家部际联席会议

根据《国家版权局关于召开推进使用正版软件工作部际联席会议第八次全体会议的通知》要求，参加了推进使用正版软件工作部际联席会议第八次全体会议。中宣部版权管理局局长于慈珂汇报2018年全国推进使用正版软件工作情况和2019年工作计划。会议审议通过了《2019年推进使用正版软件工作计划》。

（三）联席会议成员及时调整

为全面深入推进全区软件正版化工作，进一步巩固和扩大软件正版化工作成果，根据自治区推进使用正版软件工作厅际联席会议制度要求，结合机构改革的实际，经请示西藏自治区委宣传部领导同志，于2019年6月17日调整充实自治区推进使用正版软件工作厅际联席会议，印发了《中共西藏自治区委员会宣传部关于调整充实自治区推进使用正版软件工作厅际联席会议的通知》（藏党宣［2019］69号），明确总召集人由自治区党委常委、宣传部部长边巴扎西担任。

（四）信息数据统计更加完善

机构改革后，以充实和健全政府机关软件正版化数据库建设为抓手，明确各地市、县（区）职责分工，落实责任主体。对各级各部门责任人数据库建立和完善情况进行了指导督促，并进行了全面系统的核查统计汇总后，及时按要求上报国家版权监管平台。全区各市地软件正版化工作联席会议制度已经全部完成调整。

（五）宣传培训工作深入开展

积极利用“3·15”、“4·23”和世界知识产权宣传周等时间节点开展形式多样的软件正版化宣传活动，扩大宣传覆盖面。积极宣传软件正版化政策要求，发布软件正版化工作成果，推广软件正版化工作成功经验和有效做法，积极营造“抵制盗版，使用正版”的良好社会氛围。面向全区各市地、各单位发放《西藏自治区软件正版化工作文件选编》1.2万册。开展2019年软件正版化培训班两期，发放宣传资料300余份，培训人员近200人。

（六）推进企业软件正版化工作

根据《西藏自治区推进企事业单位使用正版软件工作规划（2018—2021年）的通知》要求，积极协调西藏自治区国资委、自治区工商联、西藏银保监局和西藏证监局，印发了《关于做好推进自治区国有企业办公软件正版化工作的实施方案》《关于做好推进我区部分民营企业使用正版软件工作的通知》等文件，全面深入推进西藏自治区企业软件正版化工作。

（七）调整完善联席会议制度

根据国家推进使用正版软件工作部际联席会议第八次全体会议精神，为加强对推进使用正版软件工作的组织领导和统筹协调，深入推进全区党政机关和企事业单位使用正版软件工作，结合西藏自治区工作实际，进一步健全完善了自治区推进使用正版软件厅际联席会议制度，明确职责分工。

二、版权执法监管工作

（一）加强版权执法监管

根据国家版权局等四部委下发的《关于开展打击网络侵权盗版“剑网2019”专项行动的通知》精神，结合公安厅、网信办等成员单位建议，印发了《西藏自治区版权局关于开展打击网络侵权盗版“剑网2019”专项行动的通知》，并及时调整充实了成员单位，召开了协调会，安排部署西藏自治区“剑网2019”专项行动工作。

（二）开展日常监管整治

针对网络环境下侵权盗版日益突出的现象，对西藏自治区牦牦TV、西藏之声网等4家较有影响力的网站进行了主动监管，有效规范了网络作品传播秩序。探索对新型网络侵权盗版行为的有效治理模式。对使用微信公众号出售不丹藏语歌曲U盘进行了了解和排查。为加强文化市场技术监管与平台应用，根据群众举报情况，协同区文化厅、拉萨市文化综合执法大队等对中国音集协西藏联络处开展规范卡拉OK版权许可工作进行了了解和掌握。切实加强了版权监管和服务制度化、规范化、常态化建设。

（三）加强知识产权保护

按照国家版权局和自治区“双打”领导小组的统一部署和要求，以“双打”、“剑网”专项行动为主要抓手，严厉打击侵权盗版行为，整治软件市场秩序。根据西藏自治区打击侵犯知识产权和制售假冒伪劣商品工作领导小组办公室有关要求，结合西藏自治区版权工作职责，对《2019 年打击侵犯知识产权和制售假冒伪劣商品工作要点》进行了补充和完善。

（四）联合做好市场检查

进一步规范本区计算机软件市场，开展预装正版操作系统的市场检查。将打击软件侵权盗版行为纳入 2019 年打击侵犯知识产权和制售假冒伪劣产品专项行动和“剑网 2019”专项行动。自治区厅际联席会议各成员单位联合开展软件市场执法专项检查，严厉打击制售盗版软件行为，从源头上把控没有预装正版操作系统的计算机流入市场。

（五）全面加强版权保护工作

根据部领导的批示要求，受理西藏百慈藏文古籍研究中心《关于对西藏百慈藏文古籍研究中心达娃窃取集体劳动成果擅自出版〈菩东文集〉报告》，根据《中华人民共和国著作权法》《出版管理条例》等法律法规，通过分析相关材料、走访有关人员、协调相关单位，最终形成了《西藏自治区版权局关于对〈西藏百慈藏文古籍研究中心达娃窃取集体劳动成果擅自出版《菩东文集》报告〉的复函》，协助三方及时沟通协商解决。

三、版权社会服务工作

以版权宣传周，著作权作品自愿登记工作，举报、查处侵权盗版案件先进单位和个人评选工作为抓手，积极有序地开展版权社会服务工作。

（一）积极开展版权宣传工作

根据《2019 年知识产权宣传周版权宣传活动启动仪式方案》要求，形成了《西藏自治区版权局关于开展 2019 年知识产权宣传周版权宣传活动的报告》，积极开展 2019 年“绿书签行动 2019”和版权保护宣传周的赠送优秀出版物、宣传横幅现场签名等相关活动。同时，集中开展版权宣传活动，在学校、电影院、社区等公共场所发放版权保护公益海报，营造浓厚的版权保护氛围。

（二）开展先进单位和个人评选

根据《国家版权局关于开展 2018 年度举报、查处侵权盗版案件奖励工作的通知》精神，对自治区公安厅、那曲市中级人民法院等单位推荐的先进个人按照《举报、查处侵权盗版行为奖励暂行办法》进行了认真评选，同时积极向中宣部版权局申报。

四、作品登记工作

启动西藏自治区著作权作品自愿登记工作，印制并发放《作品登记基本知识宣传手册》1 000 册，在《西藏日报》上发布了《关于开展著作权作品自愿登记的公告》，受理了《美丽西藏》《文明西藏》《阿古顿巴》三件电影和以类似摄制电影方法创作的作品，发放了西藏自治区首批作品登记证书，标志着西藏自治区著作权作品自愿登记工作全面启动，也标志着全国 31 个省（自治区、直辖市）（不含港、澳、台）作品登记工作实现全覆盖。同时，西藏自治区登记的动漫作品《阿古顿巴》于 2019 年 8 月 7 日在中央电视台少儿频道黄金档播出，该作品极具西藏特色，充分展现了藏族人民勤劳勇敢、坚韧达观、崇尚美德的优秀传统美德，也标志着西藏自治区著作权作品自愿登记工作迈上了一个新的台阶。西藏自治区实行受理、审查、审定的“三审制”原则，全年共受理作品 29 件，审核通过 26 件，发放作品登记证书 26 份。

（周详祎）

陕　西　省

一、版权行政执法监管工作

（一）深入开展“剑网 2019”专项行动

根据国家版权局《关于开展打击网络侵权盗版“剑网 2019”专项行动的通知》要求，召开陕西省专项行动成员单位协调会议，联合省通信管理局、省网信办、省公安厅制定印发了《陕西省打击网络侵权盗版“剑网 2019”专项行动工作方案》，以深化媒体融合发展版权专题保护、严格院线电影网络版权专项整治、加强流媒体软硬件版权重点监管、规范图片市场版权保护运营秩序、巩固网络重点领域版权治理成果为重点，加强版权行政执法监管。与省市场监管局、省检察院等成员单位联合开展打击侵权假冒督查工作，发布 2019 年陕西省重点作品版权保护预警名单，对重点影片予以保护。

（二）依法组织指导版权案件查办

一是积极发挥“两法”衔接协调机制，加大刑事案件的打击力度。查处赵某杰、宋某林侵犯《新倚天（METIN）》网络游戏著作权案，王某、常某斌、安某建、赵某影侵犯高校教材著作权案，王某杰开办网站侵犯影视作品著作权案，西安玄苍科技有限公司运营微信公众号侵犯影视作品著作权案。

二是开展针对私人影吧放映侵权影片的专项检

查。西安市查处了西安美伦影视文化传播有限公司、西安润丰实业有限公司、朵拉私人影院侵犯电影作品著作权案，咸阳市查处了时光影院、陈涛影院侵犯电影作品著作权案等，有效净化了版权市场环境。

三是积极发挥版权行政部门调解作用，调解西安荣信教育与英国尤斯伯恩公司长达一年的著作权纠纷，以及著名作家贾平凹先生和江苏凤凰文艺出版社有限公司的著作权侵权纠纷。陕西省版权局版权管理处、省人民检察院第四检察部荣获2018年度全国查处侵权盗版案件有功单位三等奖；孙涛等五人分别荣获2018年度全国查处侵权盗版案件有功个人二等奖、三等奖。

（三）加强基层版权行政执法培训

11月，举办全省版权行政执法培训班，邀请国家版权局相关同志以及兄弟省市执法办案一线的同志讲授网络版权案件办理实务，开展办案经验交流，提升了基层版权行政执法人员的业务能力水平，共有150人参加了培训。加强对市县基层行政执法机构查办版权案件的业务指导，分别指导了西安市文化市场执法总队、汉中市文化市场执法支队、西安市灞桥区文化执法大队等单位的案件查办工作。

二、软件正版化工作

（一）加强组织领导，完善工作机制

报请陕西省委批准建立了由14家成员单位组成的陕西省推进使用正版软件工作联席会议制度，省委常委、宣传部部长牛一兵担任联席会议总召集人。并于2019年7月召开了联席会议第一次全体（扩大）会议，牛一兵部长出席会议并讲话，明确了联席会议制度的主要职能及各成员单位的工作职责，安排部署了下一步重点任务，对全省软件正版化工作提出了具体要求。

（二）加强督导检查，提升工作效能

10—11月，联席会议办公室组织了4个督查组，对3个市（区）25家市级机关单位、10家省级机关、10家省属事业单位、5家省属国有企业、2家民营企业进行了督查。共督查单位52家，检查计算机764台。召开了督查通报会，通报了督查情况，下发了反馈整改通知书。牛一兵部长对此次督查情况专门做了批示，要求各地各部门切实提高政治站位，强化思想认识，完善制度，建立机制，拉出时间表，做实任务书，按期高标准完成整改。

（三）突出重点工作，巩固扩大成果

5—7月，印发了《关于进一步做好党政机关软件正版化工作“回头看”自查整改的通知》，在全省党政机关开展软件正版化工作“回头看”专项整改，通过查制度、查源头、查盗版、查安全，系统梳理了相关内容，全面摸清了底数，夯实了责任基础。各单位针对问题制定切实可行的整改方案，进一步巩固了党政机关软件正版化工作成果。

（四）加强软件采购监管，优化软件采购服务

深入推进各地、各部门落实采购计算机时必须采购预装正版操作系统软件的计算机，严格审核办公软件和杀毒软件购置计划，从源头上防止盗版软件流入各级政府机关。鼓励采用场地授权等方式提升采购效率，降低采购成本。2019年，共有50余家单位采取了场地授权模式采购办公软件。同时，与省财政厅合作，通过政府采购电商平台新模式提高软件采购效率，降低采购成本，丰富供货软件产品种类，扩大软件联合采购范围，帮助省属国有企业共节约信息化建设成本400余万元。

（五）做好宣传培训，营造良好氛围

7月，省版权局组织了全省党政机关、事业单位软件正版化工作培训班，传达学习了部际联席会议第八次会议精神和省推进使用正版软件工作联席会议精神，国家版权局、省财政厅业务人员和相关专家等就软件正版化工作政策进行讲授和解读，共150余人参加了培训，取得了良好效果。10月，省版权局与省国资委联合举办了省属国有企业软件正版化工作培训班，130余人参加了培训。组织联席会议成员单位参加了国家版权局在重庆举办的软件正版化工作培训班。组织省属国有企业相关负责人参加了国家版权局在长沙举办的国有企业软件正版化工作培训班。

三、版权公共服务

（一）深入开展世界知识产权宣传周活动

紧紧围绕“4·26”世界知识产权日主题，在全省范围内开展版权宣传周活动。4月25日，省版权局联合西安市委宣传部、陕西省版权保护中心在西安美术学院举办版权宣传进校园活动，举行西安美术学院版权服务工作站揭牌仪式，进行版权知识专题讲座和现场作品登记。同日，陕西省版权局和铜川市委宣传部在铜川市举办“知识产权走进铜川”耀州瓷版权保护主题宣传活动，邀请版权领域专家学者为当地政府及企业传经送宝，以版权保护促进耀瓷产业发展。4月26日，陕西省版权局、陕西省知识产权局、西部国家版权交易中心等单位在西安交通大学联合主办“严格版权保护 推进创新发展”主题高峰论坛，来自省内外机关、企业和高校的400余人参加，围绕知识产权、陶瓷领域与版权保护、高校科技成果转化等内容进行了主题演讲和现

场交流。同日，陕西省版权局联合陕西动漫产业平台版权服务工作站开展版权宣传活动。宣传周期间，省内各广播电视台、视听网站、电影院、互联网出版机构网站及西安地铁运营公司持续播发了版权公益宣传广告。各市也通过悬挂宣传条幅、摆放宣传展板、发放宣传手册、播放宣传视频等形式开展丰富多彩的宣传活动。人民网、央视网、《陕西日报》、陕西宣传网等50余家媒体对宣传周系列活动进行了报道。

（二）加强版权服务工作站建设工作

继续扩大作品登记代理机构试点范围，通过深入调研、严格考察，新增陕西省版权协会、西安美术学院、西安沣东文创产业园3家陕西省版权服务工作站。制定出台了《陕西省版权服务工作站管理办法（试行）》，明确工作站申报与授牌、职能与管理、扶持和考核监督等具体规定，确保工作站平稳、高效运行。3月19日，中宣部版权管理局副局长汤兆志一行参观调研陕西动漫产业平台，汤兆志对陕西省版权服务工作站的工作给予肯定，并强调在开展版权登记咨询、代理服务的同时，要加强宣传培训、纠纷调解、法律维权等工作。

（三）积极开展版权登记工作

依据《陕西省版权服务工作站管理办法（试行）》，与版权服务工作站签订目标责任书，传导压力，明确任务。各版权服务工作站积极发挥职能，结合实际，深入开展版权咨询，登记进企业、进校园、进社区活动，取得良好效果。6月，西安美术学院版权服务工作站在教学楼设立宣传点，现场接受版权作品登记和咨询，为学生提供版权作品登记服务。10月，沣东版权服务工作站通过现场讲解、发放宣传册等形式开展“版权知识进校园”活动，取得良好效果。其他版权服务工作站也积极行动，创新服务方式，提升服务质量，2019年累计登记作品16 357件，实现年度作品登记数量翻番。

四、版权产业服务

（一）积极组织第26届北京国际图书博览会参展工作

省版权局指导陕西新华出版传媒集团精选了400余种涵盖“一带一路”、红色文化、历史与传统文化、“文学陕军”等多个方面的优秀出版物参展。其中，陕西人民出版社《中国改革开放全景录（陕西卷）》、陕西科学技术出版社《航天育种简史》入选“新中国成立70周年精品出版物展”。西安交通大学出版社与剑桥大学出版社、牛津大学出版社、麦格劳-希尔教育集团等出版单位就引进高端学术专著、国外名校名教材、科普图书、教育类图书等进行了交流。陕西师范大学出版总社不断开拓丝路沿线国家图书输出渠道，与土耳其Kriter出版社举行《贾平凹散文选》土耳其语版权签约仪式。第26届北京国际图书博览会上，陕西展团版权贸易成绩喜人：版权输出13项，其中签约1项，意向12项；版权引进29项，其中签约2项，意向27项；版权合作3项，其中签约1项，意向2项。

（二）积极推动自贸区版权证券化和陕西版权贸易与保护平台建设工作

省版权局在陕西自贸区积极推动版权证券化工作，先后与省自贸办召开了三次工作交流推进会，程宁博对推动版权证券化工作提出了“三步走”的工作思路。3月21日下午，陕西自贸区知识产权证券化项目推进研讨会在省委宣传部举行，中宣部版权管理局副局长汤兆志和相关单位负责人参加会议，汤兆志对知识产权证券化交易所的工作设想予以肯定，并认为陕西所做的尝试符合国家要求，国家版权局将大力支持版权交易、运用等创新活动。省版权局按照省委宣传部“大基础、大平台、大运行、大保护”建设总体构想，积极筹划陕西版权贸易与保护平台建设，制定了陕西版权贸易与保护平台建设方案，旨在激活版权市场，盘活版权资源，优化版权价值链，促进版权产业结构优化升级，有效降低版权贸易成本和技术壁垒，提高供求信息透明度，提升陕西在版权创作、运用、保护、管理和服务方面的能力。

（三）深入开展版权示范的培育、评选和推荐工作

组织开展陕西省省级版权示范单位评选工作，经过单位申报、组织考察、市局初审、省局评审、网上公示等程序，授予太白文艺出版社有限公司、渭南华州区宏权影艺文化传承发展有限公司、智秦数字出版有限公司3家单位“陕西省版权示范单位”称号，推荐西安交通大学出版社有限公司和西部电影集团有限公司参评并荣获“全国版权示范单位”称号。

（四）举办全省版权经纪人业务培训班

11月，举办全省版权经纪人业务培训班，涵盖新闻出版、广播影视机构、版权公共服务站、文化投资公司、知识产权法律维权机构及版权产业相关从业人员，参培人员90人。

（张　亮）

甘 肃 省

一、软件正版化工作

（一）适时调整领导小组成员单位

为适应机构改革后的新形势新任务，适时调整了省使用正版软件工作领导小组成员单位。增加了省委机要和保密局、省教育厅、省文化和旅游厅和省卫健委，退出了省审计厅。调整后的领导小组共有20个成员单位，由省委常委、宣传部部长任组长，省委宣传部副部长、省新闻出版局（省版权局）局长任办公室主任。

（二）科学谋划年度工作

制定出台《2019年甘肃省推进使用正版软件工作计划》，从健全工作长效机制、强化计算机软硬件采购源头管理、加强成员单位分工合作、推进主体责任落实等方面做出部署。修订完善《甘肃省软件正版化工作考核办法》，对考核组织、考核对象、考核方式、考核内容、考核结果运用等做出安排。下发《关于统计省级党政机关所属事业单位软件正版化工作情况的通知》，组织举办了3期事业单位软件正版化工作培训班，约600人参训。

（三）加强软件采购源头管理

针对近年来软件采购源头问题较多的实际，省版权局向省财政厅、省公共资源交易局发出《关于正版软件采购源头制度落实的函》，组织召开座谈会专题研究解决问题。省财政厅要求，严格落实《关于进一步加强正版软件政府采购工作的通知》，确保各部门采购计算机等硬件设备时预装正版软件，同步配置正版办公软件；杜绝违规采购高价国外软件现象；开展软件采购专项检查，对违法违规供应商、采购人等依法依规严肃处理。省公共资源交易局与中央国家机关政府采购中心签署了正版软件采购合作协议，进一步健全了正版软件采购渠道。

（四）强化考核督导

9—10月，省使用正版软件工作领导小组办公室牵头，协调部分成员单位担任考核组长，认真落实省委常委、宣传部部长、领导小组组长批示精神和领导小组办公室的工作要求，对11家省级党政机关、5个市（州）的部分市直单位和县（市、区）6家省属国有企业、4家新闻出版企业共计97家单位进行抽查考核，检查计算机2 635台。从检查结果来看，省级党政机关软件正版化工作成果得到巩固；省属国有企业软件正版化工作稳步推进，取得一定成效；市（州）、县（市、区）党政机关盗版反弹严重，正版化率较低。11月，省使用正版软件工作领导小组向全省进行了情况通报，指出了问题，提出了工作要求和整改期限。受检查考核的单位在书面整改报告中均表示，要采取有效措施，克服困难，确保任务落实。

二、作品登记工作

近年来，甘肃省著作权人作品登记意识不强，作品登记数量少、质量不高。为改变这一状况，3—4月，在省委常委、宣传部部长陈青的指导下，省版权局版权管理处通过调研形成了《甘肃省作品登记有关情况的报告》，提出了提升创作质量、壮大创意型文化企业、建立作品登记奖励机制、设立培育创意型文化企业、将作品登记初审权下放到市州等建议。按照省委常委、宣传部部长陈青的批示要求，省版权局向省直宣传文化单位、在甘各高校等主要版权创作单位下发了《关于加强版权登记工作的通知》，着力推动作品登记工作。同时，与丝绸之路国际知识产权港公司积极沟通联系，探索委托第三方专业机构开展作品登记的新路径。通过这些举措，作品登记数量明显增加，由2018年的159件上升至2019年的819件，为版权产业的发展创造了条件。

三、“剑网2019”专项行动

省版权局积极协调省委网信办、省文化和旅游厅、省公安厅、省通信管理局、省“双打”办，联合下发《甘肃省开展打击网络侵权盗版“剑网2019”专项行动实施方案》，在全省范围内联合开展打击网络侵权盗版的“剑网2019”专项行动。在为期半年的专项行动中，各有关部门履职尽责，积极行动，加强网络监管，形成浩大声势，有效震慑了网络侵权盗版行为。其间，省版权局调解处理了在甘肃省备案的“毕业论文”网站（陇ICP备17001081号—1）侵犯江苏省教师唐明干著作权一案，双方达成和解，权利人得到赔偿。

四、版权宣传活动

在“4·26”世界知识产权日到来之际，根据国家版权局工作部署和要求，及时向各市州及有关单位下发了《关于做好2019年全省知识产权宣传周版权宣传活动的通知》，对全省知识产权宣传周版权宣传活动进行了安排部署。全省各地按照省版权局部署，通过网络、报刊、广播、电视等平台，运用海报、展板、现场宣传等形式，组织开展了丰富多彩的版权宣传活动，提升了公众的版权保护意识，营造了尊重版权、保护版权的良好社会氛围。

（谢青民）

青 海 省

一、打击网络侵权盗版“剑网 2019”专项行动

根据国家版权局、国家互联网信息办公室、工业和信息化部、公安部联合印发的《关于开展打击网络侵权盗版“剑网 2019”专项行动的通知》要求，结合实际，制定下发了《青海省开展打击网络侵权盗版“剑网 2019”专项行动实施方案》，对全省开展“剑网 2019”专项行动做出了安排和部署，明确要求各市、州紧密围绕工作重点积极组织开展媒体融合发展版权监管、院线电影网络版权专项保护等工作，重点整治流媒体、图片领域侵权盗版行为，持续加强短视频、有声读物、知识分享、网络直播等平台版权治理，查办网络侵权盗版案件。

二、软件正版化工作

根据国家版权局《关于印发〈2019 年推进使用正版软件工作计划〉的通知》要求，制定印发了《青海省 2019 年推进使用正版软件工作实施方案》，对进一步加强制度建设，强化督促检查，完善长效机制，巩固扩大工作成果，全面推进青海省软件正版化工作规范化、常态化、制度化和信息化进行了安排部署。根据机构改革后相关部门人员变动情况，调整了青海省推进软件正版化工作领导小组成员。组织召开了全省软件正版化工作会议，对各级党政机关、企事业单位、金融机构推进软件正版化工作提出了明确要求。加强计算机软硬件采购源头管理，对 40 家省直机关及事业单位新采购的 164 台计算机，各类正版软件 7 086 套（操作系统 3 844 套、办公软件 3 085 套、杀毒软件 157 套），采购金额 1 123 万元进行了审核把关。对海西州、黄南州、果洛州、玉树州软件正版化工作进行了督查。共检查 24 家单位，查阅相关资料，随机抽查 384 台计算机软件安装使用情况，对存在的问题进行了反馈和限期整改，有效推进了软件正版化各项工作落到实处。对两起软件著作权投诉进行了调查取证和协调处理。

三、版权宣传工作

结合“4·23”世界读书日暨“书香青海”阅读活动启动仪式，4 月 23 日，在西宁中心广场集中开展版权宣传活动。现场悬挂横幅 1 条、展出展板 6 块、散发海报等宣传资料 1 000 余份，集中展示宣传了青海省开展打击侵犯知识产权和制售假冒伪劣商品专项行动、推进全省政府机关软件正版化等版权保护工作所取得的成果。同时，充分利用网络媒体进行宣传。宣传周期间，青海广播电视台在青海卫视每天下午循环播出国家版权局制作的版权公益宣传片，积极营造了以“尊重知识、崇尚创新、诚信守法”为核心的知识产权文化建设氛围，增强了公众的版权保护意识。

四、软件正版化和执法培训工作

为切实提高行政执法人员法律素质和执法水平，推进软件正版化工作，组织 20 余人次分别参加了由国家版权局举办的版权执法监管和软件正版化工作培训。8—9 月，对基层软件正版化工作负责人开展了软件正版化工作培训，开展培训讲座 5 期，430 余人参加了培训。有效提升了行政执法人员的执法能力和水平。

五、版权咨询服务工作

组织开展了 2018 年度举报、查处侵权盗版案件奖励推选工作。接待来人（来电）版权咨询 200 余人次，调处版权纠纷 3 起，进行著作权作品登记 1 件。

（付成久）

宁夏回族自治区

一、版权执法监管工作

2019 年，宁夏版权局认真履行版权执法监管职责，协调指导全区版权执法机关开展版权侵权案件查处和执法监管工作，3 个单位和 4 名个人分获 2018 年度全国查处侵权盗版案件有功单位及有功个人，受到国家版权局表彰。

一是加大打击侵权盗版案件查处力度。坚持日常监管与专项行动相结合，严厉打击各类侵权盗版行为。2019 年，查办 6 起侵权盗版案件，行政处罚 28 258 元，其中平罗县王某某等人涉嫌盗录院线电影案被国家版权局、全国“扫黄打非”办公室及公安部列为全国挂牌督办案件。

二是“剑网 2019”专项行动成效明显。2019 年，宁夏版权局、网信办、公安厅、通信管理局联合组织开展了第 15 次打击网络侵权盗版专项治理“剑网”行动，将网络作为履行版权监管职责的重要阵地，不断净化网络版权环境。完善版权重点监管，扩大监管范围，把智能移动终端第三方应用程序（APP）、网络云存储空间、网络销售平台等传播方式纳入版权有效监管。将宁夏属地备案的 1.3 万多家网站、2 700 多个政务类自媒体、200 多个移动应用程序的详细备案信息全部纳入技术监测平台，利

用人机结合的方式，加强对属地网站内容的巡查监管，加强版权保护，规范网络传播程序。全区共查办网上侵权案件20余起。

三是加强宣传，强化舆论引导。开展版权保护宣传教育，增强“尊重版权、鼓励创新”的意识。充分利用网站、微博、微信等渠道宣传著作权有关法律法规和“剑网2019”专项行动，向社会公开了2018年5起典型侵权案件，用实例以案说法，取得了良好的社会效果。

四是加大执法监管人员培训。进一步加强全区版权行政执法监管能力，提高网络执法水平，举办了执法监管培训班，参训人员60人。

二、软件正版化工作

2019年，宁夏推进使用正版软件工作联席会议及各成员单位按照推进使用正版软件工作部际联席会议《2019年推进使用正版软件工作计划》要求，加强政策指导和督促检查，不断巩固软件正版化工作成果，全面推进党政机关、事业单位、国有企业使用正版软件，进一步巩固和扩大了软件正版化工作成果。

一是完善软件正版化工作机制。自治区推进使用软件正版化联席会议不断强化顶层设计和统筹协调，完善工作长效机制，研究制定有力措施，层层传导压实责任，确保软件正版化工作有力有序有效推进。7月，召开了自治区推进使用正版软件工作联席会议第四次全体会议，传达了推进使用正版软件工作部际联席会议第八次全体会议精神，通报了2018年全区软件正版化工作情况和2019年推进使用正版软件工作，印发了《2019年软件正版化工作实施方案》和《关于调整自治区推进使用软件正版化联席会议成员及成员单位职责的通知》，自治区党委常委、宣传部部长担任推进使用软件正版化工作联席会议召集人，明确了工作任务，落实了职责分工，各级党政机关将软件正版化工作纳入重要议事日程，列入年度工作责任目标绩效考核，形成了常态运行机制。完善了自治区级和市、县级各单位软件正版化工作责任人数据库。

二是党政机关软件正版化管理更加规范。在推进党政机关使用正版软件工作中，突出以“三查一推进”为抓手，巩固和推进并进，推动党政机关软件正版化“走在前、做表率”，更好地发挥了示范带动作用。12月，联席会议办公室对19个区直机关单位进行了检查，重点检查了软件采购记录、授权文件、制度台账和软件安装使用等情况，抽查计算机178台，对发现的问题当场提出整改意见，及时下发整改通知书限期整改，并及时跟踪问效，确保整改工作落实到位、取得实效。2019年全区党政机关新采购正版操作系统2 327套、正版办公软件10 167套（其中国产办公软件10 038套）、国产杀毒软件270套，采购金额达1 009.4万元。

三是持续推进使用国产软件应用成效明显。2019年，宁夏注重软件正版化工作与信息化工作相结合、软件正版化工作与保密工作相结合，融合发展，相互支撑，相互促进。充分利用宁夏电子政务内网试点建设项目统筹安排使用国产软件，全区购买国产操作系统、WPS办公软件、360杀毒软件各3 600余套，完成了安全保密系统、资源管理服务系统、身份认证应用服务系统、入侵检测系统等20余个软硬件安全保密系统建设。电子政务内网终端全部使用国产软件，打破了信息系统软件受制于人的被动局面，有效保证了机关日常办公的稳定高效，推动了使用国产操作系统软件、办公软件的新局面形成。

四是持续推进企（事）业单位软件正版化工作。宁夏国有企业按照自治区推进使用软件正版化联席会议办公室的部署和要求，积极推进事业单位、国有企业软件正版化工作。3月，宁夏版权局联合国资委对宁夏15家国有企业计算机安装使用正版软件和长效机制建设情况进行了专项检查，共检查计算机175台。大多数企业能够克服困难，落实采购经费，积极购买安装正版软件。区属国有企业采购正版操作系统180套、正版办公软件249套，银川市市属企业采购正版操作系统224套、正版办公软件312套。自治区推进使用软件正版化联席会议办公室印发了《关于自治区直属事业单位、部门所属事业单位使用正版软件工作的通知》，积极推进直属事业单位、部门所属事业单位软件正版化工作。各单位建立了规章制度，将软件正版化工作纳入年度绩效考核工作，完成了60余家区属事业单位、部门所属事业单位软件正版化工作。

五是加大专项检查和审计督查力度。联席会议办公室牵头对自治区党政机关和国有企业进行督查和专项检查，检查党政机关19家、国有企业15家。通过常规性督查和专项检查，有效加强了正版软件的源头管理，及时纠正了苗头性问题，对预防盗版软件反弹发挥了重要作用。

六是不断加强软件正版化宣传培训工作。2019年，全区共举办党政机关软件正版化工作培训班16期，参培单位484个，参训人员1 237人次。通过培训教育，进一步提高了各级党政机关和企业工作人员的正版意识、法律意识、责任意识。在“4·26”知识产权宣传周活动期间，利用电视、报刊等传统媒体和网站、微信等新媒体，播放推送普及使用正版软件的有关知识，开展了形式多样、内容丰富的系列宣传活动。

三、版权社会管理工作

宁夏版权局全面完善版权社会服务体系，创新工作方式方法，进一步提升版权服务与管理能力，著作权登记工作规范化、标准化、信息化水平不断提升，作品登记、涉外著作权合同登记程序明显规范，2019 年，作品登记 213 件，涉外著作权合同登记 78 件。加大版权宣传力度，进一步提高公众版权法律意识，扩大版权工作的社会影响。2019 年“4·26”知识产权宣传周期间，充分利用各新媒体不断创新宣传方式，组织全区版权管理部门集中开展“4·26”版权宣传周宣传活动，共印发宣传海报 4 000 张、宣传折页 1.2 万份。积极组织开展版权宣传进机关、进社区、进学校、进公共场所、进企业、进网吧等“六进”活动，让群众了解版权知识、树立版权创新理念，达到共同尊重知识产权、保护知识产权的目的。通过电视台、新媒体多角度、多渠道地开展知识产权的宣传报道，在全区各播出机构分别播放版权公益宣传片，做好保护版权重点宣传，营造良好版权舆论氛围。

（郝　辉）

新疆维吾尔自治区

一、软件正版化工作

2019 年，新疆维吾尔自治区扎实推进软件正版化工作，完善工作机制，加大工作力度，贯彻落实国家推进使用正版软件工作部际联席会议精神。根据机构改革情况，健全领导机构，调整自治区软件正版化工作领导小组，召开自治区软件正版化工作领导小组成员单位联席会议，制定印发《2019 年自治区推进使用正版软件工作计划》《自治区党政机关使用正版软件工作考核评价细则及考核标准》，强化统一协调、指导。加强监督检查，落实工作任务。采取单位自查、线上检查、实地抽查等多种方式，督促各地、各单位落实软件正版化工作任务。对政府机关、企事业单位软件正版化工作进行抽查，运用在线智能管理技术完善正版软件管理系统，加快软件正版化远程监管平台建设，加快推进自治区国有大中型企业软件正版化工作。

二、版权执法工作

在全区范围开展第 15 次打击网络侵权盗版“剑网 2019”专项行动。会同相关部门，删除侵权盗版链接 1 800 个，清理侵权图片 3 600 张，开展打击侵权盗版专项行动。各地共出动执法人员 1.4 万人次，检查图书和音像制品经营场所、打字复印店、学校周边出版物销售摊点、各类网站 9 406 家次，立案查处侵权盗版案件 36 件，收缴盗版图书、光碟 3 400 册（张），罚款金额 19.72 万元。

三、版权宣传工作

开展形式多样的版权宣传活动。结合“4·26”版权宣传周等活动，全区举办现场宣传活动 420 余场次。制作宣传海报、条幅、宣传册、宣传展板等宣传品 34 000 余份；制作版权公益宣传片并在新疆广播电视台 7 个电视频道播出 264 次，在全区 257 块 LED 大屏滚动播出 72 次；媒体刊播版权保护稿件 30 篇；通过网站、微博、微信、客户端等平台推送版权保护公益广告和相关信息，总阅读量超过 60 万人次；组织开展“保护版权、拒绝盗版”宣传进学校、进企业、进农村活动，宣传覆盖 11 万人次。举办自治区党政机关、事业单位和国有企业软件正版化工作培训班 2 期，自治区版权执法工作培训班 1 期。全区各地各单位参与软件正版化及版权执法工作培训 5 600 余人次。

四、版权社会服务工作

积极围绕旅游业、文化创意产业、企业发展做好作品登记和保护工作。2019 年，审核登记作品 960 件，办理出版外国图书授权合同登记 24 件，接待咨询群众 1 000 余人次。

（张新革）

2019年版权公共服务机构与社会服务组织工作

中国版权保护中心

一、以版权登记为核心的版权公共服务

（一）持续加大版权登记工作投入力度，保障登记工作高效运转

坚持将版权登记作为公共服务职能的核心业务，把有效应对连年迅猛增长的登记需求作为政治任务，尽全力履行 30 个工作日的登记承诺，提前研判谋划，加大投入力度，扎实苦练内功，持续在提升服务能力和服务效率上下功夫，开展了完善登记审查标准等相关主题调研，持续优化细化登记工作流程、规范和岗位管理，配置启用高速打印机进一步提高工作效率，加快推进中国著作权登记业务平台（三期）工程，以互联网化的思路重新构建登记业务平台，管理和信息化支撑基础更加扎实。

2019 年，中心共完成计算机软件著作权登记 1 484 448 件，同比增长 34.4%，再创历史新高，同时办理软件登记事项变更或补充登记 31 640 件。完成作品著作权登记 251 488 件/系列，涉及作品 282 541 件，同时办理著作权合同备案 3 476 件/系列，涉及作品 10 406 件，变更登记 1 826 件。完成数字作品版权登记 265 559 件。完成出版境外音像制品合同登记 1 524 件。完成 1 600 件作品的著作权质权登记，涉及主债务金额 76.43 亿元。此外，办理软件登记档案查询 99 694 件，办理其他作品著作权登记档案查询 1 737 件。

按照国家版权局要求认真做好全国作品登记信息统计工作。2019 年，共审核通过并公告作品登记信息 2 966 802 件，比 2018 年增加 20.39%。

（二）不断拓展和深化区域版权服务窗口体系建设，服务区域版权产业发展

持续完善现有北京天桥、雍和版权登记大厅和成都、上海、深圳、武汉的西南、华东、粤港澳、华中版权登记大厅的运营，在广州新建了华南版权登记大厅，在深圳南山区新建了南山版权产业服务中心，厦门版权登记大厅建设在稳步推进中，与东莞滨海湾新区签订框架合作协议，规划建设“滨海湾版权开放服务平台”及滨海湾版权产业服务中心，区域版权服务覆盖面进一步扩大。不断优化升级软硬件设施，提升服务规范化水平，开展了“提升版权窗口服务效能，助力区域经济高质量发展”主题调研，通过多种方式加强了对各区域地方业务需求的调研分析，为区域版权产业发展提供更加精准的专业服务。

积极创新区域版权服务模式，探索以总公司“中华版权开放服务平台”集成的版权登记代理、版权资产管理、版权贸易代理和版权综合管理等体系化服务能力为中台支撑，建立面向区域版权产业集聚赋能的版权服务前台，与实际落地的区域版权登记大厅、版权产业服务中心形成线上线下联动一体的区域版权服务综合体，更好地支持区域版权产业高质量发展。

2019 年，仅北京西城版权登记大厅就办理软件著作权登记 100 291 件、其他作品登记 141 804 件/系列，接待来人超过 17 万人次。京外各区域版权登记大厅共办理软件著作权登记 46 160 件，比 2018 年增加 148%，其中西南登记大厅 13 458 件，华东登记大厅 20 395 件，粤港澳登记大厅 9 458 件，华中版权登记大厅 1 291 件，华南版权登记大厅 1 558 件；办理其他作品著作权登记 19 132 件，其中西南版权登记大厅 6 494 件，华东版权登记大厅 6 213 件，粤港澳版权登记大厅 4 390 件，华中版权登记大厅 881 件，华南版权登记大厅 1 154 件。

（三）DCI 数字版权公共服务体系的示范应用和实践探索

与中央广播电视总台 5G＋4K＋AI 媒体应用实验室就共同打造升级基于 DCI 体系的国家全媒体互联网版权服务平台达成战略合作。与新华社中国图片社签署战略合作协议，共同打造国内顶尖有国际影响力的 DCI 体系国际影像版权运营服务平台。与阿里巴巴集团达成战略合作，共同推进互联网版权生态治理与创新发展。这三项重要战略合作迈出了 DCI 体系依托国家媒体主阵地和头部集团级互联网企业引领互联网版权治理体系建设实践的步伐，为下一步 DCI 体系的重大工程立项做了更加充分的准备。

进一步与以新浪微博、京东商城为代表的重要互联网平台拓展了平台型机构的示范应用；与花瓣美素、云莱坞、天脉聚源等一批垂直领域内容示范

企业深入探索预登记等产品创新合作；与迅雷科技、蚂蚁金服等技术先进企业开展区块链技术与DCI体系的集成创新研究，共同打造的中国数字版权唯一标识（DCI）标准联盟链取得重要进展；与法院电子证据核验平台实现数据对接，与北京互联网法院、杭州互联网法院等司法证据应用领域进行了DCI标准应用的方案探讨；与华为、哔哩哔哩、喜马拉雅等20多家重要网络平台保持密切交流，将其作为储备合作对象。

（四）整合构建全行业全产业链版权保护法律服务体系

积极适应新型案件变化，不断完善和改进鉴定流程及鉴定方法，持续提升鉴定工作权威性和专业性。2019年，接受公权力机关和权利人委托出具鉴定报告82份，为一些重要案件的判定提供了法律依据，对我国版权工作发挥了积极影响。

成功突破近年来网络版权监测与维权业务萎缩的瓶颈，在服务方案专业性、质量和处置效果上下功夫，续约、委托业务量价双升，服务领域进一步扩大。2019年，网络监测维权共处理侵权链接323 258条，删除链接300 668条；快速维权共处理侵权链接62 381条，删除链接53 022条。

（五）版权标准化工作取得新进展

以标准制修订、标准宣贯实施、标准科研工作为核心内容，推动和引领版权保护和服务在版权创造、运用、保护和管理领域的标准化、规范化发展。进一步推动版权标准化体系构建，起草了《版权标准体系表》并完成了征求意见工作，在系统性、整体性、协同性上以标准化支撑版权产业发展具有重要意义。

同时进一步大力推动标准制修订工作，《数字版权唯一标识符》国家标准完成征求意见工作；完成《版权标准体系表》《数字作品版权登记电子证书规范》《DCI标准应用规范》《网络著作权侵权内容移除规范》《版权资产管理体系 核心元数据》《版权资产管理体系 合同信息化管理规范》等6项行业标准的征求意见工作；《版权资产管理体系 要求》行业标准报批申请、《版权资产评价指标体系》立项申请已上报版权管理局。

继续做好中国ISRC（中国标准录音制品编码）中心的日常工作，2019年发放ISRC编码66 372件。

二、深入产业链的版权综合服务

（一）以版权资产管理为核心的版权咨询服务取得实质突破

继续以《新闻出版广播影视企业版权资产管理工作指引（试行）》为依据，不断完善以标准为引领，以“文化企业版权资产管理服务平台”为基础，以咨询服务、培训与维权为配套的全流程版权资产管理服务体系；文化产业专项资金项目“文化企业版权资产管理服务平台及应用示范项目”建设完成并通过专家验收；组织举办首届全国版权资产管理业务培训班，编写《版权资产管理实务指南》，到多家版权和文化机构进行专项培训，培训和咨询服务覆盖各领域，为文化企业建立全流程版权管控体系提供专业支撑。同时，以版权资产管理服务体系为基本逻辑，构架形成规范专业、开放协同、便捷智能的“中华版权开放服务平台”，不断推动迭代升级，并以此为核心整合推动各项服务工作。

有序开展软件登记信息分析咨询服务，完成了《2018年度中国软件著作权登记情况分析报告》。根据定制委托，完成了北京市、上海市浦东新区、深圳市南山区软件著作权登记情况分析报告，完成了北京、广州、成都、长沙、东莞、苏州、唐山、上海市浦东新区等8个区域的软件登记分析快报。此外，还与中国人民解放军军事科学院军事科学信息研究中心、商务部国际贸易经济合作研究院达成合作关系，软件登记信息分析服务的社会影响力持续扩大。

开展了“美国著作权登记制度研究”“全媒体时代著作权立法研究”等课题研究项目。翻译完成《知识产权和美国经济》《知识产权密集型产业及其在欧盟的经济表现》《美国经济中的版权产业（2018）》报告和各具体细分领域的版权文献资料，不断夯实筑牢中心版权相关理论支持基础和领先信息优势。

（二）促进相关产业融合创新和发展成效进一步扩大

不断加强业务资源、服务项目和营销工作的整合协调以及工作流程的衔接，与版权产业价值链紧密融合的全流程、全方位版权服务体系逐步成熟完善。以“版权服务+展会”模式为第七届“深圳国际IP授权产业博览会”提供围绕版权的创造、运用、保护和管理等不同层次的专业服务，助力授权产业高质量发展。继续做好影视版权产业联盟的相关工作，进一步发挥联盟的平台作用，有侧重地设计版权服务方案，协助联盟完成会员作品登记、维权等常规服务，完成影视作品质押融资共计9 000万元。与易奇门科技有限公司达成版权授权服务合作，打造基于“IP直通车”等的线上授权展示平台，通过进一步推动线上线下资源整合，协同推进版权综合服务，发挥更高的服务效能。

（三）全媒体版权宣传推广平台的连接、聚合和带动作用进一步发挥

继续以“中国版权服务”平台品牌的影响力为核心，以《中国版权》杂志社两刊、中心微信公众号、微平台等为依托，不断完善中心与著作权人和业界交流互动的综合平台。成功举办了主题为“全媒体时代的版权图景”的2019 CPCC中国版权服务年会，组织了以“尊重原创·惟精惟一”为主题的“2019 CPCC十大中国著作权人年度评选”活动，组织举办了全国版权经纪人业务培训班、全国版权登记及代理实务培训班、数字出版与版权管理培训班等7期培训班。运营的“中国版权服务”微信公众平台总订户数已超过36万，是版权服务领域第一大号。通过各类线上线下传播活动，整合中心各项版权服务产品，聚合版权业界各类人才和资源，展示版权服务创新成果、引领发展方向，发挥好版权行业主流宣传阵地的公信力、引导力、影响力、传播力。

（四）指导和支持下属企业深化战略转型和业务创新

大力支持中华版权代理总公司在做好传统的版权代理、国际版权贸易和版权登记代理业务的基础上，围绕版权服务网络信息平台建设和版权服务＋金融服务等重点工作不断拓展和完善业务体系建设。正式启用上海绍兴路办公区，积极建设总公司第二总部。大力推进专业版权技术公司业务研究能力、技术研发能力、运维支撑能力等各项能力建设。开展了“一带一路”国际版权贸易服务工程建设可行性研究工作。积极推进“中华版权开放服务平台”审批立项工作，制定了项目实施方案。中国—东盟版权服务中心项目经与当地政府多轮磋商已得到多方认同，由南宁市委宣传部部长挂帅推进总公司与各方合作。英国子公司作为总公司在英国及欧美地区的重要版权贸易平台，积极推动中国文化“走出去”，将涉及建筑、文学等类型的10余本图书输出到意大利、法国、波兰等国，同时与泰国、波兰、越南、印度等“一带一路”沿线国家建立良好合作关系。

大力支持和扶持《中国版权》杂志社有限公司向“全媒体＋”深度融合转型，杂志社坚持深入贯彻落实意识形态工作责任制要求，严格执行内容“三审三校”制，注重策划宣传的导向性和权威性，做好新中国成立70周年宣传工作，策划推出了“礼赞70年专题”，从历史视角回顾新中国成立以来我国著作权制度的创制与发展历程。坚持内容为王，突出办刊亮点，汇集国内17家法院70件典型案例，在全国专业期刊中首个推出了《2018中国著作权典型判例司法评析专辑》。继续通过品牌讲座“中国版权共享课堂”进行著作权普法线下宣传，服务产业版权实务，在北上广等多个城市举办13场活动，其中针对细分受众群体开展企业定制课程4期。举办了版权强国青年征文大赛，继续推进中国版权智库（联盟）计划前期资源聚合工作。

（张文娟）

中国版权协会

一、组织建设与规章制度建设

中国版权协会根据国家有关社团管理规定，以及中共中央宣传部和原新闻出版广电总局人事、党务、纪检等部门的有关管理要求，采取多项措施加强协会组织建设，促进协会健康有序发展。协会现有会员单位413家，其中常务理事单位153家，理事单位260家，会员单位涵盖版权相关党政机关、行业协会，版权学术组织，出版企业，互联网、软件企业，影视传媒企业，版权服务、实业企业等多个领域。

按照《中国版权协会章程》规定，会员代表大会每五年举行一次，第五届理事会于2018年1月已届满。经中宣部干部局批准，协会于2019年12月19日召开第六次全国会员代表大会，选举产生新一届理事会，完成换届工作。

2019年，中国版权协会整体经营情况良好，协会不断提升服务水平，得到广大会员单位的认可与支持。

二、版权相关培训、研讨与展览工作

培训工作是协会为会员单位提供的一项重要服务内容，协会每年举办一至两期面向会员的免费培训班，邀请立法、司法、行政、教学科技单位的领导和专家，以及版权产业界的领军人物，围绕版权业的热点、难点问题，结合版权工作的实际情况，为会员单位进行培训和讲座，累计培训上千人次。2019年4月16日，协会在江苏省南京市举办版权实务培训班，国家版权管理部门、学界、司法界、产业界等7位专家学者进行了为期两天的集中授课，来自全国各省市版权管理部门、出版、互联网、影视、软件、版权服务等各版权相关单位的领导及版

权负责人共300多位学员参加了培训。

协会关注版权产业前沿动态，根据会员诉求，敏锐捕捉版权热点、难点问题，组织开展研讨活动，为会员及时有效地了解行业动态提供帮助。

2019年5月24日，中国版权协会2019年数字版权小型座谈会在重庆召开，来自版权管理部门、出版、互联网、文化产业等单位的负责人共同探讨了数字版权相关问题。

2019年9月，协会与中国文化产业发展集团主办了第二届中国文化IP及创新设计展，以“IP的力量”为主题，迎接了超过7万人次观众、近百家媒体参观。

2019年11月，协会与东城区委、区政府共同主办了以“新艺术·新物种·新青年”为主题的2019北京前门当代艺术文创IP展。IP展由国际当代雕塑艺术展、文创市集、青年先锋艺术快闪店三部分组成，汇聚了来自全国各知名美院、艺术家的作品，超过20万人次观众观展。

根据原新闻出版广电总局和民政部的批复，并根据会员单位的实际诉求，协会尝试开展版权鉴定业务，已分别对权利作品“小猪佩奇”“冰雪奇缘”等形象与涉嫌侵权物床具用品进行了比对鉴定，为司法等机关提供科学依据。

三、协助国家版权局推进各项版权工作

受国家版权局委托，中国版权协会在推进政府机关软件正版化工作方面主要做了如下工作：一是组织培训，协会在2019年承办了3期软件正版化培训班、2期版权执法监管培训班，来自全国31个省（自治区、直辖市）的政府办公厅、工信厅、财政厅、发展改革委、版权局等部门的千余名公职人员参加了培训。二是承担政府机关软件正版化全覆盖督查的技术服务工作。根据国家版权局关于开展政府机关软件正版化督促检查的工作安排，2019年，协会在国家版权局的指导下，对6个省（自治区、直辖市）及20家中央机关单位的正版软件使用情况进行了检查，并根据实地检查结果，向国家版权局提交了使用正版软件检查工作报告和有关检查数据资料。

受国家版权局委托，中国版权协会承办了“2018年中国版权十件大事”评选活动，组织专家进行评选，并在各大媒体上对评选结果进行宣传，扩大版权工作影响，提升全社会版权意识。

四、台湾地区版权交流

中国版权协会与台湾著作权保护协会形成了互访机制，并已在北京、西安、银川等地成功举办了十届海峡两岸版权保护研讨会。2019年9月，海峡两岸版权保护论坛在吉林省长春市举行，台湾著作权保护协会应协会邀请到大陆进行访问，双方通过交流进一步增进海峡两岸版权保护的沟通与了解，推动建立有关协调机制，携手促进海峡两岸版权保护的发展，推动两岸版权贸易乃至思想文化交流，为两岸经济社会发展服务。

五、二级委员会工作情况

艺术品版权工作委员会提供中国艺术品鉴证备案服务，通过高新技术和行业资源推出为艺术品建立“身份证”信息的服务，共有5 000余位知名艺术家加入鉴证备案行列，10万余幅作品进入鉴证备案数据库，全面保障了艺术家权益。艺术品版权工作委员会成立的专家顾问委员会，聘请了42位国内知名艺术家和艺术机构领导作为专家顾问。同时，艺术品版权工作委员会为会员提供全方面的版权维权服务，与多家知识产权机构达成了版权维权合作，跨地区多维度地为我国艺术品版权构筑版权保护和贸易服务平台。

软件工作委员会旨在充分发挥行业组织在维护会员权益、促进产业发展、协助推进使用正版软件等工作上的协调和组织保障作用。2019年3月，软件工作委员会携手故宫博物院、中国紫禁城学会共同发起了“发现‘中纹’之美——首届中华符号数字化创意设计大赛”，参赛人数2 000余人，参赛作品1 200多套，网络点击量突破1亿人次，媒体传播覆盖量达5亿人次。

六、举办“远集坊”讲座

秉承坚持正确导向、倡导平等交流、碰撞思想火花、汇集八方智慧的宗旨，邀请社会各界卓越人士阐述有益于祖国繁荣发展、社会和谐进步的真知灼见，运用传统媒体与新媒体进行广泛传播，惠及更多的读者，努力为经济、社会、文化发展提供智力支持与服务，中国版权协会和国家版权创新基地在2017年共同创立了一个文化交流平台，取名“远集坊”。

远集坊自2017年9月29日首期开讲，至2019年12月，共举办了26期，阎崇年、王文章、雷军、柳斌杰、谭跃、王亚民、沈鹏、黄强、朱永新、郝林海、郑渊洁、黄书元、郑欣淼、刘珺、罗振宇、王秦丰、吴为山、陈彦、樊登、王斌等主讲嘉宾为远集坊带来了高屋建瓴、别开生面的精彩演讲，500余位特邀嘉宾光临远集坊并与主讲嘉宾积极互动、发表了他们的真知灼见。

（曾　晋）

中国音乐著作权协会

一、会员发展

2019年中国音乐著作权协会（以下简称“音著协”）新发展会员数为618人（家），其中词作者173人、曲作者399人、继承人31人、其他3人、出版公司12家，会员总数突破1万大关，达到10 031人（家）（见图1、图2）。

在新发展的会员中，较有影响力的个人会员有捞仔、郭家铭、朱海、许飞、刘佳、靳树增、陈诗牧、赵浴辰、朱思思、刘柏辛、刘吉宁、樊帆、王矜霖、陈宏图等。较有影响力的公司会员有谭璇音乐工作室、上海希瓜音乐制作有限公司、奔跑怪物（北京）文化娱乐有限公司、美希亚音乐版权代理（北京）有限公司（环球出版北京公司）等。

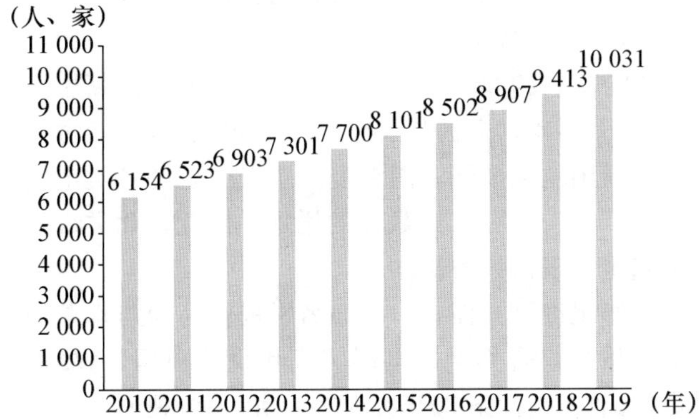

图1 2010—2019年会员数量图

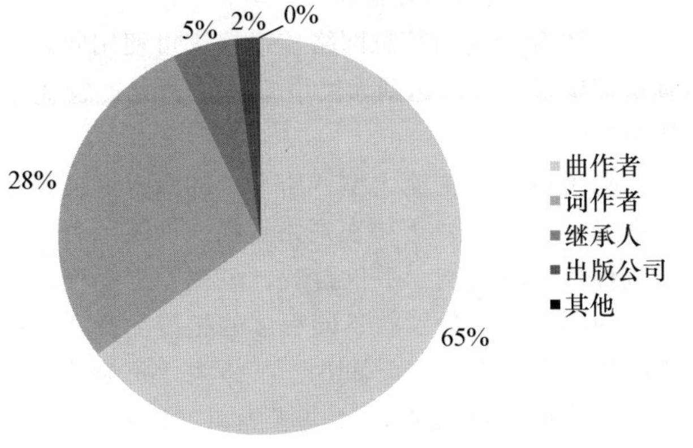

图2 2019年新会员构成图

二、音乐作品版权信息管理

作为中国大陆地区唯一的音乐作品著作权集体管理组织，音著协通过全球最大的中文音乐作品版权信息系统DIVA（Documentation Innovation Visionary Art）对海量的音乐作品进行版权管理。DIVA可凭借其强大而完善的数据库处理会员信息、作品资料及版税分配等工作内容。

DIVA主要是通过ISWC（国际标准音乐作品编码）和IPI（权利人识别编码）实现在世界范围内对音乐著作权人作品的识别与保护。当会员加入音著协时，音著协会在DIVA系统中为每一名会员建立一个专属的IPI编码，其中包含会员的姓名、身份证号码、住址、入会身份（词曲作者、继承人或其他著作权人）、创作并公开发表的作品等个人信息。ISWC编码则是经国际标准局批准，在数字音乐和网络环境下，对一首音乐作品在世界范围内给予有效辨识、版权保护的“身份证”号码——音著协是ISWC编码在中国大陆的唯一代理机构，它记录了某首音乐作品的名称、词曲作者、权益人和权利比例等内容。这些都是附着在一首音乐作品上的重要版权信息。

截至2019年底，DIVA数据库系统内音乐作品总数为1 108万余首，音著协登记作品数达44.6万余首。其中原创作品34.8万首、影视作品8.4万首、改编作品8 000余首、填词作品5 700余首，申请ISWC作品近15.6万首。

2019年全年电子登记作品达1.4万首，自2013年启动电子登记以来，累计登记音乐作品4.2万余首。电子登记形式大大提高了新作品的登记效率，有效增进了会员作品信息的更新与收集。

随着DIVA大数据系统的日益成熟，至2019年底，该系统已由中国音乐著作权协会（MCSC）、香港作曲家及作词家协会（CASH）、台湾社团法人中华音乐著作权仲介协会（MÜST）、澳门音乐著作权协会（MACA）、马来西亚音乐人版权保护协会（MACP）、印度尼西亚音乐著作权协会（WAMI）和泰国音乐著作权协会（MCT）7家协会共享，DIVA的不断丰富和完善无疑将在更大程度上提升华语音乐的版权管理水平，使得词曲作者的权益得到更好的保障。

三、音乐作品许可使用工作

2019年，音著协许可使用总收益约为人民币4.04亿元（含海外收益约人民币1 308万元），创历年收入新高，较2018年增长约28%（见图3、图4）。截至2019年底，音著协历年许可使用费总额达到约人民币21.74亿元，参与分配金额约18亿元。

（一）表演权许可工作

2019年音著协表演权许可使用收入约人民币8 555万元。

现场表演方面。许可使用收入约人民币1 387万元，较2018年增长约35%，演出行业的版权保护市场逐渐规范。

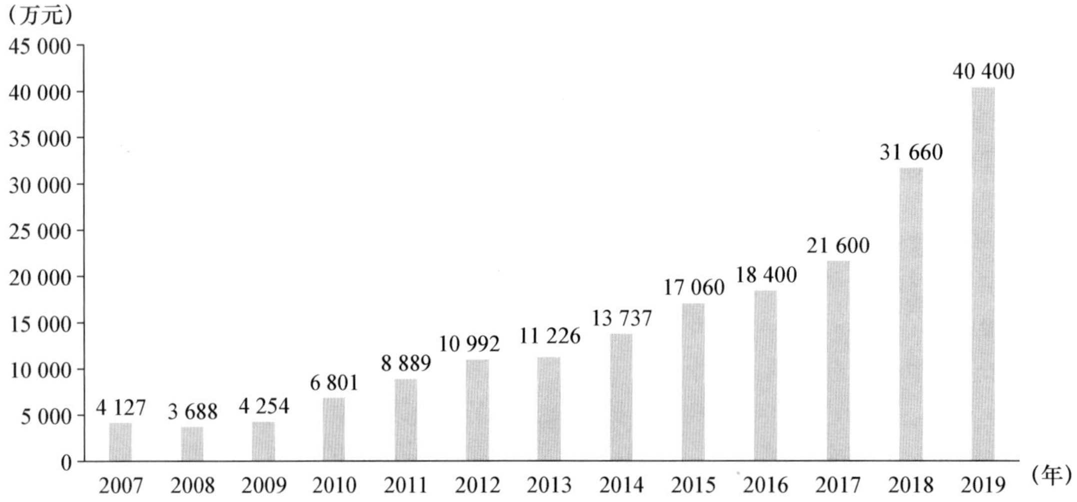

图 3　2007—2019 年许可使用收入图

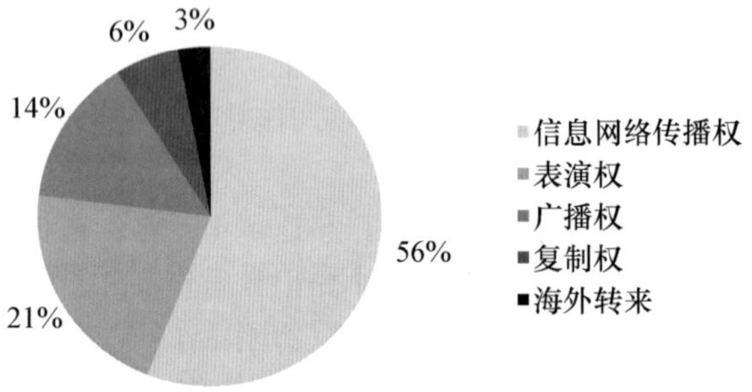

图 4　2019 年许可使用收入构成图

背景音乐方面。许可使用收入约人民币 5 117 万元，较 2018 年增长约 21%。主要拓展行业有主题公园、酒店、大型活动等。特别是第七届世界军人运动会、第十一届少数民族运会、第二届青年运动会、WTA 网球公开赛等大型赛事均与音著协建立许可合作关系，成为合法的音乐使用者。大型赛事主办方通过与集体管理组织合作取得音乐使用授权的方式，符合国际上此类操作的一贯做法和规范。

（二）广播权许可工作

2019 年，音著协广播权许可使用收入约人民币 5 683 万元，较 2018 年增长约 51%。其中，广播电台缴许可使用费 673 万元，电视台缴许可使用费 5 010 万元。

截至 2019 年底，已同音著协达成许可付酬协议的广播电视台有 51 家，广播电台有 69 家，共计 120 家。2019 年新增签约广播电视台 2 家（菏泽广播电视台、泉州广播电视台），新增签约广播电台 4 家（菏泽广播电台、泉州广播电台、汕头广播电台、淄博广播电台）。

（三）复制权许可工作

2019 年，音著协复制权许可使用收入约人民币 2 174 万元，较 2018 年增长近一倍。其中，视频制作部分增长约 320%。这主要由于 2019 年是新中国成立 70 周年，全国范围都在以“快闪”视频等方式表达爱国主义情怀，围绕爱国主义主题的各类电视节目、广告也有较大数量的增加，因此，此类许可数量也呈现倍数增长。

影视许可方面，一些知名影视作品均与音著协有音乐版权合作，如电影《我和我的祖国》《攀登者》《唐人街探案 3》《银河补习班》，电视剧《少年派》《我们都要好好的》《小欢喜》，等等。

（四）信息网络传播权许可工作

2019 年音著协信息网络传播权许可使用收入继续快速增长，总额达到人民币 22 652 万元，较 2018 年增长约 34%。

除了巩固与主流大型音乐平台的版权许可使用合作外，2019 年音著协在网络直播、网络节目、网络宣传片、网络剧、手机游戏、短视频、小程序等音乐使用方面，分别有不同程度的拓展。特别是在手机游戏音乐方面，音著协已与 13 家手机游戏品牌建立了许可合作关系，解决了腾讯、网易、淘宝、猎豹等公司旗下的游戏产品的音乐著作权问题。

同时，在 APP 音乐维权方面，音著协继续采用向苹果商店、安卓平台商店进行维权投诉的方式，效果良好。

四、音乐作品许可使用费分配

2019 年音著协共进行 14 次分配，涉及许可使用收入金额约人民币 2.3 亿元，扣除增值税后约为 2.17 亿元，音著协管理费比例约占 17.1%（见表 1）。

表1 2019年音乐作品许可使用费分配明细

期数	分配号	扣除增值税后许可金额（万元）	扣除管理费后分配金额（万元）
第一期	M182（2018年下半年复制权使用费分配）	873	734
	P171（2017年现场表演使用费分配）	744	595
	B171（2017年网络许可使用费第一次分配）	1 722	1 378
第二期	K171（2017年卡拉OK许可使用费分配）	2 453	1 962
	P172（2017年背景音乐使用费分配）	2 316	1 860
	2017年机械表演许可使用费分配	1 769	1 421
	B173（2017年网络许可使用费第二次分配）	1 489	1 285
第三期	M191（2019年复制权第一次分配）	369	305
	P173（2017年广播权第一次分配）	1 886	1 509
	B175（2017年第三次互联网分配）	2 252	1 971
	中宣部新中国成立70周年专项著作权使用费和“学习强国”平台使用费的分配	495	445
第四期	P174（2017年广播权第二次分配）	3 638	2 980
	B177（2017年第四次互联网分配）	1049	933
	O181（2018年海外协会收入分配）	615	585

五、诉讼维权

2019年，音著协共办理民事诉讼案件381件。通过诉讼方式获得判赔、调解及和解金共计人民币2 296万余元。

重点案例：

表演权：林俊杰《时线·新地球》世界巡演济南站侵权案、万芳《原来的地方》南京演唱会侵权案、北京石景山万达广场侵权案、福州王府井百货侵权案、乐购超市杭州德胜店侵权案、成都新世界汇美百货侵权案等。

广播权：杭州文化广播电视集团侵权案、吉林广播电视台侵权案、石家庄广播电视台侵权案、秦皇岛广播电视台侵权案等。

复制权：友唱迷你卡拉OK点唱机侵权案、哇喔迷你卡拉OK点唱机侵权案等。

信息网络传播权：小米音乐侵权案、斗鱼直播侵权案等。

六、国际事务

2019年，在国际作者和作曲者协会联合会（CISAC）的国际版权保护体系下，音著协新签约海外同类协会2家：塞舌尔SACS协会、新加坡SINGCAPS协会。截至2019年底，音著协已与65个国家的77家海外同类组织签订了相互代表协议。

七、信息公开及宣传

2019年，音著协继续通过网站、微信公众号、《理事工作简报》、《会讯》、年报等形式，向会员、使用者、政府、社会公众通报具体工作，主动做到公开、透明。

此外，音著协也积极参加相关活动和会议，与学界、产业各方、国际合作伙伴等进行交流并洽商合作，包括中国版权服务年会开幕式、专题调研组在腾讯公司关于《著作权法》修订的调研座谈会、中韩版权研讨会、北京知识产权法研究会组织的著作权集体管理相关法律问题研讨会、CISAC亚太年会等。

2019年第四季度，音著协启动协会手机应用程序（APP）的开发项目，希望将会员申请入会、使用费查询、新作品登记等功能通过手机实现。

（张　群）

中国音像著作权集体管理协会

2019年是中国音像著作权集体管理协会（以下简称“音集协”）终止与天合集团合作，独立自主开展著作权集体管理执业活动的第一年。音集协在中宣部版权管理局、中央和国家机关工委的领导下，实现各类著作权使用费收入2.86亿元，相比2018年度的1.91亿元增长49.74%；实现财务收入2.91亿元，相比2018年度的2.32亿元增长25.43%。

2019年，音集协在坚持党建引领、深化会员服务与发展、探索和优化著作权许可模式和使用费分配机制、加强自身建设、加强内外交流与宣传等方面做了大量工作，影响力大幅度提升，充分发挥了著作权集体管理组织的桥梁作用，为促进我国版权事业的健康发展发挥了重要作用。

一、会员发展与会员服务

（1）2019 年，音集协新发展会员 56 家（见图 1）。截至 2019 年 12 月 31 日，音集协会员总数达到 247 家，涵盖 398 家著作权权利人，会员数量比 2018 年增长 28%。

（2）2019 年，音集协授权曲目达 135 916 首，新增授权曲目 28 228 首（见图 2），授权曲目总量比 2018 年增长 26%。

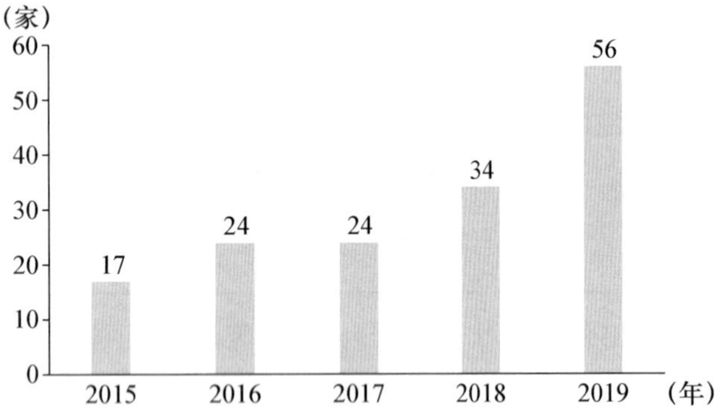

图 1　2015—2019 年新增会员数

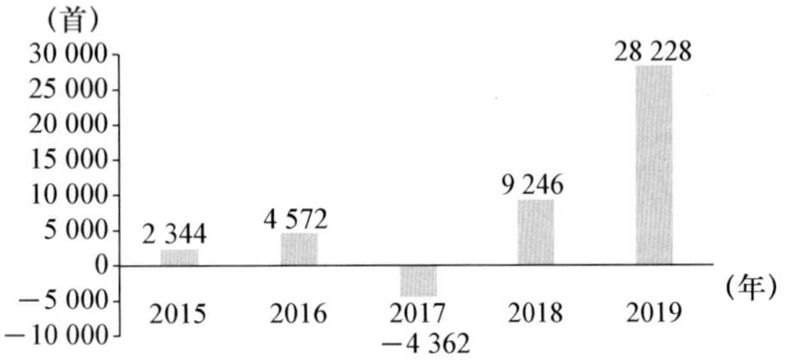

图 2　2015—2019 年新增授权曲目数量

二、著作权许可收入

2019 年 12 月 10 日，由国家版权局、文化和旅游部市场管理司在京召开“卡拉 OK 领域版权工作座谈会”，会上国家版权局领导明确了卡拉 OK 领域由中国音像著作权集体管理协会代表中国音乐著作权协会联合开展“二合一”收费。会后音集协拟定了《歌舞娱乐行业著作权许可业务实施方案》报国家版权局备案，并在国家版权局官网予以公示。

截至 2019 年 12 月 31 日，音集协收取卡拉 OK 著作权使用费 25 850 万元，超额完成了年初的既定目标，较 2018 年度同比增长 47%。收取 VOD 设备商著作权使用费 1 360 万元，迷你卡拉 OK 著作权使用费 303 万元，智能电视/智能机顶盒（IPTV）著作权使用费 135 万元。

为覆盖更广阔的市场、寻求更广泛的支持，音集协在 2019 年与 159 家全国各级行业娱乐协会进行了沟通交流，并与其中 58 家达成了合作，特别是与上海市文化娱乐行业协会共同签署的《加强知识产权保护，建立上海地区卡拉 OK 著作权集体管理新机制合作协议》，打破了上海许可工作停滞八年的局面。

三、著作权许可使用费分配

2019 年，音集协经反复测算和调研后，提出对卡拉 OK 著作权使用费的分配从全部按点击率计算调整为：应分配金额的 97%按照点击率分配，剩余 3%按照会员划档分配。上述方案经理事会审议通过后，音集协秘书处于 2019 年 8 月开始按照此方案分配 2018 年度的可分配卡拉 OK 著作权使用费 8 688 万元。其他许可业务的收入也按照理事会通过的分配细则向会员进行了分配。

四、集体管理综合能力提升

（一）完善规章制度

2019 年 6 月 27 日和 28 日，音集协分别召开第二届理事会第八次会议和第八次会员大会，除讨论新的分配方案外，还通过了《协会薪酬制度》《总干事绩效考核（暂行）办法》，向理事会提交《关于换届工作领导小组提名名单的建议》并审议通过。为加强内部管理，制定和更新了《报销和借款制度》《协会培训管理制度》《协会员工请休假审批权限和流程》《协会加班管理办法》《协会公车管理办法》。

2019 年 12 月 4 日，音集协召开换届筹备会议，审议并通过《协会换届工作方案》《协会负责人产生办法》《协会第三届理事候选建议名单》《协会第三届负责人候选建议名单》，为 2020 年的换届工作做好了准备。

（二）办公信息化建设

2019 年，音集协法务许可及相关部门全面启用电子合同签约系统，解决了纸质合同签约中审批时间长、签章用时久、书写错误率高、邮寄成本高、数据人工比对量大等问题。电子合同签约系统的启用提高了效率，提升了音集协的管理水平。

（三）大数据著作权管理系统一期开发完成

2019 年 4 月，音集协与中国音像与数字出版协会联合召开大数据著作权管理系统可行性专家论证会。论证会邀请了权利人、使用者、法律专家、技术专家等。参会专家一致认为，该系统建设方案切实可行。论证会过后，音集协配合技术团队，进入到紧锣密鼓的开发当中。截至 2019 年 12 月 31 日，大数据著作权管理系统一期已经开发完成，并通过了国家信息中心软件测评中心的测评。

五、维权工作

（一）起诉侵权卡拉OK场所

2019年全年，音集协对全国5 905家拒不接受许可不支付著作权使用费的卡拉OK场所提起侵权诉讼。与2018年相比，维权工作重心由执行向和解转移，依靠当地许可专员对卡拉OK场所的普法教育和前期诉讼案件起到的震慑作用，推进许可业务。在诉讼中，音集协主张以国家版权局公告的使用费标准统一计算侵权主体应承担的赔偿额度，该思路已得到福建、河南、甘肃等地法院的认可，产生多份生效判决。

（二）非会员商业诉讼

2019年非会员商业诉讼“井喷式”爆发，成为卡拉OK领域矛盾最为集中、各地法院关注程度最高的问题。非会员是指没有加入音集协的权利人或权利人的代理公司。非会员商业诉讼以司法判赔为目标，已形成产业链，对正常的集体管理授权秩序造成了严重影响。

2019年涉及商业诉讼的卡拉OK场所猛增至1 407家，比2018年增加336%，波及的省份增加至21个，以东南沿海地区为主，新增地区有新疆、甘肃、贵州、湖南、河北等（见图3）。

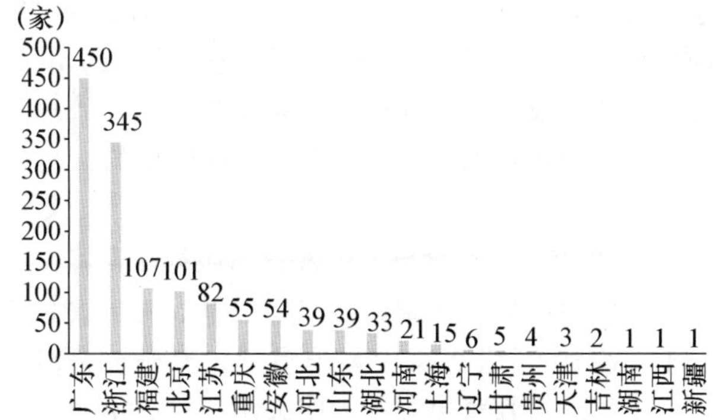

图3 各省非会员诉讼场所数量

针对在卡拉OK领域不断蔓延的商业诉讼，音集协积极应对，解决已经向音集协付费的卡拉OK场所的责任问题，同时与法院积极沟通，希望通过司法实践遏制商业诉讼，维护正常的授权秩序。

六、宣传与交流

（一）首次发布年报

2019年，音集协第一次发布年报，并制作中英文双语版本。通过年报对外发布会员、许可、分配、收支，以及与天合解约诉讼等重大信息。发布年报标志着音集协的信息公示工作迈上了新的台阶。年报发布后受到社会高度关注。

（二）构建宣传体系

为塑造公众形象，加强与社会各界的沟通，做好公关关系管理，音集协在2019年成立了宣传部，开通多家包括微博、微信订阅号（音像版权天地）、微信服务号（中国音像著作权集体管理协会）、今日头条号等的自媒体账号。音集协还对官网进行了改版，新版官网增设了会员在线入会、使用者申请交费等服务功能模块，并从2019年11月起按月编辑面向理事会的工作简报，使理事可以及时了解秘书处的工作动态。

（三）呼吁关注录音制作者的广播权和表演权

2019年7月，音集协与国际唱片业协会北京代表处在京联合举办“呼吁赋予录音制作者广播权和表演权”沙龙，邀请《中国新闻出版广电报》、《知识产权报》、音乐财经等多家媒体参会，引发了音乐圈、法律圈的广泛关注。2019年12月，音集协作为百余音乐产业代表之一，签名发起了“在《著作权法》修改中增加对录音制作者广播权、公开表演权等权利的保护”的倡议。这些均从舆论角度提高了各界对音像节目权利人应得权益的关注，对加强全社会的版权保护意识起到了推进作用。

（马继超）

中国文字著作权协会

一、著作权收转分配工作

中国文字著作权协会（以下简称“文著协”）是向著作权人转付报刊转载和教科书等法定许可使用文字作品著作权使用费的法定机构，因此，法定许可稿酬收取和分配工作是协会的法定职责，必须作为协会工作的重中之重来抓。文著协采取主动查找作者、主动核实作者信息和转载信息、主动发放转载稿酬的“三主动”方法，向作者转付报刊转载和教科书选文稿酬，确保把每一笔稿酬发放到真正的权利人手中；制定了严格的稿酬转付流程，给作者的每一笔稿酬都有使用明细单；保证每个月进行一次较大范围的稿酬转付工作，同时，个别作者的申领稿酬随时处理。

2019年，文著协全年共收取著作权使用费1 931万元，比上一年增长84.4%，为文字作品著作权人收取的著作权使用费首次接近2 000万元。

（一）著作权使用费分配情况

2019年，文著协共转付和分配著作权使用费1 033万元，平均分配率为53%，教科书选文著作权使用费转付率超过80%。全年大额分配共计30

次，惠及作者 1 331 人次，文章数千篇次。

（二）为会员上门送稿酬

在 2019 年"4·26"知识产权宣传周期间，文著协拜访了著名翻译家王干卿，儿童文学作家葛翠琳，冰心、陈伯吹、孙幼军、高士其、梁实秋、李四光、王愿坚、傅惟慈、叶君健、曹靖华、史铁生、雷抒雁等名家的权利继承人，并为他们送去多家出版单位交来的教科书和教辅著作权使用费和样书。

（三）发放样书

2019 年，文著协给权利人发放样书共计 2 134 册。

（四）提供著作权使用费清单

文著协非常重视向权利人提供准确翔实的著作权使用费明细单。2019 年，著作权使用费明细的提供除采用常规的信件和邮箱方式以外，还新增了微信方式，大大提高了为权利人服务的质量和效率。

二、会员发展工作

2019 年，文著协新增 129 位权利人，会员总数已达 10 046 人。

文著协通过定期发放著作权使用费加深了与会员的关系，许多权利人纷纷主动填写入会申请表要求加入协会，许多老会员陆续寄来新的作品备案，要求续签合同。

在 2019 年转付著作权使用费的过程中，文著协通过主动查找、作者申报，新增数百位权利人信息，更新会员信息 513 条，提高了与会员联系和著作权使用费分配的成功率与准确率。

三、法定许可业务的开展

面向报刊社、出版单位开展著作权法定许可工作宣讲，调研教科书出版机构和文摘类报刊社执行著作权法法定许可制度的情况，签署法定许可著作权使用费收转协议，收取文摘类报刊和教科书出版社交纳的转载和选文著作权使用费并向权利人转付是国家法律赋予文著协的法定职能。2019 年，文著协签订法定许可著作权使用费转付协议共计 7 份，涉及上海教育出版社、山东教育出版社、辽宁少年儿童出版社、《语文报》社、《社区天地》编辑部以及新加坡名创教育出版集团等教科书和报刊出版机构。

在积极宣传文著协的法定职能、签订新协议的同时，文著协不断敦促历年签订法定许可著作权使用费转付协议的出版单位，如人民教育出版社、江苏教育出版社等履行双方签订的协议，按时向协会交付教科书法定许可使用文字作品著作权使用费。

在法定许可业务方面，无论是从合作的报刊社、出版社数量来看，还是从收取的著作权使用费数额、转付分配的著作权使用费金额和影响来看，文著协都是履行法定许可付酬法定职能最好的著作权集体管理组织之一。

四、版权集体管理业务

（一）信息网络传播权

2019 年，文著协继续与北京世纪卓越信息技术有限公司（亚马逊中国）、东方网、《现代快报》社等机构合作，通过数字新媒体平台推广会员作品；同时与部分微信公众号开展合作，收取著作权使用费，为会员作品传播创造更多的收益。文著协继续为中宣部"学习强国"学习平台提供专业的著作权服务，制定详细的作者信息核对、稿酬转付流程，解答作者疑问，及时反馈总结工作中出现的新问题新情况，并提出解决建议。广大作者对"学习强国"平台遵守著作权法、尊重作者合法权益的做法高度赞扬。

（二）汇编权

汇编作品是很多出版单位的主要产品线。多年来，文著协通过切实履行报刊转载和教科书选文稿酬转付的法定职能，与很多经典作家、翻译家保持很好的合作关系，通过授权推广会员作品、主动查找作者译者，与很多会员和权利人建立了稳固的关系。文著协通过集体谈判、"一揽子"授权，将很多会员从烦琐的单篇文章授权业务中解脱出来，节省了会员的时间和精力，同时提高了会员的收益，解决了出版单位版权法律风险问题。经过多年的实践，将会员汇编权纳入集体管理，是文著协集体管理工作的一大"创举"，得到会员和出版单位的认可和好评。

2019 年，文著协与人民教育出版社、人民文学出版社、中国少年儿童新闻出版总社、中国大百科全书出版社、《世界文学》编辑部、上海教育出版社、上海外语教育出版社、明天出版社、山东画报出版社、湖南文艺出版社、四川天地出版社、海南出版社、北京凤凰联动图书发行有限公司、北京学而思教育科技有限公司、华樾教育科技有限公司、湖北知音动漫有限公司、哈尔滨勤为径图书有限公司等逾百家出版社和民营文化公司签订了 269 份《汇编作品授权协议》，为出版机构"一揽子"解决 429 种图书选用文章汇编权的授权和稿酬转付问题，涉及铁凝、高洪波、金波、葛翠琳、毕淑敏、冰波、金近、高士其、李四光、贾兰坡、叶永烈、傅惟慈、叶君健、顾蕴璞等数百位著名作家、翻译家的文章 6 000 多篇次，收取的稿酬达 900 多万元，产生了良好的社会反响，有效规范了教辅类图书出版市场版权秩序。

2019年，文著协与日本公文教育研究会、新加坡名创教育出版社、国际文凭组织等机构签订海外中文教材授权合同，向海外授权冰心、汪曾祺、陈伯吹、高洪波、金波、刘心武、叶永烈、雷抒雁、白冰、孙海浪等多位知名作家作品。

（三）戏剧公开表演权

2019年6月，文著协为北京人民艺术剧院引进俄罗斯经典话剧《老式喜剧》，该剧由李幼斌夫妇主演，演出盛况空前，一票难求。这是文著协继《办公室的故事》、《青春禁忌游戏》（原名为《亲爱的叶莲娜·谢尔盖耶夫娜》）、《长子》、《我可怜的马拉特》之后，为国内院团引进的第五部俄罗斯经典话剧。

同时，《青春禁忌游戏》继续在国内剧院上演。

输出诺贝尔文学奖获得者、中国作协副主席莫言的剧本《我们的荆轲》戏剧表演权至俄罗斯，该剧于2019年11月中旬在俄罗斯圣彼得堡“国际文化论坛”期间上演，产生良好的国际反响。

协助俄罗斯圣彼得堡大学与辽宁人民艺术剧院达成《钢铁是怎样炼成的》话剧表演权引进协议。

五、版权代理工作

（一）国内图书代理授权

2019年，文著协利用长期积累的会员和作者信息，与人民教育出版社、人民文学出版社、中信出版集团、上海教育出版社等出版社，北教小雨文化传媒（北京）有限公司、北京学而思教育科技有限公司、江苏春雨教育集团、北京蒲公英童书馆、北京翰墨怡香图书发行有限责任公司、江苏亲近母语文化教育有限公司、湖北知音动漫有限公司、长沙潇岳文化传播有限责任公司等民营出版策划机构签订了代理版权授权协议，解决了数十种图书版权授权。

（二）国际及港澳台地区版权代理

1. 代理授权《70周年70位作家70篇小说》蒙古文版

2019年是新中国成立70周年，中蒙建交70周年。为了纪念这一不平凡的事件，蒙古国驻华大使馆联合中央广播电视总台蒙古语部出版发行了《70周年70位作家70篇小说》一书。该书以蒙古文版面世，精选了鲁迅、郭沫若、老舍、茅盾、莫言、贾平凹、张爱玲等不同时期著名作家的代表作品。

文著协受蒙古国驻华大使馆委托，按照中宣部版权管理局的指派，在不到两周的时间内完成了全部作家的授权工作，保证了该书的顺利出版。

文著协作为中外文化交流的重要窗口和版权贸易的重要机构，能够为该书的出版提供高效专业的版权服务，彰显了协会专业的版权协调能力和服务“一带一路”倡议的务实态度。

2. 代理引进《普京：权力的逻辑》中文版

2019年，文著协代理引进的德国记者的权威传记《普京：权力的逻辑》一书中文版由译林出版社出版。8月22日晚，在文著协的积极推动和策划下，《普京：权力的逻辑》中文版新书发布会在北京俄罗斯文化中心举行。此次活动由俄罗斯驻华大使馆指导，由文著协、译林出版社和北京俄罗斯文化中心联合主办。原国家新闻出版总署副署长、中国新闻文化促进会理事长、中国俄罗斯友好协会高级顾问李东东，俄罗斯联邦驻华大使杰尼索夫，俄罗斯出版与大众传媒署副署长格里高利耶夫，文著协总干事张洪波，外交部欧亚司参赞罗世雄，以及来自中央对外联络部、中国社科院、中俄友协、欧美同学会、复旦大学等机构的嘉宾出席了活动。中俄两国重要媒体进行了报道。

3. 输出版权

2019年，文著协为人民出版社、商务印书馆、三联书店、群众出版社、浙江大学出版社等机构成功代理输出《黄克诚在中央纪委》、《吃货辞典》、《京味儿》、《京味十足》、《中国“金钉子”——全球标准层型剖面和点位研究》、《中国人工智能2.0发展战略研究》、《“一带一路”——引领包容性全球化》、《飓风行动》、“中国智能城市建设与推进战略研究丛书”（14种）、“中国基础研究报告”丛书（3种）等多部图书的俄文、阿尔巴尼亚文等语种版权。

六、继续执行“中俄现代与经典作品互译出版项目”

文著协作为“中俄现代与经典作品互译出版项目”的中方承办单位，自2013年承接该项目以来，积极协调中俄双方出版机构和翻译家，全力推动项目的开展。截至2019年底，中方已出版“俄罗斯文库”中的文学作品共计56种，俄方已出版“中国文库”中的文学作品共计38种，双方总计94种，完成该项目第一阶段100种图书任务的94%。

特别值得一提的是，南开大学谷羽（真名谷恒东）教授翻译的《诗国三高峰，辉煌七百年——唐诗宋词元曲选》和《风的形状——中国当代诗选》入选“国家出版十三五规划”，获得国家出版基金资助，将由天津大学出版社出版汉俄对照版。

在文著协的积极推荐下，《北京晚报》连续43天连载了“中俄互译项目”的成果——由北京大学出版社出版的《魔鬼的灵魂》（作者：叶甫盖尼·希什金，译者：西安外国语大学温玉霞教授）一书，这是 1991 年以来中国报刊媒体连载俄罗斯当代文学作品时间最长的一次。

七、会员维权工作

（一）教科书法定许可维权

根据多位会员投诉，文著协就山东教育出版社出版的九年制义务教育教科书《语文》中长期使用文字作品未向会员支付报酬一事，多次与其沟通未果，于 2019 年上半年，代表会员贺敬之将其诉至法院。法院开庭后，该社认识到侵权的严重后果，主动表示和解的意愿。文著协与该社详细沟通了侵权的后果和影响，以及协会承担法定职能的设计初衷，最终签署和解协议。该社支付了自 2004 年至 2019 年其出版发行的《语文》教科书中使用所有文字作品的著作权使用费 180 多万元。该社《语文》教科书涉及作者数百位、文字作品数百篇，文著协已经陆续向作者和继承人转付著作权使用费。

2019 年，文著协就语文出版社出版发行的《语文》教科书中使用会员文字作品拒不支付报酬一事向法院提起诉讼。根据大量会员投诉，文著协与华东师范大学出版社、湖北教育出版社、湖南教育出版社、教育科学出版社等出版单位就九年制义务教育和国家规划教科书使用会员作品不付酬问题协调沟通。

（二）信息网络传播权维权

2019 年 6 月，北京知识产权法院对文著协起诉《中国学术期刊（光盘版）》电子杂志社有限公司、同方知网（北京）技术有限公司侵犯会员汪曾祺《受戒》信息网络传播权一案做出终审判决，历时两年多，文著协胜诉，获赔 1 万元经济赔偿、1 万元合理支出（律师费）。2019 年 11 月 12 日，北京市高级人民法院做出裁定，驳回中国知网的再审申请。

2019 年，文著协根据会员曾鹏宇的投诉，就喜马拉雅平台侵犯其表演权、信息网络传播权事宜，与该平台多次交涉。

（三）日常维权

2019 年，文著协利用“4·26”知识产权宣传周和送稿酬、样书上门等活动对会员进行日常走访，为梁实秋女儿梁文茜，著名儿童文学作家孙幼军、金波、葛翠琳，著名翻译家傅惟慈、叶君健、顾蕴璞等会员就遇到的维权难题提出具体的意见建议，出具比对意见书、义务审核版权合同等，提供专业的法律服务。

除了外出走访，文著协还通过电话、电邮、微信等多种形式常年免费为权利人和使用者提供版权方面的法律咨询服务。

八、版权公共服务与版权研讨

（一）为“学习强国”平台提供专业版权服务

按照文著协与中宣部宣传舆情研究中心签署的协议，2019 年，文著协继续为“学习强国”学习平台提供会员作品授权，制定详细的稿酬转付流程，陆续为会员转付著作权使用费，及时反馈工作中出现的新问题新情况，并提出解决建议。

（二）为《著作权法》修订建言献策

1. 参加全国政协《著作权法》修订座谈会

2019 年 1 月，文著协收到司法部关于《著作权法》修订的定向征求意见函，组织专家和会员研讨，上报了具体的书面意见。

2019 年 1 月，文著协总干事张洪波参加中国社科院法学研究所组织的《著作权法》修订座谈会，并发言。

2019 年 4 月 2 日，全国政协副主席汪永清率调研组就《著作权法》修订工作到北京市开展调研。文著协总干事张洪波和协会会员、著名作家李迪应邀参加调研座谈会并发言，提出修法的具体意见和建议。

2. 参加全国人大《著作权法》修订座谈会

2019 年 12 月 20 日，文著协总干事张洪波应邀参加了全国人大教科文卫委员会组织的《著作权法》修订座谈会并发言。

文著协领导多次撰文并通过媒体呼吁加快《著作权法》修改进程，引入惩罚性赔偿机制，提高法定赔偿额的上限，将网络转载文章或文字作品片段纳入法定许可，建立法定许可付酬的保障救济机制等。

（三）版权专业研讨

2019 年，文著协领导应邀参加中国传媒大学、北京语言大学、北京外国语大学、北京第二外国语学院、重庆理工大学、北京印刷学院、北京工业大学、北京市第四中学等多所学校，地方版权协会，地方出版集团举办的版权保护、版权经纪人、版权集体管理、文化贸易、文化“走出去”的课题立项、评审、交流、研讨、培训讲座活动。

2019 年，文著协多次参加了与自身业务发展紧密相关的版权宣传研讨培训活动，包括国家版权局等四部门的“剑网”行动工作座谈会、2019 集体管理组织工作会议、2019 中国网络版权保护与发展大会、2019 中国（北京）打击侵权假冒交流大会、中英版权研讨会、中欧数字环境下版权保护研讨会、中国知识产权三十人论坛、中国文化产业发展论坛、

"一带一路"版权国际论坛、互联网社交平台知识产权保护论坛、青岛国际版权交易会、全国博物馆版权交易培训班、2019版权涉外工作培训班、2019国际版权人才培训班和"版权监管平台"专题培训等。

九、国际交往

2019年，文著协多次参加多所高校科研机构组织的文化贸易、"走出去"课题评审、交流研讨活动。经中宣部批准，文著协当选为中国出版协会"一带一路"出版工作委员会副主任单位。2019年12月，文著协总干事张洪波被国家知识产权局聘请为国家海外知识产权纠纷应对指导专家（首批专家库仅102人）。

（一）参加俄罗斯"2019知识产权战略国际论坛"

2019年4月，应欧亚权利人组织联合会邀请，文著协派员参加了在俄罗斯加里宁格勒举办的"2019知识产权战略国际论坛"并发表演讲。

（二）参加"第二届太平洋俄罗斯文学节"

2019年5月，应俄语世界基金会邀请，文著协派员参加了在俄罗斯符拉迪沃斯托克举办的"第二届太平洋俄罗斯文学节"，张洪波总干事做了题为《版权贸易——文化交流的重要方式》的主旨演讲，向与会者介绍了协会近几年来致力于推动中外图书戏剧版权贸易所做的工作，重点展示了"中俄互译项目"的成果。在文学节期间，向远东联邦大学、符拉迪沃斯托克市图书馆、全俄"海洋"儿童中心分别赠送了"中俄互译项目"成果、文著协代理的部分中国儿童文学作品和在俄罗斯出版的部分中国图书，受到俄罗斯上述机构的热烈欢迎与高度评价。

（三）参加莫斯科国际书展

2019年9月，应俄罗斯出版与大众传媒署的邀请，文著协派员参加了第32届莫斯科国际书展，举办了"中俄互译项目"新书发布会、新书成果展，承办中宣部进出口管理局组织的"中俄建交七十年出版合作成果展"，与俄罗斯出版与大众传媒署、俄中友协、俄罗斯科学院、俄罗斯翻译学院等机构交流，利用有限的时间尽最大可能地展示中国文化的魅力，展示协会工作成果，获得了良好的宣传效果。

（四）参加土库曼斯坦阿什哈巴德国际书展

2019年11月，应土库曼斯坦国家出版局邀请，文著协派员参加了第13届阿什哈巴德国际书展。中国驻土库曼斯坦大使孙炜东参观协会展台，对协会展出的130余种精品图书特别是"中俄互译项目"框架下两国著名作家的著名作品给予了高度评价。土库曼斯坦副总理兼外长、工商部部长、教育部副部长等先后参观了文著协展台，并接受了协会赠送的图书。同时，协会向中国驻土库曼斯坦大使馆和土库曼斯坦国家出版局分别赠送了"中俄互译项目"的部分图书成果以及协会代理版权的一些精品图书。

展会期间，前来协会展台参观的人群络绎不绝，当地民众对中国文化表示出了非常浓厚的兴趣和希望进一步了解的强烈愿望。

（五）出访罗马尼亚，考察当地著作权集体管理组织

2019年11月，应罗马尼亚著作权集体管理协会的邀请，文著协派员对罗马尼亚进行工作访问，考察当地著作权集体管理组织现状，走访罗马尼亚中国友好协会、布加勒斯特大学孔子学院，了解对方在集体管理方面的先进经验和做法，考察中文图书在罗马尼亚的翻译出版发行情况，为拓展两国版权贸易、进一步推动中国文化"走出去"打下良好基础。

（六）参加国际复制权组织联合会亚太区委员会研讨会和2019全球年会

2019年5月，文著协派员参加了在新加坡举办的国际复制权组织联合会（IFRRO）亚太区委员会研讨会；11月，派员参加了在英国爱丁堡举办的国际复制权组织联合会2019全球年会。在两次会议上，协会代表分别做了主题发言和年度工作报告，同时与前来参会的有关国家集体管理组织代表进行了深入交流，进一步增进了相互了解。

2019年1月和11月，文著协派员参加中宣部组织的中国版权代表团先后出访南非、塞舌尔、坦桑尼亚和土耳其、哈萨克斯坦，考察对方著作权行政管理和集体管理、宣讲《视听表演北京条约》和中国版权保护政策。

（张洪波）

中国摄影著作权协会

一、会员发展

中国摄影著作权协会（以下简称"摄著协"）把发展会员扩大权利代表性作为一项重要工作来抓，连续5年保持会员人数高增长，截至2019年，摄著协会员已达到20 500人，成为国内5家集体管理组织中会员人数最多的协会。

摄著协努力发展会员，赢得了广大摄影著作权人对协会的信任，著作权人愿意把权利交给协会管理，表现出权利的广泛代表性，使协会焕发旺盛的活力。会员人数的大幅度增长还为广泛开展国际版权保护合作，与更多的国外同类协会签署版权相互代表协议起到了积极推动作用。

二、配合“4·26”世界知识产权日和“剑网2019”专项行动

为配合“4·26”世界知识产权日和国家版权局等四部门的打击网络侵权盗版“剑网2019”专项行动，规范图片市场版权保护运营秩序，构建健康有序的图片市场版权秩序，摄著协联合中国摄影家协会举办“加强行业自律、尊重摄影创作”座谈会，邀请各领域摄影著作权人、摄影组织代表和法律专家，共同研讨互联网时代海量图片市场需求，摄影人应该在推动摄影作品依法授权、有序合法传播与合理使用中直面现实勇于承担，以积极的姿态投身到摄影版权保护的行动之中。座谈会的举办和会后发表的《摄影家愤怼版权“黑洞”》文章，在摄影界和社会引发广泛关注和热烈反响，短短5小时阅读量就超过5 000人次，中国摄影家协会微信公众号阅读量达到1.3万人次，《光明日报》客户端、《经济日报》新闻客户端、中国网、新浪网、搜狐网、腾讯网、《中国新闻出版广电报》等几十家媒体报道和推送此次座谈会和相关报道。此次座谈会不仅对摄影界进行了一次生动的普法教育，也让社会各界更加了解摄影家创作的艰辛与不易，更加理解摄影创作成果的珍贵价值与保护摄影版权的重要意义，对提高公众版权保护意识、增长版权保护知识产生了积极的社会影响。

三、会员维权工作

2019年，摄著协共起诉网络侵犯会员作品版权案件21起，其中经法院审理判决的有吉林文摘旬刊报业有限责任公司、达州日报社、北京网之道咨询有限公司、北京微媒互动科技股份有限公司、杭州咩咩网络科技有限公司、西安新思路茶业有限公司、深圳市斯亚德科技有限公司7起；在法院主持下调解结案的有安徽省广播电视台、北京蜂鸟映像电子商务有限公司、北京思搏共创科技合伙企业、邹平市广播电影电视中心4起。通过诉讼有力打击了网络侵犯摄影版权的行为，鼓舞了会员依法维权的士气，为会员赢得侵权赔偿40余万元，保护了会员的合法权益，赢得了摄影著作权人的欢迎，扩大了摄著协在社会上的影响力，在全国广大摄影家中产生了热烈反响。

四、教科书法定许可收费工作

教科书法定许可规定自2001年颁布以来，一直未能得到有效执行。在各类教科书中，摄影作品的使用数量最多，远远超出文字、音乐等作品。摄著协从十年前开始跟踪和调查教科书使用摄影作品，发现使用数量不仅没有减少反而有增加的趋势。2009年，摄著协对教科书使用摄影作品进行调查时，每册教科书平均使用60张摄影作品；2019年，摄著协与之谈判收费的几家出版社，每册教科书平均使用摄影作品超过80张。

为了把这一涉及全国广大摄影著作权人切身利益的收费工作做好，2019年，摄著协总结多年来与出版社收费谈判的经验，力争改变往年出版社象征性地向摄著协交钱了事的做法，选出几家有代表性的出版社，就法定许可规定颁布以来，尤其是国家版权局和国家发展改革委《教科书法定许可使用作品支付报酬办法》实施后，使用摄影作品进行实际评估和量化统计，得出每册教科书真实的作品使用数量，依此按照法律赋予摄著协的职能与出版社进行谈判，切实推进出版社依法付酬。

尽管这项工作进行得非常艰难，摄著协依然坚守法律赋予的职能，不负广大摄影著作权人的期盼，经过一轮又一轮的艰辛谈判，最终使得4家出版社对使用摄影作品数量进行较为切合实际的统计。其中一家出版社完成统计工作，依法与摄著协签订了自2013年《教科书法定许可使用作品支付报酬办法》颁布以来6年的摄影作品使用费付费协议。

五、著作权许可使用收费和分配情况

2019年7月25日，摄著协在北京举行新闻发布会，启动200余万元的教科书稿酬转付工作，在摄著协和中国摄影家协会的官网上公告4 000余幅教科书使用的摄影作品原图，通过社会媒体公开、透明发布稿酬转付信息，利用互联网向这些作品的作者传递认领稿酬的信息。

六、国际版权交流与合作

2019年5月，在日本东京召开的CISAC年会中，摄著协因积极开拓进取，业务行为规范符合CISAC的入会准则要求，顺利加入CISAC这个全球最具影响力的版权保护组织。摄著协加入CISAC在某种程度上说明了中国版权保护的发展和进步，这不仅对中国摄影版权保护具有重要和深远意义，也是摄著协具有划时代意义的重大事件，它可使中国摄影版权保护融入国际版权保护体系之中，在更多的国家和地区保护中国摄影家的版权，还可在CISAC框架内学习国际版权保护先进经验，分享版权保护和运营专业知识，共享CISAC的技术与信息服务。

11月，摄著协与西班牙VEGAP签订了版权相互代表协议，获得了超现实主义绘画大师萨尔瓦多·达利等一批国际艺术家的版权，加之2018年摄著协与比利时SABAM签订了版权相互代表协议后，获得著名艺术大师《丁丁历险记》作者比利时画家埃尔热的版权，摄著协成为国内唯一一家拥有多名世界级艺术大师版权的协会。

几年来，摄著协与国际相关版权集体管理组织开展的合作富有成效。2019年12月，摄著协收到了法国ADAGP向摄著协转付的1.3万欧元作品使用费，这是摄著协自开展国际合作以来收到的第一笔境外版税，虽然只有1.3万欧元，但这表明摄著协与国际组织的版权保护合作已得到深化。

（朱宝祺）

中国电影著作权协会

一、版权宣传与交流工作

（一）参与立法、司法和行政管理机关相关活动，提供咨询并协助执法

（1）参加修法座谈会。2019年12月20日，中国电影著作权协会（以下简称“影著协”）应邀参加全国人大教科文卫委员会关于修改《著作权法》的座谈会，并就著作权领域引入侵权惩罚性赔偿、提高侵权法定赔偿额上限等修改《著作权法》的相关建议发言。

（2）参加著作权集体管理工作会议。2019年3月26日和11月12日，影著协参加了中宣部版权管理局组织召开的两次著作权集体管理组织工作会议。一方面，各著作权集体管理组织接受监管，汇报2018年工作情况及2019年工作计划；另一方面，根据版权管理局要求做好2019年相关工作。会议还邀请各地和最高司法机关代表以及部分作品使用者共同讨论了版权管理局拟发布的对著作权集体管理组织的相关监管规定。

（3）参加中宣部版权管理局主办的其他相关会议。2月21日，影著协参加了中宣部版权管理局召开的打击网络侵权盗版“剑网”行动工作座谈会；4月26日，参加国家版权局举办的2019中国网络版权保护与发展大会；11月12—14日，参加2019年国家版权监管平台应用专题培训。

（4）为有关公安和行政管理部门提供咨询和权属核实服务。3月19日，影著协收到宁夏石嘴山市文化市场综合执法队发来的《关于请贵协会出具未授权大武口区文亮钟表小家电商店发行电影作品的证明的函》，涉及28部电影作品。3月21日，收到上海市文化市场行政执法总队发来的《协查函》，希望影著协协助调查上海某点播影院播放的《大轰炸》《疯狂的外星人》两部电影作品的版权相关信息。经与权利人联系调查核实后，影著协均已第一时间回函。

另外，影著协还就江西宜春、湖北浠水、辽宁盘锦等公安和行政管理部门关于私人影院、网站使用电影海报以及网站提供影视剧的来电，提供咨询服务。

（二）加强与权利人、使用者及相关机构的交流与调研

（1）参加版权与影视产业发展论坛。4月16日，第九届北京国际电影节期间，影著协应邀参加由世界知识产权组织及其中国办事处、北京市版权局和北京国际电影节组委会联合主办，首都版权产业联盟承办的“电影与版权论坛：机遇与挑战并存”。

（2）与出版社编辑人员交流图书、杂志使用电影截图等素材的版权问题。4月3日，陕西人民出版社编辑来影著协咨询在教材中使用电影剧照的著作权相关问题。影著协工作人员与其探讨了电影截图是否归属摄影作品、剧照在教科书中的使用是否属于法定许可范畴、使用费交纳标准等相关问题。出版社工作人员希望影著协能够帮忙解决相关版权问题，影著协表示可以先联系相关专家了解相关问题，待拿到出版社样书后，再进一步研究解决方案。

7月，河北少年儿童出版社的编辑来电咨询一本关于儿童电影发展史的理论学术图书使用电影图片的版权问题。双方就著作权集体管理解决非商业性用图的版权问题进行交流。

11月，金盾出版社《百姓生活》杂志联系影著协，表示其需要使用《哪吒之魔童降世》的两张截图。影著协帮助其联系相关著作权人。

（3）协助电影《诗人》制片方解决影片片段使用问题。电影《诗人》制片方希望影著协帮忙解决《北京人在纽约》《排球女将》《我爱我家》等影视主题曲片段作为电影背景声的使用授权。影著协联系各相关版权方，但是，由于片段使用涉及大量音乐作品的使用以及双方报价悬殊等问题，最终未能解决。

（4）参与其他业界节展活动。影著协通过作为支持单位等方式参与2019青岛国际版权交易会、第三届中国银川互联网电影节、成都国际数字版权交易博览会等活动，加强与各界的交流。

（5）与海外机构进行交流。影著协通过邮件以及面谈等方式与澳大利亚、哥伦比亚、英国、意大利等国的相关机构进行交流，增强对海外相关作者权利集体管理的了解。

二、版权管理相关工作

2019 年 11 月 20 日，影著协参加中宣部宣传舆情研究中心召开的“学习强国”学习平台版权保护工作会议，汇报 2019 年与学习平台相关工作情况及 2020 年工作计划。学习平台与影著协续签版权服务协议。应学习平台要求，影著协派员提供驻场服务。

（史文霞）

版权要闻

BAN QUAN YAO WEN

十大事件

2019年中国版权十件大事

［编者按］ 2020年2月11日，国家版权局在其官网发布了“2019年中国版权十件大事”。

一、打击院线电影盗版取得显著成效

2019年春节档院线电影出现高清盗版引发社会关注，国家版权局联合相关部门制定实施《加强院线电影版权保护专项工作方案》，发布5批33部院线电影版权保护重点作品预警名单，会同国家互联网信息办公室、工业和信息化部、国家电影局及电信运营商建立侵权盗版网站（APP）联控机制、推动成立院线电影版权保护联盟，会同公安部查办院线电影盗版重点案件30余起，抓获犯罪嫌疑人200余人，打掉盗版影视网站360余个、盗版APP 57个，查缴用于制作高清盗版影片的放映服务器7台、设备1.4万件，涉案金额2.3亿元。打击院线电影盗版取得显著成效，有力保障了电影市场秩序。

二、中国网络版权保护与发展大会在京举办

2019年4月26日，国家版权局在京举办以“守正创新：新时代网络版权严格保护与产业发展”为主题的“2019中国网络版权保护与发展大会”。会上，国家版权局等四部委联合启动“剑网2019”专项行动，发布“2018年度全国打击侵权盗版十大案件”、《2018年中国网络版权保护年度报告》、《中国网络版权产业发展报告（2018）》、《2017年中国版权产业的经济贡献调研报告》。大会主论坛、分论坛聚焦版权热点问题进行了深入探讨。中国网络版权保护与发展大会成为宣传版权保护政策、引领产业发展的风向标，扩大版权工作影响、提升社会版权意识的助推器。

三、区块链等新技术加速赋能版权保护和运用

2019年，区块链、5G通信、大数据、人工智能等新技术迅猛发展，我国利用新技术手段加强版权保护、促进版权运用加速发力。习近平总书记在中央政治局第十八次集体学习时强调要加快推动区块链技术和产业创新发展；中共中央办公厅、国务院办公厅《关于强化知识产权保护的意见》强调运用技术治理手段；国家版权局运用网络技术提升版权保护和管理水平，全面启用国家版权监管平台，在中国移动咪咕公司设立“网络版权保护研究基地”；知识产权法院、互联网法院运用区块链、时间戳等技术手段，解决数字版权存证、认证难题；网络平台和企业开发运用新技术，在版权确权、维权、交易等方面取得长足进展。随着新技术迅猛发展和版权保护运用的内在需求拓展，版权＋新技术凸显强化保护、推进运用的独特力量和优势。

四、“国家版权创新发展基地”在深圳前海设立

2019年10月24日，“推进中国特色社会主义先行示范区建设工作成果发布会”在深圳前海举行，国家版权局宣布在深圳市前海深港现代服务业合作区设立“国家版权创新发展基地”。基地可充分利用其区位优势、政策优势、产业优势，先行先试，打造版权保护与产业发展的高地与标杆，闯出一条全国领先、具有示范作用的新时代中国特色版权发展之路。开展“国家版权创新发展基地”试点工作是国家版权局贯彻落实党中央、国务院决策部署，大力融合创新驱动发展战略，充分发挥版权内在创新属性，全面提升版权工作能级的重要创新举措。

五、图片市场版权秩序规范工作深入开展

2019年4月初发生“黑洞图片”事件，图片版权问题引发社会广泛关注，相关各方着力规范图片市场版权秩序。国家版权局对事件及时有效发声，将图片版权保护纳入“剑网2019”专项行动进行重点整治，研究起草规范意见；最高人民法院民三庭有关负责人就图片版权问题做出说明，强调严格图片作品权利归属证据审查，依法严格保护享有权利

的图片作品；北京、天津等地方有关部门迅速开展行动加强管理。相关各方采取有效措施努力规范图片版权秩序，对推动图片产业健康发展、提升全民版权保护意识起到重要作用。

六、第十五次“剑网”专项行动取得显著成效

2019 年 5—11 月，国家版权局、国家互联网信息办公室、工业和信息化部、公安部联合开展打击网络侵权盗版“剑网 2019”专项行动。这是国家版权局会同有关部门连续十五年针对网络侵权盗版开展专项行动，成为维护网络版权、清朗网络空间的有效手段和著名工作品牌。“剑网 2019”专项行动聚焦媒体融合发展、院线电影、流媒体、图片、短视频等重点领域，开展版权专项整治，加强平台版权治理，共删除侵权盗版链接 110 万条，收缴侵权盗版制品 1 075 万件，查处网络侵权盗版案件 450 件，其中查办刑事案件 160 件、涉案金额 5.24 亿元。这次专项行动取得显著成效，为庆祝新中国成立 70 周年营造了良好网络版权环境。

七、司法裁判强化保护作品完整权

2019 年 8 月 8 日，北京知识产权法院对张牧野与中影公司、梦想者公司、乐视公司等侵害保护作品完整权纠纷一案做出二审判决。认定涉案电影对涉案小说主要人物设定、故事背景等核心表达要素的大幅度改动，对作者在原作品中表达的观点和情感做了本质上的改变，因而构成了对原作品歪曲、篡改，侵害了作者的保护作品完整权。本案系知名小说改编成电影而引发的侵权纠纷，受到公众广泛关注。判决明确了作者的名誉、声誉是否受损并不是侵害保护作品完整权的要件，侵权作品是否获得改编权并不影响保护作品完整权对作者人身权的保护等法律问题。本案判决对影视行业存在的任意修改乱象敲了警钟，对于推动全社会尊重和保护原创起到重要作用。

八、全国版权展会授权体系逐步建立

2019 年 10 月 20—22 日，由国家版权交易中心联盟主办的“2019 中国・北京国际版权授权大会”在北京举办。这是国家版权局积极推进版权实际运用和价值转化、着力打造全国版权展会授权体系的重要步骤，全国版权展会授权体系逐步建立。该体系以国家版权局主办的中国国际版权博览会为龙头，以山东青岛、江苏南京、广东东莞、四川成都、上海自贸区等多个地方版权博览会、交易会、授权展为身翼，做到整合资源、彰显特点、相互补充、共谋发展。打造全国版权展会授权体系为贯彻落实新发展理念、促进版权产业发展和版权强国建设发挥了重要作用。

九、中国文化娱乐行业协会积极规范行业版权秩序

2019 年，中国文化娱乐行业协会在国家版权局、文化和旅游部的指导下，积极发挥行业协会桥梁纽带作用，加强宣传，采取有力措施，推动歌舞娱乐行业严格遵守著作权法律法规，不断提高全行业的依法经营意识和规范经营水平。组织推动会员单位积极配合相关著作权集体管理组织，进一步优化卡拉 OK 领域的版权许可授权机制，为构建和完善符合国际惯例又具有中国特色的著作权集体管理制度、规范歌舞娱乐行业版权秩序发挥了积极作用。

十、中国（上海）自贸试验区版权服务中心启动运行

2019 年 9 月 24 日，全国首个在自贸试验区内设立的版权专业服务平台——中国（上海）自由贸易试验区版权服务中心启动运行，主要业务涉及版权快速登记、快速监测预警、快速维权等。启动运行该中心可充分发挥自贸试验区政府公共服务职能，探索提升政府综合监管机制创新、版权服务机制创新，加强版权创作、保护和运用，推进自贸试验区文化产业发展。在中国（上海）自由贸易试验区设立版权服务中心，对全国的自贸试验区在建设发展过程中积极发挥版权作用实现高质量发展具有重要示范意义。

动态百条

◆立　法

【全国人大立法调研组赴津 对修改著作权法进行立法调研】 1月21—22日，全国人大常委会副委员长艾力更·依明巴海率领全国人大立法调研组赴天津，对修改著作权法进行立法调研。全国人大常委会委员、全国人大教科文卫委员会主任委员李学勇参加。天津市人大常委会主任段春华陪同调研。

调研组实地察看了“津云”中央厨房、天津神界漫画集团有限公司、天津出版传媒集团人民出版社和新蕾出版社、C92文化创意产业园、泥人张彩塑工作室等。座谈会上，调研组听取了有关方面的工作汇报，与市文联和作协负责人、企业负责人和专家学者深入交流，了解著作权法贯彻实施情况，征求关于修改著作权法的意见建议。调研组认为，天津把知识产权工作摆在十分重要的位置，确立了建设知识产权强市的奋斗目标，普法宣传、激励创新、严格保护、促进运用等方面取得了明显成效。

艾力更·依明巴海在调研中指出，修改著作权法，是新时代深入实施创新驱动发展战略、建设社会主义文化强国的内在需求。要牢牢把握这次修改著作权法担负的使命任务，坚持以习近平新时代中国特色社会主义思想为指导，深入贯彻党的十九大精神，在确保著作权连续性、稳定性的基础上，研究新情况、解决新问题、确认新成果，使著作权法成为提升自主创新能力和文化软实力的有力支撑。

艾力更·依明巴海强调，要紧紧抓住立法质量这个关键，坚持科学立法、民主立法、依法立法，广泛听取意见建议，深入了解好的经验做法，充分研究吸纳，使著作权法“立得住、行得通、真管用”。要进一步调整规范好著作权法律关系，协调好作品创作生产与传播使用、著作权保护与限制、著作权法与技术发展、国内与国际等关系，切实让著作权用起来、“活”起来。要坚持问题导向，着力解决制约著作权领域改革发展的重点问题、损害著作权人利益的突出问题以及影响著作权创造、保护、运用的关键问题，切实增强法律的针对性和可操作性。

段春华在参加调研时说，全国人大调研组来津进行立法调研，充分体现了对天津工作的重视，对全市更好地贯彻实施著作权法，全面提升著作权工作法治化水平，具有指导和促进作用。天津要以此次调研为契机，认真落实调研组提出的意见要求，牢固树立“保护知识产权就是保护创新”的理念，实施最严格的知识产权保护制度，为打造全国知识产权保护高地提供有力法治保障。

全国人大常委会委员、全国人大教科文卫委员会副主任委员张平，全国人大常委会委员李巍，全国人大代表才华、孔晓艳参加调研；天津市人大常委会副主任李虹、副市长曹小红和市人大常委会秘书长贾凤山参加有关活动。

（资料来源：《天津日报》，作者：徐丽）

【全国政协双周协商座谈会围绕“著作权法的修订”建言资政】 2019年5月13日，十三届全国政协第二十二次双周协商座谈会在京召开，中共中央政治局常委、全国政协主席汪洋主持会议并讲话。他强调，著作权法是知识产权领域支柱性法律，对促进精神文化产品创造和传播、提高全民族科学文化素养、加快建设创新型国家具有重要意义。本次双周协商座谈会以“著作权法的修订”为议题，既是人民政协参与立法协商、助力提高立法质量的过程，也是积极开展普法教育、奠定执法思想基础和社会环境的过程，体现了建言资政和凝聚共识的有机统一。要深入领会习近平总书记关于加强知识产权保护的重要论述，坚持以人民为中心的发展思想，妥善处理好著作权创造、保护、运用的关系，构建新时代中国特色著作权制度。

12位委员、学者围绕著作权法修订的目标定位、价值取向、制度完善等建言资政。160多位委员在全国政协委员移动履职平台上踊跃发言。大家认为，改革开放以来特别是党的十八大以来，我国知识产权法制建设取得显著进展，形成了比较完备、符合国际规则的著作权保护法律体系，对鼓励作品创作和传播、促进社会主义文化和科学事业繁荣发展发挥了重要作用。同时，随着经济社会和科学技术快速发展，特别是互联网广泛应用，现行著作权制度面临许多新情况新问题，修法势在必行。

一些委员建议，著作权法涉及主体众多、利益关系复杂，要坚持立足中国实际与借鉴国际通行做法相结合，把握好立法速度与立法质量的平衡，妥善处理好创作者、传播者和使用者之间的利益关系。要坚持问题导向，建立著作权自愿登记制度、完善著作权限制制度、探索合理使用制度、改革著作权集体管理制度等，更好地适应经济、社会、文化发展和技术进步需要，适应互联网开放、共享、协作的时代要求，以良法促进善治。要加大对侵权行为的惩处力度，建立惩罚性赔偿制度，切实解决违法成本低、维权成本高等问题。要限制著作权保护滥用行为，破除各种形式的版权垄断，促进精神文化产品的有效传播，维护社会和公众利益。要跟踪和研究全球著作权保护发展动态，认真履行已加入的国际著作权条约，加强著作权保护国际合作，从国际规则的适应者和遵循者向参与者和建设者转变。

全国政协副主席张庆黎、陈晓光、夏宝龙出席会议。全国政协副主席汪永清在会上做主题发言。全国政协委员阎晓宏、戴红兵、张勤、李前光、陈崎嵘、刘宁、张威、李汉宇、刘筱敏、吕红兵，专家学者吴汉东、陈锦川在会上发言。司法部负责人介绍了有关情况，中央宣传部、最高人民法院负责人现场做了交流互动。

（资料来源：《光明日报》，作者：俞海萍）

【全国首部省级知识产权保护综合性地方性法规出台】 2019年9月27日，天津市十七届人大常委会第十三次会议审议通过了《天津市知识产权保护条例》(以下简称《条例》)，于2019年11月1日起施行。这是全国首部省级知识产权保护的综合性地方性法规，对天津市进一步加强知识产权保护，激发创新活力，营造尊重知识价值、公平竞争的营商环境，必将产生积极影响。

《条例》分为总则、行政保护、社会保护、纠纷解决机制、执法与处罚、附则，共6章58条。

《条例》明确当事人可以选择行政裁决、行政调解、人民调解等多元化知识产权纠纷解决途径，使缩短一般性侵权纠纷的维权周期成为可能。同时，《条例》明确规定，知识产权主管部门和知识产权管理部门应当建立统一的投诉、举报平台，公开投诉、举报方式等信息，及时处理并答复；知识产权主管部门应当建立知识产权维权援助机制，受理维权援助申请，提供维权咨询、纠纷解决等服务。

《条例》针对主要的知识产权侵权违法行为，通过提高罚款额度的基点，设定严于上位法的行政处罚；明确对重复实施知识产权违法行为依法从重处罚；明确了知识产权信用监管制度，针对知识产权严重失信行为设定相应的联合惩戒措施，进一步增大侵权违法的成本。同时，《条例》还对实施知识产权违法行为应当承担的民事责任和构成犯罪的刑事责任，做出衔接性规定。

《条例》创设技术调查员制度，明确知识产权主管部门和知识产权管理部门可以选聘专家作为技术调查员，参与知识产权案件调查，为知识产权行政保护工作提供专业技术支持。技术调查员的介入，可以大大增强行政部门查处专业性、技术性强的知识产权案件的能力。

《条例》引导知识产权相关权利人采取公证的方式保管知识产权相关证明材料，为知识产权相关权利人在诉讼中提出有力证据创造条件。

《条例》明确要求自然人、法人和非法人组织应当采取措施加强对自身知识产权的保护，尊重他人的知识产权；引导性规定企业、科研机构、高等学校等创新主体健全自身知识产权管理制度，增强自我保护能力；明确行业组织、电子商务经营者、展会和重要经济文化活动主办方在相关活动中保护知识产权、提供维权服务等方面的责任；明确鼓励知识产权服务业发展，对知识产权服务机构执业活动做出规范；明确鼓励知识产权人才培养和发挥知识产权保护志愿者作用。

（资料来源：《天津日报》，作者：徐丽）

【国务院公布《优化营商环境条例》 加大对知识产权保护力度】 2019年10月22日，国务院总理李克强签署国务院令，公布《优化营商环境条例》(以下简称《条例》)，自2020年1月1日起施行。

党中央、国务院高度重视优化营商环境工作。近年来，各地区、各部门按照党中央、国务院部署，顺应社会期盼，持续推进“放管服”等改革，我国营商环境明显改善。为了持续优化营商环境，不断解放和发展社会生产力，加快建设现代化经济体系，推动高质量发展，有必要制定专门行政法规，从制度层面为优化营商环境提供更为有力的保障和支撑。

《条例》认真总结近年来我国优化营商环境的经验和做法，将实践证明行之有效、人民群众满意、市场主体支持的改革举措用法规制度固化下来，重点针对我国营商环境的突出短板和市场主体反映强烈的痛点难点堵点问题，对标国际先进水平，从完善体制机制的层面做出相应规定。

一是明确优化营商环境的原则和方向。《条例》

将营商环境界定为市场主体在市场经济活动中所涉及的体制机制性因素和条件，明确优化营商环境工作应当坚持市场化、法治化、国际化原则，以市场主体需求为导向，以深刻转变政府职能为核心，创新体制机制、强化协同联动、完善法治保障，为各类市场主体投资兴业营造稳定、公平、透明、可预期的良好环境。

二是加强市场主体保护。《条例》明确规定国家平等保护各类市场主体，保障各类市场主体依法平等使用各类生产要素和依法平等享受支持政策，保护市场主体经营自主权、财产权和其他合法权益，推动建立全国统一的市场主体维权服务平台等。

三是优化市场环境。《条例》对压减企业开办时间、保障平等市场准入、维护公平竞争市场秩序、落实减税降费政策、规范涉企收费、解决融资难融资贵、简化企业注销流程等做了规定。

四是提升政务服务能力和水平。《条例》对推进全国一体化在线政务服务平台建设、精简行政许可和优化审批服务、优化工程建设项目审批流程、规范行政审批中介服务、减证便民、促进跨境贸易便利化、建立政企沟通机制等做了规定。

五是规范和创新监管执法。《条例》对健全监管规则和标准，推行信用监管、“双随机、一公开”监管、包容审慎监管、“互联网+监管”，落实行政执法公示、行政执法全过程记录和重大行政执法决定法制审核制度等做了规定。

六是加强法治保障。《条例》对法律法规的立改废和调整实施，制定法规政策听取市场主体意见，为市场主体设置政策适应调整期，完善多元化纠纷解决机制、加强法治宣传教育、推进公共法律服务体系建设等做了规定。

（资料来源：新华社）

◆ 司　法

【广州法院针对游戏直播平台发出第一个禁令】 2019年2月22日，广州知识产权法院发出针对游戏直播平台的第一个知识产权禁令。法院裁定，山西省运城市阳光文化传媒有限公司、今日头条有限公司、北京字节跳动科技有限公司3家公司立即停止《西瓜视频》APP直播《王者荣耀》游戏内容。

此案源于2018年《西瓜视频》的一次招募。2018年，《西瓜视频》APP发布《西瓜直播达人招募》公告，注明游戏类招募方向包括《王者荣耀》以及招募奖励等。作为游戏直播的组织者，而非单纯的平台提供者，《西瓜视频》此举招致《王者荣耀》著作权人的反对。2018年11月，腾讯以侵犯其著作权、不正当竞争为由，将上述3家公司诉至广州知识产权法院。

法院认为，上述3家公司的行为损害腾讯公司权益，攫取《王者荣耀》游戏的直播市场和用户资源，违反诚实信用原则和公认的商业道德。法院裁定，上述3家公司立即停止《王者荣耀》游戏直播。

（资料来源：《法制日报》，作者：张维）

【十三届全国人大二次会议听取两高报告】 2019年3月12日，十三届全国人大二次会议在北京人民大会堂举行第三次全体会议。

最高人民法院院长周强代表最高人民法院向大会报告工作。报告指出，最高人民法院依法服务创新型国家建设，2018年审结一审知识产权案件28.8万件，同比上升41.8%，服务创新驱动发展；建立国家层面知识产权案件上诉审理机制，设立最高人民法院知识产权法庭，主要审理专利等技术性较强的知识产权上诉案件，统一裁判标准，进一步加强知识产权司法保护；加强北京、上海、广州知识产权法院和19个知识产权法庭建设，优化科技创新法治环境。

报告还指出，最高人民法院制定互联网法院审理案件司法解释，增设北京、广州互联网法院。杭州互联网法院依法审理涉“小猪佩奇”著作权跨国纠纷等案件，率先在国际上探索互联网司法新模式。最高人民法院还制作了《执行利剑》等影视作品，以群众喜闻乐见的形式讲好执行故事；加大宣传报道力度，通过全媒体直播执行活动，生动展现攻坚“基本解决执行难”的艰辛和成效。

最高人民检察院检察长张军代表最高人民检察院向大会报告工作。报告指出，2018年，最高人民检察院加大知识产权司法保护力度，挂牌督办32起重大典型案件，起诉侵犯专利、商标、商业秘密等犯罪8 325人，同比上升16.3%。

（资料来源：《中国新闻出版广电报》，作者：袁舒婕　李婧璇）

【2018年度上海十大版权典型案件发布】 2019年4月11日，上海市版权局对外发布2018年度上海十大版权典型案件。

这十大典型案件包括：（1）“CATIA”计算机软件侵权纠纷案；（2）真彩公司破坏技术措施设置链接行为著作权侵权及不正当竞争纠纷案；（3）李某侵犯著作权案；（4）陈某等人系列侵犯著作权案；（5）上海乐欢软件有限公司通过信息网络擅自向公众提供他人的电影作品案；（6）上海步升大风音乐文化传播有限公司、上海东华广播电视网络有限公司与东方有线网络有限公司侵害录音录像制作者权纠纷案；（7）葫芦娃游戏形象著作权侵权及不正当竞争纠纷案；（8）浦睿公司、湖南音像出版社侵害著作权纠纷案；（9）某泵业公司侵害某中德合资企业产品说明书著作权、不正当竞争纠纷案；（10）上海海关查办侵犯足球世界杯相关著作权侵权系列案。

上海市版权局表示，2018 年度上海十大版权典型案件显示出这一年我国版权司法力度的不断加大和版权生态的不断优化。具体表现在：

对著作权侵权行为的司法认定更加精细。如李某侵犯著作权案，该案对于准确把握复制行为、正确认定侵犯著作权犯罪、解决类似案件中的疑难问题具有重要意义。同时，查处结果也彰显了我国对严重侵犯知识产权犯罪的惩治及对知识产权的保护力度。

积极探索新兴行业版权执法，收获有益经验。如上海市文化市场行政执法总队在对上海乐欢软件有限公司通过信息网络擅自向公众提供他人的电影作品案的查处中，面对新兴行业给版权执法带来的挑战，迎难而上，通过技术手段，突破固定证据、情节认定等难关，依法及时做出行政处罚。

对传统行业版权保护的指引作用更有效。如图书出版机构侵害著作权纠纷案，该案涉及著作权人、出版机构、文化传播公司等多类法律主体，亦包含著作权许可、图书发售等多重法律关系。实践中，各方可对著作权许可使用费、发行成本分摊、图书销售盈利分配等予以灵活约定，这一方式具有高效性，但履约中的不规范、不严谨操作，容易引发著作权侵权风险。该案的判决对明晰出版从业主体著作权保护注意义务的边界、提升行业规范运作意识具有一定的参考价值。

遵守版权国际条约，实施同等保护，提升我国知识产权保护的国际形象。如李某侵犯著作权案、上海海关查办侵犯足球世界杯相关著作权侵权系列案等，针对涉外案件查处中的疑难复杂问题，执法部门之间主动加强沟通，统一认识，提高办案效率，并依法做出查处判决，受到国外权利人的高度认可，彰显了我国知识产权保护的良好国际形象以及上海建设亚太地区知识产权保护中心城市的信心与能力。

（资料来源：《中国新闻出版广电报》，作者：金鑫）

【海南获批设海口知识产权法庭和海南涉外民商事法庭】 2019 年 4 月 15 日，海南省高级人民法院介绍，最高人民法院已批复同意海南设立海口知识产权法庭和海南涉外民商事法庭（以下简称“两类法庭”）。

随着海南自贸区（港）建设的不断推进，知识产权和涉外民商事纠纷不断增加。海南获批设立海口知识产权法庭和海南涉外民商事法庭，将更好地适应海南自贸区（港）建设的新形势和新需求，加快形成法治化、国际化、便利化营商环境和公平统一高效市场环境。

海南省高级人民法院有关负责人表示，两类法庭的设立秉持专业性和全域性的思路，将集中全省法院优秀人才组建，对全省技术类知识产权一审民事、行政案件和涉外民商事一审案件进行集中管辖，提升审理的专业化能力和水平，大幅提升涉外民商事案件的审理质量和效率，为推动自贸区（港）建设提供有力司法保障。

（资料来源：中国新闻网，作者：方茜）

【最高检：2018 年起诉侵犯知识产权犯罪案 4 458 件】 2018 年，检察机关共批准逮捕涉及侵犯知识产权犯罪案件 3 306 件 5 627 人，提起公诉 4 458 件 8 325 人。其中，批捕假冒注册商标罪，销售假冒注册商标的商品罪，非法制造、销售非法制造的注册商标标识罪等侵犯商标权犯罪 3 100 件 5 266 人，起诉 4 136 件 7 741 人；批捕侵犯著作权罪、销售侵权复制品罪等侵犯著作权犯罪 107 件 174 人，起诉 145 件 304 人；批捕侵犯商业秘密罪 28 件 53 人，起诉 27 件 56 人；批捕数罪或他罪中含侵犯知识产权行为 70 件 133 人，提起公诉 147 件 220 人。

最高检有关负责人表示，侵犯著作权犯罪纷纷“触网”是近几年来的一大特点，几乎所有作品都可以转换为数字形式在网络上传播，尤其是网络技术的快速发展，使作品的创作、传播和保护方式都发生了深刻变化。对此，检察机关多措并举持续加大对网络文学、音乐、影视、游戏、软件等的保护力度：对重大疑难复杂案件主动提前介入侦查，更好地运用技术手段全面搜集和固定证据，并充分发挥诉讼监督职能，促进规范侦查行为，提升办案质效；为应对网络侵犯著作权犯罪不断更新的技术手段和带来的法律适用难题，检察机关不断加大办案队伍专业化建设，组建知识产权专门办案队伍，培养相关专业领域的人才，精准高效办理侵犯知识产权案件。

（资料来源：《经济日报》，作者：张雪）

【最高法：知识产权司法保护体制不断完善】 具有鲜明中国特色的知识产权司法保护体制正在不断完善。最高法院副院长陶凯元指出，3 家知识产权法院、地方知识产权法庭和最高法院知识产权法庭是司法改革的重要成果，也是人民法院贯彻中央加强知识产权司法保护精神、保障创新驱动发展战略、营造一流营商环境的重大战略部署。

近年来，人民法院加大知识产权司法保护力度，平等保护各类企业合法权益，坚决依法惩处侵犯知识产权行为。为提高知识产权审判质量、效率，最高法院出台了《关于技术调查官参与知识产权案件诉讼活动的若干规定》，于 2019 年 5 月 1 日施行。该规定明确，人民法院在审理专利、植物新品种、集成电路布图设计、技术秘密、计算机软件、垄断等专业技术性较强的知识产权案件时，可以指派技术调查官参与诉讼活动。参与诉讼活动的技术调查官应当参照刑事诉讼法、民事诉讼法、行政诉讼法有关其他人员回避的规定适用回避制度。

2019 年知识产权司法保护工作重点包括：进一步加强改革创新，不断完善中国特色知识产权司法保护体制；继续推进司法解释的制定发布工作，参与推动知识产权相关法律立法修法进程；全力落实中央关于粤港澳大湾区建设分工任务，助力大湾区建设；继续扩大对外交流渠道，积极参与全球范围内的知识产权交流合作。

（资料来源：《经济日报》，作者：李万祥）

【首例云服务器存储侵权案改判 阿里云不担责】 2019 年 6 月 20 日，北京知识产权法院审结阿里云侵权二审案件：阿里云公司不应承担侵权责任，最终改判驳回乐动卓越公司的全部诉求。该案对于我国云服务器租赁服务这一新兴行业的发展将产生关键影响。

该案涉及一款名为《我叫 MT online》的手机网络游戏。原告乐动卓越公司一审诉称：《我叫 MT 畅爽版》游戏内容存储于阿里云服务器，并通过该服务器向客户端提供游戏服务。乐动卓越公司诉至一审法院请求判令阿里云公司断开链接，停止为《我叫 MT 畅爽版》游戏继续提供服务器租赁服务，赔偿经济损失 100 万元及合理支出 11 240 元。

一审法院认定，阿里云公司侵害了乐动卓越公司对涉案游戏的信息网络传播权，判决阿里云公司赔偿 25 万元。

北京知识产权法院审理后认为，阿里云公司在本案中提供云服务器租赁业务，不属于《信息网络传播权保护条例》规定的四类网络服务提供者的范畴。乐动卓越公司向阿里云公司发出的通知没有提供准确定位侵权作品的信息，亦缺少构成侵权的初步证据，系不符合法律规定的不合格通知，故阿里云公司在接到该通知后未采取必要措施并不违反法律规定。

此外，北京知识产权法院认为，即便乐动卓越公司发出的系合格通知，阿里云公司亦不应采取“删除、屏蔽或者断开链接”或与之等效的“关停”服务器等措施。因为这与云服务器租赁服务提供者对云服务器中的具体信息内容无法直接控制的技术特征及维护用户数据安全的商业伦理要求是相违背的。

（资料来源：《北京青年报》，作者：朱健勇　张倩）

【国内第一起问答类作品侵权案件宣判，“知乎”赢了】 微博账号“大神说”（曾用名“知乎大神”），擅自转载“知乎”问答，“知乎”提起侵权之诉。2019 年 6 月 26 日，北京海淀法院判决“知乎”胜诉，被告方赔偿 8 000 元。据悉，这是国内第一起问答类作品侵权案件，也是国内首起由互联网信息平台代表用户发起的跨平台版权诉讼案件。

博主阮某、深圳蜂群互动有限公司作为被告，共同运营新浪微博“大神说”（曾用名“知乎大神”），其未经许可，擅自在新浪微博上以图片的形式大量转载原告平台上用户的问题及回答，供广大互联网用户浏览，侵害了智者天下公司的信息网络传播权，请求法院判令二被告连带赔偿经济损失和合理开支 3.7 万元。

阮某庭审时说，涉案文章均已删除，未给原告及原作者造成损失，且被告转载涉案解答是知乎协议中允许的基于非商业目的的使用，并已在显著位置注明作者信息。

蜂群互动公司否认该公司是涉案微博经营者。

法院审理后认为，涉案 7 篇问答是作者对某一特定问题的认识和见解，通过文字形式传递了作者的思想、情感，形成作者不同于他人的独创性表达，构成著作权法所保护的作品。根据涉案 7 篇文章的署名及作者给智者天下公司的授权书等证据，在无相反证据的情况下，可以确认智者天下公司经授权获得涉案 7 篇文章的独家信息网络传播权，有权提起本案诉讼。

涉案昵称为“大神说”的新浪微博注册人为阮某，同时基于蜂群互动公司关于其自运营“大神说”等微博的宣传、广告招商及实际能够在微博中发布广告的情况，在无相反证据的情况下，可认定蜂群互动公司与阮某共同经营涉案微博。

据此，法院认定，二被告侵犯了原告就涉案 7 篇问答所享有的信息网络传播权，应当承担侵权责任。最终，做出上述判决。

（资料来源：《北京日报》，作者：高健）

【北京互联网法院“在线智慧诉讼服务中心”启动】 2019 年 6 月 27 日，北京互联网法院召开“在线智慧诉讼服务中心”新闻发布会，在线智慧诉讼服务中心正式启动。现场进行的 AI 虚拟法官导诉、北京互联网法院“移动微法院”、微淘账号等多项互联网审判创新内容展示，吸引了很多人关注。其中，北京互联网法院综合审判二庭负责人刘书涵进行了 AI 虚拟法官发布及展示。AI 虚拟法官即以刘书涵为原型，利用 AI 技术合成的虚拟法官形象，也是全球首个 AI 虚拟法官。

北京互联网法院“在线智慧诉讼服务中心”是在全流程在线审判基础上建成的一体化、全流程、全网络的诉讼服务平台。该平台特色包括 PC 端诉讼服务功能，在官网中开辟专门的“诉讼服务平台”板块，增加智能导诉、诉讼工具、天平链存证等多项功能；“移动微法院”覆盖掌上立案、视频调解、庭审直播、线上存证等八大功能，带给当事人更加高效、便捷的诉讼服务；开设微淘达人账号，包括智慧诉服、互动问答、旺旺送达等多个栏目，创新与当事人即时沟通的方式和法治宣传方式。

（资料来源：《中国新闻出版广电报》，作者：赵新乐）

【法院裁定禁止“刷宝”抓取“抖音”短视频行为】 因认为刷宝 APP 采用技术手段或人工方式获取抖音 APP 短视频及评论并向公众提供的行为构成不正当竞争，北京微播视界科技有限公司（下称“微播公司”）将北京创锐文化传媒有限公司（下称“创锐公司”）、成都力奥文化传播有限公司（下称“力奥公司”）诉至法院。在案件审理过程中，微播公司提出行为保全申请，要求创锐公司、力奥公司立即停止采用技术手段或人工方式获取来源于抖音 APP 中的视频文件、评论内容并通过刷宝 APP 向公众提供的行为。北京海淀法院于 2019 年 6 月 28 日依法做出行为保全裁定，支持微播公司的行为保全申请。

微播公司称，其为抖音 APP 的开发者和运营者，通过投入高额的运营成本、提供优质的原创内容在同类产品中形成竞争优势，微播公司对抖音 APP 中的短视频及评论享有合法权益。二被申请人作为同业竞争者，在其共同运营的刷宝 APP 中向公众提供非法抓取自抖音 APP 的短视频及用户评论，已取证的短视频数量达 5 万余条。二被申请人的上述行为削弱了微播公司的竞争优势，违反了《反不正当竞争法》第 2 条的规定，构成不正当竞争。

力奥公司否认其实施涉案行为，并表示涉案视频、评论均为用户上传。在接到法院通知后，其已将大部分涉案视频删除，余下 1 220 条未删除视频所占比例较低，且具有合法来源，不会造成难以弥补的损害。创锐公司则否认其为刷宝 APP 的开发者及运营者。

北京海淀法院充分听取双方意见，仔细审查当事人提出的相关证据，认定创锐公司、力奥公司未提交足够证据证明 5 万余条涉案视频及相关评论内容为用户上传或具有合法授权，同时结合涉案视频中含有抖音专有 VID 码，刷宝 APP 上展示有微播公司专门设置的含有“搬运自抖音”VID 码的短视频，刷宝 APP 上的评论内容、顺序、标点符号与抖音 APP 完全相同，且出现表情图未能正常显示等情况，认定二被申请人系采用技术手段或人工方式获取来源于抖音 APP 中的视频文件、评论内容并通过刷宝 APP 向公众提供，该行为被认定为不正当竞争行为的可能性较大。鉴于涉案视频数量高达 5 万余条，二被申请人仍有 1 220 条涉案视频坚持不予删除，且在未能提交相应证据证明的情况下仍坚称该部分视频有合法来源，加之二被申请人始终不承认其实施了涉案行为，在听证过程中刷宝 APP 仍在向用户提供新的来源于抖音 APP 的视频内容，为有效控制涉案行为规模及损害后果的扩大，保护微播公司的合法权益，北京海淀法院依法做出行为保全裁定，责令创锐公司、力奥公司立即停止采用技术手段或人工方式获取来源于抖音 APP 中的视频文件、评论内容并通过刷宝 APP 向公众提供的行为。

（资料来源：中国知识产权资讯网，作者：窦新颖）

【国内首例涉及“微信表情”和“微信红包”著作权纠纷案宣判】 因认为《吹牛》软件使用了与微信相似的红包界面和聊天表情，腾讯科技（深圳）有限公司（以下简称“腾讯科技公司”）和深圳市腾讯计算机系统有限公司（以下简称“腾讯计算机公司”）将《吹牛》软件的开发运营方北京青曙网络科技有限公司（以下简称“青曙公司”）告上法庭。2019年7月19日，北京互联网法院公开宣判腾讯科技公司、腾讯计算机公司诉青曙公司侵害著作权、不正当竞争纠纷两案。

“微信表情”案一审认定：涉案微信表情生动、形象、富有趣味，体现出一定的个性化选择和独创性表达，具有审美意义，构成美术作品，腾讯科技公司对其享有著作权，腾讯计算机公司依据相应授权，对涉案“微信表情”亦享有著作权。判决被告构成侵害信息网络传播权，赔偿原告经济损失30万元及合理开支1万余元。

“微信红包”案一审认定：涉案“微信红包聊天气泡和开启页”具有独创性，构成美术作品；“微信红包”相关页面构成有一定影响的装潢。认定被告侵害了二原告的信息网络传播权，判令停止侵权并赔偿原告经济损失10万元；认定被告实施了不正当竞争行为，判令停止不正当竞争行为并赔偿腾讯计算机公司经济损失40万元；此外，被告还被判赔偿原告合理开支9万余元。

这是国内首例涉及“微信表情”和“微信红包”著作权纠纷系列案件。

（资料来源：《中国新闻出版广电报》，作者：赵新乐）

【全国首例“图解电影”案一审宣判 优酷胜诉获赔3万元】 2019年8月6日，全国首例“图解电影”案由北京互联网法院做出一审宣判：原告优酷胜诉，获赔3万元。

优酷起诉称，原告花费巨额成本取得涉案电视剧《三生三世十里桃花》的独家信息网络传播权和维权权利。在授权期内，原告发现深圳市蜀黍科技有限公司在其开发运营的“图解电影”平台上的剧集栏目中，提供涉案剧集的连续图集，基本涵盖了涉案剧集的主要画面和全部情节，侵害原告的信息网络传播权。

优酷提供的证据显示，在“图解电影”APP和“图解电影”网站中，可播放名为《三生三世十里桃花作品01》的图片集，共包含图片382张，均截取自涉案剧集第一集，图片内容涵盖涉案剧集第一集视频内容的主要画面，下部文字为被控侵权图片集制作者另行添加。该网站页面显示，图片集制作者为“青青酱”，观看量为6.9万。优酷要求被告赔偿经济损失及合理费用共计50万元。

蜀黍科技公司辩称，“图解电影”平台是一个用户自行上传信息的分享平台，是信息存储空间，平台有声明要求上传的内容必须合法合规，尽到了平台注意义务。而且，视频播放通常情况下一秒就有24帧画面，“图解电影”并非连续使用图片，不会对视频造成直接的侵权，并且“图解电影”是图片和文字结合的再创作，核心在文字本身。另外，作者观剧后的文字分享，需要有图片配合陈述，且300多张图如果连续播放仅能播放几秒钟，对整个视频来说，属合理引用行为。并且图片集仅涉及剧集的第一集，对58集的总剧集来说是预告片，起到了宣传的作用。

法院审理认为，涉案剧集是连续动态的影视画面，而“图解电影”是静态图片，两者分属于不同的作品类型。但根据现有制作技术，流动画面的电影及类电作品的实质，是静止画面的集合和连续播放，电影或类电作品中一帧帧的画面是该作品的组成部分。

本案中，通过比对，“图解电影”图片集过滤了涉案剧集的音效内容，截取了涉案剧集中的382幅画面，其截取的画面并非进入公有领域的创作元素，而为涉案剧集中具有独创性表达的部分内容，因此，提供涉案图片集的行为构成提供作品的行为。被控侵权行为通过网络在线方式，使公众可以在其个人选定时间和地点获得涉案图片集，该行为落入涉案剧集信息网络传播权的控制范围。

法院认为，被告提交的后台记录仅载明被控侵权内容上传者的用户名、注册邮箱、注册时间、上传终端手机IMEI号等信息，不足以证明涉案图片集为真实用户所上传，应承担举证不利的后果。另外，即使涉案图片集由网络用户第三人上传，被告在明知影视类作品具有较大市场价值，不大可能授权给普通用户的情况下，仍设置网站专供普通用户提供影视资源图片集，吸引、教唆其实施上传行为，且与用户之间存在关于涉案图片集利益分享等紧密关系，具有明显的主观故意，构成共同提供涉案图片集的行为。

法院指出，本案中，涉案图片集几乎全部为原有剧集已有表达，虽被告抗辩称，按照一般类电作品每秒24帧计算，涉案图片集仅“引用”了原作品0.5%的画面内容，但合理引用的判断标准并非取决于引用比例，而应取决于介绍、评论或者说明的合理需要。本案中，涉案图片集目的并非介绍或评论，而是迎合用户在短时间内获悉剧情、主要画面内容的需求，故不属于合理引用。

涉案图片集分散地从整部作品中采集图片，加之文字解释对动态剧情的描述，能够实质呈现整部剧集的具体表达，公众可通过浏览涉案图片集快捷地获悉涉案剧集的关键画面、主要情节，提供图片集的行为对涉案剧集起到了实质性替代作用，影响了作品的正常使用。由于替代效应的发生，本应由权利人享有的相应市场份额将被对图片集的访问行为所占据。从市场角度看，以宣传为目的与以替代为目的的提供行为存在显著区别，涉案图片集并非向公众提供保留剧情悬念的推介、宣传信息，而涵盖了主要剧情和关键画面，一般情况下难以激发观众进一步观影的兴趣，不具备符合权利人利益需求的观影效果，损害了权利人的合法利益。

最终，法院综合涉案剧集知名度较高、侵权行为发生时间尚处相对的市场热播期，侵权行为持续时间较长但被告及时删除侵权内容，被告网站中显示的观看、播放数量等因素，酌情判定原告方的经济损失。

（资料来源：《北京日报》，作者：高健）

【我国首起“同人小说”纠纷案尘埃落定】 我国首起“同人小说”纠纷案尘埃落定，由于原被告均撤回上诉，该案一审判决已生效。即张牧野（笔名天下霸唱）使用原著小说中的相同人物要素的行为不构成著作权侵权及不正当竞争；参与出版、推广被控侵权图书的多名被告因图书封面构成虚假宣传，应停止侵权，赔偿经济损失等。

2007 年 1 月 18 日，张牧野与上海玄霆娱乐信息科技有限公司（以下简称“玄霆公司”）签订著作权转让许可协议，将其创作的《鬼吹灯》系列作品著作财产权转让给玄霆公司。双方在协议中约定，对张牧野使用其本名或笔名进行同名作品的创作行为进行了限制。

玄霆公司认为，其在受让《鬼吹灯》著作权后，借助起点中文网的影响力和玄霆公司的版权运营，使《鬼吹灯》成为极具知名度的文学作品。在此之后，张牧野再次使用笔名天下霸唱创作小说《摸金校尉之九幽将军》（以下简称《摸金校尉》），仍然写的是《鬼吹灯》主人公胡八一、Shirley 杨和王胖子三位摸金校尉的探险寻宝故事。据此，2015 年 12 月 21 日，玄霆公司以著作权侵权和不正当竞争为由，将张牧野与相关出版社等五被告起诉至上海市浦东新区人民法院（以下简称“浦东法院”）。

该案争议焦点在于原告玄霆公司主张的著作权侵权与不正当竞争行为是否成立，主要涉及被控侵权图书使用相同人物等要素的行为性质认定以及五被告的民事责任认定等。浦东法院经审理认为，被控侵权图书虽然使用了与原告权利作品相同的人物名称、人物关系、盗墓规矩等要素，但被控侵权图书有自己独立的情节和表达内容，且将这些要素和自己的情节组合之后，形成了一个全新的故事内容，这个故事内容与原告作品在情节上并不相同或相似，也无任何延续关系，不构成对原告著作权的侵犯。此外，该案原告所主张的人物形象等要素首先是由作者本人即被告张牧野创作，在没有约定明确排除张牧野相应权益的情况下，张牧野作为原著的作者，有权使用原著小说中的这些要素创作出新的作品。

浦东法院同时认为，涉案出版社等被告借助电影《寻龙诀》的知名度，在电影上映这一特定时期直接或间接地向相关公众传递了被控侵权图书和电影《寻龙诀》在内容上有关联的信息。将这些行为整体结合来看，易使相关公众将图书《摸金校尉》误认为是电影《寻龙诀》的原著或与原著内容有关联，可能会造成取代电影原著小说地位的后果，对原告利益造成实质性损害，从而构成引人误解的虚假宣传。

据此，浦东法院认定，被控侵权图书封面的使用虽经第三人（万达影视传媒有限公司）授权，但被告在使用经授权的图片时仍应遵循市场竞争基本准则，其使用方式不得侵犯他人合法权益，然而被告虚假宣传的行为已构成不正当竞争。随后，浦东法院判令参与出版被控侵权图书的多名被告停止侵权，赔偿经济损失等。

浦东法院做出一审判决后，原被告均不服，于 2017 年 8 月 23 日提起上诉。后原被告达成和解，均表示尊重一审判决结果，并撤回上诉。

（资料来源：《中国知识产权报》，
作者：冯飞　赵瑞科）

【北京互联网法院一年共收案三万多件 著作权案件近八成】 2019 年 9 月 3 日，北京市高级人民法院、北京互联网法院联合召开北京互联网法院成立一周年新闻发布会，发布《北京互联网法院审判白皮书》（以下简称《白皮书》）。

《白皮书》显示，总体上，北京互联网法院案件呈现收结案数量双高、知识产权案件占比高、新类型案件多三大特点。

《白皮书》显示，2018 年 9 月 9 日至 2019 年 8 月 31 日，北京互联网法院共收案 34 263 件，结案 25 333 件。其中，2018 年收案 3 040 件，结案 2 540 件。2019 年收案 31 223 件，结案 22 793 件。案件增长迅速。

《白皮书》显示，从案件类型来看，2018 年 9 月 9 日至 2019 年 8 月 31 日，北京互联网法院共受理著作权权属、侵权纠纷 26 607 件，占比 77.7%；网络购物合同纠纷 4 243 件，占比 12.3%；网络侵权责任纠纷 2 391 件，占比 7.0%。

另外，从涉诉主体类型上看，自然人占比 79.2%，法人占比 19.7%，非法人组织占比 1.1%。其中当事人均为北京主体的案件占比 22.3%，当事人一方或一方以上为非北京主体的案件占比 77.7%。当事人遍布全国 4 个直辖市、23 个省、5 个自治区，近 200 个城市。涉港澳台案件 10 件，涉外案件 26 件。

《白皮书》显示，从当事人年龄分布上看，18 岁至 30 岁当事人数量占比 34.6%，30 岁至 40 岁当事人数量占比 45.2%，40 岁至 50 岁当事人数量占比 14.6%，50 岁至 60 岁当事人数量占比 4.2%，60 岁至 70 岁当事人数量占比 1.4%。18 岁至 40 岁之间的当事人成为互联网审判的主要参与者。

（资料来源：光明网，作者：孙满桃）

【厦门知识产权法庭正式揭牌】 2019 年 9 月 5 日，厦门知识产权法庭正式揭牌成立。最高人民法院副院长陶凯元，福建省委常委、厦门市委书记胡昌升为法庭揭牌，福建省高级人民法院院长吴偕林主持揭牌仪式。

陶凯元指出，厦门知识产权法庭的设立不仅是福建法治建设进程中的重要里程碑，也是全国知识产权专门化审判体系建设不断深入推进的重要成果，更是人民法院贯彻中央加强知识产权司法保护部署、保障创新驱动发展战略、营造一流营商环境的重大举措。要充分发挥知识产权司法保护主导作用，积极服务党和国家工作大局，为闽西南协同发展提供有力的司法服务保障。

厦门知识产权法庭成立后，将跨区域管辖发生在厦门市、漳州市、泉州市、龙岩市辖区内的专利、植物新品种、集成电路布图设计、技术秘密、计算机软件、涉及驰名商标认定及垄断纠纷的第一审知识产权民事和行政案件，发生在厦门市辖区内除基层人民法院管辖范围之外的第一审知识产权民事、行政和刑事案件，不服厦门市辖区内基层人民法院审理的第一审知识产权民事、行政和刑事案件的上诉案件。

当天揭牌仪式后，还举行了聘任知识产权审判咨询专家，厦门中院与漳州、泉州、龙岩三地中院签订闽西南四地法院知识产权司法保护协作协议，厦门法官协会与海峡交流文化中心签订共建海峡两岸青年学生知识产权法学实践基地协议等活动。

（资料来源：《福建日报》，作者：田圆　陈宝清）

【浙江知识产权审判“三合一”已受理 3.3 万余件案件】 2019 年 9 月 17 日，浙江省召开全省知识产权刑事司法保护研讨会，在各级法院、检察院、公安机关通力协作下，浙江首批全面知识产权审判“三合一”工作进展顺利，知识产权民事、行政、刑事整体司法保护水平显著提升。

所谓知识产权审判“三合一”，即由法院知识产权审判庭统一审理知识产权民事、行政和刑事案件。据介绍，以往知识产权审判因案件类型不同由不同审判庭进行审理，由于诉讼程序、证据规则和审理重点的不同，不同审判庭可能会对同一被控侵权行为做出相互矛盾的事实认定和判决。

2007 年，浙江率先在义乌市法院试点进行知识产权审判“三合一”改革。2018 年 5 月 1 日起，杭州、宁波、温州、金华、台州五市法院全面开展这一工作。“三合一”改革后，在同一法院内知识产权民事、行政、刑事案件由同一审判团队负责，法官互相借鉴审判思路，建立审判协调机制，有效统一裁判标准；进一步优化审判资源，避免重复审查和认定，提升审判质效；此外，在知识产权保护的民事维权、行政审查、刑事打击中也形成了合力。

2018 年 5 月至 2019 年 7 月，杭州、宁波、温州、金华、台州地区法院共受理知识产权民事案件 33 018 件，行政案件 37 件，刑事案件 232 件。

研讨会现场还发布了知识产权刑事司法保护十大典型案例。

（资料来源：《浙江日报》，作者：王璐怡）

【北京知识产权法院五年结案近六万件】 2019 年 11 月 6 日，北京知识产权法院召开五年审判工作新闻发布会。

北京知识产权法院是全国首家知识产权专门法院，专属管辖全国范围内专利、商标等知识产权授权确权行政案件，同时还管辖北京市范围内的知识产权民事和行政案件。成立五年来，该院审结将近

6 万件知识产权案件，通过裁判发挥司法指引功能，为国家创新发展和营造良好营商环境提供了有力的司法保障。

面对社会对“赢了案件输了市场”的质疑，北京知识产权法院始终坚持以实现市场价值为指引，合理运用证据规则，加大对专利权人的损害赔偿力度。以涉外技术类案件（包括专利、软件著作权、植物新品种、技术秘密类等行政和民事案件）为例，诉讼请求平均约为 237 万元，判决支持的赔偿额度平均约为 208 万元，支持率约为 87.8%。

随着“互联网+”商业模式在各行业迅速渗透，涉及互联网的著作权纠纷总量不断攀升，对著作权审判工作提出新的挑战。北京知识产权法院通过个案审理明确裁判标准，深入阐述法律适用规则，回应著作权司法领域中的争议难点。如在九层妖塔案中明确“有损作者声誉”并非侵害保护作品完整权的前提条件；在首例云服务器被诉侵权案中，结合云服务器租赁行业的技术特征、行业监管及商业伦理的要求，判定云服务器租赁服务提供者不承担责任，对云服务器租赁服务这一互联网新兴行业的发展产生关键影响；在音乐喷泉案中认定涉案音乐喷泉喷射效果呈现属于美术作品的保护范畴。

（资料来源：人民网，作者：杨静　赵书博）

【上海判决首个“深度链接”侵权案】 2019 年 11 月 12 日，上海市第三中级人民法院判决首例“深度链接”侵权案，被告人因犯侵犯著作权罪被判处有期徒刑 3 年，缓刑 5 年，并处罚金 30 万元，禁止被告人在缓刑考验期间从事视频网站经营。

起诉书称，自 2018 年 2 月起，被告人吴某以营利为目的，先后注册多个视频网站，在未经著作权人香港广播有限公司的许可下，在多个盗版视频网站内搜索该公司电视剧视频链接，采取解析播放等技术手段非法获取视频真实播放地址，再嵌入其租借的云服务器数据库内，通过上述视频网站向用户免费提供在线播放。

与此同时，被告人还在自己经营的多个视频网站页面提供广告服务，并通过其个人支付宝账户及银行账户收取广告费用，非法经营数额人民币 30.9 万余元。经司法鉴定，被告人注册的视频网站内可供播放的盗版电视剧共计 685 部，点击播放 4 754.48 余万次。

法院审理认为，被告人以营利为目的，未经著作权人许可，复制发行其电视作品，非法经营数额人民币 30 万余元，具有其他特别严重情节，其行为已构成侵犯著作权罪。被告人吴某具有坦白情节，可以从轻处罚。

（资料来源：《法制日报》，作者：余东明　俞舒玥）

【文著协网络维权第一案终落槌】 历时两年多，历经一审、二审及再审程序的中国文字著作权协会（以下简称“文著协”）诉《中国学术期刊（光盘版）》电子杂志社有限公司、同方知网（北京）技术有限公司（以下简称“知网”）案，终于落槌。2019 年 11 月 12 日，北京市高级人民法院做出裁定，驳回知网的再审申请。

中国当代著名作家汪曾祺系文著协会员，文著协作为著作权集体管理组织，经汪曾祺继承人授权，有权对汪曾祺所有作品的信息网络传播权等相关事宜进行集体授权管理和维权诉讼。2017 年，文著协发现知网未经授权，通过电子化复制，将刊载有汪曾祺创作的《受戒》作品的九个杂志内容在知网公司经营的中国知网及《全球学术快报》手机客户端（安卓系统、IOS 系统）平台上向公众提供，并通过付费下载的方式获取收益，侵犯了《受戒》作品的信息网络传播权。为此，文著协将知网诉至法院。经北京海淀法院和北京知识产权法院的两级法院审理，法院认定，知网的行为构成侵权，进而判决知网停止侵权、赔偿经济损失。

但知网在履行判决书的义务后，仍不服二审法院的终审判决，向北京市高级人民法院提起再审申请。在再审申请的审查程序中，北京高院曾组织双方高管进行调解，但终因双方认识分歧无法弥合，调解失败。针对知网提出的知网二公司是否构成共同侵权、知网是否应当承担停止使用的法律责任、是否应当追加涉案杂志作为被告、在网站与客户端传播作品是否为一次传播行为、赔偿额是否恰当等争议焦点问题，北京高院进行了充分的说理阐述，最后认定知网申请再审的理由缺乏事实及法律依据，不予支持，进而驳回了知网的再审申请。

（资料来源：中国文字著作权协会）

【法院首次确认 AI 生成作品具独创性 受著作权法保护】 2019 年 12 月 24 日，深圳市南山区人民法院判定 AI 生成作品属于著作权法保护范围。这一由腾讯公司状告“网贷之家”未经授权许可，抄袭腾讯机器人 Dreamwriter 撰写文章的案件，为人工智能写作领域第一案，以腾讯公司胜诉告终。

涉案作品为 2018 年 8 月 20 日由 Dreamwriter 智

能写作助手创作完成的《午评：沪指小幅上涨0.11%报2 671.93点 通信运营、石油开采等板块领涨》财经报道文章，Dreamwriter软件在大量采集并分析股市财经类文章的文字结构、不同类型股民读者的需求基础上，根据主创人员独特的表达意愿形成文章结构，并利用收集的股市历史数据和实时收集的当日上午的股市数据，于股市结束的2分钟内完成写作并发表，文章末尾注明“本文由腾讯机器人Dreamwriter自动撰写”。

此文在腾讯证券网站上首次发表后，上海盈讯科技有限公司在该文章发表当日复制涉案文章，通过其经营的“网贷之家”网站向公众传播。腾讯公司认为这一行为侵犯其享有的著作权，将上海盈讯科技有限公司诉至法院。

法院审理认为，从涉案文章的外在表现形式与生成过程分析，此文的特定表现形式及其源于创作者个性化的选择与安排，并由Dreamwriter软件在技术上“生成”的创作过程均满足著作权法对文字作品的保护条件，属于我国著作权法所保护的文字作品。

判决书显示：“涉案文章由原告主创团队人员运用Dreamwriter软件生成，其外在表现符合文字作品的形式要求，其表现的内容体现出对当日上午相关股市信息、数据的选择、分析、判断，文章结构合理、表达逻辑清晰，具有一定的独创性”。

法院同时认为，涉案文章是由原告主持的多团队、多人分工形成的整体智力创作完成的作品，整体体现原告对发布股评综述类文章的需求和意图，是原告主持创作的法人作品。

法院最终认定，被告未经许可，在其经营的“网贷之家”网站上向公众提供被诉侵权文章内容，供公众在选定时间、选定地点获得的行为，侵害原告享有的信息网络传播权，应承担相应的民事责任。鉴于被告已经删除侵权作品，法院判定被告赔偿原告经济损失及合理的维权费用人民币1 500元。

（资料来源：《法制日报》，作者：张维）

【《梦幻西游》网络游戏直播侵权案终审宣判 网易获赔2 000万元】 2019年12月26日，备受关注的《梦幻西游》网络游戏直播侵权案公开宣判，二审驳回上诉，维持原判。法院认定广州华多网络科技有限公司（以下简称“华多公司”）侵害广州网易计算机系统有限公司（以下简称“网易公司”）《梦幻西游》网络游戏著作权，判决华多公司赔偿网易公司2 000万元。

公开资料显示，该侵权案为网易公司发现华多公司擅自在YY、虎牙平台上组织主播人员直播《梦幻西游2》游戏内容，认为其构成侵害著作权及不正当竞争。经交涉未果，网易公司于2014年11月24日提起诉讼，请求判令华多公司停止侵权、赔礼道歉和赔偿1亿元等。2017年11月13日，广州知识产权法院一审认定华多公司构成著作权侵权，判令其停止侵权、赔偿网易公司2 000万元。一审判决后，网易公司、华多公司均不服，向广东高院提起上诉。网易公司上诉认为，一审判赔数额过低。华多公司上诉认为，游戏连续动态画面不构成作品，游戏直播应是一种合理使用行为，一审计算赔偿的方法不合理。

针对该案游戏连续动态画面是否构成作品的问题，审判长表示，本案游戏是一款角色扮演类网络游戏，其连续动态画面符合“由一系列有伴音或者无伴音的画面组成”的核心特征，其复杂制作过程和最终视听表达体现了较高的创作高度，属于文学、艺术领域具有独创性并能以有形形式复制的智力成果，可认定为著作权法规定的以类似摄制电影的方法创作的作品，并受到著作权法保护。

此外，审判长认为被诉游戏直播行为基于商业营利目的使用涉案游戏画面，使用部分的比例超出合理限度，影响网易公司对涉案游戏画面著作权利的正常许可使用，对涉案游戏潜在市场收益造成实质性损害，不能认定为合理使用行为。

该案被业界称为“网络游戏直播侵权第一案”，是国内第一例游戏厂商在诉讼中向直播者主张游戏画面权利的案件。

（资料来源：《北京商报》，作者：卢扬 伍碧怡）

◆ 行政管理

【处理侵权链接6 362条 国家版权局强力遏制春节档影片盗播行为】 2019年2月15日，中宣部版权管理局执法处相关负责人就春节档贺岁影片遭遇网络侵权盗版现象回应称，国家版权局高度重视春节档电影的版权保护，春节前就已部署加大对侵权盗版的监测力度，春节期间还联合权利人、网络服务商等紧急采取应急处理措施，及时删除侵权信息与盗版链接。截至2月14日晚，已处理权利人投诉侵权链接6 362条。

2月5日，《流浪地球》《疯狂的外星人》等8部国产影片集中在正月初一上映，由此掀起春节档贺岁影片的热映高潮，截至 2 月 13 日 20：30，8 部影片上映 9 天累计票房超过 72 亿元人民币。然而，高质量的影片也遭遇了大量的网络侵权盗版。例如网友在春节长假期间发现在闲鱼平台上存在大量以 2～10 元不等价格售卖盗版《流浪地球》资源的现象。“接到网友的举报后，国家版权局迅即责令闲鱼平台采取屏蔽关键词等措施，遏制售卖盗版影片资源等行为。”2 月 11 日，中宣部版权管理局执法处处长赵杰表示。

为加强春节档国产电影的版权保护，2 月 2 日，国家版权局对外公布了包括《流浪地球》等 8 部春节档影片的“2019 年度第一批重点作品版权保护预警名单”。据赵杰介绍，除了发布预警名单外，国家版权局在整个春节期间还部署中国版权协会版权监测中心和电影质检所加大对侵权盗版的监测力度。特别是自 2 月 7 日起，已安排重点保护影片权利人及监测机构建立对接窗口，并联合网络服务商紧急删除侵权信息。截至 2 月 14 日晚，已处理权利人投诉的侵权链接 6 362 条。春节档电影网络侵权盗版整体呈下降态势，从 2 月 8 日的日处理 1 634 条减少为 2 月 14 日的 392 条。赵杰分析说，从监测情况来看，盗版多集中在未备案的“三无”小网站，其中部分盗版网站服务器设在境外，部分盗版内容或链接由第三方用户上传，或者由第三方在电商平台售卖。

中国版权协会版权监测中心提供的版权监测数据显示，截至 2 月 10 日，8 部贺岁影片累计监测到网络传播链接 1.48 万条，较 2018 年春节档期间监测到的 3 万余条链接大幅减少。特别是 2 月 10 日后，通过国家版权局等部门和权利人、网络平台等采取联合行动及应急处理措施，盗版传播行为已得到一定遏制。

（资料来源：《中国新闻出版广电报》，作者：赖名芳）

【国家版权局通报“剑网 2018”成果】 2019 年 2 月 22 日，国家版权局在京召开打击网络侵权盗版专项治理“剑网”行动座谈会，通报“剑网 2018”专项行动工作成果，并向与会者征求“剑网 2019”专项行动意见和建议。

2018 年 7 月，国家版权局、国家互联网信息办公室、工业和信息化部、公安部启动“剑网 2018”专项行动。专项行动期间，各级版权执法监管部门共删除侵权盗版链接 185 万条，收缴侵权盗版制品 123 万件，查处网络侵权盗版案件 544 件，其中查办刑事案件 74 件、涉案金额 1.5 亿元，专项行动取得显著成效。

“剑网 2018”专项行动聚焦网络转载、短视频、动漫、知识分享、有声读物等重点领域开展版权专项整治，查办一批侵权盗版大案、要案，为庆祝改革开放 40 周年营造了良好的网络文化环境。其中，江苏淮安查处“BT 天堂”影视侵权案，判处袁某某有期徒刑 3 年并处罚金 80 万元；江苏盐城查处“3·4”制售盗版光盘案，查明被告通过淘宝网店销售盗版光盘 9.5 万余张，分别判处张某某等人有期徒刑 3 年不等；四川成都查处“吹妖动漫网”动漫侵权案，判处孙某有期徒刑 3 年 3 个月并处罚金 10 万元；江西南昌查处“6·4”火课旗舰店案，判处廖某某有期徒刑 2 年；江西新余查处每日网络科技微信公众号侵权案，判处陈某拘役 5 个月并处罚金 1 万元；上海连续侦破侵犯日本万代株式会社、吉卜力等动漫玩具著作权案，涉案金额 2 600 余万元；江苏徐州查处《天天街机捕鱼》手机游戏侵权案，抓获犯罪嫌疑人 4 人，扣押涉案金额 1 000 余万元；安徽滁州查处“懒人听书网”侵权案，传播有声小说等录音作品 12 398 部；上海查处“3D 播播 VR”案，做出罚款 25 万元的行政处罚；北京查处环球天下教育电子出版物盗版案，做出罚款 22.5 万元的行政处罚；四川绵阳查处麦慕私人影院侵权案，做出罚款 13 万元的行政处罚。

国家版权局针对网络转载和短视频领域存在的突出版权问题，集体约谈趣头条等 13 家网络服务商和抖音等 15 家短视频企业。通过整改，相关网络企业对 14 万个侵权自媒体账号进行封禁或降级处理，对 47 万余篇侵权作品进行处理，对 57 万部侵权短视频进行下架。国家版权局推动 30 多家主流财经媒体成立“中国财经媒体版权保护联盟”，推动阿里巴巴集团与京版十五社反盗版联盟、拼多多平台与京版十五社反盗版联盟和少儿出版反盗版联盟签订图书版权保护合作协议。

各级版权执法部门坚持守正创新，进一步深化网络版权重点监管工作。国家版权局进一步加强对大型视频、音乐、文学网站的版权重点监管，共抽查 16 家网站的 2 389 部作品版权文件，责令下架侵权作品 150 余部；公布 7 批 72 部重点作品版权保护预警名单，对春晚节目以及《红海行动》等优秀国产电影进行重点预警版权保护。

相关著作权集体管理组织、版权相关协会和社团联盟、权利人组织、著作权涉外认证机构驻华代表处，以及互联网企业代表参加座谈会，并对“剑网”行动提出意见和建议。

（资料来源：《中国新闻出版广电报》，作者：赖名芳）

【推进使用正版软件工作部际联席会议第八次全体会议在京召开】 2019年3月30日，中央宣传部副部长梁言顺在京主持召开推进使用正版软件工作部际联席会议第八次全体会议。梁言顺强调，推进使用正版软件是一项长期性任务，对树立国家良好形象、营造创新创造环境、推动软件产业发展、保障国家信息安全都具有重要意义，任务艰巨、使命光荣、责任重大。2019年联席会议各成员单位要坚持以习近平新时代中国特色社会主义思想为指导，深入贯彻落实党的十九大和十九届二中、三中全会精神，齐心协力、锐意进取、努力奋斗，以新担当新作为推动工作再上新台阶，为庆祝新中国成立70周年营造良好氛围。

会议认为，2018年联席会议以习近平新时代中国特色社会主义思想为指导，加强工作部署，完善长效机制，创新方式方法，在加强源头监管、规范软件配置、开展联合督查、加大宣传培训等方面，各成员单位相互支持，密切配合，推进软件正版化工作取得新成效。一是党政机关软件正版化工作成效显著。各级党政机关建立了软件正版化工作机构，制定了计算机软硬件采购、软件使用管理、考核评议等工作制度，按期报送软件正版化工作年度报告，此项工作实现常态化。二是企业软件正版化工作取得重要进展。在巩固中央企业和大中型金融机构软件正版化工作基础上，进一步推动省属国有企业软件正版化，文化、旅游、教育、卫生、勘察设计等行业软件正版化工作取得积极进展。三是软件正版化工作促进产业发展成效明显。软件版权保护环境持续改善，为软件产业发展提供了良好的市场环境。2018年，软件著作权登记量达到110.48万件，同比增长48.22%；软件和信息技术服务业收入达到6.31万亿元，同比增长14.2%。国产办公软件达到国际先进水平并得到广泛应用。据统计，2018年全国共举办软件正版化培训班6 414期，督查党政机关3.48万家次，党政机关共采购操作系统、办公和杀毒三类软件163.98万套，采购金额7.97亿元，中央企业和金融机构共采购操作系统、办公和杀毒三类软件288.56万套，采购金额29.82亿元，5 110家企业通过检查验收实现软件正版化。

梁言顺在会上就扎实做好2019年推进使用正版软件工作提出六点要求。第一，进一步提高思想认识，坚持不懈推进。软件正版化工作是党中央、国务院的一项重要决策，是贯彻落实新发展理念、实施创新驱动发展战略的重要举措，对优化营商环境、增强经济竞争力、保障国家信息安全，都具有重要意义，必须常抓不懈，坚定不移地持续推进。第二，进一步加强协调指导，增强工作合力。随着软件正版化工作不断深入，涉及面越来越广，新情况越来越复杂，更加需要发挥联席会议制度优势。希望各成员单位进一步加强统筹协调，形成分工负责、相互支持、密切配合的工作格局，不断提升推进工作整体效应和工作合力。第三，进一步抓好关键环节，巩固扩大成果。要推动党政机关、中央企业和金融机构充分认识此项工作的长期性、艰巨性和复杂性，继续抓好长效机制建设、采购源头监管、软件使用检查、年度情况报告和考评结果通报等关键环节。要适度拓展推进范围，将工业软件纳入推进重点，推动地方国有企业、事业单位，以及能源、医疗、教育、交通等特定行业和重点领域加快实现软件正版化。第四，进一步创新工作方法，提升推进效果。要推进正版化与产业发展紧密结合，综合运用法律、行政和技术手段，改善软件版权保护环境，加强软件产品研发指导，推动软件产业高质量发展。要关注新技术发展和软件商业模式变化带来的新问题，强化创新思维，加强技术运用，敢于打破常规。要实施严格版权保护，开展好“剑网2019”专项行动，增强打击侵权盗版的威慑力。第五，进一步严格督查考核，推进责任落实。现阶段督查考核仍是推动各地区各部门落实主体责任、确保各项政策措施落地生效的有效手段。要进一步完善常态化督查机制，采取明察暗访与突击抽查相结合措施，发挥第三方机构和技术手段优势，提升督查效能，加大督查通报、约谈及问责工作力度，严格考核评议和责任追究，切实抓好政策措施的落实生效。第六，进一步做好宣传培训，营造良好环境。要通过多种形式宣讲国家政策，推广经验做法，发挥先进典型的示范作用。要敢于曝光负面典型，形成震慑。要积极对外宣传中国政府在推进软件正版化方面付出的巨大努力、取得的显著成效。

中宣部版权管理局局长、推进使用正版软件工作联席会议办公室主任于慈珂通报了2018年推进使用正版软件工作进展情况和2019年工作计划，江苏、广东介绍了推进使用正版软件工作情况。工业和信息化部副部长陈肇雄、商务部部长助理李成钢、国务院国资委秘书长彭华岗、国家知识产权局副局长甘绍宁、国家市场监管总局总工程师韩毅、中直管理局副局长李洁鸿，司法部、财政部、国管局、银保监会、证监会、全国工商联等部门有关负责人，以及联席会议各成员单位联络员出席会议。北京、河北、内蒙古等 27 个省（区、市）版权局负责同志列席。会议审议通过了《2018 年推进使用正版软件工作总结》和《2019 年推进使用正版软件工作计划》。

（资料来源：国家版权局，作者：赖名芳）

【北京全面启动 2019 年软件正版化工作】 2019 年 4 月 3 日，2019 年北京市软件正版化工作动员部署会议召开，北京市委常委、宣传部部长杜飞进出席会议并讲话。

杜飞进指出，2019 年是北京市软件正版化工作转隶市委宣传部后的第一年，恰逢新中国成立 70 周年，各级国家机关、市属国有企业及市卫生健康系统要以习近平新时代中国特色社会主义思想为指引，认真贯彻党的十九大和十九届二中、三中全会精神，以机构改革为契机，在迎接挑战中激发新动力，全面推进全市软件正版化工作规范化、常态化、制度化和信息化。

杜飞进要求，各单位统一思想，提高站位，把软件正版化工作上升到关乎民族产业发展、国家信息安全和国家诚信形象的高度来对待，自觉肩负起新形势下推进软件正版化工作、保护知识产权的使命任务。要总结经验，补齐短板，认真整改工作中存在的问题。要守正创新，开拓进取，不断完善体制机制，奋力开创全市软件正版化工作的新局面，为新中国成立 70 周年献礼，为全国文化中心、全国科技创新中心建设做出新的更大贡献。

会议传达推进使用正版软件工作部际联席会议精神，总结北京市 2018 年工作，部署 2019 年重点任务。市公安局、西城区、北京地铁公司分别介绍工作经验。

（资料来源：《北京日报》，作者：武红利）

【天津市网信办依法对视觉中国网站做出行政处罚】 2019 年 4 月 18 日，天津市网信办依据《中华人民共和国网络安全法》就视觉中国网站传播违法有害信息的行为做出行政处罚。

经查，视觉中国网站（域名：vcg. com）在其发布的多张图片中刊发敏感有害信息标注，违反了《中华人民共和国网络安全法》第 47 条之规定。

天津市网信办依据《中华人民共和国网络安全法》第 68 条第 1 款之规定，对网站运营主体汉华易美（天津）图像技术有限公司做出从重罚款的处罚。

天津市网信办相关负责人表示，网信部门将认真贯彻落实《中华人民共和国网络安全法》，切实履行属地管理责任，加大执法力度，依法查处网上违法违规行为。

（资料来源：《中国新闻出版广电报》，作者：王晖）

【北京部署图片版权整顿工作 《规范图片版权运营秩序倡议书》获业界响应】 2019 年 4 月 24 日，北京市召开图片行业版权整顿部署会，部署图片行业版权规范整顿工作。会上通过《规范图片版权运营秩序倡议书》，并讨论《北京市图片行业版权管理办法》。

部署会上，北京市版权局下发《关于规范图片版权经营秩序的通知》，强调要重点抓好三方面工作：一是做好图片作品权属确认，坚决杜绝无授权或权属不清晰的作品进入平台；二是规范图片作品入库审核流程和标准，要采取技术与人工相结合的审核方式严格把好入口关，切实履行好主体责任；三是平台经营要坚持公开透明，积极运用技术手段，标明作品来源信息及市场价格信息，更好地为权利人和使用者提供优质便捷服务，使图片交易市场公开、公正、公平。

会上，首都版权产业联盟向图片行业从业者和图片使用者发出《规范图片版权运营秩序倡议书》，得到与会企业的积极响应。大家一致表示，要团结起来，维护图片行业秩序，推动图片产业正常运营。

北京市委宣传部副部长、市版权局局长王野霏在会上说，各图片企业和网络平台要充分认识版权保护的重要性和紧迫感，切实履行主体责任；要严格贯彻著作权法律法规，不断完善和建立健全版权管理制度，加强作品授权使用和权属审核把关，有效管控法律风险；要严格加强落实责任制，规范图片版权经营秩序，依法加强图片版权保护，自觉抵制图片版权侵权行为，推动图片产业健康发展。

（资料来源：《中国新闻出版广电报》，作者：王坤宁）

【国家版权局等四部门启动“剑网 2019”专项行动】 2019 年 4 月 26 日，在 2019 中国网络版权保护与发展大会上，国家版权局、国家互联网信息办公室、工业和信息化部、公安部四部门联合启动打击网络侵权盗版“剑网 2019”专项行动，针对媒体融合发展、院线电影、流媒体、图片市场等重点领域开展版权专项整治，不断加大治理力度，持续改善网络版权环境。这也是连续开展的第15次“剑网”专项行动。

“剑网2019”专项行动自2019年4月底开始到10月底结束，将利用6个月的时间开展5项重点整治：一是深化媒体融合发展版权专题保护。严厉打击未经授权转载主流媒体新闻作品的侵权行为，严肃查处自媒体通过“标题党”“洗稿”方式剽窃、篡改、删减主流媒体新闻作品的行为，依法取缔、关闭一批非法新闻网站（网站频道）及微博账号、微信公众号、头条号、百家号等互联网用户公众账号。二是严格院线电影网络版权专项整治。严厉打击影院偷拍盗录及通过网盘分享、微博微信、淘宝等渠道传播盗版影视作品的行为，着力规范点播影院、点播院线在放映、发行活动中的版权秩序，大力整治通过将服务器设在境外传播盗版影视作品的非法活动。三是加强流媒体软硬件版权重点监管。严厉打击IPTV、OTT及各类智能终端等流媒体硬件和各种流媒体软件、聚合类软件非法传播他人作品的行为，严厉打击通过电商平台销售各种破解版、越狱版OTT产品的行为。四是规范图片市场版权保护运营秩序。严厉查处图片公司通过假冒授权、虚假授权等方式非法传播他人作品的侵权行为，着力整治图片公司在版权经营活动中存在的权属不清、滥用权利、不正当维权等违法违规行为，推动相关企业合理合法维权，构建健康有序的图片市场版权秩序。五是巩固网络重点领域版权治理成果。对短视频、有声读物、知识分享、网络直播等平台继续强化版权治理，巩固网络影视、音乐、文学、动漫、应用商店、网盘等领域取得的治理成果。

中宣部版权管理局局长于慈珂等在现场共同启动“剑网2019”专项行动启动板。据中宣部版权管理局副局长段玉萍介绍，专项行动将坚持问题导向、突出查办案件，各地版权执法部门要加大行政处罚工作力度，对涉嫌构成犯罪的及时移交公安机关立案查处；进一步强化平台治理，督促平台企业履行违法犯罪线索报告和配合调查义务，网络服务提供商履行“通知—删除”等法定处置责任；加大对大案要案和典型案件的宣传力度，坚决曝光不履行主体责任的互联网企业。

（资料来源：《中国新闻出版广电报》，作者：赖名芳）

【上海约谈东方IC等5家图片类企业 下架5万张图片】 2019年4月，“黑洞图片”版权问题引发社会关注。上海市版权局已约谈东方IC、摄图网、包图网、我图网、上海微图等5家沪上知名图片类互联网企业，要求企业加强自查自纠，全面深入查找问题并及时做出整改。相关企业已经下架5万张涉嫌“问题”图片。

上海市版权局全力开展“剑网2019”专项行动。上海版权协会也组织专家和业内人士召开“视觉中国黑洞事件及企业图片字体合规”专题研讨会。

2019年，上海市版权局将加大对影视作品的版权保护力度，通过建立白名单制度，对上海地区重点影视剧作品实施重点保护，并积极向国家版权局申请纳入版权保护预警名单。上海依托大数据技术，已建立包括影视剧、新闻、动漫等作品在内的，涵盖“剑网”行动所有重点领域的网络版权主动监管体系。

（资料来源：东方网，作者：包永婷）

【福建启动“剑网2019”专项行动】 2019年5月21日，在福州举行的“剑网2019”专项行动工作会议上，福建省版权局、网信办、通信管理局、公安厅四部门联合启动打击网络侵权盗版“剑网2019”专项行动。

此次将开展五项重点整治：

一是深化媒体融合发展版权专题保护。严打未经授权转载主流媒体新闻作品的侵权行为，严肃查处自媒体通过“标题党”“洗稿”方式剽窃、篡改、删减主流媒体新闻作品的行为，依法取缔、关闭一批非法新闻网站（网站频道）及微博账号、微信公众号、头条号、百家号等互联网用户公众账号。

二是严格院线电影网络版权专项整治。严打影院偷拍盗录行为及通过网站和应用程序直接传播盗版影视作品的行为，严厉打击通过网盘分享、聚合盗链、微博微信、论坛社区等渠道传播盗版影视作品的行为，严厉打击通过淘宝、闲鱼、转转等电商平台非法售卖侵权盗版影视资源链接、网盘账号密码的行为；着力规范点播影院、点播院线在放映、发行活动中的版权秩序；大力整治通过将服务器设在境外传播盗版影视作品的非法活动。

三是加强流媒体软硬件版权重点监管。以影视、音乐、音频、综艺节目等作品为重点，严厉打击交互式网络电视（IPTV）、智能电视机顶盒（OTT）及各类智能终端等流媒体硬件和各种流媒体软件、聚合类软件非法传播他人作品的行为，以及通过电商平台销售各种破解版、越狱版OTT产品的行为。将小米盒子、乐视盒子、PPTV盒子、天猫魔盒、咪咕魔百盒等纳入专项行动重点监管。

四是规范图片市场版权保护运营秩序。严厉查处图片公司通过假冒授权、虚假授权等方式非法传播他人作品的侵权行为；着力整治图片公司在版权经营活动中存在的权属不清、滥用权利、不正当维权等违法违规行为；推动相关企业健全版权管理机制，合理合法维权，构建健康有序的图片市场版权秩序。

五是巩固网络重点领域版权治理成果。对短视频、有声读物、知识分享、网络直播等平台继续强化版权治理，巩固网络影视、音乐、文学、动漫、应用商店、网盘等领域取得的治理成果。

会议强调，福建省“剑网2019”专项行动将通过查办案件，依法严厉打击权利人意见强烈、社会危害大的侵权盗版网站、应用程序及电商平台网店，不断规范相关行业版权秩序，积极应对5G、人工智能、区块链等新技术带来的挑战。

（资料来源：《福建日报》，作者：李珂）

【北京市部署“剑网2019”专项行动】 根据国家版权局等四部门关于“剑网2019”专项行动的通知要求，北京市“剑网2019”专项行动领导小组成员部门北京市版权局、北京市文化市场行政执法总队、北京市公安局、北京市通信管理局、中共北京市委网信办部署联合开展北京市第15次打击网络侵权盗版专项治理“剑网”行动。2019年5月24日，北京市版权局召开北京市“剑网2019”专项行动动员会，中共北京市委宣传部副部长、北京市版权局局长王野霏出席会议并做动员讲话。

动员会总结了北京市“剑网2018”专项行动工作情况，部署了北京市“剑网”行动2019年相关工作。专项行动领导小组各成员部门有关负责人就“剑网”行动相关工作特别是对网络企业参加“剑网2019”专项行动相关工作提出了具体要求。北京市版权局版权管理处处长卢志鹏宣读了《北京市“剑网2019”专项行动工作方案》。专项行动工作方案高度关注权利人和群众反映强烈的网络侵权问题，要求加大版权执法监管力度，着力推进媒体融合发展、院线电影网络版权专项保护。《工作方案》明确了五项工作重点。一是深化媒体融合发展版权专题保护。二是严格院线电影网络版权专项整治。三是加强流媒体软硬件版权重点监管。四是规范图片市场版权保护运营秩序。五是巩固网络重点领域版权治理成果。《工作方案》规定了北京市“剑网2019”专项行动领导小组的组成，明确了各部门职责分工，就突出查办案件、强化平台治理、开展宣传教育、及时报送信息等方面做了安排，还确定了专项行动的工作进度。

王野霏表示：要进一步深化对网络版权保护和“剑网”行动重要性的认识；按照北京市五部门共同制定的工作方案切实开展“剑网2019”专项行动，深入一线开展调研，梳理存在问题、制定工作计划、配置行动力量，为高水平开展专项行动提供有力支撑，切实回应权利人的关切和广大群众的呼声，揪住重点案件线索不放松，依法查办、严厉打击；各互联网企业要严格落实市场主体的责任，切实履行版权监控和配合调查的义务，继续完善内部监控制度，坚守“先授权后使用”原则，强化内容审核和版权监控，坚决纠正滥用避风港规则的错误倾向，探索完善网络转载版权许可付酬机制；激发调动权利人积极性，让全社会共同关心共同参加网络版权保护工作。

（资料来源：中国知识产权资讯网，
作者：窦新颖）

【山东省版权监管工作会议在青岛市即墨区召开】 为贯彻落实全国宣传思想工作会议精神和中共山东省委关于“担当作为，狠抓落实”的部署要求，进一步提升全省版权监管水平，2019年5月25日，山东省版权局在青岛市即墨区召开全省版权监管工作会议。会议由省委宣传部副部长魏长民主持，中宣部版权管理局局长于慈珂出席会议并讲话。

于慈珂局长在讲话中对山东省版权工作给予充分肯定。他指出，近年来山东围绕“版权强省”目标，狠抓工作落实，取得明显成效，版权工作一直走在全国前列。青岛、即墨同属全国版权示范城市，青岛市荣获三项中国版权金奖，市区各级领导重视版权，工作扎实，成效明显，值得肯定。

他强调，当前版权工作面临新形势、新挑战，做好新时代版权工作，一是要坚持守正创新工作总基调。守正创新是新时代版权工作的鲜明标志，是不断做好版权工作的实践要求。守正就是加强政治建设，提高政治站位，坚守法定职责，勇于担当，做好版权基础、重点工作。创新就是围绕国家创新发展战略，立足内在创作属性，在具体工作中努力破除思维定式，克服路径依赖，进行全方位推陈出新，开辟工作新局面。二是学习理论，掌握法律。版权不仅仅是一项法律性工作，更多表现为一种经济的、社会的、产业的属性。在学好有关版权理论、法律法规的同时，还要围绕版权的性质、规律和特点，突出版权主体（作者）与客体（作品），提高对版权的认识，全方位地学习掌握金融学、经济学、社会学等理论知识，努力提升版权工作综合素质能力，增强版权工作效能。三是明确思路，扎实工作。想法决定办法，思路决定出路。新时代版权工作要深入贯彻落实国家版权工作“十三五”规划，立足版权强国建设，坚持一手抓版权保护，一手抓产业发展，不断提高版权工作法治水平，为建设创新型国家和全面建成小康社会提供有力支撑。

魏长民副部长强调，近年来山东省版权工作取得的成绩与国家版权局的有力指导密不可分。我们要进一步提高政治站位，增强工作责任感、使命感，坚持守正创新，加强理论和业务学习，全面提升版权创作、运用、保护、管理和服务能力，积极做好版权工作，推动版权保护和产业发展，助力实现新旧动能转换，为新时代现代化强省建设做出积极贡献。

会上，山东大学法学院崔立红教授针对网络版权行政执法热点问题进行了授课；威海市文化和旅游局、济宁市和即墨区文化市场执法局有关负责同志做了典型发言和经验交流；会上传达学习了中宣部版权管理局南通调研座谈会、全国版权监管工作培训班（苏州）精神，通报2019年青岛国际版权交易会筹备参展情况，并就近期版权工作做了部署安排。

各市文化和旅游局、文化市场执法局分管领导，版权科（处）室负责人以及青岛市各区市文化和旅游局、综合行政执法局负责同志等共计150余人参加会议。

（资料来源：山东省版权局）

【天津市启动打击网络侵权盗版“剑网2019”专项行动】 为深入学习贯彻全国宣传思想工作会议精神，落实中宣部关于开展“四力”教育工作要求，2019年5月30日，按照天津市委宣传部统一部署，天津市版权局组织市网信办、市公安局、市通信管理局、市文化市场执法总队联合开展落实“四力”教育、强化版权保护专题培训，在专题培训会上启动天津市打击网络侵权盗版“剑网2019”专项行动。天津市16个区区委宣传部及版权相关负责同志约40余人参加了培训。

提高“脚力、眼力、脑力、笔力”，强化版权保护的能力，加大打击网络侵权盗版力度，进一步营造健康清朗的网络版权环境，在培训会上，天津市版权局总结介绍了近几年“剑网”行动开展情况，强调了“剑网2019”专项行动工作目标，部署了5项重点任务，并对此次专项行动提出了具体要求。市网信办从督促互联网企业落实主体责任、强化属地管理、重视技术创新、加强技术管网、推进互联网诚信体系建设方面做了培训。市公安局重点在坚持以人民为中心的工作导向、立足破大案、打团伙上表明了坚定决心。市通信管理局表示坚决落实好专项行动职责任务，对成员单位继续提供技术及数据信息支持，对相关网站采取关闭等措施。市执法总队对如何查找侵权案件线索进行了讲解，并对近期查办的大案要案进行了通报。

增强“四力”教育实践活动与版权实际工作紧密结合，将进一步提高版权管理水平，净化网络空间环境，推进天津市“剑网2019”专项行动工作向纵深开展。

（资料来源：天津市版权局）

【内蒙古打击网络侵权盗版“剑网2019”专项行动拉开帷幕】 为贯彻落实国家版权局等四部委印发的《关于开展打击网络侵权盗版“剑网2019”专项行动的通知》（国版发［2019］4号）精神，2019年6月3日下午，内蒙古版权局组织召开电视电话会议，就内蒙古打击网络侵权盗版“剑网2019”专项行动工作进行部署。

会上，内蒙古版权局主要负责人从版权执法工作的重要性，国际、国内、全区面临的严峻形势等方面进行了深刻全面的分析，对如何扎实推进落实“剑网2019”专项行动提出明确具体的要求。内蒙古党委网信办、内蒙古公安厅、内蒙古通信管理局进行了工作部署。内蒙古日报社、广播电视台、广电网络集团、电影院线等单位就各自领域工作情况如何配合打击网络侵权盗版行动进行了交流发言。

全区各地积极行动，贯彻落实国家、内蒙古开展打击网络侵权盗版“剑网2019”专项行动文件精神。5月14日，内蒙古版权局会同内蒙古通信管理局、内蒙古公安厅、内蒙古党委网信办下发《关于开展打击网络侵权盗版“剑网2019”专项行动的通知》（内版发［2019］1号），就专项行动的目标、重点内容以及具体要求等做出了安排。根据通知及会议安排，2019年5—11月，内蒙古各级版权行政执法部门将联合网信、公安、通信管理部门开展媒体融合发展版权专题保护，集中整治新闻网站、应用程序、新闻聚合类平台，特别是自媒体中存在的版权乱象。同时，开展院线电影网络版权专项整治，加强流媒体软硬件版权重点监管，规范图片市场版权保护运营秩序，巩固网络重点领域版权治理成果。此次行动还将加大对重复侵权、故意侵权的盗版者和以营利为目的的集团性盗版犯罪活动的打击力度，形成威慑态势。

（资料来源：内蒙古自治区版权局）

【《2019 年深入实施国家知识产权战略 加快建设知识产权强国推进计划》印发】 2019 年 6 月 17 日，国务院知识产权战略实施工作部际联席会议办公室印发《2019 年深入实施国家知识产权战略 加快建设知识产权强国推进计划》（以下简称《推进计划》），明确 2019 年推进国家知识产权战略实施的 6 大重点任务、106 项具体措施。

在深化知识产权领域改革方面，《推进计划》提出将推进知识产权管理体制机制改革，完善知识产权重大政策制定出台，深化知识产权“放管服”改革。具体措施包括整合专利、商标和地理标志政策、项目和平台，推动重大政策互联互通，统一服务窗口和办事流程，推动实现知识产权业务申请“一网通办”等。

在加大知识产权保护力度方面，《推进计划》提出完善法律法规规章，加强保护长效机制建设，强化知识产权行政保护，加强知识产权司法保护，并提出配合做好专利法修正案（草案）审议，深入推进“互联网＋”知识产权保护，组织开展侵权假冒问题专项执法行动等具体措施。

在促进知识产权创造运用方面，《推进计划》提出要提高知识产权审查质量和效率，强化知识产权创造质量导向，加强知识产权综合运用，促进知识产权转移转化，完善知识产权信息服务。具体措施包括健全专利审查质量保障体系和业务指导体系，全面深化商标注册便利化改革，严厉打击非正常专利申请和商标囤积、恶意注册行为，推进实施中小企业知识产权战略推进工程等。

在深化知识产权国际交流合作方面，《推进计划》提出将提升知识产权国际合作水平，加强海外风险防控，并提出推动“一带一路”沿线国家对我国专利审查结果认可和登记生效，研究建立海外知识产权维权援助机制，推动建设国家层面的海外知识产权纠纷应对指导中心等具体措施。

此外，《推进计划》还就做好知识产权强国战略纲要制定，加快推进知识产权强省、强市、强企建设，加强知识产权对外宣传，利用多双边场合积极宣传展示我国知识产权保护工作成效等组织实施和保障工作提出具体措施。

联席会议办公室此前印发了《2019 年地方知识产权战略实施暨强国建设工作要点》，与《推进计划》共同对全国知识产权战略实施工作做出了总体部署，有力支撑了知识产权强国建设。

（资料来源：《中国知识产权报》，作者：杨柳）

【安徽省开展打击利用移动存储介质从事侵权盗版违法行为专项整治】 为加大版权执法监管力度，净化文化市场环境，2019 年 4—7 月，安徽省版权局开展打击利用移动存储介质从事侵权盗版违法行为专项整治。

此次专项整治，主要是严厉查处非法复制、发行未经授权传播他人影视、音乐作品的 U 盘、移动硬盘、光盘、存储卡等移动存储介质的侵权行为，是安徽省打击网络侵权盗版“剑网 2019”专项行动的一项重要内容。活动期间，安徽省版权局指导各地联合相关单位，检查电脑商城、电子产品维修点、音像制品零售店、影咖等经营场所 359 家，依法收缴 U 盘、TF 卡、SD 卡、光盘等各类侵权复制品 7 000 多张（盘），办理行政案件 10 起。

通过专项整治，有效遏制了安徽省内利用移动存储介质侵权盗版的行为，切实保护了权利人的合法权益，维护了版权市场秩序。

（资料来源：安徽省版权局，作者：李建军）

【天津市实行作品著作权免费登记】 自 2019 年 8 月 1 日起，天津市版权局对全市范围内符合《中华人民共和国著作权法实施条例》规定的十三类作品（不含计算机软件）的著作权予以免费登记。

为深入贯彻落实《国家知识产权战略纲要》和《国家创新驱动发展战略纲要》，提高著作权人版权保护意识，激发全社会创新创造活力，根据《中华人民共和国著作权法》和《中华人民共和国著作权法实施条例》有关规定，文字作品、口述作品、音乐作品、戏剧作品、曲艺作品、舞蹈作品、杂技艺术作品、美术作品、建筑作品、摄影作品、电影作品和以类似摄制电影的方法创作的作品、图形作品、模型作品等十三类作品可以申请著作权登记。

申请登记的作品应具有独创性和一定的文学、艺术、科学价值并符合作品登记手续要求。凡户籍在天津市的公民及在天津市注册的法人或者非法人单位都可申请对其创作的作品的著作权进行免费登记。凡违反宪法和法律、损害社会公共利益的作品不予登记。

（资料来源：《天津日报》，作者：李国惠）

【中国银保监会发布《关于进一步加强知识产权质押融资工作的通知》】 2019年8月16日，银保监会联合国家知识产权局、国家版权局发布了《关于进一步加强知识产权质押融资工作的通知》（以下简称《通知》）。《通知》立足于当前银行保险机构开展知识产权质押融资业务形成的经验和存在的困难，提出有关政策措施，以进一步促进银行保险机构加大对知识产权运用的支持力度，扩大知识产权质押融资。

《通知》主要内容包括：一是强调优化知识产权质押融资服务体系。《通知》要求银行保险机构提高思想认识，高度重视知识产权质押融资工作的重要性，支持具有发展潜力的创新型（科技型）企业。要求大型银行、股份制银行指定专门部门负责知识产权质押融资工作，鼓励商业银行在风险可控的前提下，通过单列信贷计划、专项考核激励等方式支持知识产权质押融资业务发展，力争知识产权质押融资年累放贷款户数、年累放贷款金额逐年合理增长。二是明确加强知识产权质押融资服务创新。《通知》鼓励商业银行在知识产权打包融资以及地理标志、集成电路布图设计作为知识产权质押物的可行性等方面进行探索。鼓励商业银行重点支持知识产权密集型产业园区、创新型（科技型）小微企业，促成更多小微企业实现知识产权质押“首贷”。为充分发挥保险资金的作用，支持保险机构依法合规投资知识产权密集的创新型（科技型）小微企业。三是要求健全知识产权质押融资风险管理。《通知》要求商业银行加强风险管理，对押品实行动态管理。鼓励商业银行开展内部评估，培养知识产权质押融资专门人才。规定商业银行知识产权质押融资不良率高出自身各项贷款不良率3个百分点（含）以内的，可不作为监管部门监管评级和银行内部考核评价的扣分因素。对经办人员在知识产权质押融资业务办理过程中已经尽职履责的，实行尽职免责。鼓励保险机构在风险可控情况下为知识产权驱动创新发展提供多种保险服务。四是明确完善知识产权质押融资保障工作。《通知》要求银行保险监督管理部门与知识产权管理部门、版权管理部门建立知识产权金融协同工作机制，加强信息数据共享，共同推动知识产权质押融资相关支持政策的制定和实施工作。推动建立和完善知识产权质押融资的风险分担和损失补偿机制。对于商业银行行使质权获得的知识产权，可按程序减免维持费用。要求知识产权管理部门、版权管理部门进一步完善质押登记、公示信息等方面的工作，联合商业银行探索知识产权质物处置的有效途径。各级银行保险监督管理部门、知识产权管理部门、版权管理部门要及时总结推广典型做法和良好经验，对于业务开展良好的商业银行可按规定实施监管激励。鼓励商业银行以外的银行业金融机构以及经银保监会或银保监局批准设立的其他金融机构积极开展知识产权质押融资业务。

下一步，银保监会将会同国家知识产权局、国家版权局继续加强对银行保险机构开展知识产权质押融资业务的指导和监管，推动《通知》有关政策措施落地实施，开展经验交流和案例培训，推动银行保险机构进一步做好知识产权质押融资服务，支持创新型（科技型）企业发展。

（资料来源：中国银保监会官网）

【江苏省“剑网2019”专项行动重点案件联合督办会在南京召开】 2019年9月18日，“剑网2019”联合督办组一行赴南京，对江苏省“剑网2019”专项行动开展情况和重点案件查办情况进行现场督办。

督办会上，江苏省版权局、省人民检察院、省“扫黄打非”办、省公安厅、省网信办、省通信管理局和国家挂牌督办案件承办单位相关部门负责同志向联合督办组汇报了推进专项行动和查办重点案件的工作情况。

督办组指出，江苏省在推进“剑网2019”专项行动和查办重点案件等方面，措施有力，方法创新，成效显著。各部门要进一步提高政治站位，加大督办案件查办力度；要进一步聚焦重点任务，全力做好侵权盗版案件查办工作；要进一步加强协作联动，形成版权执法监管工作合力；要进一步创新方式方法，重点加强辖区内互联网企业监管工作。同时，督办组就各办案单位遇到的问题进一步交换了意见。

（资料来源：江苏省版权局）

【廊坊成河北首个“全国版权示范城市”】 2019年10月18日，“全国版权示范城市”授牌仪式暨河北省版权示范创建工作座谈会在河北省廊坊市召开。廊坊市被国家版权局授予“全国版权示范城市”称号，成为河北省首个获此称号的城市。

中宣部版权管理局局长于慈珂代表国家版权局向廊坊市授牌并从对版权的基本思考和理解、版权工作的主要思路和做法两个方面做辅导报告。河北省委宣传部常务副部长、省新闻出版局（版权局）局长宋文新主持会议并讲话。

宋文新说，版权是知识产权的重要组成部分。各地要认清形势任务，进一步强化领导、完善机制、营造氛围，在全社会营造尊重版权、保护版权、共创共建的浓厚氛围。

廊坊市委书记冯韶慧说，获授“全国版权示范城市”这块金字招牌，必将为廊坊加快转型、绿色发展、跨越提升插上腾飞的翅膀。截至 10 月 14 日，2019 年廊坊市版权登记作品数量已达 6 208 件，占河北省登记总量的 43.5%。

作为国内城市版权管理水平的最高荣誉，“全国版权示范城市”称号体现了一个城市的版权保护水平、自主创新能力、产业发展水平、城市核心竞争力等，在提升城市自主创新能力，促进文化产业健康发展方面有积极作用。从 2007 年至今 10 余年来，包括廊坊市在内先后有杭州、青岛等 11 个城市被授予“全国版权示范城市”称号。

（资料来源：《中国新闻出版广电报》，作者：赵新乐）

【国家版权局在深圳前海设立“国家版权创新发展基地”】 2019 年 10 月 24 日，在习近平总书记第二次视察深圳前海一周年之际，前海深港现代服务业合作区举办推进中国特色社会主义先行示范区建设工作成果发布会。在会上，中宣部版权管理局局长于慈珂代表国家版权局宣布同意深圳市前海深港现代服务业合作区设立“国家版权创新发展基地”。

为深入贯彻落实党中央、国务院提出的强化知识产权创造、保护、运用和加快知识产权强国建设的战略部署，国家版权局科学谋划着力推进版权强国建设，努力打造版权严格保护、版权产业快速发展格局。为大力融合创新驱动发展战略，充分发挥版权内在创新属性，提升版权工作能级，国家版权局近年来积极开展“国家版权创新发展基地”试点工作。深圳作为我国改革开放的重要窗口，粤港澳大湾区建设的前沿，特别是前海深港现代服务业合作区作为新时代国家改革开放战略平台，拥有独特的版权资源优势、良好的法治制度基础和丰富的文化创意产业业态，更有国家赋予的先行先试优惠政策。前海也把“对标最高最好最优、打造最佳营商环境”作为自己的奋斗目标，优化知识产权环境作为打造最佳营商环境的一个重要支点得到前海相关方面高度重视。在前海设立“国家版权创新发展基地”，可以充分利用前海的区位优势、政策优势、产业优势，开拓创新，积极探索，打造版权保护与产业发展的高地与标杆。在“国家版权创新发展基地”揭牌后，举行了基地与合作伙伴的合作备忘录签约仪式，标志着基地的良好开端，为今后的发展迈出了坚实一步。

于慈珂局长高度肯定在前海深港现代服务业合作区设立“国家版权创新发展基地”的重要意义，表示国家版权局将全力支持前海“国家版权创新发展基地”的建设。希望前海深港现代服务业合作区认真落实习近平总书记关于知识产权的重要论述，积极落实《中共中央国务院关于支持深圳建设中国特色社会主义先行示范区的意见》《粤港澳大湾区发展规划纲要》等文件要求，抓住重要机遇，勇于探索尝试，努力推进体制机制、技术标准、方法模式等创新，以高站位、宽视野、大格局建设“国家版权创新发展基地”，闯出一条全国领先、具有示范作用的新时代中国特色版权发展之路，推动全国版权工作实现高质量发展。

国家版权局、广东省版权局、深圳市市场监管局、前海管理局以及境内外部分版权企业、社会组织的代表共同参加了“国家版权创新发展基地”揭牌活动以及有关单位、企业合作备忘录签约仪式。

（资料来源：国家版权局）

【景德镇市获批创建全国版权示范城市】 2019 年 11 月，国家版权局正式下文，批复同意景德镇市创建全国版权示范城市。景德镇市成为中部地区第一个、全国第十三个加入创建全国版权示范城市行列的城市。

景德镇是世界著名瓷都、国家首批历史文化名城、中国优秀旅游城市，连续两届获“全国创建文明城市工作先进城市”荣誉称号。一直以来，景德镇市高度重视版权保护工作，多措并举、持之以恒，为推动经济社会发展和陶瓷文化创新繁荣发挥了积极作用。2018 年景德镇地区生产总值 846.6 亿元，增长 8.2%。创建全国版权示范基地 1 家，江西省版权示范单位 7 家，设立版权服务站 4 处。景德镇市注重强化版权登记工作，连续多年全市版权登记数量在全省设区市中位列第一。2012 年以来累计审判知识产权案约 200 起，版权类案件占比约 40%。建成“陶瓷艺术设计版权交易平台”，打造版权交易、转化、运营一体化的产业链。

2019 年以来，为贯彻习近平总书记关于“建好景德镇国家陶瓷文化传承创新试验区，打造对外文化交流新平台”的重要指示，推进《景德镇国家陶瓷文化传承创新试验区实施方案》落实，景德镇市将申请创建“全国版权示范城市”工作摆上重要议事日程，各有关单位协调联动，多向发力，强化交流，为申请创建工作打下坚实基础。景德镇市将以创建全国版权示范城市为契机，进一步强化版权强市理念，大力实施“鼓励创新，提升版权登记；严格保护，优化版权环境；加强管理，健全版权机制；深度挖掘，推进版权运用；校企联动，培育版权人才”的创建工作五大工程，充分发挥版权在陶瓷产业创新和对外合作交流中的重大作用，力争在创建期后顺利通过考核验收。

（资料来源：《江西日报》，作者：钟秋兰）

【佛山市获批创建全国版权示范城市】 2019年12月20日，中宣部（国家版权局）正式批复同意佛山开展全国版权示范城市创建工作。佛山市委副书记、市长朱伟表示，佛山要继续保持经济持续健康发展，关键要坚持创新发展理念，深入实施创新驱动发展战略，加快形成以创新为主要引领和支撑的经济体系和发展模式，加快实现新旧动能转换。其中，加强知识产权保护是关键一环。创建全国版权示范城市，一定要树立“项目化”的工作思路，集中力量建设、打造一批彰显佛山特色、有利佛山发展、提升佛山形象的版权工作项目，包括加快建立佛山市版权展示服务中心这一“佛山版权地标”。同时，版权、文化、工信等部门要加强协调，共同落实好、推进好、经营好以广东工业设计城为中心的工业设计集聚区、南方影视中心等重点项目。

（资料来源：大洋网，作者：刘艺明）

【中办、国办印发《关于强化知识产权保护的意见》】 中共中央办公厅、国务院办公厅印发《关于强化知识产权保护的意见》，明确要加快专利法、商标法、著作权法等修改完善，不断改革完善知识产权保护体系，综合运用法律、行政、经济、技术、社会治理手段强化保护，促进保护能力和水平整体提升。

《意见》提出，力争到2022年，侵权易发多发现象得到有效遏制，权利人维权“举证难、周期长、成本高、赔偿低”的局面明显改观；到2025年，知识产权保护社会满意度达到并保持较高水平，保护能力有效提升，保护体系更加完善，尊重知识价值的营商环境更加优化，知识产权制度激励创新的基本保障作用得到更加有效发挥。

《意见》明确，全面加强党对知识产权保护工作的领导。地方各级党委和政府要全面贯彻党中央、国务院决策部署，落实知识产权保护属地责任。各地区各部门要加大对知识产权保护资金投入力度。鼓励条件成熟的地区先行先试，率先建设知识产权保护试点示范区。将知识产权保护绩效纳入地方党委和政府绩效考核和营商环境评价体系，确保各项工作要求有效落实。

《意见》要求，加快专利法、商标法、著作权法等修改完善，加快在专利、著作权等领域引入侵权惩罚性赔偿制度。大幅提高侵权法定赔偿额上限，加大损害赔偿力度；推动简易案件和纠纷快速处理，指导各类网站规范管理，删除侵权内容，屏蔽或断开盗版网站链接，停止侵权信息传播，打击利用版权诉讼进行投机性牟利等行为。

《意见》还提出，各地区各部门要加强舆论引导，定期公开发布有社会影响力的典型案件，让强化知识产权保护的观念深入人心。加强公益宣传，开展知识产权保护进企业、进单位、进社区、进学校、进网络等活动，不断提高全社会特别是创新创业主体知识产权保护意识，推动形成新时代知识产权保护工作新局面。

（资料来源：《中国新闻出版广电报》，作者：洪玉华）

【中宣部版权管理局与文化和旅游部市场管理司举办“卡拉OK领域版权工作座谈会”】 2019年12月10日，中宣部版权管理局、文化和旅游部市场管理司在京共同举办“卡拉OK领域版权工作座谈会”。座谈会围绕贯彻落实十九届四中全会精神，进一步规范卡拉OK领域的版权秩序、完善我国著作权集体管理制度、推动卡拉OK领域健康有序发展听取各方的意见和建议。

座谈会上，来自文化企业、卡拉OK业主、行业协会以及集体管理组织的代表对卡拉OK领域面临的诸多问题提出意见：近几年卡拉OK行业整体形势不容乐观；卡拉OK的曲库制作与运营出现诸多版权问题；小权利人恶意诉讼现象逐年增加；非法集体管理为行业发展带来不良影响；集体管理组织的运作需要规范；此外，新技术手段的冲击也让卡拉OK行业面临转型的艰难困境……

与会代表建议：希望政府管理部门能够考虑到卡拉OK行业的实际经营情况，明确卡拉OK领域版权收费的统一出口；在曲库的制作和运营中尊重市场需求选择，规范著作权集体管理组织的运作，维护行业的合法权益；解决小权利人恶意诉讼的现象，打击利用这种方式进行牟利的市场行为。与会代表也希望能够参与到版权收费机制的建设中，共同探讨技术在卡拉 OK 领域版权收费各个链条使用的可行性。

中宣部版权管理局副局长赵秀玲主持会议并就我国著作权集体管理与大家交流。赵秀玲指出，与发达国家相比，我国集体管理起步晚、基础差，其应有的功能作用还没有完全发挥出来。著作权集体管理制度是我国著作权法律体系的重要组成部分，与我国文化发展、知识产权保护和建设创新型国家的要求紧密联结在一起。构建具有中国特色社会主义的集体管理制度，必须全面贯彻落实习近平新时代中国特色社会主义思想，把著作权集体管理工作放在增强“四个意识”、坚定“四个自信”和做到“两个维护”的大局中来看待，进一步提高集体管理组织围绕中心、服务大局的能力和水平。在数字和信息网络环境下，海量作品海量传播，要有效发挥著作权集体管理组织的作用，需要从完善法律制度、完善监管体系、加强扶持和指导、打击侵权盗版和治理非法集体管理活动、加大宣传和培训力度等方面着力。

对于卡拉 OK 行业面临的现状，文化和旅游部市场管理司副司长李健说：文化和旅游部市场管理司坚决支持保护知识产权，积极推动文化市场领域知识产权保护，坚决支持著作权集体管理，坚决支持规范版权收费工作，希望各方共同努力，形成更加科学、合理、公开、透明的收费标准、收费方式以及版权费分配模式，从而更好地保护著作权人和使用者的合法权益；坚决支持加强娱乐场所内容管理，加大卡拉 OK 歌曲内容审核力度，不断规范市场秩序；坚决支持依法查处扰乱市场秩序行为。

中宣部版权管理局局长于慈珂做了总结讲话，他强调：维护权利人权利、促进作品的传播使用，推动版权产业发展，是我国《著作权法》的宗旨目标和价值追求，也是中国著作权集体管理制度的初心和使命。

对于如何进一步加强版权保护，规范著作权集体管理，推动卡拉 OK 领域的健康有序发展，于慈珂提出五点要求：一是各方要提高认识，从贯彻十九届四中全会精神、提升治理体系和治理能力现代化的高度，从落实创新驱动发展战略、建设知识产权强国的高度，从构建更好营商环境、推进行业健康有序发展的角度，认真贯彻习近平总书记关于知识产权的重要论述，把《著作权法》及相关法规规定落实好执行好。二是坚持用集体管理方式解决卡拉 OK 领域的著作权问题，把我国著作权集体管理的制度优势转化为治理效能，做好法律法规与实务操作的具体衔接工作。三是中国音乐著作权协会和中国音像著作权集体管理协会要加强合作，坚持在卡拉 OK 领域施行“二合一”收费模式。双方应增进理解支持，提高服务意识和水平，强化规范管理，增进透明度，与相关利益方积极配合，构建和完善体现中国国情、符合国际惯例的卡拉 OK 版权授权体制。四是行业协会要加强与集体管理组织配合，在宣传教育、协同会员、集体谈判、推动全行业依法经营、配合政府监管等方面发挥作用。五是卡拉 OK 领域相关企业要严格遵守《著作权法》规定，提高全行业的依法经营意识和规范经营水平。

于慈珂说，卡拉 OK 领域当前局面来之不易，要万分珍惜。同时也要实事求是，直面问题，兴利除弊，对相关制度和机制进行调整完善。国家版权局和地方各级版权局作为版权主管部门，要从政治高度和监管角度履职尽责，按照党中央、国务院要求和法律法规的规定，不断强化版权保护，严厉打击侵权盗版等违法行为，不断提升对卡拉 OK 领域的治理能力。

（资料来源：《中国新闻出版广电报》，作者：赵新乐）

【“剑网 2019”专项行动成果及十大案件发布】

2019 年 12 月 26 日，国家版权局、国家互联网信息办公室、工业和信息化部、公安部在京召开“剑网 2019”专项行动通气会，通报专项行动工作成果及十大案件。

会上通报，2019 年 5—11 月，各级版权执法部门会同网信、通信、公安等部门，围绕当前互联网版权治理热点、难点开展多个领域专项整治，删除侵权盗版链接 110 万条，收缴侵权盗版制品 1 075 万件，查处网络侵权盗版案件 450 件，其中查办刑事案件 160 件、涉案金额 5.24 亿元，不断规范网络版权秩序，为庆祝新中国成立 70 周年营造良好网络版权环境。

“剑网 2019”专项行动于 2019 年 4 月 26 日启动，聚焦院线电影、媒体融合发展、流媒体、图片等重点领域，开展版权专项整治，加强平台版权治理。

在院线电影版权治理方面，国家版权局加大院线电影版权预警力度，扩展版权预警覆盖面，公布 7 批 67 部重点作品版权保护名单，对《流浪地球》等院线电影进行重点版权预警保护，建立侵权盗版网站（APP）联控机制，删除涉院线电影侵权盗版信息 3 万余条。各地积极开展点播影院版权专项治理，上海查办点播影院侵权案22起、湖南查办点播影院侵权案16起。

专项行动积极贯彻中央推动媒体融合发展的重要部署，着力强化主流报刊台网版权保护，相继查处北京“新华丝路网”新闻作品侵权案、江苏无锡自媒体非法转载案、广西南宁自媒体非法转载案等，严厉打击侵犯传统媒体新闻作品著作权行为。

在加强图片市场、流媒体领域版权重点监管方面，北京部署下线侵权图片3 000余万张，江苏、河北等地查处了一批侵权案件，不断规范图片和流媒体领域版权秩序。

国家版权局还联合全国“扫黄打非”办公室、公安部、最高人民检察院等部门联合挂牌督办侵权盗版大要案件90起，对江苏、河南等14省版权重点案件查办情况进行督导。

各地则采取了多种措施夯实版权执法基层基础工作。江苏开展打击网络侵权盗版集中办案周行动，河北建设网上侵权盗版线索查询平台和作品版权登记大数据平台，上海、浙江、江苏、安徽等省市签订《长三角地区共同营造版权产业高质量发展市场环境合作协议》，江苏、浙江两省联合开展版权执法培训活动，广东加强珠三角地区版权执法区域合作和部门协作。

会上还通报了“剑网2019”专项行动十大案件。十大案件分别为：中兴华睿科技发展（北京）有限公司侵犯新闻作品著作权案；江苏扬州马某予等涉嫌侵犯影视作品著作权案；上海陈某等侵犯影视作品著作权案；山西“圣城家园网”侵犯著作权案；江苏南京《韩剧TV》APP侵犯影视作品著作权案；湖北浠水91系列网涉嫌侵犯影视作品著作权案；柔持（北京）科技有限公司传播盗版电子出版物案；江西吉安“5·28”侵犯影视作品著作权案；山东淄博“6·26”涉嫌侵犯标准作品著作权案；上海吴某锋侵犯影视作品著作权案。

（资料来源：《中国新闻出版广电报》，作者：隋明照）

◆ 宣传教育

【2018 CPCC十大中国著作权人评选结果揭晓】 2019年3月28日，在2019 CPCC中国版权服务年会开幕式上，2018 CPCC十大中国著作权人评选结果在京揭晓，太极计算机股份有限公司、沈阳新松机器人自动化股份有限公司、中国教育电视台、中国软件与技术服务股份有限公司、海尔集团公司、掌阅科技股份有限公司、新华影轩（北京）影视文化有限公司、新华网股份有限公司、北京泡泡玛特文化创意股份有限公司、北京十二栋文化传播有限公司荣获2018 CPCC十大中国著作权人。

获奖企业中，太极计算机股份有限公司承担的海南“数据大厅项目”，成为海南信息化建设的重要支撑。沈阳新松机器人自动化股份有限公司以强大的自主创新能力，研制出拥有核心自主知识产权的工业机器人、移动机器人等产品，改写了中国机器人“只有进口、没有出口”的历史。中国教育电视台利用各地博物馆雄厚的历史文物资源进行传统再造，为讲好新时代“中国故事”提供了丰富的传统文化素材。新华网股份有限公司运用数字化手段讲好红色故事，进行革命传统教育，构建体验式红色教育新模式。北京泡泡玛特文化创意股份有限公司与北京十二栋文化传播有限公司作为新生代，致力于原创开发、授权，实现作品版权价值的最大化。

梦东方电影有限公司、深圳华侨城文化集团有限公司、北京锦熹文化传媒有限公司、九派（武汉）全媒体股份有限公司、厦门阅趣信息科技有限公司、北京大米未来科技有限公司、光橙（上海）信息科技有限公司获得2018 CPCC十大中国著作权人专家特别提名奖。

（资料来源：中国知识产权资讯网，作者：窦新颖）

【国家版权局确定2019版权宣传活动主题】 2019年4月初，国家版权局确定“严格版权保护 推进创新发展”为2019年版权宣传活动主题，决定自4月中旬起集中开展版权宣传活动，以4月20—26日为重点宣传时段。

国家版权局将于4月26日世界知识产权日当天召开第四届中国网络版权保护与发展大会，聚焦网络版权年度热点，发布年度重要版权保护事件、中国版权产业对经济贡献调研报告、网络版权产业发展年度报告。

此外，在版权宣传周期间，国家版权局将以鼓励查办网络侵权盗版案件为重点，发布“2018年度打击侵权盗版十大案件”。

与此同时，国家版权局还将通过“学习强国”学习平台、国家版权局官方网站等网络平台全面跟踪报道宣传周期间的各项活动。

（资料来源：《中国新闻出版广电报》，作者：赖名芳）

【第三届中国龙山黑陶版权作品展览开展】 2019年4月16日，由山东省版权局指导，济南市文化和旅游局、济南市章丘区委宣传部主办，济南市章丘区文化和旅游局、济南市章丘区龙山街道工委、济南市章丘区龙山街道办事处、济南市龙山黑陶产业协会承办的“第三届中国龙山黑陶版权作品展”在济南市章丘区龙山平陵城田园综合体开展。山东省版权局版权管理处处长张晓生、济南市文化和旅游局副局长孙亮与观众一起参观了展览，并向参展作者颁发了著作权作品登记证书。

（资料来源：济南市人民政府网站）

【《2018年中国网络版权保护年度报告》在京发布】 2019年4月26日，《2018年中国网络版权保护年度报告》（以下简称《报告》）在京发布。《报告》从网络版权的行政保护、司法保护和社会保护等层面，展示2018年我国网络版权保护情况，阐明网络版权保护对净化版权环境、促进版权产业发展、提高民族创新创造活力的重要作用。

《报告》提到，2018年中国网络版权产业各领域积极融合发展，也带来了更复杂的侵权盗版和利益分配问题。

《报告》显示，2018年中国网络版权保护取得重要进展：在行政保护方面，专项整治与重点监管相结合，引导短视频等热点领域规范发展。专项行动成果斐然，严厉查处大案要案；热点领域专项整治，规范网络版权秩序；深化版权重点监管，构建产业良性生态。在司法保护方面，版权审判规则日趋完善，审理模式不断创新。各级法院出台相关司法规定，版权审判规则日趋完善；增设互联网法院，互联网案件审理模式不断创新；网络版权案件数量爆发式增长，审判效率逐渐提高。在社会保护方面，各主体共同推动社会共治，利用新技术保护合法权益。著作权集体管理组织改进管理方法，开展多维度合作；行业协会开展行业自律，联合企业联盟发布自律公约；互联网企业完善内部版权管理制度，利用区块链等新技术保护版权。

《报告》显示，2018年中国网络版权保护的基本特点是：前沿科技赋能业态融合，技术创新助力版权保护。严格保护倒逼内容升级，正版付费推动产业发展。社交平台海量传播作品，平台治理重塑行业生态。与此同时，面临的诸多挑战有：现行著作权法律制度不能适应产业发展新需求，侵权盗版方式“去中心化”增加版权保护难度，内容产业“重产轻质”创新能力不足等。此外，知识产权背后的高新技术主导权也成为国际竞争的新焦点，版权国际应对面临更多挑战。

《报告》建议，要加快推进《著作权法》修订进程，完善版权制度体系。鼓励创新激发原创动力，推动优秀作品创作生产。创新版权治理模式，建立协同治理联动机制。推动版权信息共享，促进交易平台透明化。

（资料来源：《中国新闻出版广电报》，作者：赵新乐）

【成都举办2019版权宣传活动 40家企业发起禁止网络侵权行为倡导】 2019年4月26日，由四川省版权局、成都市委网信办、成都市版权局主办，以“严格版权保护 推进创新发展”为主题的2019年知识产权宣传周·版权宣传活动在成都宽窄巷子东广场举办。四川新闻网、新华四川、四川人民出版社、四川科学技术出版社、《四川党的建设》杂志社、每日经济新闻、成都发布、成都音像出版社有限公司、言几又、洋葱视频、京东等40家重点互联网企业和出版单位代表签订了《禁止网络侵权盗版行为承诺书》并获得“禁止网络侵权盗版倡议单位”的授牌。

（资料来源：四川新闻网，作者：张宇）

【《中国知识产权保护与营商环境新进展报告(2018)》发布】 2019年5月15日，全国打击侵犯知识产权和制售假冒伪劣商品工作领导小组办公室发布《中国知识产权保护与营商环境新进展报告(2018)》（以下简称《报告》）称，中国在持续深化改革、保护知识产权、优化营商环境等方面取得新进展、新成效。

当天，在国务院新闻办公室举行的新闻发布会上，全国打击侵权假冒工作领导小组办公室主任、国家市场监督管理总局副局长甘霖介绍了《报告》有关情况，并与国家知识产权局副局长甘绍宁、海关总署综合业务司负责人金海、最高人民法院知识产权审判庭负责人林广海回答了媒体记者提问。

甘霖在发布会上介绍，全国打击侵权假冒工作领导小组组织各地区、各成员单位加强知识产权保护、严厉打击侵权假冒、营造良好营商环境，取得明显成效。知识产权保护水平进一步提高，营商环境进一步改善，创新创业热情进一步激发，经济发展质量进一步提升。世界知识产权组织发布的《2018全球创新指数报告》显示，中国首次跻身全球创新指数20强。世界银行发布的《2019年营商环境报告》显示，2018 年中国营商环境改善幅度居全球第三、东亚太平洋地区之首。

《报告》显示，在保护知识产权方面，我国不断完善知识产权法律制度，强化行政执法和司法保护，推动部门区域协作，深化国际合作。行政执法更加严格，2018 年全国行政执法部门查处侵权假冒案件 21.5 万件，其中，查处专利侵权假冒案件 7.7 万件、商标违法案件 3.1 万件、侵权盗版案件 2 500 余件，海关查扣进出境侵权货物 4.72 万批 2 480 万件。司法保护更加有力，公安机关破获侵权假冒案件近 1.9 万件，检察机关批捕涉及侵犯知识产权犯罪案件 3 306 件 5 627 人，全国法院审结各类知识产权案件近 32 万件，同比上升 41.6%。

甘绍宁在答记者问时表示，中国营商环境持续优化，取得的成就有目共睹，与中国政府高度重视知识产权保护是分不开的。为严格知识产权保护，国家知识产权局推动完善法律法规，健全侵权惩罚性赔偿制度，大幅提高侵权成本；强化源头保护，提高知识产权审查质量和审查效率；加大执法力度，基本构建起集“严保护、大保护、快保护、同保护”于一体的知识产权保护体系；完善社会共治，加强知识产权文化建设；完善快速授权、确权、维权协调联动机制。

（资料来源：《中国知识产权报》，作者：韩瑞）

【中国政法大学知识产权创新与竞争研究中心成立】 2019 年 6 月 18 日，中国政法大学知识产权创新与竞争研究中心揭牌成立。这是中国政法大学聚焦知识产权前沿发展、助力学校“双一流”工作推进的重要举措。成立仪式之后，还举行了由中国政法大学知识产权创新与竞争研究中心发起组织的技术大变革时代的知识产权保护与人才培养研讨会。

中国法学会知识产权法研究会会长刘春田对该中心的建立表示热烈的祝贺。他表示，我国已经形成了很完备的工业体系，往前的发展需要创新，此时对知识产权的需求、对制度的需求、对文化与理论的需求、对教育与人才培养的需求，变得格外重要。在技术大变革的今天，中国政法大学知识产权创新与竞争研究中心的成立是对上述需求的回应。希望研究中心成立后，不仅能够为知识产权法学界培养更多优秀人才，还能够树立起科学精神和人文精神。

中国政法大学副校长时建中在发言中梳理了中国政法大学恢复办学四十年来知识产权法学学科的发展概况，他表示，在技术大变革的新时代，知识产权法学学科在我国有着光明的发展前景，成立这一研究中心是对当下时代需求的回应。

国家知识产权局知识产权保护司巡视员毛金生指出，近年来，在社会各界的不懈努力之下，我国知识产权保护工作取得了明显进展，知识产权法律规范逐渐修改完善，知识产权源头保护工作不断强化，知识产权执法力度持续加大，目前我国已经建立了比较完善的知识产权保护体系。但是，我国知识产权领域人才储备不足，结构尚需优化，专业性亟待加强，这一现状与我国建设知识产权强国的目标不匹配，广大高校应当重视知识产权人才的培养，希望中国政法大学知识产权创新与竞争研究中心的成立能为国家知识产权人才培养做出积极贡献。

北京知识产权法院副院长陈锦川表示，对于我国来说，知识产权的立法、执法和管理，都迫切需要得到人才的支撑。一直以来我们各方面的理论研究确实为我国知识产权法律制度的发展做出了很大的贡献，但是知识产权的研究还是相对比较年轻的。他从知识产权审判实务的角度指出，司法工作者应当在现有知识产权法框架内做好解释法律的工作，面对新技术带来的新现象，要善于透过现象看本质，通过对现有法律规则做出合理的本土化、体系化解释以解决问题，避免在审判工作中出现“法官造法”的情形。

中国政法大学民商经济法学院教授来小鹏针对目前知识产权人才培养过程中的短板和不足，建议要处理好知识产权人才培养过程中的“三个兼顾”。首先是兼顾培养类型的横向扩展和培养深度的纵向延伸，其次是兼顾单一型的培养和多元化的培养，最后是兼顾培养目标和培养过程。中国政法大学法律硕士学院副院长刘智慧也认为，在当下技术大变革的时代，要充分利用新技术的优势打破教学壁垒，提高教学培养质量。另外，针对技术大变革催生的新问题，还要积极进行理论研究，做好顶层设计，回应时代需求。

中国政法大学知识产权创新与竞争研究中心主任陶乾介绍，该中心的成立旨在加强与法律实践工作者的交流，加强知识产权法治及其相关领域基础性问题的研究。在大众创业、万众创新的背景下，在我国“一带一路”跨境投资与研发日益增多的背景下，该中心将致力于研究知识产权与竞争相关制度，以期能够为立法机构、行政机关和各类企事业单位提供智力支持，同时为学生提供更加丰富的实践知识、更加多元的教学方法、更多的接触法律实务的机会，也有利于在学院内部形成科研团队，推动一流科研成果的产出。她表示，利用学校搭建的学术平台，该中心将围绕知识产权创新与竞争，以法律与政策为学术研究重点，以提升知识产权法学科学研究和教学水平，逐步将中心打造成为国内在知识产权创新与竞争法律与政策研究与服务方面的知名学术机构。

（资料来源：中国知识产权资讯网，作者：窦新颖）

【陕西省首届教育软件正版化主题活动举行】 2019 年 6 月 21 日，由陕西省版权协会、省信息网络安全协会、信息丝绸之路发展联盟主办，陕西省版权协会软件工作委员会承办的陕西省首届教育软件正版化主题活动在西安举行。来自陕西省乃至全国的百余名教育、软件、版权领域的业内专家参与了话题探讨。

教育未来发展中对软件的应用有哪些需求？当下的教育软件版权保护的现状是什么？针对这些热点话题，陕西省版权协会理事长曹先觉、陕西省摄影家协会教育摄影分会主席陈小平分别致辞。中国版权保护中心版权代理部副主任陈雨佳、中央电化教育馆副研究员李蕾、微软（中国）有限公司教育行业技术总监许敏俊、北京金山软件教育事业部总经理冯波、北京中天瑞合科技有限公司董事长房中正、陕西省版权协会软件工作委员会常务副主任李浩分别进行主题演讲。

活动现场，微软（中国）教育、北京金山软件还分别通过陕西省版权协会软件工作委员会向陕西省西安中学等 4 所学校捐赠了价值 10 万元的正版软件，助力中国教育，支持正版软件。

（资料来源：西安新闻网，作者：孙欢）

【《2018 年中国知识产权发展状况评价报告》发布】 2019 年 6 月，国家知识产权局知识产权发展研究中心发布《2018 年中国知识产权发展状况评价报告》（以下简称《报告》）。《报告》显示，2018 年，我国知识产权综合发展指数达 257.4（以 2010 年为 100），较上年提升 17.9%，提升效果显著。

从分项指标看，2018 年，我国知识产权创造指数、运用指数、保护指数和环境指数分别达到 249.3、234.8、274.3 和 271.3，分别较上年增长 15.2%、28.5%、17.8% 和 12.5%。从国际比较看，根据 2019 年的测算方法，我国知识产权综合发展指数在 40 个主要国家中的排名从第十三位上升至第八位，实现了较大提升。

据介绍，《报告》根据通行的定量分析规则，编制了知识产权发展状况国内评价指标体系和国际比较指标体系。其中，国内评价指标体系由 4 个一级指标、11 个二级指标、55 个三级指标构成；国际比较指标体系则由 3 个一级指标、9 个二级指标、33 个三级指标构成。

与知识产权创作、保护和环境比较，2018 年，我国知识产权运用进步更为显著。从运用规模看，与 2017 年相比，得分在 50 分以下地区的数量进一步减少，各地运用规模进一步扩大；从运用效益看，全国各地区普遍提升，排位靠前的地区提升效果更为明显，广东和江苏运用效益突破 80，知识产权运用与经济生活联系日益紧密。

知识产权运用水平的显著提升，与近年来我国采取建机制、建平台、促产业等多项措施打通知识产权创造、运用、保护和管理全链条密切相关。这些措施为创新主体从市场综合效益角度管理知识产权创造与保护提供了便利条件，促使我国知识产权综合运用能力不断加强、运用效益实现快速增长。

《报告》也反映出我国知识产权发展过程中仍然存在一些不足。一是知识产权创造质量需进一步提高，我国绝大部分地区知识产权创造质量指数较数量和效率指数偏低，绝大部分地区质量指数对创造指数的贡献度未达到标准值（100%）；二是区域发展不平衡性仍在延续，西部 8 个省份综合指数低于 60，与东部发展优势地区形成明显阶梯对比；三是知识产权发展外部环境有所改善，但仍有所欠缺。与 40 个世界主要国家比较，我国知识产权环境、能力、绩效 3 个指数中，环境指数近些年排名均落后于知识产权能力和绩效指数，表明我国知识产权工作需要进一步在营造良好营商环境方面做出更多努力。

（资料来源：《经济日报》，作者：佘颖）

【《全球数字版权保护技术跨世纪追踪与分析（1994—2017）》发布】 2019 年 7 月 13 日，《全球数字版权保护技术跨世纪追踪与分析（1994—2017）》新书座谈会在北京召开。

截至 2017 年，作为互联网时代知识产权保护重要手段的数字版权保护技术整体已步入成熟期，创新应用的重点正从单一技术支撑向综合保护策略转型。其中，数字水印技术是最大热点，移动业务支撑技术处于成长期，区块链相关技术正值萌芽阶段。从全球范围看，中国正日益成为数字版权保护技术专利申请的主要国家。

《全球数字版权保护技术跨世纪追踪与分析(1994—2017)》指出，中国是数字版权保护技术领域成长最快的国家。从“数字版权保护技术”综合主题检索结果看，1994—2000年间，在美、英、法、德、俄、中、日、韩、澳以及欧洲专利局、世界知识产权组织这“九国两组织”范围内，中国相关专利申请量仅相当于日本的1/5略强，与韩国并列第五。2000年以后，中国的相关专利申请量快速增长，相继超越世界知识产权组织、欧洲专利局和日本，如今仅次于美国，居世界第二，总量超出第三名日本近15%。关于中国相关专利申请量迅速增长的原因，该书研究团队认为，首先与中国党和政府多年来高度重视知识产权保护密不可分，其次与中国数字内容产业快速发展带来的庞大的数字版权保护技术需求密不可分，最后与大批国外企业到中国申请相关专利也有一定关系。

（资料来源：光明网，作者：王欣夷）

【新形势下开展游戏反盗维权工作发布会在沪召开】 2019年8月3日，由中国音像与数字出版协会反盗版工作委员会（以下简称“反盗版工作委员会”）主办的“净化行业风气·打击网游盗版——新形势下开展游戏反盗维权工作发布会”在上海第十七届中国国际数码互动娱乐展览会（China Joy）期间顺利召开。

作为China Joy官方活动之一，会议发布了《中国数字版权保护状况年度报告》，介绍了网络游戏领域版权保护发展现状，分析了业界侵犯版权、盗用版号等各类违法案例，以及反盗版工作委员会配合执法部门开展打击侵权盗版专项服务内容，同时还举行了《中小游戏企业反盗版维权自律倡议书》发布现场签字仪式。

（资料来源：中国知识产权资讯网，作者：姜旭）

【安徽举办全省版权执法工作培训班】 2019年8月6—7日，安徽省在合肥举办2019年全省版权执法工作培训班。安徽省委宣传部副部长、省版权局局长洪永平做动员讲话。

此次培训是安徽省版权局转隶省委宣传部后举办的第一次执法培训。培训班围绕版权保护与行政执法前沿问题、互联网时代版权法律的新发展、著作权行政执法实务、侵犯版权案件的办理及侵权盗版违法犯罪行为的打击等专题，邀请知名律师、法学专家和办案能手等进行授课。安徽省各市县版权行政管理部门、文化市场综合执法部门负责人及有关人员近100人参加培训。

（资料来源：安徽省版权局，作者：胡子）

【山东省版权局举办2019年全省版权执法监管培训班】 2019年9月10日，山东省版权局在济南举办了全省版权执法监管培训班。各市文化和旅游局分管版权执法工作的负责人、市执法支队版权执法人员、部分县市区一线执法人员近100人参加培训。

此次培训内容丰富、形式多样，采取理论讲解+案例剖析的形式，聚焦新时代环境下的版权执法监管工作，围绕著作权行政执法要点、案件证据采集与鉴定、版权与公安联动执法、著作权刑事案件查办等重点、难点、热点问题进行了专业培训。会议邀请了中宣部版权管理局执法监管处三级调研员康昕、华东政法大学知识产权法律与政策研究院研究员杨勇进行专题授课。会上还对“剑网”行动及软件正版化工作进行了安排部署。

（资料来源：山东省版权局）

【第十届全国大学生版权征文活动优秀论文结集出版】 2019年9月，《版权·创新·未来——第十届全国大学生版权征文活动优秀论文选》（以下简称《优秀论文选》）出版，对活动中的优秀作品进行了集中展示。

第十届全国大学生版权征文活动由国家版权局主办、中国人民大学国家版权贸易基地承办，得到了全国各地版权管理部门、高等院校及相关组织的积极响应和支持。活动共收到参赛论文1 496篇，其中本科生组1 168篇，研究生组328篇。经过形式审查、软件查重和专家评审，最终评审产生特等奖论文3篇，本科生组和研究生组一等奖论文各10篇、二等奖论文各20篇、三等奖论文各30篇。

《优秀论文选》从123篇获奖论文中选取50篇优秀论文结集出版。所选论文主题涵盖人工智能生成物的可版权性研究、网络服务商的侵权责任认定、游戏直播的权利归属等版权领域热点及难点问题。这些论文从多角度对版权相关问题进行了深入研究，很多论文观点新颖独到，具有较高的理论水准。

（资料来源：《中国新闻出版广电报》，作者：隋明照）

【湖北省动漫游戏企业版权管理培训班在武汉举行】 2019年10月25日，湖北省版权保护中心联合省版权保护协会举办的“湖北省动漫游戏企业版权管理培训班”在武汉圆满落幕。湖北省40余家动漫游戏企业的60多位代表参加培训，省文化和旅游厅产业发展处处长陈同月、省委宣传部版权管理处调研员邹喜玲等出席开班式。

陈同月处长讲话指出，严格版权保护是优化营商环境的重要组成部分，是党中央、国务院根据新形势做出的重大决策部署，本次培训既顺应了新时代的新要求，又顺应了动漫游戏企业的发展需求。邹喜玲在讲话中强调，各企业要切实加强版权保护意识，在做好内容生产之外，更要懂得保护好自己的创作成果，管理好自己的版权资产，不能“两耳不闻窗外事，一心只做创作人”。

本次培训课程由中国版权保护中心常夷博士讲授“文化企业版权资产管理实务”，盈科武汉律所知识产权部主任储涛讲授“动漫游戏版权侵权风险防控”，真相科技副总裁陈雅琪讲授“区块链与知识产权保护”，“IP价值官”创始人孙畅讲授“从典型案例看动漫IP授权的问题和机会”，华中国家版权交易中心产品与投资总监沈戈尔讲授“版权金融创新”。此外，湖北省版权保护中心资深版权登记人员还详细介绍了动漫游戏作品版权登记要点和湖北省著作权登记系统。

（资料来源：湖北省版权保护中心，作者：邓军）

【2019年国家版权监管平台应用专题培训在京举办】 2019年11月13日，中宣部版权管理局在京举办2019年国家版权监管平台应用专题培训，系统介绍平台使用功能与工作要求，指导平台用户顺利使用平台开展相关版权管理工作，提高版权工作效能，加强各地区、各部门在技术手段支持下的版权现代治理能力建设。

在开班动员会上，中宣部版权管理局局长于慈珂结合党的十九届四中全会精神，从全面加强党对版权工作的领导、努力构建版权现代治理体系、大力提高版权现代治理能力三个方面，对今后的版权工作做出了重点部署、提出了具体要求。他表示，版权工作一定要全面加强党的领导，结合党和国家发展大势和工作重心，因时而动，因势而为，不断进取，开拓创新。建设国家版权监管平台就是为了适应版权工作形势发展需要而推出的一项重要创新举措，对提高版权工作效率、提升版权治理能力具有十分重要的作用。希望各地区、各单位平台用户积极应用平台，利用现代技术手段，提升版权工作效能。

培训会上，中宣部版权管理局相关处室负责同志分别介绍了国家版权监管平台的建设、应用情况以及执法监管、社会服务等部分重点功能的工作要求。

来自各省（区、市）版权管理部门和北京、上海、天津、重庆市文化市场行政执法总队的版权执法部门，以及各著作权集体管理组织、中国版权保护中心、版权交易中心等的百余名代表参加了培训。

本次培训班还分别组织了平台用户国家版权监管平台建设、应用座谈会和上机实操培训，听取大家对完善国家版权监管平台工作的意见建议。

（资料来源：《中国新闻出版广电报》，作者：朱丽娜）

【第十一届全国大学生版权征文活动颁奖仪式在成都举行】 2019年12月4日，恰逢国家宪法日和全国法制宣传日，第十一届全国大学生版权征文活动颁奖仪式在成都举行。

中宣部版权管理局局长于慈珂在致辞中表示，全国大学生版权征文活动是国家版权局贯彻落实党中央、国务院战略决策的重要措施，是国家版权局面向大学生搭建的版权人才培养平台，其定位是激发年轻学子的创新活力，搭建跨区域跨学校跨专业的版权交流平台，发挥品牌效应，提高全社会对版权的关注度。希望在校大学生关注版权动态，立足国情，放眼世界，理论结合实践，学以致用，学用相长。

本次征文活动历时6个月，共收稿1 492篇，其中本科生论文906篇，研究生论文586篇，来自全国29个省、自治区、直辖市，以及香港特别行政区、澳门特别行政区的共计234所高校参与，最终评选产生特等奖论文3篇，本科生组和研究生组一等奖论文各10篇、二等奖论文各20篇、三等奖论文各30篇，并评选出优秀奖论文共30篇，还评选出优秀指导老师奖20名、优秀组织奖20名。

（资料来源：《中国新闻出版广电报》，作者：隋明照）

【湖北省版权保护中心在夷陵区举办著作权法宣讲培训会】 2019年12月4日，湖北省版权保护中心在夷陵区举办著作权法宣讲培训会。夷陵区副区长温欣艳出席培训会。

宜昌城区新闻出版（版权）行政部门、宜昌市文化市场综合执法支队、文化创意企业以及夷陵区作家协会的近百名代表参加培训。

培训会上，湖北省版权保护中心主任郑凌辉以

"著作权保护与创新发展"为主题，深入浅出地解读了著作权制度的产生与发展、国内外著作权立法的最新动态及著作权保护与创新发展的重要意义。湖北省版权保护中心服务部、华中国家版权交易中心版权业务部相关专家分别讲解了著作权登记系统的功能设置和办理登记的具体流程、操作要点及注意事项。

与会人员还就文艺创作中遇到的版权保护、法律效力等问题与湖北省版权保护中心专家进行互动交流；夷陵版画传承人高新章、张定虎两位民间艺术家将最新创作的版画作品现场进行了版权登记。

（资料来源：三峡夷陵网，
作者：胡中雪　李重庆　嘉丽娜）

【贵州省软件正版化工作推进暨培训会议召开】 2019年12月11日，贵州省软件正版化工作推进暨培训会议召开。会议对2020年贵州省软件正版化工作进行部署，2020年1—2月，贵州省各级政府部门和企事业单位将统计计算机台数、已有软件采购数量等情况，做好国家检查组反馈问题整改工作。

会议指出，软件正版化工作是实施创新驱动发展战略、加强知识产权保护的一项重要工作，贵州作为首个国家级大数据综合试验区，在软件正版化工作上理应走在前列。

会上，下发了《关于进一步加强和改进软件正版化工作的实施方案》草案，修改反馈完成后正式印发。还对省直各单位、各市（州）、贵安新区管委会版权主管部门及具体工作负责人等60余人，进行版权及软件运用培训。

（资料来源：《贵州日报》，作者：张凌）

【2019年国有企业软件正版化工作培训班在长沙举办】 2019年12月11—13日，国家版权局在长沙举办"2019年国有企业软件正版化工作培训班"。中宣部版权管理局有关负责同志参会做政策指导和业务培训。国家版权局、国资委和16个省的版权管理部门、国有企业系统180人参加此次培训。

（资料来源：红网，作者：姜心玥　石旭刚）

【《中国电子商务知识产权发展研究报告（2019）》发布】 2019年12月12日，由国家知识产权局知识产权保护司、商务部电子商务和信息化司支持，国家知识产权局知识产权发展研究中心编制的《中国电子商务知识产权发展研究报告（2019）》（以下简称《报告》）在京发布。《报告》显示，我国电子商务领域知识产权保护成效显著。

《报告》对年度我国电子商务知识产权保护治理工作进行梳理，从主流电商平台知识产权保护数据情况、治理困境和治理成效等方面全方位评估总结中国电商知识产权保护实践经验，并提出法治护航、平台自治、社会共识、智慧之治的"四治"理念。《报告》指出，通过在完善保护规则体系、构建多元共治的治理模式、加大打假防假技术研发和应用投入力度3个方面积极作为，我国电子商务领域知识产权保护取得显著成效。其中，多元共治治理模式是电商知识产权保护治理的变革方向，也是治理亮点，应在此方面加强多方合作与对话，促进创新与升级。此外，在政企合作方面，目前，长三角和泛珠三角13省（区、市）已建立线索通报、证据移转、案件协查、联合办案以及检验鉴定结果互认等制度，并依托电商平台的网络交易大数据，共同打击侵权假冒违法行为。在平台及权利人合作方面，与知识产权权利人合作，构建大众评审机制，实现在线纠纷判定，提升知识产权保护效能。

（资料来源：《中国知识产权报》，作者：刘娜）

【2019年全国版权示范城市联盟年会在广州举行】 2019年12月12日，2019年全国版权示范城市联盟年会在广州白云国际会议中心召开。本次年会以"突出创新引领，推进版权发展"为主题，共有来自中宣部、广东省委宣传部、全国版权示范城市版权行业主管部门领导和广州市相关职能部门、各区版权局、版权行业机构、版权优秀企业的100多名代表参会。中央宣传部版权管理局副局长赵秀玲出席年会并致辞。

赵秀玲指出，版权示范城市创建以来，各示范城市将"全国版权示范城市"称号作为经济社会发展的杠杆、转型升级的动力、城市形象的名片，不断拓展工作领域，有力地推进了当地版权事业的全面发展。各示范城市版权工作体制逐步完善、保护不断加强、产业发展良好、宣传方式不断创新。

针对下一步版权示范城市建设工作，她强调，各示范城市要从贯彻落实习近平新时代中国特色社会主义思想的全局，从实施创新驱动发展战略、知识产权强国战略的高度，从提高版权领域治理体系和治理能力现代化程度的角度，充分认识版权示范工作的重要意义，真正发挥其辐射示范和带动作用。各示范城市必须按照党中央、国务院的国家重大战略决策，结合本地实际，在当地经济社会总体发展中找定位，在转型升级和动能转化中找切入，在融合产业高质量发展中找突破。

全国版权示范城市联盟由获得“全国版权示范城市”称号的城市组成。联盟年会每年举办一次，由全国版权示范城市轮流承办。2019 年会期间，与会代表还考察调研了广州具有代表性的版权示范园区、基地和企业。广州自 2013 年荣获“全国版权示范城市”称号以来，大力发展以新闻出版、动漫游戏、广播影视、软件等为主体的特色版权产业，出台了作品著作权登记政府资助办法、加快动漫游戏产业发展的意见、加强知识产权运用和保护促进办法、加快文化产业创新发展的实施意见等一系列政策。目前广州已有超过 20 家单位获得“中国版权金奖”“全国版权示范单位”“广东省版权兴业示范基地”等荣誉称号。

（资料来源：《广州日报》，作者：黄丹彤）

【山东省“版权进乡村”行动总结推进会议召开】 2019 年 12 月 19—20 日，山东省“版权进乡村”行动总结推进会在潍坊召开，中宣部版权管理局局长于慈珂出席并专题授课，山东省委宣传部副部长、省政府新闻办主任魏长民主持会议，潍坊市委常委、宣传部部长初宝杰致辞。

会议强调，山东省要以这次会议为契机，认真贯彻落实中宣部和省委、省政府的部署要求，进一步提高政治站位，增强工作责任感、使命感，不断强化农村版权创造、运用、保护和管理能力，积极探索版权保护与乡村振兴结合的新路径，努力为打造乡村振兴“齐鲁样板”贡献版权力量。

会上，潍坊市、寒亭区分别介绍了经验做法，参会人员现场观摩了寒亭区杨家埠民间艺术大观园、郭牌西瓜示范园和华晨（昌邑）纺织服装集团等潍坊市“版权进乡村”行动现场。

各市文化和旅游局及文化市场执法部门分管负责同志、潍坊各县（市、区）文化和旅游局及文化市场执法部门负责同志共 100 余人参加会议。

（资料来源：山东省版权局）

◆ 交流研讨

【全国政协围绕“网络环境下的知识产权保护”建言资政 汪洋主持】 2019 年 1 月 28 日，十三届全国政协第十九次双周协商座谈会在京召开。中共中央政治局常委、全国政协主席汪洋主持会议并讲话。他强调，要深入学习贯彻习近平总书记关于加强知识产权保护的重要论述，准确把握网络环境下知识产权创造、保护、运用的特点规律，坚持打建结合，坚持社会共治，全面提升知识产权保护水平，为推动高质量发展和建设创新型国家提供有力支撑。

12 位委员和专家围绕网络环境下知识产权保护的顶层设计、法治保障、企业责任、人才培养和国际合作等建言资政，6 位委员通过微视频发表意见，180 位委员在全国政协委员移动履职平台上踊跃发言。大家认为，改革开放以来特别是党的十八大以来，我国深入实施国家知识产权战略，实行严格的知识产权保护制度，管理体制逐步理顺，法律法规日趋完善，司法体系逐步健全，执法力度不断加大，全社会知识产权意识显著提高，用 40 年时间走过了西方国家几百年的进程。同时，知识产权无形性和互联网无边界性叠加，侵权手段更加隐蔽、形式更加多样、成本更加低廉，立案难、取证难、审理难、执行难等问题突出，需要高度重视。

一些委员建议，要适应新技术、新产业不断涌现的形势，抓紧对网络环境下知识产权的政策取向、制度设计和政策措施进行整体设计。要完善相关法律法规，统筹推进著作权法、专利法、商标法等修订工作，研究制定符合知识产权审判规律的特别程序法，适时修订反不正当竞争法、反垄断法等。要鼓励构建政企合作的互联网平台自治机制，充分利用大数据、云计算、人工智能、区块链等现代信息技术手段，加强对侵权行为的在线识别、实时监测、源头追溯以及证据采集固定等，注意将业界成功技术和规则上升为行业标准。要强化行政执法力度，落实侵权惩罚性赔偿制度，完善行政执法与刑事司法衔接机制，推进行政处罚案件信息公开，震慑违法者、规范执法者、教育经营者。要扩大国际交流与合作，积极参与知识产权国际规则制定，完善跨境司法协作安排，提升网络空间知识产权保护国际话语权。要加强高校知识产权学科建设，建立知识产权保护人才库，打造专业化、正规化、国际化的知识产权队伍。要强化宣传教育，把网络环境下知识产权保护纳入国家普法教育内容，进一步提高全民守法意识。

全国政协副主席陈晓光、夏宝龙出席会议。全国政协副主席汪永清、郑建邦在会上发言。全国政协委员吕忠梅、陶凯元、高小玫、朱新力、王坚、何志敏、谢商华、周群飞、陈文华、李大进和专家马化腾、杜前在会上发言。最高人民法院负责人介绍了有关情况，中宣部、网信办、公安部、司法部、国家知识产权局负责人现场做了互动交流。

（资料来源：新华社）

【“重版权·控风险”网络媒体版权研讨会在京召开】 2019年2月27日，“重版权·控风险”网络媒体版权保护与侵权应对研讨会在人民网全媒体播控中心举行。中宣部版权管理局副局长段玉萍、人民日报社办公厅法务处赵运芳、中国互联网法治研究院秘书长石松，北京互联网法院法官朱阁、北京市海淀区人民法院法官张璇，以及来自人民网、新华网、央视网、中国网、中国日报网、中国经济网、光明网、央广网、海外网、环球网等15家中央网络媒体的40余人参会。

研讨会由人民网法务部主任滕力主持。各网络媒体法务负责人结合自身网站情况，就新闻作品维权难、图片商业化诉讼应对困境等问题，进行交流探讨。法官代表均表示，各网络媒体的意见对法院的工作改进具有极大的借鉴意义，并从管理和技术两个层面为网络媒体版权工作面临的困境提供建议。

段玉萍指出，国家对知识产权保护愈加重视，“剑网2019”专项行动依然会关注新闻作品的版权保护问题。作为主流舆论阵地的各新闻媒体，既要积极主动维权，采用行政投诉、司法诉讼等多元化维权方式打击、惩治侵权行为，又要做好侵权应对工作，重视版权管理，提高版权意识，遵守“先授权后使用”的规则，通过各方努力，共建文化传播与版权保护的良好秩序。

（资料来源：人民网，作者：刘佳佳）

【2019阳光知识产权论坛在京举办】 2019年3月23日，2019阳光知识产权论坛——知识产权保护助推改革开放会议在北京举办。

改革开放40年来，知识产权制度在我国得以扎根、发芽、开花、结果，知识产权制度既是改革开放的成果，也是改革开放的助推器。进一步改革开放将有力推动中国经济实现高质量发展，知识产权制度将越来越发挥对内激励创新、对外促进开放的重要作用。

为了更好地交流改革开放40年来我国知识产权保护的经验，探讨新一轮改革开放下知识产权保护面临的相关问题，本次论坛主论坛以“改革开放与中国知识产权法治建设”为主题，另外还设置了互联网创新与知识产权保护、知识产权司法保护与机制创新两个分论坛，以期共同促进我国知识产权制度完善和保护水平的提升。

在互联网创新与知识产权保护分论坛上，广州互联网法院副院长田绘、北京互联网法院法官张连勇、北京市海淀区人民法院知识产权庭庭长杨德嘉、人民教育出版社版权部主任张晓霞、北京知识产权法院法官宋鹏、广州市天河区人民法院知识产权庭庭长苏国生等分别就“深化互联网知识产权司法保护格局让有知识产权者有恒心”“教科书与知识产权保护”“网络著作权侵权纠纷中的注意义务认定”“网络游戏著作权的司法保护”等话题进行深入探讨。

阅文集团、爱奇艺、腾讯、百度、字节跳动公司、上海冠勇公司、知产宝公司等单位的代表分别就网络文学行业知识产权保护、打造一流的版权保护体系、技术创新对知识产权保护的影响，以及各自在实践中的探索与思考进行了交流。此次论坛由中国知识产权法学研究会、中国人民大学知识产权学院、北京阳光知识产权与法律发展基金会共同主办。

（资料来源：《中国新闻出版广电报》，作者：赵新乐）

【电子商务版权保护研讨会在京举办】 2019年3月26日，由中国人民大学国家版权贸易基地主办、人民教育出版社协办的电子商务版权保护研讨会在京举办。

中宣部版权管理局副局长段玉萍表示，无论是在立法层面还是执法层面，包括电商平台在内的网络服务商在版权保护方面的法律责任越来越明确，电商平台要充分认识并切实履行法定责任和义务，加强与权利人沟通合作。希望权利人、电商平台、相关管理部门、司法部门、社会公众共同努力，形成合力，最终实现社会共治。

会上，出版企业代表阐述了电子商务领域存在的侵权盗版现象及维权难题。高等教育出版社法律事务与版权管理部主任胡继彬说，高教社因侵权盗版每年损失4亿元，其中电商平台的侵权盗版现象层出不穷、侵权盗版方式多样而且隐蔽，权利人维权十分困难。人民教育出版社版权部主任张晓霞建议相关管理部门建立出版物经营者许可证查询系统和信用跟踪机制，加强经营资质审查，从源头上遏制侵权盗版行为。

中宣部印刷发行局发行处处长安乐说，当前出版行业版权保护面临出版物经营行业门槛低、资质造假易、违法成本低，权利人取证难、维权难，管理部门信息系统不完善、市场监管不到位、价格体系不健全等问题。他表示，相关管理部门将完善信息系统，开展跨部门合作，推动出版行业和电商平台的沟通与合作，加强出版行业版权保护。

电商平台代表阿里巴巴、京东和拼多多介绍了各自在加强版权保护方面的主要措施，包括加强平台商户资质审查、开通绿色投诉通道、建立侵权盗版商家名单库、加强反盗版技术研发、线上线下联动打假、建立反假冒联盟等，力图建立事前、事中、事后全方位版权保护机制。电商平台代表纷纷表示，当前电子商务版权保护依然存在不足之处，未来将进一步加强与权利人的沟通、合作，共同加强版权保护工作。

（资料来源：《中国新闻出版广电报》，作者：袁舒婕）

【衍生品开发与版权服务论坛在京举办】 2019年3月28日，由中华版权代理总公司主办的“衍生品开发与版权服务论坛”在京举办。论坛以全媒体时代为背景，以如何实现版权价值为主线，剖析了我国衍生品开发及相关版权服务现状，并结合新形势、新特点，探讨了版权开发过程中的重点环节管控、版权资产高效运营途径等焦点问题。

论坛上，中国版权保护中心副主任魏红表示，“在对优质原创作品进行衍生开发时，同样需要不断跟进高质量的版权服务。衍生品授权作为版权开发产业链的下游环节，对版权作品的创作升级有着重要影响”。魏红介绍，近年来，中华版权代理总公司持续深耕衍生品授权服务业务，不断提升版权服务水平，积极发挥版权保护和版权代理在版权内容确权、授权、维权、研究咨询及宣传推广等方面的服务功能，见证了我国衍生品授权开发产业的持续纵深发展。

中华版权代理总公司总经理贺传军表示，在信息化全媒体时代下，版权经济发展步入黄金机遇期，衍生品授权在版权价值开发体系中拥有重要地位。为此，公司进一步挖掘和总结了版权服务方面的工作经验，有机整合了各类版权代理服务项目和资源，协调强化各部门工作互动，将持续为内容产业版权价值的实现与发展提供综合性版权代理服务。

此外，论坛还邀请到不同领域的多位专家，就如何将版权转化为资产，并通过有效管理和运营来提升版权价值、规避版权风险等问题展开了讨论。

（资料来源：中国知识产权资讯网，作者：李杨芳）

【版权资产管理与内容产业论坛在京举办】 2019年3月29日，由中国版权保护中心主办的版权资产管理与内容产业论坛在京举办。论坛上还举行了“版权资产管理应用示范单位”颁牌仪式及《版权资产评价指标体系》共建签约仪式。

作为2019 CPCC中国版权服务年会的分论坛之一，版权资产管理与内容产业论坛围绕“全媒体时代的版权图景”主题，展示《新闻出版广播影视企业版权资产管理工作指引（试行）》（以下简称《指引》）出台一年来的各项工作成果，分享版权资产管理应用示范单位的先进经验，聚集行业专家、企业代表立足于版权资产管理与内容产业的密切关系，深入探讨全媒体时代的版权资产管理服务方式和途径。

发言嘉宾从电视、出版、互联网等行业发展角度深入探讨了版权资产管理的重要意义及实践与探索。不少嘉宾表示，《指引》对促进版权资产成为企业优质资产，帮助企业通过版权资产管理运营获得竞争优势和盈利能力，保障和提高版权资产效益，推动企业创新驱动发展具有重要作用。同时，与会代表围绕版权价值实现及风险控制，对版权资产管理相关政策的持续推动、行业标准体系健全、信息化工具升级以及专业机构服务配套等提出了建设性意见。

（资料来源：《中国新闻出版广电报》，作者：袁舒婕）

【2019知识产权南湖论坛在郑州举办】 2019年4月13—14日，由中南财经政法大学、中原工学院、郑州市人民政府、中国政法大学主办的“2019知识产权南湖论坛：全球化与知识产权保护国际研讨会暨第四届知识产权中原论坛”在河南郑州举行。来自中、美、德、日、韩等国家和地区的知识产权官员、专家学者共1 200余人莅临大会，共同商讨应对新时代知识产权保护挑战，为构建全球知识产权保护体系谋划。

此次会议共设置了7个分论坛，与会专家学者就“新时代版权制度的国际化”“广播影视行业版权与法律前沿问题”等专题展开讨论，为我国知识产权工作的制度化建设、系统化研究、科学化发展建言献策，为促进我国知识产权事业健康发展以及知识产权强国建设提供智力支持。

南湖论坛由中南财经政法大学知识产权研究中心于2004年创办，截至2019年已成功举办15届。本届南湖论坛同时举办了“中商所杯·IP新叶奖”论文评选。

（资料来源：《中国新闻出版广电报》，作者：赖名芳）

【网络视听版权论坛在上海举办】 2019年4月15日，第三届“知财论道”2019网络视听版权论坛在上海举办。全国政协文化文史和学习委员会副主任、中国版权协会理事长阎晓宏出席并致辞。

阎晓宏在致辞中表示，有关“黑洞图片”的版权话题热议不断，这是一个非常好的现象，说明版权问题已经引起社会公众的普遍关注，人们已经认识到脱离版权是无法推进文化产业繁荣发展的。随着新技术的快速发展，版权的外延在不断地拓展，人们也意识到互联网所带来的一系列问题其实就是包括版权在内的知识产权问题，因此我们要客观、依法地看待和分析各种频发的著作权纠纷现象。在坚持严格版权保护的前提下，也要重视知识传播者与使用者的利益平衡。他还介绍，全国政协最近就著作权法修订工作在北京开展了调研，分别听取了相关部门、企业、专家及权利人代表的意见。

原国家新闻出版广电总局政策法制司司长王自强、上海紫竹高新区党委书记骆山鹰、上海版权协会会长张宏等在论坛上致辞。来自学术界、司法界及网络视听企业的代表围绕网络视听版权的保护及发展发表演讲并进行讨论。

此次论坛由上海紫竹高新区、上海版权协会主办，冠勇科技公司承办。

（资料来源：《中国新闻出版广电报》，作者：赖名芳）

【“电影和版权”论坛呼吁北京条约早日生效】 2019年4月16日，世界知识产权组织（WIPO）中国办事处、北京市版权局、北京国际电影节组委会联合主办“电影和版权：机遇与挑战并存”论坛。

“版权保护和运营贯穿电影创作到播出，以及衍生等整个产业链条，优秀电影产品的创作、传播和开发利用，乃至整个电影产业的繁荣发展都离不开健全的版权法律制度和严格有效的版权保护。”国家版权局版权管理局局长于慈珂说，国家版权局连续15年开展的打击网络侵权盗版“剑网”专项行动，一直将影视版权的秩序作为整治的重点。同时，实施网络影视、网络视频的重点监管，点播影院的专项整治，影视作品保护的重点预警等。他说，中国政府将用积极的行动践行对国际条约的承诺，也真诚希望与各国携手共创国际版权事业更加美好的未来。

《视听表演北京条约》于2012年6月成功缔结。世界知识产权组织（WIPO）副总干事王彬颖表示，《视听表演北京条约》不仅对电影行业非常重要，而且对所有表演者都有举足轻重的意义，希望推进《视听表演北京条约》尽快生效。北京市委宣传部副部长王野霏也呼吁，进一步推动《视听表演北京条约》早日生效，为全球完善知识产权法律体系，推动互联网条件下对表演者的保护做出新的更大贡献。

在“电影和版权：从法律原则到市场”“电影和文化：电影在推进和传播文化多样性方面的相关政策和策略”等主题演讲中，与会者认为，中国电影市场消费潜力和发展空间巨大，专业的版权保护有助于电影产业整体健康发展。要推进《视听表演北京条约》早日生效，推进国际版权合作和世界各国文化产业健康发展。

（资料来源：《中国新闻出版广电报》，作者：王坤宁　李婧璇）

【“数据驱动的国际版权贸易与保护”高峰论坛在京举行】 2019年4月18日下午，作为北京国际电影节“北京市场”项目活动重要内容之一的“数据驱动的国际版权贸易与保护”高峰论坛在北京国际饭店举行。中宣部版权管理局局长于慈珂、首都版权产业联盟常务秘书长韩志宇出席并致辞。中国、美国、日本等相关影视版权机构、影视制作和传播企业代表就在数字环境下保护电影版权展开讨论。

中宣部版权管理局局长于慈珂在致辞中介绍了近些年来中国在电影版权保护方面所采取的措施及取得的进展：“国家版权局已连续15年开展打击网络侵权盗版的‘剑网’专项行动，一直将影视版权的秩序作为重点整治的目标。同时，国家版权局还实施了网络视频的重点监管、点播影院的专项整治、影视作品的保护预警等措施。我们这些措施为电影市场蓬勃发展起到了很好的保护作用。”

数据显示，2018年，中国共生产各类影片1 022部，票房达到历史性的609.8亿元，银幕数量超过6万块，观影人次超过17亿，中国已经成为全球第二大电影市场。在中国电影市场不断发展的同时，电影侵权盗版也呈现出明显的科技化、社交化、移动化趋势，给电影版权保护带来了更多的挑战。

以版权监测保护为主要业务的冠勇信息科技有限公司创始人兼 CEO 吴冠勇介绍说："目前来说，院线电影的盗版传播渠道呈现多样化趋势，有视频平台、网盘、搜索引擎、电商、社交网络、BT 网络、小网站等。2018 年，我们监测了上百部的院线电影，重点的 86 部电影的侵权链接达到了 38 万条。"

"数据驱动的国际版权贸易与保护"高峰论坛由北京国际电影节组委会主办，冠勇信息科技有限公司、巨视影业承办，北京国际版权交易中心、美国电影协会、日本著作权协会中国代表处、中国电影股份有限公司、阿里大文娱、腾讯视频等影视制作和传播企业代表出席活动。

（资料来源：国际在线，作者：李雅慧）

【2019 中国网络版权保护与发展大会在京召开】 2019 年 4 月 26 日，时值第 19 个世界知识产权日，国家版权局在京举办以"守正创新：新时代网络版权严格保护与产业发展"为主题的 2019 中国网络版权保护与发展大会。

世界知识产权组织（WIPO）总干事高锐为大会发来祝贺视频。他表示，2019 年中国国家版权局确定的大会主题具有非常重要的意义，期待中国继续发挥引领作用，不断创新互联网产业新型商业模式，并以创造性的方式将版权作为新型商业模式的基础。

中宣部版权管理局局长于慈珂在会上做了主旨演讲。他表示，当前在版权工作中要重点实施对网络版权的严格保护，这既是依法治国的根本要求，也是版权保护的内在逻辑，需要做到"四个保护"：一是在力度上加强保护，我国目前仍处于版权矛盾和纠纷高发期，版权保护只能加强不能削弱；二是在范围上全面保护，即对所有的版权主体、客体和版权活动依法实施保护；三是在程度上适当保护，版权保护不能脱离我国是发展中国家、处于社会主义初级阶段的基本国情，既不能弱化保护，也不能过强保护；四是在效果上有效保护，要积极推进《著作权法》的第三次修订，引入惩罚性赔偿措施，从法律制度上解决版权保护中存在的举证难、周期长、成本高、赔偿低、效果差等问题。就网络版权产业健康发展问题，他表示，要立足做好三项工作推动网络版权产业发展：继续推进网络版权产业快速发展，建立维护良好网络版权生态；促进区域网络版权产业协调可持续发展，培育发展版权重点特色产业；推动网络版权产业形态创新发展，充分发挥版权内在的创新属性，重点推进网络版权新产品、新业态创新发展。

会上，国家版权局与全国"扫黄打非"办公室联合发布"2018 年度全国打击侵权盗版十大案件"，中国信息通信研究院发布《2018 年中国网络版权保护年度报告》，国家版权局网络版权产业研究基地发布《中国网络版权产业发展报告（2018）》，中国新闻出版研究院发布《2017 年中国版权产业的经济贡献调研报告》。

会上，媒体版权保护联盟发出维权倡议，国家版权交易中心联盟举办签约仪式，院线电影版权保护联盟和文创版权保护协作联盟正式成立。国家版权局微博、微信及中国经济网、中国科技网、咪咕直播、新浪网、凤凰网"风直播"、《腾讯新闻》APP、《网易新闻》APP、《搜狐新闻》APP 等平台同步直播了大会盛况。

（资料来源：《中国新闻出版广电报》，作者：赖名芳）

【北京文博版权授权交流培训会举办】 2019 年 5 月 30 日，由北京市文物局和中国版权保护中心共同主办的"北京文博版权授权交流培训会"在中国革命军事博物馆举行。作为第十四届中国北京国际文化创意产业博览会的重要组成环节，本次会议汇集国内文博文创产业的精英、文博专家、设计师、企业代表，通过合作签约、研讨交流、专题培训三个环节探索博物馆文创产业跨界合作、版权授权与运营之道。

在现场，北京市文物局与工美集团等单位签署战略协议，就文博产品创意设计和未来推广进行深度合作。

中国文物交流中心文创发展处处长卢凯望在现场从政策的背景、发展过程中遇到的问题、关于授权指引的说明 3 个方面解读了 5 月 15 日国家文物局公布印发的文件《博物馆馆藏资源著作权、商标权和品牌授权操作指引（试行）》。

在研讨交流会环节，与会嘉宾针对文博版权如何开展授权，版权如何进行保护，什么是文化文物 IP，如何利用中国版权保护中心 DCI 体系促进文化文物单位、文化创意设计企业提升品牌培育意识等社会关注的问题进行探讨交流。为 2019 北京文化创意大赛文博创意设计赛区的授权及相关工作，充分利用博物馆馆藏资源和 IP，拓展博物馆文创领域开发与合作提供信息。

（资料来源：《经济日报》，作者：李冬阳）

【著作权集体管理法律研讨会热议卡拉 OK 版权收费】 2019 年 6 月 15 日，著作权集体管理相关法律问题研讨会在北京召开。本次会议由北京知识产权法研究会（以下简称"研究会"）主办，爱奇艺公司、北京新浪互联信息服务有限公司、未来电视有限公司作为支持单位。

近年来，涉及著作权集体管理的纠纷逐渐增多。研讨会围绕著作权集体管理相关法律问题，诚邀我国五大著作权集体管理组织代表、学者、法官、律师以及企业和使用者代表等近 200 人参会。中宣部版权管理局相关领导出席会议，北京市法学会、北京知识产权法院等机构派员参加会议。

研讨会设主题报告和"著作权集体管理的现状及借鉴""著作权集体管理的民法问题""著作权集体管理的竞争法问题"等 3 个核心议题。在主题报告环节，厦门大学知识产权研究院院长、教授林秀芹以《网络时代著作权集体管理制度的挑战与对策》为题发表演讲，结合各国的立法渊源揭示著作权集体管理的本质，并对数字技术变革对集体管理制度的挑战进行了分享与探讨。

在核心议题讨论环节，首先，五大著作权集体管理组织代表就协会的业务特点、发展现状进行了介绍，指出著作权集体管理存在的现实必要性。其次，发言嘉宾们分别从民法和竞争法视角对著作权集体管理中的法律问题进行探讨，包括卡拉 OK 版权收费之争、集体管理模式的选择等热点问题。现场，发言嘉宾与参会人员进行了积极的学术交流与实践探讨，反响热烈。

业内人士表示，此次对著作权集体管理相关法律问题的集中研讨，有利于与会人员进一步了解著作权集体管理的制度构建与价值基础，对推动著作权集体管理组织与业界的交流，促进著作权保护机制的健全与完善具有重要意义。

（资料来源：中国财富网）

【短视频与避风港规则研讨会在沪举行】 2019 年 8 月 25 日，由华东政法大学知识产权法律与政策研究院主办的短视频与避风港规则研讨会在上海举行。来自华东政法大学、中南财经政法大学、中国政法大学、上海大学、上海交通大学、上海财经大学、上海市高级人民法院、杭州市中级人民法院、杭州互联网法院、腾讯研究院、上海宽娱数码科技有限公司、北京字节跳动科技有限公司等多家单位的数十名代表齐聚一堂，就短视频与"红旗标准"、合理使用、"通知—删除"规则等热点话题展开了热议。

在合理使用的问题上，与会专家认为，目前国内的判决主要从短视频传播者使用权利人作品的数量和质量两个方面讨论短视频的合理使用问题。另有专家强调，合理使用与否是对短视频传播者的评价，不是对短视频分享平台的评价：如果传播者的行为构成合理使用，短视频分享平台自然不需要承担法律责任；如果传播者的行为无法构成合理使用，短视频分享平台是否承担法律责任取决于其是否履行了注意义务。

在"红旗标准"问题上，与会专家认为，基于短视频的特殊性，在短视频侵权纠纷中适用"红旗标准"的可能性较小。特别是部分原创型的短视频，视频本身的知名度不高，短视频分享平台无法判断上传者与短视频著作权人之间的关系，"红旗标准"自然无法使用。另外，对于部分二次创作的短视频，只要在专业法官看来这类短视频并非明显构成或者不构成合理使用，无论该视频最终是否构成合理使用，"红旗标准"对这类短视频都无法适用。

此外，在"红旗标准"的适用受限的情况下，短视频侵权纠纷的解决，更多地需要"通知—删除"规则发挥作用。特别是就可能构成合理使用的短视频，在接到权利人合格的通知后，视频分享平台如果不愿意承担法律风险，可以删除被投诉的短视频；如果短视频分享者认为被删除的视频构成合理使用，可以"反通知"平台恢复被删除的短视频。在短视频分享平台恢复被删除的视频后，权利人与视频分享者之间的纠纷应通过诉讼解决，视频分享平台不需要承担任何法律责任。

会议由上海市高级人民法院法官刘军华、华东政法大学教授丛立先共同主持，华东政法大学教授王迁、中南财经政法大学教授胡开忠、上海大学副教授袁真富、中国政法大学副教授陶乾等知名专家学者以及上海宽娱数码科技有限公司法务总监刘楠、腾讯研究院版权研究中心秘书长田小军、北京字节跳动科技有限公司诉讼与维权总监宋纯峰等企业界代表出席会议并就会议议题发表了观点。

（资料来源：中国知识产权资讯网，作者：姜旭）

【长三角版权产业高质量发展论坛举行】 2019 年 8 月 30 日，作为第二届江苏（南京）版权贸易博览会的重要活动之一，长三角版权产业高质量发展论坛在南京召开。

江苏省委宣传部常务副部长、省新闻出版局（版权局）局长焦建俊在致辞中说："举办长三角版权产业高质量发展论坛，是江浙沪皖版权界深入贯彻落实中央把长三角一体化发展上升为国家战略重大决策、深入贯彻落实中央关于加强知识产权保护促进创新发展新部署新要求的重大举措。”

论坛围绕不同主题分为两部分。

第一部分聚焦“版权保护与版权产业高质量发展”主题。中宣部版权管理局社会服务处处长许炜表示，经过多年发展，版权管理在政府监管、司法完善方面取得了明显进步，未来，版权管理将按照“稳中求进、守正创新、严格保护、促进发展”的思路，谋求更好发展。世界知识产权组织中国办事处业务主管邓玉华建议中国版权企业关注国际形势，开展权利清算和审计，巧用国际制度，以强化版权运用，最大限度释放市场价值。中国社会科学院知识产权中心主任、中国知识产权法学研究会常务副会长李明德就近年来争议较大的人工智能生成物、体育赛事等方面的版权法律问题分享了自己的见解。南京知识产权法庭庭长姚兵兵则以真实案件为例，讲解了在互联网环境下使用作品如何防范版权侵权风险。

第二部分以“企业版权运营与企业发展战略”为主题，腾讯集团法务副总裁江波，金山公司副总裁姜志强，上海柚柚文化传媒有限公司董事长、首席执行官梁帅，咪咕数字传媒有限公司总编孙毅，马鞍山百助网络科技有限公司首席执行官程磊分享了各自企业在版权管理、打击盗版方面的举措。

（资料来源：《中国新闻出版广电报》，作者：隋明照）

【电子商务法颁布 1 周年研讨会召开】 2019 年 8 月 31 日，中国信息界发展研究院、电子商务法律网、中国人民大学金融科技与互联网安全研究中心联合举办《中华人民共和国电子商务法》颁布 1 周年研讨会，发布了《电子商务法颁布一周年实施现状与问题建议研究报告》（以下简称《报告》），并对网络平台滥用市场地位定性及法律规范如何适用等相关问题进行了讨论。《报告》归纳了 1 年来电子商务法的相关政策文件及具体问题官方解释，同时也汇总了相关典型审判案例，更是对法律在实施中遇到的问题提出了意见和建议。

（资料来源：《民主与法制时报》，作者：赵春艳）

【互联网教育行业知识产权保护研讨会召开】 2019 年 8 月 31 日，由清华大学法学院纠纷解决研究中心主办，好未来教育集团、北京凤凰学易科技有限公司、北京凯声文化传媒有限责任公司协办的互联网教育行业知识产权保护研讨会在清华大学召开。来自立法机关、司法机关、行政机关、著名高校、教育产业等的代表 150 多人参加了研讨会。

本次研讨会以知识产权的保护为切入点，就蓬勃发展的互联网教育行业中权利保护遇到的难题及其对策进行研讨。与会专家学者深入探讨了互联网教育行业知识产权保护的属性认定、人工智能应用、损害赔偿、作品使用与集体管理制度等问题。

（资料来源：中国法院网，作者：张娜）

【2019 年海峡两岸版权保护论坛在吉林长春举办】 2019 年 9 月 5 日，由中国版权协会和台湾著作权保护协会主办的 2019 年海峡两岸版权保护论坛在吉林长春举办，两岸版权从业者就数字环境下该如何进行版权开发与保护这一主题分享经验、共商对策。

中国版权协会理事长阎晓宏在致辞中表示，加强包括著作权在内的海峡两岸知识产权保护方面的交流与合作，是《海峡两岸经济合作框架协议》的重要内容，该协议签订近 10 年来，双方紧紧围绕两岸关注的版权问题，深度开展研讨与交流，取得了丰硕成果。

年近八旬的台湾著作权保护协会创会理事长廖治德对两岸版权人长期积累的感情非常珍惜。他相信在两岸版权人的共同努力下，一定可以应对网络环境以及 5G 环境的挑战。

中国版权协会常务理事赵秀玲介绍，2018 年中国网络版权产业规模达 7 423 亿元人民币，同比增长 16.6%。面对数字环境下的新挑战，大陆在依法促进版权创造、运用、保护、管理和服务等方面开展了大量富有成效的工作，包括修订完善现行《著作权法》、持续开展“剑网”行动，以及以版权示范创建为抓手，推动版权产业发展等。

论坛上，台湾著作权保护协会委员张俊宏和庄明雄在介绍如何有效打击侵权盗版网站以及非法机顶盒经营者时，都提到了“断金流”的概念，即切断经营者的收益来源。

（资料来源：《中国新闻出版广电报》，作者：隋明照）

【艺术品版权保护研讨会在京召开】 2019 年 9 月 19 日，由中国版权协会艺术品版权工作委员会主办的“新媒体时代的艺术品版权保护”专题研讨会在北京召开，参会嘉宾就目前备受关注的艺术品版权保护问题进行了深入研究讨论。

艺术市场隐藏的版权隐患，如市场制假售假活动猖獗、网络未经授权使用、艺术衍生品非法复制等行为，不仅损害了创作者的合法权益，也扰乱了艺术品市场的健康有序发展。艺术家和艺术机构虽然逐渐认识到作品版权的价值，但艺术家缺乏足够的时间、精力，以及版权专业知识去维权。本次研讨会的举行，旨在为艺术界、版权界提供一个平台，交流当前艺术品版权保护与开发的新趋势、新技术，探讨如何保护艺术品版权、艺术家权益，推动我国艺术版权产业发展。

（资料来源：《中国文化报》，作者：解伟洋）

【网络游戏内容知识产权研讨会在京召开】 2019年9月19日，由北京大学法学院举办的网络游戏内容知识产权研讨会在京召开。北京大学盛杰民教授、张平教授，中国政法大学陶乾副教授，对外经济贸易大学法学院卢海君教授，金诚同达律师事务所高级合伙人汪涌律师等，就网络游戏内容的知识产权保护问题进行深入探讨。与会专家在游戏内容的权属问题上形成共识并认为，网络游戏作为智力成果应当受到保护，后续的使用与传播应当获得网络游戏开发者的授权许可。

（年鉴编辑部综合）

【摄影作品著作权与肖像权法律问题研讨会在京举办】 2019年9月26日，摄影作品著作权与肖像权法律问题研讨会在中国人民大学顺利举行。中国人民大学新闻学院盛希贵教授，法学院金海军教授、姚欢庆副教授，中国政法大学李永军教授，北京理工大学法学院曲三强教授，中央民族大学法学院熊文聪副教授，高文律师事务所孙茂成律师，以及来自图片分发行业和新媒体公司的相关代表参与研讨。会议由中国人民大学国家版权贸易基地副主任李方丽主持。

研讨会上，与会嘉宾从摄影、新闻传播、著作权、肖像权等专业角度进行深入探讨。盛希贵从图片拍摄者和传播者的角度进行论述，认为肖像权授权主要包括拍摄时和二次售卖时，拍摄时要根据图片拍摄的具体情形来判断是否侵权，包括拍摄者的出发点、被拍摄者与拍摄者的约定，提供版权交易的图片分发平台的法律责任应该酌情考虑；从传播立场考虑，应该坚持公共利益最大化，保障社会公众的知情权。

李永军剖析了民法典人格权编草案中对肖像权侵权的五种例外规定，总结了著作权人和肖像权人相互侵犯权利的几种具体情形，认为基于利益平衡考虑，公众人物对自己的肖像权存在一定的容忍义务，但除非基于正当理由或合同约定，他人对其照片的使用要同时取得著作权人和肖像权人的同意。

姚欢庆也认为，在我国，著作权和肖像权之间不存在优先顺序，而是相互制约的关系；明星等公众人物的照片最初基于新闻报道目的进行拍摄和使用，大多数情况下经过了明星同意，但当上传至图片分发平台被再次利用时，是否默认已经满足了同意要件，需要具体情况具体分析；考虑到整个图库产业的发展，基于新闻编辑或者出售的需要，如果平台明确声明仅取得图片著作权而没有获得肖像权人同意，那么平台低像素展示图片的行为可以免责。

金海军提出，肖像权在司法实践中具有财产属性。图片分发平台未取得肖像权人同意出售图片，是否构成侵权，需结合图片的具体情况进行具体分析。考虑到交易成本以及对整个产业、社会的影响，如果终端用户以新闻报道为目的使用图片不构成侵权，那么图片分发平台是否应承担责任，值得探讨。

曲三强则认为，当著作权和肖像权发生冲突时，人格权具有优先地位；新闻披露、公共利益和肖像权之间存在冲突，需要划定界限，而名人的界限和普通人的界限存在一定不同，但底线是不能伤害到名人的基本人权。

熊文聪指出图片分发平台进行展示及许可使用的行为是否属于合理使用，需要看被许可人的使用目的和使用范围以及行业惯例。如果被许可人构成合理使用，则图片分发平台不侵犯肖像权；如果被许可人超出合理使用范围而分发平台不知道也不应当知道的，同样不承担损害赔偿责任。只有当被许可人不属于合理使用，且分发平台知道或应当知道时，才需要事先获得授权。从法经济学的角度看，图片分发平台在难以找到肖像权人获得授权的情况下，可以通过事先声明的方式来解决交易成本问题。

孙茂成认为著作权和肖像权可以独立行使，肖像权人没有充分且正当的理由，不能阻却图片平台分发行为；图库分发平台和最终使用者的图片使用行为存在本质上的区别，应当予以区分。

东方IC法务总经理朱小荔、全体育传媒CEO刘体元也代表图片分发平台，结合图库产业的商业实践模式和未来发展，从编辑类和创意类图片的不同角度提出了自己的疑虑和看法。

研讨会的最后环节，与会专家学者、律师、业界代表进行了交流互动。与会者表示，本次研讨会主题明确，议题聚焦，观点鲜明，讨论深入，帮助大家系统地梳理了摄影作品著作权与肖像权相关法律问题，为立法、司法和行业发展提供了较为明晰的解决思路。

（资料来源：中国人民大学新闻网）

【直播行业的平台责任学术研讨会在京举行】 2019年10月12日，由中国政法大学法律硕士学院、中国政法大学知识产权创新与竞争研究中心举办的“直播行业的平台责任”学术研讨会在京举行，对外经济贸易大学法学院院长梅夏英教授、卢海君教授，中国政法大学法律硕士学院副院长刘智慧教授，北京互联网法院法官张博，快手公司总监孟洁，腾讯公司互动娱乐事业群法律顾问孙雨菲就直播中平台的责任如何界定、如何实现利益平衡等问题展开研讨。

（年鉴编辑部综合）

【第八届中国知识产权司法保护热点问题研讨会举办】 2019年10月19日，由深圳大学国家知识产权培训（广东）基地、最高人民法院知识产权司法保护理论研究（深圳大学）基地共同主办，深圳大学知识产权学院承办的第八届中国知识产权司法保护热点问题研讨会在深圳举办。来自国家知识产权局、中国知识产权研究会、北京大学、中央财经大学、华东政法大学、中山大学、澳门科技大学等高校的专家学者，来自北京、江苏、深圳等地各级法院的知识产权审判专家，以及来自企业界、律师界的实务工作者等近300人参加会议。深圳大学知识产权学院院长、深圳大学国家知识产权培训（广东）基地执行主任黄亚英教授主持研讨会开幕式。

最高人民法院第一巡回法庭副庭长胡夏冰在致辞中介绍了最高人民法院知识产权司法保护理论研究（深圳大学）基地的设立及发展，并希望各位专家学者借研讨机会，针对知识产权案件审判中遇到的新问题、新挑战，提出更先进的理念、更务实的建议，更好地服务知识产权审判实践。深圳大学党委副书记范志刚在致辞中介绍了深圳大学的知识产权工作。深圳市中级人民法院胡志光副院长希望本次会议的主办方——两个基地能够与深圳建设中国特色社会主义先行示范区及粤港澳大湾区建设两个战略有更高的匹配度，让知识产权研讨会为深圳知识产权保护和科技创新更好地发挥积极作用。

本次研讨会30余位专家学者围绕四大司法热点问题做了主题发言。在第一议题“标准必要专利FRAND费率如何确定”中，各位专家就标准必要专利侵权案件与普通专利侵权案件的区别、标准必要专利争议业界解决方式、确定FRAND许可费的方法等进行了详细研讨；在第二议题“短视频应否以及如何受著作权法保护”中，各位专家就短视频是否构成作品、在什么意义上构成作品、什么情况下会构成侵权等进行了深入讨论；在第三议题“商标平行进口行为是否构成商标侵权”中，各位专家就平行进口的法律特征、产生原因、相关法律适用、平行进口案件中的举证责任分配等具体问题进行了研讨；在第四议题“处理侵害集成电路布图设计专有权案件遇到的问题与解决”中，各位专家就集成电路布图设计专有权行政保护最新进展、侵权纠纷的产生、集成电路布图设计的撤销审查、诉讼中的权利确定、不侵权的抗辩事由等具体问题进行了研讨。

（资料来源：《深圳特区报》，作者：周国和）

【音像版权研讨会在京召开】 2019年11月3日，由中国音像与数字出版协会和中国音像著作权集体管理协会联合主办的音像版权研讨会在京召开。原国家新闻出版广电总局政策法制司司长王自强、国家版权局原版权管理司巡视员许超、中国社科院知识产权中心教授周林、中国传媒大学法律系主任李丹林等版权界知名专家，摩登天空公司首席执行官沈黎晖、独立音乐人陈鸿宇、独壹不贰音乐公司创始人吴尚润等音乐界代表，就音乐产业发展、音乐版权市场规则制定、著作权集体管理及《著作权法》修订等话题进行了交流与研讨。

与会嘉宾共同认识到，版权是音乐产业发展的命脉，推动产业持续繁荣发展，须找出目前阻碍发展的问题症结。会上，与会嘉宾呼吁赋予录音制作者公开表演权和广播权，并针对录音制品在网络平台传播引发的相关问题进行了讨论。

（年鉴编辑部综合）

【区块链技术与版权保护研讨会于中国人民大学举行】 2019年11月8日下午，由中国人民大学国家版权贸易基地主办的“区块链技术与版权保护”研讨会在中国人民大学举行，政府主管部门领导、法官、区块链技术专家、法学专家、区块链技术应用企业负责人等100余人与会，共同探讨区块链技术在版权保护和交易管理上的创新性应用，以及所面临的风险和难题。

会议共分为三个板块，首先由区块链技术专家深入解析技术本身及其应用方向。北京邮电大学区块链实验室主任马兆丰指出了当前版权内容市场存在确权存证可信度低、维权溯源举证困难等问题，并从专业角度展示了数字版权管理区块链平台系统架构及可信模型，剖析了高可信版权区块链服务平台系统特色。

中国传媒大学计算机学院副教授姜正涛从密码学角度解读区块链与版权保护。“密码学，过去主要是‘赔钱’的技术，属于纯开销。有了区块链之后，计算结果本身就有价值，比如电子货物、比特币、版权信息等本身就具有价值。区块链反过来也激活了数学和密码学新应用。”姜正涛还提到区块链在其标准、账户安全、隐私、智能合约等方面存在一些问题。

会议第二板块由区块链＋版权技术公司以及法院法官介绍区块链技术在版权保护方面的应用实践。爱奇艺公司法务总监胡荟集、西安纸贵科技有限公司海外运营总监李骅飞、知安视娱公司 CEO 张海永、小犀智能科技有限公司胡日查分别介绍了各自区块链技术在版权保护和管理方面的业务开展情况。北京互联网法院法官张博分别介绍了杭州、广州、北京三地互联网法院司法区块链应用情况，指出目前司法审判对区块链存证认定的一般规则，大致分为存证数据的生成、储存、传递、认证、验证五个阶段，而当事人的抗辩意见往往分为两类：一是关于存证公司是否具有资质；二是保全数据是否真实完整地固定并上转至存证平台，是否保证数据不易篡改且保证数据的真实性。

会议第三板块由法学专家分析区块链技术的风险和局限，以及如何进行风险治理。中国人民公安大学法学与犯罪学学院教师苏宇表示，区块链技术的市场应用面临着链的选择、价值中介以及技术标准等方面的挑战。不同于信息备案、实名认证、监督检查、法律责任等传统手段，在区块链风险治理方面，未来趋势是走链级治理路线，把法律规则内置到代码里，同时需要及时跟进立法、司法动态，完善交易流程。

中国人民大学知识产权学院副教授姚欢庆指出，区块链技术在版权保护上具有低成本提供多样化授权的可能性以及促进优质内容生产的价值，但其在初始作者认定、作品价值评估、发现及防止盗版方面存有局限。区块链若想在确权阶段真正发挥作用，不是平台自己做区块链，而是行政机关更好地结合区块链技术降低作者的确权成本。

会议最后，中宣部版权管理局副局长赵秀玲总结发言。她表示，版权与新技术的关系一直非常紧密，国家版权局对新技术也始终持有开放和积极的态度，相信未来区块链技术在版权确权、版权交易、存证方面将大有作为，对区块链在版权保护和版权管理上的应用充满期待。

本次研讨会聚焦区块链技术这一社会热点，主题鲜明，内容丰富，为专家、学者等业界人士提供跨界交流平台，探索区块链技术与版权保护的良性发展。

中国人民大学国家版权贸易基地长期以来致力于打造版权产业要素市场和版权专业智库，已持续举办 8 场版权相关主题高峰论坛和研讨会、38 期版权人沙龙、6 期互联网文化沙龙，密切关注行业动向，为学术界和产业界搭建交流互动平台，助力版权产业发展。

（资料来源：中国人民大学新闻网）

【广深佛举办版权服务体系建设交流会】 2019 年 11 月 23 日，由广东广州市版权协会、深圳市版权协会和佛山市版权保护协会共同举办的“数字时代版权服务新举措暨广深佛三地版权服务体系建设交流会”在广州市清音酒店举行，40 余位专业人士参加了会议。

参会人士共同探讨版权产业在数字时代下如何建立符合时代发展的版权保护措施、如何建立数字版权保护体系，以及版权与保险结合、区块链运用和关于版权侵权惩罚性赔偿等相关问题。

会上，三地协会联合深圳市求实知识产权科技有限公司正式启动 E 防标原创保护平台三地联合上线仪式，展示了创意设计数字作品从存证备案到授权、交易、传播、运用的过程，整个原创证据链保全系统在 E 防标原创保护平台有了一个标准化、统一规则便于管理的保护体系。

（资料来源：《深圳商报》，作者：苏兵）

【AIPPI 中国版权热点论坛（2019 年度）在京举行】 2019 年 12 月 7 日，由国际保护知识产权协会（AIPPI）中国分会主办的 AIPPI 中国版权热点论坛（2019 年度）在京举行，论坛围绕版权领域的保护客体以及影视、互联网相关版权保护热点和难点问题进行了深入的讨论和交流。

会上，AIPPI 中国分会会长田力普回顾了中国知识产权事业过去几十年的发展历程。他提到，中国在改革开放初期迫切需要确立知识产权制度，特别是中美恢复建交之后，国际贸易、科技合作等需要知识产权保护。经过四十年发展，知识产权制度在中国这片沃土上越发茂盛，更加适合中国国情。

中国人民大学法学院李琛教授、清华大学法学院崔国斌副教授、中山大学法学院李扬教授、国际关系学院国际政治系副主任郝敏教授、中央民族大学法学院熊文聪副教授、北京市高级人民法院民三庭苏志甫法官、北京韬安律师事务所刘锦丽律师和孙磊律师、新丽传媒集团有限公司法务总监宋曦、腾讯公司维权中心总监邹良城等嘉宾在研讨会上做主旨发言。

（资料来源：《中国知识产权报》，作者：窦新颖）

【“海峡两岸暨香港、澳门地区著作权法制发展研讨会”在深圳召开】 2019 年 12 月 11 日，由广东深圳福田区人民政府、北京大学法学院知识产权学院联合主办的“海峡两岸暨香港、澳门地区著作权法制发展研讨会”在深圳召开，来自大陆、香港、澳门和台湾地区知识产权领域的近 30 名学者专家及相关从业人员参与研讨，深圳市福田区区长黄伟、副区长江峰及区司法局负责人出席了研讨会。

由国家版权局委托，北京大学知识产权学院主办的“海峡两岸暨香港、澳门地区著作权法制发展研讨会”自 2009 年以来已连续举办十年，成为海峡两岸和港澳地区加强知识产权领域对话合作、探讨未来发展趋势的重要平台。本次研讨会在福田区举行，聚焦科技与人工智能迅猛发展下的知识产权保护和法律修改问题，旨在对海峡两岸暨香港、澳门地区著作权法制跟踪比较研究，借鉴各地区有益经验，为我国《著作权法》修改和知识产权法律体系发展提供思路。

福田区区长黄伟在致辞中指出，目前，随着社会经济的快速发展，知识产权保护领域的立法、司法实践面临许多新情况、新问题，需要大陆和港澳台地区互相交流、借鉴成功经验并转化为制度成果。作为深圳市中心城区，福田区在高速发展的同时，在科技管理机制创新、知识产权保护方面也存在很多困惑。本次研讨会将促进科技、法律、制度的更加紧密结合，亦对深圳市福田区加强知识产权保护、推进科技创新带来重要的指导意义。福田区愿意提供平台供各位专家学者深入研讨，并与港澳台地区一道加强交流合作，共同推进科技创新和知识产权法律制度发展，为解决现实需要提供保障。

（资料来源：深圳新闻网，作者：何静）

【深圳版权产业高峰论坛举办】 2019 年 12 月 14 日，由国家版权局网络版权产业研究基地主办，腾讯研究院、深圳市版权协会、深圳市国新南方知识产权研究院承办的深圳版权产业高峰论坛暨深圳版权金奖颁奖典礼在深圳举行。来自全国各地的版权产业研究专家、政府相关部门负责人、企业代表等 200 余人齐聚一堂，共同探究深圳版权产业发展新机遇，开启深圳版权产业建设新征程。

中宣部版权管理局社会服务处处长许炜表示，版权产业已经成为我国国民经济的支柱产业，并正处于稳定的增长期。中国版权产业的数字化、网络化的趋势非常明显，内容、技术、商业的融合发展速度越来越快，不断迸发出新的活力。广东省在信息技术产业领域的独特优势，集中了腾讯、华为、华强北、奥飞等一大批优秀的高新技术和版权内容企业，在版权产业发展方面有突出的成就。随着 5G、区块链等新技术飞速发展，新业态、新平台不断涌现，如何探索数字经济时代版权产业发展与保护的新理念和新路径，对广东省版权产业未来的发展尤为重要。

深圳市市场监督管理局知识产权促进处处长陈民钢表示，2018 年，深圳市一般作品著作权登记量为 23 131 件，同比增长 140.82%，计算机软件著作权登记量为 142 695 件，同比增长 68.57%，深圳市获评广东省版权兴业示范基地的单位达到 23 家。深圳市落实全国专利行政执法“护航”专项行动，积极推动政府机关软件正版化和企业软件正版化工作。未来，深圳市将坚持以五大发展理念统领著作权管理工作，以实施创新驱动发展战略为动力，促进著作权与科技、贸易、金融的深度融合，准确把握现代著作权产业发展的特点和规律，进一步提升著作权创造、管理、保护和运用水平。

腾讯研究院院长、深圳市版权协会会长司晓指出，版权产业在深圳经济文化发展中具有重要作用。当下，以人工智能、5G、量子信息、移动通信、物联网、区块链为代表的新一代信息技术加速突破应用，为版权产业带来新的机遇。在此背景下，行业机构与研究机构在版权行业发展的过程中应做好平台搭建者、服务者、探索者、规范者、研究者五个角色。未来，要抓住深圳建设中国特色社会主义先行示范区的政策机遇，抓住科技赋能版权产业发展的技术机遇，抓住文化繁荣的历史机遇，秉承创意引领、科技支撑的发展特色，积极培育数字内容、创意设计、文化信息服务等新型业态，以数字技术推动文化创意与设计服务融合发展，将深圳建成国际文创先锋城市。

中国传媒大学教授张丰艳从音乐价值、音乐版权产业面临挑战以及音乐与深圳先行示范区建设相互助力三个方面谈到未来音乐版权产业的发展方向。“中国有6.08亿音乐用户，但是音乐付费比例只有5.2%，低于世界平均水平。音乐版权产业面临巨大挑战，半数的音乐人收入不足2 000元。中美音乐制作人的收入差距很大，美国制作人的人均收入是中国的近25倍。目前，中国音乐产业缺乏行之有效的产业组织，很多音乐产业发展较好的国家，有一个共同点，就是有一个强有力的音乐组织。”张丰艳说。

（资料来源：《经济日报》，作者：袁勇）

◆ 社会管理与服务

【中国版权保护中心华南版权登记大厅正式启用】 2019年2月28日上午，由中国版权保护中心与广州市黄埔区、广州开发区共建的中国版权保护中心华南版权登记大厅及广州版权产业服务中心在广州开发区科学城正式启用。

此次启用的华南版权登记大厅，是继西南版权登记大厅落户成都、华东版权登记大厅落户上海、粤港澳版权登记大厅落户深圳、华中版权登记大厅落户武汉后，中国版权保护中心正式启用的第五个京外区域版权登记大厅。

乘着广州作为“一带一路”重要节点城市、粤港澳大湾区发展战略规划落地并加快推进建设的东风，中国版权保护中心与广州开发区紧密合作，以“版权登记大厅＋促进版权产业发展资金＋版权创意孵化器”的“1＋1＋1”服务平台体系模式，打造全媒体时代区域版权服务窗口体系的升级版。

中国版权保护中心副主任魏红表示，华南版权登记大厅将以广州为核心，把中国版权保护中心版权确权、授权、维权、研究咨询和宣传推广五大服务平台功能直接辐射到整个华南区域，实现版权公共服务与区域、产业的共生共治共享，为全媒体时代专业化综合性版权服务与区域版权产业深度融合发展贡献力量。

同步启用的广州版权产业服务中心是在“1＋1＋1”服务平台体系模式下促进版权产业发展资金和版权创意孵化器的核心运营机构。启动仪式上，广州版权产业服务中心分别与广州开发区人才工作集团、天翼爱音乐文化科技有限公司等重要合作伙伴及孵化器入驻企业举行了签约仪式。版权创意孵化器的设立是全国首创，必将为区域版权产业发展营造一个更加良好的示范性知识产权保护营商环境。

（资料来源：《中国新闻出版广电报》，作者：赵新乐）

【江苏版权服务平台上线运营】 2019年3月4日，在江苏省版权局的指导下，由江苏省版权协会和江苏国家版权贸易基地共同打造的江苏版权服务平台正式上线运营，向广大著作权人提供作品著作权登记、版权授权代理、侵权监测、调查维权和纠纷调解等一站式服务。

据江苏省版权协会副会长、江苏国家版权贸易基地秘书长郑礼贵介绍，该服务平台具备四大优势：一是提供高效便捷的作品登记代理服务，让登记更简单；二是整合先进监测技术，可对文字和图片作品进行实时监测，并生成监测报告，权利人可精准了解作品传播和使用情况；三是旗下紫金山版权律师联盟已吸引11个专业律师团队入驻，可提供全方位版权业务咨询和法律服务；四是与江苏省版权协会筹建的江苏版权纠纷调解中心合署办公，为版权纠纷当事人提供成本更低、见效更快、方便实用的纠纷解决渠道。江苏版权服务平台将致力于维护著作权人合法权益，助力广大企业提升内容开发和版权运营能力，促进江苏省版权产业高质量发展。

（资料来源：《中国知识产权报》，作者：侯伟）

【第九届北京国际电影节“北京市场”首次搭建版权交易平台】 2019年4月16日，第九届北京国际电影节“北京市场”拉开帷幕，继续聚焦电影全产业链发展；全球首部“一带一路”电影《共同命运》揭开神秘面纱，即将面向全球发布；国家电影云制作服务平台正式启动，未来拟向国外业界开放。

第九届北京国际电影节“北京市场”内容覆盖电影产业从前期筹备到中期创作再到后期上映的各个环节，此次在延续往届电影要素、项目创投两大平台的同时，全新推出版权交易平台，邀请法国、日本、印度等国内外知名公司加入，使更多优质中国电影输出到世界舞台、海外影片丰富中国市场。

印度 MantraVision 公司业务拓展及市场经理迪纳尔·戈旦姆期待此行更好地开拓中国市场，他表示：“我们来这里是为了开拓中国市场。近年来，印度电影在中国颇受欢迎。中国和印度的文化在很多地方都存在相似之处，比如家庭价值观、对长辈的尊重以及人际关系方面。所以对中国和印度的观众来说，这是一个独一无二的机会，通过电影来了解彼此。”

（资料来源：央广网，作者：丁飞）

【院线电影版权保护联盟成立】 2019年4月26日，在2019中国网络版权保护与发展大会上，院线电影版权保护联盟成立仪式举行。联盟是在国家版权局、国家电影局的指导下，在中国电影发行放映协会、中国电影制片人协会的支持下，中影股份、华夏电影、万达影业、阿里巴巴影业集团、优酷电影、光线影业、博纳影业集团、耀莱影视等17家单位共同发起成立的。联盟希望，全社会能够更加尊重创作者的智力劳动，增强保护电影作品版权的意识，坚决抵制各类侵权盗版行为。

（资料来源：《中国新闻出版广电报》，作者：杨志成）

【微信公布2018年知识产权保护进展状况】 2019年4月26日，微信公布了2018年知识产权保护进展状况，涵盖商标、著作权等多个领域。数据显示，微信品牌维权平台2018年共为品牌权利人输送侵权线索超32万条，处理商标侵权个人账号5.8万余个。此外，微信公众平台还提前拦截超过13万篇涉嫌抄袭文章，处罚了近130个涉嫌盗版影视作品的侵权公众号。

据微信法务相关负责人介绍，为了保护微信平台上第三方的知识产权权益，微信近年来建立了微信品牌维权平台、公众平台权益保护体系、全电子化侵权投诉系统三位一体第三方知识产权保护方案，保护对象包括权利人合法享有的、在微信中被使用的知识产权，如注册商标专用权、著作权、专利权等。此外，在微信中被使用的涉及知识产权的企业名称、商号等也纳入保护范畴。其中，微信品牌维权平台自2016年8月试运行，2018年3月正式向国内外权利人开放，截至2019年4月共有260家权利人加入。2018年，微信法务团队共处理商标侵权个人账号5.8万余个。

在著作权保护方面，微信在注册、认证等环节针对重点版权内容进行了关键词保护，并优化微信搜索功能，处理不当搜索关联，保护版权方权益。数据显示，2019年春季档期间，微信公众平台共收到影片权利方及其代理方的投诉达631件，核实后及时删除近500篇涉嫌含有盗版链接、资源或侵权内容的公众号文章，主动删除涉嫌含有侵权内容的相关文章累计116篇，处罚了近130个严重侵权的公众号，处罚措施包括删除昵称、清除自定义菜单或自动回复功能、注销账号等。同时，对涉嫌存在盗版影片内容的近60个严重违规账号采取了封禁等处理措施。此外，微信公众平台在文字作品著作权保护方面取得了显著成绩。2018年，微信公众平台提前拦截超过13万篇涉嫌抄袭的文章，抄袭投诉系统收到超过14万单抄袭投诉，处理了超过7万篇涉嫌抄袭的文章。另外，微信公众平台还尝试对文章“洗稿”行为进行治理，对在法律上难以判断为侵权的“洗稿”行为，设立“洗稿”合议机制，有效保护原创作品的权益。

（资料来源：《中国知识产权报》，作者：姜旭）

【国内首个版权保护“IPTM时间标志”生态平台上线】 2019年4月26日，在第19个世界知识产权日到来之际，华发七弦琴国家知识产权运营平台举行了系列发布活动，包括：正式宣布推出以区块链、人工智能和大数据等核心技术为依托的知识产权生态保护平台“IPTM时间标志”；发布了2018年中国专利运营状况研究报告；宣布启动筹建中国反滥用知识产权联盟等。

IPTM时间标志由华发七弦琴国家平台自主开发建设，以区块链、人工智能和大数据等核心技术为支撑，可为用户提供原创保护、申请服务、维权服务、开放平台、图片溯源、安全交付等服务，由联盟链联盟成员共同建设、维护运行，是具有公信力的知识产权生态保护平台。

IPTM时间标志项目负责人张北暖介绍，IPTM时间标志从作品诞生起就对作品进行原创保护，以区块链、人工智能、大数据等前沿核心技术为支持，使作品具有法证效力。同时通过图片溯源功能，全网溯源，定点溯源，全天候监测作品是否被侵权。作品交付通过链接的方式发送给接收方，接收方只能通过网页查看，不可复制、截图、下载、打印，以保证作品交易的安全性。作品被侵权时，可一键下载版权保护证书，平台协助作者共同举证，并提供维权服务，为原创作品提供一站式知识产权服务。

活动当天，IPTM时间标志与艺术家们签订战略合作协议，艺术家们对IPTM时间标志进行了高度评价，并表示将全权授权IPTM时间标志对作品进行认证和保护。未来双方将开展全方位合作，共同推动作品原创保护、作品维权、艺术品交易等工作。

此外，通过华发七弦琴国家平台的影响力，IPTM时间标志可以让原创作品获得更多的曝光机会，并由此带来更多的潜在交易机会。

IPTM时间标志始于版权，但不止于版权，未来，IPTM时间标志的应用场景还会得到更多的拓展，将面向更多的原创内容领域开放，希望能够更好地服务更多的版权生态。

IPTM时间标志已与联通、电信、深信服科技、亿网通、强大凯创、广东高鑫等企业达成深度战略合作，同时与华为公司达成合作意向，双方将在云计算、区块链等领域探讨合作事项，进一步扩大平台的影响力。IPTM时间标志项目负责人张北暖表示，我们希望通过IPTM时间标志让优质的原创内容获得更好的保护，让原创作者更专注、放心地生产内容并获得收益，使原创者们免于侵权困扰。

（资料来源：中国知识产权资讯网）

【国家版权交易中心联盟签署版权保护战略合作协议】 2019年4月26日，国家版权交易中心联盟与中广联合会有声阅读委员会在京签署网络版权保护战略合作协议，为有声阅读健康发展保驾护航。

国家版权交易中心联盟由国家版权交易中心（版权贸易基地）共同组建，旨在推动产业发展、规范行业自律。中广联合会有声阅读委员会是促进全民有声阅读、规范引导有声阅读生产发展、加强对有声阅读领域的自律维权的专业社团。签约双方共同致力于保护有声阅读著作权所有者权益，遏制侵权盗版的传播，整合有声阅读创作领域的版权资源，弘扬社会主义核心价值观，促进版权创造、运用、保护和管理，推动中国有声阅读产业健康发展。

此外，国家版权交易中心联盟还分别与厦门安妮股份有限公司、北京中视瑞德文化传媒股份有限公司、北京联合信任技术有限公司、上海冠勇信息科技有限公司签署版权合作协议，在数字版权登记、保护、推广等相关领域展开全面合作。

（资料来源：中国知识产权资讯网，
作者：窦新颖）

【广东推出版权维权保险 侵权立案即可赔】 2019年4月，相关险企联合版权公证保管平台在广东推出了版权维权保险，用户只要投保，在作品版权遭遇侵权并立案后，即可获得相关费用赔偿。

在我国，知识产权市场的保险产品主要围绕专利、商标展开设计并推广，但版权保险市场却相对空白，尤其是在作品维权保险领域。此次平安产险广东公司与原创易安版权公证保管平台合作，即为相关用户提供作品版权维权保险服务。

用户原创的作品通过原创易安平台系统上传到公证机构的服务器进行存储获得公证保管，上传的作品一旦被侵权，可凭法院立案通知书等，获赔前期维权费用，无须等候案件最终结果。

平安产险广东公司科技互联网业务部总监肖鲲介绍，版权维权保险的保障范围非常广泛，几乎覆盖了所有创作类型，涉及文学、艺术和自然科学、社会科学、工程技术等众多领域。

同时，相关险企将为版权平台用户的作品提供全面的维权费用损失保障，包括调查费用、法律费用以及其他合理必要的费用损失，为作品版权公证保管平台用户保驾护航。

（资料来源：《中国新闻出版广电报》，
作者：荆淮侨）

【2019青岛国际版权交易会签约额超137亿元】 2019年7月5—7日，2019青岛国际版权交易会在青岛国际博览中心举行。全国政协文化文史和学习委员会副主任、中国版权协会理事长阎晓宏等出席开幕式并致辞。

本届版交会由国家版权局指导，山东省版权局、青岛市人民政府主办，青岛市文化和旅游局、即墨区人民政府、山东大众报业集团承办，以“版权新动能，创意新未来”为主题，搭建版权展示、交易的国际化高端平台。在开幕式上有8个项目进行了现场签约，签约总额超过137亿元。其中，中信资本控股有限公司与红纺文化有限公司共同设立了国内第一只以IP为主要投资方向的产业基金，基金总规模达到百亿元；青岛本土企业泽灵文化与天津微影友梦传播有限公司进行了科幻电影《仰望星空》的签约等。

阎晓宏在致辞中表示，进入新时代，各类知识产权在经济和社会发展中的作用将更加凸显。我国既要严格保护各类知识产权，更需要大力推进创新，并且能够使受知识产权保护的创新成果得到良好的推广和运用。本届版权交易会从参展商的数量和质量上来看，都有了很大的提升，特别是吸引了一些在国际国内有重要影响的IP产品、机构在这里寻求授权与合作。这体现了更加注重展会经济的市场规律，更加注重知识产权的价值评估与交易规则以及推广运用。

山东省委宣传部分管日常工作的副部长、省文明办主任王红勇在开幕式上介绍说，目前，山东已建成国家级版权示范城市、单位、园区（基地）28个，省级版权示范单位、园区（基地）255个，

2018 年著作权作品登记数量达 8 万多件，开创了版权保护与产业发展新局面。青岛版交会已连续举办 3 届，为推动版权会展交易体系建设、推进区域版权产业协调可持续发展提供了有力支持。

“近年来，青岛市大力实施创新驱动战略，着力推进版权创意产业发展。我们希望让青岛成为中国版权的出海口和中转站。”青岛市委常委、副市长王家新在开幕式上说。

版交会为期 3 天，不仅有故宫文创、流浪地球、大嘴猴等知名 IP 产品亮相，还举办了蓝谷 IP 国际高峰论坛，500 余名国内外版权行业专家学者、各省市版权机构及企业代表共同聚焦 IP 为文化、经济带来的新动能，以及所产生的一系列版权保护、运用、管理等问题。

中宣部版权管理局局长于慈珂，山东省委宣传部副部长、省政府新闻办主任魏长民等出席版交会。

（资料来源：《中国新闻出版广电报》，作者：赖名芳）

【中国摄影著作权协会启动超 200 万元稿酬转付工作】 2019 年 7 月 25 日，中国摄影著作权协会（以下简称“摄著协”）联合中国摄影家协会在北京举行新闻发布会，启动数额超过 200 万元的教科书稿酬转付工作。

此次转付的教科书稿酬金额超过 200 万元，绝大部分来自教科书中使用的摄影作品，这是摄著协依法履职向教科书出版社收取摄影作品使用费以来，涉及作品数量最多，转付金额最大的一次。此次稿酬转付充分体现出摄著协作为著作权集体管理组织，为了保护广大摄影家的权利，坚定不移地履行法律职责，遇到任何艰难困苦，都要坚决捍卫法律尊严，坚守保护摄影版权的职责，把保护广大摄影人版权的工作做到实处。

为了把这次稿酬转付工作做好，摄著协特别邀请了著名摄影家钱嗣杰、郭占英、孙振宇和已故著名摄影家徐肖冰、侯波、邹健东的版权继承人参加新闻发布会，让这些作者和继承人领取教科书稿酬，从而带动 4 000 余幅作品的作者积极参与到这次稿酬转付中来，把属于他们的稿酬领回去，让摄影家的劳动得到尊重，使法律赋予摄影家的尊严得以彰显。

教科书使用摄影作品属于法定许可规定范畴，摄著协作为教科书法定许可稿酬收转机构，几年来依法与相关教科书出版社进行了艰难的谈判，目的就是要保护好摄影人的版权，依法推动出版社支付使用摄影作品的稿酬。由于教科书使用摄影作品种类繁多、数量较大，此次摄著协为了让这 4 000 余幅作品的作者知晓他们的作品被教科书使用，特别采集了这些作品图样并公布在摄著协和中国摄协官网上，在新闻发布会举行的同时，广大摄影师已经可以在这两个官网上看到这些作品。

摄著协负责人介绍：“之所以把这些作品公布到网上，就是要把教科书稿酬转付工作做得公开、公正、透明，要让这些作品的作者知情、知晓并通过网上确认这些作品的版权归属，让作者尽快领回这些属于他们的稿酬。摄著协欢迎广大摄影人查阅我们的官网，并把这一好消息广为传播，以便作者尽快与我们联系领取稿酬。”

（资料来源：光明网，作者：马列）

【第一届当代艺术国际 IP 授权展举行】 2019 年 7 月 25 日，由中国版权协会携手深圳市龙岗区文化产业促进中心联合主办的第一届当代艺术国际 IP 授权展在深圳开幕。展览汇聚国内外 60 余位艺术家原创作品和艺术衍生品，致力于打造以艺术品版权为核心的当代艺术授权产业链交易平台。

此次展览共有 60 多位艺术家的作品及 10 家文创企业的衍生品参展。展会还单独设立艺术分享会、DIY 互动体验区、多媒体数字馆、主题走秀区、衍生品展示馆等特色区域。众多艺术家、设计师代表及粤港澳大湾区各行业协会代表汇聚一堂，共同探讨更多符合市场发展规律的版权保护与发展的新模式。

主办方表示，当代艺术国际 IP 授权展是对艺术作品从版权保护到版权授权、从版权授权到开发衍生市场，打造从作品到产品、从产品到市场的全产业链新模式的一次积极探索。

（资料来源：《中国新闻出版广电报》，作者：张君成）

【中国网络文学 IP 价值智能评估系统发布】 2019 年 8 月 9 日，由爱奇艺主办的“文艺创作新春天”主题论坛举办。爱奇艺向外界展示了文学业务布局与独特的生态优势，并与中国新闻出版研究院联合发布了中国网络文学 IP 价值智能评估系统课题研究成果。

北京市委宣传部副部长、市新闻出版局局长王野霏在论坛演讲中表示，优秀作品是网络文学出版服务平台和作者的立身之本，为引导和鼓励广大网络文学创作者创作更多传得开、叫得响、有筋骨、有温度的优秀作品，要鼓励重大题材创作、鼓励现实题材创作、鼓励原创、鼓励弘扬中华优秀传统文化的创作。

中国网络文学IP价值智能评估系统以中国网络文学产业IP发展现状为研究背景，可作为IP统一管理及分析平台，对IP进行全生命周期数据化管理，从数据挖掘与机器学习入手，分析市场价值与内容质量，综合机器算法与专家意见，从而评估IP的投资价值，降低版权采买和制片风险，挖掘潜在IP。

中国新闻出版研究院数字出版研究所所长王飚表示，中国网络文学IP价值智能评估系统将有效促进网络文学和影视品质提升，降低IP开发风险，实现网络文学与影视的良性对接与深度融合，满足市场需求。

（资料来源：《中国新闻出版广电报》，作者：李婧璇　王坤宁　张君成）

【中国—东盟版权贸易服务网在京正式上线】
2019年8月22日，由广西出版传媒集团策划组织、广西科学技术出版社与漓江出版社共同建设的“中国—东盟版权贸易服务网”在第26届北京国际图书博览会（BIBF）上正式上线。

作为广西出版传媒集团推动出版“走出去”的重大项目和重要抓手，中国—东盟版权贸易服务网是中国—东盟版权贸易服务平台项目的核心组成部分，网站立足广西、服务全国、对接东盟，依托广西建设面向东盟国际大通道的定位，充分发挥广西出版文化品牌的影响力，为讲好中国故事，促进中国东盟文化交流提供内容支撑。中国—东盟版权贸易服务网建设利用云计算、机器翻译、跨语言搜索引擎等技术，为国内外著作权所有人、版权代理商、出版商等，提供图书版权信息跨语言展示、跨语言在线即时交流、图书版权贸易等一站式服务，成为集版权评估、版权展示、在线交易、版权维护、线下服务与文化交流于一体的版权贸易的“桥梁”，为文化“走出去”和引进来提供内容与服务支撑，对促进中国与东盟国家版权贸易与文化交流具有积极而重要的意义。目前，网站已有中国与东盟国家近百家出版机构上千种版权图书上线展示宣传。

（资料来源：《中国新闻出版广电报》，作者：袁舒婕）

【江苏省可信时间戳服务中心成立】 2019年8月30日，由国家版权局、中国版权协会、江苏省版权局指导，江苏省版权协会主办，上海市、浙江省、安徽省版权局支持的第二届江苏（南京）版权贸易博览会在南京国际展览中心正式开幕。此届版博会的主题是“激活版权资源，激发创新活力”，为了实现版权价值、版权的快速有效确权、版权的合规合理使用及版权交易的合法便捷保障，江苏国家版权贸易基地与联合信任时间戳服务中心成立了江苏省可信时间戳服务中心，中宣部版权管理局局长于慈珂和世界知识产权组织中国办事处临时代办王宜在版博会现场为江苏中心进行了揭牌。

联合信任时间戳服务中心是中科院国家授时中心和联合信任共同创建的我国权威可信时间戳服务机构（TSA）。作为解决可靠电子签名和保障数据电文原件形式的核心基础设施，联合信任时间戳服务中心签发的可信时间戳已经广泛应用在知识产权保护、司法、金融、电子商务、医疗卫生等各大领域。可信时间戳得到了国内司法部门的广泛认可，据统计，截至2019年8月，联合信任可信时间戳生效的判决文书突破了1万例。

联合信任于2018年10月荣获由国家版权局与世界知识产权组织（WIPO）共同颁发的“中国版权金奖·保护奖”，是我国版权领域内评选的唯一国际性奖项，也是国内版权领域的最高奖项。

江苏国家版权贸易基地经国家版权局批准正式成立，基地由江苏省版权局直接领导，通过配置优势权威资源，集聚了一批全国领先版权贸易企业，全力扶持优秀企业做大做强。目前已拥有成员单位11家，涉及领域涵盖摄影、文学、影视、游戏、动漫、美术、科教、文创和艺术品等，基地成立至今交易额已达38.16亿元。

江苏省时间戳服务中心将立足版权产业，将可信时间戳技术广泛应用到版权确权、版权交易、版权维权及版权管理中，这将大大降低举证成本、提高交易效率、有效解决版权产业发展中的合法合规问题，促进版权交易，助力江苏版权产业高质量发展。

（资料来源：中国知识产权资讯网，作者：侯伟）

【第二届江苏（南京）版权贸易博览会闭幕】
2019年9月1日，第二届江苏（南京）版权贸易博览会在南京闭幕。本届版博会由国家版权局、中国版权协会、江苏省版权局指导，江苏省版权协会主办。

本届版博会为期3天，以庆祝新中国成立70周年为主线，以“激活版权资源，激发创新活力”为主题，聚焦优质特色版权资源、打造版权产业展示交流的平台。展会期间，主办方设置了长三角展区、江苏各设区市展区等 15 个区域展区和影视、出版、博物馆文创、动漫、纪录片、版权保护技术等 10 个专业展区，参展单位 200 多家，展示展销拥有自主版权产品超万种。

活动期间，上海、江苏、浙江和安徽版权局共同签署了《长三角地区共同营造版权产业高质量发展市场环境合作协议》。苏州大学获“国家版权局国际版权人才培训基地”授牌，为江苏培养优秀国际化版权人才、开展广泛国际版权交流合作提供了有效支撑。

（资料来源：《中国教育报》，作者：潘玉娇）

【江苏国家版权贸易基地揭牌】 2019 年 9 月 18 日，2019 中国南京金秋经贸洽谈会秦淮专场活动举行，江苏国家版权贸易基地正式揭牌，落户秦淮区银都 · 锦创广场。

该基地将不断聚合吸附全国优质内容资源，与秦淮区在登记确权、维权护航、版权交易评估、投融资等领域展开深度合作，打造江苏省乃至全国知名的文化内容产业发展高地。

活动现场签约了一批版权贸易项目。其中，江苏版权服务平台项目是提供图片、文字、视频等版权追溯和版权服务的一站式平台，为内容创作者提供版权确权、版权管理、监测取证等服务。站酷互联网＋知识产权服务项目将与版权贸易基地深度合作，为视觉内容创作者提供专业的知识产权服务。

（资料来源：《新华日报》，作者：仇惠栋）

【第 15 届海图会达成两岸图书版权贸易 396 项】 2019 年 9 月 22 日，为期 3 天的第 15 届海峡两岸图书交易会在厦门圆满闭幕。

本届海图会现场图书订购总码洋 5 070 万元，相较第 13 届增长 10.3%；达成两岸图书版权贸易 396 项，相较第 13 届增长 12.5%。两岸 26 家单位签订了涵盖版权贸易、发行代理、数字内容、出版项目投融资等多个领域的产业合作协议，项目合作意向金额近 6 亿元。

本届海图会主宾省是河北省，采取设立主、分会场形式，除厦门国际会展中心主会场外，在外图厦门书城、厦门新华书店、鼓浪屿外图书店及泉州晋江台湾书店、莆田湄洲岛台湾书店等地设有分会场。展馆总面积 34 500 平方米，其中厦门国际会展中心主展馆 13 500 平方米，比第 13 届海图会主展馆面积扩大 70%。吸引两岸 520 家出版社及 20 余家香港、澳门出版机构参展，约 20 万种 70 万册图书亮相，举办 86 场业界交流和阅读活动，360 余家公共和高校图书馆、馆配机构、民营书商到会采购。

本届海图会由厦门市人民政府、福建省新闻出版局、中国出版协会和台湾图书出版事业协会、台湾图书发行协进会、台北市出版商业同业公会共同主办。

海图会创办于 2005 年 7 月，已在厦门和台湾成功轮换举办了 15 届。前 15 届海图会，累计参展图书 1 000 万册，实现两岸图书采购交易额 5.1 亿元人民币，达成两岸图书版权贸易等业务合作 3 022 项，成为交流合作的重要桥梁和产业发展的重要品牌。

（资料来源：《中国新闻出版广电报》，作者：章红雨）

【中国（上海）自贸试验区版权服务中心启动运行】 2019 年 9 月 24 日，中国（上海）自贸试验区版权服务中心启动运行。该中心旨在推动上海自贸区深化改革、营造良好的知识产权保护环境。

中国（上海）自贸试验区版权服务中心是在国家版权局、上海市版权局支持下由浦东新区建设的功能性平台，是全国首个在自贸区内设立的版权专业服务平台，其主要功能是开展版权快速登记、快速监测预警、快速维权等服务。

中宣部版权管理局局长于慈珂在启动大会上表示，上海市版权保护卓有成效、版权产业健康发展，要进一步落实党中央、国务院提出的自由贸易区战略，深化版权领域“放管服”改革，支持上海自贸区探索版权服务创新机制，加强版权创作、保护和运用，着力推进版权社会服务体系建设。

上海市委、市政府高度重视文化产业发展和知识产权保护。2017 年，上海市委、市政府印发《关于加快本市文化创意产业创新发展的若干意见》，提出到 2030 年，上海文化创意产业增加值占全市生产总值比重达到 18%左右，基本建成具有国际影响力的文化创意产业中心，到 2035 年，全面建成具有国际影响力的文化创意产业中心。2018 年，上海市制定“扩大开放 100 条”行动方案，就已将建设中国（上海）自贸试验区版权服务中心列入任务列表。

（资料来源：《中国知识产权报》，作者：侯伟）

【广东东莞滨海湾新区牵手中国版权保护中心打造大湾区版权服务高地】 2019 年 10 月 12 日上午，

中国版权保护中心与东莞滨海湾新区战略合作签约仪式举行。双方将共建滨海湾版权产业服务中心，构建以滨海湾新区为核心、辐射整个粤港澳大湾区及周边地区的版权服务高地。中国版权保护中心主任段桂鉴，东莞市委常委、宣传部部长杨晓棠，滨海湾新区党工委副书记、管委会主任和虎门镇委书记刘杰等出席仪式。

东莞是第九个全国版权示范城市。近年来，市委、市政府高度重视版权工作，不断巩固和深化全国版权示范城市创建成果，进一步确立版权战略。全国版权示范城市创建以来，东莞版权产业高速发展。2017年全市版权产业行业增加值为620亿元，比2014年增长32.7%，占全市GDP的8.19%，比重已超过金融业、交通运输等多个传统行业，成为全市转型升级的重要动力。东莞也是全国软件著作权登记大市。2018年，全市企业和个人在中国版权保护中心完成软件著作权登记1.6万件，位居全国前列。

中国版权保护中心是唯一的国家级版权公共服务机构，也是国内唯一的计算机软件著作权登记机构和著作权质权登记机构。滨海湾新区是新时期东莞参与粤港澳大湾区建设和全面对外开放的重要战略平台。双方此次开展版权专业领域的战略合作，将打造国内首个面向区域版权产业集聚赋能的体系化版权服务平台，建设运营线上线下集成一体的滨海湾版权产业服务中心，实现版权开放服务能力的本地化落地，旨在有效提升滨海湾新区辐射粤港澳大湾区区域版权创造、运用和保护能力，充分发挥版权经济对区域现代化经济体系建设完善的助力作用，为先进制造业孵化、集聚、成长和壮大提供强大后盾。

（资料来源：《南方日报》，作者：郭文君）

【知识产权大数据泛东北亚区域平台正式发布上线】 2019年10月17日，以“知识产权运营支撑区域经济全球化发展”为主题的2019中国（青岛）“互联网＋”知识产权产业服务峰会在青岛市举办。这是中国（山东）自由贸易试验区青岛片区举办的首个知识产权盛会，对于促进互联网＋知识产权服务业发展，搭建区域知识产权大数据共享服务平台，推动自贸区创新驱动发展具有重要意义。会上，知识产权大数据泛东北亚区域平台正式发布上线。

该平台由青岛西海岸新区与猪八戒股份有限公司（以下简称“猪八戒网”）共同建立。上线后，平台将以知识产权大数据为主线，立足于青岛西海岸新区，辐射整个山东省，影响整个泛东北亚地区。未来，该平台将主要借助猪八戒网的创新全生命周期服务生态体系，以知识产权创造、保护、运用为平台中心，汇聚海量知识产权服务大数据、产业大数据、交易大数据、金融大数据、人才教育大数据和政务大数据，为企业提供知识产权全产业链服务。

会议期间，12家知识产权服务业企业共同发起成立“互联网＋知识产权服务业联盟”。该联盟计划在青岛西海岸新区建立区域知识产权大数据共享服务平台，加速推动全球创新人才资源、知识产权和科技要素资源、区域企业创新需求资源在青岛集聚。

此外，有关专家还围绕“区域经济一体化的知识产权保护与应用”“新时代的企业知识产权管理与运营创新”等主题在会上与参会代表进行了经验交流。来自政府部门、企业、高校等领域的770余位知识产权理论与实务专家参加了会议。

（资料来源：中国知识产权资讯网，作者：韩瑞）

【“2019中国·北京国际版权授权大会”在北京召开】 2019年10月20日，“2019中国·北京国际版权授权大会”在北京开幕。本次大会由中国国家版权局支持，国家版权交易中心联盟主办，北京国际版权交易中心承办，以“守正、创新、合作、共赢”为主题，旨在促进版权授权行业持续发展，更好地将版权进行成果转化，为全行业搭建一个国际化、市场化的高端平台。

中宣部版权管理局局长于慈珂在大会开幕式上表示，近年来，国家版权局不断加强版权创作、保护和运用，大力优化版权社会服务，完善版权授权交易体系，推动版权产业快速发展。他在致辞中对版权展会授权工作提出三点希望：一是要坚持正确导向。开展版权展会授权是为了促进版权创作、保护和运用。二是要坚持创新发展。在借鉴国际有益经验的基础上，需要在机制、措施等方面积极创新、大胆探索。三是要坚持以人为本。始终将版权专业人才作为核心竞争力，激发版权工作的整体力量。

对于此次大会的意义，国家版权交易中心联盟秘书长李蘅指出，在全球格局重构的大环境下，文化出海既是商业考量，也是社会责任。为帮助中国的优秀IP出海，国家版权交易中心联盟成立以来，力求真正在版权交流和交易上联合起来发挥作用，能够达到打造国际IP授权产业平台、构建中国版权授权体系、实现线上线下的永不落幕的版权交易的目标。

她希望，业界以本届授权大会为契机，全力打造全国版权授权体系，搭建国际 IP 授权的第一平台，助力国际与跨行业间的合作，真正实现中国文化“走出去”的目标。

本届大会吸引境内外逾 300 家单位和机构参加。大会分为文博艺术、影视、动漫游戏、互联网内容以及俄罗斯“冬宫”授权论坛五大板块。在为期 3 天的会议期间，将举办主题论坛、场景体验式展示、项目推介、项目签约等多项活动，积极推动版权授权成果转化。

（资料来源：人民网，作者：罗知之）

【中国财经媒体版权保护联盟与腾讯达成战略合作】 2019 年 10 月 29 日，互联网社交平台知识产权保护论坛暨 2019 微信知识产权保护报告发布会在北京召开。会上，中国财经媒体版权保护联盟与腾讯达成战略合作。双方将携手保护媒体新闻作品版权，鼓励优质原创内容生产，研究并试行更有针对性的版权保护措施，解决版权领域问题。

据中国财经媒体版权保护联盟常务副秘书长邹韧介绍，通过对 90 余家传统媒体调研发现，很多主流媒体都面临原创内容被其他自媒体抢标原创、侵权的问题。

“目前报社都在推进两微一端的建设，有一些报社采取先在纸质媒体刊登稿件，然后在报社官网和电子报上推送，最后在微信中推送。但就是这样的做法，被一些自媒体钻了空子，他们会第一时间从传统媒体的网站上下载稿件，抢先发到自己的微信公号并申请原创，导致传统媒体自己的微信公众号无法申请原创。”邹韧解释道。由于投诉受理时间的局限性，即使侵权文章已被处理，但自媒体平台早已经把流量带走了，这一现象已经困扰传统媒体很久。

为解决这一问题，版权联盟与腾讯微信法务团队展开了深入的沟通，双方经过务实高效的交流，最终达成知识产权保护战略合作。

腾讯方面表示，微信一直很重视公众平台的版权保护，制定了一系列严厉措施打击侵权、洗稿行为，致力于构建健康规范的微信内容生态环境。面对主流媒体原创内容被抢占等问题，微信将为联盟成员单位提供公众号内容侵权举报通道，建立快速申诉机制，优先评估处理联盟成员侵权投诉，保护原创内容，借此推动微信版权保护政策的完善。

版权联盟也将向成员单位提供微信知识产权保护系统的使用指引，促进主流媒体与微信法务团队就版权问题进行交流，以便解决知识产权相关问题。

（资料来源：光明网，作者：刘彬）

【2019 北京优秀版权项目推介会在京开幕】 2019 年 11 月 1 日，2019 北京优秀版权项目推介会在北京宋庄开幕。此次推介会以“助力艺术创新，护航文化繁荣”为主题，服务北京文化中心建设的新要求，护航、助力文化艺术和版权产业加快融合发展。

推介会由北京市版权局主办，为期 9 天，设置了艺术品、图片、字体、音乐、出版物、版权保护技术等专业展区，展览展示北京地区优秀版权项目，同时还将举办版权讲堂等各类版权论坛、版权保护讲座活动。中宣部国家版权局综合处处长张有立，北京市委宣传部副部长（北京市版权局局长）王野霏，通州区委常委、宣传部部长汤一原出席开幕式并致辞。通州区委宣传部常务副部长（新闻出版局局长）陈立军、宋庄宣传部部长李晓英及通州区管委会等的领导、北京朝阳法院知识产权庭庭长罗曼及法官、文化出版企业代表、文创企业代表、艺术家代表等出席了开幕式。

开幕式上，主办方还邀请了北京市朝阳区人民法院知识产权庭法官谢雨佳、首都版权产业联盟秘书长韩志宇、首都版权产业联盟副秘书长（BiG 全球版权公链创始人）宣宏量分别就“艺术品法律保护措施及司法实践”“版权保护技术措施”议题发表演讲。

（资料来源：中国知识产权资讯网，作者：窦新颖）

【进博会版权服务工作受各方好评】 2019 年 11 月 5—10 日，第二届中国国际进口博览会在上海国家会展中心举办。为加强知识产权保护，上海市版权局携手专业从事版权工作的一些“国家队”单位，进一步优化服务流程，提升服务效率，助力进博会版权保护工作。

本届进博会共有全球 150 多个国家和地区的 3 000 多家企业参展，为加强知识产权现场服务工作，进博会特设了知识产权保护与商事纠纷处理服务中心。在国家版权局的统筹安排下，上海市版权局组织了中国版权保护中心、中国音乐著作权协会等代表我国当前版权保护最高水平的单位，选调精兵强将进驻进博会。

本届进博会版权服务工作组共设工作人员 20 名，比上年增加 9 名，进驻进博会现场 3 个工作点，及时处理版权纠纷、版权登记、版权许可等方面的相关问题，为参展者开通绿色通道，提供方便快捷的专业版权服务。根据上海市版权局每日汇总的版权工作简报，进博会开展以来，版权服务响应迅速，回复咨询耐心细致，许可发放及时到位，充分满足了参展者的版权需求，展示了进博会版权服务工作的全面高效。进博会版权服务工作组已受理并成功化解1起纠纷投诉，接受业务咨询7次，发放宣传册40份，有力保障了进博会的版权服务工作，受到各方好评。

在展会举办期间，中国版权保护中心大力配合服务中心为参展商提供相关的版权登记和咨询服务，协助宣传保护知识产权的举措和成果，并积极配合开展维权等工作。

在进博会开展前，进博会相关部门就专门告知参展者注意保护知识产权，其中就包含音乐版权授权及保护的相关规定。进博会期间，有关音乐版权使用形式复杂多样，为帮助参展者妥善解决音乐著作权相关事宜，满足参展者合法使用音乐的需求，中国音乐著作权协会专门为参展者提供一站式音乐著作权许可服务及高效快捷的版权保护方案，充分彰显了我国音乐版权保护水平。据了解，参展者直接或通过进博局告知与音著协联系，咨询音乐著作权相关法律规定及许可办理事宜，并获得了展会期间使用音乐的著作权许可。

（资料来源：《中国新闻出版广电报》，作者：王骞）

【百度文库正版联盟成立】 2019年11月7日，百度文库与首都版权产业联盟举行战略合作签约仪式，宣布实施“文源计划”，旨在为每一个文档找到源头，更好地保护创作者权益，让创作者获得更多版权收益。签约仪式上，百度文库与首都版权产业联盟、龙源数字传媒集团、北京师范大学音像电子出版社、社会科学文献出版社、艾瑞咨询、中公教育及百度学术等共同成立百度文库正版联盟。

北京市委宣传部二级巡视员卢志鹏在仪式上说，“文源计划”的实施将有利于打造绿色内容生态，规范网络平台版权秩序，为建设好网络公共知识体系，促进版权产业的发展注入新的活力。他希望百度负起作为中国互联网领军企业的社会责任，模范贯彻执行著作权法律法规，依法开展经营活动。

据百度文库总经理李小婉介绍，百度文库成立于2009年，截至2019年11月，文档总量达5.9亿个，合作机构7 000家，作者18万人。2019年百度文库每日文档上传量达200万个。随着文档上传量的大幅增长，也出现了越来越多的侵权文档，目前百度文库每日拦截侵权文档超70万个。在“文源计划”实施后，百度文库将全面升级AI反盗版系统、反作弊查重系统，对上传至百度文库的有侵权问题的文档进行第一时间拦截。同时，百度文库在版权保护方面和各方达成合作，以完成从版权监测、版权预警、下线处理、代理公证到代理诉讼的全覆盖。

（资料来源：《中国新闻出版广电报》，作者：赖名芳）

【中国出版协会与拼多多签署协议合力打击盗版】 2019年11月18日，中国出版协会与电商销售平台拼多多在上海签署《知识产权保护合作协议》，双方将在建立联防联动机制，完善网络侵权盗版治理模式，严厉打击各种网络盗版侵权销售行为等方面展开深入合作。

签约仪式上，中宣部版权管理局局长于慈珂表示，当前新的盗版侵权方式层出不穷，形势不容乐观，而电商平台已成为知识产权保护的主战场。行业协会与销售平台合作，将利于各方发挥优势，完成力量整合，实现知识产权保护的社会共治。

中国出版协会常务副理事长兼秘书长刘建国说，拼多多目前在线销售的内容出版物已在全国电商平台中占有很大比例，此次签约显示出其勇于承担保护知识产权责任的态度和决心。“双方将立足整个行业，研究探索互联网环境下特别是电商平台中知识产权保护新情况、新问题的解决方案。”

上海市委宣传部副部长、市新闻出版局局长徐炯回顾了上海市新闻出版局与拼多多的多次版权相关工作的合作情况，他希望平台能在大力保护网络知识产权之余，创新出一套优质正版图书的电商发行、销售模式。“拼多多在发现消费需求方面具有显著优势，如果能在出版物价值挖掘、图书发行销售等方面发挥‘拼’的优势，探索出一条全新路径，必将助力出版行业迈上新台阶。”

拼多多高级副总裁许丹丹表示，打击盗版侵权一直是拼多多高度重视的长期战役，未来仍将持续投入资源，建立常态长效机制，努力提升管理水平，进一步加大版权保护力度。

（资料来源：《中国新闻出版广电报》，作者：金鑫）

【全国首个开放式媒体区块链版权保护平台上线】 2019年11月20日，全国首个开放式媒体区块链版权保护平台正式上线。该平台由东港股份（002117）控股子公司北京东港瑞宏科技有限公司与济南日报报业集团旗下舜网共同研发。该平台利用区块链存证，对作品进行确权，让每一篇文章生成自己的“DNA”，任何机构和个人都无法篡改。

侵权现象一直是饱受诟病的难题，尤其是新媒体领域。区块链的出现成为解决版权问题的密钥。东港瑞宏基于东港 TK-BaaS-E 的区块链服务技术，与济南日报报业集团启动“区块链应用实验室”共建合作，开发“知识产权区块链管理平台”，为所有提交发布的原创新闻和文学作品进行数字化版权登记，生成唯一区块链特征码。作者作品可在平台内进行原创确权、权属存证、分发等流程，所有交易、分发流程都可被记录，并通过大数据监测技术实时追踪作品在网络上的转载情况，及时发现侵权行为。

（资料来源：《中国证券报》，作者：康书伟）

【“易犬智能版权大数据平台”在沪发布】 2019 年 11 月 21 日，在上海举行的第二届长三角国际文化产业博览会上，冠勇科技创始人兼首席执行官吴冠勇发布“易犬智能版权大数据平台”。

由人工智能、大数据及区块链等核心技术打造的“易犬智能版权大数据平台”，不仅支持全作品、全网络及全时段的版权监测，通过作品传播影响力大数据、维权及版权合作等增值业务赋能文创产业，还可以满足政府动态监管、IP 权利人维权及平台智能审核过滤，建立新时代下的文创产业管理模式。

同时，由“易犬智能版权大数据平台”提供技术支撑和运营的第三方版权服务机构 12426 版权监测中心，为监管部门、权利人及平台方提供版权监测、版权传播大数据、版权维权、作品认证及版权合作等一站式版权维权及增值服务，支持游戏、图片、影视、音乐及文字等六大作品类别，高度契合“国际化、专业化、市场化”定位。

（资料来源：《中国新闻出版广电报》，作者：赖名芳）

【2019 成都国际数字版权交易博览会开幕】 2019 年 12 月 2 日，以“数字新生态 版权新链接”为主题的 2019 成都国际数字版权交易博览会在成都拉开帷幕。世界知识产权组织（WIPO）副总干事西尔维·福尔班，全国政协文化文史和学习委员会副主任、中国版权协会理事长阎晓宏等出席开幕式。

为期 3 天的 2019 成都国际数字版权交易博览会由国家版权局、中国版权协会指导，四川省版权局、成都市版权局支持，四川省版权协会、成都市广播电视台主办。

中宣部版权管理局局长于慈珂在开幕式上表示，国家版权局的工作重点之一就是紧密融合国家发展战略，提升版权工作能级，以国家版权局主办的中国国际版权博览会为龙头，以多个地方版权博览会、交易会为身翼，着力打造全国版权展会授权体系，积极推进版权实际运用和价值转化。版权展会正成为集中展示版权成果、活跃版权贸易、促进版权转化、推动产业发展的重要平台。目前，全国版权展会授权体系呈现出资源共享、特色鲜明、相互补充、共同发展的特点，越来越成为各地区各单位交流合作、转型升级、高质量发展的重要风向标。

成都市委常委、宣传部部长田蓉在致辞中说，成都作为全国首个版权示范城市，数字版权资源丰富，运用区块链技术研发运营了全国首个开放性、全产业链数字版权综合服务平台——斑马，还支持企业联合发起成立全国首个“中国数字版权产业联盟”。从 2019 年起，将每年举办数字版权交易博览会，促进中国优秀数字版权 IP 走向世界。

本届博览会主要由“一开幕式、两论坛、一颁奖、一展会”构成，包括“一带一路”版权国际论坛、2019 成都国际数字版权交易论坛、全国大学生版权征文活动颁奖仪式和以数字版权交易为核心的数字版权交易展。

在开幕式上，国家版权局宣布在咪咕文化科技有限公司设立“网络版权保护研究基地”。中国新闻出版传媒集团、北京快手科技、视觉中国、联合信任、律和同盟、喜马拉雅、无限星空、天府 TV、北京版淘科技等多家单位发起成立中国数字版权产业联盟。

（资料来源：《中国新闻出版广电报》，作者：赖名芳）

【国家版权局设立网络版权保护研究基地】 在 2019 年 12 月 2 日开幕的 2019 成都国际数字版权交易博览会上，国家版权局宣布在咪咕文化科技有限公司设立“网络版权保护研究基地”。中宣部版权管理局局长于慈珂宣读了国家版权局关于设立基地的批复，并与中国移动通信集团有限公司法律与监管事务部副总经理于莽、咪咕公司副总经理向阳一起为基地揭牌。

近年来，国家版权局科学谋划、大力推进版权强国建设，不断创新版权保护工作新思路、新方法，努力打造新时代版权严格保护、版权产业健康发展新格局。国家版权局此次在咪咕公司设立网络版权保护研究基地，是深入贯彻落实党的十九届四中全会精神和《关于强化知识产权保护的意见》部署、着力构建版权现代治理体系、提升版权治理能力和治理水平、提高版权保护效能的具体举措。基地的建立将充分发挥中国移动和咪咕公司在网络版权保护方面的技术、资源、队伍优势，为版权执法部门加大对侵权假冒行为的惩戒力度、强化新业态新领域的版权保护提供智力支持和技术支撑。

下一步，国家版权局将按照《关于强化知识产权保护的意见》部署要求，不断加大版权执法力度，建立健全社会共治模式，加强专业技术支撑，积极整合社会资源，不断完善版权保护治理体系，提升版权保护治理能力，营造版权保护社会共治新局面。

（资料来源：国家版权局官网）

【2019 中国·广东广州国际版权授权大会召开】 2019 年 12 月 13 日，2019 中国·广东广州国际版权授权大会在广州市越秀区召开。作为第三届广州文化产业交易会的亮点环节之一，大会以“IP 价值实现，智慧解决之道”为主题，围绕知识产权创造、运用、保护、管理与服务五大维度，通过举办 IP 价值实现战略运营主题峰会、品牌授权项目签约、知识产权专业著作出版项目宣传发布、知识产权维权保护高峰论坛、“知穗奖”知识产权创新示范奖颁奖及品牌 IP 版权授权展等系列活动，旨在构建健康的中国版权授权产业体系。并通过 IP 授权产业的跨领域、跨行业、跨地区合作，创新 IP 交易、IP 评估、IP 金融等发展模式，搭建中国 IP 授权 B2B 平台，实现中国文化“走出去”战略目标。

为扩大音乐品牌影响力，振兴中国原创音乐，加快发展原创音乐与数字音乐产业体系等新兴业态，推动音乐产业相关政策落实，促进行业对话平台和市场创新机制建设，国家版权交易中心音乐产业发展联盟应运而生。

《信天游》是大家耳熟能详的经典歌曲，是中国流行音乐的里程碑。本次授权大会促成了《信天游》粤语版的词曲授权合作，并由《信天游》粤语版的独家演唱歌手罗子淇现场演绎歌曲。

《信天游》粤语版歌曲由著名音乐家解承强作曲，由内地摇滚唱作歌手罗子淇重新填粤语词创作。此次粤语版《信天游》的全新改编创作，是为了赞美广东劳动者，歌颂劳动者精神，为经典歌曲赋予了青春拼搏奋斗的新力量。

为探索 IP 商用价值转化的创新模式，提高 IP 交易效率，本次大会上国家版权贸易基地（越秀）与广东省传统文化促进会联合举办了文化 IP 作品公益拍卖会。

（资料来源：大洋网，作者：廖靖文　卜松竹）

【中国音乐家版权保护与服务平台上线】 2019 年 12 月 13—14 日，第七届中国国际音乐产业大会开幕式暨高峰论坛在京隆重举办，会上正式发布了中国音乐家版权保护与服务平台。

随着数字技术、网络技术和播放设备的发展，音乐的创作、生产、传播和消费发生了很大变化，面临着新的挑战，特别是我国现代音乐产业体系还不完备、原创能力不强、音乐企业规模不大、高素质人才缺乏、版权保护体系尚不完善等问题，制约了音乐产业的进一步发展。

中国音乐家版权保护与服务平台的建立，将统筹规划我国音乐产业大数据基础设施建设，推进全国性的音乐数据统计、音乐版权交易及服务平台的建设，更好地服务于国内广大的音乐从业者，围绕产业发展形成高水平、高质量、高效益的综合服务体系。加强对音乐作品特别是数字音乐作品的版权保护，借助国家版权局开展的“剑网”行动严厉打击未经许可传播音乐作品的侵权盗版行为，支持权利人和使用者开展版权合作，推动音乐作品相互授权和广泛传播，推动建立良好的网络音乐版权秩序和运营生态，逐步实现数字音乐的正版化运营，保障中国音乐创作者的权益。

大会还对于音乐领域取得重大成就的企业和个人进行荣誉颁布。其中荣获“音乐产业贡献奖”的包括中国音像著作权集体管理协会、阿里巴巴、网易云音乐、中国联通沃音乐等组织与公司，以及《我和我的祖国》——“音为有你”项目艺人王子异。此外，大会还发布《音为有你》全新创作专辑首支单曲《莲成一家》，为庆祝新中国成立 70 周年暨澳门回归 20 周年，由国家音乐产业基地与澳门音乐产业协会共同打造。大会发布了 2020 年由国家音乐产业基地与中国青少年新媒体协会共同发起创作的《青春中国》主题音乐合辑。该专辑将通过青年视角，以音乐为纽带，展现新时代中国青年力量，激励当代青年发扬爱国进步的五四精神，号召当代青年新一代歌手演员演绎全新作品，践行“奋斗的青春最幸福”的“强国一代”价值理念。

（资料来源：中国知识产权资讯网，作者：侯伟）

【中国漫动画版权服务联盟在江苏海门成立】 2019 年 12 月 15 日，在江苏省海门市举行的首届东布洲国际动画展暨第八届中国独立动画电影论坛上，由中国新闻出版传媒集团有限公司与追光人动画设计（北京）有限公司、北京深海十月传媒有限公司、广州盒成动漫科技有限公司、海门东娱文化传媒有限公司和北京木火通明影视文化传媒有限公司 6 家单位共同发起的中国漫动画版权服务联盟宣布成立。

联盟成立仪式上，中国新闻出版传媒集团有限公司总经理李忠表示，中国漫动画产业要想培育出世界级品牌，必须在内容上下足功夫，走精品化、IP 化的路线。2017 年，中国新闻出版传媒集团的“漫动画出版平台”项目入选新闻出版改革发展项目库，并获得中央文化产业发展专项资金扶持。项目通过传统动漫出版内容数字化、原创内容挖掘、融合出版产品定制、衍生品开发及动漫人才培养等方式，力争打造聚焦 IP 孵化、内容出版及 IP 版权交易的综合服务商。漫动画平台上线后将对接政府资源、地方资源，集品牌活动、内容生产、IP 授权及版权交易于一身。资源汇聚后与产业研究院对接形成漫动画产业价值评估体系，建立智库。

中国漫动画版权服务联盟将依托漫动画出版平台，联合业内主管部门、专家学者、漫动画创作企业、原创者等共同构建漫动画版权服务平台，完善版权社会服务体系，为共同推动中国漫动画产业健康有序发展、保护创作者合法权益、提高公共版权意识做出积极贡献。

“原创内容的品牌化、系列化、持续化、高质高效，为衍生品开发奠定了市场基础。但同时，衍生品盗版严重导致正版衍生品市场盈利困难重重。”北京木火通明影视文化传媒有限公司董事长阮浩说。为此，中国漫动画版权服务联盟将致力于建立健全著作权人的版权保护体系，将版权保护意识落实到动漫作品创作的全过程，并努力实现版权价值的最大化，为动漫产业的版权运营探索出新思路、新方法和新路径。

（资料来源：《中国新闻出版广电报》，作者：赖名芳）

【上海成立影视版权服务机构 助力青年影人圆梦】 2019 年 12 月 17 日，上海市影视版权服务机构在巨鹿路 709 号正式挂牌成立，这是继 2014 年上海市影视摄制服务机构后，上海服务影视行业的又一窗口。该服务机构将为上海乃至长三角的影视企业提供影视版权评估开发、监测保护等 4 大项 20 条服务。更重要的是，通过成立上海市影视版权服务机构，为全国青年影视人才搭建服务平台，联动影视、金融、法律、培训、研究等专业机构，提供优质、免费、高效的“一站式”版权服务，可以让上海成为青年电影人筑梦圆梦的事业沃土。

受上海市委宣传部、市电影局、市版权局、市广电局委托，上海市广播影视制作业行业协会将承担上海市影视版权服务机构的具体运营职能。据协会副会长、秘书长、服务机构负责人于志庆介绍，上海市影视版权服务机构首批推出的服务包括 4 项 20 条，覆盖产学研等影视版权完整链条，既有前期的版权价值评估和开发指导、中期的交易撮合和投融资指导，也有后期的版权保护和技术监测，也将开展人才培训和情报研究相关工作，为整个行业提供专业理论支撑。

（资料来源：光明网，作者：颜维琦）

【湖南省长沙市马栏山版权服务中心正式揭牌运行】 2019 年 12 月 17 日，马栏山版权服务中心正式揭牌运行。这标志着长沙市集版权登记、版权服务、版权维权、版权公证、版权交易为一体的公共服务平台正式搭建完成，“一站式”的版权服务得以实现，长沙市版权保护迈上一个新的台阶。

近年来，长沙坚持把强化版权管理、培育版权产业作为推动文化产业发展的重要环节，通过强化政策激励、发布产业信息、实施培育工程、提高服务水平、促进版权交易、强化版权培训等举措，促进全市的版权创造、运用、保护、管理和服务水平不断提升。

马栏山版权服务中心正式运行后，将做实做强版权保护主责主业，推进版权工作理念创新、内容创新、方法创新，综合运用法律、政策、经济、行政和技术（区块链）等手段，促进版权创造和运用。坚持一切为企业服务，将“一站式”服务落到实处，推动全市版权产业发展。将按照优化营商环境的工作要求，进一步强化知识产权保护意识和发展意识，全面提高服务效率和水平，全力为企业、权利人做好服务。

马栏山版权服务中心设有对外接待、版权洽谈/调解和展厅三个主要板块。其中，对外接待主要包括版权登记及补助、版权咨询服务、版权维权服务、公证服务、版权援助等；版权洽谈/调解是为权利人提供交易或者维权调解使用的独立场地；展厅则主要展示部分优秀版权作品，既包括湘绣、铜官窑瓷器等实务型版权作品，也有影视、节目、短视频等数字型版权作品。

（资料来源：长沙市政府官网）

【云南版权登记系统正式上线】 2019年12月19日，云南省版权局设计开发的云南省版权登记系统——“云南版权网”正式上线，向广大著作权人提供作品著作权登记一站式服务。

该系统集网上用户注册、登记申请、资料提交、受理审查、作品备案、公告公示、证书发放、信息查询和咨询推广等功能于一体，并以大数据和云平台技术为支撑，具有操作便捷、程序规范、普遍兼容和快速互动等特点。

过去，权利人需要到登记大厅填表和递交各类申请材料，甚至可能因为准备不足或材料规范问题而多次往返，费时费力费资。云南省版权局的登记工作人员也需要手动填写或进行逐条信息的电脑录存，申办效率和工作效率较低，日均最大办理作品数量在30件左右。

云南省版权登记系统上线后，只要有网络和电脑，权利人足不出户，就可以通过登记系统自由选择时间和地点，全程在线办理版权登记。同时，对于登记大厅的工作人员来说，登记系统不仅方便了登记作品信息的录入、查询和分类统计等，也使得登记内容更加准确，大幅提升了工作效率。

“‘云南版权网’的开通，仅仅是我省版权工作信息化建设的第一步，还有很多功能需要完善和建设。”云南省委宣传部副部长、省版权局局长蔡祥荣表示，下一步，云南省版权局还要持续开发版权在线监测、取证维权、在线交易等一系列平台，不断完善互联网数字内容监测监管的服务体系和服务能力，形成从版权确权、版权保护到版权交易的产业链条。

此外，云南省版权局还将对近年来登记的作品进行梳理和挖掘，鼓励权利人登记优秀原创作品，提升登记作品质量，并引导、鼓励权利人将优秀版权作品资源交由相关平台展示、交易和开发运用，最终实现作品登记和版权产业发展相互促进、共同发展。

系统上线当天，云南省版权局同步举办了登记工作培训班。来自云南省各州市版权管理部门和文化产业单位的100多名版权登记工作人员集中学习版权登记系统的操作程序，为更好地服务著作权人的著作权登记需求做好准备。

（资料来源：中国新闻网，作者：杜潇潇）

【中国版权协会第六届理事会成立】 2019年12月19日，中国版权协会第六次全国会员代表大会在京召开，中宣部副部长梁言顺出席会议并讲话。

大会选举产生了由420名理事组成的新一届理事会，全国政协文化文史和学习委员会副主任阎晓宏当选中国版权协会第六届理事会理事长，中宣部版权管理局局长于慈珂当选常务副理事长，《中国版权》杂志社原社长、总编辑孙悦当选副理事长（驻会）兼秘书长，北京金山办公软件股份有限公司董事长兼首席执行官葛珂、人民教育出版社社长黄强等24人当选副理事长。

梁言顺在讲话中指出，新时代版权工作的鲜明标志正是守正创新。版权在保护中发展、在发展中保护，版权的保护与发展相辅相成、互相促进。守正是基础、是根本，只有坚持根本，版权工作才能方向明确、道路清晰；创新是关键、是手段，面对新形势、新挑战、新任务，只有推进理念、内容、方式、机制等方面全方位创新，版权工作才能跟上时代，走在前面，开辟新局面。

梁言顺对中国版权协会今后工作提出了三点希望。一是希望中国版权协会把推动习近平新时代中国特色社会主义思想深入人心作为版权工作的首要政治任务，提高政治站位，加强政治建设，自觉对标看齐，切实履行职责。唱响主旋律，传播正能量，振奋精气神，要始终把导向要求体现在版权的创造、运用、管理和保护的各个环节、各个方面。二是要全面深刻领会和学习中央精神，做好新时代下的版权工作，认真研究新形势，贯彻新发展理念，充分发挥自身优势，秉承服务会员、服务版权事业的宗旨，广泛团结全国与版权相关的各行各业的学术界、产业界的广大代表，充分发挥联系政府和产业界的桥梁和纽带作用，始终坚持以人民为中心的工作导向，坚持守正创新，不断改进、创新工作内容与方法，强化服务意识，提高服务能力。三是要总结经验、发挥优势，在国家版权工作大局和版权强国建设中发挥积极的作用。要发挥好协会的各项职能，继续创新工作模式，在协会的“协”字上做好文章。特别是希望协会以此次换届为契机，不忘初心，牢记使命，扎实做好新时代版权各项工作，推进我国版权事业发展，为中华民族的伟大复兴贡献力量。

大会还审议通过了中国版权协会第五届理事会工作报告及财务报告，并对《中国版权协会章程》进行修改。阎晓宏在工作报告中表示，中国版权协会第五届理事会在任期内深入学习领会习近平新时代中国特色社会主义思想，坚决贯彻落实党中央、国务院提出的强化知识产权创造、运用、保护、管理和加快知识产权强国建设的战略部署，认真落实习近平总书记关于知识产权的重要论述，结合协会工作实际，秉承服务会员、服务版权事业的宗旨，坚持正确导向，不断改进、创新工作内容与方法，围绕国家版权工作大局，努力提高服务能力。

中国出版协会常务副理事长邬书林、中国期刊协会会长吴尚之等到会祝贺。邬书林在祝贺发言中表示，多年来，中国版权协会给予了中国出版协会和众多出版社很多版权方面的实际帮助，希望中国版权协会新一届理事会，在新的领导班子的带领下，开拓创新、锐意进取，以新担当新作为推动协会工作再上新台阶。

（资料来源：《中国新闻出版广电报》，作者：赖名芳）

【中国版权保护中心与阿里达成战略合作】 2019 年 12 月 27 日，阿里巴巴集团与中国版权保护中心正式签署战略合作协议，双方将致力于共同引领建构互联网版权“事前利益分享机制”和“纠纷快速处理机制”，在网络版权侵权治理、探索互联网版权商业化路径以及数字经济与贸易的版权规则研究等多个领域展开深度合作。阿里还将参与推动 DCI 标准的贯彻实施及 DCI 体系的建设应用，与中国版权保护中心携手推进互联网版权生态治理与创新发展。

阿里一直在探索版权保护，2019 年初，阿里图书版权保护计划被国家版权局评为“2018 年中国版权十件大事”；2019 年底，国家网信办官网发布“剑网 2019”专项行动十大案件，其中阿里打假特战队协助执法机关破获的江苏扬州马某予等特大偷拍盗录电影等 5 个案件入选，有力震慑了违法犯罪分子，进一步净化了院线电影版权生态。

近年来，随着电商、短视频、音乐等互联网产业的发展壮大，互联网版权保护面临新形势。为进一步净化网络版权环境，加速推进互联网版权治理体系和治理能力现代化，阿里巴巴将与中国版权保护中心加强信息共享，联手开展网络版权侵权行为治理，依法遏制、打击利用版权争议的恶意职业投诉举报行为。

为发挥中国版权保护中心职能作用和阿里的“知产保护科技大脑”等技术能力，双方将秉承共生、共治、共享的核心理念，以 DCI 体系建设应用为核心，有效形成线上线下一体化的互联网版权服务和纠纷化解机制。与此同时，双方还将合作探索共建互联网版权交易服务市场，通过阿里线上化服务机制，实现版权交易数字化、便利化、智能化。

“阿里是中国的互联网龙头企业，在我国互联网版权行业发展中也一直处于引领地位，尤其在探索版权保护和平台治理模式的创新实践方面也一直走在前列。”中国版权保护中心数字作品版权登记部（技术部）主任张建东表示，此次合作将促使版权公共服务与互联网产生深度融合，对落实党的十九届四中全会精神，以 DCI 体系为路径推进互联网版权治理体系与治理能力现代化，将是切实的实践探索和应用示范。

阿里巴巴集团知识产权保护总监李溪涵表示，中国版权保护中心是我国唯一的国家级版权公共服务机构，在推动国家版权战略实施、建设创新型国家等方面发挥着重要作用。此次合作达成后，双方将在互联网版权生态治理和创新发展领域展开深度研究，为中国和全球探索出一套数字经济时代行之有效的版权保护生态治理和发展模式。

（资料来源：中国知识产权资讯网，作者：窦新颖　纪昭瑢）

◆ 国际交流与合作

【中埃两国企业签署 12 部中国图书阿语版权协议】 2019 年 2 月 12 日，中国新华文轩出版传媒股份有限公司在埃及开罗与埃及舒鲁克出版集团签订了《三星堆——文明的侧脸》等 12 部中国图书的阿语版权协议，签约仪式在开罗中国文化中心举行。

中国驻埃及大使宋爱国在签约仪式上说，此次签约将促进中埃关系进一步发展。宋爱国还向与会嘉宾介绍新华文轩所在地四川省的发展情况，欢迎他们去四川参观。

埃及国家出版总局局长黑萨姆表示，埃中文化合作已取得很大成果，许多中文图书被翻译成阿语，不少阿语图书也被推广至中国。这次签约仪式对两国文化交流意义重大。

签约仪式后，新华文轩向开罗大学和艾因夏姆斯大学捐赠图书，方便埃及学者与青年人进一步了解中国。

（资料来源：新华网，作者：郑思远　何仁亿）

【中国公司与俄总统办公厅国家电影资料档案馆签署电影版权购买协议】 2019 年是中华人民共和

国成立70周年，也是中俄建交70周年。为纪念这一特殊年份，2019年2月21日，中文发国际影视（北京）有限公司与俄罗斯总统办公厅国家电影资料档案馆签署俄罗斯纪录片《中国人民的胜利》（1950年版）和《解放了的中国》（1950年版）的版权购买协议。

本次版权协议的签署，使中国影视制作方可将两部纪录片作为真实历史资料在国内拍摄有关开国大典故事片、纪录片中使用，并享有在全世界发行的版权。

俄罗斯总统办公厅国家电影资料档案馆馆长卡兰塔洛娃和中文发国际影视（北京）有限公司董事长伍洲分别签署协议。

出席当日签署仪式的还有俄罗斯著名制片人维塔利，中文发国际影视驻俄罗斯首席代表塔季扬妮娅，俄罗斯总统办公厅国家电影资料档案馆首席专家科丽科娃。

（资料来源：中国网，作者：辛闻）

【伦敦书展闭幕 中外出版交流结硕果】 2019年3月14日，为期三天的伦敦国际书展闭幕。书展期间，中国参展商签署大量版权交易协议，中国出版市场得到全球出版界高度关注，中外出版界的交流合作硕果累累。

从书展首日起，上百家中国出版机构参与的几大中国图书展台都格外忙碌，新书首发、签约仪式、座谈交流等各类活动亮点纷呈。

中国外文出版发行事业局（又称“中国国际出版集团”）此次展出图书600多种，其中外文图书占90%；其举办的“英国人眼中的中国”主题活动和中英互看主题图书精品书展成为伦敦书展首日一大亮点。该集团旗下的新星出版社还与英国哈珀·柯林斯出版社举行仪式，庆祝“英国侦探小说女王”阿加莎·克里斯蒂的85部作品简体中文版全集发布。

书展期间，外语教学与研究出版社和施普林格·自然集团共同举行了“中华思想文化术语研究丛书”（英文版）首批新书全球发布仪式。

中国财经出版传媒集团经济科学出版社与印度皇家柯林斯出版公司签署协议，将把“中国道路系列丛书”中的三本翻译成印地语。该集团副总经理吕萍说，这是经济科学出版社首次以小语种向“一带一路”沿线国家输出版权。

江苏凤凰出版传媒集团旗下的十多家出版公司此次携近千册图书参展，并举办向英国学校赠书、《符号江苏》分享会等活动。

（资料来源：新华网，
作者：张代蕾　梁希之　罗羽）

【2019中韩版权研讨会聚焦数字环境下交流与合作】 2019年6月4日，以“数字环境下中韩版权交流与合作”为主题的2019中韩版权研讨会在四川成都举行。会议由中国国家版权局和韩国文化体育观光部联合主办。

中宣部版权管理局局长于慈珂说，数字技术为版权保护和发展带来一系列新挑战，需要推动建立更加平衡有效的国际版权保护体系。目前，中国正在实施创新驱动发展战略和知识产权强国战略，在依法促进版权创造、运用、保护、管理和服务等方面开展了大量富有成效的工作；韩国也一直重视版权立法，尤其在网络版权立法、保护领域有着丰富的实践经验。此次研讨会，中韩两国政府和业界同人分享在数字环境下版权保护的新举措、新成果、新经验，从而相互学习、共谋发展、合作共赢。

韩国文化体育观光部著作权局负责人说，近年来，随着现代技术的迅猛发展，内容的生产、流通、消费环境也发生巨大变化。在这样的大背景下，中韩两国有必要审视目前面临的版权问题、法律制度发生的变化，以及双方在产业领域可以开展的合作等。中韩两国自2006年签署版权领域交流合作协议以来，每年举办研讨会，两国政府、产业界、学术界共同探讨携手发展的方案，相信未来两国版权产业将进一步向深入发展。

研讨会上，来自中韩两国企业、高校的嘉宾介绍了两国数字环境下版权保护的政策与实践，并就各自的实践案例进行了交流。

会议期间，中韩双方还进行了2019中韩版权政府间会谈，在政府层面交换版权立法、执法及产业发展最新进展，并签署了《中华人民共和国国家版权局与大韩民国文化体育观光部交流合作协议》补充协议，并赴成都国际版权交易中心、咪咕音乐有限公司调研。

（资料来源：《中国新闻出版广电报》，
作者：汤广花）

【中英版权研讨会在苏州举行】 2019年7月1日，中英版权研讨会在苏州举行。此次研讨会由中国国家版权局、英国知识产权局和英国驻华大使馆联合主办，会议聚焦新形势下国际版权交流合作，介绍研讨两国在网络版权保护、发展版权产业方面的举措和经验。

中宣部版权管理局局长于慈珂致辞时表示，信息网络技术为版权保护和运用带来许多新问题、新挑战，各国需要加强合作，推动建立更加平衡有效的国际版权保护体系。中国正在建设知识产权强国、实施严格保护版权的策略，英国在网络版权保护、发展创意产业方面有着丰富经验，双方可以相互学习借鉴。于慈珂说，中国一直坚定推进版权保护，愿同各国交流、分享版权制度发展和版权保护运用方面的信息、经验，希望通过本次会议进一步加强中英两国的版权交流合作。

英国知识产权局版权与知识产权执法司司长罗斯·林奇在致辞中强调创意产业对经济发展具有重要作用，保护创意内容的版权需要建立长效机制。她说，英国版权保护正朝着三个方向努力，首先是通过赋权以保证英国公司国际业务的顺利开展，其次是教育消费者尊重知识产权，最后是建立便捷、有效的权利争议解决机制。

本次研讨会期间还举行了每年一次的中英版权政府间会谈。中英两国自 2010 年中国国家版权局和英国知识产权局签署《版权战略合作备忘录》以来，版权交流与合作逐步深化。中英版权研讨会到 2019 年已经举办 6 届，成为中英两国版权交流的重要平台。

来自中英版权政府机构、相关国际组织、著作权集体管理组织以及学术界、产业界的百余名代表参加了研讨会。

（资料来源：《中国新闻出版广电报》，作者：张君成）

【中罗建交 70 年首次签署翻译出版协议】 2019 年 8 月 22 日，“中国—罗马尼亚图书互译出版项目”合作签约仪式在第 26 届北京国际图书博览会“中国—中东欧国家‘教育发展与出版创新’论坛”上举行。罗马尼亚是本届图博会的主宾国。

2019 年是中国与罗马尼亚建交 70 周年，“中罗图书互译出版项目”协议是中罗建交 70 年来两国第一次签署的翻译出版协议，中罗双方将通过互译图书奏响文化交流新乐章，继续增进两国文化互识、文明互鉴、民心相通。

论坛上，中国出版协会副理事长、国际出版商协会执行委员会委员李朋义与罗马尼亚出版商协会管理委员会委员、罗马尼亚 Nemira 出版社社长安娜·尼古拉乌签署“中罗图书互译出版项目”协议。北京外国语大学和外语教学与研究出版社将作为该项目中方实施单位。

（资料来源：《中国新闻出版广电报》，作者：张君成）

【第二十六届北京国际图书博览会闭幕】 2019 年 8 月 25 日，为期 5 天的第二十六届北京国际图书博览会暨第十七届北京国际图书节在中国国际展览中心（顺义新馆）落下帷幕。

据现场初步统计，本届图博会共达成中外版权贸易协议 5 996 项，同比增长 5.6%。其中，达成各类版权输出与合作出版意向和协议 3 840 项，同比增长 6.37%，达成引进意向和协议 2 156 项，同比增长 4.26%，引进输出比为 1∶1.78。图博会期间，共举办 1 186 场文化活动，同比增长 18.6%；共吸引专业观众近 17.5 万人次，同比增长 16.67%，总参观人数达 32 万人次。

本届图博会 1 600 多家海外展商来自 95 个国家和地区，比上年增加两个；国际展商占比超过 60%，实现参展国家和展商数量的同步增长。北京国际图书博览会继续巩固世界第二大图书博览会的地位。

（资料来源：《人民日报》，作者：张贺）

【中日版权研讨会在东京举行】 2019 年 9 月 10 日，2019 中日版权研讨会在日本东京举行。来自中日版权界的嘉宾围绕“数字时代中日版权发展现状及挑战”主题进行了充分交流与沟通，分享了在新一轮科技革命背景下开展版权保护的新举措，以及取得的新成果、新经验。

中国国家版权局版权管理局局长于慈珂表示，当前，以互联网、大数据、人工智能等为代表的新一轮科技革命和产业变革给版权保护和发展带来了一系列的挑战。为此，中国正在实施创新驱动发展战略和知识产权强国战略，在版权保护领域开展了大量富有成效的工作，包括修改完善现行《著作权法》、持续开展“剑网”专项行动等。如何在数字环境下加强版权的创造、保护、运用，是国际版权界普遍关注的焦点。希望与日本同行们通过深入的交流和探讨，分享中日在数字环境下版权保护的新举措、新成果，促进两国版权合作新发展。日本文化厅审议官森孝之说，自 2002 年日中版权战略合作备忘录签署以来，双方一直保持着良好的沟通，特别是通过版权研讨会交流平台互通互鉴，更为业界提供了集版权纠纷解决、版权贸易平台搭建等内容于一体的综合服务机制，对促进日中经济、科技和文化繁荣发挥了积极作用。

中国版权代表团在日期间，还与日本文化厅举行了政府间工作会谈，走访了 King Records 株式会社、吉卜力工作室、森泽株式会社、读卖电视放送株式会社等版权相关部门和企业，调研了网络音乐版权保护、电影版权运营保护、媒体融合版权保护及字体版权保护情况等，就进一步深化版权合作达成了更多共识。

（资料来源：《中国新闻出版广电报》，作者：赖名芳）

【中欧数字环境下版权保护研讨会举行】 2019年9月24—25日，由中国国家版权局与欧盟委员会 IP Key 中国项目联合主办的中欧数字环境下版权保护研讨会在上海举行。来自中欧版权界的嘉宾就数字环境下中欧版权保护最新进展及国际版权热点焦点等议题进行了充分交流与沟通，分享了在新一轮科技革命背景下开展版权保护的新举措、新成果和新经验。

中国国家版权局版权管理局局长于慈珂表示，数字技术为版权保护和发展带来一系列新挑战，需要推动建立更加平衡有效的国际版权保护体系。目前，中国正在实施创新驱动发展战略和知识产权强国战略。据统计，2017年中国版权产业行业增加值超过6万亿元人民币，占全国GDP的7.35%。2018年中国网络版权产业规模达7 423亿元人民币，同比增长16.6%。这表明中国推进版权保护和发展的态度一直是明确和坚定的，在不断适应新技术条件，解决数字环境带来的新型版权问题后，网络版权产业将会有更快更好的发展。

欧洲联盟驻华代表团知识产权参赞何林豪表示，近年来，随着现代技术的迅猛发展，内容的生产、流通、消费环境也发生着巨大变化。在此背景下，中欧需要加强协作，用新的方式特别是采用一些数字化的方式进行版权保护。

（资料来源：《中国新闻出版广电报》，作者：王玉颖）

【VFine Music 与日本音乐版权交易平台 Audiostock 达成战略合作】 2019年9月26日，国内音乐版权发行平台 VFine Music（北京音未文化传媒有限责任公司）宣布与日本最大音乐版权交易平台 Audiostock 达成战略合作，双方将置换曲库资源，围绕彼此在两国市场的拓展，开展授权、采买、定制等发行业务，以及监控、分析、维权等管理业务。

VFine Music 已与50个国家和地区的3 000位音乐人和版权方合作，拥有超50万首音乐版权，累计为3 000多家机构和品牌提供超17万次音乐授权服务，并与腾讯广告、字节跳动、京东等企业建立长期合作关系。Audiostock 拥有日本最大商用曲库，平台收录超19万首（种）正版歌曲和音效，覆盖流行、摇滚、电子等风格，其中日系和风、动漫音乐、人声旁白资源在全球范围具有领先地位，版权业务开展5年以来，不断为企业、制作人提供优质商用音乐服务。

此次合作，双方在保障音乐人权益、规范音乐市场和推动两国音乐文化交流方面达成共识，置换曲库资源，通过彼此在本国市场标准化、精细化运营能力，协助彼此打开市场，未来双方将继续深化版权合作，不断扩充音乐资源，探索更多合作可能性。

（资料来源：中国知识产权资讯网，作者：侯伟）

【第71届法兰克福书展闭幕】 2019年10月20日，第71届法兰克福书展在德国法兰克福会展中心落下帷幕。本届书展自10月16日开幕，共有来自全球104个国家和地区的7 400多家参展商参展，吸引观众超过30万人次，创下新高。书展上，百余家中国出版商参展，举办一系列图书首发式、中外出版机构签约仪式，以及与中国图书相关的文化活动。

10月16日，由中国图书进出口（集团）总公司举办的“中国故事”系列图书多语种版权签约仪式暨中国企业家系列图书 *Work Is Life* 英文版新书推介活动在德国法兰克福国际书展的中国展台举行。中图公司副总经理林丽颖与黎巴嫩数字未来出版公司和匈牙利乔鹏出版公司的代表分别签署《我的中国故事》阿拉伯文版和《马桥词典》匈牙利文版版权协议。

中国外文局携所属外文出版社、新世界出版社、华语教学出版社、新星出版社、中国画报出版社和朝华出版社参加书展。外文局以“阅读中国”为主题，共展出图书近千种，涉及英文、德文、西文、法文、俄文、意大利文、日文、韩文等30多个文种，其中外文图书659种，占图书总量的86%；重点展示了《习近平谈治国理政》、《摆脱贫困》、《之江新语》、《中国关键词·治国理政篇》、《共和国七十年》、“读懂中国”系列、“大美中国”丛书和“人民中国”丛书等多语种图书，内容涵盖当代中国、中国文化、中国文学、汉语教学和少儿图书等领域，全方位、多角度、全景式地向世界介绍中国。

（年鉴编辑部综合）

【我国与“一带一路”相关国家版权贸易协议 3 年增长 86.5%】 2019 年 10 月 23 日，《“一带一路”国际出版合作发展报告（第一卷）》出版座谈会在北京召开。《报告》显示，我国与“一带一路”相关国家签订的版权贸易协议从 2016 年的 3 808 项增加到 2018 年的 7 100 余项，增幅达 86.5%，对相关国家的版权输出数量占版权输出总量的比例由 41%提高到 55%，“一带一路”相关国家成我国国际出版合作新热点。

《报告》显示，2018 年，我国有 224 个出版行业机构与 83 个“一带一路”相关国家的 200 余个机构签署了版权输出协议，涉及语种 50 多个。同时有 168 个国内机构与 53 个相关国家的 130 多个机构签署版权引进协议，国内机构遍布全国 29 个省级行政地区。

（资料来源：《中国新闻出版广电报》，作者：张贺）

【第十二届福建厦门国际动漫节达成国际版权合作意向 120 多项】 2019 年 11 月 15—17 日，第十二届厦门国际动漫节在厦门举办，为厦门动漫游戏产业注入了蓬勃动力。

动漫节期间，“金海豚奖”动画作品大赛、游戏开发大赛、衍生品开发大赛等赛事发掘原创力量；“一带一路”（厦门）动漫游戏产业发展峰会、东盟动漫游戏产业论坛及对接会助推企业“引进来、走出去”；国际版权交易对洽会促进供需双方交流合作。

在本届动漫节上，共有 20 个招商项目举行合作签约，促成境内外企业与厦门动漫企业对接意向项目 18 个，达成国际版权合作意向 120 多项。

本届“金海豚奖”覆盖 54 个国家和地区，动漫节现场活动吸引 18 个国家和地区近 500 家企业参与。在东盟动漫游戏产业论坛及对接会上，来自新加坡、印尼、越南等国家的动漫龙头企业高管、相关行业政府部门、协会，与我国动漫企业面对面交流对接，共筑动漫游戏产业双向交流平台。

（资料来源：《海西晨报》，作者：白若雪　项日易　陈晓丹　陈小斌）

【2019 中国上海国际童书展达成中外版权贸易协议约 1 500 项】 2019 年 11 月 17 日，由上海市新闻出版局、中国教育出版传媒集团有限公司、环球新闻出版发展有限公司共同主办，以“与世界和未来在一起”为主题的 2019 中国上海国际童书展落下帷幕。16 000 多位专业观众和 35 000 余位大众读者参与或观摩了童书展。

中国上海国际童书展是亚太地区唯一的童书出版文化全产业链的国际展会平台，本届童书展是与意大利博洛尼亚童书展主办方博洛尼亚展览集团开展战略合作共同主办的第二届。

据现场初步统计，本届童书展共达成中外版权贸易协议约 1 500 项，中国少年儿童新闻出版总社与西班牙、俄罗斯、日本等国家和地区的出版社达成版权输出意向 96 项。如“中少阳光图书馆”系列原创图画书受到多国出版商青睐，实现多语种输出；“乐悠悠成长小绘本”在英、蒙等语种输出后，又实现马来语等的输出。

（资料来源：解放网，作者：徐颖）

【“一带一路”版权国际论坛在成都举行】 2019 年 12 月 2—4 日，由中国国家版权局、世界知识产权组织（WIPO）主办的“一带一路”版权国际论坛在成都举行。近 200 名中外嘉宾聚焦数字经济下版权与创意产业新挑战和新机遇等问题，就数字环境下版权制度变革、版权运用管理、促进产业发展等进行经验交流、思想碰撞。

世界知识产权组织副总干事福尔班表示，中国政府采取多种创新性举措应对数字技术带来的变化和挑战，不仅建立健全国家版权制度框架，在执法领域成效亦很显著，还支持成立了中国数字版权产业联盟等民间组织，这些措施为“一带一路”沿线国家版权保护提供了更多的“中国经验”和“中国智慧”。

福尔班还透露，截至目前已有 29 个国家批准或加入了《视听表演北京条约》。根据规定，条约再有一个国家批准或加入即可生效，她盼望这个具有里程碑意义的国际版权条约尽早生效，为数字环境下视听表演者的权利提供全面保护。

“推进‘一带一路’版权合作，促进创意产业发展，营造尊重知识价值的营商环境，实现共同繁荣，是深化国际交流合作、构建人类命运共同体的应有之义和重要举措。”中宣部版权管理局局长于慈珂说。

于慈珂表示，保护版权是包括中国在内的所有国家的共同心愿和重要任务，我们将一如既往地践行国际义务，履行自身承诺，也愿与世界各国一道，交流互鉴、增进合作、共谋发展、互利共赢，共同推动构建国际版权保护治理新格局，促进“一带一路”沿线国家版权事业发展和文化经济繁荣。

中宣部版权管理局副局长赵秀玲介绍了中国为应对新技术挑战在加大版权保护力度、强化互联网版权治理、打击网络侵权盗版等方面采取的一系列举措和取得的成绩，同时也分享了中国在互联网环境下进一步完善版权立法、强化版权行政管理、推动版权产业发展方面的经验做法。

作为集体管理组织代表，澳大利亚表演权协会国际部负责人斯科特·莫里斯认为，现在整个版权产业收入结构已经发生根本性的变化。一方面，广播、电视、报纸、图书等传统产业来源收入正在下降；另一方面，数字多媒体、流媒体等移动媒体叠加产生的收入在不断增加，著作权集体管理组织为产业服务的重心也从传统媒体向搜索引擎、数字服务、社交服务等转换。这种变化更加需要著作权集体管理组织为权利人、传播者和使用者提供有效的服务。

（资料来源：《中国新闻出版广电报》，作者：赖名芳）

◆ 产业发展

【阅文集团发布网络文学发展报告】 2019 年 2 月 18 日，阅文集团发布《2018 网络文学发展报告》。《报告》显示，曾被预测将成为全球最大消费群体的“95 后”用户，正在加速“占领”网络文学领域。

《报告》指出，已有多年发展历史的网络文学正不断进化和迭代，在各个维度均展现出全新的面貌特征，其中新生代的崛起和粉丝价值的凸显更促使行业产生内生式的升级和变革。统计数据显示，截至 2018 年 6 月，网络文学用户规模超 4 亿，占网民总量 50%以上。年轻化成为网络文学发展重要趋势。2018 年“95 后”网文用户规模同比提升近 20%，付费用户规模同比提升近 15%。

（资料来源：《中国新闻出版广电报》，作者：孙海悦）

【《中国互联网络发展状况统计报告》出炉】 2019 年 2 月 28 日，第 43 次《中国互联网络发展状况统计报告》（以下简称《报告》）在北京发布，报告围绕互联网应用发展的基础资源、网民规模及属性、个人应用发展等，通过全景式的数据展现，反映了 2018 年中国互联网发展的整体状况。

《报告》显示，2018 年全年新增网民 5 653 万，网民总数达到 8.29 亿，网民人均周上网时长为 27.6 小时，较 2017 年底提高 0.6 个小时。截至 2018 年 12 月，我国 IPv6 的地址数量为 41 079 块/32，相比 2017 年底增长了 75.3%；域名总数为 3 792.8 万个，比 2017 年底减少了 1.4%。

（资料来源：《科技日报》，作者：崔爽）

【太合音乐强化互联网音乐版权运营】 2019 年 2 月 28 日，太合音乐集团与联通沃音乐文化有限公司在北京签署战略合作协议，共同对外宣布达成战略合作，正式成为战略合作伙伴关系。双方将在共建互联网音乐运营及推广的合作上，各自整合资源优势，在内容提升、版权曲库、运营推广、产品研发、大数据应用、音乐人服务等诸多方面进行全面拓展，共同推动华语音乐及互联网数字音乐的消费市场转型升级。

音乐服务机构太合音乐集团旗下拥有太合麦田、海蝶音乐、大石版权、亚神音乐、兵马司唱片等众多音乐厂牌及千千音乐、秀动网、Owhat、Lava 熔岩音乐等音乐交互服务平台，贯穿音乐产业上下游，且与众多知名艺人达成深度合作，通过“自有+代理”的方式建构海量版权曲库，在内容生产与版权运营的专业度、创新性、国际化、资源池等方面均具有优势，为全球用户提供多方位、高品质、多层次、跨平台的音乐内容、服务和体验。联通沃音乐文化有限公司是中国联通全国性音乐及文化业务基地，直接面向全国 3 亿联通用户和 7 000 万固网用户。目前，沃音乐正在全力打造新声音、新音乐、新知识、新科技四大产品线，即将推出“中国梦·新声音”计划，共建沃音乐声音库，搭建更高品质、更全品类的在线学习平台，构建智能语音实验室，争做新文创产业的创新领跑者。双方达成战略合作后，太合音乐集团在版权运营业务方面将运用其庞大的曲库资源，充分挖掘音乐版权、艺人活动等在运营商领域的价值；而联通沃音乐也将依托其旗下彩铃、沃音乐俱乐部、Wo+音乐、沃家智能等产品与服务，继续深耕在线音乐运营商领域，并借助此次合作打通版权互通模式，实现音乐内容资源相互结合，让更多用户了解、获得喜爱的数字音乐，从而有效推进整体音乐市场。

（资料来源：《中国知识产权报》，作者：侯伟）

【欢聚时代吞并海外直播 剥离在线游戏】 2019 年 3 月 5 日，欢聚时代收购了海外直播 BIGO 余下约68.3%股份，其中包括欢聚时代董事长兼代理CEO李学凌持有的BIGO股份，交易总额约14.5亿美元。交易完成后，BIGO将成为欢聚时代的全资业务板块。BIGO与虎牙直播同为欢聚时代的直播业务，不过BIGO专注于海外市场，旗下拥有海外直播平台BIGO LIVE和短视频制作分享平台Like。公开信息显示，BIGO已经累计完成4.52亿美元融资，在2018年6月完成的D轮融资后，欢聚时代成为BIGO的最大股东。

除了"收回"海外业务，欢聚时代还在剥离非主营业务。3月5日，欢聚时代还宣布近期与上海创思达成战略协议。根据协议，欢聚时代将在线游戏业务注入上海创思，并获得上海创思30%的股权。上海创思的主要业务为游戏运营平台9377游戏。欢聚时代方面透露，在2018年四季度，在线游戏业务贡献YY Live业务部分不到3%的收入，在交易完成后，在线游戏业务相关的全部收益将不再并入集团报表。

同日，虎牙直播也发布财报。2018年四季度虎牙直播营收15.049亿元，同比增长103.1%，非美国通用会计准则下净利润1.669亿元，同比增长486.8%。按此计算，虎牙直播2018年总营收同比增长113.4%至46.634亿元，净利润4.609亿元。

（资料来源：《北京商报》，作者：魏蔚）

【腾讯发布2018年业绩报告：全年收入3 126.94亿元人民币】 2019年3月21日，腾讯控股有限公司在香港发布了2018年全年及第四季度业绩报告。数据显示，2018年腾讯全年收入3 126.94亿元，同比增长32%；净利润787.19亿元，同比增长10%；每股基本盈利8.34元，同比增长10%。

相比2017年，腾讯2018年全年和第四季度收入和净利润增速下滑。数据显示，2017年腾讯全年收入2 377.60亿元，同比增长56%；净利润715.10亿元，同比增长74%。

腾讯业绩报告显示，2018年第四季度腾讯收入848.96亿元，同比增长28%；净利润142.29亿元，同比下降32%；网络游戏收入241.99亿元，同比下降6%。

2018年，腾讯的智能手机游戏业务录得778亿元的收入，同比增长24%；个人电脑客户端游戏业务录得约506亿元的收入，同比下降8%，原因是用户继续将时间转至手机游戏。

腾讯董事会主席马化腾表示，腾讯已扩大在全球的手机游戏发行业务，并扩展了在中国的数字内容实力。腾讯增强了移动支付领域的领先地位，并丰富了金融科技服务的产品。

腾讯在2018年的日均总支付交易量超过10亿次。微信支付目前可在中国内地以外的49个市场使用，支持16种货币的跨境支付交易。

腾讯2018年收入增长主要是受金融科技服务、社交及视频广告、数字内容订购及销售的推动。腾讯网络广告业务录得581亿元的收入，同比增长44%；在微信朋友圈、小程序、QQ看点及移动广告联盟的推动下，社交及其他广告收入全年同比增长55%至398亿元。

截至2018年底，微信及WeChat的合并月活跃账户数增至约10.98亿，同比增长11%。每天平均有超过7.5亿微信用户阅读朋友圈的发帖。

（资料来源：新华网，作者：李滨彬　胡林果）

【2018年中国艺术品市场交易额128亿美元】 2019年3月，巴塞尔艺术展和瑞士银行联合发布了2018年全球艺术品市场的研究报告。报告显示，全球艺术品市场在2018年的交易额达674亿美元，仅次于2014年的682亿美元，比2017年增长了6%。报告认为，全球艺术品市场仍然处在一个相对活跃的周期中。

2018年中国艺术品市场的交易额为128亿美元，占全球艺术品市场的份额为19%；英国的年度艺术交易额为141亿美元，占全球艺术品市场份额的21%；美国2018年艺术品市场的交易额达到297亿美元，占全球市场的份额达44%。

仅从拍卖市场来看，中国目前是全球成交额第二大的艺术品拍卖市场。2018年全球艺术品拍卖市场交易额为291亿美元，而中国艺术品拍卖市场的交易额为85亿美元，占全球拍卖市场的29%，美国艺术品拍卖市场的交易额为116亿美元，占全球拍卖市场的40%。

另外，报告显示，尽管全球艺术品市场总销售额增加了6%，但仍有57%的艺术品经销商在2018年面临销售业绩下滑的窘境。过去10年间，艺术品销售额增长了9%，而艺术品销售数量却减少了9%。2018年，不到5%的艺术品经销商的销售额占到了该行业总销售额的50%。

从最近几场重量级拍卖会的情况来看，艺术品作为一种重要的投资品种，已经日益为各方接受。尤其是一些具有很高的艺术价值、历史价值和审美价值的稀缺性艺术品，足以支撑其成为一种重要的资产类型。

从往年拍卖市场的成交情况来看，能够购买亿元以上的艺术品的购买者，有些是对艺术品感兴趣的顶级富豪，有些是拥有丰富收藏经验的大藏家，或者是一些大的企业集团，还有一些是资金实力雄厚的艺术品基金管理人。

艺术品一旦作为企业行为购买，便属于企业的固定资产。在企业遇到资金困难的时候艺术品能很好地体现出其资产属性。当年雷曼兄弟公司倒闭之后曾拍卖了公司收藏的艺术品以弥补亏空。2018 年 A 股市场中还出现过“一幅画救了一家上市公司”的传闻。

无论真相如何，国内不少企业集团的确钟爱艺术品投资，比较有名的如新疆的广汇集团、大连的万达集团等，都有自己的收藏甚至是专门的美术馆。

另外，手握大量资金的艺术品基金管理人也在艺术品拍卖市场上较为活跃，如民生银行在艺术品投资基金方面起步较早，有多只产品运作较为成功。艺术品基金管理人主要靠买进与卖出的差价来获取投资收益，因而资金运作周期往往较长。

我国银行和信托公司开展艺术品资产配置和管理业务起步较晚，发展中存在不少瓶颈问题，潜在的艺术品投资群体也有待发掘。但艺术品投资高额的回报率让其在投资品种中独树一帜，对不少人来说具有很强的吸引力。2018 年纽约佳士得拍卖公司拍卖了佩吉及大卫·洛克菲勒夫妇收藏的 1 550 件艺术品，成交总额高达 8.3 亿美元，这比他们当初购买这些艺术品时的价格高出了百倍以上。

从近期艺术品市场表现来看，艺术品投资又出现升温迹象，尤其是一些艺术精品，在拍卖市场中显示出了较高的抗风险性，为投资者青睐。

（资料来源：《经济日报》，作者：陆敏）

【《全球音乐报告 2019》发布 中国音乐市场跃升全球第 7 位】 2019 年 4 月 2 日，国际唱片业协会（IFPI）发布了《全球音乐报告 2019》（以下简称《报告》）。《报告》显示，2018 年，全球录制音乐市场同比增长 9.7%，行业总收入达到 191 亿美元。其中，流媒体整体收入同比增长 34%，占全球录制音乐总收入的近一半份额。中国音乐市场呈现持续增长态势，继 2017 年首次跻身全球第 10 位，2018 年再次跃升至第 7 位。

根据《报告》，截至 2018 年底，付费流媒体服务用户数达到 2.55 亿，推动付费流媒体收入在录制音乐总收入中的占比达到 37%，流媒体整体收入占录制音乐总收入的 47%。流媒体收入的增长抵消了实体收入下滑 10.1%以及下载收入下滑 21.2%的影响。值得注意的是，流媒体作为数字音乐的其中一种形式，受其涨劲强势的带动，录制音乐数字收入整体增长了 21.1%，达到 112 亿美元，是有史以来首次突破 100 亿美元大关。

此外，唱片公司的投资、创新和合作伙伴关系帮助艺人接触到世界各地的粉丝，同时也推动了高潜力市场的动态增长。其中，拉丁美洲连续四年成为实体收入和数字收入总和增长最快的地区，亚洲和澳大拉西亚地区则位居第二。IFPI 首席执行官弗朗西斯·摩尔在全球电话会议中表示：“唱片公司将继续对成熟市场以及发展中地区的艺人、从业人员进行创新方面的投资，作为当今全球音乐格局的重要组成部分，这些地区将获得更多利好。”

弗朗西斯·摩尔同时提到，随着音乐市场的不断进步与发展，必须要建立起适当的法律和商业基础设施，以确保音乐价值得到公平体现，权利人获得公平回报后才能更好地投身于下一个创作周期。她表示：“我们致力于让音乐版权在世界范围内得到认可和尊重，我们致力于建立公平的竞争环境以方便音乐创作者就合理的授权条款进行谈判。总之，我们要努力确保音乐这种激动人心的全球化进程得以持续发展。”

（资料来源：中国知识产权资讯网，作者：李杨芳）

【湖南卫视原创节目模式输出北美】 2019 年 4 月 7 日，在法国举办的春季戛纳电视节上，湖南卫视励志声乐竞演节目《声入人心》举办了全球鉴赏大会，并宣布该节目原创模式签约美国一家制作公司，发行北美地区。

在过去一年时间内，湖南卫视已连续向海外市场发行 3 档原创模式。此前，美国独立制作公司 Smart Dog Media 于 2018 年底与湖南卫视签下了《摇啊笑啊桥》；2019 年初，英国模式投资、制作及发行公司 The Story Lab 与湖南卫视就《声临其境》达成国际版开发与发行合作。

湖南卫视总监丁诚介绍说，《声入人心》是湖南卫视原创的一档声乐竞演类节目，集结了 36 位出自专业院校的美声歌手，以流行元素与高雅音乐相结合的方式进行音乐选秀，该节目第一季已取得较高收视率及良好口碑。

同时，湖南卫视还与娱乐经纪公司 CAA 达成全方位战略资源合作意向，CAA 将成为湖南卫视在北美地区内容研发、制作和发行的首席合作伙伴。

（资料来源：《中国新闻出版广电报》，作者：杨雯）

【国家电影局出台措施支持港澳电影业在内地进一步发展】 2019 年 4 月 16 日，国家电影局出台措施进一步推动内地与港澳电影产业的共同发展，措施内容包括：港澳人士参与内地电影制作不做数量限制，对内地与港澳合拍片在演员比例、内地元素上不做限制，取消收取内地与港澳合拍片立项申报费用，港澳电影和电影工作者可报名参评华表奖、金鸡百花奖等内地电影奖项，港澳企业在港澳台地区和境外发行推广优秀国产影片可申请奖励。有关措施将纳入内地与香港、澳门《关于建立更紧密经贸关系的安排》（CEPA）框架下实施。

（资料来源：新华网）

【抖音与六大影视公司达成战略合作共同推出“视界计划”】 2019 年 4 月 19 日，抖音与安乐影片、万达影视、光线影业、阿里影业、新丽电影、英皇电影 6 家影视公司达成战略合作，共同推出“视界计划”。未来，抖音与影视公司将共同通过双屏联动、品牌蓄势、宣发资源合作、音乐赋能四个方面加强合作。

由毕赣执导，汤唯、黄觉主演的《地球最后的夜晚》预售票房破亿元，创造国产文艺片预售票房新纪录，跻身国内影史预售前八，首映票房更是突破 2 亿元。这一成绩与在抖音上的宣传息息相关。此外，《疯狂的外星人》《悲伤逆流成河》《流浪地球》等电影也都选择在抖音进行宣发，抖音已经成为目前影视宣发主要阵地。

如今，短视频已经成为人们惯用的接收信息和表达自我的重要方式。《2018 中国网络视听发展研究报告》显示，截至 2018 年 6 月，我国短视频用户规模为 5.94 亿，占网络视频用户的 97.5%；预计全年行业的市场规模将超 118 亿元，同比增长 106%，在整个视频内容行业市场规模中的占比迅速扩张。

“抖音的 slogan 是记录美好生活，而与电影的合作，给了抖音用电影记录美好生活的衍生诠释。”抖音市场总经理支颖说，同为视频的表现形态，电影天然适合在抖音上进行传播。

“从门户网站到移动端图文再到移动端短视频，随着高清大屏手机的普及，任何人只要拿起手机打开 APP，很短的时间，就能拍出一条不错的内容。同时，移动网络的建设和流量资费的下降，也让用户可以随时随地拿起自己的手机看视频。”在支颖看来，每个用户既可以成为电影信息的消费者，也可以成为电影的推广者，填补了传统电影宣发中创作者和消费者之间的鸿沟。

字节跳动副总裁赵添表示，抖音将与各公司以“视界计划”为起点，将电影从前期筹备、内容植入、数据分析、热点营销等多个方向进行整合，“在未来一年共同推出不少于 40 部绑定合作影片，针对不同类型的作品，实现电影在抖音上的精准化营销”。

（资料来源：新华网，作者：周润健）

【因出售新丽传媒股份 光线传媒 2018 年净利润同比增长逾六成】 2019 年 4 月 22 日，光线传媒发布年报，2018 年实现净利润 13.7 亿元，同比增长 68.47%。

报告期内，光线传媒实现营业总收入 14.9 亿元，比上年同期减少 19%，主要原因是公司本年度不再合并视频直播业务，本报告期较上年同期减少了视频直播业务收入。归属于上市公司股东的净利润的大幅增长，主要原因是公司于报告期内出售所持有的新丽传媒股份有限公司的股份，取得了良好的投资回报，有效补充了公司的现金流。

报告期内，光线传媒参与投资、发行并计入 2018 年度票房收入的影片共 15 部，影片数量与上年持平，质量明显提升，总票房为 73.8 亿元，较上年同期大幅上涨。影视剧收入前五名分别为《一出好戏》《超时空同居》《新笑傲江湖》《悲伤逆流成河》《动物世界》。其中，《超时空同居》《一出好戏》均获得了口碑和票房的双丰收。同时，公司储备了大量题材多样、类型多元的优质电影项目，部分项目已完成后期制作，将于 2019 年上映。

与此同时，光线传媒投资了蓝白红影业及大千阳光等优质公司，能够有效整合内容行业的上下游资源、完善公司产业布局。此外，光线传媒的参股公司 Maoyan Entertainment 在报告期内筹划于香港上市事宜，其已于 2019 年 2 月 4 日顺利登陆联交所。

（资料来源：《北京商报》，作者：卢扬　杨海丹）

【2017 年中国版权产业行业增加值超 6 万亿元】 2019 年 4 月 26 日，《2017 年中国版权产业的经济贡献调研报告》在京发布。根据调研，2017 年中国版权产业的行业增加值为 60 810.92 亿元人民币，占全国 GDP 的 7.35%；城镇单位就业人数为

1 673.45 万人，占全国城镇单位就业总人数的 9.48%；商品出口额为 2 647.73 亿美元，占全国商品出口总额的 11.70%。

《报告》显示，2017 年中国核心版权产业保持良好发展态势，行业增加值为 38 155.90 亿元人民币，占全部版权产业的 62.7%，占比继续增大；2017 年中国核心版权产业的城镇单位就业人数为 914.98 万人，占全部版权产业的 54.7%；2017 年中国核心版权产业的商品出口额为 45.64 亿美元，占全部版权产业的 1.7%。

《报告》显示，党的十八大以来，党中央、国务院高度重视版权工作，印发了《"十三五"国家知识产权保护和运用规划》等文件。为贯彻落实文件的精神，2017 年国家版权局印发了《版权工作"十三五"规划》，对"十三五"时期版权工作进行了全面部署，通过坚持体制机制创新，不断健全版权监管体系，开展"剑网"行动等专项治理，完善著作权登记工作，深入推进版权宣传培训和版权示范建设工作，培育版权交易服务平台，使版权保护力度不断加大，版权社会服务水平明显提升，社会公众的版权意识得到显著提高，这些措施有力地推动了版权产业的健康发展。

（资料来源：《中国新闻出版广电报》，作者：赵新乐）

【《北京市超高清视频产业发展行动计划（2019—2022 年）》发布】 2019 年 5 月 22 日，北京市广播电视局与北京市经济和信息化局联合发布《北京市超高清视频产业发展行动计划（2019—2022 年）》，从五个方面重点发力，助推超高清视频产业集群建设。一是突破关键核心技术，带动产品产业化应用。二是支持协同创新平台体系建设。三是建成国内领先的播出平台和传输网络。四是打造国内领先的超高清视频产业集群。五是开展典型试点示范。

（资料来源：北京市广播电视局）

【《2019 中国网络视听发展研究报告》在成都发布】 2019 年 5 月 27 日，中国网络视听节目服务协会在四川省成都市发布《2019 中国网络视听发展研究报告》。《报告》显示，截至 2018 年 12 月，中国短视频用户规模达 6.48 亿，短视频用户使用时长占总上网时长的 11.4%，成为仅次于即时通信的第二大应用类型，短视频持续"领跑"中国网络视听市场。

截至 2018 年 12 月，中国网民规模达 8.29 亿，全年新增网民 5 653 万，其中网络视频（含短视频）用户规模达 7.25 亿，占网民总数的 87.5%。短视频用户、网络直播用户、网络音频用户规模分别为 6.48 亿、3.97 亿、3.01 亿。

近两年，短视频行业用户规模和使用市场呈现爆发式增长态势。2018 年下半年，中国新增短视频用户 5 395 万，用户规模增长率为 8.3%。《报告》指出，随着短视频市场逐步成熟，内容生产的专业度和垂直度加深，同质化内容已无法立足，优秀内容成为各平台的核心竞争力。未来，短视频作为一种信息载体和信息传播方式，将与多领域交叉渗透、融合发展。

目前网络视频及其衍生产品已经成为整个网络娱乐产业内容消费领域核心支柱，产业进入快速发展期。《报告》显示，2018 年整个视频内容行业的市场规模为 1 871.3 亿元，同比增长 52.8%。其中，短视频市场增速最快，从 2017 年的 55.3 亿元增长到 467.1 亿元，同比增长 744.7%。

《报告》还指出，随着视频内容产业生态圈的形成，用户娱乐方式愈加多样化，活跃用户数量、用户使用市场以及用户 ARPU（每用户平均收入）值均得到进一步提升。未来，整体视频内容行业规模仍将保持平稳增长，随着 5G 技术的发展，网络视听行业还将迎来历史性、突破性的发展机遇。

（资料来源：中国新闻网，作者：岳依桐）

【阿里影业发布 2019 财年业绩报告】 2019 年 5 月 28 日，阿里巴巴影业集团（以下简称"阿里影业"）发布截至 2019 年 3 月 31 日的前 12 个月财务业绩。财报显示，报告期内其总营收达到 30.34 亿元，较上年同期的 27.75 亿元增长 9%；净亏损收窄至 2.54 亿元，同比减少 80%。其中，公司的互联网宣发业务板块在报告期内获得收入 24.64 亿元，较上年同期增长 13%，首次实现全年盈利；综合开发业务收入 1.11 亿元，增长率为 174%；内容制作业务收入 4.59 亿元。

在 2019 财年，阿里影业完善了包括观影票务平台淘票票、数字宣发平台"灯塔"以及影院数字化管理平台凤凰云智等在内的宣发体系，分别面向用户、片方和影院。其中，"灯塔"旨在为内容方提供数据、策略、渠道及解决方案，提升电影宣发效率。自上线以来，"灯塔"服务电影项目 171 个，连接用户规模 6.5 亿。

在内容制作业务方面，阿里影业在 2019 财年出品（联合出品）及发行的电影总票房接近 200 亿元，其中多部电影票房超过 10 亿元。据介绍，本财年处于阿里影业的内容策略调整期，一方面消化掉了历史项目，另一方面也为新财年进行项目储备。阿里影业 CFO 孟钧表示，2019 财年，阿里影业主营业务在稳定增长的基础上开始为公司贡献利润和现金流，这也为下一步新的内容和衍生业务布局做好了准备。

（资料来源：《中国文化报》，作者：李雨潇）

【2018 年国家音乐产业基地（园区）总资产 235 亿元】 2019 年 5 月 30 日，中国音像与数字出版协会音乐产业促进工作委员会在京发布《2019 中国音乐产业发展报告——音乐产业集聚区发展专题报告》。

《报告》显示，2018 年国家音乐产业基地（园区）资产合计 235 亿元，较 2017 年增长 5.04%。2018 年国家音乐产业基地（园区）营业收入总额 103 亿元，较 2017 年下降 0.33%。2018 年国家音乐产业基地（园区）利润总额 14 亿元，较 2017 年增长 40.95%。2018 年国家音乐产业基地（园区）企业总数为 1 143 个，其中与音乐产业相关的企业 454 个，占入驻企业总数的 39.72%。2018 年国家音乐产业基地（园区）的从业人员总数是 26 216 人，与音乐产业相关的从业人员是 11 254 人，占总从业人数的 42.93%。研究显示，国家音乐产业基地（园区）具备一定的资源和政策优势，有效推动了中国音乐产业发展。

《报告》指出，当前，国内一批以音乐为主要发展内容的音乐小镇正悄然兴起，音乐小镇的创建、定位与发展，成为备受关注的话题。新时期，音乐小镇的建设仍需密切关注和处理好投入与效益、特色与本色、绿色与生态的关系。

（资料来源：《中国新闻出版广电报》，作者：孙海悦）

【阅文集团与传音控股达成战略合作 共同开发非洲在线阅读市场】 2019 年 6 月 11 日，阅文集团宣布，该公司与智能终端产品和移动互联服务提供商深圳传音控股有限公司（以下简称“传音控股”）达成战略合作，将共同开拓及发展非洲在线阅读市场。

经过多年的发展，传音控股已成为全球新兴市场手机行业的中坚力量，旗下拥有知名手机品牌 TECNO、itel 和 Infinix。根据 IDC 统计数据，2018 年传音控股旗下各品牌手机在非洲的市场总份额排名第一。这次与阅文集团达成战略合作协议，双方将结合阅文集团丰富的原创内容库和在线阅读平台运营经验，以及传音控股在非洲市场广阔的分发渠道，向当地用户提供优质的在线阅读内容和产品。非洲平台将首先推出阅文集团现有的近 3 万部英文作品，并将陆续上线其他当地语言版本以及当地原创的内容。此外，在线阅读 APP 将在传音控股非洲全品牌手机上预装。

阅文集团拥有 9 大品牌产品，其中“QQ 阅读”作为旗舰产品，为统一的移动内容汇总之地及分发平台，其他品牌产品则专注于独立题材及其各自的用户群。通过阅文集团的股东兼战略伙伴腾讯，阅文在其领先的移动及互联网产品组合（包括“手机 QQ”“QQ 浏览器”“腾讯新闻”“微信读书”“腾讯视频”）中拥有独家分发途径。此外，该公司还与 OPPO、华为和 vivo 等手机制造商合作预装移动应用程序，亦将内容授权给百度、搜狗、京东及小米多看等第三方伙伴，以进一步拓宽用户范围。

阅文集团凭借着丰富且高质量的内容库，在深度挖掘网络文学版权市场价值方面也获得了成功的商业模式。2018 年收购知名电视剧、网络剧和电影制作公司新丽传媒后，阅文集团进一步将自身内容实力向下游延展。此次与传音控股合作，目的就是强强联手，借助传音控股在全球的销售网络，进一步拓展中国网络文学海外阅读市场。

（资料来源：《中国新闻出版广电报》，作者：赖名芳）

【网络视频市场三年翻三番】 2019 年 6 月 11 日下午，2019 年上海国际电影电视节互联网影视峰会现场发布了《中国网络视频精品报告（2019）》，分析中国的网络视频行业发展情况。

北京大学视听传播研究中心主任陆地根据《报告》对目前的行业现状做了数据分析，指出目前互联网用户持续增长，网络视频用户微幅下降，但网络视频用户已达 6.12 亿人，占网民总数的 73.9%。网络视频应用使用率也高达 73.9%，稳居网民使用工具第一。尤其值得注意的是，自 2015 年起，网络视频市场规模急剧膨胀，在 2018 年达到 1 871.3 亿元，三年翻了三番。

网络视频市场规模的扩大，也伴随着视频使用和付费习惯的变迁。《报告》显示，2018 年网络视频付费用户规模已达 3.47 亿人，用户的付费意愿也提升明显，而内容付费收入占视频网站总收入的

34.5%，已经超过了三分之一。短视频的发展也备受关注，《报告》称短视频市场规模达467.1亿元，从2016年的19亿元起步，只用了两年的时间就实现如此大的增长，可谓是“指数级爆炸式增长”。

此外，受到2018年影视行业整体趋冷的影响，网络视频的产量也有所下降。以网络剧为例，2018年全网共上线网络剧283部，连续两年产量下滑，而网络剧播放量前五十名的剧目里，来自爱奇艺、优酷、腾讯三家的剧目占据了94%，“头部效应”越发明显。陆地指出，这两年政策趋严，更加要求视频网站注重结构细节和价值观引导，尤其是要对青少年更加关注。但5G时代的正式到来与VR等技术的应用，将使产业空间进一步拓宽，“网络视频将取得突破性进步，并带给观众全新的体验”。

陆地透露，网络视频的市场并不是只有视频网站，传统电视媒体也应该参与进来，芒果TV的成功就证明了传统卫视由“台”转“网”的可行性，“未来电视台依靠精品内容，借助互联网的广阔平台形成联动，也有望‘后发制人’”。

（资料来源：《北京日报》，作者：李夏至）

【华为与优酷达成内容合作】 2019年6月25日，优酷与华为视频在京共同宣布，双方将展开全面的合作，华为视频在其APP中设置优酷专区，两个平台的账号将实行双向打通，合作覆盖华为终端旗下所有智能手机、平板产品，海量内容将全端共享。

6月开始，华为旗下Y系列、G系列所有机型新出厂手机上，优酷联合华为定制的视频优酷版APP将全线升级为优酷视频正式版，由优酷独立运营；6月之前出厂的华为旗下所有终端产品中，双方联合定制的视频优酷版将实现升级，由双方联合运营变为优酷独立运营，成为优酷独立用户。“面向未来，我们希望与优酷的合作迈入新台阶。”华为消费者云服务总裁张平安表示，优酷专区在华为视频上线后，华为的用户将能直接看到优酷的内容，未来也希望让更多华为用户变成优酷的忠实用户。希望双方未来在各种终端、技术创新上有更深度的合作。阿里巴巴集团副总裁、优酷CTO兼COO庄卓然表示，自2015年开始合作以来，优酷与华为的合作升级是水到渠成的，希望通过这次合作升级，双方深度携手，为生态创造更丰富的想象。

（资料来源：《中国知识产权报》，作者：窦新颖）

【上海网游年收入超700亿元 沪上区位优势明显】 2019年6月27日，上海市新闻出版局、伽马数据（CNG）联合发布《2018上海游戏出版产业数据调查报告》、《2018—2019上海游戏出版产业评估分析报告》和《2019上海电子竞技产业发展评估报告》。综合3份报告中的数据发现，过去一年，上海的游戏、电竞产业依旧保持稳定增长，区位优势成为发展基础。

报告显示，2018年上海网络游戏销售收入达到712.6亿元，增长率为4.2%，保持稳定增长态势。而2018年上海移动游戏销售收入达到393.2亿元，增量达58.7亿元，增长率为17.6%，高于中国移动游戏市场实际销售收入15.4%的增长率。

在全国整体市场增长乏力的背景下，2018年上海自主研发的网络游戏销售收入达593.1亿元，增长率为10.9%。报告分析，这是由于上海主要游戏企业均以产品研发为导向，立足于产品自研领域多年。

此外，2018年，上海网络游戏海外销售收入超过15亿美元，同比增长率为11.7%，上海游戏企业的海外拓展步伐加快，并且已在文化相近的东南亚地区积累了一定的用户规模与产品影响力，进而开始向日本、韩国、欧洲、北美等市场深入拓展。

2018年，上海电子竞技游戏市场收入达到146.4亿元，相比于2017年，保持了持续稳定的增长。而2019年1—5月，热度TOP 20客户端电子竞技游戏中，上海款数占比达到45%。

同时，2019年，上海电子竞技赛事保持平稳有序发展，国内有超过三成的电子竞技赛事在上海举办。除《英雄联盟》职业联赛、《王者荣耀》职业联赛等赛事继续在上海举办之外，《DOTA2》国际邀请赛、《守望先锋》太平洋挑战赛等赛事也落地上海。

在分析上海电竞产业的发展优势时，报告认为，政策推动上海电子竞技产业有序健康发展——上海政策不仅具有持续性和全面性，而且上海的各个区域也在积极对电子竞技项目进行政策扶持。加上上海在经济、地理、人口、游客、交通、设备、住宿以及上海电竞商业化基础雄厚等电竞相关的资源方面的优势，共同成为上海打造电子竞技之都的基础。

从产业链分析，目前从顶端的电子竞技游戏研发公司，到发行、教育等中间层的电子竞技内容公司，再到直播、媒体等渠道层，上海在电子竞技产业链上下游均有代表性企业，促进了电子竞技产业链的进一步延伸。截至2019年5月，上海电子竞技企业集中在电竞游戏研发、电竞媒体以及电竞赛制服务类的公司，合计占比接近七成。

（资料来源：《中国新闻出版广电报》，作者：金鑫）

【盛趣游戏宣布正式回归 A 股 启动新文化业态】 2019 年 7 月 10 日，盛趣游戏董事长王佶在其战略发布会上正式宣布，盛趣游戏正式回归 A 股，资产被全部装入世纪华通（002602. SZ）。王佶表示盛趣游戏登陆 A 股的工作已经顺利完成，所有的股东股票已经挂牌上市。此外，王佶透露，2018 年盛趣游戏利润超过 22 亿元，位列全行业前三，是盛趣游戏创立以来最高历史纪录。

盛趣游戏前身为盛大游戏，2014 年 1 月，在美股上市的盛大游戏正式宣布私有化。随后，中银绒业控股股东中绒集团签署了加入私有化财团的协议，盛大互动将其所持有的剩下 18%股权全部转让给中银绒业和亿利盛达投资控股公司，陈天桥辞去盛大游戏董事长职务。

但中银绒业随后迎来了竞争者世纪华通。创立之初，世纪华通主营业务为汽车零部件及模具的研发、制造，2014 年开始全面发力游戏板块。2015 年，世纪华通耗资 63.9 亿元通过买下东方金融控股公司持有的 23%股权、海通持有的 20%股权，间接持有盛大游戏 43%股权。并在盛大游戏 2015 年召开股东大会决议以现金方式收购当前盛大游戏发行在外的股份前夕，向香港高院申请对盛大游戏股东大会召开的行为禁令。

2017 年，中银绒业退出对盛大游戏私有化竞争，并将其股份全部转让给世纪华通实际控制人。盛大集团 CEO 陈天桥公开支持世纪华通称，“从来没有见过哪一个股东，能够如此，无论你说死缠烂打，还是说紧追不舍，还是全力以赴地爱上这家企业，并且花三年的时间，冒无数的风险，愿意让它成为自己的企业”。

2019 年 3 月，盛大游戏正式更名为盛趣游戏。6 月 30 日，世纪华通发布《发行股份及支付现金购买资产并募集配套资金暨关联交易实施情况暨新增股份上市公告书》，宣告其对盛趣游戏的 298 亿元收购正式完成，世纪华通晋身为 A 股市值第一的游戏公司。截至 7 月 10 日收盘，世纪华通市值超过 600 亿元。

在 7 月 10 日的盛趣游戏战略发布会上，盛趣游戏董事长王佶提出了盛趣游戏未来发展的三个目标：一是从 A 股最大的游戏公司成长为全球文化领军企业；二是创造一个可持续发展的新文化产业的合作共赢的新型业态；三是在更为激烈的世界文化的竞争中，掌握主动权。

（资料来源：腾讯新闻《一线》，作者：刘鹏）

【全国新华书店 2018 年营收 1 278.62 亿元】 2019 年 7 月 27 日上午，中国新华书店协会在第 29 届书博会上发布《中国新华书店社会责任报告书（2018 年度）》，并向获得“最美新华书店”奖项的 60 家新华书店实体店颁授奖牌。

《中国新华书店社会责任报告书（2018 年度）》汇集了 2018 年全国新华书店履行社会责任的情况，范围涵盖新华书店总店和各省（区、市）的新华书店。

报告指出，2018 年是改革开放 40 周年。40 年来，在我国出版业改革中，发行改革走在前面。新华书店攻坚克难，浴火重生，率先突破改革瓶颈，成功地将弘扬传统和改革创新有机结合起来。据不完全统计，2018 年全国新华书店营业收入 1 278.62 亿元，资产总额 1 704.90 亿元，实现利润 157.43 亿元。2018 年，新华书店营业面积超万平方米的大型门店有 52 个；营业面积 1 000～10 000 平方米的门店有 983 个；从业人员 113 298 人。

在授奖颁牌活动上，中国出版协会常务副理事长邬书林、中国新华书店协会理事长哈九如、中国书刊发行协会理事长艾立民等向荣获“最美新华书店”称号的新华书店代表授牌。

（资料来源：《中国新闻出版广电报》，作者：樊凡）

【2018 年中国电子竞技市场规模突破 940.5 亿元】 2019 年 7 月 31 日，第十四届中国北京国际文化创意产业博览会（以下简称“北京文博会”）动漫游戏产业发展国际论坛在北京举行。北京市文化和旅游局巡视员史安平在大会上表示，2018 年，北京动漫游戏产业企业总产值约 710 亿元，出口产值约 182.47 亿元。《大圣归来》《大鱼海棠》《白蛇：缘起》等电影将中国传统美术应有的特质以崭新的方式展现了出来，提高了北京动漫游戏产业的国际影响力。

中共北京市委宣传部副巡视员、市文促中心主任梅松表示，北京市动漫游戏产业不仅形成了日渐完善的产业链和相对成熟的产业发展环境，而且在原创动漫游戏产品实现由量变到质变跨越的同时，积极拓展海外市场，在作品品种、数量、题材类型、市场规模和从业人员数量等方面都实现了持续增长。

中国文化管理协会电子竞技管理委员会会长王国基介绍，2018年中国电子竞技市场规模突破940.5亿元，预计2020年超过1 350亿元；用户规模达到3.5亿人。随着电子竞技产业链的逐渐完善，未来电子竞技产业将会形成与传统体育类似的收入模式，电子竞技产业整体规模不可限量，我国电子竞技市场已经成为世界上最具影响力和最有潜力的市场。

2019年，我国动漫游戏及电竞产业呈现出蓬勃发展的态势。7月26日，北京原创动画电影《哪吒之魔童降世》引爆暑期档电影院线，该片仅上映4天，票房就突破8.1亿元，成为全国院线暑期档最受关注的电影。取材于中国传统文化、以中国神话为背景的原创动画电影成为院线爆款，成功反映出中国优秀传统文化所蕴含的魅力。作为第十四届北京文博会重要论坛活动之一，动漫游戏产业发展国际论坛旨在全面展示国内动漫游戏及电竞产业发展的丰硕成果，促进当今世界的动漫游戏及电竞产业发展的最新理论和观点的交流，搭建动漫游戏及电竞产业的国际化交易平台，为建设国际化的动漫游戏及电竞产业服务平台提供助力。

“全球视野下的电竞游戏产业”研讨环节研讨行业热点，盘点优秀案例，探索行业前景，与会者分享交流设计创意、运营策略、国际合作的最新成果。会上，北京动漫游戏产业协会与马来西亚LES COPAQUE公司就“中国马来西亚电竞赛”举行战略签约仪式，双方签署战略合作框架协议，开放合作、优势互补，促进两国电竞游戏产业绽放出更大的活力。

在移动互联网浪潮的推动下，中国动漫游戏及电竞产业发展迅猛。本届动漫游戏产业发展国际论坛依托北京经济技术开发区优质的营商环境、深厚的产业基础及科文融合的文创产业特色将加速创新成果产业化，为建设国际化的动漫游戏产业服务平台提供助力，成为动漫游戏领域行业交流、产品推介、科技展示、产权交易、信息交汇的重要活动。同时，凭借论坛的品牌影响力，吸引更多国内外动漫游戏及电竞产业领军企业落地北京，充分发挥北京作为全国政治中心、文化中心、国际交往中心、科技创新中心的示范引领作用，共同助力北京动漫游戏及电竞产业蓬勃发展。

（资料来源：中国知识产权资讯网，作者：纪昭瑢）

【知乎4.34亿美元融资将重点扶持原创内容】 2019年8月12日，知乎宣布完成F轮融资，总额4.34亿美元。据悉，这是知乎迄今为止最大的一轮融资，也是近两年来中文互联网文化和娱乐领域金额最大的融资之一。获得融资后的知乎，将提速技术和产品创新，加强原创内容扶持，持续加强社区生态建设。

本轮融资由快手领投、百度跟投，腾讯和今日资本原有投资方继续跟投。快手和百度首次成为知乎的战略投资方。本轮融资由华兴资本独家担任财务顾问。

快手是知名生活分享社区，日活用户超过2亿。作为普通人记录和分享生活的短视频社交平台，快手一直秉持平等普惠、真实向善的价值观，依托强大的大数据分析和AI技术，致力于提升每个人独特的幸福感。此轮领投知乎，显示出快手对知识分享社区的浓厚兴趣和对知乎发展前景的高度看好。

作为全球最大的中文搜索引擎和领先的人工智能企业，得益于AI驱动，百度移动形成了“一超多强”的产品矩阵，并构建起以“百家号”和“智能小程序”为核心的移动生态。百度战略投资知乎，将进一步加深双方的合作，并以智能小程序作为新一代的内容连接器，为全网用户提供最优质的内容体验。

成立于2010年的知乎，以“让每个人高效获得可信赖的解答”为使命，凭借认真、专业、友善的社区氛围和独特的产品机制，聚集了中文互联网科技、商业、影视、时尚、文化等领域最具创造力的人群，已成为综合性、全品类、在诸多领域具有关键影响力的社区平台，构建起了以广告和会员为主的商业模式。

知乎创始人、CEO周源说：“感谢新老投资方的信赖和支持。资本增添了信心和动力，我们也将肩负更多的责任和期许。知乎初心未改，将继续独立发展，坚定地向着自己的北极星前进。未来，知乎将与快手、百度展开紧密合作，共同致力于优质内容的发现、传播和形态升级，持续加强社区生态建设。”

（资料来源：中国知识产权资讯网，作者：姜旭）

【2018年国内数字出版产业收入规模达8 330.78亿元】 2019年8月22日，由国家新闻出版署和北京市人民政府指导，中国新闻出版研究院及北京市新闻出版局主办的第九届中国数字出版博览会主论坛中国数字内容服务大会在北京会议中心召开。中国新闻出版研究院魏玉山院长发布的《2018—2019中国数字出版产业年度报告》显示，2018年国内数

字出版产业整体收入规模为 8 330.78 亿元，比 2017 年增长 17.8%。

《2018—2019 中国数字出版产业年度报告》显示，在 2018 年国内数字出版产业整体收入中，互联网期刊收入达 21.38 亿元，电子书达 56 亿元，数字报纸（不含手机报）达 8.3 亿元，博客类应用达 115.3 亿元，在线音乐达 103.5 亿元，网络动漫达 180.8 亿元，移动出版（移动阅读、移动音乐、移动游戏等）达 2 007.4 亿元，网络游戏达 791.1 亿元，在线教育达 1 330 亿元，互联网广告达 3 717 亿元。

魏玉山指出，2018 年数字出版产业产生了一些新的发展：一是出版单位转型创新能力显著增长；二是网络文学良性生态逐步构建；三是数字教育出版数字化、垂直化发展；四是报刊转型全面加速；五是知识付费分水岭逐步显现；六是短视频风口持续成为媒体布局重点；七是互联网内容规范化管理进一步加强；八是保障体系进一步完善。根据调研，2018 年中国的数字出版产业有以下新趋势：一是数字内容精品化趋势日益明显；二是媒体融合迈向纵深发展；三是人工智能技术应用场景日益深化；四是 5G 将为出版融合创新提供广阔空间；五是知识付费将迎来发展拐点；六是数字内容产业将构建新的发展格局；七是业态复合化趋势渐显；八是电子竞技将成为产业融合新节点。

（资料来源：中国知识产权资讯网，作者：窦新颖）

【国家新闻出版署发布《2018 年新闻出版产业分析报告》】 国家新闻出版署发布《2018 年新闻出版产业分析报告》。《报告》显示，2018 年，新闻出版产业营业收入、资产总额和所有者权益继续增长，经济规模稳步提升。全国出版、印刷和发行服务实现营业收入 18 687.5 亿元，较 2017 年增长 3.1%；拥有资产总额 23 414.2 亿元，增长 5.6%；所有者权益 11 807.2 亿元，增长 4.4%。其中，图书出版营业收入、利润总额增长提速，营收增速在 8 个产业类别中名列第一。

2018 年，主题出版、主流报刊传播力影响力持续提升。全国出版马克思主义、列宁主义、毛泽东思想、中国特色社会主义理论体系类图书 2 497 万册（张），较 2017 年增加 1 370 万册（张），在 22 类图书中增速居首位；共有 7 种主题图书进入年度印数前 10。列入中宣部“2018 年主题出版重点出版物”的图书单品种平均印数 27.8 万册，增长 3.1 倍。其中，《习近平新时代中国特色社会主义思想三十讲》年度印数超过 3 200 万册，《习近平谈治国理政》第一卷、第二卷超过 600 万册，《新时代面对面——理论热点面对面·2018》超过 980 万册。与此同时，主流报刊发行量不断扩大：《人民日报》平均期印数突破 350 万份，蝉联综合类报纸第一；《参考消息》《环球时报》《光明日报》等报纸平均期印数超过 100 万份；《时事报告（大学生版）》平均期印数超过 450 万册，名列期刊第一。

我国图书出版结构在 2018 年持续优化。新版图书品种继续减少，印数大幅回升；重印图书品种与印数均超过新版图书，图书出版单品种效益提升。全国出版新版图书 24.7 万种，较 2017 年降低 3.1%；总印数 25.2 亿册（张），增长 10.7%。全国出版重印图书 27.2 万种，增长 5.7%；总印数 57.7 亿册（张），增长 7.2%。此外，原创图书出版在 2018 年进一步升温。24 种原创文学、少儿图书年度印数超过 100 万册，较 2017 年增长 33.3%；67 种原创少儿图书年度印数达到或超过 50 万册，增长 39.6%，占年度印数 50 万册及以上少儿图书品种的 73.6%。

在报刊出版发行方面，报刊出版总印数、总印张与定价总金额继续降低，降幅普遍收窄。其中哲学社会科学类期刊总印数降幅缩小，所占比重继续提高；文学艺术类期刊继续大幅下滑，比重持续降低；文化教育类期刊降幅加大。2018 年，报纸出版总印数较 2017 年降低 7.0%；总印张降低 13.8%，收窄 1.3 个百分点；定价总金额降低 1.4%，收窄 0.9 个百分点。全国性报纸总印数 78.26 亿份，与上年相比增长 0.15%，实现近 5 年来首次回升。期刊出版总印数降低 8.0%；总印张降低 7.3%，收窄 2.8 个百分点；定价总金额降低 2.7%，收窄 1.0 个百分点。

更多出版传媒集团在 2018 年进入“百亿”阵营。2018 年，共有 21 家集团资产总额超过 100 亿元，增加 3 家。其中，6 家集团资产总额、主营业务收入和所有者权益均超过百亿元，3 家集团资产总额和主营业务收入均超过百亿元。全国 119 家出版传媒集团共实现主营业务收入 3 513.7 亿元，较 2017 年降低 1.3%；实现利润总额 319.5 亿元，增长 4.6%。此外，出版传媒上市公司在 2018 年主业经营突出。37 家在中国内地上市的出版传媒公司实现营业收入共计 1 501.4 亿元，较 2017 年同口径增长 4.0%。新媒体公司和发行公司营业收入实现两位数增长，报业公司同口径收入止跌回升。

在版权贸易总量规模方面，2018年，全国共输出版权12 778项，其中输出出版物版权11 830项，包括图书10 873项、音像制品214项、电子出版物743项；图书版权输出较2017年增长1.9%。共引进版权16 829项，引进版权总量降低7.1%，其中引进出版物版权降低8.0%，版权贸易逆差有所减少。

（资料来源：《中国新闻出版广电报》，作者：尹琨）

【《中国传媒产业发展报告（2019）》发布】 2019年8月23日，由清华大学新闻与传播学院主办，央视市场研究（CTR）、中国广视索福瑞媒介研究（CSM）、社会科学文献出版社、中国新闻史学会传媒经济与管理学会合办的“2019传媒蓝皮书发布会暨第10届传媒发展论坛”在清华大学举行。论坛上，清华大学新闻与传播学院院长柳斌杰教授致欢迎词，并对《传媒蓝皮书》十五年来的研究成果给予了高度评价和充分肯定。清华大学崔保国教授代表专家课题组发布了《中国传媒产业发展报告（2019）》。

2018年中国传媒产业总规模达20 959.5亿元，突破2万亿元大关。传媒产业增长率从2017年的16.6%下降至10.5%，但依旧保持两位数的增长，传媒产业整体格局在保持稳健的同时进行深度的结构性调整和政策规制的调整。

对于传媒产业的整体发展趋势，崔保国教授提出了六点洞察与思考：第一，中国传媒产业发展突破2万亿元，取得了举世瞩目的发展成就。与全球传媒产业2万亿美元相比，占到世界传媒产业的1/7，与中国的经济发展体量是相匹配的。第二，中国传媒产业的发展速度稳中放缓，放缓的主要原因是受到宏观经济调整期的影响，也受到国家传媒政策改革和内容规制调整的影响。第三，传媒产业发展进入大众自媒体传播时代，大众媒体、平台化媒体、自媒体等传媒形态并存且相互竞争。第四，传统媒体与网络媒体的融合取得了很大进展，但传统媒体与网络媒体的分化也越来越明显，国内外都存在这种现象，传媒产业与传媒事业的发展定位尚需进一步探索和明确。第五，在数字经济、网络空间、5G、人工智能的背景下，传媒产业将变得更加复杂，并迎来新的风口期；业界与学界都需要研究新课题，创造新模式、探索新范式。第六，传媒未来发展趋势受到中美关系、世界格局变化的影响，具有很大的不确定性。

（资料来源：人民网）

【《全球电影产业发展报告（2019）》发布】 2019年8月29日，北京电影学院现代创意媒体学院、北京电影学院国家电影智库与社会科学文献出版社在京联合发布蓝皮书《全球电影产业发展报告（2019）》。蓝皮书显示，中国电影产业迅猛发展，已经跃居世界电影产业亚军。

立足全球视野，蓝皮书以北美、亚太、欧洲—中东—非洲和拉丁美洲作为四大研究视域，特别是将中国电影产业置于全球格局，通过中美电影业发展对比研究探析电影产业的发展规律。

蓝皮书指出，美国的电影产业综合指数一直保持第一名，近年来变化最大的是中国。2010年，中国电影产业综合指数的世界排名为第五，到2017年则上升到第二。

近年来，中国电影产业迅猛发展，已经从世界电影产业的第三阵营升至第一阵营。各个阵营中，法国有所上升，韩国则有所下降。近年来势头非常猛的印度，仍保持在第三阵营之中。

从电影产业格局看，美国电影不仅是美国市场的电影，还是面向全球市场的电影。在不少国家的电影市场上，美国电影基本上处于垄断地位。因此，其票房增长一直较为稳定，综合指数的世界排名也持续位居第一。

蓝皮书指出，政策规范和观念转变为中国电影的良好发展注入强大动力，2018年的电影产业仍处于高速发展阶段。随着资本特别是互联网资本逐渐涌入电影产业，电影产业链的行业模式继续发生变化。从投资数量和金额来看，中国电影行业的竞争逐渐向产业链两端延伸，不再集中于电影产业链传统投资渠道和领域。

未来，中国电影投融资市场呈现以下3个特点：电影资本投资热点将集中于深入挖掘优质IP商业价值；电影投资的下一个风口将会波及法律服务、金融服务、票务系统、特效制作、艺人经纪等电影支撑服务领域；巨头资本不断延伸至整个产业链。

蓝皮书分析认为，考虑国际惯例及自身利益驱动，中国院线整合空间充足，资金充裕、实力强劲的院线公司会继续兼并、收购影院，促进行业集中度和整体运营效率的继续提升。同时，规模较小的影院为了降低成本、改变单一盈利模式，也有较强的被整合意愿。

2018年，中国电影银幕数量达到60 079块，同比增长18%，增长率超过电影票房（9%）以及观影人次（6%）的同期增速，导致单银幕产出、平均上座率持续下滑。同时，2018年，中国单银幕观影人次跌至 2.86 万，同比下降 10%；单银幕产出为 101 万元，同比下降 11%。预计越来越多的影院、院线会承受越来越大的经营压力，影院整合势在必行。满足部分观众消费升级需求的精细化运营的影院会成为影院发展新亮点。

（资料来源：《中国新闻出版广电报》，作者：孙海悦）

【2018 年中国音乐产业总规模达 3 747.95 亿元】

2019 年 11 月 8 日，由中国传媒大学主办的 2019 第六届音乐产业高端论坛在北京举行。此届论坛推出《2019 中国音乐产业发展报告》。《报告》指出，2018 年中国音乐产业总规模达 3 747.95 亿元，同比增长 7.98%，不仅连续 3 年高于同期 GDP 增速，也创造了近五年增速新高。在核心层产业稳定增长的带动下，"音乐+"产业融合发展模式提振了实体产业和消费市场，关联层、拓展层产业扭转了承压态势，同比增长了 6.78%和 12.21%，这表明充分挖掘和释放音乐文化消费潜力，是推动中国音乐产业步入黄金发展期的关键。

根据《报告》，核心层包括音乐图书与音像、音乐演出、音乐版权经纪与管理、数字音乐，关联层包括乐器、音乐教育培训、专业音响，拓展层包括广播电视音乐、卡拉 OK、影视、游戏、动漫音乐。2018 年，音乐产业核心层、关联层、拓展层产值规模分别为 813.47 亿元、1 834.4 亿元和 1 100.08 亿元，所占比重分别为 21.70%、48.94%和 29.35%，整体产业结构保持稳定。

《报告》指出，核心层产值同比增长 5.28%，其中音乐图书与音像出版产业企稳回升，音乐版权经纪与管理产业增长迅猛；音乐演出和数字音乐行业进入消费市场深耕期，虽然增速有所放缓，但用户消费潜力可期。关联层产值同比增长 6.78%，受世界经济增长放缓、国际贸易摩擦的影响，乐器产业、专业音响产业增速放缓。得益于国内音乐消费市场的持续拉动，音乐教育培训产业稳健增长，未来国内市场将成为音乐实体产品销售、教育服务的主战场，如何满足国内人民群众日益增长的音乐文化消费需求成为行业关注重点。拓展层产值同比增长 12.21%，增幅较大，主要原因是占比较大的卡拉 OK 市场走出行业调整期，不仅传统 KTV 市场依托智能化、大众化的经营模式迎来了企稳回升，而且围绕手机 APP、内容与版权、硬件设备以及 O2O 运营模式的卡拉 OK 产业泛娱乐生态圈进一步成熟。

《报告》认为，综合 2018 年中国音乐产业各细分行业的发展概况，从供给侧来看，新技术持续影响传统音乐产品形态、行业结构和盈利模式，核心层音乐演出产业正在由传统的"在场""在地"消费向"在线"消费融合；数字音乐产业"在线"用户数量红利进入尾声，存量市场的竞争正在从线上衍生到线下。因此，个性化定制、智能化匹配、精准化推送、沉浸式体验等现代科技为核心层产业开拓了新的维度，也为关联层、拓展层中的实体产业、服务经济赋予了音乐创意活力和附加值，有利于拉动中国音乐产业整体规模的增长。

从需求侧来看，"95 后""00 后"等互联网活跃用户群，以及"粉丝""艺考生""发烧友"等特色消费群体成为支撑线上流媒体音乐平台、图书唱片、乐器销售，以及线下演唱会、音乐节、艺术教育、卡拉 OK 等细分行业的音乐消费主力军。在推动行业经济效益快速增长的同时，如何重视价值引领成为行业未来发展的重要命题，尤其是核心层音乐内容创意的细分行业，既要有效满足新生代人群的音乐文化消费需求，更要以社会主义核心价值观为引领，传承中华民族文化基因，筑牢我们的精神家园。

（资料来源：中国知识产权资讯网，作者：侯伟）

【北京将打造"国际音乐之都"和"国际网络游戏之都"】 2019 年 12 月 24 日，北京市印发《关于推动北京音乐产业繁荣发展的实施意见》（以下简称《实施意见》）和《关于推动北京游戏产业健康发展的若干意见》（以下简称《若干意见》），目标是将北京建设成"国际音乐之都"和"国际网络游戏之都"，2025 年北京市音乐及其关联产业年产值达到 1 200 亿元，游戏产业年产值达到 1 500 亿元。

此次印发的音乐产业《实施意见》明确了将北京建设成为"国际音乐之都"和华语音乐的全球中心的发展目标，提出了十项重点工作和五大保障措施。其中十项重点工作明确将激励优秀原创音乐作品，加大对词曲创作、音乐作品、音乐展演、孵化平台、宣传推广等原创优秀作品或项目的扶持奖励力度，给予版权登记优先服务、演出类场馆租用补贴、推广渠道支持等政策倾斜；鼓励社会资本投资原创音乐创作生产；打造国际化、专业化、高端化权威性评奖平台；鼓励互联网视听平台积极引导，激发创新活力。

同时，《实施意见》还提出加强音乐产业版权服务。支持建立音乐版权分发服务体系、数字音乐版权管理及分发服务平台、版权资产全链条服务平台。设立北京市音乐版权保护援助中心；以区块链、卫星授时等相关技术为支撑，打造全网版权监测与快速维权中心。

此外，北京市还将促进音乐科技融合创新，重点支持音乐情感识别、AI作曲等项目，推动音响装备、乐器制造等与新技术的融合发展。并打造一批政府引导、产业集聚、特色突出、持续发展的音乐产业园。

《实施意见》还提出，营造城市音乐文化氛围。支持“音乐＋”城市文化生活的融合创新，鼓励有条件的区域建设各具特色的音乐小镇，开发综合性的音乐消费文化地标。努力培育音乐消费受众，实行市民票价等补贴政策，并探索实施“全民乐享”计划。扩大产业国际交流合作，支持北京音乐企业赴国外演出，在境外设立合资公司。

游戏产业《若干意见》则指出，游戏应突出社会应用价值，强化游戏教育引导功能，鼓励研发军事模拟、教育培训、医疗健康、市场营销、政府管理等功能性游戏。同时实施“北京原创精品游戏研发工程”，推动北京市精品游戏研发基地建设，在北京文化发展基金中设立游戏产业发展专项子基金。规范出版活动，设立游戏出版选题计划制度和游戏出版重点选题库，组建游戏研判与咨询委员会，落实责任编辑制度，加强出版后监管，落实防止未成年人沉迷网络游戏的规定，维护积极健康的游戏市场秩序。

此外，《若干意见》明确了北京发展目标为“一都五中心”，即围绕建成“国际网络游戏之都”总目标，在北京建设全球领先的精品游戏研发中心、网络新技术应用中心、游戏社会应用推进中心、游戏理论研究中心、电子竞技产业品牌中心。

在科技融合方面，强化科技支撑，加强共性关键技术研究，支持大数据、云计算、人工智能、区块链等技术在游戏领域的应用研究，并加大打击侵权盗版力度，营造尊重鼓励创新、创意的产业发展环境，举办国际游戏创新大会，打造国际游戏创新高地。

保障措施方面，《若干意见》提出了组织、政策和人才三方面保障措施。支持组建游戏电竞行业协会，鼓励有条件的重点区出台游戏产业配套扶持政策，财政重点支持内容生产、技术研发、人才培养、品牌赛事、版权交易、游戏产业“走出去”等方向。同时鼓励金融机构创新推出游戏金融产品和服务。创新职称评定方式方法，将游戏作品作为职称评定的主要内容。

同时，《若干意见》还提出将建设一批游戏电竞产业示范园区，打造电竞产业集群，加快研究出台电竞产业发展规划和配套政策，支持新技术在电竞领域的应用，支持打造电竞主题园区，倡导积极健康的电竞理念，支持北京游戏企业开拓海外市场，定期组织游戏企业参加海外展会。

（资料来源：中国知识产权资讯网，作者：纪昭瑢）

港澳台版权信息

【香港知识产权署公布“香港市民保护知识产权意识调查 2018”结果】 2019 年 2 月 11 日，香港知识产权署公布“香港市民保护知识产权意识调查 2018”的结果，显示香港市民对保护及尊重知识产权的意识维持在高水平。

调查访问了 1 003 名市民，当中绝大部分受访者（96.1%）认同香港需要保护知识产权。大多数受访者均同意保护知识产权有助于促进本地创意产业发展（79.9%）及香港整体经济发展（69.1%）。

超过 85%的受访者知道香港有法例保障版权、商标及专利。同时，75.8%的受访者表示他们没有购买过盗版或冒牌货品，这个比例较上次在 2016 年进行的调查结果（70.9%）为高。此外，78.1%的受访者亦同意“在明知侵犯知识产权的情况下仍然购买盗版、冒牌货品是不道德行为”，这个比例亦较 2016 年的调查结果（74%）有所上升。

香港知识产权署署长梁家丽说：“政府非常重视保护知识产权，并通过多方面的策略，包括完善的立法框架、严格的执法工作及持续的公众教育活动，以加强保护知识产权的工作。此次调查反映香港市民对保护及尊重知识产权的意识维持在高水平，情况可喜。”

此次调查也有问及受访者的购物习惯。购买盗版或冒牌货品的最常见渠道是实体商铺（39.7%），其次是街上摊档（31.4%）和网络商店（21%）。与 2016 年的调查结果比较，实体商铺的比例明显下跌（2016 年录得 47.3%），而网络商店的比例则显著上升（2016 年录得 9.4%）。

网上购物日趋普遍，在会上网购物的受访者中，67%表示购买有卡通人物或品牌标志的物品时有留意货品是否正版。

就使用版权作品而言，44.3%有上网习惯的受访者表示，他们“绝对会”或“可能会”选择在网上收费的获授权平台收听歌曲，观看影片，或下载歌曲、影片、电脑软件、游戏、电子书，有关比例自 2008 年（21%）起持续上升。70.2%的受访者亦同意“在网络上收听或观看明知是盗版的音乐、电影、电视节目是不道德的行为”，亦较过往调查录得的比例为高。

梁家丽还表示：“我们留意到越来越多消费者在网上购物，香港知识产权署一直致力于通过不同途径包括社交媒体，进一步提升公众对网上保护知识产权的认知。我们会继续通过不同类型的教育及推广活动向公众传达有关信息，尤其是年青一代。”

关于香港知识产权署与不同零售及行业协会共同推行的“正版正货承诺”计划，60.3%的受访者表示有听过此计划。在此计划下，售卖正货的商户会贴上“正版正货承诺”贴纸，让顾客可以容易识别可靠及售卖正货的商店。在曾听过此计划的受访者中，87.9%的人均认为计划有助于增加消费者及游客在港购物的信心及巩固香港购物天堂的美誉。

（资料来源：香港知识产权署网站）

【香港与澳大利亚就知识产权领域合作签订谅解备忘录】 2019 年 3 月 26 日，香港知识产权署宣布与澳大利亚知识产权局签订谅解备忘录，以加强双方在知识产权领域的合作。

根据备忘录，香港与澳大利亚将在不同范畴加强合作，包括就知识产权保护及商品化、提升专利审查的能力、推行国际商标注册制度、宣传解决知识产权争议的方法，以及建立管理知识产权审查及批予的资讯科技系统等方面交流经验和分享资讯。

香港知识产权署署长黄福来说：“我深信此次签订备忘录，有助于双方促成未来更多知识产权合作项目。由于香港即将推行原授专利制度，亦正筹备日后实施《马德里议定书》，澳大利亚知识产权局在进行专利实质审查及推行《马德里议定书》国际商标注册制度上的丰富经验对我们非常有用。此备忘录将加强我们与澳大利亚知识产权局的工作关系，并促进双方在共同关注领域上的合作。”

香港知识产权署一直通过不同措施推广知识产权商品化和知识产权贸易，并加强香港作为亚太区知识产权贸易中心的地位；亦一直致力于完善香港的知识产权制度，以切合香港的社会经济需要。

香港与澳大利亚均认同知识产权在推动创意、科技创新及经济增长方面担当重要的角色，并一直通过健全的知识产权保护制度及全面的措施支持知识产权的应用。香港与澳大利亚皆是亚太区经济合作组织知识产权专家小组的成员，香港知识产权署与澳大利亚知识产权局在专利和商标方面长期以来均有合作。此备忘录巩固了两地良好的合作基础，并推动双方合作更上一层楼。

（资料来源：香港知识产权署网站）

【2019 国际知识产权澳门论坛举行】 2019 年 8 月 6 日，2019 国际知识产权澳门论坛在澳门隆重举行。论坛由澳门贸易投资促进局和澳门商标协会联合主办，澳门凯旋知识产权代理有限公司和中国贸促会广东自贸试验区珠海横琴服务中心协办，并获得了广东省知识产权研究会、中美知识产权协会、澳门知识产权研究中心、华发七弦琴国家知识产权运营平台、珠海市知识产权保护协会等多家单位的支持。

论坛以“粤港澳大湾区知识产权调解中心揭牌仪式”为开幕，以世界知识产权组织中国办事处顾问吕国良题为《WIPO 全球服务体系的最新发展——中国加入海牙体系的战略思考》的致辞演讲为起始，就各国知识产权法律及其发展、“一带一路”与葡语国知识产权制度进行了研讨，其中澳门特别行政区科学技术发展基金行政委员会委员郑冠伟介绍了澳门科创基金的制度和执行情况，得到与会者的关注。

会议还与广东省知识产权研究会合办了“粤港澳大湾区知识产权服务协同发展圆桌论坛”环节，来自知识产权服务企业和研究院所的专家们就大湾区知识产权服务协同发展提供了意见和建议。贸促会专商所的代表在论坛上亦做了发言。

此外，在“知识产权商业化”环节中，论坛还与中国南方知识产权运营中心联合进行项目路演，包括“基于人工智能深度学习的无线网络生物感知技术”、“基于 AI 与数模混合 SOC 芯片的智能医疗解决方案”等项目。

（资料来源：中国国际贸易促进委员会）

【澳门举办内地与港澳地区知识产权研讨会】 2019 年 9 月 11 日，内地与香港特区、澳门特区知识产权研讨会在澳门举行，来自内地和港澳地区知识产权界的政府官员、专家、学者和业界代表近 160 人出席了研讨会。

国家知识产权局专利局副局长徐治江在研讨会上致辞时表示，在知识产权领域，内地在基础研究、科研设备、人才储备、智力成果及市场规模等方面实力雄厚。港澳地区在金融、交通物流、专业服务、开放平台等方面有独特优势。相信在知识产权推动促进下，内地与港澳地区的经济、科技和投资交流将更加深入，不断为国家经济转型和产业升级注入强劲动力。

澳门特区政府经济局代局长刘伟明表示，2019 年是粤港澳大湾区发展开局之年，澳门特区政府经济局将与大湾区的知识产权部门一起，努力推动该区域科技创新及知识产权创造、运用、保护的进一步发展，为打造大湾区国际科技创新中心、建设富有活力和国际竞争力的一流湾区和世界级城市群贡献知识产权的力量。

香港特区政府知识产权署署长黄福来表示，香港具有优越的营商环境、自由开放的市场、健全的法律架构和具备国际视野的专业服务人才。香港将善用这方面优势，发挥贸易枢纽的角色，加强与内地和澳门在知识产权领域的交流合作，互补共赢，共同推动高增值知识型经济的发展，为粤港澳大湾区和“一带一路”建设提供有力支持。

本次研讨会由国家知识产权局港澳台办公室、澳门特区政府经济局及香港特区政府知识产权署联合举办。三地知识产权行政管理部门的代表、知识产权界的专家学者作为主讲嘉宾，围绕“三地知识产权的最新发展”、“知识产权：粤港澳大湾区经济增长新动能”及“新时代下的知识产权与创新创业”主题展开研讨。

（资料来源：新华网，作者：胡瑶）

【粤港知识产权与中小企业发展研讨会在广州举行】 2019 年 9 月 25 日，“2019 粤港知识产权与中小企业发展（广州）研讨会”在广东省广州市举行，吸引约 200 名粤港中小企业代表和政府官员参与。

题为“企业知识产权策略：把握粤港澳大湾区创新发展机遇”的研讨会以广东省内的香港中小企业和内地企业为对象，旨在协助企业加强保护和运用知识产权的能力，制定有效的知识产权策略，从而更好地把握大湾区建设带来的机遇，提升企业在国际市场的竞争力。

香港知识产权署副署长吴凯诗在研讨会开幕礼致辞时说，研讨会能启发粤港两地的企业善用知识产权，创造价值，从而拓展业务，在激烈的市场竞争中突围而出。

吴凯诗亦介绍了香港特别行政区政府推动知识产权贸易工作的最新情况，包括优化知识产权保护制度及向中小企业提供支援服务等。

研讨会是“粤港保护知识产权合作专责小组”框架下的重点合作项目之一，由香港特别行政区政府知识产权署、香港贸易发展局、广东省市场监督管理局（知识产权局）及广州开发区管委会合办，广州开发区知识产权局承办，广州市市场监督管理局（知识产权局）和香港特别行政区政府驻粤经济贸易办事处协办，并得到“粤港保护知识产权合作专责小组”其他成员单位及香港工业总会的支持。

自 2004 年起，粤港双方已合办十五次研讨会，向中小企业推广保护和管理知识产权的重要性。本次研讨会是粤港两地第三次在广州举办的同类型研讨会。

（资料来源：香港知识产权署网站）

【2019 粤港澳大湾区知识产权交易博览会在广州闭幕】 2019 年 11 月 14 日，2019 粤港澳大湾区知识产权交易博览会（以下简称“2019 知交会”）在广州闭幕。据统计，截至 11 月 14 日下午 2 点，累加进馆参观人数达到 2.26 万人，参展机构 302 家，参观人数和参展规模再创新高。

2019 知交会首次由广东省市场监督管理局（知识产权局）、广州市人民政府、香港特别行政区政府知识产权署、澳门特别行政区政府经济局共同主办，是粤港澳三地深化知识产权合作的实际行动，是知识产权领域助推粤港澳大湾区和深圳先行示范区建设、推动广州“出新出彩”的重要举措。

在为期三天的展会期间，通过交易博览、专场拍卖等方式，促成知识产权合作意向金额 101.47 亿元，比上年增长 12.74%。实现专利和商标交易金额共计 14.86 亿元，比上年增长 42.61%。按知识产权类型分，涉及专利交易额 9.33 亿元，涉及商标交易额 5.53 亿元。

2019 知交会首次实现版权和地理标志产品交易，其中，版权促成意向交易额 1.65 亿元，达成交易金额 2.36 亿元，涉及版权 2.46 万件；地理标志产品参展机构 26 家，促成意向交易额 1.97 亿元，达成交易金额 9.01 亿元，涉及地理标志产品 73 个。在 11 月 12 日上午举行的知识产权拍卖会上，知识产权拍卖成交金额达 2 730 万元，其中，专利拍卖成交 8 项，金额 2 530 万元；商标成交 2 项，金额 200 万元。

与前两届相比，2019 知交会在展区规模上实现新的突破，共有来自 12 个国家及港澳地区的 302 家企业和机构参展，比上年增长 26.4%，并首次实现专利、商标、版权、地理标志等知识产权类别全覆盖。展示知识产权项目和产品涉及专利 43.01 万件，其中，发明专利 22.89 万件，实用新型专利 18.86 万件，外观设计专利 1.26 万件。涉及商标 91.25 万件，首次展示版权 37.08 万件和地理标志产品种类 365 个。

2019 知交会主要由“知识产权交易博览”“知识产权珠江论坛”“知识产权专场活动”等部分组成。开幕式上，与会领导和嘉宾共同见证了一批知识产权重点项目签约文本集体交换仪式，并在现场启动了粤港澳大湾区知识产权交易博览会在线交易系统。

（资料来源：《中国科学报》，作者：朱汉斌）

成都市版权局

成都市作为全国版权示范城市，强化责任担当，主动服务新时代推进西部大开发、成渝地区双城经济圈建设等国家战略，聚焦版权创造、保护、运用关键环节，推动版权相关产业高质量发展。

量质并举推进版权登记。2019年，全市著作权登记总量121 303件。其中，作品版权登记76 778件，保持全省领先。计算机软件著作权登记44 525件，位居全国第六。作品转化实现经济价值达1 800余万元。

严保护加强版权监管。构建“宣传教育、监督防范、查处打击”三位一体保护格局，2019年，全市共受理版权侵权盗版案件2 734件，挽回经济损失8 200万元，获得“2018年度查处侵权盗版案件有功单位一等奖”。

创新举办“2019成都国际数字版权交易博览会”。国内外嘉宾200余人、全国大学生200余人、企业400余家参加。率先在国内搭建以数字版权为标的的会展平台，聚焦数字版权，以展示、交易、论坛为核心，成功举办世界知识产权组织“一带一路”版权国际论坛、第十一届全国大学生版权征文活动颁奖仪式、数字版权交易论坛等，世界知识产权组织及“一带一路”部分国家主管版权的官员、行业大咖、全国各地大学生齐聚蓉城，共同探讨版权保护、产业发展、制度变革、管理运用新思路、新方向、新路径。

1. 2019成都国际数字版权交易博览会——数字版权产业重点项目签约仪式
2. 2019成都国际数字版权交易博览会——“一带一路”版权国际论坛
3. 2019成都国际数字版权交易博览会——第十一届全国大学生版权征文活动颁奖仪式

国家版权局授予
绵阳市“全国版权示范城市”称号

绵阳市全面推进版权工作理念创新、内容创新、方法创新，全市版权创作、运用、保护、管理和服务能力大幅提高。2019年12月19日，国家版权局授予绵阳市“全国版权示范城市”称号。

近年来，绵阳市委、市政府将创建全国版权示范城市工作纳入《绵阳市国民经济和社会发展第十三个五年规划纲要》，连续三年写入政府工作报告，印发《关于推进版权工作的实施意见》。

全市党委宣传部门统一管理版权工作。文化市场综合行政执法机构承担版权行政执法职责。市法院优化“三审合一”的审判机制，建立调解队伍。公安系统建立版权刑事案件提请逮捕、移送审查起诉机制。

职能部门强化日常监管，持续开展打击网络侵权盗版“剑网”行动和打击侵权假冒工作。查办行政案件24件，审理著作权案件130余件，“麦慕私人影院”侵权案、徐某某等侵权案被国家版权局等部门列为挂牌案件。

全市设立作品登记服务站点19个，作品登记数量由2016年的3 063件增长到2019年的10 077件，位列全省市（州）第2位。引进设立中华版权代理总公司绵阳工作站，成立软件登记与评测服务中心。

大力开展版权示范创建活动，组织示范单位参加各类展会，举办文创设计大赛、优秀作品展。搭建版权数字仓库和版权成果展示中心。开展版权产业对地区生产总值贡献率调查，大力实施产业政策措施。2018年，全市版权产业增加值340.01亿元，占地区生产总值的14.76%。

严格规范工作流程和考核标准，形成部门实施、第三方机构检测、综合评估、落实整改等推进模式，党政机关保持100%的正版化率。先后组织开展五批次企事业单位软件正版化工作。

全市大力开展“4•26”知识产权宣传周版权宣传活动和版权宣传进高校、进社区活动，通过传统媒体、新媒体进行全方位宣传，公务人员通过公务员培训网全员参加版权课程学习，举办作品登记、软件正版化、版权执法、成果转化培训班，从业人员能力不断增强，公众版权认知度大幅提升。

1. 2019年12月6日，国家版权局检查指导四川汇德轩文化艺术公司版权保护及产业发展
2. 2019年6月1日，绵阳市第二次召开创建全国版权示范城市工作推进会
3. 2018年5月21日，绵阳科技城科技服务有限责任公司与四川科瑞软件有限责任公司共同组建中国（绵阳）科技城软件登记与评测服务中心，市委宣传部、市经信局为该中心授牌

张家港市版权局

2019年，张家港市版权局以全方位提升张家港全国版权示范城市的品位和魅力为原动力，坚持保护与发展并重，不断开创版权工作新局面。

版权创造量质并举。全市完成作品著作权登记量21 759件，其中，一般作品登记量在苏州市占比38.1%，软件作品同比增长170.2%。4件作品获得江苏省优秀版权奖，2件作品获得苏州市优秀版权奖，15件作品入选第八届张家港优秀版权作品。版权宣传有声有色。举办作品应用版权保护专题讲座，开展曼巴特广场咨询活动、少年儿童版权创意作品大赛、“版权知识进校园”志愿服务活动等，进一步提升公众的版权认知度。版权保护创优有效。全年共办结侵权盗版案件13起。查处报送的“一本小说网”涉嫌侵犯著作权案、张某某等涉嫌侵犯软件著作权系列案以及“1•17”涉嫌销售盗版图书案被中央宣传部版权管理局、全国“扫黄打非”工作小组办公室、公安部治安管理局、最高人民检察院第四检察厅四部门列为联合挂牌督办案件。

1. 2019年4月29日，张家港市举办“4•26”作品应用版权保护专题讲座

2. 2019年4月25日，张家港市南丰镇版权工作站开展版权咨询活动，提升群众“支持正版 拒绝盗版”的意识

3. 2019年4月23日，张家港市锦丰镇版权工作站开展版权宣传活动

2019佛山国际电子音乐产业论坛在全国版权示范园区（基地）佛山创意产业园内举办

佛山市版权局

2019年以来，佛山市以争创全国版权示范城市为抓手，强化版权保护，推进产业发展，助力优化法治化、国际化、便利化营商环境，赋能佛山高质量发展。

全面谋划细致部署。2019年，佛山机构改革，版权管理职能划归党委宣传部统一管理，佛山于当年8月提出申请创建全国版权示范城市，同年12月国家版权局批复同意佛山创建全国版权示范城市。随后，佛山市政府印发了《佛山市创建全国版权示范城市工作实施方案》，成立了以市长为组长的创建全国版权示范城市工作领导小组，细化20项创建工作任务。佛山市版权局着力推进“1+5+N”行动计划，即“一个中心（建设版权展示服务中心）、五大抓手（以陶瓷、童装、影视、工业设计、家居家纺等五大版权相关产业为主要抓手，推动转型升级）、N项活动（以16项系列特色活动促创建工作落地、落细、落实）”。

形成合力强化保护。2019年，佛山建立了“市版权行政执法与司法保护联席会议”。查办了8宗版权侵权行政案件，“6•27”销售盗版图书案专案组荣获“2018年度查处侵权盗版案件有功个人一等奖”。开展了市直党政机关和国有企业使用正版软件全覆盖检查，确保机关软件正版化率达100%，持续推进企业使用正版软件工作。与保险公司合作推出版权维权保险，为权利人维权提供有力保障。

提升服务促进发展。2019年10月，修订《佛山市作品著作权登记资助办法》，出台《佛山市版权示范单位、园区、基地和优秀版权作品认定资助办法》，提升版权登记资助额度，开展市级版权示范称号认定资助。2019年佛山市一般作品版权登记量突破7 500件，居广东各市第二。全市共拥有1个“全国版权示范园区（基地）”、8个“广东省版权兴业示范基地”、7件“省最具价值版权作品”。在工艺美术、泛家居等版权集聚产业和地区建立7个版权基层服务站。举办了佛山陶艺设计周和2019中国（佛山）大湾区功夫电影周“电影版权运营新趋势”主题论坛。

创新宣传营造范围。利用“4•26”版权宣传周等活动，联合市法院发布《佛山市十个典型版权案例》，在主流媒体开设版权案例警示专栏；实施公务员版权学习计划提升版权法治意识，建立著作权案件旁听庭审机制。面向全市大中专学校征集版权保护宣传海报和短视频，建立版权宣传资源库。在美术、陶瓷行业开展“正版正货”承诺活动，坚持全面和精准协调宣传，营造尊重版权的社会氛围。

2019中国（佛山）大湾区功夫电影周“电影版权运营新趋势”主题论坛

佛山市版权纠纷人民调解委员会开展版权纠纷调解

市版权保护协会在2019年佛山陶艺建陶设计周提供现场版权登记服务

中宣部版权管理局局长于慈珂调研广东可儿玩具有限公司

NCTC
国家版权贸易基地
NATIONAL COPYRIGHT TRADE CENTER

中国人民大学国家版权贸易基地

中国人民大学国家版权贸易基地于2007年8月由国家版权局批复建设，2007年10月正式挂牌成立，为我国第一家国家版权贸易基地。基地定位于国家级版权产业要素市场和版权领域高端智库，在中关村拥有6.7万平方米的写字楼用于版权相关企业集聚及创新型版权企业孵化培育，先后探索开展了版权交易服务、版权资产评估、版权争议调解、版权理论研究、版权人才培养、版权行业交流、版权企业集聚、《中国版权年鉴》编纂等服务版权产业发展的业务。

特色服务项目

版权资产评估

基地建有版权评估中心，与北京银行、中国银行、中国农业银行、中国进出口银行、上海文化产权交易所、深圳文化产权交易所等机构建立合作关系，围绕版权质押融资提供专业的版权资产评估服务。累计评估作品23部，评估价值超过7亿元，帮助企业实现融资近3亿元。

版权行业交流

基地持续举办版权人沙龙、互联网文化沙龙、版权相关高峰论坛等活动，促进行业交流与合作。截至2020年10月，已持续举办版权人沙龙45期、互联网文化沙龙6期、互联网版权沙龙4期，每期都围绕当前行业热点问题展开深入探讨，搭建政产学研一体化行业交流平台。

版权人才培养

2018—2020年，基地连续承办三届全国大学生版权征文活动，打造全国性人才培养高端平台和大学生学术交流平台。基地先后举办文化产业版权运营与管理高级研修班；为北京银行定制文化创意产业高级研修班；组织4期共24讲文化产业版权保护与管理公益直播课，观看人数逾10万。

版权理论研究

基地接受国家部委及地方政府等机构的委托，先后开展版权资产评估准则研究、文化企业无形资产评估与管理研究、电子商务版权保护研究等与产业发展密切相关的理论研究，同时参与《艺术表演团体知识产权工作指南》《出版企业版权管理指南》《博物馆馆藏资源著作权、商标权和品牌授权操作指引》等相关行业准则的起草和制定。

1

2

3

4

图片注释

1. 2012年1月6日，基地版权评估中心成立仪式在北京举行
2. 2013年12月，基地举办第一期文化产业版权运营与管理高级研修班，国家版权局版权管理司司长于慈珂（前排左七）为学员授课
3. 2020年5月26日，基地举办广播组织权法律保护问题研讨会，探讨《著作权法》修订中的广播组织权立法变动，以期为产业界如何应对提供参考
4. 2020年11月28日，第十二届全国大学生版权征文活动颁奖仪式在成都举办。图为中宣部版权管理局局长于慈珂（右一）为特等奖获奖代表颁奖

中国海洋石油集团有限公司是国务院国有资产监督管理委员会管理的特大型国有企业，是中国领先的海上油气生产运营商，1982 年 2 月 15 日经国务院批准成立，2017 年 11 月 1 日更名为“中国海洋石油集团有限公司”，由全民所有制企业改制为有限责任公司。公司注册资本 1 138 亿元，共有 6 家控股境内外上市公司。公司主要业务板块包括油气勘探开发、专业技术服务、炼化与销售、天然气及发电、金融服务等。2019 年，中国海油在《财富》杂志“世界 500 强企业”中排名第 63 位，在《石油情报周刊》（PIW）评选的“世界最大 50 家石油公司”中排名第 31 位。公司主要经营业绩指标在央企位居前列，连续 16 年获评国务院国资委中央企业经营业绩考核 A 级。公司穆迪评级为 A1, 标普评级为 A+, 展望均为稳定。

公司愿景

贡献不竭能源 创造美好生活

经营理念

人本 责任 双赢 守信 创新

社会责任价值观

安全高效 绿色低碳

奉献爱心 公开透明

可持续发展战略

中国海油是国家能源战略和海洋战略的具体实施者之一，肩负着保障国家能源安全、开发利用海洋资源、保护海洋生态环境的重要使命。作为一家负责任的能源公司，中国海油将经济、环境、社会三要素视为公司开发能源、贡献价值最牢固的基石。我们秉承“贡献不竭能源，创造美好生活”的公司愿景，坚持“人本、责任、双赢、守信、创新”的经营理念和“安全高效、绿色低碳、以人为本、勇于创新、奉献爱心、公开透明”的社会责任价值观，系统构建了以经济增长、环境保护、社会进步三个维度相互融合、相互促进为目标的可持续发展模型，依托集团公司社会责任管理领导小组、集团公司社会责任管理各相关部门、所属单位三级社会责任管理架构，从组织体系、制度体系和管理流程三个层面将可持续发展理念和战略有机地融入到公司的日常运营中，通过与国际同业公司对标、与历史数据对比等分析方法系统评价公司可持续发展战略的执行情况，并动态调整和持续改进。

作为联合国全球契约成员企业，中国海油一直遵循全球契约十项原则，专注于以更安全、更环保、更高效的方式和更加卓越的运营与管理，达到经济增长、环境保护和社会进步之间的平衡，致力于为人类“贡献绿色能源，筑梦碧海蓝天”。

渤海勘探发现千亿方级大气田

中国海油历经多年艰辛探索，通过产学研用协同攻关，先后攻克油型盆地如何大规模生气、深层变质岩潜山是否存在规模型优质储层等5大世界级难题，形成了渤海湾盆地深层大型整装凝析气田勘探理论技术。

在该技术成果的指导和支撑下，“双亿”大气田“渤中19-6”成功钻获。围绕“渤中19-6”气田的发现与勘探评价，中国海油在理论认识和关键技术上实现了一系列重大突破，为油型盆地天然气勘探打开了新局面。在2019年度国家科学技术奖励大会上，该技术成果荣获2019年度国家科学技术进步奖一等奖。

南海筑梦 加大深水勘探研发

“陵水17-2”气田位于海南岛东南侧，距离海南省三亚市约150千米，水深为1 220～1 560米，探明天然气地质储量超千亿立方米，凝析油地质储量680万吨，为我国首个深水自营大气田。该项目开创了深水万吨级储油半潜平台的开发模式，为世界首例。

“陵水17-2”预计2021年投产，可稳产10年，建成后将为香港、广东、海南等地区稳定供应天然气33亿立方米/年。

先导创新

中国海油组织开展新能源及数字化转型技术发展路径研究，启动新能源技术发展战略方向研究工作，组织开展天然气水合物、氢能、海洋能、海上风电、地热能等技术路径、发展路径研究，为提高清洁能源供给能力提供新动力。

中国海油持续推进在氢能、地热能及海洋温差能等新能源领域的规划布局及技术研究，2019年编制氢能产业技术发展路线图，布局氢能关键核心技术研发、示范应用与标准制定，首个加氢项目预计2021年建成投运；针对“地热资源分布复杂、开发难度大、利用效率低”的问题，形成可推广的地热资源高效开发利用产业模式。

天然气水合物检测装备技术获国际发明展最高奖

在2019年第47届日内瓦国际发明展上，研究总院“天然气水合物保压岩心船载在线检测装备与技术”荣获本届展览最高奖项——评审团特别嘉许金奖，而评审团特别嘉许金奖仅占总参展项目的1%。该成果已在琼东南取样工程实施中成功应用。

海洋温差能发电系统仿真试验平台成功研制

中国海油利用校企联合的产学研优势，联合高校开展海洋温差能发电关键技术研究。历经一年的技术攻关，成功研制出国内首个集热力计算、仿真模拟、设备选型等功能于一体的海洋温差能发电（OTEC）系统仿真试验平台。

中海石油（中国）有限公司的主要业务为勘探、开发、生产及销售原油和天然气。专业的计算机软件技术在油气勘探开发领域有着极为广泛的应用，已经成为公司科研生产不可或缺的重要技术和研究手段，是影响公司业务的重要因素之一。伴随着中海石油（中国）有限公司的高速发展，公司通过创新管理体制，形成了一套规范高效的专业软件管理体系，不仅有力保障了本公司的专业软件正版化工作，也为公司的持续高效快速发展提供了有力的技术保障。中海石油（中国）有限公司荣获 2019 年度全国版权示范单位（软件正版化）。

1 管理组织体系建设

为加强公司专业软件管理，中海石油（中国）有限公司设立专业软件管理领导小组、专业技术专家组和管理工作办公室，形成公司总裁领导下的，领导小组集中决策、专家组技术负责、办公室组织协调、业务部门指导支持、各单位广泛参与的专业软件管理组织体系。通过技术和管理手段加强对专业软件资源的管理，保证了专业软件资源的有效利用，确保无恶意侵权盗版行为的发生。

2 制度体系建设

为规范公司专业软件管理工作，公司制定了系列制度规范，形成专业软件管理制度体系。管理体系以《专业软件管理办法》为基本制度，对专业软件管理原则、管理目标、管理组织、管理职责、管理范畴、管理任务、管理要求、基本工作流程等进行了规范。专门制定了《专业软件技术评估与应用效果评估细则》和《专业软件共享管理细则》，对专业软件的引进、评估、共享等工作流程和管理要求等进行规范，加强对专项工作的针对性管理，配合公司的采办、合同、供应商等管理要求，加强对引进专业软件的版权情况、销售商资质情况的审查，保证专业软件引进的先进性、适用性，确保引进的软件正版、合法。

3 采购管理机制创新

资金统一管理机制。公司将购买专业软件的投入作为专项资金列入公司年度计划，购买专业软件的投入作为公司专项资金统一管理，确保形成专业软件资金投入的长效机制和经费的规范执行。

集中采办机制。对各二级单位的专业软件需求实行集中采办，针对需求数量大、使用频率高的专业软件，通过创新引进模式，与软件厂商采取“企业版”的合作方式，一揽子满足业务发展需要和专业软件正版化工作需求，在我国石油行业内开创了公司级企业版的先河，与软件厂商实现共赢。专业软件的集中采办发挥了规模优势，获得更大优惠，有效降低了采办成本，为专业软件正版化工作奠定了良好的基础。

三级培训机制。形成有计划、分层次、分专业、多种形式相结合的三级技术培训机制，在培训专业软件技术的同时，提升员工的版权保护意识，形成良性循环。

正版专业软件是中海石油（中国）有限公司投入巨额资金采购的重要资源。公司自实现专业软件的集中统一管理、建立对正版专业软件资金投入的长效机制至今，已逐渐构建形成满足公司业务发展需要的正版专业软件配置规模和技术体系。通过对专业软件管理的不断完善和持续改进，逐渐形成较为完善的版权保护机制，确保专业软件资产权属明晰、许可使用管理规范，充分体现了公司作为国有企业在软件正版化工作方面的责任担当，并在石油行业中发挥出示范先行的带头作用。

4 软件应用研发

近十年来，通过实施科研软硬件集中管理、加大科研软硬件的集成应用，不但解决了中海石油（中国）有限公司重大历史遗留问题，还取得了以下重要成果：

依托专业技术软件，拓展研究思路，形成解决具体问题的技术流程，解决了油田勘探开发存在的问题，并取得了实效。一是开展构造解释、储层预测和烃类检测、沉积盆地模拟演化及油气运移综合研究，助力一系列勘探重大发现；二是在三维地质建模、开发方案设计、油田动态分析、调整井设计与实施跟踪等方面提高了工作效率，助力高含水油田稳油控水增产、复杂河流相油田高效开发、中深层复杂油藏高效开发等技术难题攻关，有力助推了多个油田的高产稳产；三是助推油田前期研究降本增效，为油田大位移井可行性研究提供支持帮助，大位移井的实施将提高油田整体开发效益。

通过科研软硬件的发展和实施，建立了从地震解释综合研究到地质建模再到油藏、管网的一套完整的技术体系，同时实现了科研软件动态应用、许可共享以及科研大数据的集中管理。通过科研计算机软件平台的综合应用，在复杂断块地区地震综合解释及属性分析、深水天然气识别、中深层高温高压领域储层预测及压力预测、基于地球物理技术的非均质性研究、测井解释及测井一体化处理、目标精细评价及油气藏描述、地质建模及油藏一体化应用方面取得了巨大成功。一是建设了中海石油（中国）有限公司第一个测井处理和解释平台；二是将综合科研中的技术和方法集成，形成了可持续发展的地球物理方法研究平台；三是建设了叠前数据存储和管理系统，保障了地球物理研究从叠后走向叠前；四是研发了随钻实时分析决策系统、储量综合研究及规划优化决策系统、地震导航系统，为海上勘探、开发和生产顺利进行提供了重要的技术保障。

集团简介

景德镇陶瓷文化旅游集团（简称“陶文旅集团”），是建设景德镇国家陶瓷文化传承创新试验区的重要国有企业，荣获 2018 年中国版权最具影响力企业、第十一届“全国文化企业 30 强”提名企业等荣誉。

陶文旅集团肇始于 1903 年建立的江西瓷业公司，跨越世纪，至今已有 117 年的悠久历史。今天的陶文旅集团已发展成为以文化产业为核心，陶瓷制造、品质教育、乡村振兴、商业地产等多元化发展的大型集团公司。

作为景德镇陶瓷文化的传承人和守望者，陶文旅集团通过改造和保护利用千年御窑老城、百年工业遗产的方式，打造了陶阳里历史街区和陶溪川文创街区，实现传统与现代、文化与科技、生产与生活的深度融合，并形成可持续发展的模式，成为文化产业的内容供应商。

陶溪川夜景

陶溪川文创街区

CERAMIC ART AVENUE

陶溪川文创街区简介

陶溪川文创街区（以下简称“陶溪川”）坐落于千年瓷都景德镇，属江西省重点工程，是省委、省政府落实文化强省战略的重大举措，作为景德镇市保护陶瓷工业遗产、推进传统产业转型升级的战略布局，是建设景德镇国家陶瓷文化传承创新试验区的重要内容。

陶溪川总投资68亿元，规划占地面积2平方公里，建筑面积150万平方米。一期以原国营宇宙瓷厂为核心启动区，于2016年10月正式对外开放。近年来，陶溪川认真贯彻国家“双创”战略，对标国家级、对接国际范，以“强抓平台建设、优化双创生态、创新双创模式、产业融合发展”为举措，走出一条陶瓷文化创意发展之路，实现了“新旧动能转换”和“产业转型升级”，受到李克强总理、栗战书委员长的充分肯定和鼓励。

设立的陶溪川双创平台自2016年3月启动至今，已形成“生产配套服务+销售渠道支持+创业资金扶植+知识产权保护+综合服务平台”五大板块，构建了一条陶瓷创意、青年创业、人才培养、产权保护、品牌塑造的生态链。截至2020年10月，汇聚国内外创客1.65万名，孵化创业实体2600余个，带动上下游就业6万余人，成为“景漂”青年的造梦空间和报到处。

1. 构建晋级平台，满足多元需求

四年多来，陶溪川双创平台的规模和品质裂变式提升，构筑起集市、邑空间商城、线上平台、直播基地、智造工坊等晋级模式和空间载体。集市摊位从最初的70个/月增至1200个/月，从单一的创意集市拓展到传统集市，以及万杯、茶与茶器、花与花器、动漫等主题集市；将一栋3000平方米的窑炉厂房在保护文化遗存的同时，改造成为“景漂”创客的聚集地——邑空间商城，每季度从集市中精选有代表性、研发设计能力强、市场潜力大的136名双创青年入驻；开通天猫、京东等线上平台，让“景漂”创客的创意展示脱离物理空间的束缚；设立陶溪川直播基地，与抖音、快手、淘宝等平台深度合作，拓展“景漂”创客的新思维，为其设计、生产及销售提供更多元的帮助；打造陶溪川上游产业链——陶瓷智造工坊，提供80万平方米标准化厂房和完善产业链，集研发、设计、打样、生产于一体，选拔优质创客入驻。通过构建晋级平台，满足了不同层级、不同阶段的创客需求，得到他们的热烈响应，成为创新创业的沃土。

2. 规范原创管理，激发创新动力

陶溪川的快速发展始于对知识产权的有效保护。成立创客管理委员会，选拔创客作为管理员对各平台板块进行服务管理，实现创客自治管理。从集市、邑空间商城到线上平台等孵化板块，创客入驻标准有两大核心：一是年轻活力，一是产品原创。2016 年集市启动之初，就严把质量关，从创客提交申请资料到管委会审核，再到创客出摊接受管理员监督核查，对不符合要求的一律清退，并纳入不良记录，从源头上杜绝抄袭、调货等行为。对入驻邑空间商城的创客，在产品审核的基础上，全面考察其工作室，确保其原创性、独创性；入驻期间，管理员不定期抽查其工作室，既限制了创客的投机心理，也从源头上保证了创客的创新原动力。

3. 以活动促服务，推动版权宣贯

知识产权是文创产业的重要标志符号。陶溪川创客每年推出新品新款万余件，提高其知识产权意识显得尤其重要。陶溪川每年与各知识产权机构开展服务活动 50 余场，包括知识产权讲座、专题学习培训、咨询服务、推广交流等。

打造的国际艺术嘉年华——陶溪川春秋大集，积极开展各类涉及版权的交流、交易活动，内容涵盖创意集市、艺术展览、学术论坛、版权讲座、品牌推介、研学体验等。每年分春秋两季举行，自 2017 年以来已成功举办五届，为海内外艺术院校、艺术机构、画廊、艺术家、设计师、青年创客提供交流展示平台，吸引来自全球 60 多个国家的艺术机构代表和艺术家、全国八大美等 60 多所国内外知名艺术院校师生、各大产瓷区代表和青年创客参与，成为创意展示学习交流、版权交易的国际化平台，引起巨大关注。

2020 年第 20 个世界知识产权日，陶溪川联合江西省版权局等部门举办了“陶川杯”版权知识大赛和征文竞赛活动，积极组织企业、创客、商户参与，提升了全的版权意识。

4. 大力引进资源，构建服务屏障

为构建陶溪川优良的创业环境，先后引入江西省陶瓷知识产权信息中心、江西专利信息服务中心、景德镇陶瓷版权服务站、江西省维权援助陶瓷工作站、珠山区民法院知识产权陶溪川巡回审判点、景德镇市陶瓷版权快速维权中心等机构，完善咨询、申报、维权等系列服务体系，为陶溪川版权服务和维权工作提供了坚实保障

5. 特设申报窗口，建立闭环体系

针对创客创新能力强、新品上市快的特点，陶溪川积极与省、市版权部门沟通，设立了版权申报初审机制，特设陶溪川创客版权申报窗口，由邑空间管委会进行审批，此举开创了全国版权管理模式的先河。在创客如实提供作品说明书、权利保证书、著作权权属申明、作品初稿等材料后，通过审核即可按流程快速申报完成，并能及时获得版权证，大大缩减了申报时间。

通过晋级平台搭建、版权知识普及、快速通道设立、维权中心运作、产权巡回审判点落地，形成了版权产业链的闭环体系，为陶溪川广大“景漂”创客的原创作品保驾护航。

6. 开展品牌输出，实现模式复制

结合陶溪川品牌输出战略，积极为陶溪川创客打造异地双创平台。借助故宫博物院、北京国贸、重庆磁器口、天工开物园等陶溪川品牌店，实现了文创品的输出。在陕西铜川、浙江龙泉、河南禹州、福建德化等五大陶瓷遗产地城市开展双创人才、产品、活动输出，将陶溪川模式植入当地，与当地文化相结合，产生新的模式。目前正全力打造陕西铜川和浙江龙泉版“陶溪川”，实现双创模式的复制嫁接。选拔艺术家、创客、商户参加中国国际服务贸易交易会、意大利法恩扎陶瓷展会、深圳文博会、杭州文博会等商贸活动，带领 3000 多名创客、众多艺术家走出去，开拓视野，增长见识，助推新产品、艺术品宣传推广。

“陶溪川现象”受到社会各界的广泛关注，陶溪川获得国家级、省级荣誉 50 余项，是第一批国家级文化产业示范园区创建单位、全国版权示范园区、第一批国家工业遗产、海峡两岸青年就业创业基地、国家 4A 级景区、江西省首批文化产业园区、省首批双创示范基地、省首批商旅文融合发展示范区、省创业孵化示范基地等，获 2017 年联合国教科文组织亚太遗产保护创新奖、2020 年中国版权金奖等荣誉。新华社、《人民日报》、中央电视台等主流媒体先后多次进行专题报道。

1

西部国家版权交易中心

Western National Copyright Exchange

为有效激活版权市场、盘活版权资源，让沉睡在库里的、躺在家里的版权资源活起来，进一步推动陕西版权强省建设，助力陕西文化“走出去”，由陕西省委宣传主管部门指导，陕文投集团西部国家版权交易中心负责建设运营的我国西部地区率先一站式版权综合服务平台——“陕西版权贸易与保护平台”项目正式启动。项目将按照“大基础、大平台、大运行”的总体构想，借助大数据、云计算、区块链、人工智能等技术，以“丝路版权网”为载体，立足陕西、面向全国、辐射“一带一路”沿线国家，为文字、图片、视听等作品提供版权登记、版权评估、版权交易、版权融资、版权监测、版权保护等一站式版权贸易与保护服务，不断提升陕西在版权创作、运用、保护、管理和服务方面的综合能力，推动陕西文化产业、版权产业高质量发展，奋力谱写新时代追赶超越新篇章。

2

3

4

1. 2020年4月26日，陕西版权贸易与保护平台建设正式启动
2. 96426知识产权服务热线正式投入运营
3. 西部国家版权交易中心版权运营电视剧《奔腾年代》
4. 西部国家版权交易中心版权运营图书《我允许你，在我心上行走》

版权产业与版权贸易

BAN QUAN CHAN YE YU BAN QUAN MAO YI

2018 年中国版权产业的经济贡献*

中国新闻出版研究院

一、2018 年中国版权产业经济贡献的主要数据

根据调研测算，2018 年中国版权产业的行业增加值为 66 341.48 亿元人民币，占全国 GDP 的 7.37%，城镇单位就业人数为 1 645.53 万人，占全国城镇单位就业总人数的 9.53%，商品出口额为 2 797.50 亿美元，占全国商品出口总额的 11.25%[①]。主要数据详见表 1。

表 1　2018 年中国版权产业经济贡献的主要数据

类别	行业增加值		城镇单位就业人数		商品出口额	
	数值（亿元人民币）	占全国比重	数值（万人）	占全国比重	数值（亿美元）	占全国比重
核心	41 705.70	4.63%	923.86	5.35%	40.24	0.16%
相互依存	10 526.36	1.17%	355.41	2.06%	2 494.67	10.03%
部分	5 031.67	0.56%	218.39	1.27%	262.59	1.06%
非专用支持	9 077.75	1.01%	147.88	0.86%	—	—
合计	66 341.48	7.37%	1 645.53	9.53%	2 797.50	11.25%

注：核心、相互依存、部分、非专用支持、合计分别指核心版权产业、相互依存的版权产业、部分版权产业、非专用支持产业、全部版权产业。

（一）行业增加值

2018 年，中国版权产业的行业增加值为 66 341.48 亿元人民币，比 2017 年增加了 5 530.56 亿元人民币，增速[②]为 9.1%，占 GDP 的比重为 7.37%，比 2017 年提高了 0.02 个百分点。2018 年中国版权产业增加值及占全国 GDP 比重与 2017 年的比较详见图 1、图 2。

核心版权产业是中国版权产业经济贡献的主体，2018 年中国核心版权产业的行业增加值为 41 705.70 亿元人民币，占全部版权产业经济贡献的 62.9%，占到全国 GDP 的 4.63%。其中，软件、新闻出版、设计与广告等几个行业的增加值占到了中国核心版权产业的八成以上，对推动核心版权产业的发展起到了重要作用。

除核心版权产业之外，中国版权产业中行业增加值按类别排序依次是相互依存的版权产业、非专用支持产业和部分版权产业。2018 年，相互依存的版权产业的行业增加值为 10 526.36 亿元人民币，占到全部版权产业的 15.9%，以计算机和电视机等电子信息制造业为主体；非专用支持产业的行业增加值为 9 077.75 亿元人民币，占到全部版权产业的 13.7%；部分版权产业的行业增加值为 5 031.67 亿元人民币，占到全部版权产业的 7.6%，其中以建筑、工程、调查，手工艺品，玩具和游戏用品等行业规模较大。2018 年中国版权产业行业增加值的内部构成详见图 3。

（二）就业人数

2018 年，中国版权产业的城镇单位就业人数为 1 645.53 万人，比 2017 年减少了 27.92 万人，下降了 1.7%，占全国城镇单位就业总人数的比重为 9.53%，比 2017 年提高了 0.05 个百分点。2018 年中国版权产业城镇单位就业人数及占全国城镇单位就业总人数的比重与 2017 年的比较详见图 4、图 5。

---

* 因四舍五入的原因，本报告中部分数据存在与分项合计不等的情况。

① 2018 年全国 GDP、城镇单位就业总人数、商品出口总额来源于《2019 中国统计年鉴》。

② 本报告中的增速均为名义增速，即未扣除价格因素，下同。

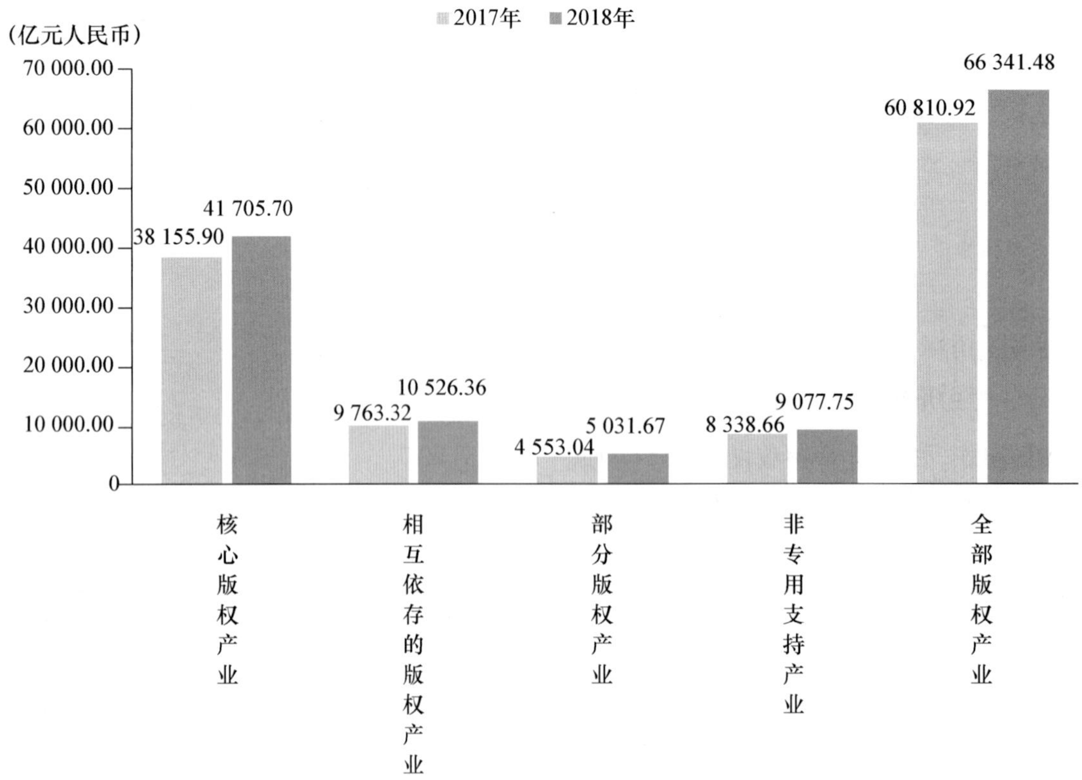

图 1　2018 年中国版权产业各类别增加值与 2017 年的比较

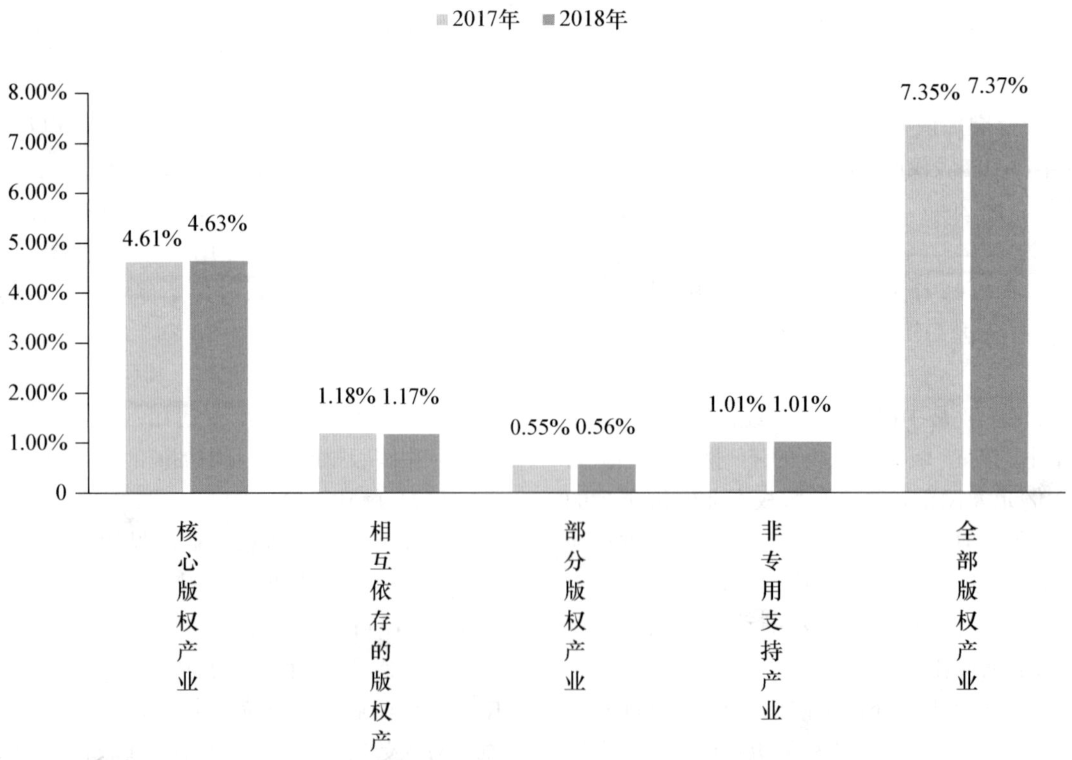

图 2　2018 年中国版权产业各类别增加值占全国 GDP 比重与 2017 年的比较

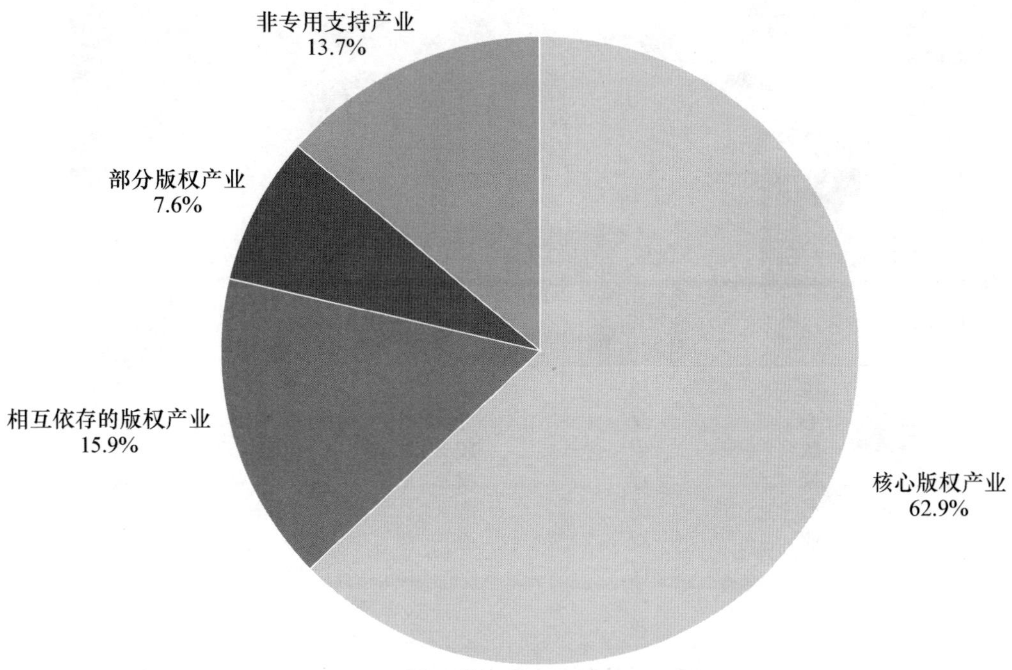

图 3　2018 年中国版权产业行业增加值的内部构成

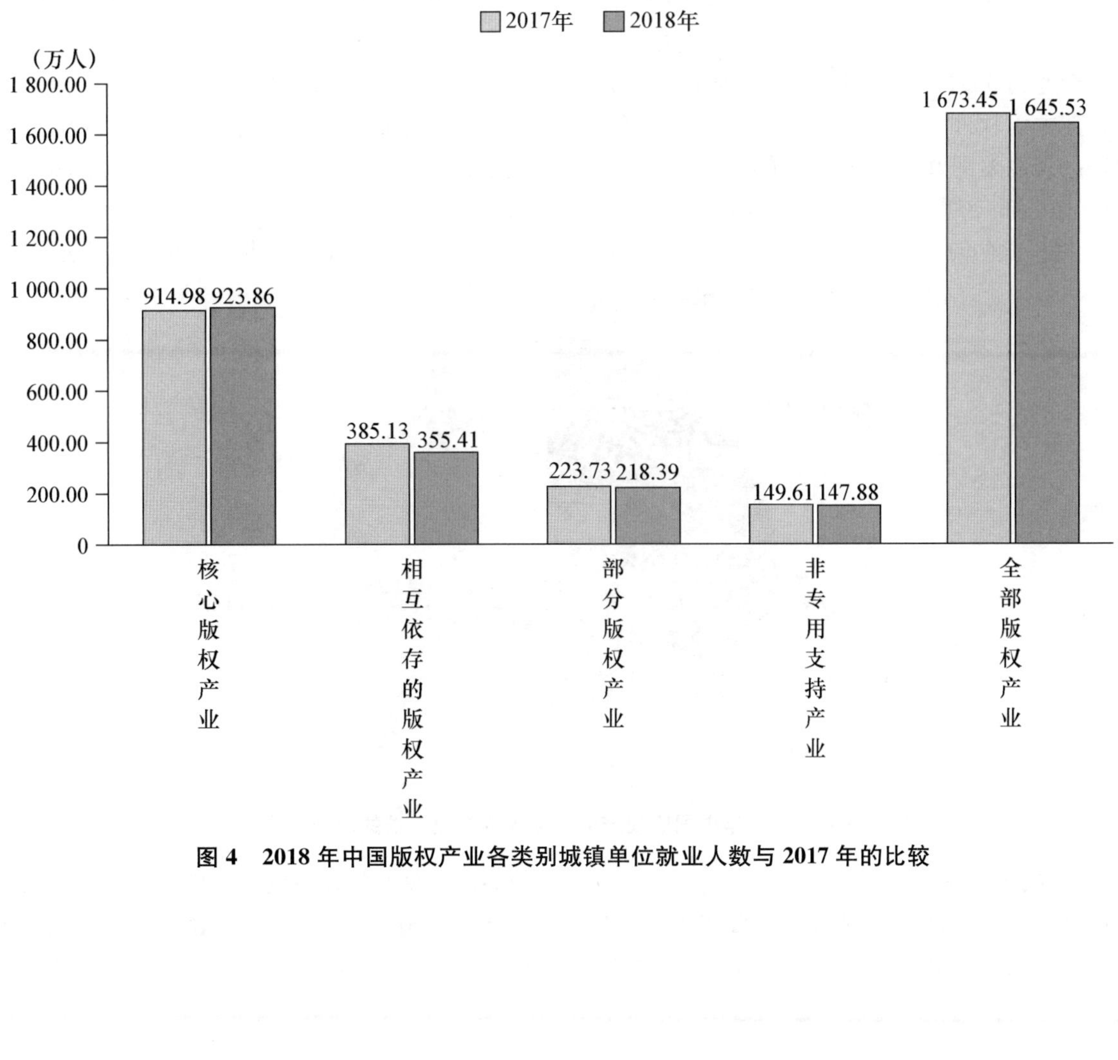

图 4　2018 年中国版权产业各类别城镇单位就业人数与 2017 年的比较

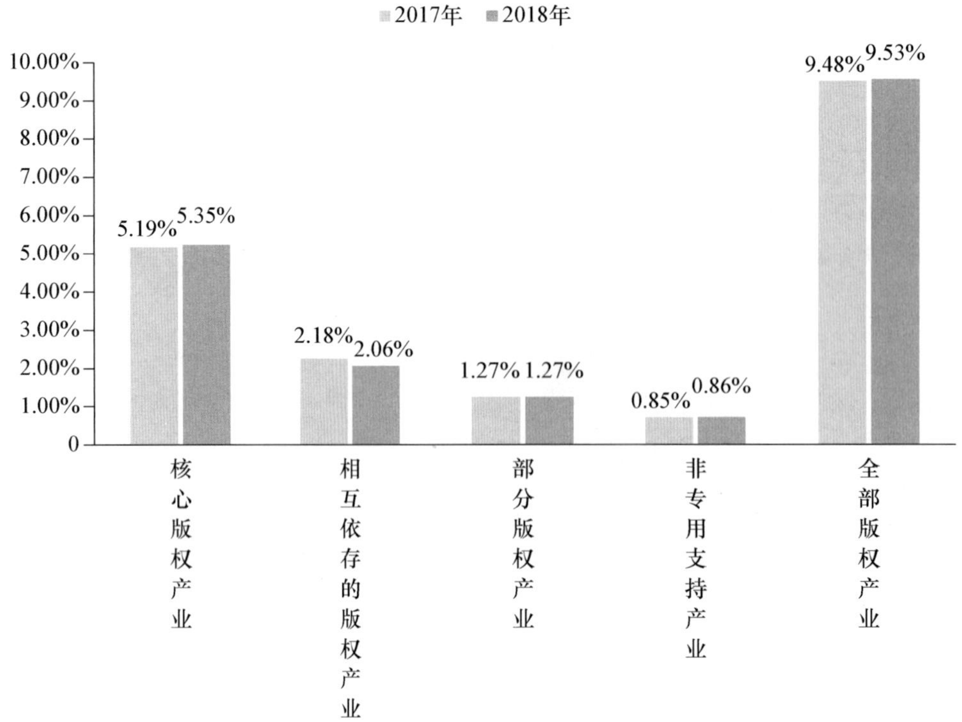

图 5　2018 年中国版权产业各类别城镇单位就业人数占全国城镇单位就业总人数的比重与 2017 年的比较

2018 年中国核心版权产业的城镇单位就业人数为 923.86 万人，占全国城镇单位就业总人数的比重为 5.35%，核心版权产业的城镇单位就业人数已占全部版权产业的 56.1%，对版权产业就业的贡献最为显著，其中以软件、新闻出版、设计与广告等行业为主体。其他类别就业人数排序依次是相互依存的版权产业、部分版权产业和非专用支持产业。2018 年，相互依存的版权产业的城镇单位就业人数为 355.41 万人，占全部版权产业的 21.6%，其中计算机、电视机等电子信息制造业就业人数比重较高；部分版权产业的城镇单位就业人数为 218.39 万人，占全部版权产业的 13.3%，其中建筑、工程、调查，手工艺品，玩具和游戏用品等行业就业人数比重较高；非专用支持产业的城镇单位就业人数为 147.88 万人，占全部版权产业的 9.0%。2018 年中国版权产业城镇单位就业人数的内部构成详见图 6。

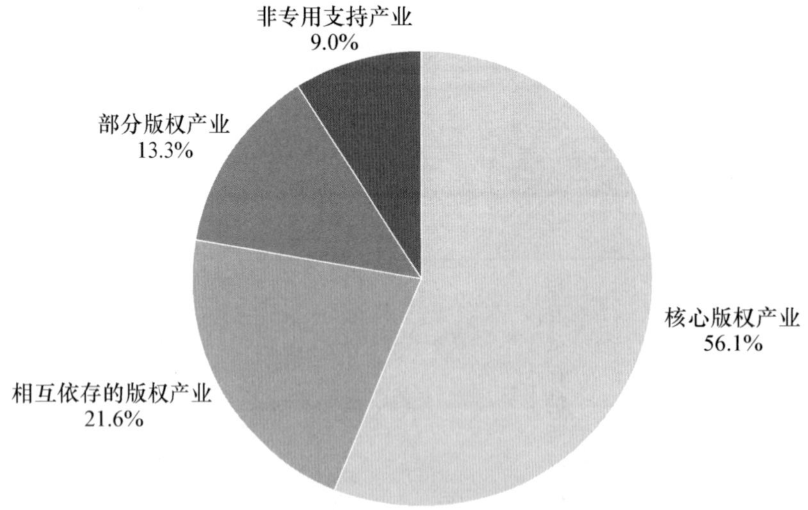

图 6　2018 年中国版权产业城镇单位就业人数的内部构成

（三）商品出口额

2018 年，中国版权产业的商品出口额为 2 797.50 亿美元，比 2017 年增长了 5.7%，占全国商品出口总额的比重为 11.25%，比 2017 年下降了 0.45 个百分点。2018 年中国版权产业商品出口额及占全国比重与 2017 年的比较详见图 7、图 8。

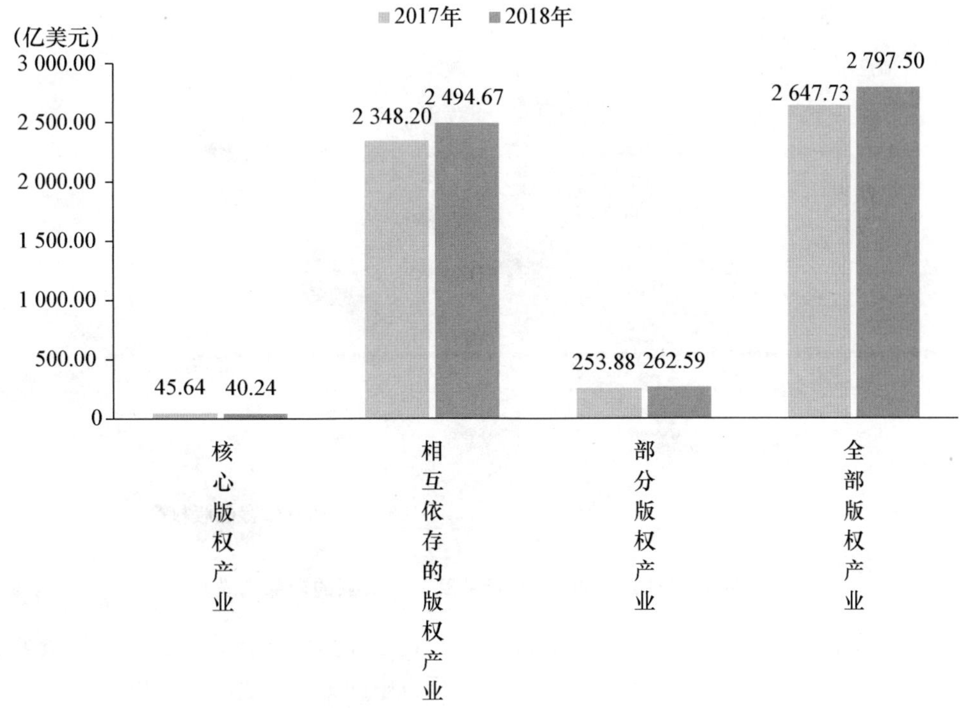

图 7　2018 年中国版权产业各类别商品出口额与 2017 年的比较

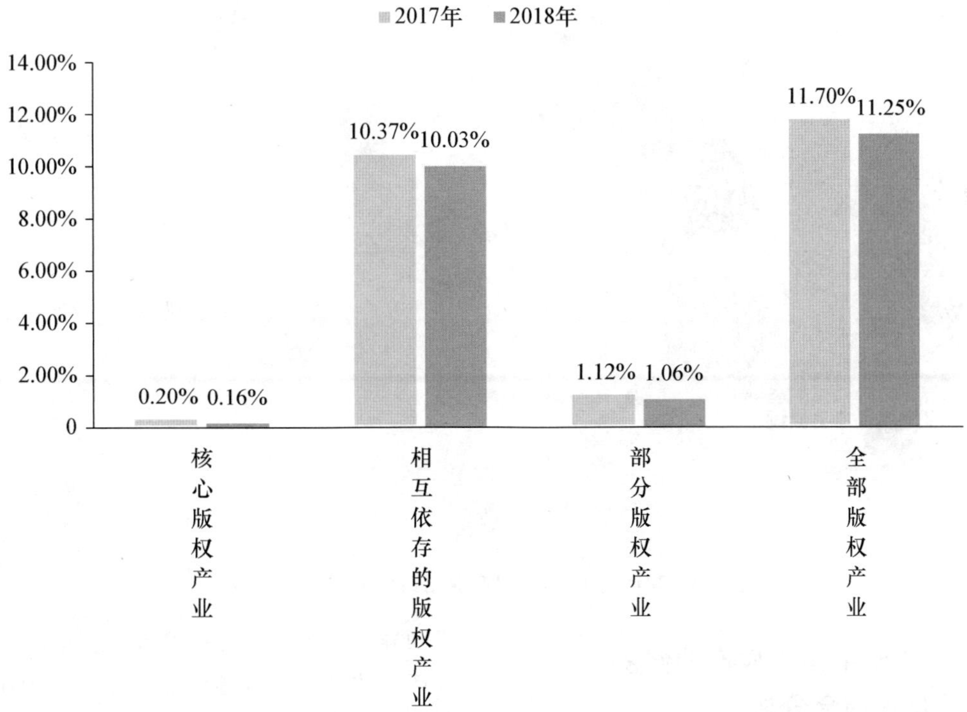

图 8　2018 年中国版权产业各类别商品出口额占全国比重与 2017 年的比较

相互依存的版权产业是中国版权产业出口的主体。2018 年，相互依存的版权产业的商品出口额为 2 494.67 亿美元，占全部版权产业出口额的近九成，对出口的贡献最大，相互依存的版权产业商品出口额占全国出口总额的 10％左右；部分版权产业的商品出口额为 262.59 亿美元，占全部版权产业出口额的 9.4％；版权附加值较高的核心版权产业商品出口额为 40.24 亿美元，仅占全部版权产业出口额的 1.4％左右。2018 年中国版权产业商品出口额的内部构成详见图 9。

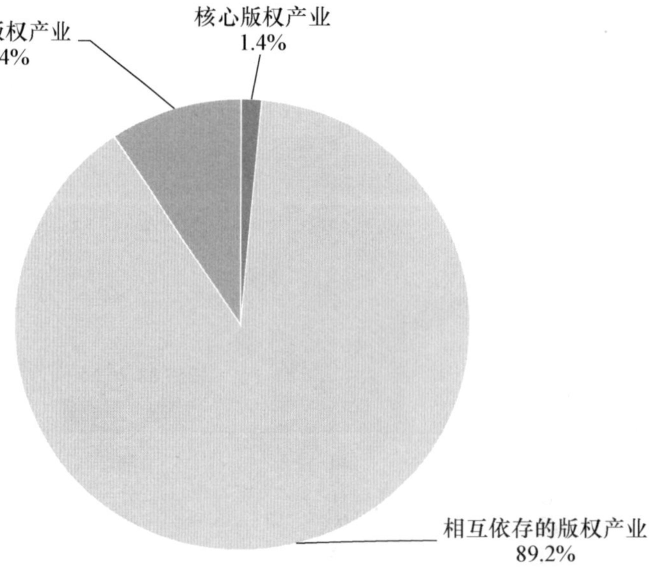

图9　2018年中国版权产业商品出口额的内部构成

中国版权产业出口额较高的商品主要是计算机和有关设备、电视机等类似设备、复印机、玩具和游戏用品。2018年这四类商品的出口额超过2 556亿美元，占中国版权产业商品出口额的90%以上，特别是计算机和有关设备是出口最多的商品，出口额占中国版权产业的一半以上。2018年中国版权产业出口商品的构成情况详见图10。

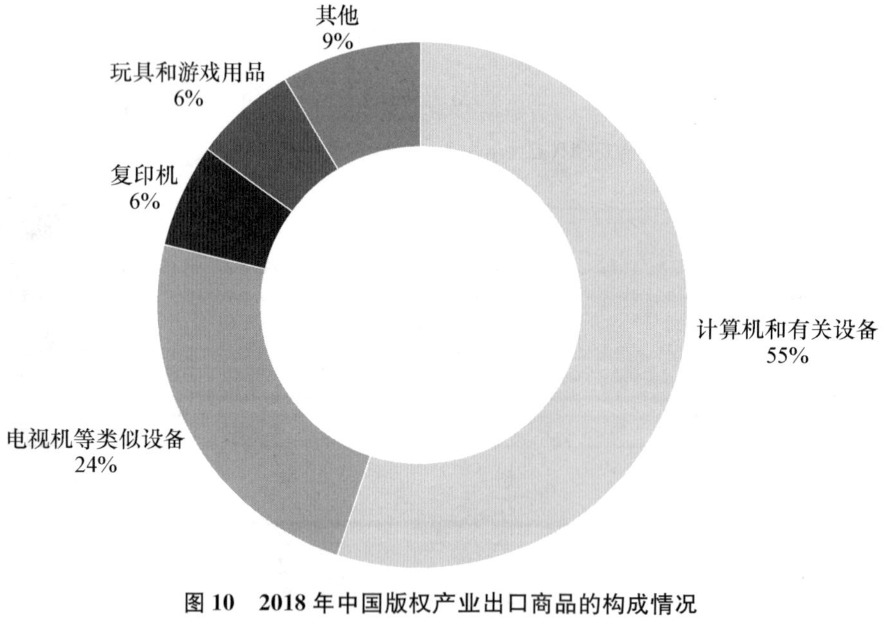

图10　2018年中国版权产业出口商品的构成情况

二、2018年中国版权产业经济贡献的综合分析

2018年是全面贯彻党的十九大精神的开局之年，是改革开放40周年，也是决胜全面建成小康社会、实施“十三五”规划承上启下的关键一年。2018年3月，中共中央印发了《深化党和国家机构改革方案》，中宣部统一管理全国版权工作，充分体现了党中央对宣传思想和知识产权工作的高度重视，中国版权产业迎来了新的发展契机。在党中央的坚强领导下，按照高质量发展的要求，2018年中国版权产业的经济总量继续保持增长，产业结构不断优化，新业态新动能加快发展，城镇单位就业人数在全国中的占比有所提升，商品出口额稳步增长。通过多年的数据可以看出，中国版权产业为我国保持经济持续健康发展和社会大局稳定做出了积极贡献。

（一）版权产业的增加值保持增长，产业结构继续优化

2018年，中国版权产业的行业增加值已达66 341.48亿元人民币，比2017年增长了9.1%，比2006年增长了3.9倍。2006—2018年，中国版权产业的行业增加值年均增长14.2%，高于同期GDP现价年均增速1.7个百分点；中国版权产业行业增加值占GDP的比重由2006年的6.39%提高至2018年的7.37%，在国民经济中的占比提高了0.98个百分点（详见图11）。

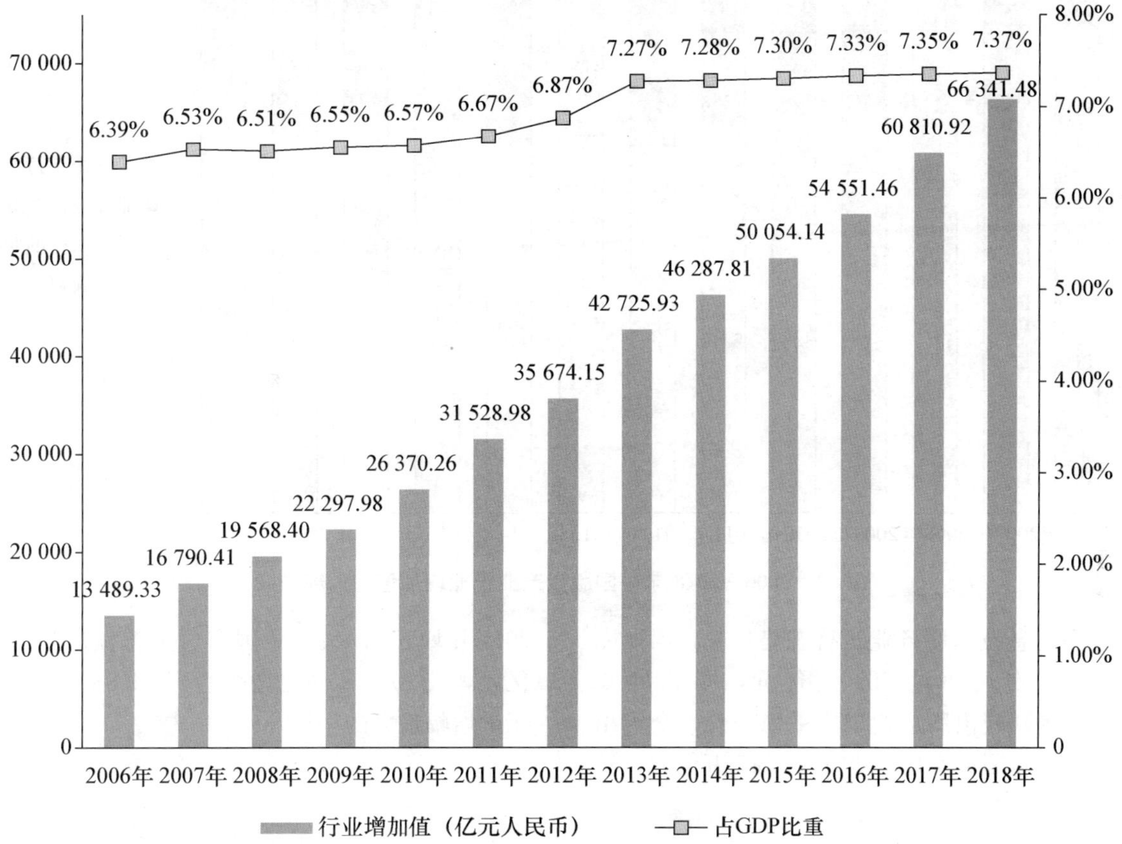

图11　2006—2018年中国版权产业的行业增加值及占GDP比重

中国版权产业不仅在经济总量上实现较大增长，产业结构也不断优化。中国核心版权产业行业增加值在全部版权产业中的比重已经从2006年的48%提高至2018年的63%，提高了15个百分点（详见图12），成为推动中国版权产业发展的主体力量。在创新驱动发展战略的指引下，中国生产消费模式数字化、网络化进程不断加快，核心版权产业中的数字出版、网络视听、动漫游戏、新兴信息技术等新业态发展势头强劲，逐渐成为版权产业发展的新动能和新增长点。2018年，数字出版产业整体收入规模为8 330.78亿元，比上年增长17.8%，其中移动出版和网络游戏的收入超过全年数字出版总收入的三分之一，成为数字出版产业收入的重要支柱；网络视听节目服务繁荣发展，网络视听节目服务收入223.94亿元，比2017年增长56.62%，内容创作日益活跃，网络视听机构用户生产上传节目存量达到10.35亿，比2017年增长23.80%，网络视听付费用户规模达3.47亿人，比2017年增长23.93%；云计算和电子商务平台服务收入增长超过21%，直接拉动软件和信息技术服务业增长4.9个百分点，成为软件产业增长的最重要动力来源[①]。

（二）核心版权产业规模持续扩大，国民经济占比提高

2018年，中国核心版权产业的行业增加值为41 705.70亿元人民币，比2017年增长了9.3%，比2006年增长了5.4倍，2006—2018年中国核心版权产业的行业增加值年均增长16.8%，增速位居版权产业各类别首位，高于同期中国版权产业年均增速2.6个百分点；中国核心版权产业行业增加值占GDP的比重由2006年的3.06%提高至2018年的4.63%，GDP占比提高了1.57个百分点（详见图13），为中国版权产业健康发展提供了有力支撑。其中，软件、新闻出版、设计与广告等是核心版权产业规模较大的几个行业。根据相关数据，2018年，

① 数字出版产业数据来源于中国新闻出版研究院发布的《2018—2019中国数字出版产业年度报告》，网络视听数据来源于国家广电总局发布的《2018年全国广播电视行业统计公报》，软件业数据来源于工业和信息化部发布的《2018年软件和信息技术服务业统计公报》。

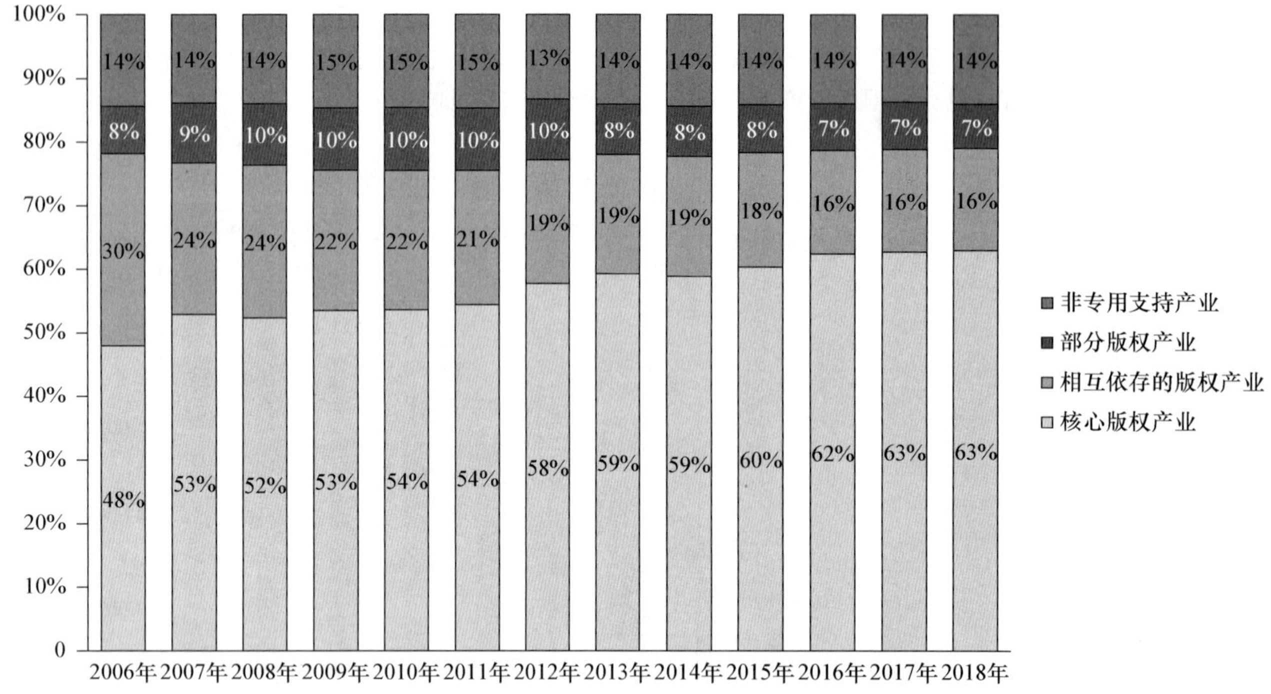

图 12　2006—2018 年中国版权产业行业增加值的内部构成

全国软件和信息技术服务业运行态势良好，累计完成软件业务收入超过 6.3 万亿元，同比增长 14.2%；全国新闻出版产业规模平稳增长，全国出版、印刷和发行服务实现营业收入 1.87 万亿元，较 2017 年增长 3.1%；中国广告经营额达到 7 991.48 亿元，较 2017 年同比增幅达到 15.88%，是最近六年来增幅最大的一年①。

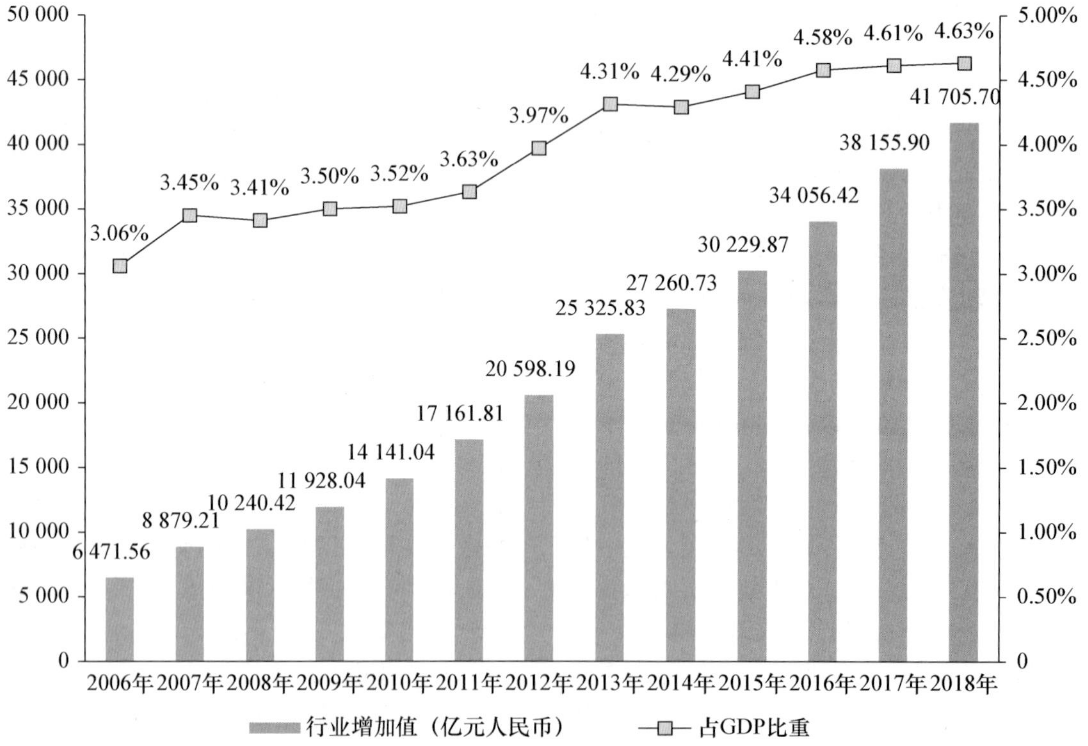

图 13　2006—2018 年中国核心版权产业的行业增加值及占 GDP 比重

① 新闻出版、软件、广告数据分别来源于国家新闻出版署、工业和信息化部、国家市场监管总局的相关报告。

（三）版权产业就业人数占比提高，劳动生产率得到提升

2018 年，中国版权产业的城镇单位就业人数比 2006 年增长了 1.2 倍，中国版权产业城镇单位就业人数占全国城镇单位就业总人数的比重由 2006 年的 6.52%提高至 2018 年的 9.53%，提高了 3.01 个百分点（详见图 14）。受相互依存的版权产业、部分版权产业、非专用支持产业就业人数减少的影响，中国版权产业的城镇单位就业人数在 2018 年出现了近年来的首次下降。2018 年中国版权产业的城镇单位就业人数为 1 645.53 万人，比 2017 年减少了 1.7%。在版权产业增加值依然保持增长的情况下，就业人数的下降反映出中国版权产业的劳动生产率得到提升。

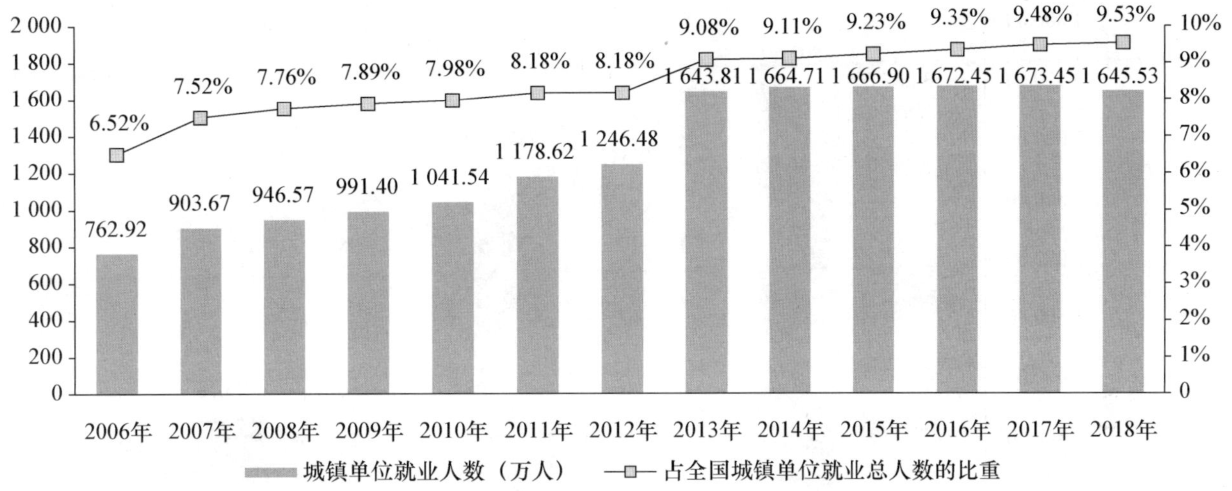

图 14　2006—2018 年中国版权产业的城镇单位就业人数及占全国城镇单位就业总人数的比重

2006—2018 年，中国核心版权产业的城镇单位就业人数保持逐年增长，在全部版权产业中的比重已经从 48%提高至 56%，提高了 8 个百分点（详见图 15），核心版权产业对版权产业就业的支撑作用进一步加大，中国版权产业的就业结构更加优化。

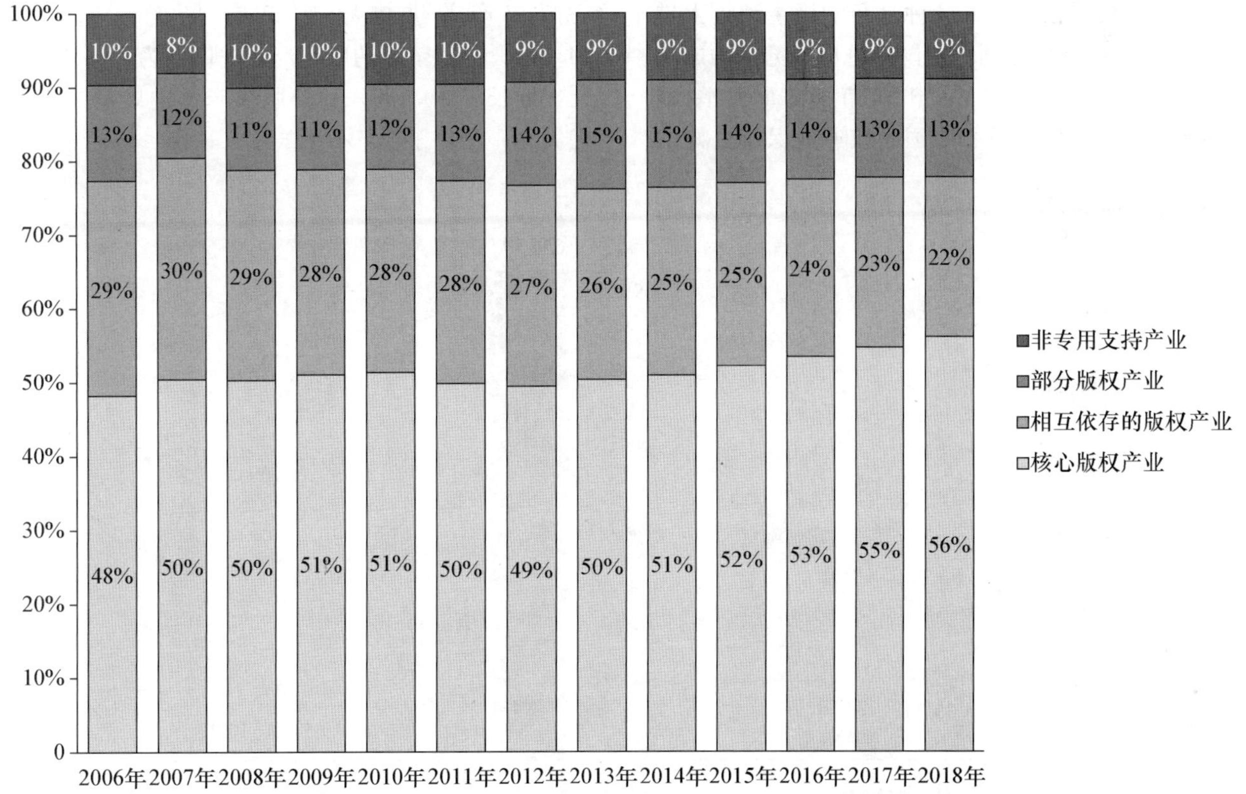

图 15　2006—2018 年中国版权产业城镇单位就业人数的内部构成

（四）版权产业外贸形势总体平稳，商品出口额有所增长

虽然近年来外部环境复杂严峻，但是中国积极采取了一系列促进外贸稳定增长的政策措施，通过减税降费、优化口岸营商环境等相关措施，营造良好营商环境，使版权产业外贸形势总体保持平稳。2018 年，中国版权产业的进出口总额为 3 502.69 亿美元，比 2017 年增长 6.6%，其中出口 2 797.50 亿美元，增长 5.7%，进口 705.18 亿美元，增长 10.3%，实现贸易顺差 2 092.32 亿美元（详见图 16）。

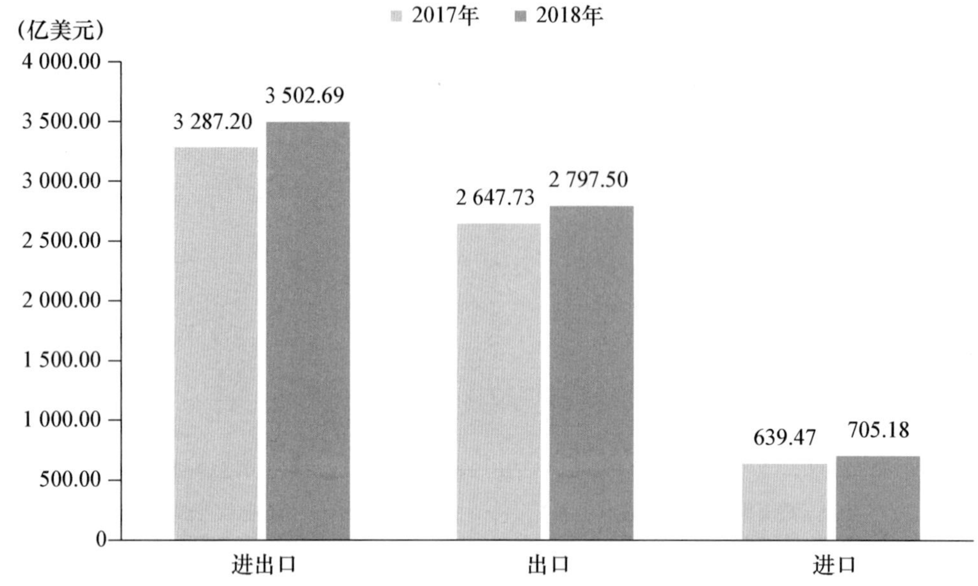

图 16　2017 年和 2018 年中国版权产业的进出口额

1．进口

近年来中国将进口作为促进产业升级和贸易平衡发展的重要手段，采取各种途径积极主动扩大进口，特别是 2018 年首届中国国际进口博览会的成功举办，成为中国主动向世界开放市场的重大举措，这些政策措施有力促进了中国版权产业保持良好的进口增长。2018 年，中国版权产业的商品进口额为 705.18 亿美元，比 2017 年增长 10.3%。其中，核心版权产业进口额为 38.70 亿美元，增长了 14.7%；相互依存的版权产业进口额为 656.39 亿美元，增长了 10.1%；部分版权产业进口额为 10.09 亿美元，增长了 5.7%（详见图 17）。

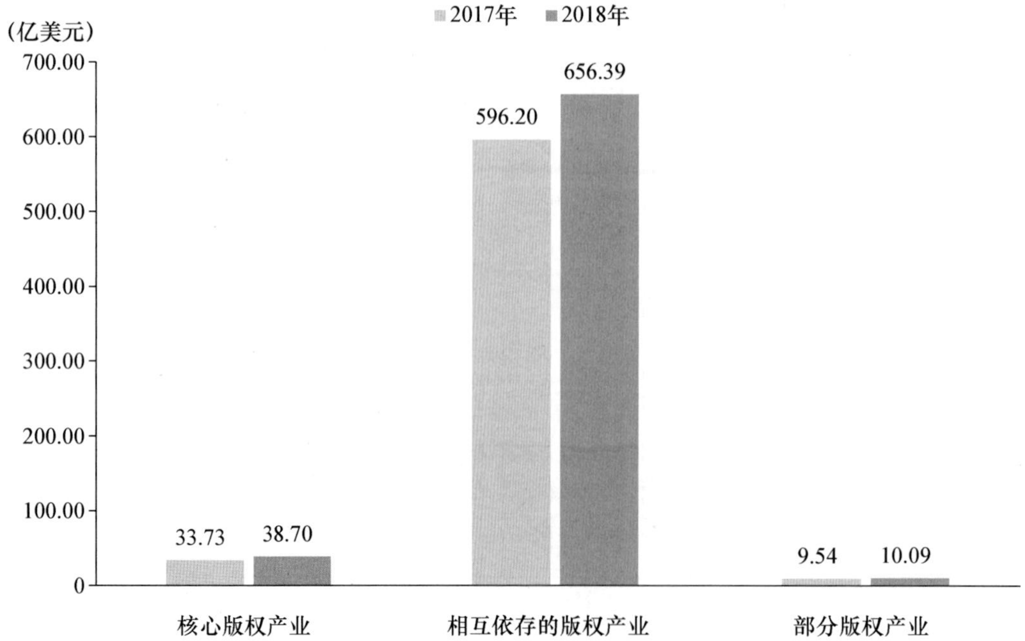

图 17　2017 年和 2018 年中国版权产业的商品进口额

从进口商品来看，进口额较多的依次是计算机和有关设备、电视机等类似设备、复印机、照相和电影摄影器材、电影和影带、纸张、空白录音介质等，特别是计算机和电视机等视听产品，占2018年中国版权产业进口额的69%（详见图18）。

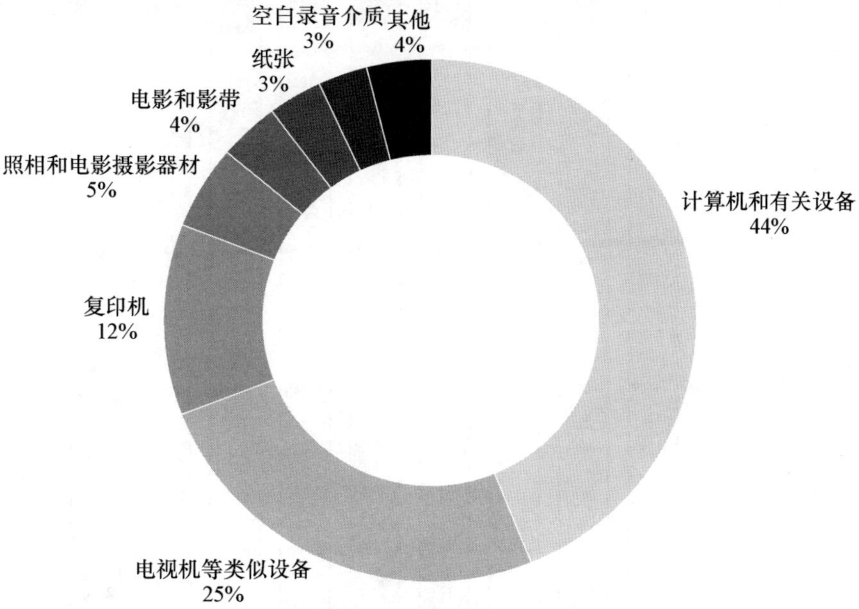

图18　2018年中国版权产业进口商品的构成情况

2. 出口

受世界经济放缓和外部环境影响，近年来中国版权产业的商品出口额起伏波动较大，2015年和2016年出口持续下降，但随着中国稳外贸政策作用的逐渐显现，版权产业的商品出口额在2017年和2018年已连续两年保持平稳增长，在全国商品出口总额中的比重也稳定在11%以上（详见图19）。

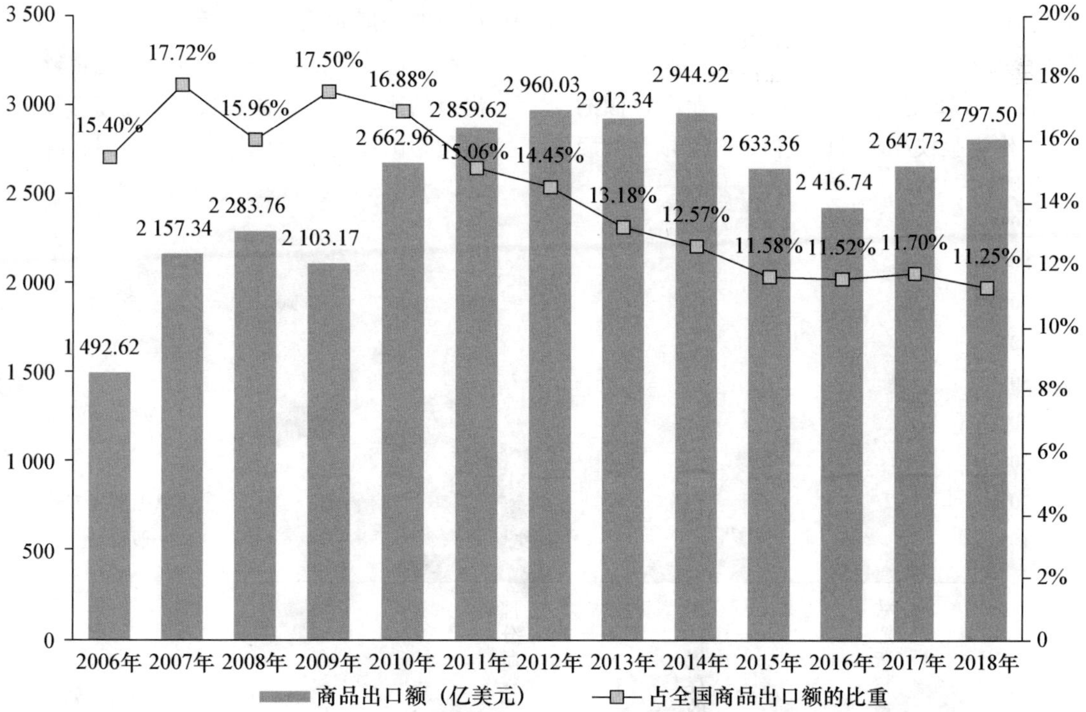

图19　2006—2018年中国版权产业的商品出口额及占全国商品出口额的比重

相互依存的版权产业是中国版权产业的出口主体，一直占全部版权产业出口的90%左右。从出口商品来看，2018年出口额较多的依次是计算机和有关设备、电视机等类似设备、复印机、玩具和游戏用品，分别占全部版权产业出口额的55%、24%、6%、6%，特别是计算机、电视机等视听产品出口额较大，这两类商品占版权产业出口额的 79%。核心版权产业出口不足，仅占全部版权产业出口额的 1.4%左右（详见图 20）。

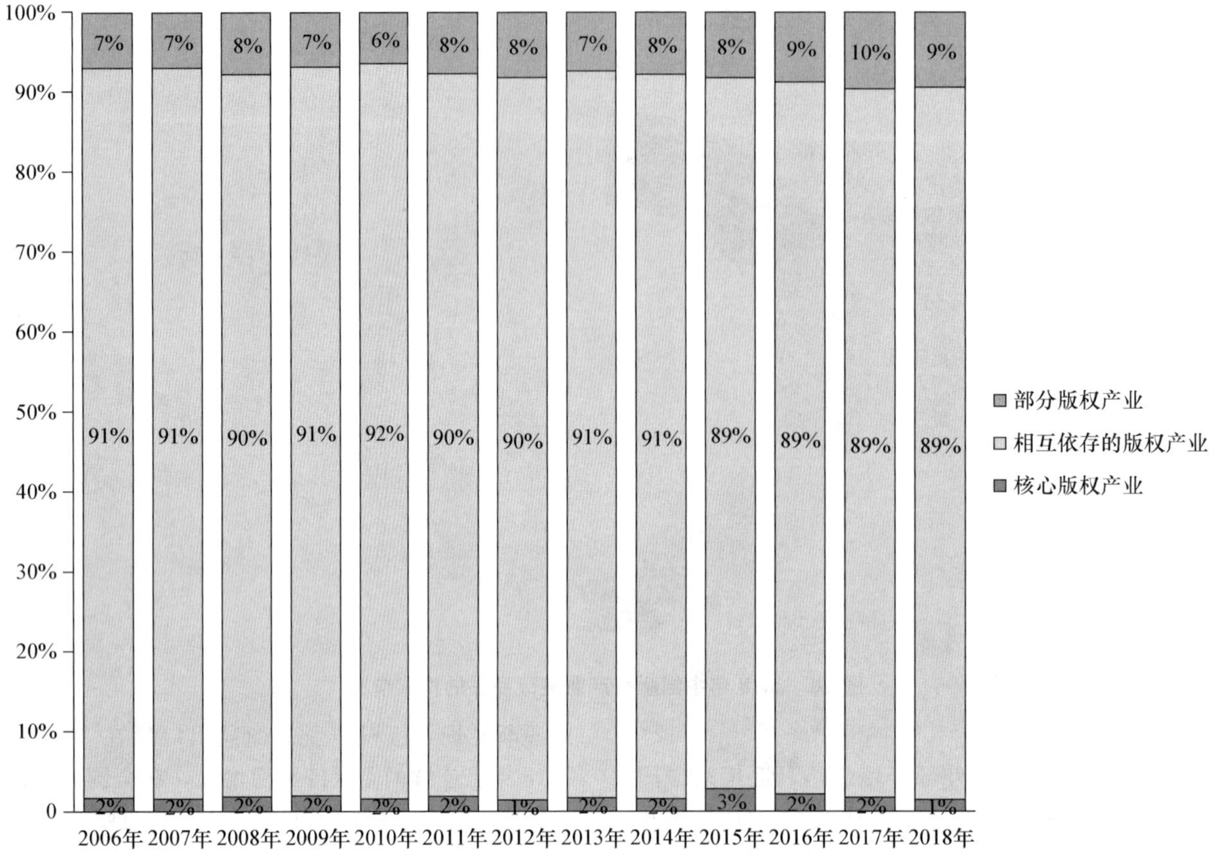

图 20　2006—2018 年中国版权产业商品出口额的内部构成

3. 贸易方式

从贸易方式来看，2018 年中国版权产业的一般贸易出口额为 527.12 亿美元，占版权产业出口额的 19%。其中，作为版权产业出口主体的相互依存的版权产业的一般贸易出口比重仅为 15%，特别是计算机等高端电子产品的一般贸易出口比重较低，加工贸易出口的比重较高。核心版权产业和部分版权产业的一般贸易出口比重分别为 56%和 51%（详见图 21）。

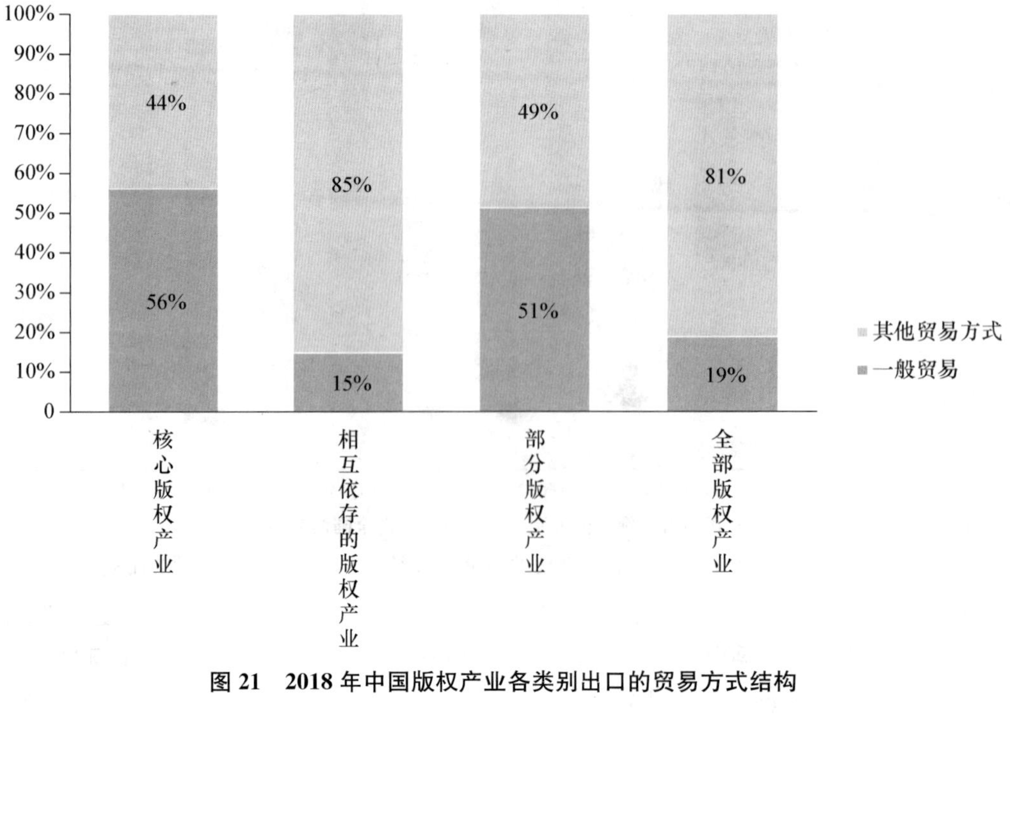

图 21　2018 年中国版权产业各类别出口的贸易方式结构

这反映出中国版权产业出口仍以低附加值的加工贸易方式为主，出口贸易方式结构有待优化。

三、中国版权产业经济贡献的调研方法

本项目按照世界知识产权组织《版权产业的经济贡献调研指南》（以下简称《指南》）中提供的方法开展，以定量研究方法为主，在版权产业概念、数据来源、测算方法等方面与《指南》基本保持一致，并结合实地调研，对2018年中国版权产业经济贡献的整体情况进行了测算分析。

（一）中国版权产业的概念与分类

世界知识产权组织将版权产业定义为“版权可发挥显著作用的活动或产业”①，并将其分为四类：核心版权产业、相互依存的版权产业、部分版权产业和非专用支持产业②。本项目参照《指南》关于版权产业的界定，将中国版权产业定义为：全部或部分活动与中国版权法保护的作品或其他受版权法保护的客体相关的产业，这些活动包括创作、制作、表演、广播、传播以及展览或者发行和销售③。本项目在中国版权产业分类上亦遵循《指南》的原则，但根据中国版权法关于作品的具体分类，对主要产业组的名称进行了调整。中国版权产业的具体分类如下：

1\. 核心版权产业

核心版权产业是完全从事作品及其他受保护客体的创作、制作和制造、表演、广播、传播和展览或销售和发行的产业，包括9个产业组：文字作品，音乐、戏剧制作、曲艺、舞蹈和杂技，电影和影带，广播和电视，摄影，软件和数据库，美术与建筑设计、图形和模型作品，广告服务，版权集体管理与服务④。

2\. 相互依存的版权产业

相互依存的版权产业是从事制作、制造和销售，其功能完全或主要是为作品及其他受版权保护客体的创作、制作和使用提供便利的设备的产业，包括以下7个产业组：电视机、收音机、录像机、CD播放机、DVD播放机、磁带播放机、电子游戏设备以及其他类似设备，计算机和有关设备，乐器，照相和电影摄影器材，复印机，空白录音介质，纸张⑤。

3\. 部分版权产业

部分版权产业是部分活动与作品或其他受版权保护客体相关的产业，包括10个产业组：服装、纺织品与制鞋，珠宝和硬币，其他手工艺品，家具，家庭用品、陶瓷和玻璃，墙纸与地毯，玩具和游戏用品，建筑、工程、调查，内部装修设计，博物馆⑥。

4\. 非专用支持产业

非专用支持产业是部分活动与促进作品及其他受版权保护客体的广播、传播、发行或销售相关且这些活动没有被纳入核心版权产业的产业。这些产业计量的是远离核心版权产业的溢出效果，它们的职能是版权产业与其他产业共享的。非专用支持产业包括3个产业组：一般批发和零售产业，一般运输产业，电话和互联网产业⑦。

中国版权产业主要行业见图22。

（二）定量研究的测算方法

本项目以《指南》为基础，以定量研究为主，通过测算行业增加值、城镇单位就业人数和商品出口额这三项指标，来具体衡量中国版权产业的经济贡献。

1\. 定量研究的指标

《指南》认为，版权产业规模占GDP比重、就业机会、对外贸易这三项指标可以相互补充提供某一国家版权产业全面的、横向的情况⑧，因而本项目也采用这些指标。其中对外贸易方面包括货物贸易和服务贸易两部分，由于中国现有统计制度无法准确对版权产业的服务贸易进行较为详细的分类统计，因而只能估算版权产业的货物贸易（即商品出口额）。因此中国版权产业的具体测算指标为行业增加值、城镇单位就业人数和商品出口额。其中，行业增加值是一定时期内中国版权产业所生产和提供

---

① 世界知识产权组织. 版权产业的经济贡献调研指南［M］. 北京：法律出版社，2006：132.

② 同①38.

③ 柳斌杰. 中国版权相关产业的经济贡献［M］. 北京：中国书籍出版社，2010：25.

④ 同①42-45. 本项目对世界知识产权组织的分类名称进行了部分调整，包括将“新闻和文学作品”改为“文字作品”，将“音乐、戏剧制作、歌剧”改为“音乐、戏剧制作、曲艺、舞蹈和杂技”，将“视觉和绘画艺术”改为“美术与建筑设计、图形和模型作品”，将“版权集体管理协会”改为“版权集体管理与服务”。

⑤ 同①47-48.

⑥ 同①48-49.

⑦ 同①50-51.

⑧ 同①52-53.

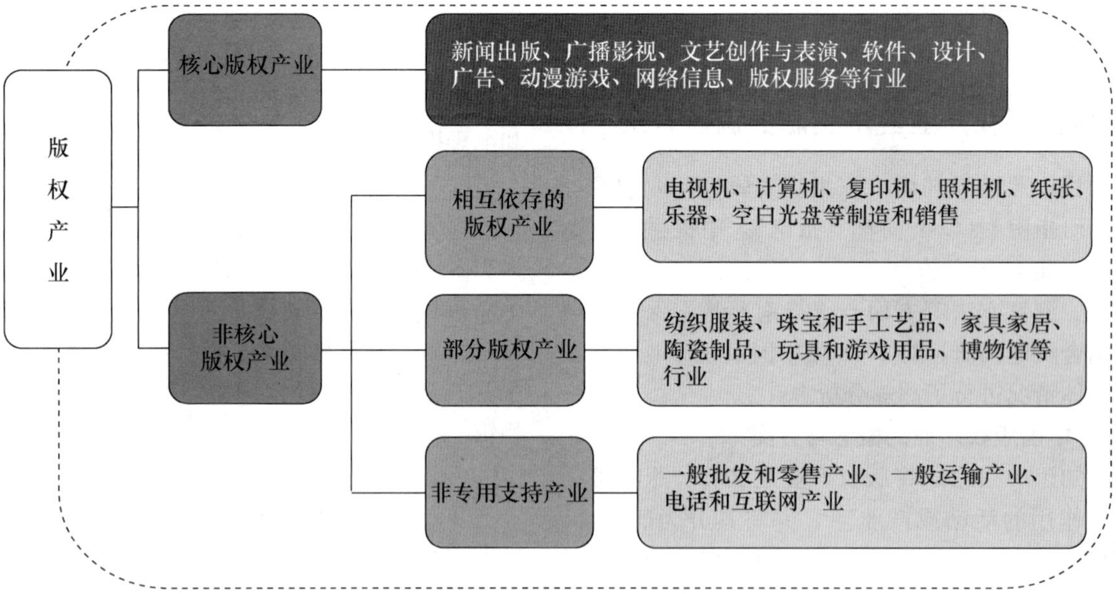

图 22　中国版权产业的分类及包含的主要行业

的全部最终产品和服务的市场价值的总和，是国民经济核算的一项重要指标；就业人数是从事版权产业的人口数量，反映版权产业为社会提供的就业机会，本项目选择的就业人数口径为城镇单位就业人数；商品出口额反映中国版权产业向国外或境外出口的货物商品的价值，是衡量对外贸易的重要指标。

2．定量研究的基础数据

为了使调查具有可信度，本项目定量研究的基础数据以官方统计数据为主，主要包括：相关年度的经济普查数据及《中国经济普查年鉴》，国家统计局编写、中国统计出版社出版的相关年度《中国统计年鉴》及其他统计年鉴，国家新闻出版署（国家版权局）、国家电影局、工业和信息化部、国家广播电视总局、海关总署、中国电子信息行业联合会等行业主管部门和行业协会提供或发布的行业数据及报告等。

3．定量研究的具体测算

在具体测算上，首先根据中国现有统计分类标准对版权产业的具体分类进行筛选，其中行业增加值和就业人数按照国家统计局制定的《国民经济行业分类》筛选出 4 位代码行业小类，商品出口额按照海关总署出版的《中华人民共和国海关统计商品目录》筛选出 8 位商品编号；然后按照收集的基础数据计量行业增加值、就业人数和商品出口额，其中行业增加值采用收入法计算，具体测算方法按照国家统计局国民经济核算司编著的《中国经济普查年度国内生产总值核算方法》进行，就业人数和商品出口额则分别在 4 位代码行业小类和 8 位商品编号上直接进行；最后对数据测算结果进行汇总。

4．版权因子

为了将不能完全归入版权范畴的成分排除在外，《指南》提出了版权因子的概念，即确定某一产业中版权产业所占的比例①。除核心版权产业的版权因子为 100％之外，相互依存的版权产业、部分版权产业和非专用支持产业的版权因子需要分别确定，因而版权产业四个类别的行业增加值、就业人数和商品出口额为相关数据乘以各自版权因子之后的数值。本项目主要通过抽样调查（问卷调查与特殊访谈）、国际比对和量化计算几种方式②确定中国版权产业各类别的版权因子。

（三）实地调研

在定量研究之外，本项目还多次对中国版权产业的主要地区和行业开展了实地调研工作。开展实地调研：一是可以为数据测算提供重要补充，如对各行业的实地调研成为确定各产业组版权因子的重要参考；二是可以在数据之外获取到版权产业各行业发展的新特点新趋势，为结论分析提供重要支撑，提高调研结果的可信性，更加全面、真实地反映中国版权产业的发展现状。

① 世界知识产权组织．版权产业的经济贡献调研指南［M］．北京：法律出版社，2006：85.

② 柳斌杰．中国版权相关产业的经济贡献［M］．北京：中国书籍出版社，2010：47.

中国网络版权产业发展报告（2019）

国家版权局网络版权产业研究基地

一、概念与范畴界定

（一）中国网络版权产业的概念与范畴界定

世界知识产权组织（WIPO）于2003年发布了《版权产业的经济贡献调研指南》，并于2015年进行了更新，目的在于为各国调查测量版权产业规模提供实用的指导，并确立用于比较参照的指标体系以及测量方法。

按照WIPO的界定，版权产业是指版权可发挥显著作用的产业，是国民经济中与版权相关的诸多产业部门的集合。这些产业部门的共同特点是以版权制度为存在基础，其发展与版权保护息息相关。按照WIPO的分类，版权产业分为核心版权产业、相互依存的版权产业、部分版权产业及非专用支持产业四个类别。

国家统计局于2018年修订《文化及相关产业分类（2018）》，保持文化及相关产业“为社会公众提供文化产品和文化相关产品的生产活动的集合”的定义不变，分类原则不变，新增如“娱乐用智能无人飞行器制造”“可穿戴文化设备和其他智能文化消费设备制造”等符合文化及相关产业定义的文化新业态，重点调整了分类类别结构。目的是将以“互联网＋”为依托的文化新业态纳入统计范围，准确反映文化产业新的增长点。

本报告沿袭WIPO的界定思路，与国家统计局公布的“文化及相关产业”定义分类有效衔接，将网络版权产业定义为：以版权制度为存在基础，与版权保护息息相关的网络经济活动和产业部门的集合；这些网络经济活动和产业部门的基本活力植根于其主要网络产品、网络应用与网络服务所获得的版权及相关权利的法律保护。

同样，本报告也将广义的网络版权产业划分为网络核心版权产业、相互依存的网络版权产业、部分网络版权产业及非专用支持网络版权产业四个组别。

（二）网络核心版权产业的概念与内涵

按WIPO指南的思路，核心版权产业与其他类别的版权产业的重要区别是其直接依赖于版权保护。没有版权保护，核心版权产业将不会作为一个种类而存在；即便存在，其产业面貌也将大为不同。与此形成鲜明对比的是，其他门类的版权产业并不直接依赖版权保护。核心版权产业是最为重要的版权产业门类，是衡量整体版权产业对国民经济贡献的主要参照，各国有关调查均将其作为重中之重。

同理，网络核心版权产业也是网络版权产业的重心。因此，本报告聚焦中国网络核心版权产业，并不将“相互依存的网络版权产业”（如硬件制造业），以及“部分网络版权产业”（如周边商品工程设计）等纳入研究范畴。

综上，为精简表述，以下将以“网络版权产业”代指“网络核心版权产业”，其具体定义为：通过网络技术和应用，从事版权内容创造、生产与制造、表演、传播与展出、发行与销售行为，并依赖网络和版权保护的内容的产业。

（三）中国网络版权产业的分类与子类范畴

中国网络版权产业分为九个子类：

网络文学：指作家以互联网为发表平台和传播媒介，以纯文字为表现手段，在网络上创作发表供网民付费/免费阅读的文学作品、类文学文本；网络文学与电子书、数字杂志、互动类图书APP、有声阅读等数字出版内容加总时，合计为数字阅读。

网络长视频：特指以流媒体为播放格式，可以实现在线点播的长视频服务。包括通过PC端页面、PC客户端、OTT客户端和移动端进行的视频点播以及缓存下载，重点关注除动画作品以外的网播电影、电视剧、综艺、纪录片和其他视频内容发展状况。

网络动漫：指以互联网为发行渠道，以漫画、动画为内容载体，展现超现实内容的图片和视听类作品，包括网络漫画平台发行的数字格式漫画作品、网络视频平台放映的动画剧集和动画电影等，同时包含低幼向和非低幼向作品。

网络游戏：包括互联网PC客户端游戏、PC浏览器端游戏、移动平台游戏以及家用主机游戏，但不包括游戏主机、配套硬件和线下大型游艺设备，衍生出的电子竞技和移动电竞所产生的内容作品（如直播、节目、视频剪辑等）则计入网络直播或网络视频。

网络音乐：指互联网 PC 端页面、客户端以及移动应用等在线音乐平台为用户提供的收听、下载、观看、互动等音乐服务，包括网络 K 歌以及音乐平台用户对音乐演艺直播的互动打赏（不重复计入网络直播），不包括电信增值业务（彩铃等）。

网络新闻：指以互联网为传播渠道，以纯文字或富媒体为表现手段，通过 PC 端网页和移动应用推送的供网民付费/免费阅读的新闻资讯类内容和自媒体内容，包括聚合类新闻应用、独立或垂直领域新闻应用、自媒体平台内容和部分知识付费类应用。

网络直播：包括以流媒体为输出格式，为用户提供实时收听、观看、互动的在线直播类视听类网络服务，包括 PC 端和移动端应用视频直播，重点包含游戏直播、秀场直播等泛娱乐类直播业态；若网络直播与其他业态交叉融合则根据平台差异进行分类。

网络短视频：指播放时长在 5 分钟以下、基于 PC 端和移动端传播的视频内容形式，具有鲜明的碎片化特征。因短视频业态迅速发展，暂只统计短视频平台的内容，而短视频与其他业态交叉融合则根据平台差异进行分类划归。

VR/AR 内容：主要聚焦依托增强现实技术和虚拟现实平台创作的消费级视听和游戏内容，平台涵盖各类 VR 头显和 AR 头显，如无屏/手机头显（Screenless Viewer）、一体机/独立头显（Standalone HMD）、主机/系留头显（Tethered HMD），不包括硬件。

（四）中国网络版权产业的数据来源与测算方法

本报告依照中国网络版权产业当前的发展阶段与特色，聚焦各细分产业用户规模数据、市场规模数据、流量时长数据等核心基本面数据。

网络文学：数据来源自 CNNIC、中国音像与数字出版协会、艾瑞咨询、群邑智库、骨朵传媒，并经腾讯研究院根据各上市企业财报、腾讯相关业务和相关生态企业运营状况，对各来源数据进行交叉验证和调整择优，得出综合测算结果。

网络长视频：数据来源自 CNNIC、中国网络视听节目服务协会、奥维云网、艾瑞咨询、艺恩智库、骨朵传媒，并经腾讯研究院根据各上市企业财报以及腾讯相关业务和相关生态企业运营状况，对各来源数据进行交叉验证和调整择优，得出综合测算结果。

网络动漫：数据来源自 CNNIC、艾瑞咨询、易观智库、QuestMobile、艺恩智库、群邑智库，并经腾讯研究院根据各上市企业财报、企业投融资报道以及腾讯相关业务和相关生态企业运营状况，对各来源数据进行交叉验证和调整择优，得出综合测算结果。

网络游戏：数据来源自 CNNIC、中国音像与数字出版协会游戏工委、伽马数据、艾瑞咨询、QuestMobile，并经腾讯研究院根据各上市企业财报以及腾讯相关业务和相关生态企业运营状况，对各来源数据进行交叉验证和调整择优，得出综合测算结果。

网络音乐：数据来源自 CNNIC、中国音像与数字出版协会音乐产业促进工作委员会、艾瑞咨询，并经腾讯研究院根据各上市企业财报以及腾讯相关业务和相关生态企业运营状况，对各来源数据进行交叉验证和调整择优，得出综合测算结果。

网络新闻：数据来源自 CNNIC、艾瑞咨询、新榜，并经腾讯研究院根据各上市企业财报、企业投融资报道以及腾讯相关业务和相关生态企业运营状况，对各来源数据进行交叉验证和调整择优，得出综合测算结果。

网络直播：数据来源自 CNNIC、中国网络视听节目服务协会、艾瑞咨询、易观智库、QuestMobile，并经腾讯研究院根据各上市企业财报以及腾讯相关业务和相关生态企业运营状况，对各来源数据进行交叉验证和调整择优，得出综合测算结果。

网络短视频：数据来源自 CNNIC、中国网络视听节目服务协会、艾瑞咨询、QuestMobile、新榜，并经腾讯研究院根据企业投融资报道以及腾讯相关业务和相关生态企业运营状况，对各来源数据进行交叉验证和调整择优，得出综合测算结果。

VR/AR 内容：数据来源自 IDC、信通院、艾瑞咨询、赛迪顾问、中国产业信息网、中国音像与数字出版协会游戏工委、伽马数据，并经腾讯研究院根据企业投融资报道以及腾讯相关业务和相关生态企业运营状况，对各来源数据进行交叉验证和调整择优，得出综合测算结果[①]。

① 2019 年部分数据采信自以上数据来源的初步预测数据或基于既有增长率的合理预测，截至 2020 年 2 月。另，中国网络版权产业仍然处于创新发展阶段，盈利模式尚在摸索，以市场规模即产业企业的营收规模总计，替代国家统计局通行的行业增加值规模，更能准确反映产业早期发展状况。

二、2019 年中国网络版权产业发展概况

（一）2019 年中国网络版权产业规模与结构

1．2019 年中国网络版权产业规模

2019 年，中国网络版权产业市场规模达 9 584.2 亿元，同比增长 29.1%。从 2013 年至 2019 年，中国网络版权产业市场规模持续保持较快增长，2019 年总规模相较 2013 年的 2 157.8 亿元增长超过 3 倍（见图 1）。

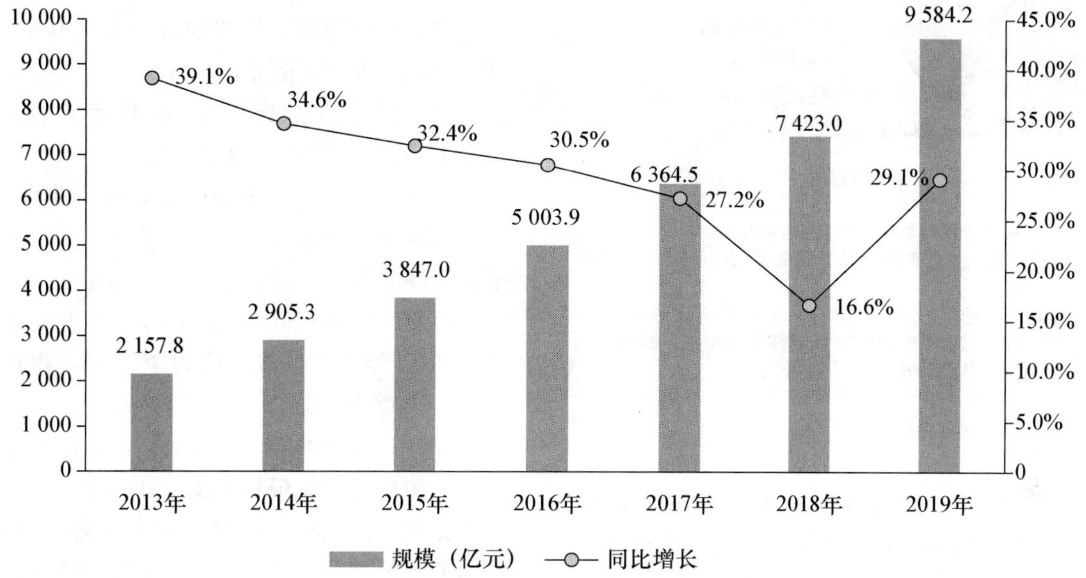

图 1　2013—2019 年中国网络版权产业市场规模

资料来源：中国音像与数字出版协会、中国网络视听节目服务协会、艾瑞咨询、艺恩智库，腾讯研究院 2020 年 2 月综合测算。

从相对规模来看，2019 年中国网络版权产业市场规模（9 584.2 亿元）相当于 GDP（99.1 万亿元）的 0.967%，相比 2018 年的 0.825%提升 0.142 个百分点①。面对 2019 年充满挑战的国内外形势，中国网络版权产业积极进行业态创新、结构调整和技术布局，提升版权内容质量，实现了整体的平稳快速发展。

2．2019 年中国网络版权产业结构与细分结构变化

从市场结构来看，2019 年中国网络版权产业核心业态走向稳定，产业结构更加多元，盈利模式逐步成型，新业态展示出巨大潜力。

2019 年，网络新闻媒体和网络游戏依然为中国网络版权产业的核心业态，二者市场规模合计占比 63.7%。其中，网络新闻媒体市场规模在所有细分业态中保持首位，规模占比较上年有所提升（见表 1 和图 2）。

表 1　2019 年中国网络版权细分产业市场规模

网络版权细分产业	市场规模（亿元）	规模占比（%）
网络文学	188.0	1.96
网络长视频（不含动画）	1 106.4	11.54
网络动漫（含漫画、动画）	187.1	1.95
网络游戏	2 308.8	24.09
网络音乐	281.0	2.93
网络新闻媒体	3 795.0	39.60
网络直播	660.4	6.89
网络短视频	1 007.0	10.51
VR/AR 内容	50.5	0.53

资料来源：中国音像与数字出版协会、中国网络视听节目服务协会、艾瑞咨询、艺恩智库，腾讯研究院 2020 年 2 月综合测算。

注：网络动画普遍以网络长视频平台专有频道的形式存在，在统计市场规模时，与网络长视频市场规模需要切割，故不计入网络长视频，与网络漫画一并计入网络动漫。

网络新闻媒体不仅包含纯粹的新闻资讯网站和应用，也包含各类生产版权内容的垂直媒体、社交媒体、自媒体平台、媒体社区以及搜索联盟网站，但不含电商网站。

① 根据中国政府网、中国新闻出版研究院、CNNIC、中国音像与数字出版协会、中国广告协会、艾瑞咨询、易观智库、艺恩智库及知名证券公司研究部数据，腾讯研究院 2020 年 2 月综合测算。但是需注意，网络版权产业规模的统计口径和 GDP 的统计口径不同，产业规模不等于增加值。

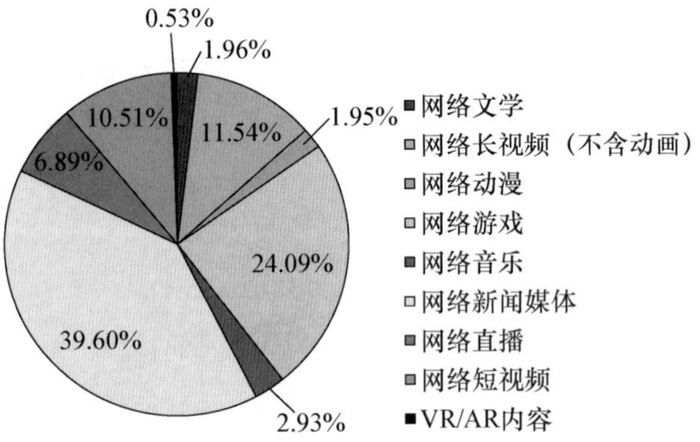

图 2　2019 年中国网络版权产业细分结构

资料来源：中国音像与数字出版协会、中国网络视听节目服务协会、艾瑞咨询、艺恩智库，腾讯研究院 2020 年 2 月综合测算。

注：网络动画普遍以网络长视频平台专有频道的形式存在，在统计市场规模时，与网络长视频市场规模需要切割，故不计入网络长视频，与网络漫画一并计入网络动漫。

网络新闻媒体不仅包含纯粹的新闻资讯网站和应用，也包含各类生产版权内容的垂直媒体、社交媒体、自媒体平台、媒体社区以及搜索联盟网站，但不含电商网站。

与此同时，产业结构持续朝多元化方向发展。2019 年，包括长视频、短视频、直播在内的各类视频业态发展迅速，市场规模占比达到 28.9%，超过网络游戏的 24.1%（见图 3）。视频类业态获得巨大进步的原因在于短视频和直播的跨界融合创新，例如短视频应用纳入直播功能，直播与电商跨界导流等，并得到了市场的极大认可。

（二）2019 年中国网络版权产业盈利模式

1. 盈利模式以广告和用户付费为主，用户付费占比略有下降

2019 年中国网络版权产业盈利模式主要包括用户付费、版权运营和广告收入三类。其中，广告及其他收入达 5 060 亿元，占 52.7%。用户付费规模达 4 444 亿元，占 46.4%。版权运营收入规模达 83.4 亿元，占 0.9%（见图 4）。

2016—2019 年，中国网络版权产业用户付费规模连续增长，盈利结构占比一度超过 50%。但随着下沉市场的开拓，四、五线城市及农村用户更习惯于“免费＋广告模式”，这拉动了广告收入的增长。因此 2019 年用户付费占比为 46.4%，相较 2018 年的 49.7%略有下降（见图 5）。

2. 用户付费结构日益多元，付费总规模不断提升

从用户付费规模构成看，虽然网络游戏仍占有较大比例，但包括短视频、网络直播和网络长视频在内的视频类业态的付费规模占比逐年增长，网络文学、网络音乐、网络动漫等也都构建起了较为成熟的付费订阅会员模式（见表 2）。

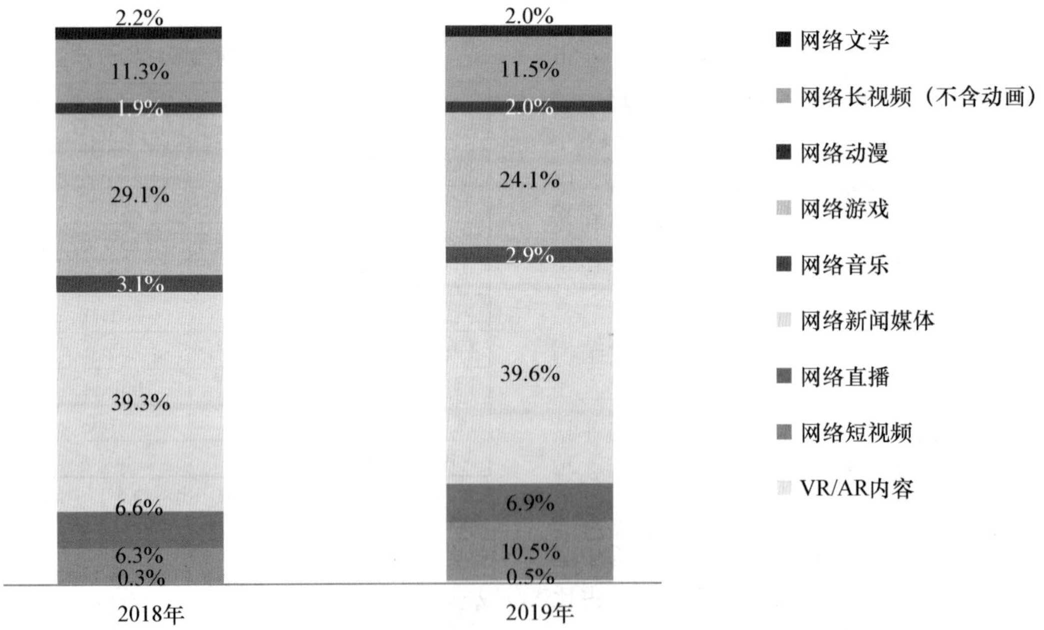

图 3　2016—2019 年中国网络版权产业主要细分结构变化

资料来源：中国音像与数字出版协会、中国网络视听节目服务协会、艾瑞咨询、艺恩智库，腾讯研究院 2020 年 2 月综合测算。

注：网络动画普遍以网络长视频平台专有频道的形式存在，在统计市场规模时，与网络长视频市场规模需要切割，故不计入网络长视频，与网络漫画一并计入网络动漫。

网络新闻媒体不仅包含纯粹的新闻资讯网站和应用，也包含各类生产版权内容的垂直媒体、社交媒体、自媒体平台、媒体社区以及搜索联盟网站，但不含电商网站。

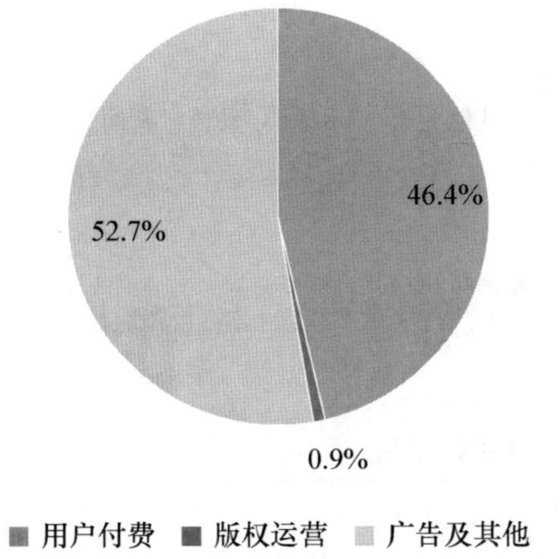

图 4　2019 年中国网络版权产业盈利模式

资料来源：中国音像与数字出版协会、中国音像与数字出版协会游戏工委、艾瑞咨询、艺恩智库，腾讯研究院 2020 年 2 月综合测算。

注：为粗略统计，用户付费规模指最终用户消费购买、付费订阅、付费打赏、付费参与的金额总计，部分产业在整体上由用户付费模式支撑，为方便统计，忽略掉占比极小的其他收入。

表 2　2019 年中国网络版权细分产业用户付费规模

网络版权细分产业	用户付费规模（亿元）
网络文学	157.9
网络长视频（不含动画）	459.6
网络动漫（含漫画、动画）	72.1
网络游戏	2 308.8
网络音乐	267.0
网络新闻媒体	35.0
网络直播	503.5
网络短视频	604.2
VR/AR 内容	35.7
总计约合	4 443.8

资料来源：中国音像与数字出版协会、中国音像与数字出版协会游戏工委、艾瑞咨询、艺恩智库，腾讯研究院 2020 年 2 月综合测算。

注：为粗略统计，用户付费规模指最终用户消费购买、付费订阅、付费打赏、付费参与的金额总计，部分产业在整体上由用户付费模式支撑，为方便统计，忽略掉占比极小的其他收入。

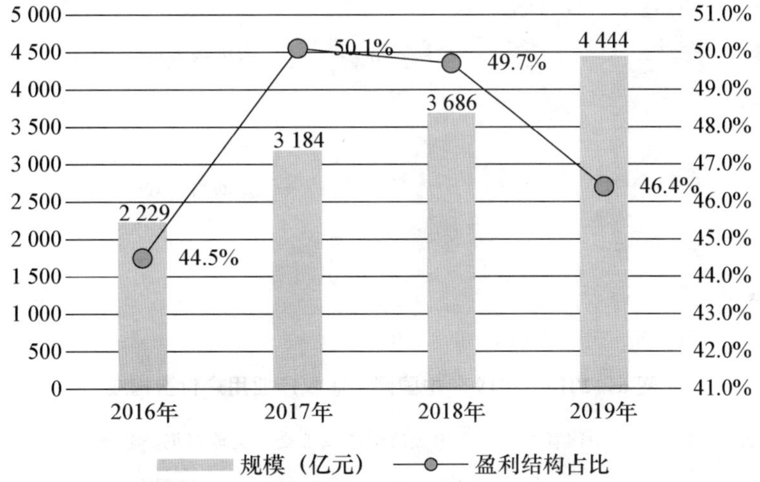

图 5　2016—2019 年中国网络版权产业用户付费规模

资料来源：中国音像与数字出版协会、中国音像与数字出版协会游戏工委、艾瑞咨询、艺恩智库，腾讯研究院 2020 年 2 月综合测算。

注：为粗略统计，用户付费规模指最终用户消费购买、付费订阅、付费打赏、付费参与的金额总计，部分产业在整体上由用户付费模式支撑，为方便统计，忽略掉占比极小的其他收入。

2019 年中国网络版权产业用户付费结构更为多元。从历史数据可以看到，在 2016 年，用户的付费多集中在网络游戏领域。但近几年来新兴业态持续涌现，使得用户注意力更加分散，观看的兴趣快速向各新兴内容业态转移。这使得 2019 年网络游戏用户付费规模占比从 2016 年的 80.3%大幅度降低到 52.0%，而短视频和直播的用户付费规模占比则从 2016 年的 8.1%提升至 24.9%（见图 6）。

（三）2019 年中国网络版权产业五大新气象

1. 网络版权产业传播正能量

2019 年是新中国成立 70 周年，网络版权产业高举爱国旗帜，弘扬新时代的追梦和奋斗精神，围绕国庆大典的系列主题报道、铭记建国英烈的纪录片、描绘当代建设成就的手游等内容获得广泛传播。

在网络新闻方面，推出庆祝新中国成立 70 周年大型主题报道，互联网携手官方媒体，发挥网络媒体平台优势，借助全平台产品能力和技术能力，创新叙事手段，用充满时代感的表达，全方位呈现祖国 70 年来的辉煌历程及全民奋进的精神风貌。

在网络视听方面，网络纪录片《见证初心和使命的十一书》由 12 位文艺工作者以讲述的方式，再现 11 位英烈的感人故事，展示了共产党人用生命和鲜血铸就的信念与忠诚、永远坚守的初心和使命。外交题材史诗剧《外交风云》在北京卫视、广东卫

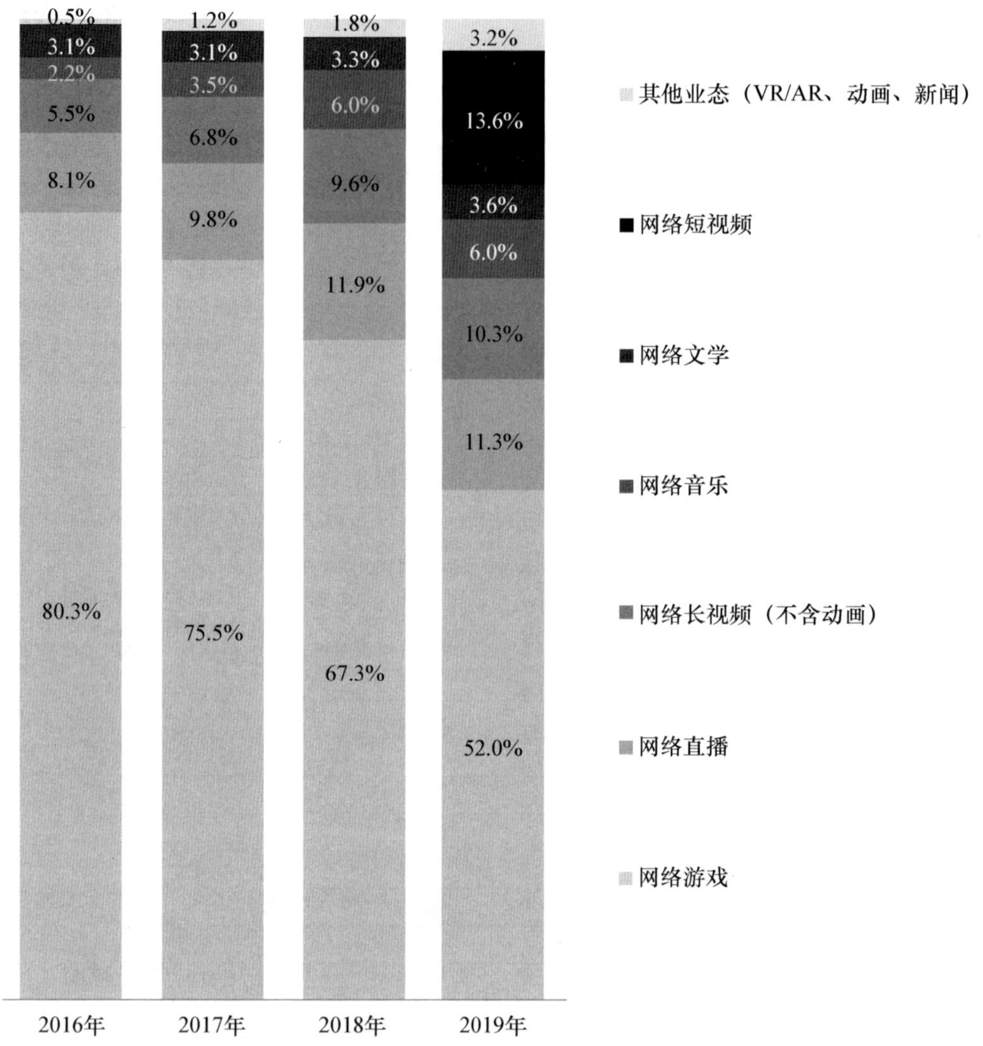

图 6　2016—2019 年中国网络版权产业用户付费构成

资料来源：中国音像与数字出版协会、中国音像与数字出版协会游戏工委、艾瑞咨询、艺恩智库，腾讯研究院 2020 年 2 月综合测算。

注：为粗略统计，用户付费规模指最终用户消费购买、付费订阅、付费打赏、付费参与的金额总计，部分产业在整体上由用户付费模式支撑，为方便统计，忽略掉占比极小的其他收入。

视以及优酷、腾讯、爱奇艺播出。该剧全景式呈现了波澜壮阔的新中国外交，表现宏大历史内容但细节生动，受到观众好评。文艺评论家仲呈祥称赞该剧“完成了重大题材影视剧创作的新突破”。文艺评论家李准评价该剧“有着影视作品中少见的历史真实感、对史诗品格的自觉追求和对人物形象塑造的新努力，是新中国外交的史诗”。

在网络游戏方面，各类功能游戏积极将家国情怀与游戏玩法有机结合，得到了广大用户的欢迎。由人民日报和腾讯联合推出的《家国梦》，就是一款庆祝新中国成立 70 周年的产品。在这款模拟家园建设的游戏中，用户可选择省份，在游戏场景中完成各类城乡建设项目，在“政策中心”熟悉国家相关政策。同时，用户还能点亮由 300 多张展现祖国灿烂文化的手绘图组成的纪念卡册，共同为新中国成立 70 周年点赞喝彩。由中国青少年新媒体协会指导，网易游戏推出的主旋律手游《第九所》引发网友点赞和热议。该游戏以中国从“两弹一星”到“载人航天”等重大科技项目的奋斗历史为背景，采用沙盒建设自由探索模式，让当代青年“重走”共和国科技拓荒者奋勇拼搏的道路，重温以身报国、民族复兴的传奇故事。

2. 网络版权产业弘扬传统文化

中国网络版权产业多年来发展迅猛，其中一个重要原因是持续挖掘中华优秀传统文化，并用现代科技手段进行呈现，极大地符合了国人的观赏需求。目前，对古典元素和传统文化进行现代化的讲述，已成为版权创作重要的灵感来源，围绕传统建筑、绘画、诗词、曲艺等艺术形式再创作的国风动漫、国风游戏、国风网剧等文化产品获得了高度的社会认同。传统文化借助现代技术，在数字化时代绽放新的活力。互联网企业携手故宫推出《玩转故宫》《古画会唱歌》等创意作品，推出线上博物馆、游戏皮肤、小程序等系列文创产品，通过创新的体验方式吸引更多年轻人了解和传播中国传统文化。

2019年，国风动漫成为国产动漫市场头部作品主要类型之一，深受年轻观众的喜爱。《狐妖小红娘》《一人之下》《天行九歌》《罗小黑战记》等作品，或以传统文化作为故事主线，或将经典文学以动漫形式进行新编，或在背景设定中融入传统文化元素，制作精良、寓意深刻。它们的出现为后续国产动画开发制作提供了方向和经验，为国产动漫行业振兴带来希望。

网络游戏行业近年来也不断融合国风元素进行内容创作，推出了一批反映传统文化的优秀游戏作品。网络游戏《梦幻西游》电脑版宣布与敦煌博物馆携手启动筑梦计划，将敦煌传统文化与《梦幻西游》游戏内外的玩法相结合，利用游戏复原和展示敦煌壁画的精髓，与高校开展“斾梦敦煌”游戏服装设计联合课程，让玩家有机会深入感受敦煌文化的魅力。《食物语》是一款将中华传统美食拟人化的国风食愈系美少年养成手游，以极具个性的食物典故为基石，体现地方饮食和方言文化，曾入围手游分享社区 TapTap 2019年“最具影响力国产游戏”和“最受玩家喜爱游戏”评选。

网络视听行业在国风内容领域也在不断加速探索。例如网播剧《庆余年》，故事背景建立在基于传统文化创造出的历史世界中，以现代观念剖析古典传统，作品兼具古典气韵和现代意识。作品包含了琴棋书画、行侠仗义等国风主题，阐释了现代人视角下的传统仁义道德观。

3. 网络版权产业多维跨界开发

IP改编和运营成为精品正版内容持续诞生的重要保障，随着版权保护正向效益持续扩大，用户对精品正版内容的价值认可和付费意愿也持续提高，各企业也越来越重视自有IP的价值开发。2019年版权运营规模达83.4亿元，同比增长15%。

在IP的改编和运营中，网络文学仍然是原生IP的核心来源，头部作品版权开发价值可观。同一网络文学原著版权，可以跨体裁改编为网播剧、网络动画、网络漫画、广播剧、移动游戏、音乐会直播等。如网络小说《魔道祖师》，被相继改编为网播剧、国产动画等，并衍生出《陈情令国风演唱会》等新内容。又如2019年上映的动画电影《全职高手之巅峰荣耀》改编自蝴蝶蓝所著网络小说，累计票房超过8 500万元，并在中加国际电影节上获得最佳动画片奖，此前该小说还曾被改编为网络动画。

其他网络版权产业细分领域的IP开发以及IP运营链延长所创造出的空间同样值得注目。2019年中国网络漫画版权运营收入占其总市场营收的近1/3，未来将与用户付费阅读一起成为中国网络漫画的主要营收来源。优质IP除了改编成不同形态的文化产品，还可以凝聚人气打造良好的粉丝经济，在实物消费、虚拟道具、粉丝运营、线下活动等方面延伸价值。

4. 网络版权业态破界融合

如何将用户日益分散的注意力和兴趣有效地聚合在一个平台上，一站式满足用户对内容的需求，并且实现相应的商业价值，是各企业都在重点思考的问题。2019年，视频和音频类平台在这一方向上有了新的突破，各细分业态彼此融合，短视频与直播、音乐与社交、综艺与音乐、直播与电商等交叉赛道涌现出各类新模式和新体验，再度点燃了增长引擎。

短视频业态与直播业态不断融合，业态间共享流量池拓宽行业变现途径。短视频异军突起以来，直播平台为探索多元化入局短视频，短视频则纷纷开启直播功能，二者进入加速融合阶段。

网络音乐与在线社交融合，歌曲成为网络音乐用户的个性表达。基于音乐内容的留言互动、秀场直播、小众社群活动、K歌对战等社交新方式持续发展，音乐用户的爱好领域得到进一步细分。

综艺与网络音乐平台融合，实现IP连通。2019年中国网络音乐付费用户平均每年约消费120元。综艺节目与网络音乐平台联动产生经济效应，节目中的演唱歌曲、配乐原声等音乐资源创造新的付费点、应用场景、互动空间，拉动版权付费模式和粉丝经济市场，培养网络用户正版付费意识。

移动电商与直播融合，带货能力持续增强繁荣数字经济。最新数据显示，中国网络直播用户规模达5.60亿人，网民使用率为62.0%，市场规模达660.4亿元。在2019年中国消费者非计划性消费主要原因调查中，“直播间主播导购推荐”一项获得32.0%的认可度，通过直播跳转电商平台购买的用户中有19.2%已经复购三次以上。电商平台头部主播人气居高不下，2019年“双十一”预售开启前夕，多名淘宝电商主播的直播观看人数都超过千万。主持人、演艺明星，甚至政府干部和官方媒体也逐渐参与其中，电商直播成为振兴国货、扶贫助农的重要途径。

5. 布局云端计算平台，抢占5G/Wi-Fi 6先机

5G 和 Wi-Fi 6 正在加速普及。其中，中国 5G 商用步伐不断加快，5G 连接数将会随着时间的推移迅速增加，预计 2025 年连接数将达到 4.28 亿①。各网络版权企业积极抓住机遇，深耕云计算和流媒体技术，加快建设云游戏和云 VR 平台，提升视频直播流畅体验，加强人工智能领域的技术研发，加强人工智能的创新应用，推动版权内容与社交网络的无缝融合。2019 年游戏类内容在 VR 与 AR 市场的规模占比为 53.6%，VR 影视占比为 29.9%，VR 直播占比为 16.5%。

三、2019 年中国网络版权细分产业发展状况和新亮点

（一）数字阅读新形态：免费阅读扩展红利，精品内容保障收入

随着移动阅读设备的日益普及和用户移动阅读习惯的养成，2019 年中国网络文学产业持续稳健增长。庞大的市场体量带来了新的营收空间，并涌现出越来越多的优质创作者，产业的运营模式更加成熟。面对不断增长的用户时长，网络文学产业一方面围绕网文长尾作品开发免费阅读模式，扩大用户覆盖面和提升平台流量，利用广告业务拓展行业营收；另一方面持续基于精品网文，扩大用户付费阅读规模，并加速网文 IP 的改编开发。

1. 数字阅读产业概况

2019 年中国数字阅读市场规模达 265 亿元，同比增长 13.6%，用户规模达 4.55 亿人，同比增长 5.3%，网民使用率达到 50.4%。其中手机文学用户规模达 4.53 亿人，同比增长 10.5%②（见图 7、图 8）。

2019 年中国数字阅读市场在生产与消费的良性互动中实现了快速增长，主要体现在五个方面：一是用户快速增长。随着互联网覆盖率的不断提升，一些移动阅读应用平台为了获得更多流量，强力推广免费阅读模式，在三、四线城市及农村地区，快速吸引了数千万的新手机读者。二是用户付费持续增长。用户为精品版权内容付费意识不断增强，产业营收增长强劲。三是因为开拓了新的消费模式，创新了电子书、电子杂志、知识库等细分出版物付费模式，用户可以找到更多消费点。四是 IP 建设反哺，庞大的市场体量吸引更多年轻人成为创作者，网络文学作品的质量和数量不断提升，网络文学成为影视、动漫、游戏等其他网络版权业态的 IP 基点，为后续开发 IP 付费产业链打下了良好的基础。五是版权政策法规进一步完善，行业规范效果明显，对网络文学产业健康有序发展起到了积极的引导作用。

2. 网络文学营收稳步增长，多元盈利模式日益巩固

2019 年，网络文学市场规模达 188 亿元，同比增长 18.0%，相比 2016 年的 95.6 亿元，增长近一倍（见图 9）。

2019 年，中国网络文学市场多元盈利模式进一步发展。收入结构中，用户付费订阅为主，占 84.0%，其次是版权运营，占 10.6%，广告收入占比为 3.0%。版权运营和广告收入在总营收占比中稳健提升（见图 10）。

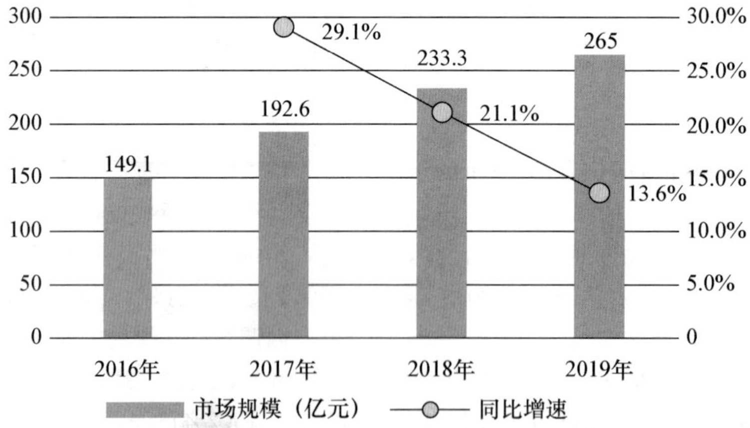

图 7　2016—2019 年中国数字阅读市场规模

资料来源：CNNIC、国家版权局、中国音像与数字出版协会、艾瑞咨询，腾讯研究院 2020 年 2 月综合测算。

注：中国数字阅读市场规模含网络文学市场规模，以及电子书、有声阅读（读书/听书 APP）等数字出版市场规模，不包括专业阅读内容。

① 数据来源于中国信息通信研究院。

② 数据来自中国音像与数字出版协会、艾瑞咨询、易观智库、CNNIC。其中 CNNIC 数据截至 2020 年 2 月（受新冠肺炎疫情影响，CNNIC 电话调研推迟）。

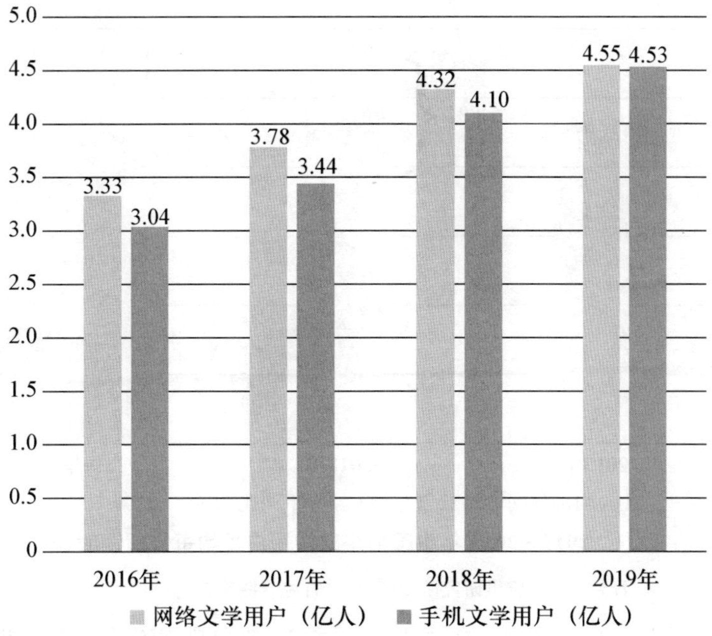

图 8　2016—2019 年中国网络文学用户规模

资料来源：CNNIC、国家版权局、中国音像与数字出版协会、艾瑞咨询，腾讯研究院 2020 年 2 月综合测算。

在付费阅读方面，得益于版权保护和原创培育，精品网文迭代频出，以精品内容为基石，网文平台探索出多种付费会员模式，提供按章、按本、包月等多元付费选择，推动用户付费阅读收入进一步扩大，保障了网络文学产业市场规模的稳定增长。

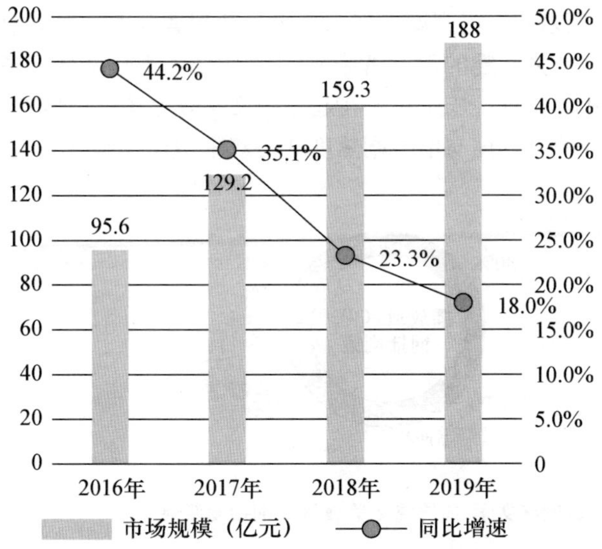

图 9　2016—2019 年中国网络文学市场规模

资料来源：国家版权局、中国音像与数字出版协会、艾瑞咨询，腾讯研究院 2020 年 2 月综合测算。

在免费阅读方面，围绕网文长尾作品，平台借助免费阅读带来的流量和时长增长，开发出免费阅读加广告植入的模式，广告营收占比得到提升。

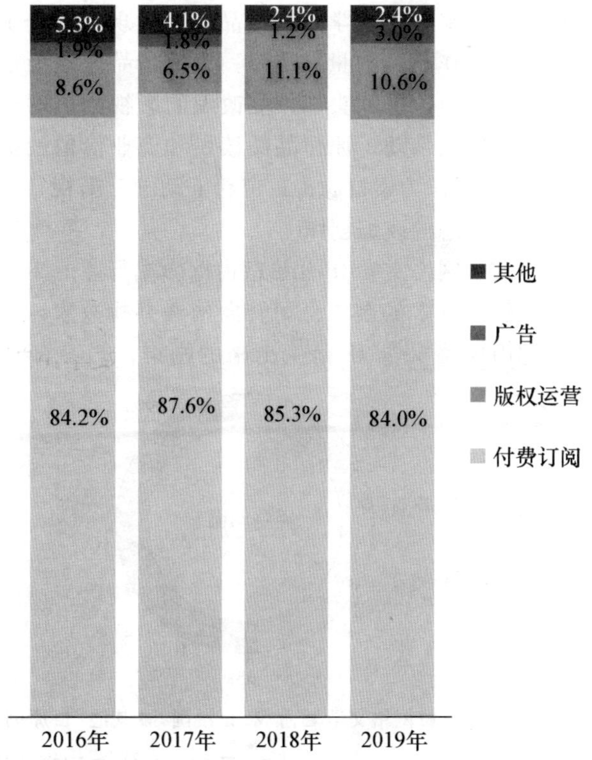

图 10　2016—2019 年中国网络文学市场营收结构

资料来源：国家版权局、中国音像与数字出版协会、艾瑞咨询，腾讯研究院 2020 年 2 月综合测算。

2019 年中国网络文学用户月均使用时长 29.2 小时，平均每日为 58.4 分钟，同比增长 4.3%（见图 11）。

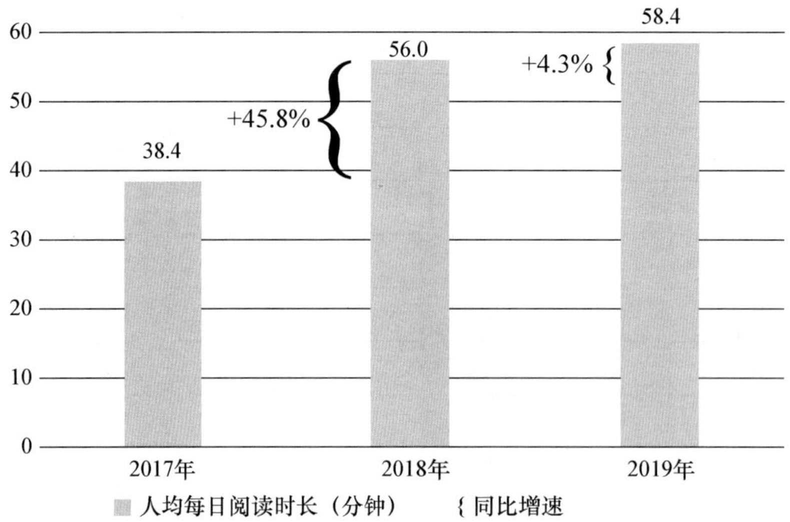

图 11　2017—2019 年中国网络文学用户平均每日阅读时长

资料来源：艾瑞咨询、群邑智库、骨朵传媒，腾讯研究院 2020 年 2 月综合测算。

3. 网文 IP 加速改编开发，迎来口碑、变现双丰收

版权开发不仅是网络文学的重要营收点，更能使整个网络版权产业产生联动效应，构建全品类产业链。近年来网络文学头部精品不断涌现，提升了市场上网文作品的数量和质量。头部精品作品所形成的粉丝效应，推动头部作品改编的影视剧风靡全国，进而反向带动了原作品阅读量和商业价值的提升。网文 IP 作为素材源头，带动了动画、影视、游戏等内容业态的改编创作。

目前，网络文学 IP 几乎已占据影视行业的半壁江山。越来越多的制作公司转向网络寻找故事，催生多部由网络文学 IP 衍生出来的剧集。2019 年网文 IP 改编热度不减，继续沿着多维立体方向深入发展，一部网文同时跨类改编为多种体裁的内容作品，取得了口碑和商业变现的双丰收。

在网络动画方面，2019 年国产网络动画的 IP 来源中有 19%是网络文学，与游戏一起并列为最重要的改编来源。《斗罗大陆》《斗破苍穹第三季》等小说改编动画在各大视频平台热播。网播剧方面，多部热度靠前的网播剧均改编自网络文学，出圈热剧带动了原著小说的阅读量和销售量。例如随着《庆余年》电视剧的播出，大量老读者和因剧而对原著产生兴趣的新读者来到阅读平台，使已完结十多年的小说《庆余年》在起点中文网登上畅销榜榜首，让原著热度与电视剧热度获得双重增长（见图 12）。

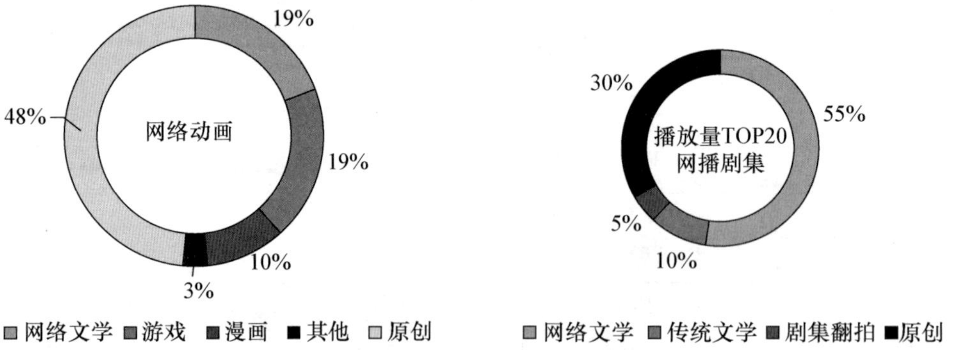

图 12　2019 年国产网络动画和剧集新品 IP 来源分布

资料来源：艾瑞咨询、群邑智库、骨朵传媒，腾讯研究院 2020 年 2 月综合测算。

（二）网络长视频新形势：精品内容留存用户，现象级网剧拉动营收

1. 网络长视频产业概况

2019 年，网络长视频（含网络动画）市场规模达 1 271 亿元，同比增速 32.0%。回顾历史，网络长视频行业的收入规模在过去几年间取得了明显的增长，2019 年较 2016 年的 641.5 亿元翻了接近一番。其中广告收入规模近 574.5 亿元，营收占比 45.2%，是网络长视频行业的主要收入来源；网络长视频付费会员规模继续扩大，截至 2019 年底，头

部网络长视频平台付费会员收入接近 3 亿元；还有相当一部分来自游戏联运等其他收入，构成多元营收格局（见图 13、图 14）。

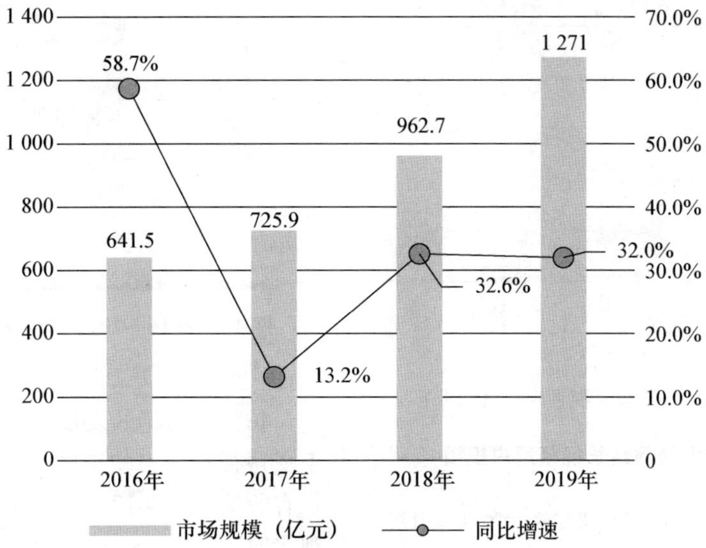

图 13　2016—2019 年中国网络长视频市场规模

资料来源：中国网络视听节目服务协会、艾瑞咨询，腾讯研究院 2020 年 2 月综合测算。

注：中国网络长视频市场规模含用户付费、广告、版权分销及其他收入，为保证数据延续性，包括网络动画市场规模在内，在加总计算中国版权产业市场规模时将去重计算。

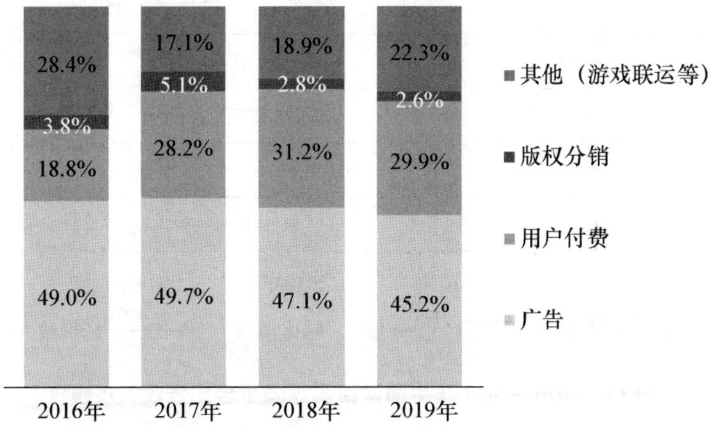

图 14　2016—2019 年中国网络长视频市场营收结构

资料来源：中国网络视听节目服务协会、艾瑞咨询，腾讯研究院 2020 年 2 月综合测算。

注：中国网络长视频市场规模含用户付费、广告、版权分销及其他收入，为保证数据延续性，包括网络动画市场规模在内，在加总计算中国版权产业市场规模时将去重计算。

2019 年，网络长视频用户规模扩大至 7.23 亿人，网民使用率超 80%。用户增长的动能主要来自网络长视频应用在移动端的普及。目前手机长视频用户占网络长视频用户比重升至 98%，2019 年的新增用户几乎都来自移动端（见图 15）。在客厅市场中，网络长视频受限于当前的硬件条件，用户规模“天花板”日益显现。目前中国 OTT 设备（智能电视和 OTT 机顶盒）覆盖的用户量达 6.11 亿人，网络长视频用户总量占比接近 85%；设备激活量继续提升至 2.36 亿台，但同比增速降低（见图 16）。

2. 广告收入仍是主要营收来源，用户观看时长有所缩减

2019 年中国网络长视频（含网络动画）广告收入规模达 574.2 亿元，同比增速 26.5%，较 2016 年的 326.2 亿元增长 76%[①]（见图 17）。

① 数据来自中国网络和视听节目服务协会和艾瑞咨询统计。

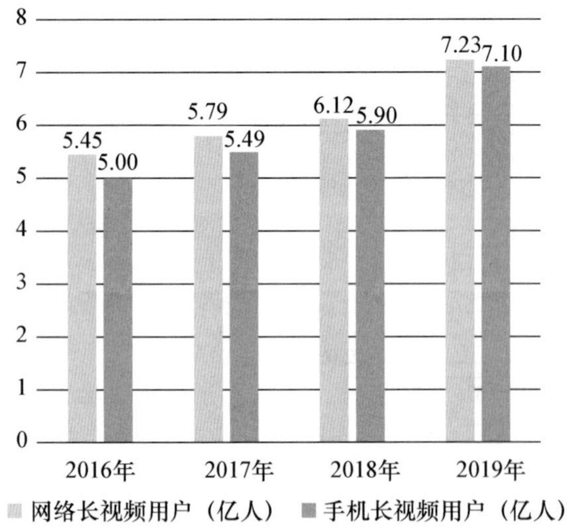

图 15　2016—2019 年中国网络长视频用户规模

资料来源：CNNIC、奥维云网，腾讯研究院 2020 年 2 月综合测算。

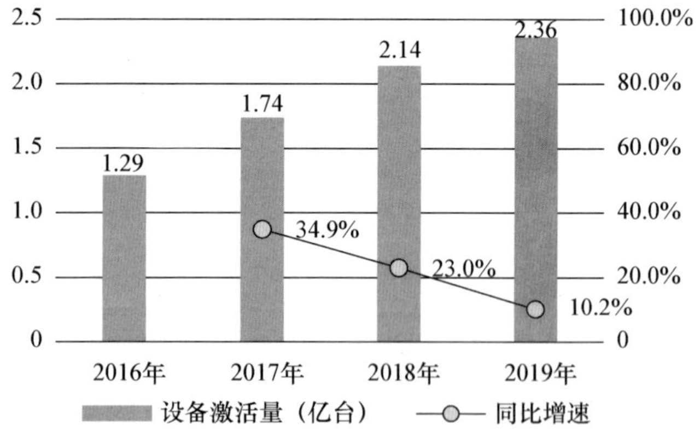

图 16　2016—2019 年中国 OTT 设备激活量规模

资料来源：CNNIC、奥维云网，腾讯研究院 2020 年 2 月综合测算。

长视频市场的发展并非一帆风顺。2019 年，由于受短视频分流的影响，网络长视频用户的观看时长有所缩减。2019 年中国网络长视频用户人均每日观看时长达 35.3 分钟，较 2018 年的 38.1 分钟下滑 7.3%，视频广告市场受到一定冲击（见图 18）。

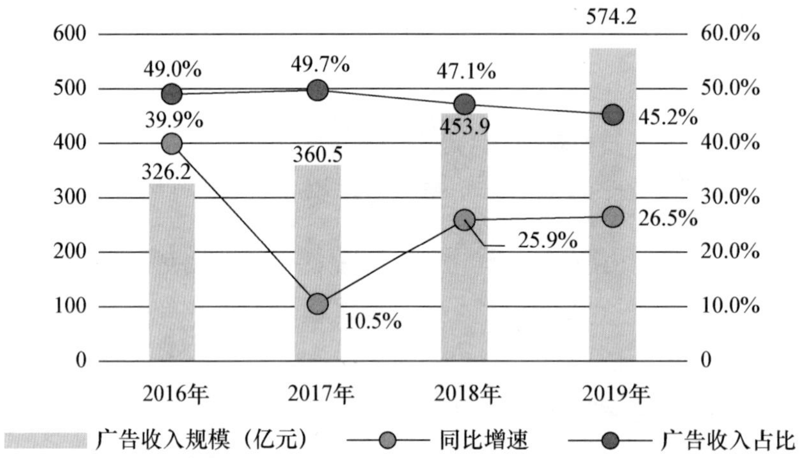

图 17　2016—2019 年中国网络长视频平台广告收入规模

资料来源：中国网络视听节目服务协会、艾瑞咨询、艺恩智库，腾讯研究院 2020 年 2 月综合测算。

注：为保证数据延续性，中国网络长视频平台广告收入规模包括网络动画产生的广告收入规模在内，在加总计算中国版权产业市场规模和广告收入占比时将去重计算。

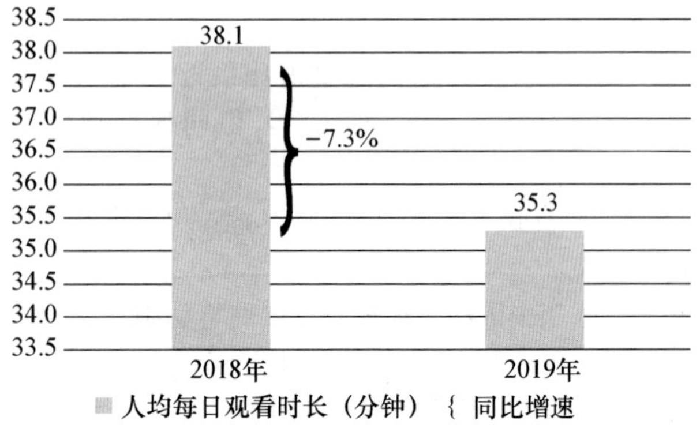

图 18　2018—2019 年中国网络长视频用户观看时长

资料来源：中国网络视听节目服务协会、艾瑞咨询、艺恩智库，腾讯研究院 2020 年 2 月综合测算。

为对冲流量降低，网络长视频平台基于庞大的用户基数和面向家庭的曝光优势，持续依托大数据等技术，通过各种创新以拓展广告业务。例如品牌广告推出“弹幕式压屏”等新形式，将广告植入与剧集综艺无缝契合，通过小剧场、冠名口播等方式提升了广告的趣味性，拓展了长视频营销的边界。

3. 会员制日益健全，用户付费意愿提升，长视频市场继续扩大

在激烈的市场竞争中，长视频市场的稳健发展，一方面是因为版权保护的深化和用户付费意识的提升，另一方面是因为现象级精品网剧成功扩大了

付费会员的规模，并促进了人均支出的增加。

中国主要网络长视频平台付费会员规模近年来呈井喷式增长。2016 年付费会员整体规模突破 1 亿，2019 年中国网络长视频付费用户规模继续提升，国内头部单一平台付费账号数就超过 1 亿，用户付费率从 2016 年不足 5%提升到 2019 年的 16%～18%；头部平台付费账户总数接近 3 亿，付费账户 ARPU 亦提升至月均 10 元左右。根据企业公开财报数据，2019 年爱奇艺付费用户规模达 1.069 亿人，腾讯视频约 1.002 亿人（见图 19、图 20）。

随着头部长视频平台会员数量进入亿级，会员增长速度随之放缓，平台付费功能也走向多元化，试图探索新盈利点。譬如，不同平台之间尝试打通权益边界，推出跨界联合会员的模式，与电商合作打造“外卖＋视频”“零食＋视频”“服饰＋视频”等组合套路为追剧人群“买同款”“收周边”等消费心理提供购物途径，实现了长视频流量跨界变现。随着付费用户转化率的提升、会员制的健全、会员独享权益和视听增值服务（特指 4K 及蓝光/超清清晰度、环绕杜比音效等会员专享功能）等的丰富，用户付费业务将增长至与广告业务相近的比例。

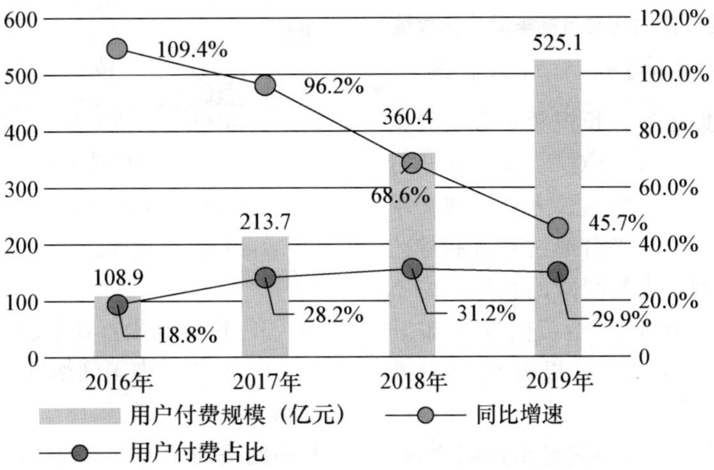

图 19　2016—2019 年中国网络长视频用户付费规模

资料来源：中国网络视听节目服务协会、艾瑞咨询、艺恩智库、各企业财报，腾讯研究院 2020 年 2 月综合测算。

注：为保证数据延续性，中国网络长视频平台用户付费规模包括网络动画产生的用户付费规模在内，在加总计算中国版权产业市场规模和用户付费占比时将去重计算。

图 20　2016—2019 年中国主要网络长视频平台付费会员（未去重）规模

资料来源：中国网络视听节目服务协会、艾瑞咨询、艺恩智库、各企业财报，腾讯研究院 2020 年 2 月综合测算。

4. 加大自制精品剧集开发，由“上量”策略向“提质”策略转型

2019 年，中国长视频网站网播剧剧集数量为 351 部，较 2018 年的 445 部大幅下降 21.1%。长视频平台 2019 年自制季播综艺数量为 142 部，较 2018 年的 165 部也下滑 13.9%（见图 21、图 22）。

在影视行业遇冷的背景下，长视频网站为把控剧集质量，选择大力投资自制剧集，与上游 IP 协同开发，降低版权采购成本，由过去“上量”策略向“提质”策略转型，力图通过精品剧集留存用户。

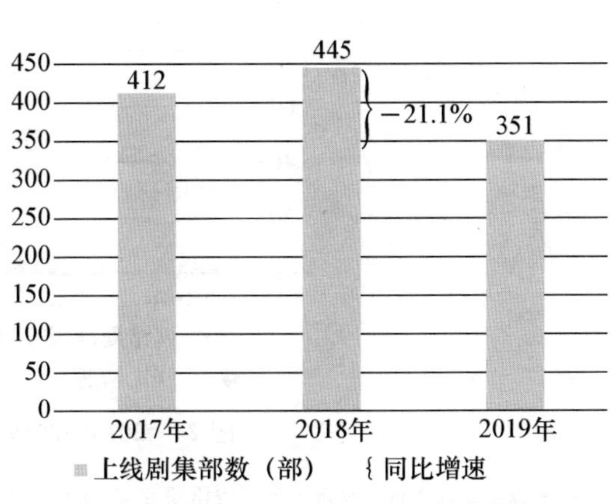

图 21　2017—2019 年中国长视频网站网播剧剧集数量

资料来源：艺恩智库，腾讯研究院 2020 年 2 月综合测算。

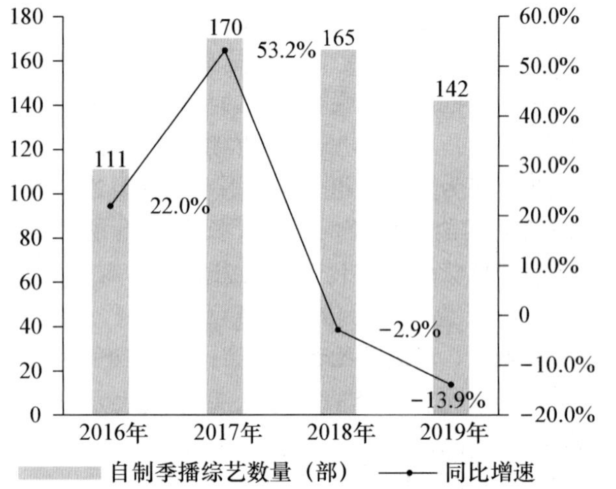

图 22　2016—2019 年中国长视频网站自制季播综艺数量

资料来源：艺恩智库，腾讯研究院 2020 年 2 月综合测算。

在自制高能精品剧集之外，长视频平台也尝试焕活自制综艺 IP 的生命力，以应对 2019 年综艺行业自我调整所带来的内容产量缩减、大众消费需求分散和追求优质内容等挑战。平台通过对自制综艺创新选题，优化制作，淘汰人气削减的长尾“综 N 代”，巩固对头部综艺的 IP 化运营，优选头部 IP 的会员专属视听内容等方式，以提升用户付费热情。

（三）网络动漫新举措：条漫满足用户新需求，跨国制作成为新常态

随着网络漫画内容的丰富，随着优质的动画电影和正版长篇动画不断涌现，以及国产原创动漫质量再上新台阶，2019 年中国网络动漫用户规模显著扩大，网民使用率接近 30%（见图 23）。

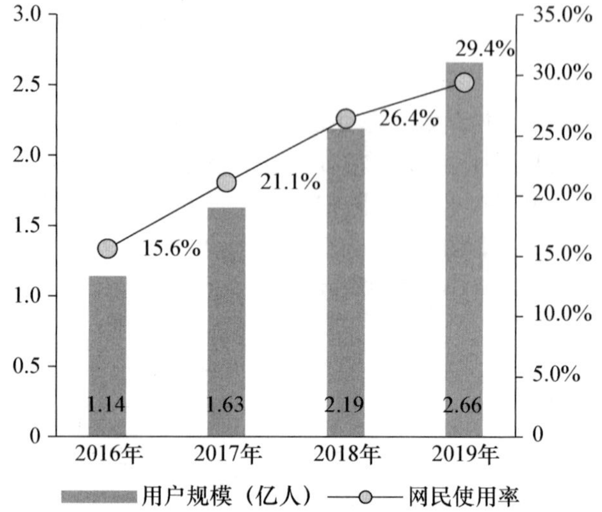

图 23　2016—2019 年中国网络动漫用户规模

资料来源：艾瑞咨询、易观智库，腾讯研究院 2020 年 2 月综合测算。

1. 网络动漫行业概况

2019 年，中国网络动漫（包括网络漫画和网络动画）市场规模达 187.1 亿元，同比增速 32.1%。其中网络动画为主要构成，市场规模为 164.6 亿元，占比 88.0%；网络漫画市场规模为 22.5 亿元，占比 12.0%（见图 24）。

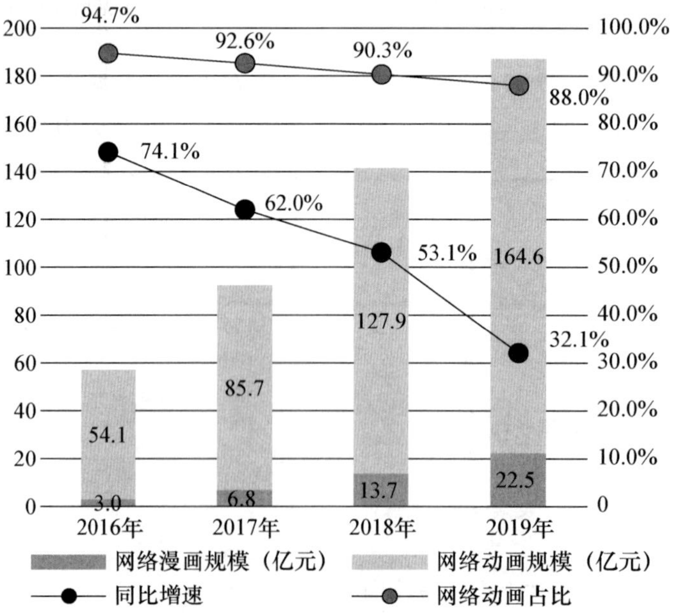

图 24　2016—2019 年中国网络动漫市场规模及结构

资料来源：艾瑞咨询、易观智库，腾讯研究院 2020 年 2 月综合测算。

视频网站是网络动画的主要播放渠道，精品内容在视频平台走红所形成的网络效应和粉丝效应，进而反哺拉动了网络动漫市场的繁荣。

在营收方面，优质作品激发了用户对正版内容的付费意愿，网络漫画和网络动画的用户付费收入占比分别提升至占各自总营收的近 30%和近 40%，成为推动市场增长的核心动能。广告依然是长尾和非独播内容的主要盈利方式，此外，IP 变现效率也在提高。

2. 付费阅读和版权运营并举发力，条漫阅读助推漫画行业发展

2019 年，中国网络漫画市场规模达 22.5 亿元，同比增速 64.2%，较 2016 年的 3.0 亿元，增长了近 20 亿元（见图 25）。在营收结构中，用户付费阅读占比 29.4%，版权运营收入占比 33.0%，广告收入占比 37.6%。其中广告收入较 2016 年的 50.7%大幅减少，而其他两项则稳步增长（见图 26）。由此判断，未来用户付费阅读和版权开发运营这两大板块或将成为中国网络漫画的主要营收来源。

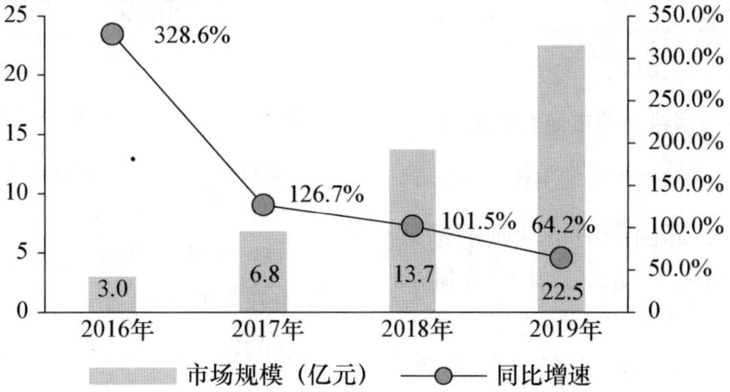

图 25　2016—2019 年中国网络漫画市场规模

资料来源：艾瑞咨询，腾讯研究院 2020 年 2 月综合测算。

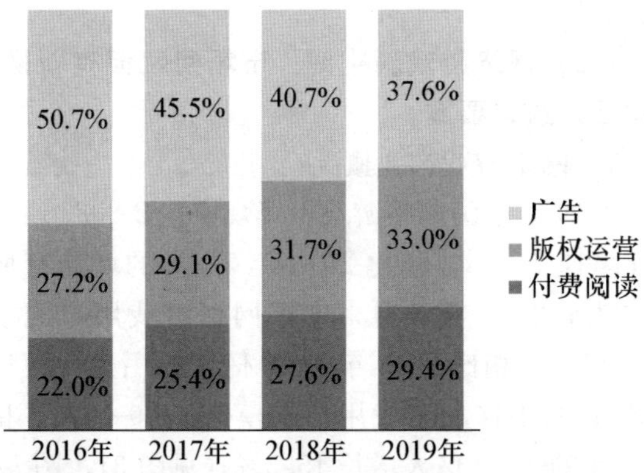

图 26　2016—2019 年中国网络漫画市场营收结构

资料来源：艾瑞咨询，腾讯研究院 2020 年 2 月综合测算。

网络漫画作为原生 IP 的核心来源，头部作品的版权开发价值巨大，2019 年，头部作品的版权收入占比近 1/3。长尾作品则采用“免费阅读＋广告”的运营模式。

此外，网络漫画原创“条漫”分页形式，成为国内手机漫画的主流形态，契合了用户的碎片化需求。这类漫画往往从情感、地域、社会热点着手，依靠与读者产生共鸣得到大量转发。条漫形式阅读便捷，受众数量攀升，受认可度也越来越高，精品条漫内容和传统连载漫画一样能够提升用户付费阅读的意愿，因此带来用户付费营收的提升，助推网络漫画市场的发展。

3. 网络动画市场规模提升，用户付费增速显著

2019 年，网络动画市场活力迸发，头部视频网站依托 IP 优势、资源整合能力和粉丝运营能力，助力原创动画发展，原创动画作品的质量和数量明显提升。

2019 年，中国网络动画市场规模达 164.6 亿元，同比增长 28.7%，较 2016 年的 54.1 亿元增长了 100 多亿元（见图 27）。营收结构中，用户付费占比 39.8%，广告收入占比 58.4%，版权运营收入占比 1.8%（见图 28）。

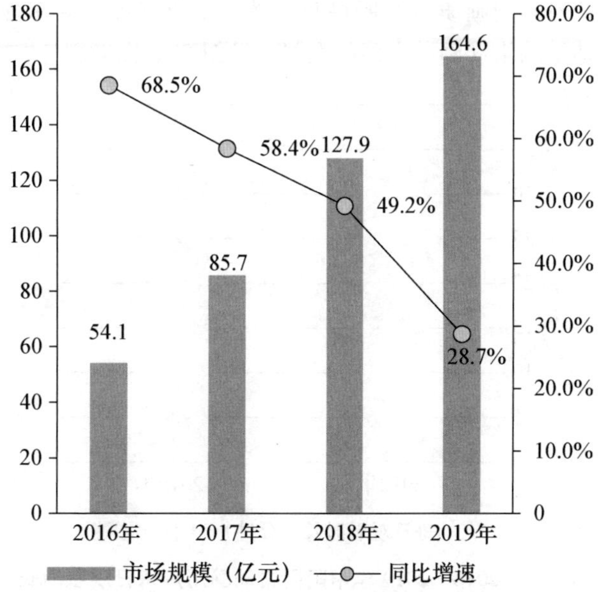

图 27　2016—2019 年中国网络动画市场规模

资料来源：艾瑞咨询，腾讯研究院 2020 年 2 月综合测算。

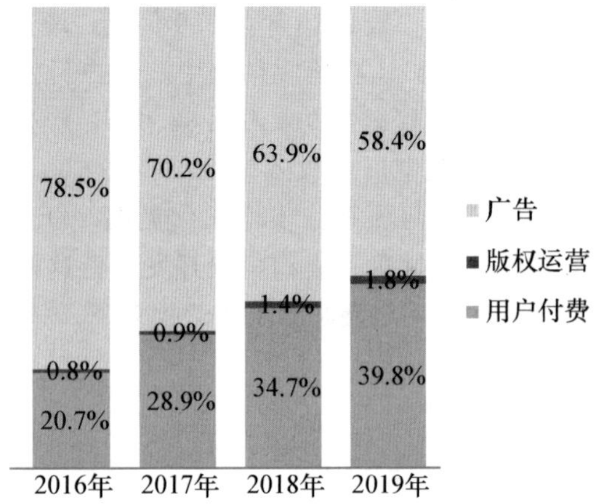

图 28　2016—2019 年中国网络动画市场营收结构

资料来源：艾瑞咨询，腾讯研究院 2020 年 2 月综合测算。

从用户关注度来看，头部国产网络动画的播放量级已媲美人气网剧。如人气动画《斗罗大陆》，累计播放量已近百亿。在作品积累人气之后，视频网站可以将其作为 IP 全产业链开发的主导角色，依靠资金优势和产业布局，进行全盘规划，促成不同形式的 IP 内容开发与商业合作，譬如通过开发配套音像制品、周边百货商品、线下主题店、创作主演团队见面会等 IP 衍生方式，极大地提高 IP 变现效率。

4. 用户观看时长稳定，原创作品广受好评

相对于长视频行业用户观看时长的下降，动画行业的用户观看时长则稳步增长。2019 年，中国观众人均每日在线观看动画时长达 35.1 分钟，同比增长 2.3%，年度观看作品数量也达 4.8 部，用户需求持续增长。为满足用户需求并补足产能，视频网站自制动画质量有所提升，受到用户好评，从而推动了网络动画在中国的发展（见图 29、图 30）。

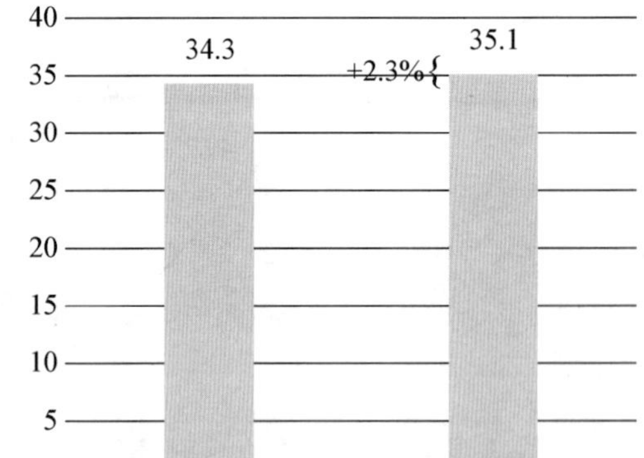

图 29　2018—2019 年中国网络动画用户每日观看时长

资料来源：QuestMobile、艺恩智库、群邑智库，腾讯研究院 2020 年 2 月综合测算。

图 30　2016—2019 年中国视频网站独播自制动画数量

资料来源：QuestMobile、艺恩智库、群邑智库，腾讯研究院 2020 年 2 月综合测算。

除自制原创国产动画之外，国内企业与国外 IP 合作开发制作的动画也广受用户好评，带动了网播市场的发展。凭借技术革新、IP 运营经验和市场空间等优势，中国动漫企业达成了“中方主导，多国合作”的新出海模式，通过战略投资、联合制作等生产模式布局优质作品，实现了国内外市场同步发行。

（四）网络游戏新空间：市场回暖但有新挑战，转向云端筑建要塞

1. 网络游戏产业概况

2019 年中国网络游戏市场规模达 2 308.8 亿元，同比增速 7.7%，相比 2018 年 5.3%的增速有所回暖。截至 2020 年 2 月，中国网络游戏用户规模达 5.32 亿人，相比 2018 年 4.84 亿人的用户规模增长 9.9%；其中移动游戏用户规模达 5.29 亿人，相比 2018 年的 4.59 亿人增长 15.3%（见图 31、图 32）。

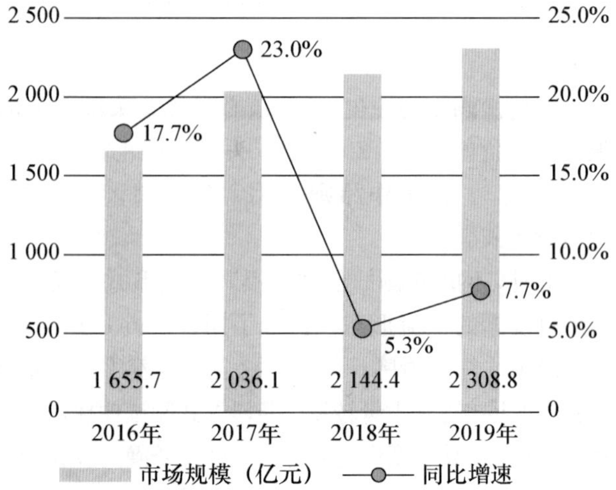

图 31　2016—2019 年中国网络游戏市场规模

资料来源：CNNIC、中国音像与数字出版协会游戏工委、伽马数据、艾瑞咨询，腾讯研究院 2020 年 2 月综合测算。

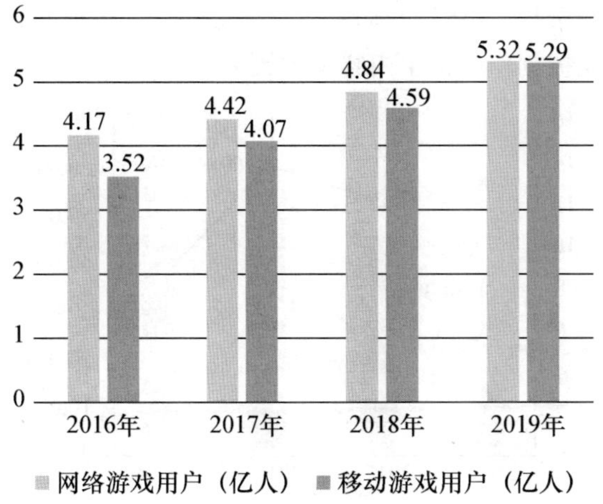

图 32　2016—2019 年中国网络游戏用户规模

资料来源：CNNIC、中国音像与数字出版协会游戏工委、伽马数据、艾瑞咨询，腾讯研究院 2020 年 2 月综合测算。

2019 年中国网络游戏产业主动变革适应市场变化，以精品游戏、移动电竞等重新聚焦用户，移动电竞、云游戏等成为增长新动能，网络游戏产业稳步回暖。同时，游戏企业社会责任意识持续增强，国风游戏、功能游戏等品类用户量保持增势，并加大自主研发游戏，拓宽海外市场收入。

2. 自研游戏规模稳步增长，国产游戏占比显著提升

2019 年，中国自主研发国产游戏在国内市场的收入规模达 1 895.1 亿元，同比增长 15.3%；自研游戏的市场规模占整体市场规模（2 308.8 亿元）的 82.1%（见图 33）。

国产游戏坚持高质量、精品化发展，不断提升艺术内涵和品牌价值。部分游戏着重呈现国风传统，加大先进技术的探索与应用，更加契合中国用户的精神追求，市场占有率不断扩大。

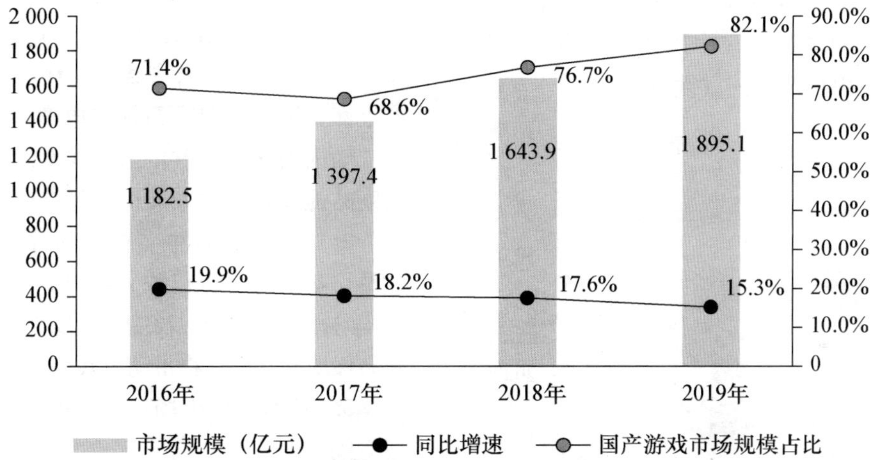

图 33　2016—2019 年中国自主研发国产游戏市场规模

资料来源：中国音像与数字出版协会游戏工委、伽马数据，腾讯研究院 2020 年 2 月综合测算。

3. 移动游戏市场高质量发展，中国成为顶级 IP 开发基地

2019 年移动游戏用户规模日益增加，市场红利持续攀升。中国移动游戏市场规模达 1 581.1 亿元，同比增长 18.0%。移动游戏占整体游戏市场的比重提升到近七成（68.5%）[①]（见图 34）。

游戏产业持续在原创作品上发力，高质量发展战略日益清晰，中国已成为顶级 IP 手游开发基地。

移动游戏市场的发展也面临来自短视频的冲击。较多轻度玩家的注意力被短视频分流。2019 年单日人均游戏时长同比减少 2.2 分钟（见图 35），单月人均使用时长同比减少 1 小时；手游时长在全网总时长占比由 10%缩减到 8%，而同期短视频则由 8%提升到 13%。

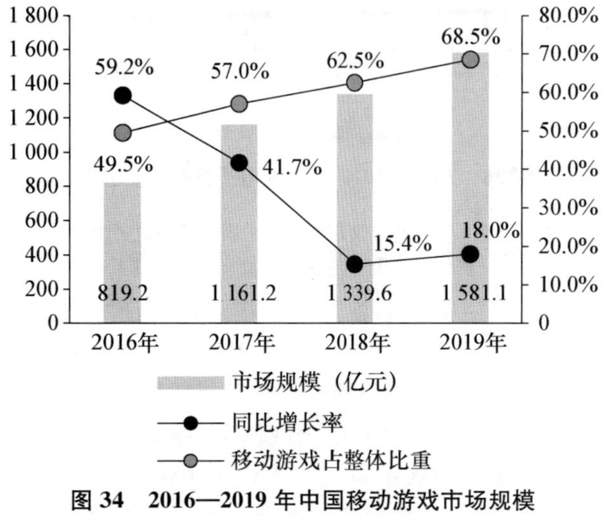

图 34　2016—2019 年中国移动游戏市场规模

资料来源：中国音像与数字出版协会游戏工委、伽马数据、艾瑞咨询、QuestMobile，腾讯研究院 2020 年 2 月综合测算。

① 数据来源于中国音像与数字出版协会游戏工委和 QuestMobile 的统计。

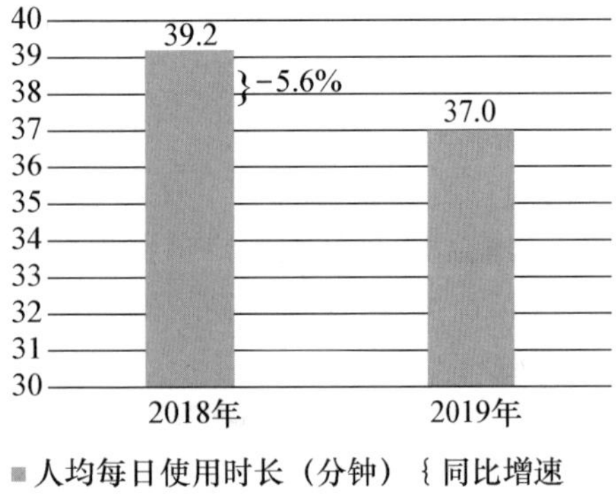

图 35　2018—2019 年中国移动游戏用户每日使用时长

资料来源：中国音像与数字出版协会游戏工委、伽马数据、艾瑞咨询、QuestMobile，腾讯研究院 2020 年 2 月综合测算。

4．电竞产业增长引人注目，赛事版权开发日趋成熟

2019 年，中国电子竞技用户规模达 3.3 亿人（见图 36）。中国成为全球最重要的电竞市场，吸引多项顶级赛事落地中国甚至在中国永久举办，其反过来又带动了电竞用户规模的继续提升。

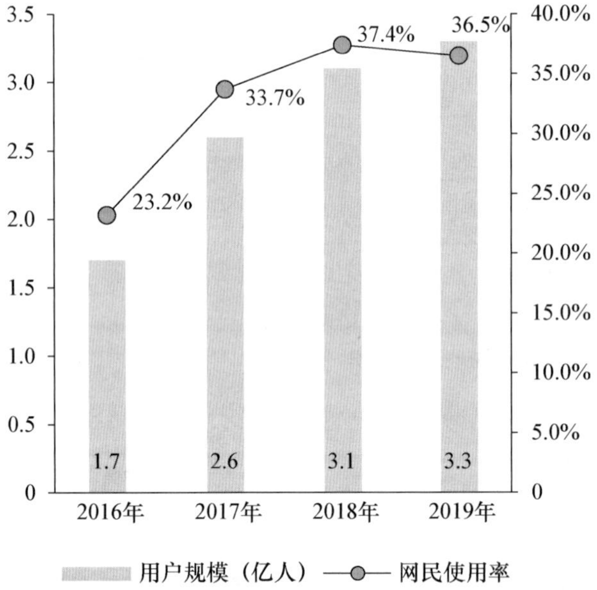

图 36　2016—2019 年中国电子竞技用户规模

资料来源：CNNIC、艾瑞咨询、中国音像与数字出版协会游戏工委、伽马数据，腾讯研究院 2020 年 2 月综合测算。

2019 年中国电竞赛事市场规模达 14.5 亿元，同比增速 36.8%，相比 2016 年的 4.3 亿元增加了 10 亿多元的体量（见图 37）。《英雄联盟》电竞赛事表现突出，继 2018 年中国战队 IG 夺得全球总冠军后，2019 年 FPX 战队又一次代表中国赛区（LPL）夺冠，使得《英雄联盟》系列赛事的国内热度持续上涨。2019 年全年，LPL 赛区官方特色节目、战队出品纪录片、电竞媒体内容、游戏平台主播观赛、粉丝应援创作等衍生内容呈现繁荣之势。

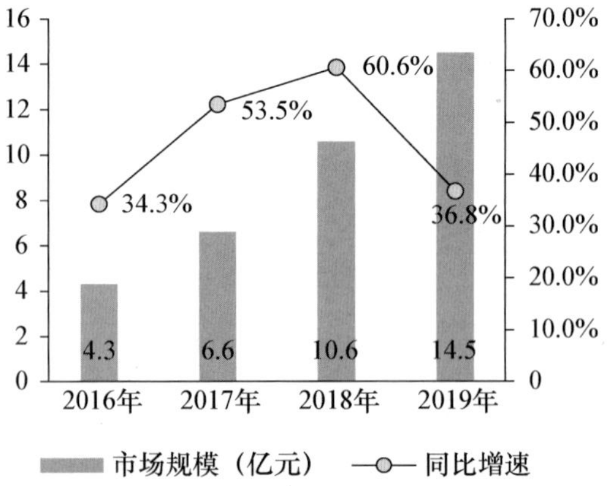

图 37　2016—2019 年中国电子竞技赛事市场规模

资料来源：CNNIC、艾瑞咨询、中国音像与数字出版协会游戏工委、伽马数据，腾讯研究院 2020 年 2 月综合测算。

此外，2019 年头部移动电竞游戏持续吸引大批新用户，带动《王者荣耀》等移动电竞职业赛事关注度上涨，推动中国成为顶级电竞赛事新的核心赛区，并带动国内电竞赛事生态的规模化发展。电竞市场关注度的提高，反过来又正循环带动了用户增长。

2019 年各级别电竞的赛事体系和运作模式趋于成熟，赛事直播版权收入提升，广告赞助加速增长；电竞向移动化的转型辐射到游戏直播领域，未来 3A 级新品移动电竞游戏将带动游戏直播领域新一轮的增长。

5．发力女性市场与移动电竞，网络游戏寻求新增空间

过去几年，女性玩家在移动游戏领域的使用和消费占比大幅提升。数据显示，中国女性玩家用户占比从 2016 年的 44.0%提高到 2019 年的 46.2%，未来仍然存在高增长预期。近四年来女性玩家所贡献的市场收入迅猛增长，从 2016 年的 312.1 亿元增加到 2019 年的 526.8 亿元，市场收入占比从 18.9%提高到 22.8%（见图 38）。“她经济”市场规模有所增长，女性用户的游戏消费实力不容小觑。在此趋势下，网络游戏企业大力发展女性向游戏，基于女性视角的游戏创作将成为未来增量市场。

游戏市场发展的另一个引擎是移动电竞游戏，以 MOBA 类和动作射击类最为典型。移动电竞游戏突破了手游寿命普遍偏短的限制，电竞直播生态也有了新空间。2019 年中国移动电竞游戏收入规模达 581.9 亿元，较 2016 年增加 2 倍有余，占游戏市场规模比重从 2016 年的 10.4%提升到 25.2%①（见图 39）。

① 数据来源于中国音像与数字出版协会游戏工委的统计。

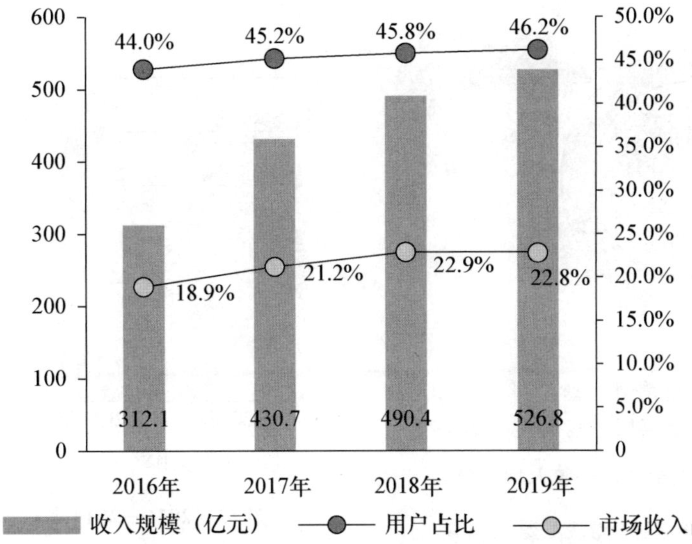

图 38　2016—2019 年中国女性游戏市场收入规模

资料来源：中国音像与数字出版协会游戏工委、伽马数据，腾讯研究院 2020 年 2 月综合测算。

注：女性游戏市场收入是指女性用户在游戏市场中的消费支出规模，即游戏内所有女性付费用户玩游戏直接花费金额的总和。

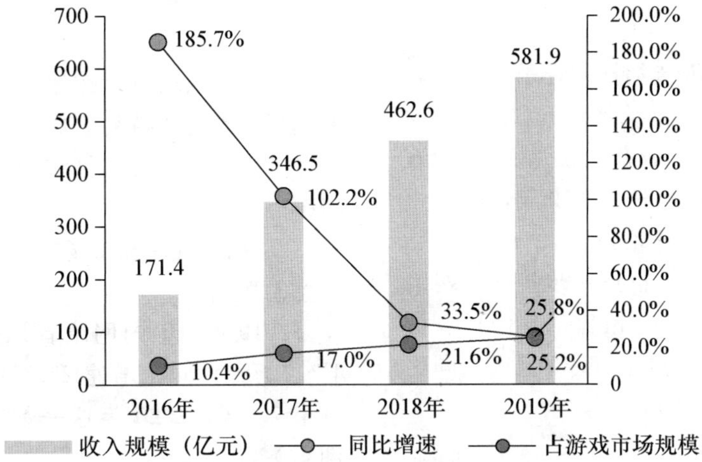

图 39　2016—2019 年中国移动电竞游戏收入规模

资料来源：中国音像与数字出版协会游戏工委、伽马数据，腾讯研究院 2020 年 2 月综合测算。

6. 强化产品质量，拓宽合作渠道，游戏出海“得陇复望蜀”

2019 年，中国自主研发游戏海外市场收入规模达 115.9 亿美元，同比增速 21.2%，实现加速上扬[①]（见图 40）。

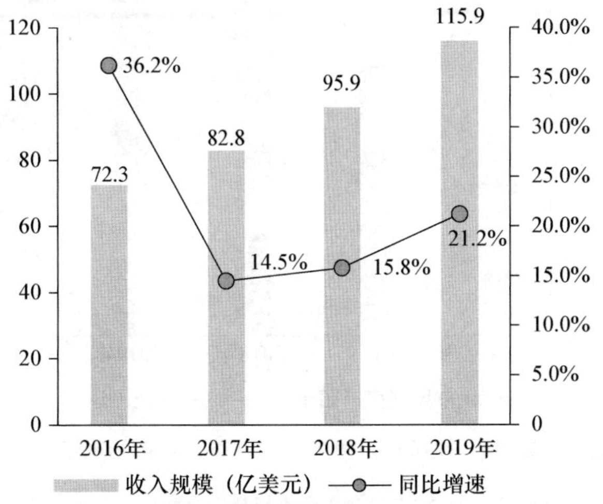

图 40　2016—2019 年中国自主研发游戏海外市场收入规模

资料来源：中国音像与数字出版协会游戏工委、伽马数据，腾讯研究院 2020 年 2 月综合测算。

2019 年，中国游戏海外收入占比较大的国家依次为美国、日本、韩国、德国、法国等发达国家，合计占比近 80%（见图 41）。自 2016 年始，中国移动游戏海外用户消费规模主要的增长动能来自欧洲、中东、北非以及亚太地区。还有较大的市场空间有待中国游戏企业挖掘并以适当模式加以撬动。

随着国内人口红利和使用时长的缩减，海外市场的布局和开拓对保障产业繁荣有着战略意义，游戏企业正在产品研发和渠道合作上发力，双管齐下。

① 数据来源于中国音像与数字出版协会游戏工委的统计。

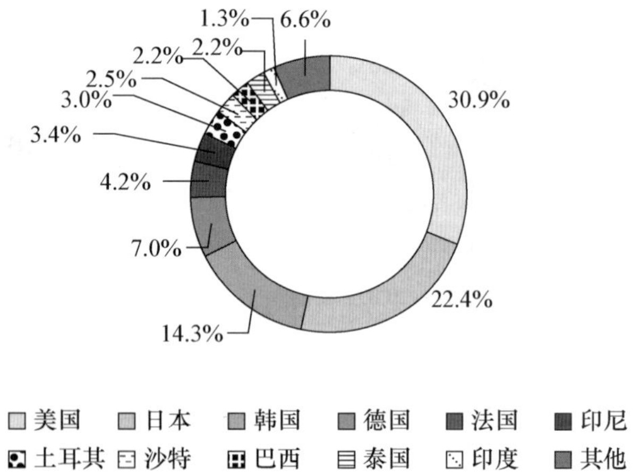

图 41　2019 年中国自主研发游戏海外收入地区分布

资料来源：中国音像与数字出版协会游戏工委、伽马数据，腾讯研究院 2020 年 2 月综合测算。

（五）网络音乐新火花：持续推动“音乐＋”业态融合，重视个性化交互产品

1. 网络音乐产业概况

2019 年网络音乐行业继续拥抱“音乐＋”业态融合转型。产品形态上，在吸纳直播元素和社交互动的基础上，持续推出个性化小众化的视觉交互新品，同时不断加深对线下场景的渗透。2019 年，网络音乐市场规模达 281 亿元，同比增速 24.3%[①]。2019 年用户体量持续扩大，使用人群进一步扩展，网络音乐用户规模达 6.35 亿人，相比 2018 年增长 10.2%；其中手机音乐用户规模达 6.33 亿人，同比增长 14.5%（见图 42、图 43）。

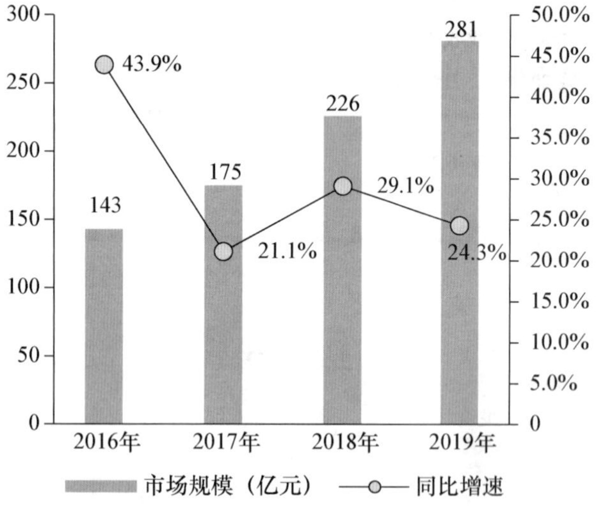

图 42　2016—2019 年中国网络音乐市场规模

资料来源：CNNIC、中国音像与数字出版协会、艾瑞咨询，腾讯研究院 2020 年 2 月综合测算。

注：中国网络音乐包含在线流媒体播放、音乐下载、在线 K 歌及音乐演艺互动社交，市场规模涵盖各种形态的多样盈利模式。

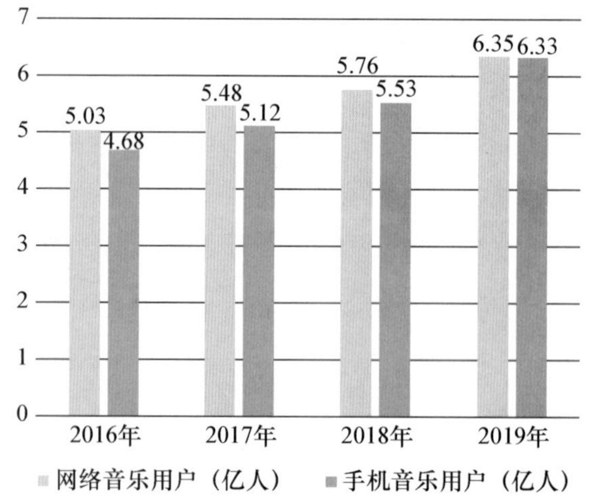

图 43　2016—2019 年中国网络音乐用户规模

资料来源：CNNIC、中国音像与数字出版协会、艾瑞咨询，腾讯研究院 2020 年 2 月综合测算。

注：中国网络音乐包含在线流媒体播放、音乐下载、在线 K 歌及音乐演艺互动社交，市场规模涵盖各种形态的多样盈利模式。

网络音乐版权生态建设继续完善。音乐平台对原创唱作人的扶持初见成效，精品内容和优质偶像扩大了用户的付费和打赏消费，用户付费规模与付费率持续增长。

2. 用户规模和市场规模不断攀升，新兴群体消费意愿强烈

2019 年，中国网络音乐付费订阅用户规模达 4 772 万人，同比增速 23.1%，付费用户渗透率提升至 7.8%，2020 年这一数字有望达到 10%（见图 44）。

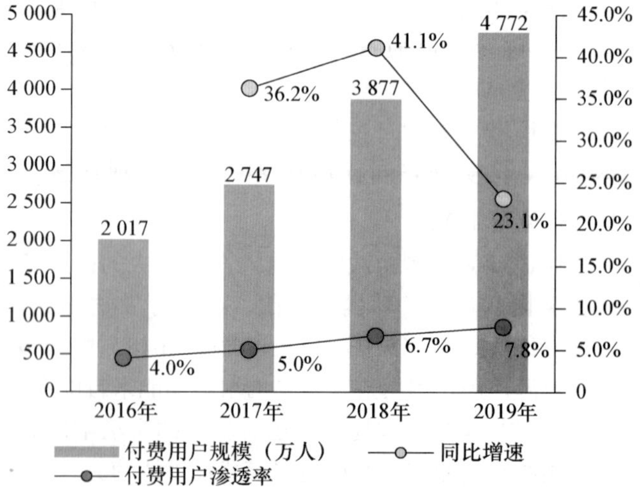

图 44　2016—2019 年中国网络音乐付费用户规模

资料来源：艾瑞咨询，腾讯研究院 2020 年 2 月综合测算。

① 数据来源于 CNNIC（截至 2020 年 2 月，受新冠肺炎疫情影响，电话调研推迟）、中国音像与数字出版协会、艾瑞咨询。

2016—2019年中国网络音乐用户付费收入（不含直播打赏社交互动）市场规模呈现持续上升趋势，分别为18.9亿元、30.2亿元、45.2亿元和58.6亿元（见图45）。

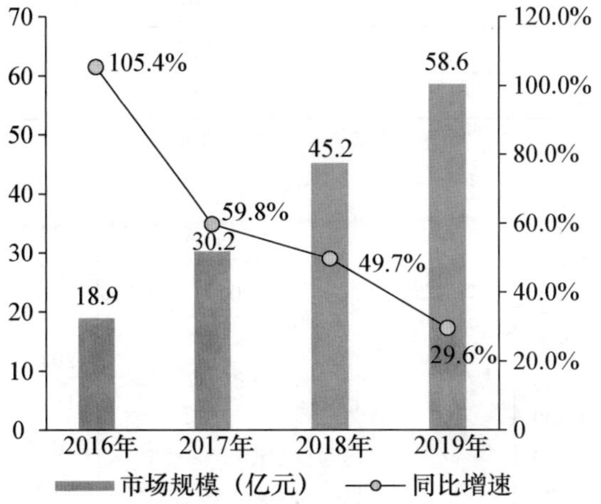

图45　2016—2019年中国网络音乐用户付费收入（不含直播打赏社交互动）市场规模

资料来源：艾瑞咨询，腾讯研究院2020年2月综合测算。

注：因中国网络音乐付费体系不断发展，此处主要指付费订阅（包月/包年/会员等）消费金额，不包括用户互动打赏消费（个别平台无法切分的情况除外）。

3. 流媒体转型助推付费订阅模式，会员个性化增值服务大有发展空间

2019年，中国网络音乐付费用户月均消费10元，年均消费约120元，相比2013年55元的年均消费支出已实现翻番增长。在线音乐用户付费产品主要为付费音乐包、数字单曲、月度会员、付费音频/视频节目；付费方式主要为短期的付费下载，以及针对偶像作品的单次消费，连续性付费订阅相对较少（见图46）。

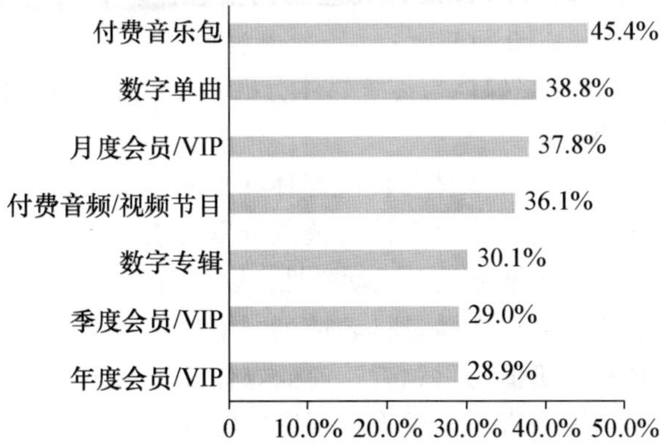

图46　2019年中国网络音乐用户选择的付费服务

资料来源：艾瑞咨询，腾讯研究院2020年2月综合测算。

注：因中国网络音乐付费体系不断发展，此处主要指付费订阅（包月/包年/会员等）消费金额，不包括用户互动打赏消费（个别平台无法切分的情况除外）。

中国数字音乐的内容付费业务自2015年开始起步，发展至今已有成效，但较美国主流数字音乐平台，在用户付费率、付费模式成熟度等方面仍有差距。

未来音乐平台将持续向全产业链拓展：一是从单纯版权采买转为参与行业上游生产，加强内容自制，提高用户消费；二是根据需求提供有针对性的特定增值服务，进一步拉动消费；三是围绕粉丝经济，以偶像音乐作为切入点加大引导力度和制作开发力度。

4. “网络神曲”缺乏持续生命力，音乐平台坚持精品战略推动平台化发展

近年来，音乐类内容在各类短视频业态中占比越来越高，并且涌现出众多“网络神曲”，这些歌曲具有紧追热点、旋律简洁、大批量生产、弱化艺人形象等特点，成为一些音乐制作公司的重点选择。但是随着时间的流逝，用户对这类快餐音乐的新鲜感逐渐消退，“网络神曲”后劲不足。网络音乐产业仍需坚持精品战略，不断创造精品，在此基础上寻找新的盈利模式。

一方面，由于用户在直播领域有着较强的付费意愿，因此各音乐平台持续在演唱会、秀场直播等内容领域发力。另一方面，基于网络音乐的碎片化和伴随性的双重消费特性，除了能够在音乐类网页、应用以及电台上进行内容消费，还积极有效融入线上线下的商业K歌业务、音乐社交应用、阅读、游戏等多种空间。这使得“音乐＋”的业态越来越丰富，网络音乐企业加速向一站式平台转型。

（六）网络新闻媒体新疆界：下沉市场渗透率高，信息流广告收入增长

1. 网络新闻媒体产业概况

2019年，中国网络新闻用户规模达7.31亿人，同比增长8.3%；其中手机新闻用户规模达7.26亿人，同比增长11.1%[①]（见图47）。

网络新闻的用户数量稳步增长，离不开对下沉市场的开拓。其中近年来流行的有奖激励阅读模式起到了重要助推作用，有效提升了网络新闻在下沉市场的渗透率。同时，资讯平台加大了对原创垂直类内容的扶持力度，也吸引更多低频用户使用新闻客户端获取更多专业内容（见图48）。

在市场规模方面，2019年网络新闻资讯市场收入快速增长，2019年中国网络媒体广告市场规模达3 795亿元，同比增速30.7%，较2016年的1 745

① 数据来源于CNNIC（截至2020年2月，受新冠肺炎疫情影响，电话调研推迟）的统计。

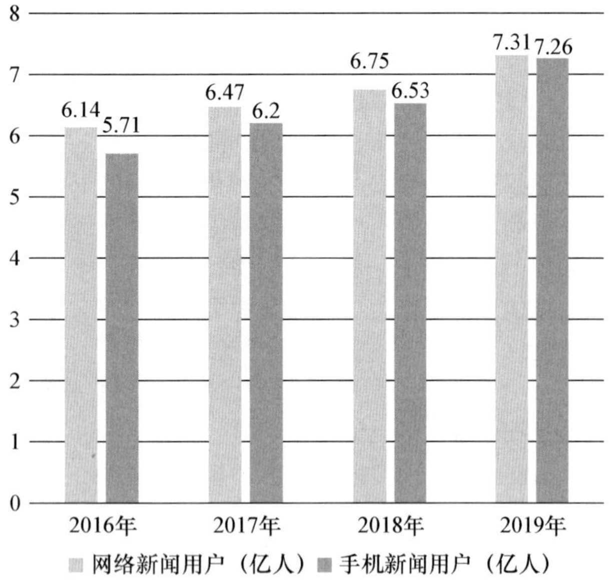

图 47　2016—2019 年中国网络新闻用户规模

资料来源：CNNIC、艾瑞咨询，腾讯研究院 2020 年 2 月综合测算。

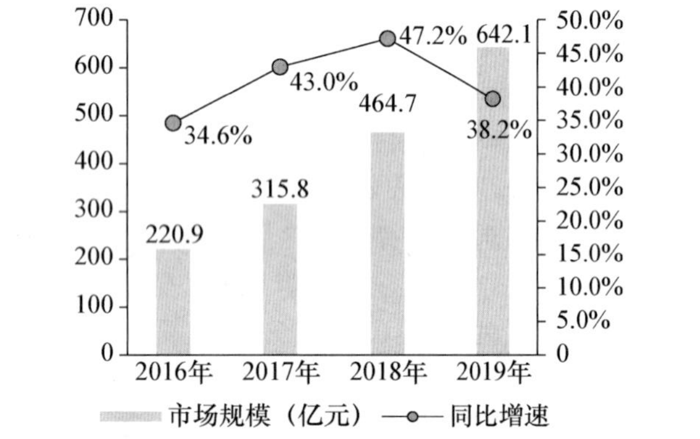

图 48　2016—2019 年中国网络新闻资讯市场规模

资料来源：CNNIC、艾瑞咨询，腾讯研究院 2020 年 2 月综合测算。

亿元增加一倍多①。其中移动端信息流广告和品牌原生广告是两大主要增长点。与此同时，垂直类深度新闻媒体凭借优质内容和创意展现，推出的付费订阅或打赏互动模式，也获得用户更多关注（见表 3、图 49）。

表 3　2019 年 8 月生产“10 万+”前十位的微信公众号

公众号名称	累计生产“10 万+”文章篇数量（篇）
人民日报	757
新华社	589
央视新闻	540
环球时报	494
人民网	312

续表

公众号名称	累计生产“10 万+”文章篇数量（篇）
共青团中央	286
十点读书	248
洞见	239
有书	234
占豪	233

资料来源：新榜、艾瑞咨询，腾讯研究院 2020 年 2 月综合测算。

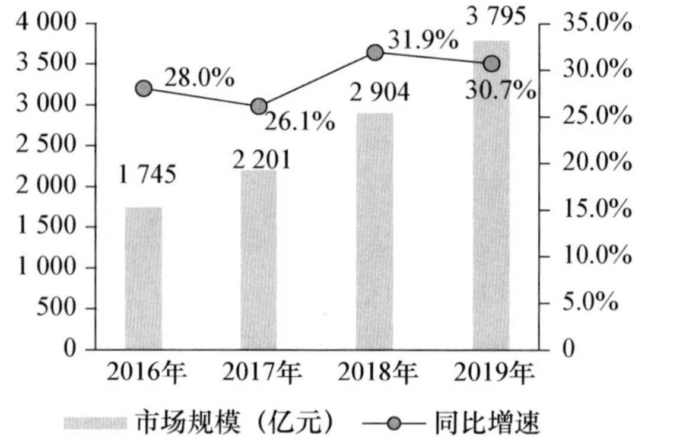

图 49　2016—2019 年中国网络媒体广告市场规模（不包含电商广告，视频广告去重）

资料来源：新榜、艾瑞咨询，腾讯研究院 2020 年 2 月综合测算。

注：网络媒体不仅包含纯粹的新闻资讯网站和应用，也包含各类生产版权内容的垂直媒体、社交媒体、自媒体平台、媒体社区以及搜索引擎社区和搜索联盟网站，但不含电商网站。

在品牌类广告中，移动端贡献较大。2019 年中国移动新闻资讯广告市场规模达 565.8 亿元，占全部网络新闻资讯广告比重为 88.1%，而 PC 端仅占 11.9%。信息流广告作为另外一个增长引擎，其市场规模则达到 1 725 亿元，同比增速 58.2%，其中相当一部分来自聚合类应用内信息流广告的贡献（见图 50、图 51）。

2. 网络媒体与传统媒体有机融合，融媒体平台带动市场增长

2019 年新媒体与传统媒体深化融合发展，网络媒体为传统媒体设立社交链条分发通道、创新视频展现形式、增强线上互动黏性。以微信公众号为例，传统媒体占据传播量排名前列，中央媒体成为网络媒体社会价值的引领者；商业媒体赋予网络媒体社会价值的新视角，成为在互联网时代中不可或缺的重要力量，二者达成合力提升。

融媒体平台向着视频化方向发展，图文报道与直播和短视频无缝结合，视频广告营销顺势快速发展，加之成熟的展示类广告和富媒体广告，共同推动整体网络媒体市场攀升。

① 数据来源于艾瑞咨询的统计。

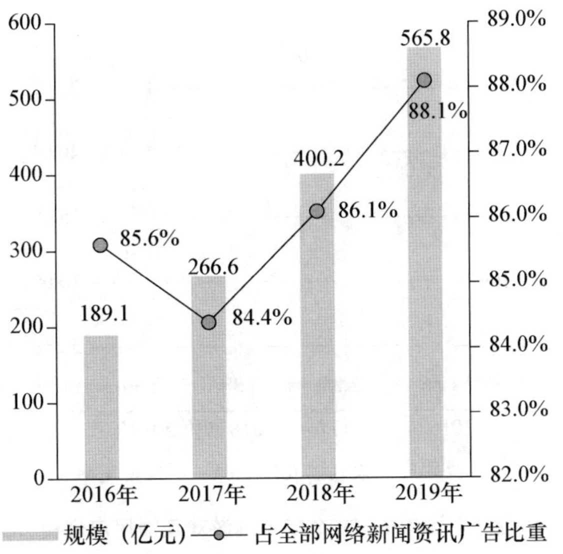

图 50　2016—2019 年中国移动新闻资讯广告市场规模

资料来源：艾瑞咨询，腾讯研究院 2020 年 2 月综合测算。

注：中国移动新闻资讯广告规模包括综合门户类新闻客户端、独立媒体新闻客户端以及聚合类新闻客户端的新闻资讯业务产生的广告收入，不含搜索、社交和视频等广告收入。

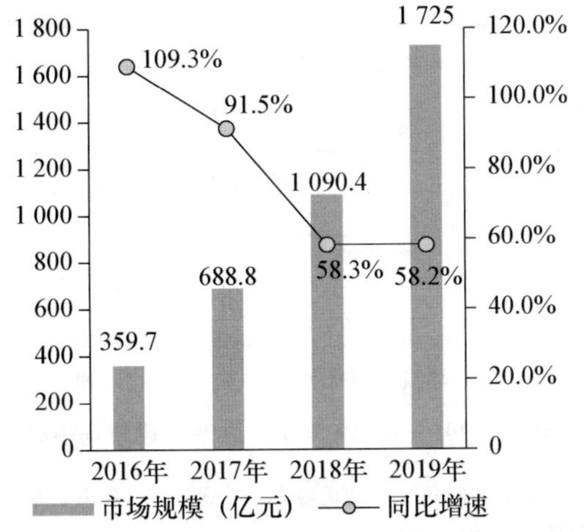

图 51　2016—2019 年中国信息流广告市场规模

资料来源：艾瑞咨询，腾讯研究院 2020 年 2 月综合测算。

注：中国信息流广告市场规模包括网络社交媒体、社交网络、新闻资讯、搜索引擎、浏览器、短视频等信息流广告收入规模。

3．移动新闻平台聚合多源内容，网络媒体不断传播公益理念

目前，中国互联网传媒占据了传媒业市场的八成，移动新闻 APP 将 AI 写作、短视频、语音播报和阅读激励机制有机结合，网络媒体深刻地影响着人们的信息获取方式以及思维、生活方式。

移动聚合新闻应用能有效吸纳繁杂的新闻源，通过算法推荐实现精准匹配。信息分发平台以个性化推荐为特色，实现信息适配到人，革新用户的信息获取模式。但算法推荐的新闻质量参差不齐，需要确保质量的配套把关机制，加大内容审核力度，以兼顾个性化与新闻性的统一。

网络媒体的社会责任与社会价值日益凸显。根据国家信息中心发布的《2019 中国网络媒体社会价值白皮书》，网络媒体主要通过开通公益频道、设立公益基金会等多元化的方式向公众传播公益理念，极大地提升了公益活动的社会参与度。其中商业媒体在社会公益方面表现得更加积极主动，通过参与社会慈善公益事业积极发挥出了自身的社会价值。

（七）网络直播新风貌：跨业融合重获新生，导流变现价值凸显

1．网络直播产业概况

2019 年中国网络直播市场规模达 660.4 亿元，同比增速 35.9%。截至 2020 年 2 月，中国网络直播用户规模达 5.60 亿人，网民使用率为 62.0%，相比 2018 年明显回暖（见图 52、图 53）。

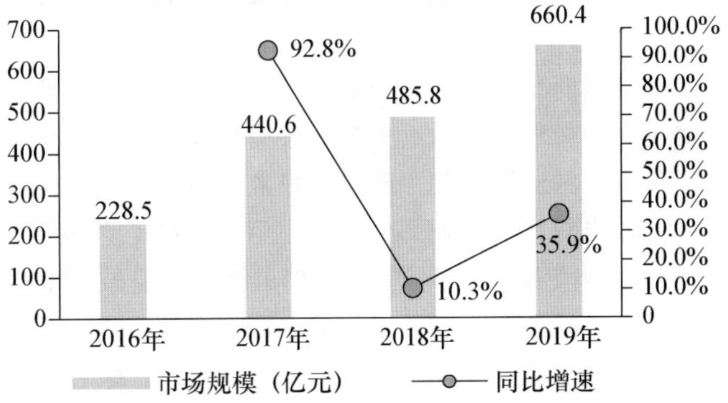

图 52　2016—2019 年中国网络（泛娱乐）直播市场规模

资料来源：CNNIC、艾瑞咨询、易观智库，腾讯研究院 2020 年 2 月综合测算。

注：中国网络直播市场规模涵盖游戏直播、秀场直播等泛娱乐类直播平台收入，自 2018 年起剔除网络音乐平台的音乐演艺类互动打赏收入，此部分纳入网络音乐市场规模。

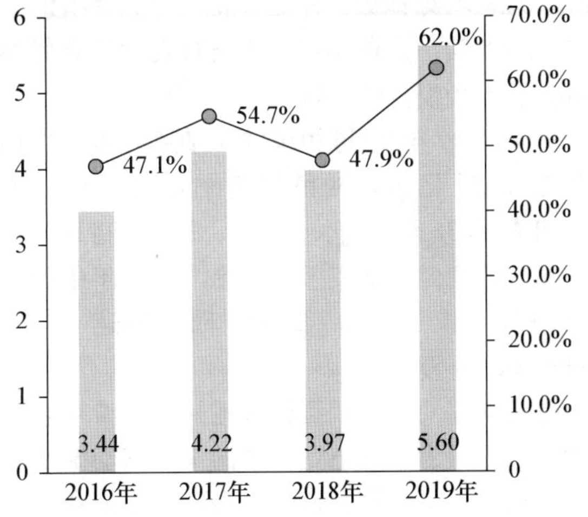

图 53　2016—2019 年中国网络直播用户规模

资料来源：CNNIC、艾瑞咨询、易观智库，腾讯研究院 2020 年 2 月综合测算。

网络直播在过去几年的发展并非一帆风顺。直播于 2016 年在中国全面铺开，2017 年迅猛普及，实现了 4.22 亿的用户规模和 54.7%的使用率。但是在 2018 年，由于受到短视频等业态分流的影响，网络直播用户规模出现波动，一度下滑到 3.97 亿人，使用率跌至 47.9%。但是网络直播业态最大的优势在于，其以用户打赏付费为主的盈利模式清晰且成熟。这一优势逐渐被短视频、网络音乐等其他业态认识到并迅速地加以移植，使其成为扩大自身业态收入来源的标配。这促成了直播与其他业态的交叉，又反向带动直播市场边界扩大、“天花板”不断被突破。

2019 年网络直播市场规模同比增速明显回升，与其快速同电商、教育等业态紧密融合有关。目前，直播电商已经成为电商发展的主要方向之一，更是 2019 年网络购物行业的一大热点，拼多多、小红书等知名电商平台纷纷进军直播业，抖音、快手等直播平台的带货直播持续火热。直播行业为电商行业提供了新的流量红利。同时随着带货热潮来袭，电商行业也对直播行业起到反哺作用，促进了直播行业的迅速发展。与此同时，2019 年，直播技术也弥补了录播课程互动性弱的缺点，可有效实现在线实时交流，促进教学场景化，K12 教育、综合网校、职业培训等教育培训平台纷纷采用直播课程形式。

2. 游戏直播持续快速增长，电竞直播拓展未来潜力

游戏直播作为网络直播的硬核细分业态，2019 年用户规模增势稳健。伴随着新兴电竞赛事的举办以及观众互动形式的丰富，用户打赏付费意愿继续增强，行业规模持续走高。

截至 2020 年 2 月，中国游戏直播年度观看用户规模达 2.60 亿人，网民使用率达 28.7%，相比 2018 年的 2.38 亿人增长 9.2%，游戏直播在国内的用户量较为稳健。从市场规模看，2019 年中国游戏直播市场规模达 177.7 亿元，同比增速 34.7%① (见图 54、图 55)。

电竞向移动化的转型极大地开发了游戏直播的潜力，可开发为移动电竞赛事的头部移动游戏陆续上市或向移动平台移植制作，提高了未来赛事数量的预期。电竞赛事直播将是未来游戏直播领域最重要的增长点。

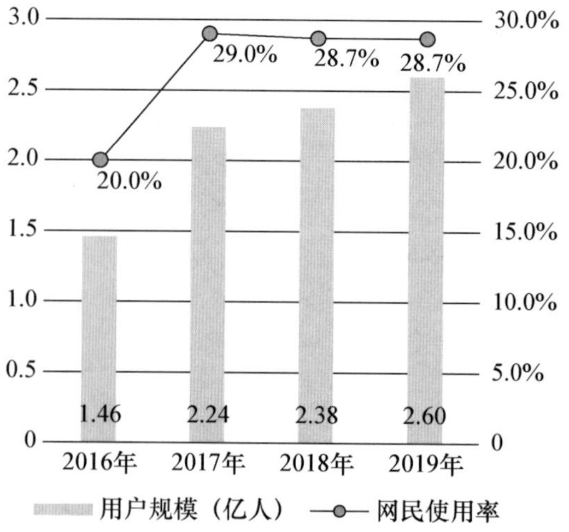

图 54　2016—2019 年中国游戏直播用户规模

资料来源：CNNIC、艾瑞咨询、易观智库，腾讯研究院 2020 年 2 月综合测算。

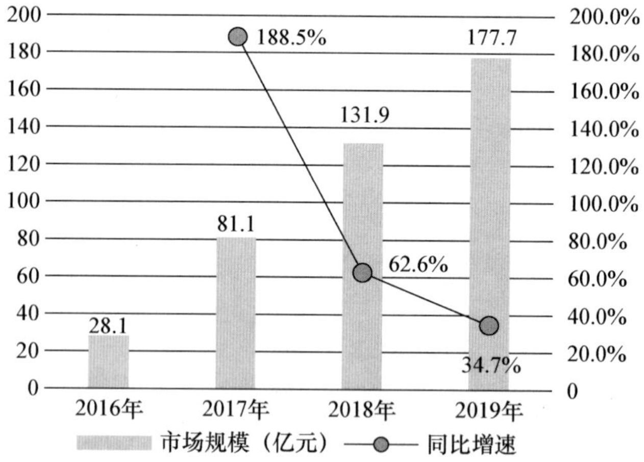

图 55　2016—2019 年中国游戏直播市场规模

资料来源：CNNIC、艾瑞咨询、易观智库，腾讯研究院 2020 年 2 月综合测算。

3. 游戏直播创新盈利模式，不断打造健康产业生态

2016—2019 年间中国游戏直播市场营收结构相对稳定，用户付费打赏始终是最重要的收入来源，占比维持在 88%左右（见图 56）。

在创新盈利模式的基础上，游戏直播平台主动承担社会责任，加强了对青少年的正面价值引导，并联合产业链条上的公会和经纪公司、电竞赛事主办方和俱乐部保障产业生态的积极健康。

4. 秀场直播破界重生，“+直播”商业模式广受认可

秀场直播作为另一核心细分业态，努力跨界探索“直播+”业务。直播与社交、音乐等业态结合

① 数据来源于 CNNIC 统计（受新冠肺炎疫情影响，CNNIC 电话调研推迟）。

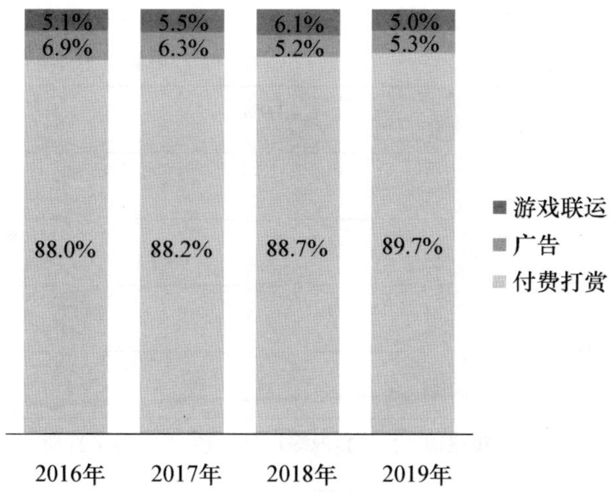

图 56　2016—2019 年中国游戏直播市场营收结构

资料来源：QuestMobile、艾瑞咨询，腾讯研究院 2020 年 2 月综合测算。

越发紧密，与移动电商带货无缝结合，让秀场直播重获用户人气。

从市场规模看，2019 年中国秀场直播市场规模达 482.7 亿元，同比增速 36.4%，走出阴霾。从用户规模看，2018 年由于受到短视频等业态分流的影响，中国秀场直播用户规模出现波动，一度下滑到 1.63 亿人，使用率跌至不足 20%。2019 年热度重燃，直播用户规模回升至 2.07 亿人，网民使用率回升至 22.9%（见图 57、图 58）。秀场直播的导流转化能力被广泛认可，"直播＋"向着"＋直播"转变，破界成为各类业态触网的标配模式，市场体量还会继续扩充。

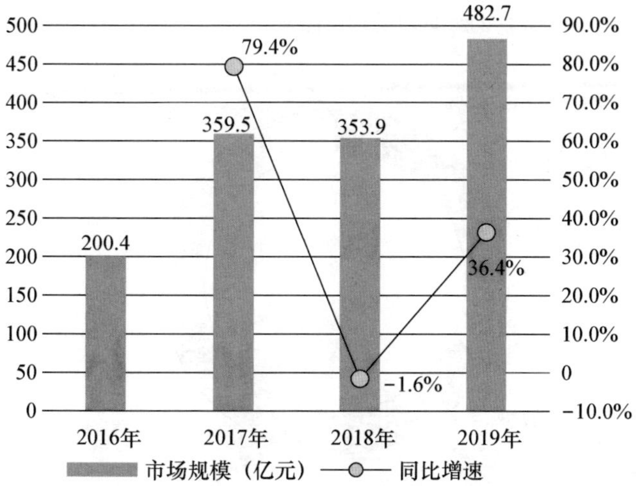

图 57　2016—2019 年中国秀场直播市场规模

资料来源：CNNIC、艾瑞咨询、易观智库，腾讯研究院 2020 年 2 月综合测算。

注：中国网络直播市场规模涵盖游戏直播、秀场直播等泛娱乐类直播平台收入，自 2018 年起剔除网络音乐平台的音乐演艺类互动打赏收入，此部分纳入网络音乐市场规模。

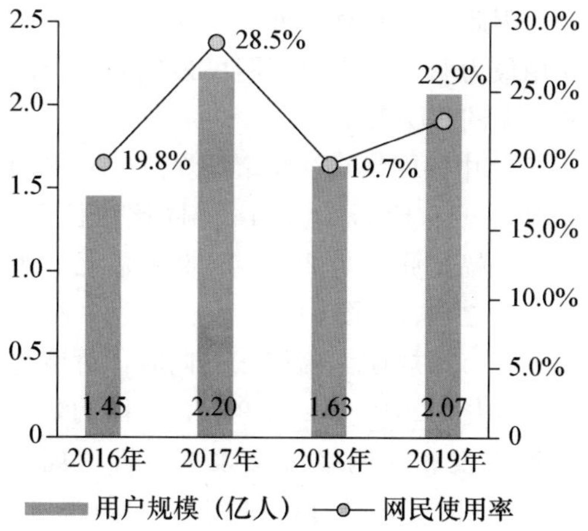

图 58　2016—2019 年中国秀场直播用户规模

资料来源：CNNIC、艾瑞咨询、易观智库，腾讯研究院 2020 年 2 月综合测算。

注：中国网络直播市场规模涵盖游戏直播、秀场直播等泛娱乐类直播平台收入，自 2018 年起剔除网络音乐平台的音乐演艺类互动打赏收入，此部分纳入网络音乐市场规模。

（八）网络短视频新进化：融合直播共振电商，广告打赏双向获收

1. 网络短视频产业概况

短视频业态作为网络版权产业的黑马，在 2019 年持续保持高歌猛进的发展势头。根据 CNNIC 最新数据，2019 年中国网络短视频用户规模大幅增长至 7.73 亿人，同比增长 19.3%，网民使用率突破 85%（见图 59）。

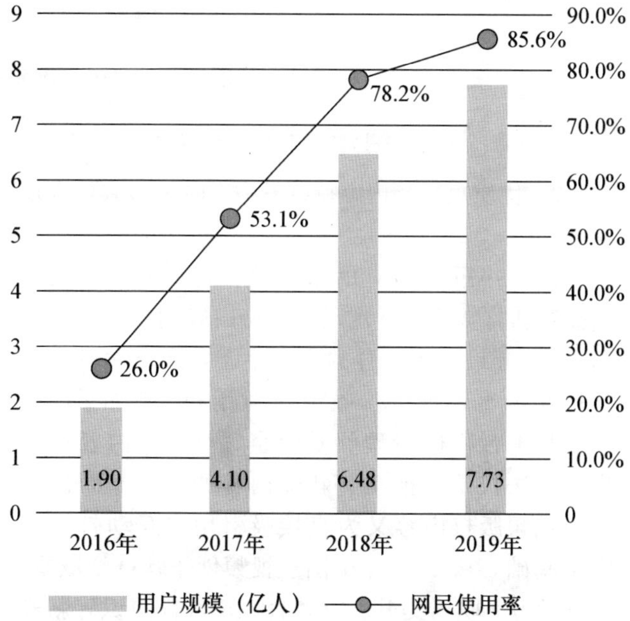

图 59　2016—2019 年中国网络短视频用户规模

资料来源：CNNIC、中国网络视听节目服务协会，腾讯研究院 2020 年 2 月综合测算。

随着 4G 网络在下沉市场的降价提速，短视频应用呈现出准入门槛低、观看便利、社交功能完善的特点，因此短视频对下沉市场新网民的吸引力和拉动作用最为明显，成为新网民最优先尝试的视频类内容（见图 60）。

2019 年中国网络短视频市场规模达 1 007 亿元，同比增速达 115.5%，继 2018 年同比增长 744.7%之后再度大幅扩张，与 2016 年 19.0 亿元的市场规模已是天壤之别（见图 61）。

短视频市场规模大幅扩张的同时，对该行业的监管也在强化。2019 年 1 月 9 日，中国网络视听节目服务协会发布《网络短视频平台管理规范》和《网络短视频内容审核标准细则》，对短视频内容、技术等提出详细要求，短视频管理审核标准逐渐对标长视频，未来短视频行业要在人员配备、技术手段、内容规范、版权管理等方面加大把关力度，使得行业内容呈现精品化趋势。

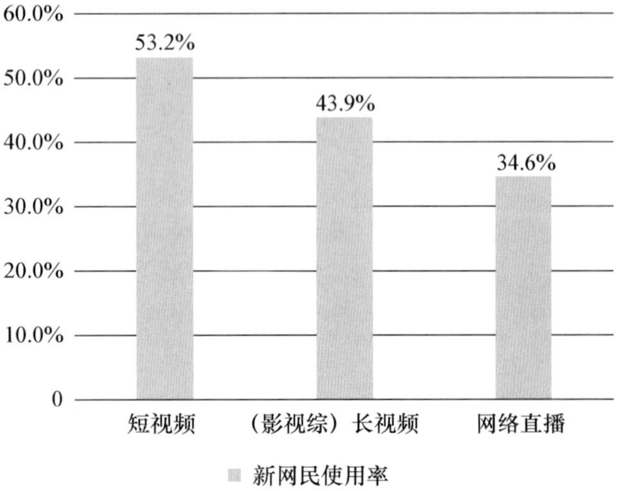

图 60　2019 年中国新网民对视频内容的使用率

资料来源：CNNIC、中国网络视听节目服务协会，腾讯研究院 2020 年 2 月综合测算。

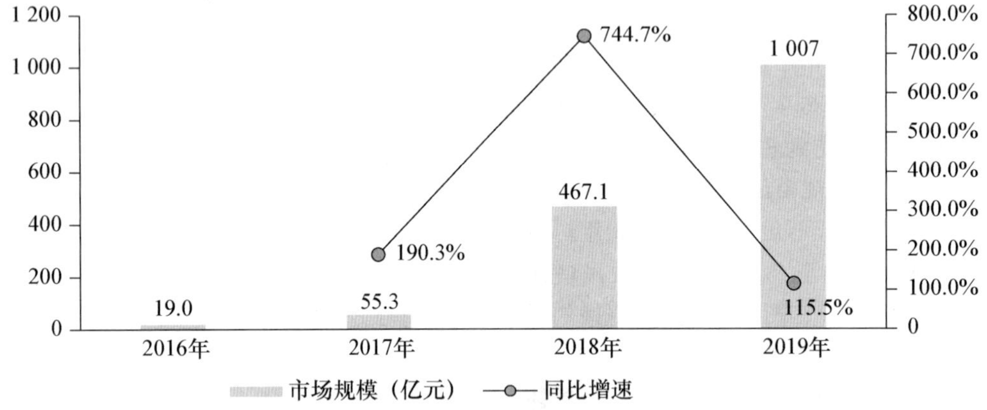

图 61　2016—2019 年中国网络短视频市场规模

资料来源：中国网络视听节目服务协会、艾瑞咨询、媒体公开报道，腾讯研究院 2020 年 2 月综合测算。

2. 优质短视频内容持续发力，时长和流量实现新增长

2019 年短视频应用深刻融合直播元素，通过直播互动打赏这一变现通路扶持内容创作者，并联合 MCN 建设更为完善的产业生态，产出大量碎片化精品内容，进一步吸引了新用户。与此同时，短视频平台积极清理低质内容，对精品内容加大推荐算法权重，推动了新知内容的普惠，而优质的短视频版权内容又为直接吸引用户互动打赏奠定了基础。从 2019 年中国短视频创作题材领域看，考试学习、职场提升、母婴育儿、科普知识等新知内容的占比将近 20%，知识型短视频兴起（见图 62）。

内容的持续创新使得短视频成为流量增长最快的业态，具体表现为用户使用时长大幅增长，总计

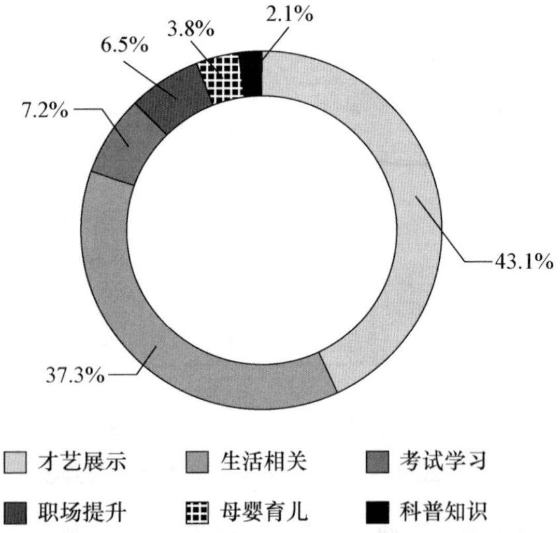

图 62　2019 年中国短视频创作题材领域分布

资料来源：QuestMoblie、中国网络视听节目服务协会，腾讯研究院 2020 年 2 月综合测算。

时长占全网时长的比重持续提高。短视频移动应用使用时长的全网占比从2016年的1.3%增加到2019年的12.2%，改变了既有的流量分布格局[①]（见图63）。

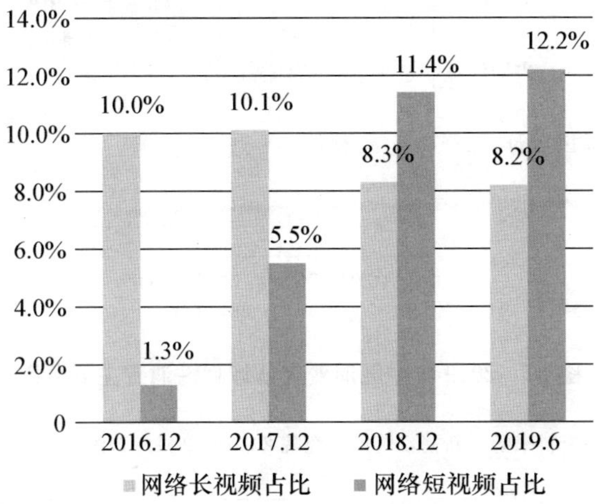

图63　2016—2019年中国视频类移动应用使用时长全网占比

资料来源：QuestMoblie、中国网络视听节目服务协会，腾讯研究院2020年2月综合测算。

3. 短视频商业变现能力不断增强，从单一广告模式向直播打赏转型

短视频流量的迅猛增长凸显出巨大的商业价值，如何将流量更好地变现，是短视频业态正在持续积极探索的内容。最初，短视频平台的收入主要来自信息流原生广告，依托短视频丰富的内容和多变的形式，为品牌方提供更多元化、更碎片化、更立体的沉浸式广告营销方式，这一模式一经推出便获得了巨大的成功，信息流广告市场规模持续实现翻番增长。

随着行业精细化程度不断提高，短视频加速跨界融合，“短视频＋直播”“短视频＋电商”“短视频＋社交”等组合逐渐成为常态。在2019年，得益于头部短视频平台与直播和电商业态的融合，打赏付费成为重要盈利来源，电商带货导流收入也迅速增加。从头部平台快手的公开媒体报道数据看，2016年短视频初期以广告盈利模式为主，营收结构占比达90%；而到2019年与直播模式融合后，来自用户付费打赏的收入占比超过六成，广告营收占比缩减到30%，其他如电商导流、游戏联运等收入占比10%（见图64）。

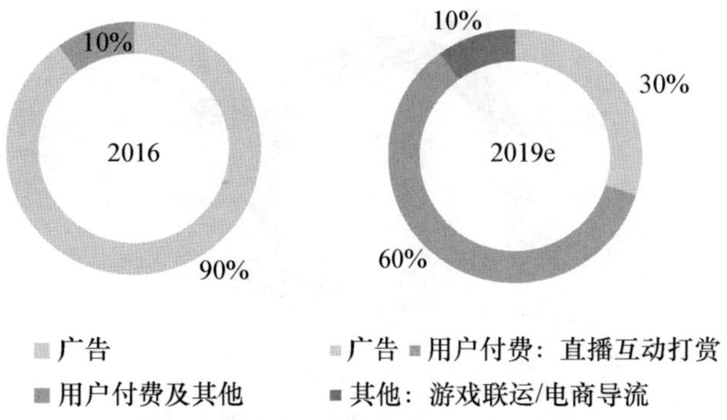

图64　2016年vs 2019年网络短视频头部平台营收结构

资料来源：中国网络视听节目服务协会、艾瑞咨询、媒体公开报道，腾讯研究院2020年2月综合测算。

展望未来，短视频的流量增量将主要来自与生活方式相关的细分场景[②]。“短视频＋”模式不仅通过多场景渗透帮助短视频行业继续享用流量红利，同时在短视频与其他版权业态融合的过程中还能显现出叠加效应，打通各细分版权产业的边界，为各行各业创造更多可能性。

4. 短视频破除用户年龄分布界限，抹平城乡创作、消费级差

短视频在2019年呈现出更为明显的全民化特征，用户年龄分布相对均匀，其中19～24岁、25～30岁、31～35岁的人群占比基本一致，都在20%以上，36～40岁的青壮年人群和41岁及以上的中老年人群总占比也达到了20%，由此可见年龄不再是推广短视频应用的障碍[③]（见图65）。其不仅流行于年轻人群，而且在中老年人群中也较为普及。

短视频还打破了城乡之间的内容隔膜，从数量上看，短视频应用在一线城市的用户占比仅为6.8%，新一线城市占比为15.5%，绝大部分用户集中在二、三线城市，总计占比超过45%，而四线及以下乡镇的占比也达32%[④]（见图66）。三、四、五线城市及乡镇农村用户是短视频业态的主要用户群体。这说明县乡用户的内容视野大为拓宽，村镇不再是内容消费洼地，而成为内容创作的新片场。乡村的风光、特产、生态等新鲜之处对城市人群来说极具吸引力，“三农”领域的短视频自媒体创作者越来越多，短视频行业成为向广大短视频用户展示“三农”发展现状的重要窗口。

① 数据来源于QuestMobile的统计。
② 刘峣，林嘉伟．“短视频＋”玩法真不少［N］．人民日报（海外版），2019-08-28．
③④ 数据来源于综合艾瑞咨询和QuestMobile数据。

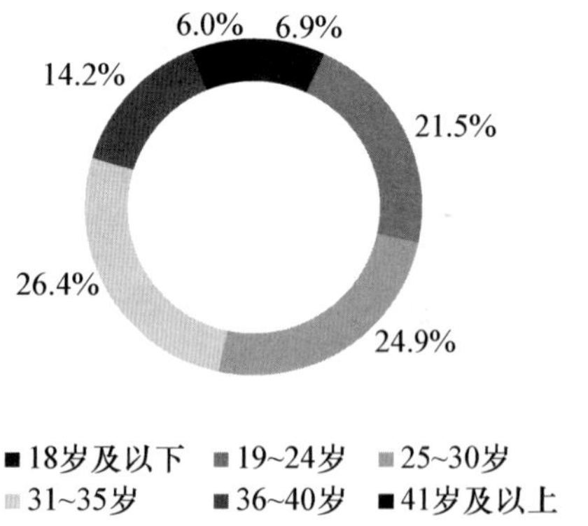

图 65　2019 年中国短视频用户年龄分布

资料来源：艾瑞咨询、QuestMobile，腾讯研究院 2020 年 2 月综合测算。

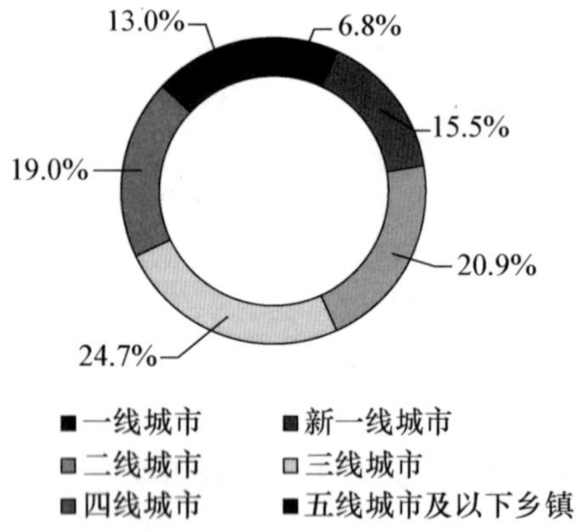

图 66　2019 年中国短视频用户城际分布

资料来源：艾瑞咨询、QuestMobile，腾讯研究院 2020 年 2 月综合测算。

5. 短视频与电商直播共振，实时互动调动用户消费意愿

短视频与电商的融合，不仅使得细分业态的边界模糊，更取得显著的叠加共振效应。短视频凭借其短小且临场感强烈的形式，成为电商导流、分享推荐的首选内容媒介，激发了用户消费意愿。在2019 年中国消费者非计划性消费主要原因调查中，短视频种草推荐和直播间主播导购推荐分别以50.3%和 32.0%的认可度分列第一和第五（见图67)。2019 年中国消费者通过短视频跳转电商平台重复购买商品三次以上的用户占比达 20.6%，通过直播跳转电商平台重复购买三次以上的用户占比达19.2%（见图 68)。

“短视频＋直播”所构建的视频电商模式，通过实时流媒体全方位商品展示、实地生产环境和消费场景展示，以及消费者抢购互动和视频评测，对传统货架和图文电商带来了较大冲击。

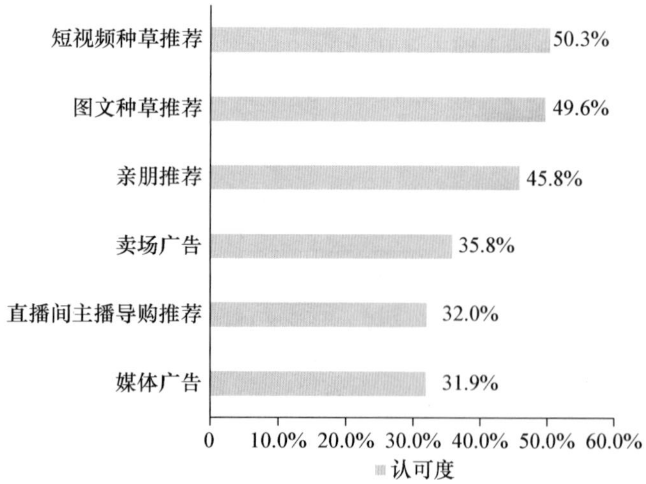

图 67　2019 年中国消费者非计划性消费主要原因

资料来源：新榜，腾讯研究院 2020 年 2 月综合测算。

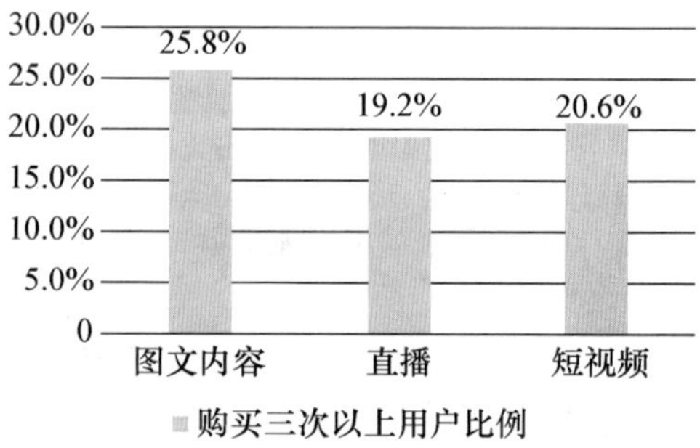

图 68　2019 年中国消费者通过数字内容链接跳转电商平台重复购买商品三次以上情况

资料来源：新榜，腾讯研究院 2020 年 2 月综合测算。

（九）VR/AR 新概念：体验式消费推动付费增长，但仍需爆款硬核攻坚

1. VR/AR 产业概况

VR 消费级内容是指游戏、影视、直播等面向最终用户的版权内容，尽管中国当前仍处 VR 普及早期，VR/AR 硬件设备渗透率有限，但在线下体验场馆的营销助推下，消费级内容市场规模依然在快速发展。

2019 年中国 VR/AR 消费级内容市场规模达50.5 亿元。在中国 VR/AR 消费级内容市场结构中，VR/AR 游戏类市场规模占比 53.6%，VR 影视占比29.9%，VR 直播占比 16.5%[①]（见图 69、图 70)。由于 VR 设备需要配套的高性能计算设备才能运行，因此硬件和成本始终是制约这一行业发展的根本所在。而且，由于我国长期缺乏主机游戏市场的培育，短期看也无法培育出能带动硬件大规模普及的爆款作品。但是未来随着 5G 和边缘计算的发展，云 VR的出现或许能够带动一批头部游戏的创作热潮。

① 数据来源于艾瑞咨询。

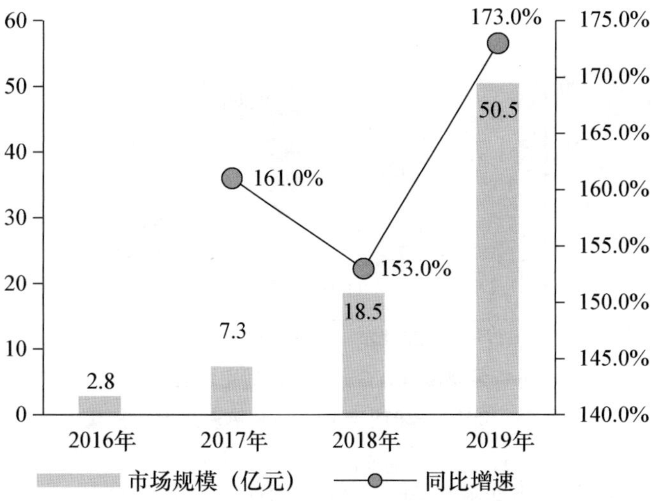

图 69　2016—2019 年中国 VR/AR 消费级内容市场规模

资料来源：IDC、信通院、艾瑞咨询、赛迪顾问、中国产业信息网、中国音像与数字出版协会游戏工委，腾讯研究院 2020 年 2 月综合测算。

注：VR/AR 消费级内容包括 VR 游戏、AR 游戏、VR 影视、VR 直播，不包括 VR 硬件和面向企业单位的软件服务，采用历年年终汇率中间价核算。

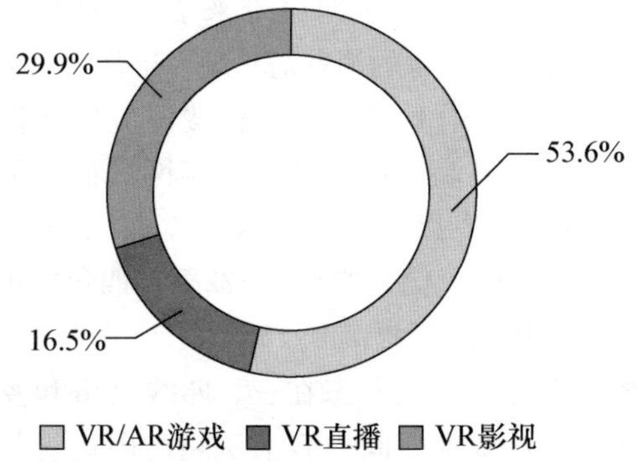

图 70　2019 年中国 VR/AR 消费级内容市场结构

资料来源：IDC、信通院、艾瑞咨询、赛迪顾问、中国产业信息网、中国音像与数字出版协会游戏工委，腾讯研究院 2020 年 2 月综合测算。

注：VR/AR 消费级内容包括 VR 游戏、AR 游戏、VR 影视、VR 直播，不包括 VR 硬件和面向企业单位的软件服务，采用历年年终汇率中间价核算。

2. VR/AR 游戏尚处探索阶段，技术赋能未来大有作为

VR 游戏受限于渲染技术、硬件规格和价格，仍处在探索阶段。2019 年中国 VR 游戏用户规模为 830 万人，市场规模为 26.7 亿元，同比增长近 50%，但仅占中国游戏市场规模比重的 1.16%。2019 年中国 AR 游戏市场规模达 7 000 万元，仅占游戏市场规模比重的 0.03%，仍处于探索发展阶段（见图 71、图 72）。但从长远来看，5G 高速网络兴起，将减轻本地硬件运算负担，提高视觉渲染处理效率，提供低时延无牵绊的用户体验；云 VR 跨越式解决硬件限制的同时，也将重塑更健康的版权生态。

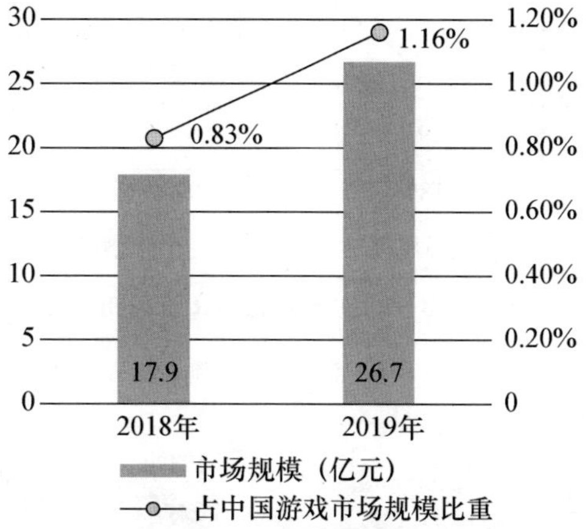

图 71　2018—2019 年中国 VR 游戏市场规模及占比

资料来源：中国音像与数字出版协会游戏工委、伽马数据，腾讯研究院 2020 年 2 月综合测算。

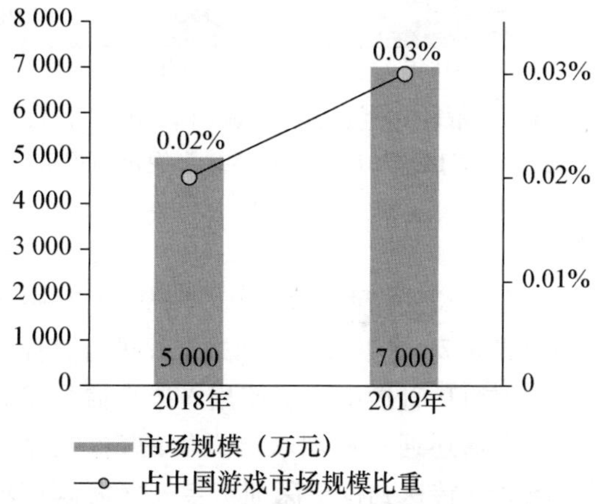

图 72　2018—2019 年中国 AR 游戏市场规模及占比

资料来源：中国音像与数字出版协会游戏工委、伽马数据，腾讯研究院 2020 年 2 月综合测算。

3. 大制作 PGC 拉动 VR 视频发展，全新技术打破 UGC 发展障碍

2019 年中国 VR 直播市场规模达 8.3 亿元，同比增速 186%；中国 VR 影视市场规模达 15.1 亿元，同比增速 174%[①]（见图 73、图 74）。5G 商用为 VR 的普及和 VR 体验的改善提供了技术条件，超高清 VR 视频获得了更多发展机会。

相较硬件要求高的 VR 游戏，硬件限制较小的 VR 视频内容不论在直播还是影视领域，普及均较为迅速，巨幕影院、全景视频、赛事演唱会直播、沉浸式新闻等成为主要的体验内容，大投入大制作的 PGC 仍是核心动能。2019 年 10 月 1 日，中央广

① 数据来源于艾瑞咨询。

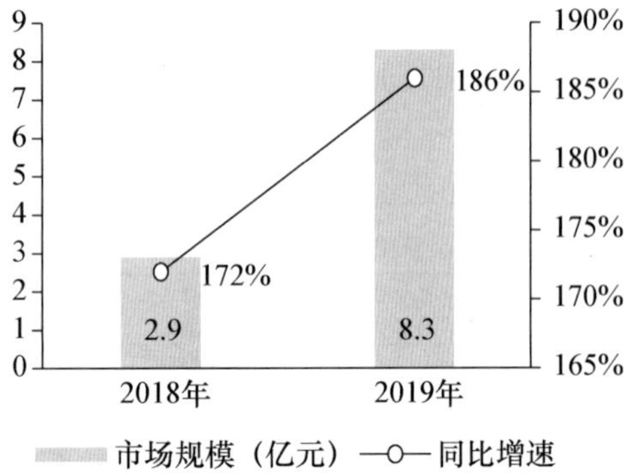

图 73　2018—2019 年中国 VR 直播市场规模

资料来源：艾瑞咨询、赛迪顾问，腾讯研究院 2020 年 2 月综合测算。

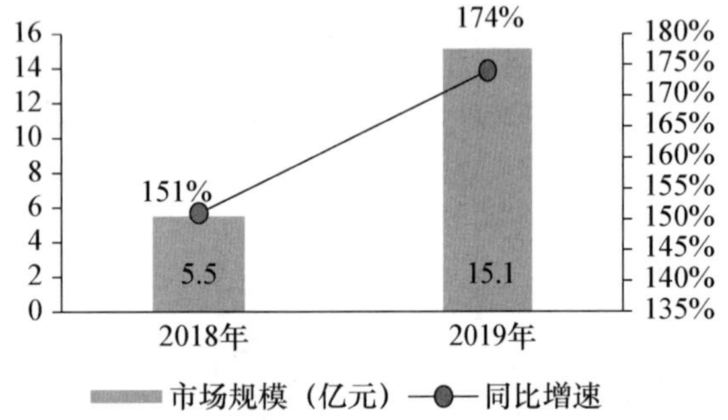

图 74　2018—2019 年中国 VR 影视市场规模

资料来源：艾瑞咨询、赛迪顾问，腾讯研究院 2020 年 2 月综合测算。

播电视总台在长安街两侧设置 VR 机位，对中华人民共和国成立 70 周年阅兵分列式全程进行直播，这也是共和国阅兵直播中首次使用 VR 直播技术。同时，此次直播还通过深圳联通提供的 5G 技术，将阅兵现场 360°传送到位于深圳市宝安区海滨广场的巨型球幕上。目前海量 UGC 发展的瓶颈在于摄制设备的限制，未来在全景摄像、边缘计算和 5G 的推动下，VR 视频将以 Vlog 形态为蓝本，辅之以成熟的 MCN 体系和直播盈利模式，在此支撑下 VR 行业有望再度加速发展。

4. 5G/云/VR 带来跨越式发展，重塑 VR 版权生态助推未来增长

作为新一代通用计算平台，VR/AR 硬件设备迅速迭代，高端的一体机和系留设备将作为未来的主流机型。根据 IDC 统计数据，中国 VR 和 AR 头显出货量呈现稳定上涨态势，2019 年出货量达 235 万台，相比 2018 年的 120 万台接近翻番增长。受益于技术迭代和 5G、Wi-Fi 6 高速网络的普及，预计到 2023 年，中国出货量有望达到 1 872 万台（见图 75）。

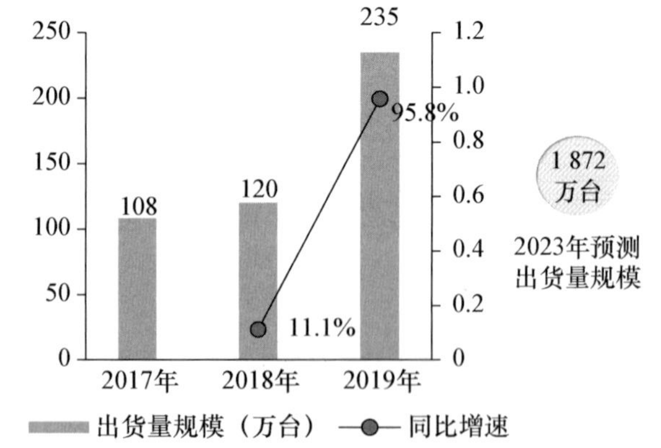

图 75　2017—2019 年中国 VR/AR 头显出货量

资料来源：IDC、信通院，腾讯研究院 2020 年 2 月综合测算。

注：VR 头显和 AR 头显包括无屏/手机头显（Screenless Viewer）、一体机/独立头显（Standalone HMD）、主机/系留头显（Tethered HMD）。

四、2020 年中国网络版权产业发展展望

（一）新市场：银发经济和下沉市场将成为未来流量增长动力

日益增长的中老年网民带来了新的增长红利，中老年人对版权内容的消费需求颇为丰富，对休闲游戏、短视频、音乐 K 歌、知识付费等应用和流行文化的消费意愿甚高。从中国中老年网民群触网情况来看，中国 50 岁以上网民规模达 1.53 亿人，相比 2016 年的 0.687 4 亿人增长近 122%，四年间占全体网民的比例从 9.4%提高到 16.9%①（见图 76）。

数字内容各新兴业态在三、四线城市和乡村地区加速下沉，城乡之间内容消费鸿沟因短视频等新形式得以弥合，围绕乡村场景创作内容新品，促进城乡交融是大势所趋，更是未来流量增长的主要动力。以城乡网民对短视频的使用为例，2019 年城市网民发布过短视频的用户比例为 65.5%，村镇网民为 62.6%，城乡网民使用差异并不显著（见图 77）。

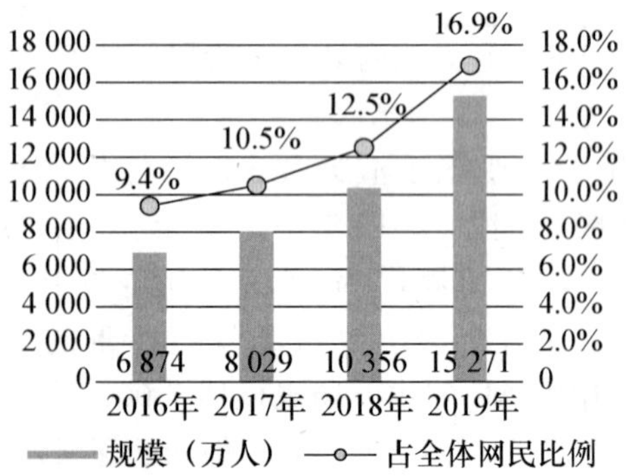

图 76　2016—2019 年中国 50 岁以上网民规模占比

资料来源：CNNIC、新榜，腾讯研究院 2020 年 2 月综合测算。

① 数据来源于 CNNIC，截至 2020 年 2 月（受新冠肺炎疫情影响，CNNIC 电话调研推迟）。

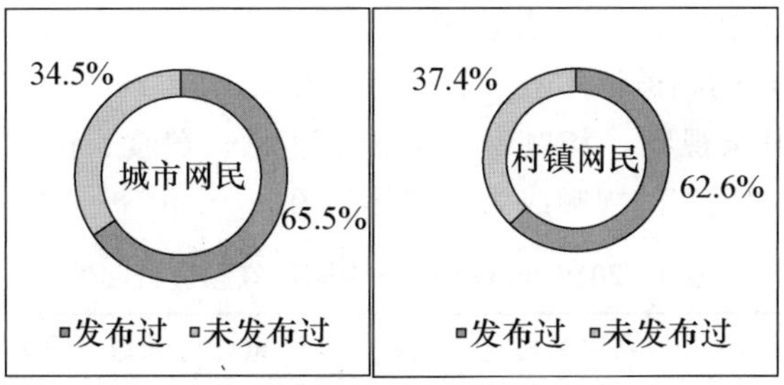

图77 2019年中国城市和村镇网民发布过短视频的比例

资料来源：CNNIC、新榜，腾讯研究院2020年2月综合测算。

（二）新业态：短视频影响网络版权业态大格局

短视频持续高速发展，内容黏性不断增强，成为影响网络版权产业内容结构的最大变量。短视频高密度的内容特征，更适应快节奏的现代生活方式，契合当下碎片化的文娱消费模式，并带动了剧集、纪录片、动漫等业态向着短篇幅精炼化的方向迭代。

目前，在用户使用互联网的总时长中，短视频使用时长占比超过长视频、移动游戏和新闻资讯等（见图78、图79），抢占了其他版权应用的使用时长空间。2019年，短视频移动应用的全网时长占比从2016年的1.3%增加到12.2%，改变了既有的流量分布格局①。因此在未来网络版权产业的发展中，短视频将成为影响产业竞争格局的重要变量。

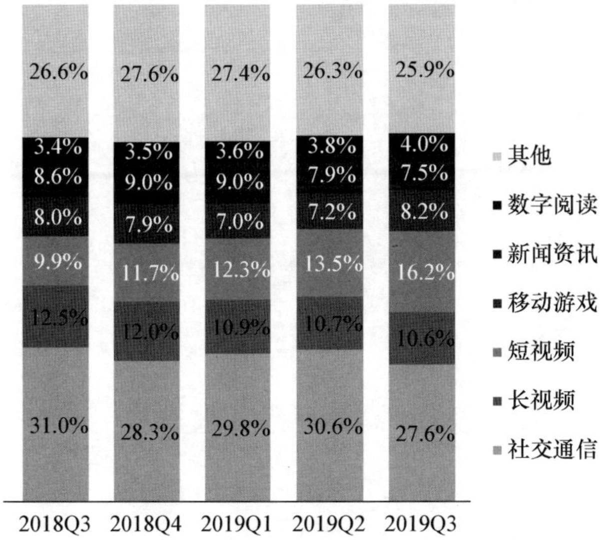

图78 2018—2019年中国各类移动应用每日使用时长占比

资料来源：极光、QuestMobile，腾讯研究院2020年2月综合测算。

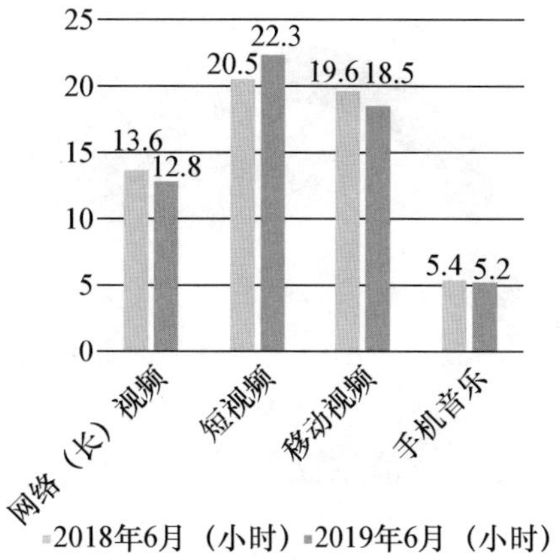

图79 2018—2019年中国网络版权移动应用人均月度使用时长

资料来源：极光、QuestMobile，腾讯研究院2020年2月综合测算。

（三）新机遇：5G技术让内容与平台无缝契合

5G的发展将给网络版权产业的发展带来很多重要影响。例如，云端计算平台凭借5G传输速度优势，将实现对用户终端计算平台的替代，云端计算+云端内容模式将变为现实。同时，对内容的分发将更加便捷，只要有链接便可快速获得内容，下载和安装或将成为过去式，分享即内容、分享即所得的时代或将到来。

（四）新出海：版权内容与应用共同开拓海外新空间

目前网络版权产业的内容和模式同时出海已经成为典型特征。产业出海将继续创造新红利，不但版权作品的出口量不断增长，而且投资并购、联合开发制作等跨国合作模式也在不断创新，网络版权产业已经成为具备全球布局、享有全球收益的文化产业新形态。面对产业出海带来的新机遇，中国网络版权产业需要更加重视全球利益，扩大对外开放合作。

除了网文、游戏和短视频在海外大受欢迎之外，视频平台的海外版带动了原创网剧在海外的流行。以2019年WeTV为例，其播放内容国别占比分别为中国内容60%，泰国内容20%，韩国内容10%，美国内容5%，其他国家和地区内容5%（见图80），排名前三的内容类别为浪漫喜剧片、历史剧和动作奇幻剧。多样化国际内容与反映中国传统文化、现代风貌的中国本土内容，协力赢得海外用户市场。自2019年初推出以来，WeTV海外用户规模已突破10万人，其中75%是女性，平均每日观看时间为84分钟。

① 数据来源于QuestMobile。

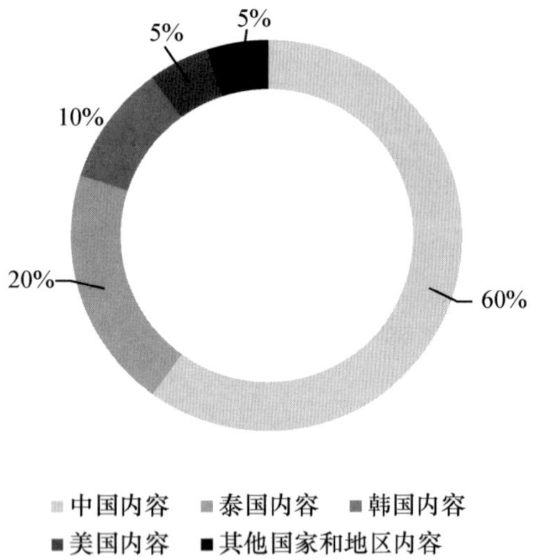

图 80　2019 年腾讯视频海外版 WeTV 播放内容国别分布

资料来源：腾讯视频、新榜、YouTube，腾讯研究院 2020 年 2 月综合测算。

同时，海外的网络媒体平台如 YouTube 上还有大量制作精良的中国创意视频内容，以美食、日常生活等能获得海外用户高度共鸣的题材为切入点，突破语言障碍，促进了跨国文化双向交流，是网络版权内容走向海外的得力抓手。2019 年 12 月 14 日，内容创作者李子柒在中国新闻周刊主办的“2019 年度影响力人物”荣誉盛典上获颁“2019 年度文化传播人物”奖项。截至 2019 年底，李子柒在 YouTube 平台的频道订阅数达 876 万（见表 4），累计发布近 100 条视频，其展现中国传统生活、美食、田园等文化风貌的视频成为全球热门 IP。

表 4　2019 年 YouTube 中国网红频道订阅数

频道名称	累计订阅数（万）
李子柒 Liziqi	876
办公室小野 Ms Yeah	828
滇西小哥 Dianxi Xiaoge	409
山药视频 Shyo Video	130
美食作家王刚	119
Tingting ASMR	117
一条	75.7
日食记 Cat's Kitchen	38.2

资料来源：腾讯视频、新榜、YouTube，腾讯研究院 2020 年 2 月综合测算。

中国网络版权产业的海外发展，从短期来看成熟的美日韩市场可能会提供较高的收益，但长期机遇会落脚在新兴市场国家。这需要数字内容企业在平台架构、运作模式、创作流程和变现通道等方面不断调整以适应海外市场的本土化需求。

2019 年中国新闻出版产业分析报告

国家新闻出版署

一、综述

2019 年，新闻出版业以习近平新时代中国特色社会主义思想为指导，坚持为人民服务、为社会主义服务，坚持百花齐放、百家争鸣，坚持创造性转化、创新性发展，守正创新，深化改革，加强内容建设，推动高质量发展，以优质的文化供给提升人民群众的文化获得感、幸福感。

新闻出版产业规模继续增长。2019 年，全国出版、印刷和发行服务实现营业收入 18 896.1 亿元①，较 2018 年增长 1.1%；拥有资产总额 24 106.9 亿元，增长 3.0%；所有者权益（净资产）12 156.2 亿元，增长 3.0%（见图 1）。图书出版营业收入增长 5.6%，增速在新闻出版 8 个产业类别中名列前茅。

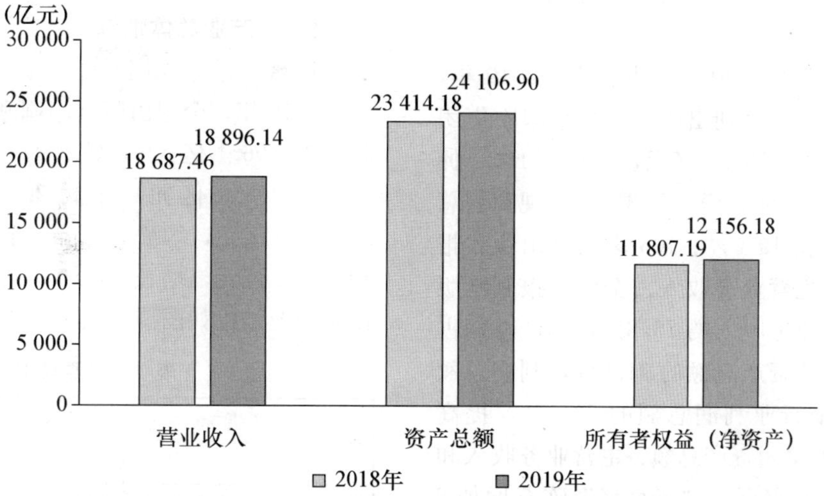

图 1　新闻出版产业营业收入、资产总额和所有者权益（净资产）增长情况

图书结构调整走向深入。2019 年，新版图书品种、总印数减少，重印图书品种、总印数继续增加，新版和重印单品种平均印数继续增加。共出版新版图书 22.5 万种、25.0 亿册（张），较 2018 年分别降低 9.0%、0.8%；重印图书 28.1 万种、62.0 亿册（张），分别增长 3.3%、7.3%。新版图书单品种平均印数 1.1 万册（张），增长 9.1%；重印图书单品种平均印数 2.2 万册（张），增长 3.8%。82 种一般图书年度印数达到或超过 100 万册，减少 8 种。其中，重印图书 47 种，增加 5 种，占比提高 10.7 个百分点。《习近平新时代中国特色社会主义思想学习纲要》超过 7 800 万册，《习近平关于"不忘初心、牢记使命"论述摘编》达到 4 700 万册②，《中共中央关于坚持和完善中国特色社会主义制度、推进国家治理体系和治理能力现代化若干重大问题的决定》及其学习辅导读物超过 610 万册，《新中国发展面对面——理论热点面对面·2019》近 540 万册。

主流报刊印数继续增加。《人民日报》《光明日报》《经济日报》平均期印数和总印数均继续增加。《人民日报》继续稳居综合类报纸平均期印数和总印数第一名，《光明日报》《经济日报》平均期印数和总印数在综合类报纸中排名上升。《求是》、《中国纪检监察》、《时事报告》（大学生版）、《时事》（初中）、《半月谈》平均期印数在超过 100 万册的基础上继续增加，总印数合计增加 1 160.5 万册。《人民日报》、《求

① 另据中国新闻出版研究院数字出版研究所调查汇总数据，2019 年数字出版营业收入超过 9 800 亿元。因该数据非政府统计数据，故不纳入全国总量。

② 包含中央文献出版社使用统一书号出版的《习近平关于"不忘初心、牢记使命"论述摘编（内部版）》2 500 万册。

是》改扩版总印数分别增加 1 965.5 万份、213.1 万册。主流报刊继续发挥舆论阵地引领作用。

优秀原创图书热度依旧。2019 年，30 余种文学、少儿原创图书年度印数达到或超过 100 万册。《红岩》《创业史》《平凡的世界》《围城》《论语译注》等本土原创经典图书年度印数达到或超过 50 万册，同时近年出版的《米小圈上学记》《米小圈脑筋急转弯》《米小圈漫画成语》《半小时漫画中国史》等也表现突出。优秀原创作品显现出旺盛的生命力。

报刊总印数降幅收窄。2019 年，全国出版报纸 317.6 亿份，较 2018 年降低 5.8%，降幅收窄 1.1 个百分点；定价总金额 392.4 亿元，降低 0.3%，收窄 1.0 个百分点。报纸出版实现营业收入 576.1 亿元，与 2018 年基本持平。全国出版期刊 21.9 亿册，降低 4.5%，收窄 3.5 个百分点；定价总金额 219.8 亿元，增长 0.9%。期刊出版实现营业收入 199.8 亿元，增长 0.2%。

出版传媒集团整体规模进一步壮大。2019 年，全国 117 家图书出版、报刊出版、发行和印刷集团共实现主营业务收入 3 552.8 亿元，增长 1.1%；拥有资产总额 8 093.0 亿元，增长 7.3%；实现利润总额 351.3 亿元，增长 10.0%。106 家图书出版、报刊出版和发行集团主营业务收入占全国书报刊出版和出版物发行主营业务收入的 75.8%，资产总额占全国出版发行全行业资产总额的 91.9%，利润总额占全国出版发行全行业利润总额的 73.0%，提高 2.3 个百分点。8 家集团资产总额、主营业务收入和所有者权益均超过百亿元，“三百亿”阵营增加 2 家，集团旗舰作用进一步凸显。

出版传媒上市公司整体经济指标全面增长。2019 年，38 家在内地上市的出版传媒公司[①]总市值共计 3 185.1 亿元，较 2018 年增加 387.8 亿元，增长 13.9%；实现营业收入共计 1 559.2 亿元，增加 57.8 亿元，增长 3.9%；拥有资产总额共计 2 891.8 亿元，增加 203.0 亿元，增长 7.6%；实现利润总额共计 189.8 亿元，增加 118.4 亿元，增长 165.7%；平均净资产收益率提高 6.2 个百分点。出版公司编印发收入占比整体达到 77.5%，提高 5.2 个百分点，主业地位更趋稳固。

对“一带一路”国家版权输出活跃。2019 年，全国共输出出版物版权 14 816 项，较 2018 年增长 25.2%，引进 15 977 项，降低 3.8%。其中，对“一带一路”国家输出 5 083 项，同口径增加 1 930 项，增长 61.2%。

二、产业结构分析

2019 年，新闻出版产业营业收入、资产总额和所有者权益继续增长，经济规模平稳提升。图书出版营业收入增速在 8 个产业类别中名列前茅，利润总额增长提速。报刊出版营业收入保持稳定，利润总额增长明显。电子出版物出版营业收入增速位居第一。印刷营业收入增速减缓，利润总额下降。出版物发行营业收入、利润总额由降转升。出版物进口、出口金额均在增加，贸易逆差有所扩大。图书版权输出增加，版权贸易逆差继续缩小。

（一）产业总体情况

1. 经济总量规模

2019 年，全国出版、印刷和发行服务实现营业收入 18 896.1 亿元[②]，较 2018 年增长 1.1%；利润总额 1 268.0 亿元，降低 2.2%；拥有资产总额 24 106.9 亿元，增长 3.0%；所有者权益（净资产）12 156.2 亿元，增长 3.0%（见表 1 和图 2）。新闻出版产业结构如图 3 和表 2 所示。

表 1　主要经济指标　　单位：亿元

经济指标	金额	较 2018 年增减（%）
营业收入	18 896.14	1.12
资产总额	24 106.90	2.96
所有者权益（净资产）	12 156.18	2.96
利润总额	1 268.03	−2.17

注：表内经济指标未包括数字出版、打字复印、邮政发行、版权贸易与代理、行业服务与其他新闻出版业务。

2. 图书出版总量规模

2019 年，全国共出版新版图书 22.5 万种[③]，较 2018 年降低 9.0%；重印图书 28.1 万种，增长 3.3%。总印数 106.0 亿册（张），增长 5.9%；总印张 938.0 亿印张，增长 6.3%；定价总金额 2 179.0 亿元，增长 8.8%。图书出版实现营业收入 989.7 亿元，增长 5.6%；利润总额 157.0 亿元，增长 11.2%（见表 3）。

① 康得新复合材料集团股份有限公司因触及重大违法强制退市情形，公司股票自 2019 年 7 月 8 日起停牌。故本报告继续与 2018 年口径保持一致，不将该公司纳入分析范围。

② 另据中国新闻出版研究院数字出版研究所调查汇总数据，2019 年数字出版营业收入超过 9 800 亿元，因该数据非政府统计数据，故不纳入全国总量。

③ 本报告参照国际上发布图书出版业报告的一般做法，将新版图书品种与重印图书品种分列发布。

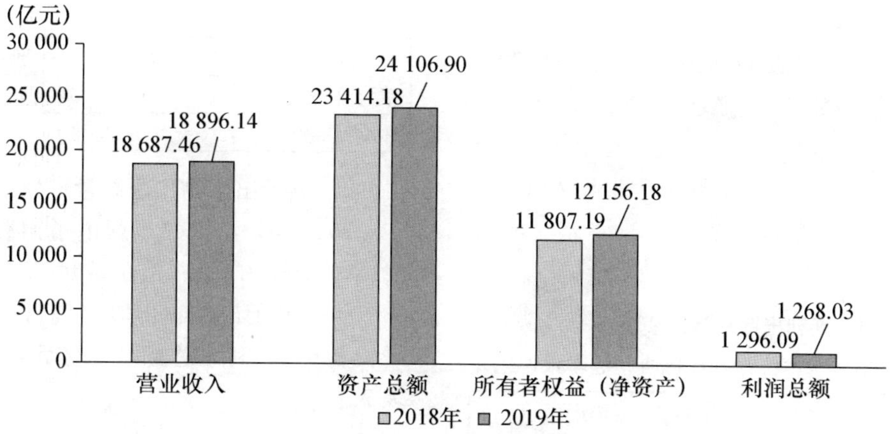

图 2　主要经济指标

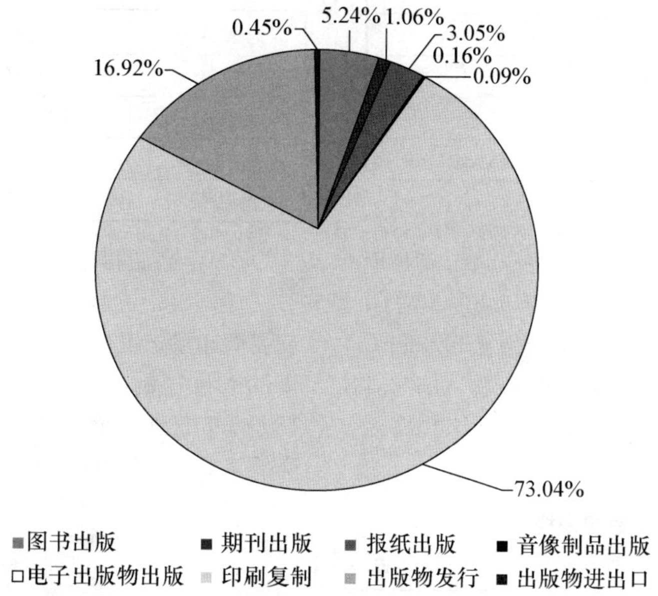

图 3　新闻出版产业营业收入构成

表 2　新闻出版产业结构

单位：亿元，百分点

产业类别	营业收入			
	金额	增长速度（%）	所占比重（%）	比重变动
图书出版	989.65	5.59	5.24	0.22
期刊出版	199.76	0.18	1.06	−0.01
报纸出版	576.10	0.03	3.05	−0.03
音像制品出版	29.43	−2.22	0.16	0.00
电子出版物出版	16.50	8.56	0.09	0.01
印刷复制	13 802.63	0.55	73.04	−0.42
出版物发行	3 196.54	2.57	16.92	0.24
出版物进出口	85.53	−0.15	0.45	−0.01

表 3　图书出版总量规模

单位：万种，亿册（张），亿印张，亿元

总量指标	数值	较 2018 年增减（%）
新版品种	22.48	−9.04
重印品种	28.12	3.33
总印数	105.97	5.87

续表

总量指标	数值	较 2018 年增减（%）
总印张	938.04	6.29
定价总金额	2 178.96	8.79
营业收入	989.65	5.59
利润总额	157.04	11.15

3. 期刊出版总量规模

2019 年，全国共出版期刊 10 171 种，较 2018 年增长 0.3%；总印数 21.9 亿册，降低 4.5%；总印张 121.3 亿印张，降低 4.3%；定价总金额 219.8 亿元，增长 0.9%。期刊出版实现营业收入 199.8 亿元，增长 0.2%；利润总额 29.9 亿元，增长 11.6%（见表 4）。

表 4 期刊出版总量规模

单位：种，亿册，亿印张，亿元

总量指标	数值	较 2018 年增减（%）
品种	10 171	0.32
总印数	21.89	−4.48
总印张	121.27	−4.32
定价总金额	219.83	0.88
营业收入	199.76	0.18
利润总额	29.93	11.63

4. 报纸出版总量规模

2019 年，全国共出版报纸 1 851 种，较 2018 年降低 1.1%；总印数 317.6 亿份，降低 5.8%；总印张 796.5 亿印张，降低 14.2%；定价总金额 392.4 亿元，降低 0.3%。报纸出版实现营业收入 576.1 亿元，基本持平；利润总额 38.2 亿元，增长 15.8%（见表 5）。

表 5 报纸出版总量规模

单位：种，亿份，亿印张，亿元

总量指标	数值	较 2018 年增减（%）
品种	1 851	−1.07
总印数	317.59	−5.83
总印张	796.51	−14.16
定价总金额	392.39	−0.27
营业收入	576.10	0.03
利润总额	38.17	15.79

5. 音像制品出版总量规模

2019 年，全国共出版音像制品 10 712 种，较 2018 年降低 3.2%；出版数量 23 171.4 万盒（张），降低 4.0%。音像制品出版实现营业收入 29.4 亿元，降低 2.2%；利润总额 3.5 亿元，降低 6.5%（见表 6）。

表 6 音像制品出版总量规模

单位：种，万盒（张），亿元

总量指标	数值	较 2018 年增减（%）
品种	10 712	−3.17
出版数量	23 171.36	−3.95

续表

总量指标	数值	较 2018 年增减（%）
营业收入	29.43	−2.22
利润总额	3.49	−6.53

6. 电子出版物出版总量规模

2019 年，全国共出版电子出版物 9 070 种，较 2018 年增长 7.9%；出版数量 29 261.9 万张，增长 13.1%。电子出版物出版实现营业收入 16.5 亿元，增长 8.6%；利润总额 2.5 亿元，降低 10.3%（见表 7）。

表 7 电子出版物出版总量规模

单位：种，万张，亿元

总量指标	数值	较 2018 年增减（%）
品种	9 070	7.94
出版数量	29 261.88	13.05
营业收入	16.50	8.56
利润总额	2.51	−10.33

7. 印刷复制总量规模

2019 年，全国印刷复制（包括出版物印刷、包装装潢印刷、其他印刷品印刷、专项印刷、印刷物资供销和复制，构成情况见图 4）实现营业收入 13 802.6 亿元，增长 0.6%；利润总额 774.1 亿元，降低 7.3%（见表 8）。

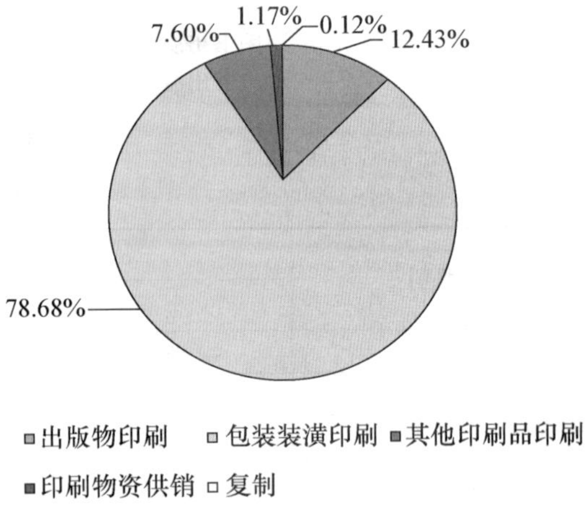

图 4 印刷复制的构成情况

表 8 印刷复制总量规模 单位：亿元

总量指标	数值	较 2018 年增减（%）
营业收入	13 802.63	0.55
利润总额	774.12	−7.32

8. 出版物发行总量规模

2019 年，全国共有出版物发行网点 18.1 万处，较 2018 年增长 5.6%。出版物发行实现营业收入 3 196.5 亿元，增长 2.6%；利润总额 260.0 亿元，增长 3.7%（见表 9）。

表 9　出版物发行总量规模

单位：处，亿元

总量指标	数值	较 2018 年增减（%）
出版物发行网点数量	181 106	5.57
营业收入	3 196.54	2.57
利润总额	260.04	3.71

9. 出版物进出口总量规模

2019 年，全国累计出口图书、期刊、报纸、音像制品、电子出版物、数字出版物（不含游戏）1 661.4 万册（份、盒、张），较 2018 年降低 2.4%；金额 10 766.1 万美元，增长 6.7%（其中，全国出版物进出口经营单位累计出口 1 474.0 万册（份、盒、张），降低 0.4%；金额 6 285.6 万美元，增长 5.9%，见表 10）。全国累计进口图书、期刊、报纸、音像制品、电子出版物、数字出版物（不含游戏）4 217.9 万册（份、盒、张），增长 3.0%；金额 79 676.8 万美元，增长 7.4%（见表 11）。进出口总额 90 442.9 万美元（其中，全国出版物进出口经营单位进出口总额 85 962.4 万美元，增长 7.24%）。出版物进出口经营单位实现营业收入 85.5 亿元，降低 0.2%；利润总额 2.8 亿元，增长 8.3%（见表 12）。

表 10　全国出版物出口情况

单位：万册（份、盒、张），万美元

类型	数量	金额
图书、期刊、报纸	1 653.43	7 483.15
其中：进出口经营单位	1 472.85	6 079.69
音像制品、电子出版物、数字出版物	7.97	3 282.95
其中：进出口经营单位	1.11	205.90
合计	1 661.40	10 766.10
其中：进出口经营单位	1 473.96	6 285.59

注：数字出版物只能统计金额，故数量指标中均未包含数字出版物。

表 11　全国出版物进口情况

单位：万册（份、盒、张），万美元

类型	数量	金额
图书、期刊、报纸	4 206.50	38 560.51
音像制品、电子出版物、数字出版物	11.38	41 116.31
合计	4 217.88	79 676.82

注：同表 10。

表 12　出版物进出口经营单位经济总量规模

单位：亿元

总量指标	数值	较 2018 年增减（%）
营业收入	85.53	−0.15
利润总额	2.75	8.34

10. 版权贸易总量规模

2019 年，全国共输出出版物版权 14 816 项[①]（其中图书 13 680 项，音像制品 298 项，电子出版物 838 项），较 2018 年增长 25.2%。引进出版物版权 15 977 项[②]（其中图书 15 684 项，音像制品 282 项，电子出版物 11 项），降低 3.8%。

11. 国家出版产业基地（园区）

2019 年，全国经国家新闻出版署认定的国家出版产业基地（园区）共 24 家。其中，数字出版基地（园区）11 家，印刷包装基地（园区）5 家，音乐产业基地（园区）4 家，网络动漫基地（园区）1 家，出版创意基地（园区）2 家，出版装备基地（园区）1 家。11 家数字出版基地（园区）共实现营业收入 1 900.1 亿元，营业收入超过 100 亿元的有 5 家。

（二）各产业类别总体经济规模综合评价

选取营业收入、增加值、总产出和利润总额 4 项经济规模指标，采用主成分分析法对图书出版、期刊出版、报纸出版、音像制品出版、电子出版物出版、印刷复制、出版物发行和出版物进出口 8 个新闻出版产业类别的总体经济规模进行综合评价，其排名结果与 2018 年相比保持不变（见表 13）。印刷复制、出版物发行和图书出版分居前 3 位，实现营业收入共计 17 988.8 亿元，较 2018 年增长 1.2%，占全行业营业收入的 95.2%，与上年持平。

表 13　各产业类别经济规模综合评价

综合排名	产业类别	综合评价得分	2018 年排名	排名变化
1	印刷复制	2.398 2	1	0
2	出版物发行	0.202 2	2	0
3	图书出版	−0.204 0	3	0
4	报纸出版	−0.375 9	4	0
5	期刊出版	−0.449 7	5	0
6	出版物进出口	−0.519 8	6	0
7	音像制品出版	−0.524 4	7	0
8	电子出版物出版	−0.526 6	8	0

注：综合评价得分系选取营业收入、增加值、总产出和利润总额 4 项指标，采用主成分分析方法，通过 SPSS 直接计算所得，仅用来显示各产业类别的相对位置，负数并不代表负面评价。

① 2019 年，全国共输出版权 15 767 项。
② 2019 年，全国共引进版权 16 140 项。

（三）各产业类别增长情况

以各产业类别营业收入增长速度衡量，前 3 位按降序排列依次为电子出版物出版、图书出版和出版物发行。与 2018 年相比，出版物发行、电子出版物出版和报纸出版营业收入增速排名上升，音像制品出版、出版物进出口、印刷复制和图书出版排名下降，期刊出版保持不变（见表 14 和图 5）。

表 14　各产业类别营业收入增长速度

排名	产业类别	增长速度（%）	2018 年排名	排名变化
1	电子出版物出版	8.56	4	3
2	图书出版	5.59	1	−1
3	出版物发行	2.57	8	5
4	印刷复制	0.55	3	−1
5	期刊出版	0.18	5	0
6	报纸出版	0.03	7	1
7	出版物进出口	−0.15	6	−1
8	音像制品出版	−2.22	2	−6

注：各产业类别增长速度＝（该产业类别本年营业收入－该产业类别上年营业收入）÷该产业类别上年营业收入×100%。

三、产品结构分析

主题图书、主流报刊传播力影响力持续提升。在单品种年度印数和平均期印数排名前 10 位的图书、期刊、综合性报纸中，主题图书、主流报刊占据多数。《习近平新时代中国特色社会主义思想学习纲要》超过 7 800 万册，《习近平关于“不忘初心、牢记使命”论述摘编》达到 4 700 万册①，《中共中央关于坚持和完善中国特色社会主义制度、推进国家治理体系和治理能力现代化若干重大问题的决定》及其学习辅导读物超过 610 万册，《新中国发展面对面——理论热点面对面·2019》近 540 万册。《人民日报》《光明日报》《经济日报》《中国纪检监察报》平均期印数和总印数持续增长，《人民日报》平均期印数突破 350 万份，总印数增加 1 965.5 万份，继续稳居综合类报纸平均期印数和总印数第一。《求是》、《中国纪检监察》、《时事报告》（大学生版）、《时事》（初中）、《半月谈》平均期印数和总印数继续增加，在平均期印数排名前 10 期刊中的地位日益稳固。

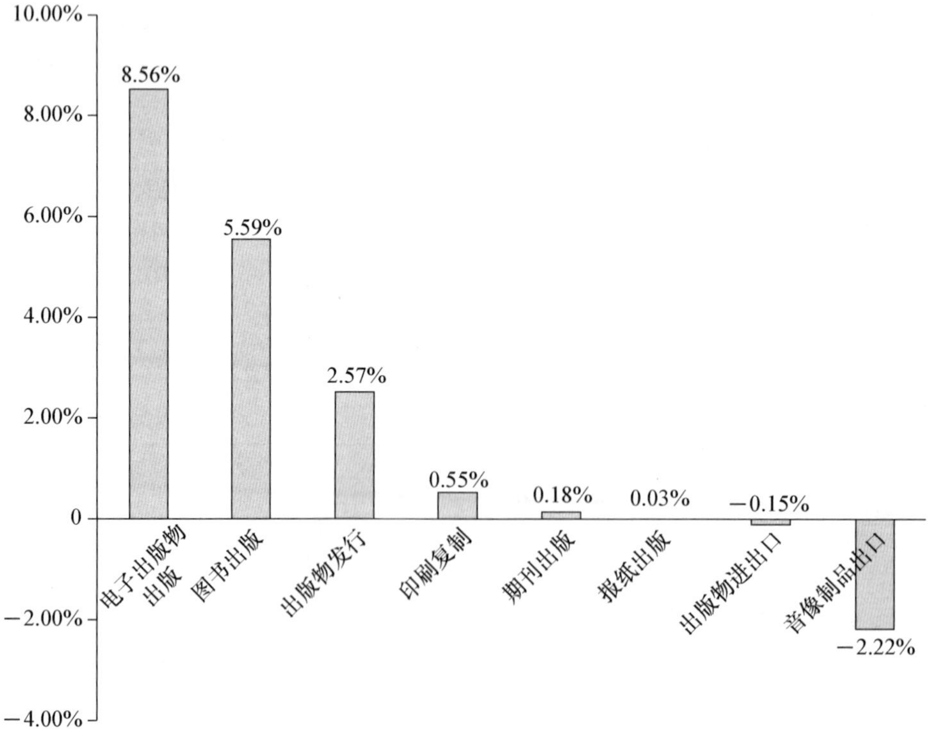

图 5　各产业类别营业收入增长速度

新版图书品种继续减少，总印数有所下滑；重印图书品种与印数继续较快增长。82 种一般图书年度印数达到或超过 100 万册，较 2018 年减少 8 种。其中，新版图书 35 种，减少 13 种；重印图书 47 种，增加 5 种；文学类图书 6 种，减少 4 种；少儿图书 29 种，增加 1 种。排名前 10 位的图书总印数

① 包含中央文献出版社使用统一书号出版的《习近平关于“不忘初心、牢记使命”论述摘编（内部版）》2 500 万册。

合计增长 59.1%。社科人文类书籍品种减少，总印数和单品种平均印数继续增加，在全部图书品种和总印数中所占比重有所下降；科学技术类书籍品种和总印数增速回落，但高于社科人文类书籍。少儿图书品种下降，总印数和单品种平均印数继续增长，其中新版品种、印数双降，重印品种、印数双增。

报刊出版总印数、总印张继续降低，降幅整体收窄；定价总金额与上一年基本持平。各类期刊总印数降幅均有所收窄，哲学社会科学类期刊总印数降幅最小，所占比重继续提高；文学艺术类期刊降幅最大，比重持续降低。全国性报纸和县级报纸总印数再次减少，生活服务类报纸降幅有所加大，其余各级、各类报纸降幅均有所收窄。全国性报纸和专业类报纸、读者对象类报纸总印数在全国报纸总印数中所占比重继续提高；省级报纸、地市级报纸和综合类报纸、生活服务类报纸、文摘类报纸所占比重继续下降。

（一）整体结构

2019 年，全国共出版图书、期刊、报纸、音像制品和电子出版物 450.70 亿册（份、盒、张），较 2018 年降低 3.1%。其中，出版图书 106.0 亿册（张），增长 5.9%，占全部数量的 23.5%；期刊 21.9 亿册，降低 4.5%，占 4.9%；报纸 317.6 亿份，降低 5.8%，占 70.5%；音像制品 2.3 亿盒（张），降低 4.0%，占 0.5%；电子出版物 2.9 亿张，增长 13.1%，占 0.7%（见表 15）。

表 15　出版物产品结构

单位：亿册（份、盒、张），百分点

出版物类型	总印数			
	数量	增长速度（%）	所占比重（%）	比重变动
图书	105.97	5.87	23.51	2.00
期刊	21.89	−4.48	4.86	−0.07
报纸	317.59	−5.83	70.47	−2.02
音像制品	2.32	−3.95	0.51	−0.01
电子出版物	2.93	13.05	0.65	0.09
合计	450.70	−3.13	100.00	0.00

注：1. 数量指标书报刊采用总印数，音像制品和电子出版物采用出版数量。

2. 表中部分数据因四舍五入的原因，存在总计与分项合计不等的情况。

（二）图书结构

1. 新版与重印图书

2019 年，全国出版新版图书 22.5 万种，较 2018 年降低 9.0%；重印图书 28.1 万种，增长 3.3%（见表 16）。重印图书在品种上连续三年超过新版图书，差值继续扩大。新版与重印图书品种结构如图 6 所示。

表 16　新版与重印图书品种结构

单位：万种

类型	品种数	增减数量	增减百分比（%）
新版图书	22.48	−2.23	−9.04
重印图书	28.12	0.90	3.33

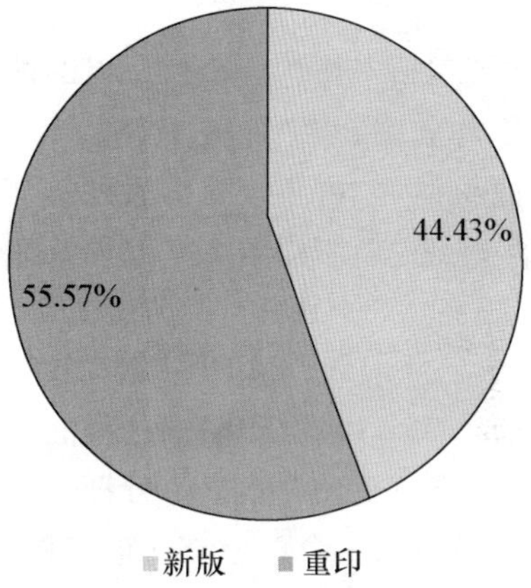

图 6　新版与重印图书品种结构

全国出版新版图书 25.0 亿册（张），稳中有降（−0.8%），占图书总印数的 23.6%，减少 1.6 个百分点；重印图书 62.0 亿册（张），增长 7.3%，占图书总印数的 58.5%，提高 0.8 个百分点；租型图书 19.0 亿册（张），增长 10.8%，占图书总印数的 18.0%，提高 0.8 个百分点（见图 7 和表 17）。重印图书总印数为新版图书的 2.5 倍。

2019 年，全国新版图书单品种平均印数 11 111 册（张），较 2018 年增加 925 册（张）；重印图书单品种平均印数 22 034 册（张），增加 816 册（张）。

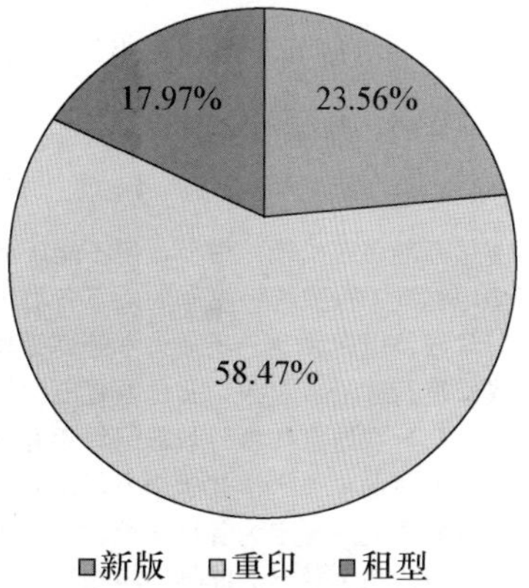

图 7　新版、重印与租型图书印数结构

表 17　新版、重印与租型图书印数结构

单位：亿册（张），百分点

类型	总印数	增减数量	增长速度（%）	所占比重（%）	比重变动
新版图书	24.97	−0.20	−0.79	23.56	−1.59
重印图书	61.96	4.22	7.31	58.47	0.78
租型图书	19.04	1.86	10.80	17.97	0.81
合计	105.97	5.88	5.87	100.00	0.00

2. 书籍与课本

图书主要包括书籍①、课本②和图片③3 类。

2019 年，全国出版新版书籍 20.5 万种，较 2018 年降低 9.4%，占新版图书品种的 91.1%，减少 0.4 个百分点；新版课本 2.0 万种，降低 5.6%，占 8.9%，提高 0.3 个百分点；新版图片 205 种，增长 101.0%，占 0.1%。重印书籍 21.4 万种，较 2018 年增长 1.7%，占重印图书品种的 76.0%，降低 1.2 个百分点；重印课本 6.7 万种，增长 8.9%，占 23.9%，提高 1.2 个百分点；重印图片 241 种，增长 2.6%，占 0.1%（见图 8、图 9）。

全国出版书籍 68.0 亿册（张），增长 4.5%，占图书总印数的 64.4%；课本 37.5 亿册（张），增长 7.8%，占 35.6%；图片 380 万册（张），增长 80.1%（见图 10）。

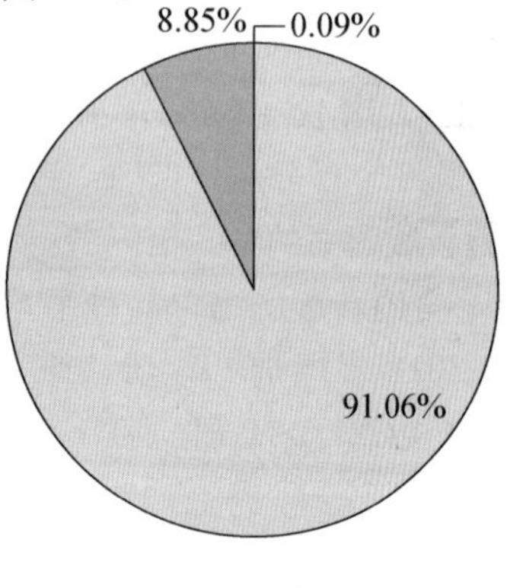

图 8　新版图书品种结构

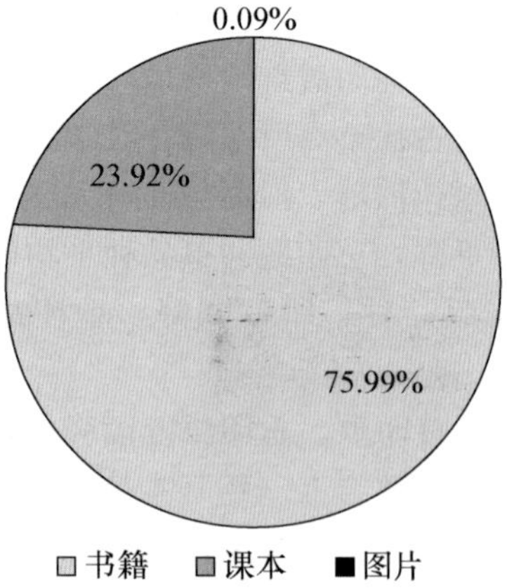

图 9　重印图书品种结构

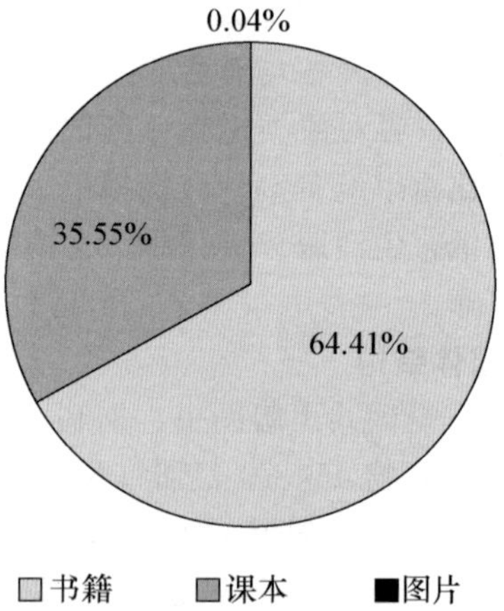

图 10　书籍、课本与图片印数结构

2019 年，全国书籍单品种平均印数 16 246 册（张），较 2018 年增加 1 329 册（张）；课本单品种平均印数 43 040 册（张），增加 1 028 册（张）。

（1）书籍。

书籍按照内容划分为社科人文、科学技术和综合三大类。

2019 年，全国出版社科人文类书籍 34.4 万种，较 2018 年降低 5.1%，占书籍品种总数的 82.3%；科学技术类书籍 7.0 万种，略有上升（0.9%），占 16.8%；综合类书籍 0.4 万种，增长 5.4%，占 0.9%（见表 18、图 11）。

① 系指使用标准书号或统一书号，但不属于课本和图片的出版物。

② 系指使用标准书号或统一书号的以下各类出版物：(1) 由国家教育行政部门和中央各部委、各地区审定、规划的，列入教材征订目录，供高等学校、电视大学、函授大学等高等教育机构，中等专业学校（包括中等师范学校）、技工学校使用的教材、教材习题解答集，以及对成人进行政治、业务、文化教育所使用的课本，包括广播电台、电视台举办或与其他单位合办的业余讲座使用的课本及其他业余教育课本。(2) 在国家教育行政部门每年春秋两季颁发的《全国普通中小学教学用书目录》和由各省（自治区、直辖市）教育行政部门审定、补充下达的《中小学教学用书目录》中所列的课本、教学挂图和随课本做教材用的习题解答集，以及由省（自治区、直辖市）以上教育行政机关统一规定为各级学校教员必须采用的“教学参考资料”及“教学大纲”（包括少数民族自治州出版社出版，由少数民族自治州教育行政机关规定的此类出版物）。(3) 专供扫盲使用的课本。具体包括大专及以上课本、中专技校课本、中小学课本、业余教育课本、扫盲课本和教学用书。

③ 系指单张或折页的美术画片，包括绘画的印制品和摄影的印制品，年画也归入图片。

表 18　书籍、课本与图片品种、印数结构　　单位：万种，亿册（张），百分点

类型	品种				总印数			
	数量	增长速度（%）	所占比重（%）	比重变动	数量	增长速度（%）	所占比重（%）	比重变动
书籍	41.84	−4.06	82.69	−1.29	67.97	4.49	64.41	−0.72
社科人文	34.44	−5.10	68.07	−1.82	64.60	4.29	61.22	−0.80
科学技术	7.01	0.86	13.85	0.47	3.06	7.37	2.90	0.05
综合	0.39	5.41	0.77	0.06	0.31	19.23	0.29	0.03
课本	8.72	5.20	17.23	1.27	37.52	7.78	35.55	0.70
中学	0.54	−5.21	1.07	−0.03	17.15	8.26	16.25	0.39
小学	0.49	−2.21	0.97	−0.01	16.09	8.48	15.25	0.40
图片	0.04	32.34	0.08	0.02	0.04	80.09	0.04	0.02
合计	50.60	−2.56	100.00	0.00	105.53	5.66	100.00	0.00

注：1. 社科人文类书籍系指属于中国图书馆分类法马克思主义、列宁主义、毛泽东思想、邓小平理论，哲学、宗教，社会科学总论，政治、法律，军事，经济，文化、科学、教育、体育，语言、文字，文学，艺术，历史、地理 11 大类（A—K）的书籍；科学技术类书籍系指属于中国图书馆分类法自然科学总论，数理科学和化学，天文学、地球科学，生物科学，医药、卫生，农业科学，工业技术，交通运输，航空、航天，环境科学、安全科学 10 大类（N—X）的书籍；综合类书籍系指属于中国图书馆分类法综合性图书类（Z）的书籍。

2. 以上数据不包含国部标准及小件印品。

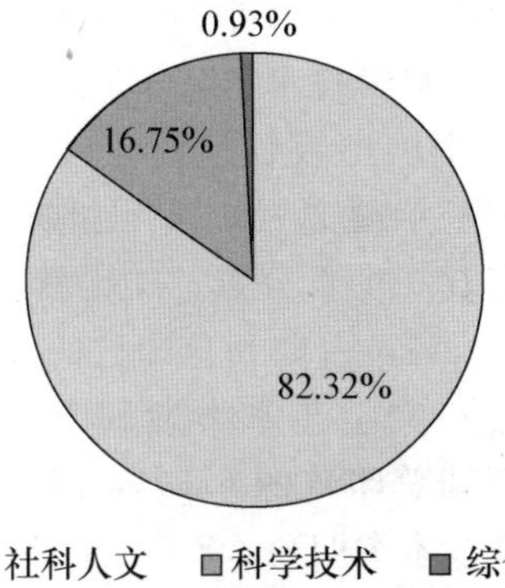

图 11　书籍品种结构

全国出版社科人文类书籍 64.6 亿册（张），增长 4.3%，占书籍总印数的 95.0%；科学技术类书籍 3.1 亿册（张），增长 7.4%，占 4.5%；综合类书籍 0.3 亿册（张），增长 19.2%，占 0.5%（见图 12）。

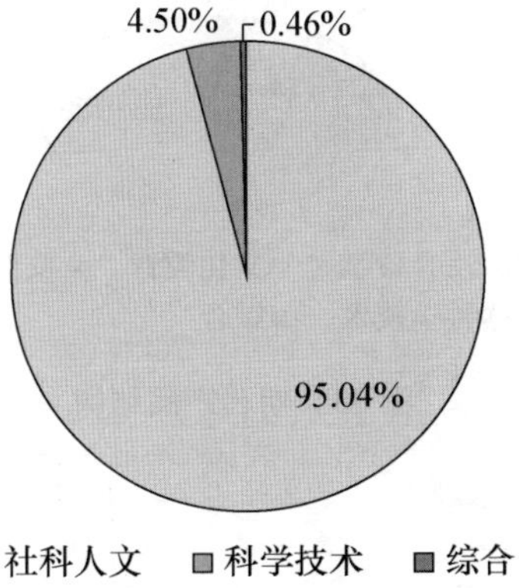

图 12　书籍总印数结构

2019 年，全国社科人文类书籍单品种平均印数 18 759 册（张），较 2018 年增加 1 692 册（张）；科学技术类书籍单品种平均印数 4 361 册（张），增加 253 册（张）；综合类书籍单品种平均印数 7 969 册（张），增加 889 册（张）。

（2）课本。

课本划分为大专及以上课本、中专技校课本、中学课本、小学课本、业余教育课本、扫盲课本和教学用书 7 类。

2019 年，全国出版中学课本 5 417 种，较 2018 年降低 5.2%，占课本品种数的 6.2%；小学课本 4 946 种，降低 2.2%，占 5.6%。中小学课本合计 10 363 种，占课本品种数的 11.8%，图书品种数的 2.0%，较 2018 年减少 0.1 个百分点。

全国出版中学课本 17.2 亿册（张），增长 8.3%，占课本总印数的 45.7%；小学课本 16.1 亿册（张），增长 8.5%，占 42.9%。中小学课本合计 33.2 亿册（张），占课本总印数的 88.6%，图书总印数的 31.5%，提高 0.8 个百分点。

2019 年，全国中学课本单品种平均印数 316 544 册（张），较 2018 年增加 39 398 册（张）；小学课本单品种平均印数 325 315 册（张），增加 32 057 册（张）。

3. 少儿图书

2019 年，全国出版新版少儿图书 2.1 万种，较

2018 年减少 1 946 种，降低 8.5%；重印少儿图书 2.3 万种，增加 1 462 种，增长 6.8%（见表 19）。

表 19　少儿图书品种结构　　单位：种

类型	品种数	增减数量	增减百分比（%）
新版图书	20 845	−1 946	−8.54
重印图书	22 867	1 462	6.83

全国出版少儿图书 9.5 亿册（张），增加 5 697 万册（张），增长 6.4%。其中，新版图书 3.7 亿册（张），减少 3 935 万册（张），降低 9.6%；重印图书 5.7 亿册（张），增加 9 631 万册（张），增长 20.2%（见表 20）。

表 20　少儿图书总印数结构

单位：万册（张），百分点

类型	总印数	增减数量	增长速度（%）	所占比重（%）	比重变动
新版图书	37 214	−3 935	−9.56	39.36	−6.95
重印图书	57 340	9 631	20.19	60.64	6.95
租型图书	1	1	—	0.00	0.00
合计	94 555	5 697	6.41	100.00	0.00

2019 年，全国少儿图书单品种平均印数 21 631 册（张），较 2018 年增加 1 526 册（张）。其中，新版图书 17 853 册（张），减少 202 册（张）；重印图书 25 075 册（张），增加 2 786 册（张）。

4. 年度累计印数百万册及以上书籍

《习近平新时代中国特色社会主义思想学习纲要》《习近平关于“不忘初心、牢记使命”论述摘编》《新中国发展面对面——理论热点面对面·2019》《中共中央关于坚持和完善中国特色社会主义制度、推进国家治理体系和治理能力现代化若干重大问题的决定》《中国共产党政法工作条例》《党的十九届四中全会〈决定〉学习辅导百问》等 82 种一般图书年度单品种累计印数达到或超过 100 万册。其中，主题图书 20 种，占 24.4%；《习近平新时代中国特色社会主义思想学习纲要》超过 7 800 万册，《习近平关于“不忘初心、牢记使命”论述摘编》达到 4 700 万册[①]，《中共中央关于坚持和完善中国特色社会主义制度、推进国家治理体系和治理能力现代化若干重大问题的决定》及其学习辅导读物超过 610 万册，《新中国发展面对面——理论热点面对面·2019》近 540 万册，《习近平在正定》《习近平在宁德》《习近平在厦门》均超过 200 万册，《中国共产党政法工作条例》达到 150 万册，《中国共产党问责条例》达到 110 万册。《红岩》、《红星照耀中国》（青少版）、《小孩》等 6 种文学类图书，《小猪唏哩呼噜·上》（注音版）、《草房子》、《狼王梦》、《米小圈上学记》、《米小圈脑筋急转弯》、《米小圈漫画成语》等 29 种少儿图书年度印数均达到或超过 100 万册。

在 2019 年单品种累计印数排名前 10 位的一般图书中，主题图书占 6 种。前 10 位图书总印数合计 13 788.3 万册，较 2018 年增加 5 122.9 万册，增长 59.1%。《时刻听党话 永远跟党走》《辉煌七十年 奋进新时代》《进入新时代 改革开放篇》《小学硬笔习字》等中小学学生用书[②]当年单品种累计印数均超过 100 万册，进入中小学学生用书印数前 10 位。

（三）期刊结构

1. 内容结构

期刊按照内容划分为哲学社会科学、文化教育、文学艺术、自然科学技术和综合 5 类。

2019 年，全国出版哲学社会科学类期刊 11.1 亿册，较 2018 年降低 2.7%，占期刊总印数的 50.9%，提高 0.9 个百分点；文化教育类期刊 5.2 亿册，降低 3.1%，占期刊总印数的 23.6%，提高 0.3 个百分点；文学艺术类期刊 1.4 亿册，降低 16.9%，占期刊总印数的 6.3%，减少 0.9 个百分点；自然科学技术类期刊 2.8 亿册，降低 6.9%，占期刊总印数的 12.7%，减少 0.3 个百分点；综合类期刊 1.4 亿册，降低 4.3%，占期刊总印数的 6.5%，提高 0.02 个百分点（见图 13、表 21）。文学艺术类期刊印数继续大幅下滑，哲学社会科学类期刊所占比重继续提高。

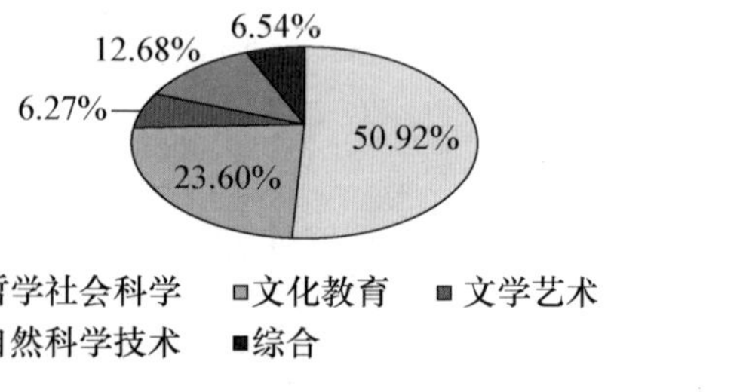

图 13　期刊产品结构

① 包含中央文献出版社使用统一书号出版的《习近平关于“不忘初心、牢记使命”论述摘编（内部版）》2 500 万册。

② 仅限于书籍，不含课本。

表 21　期刊产品结构

单位：万册，百分点

类型	总印数			
	数量	增长速度（%）	所占比重（%）	比重变动
哲学社会科学	111 473	－2.74	50.92	0.92
文化教育	51 664	－3.09	23.60	0.34
文学艺术	13 717	－16.94	6.27	－0.94
自然科学技术	27 758	－6.92	12.68	－0.33
综合	14 315	－4.25	6.54	0.02
合计	218 928	－4.48	100.00	0.00

2. 平均期印数百万册及以上期刊

2019 年，共有《求是》、《中国纪检监察》、《时事报告》（大学生版）、《时事》（初中）、《读者》等 10 种期刊平均期印数超过 100 万册，与 2018 年持平。其中，《时事报告》（大学生版）平均期印数超过 600 万册。

与 2018 年相比，《中共中央办公厅通讯》《半月谈》《中国纪检监察》排名上升，《求是》《青年文摘》《特别关注》排名下降（见表 22）；每种平均期印数 206.6 万册，增加 20.8 万册，增长 11.2%。

表 22　2019 年平均期印数排名前 10 位的期刊

排名	期刊名称	刊期	所在省份	2018 年排名	排名变化
1	时事报告（大学生版）	半年刊	中央在京	1	0
2	读者	半月刊	甘肃	2	0
3	中共中央办公厅通讯	月刊	中央在京	4	1
4	求是	半月刊	中央在京	3	－1
5	小学生时代	月刊	浙江	5	0
6	时事（初中）	季刊	中央在京	6	0
7	半月谈	半月刊	中央在京	8	1
8	中国纪检监察	半月刊	中央在京	10	2
9	青年文摘	半月刊	中央在京	7	－2
10	特别关注	月刊	湖北	9	－1

（四）报纸结构

1. 层级结构

报纸根据地域层级划分为全国性报纸、省级报纸、地市级报纸和县级报纸 4 类。

2019 年，共出版全国性报纸 77.6 亿份，较 2018 年降低 0.9%，占报纸总印数的 24.4%，提高 1.2 个百分点；省级报纸 141.0 亿份，降低 7.3%，占 44.4%，减少 0.7 个百分点；地市级报纸 98.1 亿份，降低 7.5%，占 30.9%，减少 0.5 个百分点；县级报纸 1.0 亿份，降低 2.9%，占 0.3%，与上年基本持平（见图 14、表 23）。全国性报纸和县级报纸总印数由增转降，但全国性报纸降幅最小，所占比重继续提高；省级报纸和地市级报纸总印数及其所占比重继续下降，但降幅有所收窄。

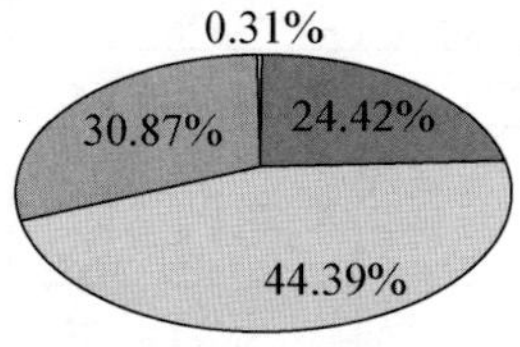

图 14　报纸的层级结构

表 23　报纸的层级结构

单位：亿份，百分点

地域层级	总印数	增长速度（%）	所占比重（%）	比重变动
全国性报纸	77.56	－0.89	24.42	1.22
省级报纸	140.97	－7.27	44.39	－0.69
地市级报纸	98.05	－7.45	30.87	－0.54
县级报纸	1.00	－2.88	0.31	0.01
合计	317.59	－5.83	100.00	0.00

2. 内容结构

报纸根据内容划分为综合、专业、生活服务、读者对象和文摘 5 类。

2019 年，全国出版综合类报纸 195.0 亿份，较 2018 年降低 7.3%，占报纸总印数的 61.4%，减少 1.0 个百分点；专业类报纸 98.7 亿份，降低 1.3%，占 31.1%，提高 1.4 个百分点；生活服务类报纸 5.9 亿份，降低 25.6%，占 1.9%，减少 0.5 个百分点；读者对象类报纸 15.2 亿份，降低 2.1%，占 4.8%，提高 0.2 个百分点；文摘类报纸 2.8 亿份，降低 16.2%，占 0.9%，减少 0.1 个百分点（见图 15、表 24）。除生活服务类报纸降幅有所加大外，其他 4 类报纸降幅均有所收窄；专业类报纸和读者对象类报纸降幅较小，所占比重提高；综合类、生活服务类和文摘类报纸所占比重继续下降。

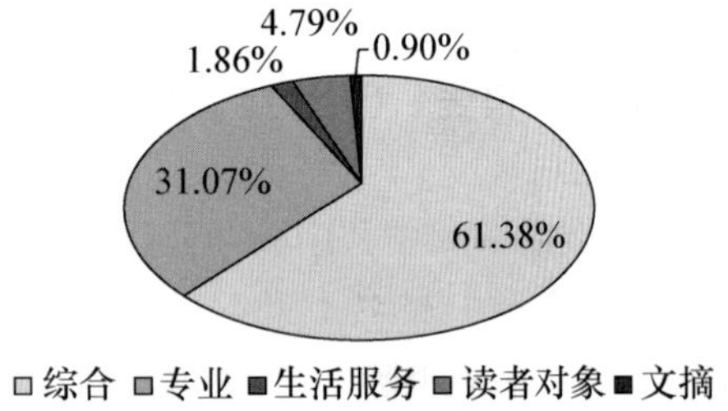

图 15　报纸的内容结构

表 24　报纸的内容结构

单位：亿份，百分点

内容类型	总印数	增长速度（%）	所占比重（%）	比重变动
综合	194.95	−7.33	61.38	−0.99
专业	98.67	−1.34	31.07	1.41
生活服务	5.92	−25.61	1.86	−0.50
读者对象	15.21	−2.10	4.79	0.18
文摘	2.84	−16.22	0.90	−0.11
合计	317.59	−5.83	100.00	0.00

3. 平均期印数百万份及以上报纸

2019 年，共有《人民日报》《参考消息》《环球时报》等 20 种报纸平均期印数达到或超过 100 万份，较 2018 年减少 2 种。其中：综合类报纸 5 种，减少 2 种（《半岛都市报》《南方都市报》）；专业类报纸 13 种（其中教学辅导类 11 种），读者对象类报纸 2 种，均与上年持平。

2019 年平均期印数排名前 10 位的综合类报纸见表 25。

表 25　2019 年平均期印数排名前 10 位的综合类报纸

排名	报纸名称	刊期	所在省份	2018 年排名	排名变化
1	人民日报	周七刊	中央在京	1	0
2	参考消息	周七刊	中央在京	2	0
3	新华每日电讯	周七刊	中央在京	3	0
4	光明日报	周七刊	中央在京	7	3
5	环球时报	周六刊	中央在京	5	0
6	南方日报	周七刊	广东	8	2
7	经济日报	周七刊	中央在京	9	2
8	半岛都市报	周六刊	山东	6	−2
9	都市快报	周七刊	浙江	10	1
10	钱江晚报	周七刊	浙江	11	1

与 2018 年相比，《钱江晚报》跻身前 10 位，《南方都市报》退出前 10 位；《光明日报》《南方日报》《经济日报》《都市快报》排名上升，《半岛都市报》排名下降；每种平均期印数 131.6 万份，减少 6.5 万份，降低 4.7%。

2019 年平均期印数排名前 10 位的专业类报纸见表 26。

表 26　2019 年平均期印数排名前 10 位的专业类报纸

排名	报纸名称	刊期	所在省份	2018 年排名	排名变化
1	英语周报	周一刊	山西	1	0
2	当代中学生报	周一刊	江西	2	0
3	学英语报	周一刊	山西	12	9
4	学习方法报	周一刊	山西	3	−1
5	中学生学习报	周一刊	河南	4	−1
6	英语辅导报	周一刊	吉林	5	−1
7	语文学习报	周一刊	吉林	6	−1
8	学生周报	周一刊	福建	7	−1
9	教育周报	周一刊	辽宁	8	−1
10	中国纪检监察报	周七刊	中央在京	10	0

与2018年相比，《学英语报》跻身前10位，《英语测试报》退出前10位；《学习方法报》《中学生学习报》《英语辅导报》《语文学习报》《学生周报》《教育周报》排名下降；每种平均期印数511.8万份，增加65.2万份，增长14.6%。

四、地区结构分析

东部地区保持规模优势，继续占据总体经济规模综合评价前7位、营业收入增长贡献率前3位。东北和中西部地区增长态势较好。总体经济规模综合评价前10位的地区中，中部地区较2018年增加1席；营业收入增长速度排名前10位的地区中，东北和中西部地区占8席，增加3席；增长贡献排名前10位的地区中，东北和中西部地区占5席，增加2席。

（一）总体经济规模综合评价

选取营业收入、增加值、总产出、资产总额、所有者权益（净资产）、利润总额和纳税总额7项经济规模指标，采用主成分分析法对全国31个省（自治区、直辖市，不含港澳台）及新疆生产建设兵团新闻出版业的总体经济规模进行综合评价。

广东、江苏、北京①、山东、浙江、上海、福建、四川、安徽和江西依次位居全国前10位。其中，前7位均属于东部地区。与2018年相比，江西跻身前10位，河北退出前10位；前10位中江苏、福建和安徽排名上升，山东排名下降（见表27）。

表27　总体经济规模综合评价前10位的地区

综合排名	地区	综合评价得分	2018年排名	排名变化
1	广东	2.685 7	1	0
2	江苏	2.024 5	4	2
3	北京	2.019 4	3	0
4	山东	1.984 9	2	−2
5	浙江	1.506 1	5	0
6	上海	0.762 5	6	0
7	福建	0.296 0	9	2
8	四川	0.294 4	8	0
9	安徽	0.255 0	10	1
10	江西	0.223 8	11	1

注：1. 综合评价得分是选取营业收入、增加值、总产出、资产总额、所有者权益（净资产）、利润总额和纳税总额7项经济规模指标，采用主成分分析方法通过SPSS直接计算所得，仅用来显示各地区的相对位置。

2. 未包括数字出版、打字复印、邮政发行、版权贸易与代理、行业服务与其他新闻出版业务。

① 包括中央在京新闻出版单位，后同。

前10位地区实现营业收入共计14 247.1亿元，占全行业营业收入的75.4%，与2018年持平（见图16）；拥有资产总额共计17 352.4亿元，占全行业资产总额的72.0%，提高0.3个百分点（见图17）；实现利润总额共计917.4亿元，占全行业利润总额的72.3%，减少0.8个百分点（见图18）。

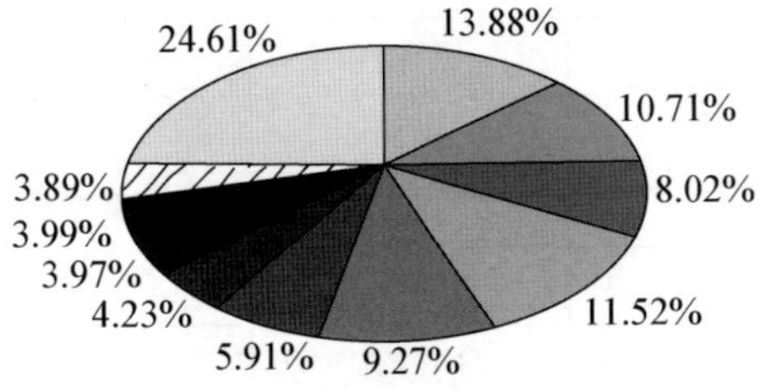

图16　营业收入的地区结构

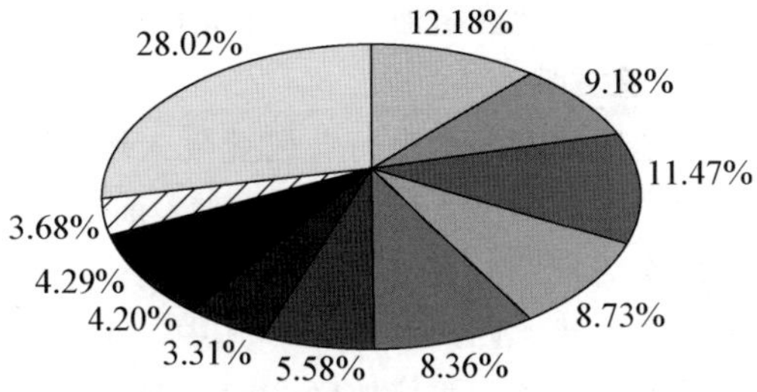

图17　资产总额的地区结构

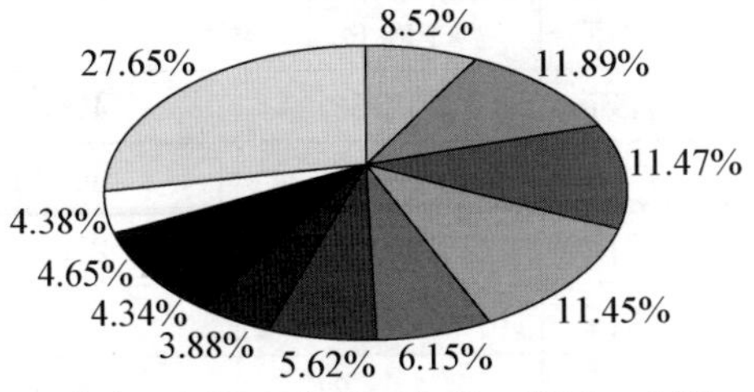

图18　利润总额的地区结构

（二）增长情况

1. 增长速度

以各地区新闻出版全行业营业收入增长速度衡量，前10位按降序排列依次为贵州、河南、北京、甘肃、黑龙江、山西、辽宁、江苏、内蒙古和广西。其中，东部地区2席，中部地区2席，西部地区4席，东北地区2席（见表28）。

表 28　增长速度前 10 位的地区

排名	地区	增长速度（%）
1	贵州	13.50
2	河南	10.00
3	北京	7.57
4	甘肃	7.51
5	黑龙江	7.06
6	山西	5.87
7	辽宁	5.77
8	江苏	5.17
9	内蒙古	4.61
10	广西	4.27

注：地区增长速度=（该地区本年营业收入－该地区上年营业收入）÷该地区上年营业收入×100%。

与 2018 年相比，东部地区减少 3 席，中部地区数量不变，西部地区增加 1 席，东北地区增加 2 席。

2. 增长贡献

以各地区新闻出版全行业营业收入增长贡献率衡量其对全国新闻出版产业增长贡献，前 10 位按降序排列依次为北京、江苏、广东、河南、浙江、贵州、湖南、福建、四川和辽宁。其中，东部地区 5 席，中部地区 2 席，西部地区 2 席，东北地区 1 席（见表 29）。

表 29　增长贡献前 10 位的地区　单位：亿元

排名	地区	增长额	增长贡献率（%）
1	北京	106.68	51.13
2	江苏	99.52	47.69
3	广东	64.19	30.76
4	河南	46.66	22.36
5	浙江	45.18	21.65
6	贵州	14.42	6.91
7	湖南	14.32	6.86
8	福建	12.13	5.81
9	四川	10.65	5.11
10	辽宁	10.55	5.05

注：各地区增长额=该地区本年营业收入－该地区上年营业收入，各地区增长贡献率=（该地区本年营业收入－该地区上年营业收入）÷（各地区本年营业收入合计－各地区上年营业收入合计）×100%。

与 2018 年相比，东部地区减少 2 席，西部地区增加 1 席，东北地区增加 1 席，中部地区数量不变。

五、单位数量及就业人员分析

新闻出版单位数量有所增加。企业法人单位数量有所减少，在全行业营业收入和资产中所占比重继续提高。在印刷复制企业中，民营企业各项指标所占比重均有所提高；在出版物发行企业中，民营企业在营业收入、资产和利润中所占比重继续提高。

（一）单位数量与构成

2019 年，全国共有新闻出版单位 24.0 万家，较 2018 年增长 3.6%。其中，法人单位 14.2 万家，降低 1.2%，占单位总数的 59.2%，减少 2.9 个百分点；非法人单位 0.9 万家，增长 3.1%，占 3.7%，与上年基本持平；个体经营户 8.9 万家，增长 12.3%，占 37.1%，提高 2.9 个百分点（见表 30、图 19）。

表 30　新闻出版单位数量与构成

单位：家，百分点

类型	数量	增减百分比（%）	所占比重（%）	比重变动
法人单位	142 152	−1.22	59.19	−2.87
其中：企业法人单位	139 580	−1.21	58.12	—
非法人单位	8 967	3.05	3.73	−0.02
个体经营户	89 049	12.33	37.08	2.89
合计	240 168	3.57	100.00	0.00

注：未包括数字出版单位、打字复印单位、邮政发行单位、版权贸易与代理单位和行业服务与从事其他新闻出版业务的单位。

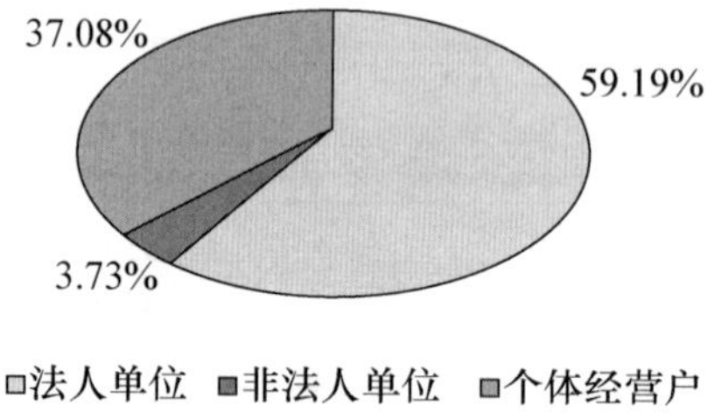

图 19　新闻出版单位类型构成

（二）企业法人情况

1. 整体规模

2019 年，全行业共有企业法人单位 14.0 万家，较 2018 年降低 1.2%，占全行业法人单位和非法人单位（不包括个体经营户）总数的 92.4%。企业法人单位营业收入 18 200.9 亿元，增长 1.7%，占全行业营业收入的 96.3%，提高 0.4 个百分点；资产总额 23 055.8 亿元，增长 6.1%，占全行业资产总额的 95.6%，提高 2.4 个百分点；利润总额 1 202.0 亿元，降低 2.3%，占全行业利润总额的 94.8%，减少 0.6 个百分点；纳税总额 794.7 亿元，降低 2.9%，占全行业纳税总额的 94.3%，提高 0.2 个百分点（见表 31）。

表 31　企业法人单位的整体规模

单位：家，亿元，百分点

指标	数额	增减百分比（%）	占全行业比重（%）	比重变动
单位数量	139 580	−1.21	92.36	−0.23
营业收入	18 200.94	1.70	96.32	0.37
资产总额	23 055.76	6.05	95.64	2.41
所有者权益	11 557.58	6.34	95.08	2.53
利润总额	1 202.01	−2.30	94.79	−0.61
纳税总额	794.73	−2.89	94.25	0.16

注：同表 30。

2. 所有制结构

（1）数量结构。

在 139 580 家企业法人单位中，国有全资企业 13 080 家，较 2018 年降低 5.1%，占企业法人单位数量的 9.4%，减少 0.4 个百分点；民营企业 120 164 家，降低 0.4%，占 86.1%，提高 0.7 个百分点（见图 20、表 32）。

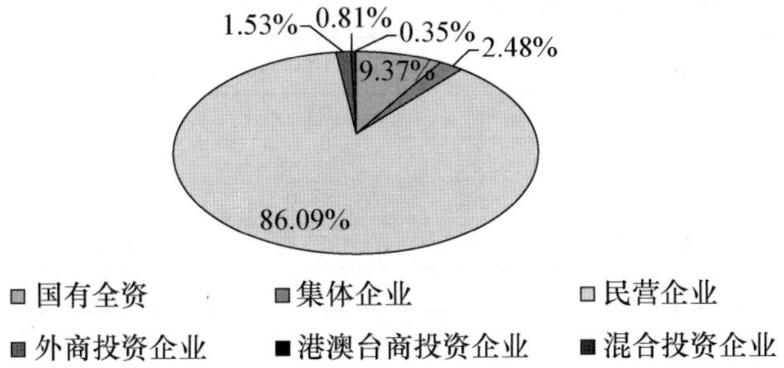

图 20　企业法人单位的所有制结构

（2）印刷复制企业。

在印刷复制企业中，国有全资企业营业收入占行业营业收入的 2.9%，较 2018 年减少 0.9 个百分点；民营企业占 91.6%，提高 1.3 个百分点（见图 21）。

表 32　企业法人单位的所有制结构

单位：家，百分点

类型	数量	增减百分比（%）	所占比重（%）	比重变动
国有全资	13 080	−5.14	9.37	−0.39
集体企业	3 460	−13.13	2.48	−0.34
民营企业	120 164	−0.41	86.09	0.69
外商投资企业	2 136	4.14	1.53	0.08
港澳台商投资企业	248	−11.74	0.18	−0.02
混合投资企业	492	−6.82	0.35	−0.02
合计	139 580	−1.21	100.00	0.00

注：同表 30。

国有全资企业资产总额占行业资产总额 2.8%，减少 0.9 个百分点；民营企业占 91.6%，提高 1.4 个百分点。国有全资企业利润总额占行业利润总额的 1.9%，减少 0.8 个百分点；民营企业占 92.6%，提高 1.2 个百分点。国有全资企业纳税总额占行业纳税总额的 2.0%，减少 0.8 个百分点；民营企业占 92.4%，提高 1.3 个百分点。

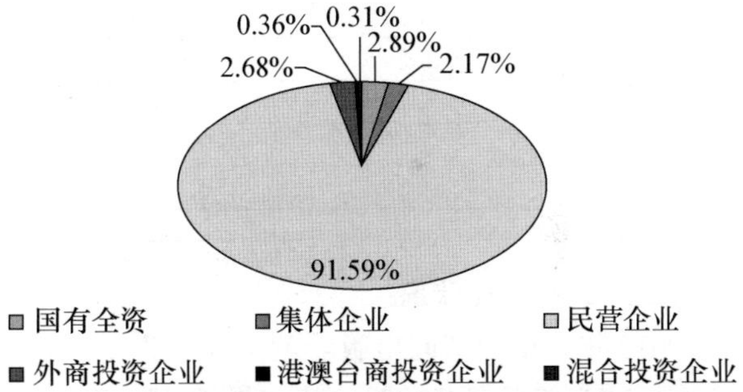

图 21　印刷复制企业法人单位营业收入的所有制结构

印刷复制企业法人单位的所有制结构及变动见表 33、表 34。

表 33　印刷复制企业法人单位的所有制结构（%）

主要指标	国有全资	集体企业	民营企业	港澳台商投资	外商投资	混合投资	合计
营业收入	2.89	2.17	91.59	0.36	2.68	0.31	100.00
资产总额	2.80	2.37	91.57	0.36	2.58	0.32	100.00
所有者权益	2.53	2.42	91.79	0.36	2.57	0.33	100.00
利润总额	1.85	2.29	92.55	0.36	2.64	0.31	100.00
纳税总额	1.99	2.25	92.42	0.36	2.67	0.31	100.00

注：同表 30。

表 34　印刷复制企业法人单位的所有制结构变动

单位：百分点

主要指标	国有全资	集体企业	民营企业	港澳台商投资	外商投资	混合投资
营业收入	−0.88	−0.35	1.27	−0.04	0.03	−0.03
资产总额	−0.91	−0.38	1.35	−0.04	0.02	−0.04
所有者权益	−0.95	−0.39	1.39	−0.04	0.03	−0.04
利润总额	−0.81	−0.42	1.20	−0.03	0.07	−0.01
纳税总额	−0.83	−0.42	1.26	−0.04	0.06	−0.03

注：同表 30。

(3) 出版物发行企业。

在出版物发行企业中，国有全资企业营业收入占行业营业收入的23.2%，较2018年减少1.0个百分点；民营企业占73.5%，提高1.2个百分点（见图22）。国有全资企业资产总额占行业资产总额的28.8%，减少2.9个百分点；民营企业占68.4%，提高3.0个百分点。国有全资企业利润总额占行业利润总额29.8%，减少2.1个百分点；民营企业占67.2%，提高2.2个百分点。国有全资企业纳税总额占行业纳税总额的20.5%，提高0.3个百分点；民营企业占74.2%，减少0.4个百分点。

出版物发行企业法人单位营业收入的所有制结构及变动见表35、表36。

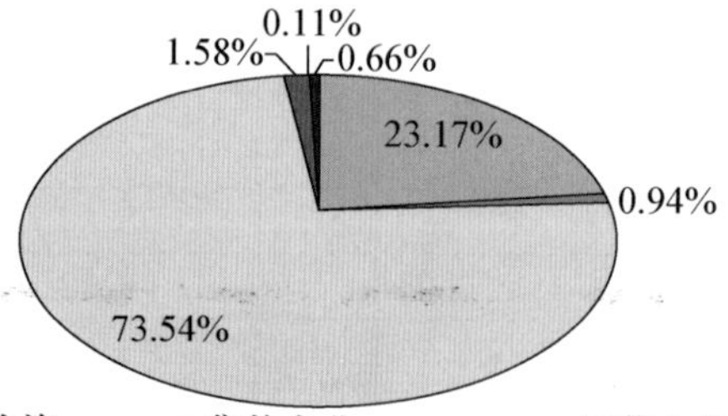

图 22　出版物发行企业法人单位营业收入的所有制结构

表 35　出版物发行企业法人单位的所有制结构（%）

主要指标	国有全资	集体企业	民营企业	港澳台商投资	外商投资	混合投资	合计
营业收入	23.17	0.94	73.54	0.11	1.58	0.66	100.00
资产总额	28.75	0.82	68.43	0.11	1.28	0.61	100.00
所有者权益	28.56	0.83	68.49	0.12	1.35	0.65	100.00
利润总额	29.79	0.97	67.16	0.10	1.35	0.63	100.00
纳税总额	20.54	1.52	74.23	0.09	2.82	0.80	100.00

注：同表30。

表 36　出版物发行企业法人单位的所有制结构变动

单位：百分点

主要指标	国有全资	集体企业	民营企业	港澳台商投资	外商投资	混合投资
营业收入	−1.04	−0.05	1.18	−0.01	−0.07	−0.01
资产总额	−2.89	−0.06	3.01	0.00	−0.05	−0.01
所有者权益	−2.72	−0.05	2.87	−0.01	−0.07	−0.02
利润总额	−2.07	−0.06	2.19	0.00	−0.04	−0.02
纳税总额	0.26	0.04	−0.38	0.00	0.07	0.01

注：同表30。

（三）就业人员状况

2019年，全国新闻出版业就业人数为362.4万人，较2018年降低7.2%；其中男性190.7万人，女性171.7万人，分别占全行业就业人数的52.6%和47.4%，男女比例基本平衡。

印刷复制业就业人数272.8万人，降低8.3%；出版物发行业54.5万人，降低3.1%；报纸出版业18.3万人，降低5.5%；期刊出版业9.3万人，降低2.4%；图书出版业6.7万人，降低1.0%（见图23、表37）。

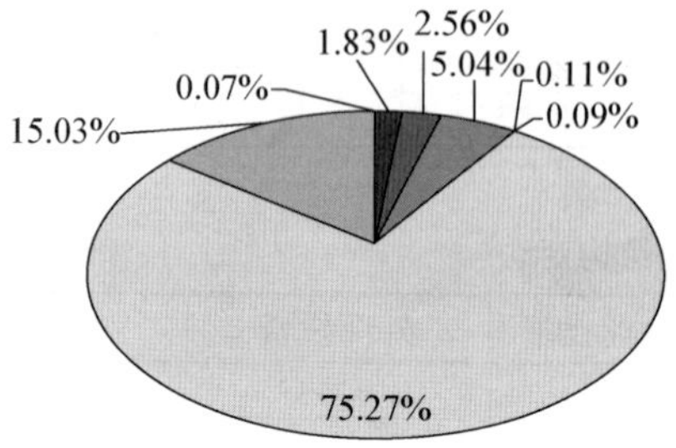

图 23　就业人员的产业类别构成

表 37　就业人员的产业类别构成

单位：万人，百分点

产业类别	人数	增减百分比（%）	比重（%）	比重变动
图书出版	6.65	−0.98	1.83	0.11
期刊出版	9.29	−2.38	2.56	0.12
报纸出版	18.26	−5.54	5.04	0.09
音像制品出版	0.39	−0.48	0.11	0.01
电子出版物出版	0.33	3.43	0.09	0.01
印刷复制	272.77	−8.33	75.27	−0.97
出版物发行	54.49	−3.13	15.03	0.62
出版物进出口	0.25	0.43	0.07	0.01
合计	362.43	−7.15	100.00	0.00

注：未包括数字出版、打字复印、邮政发行、版权贸易与代理、行业服务与其他新闻出版服务就业人员。

六、出版传媒集团分析

出版传媒集团资产规模进一步扩大，利润总额增速加快，主营业务收入恢复增长。共有21家集团资产总额超过100亿元。其中，8家集团资产总额、主营业务收入和所有者权益均超过百亿元，“三百亿”阵营增加2家。图书出版集团资产和利润增长较快，报刊出版集团利润大幅提升。发行集团受缩减大宗贸易等因素影响，主营业务收入继续减少，利润下滑；印刷集团收入快速增长，利润大幅下降，由盈转亏。

（一）总体情况

截至2019年底，全国共有经国家出版管理部门或省级出版管理部门批准的出版传媒集团124家①，其中图书出版集团40家、报刊出版集团45家、发行集团28家、印刷集团11家。

2019年，出版传媒集团资产规模进一步扩大，利润总额继续增长，主营业务收入恢复增长。纳入统计的117家图书出版、报刊出版、发行和印刷集团②共实现主营业务收入3 552.8亿元，较2018年增加39.2亿元，增长1.1%；拥有资产总额8 093.0亿元，增加548.4亿元，增长7.3%；实现利润总额351.3亿元，增加31.8亿元，增长10.0%（见表38）。

表38　117家集团收入、资产与利润合计情况

单位：亿元

指标	金额	增长率（%）
主营业务收入	3 552.81	1.11
资产总额	8 092.96	7.27
所有者权益	4 530.64	8.34
利润总额	351.31	9.95

其中，106家图书出版、报刊出版和发行集团共实现主营业务收入3 476.2亿元，较2018年增加20.7亿元，增长0.6%，占全国书报刊出版和出版物发行主营业务收入的75.8%，降低2.0个百分点；拥有资产总额7 929.6亿元，增加528.9亿元，增长7.1%，占全国出版发行全行业资产总额的91.9%，提高1.1个百分点；实现利润总额354.0亿元，增加34.7亿元，增长10.9%，占全国出版发行全行业利润总额的73.0%，提高2.3个百分点。

（二）图书出版集团

1. 经济规模

2019年，图书出版集团资产规模、利润总额增长较快，收入增速有所提高。33家图书出版集团③共实现主营业务收入2 031.7亿元，较2018年增加41.0亿元，增长2.1%；拥有资产总额4 261.9亿元，增加332.1亿元，增长8.5%；实现利润总额212.7亿元，增加17.0亿元，增长8.7%（见表39）。

表39　图书出版集团经济规模情况

单位：亿元

指标	金额	增长率（%）
主营业务收入	2 031.69	2.06
资产总额	4 261.91	8.45
所有者权益	2 613.99	9.88
利润总额	212.69	8.70

安徽出版集团有限责任公司、江苏凤凰出版传媒集团有限公司、中原出版传媒投资控股集团有限公司、江西省出版集团公司、中国出版集团公司、浙江出版联合集团有限公司和湖南出版投资控股集团有限公司7家集团资产总额、主营业务收入和所有者权益均超过100亿元，组成“三百亿”集团阵营，较2018年增加2家。湖北长江出版传媒集团有限公司资产总额、主营业务收入超过100亿元；中国教育出版传媒集团有限公司、山东出版集团有限公司、广东省出版集团有限公司、河北出版传媒集团有限责任公司和贵州出版集团有限公司5家集团资产总额超过100亿元。

2. 总体经济规模排名

选取集团合并报表中的主营业务收入、资产总额、所有者权益和利润总额4项经济规模指标，采用主成分分析法对图书出版集团的总体经济规模进行综合评价。前10位按降序排列依次为江苏凤凰出版传媒集团有限公司、江西省出版集团公司、中国教育出版传媒集团有限公司、湖南出版投资控股集团有限公司、山东出版集团有限公司、浙江出版联

① 2018年7月，辽宁报刊传媒集团（辽宁日报社）挂牌成立，整合辽宁报业传媒集团（辽宁日报社）、辽宁党刊集团及其所属服务中心。同年11月，天津组建天津海河传媒中心，整合天津日报社、今晚报社和天津广播电视台为下属事业部。因此，自2019年开始，辽宁党刊集团和天津日报社均已失去独立法人地位，故集团总数较2018年减少2家。

② 中国人力资源和社会保障出版集团有限公司、中国书法出版传媒有限公司、人民卫生出版集团、中国环境出版集团有限公司、人民法院出版集团、中国健康传媒集团有限公司和武汉出版集团有限公司7家集团尚未报送有效数据，天津日报社和辽宁党刊集团已机构整合失去独立法人地位，故纳入2019年财务状况与经营成果统计的出版传媒集团为117家，较2018年减少2家。其中，图书出版集团、报刊出版集团和发行集团为106家。

③ 不含中国人力资源和社会保障出版集团有限公司、中国书法出版传媒有限公司、人民卫生出版集团、中国环境出版集团有限公司、人民法院出版集团、中国健康传媒集团有限公司、武汉出版集团有限公司7家图书出版集团。

合集团有限公司、安徽出版集团有限责任公司、中国出版集团公司、湖北长江出版传媒集团有限公司和中原出版传媒投资控股集团有限公司（见表40）。

与2018年相比，前10位图书出版集团保持不变但名次有所改变：中国出版集团公司排名上升，湖北长江出版传媒集团有限公司排名下降。

表40　总体经济规模综合评价前10位的图书出版集团

综合排名	集团名称	综合评价得分	2018年排名	排名变化
1	江苏凤凰出版传媒集团有限公司	3.564 8	1	0
2	江西省出版集团公司	1.615 2	2	0
3	中国教育出版传媒集团有限公司	1.380 9	3	0
4	湖南出版投资控股集团有限公司	1.152 4	4	0
5	山东出版集团有限公司	0.996 5	5	0
6	浙江出版联合集团有限公司	0.921 1	6	0
7	安徽出版集团有限责任公司	0.882 3	7	0
8	中国出版集团公司	0.790 9	9	1
9	湖北长江出版传媒集团有限公司	0.747 7	8	－1
10	中原出版传媒投资控股集团有限公司	0.683 1	10	0

注：综合评价得分系选取主营业务收入、资产总额、所有者权益和利润总额4项指标，采用主成分分析方法通过SPSS直接计算所得，仅用来显示各单位的相对位置，负数并不代表负面评价。

（三）报刊出版集团

1. 经济规模

2019年，报刊出版集团资产与收入增长提速，利润总额大幅增加。45家报刊出版集团①共实现主营业务收入423.9亿元，较2018年增加19.2亿元，增长4.8%；拥有资产总额1 746.3亿元，增加71.8亿元，增长4.3%；实现利润总额40.3亿元，增加19.2亿元，增长90.7%②（见表41）。

表41　报刊出版集团经济规模情况

单位：亿元

指标	金额	增长率（%）
主营业务收入	423.87	4.75
资产总额	1 746.32	4.29
所有者权益	926.29	4.59
利润总额	40.30	90.69

上海报业集团、浙江日报报业集团和成都传媒集团3家集团资产总额超过100亿元。

2. 总体经济规模排名

采取同样的评价方法，报刊出版集团总体经济规模的前10名按降序排列依次为上海报业集团、浙江日报报业集团、湖北日报传媒集团、成都传媒集团、河南日报报业集团有限公司、广州日报报业集团、山东大众报业（集团）有限公司、江苏新华报业传媒集团有限公司、深圳报业集团和南方报业传媒集团（见表42）。

与2018年相比，前10位报刊出版集团保持不变但名次有所改变：上海报业集团、湖北日报传媒集团、河南日报报业集团有限公司、广州日报报业集团和江苏新华报业传媒集团有限公司排名上升，浙江日报报业集团、成都传媒集团、山东大众报业（集团）有限公司、深圳报业集团和南方报业传媒集团排名下降。

表42　总体经济规模综合评价前10位的报刊出版集团

综合排名	集团名称	综合评价得分	2018年排名	排名变化
1	上海报业集团	3.723 8	2	1
2	浙江日报报业集团	3.246 2	1	－1
3	湖北日报传媒集团	1.757 6	4	1
4	成都传媒集团	1.404 8	3	－1
5	河南日报报业集团有限公司	0.939 1	6	1

① 较2018年减少辽宁党刊集团和天津日报社2家。

② 如果排除集团数量变化的影响，则现有45家报刊集团2019年实现主营业务收入较2018年同口径增加21.2亿元，增长5.3%；资产总额增加83.8亿元，增长5.0%；所有者权益增加46.5亿元，增长5.3%；实现利润总额增加18.9亿元，增长88.2%。

续表

综合排名	集团名称	综合评价得分	2018 年排名	排名变化
6	广州日报报业集团	0.827 7	8	2
7	山东大众报业（集团）有限公司	0.799 5	5	−2
8	江苏新华报业传媒集团有限公司	0.741 6	10	2
9	深圳报业集团	0.727 7	7	−2
10	南方报业传媒集团	0.655 6	9	−1

注：同表 40。

（四）发行集团

1. 经济规模

2019 年，发行集团资产规模快速增长，收入受缩减大宗贸易等因素影响继续减少，利润近年来首次下滑。28 家发行集团实现主营业务收入 1 020.6 亿元，较 2018 年减少 39.5 亿元，降低 3.7%；拥有资产总额 1 921.4 亿元，增加 124.9 亿元，增长 7.0%；实现利润总额 101.0 亿元，减少 1.6 亿元，降低 1.5%（见表 43）。

表 43　发行集团经济规模情况　单位：亿元

指标	金额	增长率（%）
主营业务收入	1 020.60	−3.72
资产总额	1 921.36	6.96
所有者权益	912.26	9.32
利润总额	100.97	−1.52

安徽新华发行（集团）控股有限公司资产总额、所有者权益和主营业务收入均超过 100 亿元。四川新华发行集团有限公司、江苏凤凰新华书店集团有限公司、上海新华发行集团有限公司和浙江省新华书店集团有限公司 4 家资产总额超过 100 亿元。

2. 总体经济规模排名

采用同样的评价方法，发行集团总体经济规模的前 10 位按降序排列依次为安徽新华发行（集团）控股有限公司、四川新华发行集团有限公司、江苏凤凰新华书店集团有限公司、江西新华发行集团有限公司、山东新华书店集团有限公司、浙江省新华书店集团有限公司、河南省新华书店发行集团有限公司、湖南省新华书店有限责任公司、河北省新华书店有限责任公司和云南新华书店集团有限公司（见表 44）。

与 2018 年相比：云南新华书店集团有限公司跻身前 10 位，重庆新华书店集团公司退出前 10 位；前 10 位中河南省新华书店发行集团有限公司排名上升，湖南省新华书店有限责任公司排名下降。

表 44　总体经济规模综合评价前 10 位的发行集团

综合排名	集团名称	综合评价得分	2018 年排名	排名变化
1	安徽新华发行（集团）控股有限公司	3.025 4	1	0
2	四川新华发行集团有限公司	2.253 3	2	0
3	江苏凤凰新华书店集团有限公司	1.192 9	3	0
4	江西新华发行集团有限公司	0.938 7	4	0
5	山东新华书店集团有限公司	0.926 1	5	0
6	浙江省新华书店集团有限公司	0.731 3	6	0
7	河南省新华书店发行集团有限公司	0.545 9	8	1
8	湖南省新华书店有限责任公司	0.502 1	7	−1
9	河北省新华书店有限责任公司	0.400 9	9	0
10	云南新华书店集团有限公司	0.063 9	11	1

注：同表 40。

（五）印刷集团

1. 经济规模

2019 年，印刷集团资产总额继续扩大，收入快速增长，利润出现亏损。11 家印刷集团实现主营业务收入 76.7 亿元，较 2018 年增加 18.5 亿元，增长 31.8%；拥有资产总额 163.4 亿元，增加 19.5 亿元，增长 13.6%；利润总额减少 2.8 亿元，由盈利转为亏损 2.7 亿元（见表 45）。

表 45　印刷集团经济规模情况　单位：亿元

指标	金额	增长率（%）
主营业务收入	76.65	31.76
资产总额	163.36	13.57
所有者权益	78.10	−5.45
利润总额	−2.65	—

2. 总体经济规模排名

采用同样的评价方法，对 10 家印刷集团①总体经济规模进行综合评价，排名按降序排列依次为中国文化产业发展集团有限公司、江西新华印刷集团有限公司、上海印刷（集团）有限公司、湖南天闻新华印务有限公司、浙江印刷集团有限公司、辽宁新闻印刷集团有限公司、北京印刷集团有限责任公司、河南新华印刷集团有限公司、广西正泰彩印包装有限责任公司和北京隆达印刷包装集团有限公司（见表 46）。

与 2018 年相比，江西新华印刷集团有限公司和北京印刷集团有限责任公司排名上升，上海印刷（集团）有限公司、湖南天闻新华印务有限公司、浙江印刷集团有限公司和广西正泰彩印包装有限责任公司排名下降。

表 46　总体经济规模综合评价前 10 位的印刷集团

综合排名	集团名称	综合评价得分	2018 年排名	排名变化
1	中国文化产业发展集团有限公司	2.608 8	1	0
2	江西新华印刷集团有限公司	0.776 1	5	3
3	上海印刷（集团）有限公司	−0.156 7	2	−1
4	湖南天闻新华印务有限公司	−0.279 5	3	−1
5	浙江印刷集团有限公司	−0.334 1	4	−1
6	辽宁新闻印刷集团有限公司	−0.470 5	6	0
7	北京印刷集团有限责任公司	−0.492 7	9	2
8	河南新华印刷集团有限公司	−0.521 9	8	0
9	广西正泰彩印包装有限责任公司	−0.523 6	7	−2
10	北京隆达印刷包装集团有限公司	−0.606 0	10	0

注：同表 40。

七、出版传媒上市公司分析

出版传媒上市公司新增 1 家，各项经济指标整体全面增长，市值与利润止跌回升，实现扭亏为盈，平均净资产收益率大幅增加，盈利能力显著提高。出版公司利润稳步增长，编印发主业地位更趋巩固。报业公司各项经济指标全面上扬，并实现扭亏为盈。发行公司和印刷公司利润止跌回升，大幅增长。新媒体公司利润实现扭亏为盈，海外市场进一步拓展。

（一）总体情况

截至 2019 年 12 月 31 日，中国内地在内地和香港上市的出版传媒公司共计 43 家。其中：出版公司 15 家，报业公司 5 家，发行公司 8 家，印刷公司 10 家，新媒体公司 5 家；在内地上市 39 家，在香港上市 4 家（见表 47）。

表 47　出版传媒上市公司的业务类型与上市地点

业务类型	在内地上市	在香港上市	合计
出版公司	14	1	15
报业公司	3	2	5
发行公司	7	1	8
印刷公司	10	0	10
新媒体公司	5	0	5
合计	39	4	43

注：出版公司包括业务内容描述为出版、出版发行和期刊的上市公司。

与 2018 年相比，增加 1 家出版公司，即中信出版集团股份有限公司②。

（二）经济规模

1. 总体规模

出版传媒公司股市市值终结连续下跌，全面回

① 黑龙江新华传媒集团有限公司长期处于停产状态，不对其进行综合评价，故参与综合评价的印刷集团为 10 家。

② 2015 年 12 月 16 日，中信出版集团股份有限公司挂牌全国中小企业股票转让系统（“新三板”）。2017 年 5 月 26 日，该公司发布公告，称其首次公开发行股票并在创业板上市的申请已获中国证券监督管理委员会受理，自 5 月 31 日起暂停在全国中小企业股票转让系统转让股票。2019 年 6 月 6 日，中国证券监督管理委员会第 18 届发行审核委员会召开工作会，通过其申请；7 月 5 日，该公司股票在深圳证券交易所创业板正式挂牌交易。

升。以2019年12月31日收盘价计算，42家在内地和香港上市的出版传媒公司[①]流通市值共计2 537.7亿元人民币，较2018年同期增加388.8亿元，增长18.1%[②]。其中，在内地上市的38家出版传媒公司流通市值共计2 510.3亿元人民币，增加385.5亿元，增长18.1%；总市值共计3 185.1亿元人民币，增加387.8亿元，增长13.9%[③]。

2019年，出版传媒公司收入和资产有所增加，利润总额跨越式提升。在内地上市的38家出版传媒公司实现营业收入共计1 559.2亿元，较2018年同期增加57.8亿元，增长3.9%；拥有资产总额共计2 891.8亿元，增加203.0亿元，增长7.6%；实现利润总额共计189.8亿元，增加118.4亿元，增长165.7%[④]（见表48）。

境内外股市流通市值、股市总市值、营业收入、资产总额、利润总额的公司类型结构见图24至图28。

表48 出版传媒上市公司经济规模情况

单位：亿元

指标	金额	较2018年增减（%）
在境内外上市公司流通市值	2 537.70	18.09
其中：在内地上市公司流通市值	2 510.30	18.14
在内地上市公司总市值	3 185.09	13.87
在内地上市公司营业收入	1 559.17	3.85
在内地上市公司资产总额	2 891.81	7.55
在内地上市公司利润总额	189.84	165.71

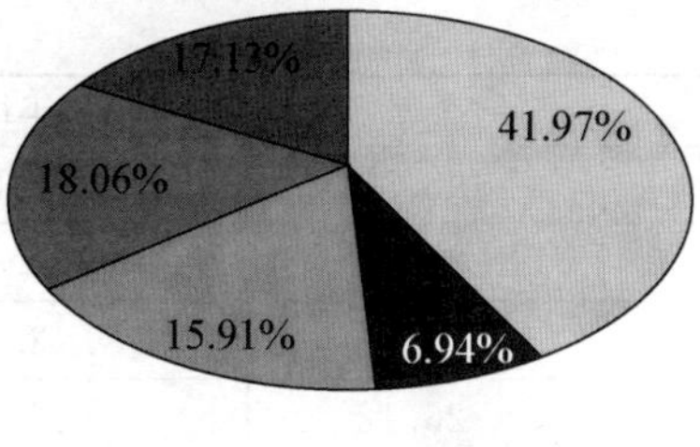

图24 境内外股市流通市值的公司类型结构

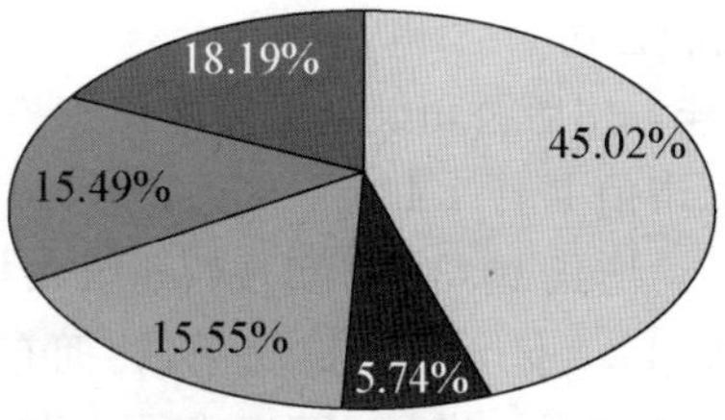

图25 股市总市值的公司类型结构

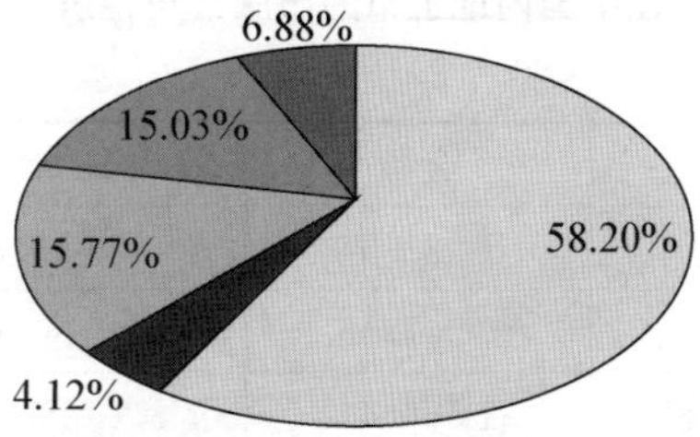

图26 营业收入的公司类型构成

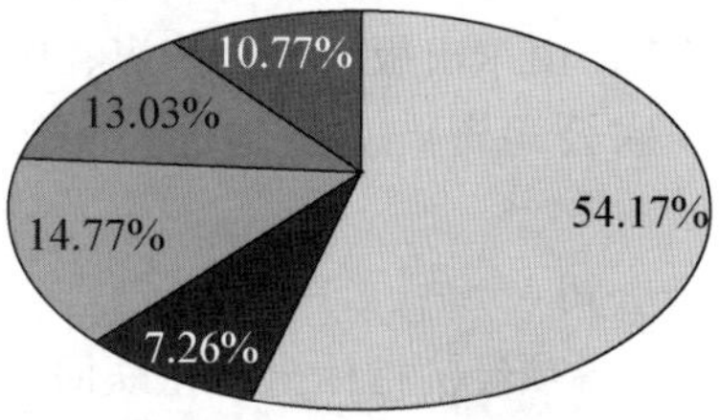

图27 资产总额的公司类型构成

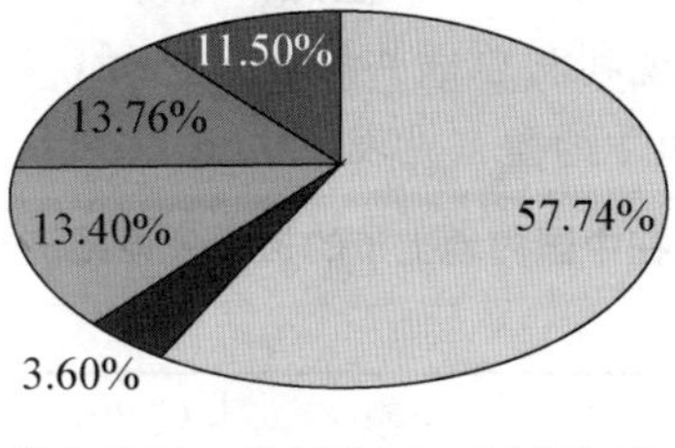

图28 利润总额的公司类型构成

① 2019年7月5日，康得新复合材料集团股份有限公司收到中国证券监督管理委员会行政处罚事先通知书，该公司公告：根据事先通知书认定的事实，公司2015—2018年连续4年净利润实际为负，触及重大违法强制退市情形，公司股票自7月8日起停牌。故本报告继续与2018年口径保持一致，将该公司排除出分析范围。因此，纳入分析的出版传媒上市公司现为42家，其中内地38家，较2018年增加1家。

②如排除上市公司数量变动的影响，则原有41家出版传媒上市公司2019年流通市值2 513.5亿元，较2018年同口径增加364.5亿元，增长17.0%。

③如排除上市公司数量变动的影响，则原有37家内地出版传媒上市公司2019年流通市值2 486.1亿元，较2018年同口径增加361.3亿元，增长17.0%；总市值3 088.1亿元，增加290.9亿元，增长10.4%。

④如排除上市公司数量变动的影响，则原有37家内地出版传媒上市公司2019年实现营业收入1 540.3亿元，较2018年同口径增加38.9亿元，增长2.6%；拥有资产总额2 864.8亿元，增加176.0亿元，增长6.6%；实现利润总额187.4亿元，增加116.0亿元，增长162.3%。

2. 出版公司

2019 年，出版公司继续保持增长态势。14 家出版公司①总市值共计 1 434.0 亿元，较 2018 年增加 134.2 亿元，增长 10.3%；实现营业收入共计 907.5 亿元，增加 43.0 亿元，增长 5.0%；拥有资产总额共计 1 566.4 亿元，增加 125.3 亿元，增长 8.7%；实现利润总额共计 109.6 亿元，增加 7.9 亿元，增长 7.7%②（见表 49）。

表 49　在中国内地上市的出版公司经济规模情况

单位：亿元

指标	金额	较 2018 年增减（%）
总市值	1 433.97	10.32
营业收入	907.46	4.97
资产总额	1 566.44	8.69
利润总额	109.61	7.72

凤凰传媒、中文传媒和中南传媒 3 家公司营业收入和资产总额均超过 100 亿元，与 2018 年相同；另有南方传媒、山东出版、中原传媒、中国出版和长江传媒 5 家公司资产总额超过 100 亿元，增加 1 家。

3. 报业公司

2019 年，各项经济指标全面止跌回升，利润扭亏为盈。3 家报业公司总市值共计 182.8 亿元，较 2018 年增加 40.4 亿元，增长 28.4%；实现营业收入共计 64.2 亿元，增加 0.9 亿元，增长 1.4%；拥有资产总额共计 209.9 亿元，增加 4.3 亿元，增长 2.1%；实现利润总额共计 6.8 亿元，增加 53.4 亿元，实现扭亏为盈（见表 50）。

表 50　在中国内地上市的报业公司经济规模情况

单位：亿元

指标	金额	较 2018 年增减（%）
总市值	182.83	28.35
营业收入	64.21	1.42
资产总额	209.87	2.08
利润总额	6.84	—

注：利润总额上年亏损 46.54 亿元。

与 2018 年情况相同，华闻集团资产总额超过 100 亿元。

4. 发行公司

2019 年，资产和收入继续增长，总市值和利润止跌回升，利润增长显著。7 家发行公司总市值共计 495.3 亿元，较 2018 年增加 29.6 亿元，增长 6.4%；实现营业收入共计 245.9 亿元，增加 2.5 亿元，增长 1.0%；拥有资产总额共计 427.1 亿元，增加 38.4 亿元，增长 9.9%；实现利润总额共计 25.4 亿元，增加 9.3 亿元，增长 57.7%（见表 51）。

表 51　在中国内地上市的发行公司经济规模情况

单位：亿元

指标	金额	较 2018 年增减（%）
总市值	495.34	6.36
营业收入	245.92	1.03
资产总额	427.11	9.87
利润总额	25.44	57.70

与 2018 年情况相同，新华文轩、皖新传媒等 2 家公司资产总额超过 100 亿元。

5. 印刷公司

2019 年，收入和资产继续增加，总市值和利润止跌回升，均实现两位数增长。9 家印刷公司③总市值共计 493.5 亿元，较 2018 年增加 64.5 亿元，增长 15.0%；实现营业收入共计 234.4 亿元，增加 6.7 亿元，增长 3.0%；拥有资产总额共计 376.9 亿元，增加 12.5 亿元，增长 3.4%；实现利润总额共计 26.1 亿元，增加 2.8 亿元，增长 12.2%（见表 52）。

表 52　在中国内地上市的印刷公司经济规模情况

单位：亿元

指标	金额	较 2018 年增减（%）
总市值	493.50	15.03
营业收入	234.38	2.95
资产总额	376.87	3.43
利润总额	26.12	12.15

与 2018 年情况相同，紫江企业资产总额超过 100 亿元。

6. 新媒体公司

2019 年，新媒体公司收入继续增加，总市值和资产止跌回升，利润实现扭亏为盈。5 家新媒体公司总市值共计 579.4 亿元，较 2018 年增加 119.2 亿

① 新增中信出版。

② 如排除上市公司数量变动的影响，则原有 13 家出版公司 2019 年总市值 1 337.0 亿元，较 2018 年同口径增加 37.2 亿元，增长 2.9%；实现营业收入 888.6 亿元，增加 24.1 亿元，增长 2.8%；拥有资产总额 1 539.4 亿元，增加 98.2 亿元，增长 6.8%；实现利润总额 107.2 亿元，增加 5.4 亿元，增长 5.3%。

③ 与 2018 年相同，未包括康得新。

元，增长25.9%；实现营业收入共计107.2亿元，增加4.7亿元，增长4.6%；拥有资产总额共计311.5亿元，增加22.6亿元，增长7.8%；实现利润总额共计21.8亿元，增加45.0亿元，实现扭亏为盈（见表53）。

表53　在中国内地上市的新媒体公司经济规模情况

单位：亿元

指标	金额	较2018年增减（%）
总市值	579.44	25.90
营业收入	107.20	4.62
资产总额	311.52	7.83
利润总额	21.84	—

注：利润总额上年亏损23.19亿元。

浙数文化和昆仑万维资产总额均超过100亿元，较2018年增加1家。

（三）经济效益

1. 总体情况

2019年，在内地上市的38家出版传媒公司平均净资产收益率整体为9.7%，较2018年提高6.2个百分点①，显著高于当期一年期存缴基准利率（1.5%）和贷款市场报价利率（4.15%）。

各类出版传媒上市公司按平均净资产收益率的降序排列依次为出版公司、印刷公司、新媒体公司、发行公司和报业公司（见表54、图29）。

表54　在中国内地上市的出版传媒公司平均净资产收益率（%）

公司类型	平均净资产收益率
出版公司	11.00
报业公司	4.22
发行公司	7.98
印刷公司	9.95
新媒体公司	8.93
整体	9.70

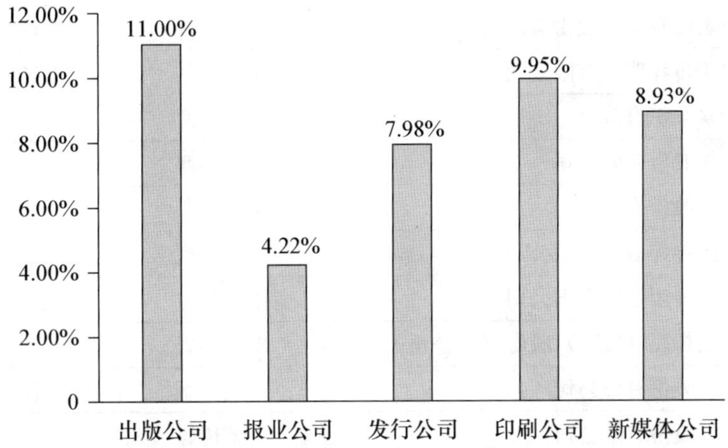

图29　在中国内地上市的出版传媒公司的平均净资产收益率

平均净资产收益率前10位的出版传媒公司按降序排列依次为昆仑万维、中信出版、广弘控股、东港股份、山东出版、永新股份、城市传媒、劲嘉股份、新经典和新华文轩（见表55）。其中，出版公司3家、发行公司3家、印刷公司3家、新媒体公司1家。

表55　在中国内地上市的平均净资产收益率前10位的出版传媒公司（%）

排名	上市公司	股票简称	业务类型	股票类型	收益率
1	北京昆仑万维科技股份有限公司	昆仑万维	新媒体	深证A股	27.72
2	中信出版集团股份有限公司	中信出版	出版发行	深证A股	18.42
3	广东广弘控股股份有限公司	广弘控股	发行	深证A股	17.05
4	东港股份有限公司	东港股份	印刷	深证A股	16.37
5	山东出版传媒股份有限公司	山东出版	出版发行	上证A股	15.10
6	黄山永新股份有限公司	永新股份	印刷	深证A股	14.56
7	青岛城市传媒股份有限公司	城市传媒	出版发行	上证A股	13.93

① 如排除上市公司数量变动的影响，则原有37家内地出版传媒上市公司整体平均净资产收益率2019年为9.6%，较2018年同口径提高6.2个百分点。

续表

排名	上市公司	股票简称	业务类型	股票类型	收益率
8	深圳劲嘉集团股份有限公司	劲嘉股份	印刷	深证 A 股	13.80
9	新经典文化股份有限公司	新经典	发行	上证 A 股	13.13
10	新华文轩出版传媒股份有限公司	新华文轩	发行	上证 A 股	12.83

2. 出版公司

出版公司平均净资产收益率 11.0%，高出出版传媒上市公司平均净资产收益率 1.3 个百分点，与 2018 年持平①。

14 家出版公司按平均净资产收益率的降序排列依次为中信出版、山东出版、城市传媒、南方传媒、中文传媒、中国科传、长江传媒、中原传媒、中国出版、凤凰传媒、中南传媒、出版传媒、时代出版和读者传媒（见表 56）。

表 56 在中国内地上市的出版公司平均净资产收益率（%）

排名	上市公司	股票简称	股票类型	收益率
1	中信出版集团股份有限公司	中信出版	深证 A 股	18.42
2	山东出版传媒股份有限公司	山东出版	上证 A 股	15.10
3	青岛城市传媒股份有限公司	城市传媒	上证 A 股	13.93
4	南方出版传媒股份有限公司	南方传媒	上证 A 股	12.61
5	中文天地出版传媒集团股份有限公司	中文传媒	上证 A 股	12.49
6	中国科技出版传媒股份有限公司	中国科传	上证 A 股	12.23
7	长江出版传媒股份有限公司	长江传媒	上证 A 股	11.24
8	中原大地传媒股份有限公司	中原传媒	深证 A 股	10.41
9	中国出版传媒股份有限公司	中国出版	上证 A 股	10.02
10	江苏凤凰出版传媒股份有限公司	凤凰传媒	上证 A 股	9.92
11	中南出版传媒集团股份有限公司	中南传媒	上证 A 股	9.83
12	北方联合出版传媒（集团）股份有限公司	出版传媒	上证 A 股	6.70
13	时代出版传媒股份有限公司	时代出版	上证 A 股	4.79
14	读者出版传媒股份有限公司	读者传媒	上证 A 股	3.60

3. 报业公司

报业公司平均净资产收益率 4.2%，低于出版传媒上市公司平均净资产收益率 5.5 个百分点，较 2018 年增加 38.4 个百分点。

3 家报业公司按平均净资产收益率的降序排列依次为华闻集团、华媒控股和粤传媒（见表 57）。

表 57 在中国内地上市的报业公司平均净资产收益率（%）

排名	上市公司	股票简称	股票类型	收益率
1	华闻传媒投资集团股份有限公司	华闻集团	深证 A 股	6.22
2	浙江华媒控股股份有限公司	华媒控股	深证 A 股	2.72
3	广东广州日报传媒股份有限公司	粤传媒	深证 A 股	2.08

4. 发行公司

发行公司平均净资产收益率 8.0%，低于出版传媒上市公司平均净资产收益率 1.7 个百分点，较 2018 年增加 2.8 个百分点。

7 家发行公司按平均净资产收益率的降序排列依次为广弘控股、新经典、新华文轩、世纪天鸿、皖新传媒、天舟文化和新华传媒（见表 58）。

① 如排除上市公司数量变动的影响，则原有 13 家出版公司整体平均净资产收益率 2019 年为 10.9%，较 2018 年同口径减少 0.1 个百分点。

表 58　在中国内地上市的发行公司平均净资产收益率（%）

排名	上市公司	股票简称	股票类型	收益率
1	广东广弘控股股份有限公司	广弘控股	深证 A 股	17.05
2	新经典文化股份有限公司	新经典	上证 A 股	13.13
3	新华文轩出版传媒股份有限公司	新华文轩	上证 A 股	12.83
4	世纪天鸿教育科技股份有限公司	世纪天鸿	深证 A 股	7.21
5	安徽新华传媒股份有限公司	皖新传媒	上证 A 股	5.54
6	天舟文化股份有限公司	天舟文化	深圳创业板	1.10
7	上海新华传媒股份有限公司	新华传媒	上证 A 股	0.76

5. 印刷公司

印刷公司平均净资产收益率 10.0%，高出出版传媒上市公司平均净资产收益率 0.3 个百分点，较 2018 年增加 0.8 个百分点。

9 家印刷公司按平均净资产收益率的降序排列依次为东港股份、永新股份、劲嘉股份、紫江企业、盛通股份、鸿博股份、珠海中富、陕西金叶和界龙实业（见表 59）。

表 59　在中国内地上市的印刷公司平均净资产收益率（%）

排名	上市公司	股票简称	股票类型	收益率
1	东港股份有限公司	东港股份	深证 A 股	16.37
2	黄山永新股份有限公司	永新股份	深证 A 股	14.56
3	深圳劲嘉集团股份有限公司	劲嘉股份	深证 A 股	13.80
4	上海紫江企业集团股份有限公司	紫江企业	上证 A 股	10.53
5	北京盛通印刷股份有限公司	盛通股份	深证 A 股	8.89
6	鸿博印刷股份有限公司	鸿博股份	深证 A 股	2.87
7	珠海中富实业股份有限公司	珠海中富	深证 A 股	2.54
8	陕西金叶科教集团股份有限公司	陕西金叶	深证 A 股	2.34
9	上海界龙实业集团股份有限公司	界龙实业	上证 A 股	－12.35

6. 新媒体公司

新媒体公司平均净资产收益率 8.9%，低于出版传媒上市公司平均净资产收益率 0.8 个百分点，较 2018 年增加 18.1 个百分点。

5 家新媒体公司按平均净资产收益率的降序排列依次为昆仑万维、掌阅科技、浙数文化、掌趣科技和中文在线（见表 60）。

表 60　在中国内地上市的新媒体公司平均净资产收益率（%）

排名	上市公司	股票简称	股票类型	收益率
1	北京昆仑万维科技股份有限公司	昆仑万维	深证 A 股	27.72
2	掌阅科技股份有限公司	掌阅科技	上证 A 股	12.38
3	浙报数字文化集团股份有限公司	浙数文化	上证 A 股	7.76
4	北京掌趣科技股份有限公司	掌趣科技	深证 A 股	6.75
5	中文在线数字出版集团股份有限公司	中文在线	深证 A 股	－33.33

（四）业务经营

1. 出版公司

庆祝新中国成立 70 周年亮点纷呈。各出版公司围绕庆祝新中国成立 70 周年等主题，策划出版一批高质量的主题图书。中国出版承担了由中宣部联合 8 家出版社策划的“新中国 70 年 70 部长篇小说典藏”丛书中 56 部的出版，推出“中学红色经典文学阅读丛书”“中华人民共和国成立 70 周年珍藏本”等系列；南方传媒《中华人民共和国通史》《账本里的中国》《青年强，中国强》入选中宣部 2019 年重点主题出版物；山东出版组织策划 10 个庆祝新中国成立 70 周年主题出版项目，其中大型精品画册《中国》“双效”俱佳。

收入与利润稳定增长。14 家出版公司整体收入较 2018 年增长 5.0%。其中，12 家公司营业收入增长，读者传媒、中国出版、南方传媒、出版传媒、中信出版和中国科传 6 家公司均实现两位数增长。另有长江传媒因大宗贸易及木浆等物资贸易业务减少，收入减少 26.9 亿元，降低 26.0%[①]；中文传媒减少 2.5 亿元，降低 2.2%。12 家公司净利润增长。其中，读者传媒主要得益于印制成本下降、毛利率提高，净利润增长 54.7%，增速最高；时代出版因新业态业务收入毛利率下降较快，净利润降低 32.4%，降幅最大。出版公司整体平均净资产收益率与 2018 年持平，高出出版传媒公司整体水平。

编印发主业核心地位更趋巩固。14 家出版公司出版业务收入整体增长 12.6%。其中，中国科传、读者传媒、中原传媒、中信出版、出版传媒和中南传媒 6 家公司均实现两位数增长，长江传媒和中文传媒虽然总收入有所减少，但出版业务收入逆势上扬。14 家出版公司编印发主业收入全部增长，其中中信出版、南方传媒、读者传媒、中原传媒、中国出版、中国科传和长江传媒 7 家公司均实现两位数增长，中信出版、南方传媒、读者传媒和中原传媒 4 家公司均超过 15%。14 家出版公司编印发主业收入占比整体为 77.5%[②]，提高 5.2 个百分点；11 家公司占比均有所提高；编印发主业核心地位更趋巩固。主业占比超过 70%的有 11 家公司，其中中国科传、城市传媒、读者传媒、中信出版和凤凰传媒 5 家公司均超过 90%。14 家公司编印发主业毛利率为 30.1%，较 2018 年略有提高。

融合发展、知识服务转型取得新成绩。中国科传继续在专业学科知识库、数字教育综合服务、医疗健康大数据三大业务方向加快推进数字化平台建设，已经建成的数字业务产品或知识服务平台用户规模持续扩大，新一批数字业务产品或知识服务平台陆续上线，并形成销售收入。凤凰传媒 2 个项目入选国家新闻出版署首次数字出版精品推荐计划，凤凰数媒、凤凰数据入选“2019 江苏省互联网企业 50 强”，智能学习音箱等产品和“学习强国”平台实现积分对接。读者传媒《读者》杂志入驻“学习强国”平台；“读者”喜马拉雅平台订阅号目前累计收听量 6.4 亿次，位居人文历史榜首位；“读者”微信公众号 2019 年粉丝数净增长 60 万，达 540 万。中信出版新业态业务收入增长 35.6%，中文传媒新业态业务毛利率达到 56.8%。

“走出去”扎实推进。中国出版推进中国名家名作推广计划、外国人写作中国计划，启动中国百科进俄罗斯、中印互译出版，2019 年输出版权 979 种；中国科传与法国化学学会、法国物理学会、法国光学学会、法国应用数学与工业学会正式完成法国 EDP Sciences 股权交割事宜，取得法国 EDP Sciences 100%的股权，使之成为该公司在欧洲的全资子公司。

2. 报业公司

利润实现扭亏为盈。2019 年，3 家报业公司整体经营状况良好，共实现营业收入 64.2 亿元，较 2018 年增加 0.9 亿元，增长 1.4%；净利润 5.1 亿元，增加 52.3 亿元，实现扭亏为盈。3 家报业公司均实现盈利。

报刊及广告业务仍为核心。3 家报业公司主业收入较 2018 年略有增加，华闻集团和华媒控股的报刊发行及广告业务占比均在 60%以上。华闻集团传播与文化产业营业收入增长 2.6%，华媒控股报刊发行业务收入增长显著，占主营业务收入的比重以及毛利率同步提高。粤传媒报刊业务毛利率提高 3.1 个百分点，达到 45.9%。

传统业态向新兴业态升级深入推进。华媒控股积极打造原创内容精品，加强全媒体策划报道，旗下杭报传媒拓展视频业务，开拓“学习强国”视频业务和抖音代运营市场，杭州网继续深耕政务新媒体服务，积极拓展舆情大数据业务，积极承办国家级重点会展项目，大力培育自有会展 IP，设计推出集团会展 logo。华闻集团构建 IP 矩阵，推出“华商商学院”“观潮会客厅”“第一讲解员”等自有 IP，旗下华商网坚守内容影响力，打造出以“陕光灯”为代表的新媒体品牌，掌视亿通发展势头良好。粤传媒积极布局新媒体业务，推动融媒产业发展，旗下广粤文化 2019 年转型项目收入同比增长 86.0%，大洋网借助融媒体服务和技术服务能力，孵化新项目“大洋研学”。

3. 发行公司

利润止跌回升。7 家发行公司营业收入增长 1.0%，其中广弘控股和天舟文化实现两位数增长，广弘控股增长 20.8%。净利润整体止跌回升，大幅增长 60.8%；4 家公司净利润增加，其中天舟文化净利润增加 11.2 亿元，实现扭亏增盈；另有 3 家公司净利润下滑。

主业收入稳步增长。7 家发行公司主业收入整体增长 4.5%，收入占比提升 2.6 个百分点。其中：

① 如剔除该因素的影响，出版发行等主业收入较 2018 年增长 7.0%。

② 如排除上市公司数量变动的影响，则原有 13 家出版公司主业收入占比整体为 77.2%，较 2018 年同口径提高 4.9 个百分点。

天舟文化和广弘控股加大市场开拓力度，均实现两位数增长；皖新传媒全年新增共享书店58家，主业收入占比提升6.2个百分点；新华传媒在门店陆续投放“智能多点触控自动购书机”，提升门店的管理效能和服务质量。

其他业务收入整体下降。7家发行公司其他业务收入整体降低8.2%。其中，皖新传媒进一步压缩盈利水平较低业务的规模，其他业务收入降低21.1%，新华传媒房产代理项目和申活馆举办活动减少，其他业务收入降低18.3%。另有3家公司其他业务收入增加，其中天舟文化加强海外游戏发行，其他业务收入增长6.4%，广弘控股加大牛羊类产品贸易，其他业务收入增长31.0%。

4. 印刷公司

整体利润止跌回升。9家印刷公司共实现营业收入234.4亿元，增长3.0%；净利润21.7亿元，增长13.0%，增速提高15.1个百分点。7家公司净利润均有所增长。其中，劲嘉股份、永新股份营业收入、净利润均增长10%以上，珠海中富、界龙实业营业收入、净利润均有所减少。

印刷包装业务增长。印刷包装相关业务实现收入、毛利率双增。其中，劲嘉股份彩盒产品、镭射纸/膜和医药包装材料等产品销售增长显著，包装印刷业务收入增长18.4%。永新股份彩印包装材料和塑料软包装薄膜收入较上年增长8.7%、45.2%。

技术创新与技改升级双线驱动。盛通股份以出版物智能印刷为突破口，推动出版物印刷与数字技术融合发展，积极推动印刷业务智能化升级改造，营业收入增长5.9%，净利润增长18.3%。永新股份全年新产品研发试制386项，技术项目申报22项，申请专利33项，获授权专利22项，主导参与了3项国家和行业标准的起草修订。

5. 新媒体公司

整体利润实现扭亏为盈。5家新媒体公司营业收入整体增长4.5%，净利润增加43.8亿元，整体实现减亏并增盈82.9%。4家公司实现盈利。其中：浙数文化营业收入增长47.2%，净利润增长20.5%，整体经营业绩保持稳定；掌阅科技版权产品实现营业收入2.6亿元，带动公司净利润增长7.9%。中文在线减亏60.2%。

主业占据核心地位。5家新媒体公司主业收入整体增长4.9%，主业收入占比整体为97.1%，较2018年度提高0.3个百分点。浙数文化大力探索游戏业务，主业收入增长55.8%。昆仑万维大幅提高游戏内广告变现水平，网络广告业务营业收入同比增长177.8%。掌阅科技数字阅读平台用户数量、人均阅读时长等指标均持续上涨，2019年阅读平台平均月活跃用户数达1.4亿，主业毛利率提升8.5个百分点。

海外业务持续拓展。昆仑万维手游《龙之谷M》在南美、非洲等新市场上线；掌趣科技《奇迹MU：觉醒》在东南亚地区上线，进入下载、畅销前5名，游戏《拳皇98终极之战OL》、《奇迹MU：觉醒》和《魔法门之英雄无敌：战争纪元》等在海外地区发行取得了优异的成绩。中文在线旗下阅读平台Chapters持续推出聚焦欧美女性的畅销作品，目前注册用户数超1 500万。

2019—2020 年中国数字出版产业年度报告

中国数字出版产业年度报告课题组

一、产业规模

2019 年，我国数字出版产业持续健康发展，全年收入规模超过 9 800 亿元。其中，互联网广告、移动出版、在线教育、网络游戏依然稳居收入榜前四位，互联网广告、移动出版、在线教育继续保持快速发展态势。

（一）整体收入规模持续增长

2019 年，国内数字出版产业整体收入规模为 9 881.43 亿元，比上年增长 18.61%。其中：互联网期刊收入达 23.08 亿元，电子书达 58 亿元，数字报纸（不含手机报）达 8 亿元，博客类应用达 117.7 亿元，在线音乐达 124 亿元，网络动漫达 171 亿元，移动出版（移动阅读、移动音乐、移动游戏等）达 2 314.82 亿元，网络游戏达 713.83 亿元，在线教育达 2 010 亿元，互联网广告达 4 341 亿元（见图 1）。

（二）传统书报刊数字化收入占比仍呈下降态势

图书、报纸、期刊是我国传统新闻出版单位的主营业务。近年来，在主管部门大力引导和市场需求的双重驱动下，传统出版单位顺应发展需要，以推动转型升级为契机推进融合深度发展，捕捉新需求、拓展新领域、尝试新业务、推出新产品，业务结构不断调整，传统书报刊数字化业务的比重逐年增加。

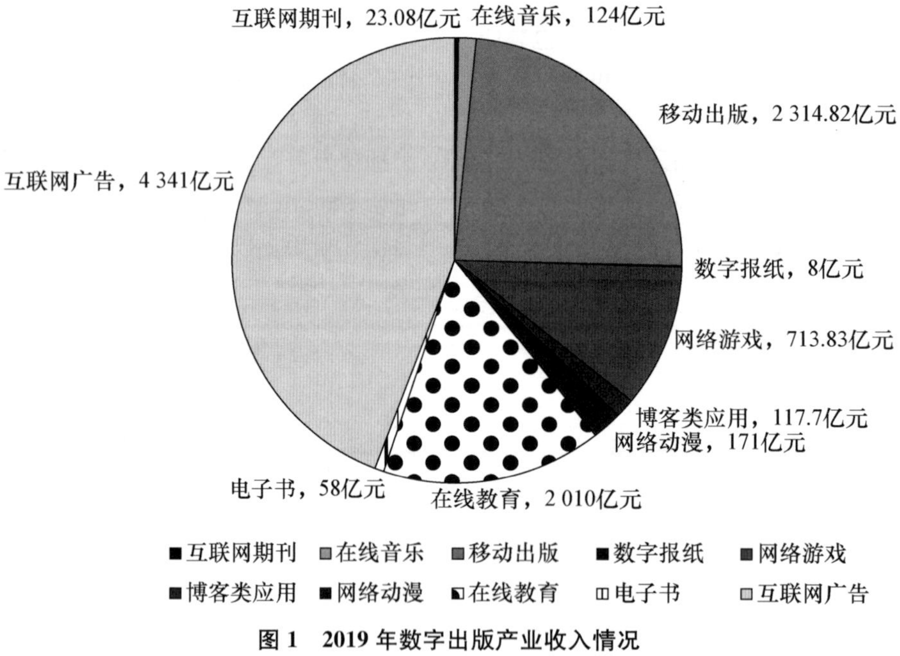

图 1　2019 年数字出版产业收入情况

从图 1 我们可以看出，2019 年互联网期刊、电子书、数字报纸的总收入为 89.08 亿元，相比 2018 年的 85.68 亿元，增长幅度为 4.0%，高于 2018 年 3.6%的增长幅度，在数字出版年度总收入中所占比例为 0.9%，相较于 2018 年的 1.03%、2017 年的 1.17%和 2016 年的 1.54%来说，处于持续下降态势。但需要强调的是，传统书报刊数字化业务作为数字出版业务的基础或者源头，虽然盈利空间拓展较为有限，但仍将长期存在。各传统新闻出版单位仍要对此予以足够重视，做好出版存量资源储备，筑牢转型发展基础。

（三）新兴板块继续保持良好发展势头

2019 年，移动出版收入规模为 2 314.82 亿元，在线教育收入规模为 2 010 亿元，网络动漫收入规模为171亿元，仍有较大发展潜力可供挖掘。三者占数字出版收入规模的比例为45.50%，高于2018年的42.23%，表明移动出版在数字出版领域的主力军地位稳固。在线教育收入规模与2018年相比，增长幅度超过50%，已成为数字出版产业中发展最为强劲的部分，市场格局梯队层次渐趋形成，品牌性产品不断涌现，用户接受度逐步提升。网络动漫经过多年的发展积累，已具备一定的产业基础和付费用户规模，虽偶有起伏，但整体仍保持着良好的发展态势。

二、产业态势

2019年以来，中国数字出版产业步入高质量发展阶段，出版业融合发展逐步深入，具体呈现出以下发展态势。

（一）出版业融合发展路径持续明晰，效益初现

2019年，我国出版业融合发展持续深入，出版单位持续探索融合发展路径，在产品形态、服务模式、平台渠道、管理机制等方面加快创新，取得显著成效。在产品形态创新方面，出版单位借助先进技术，融合多样内容元素，丰富内容呈现方式，推出新型产品形态，不断提升优势内容的感染力，打造更加多维立体的用户体验。值得一提的是，过去一年来，出版单位融合发展的思路更加开阔，特别是版权运营意识日益增强，多家出版单位在版权运营方面进行了积极探索，依托优质出版资源向网络文学、动漫游戏、有声读物、文旅、音乐、影视等领域拓展，取得显著突破，效益逐步显现，实现了内容价值、版权价值和品牌价值的有效提升，出版链条得到有益延展。此外，出版单位不断优化管理机制，以适应融合发展的需求。可以欣喜地看到，出版单位融合发展正在迈向出成果、出品牌、出效益的新阶段。

（二）网络文学主流价值引领作用日益凸显

2019年以来，中国网络文学发展持续向好。截至2020年2月，中国网络文学用户已经超过4.5亿。据《2019中国网络文学发展报告》，2019年网络文学行业市场规模达到201.7亿元，网络文学作品累计规模达2 500万余部[①]。

2019年，网络文学作品质量显著提升，主流化、精品化态势进一步凸显。现实题材创作持续升温。越来越多的作者观照现实，展现新时代风貌，聚焦社会百态。网络文学正在以现实题材为着力点，书写新时代正能量，在时代背景刻画上有了更为全面和深层次的把握，无论是主题深度还是站位高度都有所突破。网络文学在传递正向价值中发挥着日益重要的作用。

2019年以来，网络文学版权运营生态进一步成熟。2019年阅文集团的版权运营收入实现爆发式增长，首次超过其在线阅读收入[②]。这表明网络文学IP运营模式正在日趋成熟，网络文学在IP产业链条中的源头活水作用日益凸显。2019年以来，网络文学IP影视改编日益成熟，先后涌现出多部在收视和口碑上都有上佳表现的作品。

（三）数字教育加速向规范化、智能化发展

2019年以来，我国教育信息化持续加快，数字教育出版智能化、规范化的良性发展环境逐步改善。《中国教育现代化2035》《加快推进教育现代化实施方案（2018—2022年）》等国家政策文件的出台，进一步加强了教育现代化的顶层设计，也为数字教育带来了重要发展机遇。《关于规范校外线上培训的实施意见》《关于引导规范教育移动互联网应用有序健康发展的意见》《关于促进在线教育健康发展的指导意见》《教育移动互联网应用程序备案管理办法》等文件的集中出台，加快了数字教育规范化发展环境的构建，为在线教育提出了发展目标、指明了任务方向。

人工智能在数字教育中的应用进一步深化。2019年出版业在人工智能与教育出版深度融合方面有了更为长远的规划，包括建立了基于人工智能技术在教育领域应用的研究机构、实验室示范基地等。大型互联网企业也持续加大数字教育、智慧教育布局力度，推进产品创新和强化品牌战略。

（四）知识付费双向平行发展

知识付费经过近四年的发展，在2019年步入发展平稳期。喜马拉雅、“得到”等知识付费平台的头部企业格局已经趋于稳定，以知识音频为主要形态的知识付费已更加广泛地触达手机、智能音箱、车载网等多元化的终端载体和生活消费场景。在用户规模方面，2019年用户加速向头部企业高度聚集，因头部平台在资源、IP、主播、品牌等方面的优势

① 袁航.《2019中国网络文学发展报告》发布 90后作家成主力军［EB/OL］.（2020-09-05）. http://news.ynet.com/2020/09/05/2846091t70.html.

② 阅文集团财报：2019年阅文集团总收入83.5亿元 同比增长65.7%［EB/OL］.（2020-03-17）. http://finance.sina.com.cn/stock/relnews/hk/2020-03-17/doc-iimxyqwa1233684.shtml.

日益明显，造成知识付费行业的马太效应日益加剧。同时，随着行业发展的日趋成熟，头部知识付费平台也逐渐实现了较为清晰的差异化发展，主要呈现专业化和大众化两条发展路径。第一条路径是以提供专业性、垂直领域的知识内容为主，以“得到”为典型代表。这一类平台不能等同于或取代在线教育，可以视为在线教育的一种延伸和对当下教育体系和培训市场的补充。知识付费平台的第二条路径是提供大众化的内容服务，如喜马拉雅、蜻蜓 FM、懒人听书等。这类平台涵盖的主题类型较为丰富，偏娱乐化、大众化，以构建全内容生态为主要发展方向。随着人们对精神文化的品质追求日益提升，知识付费也步入内容深耕时代，知识付费平台应加强优质内容供给，进一步加大对优质 IP 的投入，打造精品化、品牌化项目矩阵。

（五）媒体融合迈向纵深发展，阶段性成效显著

2019 年以来，以习近平总书记关于“推动媒体融合向纵深发展 做大做强主流舆论”的重要论述为方针指引，从中央媒体到地方媒体，从省级传媒集团到县级融媒体中心，整个传媒行业都以更快更稳的步伐推动媒体融合迈向纵深发展。作为主流媒体的旗舰，人民日报社在融合发展方面始终走在前列，充分发挥先试先行先导作用，坚持移动优先战略，加快舆论新阵地建设，着力打造全媒体传播新格局。以 PUGC 为主要模式，涵盖 PGC、UGC 和自制三个方面内容，在主流媒体自建短视频平台方面迈出了创新探索的坚实一步，形成了人民日报社“两微两端”全媒体传播矩阵①，推进了媒体生产传播全流程的重塑。其他媒体也积极整合机构、加强全媒体渠道建设，不断提升舆论新阵地的传播力和影响力。

作为媒体融合的“最后一公里”，县级融媒体中心建设得以紧锣密鼓推进。目前全国至少有 9 个省份已完成全省县级融媒体中心建设全覆盖。中央和省级媒体大多自主研发融媒体云技术平台，在推动自身媒体融合发展的同时，也为县级融媒体中心建设提供有力支持，加快县级融媒体中心建设进程。

（六）产业保障体系持续完善

2019 年，标准化改革向纵深推进，产业标准化成果丰硕。自《深化标准化工作改革方案》颁布以来，团体标准和企业标准在新闻出版行业得到了长足发展。以企业为标准制定行动主体，大规模开展新闻出版行业团体标准研制工作，已逐步形成由企业标准、团体标准向行业标准的升级惯性，行业标准化组织系统升级效应日渐显现。企业积极参与游戏、网络文学等领域的标准研制工作，有效弥补了行业不足。以中国音像与数字出版协会为代表的行业协会作用凸显，通过组织产学研用等不同相关领域的企业、机构，开展《游戏标准化体系表》等标准的研制工作，有效填补了该领域空白。部分关键问题得到突破，中国新闻出版研究院参与的“文化内容资源产权交易技术”等三项科技部重点课题分别在现代服务业共性关键技术研发及应用示范、国家质量基础的共性技术研究与应用领域实现了技术突破。《面向发行领域的 ISLI 标志码识读设备及支撑技术研究》等 8 项标准的完成，意味着我国自主知识产权的 ISLI 代码形成标准落地得到突破。需要注意的是：全国新闻出版标准化技术委员会通过承担 ISLI 国际标准制定工作，已逐渐进入国际标准的工作舞台；中国作为 SC9 多项国际标准的应用国家，也受到了国际标准化组织的更多关注。

数字版权保护方面，新版《最高人民法院关于民事诉讼证据的若干规定》完善了电子数据的范围，明确了电子数据的审查判断规则，这有助于民事审判中法庭调查功能的加强。最高人民法院知识产权法庭和杭州互联网法院实现了两个突破，一是该知识产权法庭是世界范围内首个在最高法院设立的专门知识产权审判机构，二是该互联网法院是全球首家用区块链取证进行审判的法院：这表明了我国在司法领域对知识产权保护和高新技术应用的重视程度。以中国国际版权博览会为龙头，山东青岛、江苏南京、广东东莞、四川成都、上海自贸区等多个地方版权博览会、交易会、授权展参与形成的全国版权展会授权体系有利于整合资源、相互补充，有利于促进版权产业发展，加快数字版权保护工作社会化进程。

三、问题与对策分析

2020 年是“十三五”时期的收官之年，也是巩固成绩、谋划发展的关键一年。随着媒体融合持续迈向纵深发展，数字出版意识形态主阵地作用日益凸显，对数字出版产业发展提出了新的要求。而新冠肺炎疫情的暴发，在展现了数字出版产业发展潜力的同时，也暴露出了当前产业发展中存在的一些问题和短板。未来，数字出版要实现高质量发展，需要：把握在新时期新形势下的新定位，制定合理

① “人民日报+”上线 央媒正式进军短视频平台［EB/OL］．（2019-09-19）．http://finance.ifeng.com/c/7q66vLb0fiM.

规划，明晰路径方向；持续推进出版融合迈向纵深发展，推动融合出版成果的提质增效，深耕品牌做强做优；进一步强化典型引领，充分发挥示范带动作用；顺应新市场需求，开拓新业务布局，优化内容和服务供给，为发展积蓄新动能；重塑生产运行机制，打造生产运营一体融合；建立健全应急出版管理机制，提升应急处置能力；满足海外受众个性化需求，创新“走出去”思维。

（一）明确发展路径方向，制定顶层规划部署

2020年是“十三五”时期的收官之年，也是“十四五”的着力谋划之年。2020年《政府工作报告》提出了下一阶段工作的总体部署：深化供给侧结构性改革，加快转变经济发展方式，多措并举提振消费，推进要素市场化配置改革，培育技术和数据市场，激活各类要素潜能，重点支持既促消费惠民生又调结构增后劲的“两新一重”建设；推进国企健全市场化经营机制，提高核心竞争力，保障民营企业平等获取生产要素和政策支持；提高科技创新支撑能力，稳定支持基础研究和应用基础研究；丰富群众精神文化生活，培育和践行社会主义核心价值观，发展新闻出版等事业，加强公共文化服务，倡导全民阅读。上述部署都与数字出版息息相关，为数字出版提供了纲领性的指引。2020年初暴发的新冠肺炎疫情对我国经济社会的影响将是深远且持久的，经济发展重心、产业发展方式、人们的消费需求等都发生了巨大改变，出版业也需要对后疫情时代下所处的发展形势和产业定位进行重新审视和判断。无论是管理部门层面还是企业层面，都需要根据国家的总体部署对下一阶段的发展目标和重点工作进行谋划。

管理部门层面，围绕出版业“十四五”规划编制工作进一步健全产业政策保障体系，为产业发展提供有效指引，为数字出版产业健康高质量发展构建良好环境，引领产业实现新形势下的新突破。国家新闻出版署自2019年起，每年组织实施“数字出版精品遴选推荐计划”，要求紧紧围绕庆祝新中国成立70周年主线，组织评选一批导向正确、内容优质、创新突出、双效俱佳的数字出版产品和服务，按照主题出版、大众出版、专业出版、教育出版、少儿出版5类推出具有示范推广价值的精品项目。遴选原则中特别强调，要把内容质量、社会效益放在首位，自觉践行社会主义核心价值观，讲品位、讲格调、讲责任，弘扬主旋律，传播正能量。同时，把主题出版纳入数字出版项目遴选范围，已体现出主管部门在发展数字出版方面的引导方向，更加突出了数字出版产品的导向引领作用。

企业层面，各出版单位要提早做好战略部署。要围绕党和国家对文化产业的总体部署，充分总结“十三五”时期的经验，认真梳理发展过程中存在的瓶颈与短板，特别是着眼于后疫情时代和5G时代，把握文化发展新形势新要求，在不断审视研判中明晰发展定位和发展方向，精心谋划顶层设计，立足全局和整体系统思考和统筹谋划未来发展路径，制定阶段性目标以及未来五年甚至更长远发展路线图、时间表和任务书，在资源配置、制度建设、指标体系、标准体系、统计体系等方面进行优化调整，建全满足高质量发展需求的体制机制。在目标设定和规划制定中，要紧跟国家大势，坚持正确出版导向，既强调效率效益也强调规范安全，以优质资源为基础竞争优势，以融合发展为总体方向，以高质量发展为核心主线，以技术创新和渠道拓展为关键手段，以业务布局和品牌建设为重要着力点，以体制机制优化为内生动力，为实现出版强国建设目标持续奋进。

（二）持续推进融合发展，深耕品牌做强做优

5G大规模商用在即，信息内容传播生态和媒体格局正在加速变革，人们在生活、学习、工作、娱乐等不同场景下的知识内容获取需求日趋旺盛且不断细化，信息内容的表达方式和渠道载体方式日益丰富且不断拓展，要求出版业加快融合发展步伐，着力提升融合发展的深度和广度。虽然出版业经过长期探索，在融合发展上取得积极进展和有力突破，逐渐实现出成果、创品牌、见效益，但传统出版业务和新兴业务的融合壁垒尚未完全破除，融合发展的成果多集中在童书绘本、教材教辅、科幻科普等领域，其他多个领域的出版融合产品仍普遍存在呈现形式和服务体验较为单一、渠道狭窄、变现能力不强等问题，难以满足日益丰富的应用场景和人们不断丰富多元且瞬息万变的信息获取需求。同时，传统出版单位的产品与互联网企业的同类产品相比较，影响力仍然较为薄弱，一些融合的商业模式、发展路径、手段方法还处于较为初期的阶段。出版业融合发展不仅是产品形态和技术手段上的创新，更多的是思维的持续更新和思路的不断拓展，要做到以下几点：一是持续深耕内容，最大限度发挥内容资源效用，突出价值引领和内容品质，打造融合出版精品内容和优质品牌。二是深研互联网特性，用好互联网思维，持续开拓融合发展思路，提升对新市场、新业态、新领域的感知力、认知力和适应力，加强对产业形态、服务方式、产品呈现形式的认识与研究，激发出版企业内部创造力与组织活力，着力提升在移动互联网环境下的应变能力和竞争能力，着力探索自身优势资源与新领域、新市场的契合点，提高产品的消费引导力与需求适配性，提升用户满意度。三是提高对新技术手段、新渠道媒介的把控力，用足新技术，推动科技与出版的有机结合，以促进形式创新、手段创新，不断激发科技进步给出版业的发展带来的新增量新动能。进一步打破媒介资源壁垒，推动数据等生产要素的有效整合，拓展出版产品场景化应用。四是加强多维度的品牌建设，注重产品和品牌的特色强化，建立线上线下联动一体化的多维度场景的品牌营销矩阵，以高品质的产品和优质的服务提升企业形象和品牌。出版单位需充分挖掘优势资源的潜在价值，提高资源整合水平，提升对资源整合的深度和广度，从深耕垂直细分领域着力丰富分众化、差异化的呈现方式和传播手段，加快推进出版融合的智能化，提高出版融合的效率效果和精准化水平，增强优质内容对受众的感染力，顺应知识经济时代要求，引入知识管理等先进理念，提升出版业知识服务水平。同时，进一步提升版权运营能力，围绕 IP 的多元开发，加强与游戏、动漫、旅游、文创、文物等领域的互动融合，拓展品牌触达的场景，提升优势内容和品牌的传播力和影响力，提升出版融合成果在不同领域的覆盖率和市场效益。

（三）树立典型带动引领，充分发挥示范效应

随着转型升级的不断深化，出版业在融合发展探索道路上已积累了一定的经验，已有一批出版单位基于自身优势资源逐步探索出清晰的发展路径，在出精品、创模式、树品牌等方面走在行业前列，并取得了一定的社会效益和经济效益。要充分发挥这些出版单位的示范带动作用，通过树立典型引领出版业高质量发展。一是聚焦教育、专业、大众、图书、报纸、期刊等重点领域，按照“同类可比、优中选优”的原则，遴选一批有规模、有效益、有影响且在业态模式创新、质量效益提升方面走在产业发展前列的具有创新性、引领性、示范性、突破性的出版融合示范单位。可率先在 170 家出版转型示范单位中进行遴选，并适当扩大遴选范围。同时，对这些出版融合示范单位加强引导，并建立示范单位评价考核机制，围绕产品形态、服务模式、技术创新、品牌影响、口碑效益等维度设置评价指标，定期进行评估与考核。二是从网络文学、数字阅读、动漫游戏、数字教育、知识服务等领域的新兴出版企业中，遴选出一批在价值引领、精品生产、社会影响力等方面表现突出、双效俱佳、手段模式领先、发展前景良好、具有发展潜力的企业作为示范单位，为行业发展树立标杆。通过强化评优扶优工作机制，培育壮大领跑者，引领带动出版业转型融合持续深化和产业的高质量发展。三是持续推进实验室建设。20 家出版融合发展实验室和 42 家新闻出版业科技与标准重点实验室投入建设三年多以来，在出版业融合发展经验积累和成果推广方面取得了一定的阶段性成果，对出版业融合发展起到了有益的推进作用。但在建设过程中，也暴露出项目应用推广力度较弱、创新转化水平偏低等问题。要进一步推进重点实验室建设工作，以项目、品牌、资金、管理等工作为抓手，加强重点实验室人力、物力、资金等各方面资源的优化配置，提升实验室建设效能。健全实验室产学研一体化发展机制，加强实验室研究成果推广和经验分享，充分发挥重点实验室在出版业融合发展方面的试验田作用，着力将重点实验室建设成为行业资源整合平台、行业技术推广平台、行业服务模式创新平台和行业优秀人才培养平台。四是强化基地（园区）聚集辐射效应，为出版业融合发展、产业机构优化、效益提升提供更大支撑。主管部门需进一步加强对基地（园区）的规划、指导、监督、评估、考核和管理，从文化内涵、经济实力、产业结构、研发创新能力、集约程度、行业影响、社会贡献和管理效能等方面对产业基地（园区）建设发展情况进行评估，依据评估结果对其进行指导管理，遏制、避免产业基地（园区）盲目无序发展，建立“有进有退”的动态管理机制，对定位特色鲜明、规模效益好、管理规范、示范引导辐射作用强的产业基地（园区）予以鼓励扶持，对管理模式落后、创新动力不足、产能效益偏低的国家级基地（园区）可设置观察期并酌情确定是否予以摘牌，充分发挥产业基地（园区）在产业融合、创新、高质量发展中的先试先行先导作用，强化基地（园区）的孵化器和放大器功能。

（四）加快新型业务布局，满足新兴市场需求

随着技术手段的不断升级，内容的呈现方式和传播渠道日益丰富，数字内容消费场景不断拓展，人们的消费习惯发生了巨大改变。新兴的文化业态和文化场域的重塑催生了多元的文化消费需求，由此对出版业的供给服务能力提出了更高要求。出版业融合发展的路径并不是一成不变的，而是需要根据环境和需求的变化不断创新探索新模式。新冠肺炎疫情的暴发，一方面为出版业带来了巨大冲击，另一方面也为数字出版带来了新机遇。平台经济的快速发展使用户的数字消费习惯得到进一步培育，也催生出很多新需求。在某种程度上，疫情倒逼了出版业融合发展的进程。可以看到，在疫情期间出版业提供的一些内容和服务能够满足用户的基本需要，但方式手段单一、精准化服务欠缺等问题仍然较为突出。

在后疫情时代，如何满足用户多元的文化消费需求，增强发展动力活力，提高出版服务质量，成为出版业需要思考的重要课题。一方面，出版单位要持续巩固内容优势，着力提升质量，在打造精品和优质品牌上下功夫；另一方面，则要加强对市场的用户消费需求分析和市场研判，实现供需精准匹配。疫情可能会为出版的产品带来大量的线上用户，但随着疫情得到控制后市场逐渐恢复正常运转，如果没有更加精准的内容和更加完善的服务跟进，极有可能导致用户的流失。因此，需要出版单位进一步优化产品服务供给，把握新环境下的新需求，加强市场和用户研究。一是开展用户需求的深入分析，重点把握疫情前后用户的需求变化。以数字阅读为例，只有充分洞悉包括阅读情境、阅读内容、活跃时段等在内的用户行为习惯，才能根据新的需求进行内容和产品的持续优化。二是加强对文化新领域、新业态、新市场的研究，把握具有良好发展前景的新兴蓝海文化市场，找到其与自身优势的契合点开拓业务布局，特别加快5G环境下新服务场景的拓展，推进大数据、人工智能、虚拟/增强现实、区块链、车联网等技术在出版业应用场景的落地，培育新增长点。在知识服务、短视频、在线教育、数字阅读等热点领域创新服务模式和手段。三是灵活运用技术工具和数据工具提升智能流程管理、舆情监测能力，做好用户画像，提升内容和服务供给的精准化、智能化水平。四是适应融合发展产业形势和需求多样化趋势，加快跨界融合，促进出版服务链条延展和生态的整合重塑。

（五）加快出版流程再造，推进生产运营一体融合

互联网技术对出版业全面赋能，构建融为一体、合而为一的融合发展格局，需要出版业生产经营流程再造和运行机制重塑。出版的生产、传播、营销等不同环节的角色和任务正面临转变。出版单位从内容生产转向内容运营，发行单位则既要承担推广的责任又要实现销售的转化，既销售产品又采集需求①，在传统出版业运营机制中，生产环节和发行环节存在一定程度的断层。然而，在融合发展的形势下，要求出版与发行环节融为一体，出版单位与发行单位之间需建立更加紧密的沟通渠道和联动机制，构建出版业的出版发行命运共同体。

特别是新冠肺炎疫情期间，出版线下供需链断裂，搭建线上供需平台的重要性更加凸显。建设出版发行大数据体系化的中枢系统，搭建出版发行大数据平台，将出版单位、数字出版企业、实体书店、电商平台等各方串联起来，汇聚出版发行大数据信息，构建出版供需生态闭环成为行业发展的迫切需求。一方面，出版单位借助大数据平台，利用人工智能进行用户需求画像，精准了解用户需求，进行内容的精准生产分发；另一方面，发行端借助大数据平台收集读者信息并反馈给出版环节，为选题策划、制定营销方案等提供决策依据。对编、印、发等各环节的数字资源进行实时监测、深度挖掘和智能分析：一是可以实现供需双方的有效对接，让作为供给链的出版企业在满足读者用户的需求上更加精准到位；二是能够帮助出版单位和发行单位及时发现具有发展潜力的新市场和新的营销增长点；三是帮助出版单位提升出版产品生命周期，提高出版效率，提升出版发行行业的经营盈利能力和精细化管理水平。此外，搭建出版发行大数据平台，对印刷环节也能够起到精细化智能管理的作用。依据实体书店、电商平台等出版物历史销售量、可用库存、准备周期、印制成本等数据，可以为出版社提供是否需要重印以及重印数量建议，可以有效帮助出版发行单位加强库存管理、清理库存、控制经营成本、降低市场风险。

（六）建立健全应急机制，提升应急处置能力

应急管理是国家治理的重要方面，以习近平同志为核心的党中央对应急组织管理工作给予高度重视。2019年11月，中共中央政治局就我国应急管理体系和能力建设进行第十九次集体学习，习近平总书记在主持学习时强调，应急管理是国家治理体系和治理能力的重要组成部分，承担防范化解重大安全风险、及时应对处置各类灾害事故的重要职责，担负保护人民群众生命财产安全和维护社会稳定的重要使命，要积极推进我国应急管理体系和能力现代化。2020年初暴发的新冠肺炎疫情，不仅不同程度地影响了各行各业运转的正常秩序，更是对国家乃至各行各业应急管理体系和管理能力提出的重要考验。在重大事件应急管理工作中，宣传舆论工作

① 鲍洪俊．打造共建共享的和谐书业共同体［EB/OL］．（2020-02-25）．http://www.cptoday.cn/news/detail/9284.

是重要环节，出版业以其独特的自身属性在重大突发公共事件中发挥着舆论导向作用。在抗击新冠肺炎疫情中，出版业积极应对。出版单位通过应急出版，广泛宣传应急法律法规，普及灾害预防、自护自救、疫情防控等常识，在振奋人心、树立信念、鼓舞士气、传播知识、提升民众防护自救能力方面起到了积极作用。数十家出版机构和数字阅读平台企业向公众免费开放数字内容服务，推出电子书、有声读物等数字出版产品。数字出版在出版业抗击疫情中发挥突出作用，也展现出其在应对公共突发事件中的优势。同时，在抗击疫情中，出版业在应急管理能力方面也暴露出缺乏组织性、资源储备不充分、资源缺乏整合、服务模式创新性不足等较为明显的短板和不足，由此充分表明了加强出版应急管理体系建设、提高处理急难险重任务的能力的必要性。具体而言，出版业应急管理体系建设应从以下几方面予以加强：一是要加强对突发事件的统筹和组织管理，主管部门应建立应急组织领导小组，对全行业应急组织进行统筹、部署和指导。出版单位也需建立分工明确的处理突发事件的职能部门，由各部门骨干成员组成，并由单位负责人统一指导，明确权责分工，建立自上而下、各部门各环节的应急组织协调机制。二是制定应急出版制度和流程，制定应急预案，建立健全应急出版的快速反应机制，加强出版应急管理人员培训工作，从而加强出版业面临重大突发事件的反应能力和组织能力。三是建立分级响应机制。根据自然灾害、突发事件、公共安全、重大疫情等事件类型，对应急事件进行分类分级，设置相应的应急预案。四是提高数字资源整合和调配能力，加强应急出版数字资源日常储备，提高应急出版产品的策划能力、产品质量和服务水平，丰富内容呈现方式，创新产品形态和服务模式，优化产品市场供给。五是搭建统一的公益性的应急出版知识服务平台，提供权威、专业、全面的相关文献集成和涵盖电子书、数据库、音视频等多种形态类型的内容资源，平台应具备知识导航、知识发现、知识检索、决策咨询、案例参考、实时交互、实时信息发布等多项功能，可实现相关知识信息的智能化抓取、实时化更新和个性化推送。与此同时，加快整合出版资源和渠道平台，建立出版机构之间的协同机制，增强出版业在应对重大突发事件过程中的凝聚力，避免重复出版和资源浪费。六是精准把握特殊时期社会大众多元化的信息获取需求，加强出版单位在大数据环境下的数据采集与处理分析能力，充分利用线上渠道提升传播效能。让出版产品和服务在特殊情境、特殊时期下，不仅能够保障人民群众的基本精神文化需求，还能提供有专业性、创新性、吸引力、感染力的数字内容文化产品。此外，要建立相关规范制度，特别是对重大事件中涉及的信息网络传播权等版权使用问题做出明确规定。

（七）满足海外受众需求，提升“走出去”能力

近年来，数字出版在助力文化“走出去”方面取得突出成果，已成为增强我国文化软实力，提升中华优秀文化传播力、影响力，坚定文化自信的重要力量。特别是近年来，网络文学、网络游戏等新兴出版形态成为中国文化“走出去”的“生力军”。在网络文学方面，近年来，网络文学企业纷纷加大海外布局，不仅实现了作品的海外传播，还通过收购海外网站、在海外设立分支机构实现了本土化发展。2019 年，阅文集团海外门户起点国际的海外用户访问量达到 3 600 万，有 700 部中文翻译作品向海外传播，本地语言原创文学作品数量达到 8.8 万部[①]。在网络游戏方面，2020 年一季度中国自主研发游戏海外市场实际销售收入达 37.81 亿美元，环比增长 31.19%[②]。我国自主研发的网络游戏在德国、法国、印度尼西亚、土耳其、沙特、巴西、泰国、印度等国家也有不错的收入表现，游戏产品不仅远播海外，而且走出了华人文化圈，向欧美等西方国家进行了成功的输出。

但从出版业“走出去”的整体情况来看，还存在海外市场需求把握不足、缺乏交流沟通机制、服务水平有限、受众黏度不高的突出问题，成功走向国际市场的企业和产品数量还比较少，特别是在产品影响力方面还有较大的提升空间。因此，要着力提升数字出版“走出去”的深度和广度，从项目、产品、品牌、版权、企业、资本等方面，多维度全方位地加快推进数字出版“走出去”。出版单位要充分利用国内国外两个市场、两种资源，加快形成强大国内市场服务“内循环”，促进国际版权贸易稳定增长融入“外循环”，促进国内市场和国际市场的更好流通，打造国内国际双循环相互促进的新发展格局。

具体而言，可以从以下几方面着力：一是以项

① 一张图读懂阅文集团 2019 年财报［EB/OL］.（2020-03-20）. https://www.sohu.com/a/381722684_733605.

② 一季度中国自主研发游戏海外市场实际销售收入达 37.81 亿美元［EB/OL］.（2020-05-14）. http://www.chuanganwang.cn/fun/20200514/57192.html.

目为抓手，借助“一带一路”倡议的东风，重点打造一批涵盖电子书、数据库、有声读物、网络文学、网络游戏、数字音乐、网络动漫等产品形态的优秀数字出版“走出去”项目。二是搭建数字内容资源海外传播服务平台，不仅可以将优质内容通过平台向海外传播，还可以与海外市场建立更加便利顺畅的沟通渠道，提升对海外读者用户的服务水平。同时，积极参与国际并购重组和开展国际战略合作，持续开拓海外新市场。三是加强海外市场研究，着力推动体现文化特色、海外读者用户喜闻乐见的表达方式和产品形态形成。注重对海外市场不同地域、不同文化的研究，根据不同文化消费需求因地制宜地提供产品和服务，借助大数据和人工智能等先进技术手段实现数字文化内容精准输出。出版企业可联合高校、科研机构、行业协会等，建立海外市场研究智库或研究团队。四是创新数字出版“走出去”的方式和手段，实施品牌战略，强化IP思维，努力实现优质内容IP以图书、电子书、动漫、游戏、影视、有声读物等多种版权形态向海外输出，提升优质内容的传播力和影响力。五是进一步加速推进中国文化在海外的本地化进程，通过建立海外分支机构、投资海外企业等方式深度融入海外市场。数字出版企业还可在海外建立内容创作和专业人才的孵化基地。

2019 年中国广播电视与网络视听产业发展报告

国家广播电视总局广播影视发展研究中心

2019 年，全国广播电视传媒机构整体呈现稳中求进、守正创新、融合发展的良好态势。2019 年全国广播电视行业总收入 8 107.45 亿元，同比增长 16.62%。

一、传媒机构管理与发展

截至 2019 年底，全国共批准设立广播电视播出机构 2 591 家，其中广播电台 62 座，电视台 72 座，教育电视台 35 座，广播电视台 2 422 座。共批准开办广播电视频率频道 4 659 个（不含数字付费广播电视频道），其中广播频率 3 067 个，电视频道 1 592 个（含各级教育电视台开办的 38 个教育教学类频道）①。

全面规范传播秩序。2019 年完成了全国近 3 万家节目制作经营机构换证工作。到 2019 年底，全国有广播电视节目制作经营许可证持证机构 32 028 家，较上一年增加 10 673 家，增幅 50.0%。截至 2019 年底，全国拥有电视剧制作甲种证的机构共有 73 家，较 2018 年减少 40 家，降幅 35.4%。其中，上海市电视剧制作甲种证持证机构由 2018 年的 15 家下降到 2019 年的 10 家，广东省由 2018 年的 7 家下降到 5 家。

推动频率频道特色化品牌化专业化发展。2019 年，北京、上海、天津等省级台结合实际，相继启动其电视频道的撤并调整工作。不少地方播出机构积极顺应分众化、差异化传播趋势，积极推进频率频道的特色化品牌化专业化，以频率频道精品化建设和优质内容供给为抓手，探索广电媒体转型升级、高质量发展路径。中央和地方主要播出机构在突出新闻宣传、加强综合频道建设的同时，着力加大台内专业频道、专业广播建设，涌现了一批有竞争力和影响力的品牌频率频道。

加快高清化融合化发展。截至 2020 年 4 月，全国各级播出机构经批准高清播出的电视频道已达 451 个，其中，中央广播电视总台在境内播出 22 个（含 4K 频道 1 个），高清化比例为 92%；省级上星综合频道 26 个，高清化比例为 84%；省级台其他频道 108 个（含 4K 频道 1 个），高清化比例为 40%；副省级台、地级台 282 个（含 4K 频道 1 个），高清化比例为 31.2%。

2019 年，中宣部、广电总局制定出台了县级融媒体中心建设规范、省级技术平台规范、网络安全规范、运行维护规范、监测监管规范等五个标准文件，为县级融媒体中心的标准化、规范化建设提供依据。

传统广播电视销售收入总体下降，广播电视机构其他创收收入增幅较大。传统广播电视节目销售收入 497.66 亿元，同比下降 22.55%；电视购物频道收入 210.47 亿元，同比下降 13.65%；委托制作、技术服务、演出等其他创收收入 1 308.21 亿元，同比增长 14.82%。

二、广告管理和创新发展

2019 年，广电总局先后发布若干个管理文件，进一步加强了对养生类节目、医疗药品广告、非法集资广告的播出管理。

（一）加强公益广告宣传

（1）主题主线宣传突出。2019 年，全国各级播出机构共制作公益广告 28.7 万条，较上一年增长 3.2%；播出 4 933.2 万条次，较上一年增长 12.5%；播出总时长 9 572.2 万分钟，较上一年增长 94.9%②。各地广电行政部门积极引导和鼓励播出机构加大公益广告播出量，加强重点时段重点节目公益广告播出，公益广告宣传效果明显增强。

（2）扶持引导力度加大。2019 年，广电总局首次实施公益广告创作重点选题计划，部署各地完成了国庆 70 周年公益广告重点选题宣传。此外，广电总局还举办公益广告创作培训班，加强重点创意创作人员专题培训，推动公益广告提质增效。各地相

①② 数据来源：国家广播电视总局传媒司。

继设立公益广告专项扶持资金，纷纷出台繁荣广播电视公益广告发展的政策措施，有力推动了各地公益广告创作生产和播出。

（二）广告经营在调整中创新发展

（1）广播电视广告收入结构进一步变化。总体来看，全国广播电视行业广告收入持续保持增长，收入构成持续调整，传统广播电视媒体广告收入比重下滑，网络视听新媒体广告收入比重增加，收入和占比迅速攀升。2019 年全国广播电视行业广告收入 2 075.27 亿元，比 2018 年（1 864.49 亿元）增加 210.78 亿元，同比增长 11.30%（见图 1）。其中，广播广告收入 121.24 亿元，比 2018 年（140.37 亿元）减少 19.13 亿元，同比下降 13.63%（见图 2）；电视广告收入 877.61 亿元，比 2018 年（958.86 亿元）减少 81.25 亿元，同比下降 8.47%（见图 3）；网络媒体广告收入 828.76 亿元，比 2018 年（491.88 亿元）增加 336.88 亿元，同比增长 68.49%，占广告收入总额的比例从 26.38%提高到 39.94%，成为新的收入增长点[①]。

（2）广播电视广告经营创新探索。一是品牌广告经营进一步深化。二是融媒化广告经营渐入佳境。三是广告牵手电商创新经营。不少广播电视台整合广告与电商等其他经营，平台、节目、主持人“带货”渐成常态。

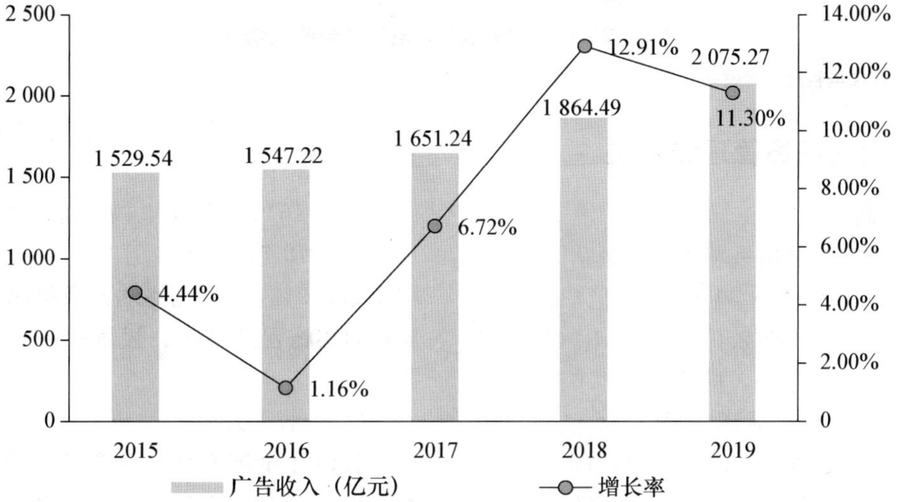

图 1　2015—2019 年全国广播电视行业广告收入情况

资料来源：国家广播电视总局规财司。

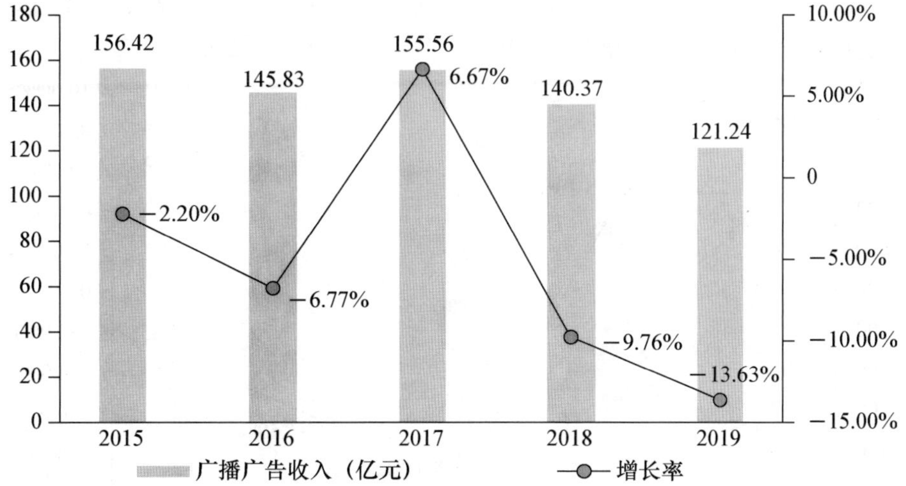

图 2　2015—2019 年全国广播广告收入情况

资料来源：国家广播电视总局规财司。

---

① 数据来源：国家广播电视总局规财司。

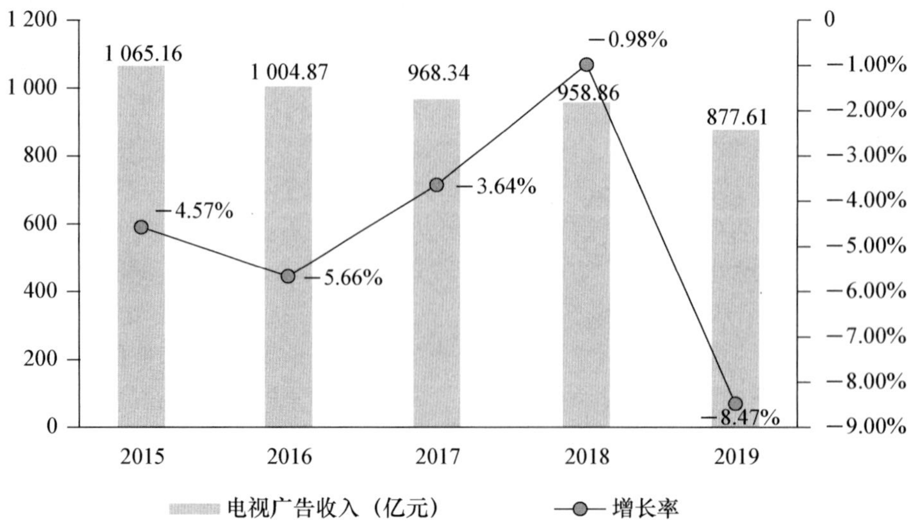

图 3　2015—2019 年全国电视广告收入情况

资料来源：国家广播电视总局规财司。

三、有线网络管理和发展

（一）用户方面

2019 年全国有线广播电视覆盖用户数达 3.52 亿户，比 2018 年（3.46 亿户）增加 0.06 亿户。全国有线广播电视实际用户数 2.07 亿户，比 2018 年（2.18 亿户）减少 0.11 亿户，同比下降 5.05%。其中，全国有线数字电视实际用户数 1.94 亿户，比 2018 年（2.01 亿户）减少 0.07 亿户，同比下降 3.48%；数字电视实际用户占有线电视实际用户数比例为 93.72%，比 2018 年（92.20%）提高了 1.52 个百分点，有线电视数字化率进一步提升。2019 年，全国数字电视覆盖用户数 3.31 亿户，双向电视覆盖用户数 2.20 亿户，比 2018 年分别增长 2.48% 和 5.77%。2019 年全国高清有线电视用户突破 1 亿户，比 2018 年（9 257 万户）增加 848 万户，同比增长 9.16%；有线电视智能终端用户 2 385 万户，比 2018 年（1 884 万户）增加 501 万户，同比增长 26.59%①。智能终端普及提速，成为有线网络运营商实施智慧城市、智慧社区、智慧家庭的重要抓手。

（二）收入方面

2019 年全国有线广播电视网络收入 753.35 亿元，比 2018 年（779.48 亿元）减少 26.13 亿元，同比下降 3.35%，降幅较 2018 年进一步收窄（见图 4）。其中，有线广播电视收视维护费收入 326.68 亿元，付费数字电视收入 50.40 亿元，三网融合业务收入 116.12 亿元②。

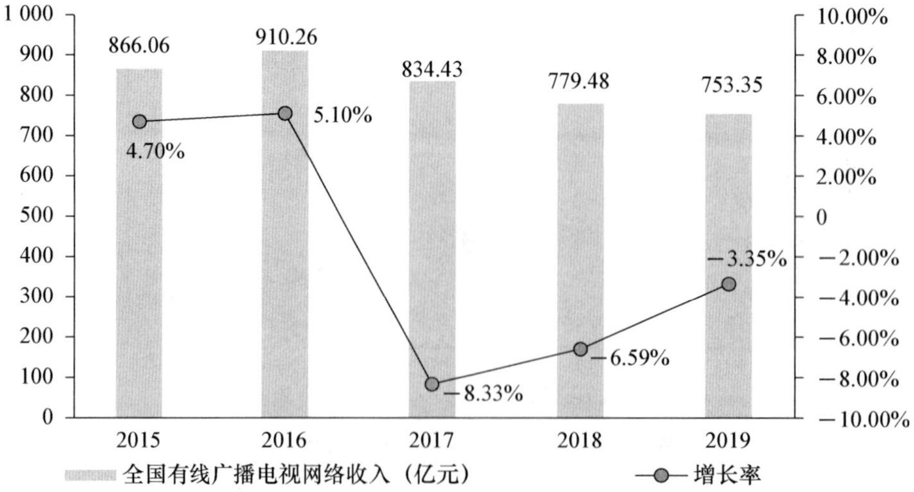

图 4　2015—2019 年全国有线广播电视网络收入情况

资料来源：国家广播电视总局规财司。

①② 数据来源：国家广播电视总局规财司。

四、视听新媒体发展与管理

（一）网络视听宣传阵地不断巩固壮大

一是网络视听成为主题主线宣传的主力军，2019年围绕庆祝新中国成立70周年宣传，广电总局强化统筹引导，各个机构开设专题专区，精心组织“精品网络视听节目”展播季，开展“精彩短视频，礼赞新中国”主题宣传月等活动，形成礼赞新中国、奋进新时代的宣传大合唱。

二是网络视听成为唱响决战脱贫攻坚成果的主力宣传队。在全面建成小康社会，助力决战脱贫攻坚主题宣传，讲好扶贫攻坚故事，创新“短视频、直播+扶贫”、“节目+扶贫”、产业扶贫等方面，网络视听宣传水平有了显著提高，打造了网络视听扶贫方面的新节目模式。

（二）精品网络视听原创内容不断涌现

一是量减质升，总体艺术性明显提升。广电总局通过加强规划备案和设立重大题材网络影视剧项目库、加大对精品网络视听节目的扶持和宣传推广、建立优秀网络视听节目创作研评机制等方式，引导网络视听精品节目创作生产。2019年，全网共上线网络剧202部、网络综艺407档、网络电影638部、网络纪录片150部、网络动画片288部。与2018年相比，全国网络影视剧在产量下降的同时，内容生产更加理性，制作拍摄更加精益求精。

二是现实题材成为创作主流，并在题材类型、艺术风格、叙事方法等方面有了更多创新和扩展。2019年上线的网络剧中，现实题材占比超过八成，出现了众多反映现实生活、表达家国情怀的主旋律作品。网络综艺献礼祖国、脱贫攻坚主题节目不断涌现，《我和我的祖国》《益起追光吧》多档综艺节目讴歌时代，助力扶贫；《大地震》《毛驴上树》等致敬新中国成立70周年的网络电影相继诞生，成为主旋律创作新生力量；《石榴花开》《我的青春在丝路 第三季》等网络纪录片广泛涉及“一带一路”倡议、精准扶贫、乡村振兴战略、致敬英雄、民族团结等主题；《追梦者》《领风者》等网络动画片在题材选择和内涵表达上更加注重弘扬家国情怀，掀起“国潮”“国创”风。

三是新型内容业态发展日渐成熟。竖屏剧、互动剧、沉浸式视频、Vlog（视频日志等）等节目形态持续创新，在用户概念普及、技术标准设计、基础设施搭建方面不断深入，全媒体传播持续推进。

四是网络视听成为促进中华文化“走出去”的重要载体。网络视听平台积极参与“视听中国”系列活动以及影视节目海外展映等交流活动。《破冰行动》《长安十二时辰》等众多网络视听节目在东南亚等国家和地区引发观看热潮，成为“中国剧集”出海新力量。网络视听机构积极推进与海外制作机构的联制联播，《功夫学徒》《水下中国》等多部网络纪录片以海外观众更易接受的方式走向海外。以李子柒、二更等为代表的短视频创作者，通过制作有关中国美食、服饰、生活习俗等内容的短视频，成为中国国际传播新主角。

（三）网络视听产业发展新动能不断迸发

一是网络视听用户和市场规模保持强劲发展势头。截至2020年3月，网络视频（含短视频）用户规模达8.5亿，较2018年底增长1.26亿，占网民整体的94.1%。2019年，持证及备案机构网络视听收入1 738.18亿元，同比增长111.31%。得益于精细化运营，爱奇艺、腾讯视频等视频平台进入亿级会员时代，网络视听付费用户达到5.47亿户，用户付费模式已经成为视频网站主要营收方式。

二是短视频的文化传播价值和商业价值进一步放大。截至2020年3月，短视频用户规模为7.73亿，较2018年底增长1.25亿，占网民整体的85.6%。短视频在政务和媒体信息传播、文化传承、知识分享、精准扶贫、国际交流中发挥了重要作用，深刻影响了舆论生态和媒体格局。

三是电商直播、MCN异军突起，成为产业发展新增量。2019年，电商直播交易总额增至4 400亿元，同比增长214.29%。淘宝直播、快手、抖音等平台持续推进内容流与商品流融合，并利用电商直播推动脱贫攻坚，纾解贫困地区以及企业发展困境。作为内容产业新兴链路，MCN产业继续保持强劲增长。2019年MCN机构数量达到1.45万家，同比增长150%。MCN也成为广电媒体转型升级的重要手段，在短视频和网络直播领域大展拳脚，为媒体融合发展带来更多新动能。

（四）新技术赋能网络视听智慧化演进

一是5G迭代提速，推动视听体验升级。2019年全球5G用户达1 000万，其中中国内地用户超300万。主要网络视听平台提前布局了“5G+超高清+VR（虚拟现实）/AR（增强现实）”等业务，革新用户视听体验，如芒果TV与上海科技大学建立联合实验室，围绕智能影像视觉、光场技术、VR/AR、5G全息等领域的研究展开合作。

二是人工智能与视听产品深度融合，在内容生产、分发和消费的全生态领域呈现出数据驱动、人机协同、跨界融合、共创分享的发展态势。如优酷自主研发泛文娱 AI 系统“鱼脑”，以大数据技术辅助需求挖掘、投资、制作、智能化运营等内容生产环节；快手探索数据分析和人工智能在信息传播、社区治理方面的深度应用，通过知识图谱、语义理解、分类检索等技术提升审核效能。

三是区块链技术应用场景不断扩展。区块链作为一种实现可信数据信息记录的数据结构，具有可回溯、防篡改、可验证等优势，在网络视听行业的版权保护、内容支付、营销推广等环节的应用正在持续推进。如爱奇艺上线区块链版权存证功能，用于对作品的作者、内容、创作时间等关键版权信息进行电子存证。

2019 年中国电影产业发展报告

中国文联电影艺术中心

2019 年，中国电影产业在由高速发展向高质量发展转变的道路上深入探索，更加稳健、理性地发展，不断优化升级。这是电影管理体制进一步改革带来的政策红利，也是中国电影在新时代的背景下依托综合国力完成的一次变革，它预示着中国特色电影的未来。

2019 年，宏观经济仍处于从高速发展向高质量发展转变的进程中。改革不断催生发展活力，党和国家机构改革圆满完成。以短视频、网络电影为代表的网络视听产业高速发展，既为电影产业储备素材和人才，又促使电影产业必须以更新迭代的姿态面对挑战。

中国电影探索“讲好中国故事”的路径。一年来，中国电影负载着把社会效益放在首位、社会效益与经济效益相统一的使命，佳作不断。既有《地久天长》等作品的观照现实，又有《哪吒之魔童降世》的回望传统，还有《流浪地球》的展望未来、构建人类命运共同体。更多符合工业化流程标准的高品质影片与更多独具特色的艺术电影，共同构筑了中国电影艺术品质的高峰，也与主流观众即“爱国青年”越来越“适配”。饺子、郭帆等新人辈出，显示了电影行业的顽强生命力。

中国特色电影工业化道路以创新为内驱力。在行业管理方面，中国构建并创新自己的电影话语体系和行业发展实施体系。在生产方面，主管部门与电影生产部门加强沟通，推出了一系列口碑之作；在宣发营销方面，“短视频＋直播卖票”成为宣发营销新模式；在放映方面，万达电影第 600 家直营影城在广州建成，“4K＋影院”的探索完成初步实践；在后产业方面，具有中国特色的点播院线、点播影院与院线电影一起发展。经过多年的探索与磨合，观众对优秀电影作品的期盼越来越强烈，这意味着中国电影市场还有发展空间。

电影对外交流与合作有压力也有收获。2019 年，中美面临新一轮进口电影贸易谈判，中国政府放开外资准入影院领域。更高起点的深化改革和更高层次的对外开放，给中国电影带来更为广阔的国际交流空间，也对中国电影继续占有国内半壁市场和“走出去”提出更大挑战。

电影为更好满足人民美好生活新期待展现了新的可能性。2019 年，全国幕均覆盖人口 2.006 万人，与 2013 年幕均覆盖 7.478 万人相比，已经有了显著提升。电影离人们的生活越来越近。

中国观众也在发生改变。与 2012 年以前不同，猫眼的相关数据显示，当前，二线城市 20～29 岁人群是影院主流观众①。而根据腾讯的统计数据，腾讯视频电影频道主流用户为三线城市（69%）20～29 岁（76%）本科及以上学历（51%）的男性（65%）②。“00 后”已经入场，他们将会带来怎样的电影或者说大视听文化消费需求，只能拭目以待，并积极应对。

2020 年，人工智能、5G、区块链等新技术发展带来的挑战迫在眉睫。我们的所有行为都将被纳入大数据，通过算法形成一个个数字化的具体画像。我们获得精准推送，我们等待定点“投放”或者“喂养”。

电影是一门想象的艺术。

寄望于想象能够跑赢所有算法。

一、2019 年电影产业发展概况与亮点

2019 年，中国电影票房实现 5.4%的增长率，在全球来看属于增长较快的市场。电影行业降低泡沫风险、提升产品质量，尤其是主旋律影片获得市场广泛认可，中国特色电影档期成为中国电影票房产出的主要时段，电影与其他行业日益相融，获得更多发展活力。

（一）2019 年电影产业发展基本情况

2019 年，中国电影总票房 642.66 亿元，同比

① 参考《猫眼》APP 专业版相关统计数据。

② 2019 腾讯视频年度指数报告，腾讯出品。

增长 5.4%，再创电影产业化改革以来年度票房新高。电影票房增速较 2018 年的 9.06%有明显下降，与 2019 年国内生产总值增速 6.1%相比略低。但也要看到，在全球电影市场普遍增速放缓且北美电影市场负增长的情况下，这一数据来之不易。

国产电影坚定文化自信。2019 年国产电影总票房 411.75 亿元，同比增长 8.65%；国产电影票房市场占比 64.07%，较 2018 年的 62.15%略有提高。尤其是“最强国庆档”中，《我和我的祖国》《中国机长》《攀登者》三部影片的热映，一方面是由于国产电影的品质不断提升，另一方面也是国产优秀电影作品讴歌时代的应得成绩。全年票房前 10 名影片中，国产影片占 8 部；票房过亿元影片 88 部，其中国产电影 47 部。

国产电影艺术品质和商业化取得重大突破。电影的质量最终体现在内容的厚度、思想的深度和情感的浓度上。《我和我的祖国》票房达 31.23 亿元，深得观众喜爱；《哪吒之魔童降世》票房达 50.02 亿元，继承和发扬了中国传统文化，其后期则由中国动画公司自主完成，代表了国产动画电影的崛起；《流浪地球》根据同名国产科幻小说改编，特效 80%以上在国内制作，票房达 46.81 亿元，代表了国产科幻电影的最新成就。这三部电影标志着在主旋律、动画、科幻这三个领域，国产电影分别进行了成功而重要的探索，获得了策划、创作、制作、宣发和放映全环节的诸多宝贵经验。而《地久天长》《南方车站的聚会》《四个春天》等电影在美学表达方面的不断努力，成为国产电影提升艺术品质的内驱力。

影片产量下降幅度在合理和符合产业规律的范畴内。全年共生产电影故事片 850 部，故事片生产总数同比下降 5.76%；另生产动画电影 51 部，科教电影 74 部，纪录电影 47 部，特种电影 15 部，总计 1 037 部。各类电影生产总数同比下降 4.16%。产量下降的原因有四：一是 2018 年电影宏观政策变化影响市场预期；二是宏观经济走势影响投资信心；三是符合电影从高速发展转向高质量发展的趋势，淘汰冗余产能；四是部分资本和人才流向网络电影和短视频等领域。

2019 年，城市院线市场推动改革。博纳院线、华人文化两家院线分别于 4 月和 7 月正式挂牌运营。成立的政策依据是 2018 年 12 月 11 日国家电影局印发的《〈关于加快电影院建设促进电影市场繁荣发展的意见〉的通知》（国影发［2018］4 号）。

银幕增速仍然高位运行，新增银幕大量下沉到有条件的乡镇影院。全国新增银幕 9 708 块，同比增长 16.1%，日均新增银幕 26.6 块。银幕数达 69 787 块，不断接近“到 2020 年，全国加入城市电影院线的电影院银幕总数达到 8 万块以上”的目标。2019 年 6 月，国家电影专项资金委员会在苏州召开专题会议，总结苏州乡镇影院建设成效和经验，进一步聚焦乡镇影院建设相关问题。

2019 年，全国城市院线影院观影人次继续提高，达 17.27 亿人次，同比上升 0.64%。按照 2019 年中国人口 140 005 万人[①]来计算，人均年观影 1.233 次，相较于 2018 年 1.230 次而言，上升了 0.003 次，变化非常微小。中国电影幕均覆盖人口 2.006 万人。相较于 2018 年的 2.310 万人，幕均覆盖人口情况仍在继续优化。影院数量 12 408 家，同比增长 13.26%。2013—2019 年中国电影产业发展基本指标见表 1。

表 1　2013—2019 年中国电影产业发展基本指标一览

指标	2013 年	2014 年	2015 年	2016 年	2017 年	2018 年	2019 年
故事片产量（部）	638	618	686	772	798	902	850
电影片产量（部）	824	758	888	944	970	1 082	1 037
票房（亿元）	217.69	296.39	440.69	492.83	559.11	609.76	642.66
院线（条）	45	47	48	48	49	49	50
银幕数（块）	18 195	23 592	31 627	41 179	50 776	60 079	69 787
幕均覆盖人数（万人）	7.48	5.80	4.35	3.36	2.72	2.31	2.01
观影人次（亿人次）	6.17	8.34	12.60	13.72	16.20	17.16	17.27
平均票价（元）	35.28	35.54	34.98	35.92	34.51	35.53	37.21

（二）主旋律影片市场化路径深入探索

讲好中国故事、传播好中国文化，是当前中国电影提升发展品质最关键的问题。2019 年，围绕党和国家中心工作以及新中国成立 70 周年这个重要时间节点，主旋律影片在坚持以主流价值观为核心的前提下，尊重观众、顺应市场，所以赢得观众、赢

① 数据来源：国家统计局（www.stats.gov.cn）。

得市场，完成了把社会效益放在首位、社会效益与经济效益相统一的使命。

主旋律影片的商业化创作取得长足进步。如《中国机长》不局限于轰动一时的真实事件，也不局限于脸谱化的一味赞扬，而是将“伟大”融入“平凡”中，通过错落有致的人物群像，全景式展现了人们在生死关头对信仰、爱情、亲情等人类情感的本真诉求，更通过一组组短切镜头，将整个中国民航对生命的尊重点滴汇流。《攀登者》将1960年中国登山队从北坡攀登珠峰的艰难、1975年再次登顶和科考的悲壮与当前努力实现民族复兴、弘扬民族自信的豪情相结合，浓缩了两段史实背景、两代人的登山梦和两段爱情。

主旋律影片的市场化营销注重契合主流观众心理。2019年，主旋律电影在市场营销方面积极探索，重视观众心理及个性化体验，拓展了影片传播空间，也引导电影不断奏响传播正能量的创新乐章。《流浪地球》贴上了“中国科幻片的里程碑之作”的标签，从民族自信、亲情、中国原创等几大方面来调动观众观影热情和市场期待，通过与科技部门、交通部门、航天部门等的互动，大范围拓展市场。并通过UGC+PGC[①]的方式，在社交媒体上长时间“刷屏”甚至“霸屏”，以交互介质传播实现了营销的乘数效应。《我和我的祖国》十分重视营销的作用，不断邀请不同年龄、不同文化层次的普通观众前来“试片”，并做了多个版本的预告片投放。其中，香港回归部分的预告片一经投放，40分钟内就转播了1 180万次，创下了预告片的转播纪录。这些营销尝试，不但打破了观众对“命题作文”的固有观念，而且使主旋律电影变得鲜活，使主旋律与普通观众的情感产生了强烈共鸣[②]。

主旋律影片获得更多主流观众的接纳。根据猫眼数据的观众画像来看，《流浪地球》20～29岁观众占比为53.1%，二线城市占比为41.4%；《我和我的祖国》20～29岁观众占比为59.8%，二线城市占比为41.2%；《中国机长》20～29岁观众占比为58%，二线城市占比为42%。可以说，主旋律影片与广大“爱国青年”人群是“适配”的。更多优秀主旋律影片在探索国际市场方面取得了成效，不同程度地开拓了国际市场。其中，《我和我的祖国》还在日本、北美、欧洲等地54个城市100多家影院上映。

（三）中国特色电影档期日臻成熟完善

经过多年探索积淀，2019年，中国特色重要电影档期获得丰厚回报。暑期档自不必说，春节档、国庆档这两个档期，票房市场也取得突破。

春节档实现了国产科幻电影创作与市场的重大突破。科幻影片《流浪地球》抒写人类命运共同体课题，成绩极为突出。2019年春节档累计票房超过58亿元，同比增长2%。大年初一票房14.33亿元，创中国单日票房最高纪录，同比增长超过12%。这使得2月内地电影票房高达110亿元，创国内单月电影票房新高。尽管春节档观影人次逐日明显回落，但仍然要看到，喜剧片《新喜剧之王》、体育题材《飞驰人生》、古装奇幻题材《神探蒲松龄》等电影，形成了多层次、多类型、多样化的产品供应格局。《小猪佩奇》的“病毒式”营销形成了国民话题。

暑期档开启“国漫”浪潮。2019年暑期档票房达177.7亿元，同比增长3.93亿元，增幅达2.26%。其中，《哪吒之魔童降世》单片票房突破50亿元，不仅拉动了整个档期票房增长，也是中华优秀传统文化的创造性转化和创新性发展的新证。

国庆档唱响“我和我的祖国”主旋律。在庆祝新中国成立70周年主题主线的宣传重要节点，国庆档（9月30日—10月7日）全国电影票房达到50.61亿元，同比增长132.62%[③]。《我和我的祖国》《中国机长》《攀登者》三部现实题材主旋律大片的市场份额超过90%，形成了“史上最强国庆档”，唱响“四个讴歌”的主旋律。

（四）电影跨界相融日益深入

影网相融。2019年，以优酷、爱奇艺、腾讯为代表的互联网视频平台，不但是影视剧主要采购方，而且也深入涉足影视剧项目开发、投资制作。短视频平台抖音则与万达影视等六家影视公司达成战略合作，共同推出“视界计划”。以《受益人》为代表的“短视频+直播卖票”模式成为宣发营销新模式，该片利用该种模式组织了涉及800万名观众、11.6万张电影票优惠券的直播抢票活动。

影视相融。“十一”国庆节，中央广播电视总台“央视频”出品、中国首部进入电影院线的“直播大片”《此时此刻——共庆新中国70华诞》在全国十

① UGC（User Generated Content）：互联网术语，指用户生成内容。PGC（Professional Generated Content）：互联网术语，指专业生产内容。

② 参见2019年11月22日黄建新在2019年金鸡百花电影节中国电影产业高峰论坛上的即兴演讲。

③ 数据来源：国家电影专项资金管理委员会。

余个省份 70 家影院同步播出，直播内容为新中国成立 70 周年庆祝大会、盛大阅兵和群众游行场面。这是中国历史上首次将 4K 超高清信号引入院线，多地出现了一票难求的场面。

二、2019 年电影宏观政策及效果

自 2018 年电影工作划归中共中央宣传部以来，电影工作更受重视。2019 年，党中央将影视工作放在关乎党和国家事业全局的高度，各级电影管理体制进一步理顺，“放管服”工作有力推进。

（一）党中央对电影工作高度重视

随着党和国家机构改革圆满完成，党中央进一步加强对电影工作的领导。电影的意识形态属性进一步加强，电影进一步自觉承担“举旗帜、聚民心、育新人、兴文化、展形象”的使命任务，进一步将社会效益放在首位，努力实现经济效益与社会效益相统一。

1. 将影视工作放在关乎党和国家事业全局的高度

2019 年，党中央进一步高度重视电影发展，习近平对电影工作多次做出重要批示。5 月，中央全面深化改革委员会第八次会议通过了《关于深化影视业综合改革促进我国影视业健康发展的意见》。2019 年 10 月 28—31 日，党的十九届四中全会召开，针对文化发展提出要建立健全把社会效益放在首位、社会效益和经济效益相统一的文化创作生产体制机制。上述文件和一系列批示，表明党中央强化了对影视产品意识形态属性的认识，赋予了影视产品战略思维意识，并表明了坚决规范影视行业发展、推进影视业深化改革的决心。

2. 严格要求国有影视企业把社会效益放在首位

2019 年 12 月，中共中央宣传部、国家广播电视总局出台《国有影视企业社会效益评价考核试行办法》（广电发［2019］107 号）。这一文件的出台，旨在要求影视企业坚持正确的政治方向、舆论导向、价值取向，坚持以人民为中心，大力弘扬社会主义核心价值观；同时也要遵循社会主义市场经济规律，遵循影视产品生产传播规律，符合社会主义精神文明建设要求，推动国有影视企业自觉承担“举旗帜、聚民心、育新人、兴文化、展形象”的使命任务；建立健全确保把社会效益放在首位、社会效益和经济效益相统一的体制机制，注重影视作品的传播效果，坚决反对唯票房、唯收视率、唯点击量；深入实践、深入生活、深入群众，着力推出更多思想性、艺术性、观赏性相统一的优秀影视作品，更好满足人民精神文化生活新期待，为实现“两个一百年”奋斗目标和中华民族伟大复兴中国梦提供强大的价值引导力、文化凝聚力、精神推动力。

3. 引导电影进一步加强意识形态属性

2019 年，中央领导和行业主管部门领导多次通过各种会议和电影节展，释放党中央对电影工作的支持信号，引导电影传递主流价值观，讲好中国故事，擦亮“国家名片”，促进提升电影工业化水平，不断推动新时代电影事业繁荣发展。

2 月 27—28 日，全国电影工作座谈会召开。王晓晖指出中国电影存在的问题，并要求将电影的发展同国家发展目标相对接，坚定不移推进电影强国建设，为实现中国梦提供强有力的精神支撑，从电影的意识形态使命、创作导向、产业体系、人才培养四个方面，提升电影发展质量。

11 月 19 日，第 28 届中国金鸡百花电影节在厦门开幕，中共中央政治局委员、中宣部部长黄坤明出席开幕式并致辞。黄坤明强调，要抓住中国电影“黄金时代”的历史机遇，勇于开拓创新，推进电影高质量发展，不断推动中国电影从“高原”向“高峰”迈进，实现从电影大国向电影强国跨越。黄坤明同时宣布中国金鸡百花电影节是中国电影界的盛事，金鸡奖从 2019 年起将每年评选一次。2019 年国内与电影相关重要会议（节展）和重要文件情况见表 2。

表 2　2019 年国内与电影相关重要会议（节展）和重要文件情况

时间	会议名称或发文单位	文件名称	宗旨和意义
2019 年 2 月 27—28 日	全国电影工作座谈会		王晓晖指出中国电影存在如下问题：一是创作质量与观众期待还有不小差距；二是行业治理和市场规范还相对粗放；三是高素质人才还比较缺乏；四是国际影响力亟待提升。 同时强调，电影实力直观反映综合国力，是彰显文化自信的重要载体，是深受人民群众喜爱的文化方式，在文化产业中具有引领作用。要求将电影的发展同国家发展目标相对接，坚定不移推进电影强国建设，为实现中国梦提供强有力的精神支撑。（1）把握根本遵循，全面贯彻习近平新时代中国特色社会主义思想，落实好

续表

时间	会议名称或发文单位	文件名称	宗旨和意义
2019年2月27—28日	全国电影工作座谈会		“举旗帜、聚民心、育新人、兴文化、展形象”的使命任务，确保电影工作正确方向；（2）坚持守正创新，坚持以人民为中心的创作导向，不断繁荣创作生产，推动电影创作由“高原”向“高峰”迈进，打造中国电影的“中华民族新史诗”；（3）进一步夯实基础，加快影院建设，加快科技创新驱动，健全完善电影工业体系，着力打造领军型电影企业，推动电影产业高质量发展；（4）加大电影人才培养力度，努力推动中国电影走向世界，提升文化软实力和影响力，坚定不移向电影强国目标迈进。
2019年5月29日	中央全面深化改革委员会第八次会议	《关于深化影视业综合改革促进我国影视业健康发展的意见》	强调“影视产品不仅仅是精神文化消费品，其中更承载着主流意识形态，是关乎党和国家事业全局的重大工作。对于影视工作的认识不能只停留在市场化、商业化和娱乐化的角度，必须与国家站在统一战线，具有国家层面的战略思维意识”。并指出：“推进影视业改革，要从完善创作生产引导机制、规范影视企业经营行为、健全影视评价体系、发挥各类市场主体作用、加强行业管理执法、加强人才队伍建设等方面统筹推进改革。既抓住当前群众普遍关心、反映强烈的具体问题，又聚焦影视行业标准、从业人员诚信建设等配套性强、影响长远的要害问题，形成管用的长效机制。”
2019年7月11日	横店调研座谈会		王晓晖指出：（1）坚持以人民为中心的创作导向和现实主义的创作方向；（2）用好改革红利和政策红利，推动中国电影实现可持续发展；（3）正视问题，努力推出提振民族精神、表现家国情怀的“中国式大片”；（4）发扬工匠精神，在“精”和“专”上下功夫，打磨更多思想精深、艺术精湛、制作精良的精品力作。
2019年7月16日	中国文联、中国作协成立70周年座谈会		黄坤明提出，新时代赋予新使命，新时代提出新要求。在新的征程上，文艺作用不可替代，文艺工作天地广阔，文联、作协大有可为。第一，举精神之旗，坚持以习近平新时代中国特色社会主义思想统领新时代文艺工作。第二，铸时代之魂，用文艺凝聚起新时代奋勇前进的磅礴力量。第三，怀赤子之心，在扎根人民、融入人民中为人民抒写、为人民放歌。第四，树凌云之志，不懈攀登新时代社会主义文艺高峰。第五，领风气之先，自觉做明大德、立大德的灵魂工程师。
2019年8月19日	第十五届精神文明建设“五个一工程”表彰座谈会		黄坤明要求深入学习贯彻习近平总书记关于文化文艺工作系列重要论述，牢记初心使命、坚持正确方向，聚焦文艺精品创作，推动文化高质量发展，更好满足人民群众精神文化生活新期待，更好发挥文艺在“举旗帜、聚民心、育新人、兴文化、展形象”上的积极作用。
2019年10月28—31日	中国共产党十九届四中全会		提出要坚持和完善繁荣发展社会主义先进文化的制度，巩固全体人民团结奋斗的共同思想基础，坚持以社会主义核心价值观引领文化建设制度，完善坚持正确导向的舆论引导工作机制，建立健全把社会效益放在首位、社会效益和经济效益相统一的文化创作生产体制机制。
2019年11月19日	第28届中国金鸡百花电影节开幕式		黄坤明要求：（1）电影界要认真学习贯彻习近平总书记关于推进电影事业发展的重要指示精神，始终牢记殷切嘱托，自觉担当使命责任，不断推动新时代电影事业繁荣发展；（2）希望广大电影工作者坚持守正笃实、崇德尚艺，坚持以人民为中心的创作导向，把创作生产电影精品作为立身之本，自觉践行社会主义核心价值观，更好构筑中国精神、中国价值、中国力量；（3）要抓住中国电影“黄金时代”的历史机遇，勇于开拓创新，推进电影高质量发展，不断推动中国电影从“高原”向“高峰”迈进，实现从电影大国向电影强国跨越；（4）要讲好中国故事，擦亮“国家名片”，促进提升电影工业化水平；（5）从2019年起金鸡奖将每年评选一次，并增设“最佳外语片”奖项。

续表

时间	会议名称或发文单位	文件名称	宗旨和意义
2019年12月8日	第二届海南岛国际电影节闭幕式		王晓晖要求海南坚持开放创新，勇于先行先试，不断探索发展电影事业的新方式、新路径，用好中央赋予海南建设自贸试验区和自贸港的优惠政策，在中国电影事业发展中发挥更大作用。
2019年12月	中共中央宣传部、国家广播电视总局	《国有影视企业社会效益评价考核试行办法》(广电发〔2019〕107号)	自2020年1月1日起施行。通过探索建立考核评价体系，考核政治方向、舆论导向和价值取向，作品创作生产，受众反应和社会影响，内部制度和队伍建设等方面，对国有影视企业实施评价考核，推动国有影视企业把社会效益放在首位、实现社会效益和经济效益相统一，促进国有影视业健康繁荣发展。其中，对于“政治方向、舆论导向和价值取向出现问题，或者严重违反国家法律、法规和相关规定的国有影视企业”，实行“考核直接确定为不合格”的一票否决制。

资料来源：根据公开报道整理。

（二）电影大力发挥在宣传思想工作中的作用

主题宣传，尤其是重大主题宣传，是党和人民赋予电影最重要的政治任务和神圣职责。2019年，电影继续大力发挥“强信心、聚民心、暖人心、筑同心”作用，牢牢把握正确舆论导向。

1. 围绕主题主线开展宣传工作

根据中共中央办公厅、国务院办公厅印发的《关于隆重庆祝中华人民共和国成立70周年广泛组织开展“我和我的祖国”群众性主题宣传教育活动的通知》，电影系统开展主题主线宣传工作。

2019年7月23日，国家电影局发布《关于开展庆祝中华人民共和国成立70周年优秀电影展映展播活动的通知》（国影发〔2019〕1号），要求：(1) 2019年8月1日起，在全国城市电影院陆续开展“庆祝中华人民共和国成立70周年优秀国产新片展映”活动，展映《古田军号》《红星照耀中国》《烈火英雄》《决胜时刻》《我和我的祖国》《中国机长》《攀登者》等7部重点影片；(2) 自2019年7月开始，全国各电影频道开展“庆祝中华人民共和国成立70周年经典影片展播”活动；(3) 2019年7月至10月，在全国农村、城市社区、校园广泛开展“庆祝中华人民共和国成立70周年优秀国产影片展映”活动。

“人民院线”，自2018年组建以来为主旋律影片的市场化开通了一条“绿色通道”。《我和我的祖国》等前述7部主旋律影片均在“人民院线”支持之列。中宣部电影数字节目管理中心也精选了《红海行动》《李保国》等15部反映共和国发展成就、宣传脱贫攻坚的优秀国产影片，用于公益电影放映。

2. 电影工作服务祖国统一大局

2019年4月16日，国家电影局宣布出台五项措施，支持港澳电影业在内地进一步发展。这些措施将有助于进一步便利港澳电影项目和电影从业人员进入内地市场，提高内地与港澳电影合作的灵活性，降低成本，并为港澳电影业界提供更多在内地发展的机遇，推动行业发展。随后，内地先后与澳门、香港签署《关于修订〈CEPA服务贸易协议〉的协议》。2019年与港澳相关的电影政策见表3。

表3　2019年与港澳相关的电影政策

时间	主体单位	政策要项	主要内容解读
2019年4月16日	国家电影局	支持港澳电影业在内地进一步发展的五项放宽措施	(1) 港澳人士参与内地电影制作不做数量限制； (2) 对内地与港澳合拍片在演员比例、内地元素上不做限制； (3) 取消收取内地与港澳合拍片立项申报费用； (4) 港澳电影及电影工作者可报名参评华表奖、金鸡奖等内地电影奖项； (5) 港澳电影企业在港澳地区及境外发行推广优秀国产影片可申请奖励。 有关措施将纳入内地与香港、澳门《关于建立更紧密经贸关系的安排》框架下实施。
2019年11月20日	商务部、澳门特区政府经济财政司	《关于修订〈CEPA服务贸易协议〉的协议》	(1) 系统梳理及总结CEPA系列有关服务贸易开放内容，并根据当今国际经济环境变化、内地投资政策趋向以及两地经贸合作进展等因素，在已开放领域的基础上进一步提升，为澳门人士在内地执业创造更便利条件； (2) 内地对澳门完全实现国民待遇的服务部门由62个增加至69个，包括会计、建筑及设计、工程、设备维修和保养、批发销售、运输等部门； (3) 澳门服务提供者可通过商业存在的形式进入内地市场，与内地投资者享有同样的市场准入条件。 修订协议于2020年6月1日起实施。

续表

时间	主体单位	政策要项	主要内容解读
2019年11月21日	商务部、香港特区政府财政司	《关于修订〈CEPA服务贸易协议〉的协议》	在多领域大幅提升内地服务贸易对香港的开放水平，进一步降低香港企业和专业人士进入内地市场的门槛。在电视、电影方面，内地广播电视台、视听网站和有线电视网引进香港生产的电视剧和电视动画不设数量限制；香港与内地合拍的影片，在主创人员、演员比例、内地元素上不设限制；取消收取两地电影合拍立项申报管理费用。 修订协议于2020年6月1日起实施。

（三）电影“放管服”工作有力推进

2019年，按照《国务院关于在市场监管领域全面推行部门联合“双随机、一公开”监管的意见》（国发［2019］5号）、《国务院关于加强和规范事中事后监管的指导意见》（国发［2019］18号）、《国务院办公厅关于做好优化营商环境改革举措复制推广借鉴工作的通知》（国办函［2019］89号）等相关政策精神，电影管理加快政府职能转变，继续推动简政放权向纵深发展，进一步释放活力，减轻企业负担，优化营商环境。

1. 电影管理工作改换新颜

经过一年半的调整，2019年11月26日，由国家电影局主办、中宣部机关服务中心（信息中心）承办的国家电影局官方网站（http://www.chinafilm.gov.cn/）正式开通并上线运行，这标志着国家层面的电影管理服务工作以全新面貌展现。至此，机构改革后依托原国家新闻出版广电总局运行的“国家新闻出版广电总局电影电子政务平台”（http://dy.chinasarft.gov.cn）进入交接阶段，截至2019年底，两个平台均可使用。新平台除接续旧平台的功能外，还新增了一些功能。主要体现在如下方面：

（1）除原“电影电子政务平台”外，新增“全国点播影院经营管理信息系统”“影片著作权授权信息公示查询系统”等多个公示入口，方便从业人员开展工作。

（2）公开了关于电影的国家各级相关新闻资讯，并包括部分视频内容。

（3）新增了中宣部直属电影企事业单位链接入口，统合相关资源。

（4）公开各省（区、市）电影管理机构咨询电讯表。

此外，职能划转后，国家电影局为贯彻落实《法治政府建设实施纲要（2015—2020年）》对现行电影领域规范性文件进行了全面清理，推动相关政策延续和中止工作并进行了公布，展现了公开的姿态。2019年11月15日，国家电影局先公布了《国家电影局关于废止5件规范性文件的决定》（国影发［2019］2号），决定废止5件规范性文件（见表4），又公布了继续有效的规范性文件共40件（见表5）。

已废止的文件中，《电影数字化发展纲要》（广发影字［2004］257号）在推动电影产业化发展、推进中国电影数字化进程、规范中国数字电影建设等方面，长时间以来起到了重要作用，但已经不适应当前新一代信息革命环境下电影技术艺术与产业的发展。其他4件涉及的管辖范围相对较小、较具体，也存在类似情况。

继续有效的规范性文件则是对职能原属部门即国家广播电影电视总局和2013年“局署合并”后出台的相关文件，进行了有选择的继承。此外，还存在一批正在运行的政策文件，不在本次发布的规范性文件范围内。

表4　国家电影局决定废止的规范性文件目录

序号	发布机关	文件名称	文号	发布时间
1	国家广播电影电视总局	《印发〈电影数字化发展纲要〉的通知》	广发影字［2004］257号	2004年3月18日
2	国家广播电影电视总局	《关于开展数字电影系统设备技术检测与质量认定工作的通知》	技科字［2007］226号	2007年7月23日
3	国家广播电影电视总局	《关于加强少数民族语电影译制素材收集工作的通知》	［2009］影字31号	2009年1月14日
4	国家广播电影电视总局	《关于印发〈少数民族语公益电影数字化译制、发行、放映工作实施细则（试行）〉的通知》	［2009］影字251号	2009年4月9日

续表

序号	发布机关	文件名称	文号	发布时间
5	国家广播电影电视总局	《关于发布〈电影数字母版技术审查管理办法（暂行）〉的通知》	广发［2011］39号	2011年5月13日

资料来源：国家电影局官网。

表5 国家电影局继续有效的规范性文件目录

序号	发布机关	文件名称	文号	发布时间
1	广播电影电视部、解放军总政治部	《关于继续做好部队影片供应发行工作的通知》	广发影字［1993］335号	1993年5月31日
2	国家广播电影电视总局	《聘用境外主创人员参与摄制国产影片管理规定》	广发影字［2001］1451号	2001年12月13日
3	国家广播电影电视总局	《印发〈关于改革电影发行放映机制的实施细则（试行）〉的通知》	广发办字［2001］1519号	2001年12月18日
4	国家广播电影电视总局	《关于成立电影院线报批程序的通知》	广影字［2002］第69号	2002年3月5日
5	国家广播电影电视总局	《关于进口分账影片拷贝供应的办法（试行）》	广影字［2002］第334号	2002年7月17日
6	国家广播电影电视总局	《关于加强影院及院线计算机售票管理的通知》	广影字［2003］第415号	2003年7月17日
7	国家广播电影电视总局	《关于改革进口影片供片机制的暂行办法》	广影字［2003］第418号	2003年7月21日
8	国家广播电影电视总局	《关于加强内地与香港电影业合作、管理的实施细则》	广影字［2003］第658号	2003年10月21日
9	国家广播电影电视总局	《关于进一步推进电影院线公司机制改革的意见》	广影字［2003］第576号	2003年11月21日
10	国家广播电影电视总局	《关于加强特种电影统一进口管理的通知》	广影字［2004］第67号	2004年2月10日
11	国家广播电影电视总局	《关于加强影片贴片广告管理的通知》	广发影字［2004］700号	2004年6月25日
12	国家广播电影电视总局	《关于加强计算机售票系统安装、验收、变更管理的通知》	广影字［2005］第28号	2005年1月28日
13	国家广播电影电视总局	《关于印发〈数字电影发行放映管理办法（试行）〉的通知》	广发影字［2005］537号	2005年7月18日
14	国家广播电影电视总局	《关于加强对计算机售票影院管理的通知》	［2005］影字593号	2005年11月21日
15	国家广播电影电视总局	《关于加强和改进历史题材影视创作管理的通知》	广发［2006］51号	2006年11月23日
16	国家广播电影电视总局	《关于加强院线公司影院计算机售票管理的通知》	［2007］影字224号	2007年4月11日
17	国家广播电影电视总局	《关于印发〈农村数字电影发行放映实施细则〉的通知》	广发［2007］52号	2007年5月25日
18	国家广播电影电视总局	《关于印发〈组建数字电影（中档技术）院线公司的实施办法（试行）〉的通知》	广发［2007］87号	2007年8月20日
19	国家广播电影电视总局	《关于〈数字电影发行放映管理办法（试行）〉的补充规定》	广发［2008］62号	2008年5月13日

续表

序号	发布机关	文件名称	文号	发布时间
20	国家广播电影电视总局	《关于进一步规范城市专业数字电影院（厅）发行放映工作的通知》	［2008］影字 430 号	2008 年 6 月 26 日
21	国家广播电影电视总局	《农村电影公益放映场次补贴管理实施细则》	广发［2008］108 号	2008 年 11 月 13 日
22	国家广播电影电视总局	《关于调整国产影片分账比例的指导性意见》	［2008］影字 866 号	2008 年 12 月 19 日
23	国家广播电影电视总局	《关于进一步规范电影贴片广告和映前广告管理的通知》	［2009］影字 79 号	2009 年 2 月 10 日
24	国家广播电影电视总局	《关于推动农村电影放映工程持续健康发展的通知》	广发［2010］7 号	2010 年 1 月 21 日
25	国家广播电影电视总局	《关于改进和完善电影剧本（梗概）备案、电影片审查工作的通知》	广发［2010］19 号	2010 年 2 月 4 日
26	国家广播电影电视总局	《关于加强少数民族语电影译制素材收集工作的通知》	［2010］影字 972 号	2010 年 11 月 26 日
27	国家广播电影电视总局	《关于印发〈少数民族语公益电影数字化译制、发行、放映工作管理办法（试行）〉的通知》	广发［2010］110 号	2010 年 12 月 6 日
28	国家广播电影电视总局	《关于规范影片片头的通知》	［2010］影字 1022 号	2010 年 12 月 15 日
29	国家广播电影电视总局	《关于促进电影制片发行放映协调发展的指导意见》	［2011］影字 992 号	2011 年 11 月 29 日
30	国家广播电影电视总局	《关于电影片数字母版有偿收集的通知》	［2011］影字 1060 号	2011 年 12 月 19 日
31	国家新闻出版广电总局	《关于发布〈电影送审数字母版画面字幕技术要求（暂行）〉的通知》	影字［2013］297 号	2013 年 6 月 3 日
32	国家新闻出版广电总局	《关于规范电影片署名相关事项的通知》	影字［2013］618 号	2013 年 12 月 13 日
33	国家新闻出版广电总局	《关于加强电影市场管理规范电影票务系统使用的通知》	新广电发［2014］12 号	2014 年 1 月 17 日
34	国家新闻出版广电总局	《关于试行国产电影属地审查的通知》	新广电发［2014］27 号	2014 年 2 月 18 日
35	国家新闻出版广电总局	《印发〈关于地方对等交流互办单一国家电影展映活动审批职责下放省级新闻出版广电行政部门的实施细则〉的通知》	新广电发［2014］61 号	2014 年 3 月 18 日
36	国家新闻出版广电总局	《关于转发〈电影院票务系统（软件）管理实施细则〉的通知》	影字［2014］407 号	2014 年 7 月 21 日
37	国家新闻出版广电总局	《关于规范点播影院、点播院线经营管理工作的通知》	新广电发［2017］81 号	2017 年 4 月 21 日
38	国家电影局	《关于印发〈国产电影复映暂行规定〉的通知》	国影发［2018］2 号	2018 年 11 月 8 日
39	国家电影局	《印发〈关于加快电影院建设促进电影市场繁荣发展的意见〉的通知》	国影发［2018］4 号	2018 年 12 月 11 日
40	国家电影局	《关于开展点播影院、点播院线试点工作的通知》	国影字［2019］90 号	2019 年 5 月 23 日

资料来源：国家电影局官网。

2. 推动自贸区电影“证照分离”改革

自贸区在文化产业政策等方面可以创新突破、先行先试。随着国家自由贸易试验区数量的进一步增加，自贸区在电影产业发展方面拥有更为广阔的尝试空间。按照 2019 年 11 月 6 日国务院下发的《关于在自由贸易试验区开展“证照分离”改革全覆盖试点的通知》（国发〔2019〕25 号）及附件公开的相关内容，12 月 8 日，国家电影局《关于公布在自由贸易试验区开展电影“证照分离”改革具体措施的通知》（国影发〔2019〕3 号），对电影放映单位设立审批，外商投资电影院设立许可，电影发行单位设立、变更业务范围或者兼并、合并、分立审批，境外电影机构在华设立办事机构审批等四项内容进行改革。通过这项改革，有望有效降低电影企业制度性交易成本，优化电影营商环境，激发市场活力和社会创造力。在自由贸易试验区开展“证照分离”改革具体措施见表 6。

表 6　在自由贸易试验区开展电影“证照分离”改革具体措施

序号	主管部门	改革事项	许可证件名称	设定依据	审批层级和部门	改革方式	改革举措具体做法	事中事后监管具体办法
1	国家电影局	电影放映单位设立审批	电影放映经营许可证	《中华人民共和国电影产业促进法》《电影管理条例》	县级电影主管部门	实行告知承诺	（1）出台电影放映单位设立告知承诺管理办法。（2）有关单位承诺已具备人员、场所、技术和设备等条件的，经形式审查后当场做出审批决定。	（1）开展“双随机、一公开”监管，畅通投诉举报渠道。（2）对以告知承诺方式取得电影放映许可的单位，加强对其承诺内容真实性的核查，发现虚假承诺或者承诺严重不实的要及时依法处理。（3）发挥行业协会自律作用。
2	国家电影局	外商投资电影院设立许可	电影放映经营许可证	《电影管理条例》	省级电影主管部门	实行告知承诺	（1）出台外商投资电影院设立告知承诺管理办法。（2）有关单位承诺已具备场所、投资比例限制、合作期限等许可条件的，经形式审查后当场做出审批决定。	（1）开展“双随机、一公开”监管，畅通投诉举报渠道。（2）对以告知承诺方式取得电影放映许可的单位，加强对其承诺内容真实性的核查，发现虚假承诺或者承诺严重不实的要及时依法处理。（3）发挥行业协会自律作用。
3	国家电影局	电影发行单位设立、变更业务范围或者兼并、合并、分立审批	电影发行经营许可证	《中华人民共和国电影产业促进法》《电影管理条例》	国家电影局；省级电影主管部门	优化审批服务	（1）不再要求申请人提供营业执照等材料。（2）将审批时限由 20 个工作日缩减至 14 个工作日。	（1）开展“双随机、一公开”监管，发现违法违规行为要依法查处并公开结果。（2）依法及时处理投诉举报。（3）加强信用监管，向社会公布电影企业信用状况，对失信主体开展联合惩戒。（4）发挥行业协会自律作用。
4	国家电影局	境外电影机构在华设立办事机构审批	国家电影局关于同意××设立××办事机构的批复	《国务院对确需保留的行政审批项目设定行政许可的决定》《外国企业常驻代表机构登记管理条例》	国家电影局	优化审批服务	不再要求申请人提供首席代表、代表的身份证复印件等材料。	（1）严格执行有关法律法规，重点关注境外电影机构在华办事机构的业务范围与活动，发现违法违规行为要依法查处并公开结果。（2）依法及时处理投诉举报。（3）加强信用监管，向社会公布有关机构信用状况，对失信主体开展联合惩戒。

资料来源：国家电影局官网。

3. 全国各地积极发展电影事业

自2018年9月以来，各省（区、市）电影管理职能陆续划转。随后，经济和文化尤其是影视较为发达的地区，陆续推动电影及相关行业发展。

在省（区、市）级层面，北京市委市政府于2019年2月1日出台《关于推动北京影视业繁荣发展的实施意见》，被称为“影视十条”；9月16日，广西壮族自治区党委宣传部出台《广西电影业发展三年行动计划》；江苏也出台了相关政策。在地级市层面，厦门作为计划单列市，结合举办中国金鸡百花电影节的机遇，于8月9日出台了《厦门影视产业发展规划（2019年—2025年）》。在区级层面，广州市增城区政府办于6月14日出台《增城区促进影视产业发展若干意见》；上海市松江区政府办公室于6月19日出台《上海科技影都总体概念规划》《松江区关于促进上海科技影都影视产业发展的若干政策》；深圳市宝安区政府办公室于9月5日出台《宝安区关于促进影视产业发展的若干措施》；福建省平潭综合实验区管委会办公室于10月8日出台《平潭综合实验区促进两岸影视产业合作发展的实施意见（2019年修订版）》。

2019年1月31日《国务院关于全面推进北京市服务业扩大开放综合试点工作方案的批复》（国函［2019］16号）中，涉及电影的主要任务包括：（1）北京将办好北京国际电影节等品牌文化活动；（2）在北京东城区围绕创建国家文化与金融合作示范区，在文化金融政策创新方面先行先试；（3）优化服务供给，引导各类资本进入文化、旅游等领域；等等。

2019年7月以来，北京、上海陆续设立“深夜影院”，先行先试，推动“夜间经济”发展。随后，8月16日，《国务院办公厅关于加快发展流通促进商业消费的意见》（国办发［2019］42号）出台，提出“优化社区便民服务设施，……统筹社区教育、文化、医疗、养老、家政、体育等生活服务设施建设，改进社会服务，打造便民消费圈”，以及“活跃夜间商业和市场。……打造夜间消费场景和集聚区，完善夜间交通、安全、环境等配套措施，提高夜间消费便利度和活跃度”。需要指出的是，在观影消费习惯成熟和夜间经济较为发达的地区，在当前的电影产品供应模式和影院物业限制下，这项政策的效果有可能并不明显。在观影消费习惯尚待培养和夜间经济并不发达的地区，这项政策的实际意义尚待考量。

（四）财政金融政策加强引导与监管

2019年，支持电影发展的针对性较强的财政政策与税收政策相对不足，多为延续性政策。但是，金融政策导向较为明确，对电影相关投融资进行了预警。2019年电影相关财税金融政策见表7。

1. 财政资金支持国产电影高质量发展

2019年支持电影发展的财政政策分为两类。一是发挥国家电影精品专项资金和中央级电影专项资金的杠杆作用，对优秀剧本扶持、国产电影片生产和放映、艺术电影发行、人才培养等进行鼓励与支持；二是拨付专款，支持重大文化项目建设。这些政策均为延续性政策。

2. 较早发布税收延续性优惠政策

2019年度的税收政策也是延续性政策。2014年的《财政部 国家税务总局 中宣部关于继续实施文化体制改革中经营性文化事业单位转制为企业若干税收政策的通知》（财税［2014］84号）面临到期，2019年2月，财政部、税务总局、中央宣传部印发《关于继续实施文化体制改革中经营性文化事业单位转制为企业若干税收政策的通知》。相比2014年，此次新文件在年初颁布，显示了中央政府对文化事业单位转企改制减免税收工作的重视。

重大税收利好政策的缺乏，也许可以通过未来较为活跃的自贸区、自贸港相关税收政策的出台来填补。

3. 加强影视融资监管的引导性政策

2019年3月，证监会发布《首发业务若干问题解答》，即“IPO审核50条”。该文件主要针对影视公司IPO发审过程中收入及成本核算问题进行了详细解答，传递了金融不支持影视公司通过借壳等方式上市、非影视行业上市公司通过定增并购向影视行业转型等方面的信号。

7月5日，证监会发布《再融资业务若干问题解答》，围绕相关法律法规对再融资审核业务进行解释。其中规定：“募集资金应服务于实体经济，符合国家产业政策，主要投向主营业务，原则上不得跨界投资影视或游戏。”该文件对进一步推动证券发行工作市场化、法治化改革，增强审核工作透明度，规范上市公司融资行为，起到了引导作用。

表 7　2019 年电影相关财税金融政策

发文时间	文号	发文单位	文件名	主要内容
2019 年 2 月 16 日	财税［2019］16 号	财政部、税务总局、中央宣传部	《关于继续实施文化体制改革中经营性文化事业单位转制为企业若干税收政策的通知》	（1）经营性文化事业单位转制为企业，自转制注册之日起五年内免征企业所得税。2018 年 12 月 31 日之前已完成转制的企业，自 2019 年 1 月 1 日起可继续免征五年企业所得税。 （2）由财政部门拨付事业经费的文化单位转制为企业，自转制注册之日起五年内对其自用房产免征房产税。2018 年 12 月 31 日之前已完成转制的企业，自 2019 年 1 月 1 日起对其自用房产可继续免征五年房产税。 （3）事业单位转制中资产评估增值、资产转让或划转涉及的企业所得税、增值税、城市维护建设税、契税、印花税等，符合现行规定的享受相应税收优惠政策。 （4）税收政策执行期限为 2019 年 1 月 1 日至 2023 年 12 月 31 日。 （5）停止执行《财政部 国家税务总局 中宣部关于继续实施文化体制改革中经营性文化事业单位转制为企业若干税收政策的通知》（财税［2014］84 号）。
2019 年 4 月 17 日	国影发函［2019］14 号	国家电影局	《国家电影局关于申报 2019 年度电影精品专项资金的通知》	明确资助项目类别为：（1）夏衍杯优秀电影剧本奖的评选、奖励。（2）优秀国产影片剧本创作。（3）优秀国产影片摄制。（4）优秀国产影片宣传推广。（5）电影人才队伍建设。（6）国产影片制作环节新技术新工艺的推广应用。（7）经财政部批准的其他支出。 公开了《电影精品专项资金管理办法》、《资助项目单位使用电影精品专项资金管理规定》和《电影精品专项资金使用监督管理规定（试行）》等。
2019 年 7 月 5 日		中国证券监督管理委员会	《再融资业务若干问题解答》	募集资金应服务于实体经济，符合国家产业政策，主要投向主营业务，原则上不得跨界投资影视或游戏。
2019 年 6 月 13 日	财教［2019］14 号	财政部	《关于下达 2019 年文化产业发展专项资金（重大项目方面）预算的通知》	北京、江苏等共 15 个省（区、市）获得 7 700 万元专项资金。
2019 年 7 月 12 日	财教［2019］16 号	财政部	《关于下达 2019 年补助地方国家电影事业发展专项资金预算的通知》	该专项资金预算共 9.74 亿元。用于繁荣发展电影市场，支持中西部县城和乡镇影院建设试点，均衡发展电影市场，推动电影事业可持续发展，完成影院建设 707 家，提升少数民族语电影译制能力等。
2019 年 7 月 26 日	电专办字［2019］32 号	国家电影专项资金管理委员会办公室	《关于中央级电影专资奖励放映国产电影成绩突出影院的通知》	调整中央级国家电影事业发展专项资金奖励放映国产影片成绩突出影院的办法，发布《中央级电影专资奖励放映国产电影成绩突出影院的分配方法》，并废止《关于奖励放映国产电影成绩突出影院的通知》（电专办字［2017］41 号）。
2019 年 7 月 26 日		国家电影专项资金管理委员会办公室	《2019 年中央级电影专项资金资助电影对外交流和海外发行推广工作的申报指南》	中央级电影专项资金对 2018 年 7 月 1 日至 2020 年 6 月 30 日期间开展电影对外交流、在海外发行和推广中国电影的单位完成相关的工作进行资助。
2019 年 7 月 26 日		国家电影专项资金管理委员会办公室	《2019 年中央级电影专项资金资助国产艺术电影发行工作申报指南》	中央级电影专项资金对在 2018—2019 年发行国产艺术影片的工作给予资助。

资料来源：根据公开资料整理。

（五）规范版权市场，加强行业治理

在互联网技术高速发展的环境下，电影衍生产业快速发展，电影版权保护面临诸多新课题。2019年，在党中央有力指导和中央领导直接关怀下，行业主管部门继续加强监管，联合相关部门加强合作，并指导行业各方携手共同推动行业治理，营造了严格保护版权的氛围。

1. 严格版权市场环境

版权收益是电影行业的核心、可持续收益。针对盗版成本低廉、传播渠道多元便捷形成了日趋隐蔽的产业链的情况，党中央、行业主管部门和相关部门、业界各方共同努力，加强电影版权保护工作。

中央领导重视电影版权保护工作。中央领导对2019年春节期间《流浪地球》遭到高清盗版事件做出重要批示。国家版权局、国家电影局联合公安部、工信部等相关部门加强合作，深挖盗版源头，加大对影院偷拍盗录的侦办打击力度，严厉查处销售传播渠道，铲除了盗版传播黑产业链，对情节严重的移交公安部门进行刑事处理，起到了震慑作用。并采取提前部署预警机制、加大监测排查力度、快速处理侵权链接等多种措施，不断加强对重点档期影片的版权保护，严厉打击各类网络侵权盗版行为①。

国家出台版权相关强化措施。2019年11月24日，中共中央办公厅、国务院办公厅出台《关于强化知识产权保护的意见》，从强化制度约束、加强社会监督共治、优化协作衔接机制、健全涉外沟通机制、加强基础条件建设等五个方面，加强知识产权保护，提高中国经济竞争力。强调改革完善知识产权保护体系，综合运用法律、行政、经济、技术、社会治理手段强化保护，促进保护能力和水平整体提升。

相关部门联动加强版权保护。2019年，国家版权局、国家互联网信息办公室、工业和信息化部、公安部等四部门，在“剑网2019”专项行动中，查办了一批院线电影侵权盗版等大要案件，进一步净化了网络版权环境，共查办盗录盗版院线电影重点案件30余起，打掉盗版影视网站（APP）418个、涉案金额2.3亿元，共查办点播影院侵权案38起。2019年全年，国家版权局按照《关于进一步加强互联网传播作品版权监管工作的意见》，公布了7批67部重点作品版权保护预警名单，扩展版权预警覆盖面，将国产影片《流浪地球》《罗小黑战记》和进口影片《冰雪女王2》《小飞象》等重要院线电影纳入重点版权预警保护范围，并采取多种措施进行版权保护②。建立侵权盗版网站（APP）联控机制，删除涉院线电影侵权盗版信息3万余条。国家电影局采取通过技术手段追踪盗版来源、约谈有关放映服务器生产厂家升级技术、部署发行放映领域自查等手段，加强电影版权保护③。

行业共同促进电影版权保护。4月，国家版权局、国家电影局牵头成立国内首个电影院线电影版权保护联盟，并在2019中国网络版权保护与发展大会上正式宣布。该联盟由中影集团、中影股份、猫眼娱乐、万达影视等17家影视公司共同发起，有助于共同打击院线盗版行为，促进行业健康发展。

2. 发展点播市场提高综合版权收益

4月8日，中国电影制片人协会、中国电影发行放映协会全体会员共同制定签署《关于影片进入点播影院、点播院线发行窗口期的公约》。点播影院、点播院线的影片窗口期实行以下约定：窗口期为影片在电影院线首轮上映档期的2倍（即：若一部影片在电影院线首轮上映档期为1.5个月，点播影院、院线的窗口期为1.5×2＝3个月；若一部影片不上电影院线，档期视为0个月，点播影院、院线的窗口期为0×2＝0个月，可以直接进入点播影院、院线）。电影院线的首轮上映档期由电影版权方决定。中国电影制片人协会、中国电影发行放映协会全体会员将本公约相关内容纳入与合作方签订的业务合同。对于违反本公约的会员单位，由行业协会进行通报，并按行业协会章程进行处理。邀请行业相关业务其他机构和人员加入公约。

2019年5月23日，国家电影局下发《关于开展点播影院、点播院线试点工作的通知》（国影字［2019］90号），指导北京、上海、湖南、湖北、江苏、广东、四川七个省（市）电影局稳步推进点播影院、点播院线的发展。文件提出：按照《点播影院、点播院线管理规定》要求，自2019年6月起，开展为期一年的点播影院、点播院线试点工作。同时，发布《点播影院暂行技术规范》。点播影院、点播院线发行放映影片应遵守中国电影制片人协会、中国电影发行放映协会共同发布的《关于影片进入

① 院线电影网络版权保护［EB/OL］.（2019-04-29）. http://www.ncac.gov.cn/chinacopyright/contents/518/398514.html.

② 资料来源：国家版权局官网（http://www.ncac.gov.cn/chinacopyright/channels/483.html）。

③ 国家电影局副局长：将把存在盗版风险的放映设备清除出市场［EB/OL］.（2019-04-29）. https://www.thepaper.cn/newsDetail_forward_3369394.

点播影院、点播院线发行窗口期的公约》。跨省点播院线片库影片数量不少于500部。同日，国家电影局还发布了《跨省、自治区、直辖市的电影点播院线审批服务指南》。

3. 治理行业局部乱象

赋能高质量发展，关键要发挥市场的力量、公平竞争制度环境的作用，要发挥消费引领的作用，要发挥市场监管在维护市场公平竞争、维护消费者权益上的重要作用。2019年，电影市场局部出现违规现象。《复仇者联盟4：终局之战》出现“坐地起价”和“偷票房”等侵害观众利益的问题，有的甚至出现票面服务费超过100元的“结构票”。针对这些影院“偷票房”乱象，4月18日下午，国家电影局就部分影院《复仇者联盟4：终局之战》票价服务费过高的情况下发紧急通知，要求除了“全国电影票务综合信息管理系统”注册厅类型有效的VIP影厅外，其余普通厅（含IMAX等）只允许收取10%的渠道手续费，VIP厅不高于30%的渠道手续费，否则该影院将被限制下载《复仇者联盟4：终局之战》影片密钥。中国电影发行放映协会也呼吁观众举报。此外，《最好的我们》等多部影片存在幽灵场、虚假出票等问题，也遭到行业谴责和观众质疑。

（六）进一步利用外资发展电影

2019年3月15日，十三届全国人大二次会议表决通过了《中华人民共和国外商投资法》，自2020年1月1日起施行。《中华人民共和国外商投资法》旨在进一步扩大对外开放，积极促进外商投资，保护外商投资合法权益，规范外商投资管理，推动形成全面开放新格局，促进社会主义市场经济健康发展。该法共分6章42条。

10月30日，依据《中华人民共和国外商投资法》，国务院出台《关于进一步做好利用外资工作的意见》。该意见以激发市场活力、提振投资信心为出发点，以保障外商投资企业国民待遇为重点，以打造公开、透明、可预期的外商投资环境为着力点，持续深化“放管服”改革，进一步做好利用外资工作。《意见》提出了4个方面共20条政策措施。2019年出台的对外开放政策中的电影相关内容见表8。

表8　2019年出台的对外开放政策中的电影相关内容

发布时间	发文单位	文号	文件名称	主要内容
2019年6月30日	国家发展改革委员会、商务部	中华人民共和国国家发展和改革委员会、中华人民共和国商务部令第25号	《外商投资准入特别管理措施（负面清单）（2019年版）》	删除“电影院、经营需由中方控股”条款；但保留“禁止投资电影制作公司、发行公司、院线公司以及电影引进业务”。意味着外资在中国内地成立影院可以合资、独资等形式合作，不再受持股比例上的限制，有了更多的自主权。 自2019年7月30日起正式施行。
2019年10月30日	国务院	国发〔2019〕23号	《关于进一步做好利用外资工作的意见》	共20条政策措施，集中在如下四个方面： （1）深化对外开放，支持外商投资新开放领域。继续压减全国和自由贸易试验区外商投资准入负面清单，全面清理取消未纳入负面清单的限制措施，保障开放举措有效实施，持续提升开放水平。 （2）加大投资促进力度，提升自由贸易试验区建设水平。 （3）深化投资便利化改革。 （4）保护外商投资合法权益。

资料来源：根据公开资料整理。

（七）电影体现公共服务与国民教育功能

电影肩负着“举旗帜、聚民心、育新人、兴文化、展形象”的重要使命任务。2019年，电影行业主管部门与相关部门联合出台了一系列措施，推动电影进一步发挥公共服务与国民教育功能。2019年公共服务与国民教育领域的电影相关政策见表9。

通过电影深入开展爱国主义教育。电影是宣传思想战线的重要组成部分，有助于开展中国特色社会主义和中国梦教育，深入开展国情教育和形势政策教育，广泛开展党史、国史、改革开放史教育，大力弘扬民族精神和时代精神，传承和弘扬中华优秀传统文化，强化祖国统一和民族团结进步教育，加强国家安全教育和国防教育。

发挥电影育新人的作用。在培养学生、公民道德建设方面，发挥电影在坚定理想信念基础、培育和践行社会主义核心价值观、深化道德教育引导、弘扬民族精神和时代精神等方面的作用。

加强影视作品中的吸烟镜头审查。相比《广电总局办公厅关于严格控制电影、电视剧中吸烟镜头的通知》（广办发剧字〔2011〕20号），2019年的新政策惩戒范围更广、惩戒内容更细。

表9　2019年公共服务与国民教育领域的电影相关政策

发文时间	文号	发文单位	文件名称	主要内容
2019年6月11日	国办发〔2019〕29号	国务院办公厅	《国务院办公厅关于新时代推进普通高中育人方式改革的指导意见》	“（四）强化综合素质培养。……加强美育工作，积极开展舞蹈、戏剧、影视与数字媒体艺术等活动，培养学生艺术感知、创意表达、审美能力和文化理解素养。”
2019年10月27日		中共中央、国务院	《新时代公民道德建设实施纲要》	“加强网络内容建设。网络信息内容广泛影响着人们的思想观念和道德行为。要深入实施网络内容建设工程，弘扬主旋律，激发正能量，让科学理论、正确舆论、优秀文化充盈网络空间。发展积极向上的网络文化，引导互联网企业和网民创作生产传播格调健康的网络文学、网络音乐、网络表演、网络电影、网络剧、网络音视频、网络动漫、网络游戏等。加强网上热点话题和突发事件的正确引导、有效引导，明辨是非、分清善恶，让正确道德取向成为网络空间的主流。”
2019年10月29日	国卫规划函〔2019〕230号	国家卫生健康委、中央宣传部、教育部、市场监管总局、广电总局、国家烟草局、共青团中央、全国妇联	《关于进一步加强青少年控烟工作的通知》	“加强影视作品中吸烟镜头的审查。……严格控制影视剧中与剧情无关、与人物形象塑造无关的吸烟镜头……对于有过度展示吸烟镜头的电影、电视剧，不得纳入各种电影、电视剧评优活动。”
2019年11月		中共中央、国务院	《新时代爱国主义教育实施纲要》	“营造新时代爱国主义教育的浓厚氛围。” “用好报刊广播影视等大众传媒。” “创作生产优秀文艺作品。把爱国主义作为常写常新的主题，加大现实题材创作力度，为时代画像、为时代立传、为时代明德，不断推出讴歌党、讴歌祖国、讴歌人民、讴歌劳动、讴歌英雄的精品力作。深入实施中国当代文学艺术创作工程、重大历史题材创作工程等，加大对爱国主义题材文学创作、影视创作、词曲创作等的支持力度，加强对经典爱国歌曲、爱国影片的深入挖掘和创新传播，唱响爱国主义正气歌。文艺创作和评论评奖要具有鲜明爱国主义导向，倡导讲品位、讲格调、讲责任，抵制低俗、庸俗、媚俗，坚决反对亵渎祖先、亵渎经典、亵渎英雄，始终保持社会主义文艺的爱国底色。”

资料来源：根据公开资料整理。

（八）加强电影与科技创新、文体旅游的结合

与科技创新、文体旅游相结合，有助于赋能电影高质量发展。加快提升电影产品的自主创新能力，就是要更好地发挥科技创新、文体旅游的战略支撑作用。2019年科技创新与文旅体育领域的电影相关政策见表10。

一是促进以影视为代表的文化产业和科技深度融合，推动科技创新，加快实现高质量发展。党的十八大以来，以习近平同志为核心的党中央高度重视文化和科技融合工作，对宣传思想文化战线如何应对新一轮科技革命做出了一系列战略部署。但也要看到，文化和科技深度融合仍面临许多新的挑战，科技对文化建设支撑作用的潜力还没有充分释放，相关部门和地方对文化和科技融合的重要性和紧迫性的认识尚需进一步提高。各部委和中共中央办公厅、国务院办公厅分别出台文件，促进文化产业与科技深度融合，做好电影对一线科技工作者和典型人物的宣传。

二是促进影视与体育融合。中共中央办公厅和国务院办公厅多次下发文件，引导电影发挥宣传作用，促进体育文化繁荣发展，弘扬中华体育精神，加强体育相关宣传。

表10　2019年科技创新与文旅体育领域的电影相关政策

发文时间	文号	发文单位	文件名称	文件内容
2019年3月		中共中央办公厅、国务院办公厅	《关于以2022年北京冬奥会为契机大力发展冰雪运动的意见》	“加强冰雪运动宣传。……组织创作一批冰雪题材影视作品，加强对冰雪运动知识、冰雪赛事活动的宣传，传播冰雪运动正能量。”
2019年5月28日	中办发〔2019〕35号	中共中央办公厅、国务院办公厅	《关于进一步弘扬科学家精神加强作风和学风建设的意见》	“创新宣传方式。建立科技界与文艺界定期座谈交流、调研采风机制，引导支持文艺工作者运用影视剧、微视频、小说、诗歌、戏剧、漫画等多种艺术形式，讲好科技工作者科学报国故事。以‘时代楷模’、‘最美科技工作者’、‘大国工匠’等宣传项目为抓手，积极选树、广泛宣传基层一线科技工作者和创新团队典型。支持有条件的高等学校和中学编排创作演出反映科学家精神的文艺作品，创新青少年思想政治教育手段。”
2019年8月10日	国办发〔2019〕40号	国务院办公厅	《关于印发体育强国建设纲要的通知》	“促进体育文化繁荣发展，弘扬中华体育精神。”“丰富体育文化产品。实施体育文化创作精品工程，创作具有时代特征、体育内涵、中国特色的体育文化产品，鼓励开展体育影视、体育音乐、体育摄影、体育美术、体育动漫、体育收藏品等的展示和评选活动。”
2019年8月12日	国办发〔2019〕41号	国务院办公厅	《关于进一步激发文化和旅游消费潜力的意见》	深化文化和旅游领域供给侧结构性改革，推动全国居民文化和旅游消费规模保持快速增长态势，对经济增长的带动作用持续增强。
2019年8月13日	国科发高〔2019〕280号	科技部、中央宣传部、中央网信办、财政部、文化和旅游部、广播电视总局	《关于促进文化和科技深度融合的指导意见》	提出重点任务包括：（1）加强文化共性关键技术研发。“以数字化、网络化、智能化为技术基点，重点突破新闻出版、广播影视、文化艺术、创意设计、文物保护利用、非物质文化遗产传承发展、文化旅游等领域系统集成应用技术，开发内容可视化呈现、互动化传播、沉浸化体验技术应用系统平台与产品，优化文化数据提取、存储、利用技术，发展适用于文化遗产保护和传承的数字化技术和新材料、新工艺。”（2）促进内容生产和传播手段现代化。“加快文化服务业智能化升级，支持智能技术和创新服务在出版发行、广播影视、演艺娱乐、印刷复制、广告服务、会展服务等传统文化产业中的应用，实现服务模式和业态创新。”（3）提升文化装备技术水平。“加强激光放映、虚拟现实、光学捕捉、影视摄录、高清制播、图像编辑等高端文化装备自主研发及产业化。加强舞台演艺和观演互动、影视制作和演播等高端软件产品和装备自主研发及产业化。”

资料来源：根据公开资料整理。

三、2019年电影发展环境与形势

2019年，电影发展的经济环境整体平稳，但面临较大下行压力。中国人口首次突破14亿人，但由于世代更替率的下行，恐怕会造成电影市场长期发展的困扰。外交环境的压力传导到电影产业中，造成电影发展的徘徊。而更多的音视频消费选择，即抖音、快手等短视频平台和诸多视听新媒体内容的快速发展，优酷、爱奇艺、腾讯的参入，都对电影发展造成明显压力。

（一）经济环境：探索高质量发展

2019 年，全球经济贸易增速显著放缓。对中国而言，以新发展理念为指引，实现高质量发展，既是当前经济发展的战略任务，也是长远发展的战略目标。在这一方针指导下，2019 年，宏观经济发展在极大基数的基础上和新常态中增速放缓。中国经济的发展模式，告别过高的投资拉动、出口拉动、消费拉动，在高质量发展道路上探索，期待更好的持续发展。这一经济环境，有助于电影在 2018 年以来的发展环境中尽快恢复活力。

1. 宏观经济结构性调整

经济增速面临长期下行，政府开源节流，坚持过“紧日子”。2019 年，中国国内生产总值（GDP）99.1 万亿元人民币，人均 GDP 迈上 1 万美元的台阶。全年 GDP 增速为 6.1%。在经济增速从 2010 年起下行的趋势下，财政形势尤其是地方财政形势极为严峻。全国层面的财政收入增幅大幅放缓。财政收入增速低于名义 GDP 增速。1—11 月除上海外，各省（区、市）财政收支差额均为负数，土地财政增速大幅下滑，收支矛盾突出，地方政府综合性债务高企。地方要认真慎重考虑可持续性和政府债务风险。税收方面，中央提出减税降费 2 万亿元目标，个人所得税和增值税收入大幅下滑。此外，消费降级也是显著影响电影发展的经济因素。电影产业的发展，在出口能力仍然没有显著提升的前提下，也不能再过度依赖投资拉动。

2019 年 11 月 19 日，《中共中央 国务院关于推进贸易高质量发展的指导意见》出台，提出加快创新驱动，培育贸易竞争新优势；优化贸易结构，提高贸易发展质量和效益；促进均衡协调，推动贸易可持续发展；等等。其中尤其提到“推进文化、数字服务、中医药服务等领域特色服务出口基地建设”。电影作为服务贸易子项，有必要结合该文件，探讨高质量发展路径。

2. 中央支持民营企业发展

民营经济是推动中国发展不可或缺的力量，是创业就业的主要领域、技术创新的重要主体、国家税收的重要来源。2019 年，民营企业改革发展领域的首个中央文件《中共中央 国务院关于营造更好发展环境支持民营企业改革发展的意见》出台，提出优化公平竞争的市场环境，进一步放开民营企业市场准入，并提出一系列有针对性的举措，为民营企业参与市场竞争松绑开路，为企业改革发展壮大拓展空间。有助于以供给侧结构性改革为主线，破除民营企业高质量发展的体制机制性障碍，完善推动民营企业改革发展的制度框架。此外，中共中央、国务院还出台了其他几项支持民企发展的措施。中央支持民营企业发展的相关政策见表 11。

表 11　中央支持民营企业发展的相关政策

发文时间	发文单位	文件名称	主要内容
2019 年 2 月 14 日	中共中央办公厅、国务院办公厅	《关于加强金融服务民营企业的若干意见》	加大金融政策支持力度，着力提升对民营企业金融服务的针对性和有效性。强化融资服务基础设施建设，着力破解民营企业信息不对称、信用不充分等问题。完善绩效考核和激励机制，着力疏通民营企业融资堵点。积极支持民营企业融资纾困，着力化解流动性风险并切实维护企业合法权益。
2019 年 4 月 7 日	中共中央办公厅、国务院办公厅	《关于促进中小企业健康发展的指导意见》	（1）以供给侧结构性改革为主线，以提高发展质量和效益为中心，按照竞争中性原则，打造公平便捷营商环境，进一步激发中小企业活力和发展动力。认真实施中小企业促进法，纾解中小企业困难，稳定和增强企业信心及预期。（2）营造良好发展环境。（3）破解融资难融资贵问题。（4）完善财税支持政策。（5）提升创新发展能力。（6）改进服务保障工作。（7）强化组织领导和统筹协调。
2019 年 12 月 4 日	中共中央、国务院	《中共中央 国务院关于营造更好发展环境支持民营企业改革发展的意见》	（1）优化公平竞争的市场环境：进一步放开民营企业市场准入，实施公平统一的市场监管制度，强化公平竞争审查制度刚性约束。 （2）完善精准有效的政策环境：进一步减轻企业税费负担，健全银行业金融机构服务民营企业体系，完善民营企业直接融资支持制度，健全民营企业融资增信支持体系。 （3）健全平等保护的法治环境：健全执法司法对民营企业的平等保护机制，保护民营企业和企业家合法财产。

续表

发文时间	发文单位	文件名称	主要内容
2019 年 12 月 4 日	中共中央、国务院	《中共中央 国务院关于营造更好发展环境支持民营企业改革发展的意见》	(4) 鼓励引导民营企业改革创新：引导民营企业深化改革，支持民营企业加强创新。 (5) 促进民营企业规范健康发展：引导民营企业聚精会神办实业，推动民营企业守法合规经营，推动民营企业积极履行社会责任，引导民营企业家健康成长。 (6) 构建亲清政商关系：建立规范化机制化政企沟通渠道，完善涉企政策制定和执行机制，创新民营企业服务模式，建立政府诚信履约机制。

资料来源：根据公开资料整理。

（二）社会环境：人口结构正在发生较大变化

近年来，中国人口结构正在发生较大变化。对县级城市影院和乡镇影院建设而言，人口的增长趋势和流动趋势，取代了进城务工等现象，成为未来将要面临的挑战。

1. 要警惕少子老龄化风险

城镇化率仍在提高。根据国家统计局统计，2019 年末总人口为 140 005 万人，与 2018 年相比，人口净增 467 万人，自然增长率为 3.34‰。常住人口城镇化率达 60.60%，比 2018 年提高了 1.02 个百分点，城镇常住人口 84 843 万人，比 2018 年增加了 1 706 万人，乡村常住人口 55 162 万人，减少了 1 239 万人。

2019 年 11 月，中共中央、国务院印发《国家积极应对人口老龄化中长期规划》，这份到 21 世纪中叶中国积极应对人口老龄化的战略性、综合性、指导性文件，指出人口老龄化是社会发展的重要趋势。

同时，出生人口长期下滑趋势明显，中国自然生育率长期低位徘徊，出生人口有可能锐减。“国家统计局公布 2017 年出生人口为 1 723 万，2018 年 1 523 万。人口数据是社会经济发展最基础性的数据，出生人口是反映人口趋势最重要的指标。”实证研究结论表明，“生育率更低的地区，其人均 GDP 的长期增长率反而更低”①。

2. 要警惕三、四线城市空心化风险

随着交通日益便捷、互联网日益发达，大城市的虹吸效应更加明显。三、四线城市人口在不断流出，人口进一步向城市群聚集。与此相对，300 万以下人口的城市全面放开落户限制。不仅仅是三、四线城市，多个省会城市都陷入“抢人大战”。这些现象，对于电影行业发展的影响，将会逐步显现。

3. 要警惕消费降级影响电影消费

2019 年，消费降级趋势明显。拼多多在 2019 年的迅速发展壮大，改变了人们对三、四线城市消费的认知。在这种情况下，动辄 30 元以上的电影票价，影响了部分三、四线普通观众的消费意愿。对他们而言，电影并非“刚需”消费。如何让他们在多种音视频消费和娱乐消费中选择观影消费，是今后电影院经营必须认真考虑的问题。探索影院实行阶梯票价和相应收入分配调整，也许是一条可行之路。

（三）外部环境：坚定更大范围的开放

2019 年，中美经贸摩擦给中国经济带来了一定的负面影响，但也坚定了中国对外开放的信心和决心。

1. 中国迎来对外开放新格局

2019 年，国务院印发《中国（山东）自由贸易试验区总体方案》《中国（江苏）自由贸易试验区总体方案》《中国（广西）自由贸易试验区总体方案》《中国（河北）自由贸易试验区总体方案》《中国（云南）自由贸易试验区总体方案》《中国（黑龙江）自由贸易试验区总体方案》。又于 8 月增设中国上海自由贸易试验区临港新片区，鼓励和支持上海在推进投资和贸易自由化便利化方面大胆创新探索，为全国积累更多可复制可推广经验。由此，中国形成了东西南北中同步开放的新格局。全国共有自由贸易试验区 18 个：东部 7 个、中部和西部 11 个。自贸区的政策比以前的特区、新区，在开放的高度、深度方面又有新的内涵。多个自由贸易试验区正在积极探索影视产业发展支持政策。尤其 2019 年 11 月海南自由贸易港建设政策和制度体系进入研究讨论阶段，第二届海南岛国际电影节的举办，将为自由贸易区发展影视产业和影视文化探索道路。

2. 构建更为多元的多边外交关系

2019 年，中国政府和东盟十国，以及澳大利亚、新西兰、日本、韩国等共 15 国，构建了区域自由贸易协定关系。尤其是中日韩关系大幅改善，东

① 梁建章，黄文政．梁建章：今年出生人口是否只有 1 100 万？[EB/OL]．(2019－11－28)．https://mp.weixin.qq.com/s/PieDYI-8M0_akytNccsqZdA．.

北亚合作趋势明朗积极。《中日韩合作未来十年展望》和《区域全面经济伙伴关系协定》(RCEP)，将促使中日韩三国共同维护多边主义和自由贸易，应对全球经济下行风险，实现经济稳定增长，加快区域经济一体化进程。2019年11月14日，习近平出席金砖国家领导人第十一次会晤，强调要倡导并践行多边主义，深入推进金砖国家新工业革命伙伴关系，坚持扩大对外开放，努力构建人类命运共同体，促进互学互鉴的人文交流。中日韩电影的交流、金砖国家电影的交流将会更加广泛深入。

(四)新视听传播环境：挑战前所未有

1. 新一轮科技革命和产业变革

新一轮科技革命和产业变革不断推进，科技同经济、社会、文化、生态深入协同发展，对人类文明演进和全球治理体系发展产生深刻影响。产业链供应链服务、数字化平台，人工智能、区块链、云计算、大数据形成的数字化平台，将重构电影全产业链形态。

11月1日，国内5G商用正式开启。5G将首先促使影院观影模式从传统的单向度接受变革为沉浸与交互式的智能综合体验。其次，将对电影生产、传播等各环节进行深度改造。再次，会大幅降低电影全产业链各项成本。最终改变电影消费形态。

视频融合路径得以探索。在5G＋4K/8K＋AI技术发展支持下，电视媒体与影院融合得以探索，或可拓展影院发展空间。10月，央视4K超高清直播信号通过卫星传输引入院线，全国十余个省份的70家影院同步直播新中国成立70周年盛典。作为广播电视内容时效性与影院放映环境高品质的结合，这一探索对加快推动影视行业高质量发展，具有重要实践意义。

全球范围内网络对电影产业链的改造日渐深入，在拥有成熟电影产业的美国，奈飞(Netflix)不但引起电影艺术探索心态的变革，也因其蚀变影院生态而动议《派拉蒙法案》的废止。

2. 相关视听内容产业的发展与监管

电影与电视、视听内容存在高度重合的交集。随着视听内容尤其是网络大电影的快速发展，视听内容监管也成为电影市场必须重视的政策环境。2019年出台的电影相关视听内容发展政策见表12。尤其是2019年8月11日国家广播电视总局印发的《总局印发〈关于推动广播电视和网络视听产业高质量发展的意见〉的通知》，从多方面描绘了广电产业改革的方向，改革力度大、措施明确、可执行性强，也带来了一系列广电高层人事调整。这展现了机构改革后广电与电影朝着既相关又不同的方向发展。

表12 2019年出台的电影相关视听内容发展政策一览

发文时间	文号	发文单位	文件名称	主要内容
2018年12月27日*	广电办发[2018]158号	国家广播电视总局办公厅	《国家广播电视总局办公厅关于网络视听节目信息备案系统升级的通知》	对2012年建设的“网络剧、微电影等网络视听节目信息备案系统”进行升级，新增“重点网络影视剧信息备案系统”模块。 (1)投资总额超过500万元的网络剧(网络动画片)、超过100万元的网络电影，是“重点网络影视剧”。 (2)自2019年2月15日起，对重点网络影视剧(包括网络剧、网络电影、网络动画片)进行事前备案。 (3)对重点网络影视剧的备案主体、流程、审核等备案监管事项进行了调整。 (4)实际投资与演员片酬是备案填报信息之一。
2019年2月13日	广电发[2019]25号	国家广播电视总局	《总局关于做好2019年优秀国产纪录片推荐播映工作的通知》	(1)继续开展优秀国产纪录片推荐播映工作，推荐已公开播映的展示中国革命建设改革历程、讴歌爱国主义精神和时代精神等国产纪录片。 (2)在程序上由各省级广播电视行政管理部门审核后统一向国家广播电视总局推荐，每年对应四个季度分4批推荐。
2019年3月29日	国家广播电视总局令第3号	国家广播电视总局	《未成年人节目管理规定》	(1)对未成年人节目的制作、传播活动相关总则、节目规范、传播规范、监督管理、法律责任及相关附则进行明确规定。 (2)管理对象包括未成年人作为主要参与者或者以未成年人为主要接收对象的广播电视节目和网络视听节目。

续表

发文时间	文号	发文单位	文件名称	主要内容
2019 年 4 月 18 日		国家广播电视总局网络司	《关于重点网络影视剧规划备案有关事项的补充通知》	(1) 规定了属地管理部门上报备案材料的时间为每月 5 日前。 (2) 总局于 20 个工作日内发布备案通过片目。 (3) 已在电影、电视剧管理部门备案公示，但未取得电影片公映许可证、电视剧发行许可证的电影、电视剧等，即便在“重点网络影视剧信息备案系统”中提交规划备案，也不得在网上播出。广播电视行政管理部门也不受理其作为重点网络影视剧的规划备案。
2019 年 8 月 11 日	广电发［2019］74 号	国家广播电视总局	《总局印发〈关于推动广播电视和网络视听产业高质量发展的意见〉的通知》	提出了广电行业到 2025 年的发展目标，并通过三个方面推进落实： (1) 加速升级新型产业体系：推动内容产业健康繁荣，加速广电网络提质升级，加快服务能力与科技深度融合发展。 (2) 大力优化产业布局：鼓励优势产业区域率先发展，发挥高质量产业基地（园区）的辐射带动作用，提升品牌展会的市场影响，扩大广播电视对外贸易和文化交流。 (3) 大力完善市场体系：营造健康有序的营商环境，培育壮大骨干企业，建立产业与金融市场对接机制。

* 因发文时间较晚，上年度报告未收入该文件。

四、2019 年电影发展问题及症结

2019 年，电影资源分散和电影产能浪费问题仍较为严峻。实现行业高质量发展仍是亟须解决的首要问题。

（一）行业深度调整仍将延续

受 2018 年政策收紧影响，媒体多有报道逾 1 800 家影视公司关停消息。影视行业融资案例同比大幅下滑。版权、演员片酬等产业链各环节价格逐渐回归理性。万达影视、华谊兄弟、印纪传媒、欢瑞世纪等多家大型影视机构面临各种危机。大型影视机构通过联合出品等方式降低风险。浙江横店影视城因影视剧开机率下降影响，开始转型，计划组建 200 个高科技摄影棚，适应更多题材和场景的拍摄。影视行业受资本裹挟带来的高风险和低品质问题仍需面对。前些年涌入影视产业的热钱纷纷离场，继 2018 年“剜去顽疾，再出发”[①] 后，影视行业走过品质取胜和“抱团取暖”的一年。

也要看到，在这样的危机中，市场渴望优质内容的期待并没有改变，行业集中度和专业水平得以上升。行业需要增强规范性来回应市场期待，更积极回应主流意识形态的期待，继续可持续性发展。

（二）观影人次面临消费转型带来的增长压力

2019 年，城市院线影院观影人次达 17.27 亿，观影人次自 2017 年以来连续两年横盘。尽管全国城市观影人次上升到高位后不可能再继续出现补偿性增长，但是仍然要注意到观影人次增长与票房增长态势并不匹配。人次增长率连续多年进入下降通道，也滞后于银幕增长速度。银幕增速高位运行，且增量大多下沉到乡土社会关系浓厚和空心化问题尚未解决的二、三线城市中。

观众观影习惯的培养尚需时日，反映出增量空间已经乏力、存量增长堪忧，影院经营压力陡增。

另外一个值得重视的影响是，虚拟经济领域内的文化与信息的变化是近年来的重大事件。从经济学角度而言，青少年的意向决定了全社会的消费内容。电影作为文化消费，更深受青年流行文化影响。如前所述，与 2012 年以前不同，当前，二线城市 20～29 岁人群是影院主流观众[②]。而腾讯视频电影频道主流用户为三线城市（69%）20～29 岁

① 中国电影家协会，中国文联电影艺术中心．2019 中国电影产业研究报告．北京：中国电影出版社，2019：1.

② 参考《猫眼》APP 专业版相关统计数据。

（76%）本科及以上学历（51%）的男性（65%）[①]，这才是准确画像。他们是"90后"，成长于3G和4G时代，对虚拟经济领域内的消费熟稔如空气。并且，这一人群将马上更新为"00后"。青年文化消费选择增多。在三线城市甚至县级城市，B站、抖音等各种短视频、电竞游戏、直播等才是主要文化消费渠道。新型文化消费模式的崛起和风靡，决定了影院下沉面临的重重压力。

（三）优秀作品的市场仍待开发

2019年代表性国产影片的观影人次，较自2003年产业化改革以来的历年又有大幅跃升。观影人次最高的《哪吒之魔童降世》已逾1.39亿人次，较2018年观影人次最高的《红海行动》9 292万人次有了约49.6%的提升。按照全国总人口来算，《哪吒之魔童降世》平均约每10人中就有1人观影，是当之无愧的国民电影。其他高票房国产电影的观影人次也成绩斐然。其中绝大多数影片质量过硬，无党费观影、下达文件要求观影和商业性的"买票房"等问题。

但是，横向比较来看，优秀国产电影仍有较大市场提升空间。日本国民电影《千与千寻》（2001年）观影人次达2 352万人次，平均约每4人中就有1人观影；《你的名字。》（2016年）观影人次达1 928万人次，平均约每6人中就有1人观影。美国国民电影《泰坦尼克号》（1997年，PG-13）在北美地区的观影人次为1.3亿人次，按当年度北美人口3.03亿人计算，平均约每2人中就有1人观影；《星球大战7：原力觉醒》（2015年，PG-13）在北美地区的观影人次为1.1亿人次，按当年度北美人口3.57亿人计算，平均约每3人中就有1人观影。韩国国民电影《出租车司机》（2017年，分级为15岁以上）观影人次1 218.6万人次，按当年度韩国人口5 147万人计算，平均约每4人中就有1人观影。

因此，市场仍然有待开发，仍然期待高质量的优秀电影作品出现。2019年观影人次排名前12位的国产电影片情况见表13。

表13　2019年观影人次排名前12位的国产电影片情况

排名	片名	观影人次（万人次）	票房（亿元）
1	哪吒之魔童降世	13 989	50.02
2	流浪地球	10 498	46.81
3	我和我的祖国	8 259	31.23
4	中国机长	7 766	29.03
5	疯狂的外星人	5 266	22.12
6	烈火英雄	4 748	17.03
7	少年的你	4 299	15.56
8	飞驰人生	4 142	17.26
9	扫毒2：天地对决	3 609	13.11
10	比悲伤更悲伤的故事	3 117	9.58
11	攀登者	2 955	10.95
12	银河补习班	2 574	8.78

资料来源：参考猫眼整理。

（四）讲好中国故事仍需更流畅的电影语言

2019年，有更多华语电影通过"普天同映"平台和独立上映方式，进入海外市场。也有更多优秀主旋律影片探索国际市场。例如，《我和我的祖国》在日本、北美、欧洲等世界各地上映。

北美票房史上华语片冠军是2000年的《卧虎藏龙》，票房为1.28亿美元，亚军是2004年的《英雄》，票房为5 370万美元。由此可见，中国武侠电影在全球市场曾经拥有较强的号召力。在这一类型吸引力式微后，华语电影一直未出现能够引爆海外市场的影片。

与十几年前相比，国产电影的绝大部分收入仍然来自国内市场。2019年中国本土电影市场的票房大片，在国际电影市场的票房排行榜上也有较高地位。但这些影片的北美市场收入，在其全部收入中的占比不超过1%，有的甚至不超过0.1%（见表14）。

① 2019腾讯视频年度指数报告，腾讯出品。

足见这些影片的全球票房仍以本土市场为主，尚不具备足够流畅的电影语言和其背后更广为认同的思想，中国电影的国际化传播尚需时日，中国电影离走出去、走进欧美主流市场的目标还有很长的路要走。

表 14　2019 年北美市场票房较高的中国电影情况　　单位：美元

全球票房排名	片名	本土票房	北美市场	北美市场占比
10	哪吒之魔童降世	703 443 839	3 695 533	0.5%
11	流浪地球	690 994 017	5 875 487	0.8%
17	我和我的祖国	423 495 883	2 356 683	0.6%
18	中国机长	406 747 558	706 572	0.2%
30	烈火英雄	237 086 793	290 217	0.1%
32	少年的你	217 956 189	1 917 273	0.9%
35	扫毒 2：天地对决	183 882 462	609 461	0.3%
41	攀登者	153 607 636	487 157	0.3%
49	银河补习班	122 833 491	84 267	<0.1%
54	监狱风云 2	114 996 698	326 711	0.3%

资料来源：https://www.boxofficemojo.com/year/world/2019/? ref_=bo_nb_cso_tab，数据采集截至 2019 年 12 月 31 日。

五、2019 年世界电影产业发展状况与趋势

（一）世界电影产业发展情况与中国市场的全球定位

2019 年，全球电影票房 425 亿美元。其中，北美票房最高，为 113.16 亿美元[①]，增长率为 −4.8%。虽然北美票房增长率大幅下落，但仍占全球电影总票房的 26.6%。北美共有银幕 40 613 块，较 2018 年的 40 837 块略有下降。

中国全年总票房约合 92.12 亿美元[②]，与北美相差约 21 亿美元，相比 2018 年的 30 亿美元差距有所缩小。中国仍是全球票房增长较快的国家之一。

日本电影票房 2 611.80 亿日元，约合 23.97 亿美元，增长率全球最高，为 17.4%。日本共有银幕 3 583 块，较 2018 年的 3 561 块，仍保持微量增长。

在亚洲地区，日本、韩国、印度和中国继续保持本土票房过半水平。全球范围来看，电影面临的竞争日益激烈。马丁·斯科塞斯在《纽约时报》上提出了对于艺术电影创作的忧虑。由于视频业的快速发展，美国司法部正在争取在两年的最后期限内执行部分针对特定地区影院“打包买片”和某些电影许可审查的法令。“电影业在技术创新、新的流媒体业务和新的商业模式发展中已经经历了不少变化，最重要法令的终止为行业向消费者友好型创新方向扫清道路。”小影院难以为继，如果《派拉蒙法案》废止将会加快行业整合，为影院电影的生存赢得一定空间，但也会给艺术电影小厅和个性化影院带来一定伤害。

（二）中国与全球电影产业的交流

2019 年，电影对外交流工作继续服从国家外交战略布局。

中外政府间电影合拍协议的签署及相关工作的开展，因机构改革短暂停滞后，再度启动。2019 年 6 月，中国与塔吉克斯坦签署电影合作摄制协议。至 2019 年，中国已经与 22 个国家签署了合作摄制电影的协议。再加上 2012 年 2 月与美国政府、2016 年 1 月与埃及政府达成的电影合作谅解备忘录，中国电影的对外开放程度不断扩大。中外电影合作相关协议情况见表 15。

表 15　中外电影合作相关协议一览

序号	签订时间	对象国	协议名称
1	1987 年 2 月 23 日	加拿大	《中华人民共和国政府与加拿大政府关于联合拍摄电影的协议》（于 2016 年 8 月 31 日更新为《中华人民共和国政府与加拿大政府关于合作拍摄电影的协议》）
2	2007 年 8 月 27 日	澳大利亚	《中华人民共和国政府与澳大利亚政府关于合作拍摄电影的协议》

① 数据来源：www.boxofficemojo.com。

② 数据来源：www.boxofficemojo.com。美元依据 2020 年 1 月 1 日 0 点中国银行外汇牌价汇率 697.62 折算。

续表

序号	签订时间	对象国	协议名称
3	2008年4月10日	意大利	《中华人民共和国政府与意大利共和国政府关于合作摄制电影片的协议》
4	2010年4月29日	法国	《中华人民共和国政府与法兰西共和国政府关于合作拍摄电影的协议》
5	2010年7月7日	新西兰	《中华人民共和国政府与新西兰政府关于合作拍摄电影的协议》
6	2010年7月23日	新加坡	《中国国家广播电影电视局与新加坡新闻通讯及艺术部关于合作拍摄电影的协议》
7	2012年2月18日	美国	《中美双方就解决WTO电影相关问题达成的谅解备忘录》
8	2012年4月17日	比利时	《中华人民共和国政府与比利时法语区政府关于合作拍摄电影的协议》
9	2014年4月23日	英国	《中华人民共和国政府与大不列颠及北爱尔兰联合王国政府关于合拍影片的协议》
10	2014年7月3日	韩国	《中华人民共和国政府与大韩民国政府关于合作拍摄电影的协议》
11	2014年9月18日	印度	《中华人民共和国国家新闻出版广电总局与印度共和国新闻广播部关于视听合拍的协议》
12	2014年9月25日	西班牙	《中华人民共和国政府与西班牙王国政府关于合作拍摄电影的协议》
13	2015年7月27日	马耳他	《中华人民共和国政府与马耳他共和国政府关于合作拍摄电影的协议》
14	2015年10月26日	荷兰	《中华人民共和国政府与荷兰王国政府关于合作拍摄电影的协议》
15	2016年1月	埃及	《中华人民共和国国家新闻出版广电总局与阿拉伯埃及共和国文化部关于电影合作的谅解备忘录》
16	2016年4月29日	爱沙尼亚	《中华人民共和国国家新闻出版广电总局与爱沙尼亚共和国文化部关于合作摄制电影的协议》
17	2017年4月27日	希腊	《中华人民共和国国家新闻出版广电总局与希腊共和国文化体育部关于电影合作摄制的协议》
18	2017年5月3日	丹麦	《中华人民共和国政府与丹麦王国政府关于合作摄制电影的协议》
19	2017年6月12日	卢森堡	《中华人民共和国政府与卢森堡大公国政府关于合作拍摄电影的协议》
20	2017年6月	哈萨克斯坦	《中华人民共和国政府与哈萨克斯坦共和国政府关于合作拍摄电影的协议》
21	2017年7月4日	俄罗斯	《中华人民共和国政府与俄罗斯联邦政府关于合作拍摄电影的协议》
22	2017年9月1日	巴西	《中华人民共和国政府与巴西联邦共和国政府关于合作摄制电影的协议》
23	2018年5月9日	日本	《中华人民共和国政府与日本国政府关于合作摄制电影的协议》
24	2019年6月11日	塔吉克斯坦	《中华人民共和国国家电影局与塔吉克斯坦共和国国家电影制片厂关于合作摄制电影的协议》

资料来源：根据中国电影合作制片公司（http://www.cfcc-film.com.cn/）和其他相关公开资料整理。

2019 年中国动漫产业发展报告

北京电影学院现代创意媒体学院

2019 年是新中国成立 70 周年，在世界经济增长趋缓、国内经济下行压力加大的背景下，全国持续深化供给侧结构性改革，大力实施创新驱动发展战略，积极推进经济结构优化和产业转型升级，这一系列举措共同推动全国经济总量逼近 100 万亿元，人均 GDP 突破一万美元。中国动漫产业加快产业结构优化升级，持续提升产品质量和品牌价值，不断创新商业模式和盈利模式，产业规模和市场效益等指标总体平稳增长（见表 1）。

表 1　2014—2019 年中国动漫产业发展主要指标

项目	2014 年	2015 年	2016 年	2017 年	2018 年	2019 年
动漫图书出版数量（种）	2 163	2 262	3 190	2 809	2 145	1 295
电视动画生产备案数量（部）	425	399	425	350	460	472
电视动画生产备案数量（分钟）	271 133	298 114	232 135	145 390	194 346	188 185
电视动画生产完成数量（分钟）	138 579	138 273	125 053	83 599	86 257	94 659
电视动画播出时长（小时）	304 839	309 060	328 864	362 825	374 485	398 685
电视动画国内投资额（亿元）	14.90	12.94	11.94	14.43	16.53	
电视动画国内销售额（亿元）	11.09	14.63	11.70	13.77	15.69	
动画电影生产备案数量（部）	134	148	194	158	131	164
动画电影生产完成数量（部）	40	51	49	32	51	51
动画电影票房收入（亿元）	30.31	44.10	70.56	47.50	40.64	112.74

一、中国动漫产业发展概述

（一）漫画出版：加快从纸媒向网络迁移

1. 纸媒出版：品种数量大幅缩减

截至 2019 年底，中国登记在册的动漫类期刊共有 38 种，在市场较具影响的主要有《漫画派对》《飒漫画》《知音漫客》《神漫》《中国卡通》《漫画月刊·幽默派对》《小樱桃·童年漫画》《中国漫画》等。随着《漫画会》《漫友》等期刊的相继停刊，动漫类期刊总体出版发行和经营状况每况愈下。

2019 年中国共出版动漫类图书 1 295 种，较 2018 年下降 39.63%，其中，漫画图书 896 种，动画图书 399 种，这是自 2016 年出版 3 190 种后连续第三年下降（见图 1）。出版数量下降的原因包括：（1）信息传播技术带来的媒介变化，电子书、网络阅读等带来的冲击；（2）受环保、进口等多种因素影响，纸张价格持续性上涨，进而导致图书定价上涨、销量下降；（3）受 2019 年初提出的“缩减书号总量，压缩图书品种”的出版政策调整影响；（4）随着移动设备和互联网的快速发展，人们的阅读方式和娱乐方式日益多样化。

截至 2019 年底，当当网在销动漫类图书共计 258 277 种[①]，其中少儿类 103 311 种、非少儿类 154 966 种，占所有在销图书总量（39 654 729 种）的 0.65%。在 2019 年当当网图书畅销榜 Top 500 中有 6 种动漫类图书（见表 2），占总体的 1.20%，为 2007 年以来的第二差成绩（仅好于 2014 年的 4 种，远低于 2012 年的 17 种）。结合少儿和非少儿动漫类图书畅销榜 Top 500 来看，总体（1 000 种）图书定价平均值为 79.08 元，中位数为 42.00 元；少儿类图书定价平均值为 100.24 元，中位数为 35.00 元；非少儿类图书定价平均值为 57.93 元，中位数为 45.00 元。两者的定价平均值和中位数呈现背离形态，是少儿类套装图书定价偏高所致。考虑到当当网销售的图

① 商品数量不等同于出版数量，且未计重复。

书具有一定优惠折扣，以当当网销售价来看，总体（1 000 种）图书定价平均值为 66.40 元，中位数为 37.90 元；少儿类图书定价平均值为 82.67 元，中位数为 29.80 元；非少儿类图书定价平均值为 50.14 元，中位数为 38.30 元。以平均价计算，当当网销售价①约为八折销售（介于 82%和 87%之间）。

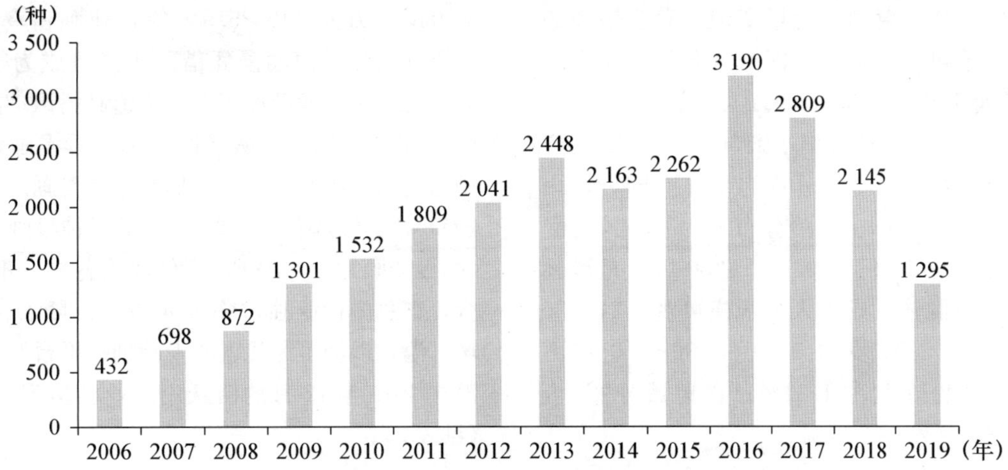

图 1　2006—2019 年中国动漫图书出版数量

资料来源：中国版本图书馆（https://www.capub.cn/）。

表 2　2019 年当当网图书畅销榜 Top 500（动漫类图书）

排名	商品名称	作者	出版社	出版时间	定价（元）
91	米小圈漫画成语（套装共 4 册）	北猫	四川少儿出版社	2016 年 5 月	74.00
191	三毛流浪记（彩图注音读物）	张乐平	少年儿童出版社	2017 年 6 月	38.00
281	三毛流浪记全集（彩图注释版）	张乐平	少年儿童出版社	2013 年 6 月	150.00
371	就喜欢你看不惯我又干不掉我的样子 4	白茶	人民文学出版社	2019 年 4 月	59.00
426	作家榜经典：父与子全集	埃·奥·卜劳恩	浙江文艺出版社	2017 年 5 月	39.90
470	父与子全集（全彩版）	埃·奥·卜劳恩	浙江工商大学出版社	2017 年 4 月	36.00

资料来源：当当榜（http://bang.dangdang.com/books/bestsellers/）。

网络动漫的兴起导致传统出版发行销售模式迅速衰败，以漫友文化、知音动漫为代表的纸媒出版发行企业经营状况一落千丈。漫友文化的营业收入从 2014 年的 1.54 亿元下降到 2018 年的 0.58 亿元（见图 2）。2019 年（前 5 个月）② 营业收入为 2 291.83 万元，包括漫画图书、期刊及周边产品收入 2 090.34 万元和动漫类服务收入 201.49 万元，利润总额为−328.02 万元。

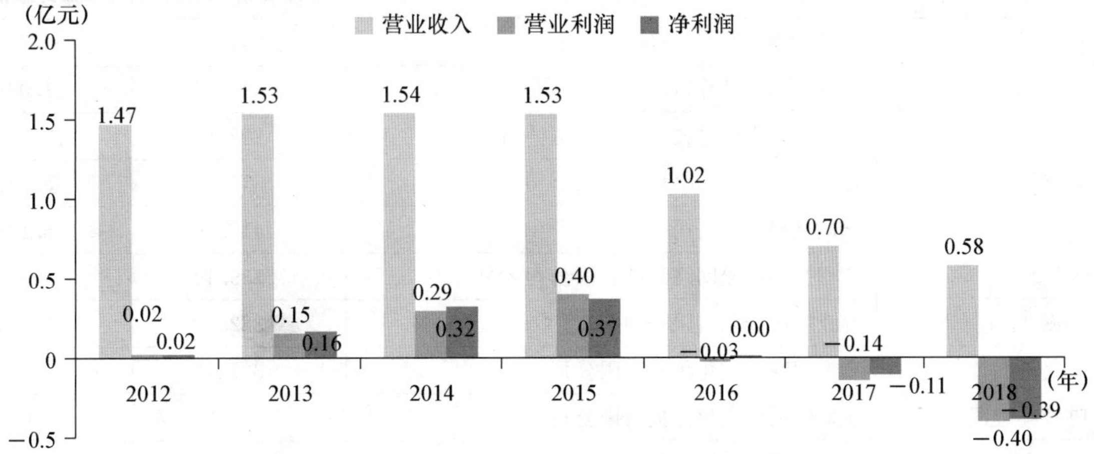

图 2　2012—2018 年广州漫友文化科技发展有限公司主要财务指标

资料来源：华闻传媒投资集团股份有限公司年度报告。

① 当当网销售价为数据采集时点的销售价，无法反映全年情况。

② 2019 年 5 月华闻传媒转让漫友文化 50%股权后失去控制权，不再将其纳入合并范围。

2. 网络出版：用户规模达近亿人

随着网络技术在国内的普及应用和网络带宽的持续提升，网络漫画平台已经成为漫画行业内容创作、聚合分发、整合营销、流量变现、商业拓展的主力军。易观千帆数据显示，网络漫画月活跃用户规模从 2019 年 1 月的 7 339.48 万人增长至 2020 年 1 月的 9 602.38 万人，增长率达到 30.83%。从用户画像来看，男、女用户占比分别为 46%、54%，用户性别比例基本均衡；在年龄分布上，57.6%的漫画用户年龄在 24 岁以下，“95 后”“00 后”是漫画市场的主要消费群体，成年人群规模可观，24～30 岁占 8.35%，31～35 岁占 18.9%，36～40 岁占 10.84%，41 岁及以上占 4.31%；在地域分布上，近七成用户来自一线、二线城市。

从主要漫画平台来看，网络漫画 APP 呈现出“一大、二中、多小”的市场格局。易观千帆数据显示，快看漫画 2019 年月活跃用户规模最大，月均达 3 504.57 万人，以 25.9%的行业独占率位居第一；腾讯动漫和微博动漫凭借巨头优势成为行业第二梯队，近年来微博动漫正在逐步追赶腾讯动漫；其他漫画 APP 均为第三梯队（见图 3），看漫画和咪咕圈圈稍为突出，小明太极旗下拥有《看漫画》《知音漫客》《漫客栈》《漫画台》《爱飒漫画》《神漫画》《爱优漫》《酷漫漫画》8 个 APP，凭借风格各异的不同 APP 组合，其总体行业独占率为 4.98%。随着网络漫画市场升温，以触漫为代表的漫画创作平台开始涌现，触漫在 2019 年 12 月的活跃用户业已达到 339.14 万人（见表 3）。

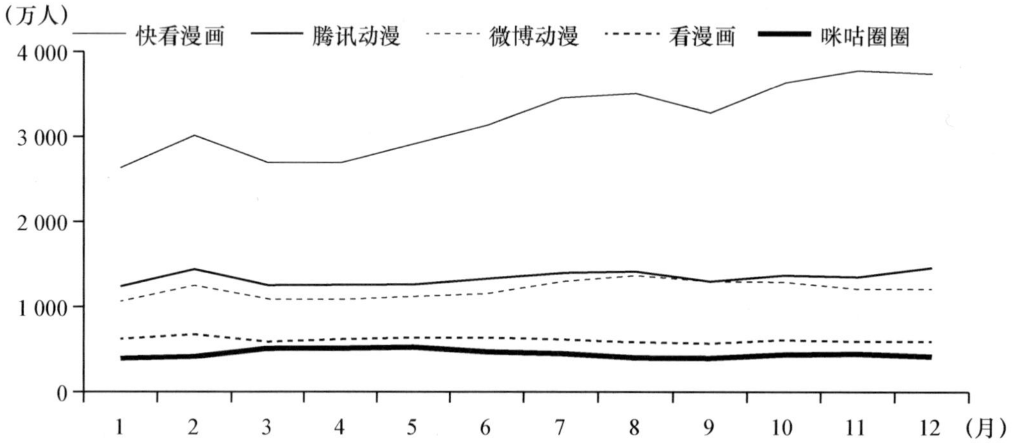

图 3　2019 年国内漫画应用前 5 名活跃人数对比

资料来源：易观千帆（http://qianfan.analysys.cn）。

表 3　2019 年 12 月国内漫画应用前 10 名

序号	应用名称	开发商名称	活跃人数（万人）	领域渗透率
1	快看漫画	快看世界（北京）科技有限公司	3 744.18	54.70%
2	腾讯动漫	深圳市腾讯计算机系统有限公司	1 442.97	21.08%
3	微博动漫	北京炫果壳信息技术股份有限公司	1 222.55	17.86%
4	看漫画	成都尚视互娱网络科技有限公司	613.17	8.96%
5	咪咕圈圈	咪咕动漫有限公司	419.16	6.12%
6	触漫	广州梦映动漫网络科技有限公司	339.14	89.95%
7	咚漫	北京咚漫娱乐有限公司	322.40	4.71%
8	网易漫画	上海呵呵呵文化传播有限公司	307.52	4.49%
9	哔哩哔哩漫画	上海呵呵呵文化传播有限公司	280.28	4.09%
10	漫画台	成都尚视互娱网络科技有限公司	235.89	3.45%

资料来源：易观千帆（http://qianfan.analysys.cn）。

注：活跃人数是指在所选取的时间范围内主观打开应用至少一次的用户。易观千帆通过与 1 200 家以上的主流 APP 和运营商等厂商合作获得统计数据，并通过自有 AI 算法对数据进行多套算法的运算，模拟仿真全网网民行为数据。活跃人数领域渗透率是指在所选时间段内，APP 的活跃用户占该 APP 所属领域的活跃用户的比例。触漫被归类为漫画创作平台，其他 9 个应用归类为漫画，两者的领域渗透率有所不同。

（二）电视动画：创作生产和播出数量渐趋稳定

1. 创作生产：投资回报低致生产机构难以维系产量

2019年国产电视动画片生产备案数量与2018年大体相当，共计472部、20 884集、188 185分钟，分别同比增长2.61%、9.89%和－3.17%（见图4）。不同指标增长率的背离现象，反映出每部动画片增加集数、缩减片长（分钟数）的趋势。相比2018年的平均每部41集、每集10分钟、每部422分钟，2019年变为平均每部44集、每集9分钟、每部399分钟。

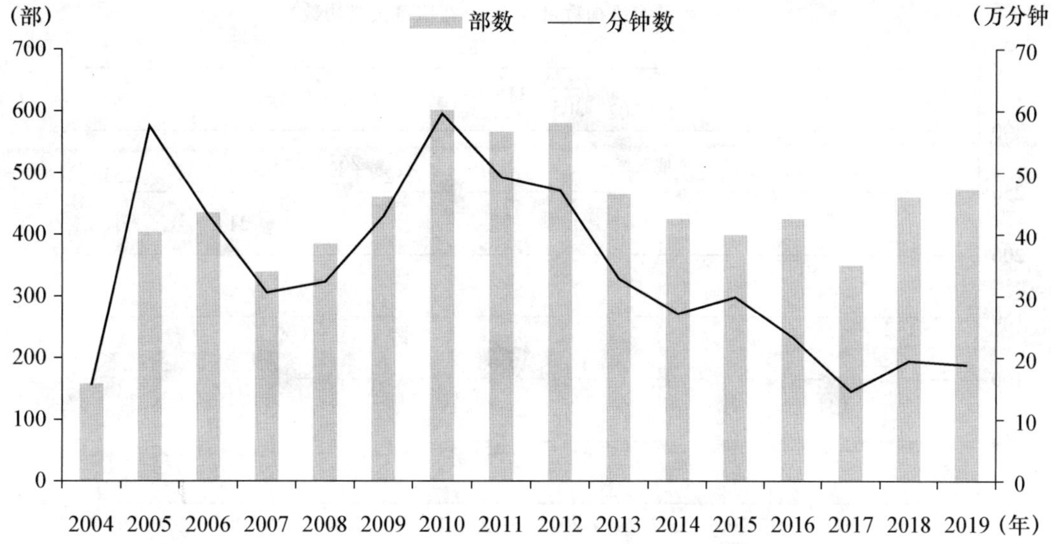

图4　2004—2019年国产电视动画片生产备案数量

资料来源：国家广播电视总局。

从题材类别来看，国产电视动画片主要为童话和教育题材，两者合计片长数量占到总体的一半以上。相比而言，科幻、现实、其他、历史、神话和特殊题材所占比例较小。从长期趋势来看，童话题材增长显著，其所占比例从2006年的20.4%增长到2019年的40.2%，2014年曾一度达到总体的57.4%；教育题材所占份额明显下降，从2006年的40.9%下降到2019年的23.3%，2017年曾下降到仅占总体的10.6%；科幻、现实、其他、历史题材所占比例较小，最高份额仅百分之十几；神话和特殊题材所占比例一直保持在百分之几（见图5）。

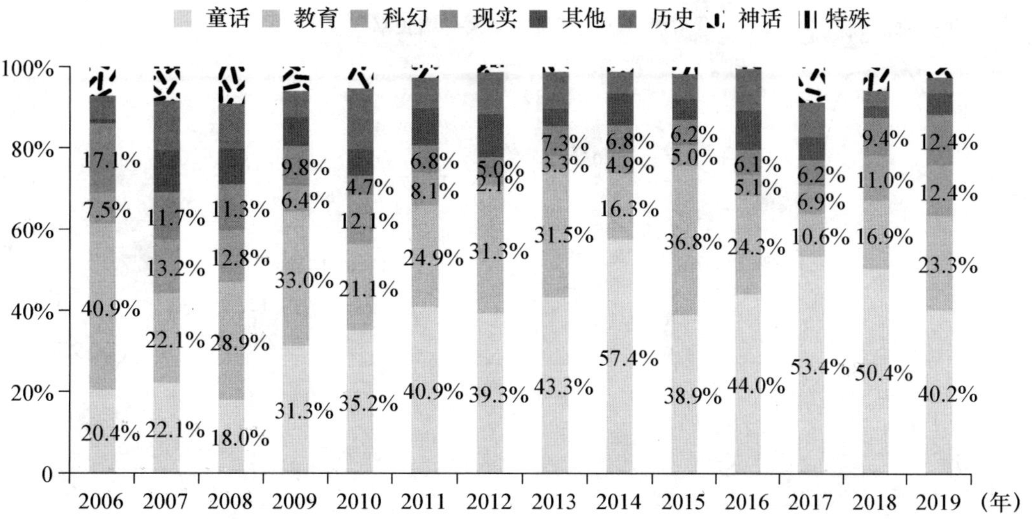

图5　2006—2019年国产电视动画片各题材所占备案片长的比例

资料来源：国家广播电视总局。

国产电视动画片生产备案数量的变化与参与备案的机构数量息息相关。2019年共有251家生产机构参与电视动画片制作备案，平均每家2部、83集、750分钟，相比2005年的平均每家3部、371

集、4 362 分钟，已经大幅减少。自 2005 年以来，每年新增的备案机构均保持在 100 家以上，但退出的生产机构也在持续增多（见图 6）。据统计，2004—2019 年，共有 1 910 家机构参与国产电视动画片生产备案，但近年来每年参与备案的机构仅二百多家，最近五年来备案数量为零的机构多达 1 065 家。随着调结构、抓质量、促转型的产业引导政策实施和动画市场体制机制发挥决定性作用，生产机构的优胜劣汰已经步入深度调整期。

图 6　2004—2019 年国产电视动画片备案机构数量

资料来源：国家广播电视总局。

2019 年，全国完成生产电视动画片 305 部、9 284 集、94 659 分钟，分别同比增长 26.6%、22.8%和 9.7%（见图 7）。全年共有 49 部优秀国产电视动画片获得国家广播电视总局推荐播出，合计 1 084 集、12 692 分钟，约占全年总产量（分钟）的 13.4%。其中，浙江 10 部，广东 9 部，上海 7 部，北京和央视各 6 部，江苏 4 部，湖南、福建、湖北、重庆、广西、陕西、山西各 1 部。综合 2005 年以来优秀电视动画片名单来看，浙江、广东、江苏、上海、北京等省市和央视等机构制作生产的优秀动画片数量较多。

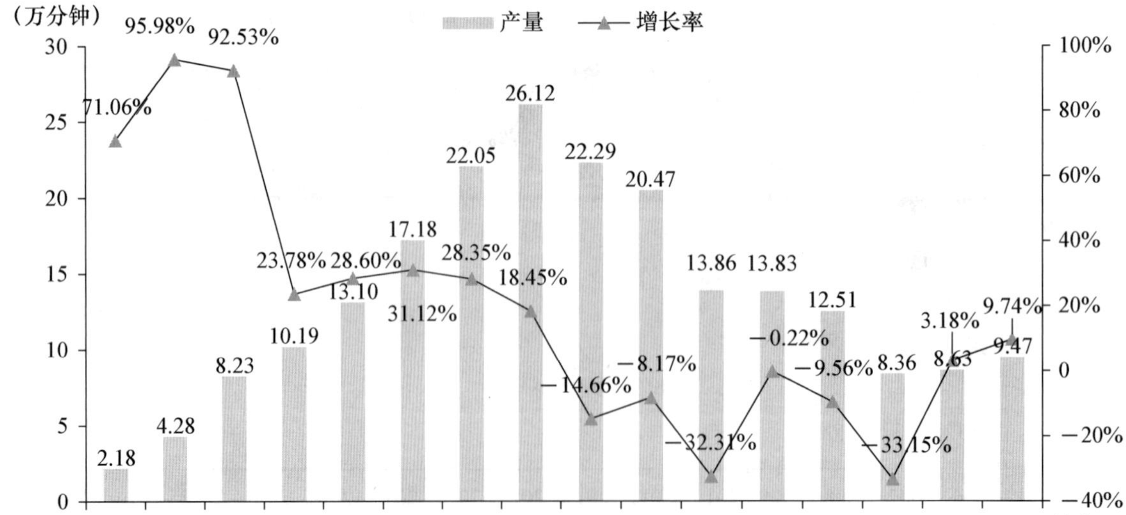

图 7　2004—2019 年国产电视动画片生产数量和增长率

资料来源：国家广播电视总局。

在 2013 年前，中国电视动画长期保持贸易顺差的局面；但自 2014 年以来电视动画进口额大幅攀升，从 2014 年的 1.10 亿元、2015 年的 4.45 亿元增长到 2016 年的 10.56 亿元，2018 年更是达到了惊人的25.06亿元（见图8），远高于同年电视动画国内销售额（15.69亿元）。2019年电视动画进口量为6 706小时，折合为16.15万元/小时（见表4）。

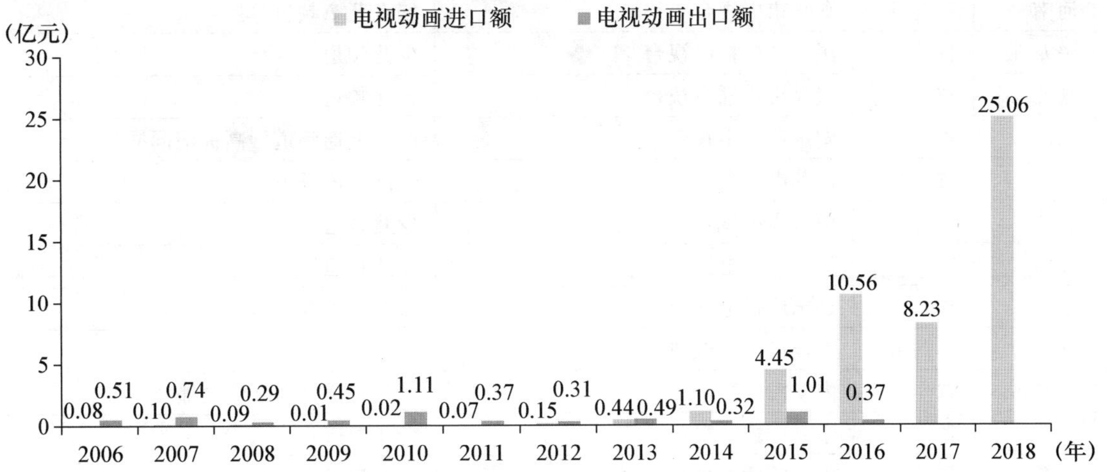

图8　2006—2018年电视动画进口额和出口额

资料来源：根据历年《中国统计年鉴》整理。

表4　2019年我国电视动画节目进口额和数量

类别	亚洲				美洲		欧洲	大洋洲	合计
	日本	韩国	中国香港	总计	美国	总计			
进口额（万元）	26 184	324	895	27 403	61 065	62 249	18 568	70	108 290
进口量（小时）	4 248	45	20	4 313	1 611	1 725	664	5	6 706
单位均价（万元/小时）	6.16	7.20	44.75	6.35	37.91	36.09	27.96	14.00	16.15

资料来源：国家统计局《中国统计年鉴（2020）》。

2. 电视播出：动画播出增长空间接近饱和

截至2019年底，中国已形成了以6个少儿（动画）卫星频道和32个少儿地面频道为主体、众多卫星综合频道和其他电视频道为补充的动画播映体系。央视少儿频道、湖南金鹰卡通频道、北京卡酷少儿频道、广东嘉佳卡通频道、江苏优漫卡通频道和上海哈哈炫动频道为全国六大少儿（动画）卫星频道，少儿地面频道包括18个省级频道、9个省会级频道、4个计划单列市级频道和1个地级市级频道（见表5）。国家和地方纷纷组建成立了广播电视台，高标清同播频道明显增多；2019年1月1日起，哈哈少儿频道与炫动卡通频道整合为“哈哈炫动频道”，使用东方有线网络的频道序号9（标清）和209（高清）进行播放。

表5　地级以上广播电视播出机构开设的动画类频道（截至2019年底）

序号	省份	级别	台名	频道设置
1		国家	中央广播电视总台	少儿频道（高标清同播）
2	北京	省	北京广播电视台	卡酷少儿频道
3	福建	省	福建电视台	少儿频道
4	福建	省会	福州市广播电视台	少儿频道
5	福建	单列市	厦门市电视台	少儿生活频道（高标清同播）
6	甘肃	省	甘肃电视台	少儿频道
7	广东	省	广东广播电视台	嘉佳卡通频道、少儿频道
8	广东	省会	广州市广播电视台	少儿频道（高标清同播）
9	广东	单列市	深圳市电视台	少儿频道（高标清同播）
10	海南	省	海南广播电视台	少儿频道（高标清同播）
11	河北	省	河北广播电视台	少儿科技频道

续表

序号	省份	级别	台名	频道设置
12	河南	省会	郑州市电视台	妇女儿童频道
13	黑龙江	省	黑龙江广播电视台	少儿频道
14	湖北	省会	武汉市广播电视台	少儿频道
15	湖南	省	湖南广播电视台	金鹰卡通频道（高标清同播）
16	江苏	省	江苏电视台	优漫卡通频道
17	江苏	省会	南京市电视台	少儿频道
18	江西	省	江西广播电视台	少儿频道
19	辽宁	省	辽宁广播电视台	教育·青少频道（辽沈合作）
20	辽宁	单列市	大连市广播电视台	少儿频道
21	内蒙古	省	内蒙古广播电视台	少儿频道（高标清同播）
22	宁夏	省	宁夏广播电视台	少儿频道
23	山东	省	山东广播电视台	少儿频道
24	山东	省会	济南市广播电视台	少儿频道
25	山西	省	山西广播电视台	少儿频道
26	山西	地级市	长治市广播电视台	公共·少儿频道
27	上海	省	上海广播电视台	哈哈炫动频道（高标清同播）
28	四川	省	四川广播电视台	妇女儿童频道（高标清同播）
29	四川	省会	成都市广播电视台	少儿频道
30	天津	省	天津广播电视台	少儿频道（高标清同播）
31	新疆	省	新疆广播电视台	少儿频道（高标清同播）
32	新疆	省会	乌鲁木齐市广播电视台	妇女儿童频道
33	云南	省	云南广播电视台	少儿频道
34	浙江	省	浙江电视台	少儿频道
35	浙江	省会	杭州市广播电视台	少儿频道
36	浙江	单列市	宁波市电视台	少儿频道
37	重庆	省	重庆电视台	少儿频道（高标清同播）

资料来源：国家广播电视总局。

电视动画片播出时间持续增加，内容播出结构不断优化。2019 年，全国各级电视频道动画片播出数量为 398 685 小时，其中国产片 393 504 小时、进口片 5 181 小时，与 2018 年相比，增长率分别为 6.46%、7.63%和−41.65%，国产片和进口片所占比值为 98.7∶1.3（见表 6）。

表 6　2011—2019 年全国电视动画播出数量

统计指标	2011 年	2012 年	2013 年	2014 年	2015 年	2016 年	2017 年	2018 年	2019 年	平均值
全年电视动画播出时间（小时）	280 254	304 877	293 140	304 839	309 060	328 864	362 825	374 485	398 685	328 559
进口电视动画播出时间（小时）	14 822	12 063	14 015	15 883	9 655	8 945	11 480	8 879	5 181	11 214
国产电视动画播出时间（小时）	265 432	292 814	279 125	288 955	299 405	319 920	351 345	365 606	393 504	317 345
进口电视动画播出时间所占比例	5.29%	3.96%	4.78%	5.21%	3.12%	2.72%	3.16%	2.37%	1.30%	3.41%
国产电视动画播出时间所占比例	94.71%	96.04%	95.22%	94.79%	96.88%	97.28%	96.84%	97.63%	98.70%	96.59%

资料来源：根据历年《中国统计年鉴》整理。

根据酷云对智能电视机和机顶盒用户的终端收视数据的统计，2019 年第四季度，央视少儿频道、湖南金鹰卡通频道、北京卡酷少儿频道、广东嘉佳卡通频道、上海哈哈炫动频道、江苏优漫卡通频道六大动画类卫星频道的直播关注度①分别为 0.12%、0.10%、0.07%、0.03%、0.01%、0.01%，市场占有率②分别为 1.73%、1.37%、0.95%、0.43%、0.20%、0.12%。尽管央视少儿频道仍位居第一，但随着近两年来其直播关注度和市场占有率出现下降趋势，它与湖南金鹰卡通频道之间的差距正在缩小（见表 7、图 9）。从节目情况来看，2019 年直播关注度最高的动画节目是央视综合频道 2 月 11 日 18：34 至 18：43 播出的《熊出没之探险日记第二季》（第 10 集），直播关注度和市场占有率分别为 0.69%和 5.15%；全年市场占有率收视冠军的动画节目是央视综合频道 3 月 1 日 18：14 至 18：22 播出的《熊出没之冬日乐翻天》（第 26 集），直播关注度和市场占有率分别为 0.53%和 5.41%。收视率较高的动画节目大多为《熊出没》系列，以及《天上掉下个猪八戒》《哪吒传奇》《猪猪侠之竞球小英雄》《超级小熊布迷》《新大头儿子和小头爸爸》《新百变马丁》等。

表 7　2015—2019 年各季度全国六大少儿（动画）卫星频道的直播关注度和市场占有率

季度	直播关注度						市场占有率					
	央视少儿频道	湖南金鹰卡通频道	北京卡酷少儿频道	广东嘉佳卡通频道	上海哈哈炫动频道	江苏优漫卡通频道	央视少儿频道	湖南金鹰卡通频道	北京卡酷少儿频道	广东嘉佳卡通频道	上海哈哈炫动频道	江苏优漫卡通频道
2015Q1	0.19%	0.03%	0.06%	0.02%	0.00%	0.00%	2.46%	0.43%	0.75%	0.31%	0.04%	0.00%
2015Q2	0.15%	0.09%	0.05%	0.04%	0.01%	0.02%	1.94%	1.27%	0.72%	0.58%	0.15%	0.24%
2015Q3	0.18%	0.05%	0.05%	0.05%	0.02%	0.02%	2.46%	0.62%	0.74%	0.69%	0.22%	0.30%
2015Q4	0.14%	0.04%	0.05%	0.04%	0.01%	0.02%	1.86%	0.54%	0.61%	0.47%	0.15%	0.21%
2016Q1	0.15%	0.07%	0.05%	0.04%	0.01%	0.02%	1.97%	0.89%	0.70%	0.50%	0.19%	0.23%
2016Q2	0.12%	0.08%	0.05%	0.03%	0.01%	0.01%	1.65%	1.08%	0.76%	0.45%	0.15%	0.20%
2016Q3	0.17%	0.09%	0.04%	0.04%	0.02%	0.02%	2.25%	1.17%	0.60%	0.55%	0.21%	0.24%
2016Q4	0.15%	0.09%	0.05%	0.03%	0.01%	0.01%	2.06%	1.25%	0.62%	0.43%	0.19%	0.18%
2017Q1	0.15%	0.09%	0.06%	0.03%	0.01%	0.01%	2.04%	1.26%	0.78%	0.39%	0.19%	0.20%
2017Q2	0.13%	0.08%	0.05%	0.03%	0.01%	0.01%	1.87%	1.17%	0.79%	0.41%	0.17%	0.16%
2017Q3	0.18%	0.09%	0.05%	0.03%	0.02%	0.01%	2.62%	1.26%	0.76%	0.48%	0.22%	0.21%
2017Q4	0.18%	0.09%	0.05%	0.03%	0.02%	0.01%	2.72%	1.28%	0.68%	0.39%	0.22%	0.19%
2018Q1	0.22%	0.11%	0.06%	0.03%	0.02%	0.01%	3.03%	1.50%	0.82%	0.39%	0.25%	0.20%
2018Q2	0.16%	0.09%	0.05%	0.03%	0.01%	0.01%	2.39%	1.36%	0.79%	0.39%	0.21%	0.16%
2018Q3	0.19%	0.10%	0.07%	0.04%	0.02%	0.01%	2.74%	1.43%	1.01%	0.58%	0.27%	0.19%
2018Q4	0.13%	0.09%	0.04%	0.03%	0.01%	0.01%	2.15%	1.43%	0.71%	0.43%	0.22%	0.15%
2019Q1	0.17%	0.10%	0.06%	0.03%	0.02%	0.01%	2.60%	1.47%	0.93%	0.48%	0.25%	0.14%
2019Q2	0.14%	0.10%	0.06%	0.03%	0.02%	0.01%	2.10%	1.45%	0.94%	0.48%	0.24%	0.14%
2019Q3	0.14%	0.09%	0.08%	0.05%	0.02%	0.01%	2.15%	1.36%	1.13%	0.68%	0.27%	0.16%
2019Q4	0.12%	0.10%	0.07%	0.03%	0.01%	0.01%	1.73%	1.37%	0.95%	0.43%	0.20%	0.12%

资料来源：酷云 EYE Pro（http://pro.eye.kuyun.com/）。

① 直播关注度是指某频道/节目在某一时段的收看用户数占累计直播用户数的百分比，用来反映频道/节目的影响力。

② 市场占有率（简称“市占率”）是指某频道/节目在某一时段的收看用户数占总体直播收看用户数的百分比，数值越大表明该频道/节目在该时段的市场竞争力越强。

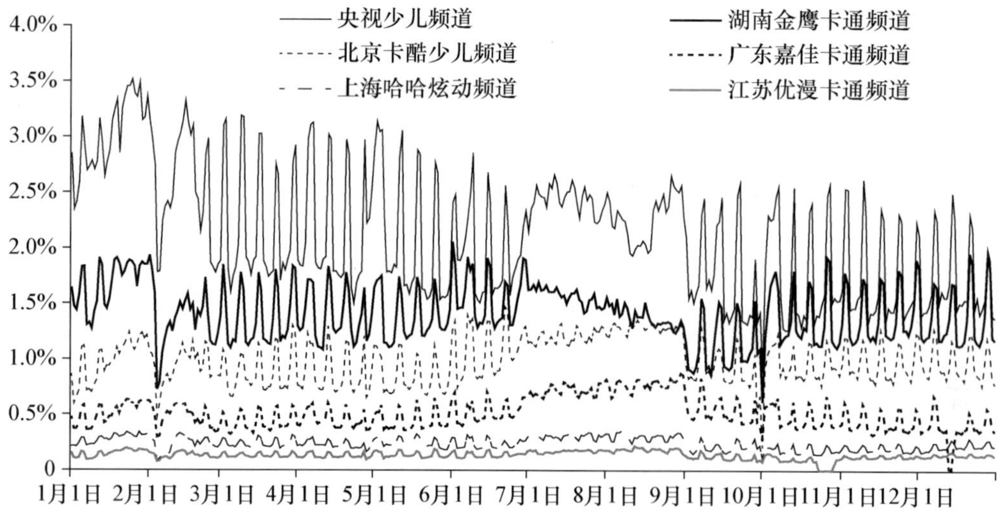

图 9　2019 年全国六大少儿（动画）卫星频道市占率对比

资料来源：酷云 EYE Pro（http://pro.eye.kuyun.com/）。

（三）动画电影：成功晋升为主流电影类型

1. 动画电影市场：票房实现井喷式发展

动画电影是动漫产业的高级产品形态，以动感炫目的高仿真拟态影像极大地满足了观众对于奇观影像和超凡意境的精神体验。基于中国动漫产业十余年来的持续创新和厚积薄发，中国动画电影市场在 2019 年实现了井喷式发展。2019 年，国产动画电影制作备案 164 部，仅次于 2016 年的 194 部；制作完成并取得公映许可证的影片有 51 部，为历年来最高产量（与 2015 年、2018 年并列）。全年动画电影票房收入为 116.08 亿元，在总体电影票房（642.66 亿元）中所占比例骤升至 18.06%（见图 10），已经达到美国和日本等成熟动画电影市场的程度。其中，国产片（包含合拍片和港产片在内）71.39 亿元，进口片 44.69 亿元，分别占总体的 61.50%和 38.50%（见图 11）。

2019 年是中国电影类型创新年，实现了科幻片和动画片历史性的突破：科幻片《流浪地球》不仅成为春节档期票房第一，同时也开创了国产硬科幻电影先河；动画片《哪吒之魔童降世》成为暑期档最强黑马，并以 50.04 亿元的票房跻身 2019 年票房冠军。《哪吒之魔童降世》的过硬品质远远地超出人们的预料，在豆瓣的评分为 8.5 分（约 143.92 万人评价），5 星好评率为 43.7%，一举获得第 16 届中国动漫金龙奖最佳动画长片奖金奖、最佳动画导演奖、最佳动画编剧奖、最佳动画配音奖四大奖项，成为金龙奖举办 16 届以来单届获奖最多的作品。影片高评分和高票房的统一，印证着中国电影观众对于高质量内容的巨大需求。无论是动画电影的票房收入或所占比例，还是《哪吒之魔童降世》高达 1.39 亿人次的观影人次，都标志着动画电影已经跻身主流电影类型行列。

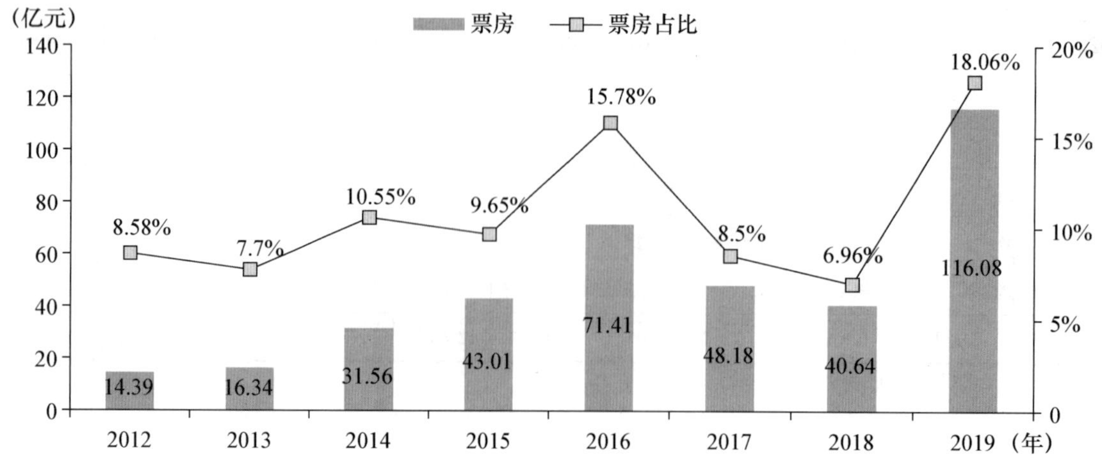

图 10　2012—2019 年全国动画电影票房收入和所占比例

资料来源：艺恩数据（http://www.endata.com.cn/）。

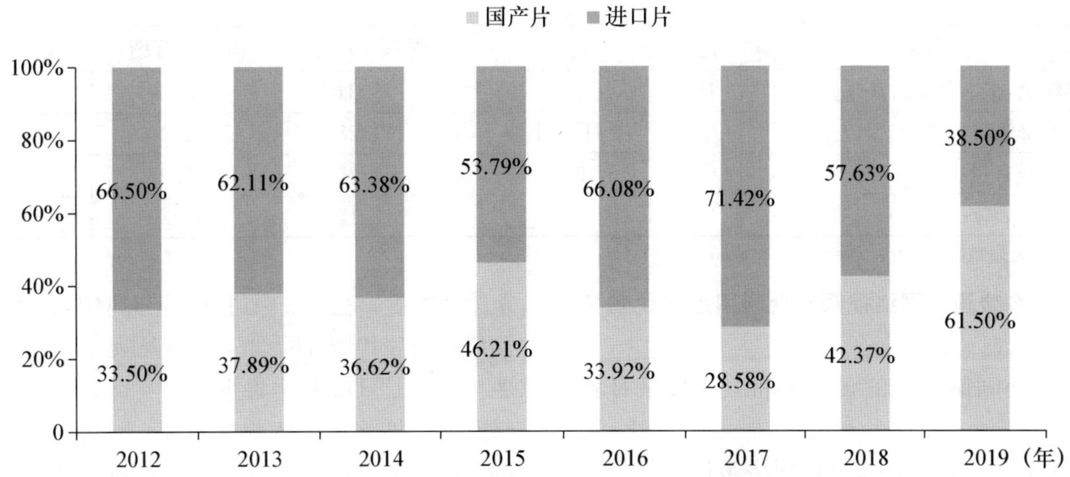

图 11　2012—2019 年全国动画电影票房收入结构

资料来源：艺恩数据（http://www.endata.com.cn/）。

2. 制片发行：专业机构和优质 IP 脱颖而出

2019 年全国票房突破一亿元的动画电影有 18 部，中国、美国和日本的电影各有 6 部（见表 8）。近年来爆款动画电影的主要出品公司有中国的北京光线传媒股份有限公司、华强方特（深圳）动漫有限公司、追光人动画设计（北京）有限公司，美国的华特迪士尼影业集团、环球影业公司、华纳兄弟影业公司、梦工厂影业公司、索尼动画公司和日本的吉卜力工作室、东宝株式会社等；发行公司则以中国电影股份有限公司和华夏电影发行有限责任公司为主，北京光线传媒股份有限公司、乐创影业（天津）有限公司、北京卓然影业有限公司等民营公司稍显实力。在票房过亿元的 18 部动画电影中，多数是基于 IP 开发的——《哪吒之魔童降世》《白蛇：缘起》《冰雪奇缘 2》是根据知名民间传说、童话故事的改编，《熊出没·原始时代》《驯龙高手 3》《罗小黑战记》《名侦探柯南：绀青之拳》《航海王：狂热行动》《愤怒的小鸟 2》《哆啦 A 梦：大雄的月球探险记》《小猪佩奇过大年》《夏目友人帐》是在漫画、电视动画片、游戏等 IP 基础上的拓展，《狮子王》《千与千寻》属于经典翻拍或重新上映，《冰雪奇缘 2》《熊出没·原始时代》《驯龙高手 3》《名侦探柯南：绀青之拳》《航海王：狂热行动》《玩具总动员 4》《爱宠大机密 2》《愤怒的小鸟 2》《哆啦 A 梦：大雄的月球探险记》都是系列电影的续作。

表 8　2019 年全国票房过亿元的动画电影

序号	片名	国家	首映日	票房（万元）	场次（万场）	人次（万人次）
1	哪吒之魔童降世	中国	7 月 26 日	50.04	584.37	13 846.51
2	狮子王	美国	7 月 12 日	8.32	145.13	2 257.88
3	冰雪奇缘 2	美国	11 月 22 日	8.23	202.10	2 381.60
4	熊出没·原始时代	中国	2 月 5 日	7.18	83.17	1 833.18
5	千与千寻	日本	6 月 21 日	4.88	130.19	1 554.58
6	白蛇：缘起	中国	1 月 11 日	4.55	135.74	1 312.40
7	驯龙高手 3	美国	3 月 1 日	3.68	94.37	1 031.11
8	罗小黑战记	中国	9 月 7 日	3.15	110.67	945.50
9	天气之子	日本	11 月 1 日	2.89	85.84	933.56
10	名侦探柯南：绀青之拳	日本	9 月 13 日	2.32	79.15	740.78
11	航海王：狂热行动	日本	10 月 18 日	2.05	65.89	669.49
12	玩具总动员 4	美国	6 月 21 日	2.01	62.37	569.73
13	爱宠大机密 2	美国	7 月 5 日	1.54	47.99	460.91
14	愤怒的小鸟 2	美国	8 月 16 日	1.40	43.33	424.88

续表

序号	片名	国家	首映日	票房（万元）	场次（万场）	人次（万人次）
15	哆啦 A 梦：大雄的月球探险记	日本	6 月 1 日	1.31	43.00	437.87
16	雪人奇缘	中国	10 月 1 日	1.28	24.10	314.72
17	小猪佩奇过大年	中国	2 月 5 日	1.25	15.96	294.68
18	夏目友人帐	日本	3 月 7 日	1.15	41.27	379.92

资料来源：艺恩数据（http://www.endata.com.cn/）。

（四）网络动画：网络视频平台利用播出优势拓展投资制作

1. 网络动画制作：备案数量和上线数量日益增长

根据国家广播电视总局重点网络影视剧信息备案系统数据统计，2019 年 2—12 月在系统中登记并符合重点网络原创视听节目制作相关规定的网络动画片共 250 部（其中，5—12 月为 207 部、5 536 集，平均每部 26.7 集）。其中，传奇题材 87 部，青少题材 60 部，科幻题材 32 部，都市题材 21 部，武打题材 10 部，其他（含传记等）题材 40 部。2019 年第二至第四季度，在系统中通过登记并取得上线备案号的网络动画片共 38 部、371 集（见表 9）。其中，传奇题材 15 部、113 集，青少题材 4 部、95 集，科幻题材 6 部、56 集，都市题材 6 部、34 集，武打题材 1 部、12 集，其他（含农村等）题材 6 部、61 集。江苏糖心文化传媒有限公司、上海幻电信息科技有限公司等机构的上线数量较多，上海幻电信息科技有限公司上线《万国志》《嗜谎之神》《异常生物见闻录》《大王不高兴》《仙王的日常生活》等 8 部网络动画片，共计 58 集。

表 9　2019 年第二至第四季度全国重点网络动画片上线备案登记情况

序号	节目品牌名称	片目数量（部）	集数（集）	申报机构
1	别惹流氓兔马修	2	70	江苏糖心文化传媒有限公司
2	星岛猫	1	26	北京星维国际文化科技发展有限公司
3	万国志	2	20	上海幻电信息科技有限公司
4	妖精种植手册	1	15	广州大火鸟文化传媒有限公司
5	嗜谎之神	2	13	上海幻电信息科技有限公司
6	异常生物见闻录	2	13	上海幻电信息科技有限公司
7	超凡虫虫队	1	13	上海阿里巴巴影业有限公司
8	斗罗大陆	1	13	深圳市腾讯计算机系统有限公司
9	灵笼	1	13	武汉艺山匠心文化传播有限公司
10	莫叽姆斯山海漫游记	1	13	杭州子非鱼文化传媒有限公司
11	汉化日记	2	12	成都艾尔平方文化传播有限公司
12	你在星光深处	2	12	上海宽娱数码科技有限公司
13	爱在西元前	1	12	杭州华映星球影业有限公司
14	非人哉	1	12	北京分子互动文化传播有限公司
15	剑网 3	1	12	武汉西山映画文化传播有限公司
16	逆反纪元	1	12	广东星辉天拓互动娱乐有限公司
17	枪神记	1	12	上海魔铠信息科技有限公司
18	锁龙谷	1	12	重庆飞熊影视制作有限公司
19	狐妖小红娘	2	10	上海花原文化传播有限公司
20	伍六七	2	10	啊哈娱乐（上海）有限公司
21	武庚纪	1	10	深圳市腾讯计算机系统有限公司
22	魔道祖师	1	8	重庆甲辰影视动画有限公司
23	大王不高兴	1	7	上海幻电信息科技有限公司
24	解药	1	6	上海宽娱数码科技有限公司

续表

序号	节目品牌名称	片目数量（部）	集数（集）	申报机构
25	镇魂街	1	6	成都艾尔平方文化传播有限公司
26	仙王的日常生活	1	5	上海幻电信息科技有限公司
27	花千骨	1	1	北京智盛联合数字科技有限公司
28	幻璃镜	1	1	霍尔果斯恒星引力影视传媒有限公司
29	龙虎纪	1	1	华鉴影业有限公司
30	爷俩和娘俩	1	1	安徽民间小调影视文化传媒有限公司

资料来源：国家广播电视总局。

2. 网络动画播出：综合视频平台成为主力军

视频网站及其APP是各类动画片的重要播出平台。一方面，爱奇艺、腾讯视频、优酷视频等综合视频网站纷纷开设了动画频道，在采购节目内容播映版权的同时，还联合内容制作方（影视制作公司），投资制作自有版权内容。另一方面，以哔哩哔哩（B站）为代表的垂直视频网站在以动漫、游戏为主的二次元社区的基础上，围绕着年轻群体的娱乐需要拓展为生活、娱乐、科技等大众化泛娱乐社区。随着B站内容的不断多元化，其定位已从成立之初的二次元爱好者组成的动漫社区发展为Z世代（1990—2009年出生的人）热衷的在线泛娱乐社区。易观千帆数据显示，截至2019年底，爱奇艺、腾讯视频、优酷视频在综合视频APP中遥遥领先，月活跃用户分别为6.13亿人、5.25亿人、4.67亿人（见图12）；哔哩哔哩在垂直视频、动漫及二次元社区APP中脱颖而出，月活跃用户达到8 379.17万人（见图13）。

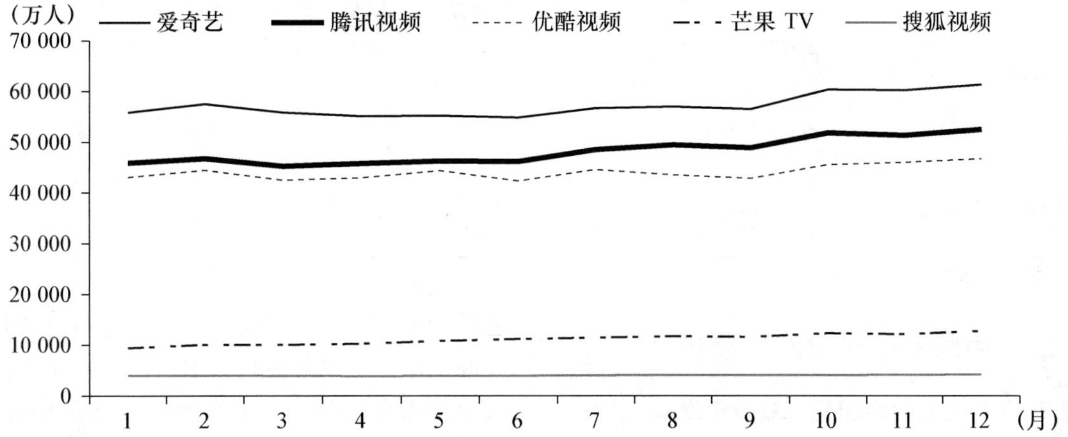

图12 2019年国内综合视频应用前5名活跃人数对比

资料来源：易观千帆（http://qianfan.analysys.cn）。

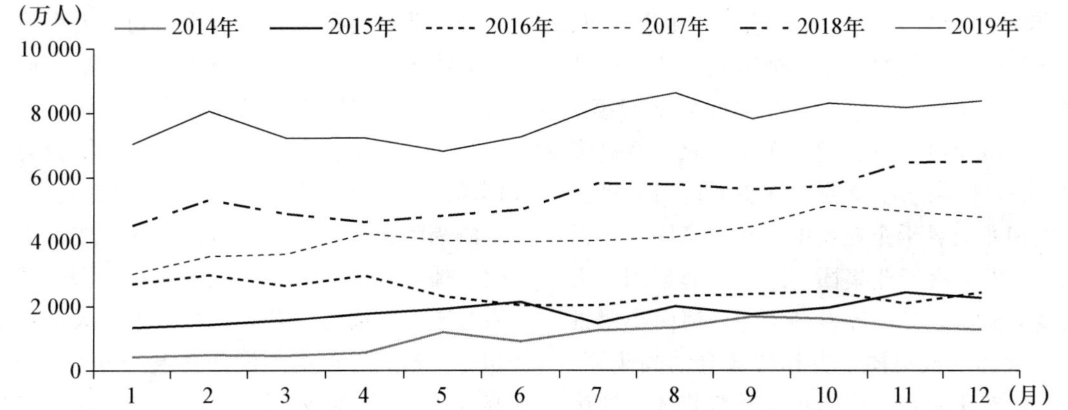

图13 2014—2019年哔哩哔哩应用活跃人数对比

资料来源：易观千帆（http://qianfan.analysys.cn）。

根据骨朵数据对腾讯视频、爱奇艺、搜狐视频、优酷、芒果 TV、B 站、乐视视频、淘米、PP 视频、风行、响巢看看等播放平台的数据监测，2019 年国产动画合计播放 311.70 亿次，相比 2018 年（262.96 亿次）增长 18.53%。其中，播放量最高的是由企鹅影视、玄机科技联合出品的网络动画《斗罗大陆》，在腾讯视频的播放量最高达 80.53 亿次。在播放量最高的十大国产动画片中，有 7 部属于持续更新的连载作品，《万界神主》《灵剑尊》《雄兵连之诸天降临》3 部作品属于 2019 年上线的新作（见表 10）。

表 10　2019 年国内播放量最高的十大国产动画片

排名	片名	播放量（亿次）	类型	首播年份	出品、制作公司	播放平台
1	斗罗大陆	80.53	古代/玄幻奇幻	2018 年	企鹅影视、玄机科技	腾讯视频
2	西行纪	16.27	古代/玄幻奇幻	2018 年	百漫文化、腾讯影业	腾讯视频
3	狐妖小红娘	14.18	古代/玄幻奇幻/爱情言情/女性	2015 年	腾讯动漫、绘梦动画	腾讯视频、爱奇艺、搜狐视频、优酷、B 站
4	画江湖之不良人第三季	13.41	古代/玄幻奇幻/仙侠武侠	2018 年	若森数字科技	腾讯视频、爱奇艺、优酷、B 站、搜狐视频、芒果 TV
5	万界神主	13.11	古代/玄幻奇幻/冒险	2019 年	若鸿文化	腾讯视频
6	灵剑尊第 1 季	12.26	古代/玄幻奇幻/仙侠武侠	2019 年	索以文化	腾讯视频
7	万界仙踪	11.37	古代/玄幻奇幻	2018 年	若鸿文化、艾画动漫	爱奇艺、腾讯视频
8	魔道祖师	10.43	古代/玄幻奇幻/仙侠武侠	2018 年	企鹅影视、视美影业、视美精典	腾讯视频
9	天行九歌	9.92	古代/玄幻奇幻/历史	2016 年	玄机科技	爱奇艺、腾讯视频、优酷、乐视视频、搜狐视频、淘米、B 站
10	雄兵连之诸天降临	9.00	科幻/战争	2019 年	企鹅影视、星辉娱乐、超神影业	腾讯视频

资料来源：骨朵数据（http://data.guduodata.com/）。

二、中国动漫产业发展趋势

（一）动漫企业趋向集团化、规模化发展

作为动漫市场主体的动漫企业在产业化潮流中快速成长，规模实力持续增强，一批有实力、有特色的动漫企业脱颖而出。中国动漫企业数量不断增加，2019 年又有 42 家动漫企业通过文化和旅游部、财政部、国家税务总局的认定，全国通过认定的动漫企业累计数量达到 896 家，其中重点企业 43 家，广东省和北京市动漫企业均超过了 100 家。经过多年的积累发展，中国动漫企业中逐步涌现出一批大型动漫集团和龙头骨干企业，中国动漫集团、央视动漫集团、长安动漫产业集团、三辰卡通集团、天津北方动漫集团、天津神界漫画集团、河南小樱桃动漫集团、吉林动漫集团、吉林省知合动画集团、吉林吉动文化艺术集团、广东缤果动漫集团、汕尾星际动漫集团等已经实现了集团化运营，奥飞娱乐、光线传媒、腾讯、哔哩哔哩、爱奇艺、美盛文化、长城动漫等上市公司都较深度地投资和运营动漫企业。例如，哔哩哔哩通过上海幻电信息科技有限公司和上海宽娱数码科技有限公司投资了上海呵呵呵文化传播有限公司、上海童园文化传媒有限公司、上海哔哩哔哩动画有限公司、上海动魂文化传媒有限公司、北京喵斯拉网络科技有限公司、哆啦哔梦（上海）文化传播有限公司、厦门优他动漫科技有限公司、北京漫漫淘科技有限公司、上海灵樨文化科技有限公司、武汉艺画开天文化传播有限公司、上海欣雨动画设计有限公司、南京戏画谷动漫设计有限公司、艾漫（上海）动漫设计有限公司、江苏幻创动漫文化有限公司、上海绘界文化传播有限公司、上海福煦影视文化投资有限公司、成都艾尔平方文化传播有限公司、北京氪金科技有限公司、天津动漫堂艺术发展有限公司、北京创艺天地科技有限公司、杭州娃娃鱼动画设计有限公司、七翎石文化传媒（上海）有限公司、上海三体动漫有限公司等数十家动漫企业。动漫企业的集团化、规模化，有利于通过市场机制提高产业资源的集中，从而提升自身的竞争力，有助于实现产业的专业化、规模化、

集约化、协调化发展。

（二）网络平台成为产业生态的布局者

与以少儿为主要观众群体定位的电视动画片生产和传播机构相比，网络平台面向少儿、青少年和年轻群体等大众群体日渐形成了网络文学（小说）—网络漫画—网络动画—游戏/电视剧/网络剧/电影的IP开发和经营模式。紧随有妖气利用网络漫画《十万个冷笑话》开启版权开发运营模式的步伐，腾讯动漫、爱奇艺、哔哩哔哩等网络平台如法炮制。腾讯先后提出了泛娱乐、新文创等概念，强调基于“科技＋文化”的基础战略，以IP构建为核心，构建开放、协作、创新的产业生态，打造更多具有广泛影响力的中国文化符号。在网络上较具代表性和影响力的网络漫画和动画作品包括腾讯动漫、腾讯视频的《尸兄》《从前有座灵剑山》《中国惊奇先生》《狐妖小红娘》《一人之下》《通灵妃》《王牌御史》《万界仙踪》《妖怪名单》《戒魔人》《猫妖的诱惑》《我的天劫女友》等，爱奇艺的《四海鲸骑》《少年歌行》《剑王朝》《邪王追妻》《爱在西元前》《万古仙穹》《灵域》等，有妖气的《十万个冷笑话》《妖神记》等，哔哩哔哩的《百炼成神》等，快看漫画的《魔道祖师》等。

围绕着以IP版权运营模式为核心的发展模式，网络平台竞相融合业务类型，创新产品形态。哔哩哔哩收购网易漫画，整合漫画作品资源；爱奇艺上线漫画频道，集合文学、漫画、动画业务推出Fun会员，并投资了漫画平台小明太极。继条漫之后，有声漫画以一种介于漫画和视频的中间形态被推出，并升级为名为“漫动画”（竖式动态漫画）的视频格式。根据骨朵传媒统计，爱奇艺、优酷、腾讯视频、芒果TV、B站等平台2019年共计上线动态漫画225部，相比2018年的29部增加了196部。其中，爱奇艺上线动态漫画156部，排名第一，优酷以148部排名第二，腾讯视频、芒果TV和B站分别上线78部、34部、25部。《猫妖的诱惑》继2017年在腾讯视频上线11集有声漫画之后，2019年在哔哩哔哩播出漫动画第一季24集。

（三）动漫IP在新文创生态中愈加彰显版权价值

在产业融合发展和文化企业集团化发展的背景下，以版权和IP为核心的新文创成为主流文化业态，文化企业纷纷在文学、动漫、游戏、影视等业务板块展开一体化经营，深耕版权价值。根据对2019年百度搜索风云榜动漫榜单的统计分析，全年共有180个国产动漫IP上榜，以斗罗大陆、魔道祖师、斗破苍穹、尸兄、从前有座灵剑山、四海鲸骑、赛尔号、中国惊奇先生、嘟当曼、熊出没、少年歌行、天行九歌、炮炮兵、剑王朝、邪王追妻、香肠派对、狐妖小红娘等IP最具关注度、知名度和影响力。基于不同产品形态产生的IP是一种商誉资产，能够最大化地利用影响力经济、粉丝经济、规模经济和范围经济等效应，促进新文创一体化经营。基于不同产品形态的特点，小说和漫画天然地成为IP的诞生层，电视剧和动画居于放大层，而游戏和电影成为变现层。像《斗罗大陆》《魔道祖师》《斗破苍穹》《从前有座灵剑山》《四海鲸骑》《少年歌行》《剑王朝》《邪王追妻》《妖神记》等小说均已被授权改编为漫画、动画，甚至还被改编为电视剧、电影、游戏等。《尸兄》《中国惊奇先生》《狐妖小红娘》《一人之下》《爱在西元前》等网络漫画，也已被授权改编为网络动画，甚至推出了手游、电视剧、网络剧等。《一人之下》是由米二创作的网络漫画作品，自2015年在腾讯动漫上连载至今，曾由浙江人民美术出版社出版15本图书；自2016年以来被授权改编为动画片，第1季由日本Pandanium动画公司负责制作，在国内视频网站和东京首都电视台（Tokyo MX）播出，第2季由上海绘界文化传播有限公司制作，第3季由大火鸟文化制作；由娱乐魔方工作室出品的手游已于2020年上线，还计划拍摄为真人版电影和网络剧。

（四）动漫品牌形象符号和传统产业深度融合

动漫产业是以创意为核心，以艺术和科技为支撑，以动画和漫画为主要表现形式，以动漫形象符号、世界架构和故事内容为主要载体，以动漫内容产品创作生产和营销传播为基础，以版权运营（跨体裁改编）和品牌授权（开发衍生产品）为延伸，从而形成巨大版权价值链的产业。动漫产业的核心本质为利用动画、漫画等多种业态广泛传播所塑造的品牌形象，进行版权内容和符号产品的多轮跨界商业开发，进而提升品牌溢价，实现其品牌影响力和经济效益的最大化。

品牌授权作为一种通过跨界合作促进高质量发展的商业模式，越来越受到动漫企业的青睐和认可。根据中国玩具和婴童用品协会品牌授权专业委员会的统计，截至2019年底，在中国的品牌授权企业为542家，已经开展授权业务的IP为2 006项。最为活跃的授权IP品类为卡通动漫（26%）、艺术文化（17%）、潮流时尚（14%）、影视综艺（13%）、电子游戏（7%）、企业品牌（6%）和肖像形象（6%）等。动漫是中国品牌授权市场的主要IP品类，动漫产品和动漫形象较为广泛地分布在卡通动漫、影视综艺和肖像形象等品类中（见表 11）。

表 11　中国品牌授权市场的部分 IP 品类

IP 品类	品类说明	典型代表
卡通动漫	有故事内容和情节，包括卡通、漫画、动画片、条漫等类型内容及其角色。	小猪佩奇、汪汪队立大功、超级飞侠、熊出没、航海王、老夫子、吾皇万岁、非人哉、红小豆、工作细胞等
影视综艺	电影、动画电影、电视剧、视频、综艺娱乐节目类内容及其角色。既有动漫又有电影的品类相互独立，动画版和电影版 IP 形象一般都有变化，且经常出现同一个 IP 漫画版和电影版的版权方并不是同一个的情况。	星球大战、漫威电影宇宙、小黄人、权力的游戏、爸爸去哪儿、创造 101 等
肖像形象	没有故事情节，只有卡通形象的人物、肖像、插画、表情包形象、社交媒体形象等，包括文旅类 IP 等。	Hello Kitty、Line Friends、Kakao Friends、泰迪珍藏、长草颜团子、同道大叔、熊本熊等

资料来源：中国玩具和婴童用品协会品牌授权专业委员会《中国品牌授权行业发展报告（2020）》。

IP 和品牌的创建离不开优质内容的长期积累和持续培养，除了内容生产制作之外，更加依赖于内容传播和营销推广。互联网已经成为大多数 IP 传播的主要平台，图文内容的发布平台主要有腾讯动漫、快看漫画等，主要的视频平台包括腾讯视频、爱奇艺、优酷、B 站等，社交媒体传播平台主要包括微信、微博、抖音、B 站等。品牌授权的行业特点决定了只有少数具有较强传播力、影响力和吸引力的内容 IP 拥有品牌授权的商业价值。2019 年微博动漫形象 Top 10 包括：哆啦 A 梦（《哆啦 A 梦》）、魏婴（《魔道祖师》）、蓝湛（《魔道祖师》）、野原新之助（《蜡笔小新》）、罗小黑（《罗小黑战记》）、阿狸（《阿狸旋木花园》）、叶修（《全职高手》）、Hello Kitty（*Hello Kitty*）、蒙奇·D·路飞（《航海王》）、初音未来（《VOCALOID》）。

新生代已经崛起成为品牌授权产品的主要消费群体。在消费者购买的 IP 授权商品中，玩具游艺（18%）、服装（16%）和食品饮料（13%）是最受青睐的三大授权产品品类。玩具行业是国内最早进入品牌授权领域、开展规范化品牌授权业务的行业之一。在 100 家有实际品牌授权业务的玩具企业中，56%的玩具企业授权业务占到公司整体业务的 4 成以上，更有 30%的玩具企业授权业务占到公司整体业务的 7 成以上。超过 1/3 的玩具企业（被授权商）选择与卡通动漫品类的 IP 进行授权合作，这说明动漫卡通和玩具之间存在着天然的关联性。

融合了潮流文化和创意内容的潮流玩具，涵盖人物模型（Figure）、手办（GK）、球型关节人偶（BJD）和成人拼装玩具等品类。不同于传统玩具，潮流玩具通常根据文化与娱乐 IP 设计，多数情况下来源于授权的潮流内容，使其超越基础功能用途，更适合展示和收藏。它以时尚设计的审美价值和强烈的情感联系价值，为消费者带来沉浸式体验。近年来，马丁（Martin）、考斯（Kaws）、邓尼（Dunny）、茉莉（Molly）等潮流玩具大行其道，并催生出泡泡玛特、玩偶一号（IP 小站）、52TOYS 等潮流玩具厂商。以文创类产品零售店铺（如酷乐潮玩等）起家的泡泡玛特在 2015 年代理日本知名 IP 玩具天使娃娃（Sonny Angel）后开始向 IP 孵化运营商转型，自 2016 年孵化出第一个 IP 茉莉（Molly）以来，逐渐成长为覆盖潮流玩具全产业链的综合运营平台。目前公司成功运营 85 个 IP（包括 12 个自有 IP、22 个独家 IP、51 个非独家 IP，见表 12），以基于 IP 自主设计产品为主，2019 年自主设计产品收入达 13.84 亿元（约占 16.83 亿元营业收入的 82.2%）。公司 2017—2019 年营业收入分别为 1.58 亿元、5.15 亿元、16.83 亿元，其快速增长的核心原因在于：优质 IP 资源积淀的品牌文化属性，线下门店、线上渠道（天猫、京东等）、《葩趣》APP 的全渠道销售能力，玩偶商品形态＋盲盒销售形式的强效组合。盲盒是在购买前无法得知具体产品款式的玩具盒子（类似于日本潮流玩具中的扭蛋、盒蛋），它能成为最受欢迎的潮流玩具产品类型之一有着深层原因。盲盒中商品的不确定性带来的惊喜感，商品套装激发的收藏欲，相对不高的单价（49～99 元），与 IP 结合的商品种类较多，共同刺激着粉丝型消费者的购买欲，带来重复购买率的不断提升。固定款＋隐藏款的销售设定形成了类似抽奖的刺激感，增强了“盲抽”带来的惊喜感，限量款具有强大的吸引力，提升了消费过程的乐趣，同时提升了重复购买率。盲盒还衍生出社交分享、二手交易功能，叠加对于IP的情感黏性，制造了圈层文化的社交属性，由社交化消费带来的身份认同感和潮流玩具文化广泛传播进一步促进了盲盒的销售。潮流玩具的主要消费者是年龄在15～40岁、受过良好文化教育的年青一代，Z世代较高的消费力、热衷追求品牌调性和新品爆款、消费社交化（通过社交媒体分享情感和喜好）等特征被投其所好的潮流玩具＋盲盒精准狙击。

表12 泡泡玛特的IP库

IP类型	数量	主要来源	具体介绍
自有IP	12	合作艺术家、内部设计团队	自有IP主要有收购的代表性IP，如Molly（公司已收购Molly在全球的知识产权所有权）和Dimoo，以及内部设计团队开发的IP，如BOBO&COCO和Yuki。
独家IP	22	合作艺术家	独家IP由合作艺术家创作，如PUCKY、the Monsters和SATYR RORY。公司与艺术家签订授权协议，合作艺术家一般为公司提供在中国和其他指定地区（视情况而定）开发及销售的基于其IP的潮流玩具产品的独家权利。
非独家IP	51	成熟的IP提供商	非独家IP由迪士尼、环球影业等知名IP提供商提供，包括广受欢迎的动漫形象，如米老鼠、Despicable Me和Hello Kitty。公司通常和IP提供商签订非独家授权协议，有关IP提供商授予公司在中国和其他指定地区（视情况而定）开发及销售基于其IP的潮流玩具产品的非独家权利。

资料来源：香港交易及结算所有限公司《泡泡玛特国际集团有限公司招股说明书》。

2019年，越来越多的传统行业厂商借力动漫品牌开展内容营销、形象营销（商品授权、促销授权）、场景营销（空间授权），企业品牌和动漫IP联动的项目数量大幅提升。网易严选与上海美术电影制片厂合作，共同推出葫芦兄弟系列彩妆产品，包含护手霜、眼影、口红、散粉、面膜和香水等；麦当劳携手快看漫画，联合10部漫画作品打造联名麦旋风，并通过AR互动、联名动画短片、定制条漫等玩法，增强粉丝参与度；微博动漫为美团外卖设计四个性格迥异的人物形象，联合出品首部以外卖小哥为蓝本的搞笑漫画、动态漫画、广播剧；吾皇和维达发布“吸猫味”纸巾；茉莉（Molly）授权伊利味可滋牛奶饮品；重庆江小白酒业有限公司和武汉两点十分文化传播有限公司联合推出的2季24集《我是江小白》网络动画，成为跨界宣传和定制营销的重要标杆。

2019 年中国软件产业发展报告

工业和信息化部信息技术发展司

2019 年，世界经济总体呈缓慢增长的态势，全球经济增长持续放缓，产业加快变革调整，贸易摩擦加剧，大国博弈明显升温，全球国际分工面临重构格局。面对复杂严峻的内外部形势，中国持续深化供给侧结构性改革，经济总体保持平稳运行态势，经济结构优化升级持续推进，工业结构优化调整取得实效，中国经济已由高速增长阶段转向高质量发展阶段，目前正处在转变发展方式、优化经济结构、转换增长动力的攻关期。2019 年，全年国内生产总值 990 865 亿元，比上年增长 6.1%①。与此同时，中国也面临经济下行压力加大、工业运行稳中趋缓等问题。但随着以数字经济为代表的新经济逐渐发展成为新动能，经济发展进入新常态，为软件产业发展创造了良好的外部环境。软件和信息技术服务业发展势头良好，产业规模稳步增长，步入稳中向好发展阶段。

一、2019 年中国软件产业发展的宏观环境

软件是信息技术之魂、网络安全之盾、经济转型之擎、数字社会之基，是引领新一轮科技创新的原动力。2019 年，以数字经济为代表的新经济成为发展新动能。中国新旧动能加快转换，为软件产业发展创造了良好的外部环境。“软件定义”也全面融入经济社会各领域，驱动数字经济蓬勃发展，推动智慧社会加速演进。在习近平新时代中国特色社会主义思想指导下，在党的十九大和十九届二中、三中、四中全会精神指引下，紧紧围绕供给侧结构性改革，中国软件产业进入高质量发展阶段。

国家发布一系列利好政策，大力促进软件和信息技术服务业发展。党的十九大明确提出“加快建设制造强国，加快发展先进制造业，推动互联网、大数据、人工智能和实体经济深度融合”。2019 年，15 部门联合印发《关于推动先进制造业和现代服务业深度融合发展的实施意见》，提出要发展高端工业软件，增强制造业核心竞争力，培育现代产业体系，实现高质量发展。在具体领域方面，工业和信息化部、国家标准化管理委员会共同组织制定《工业互联网综合标准化体系建设指南》，旨在发挥标准在工业互联网产业生态体系构建中的顶层设计和引领规范作用。工业和信息化部等十部门联合印发《加强工业互联网安全工作的指导意见》，目的在于促进工业互联网高质量发展，推动现代化经济体系建设。工业和信息化部编制了《工业大数据发展指导意见（征求意见稿）》，旨在促进工业大数据发展，推动互联网、大数据、人工智能与制造业深度融合。随着国家相关规划、文件的实施与落地，各地也结合自身优势出台促进大数据、云计算、人工智能等新兴信息技术发展的配套措施和支持政策，软件和信息技术服务业的政策环境得到进一步优化，为软件和信息技术服务业突破式发展提供了新机遇。

世界经济下行风险加大，美国实施保护主义和单边主义对世界经济产生的消极影响扩大，世界经济增速放缓。中美经贸摩擦增加了中国软件产业国际化的难度，对软件产业发展也提出了挑战。全球软件产业发展出现系列新现象，呈现出“软件定义”驱动新兴领域发展，软件产业云化、平台化、服务化转向，开源持续推动信息技术创新。全球市场给中国软件产业发展提供了更大的市场空间，我国的软件产品和服务能力正在被全球市场认可，这为中国软件产业发展提供了机会。随着中国更加重视基础软件、前沿研发和开源软件，中国软件产业已迈入高质量发展的新阶段，将有力支撑制造强国和网络强国建设。

二、2019 年中国软件产业发展基本情况②

2019 年，中国软件和信息技术服务业呈现平稳向好发展态势，收入和利润均保持较快增长，从业

① 数据来源：《中华人民共和国 2019 年国民经济和社会发展统计公报》。

② 数据来源：《2019 年软件和信息技术服务业统计年报》。

人数稳步增加；信息技术服务加快云化发展，软件应用服务化、平台化趋势明显；中部地区软件业增速较快，东部地区保持集聚和领先发展态势。

（一）综合情况

软件业务收入保持较快增长。2019 年，全国软件和信息技术服务业规模以上企业①个数达 36 958 家，比上年增加 627 家；累计完成软件业务收入 72 072 亿元，比上年增长 16.4%。

盈利能力稳步提升。2019 年软件和信息技术服务业实现利润总额 9 835 亿元，比上年增长 9.7%；软件业务收入利润率（利润总额占软件业务收入比重）13.6%，较上年下降 0.9 个百分点。

研发投入加快增长。2019 年，软件业投入研发经费 7 336 亿元，比上年增长 17.1%，较上年提高 5.6 个百分点；研发投入强度（研发经费占软件业务收入比重）达 10.2%，比上年提高 0.1 个百分点。

从业人数不断增加。2019 年底，软件业从业人员达 677.5 万人，比上年增加 32 万人，同比增长 5.0%，本年应付职工薪酬总额 11 251 亿元，比上年增长 18.7%。

（二）产业结构情况

产业服务化、云化转型稳步推进。2019 年，软件业实现软件产品、信息技术服务、信息安全、嵌入式系统软件四类收入占比分别为 28.9%、60.5%、1.8%和 8.8%。以云计算、大数据技术为基础的平台类运营技术服务收入 21 965 亿元，同比增长 31.2%，占信息技术服务比重达 50.4%，较上年提高 5.8 个百分点。其中，典型云服务和大数据服务收入达 3 284 亿元，同比增长 49.8%，提供服务的企业达 2 977 家。

东部地区软件业稳步发展，中西部加快增长。2019 年，东、中、西部和东北地区的软件业务收入占比分别为 78.7%、5.5%、12.7%和 3.1%。东部地区软件业务收入比上年增长 15.2%，占比较上年下降 0.9 个百分点；中部和西部地区软件业增长较快，软件业务收入分别比上年增长 20.6% 和 28.4%，占比分别较上年提高 0.2 和 1.2 个百分点；东北地区软件业务收入呈下滑态势，占比下降 0.5 个百分点。

重点城市软件业集聚发展。2019 年，全国软件业务收入过千亿元城市共 18 个，包括 4 个直辖市、11 个副省级中心城市及苏州、福州和无锡 3 市，共完成软件业务收入 63 838 亿元，占全国软件业的 88.6%。15 个副省级中心城市共完成软件业务收入 39 559 亿元，比上年增长 16.3%，增速较上年提高 4.2 个百分点，占全国软件业的 55.6%，较上年提高 0.5 个百分点。

软件出口实现正增长。2019 年，完成软件业务出口额 569 亿美元，比上年增长 11.4%，扭转上年负增长局面。其中，外包服务出口 180 亿美元，比上年增长 46.3%，增长较快；嵌入式系统软件出口 139 亿美元，比上年下降 9.2%。

从业人员结构继续优化。2019 年，软件研发人员 262 万人，比上年略有下降，占全部从业人员比重达 38.7%；学历为硕士及以上人员 76.4 万人，比上年增长 14.4%，占全部从业人员的 11.3%，占比较上年提高 0.9 个百分点。

（三）主要软件企业发展情况②

根据国家统计局批准、工业和信息化部统计的 2018 年全国软件和信息技术服务业年报数据，经各地工业和信息化主管部门初步审核、工业和信息化部最终核定，2019 年（第 18 届）中国软件业务收入前百家企业（以下简称“软件百家企业”）名单揭晓。面对复杂多变的国内外环境和不断加大的经济下行压力，软件百家企业积极应对风险挑战，坚持推进转型升级，不断拓展融合应用，整体保持稳步增长态势的同时，研发创新动能持续迸发，主动加强产业链协作，整合上下游和跨领域资源，持续提升盈利能力和增强核心竞争力，高质量发展势头更加明显。

企业由量增向质优阶段迈进，呈现“高毛利、高研发”的双高特征。第 18 届软件百家企业 2018 年共完成软件业务收入 8 212 亿元，比上届增长 6.5%，占全行业收入比重为 13.3%，收入增长超 20%的企业达三成多。其中，软件业务收入过百亿元的企业 14 家，比上届增加 1 家；软件业务收入过 30 亿元的企业 59 家，比上届增加 2 家。共创造利润总额 1 963 亿元，比上届增长 14.6%，平均主营利润率为 11.3%，在行业内保持领先水平；共投入研发经费 1 746 亿元，比上届增长 12.6%，平均研发强度为 10.1%，高出行业平均水平 2.2 个百分点。

企业研发投入力度持续增强，创新成果不断涌

---

① 规模以上企业：指主营业务年收入 500 万元以上的软件和信息技术服务企业。

② 2019 年中国软件业务收入前百家企业发展报告［EB/OL］.（2020-02-25）. https://www.miit.gov.cn/jgsj/xxjsfzs/xyyx/art/2020/art_0d759fa7219b4c26adeda8555aa046c0.html.

现。第18届软件百家企业共投入研发经费1 746亿元，比上届增长12.6%，占全行业研发投入的27.9%，远超收入和利润在全行业比重，是软件行业研发投入的骨干力量。企业平均研发强度（研发经费占主营业务收入比例）10.1%，比上届提高0.4个百分点，高于全行业平均水平2.2个百分点；研发强度超过15%的企业有20家，比上届增加5家；参与软件研发的人数达37.5万人，占软件百家企业总从业人员数量的39.5%。本届软件百家企业的软件著作权登记量超过3万件，拥有的获授权专利数量超过13万件，其中发明专利占全部专利比重达四成，创新成果量质齐升；据国家知识产权局公布的2018年国内企业专利授权量排名，华为和广东欧珀专利授权量分列第1和第3位。经过持续研发积累，软件百家企业不断迎来新收获，如华为于2019年正式发布自主知识产权操作系统鸿蒙OS，可提供多个智能终端设备使用，为构建面向未来的新型生态体系奠定了基础；同时，在数据库、工业软件、国产办公软件等领域都有新的突破和进展。

企业稳定性与活跃性并存，新兴领域支撑力量显著增强。第18届软件百家企业中部分企业增势突出，收入同比增速超过20%的企业有34家；增速超过50%的企业达到9家；两年持续在榜企业中，排名提升超过10位的企业达到16家，比上届增加1家。从增长较快的企业看，两类企业表现抢眼：一是在云计算、大数据和人工智能领域布局较早的企业，注重技术创新，积累了一定核心技术和领先优势，持续保持强劲发展势头；二是随着中国智能金融、智能交通和智能安全市场全面启动，部分企业抓住发展机遇，以应用为导向，以新兴技术为传统行业赋能升级，收入实现快速增长。排首位的企业是华为技术有限公司，该公司已连续18年蝉联软件百家企业之首；与上届相比，阿里云计算有限公司、北京小米移动软件有限公司、北京京东尚科信息技术有限公司3家企业首次进入前十位，其业务以云计算、移动互联网领域为主；前十位的企业还包括海尔集团公司、浪潮集团有限公司、海信集团有限公司、杭州海康威视数字技术股份有限公司、中国银联股份有限公司、南瑞集团有限公司6家公司，已持续5年在榜。与上届相比，本届软件百家企业换榜率增加7%，有14家企业因收入下降、业务转型、亏损或并购等原因退出本届软件百家企业名单；有10家涉及信息安全、物流智能化、云服务等领域的企业首次进入名单，另有4家企业重新进入名单。

三、2019年中国软件正版化工作开展情况

中国一贯高度重视科学技术创新和知识产权保护，通过软件正版化加强软件知识产权保护，是鼓励和促进知识与技术创新的重要举措。2019年，工业和信息化部继续落实《关于计算机预装正版操作系统软件有关问题的通知》和《关于政府部门购置计算机办公设备必须采购已预装正版操作系统软件产品的通知》等一系列指导文件精神，并联合多部门开展软件正版化督查工作，维护计算机市场和软件市场秩序，营造良好的软件知识产权保护社会环境，推动软件产业创新。

（一）巩固计算机预装正版操作系统工作成果

近年来，随着预装工作的稳步推进，在计算机生产企业和软件企业的共同努力下，中国新出厂计算机正版操作系统软件的装机数量和预装率逐年提高，对推进国家软件正版化，改善国内软件知识产权保护环境发挥了积极的作用。2007年预装率为87.75%，2008年预装率为93.52%，自2009年预装率达到98.02%以来，新出厂计算机预装正版操作系统比率连续10年稳定在98%以上，2017年预装率为98.62%，2018年预装率达100%，2019年预装率为100%，计算机预装正版操作系统比率连续两年达100%。

（二）通过“剑网”行动落实版权保护工作①

2019年4月，国家版权局、国家互联网信息办公室、工业和信息化部、公安部四部门联合下发《关于开展打击网络侵权盗版“剑网2019”专项行动的通知》，对专项行动进行动员部署。“剑网2019”关注权利人和群众反映强烈的网络侵权问题，加大版权执法监管力度，规范相关行业版权秩序，积极应对5G、人工智能、区块链等新技术带来的挑战，提升版权管网治网能力，为庆祝新中国成立70周年营造良好的网络环境。此次专项行动开展5项重点整治：深化媒体融合发展版权专题保护；严格院线电影网络版权专项整治；加强流媒体软硬件版权重点监管；规范图片市场版权保护运营秩序；巩固网络重点领域版权治理成果。专项行动期间，各级版权执法监管部门删除侵权盗版链接110万条，

① 国家版权局通报“剑网2018”专项行动工作成果［EB/OL］.（2020-02-28）. http://www.cac.gov.cn/2019-02/28/c_1124171978.htm.

收缴侵权盗版制品 1 075 万件，查处网络侵权盗版案件 450 件，其中查办刑事案件 160 件、涉案金额 5.24 亿元，专项行动取得显著成效。

（三）软件著作权登记高速增长①

软件正版化工作的持续推进，改善了中国软件产业整体知识产权保护意识，间接推动了软件知识产权保护水平的提升和能力创建。

2019 年，全国共完成计算机软件著作权登记 1 484 448 件，同比增长 34.36%。软件著作权登记区域主要分布在东部地区，登记量约 104 万件，占登记总量的 70.2%，其中，广东、北京、江苏、上海的登记总量近 75 万件，约占东部地区登记数量的 71.6%。从登记区域增长情况看，增速最快的是东北地区（57.7%），高于全国整体增速约 23 个百分点；第二是中部地区（50.3%）；第三是西部地区（40.1%）；第四是东部地区（29.6%）。从各地区登记数量情况看，软件著作权登记量较多的省（市）依次为：广东、北京、江苏、上海、浙江、山东、河南、四川、福建、湖北。上述地区共登记软件约 111 万件，占登记总量的 74.8%，其中，广东省登记软件超过 25 万件，占登记总量的 17.2%。

根据中国版权保护中心著作权质权登记信息统计，2019 年计算机软件著作权质权登记 361 件，同比增长 3.14%；涉及合同数量 361 个，同比增长 3.14%；涉及作品数量 1 424 件，同比增长 21.61%；涉及主债务金额 699 681.4 万元，同比增长 47.21%；涉及担保金额 667 865.2 万元，同比增长 43.38%。

四、2019 年中国软件产业发展特点

（一）软件业产业规模效益稳步提高，产业引领带动作用突出

随着新一代信息技术应用不断推进，软件业内需潜能持续释放，2019 年，中国软件产业实现业务收入 7.207 2 万亿元，同比增长 16.4%。产业规模不断扩大。软件产业盈利能力稳步提升，高质量发展成效初显。云化、平台化等新技术、新模式等大大促进了产业效率提升。软件主营业务利润率为 9 835 亿元，同比增长 9.7%，居近年来高位。软件业企业在促进稳增长稳就业方面做出了一定贡献。在经济整体下行压力增大的情况下，软件百家企业以占全行业 0.3%的企业数量，创造出占全行业 13.3%的收入，上缴了全行业 28%的税收，提供了全行业 15%的就业机会，其中合计上缴税金超过 1 000 亿元，比 5 年前翻了一番；吸纳从业人数 94.9 万人，比 5 年前增加 15.9 万人②。

（二）软件业集聚效应明显，软件企业充分发挥示范作用

重点城市软件业集聚发展态势明显。2019 年，全国软件业务收入过千亿元城市共 18 个，包括 4 个直辖市、11 个副省级中心城市及苏州、福州和无锡 3 市，共完成软件业务收入 63 838 亿元，占全国软件业的 88.6%。15 个副省级中心城市共完成软件业务收入 39 559 亿元，比上年增长 16.3%，增速较上年提高 4.2 个百分点，占全国软件业的 55.6%，较上年提高 0.5 个百分点。在国家政策支持和各级政府共同推动下，软件百家企业示范引领效应不断显现，区域布局呈现出分布广泛但集聚明显的特点。软件百家企业分布在全国 17 个省市范围内，有 89 家集中在东部省市。与 5 年前相比，北京的企业数继续保持全国领先，广东、上海、江苏、天津、四川的企业数均有增加③。

（三）软件业产业结构不断调整优化，供给质量持续提升

软件产品、信息技术服务、信息安全产品和服务以及嵌入式系统软件四个领域的收入占比分别为 28.9%、60.5%、1.8%和 8.8%，软件业服务化转型持续推进。2019 年信息安全收入同比增长 12.4%，信息安全的基础保障作用日益突出，面向商业层面的信息安全愈加重要。与全行业收入结构相比，软件百家企业的信息安全收入占比高出 1.7 个百分点，是构筑中国信息安全的重要骨干力量，嵌入式系统软件收入占比高出 8.4 个百分点，软件百家企业对智能制造的支撑力度进一步加大④。

（四）软件业企业积极参与国际竞争，国际化经营能力不断提升

面对复杂的国际贸易环境，软件业企业坚持推进国际化经营，积极巩固和拓展国际市场。2019 年，全国软件和信息技术服务业实现出口 505.3 亿美元。第 18 届软件百家企业全年实现软件出口 201 亿美元，占软件百家企业业务收入的 16%，占全行

---

① 国家版权局关于 2019 年全国著作权登记情况的通报［EB/OL］.（2020－03－25）. http://www.ncac.gov.cn/chinacopyright/contents/11945/415055.html.

②③④ 2019 年中国软件业务收入前百家企业发展报告［EB/OL］.（2020－02－25）. https://www.miit.gov.cn/jgsj/xxjsfzs/xyyx/art/2020/art_0d759fa7219b4c26adeda8555aa046c0.html.

业软件出口的比重为 39.3%[①]。围绕“一带一路”建设，软件百家企业加快在软件技术、标准和人才等方面的合作，出口市场不断向新兴市场拓展，对东南亚等国软件出口持续扩大，比上届增长 172%，对非洲的软件出口保持较快增长，对南美洲的软件出口有所起步；传统的主要出口和外包服务市场发展分化，对欧洲国家出口稳步上升，对美日出口下滑较大。软件百家企业坚持开展跨国经营活动，推进在海外的本地化经营，有 31 家企业在境外设立了分支机构、分公司或研发中心。

（五）软件业助力实体经济转型，促进经济社会发展

在云计算、大数据、人工智能等新技术的推动下，软件在促进实体经济数字化、网络化、智能化转型过程中的核心地位更加突出，对经济社会发展的支撑作用更加显著。软件百家企业深化融合应用，由基础较好的电信、金融等领域，逐步向工业、物流等领域拓展，以平台为依托，通过大数据、人工智能等技术手段，重塑实体经济业态结构和生态圈，对上下游产业的改造升级和带动作用明显，在工业互联网领域，通过推动工业企业接入工业互联网平台，丰富工业 APP 应用，有效激发企业活力，促进了新型工业生产模式和新生态的培育。

综上，2019 年，中国软件和信息技术服务业总体保持平稳较快发展，产业规模进一步扩大，盈利能力稳步提升，行业就业形势保持稳定，产业服务化、平台化、融合发展态势更加明显，软件正版化工作稳步推进。在进一步促进中国软件和信息技术服务业发展过程中，也要充分认识中国软件业发展的不足之处，加大基础技术研发和创新性应用研发，加强产业链协同创新，加快储备高端技术人才，积极进行国际市场开拓，推动中国软件产业做大做强，为制造强国和网络强国建设提供基础支撑，为经济高质量发展提供新动能。

---

① 2019 年中国软件业务收入前百家企业发展报告［EB/OL］.（2020-02-25）. https://www.miit.gov.cn/jgsj/xxjsfzs/xyyx/art/2020/art_0d759fa7219b4c26adeda8555aa046c0.html.

2019年中国网络游戏产业发展报告

易观分析

一、2019年中国网络游戏产业发展背景

（一）中国网络游戏产业政策背景

1. 游戏监管体系持续完善

2019年，经过监管机构职能、审批指导等方面的全面调整，作为网络游戏出版运营必要流程的版号审批全面恢复正常，全年完成1 570款游戏的版号审批工作，满足了市场和行业发展的供应需求。从审批结果和指导来看，版号审批在调整后更加强调对精品游戏的扶持，对游戏的文化和社会价值提出了更多的要求，从而引导游戏行业的健康可持续发展。

具体而言，游戏出版审批对具备教育意义或弘扬传统文化的功能游戏提供了更多的支持，加快该类产品的版号审批，引导游戏公司研发更多功能游戏；加强了对游戏内容质量的引导，提高了游戏产品的出版门槛，从而引导游戏公司减少低质量游戏产品的供应；暂停当前市场仍存在的部分涉嫌违规违法运营的棋牌游戏的版号审批，配合各地相关部门推动棋牌游戏市场的规范化发展。

整体上看，在已经建立相对完善的网络事中事后监管体系之后，属于事前监管环节的游戏出版审批也在2019年逐渐趋于稳定和完善，从而不断推进游戏整体监管体系的持续完善。

2. 构建和逐步落实网络游戏未成年人保护体系

自2018年提出网络游戏未成年人保护要求以来，在监管部门、行业协会和游戏及相关企业的共同努力下，相关的监管和执行体系在2019年开始进入逐步落实的阶段。

2019年9月，人民网联合超过20家领先游戏公司，共同发布了国内首个游戏适龄提示分级标准，根据游戏的主要内容、目标人群等，分为6＋、12＋、16＋、18＋四个等级。该分级标准已在主要游戏中开始实施，是行业自发的加强未成年人保护和引导的重要措施之一。

10月，国家新闻出版署印发《关于防止未成年人沉迷网络游戏的通知》，该通知从六个方面提出重要指导意见：实行网络游戏用户账号实名注册制度；严格控制未成年人使用网络游戏时段、时长；规范向未成年人提供付费服务；切实加强行业监管；探索实施适龄提示制度；积极引导家长、学校等社会各界力量履行未成年人监护守护责任。发挥了国家新闻出版署作为网络游戏主要监管部门的指导和牵头职能，为行业和社会各界指明了推进落实未成年人保护的具体实施方向。

2019年11月，《未成年人保护法（修订草案）》开始征求意见，该修订草案将解决未成年人网络沉迷问题视为重要内容之一。《未成年人保护法》修法进程的持续推进，将对网络游戏未成年人保护的监管和执行体系起到重要的法律引导、监督作用。

（二）中国网络游戏产业经济环境背景

1. 互联网投融资持续趋紧

信通院数据显示，2019年，中国互联网投融资披露总金额为326.8亿美元，相较于2018年的692亿美元，减少52.8%（见图1）。其中，各季度的同比增长率情况如表1所示。

数据显示，在全球宏观经济和一级市场资金规模持续收紧的背景下，基于互联网正在逐渐进入稳定增长阶段的行业现状，2019年的融资市场情况出现了较大程度的下滑。产业和财务投资者均减少了投资规模和笔数，对互联网经济的成长性和回报率进行更加严格的重新审视。

与其他行业相比，网络游戏行业在融资收紧的环境下具备更好的营运持续性。这是网络游戏的收益模式决定的，因为网络游戏产业的成熟度较高，大部分网络游戏可以持续提供现金流，并可以根据收益情况的变化及时调整投入规模，长期亏损企业在行业中相对少见。在不需要大规模业务扩展的基础上，网络游戏企业对融资的需求与其他互联网行业相比相对较弱。因此，融资的收紧，也在一定程度上促进了网络游戏公司减少激进投入，促使游戏公司不断提升营运效益。

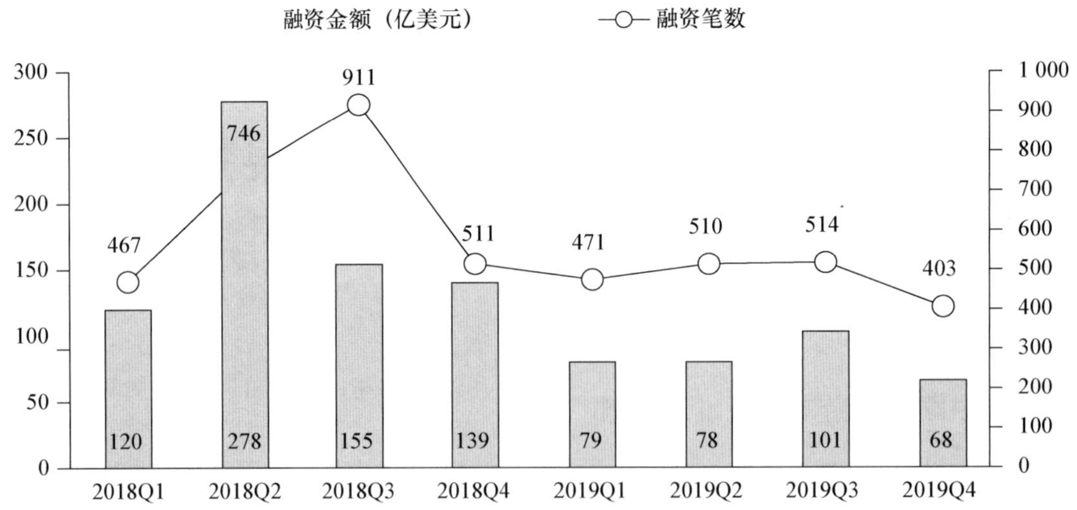

图 1　2018—2019 年中国互联网投融资整体情况

表 1　2019 年各季度中国互联网融资同比增长率

季度	融资金额同比增长率	融资笔数同比增长率
2019Q1	−33.9%	−0.9%
2019Q2	−71.9%	−31.6%
2019Q3	−34.8%	−43.6%
2019Q4	−50.8%	−21.1%

2. 居民文化娱乐消费支出持续增加

国家统计局数据显示，2017 年，全国居民人均可支配收入达到了 25 974 元人民币，2018 年，全国居民人均可支配收入 28 228 元，而 2019 年全国居民人均可支配收入则增至 30 733 元，比上年名义增长 8.9%，扣除价格因素，实际增长 5.8%。伴随着人均可支配收入的逐步增长，居民消费结构逐步发生变化，教育文化娱乐消费占比持续增加，2019 年达到 11.7%，同时其他必需消费所占比重正在逐渐降低，如食品烟酒、衣着、生活用品及服务等（见图 2）。这说明中国居民消费结构正在持续升级，以教育文化娱乐为主的享受消费所占比重正在提升，即文化娱乐付费能力持续增强，这为网络游戏行业的市场规模增长提供了坚实的市场基础。

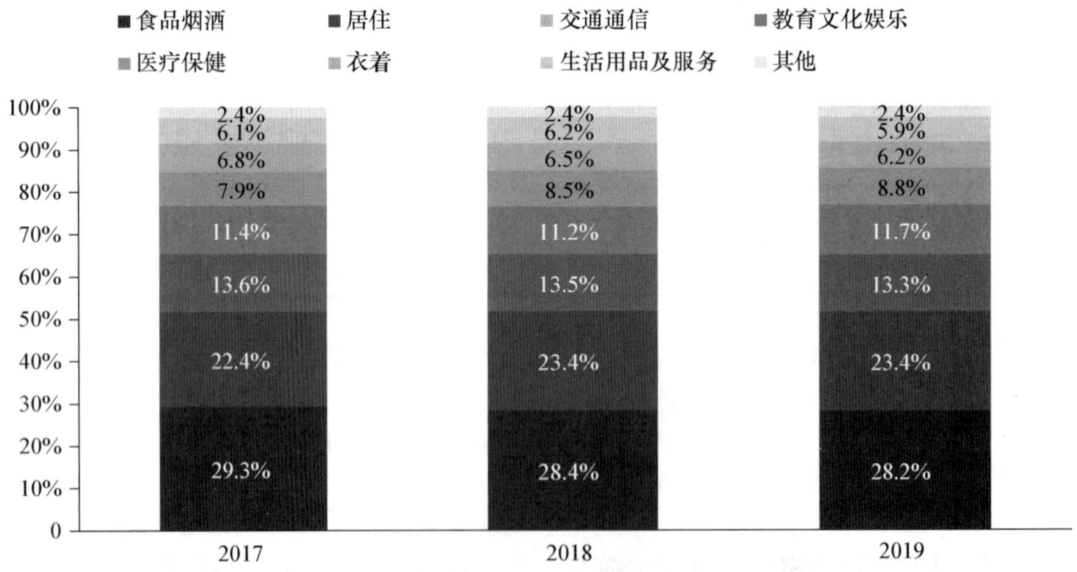

图 2　2017—2019 年全国居民人均消费支出及构成

（三）中国网络游戏产业社会环境背景

1. 社会各界日益重视网络游戏的技术和艺术价值

网络游戏被誉为第九艺术，是声音、美术和技术的集合作品，并且基于互动体验给用户带来了不同于其他艺术作品的独特沉浸式体验。随着网络游戏行业社会影响力的扩大和网络游戏公司对文化价值重视的加强，社会各界日益重视网络游戏的技术和艺术价值。

以故宫博物院为代表的传统文化传承者，正在不断加强与网络游戏的合作，从而借助网络游戏的载体进行文化艺术的传承和创新。2019 年初，故宫博物院和网易游戏合作，将中国十大传世名画之一《千里江山图》用游戏技术进行动态化和互动化创作，推出了移动游戏《绘真妙笔千山》，广受游戏用户喜爱。不仅如此，故宫博物院还和《王者荣耀》《奇迹暖暖》《天天爱消除》等游戏进行了深度合作，使传统文化在游戏载体上得到了创新和弘扬。

同时，还有大量的历史人物、艺术珍品、传统技艺等均通过不同形式与网络游戏展开合作，借助网络游戏的先进技术、可玩性和对年轻群体的影响力，实现了具有时代特征的传统文化继承与弘扬。这标志着包括艺术家在内的社会各界正在积极转变对网络游戏的认知，开始重视网络游戏的技术和艺术价值，有望推动全社会对游戏价值的理性审视和科学认识。

2. 人才教育培养规模持续扩大

网络游戏产业仍处于高速增长阶段，人才需求大，但是，以往高等教育对网络游戏相关人才的培养不足，仅有个别艺术院校开设相关专业，社会和产业的人才培养压力较大。

教育部公布的 2019 年度普通高等学校本科专业备案和审批结果显示，与网络游戏高度对口的数字媒体相关专业，是仅次于大数据及人工智能类的热门新增专业。其中，共有 28 所高等院校新增了“网络与新媒体”本科专业，23 所高等院校新增了“数字媒体艺术”本科专业，13 所高等院校新增了“数字媒体技术”本科专业。粗略预计，仅上述院校，就将在未来每年为网络游戏及相关产业提供数千名高等教育水平的科班人才增量。

高等院校积极开设相关本科专业，既是对网络游戏产业发展价值的认可，也能够有效降低产业的人才培养压力，为网络游戏产业提供大量经过系统化教育的高等人才，为产业长期的升级和发展提供坚实的社会基础。

（四）中国网络游戏产业技术环境背景

1. 网络传输技术水平不断提高

中国通信标准化协会旗下宽带发展联盟数据显示，2019 年第三季度中国固定宽带网络平均下载速率达到 37.69Mbit/s，环比上季度提升了 6.3%，同比 2018 年同期提升了 12.7Mbit/s，年度提升幅度达到 50.8%；中国移动宽带用户使用 4G 网络访问互联网时的平均下载速率达到 24.02Mbit/s，同比 2018 年同期提升幅度也达到了 11.9%。相关数据情况表明，中国固定宽带用户体验速率快速提升，移动宽带网络速率也在稳步提升，网络提速取得明显成效。

无论是固定宽带还是移动网络，网络传输速率均有明显提升，在不断优化网民上网体验的同时，也优化了网络游戏的技术基础，使得网络游戏公司可以提供更丰富的内容和更稳定的网络条件。

同时，在 4G 建设持续完善的基础上，5G 升级也逐渐展开，5G 基站和商用试点持续增加，为更多的基于 5G 的创新网络游戏产品，如云游戏、VR（虚拟现实）游戏等提供了技术基础，有望促进网络游戏产业的全面升级。

2. 更多技术革新持续进行

在 5G 商用预期和人工智能技术的基础上，更多的技术革新在 2019 年持续进行。

内容生产技术方面，作为游戏制作的核心工具，占据主要市场规模的虚幻引擎和 Unity 3D 进入成熟期，技术工具稳定，且易用性强，被大量的游戏开发者所使用；同时，在计算机视觉技术的助力下，包括动作捕捉、实景数字化等技术也在不断向易用性的方向发展，为游戏开发提供了更加实用和实惠的视觉技术。

内容传输技术方面，云计算技术不断发展，包括数据中心、边缘计算、服务器图形处理器、内容分发网络、高速网关等基础技术的更新换代持续加速，进一步提升了网络游戏的下载、通信体验，改善用户的网络体验。

内容呈现技术方面，消费终端产品持续升级，如电竞手机市场份额的持续增加、动态补偿在显示设备的广泛应用、5G 芯片的量产与应用、消费者显卡的升级、超高刷新率屏幕的应用等等，都将在客户端计算、显示和交互等方面改善网络游戏的用户体验。

二、中国网络游戏产业发展现状

（一）2019 年中国网络游戏市场规模

易观分析数据显示，从中国网络游戏市场来看，经过了 2018 年的短暂调整，在移动游戏的积极带动下，2019 年中国网络游戏市场规模增速实现了回升，同比增长率达 15.76%，市场规模达到 2 673 亿元人民币。预计 2020 年仍将收获较高增速，整体市场规模将突破 3 000 亿元人民币。2019 年的版号审核制度回归稳定，全年网络游戏版号下发数量达到了 1 570 款，虽然相较 2017 年及以前有较大下滑，但整体产品质量有较大程度的提升，从而有效确保了大部分游戏厂商产品计划基本回归正常，从基本盘方面有效促进了市场规模的增长。2016—2020 年中国网络游戏市场规模及预测见图 3。

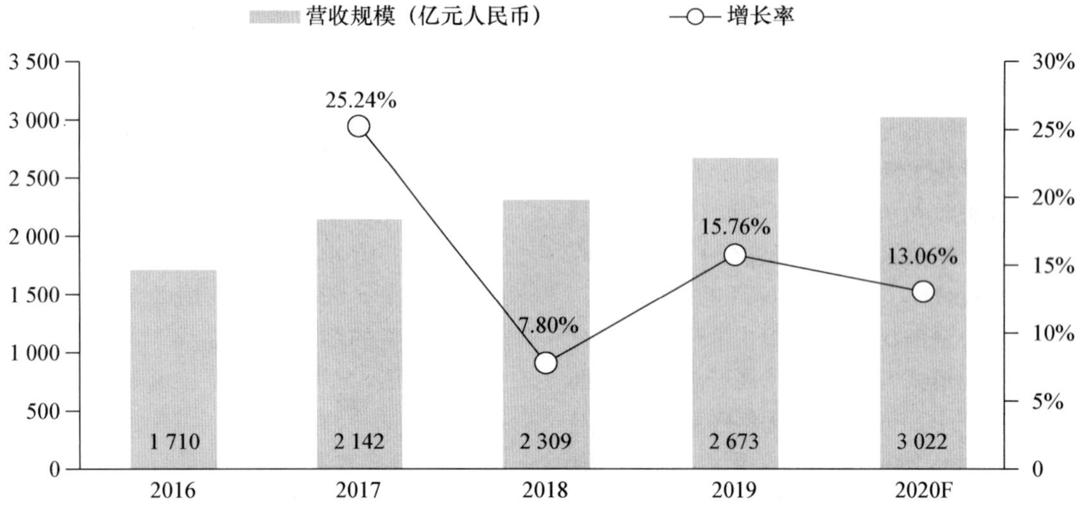

图 3　2016—2020 年中国网络游戏市场规模及预测

注：网络游戏市场规模指网络游戏（PC 互联网游戏和移动互联网游戏，不包括主机游戏）在中国大陆境内所产生的全部收益规模，包括版权分成、自主研发及代理产品运营所产生的充值卡、虚拟道具付费、游戏内广告收入等线上收入在内的全部收益规模。

同时，2019 年网络游戏市场也呈现了更加明显的精品化趋势，涌现了大量广受用户欢迎和行业关注的精品产品，同时头部厂商的主流产品的研发成本、市场成绩也有较大的提升。自 2020 年起，网络游戏市场将全面加速进入精品时代，将精品化提升至战略高度的主流厂商将继续加强对产品的内容质量和社会文化价值的自我要求。

易观分析数据显示，2019 年中国网络游戏用户规模为 6.51 亿人，增长率为 5.00%，已进入存量市场的整体趋势依然不变，预计将持续保持较为稳定的增速。2016—2020 年中国网络游戏用户规模及预测见图 4。

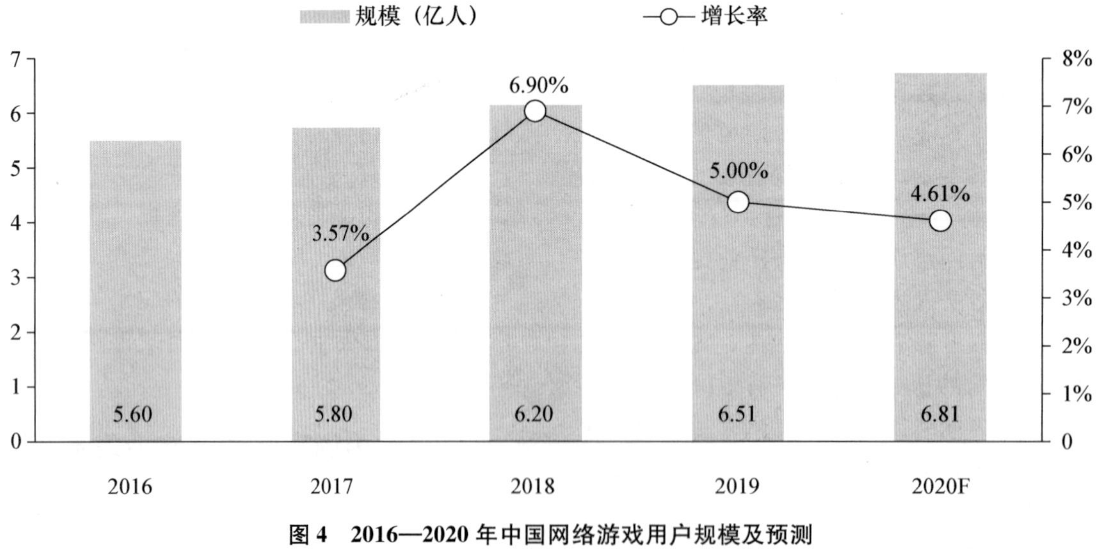

图 4　2016—2020 年中国网络游戏用户规模及预测

2019 年的用户增长，不仅得益于市场精品化对用户的吸引，也得益于媒体和渠道的助推，尤其是以短视频为代表的媒体渠道和以微信小游戏为代表的小游戏平台中的休闲游戏和精品游戏推广，吸引了大量的新用户。不过，以重度游戏为主的主流市场用户增长仍较为稳定。

市场的存量特征导致市场竞争的红海化，但是，从另一方面看，这也代表网络游戏市场已经拥有了非常充分和良好的市场基础。用户对优质游戏产品的需求升级将在庞大的用户基础上对市场形成有效的促进作用，换言之，存量用户的产品需求升级将形成规模巨大的产品红利，值得游戏厂商持续挖掘和兑现。往后，网络游戏市场规模的增长动力将从用户规模的增长逐步转变为付费用户的增多和存量用户的消费支出的增加，这也要求网络游戏公司持续提升其游戏产品的内容质量，从而吸引更多的高价值用户。

（二）2019 年中国网络游戏细分市场结构

目前中国网络游戏市场主要存在三类游戏产品：通过客户端形式在个人电脑中下载、安装和运行的客户端游戏；通过网页形式在个人电脑中以浏览器等工具直接打开和运行的网页游戏；在以手机为主、平板电脑为辅的移动个人设备中运行的移动游戏。

易观分析数据显示，得益于整体市场回暖，同时也受客户端游戏和网页游戏市场的负增长影响，中国移动市场占网络游戏市场比例在 2019 年得到了较大幅度的提升，达到了 68.6%，而随着 2020 年移动游戏市场的持续走强，预计突破 70%的时间将较此前预期提前，即 2020 年有望达到 71.5%。2016—2020 年中国网络游戏细分市场占比及预测见图 5。

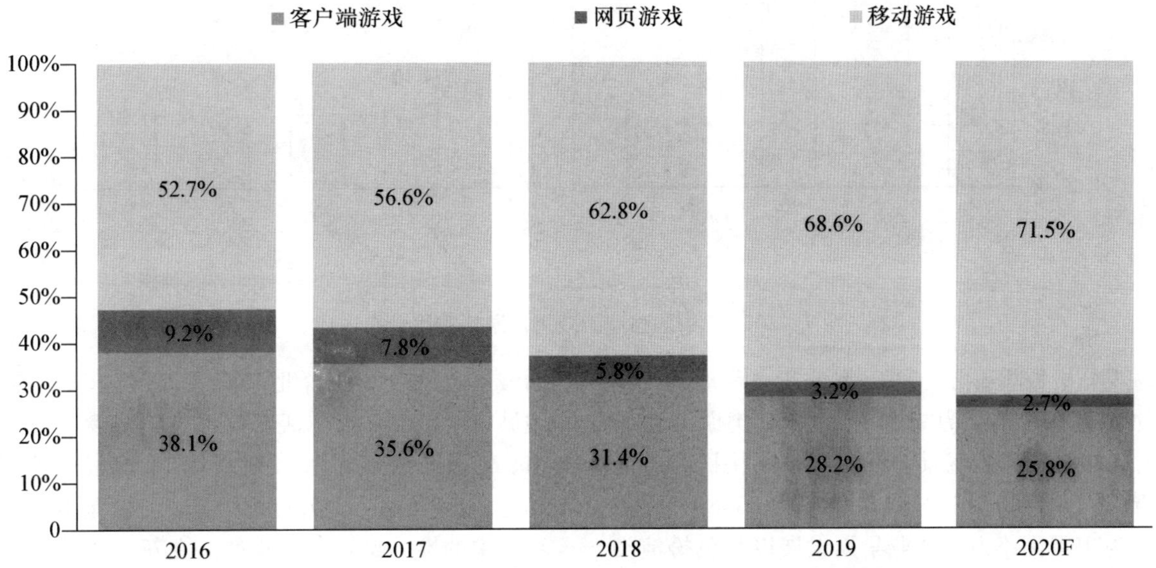

图 5　2016—2020 年中国网络游戏细分市场占比及预测

一方面，从市场基础看，移动游戏的用户规模、习惯等基础都优于客户端游戏和网页游戏，且后者的市场集中度远高于前者，因此，端游和页游市场的新产品供应不足的问题也被持续放大，随着存量产品的生命周期逐渐步入后期，市场规模的增长阻力持续加大。另一方面，以主机/单机为主的非网络游戏市场正在持续成长，也在一定程度上分流了客户端游戏用户的消费。

网页游戏市场将继续调整，而客户端游戏市场的不确定性则相对较大，但可以肯定的是，如果未能诞生具备出色创新性和巨大影响力的爆款产品，其市场规模占比的下滑将难以扭转。同时，移动游戏将在厂商、用户和技术等因素的影响下继续成长，继续发挥其网络游戏市场的核心作用。

（三）2019 年中国网络游戏产品结构

根据国家广播电视总局公布的信息，2019 年全年共有 1 570 款游戏获得版号，其中移动游戏继续保持核心地位，占比为 93%，而客户端游戏、网页游戏和主机游戏均仅占据少量市场份额（见图 6）。即无论是从市场份额还是从新产品供应来看，移动游戏的核心地位已经完全确立并有望持续增强。

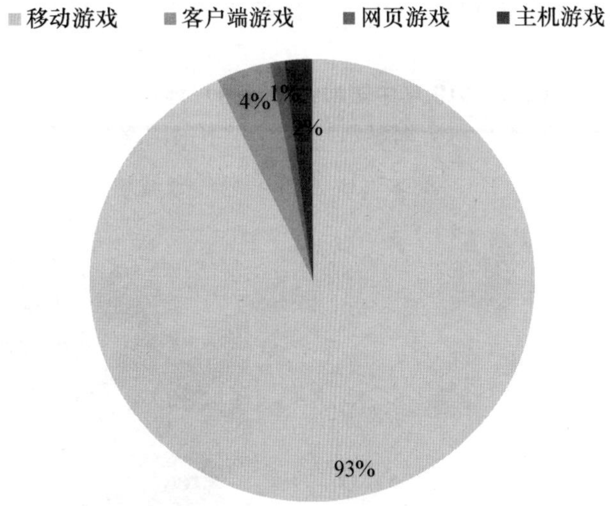

图 6　2019 年过审网络游戏版号分类占比

相较客户端游戏、网页游戏和主机游戏，移动游戏拥有易开发、风险低等特征，对游戏公司而言，移动游戏的开发周期和成本平均仅为客户端游戏的五分之一，且拥有更加成熟的推广和发行渠道，投入风险远低于客户端游戏。更为重要的是，在中国电脑游戏和客厅游戏场景不成熟的背景下，绝大部分用户都更倾向于通过手机终端进行游戏，享受移动游戏独有的便利性、碎片性和社交性。

具体到移动游戏的各类内容，2019 年各类移动游戏的用户渗透率如图 7 所示。

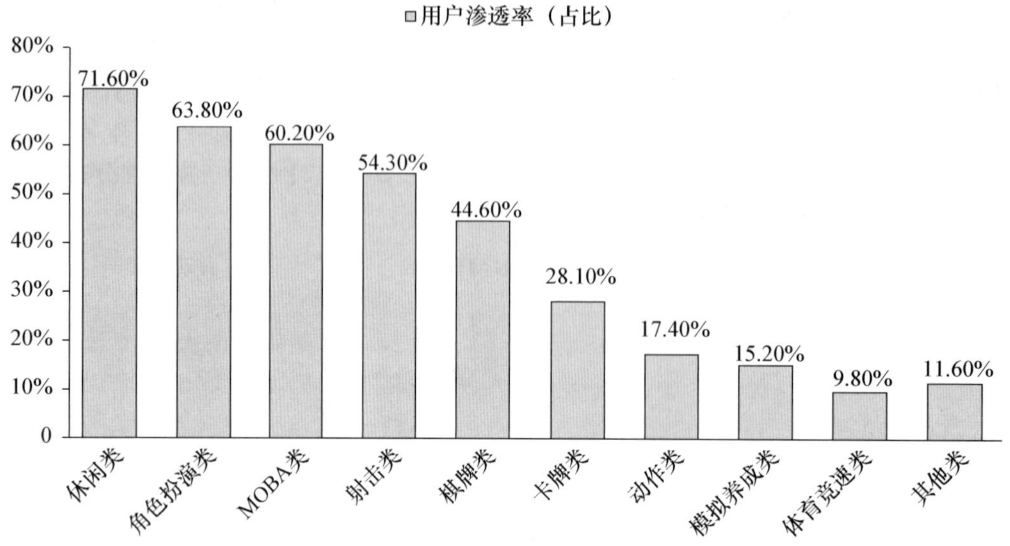

图 7　2019 年中国移动游戏用户游戏类型分布占比

易观分析数据显示，休闲类游戏在移动游戏用户中的渗透率最高，为 71.60%，休闲类游戏由于游戏时长较短，体验场景多样化，方便快捷，备受用户青睐；角色扮演类游戏渗透率为 63.80%，主要是因为中国网络游戏产业早期发展以角色扮演类游戏为核心，角色扮演类游戏拥有海量的用户基础；MOBA（多人在线战术竞技游戏）则是典型的竞技游戏，以《王者荣耀》为核心产品，拥有广泛的用户影响力，也是电竞产业的主要游戏品类之一。

（四）2019 年中国网络游戏用户地域分布

易观分析数据显示，2019 年中国网络游戏用户的城市级别分布中，北上广深占 10.40%，而新一线城市（指部分商业活跃度强且经济发达的省会城市、沿海开放城市等）则高达 34.10%（见图 8），相比 2018 年有一定幅度的提升，主要是由于以短视频为主的推广媒体对游戏产品在新一线城市的普及起到了积极的推动作用。

易观分析数据显示，按数量计，华南地区和华东地区是中国游戏产业的核心地区，游戏公司占比合计高达 67.8%（见图 9），其中主要是分布在广州、深圳、上海、杭州等发达城市。这也导致游戏产业产值的相对集中，大部分产值集中在广东省或者上海市。

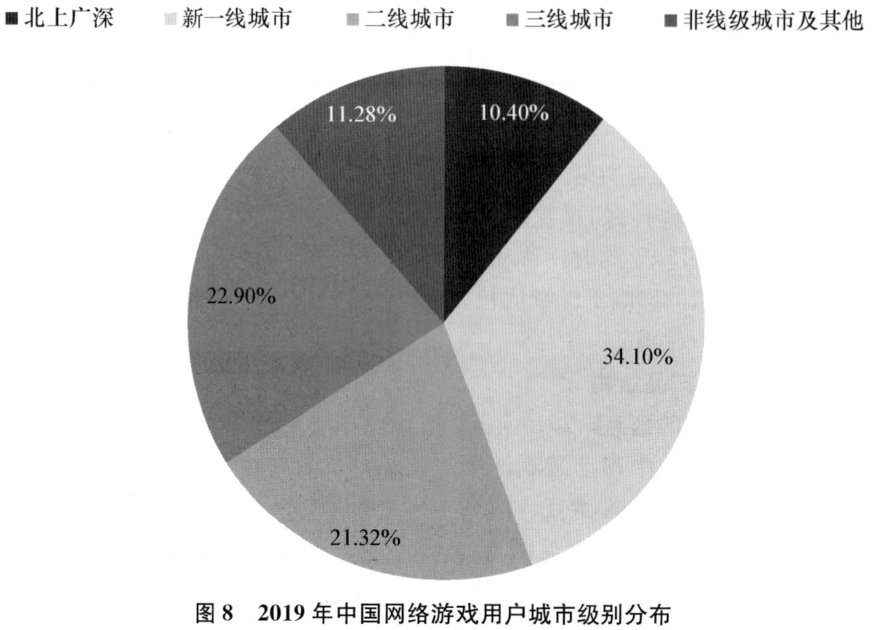

图 8　2019 年中国网络游戏用户城市级别分布

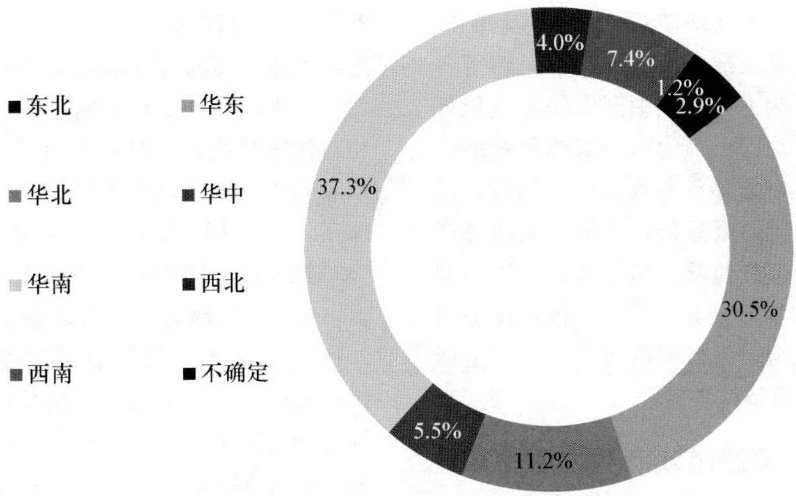

图 9　2019 年中国存续/在业游戏公司地域分布

与其他产业类似，游戏产业也具有聚集效应。一方面，领先游戏公司具有较强的集聚吸引作用，如腾讯游戏、网易游戏等，吸引了大量的外包、推广等产业协作公司围绕领先游戏公司布局，同时，其他游戏公司也倾向于靠近领先游戏公司，从而降低人才招聘难度；另一方面，游戏产业和互联网、新媒体、广告等类型企业有深度的合作关系，聚集布局可以降低合作沟通成本。因此，华南及华东已经成为典型的游戏产业聚集中心，拥有大量的领先游戏及相关产业公司。

（五）2019 年中国网络游戏产业境外收入

易观分析数据显示，2019 年，中国网络游戏境外收入达到 144.22 亿美元，同比增长率为 21.50%（见图 10），增长率高于境内市场规模。这说明，在 2018 年的游戏企业大规模出海之后，中国网络游戏的境外收入仍处于增长较快的水平。其中，主要出口游戏为移动游戏，在全球各个地区均有较强的影响力。在东南亚地区，以中国传统文化为主的武侠、仙侠类角色扮演游戏，三国类游戏和竞技类游戏拥有较高的渗透率，典型代表有腾讯游戏、三七互娱等；在日本，占据主要市场份额的是竞技类游戏和二次元游戏，向二次元文化发源地日本输出中国国产二次元游戏，展现了中国游戏公司强大的出口能力，典型代表有网易游戏、乐元素等；在韩国市场，主要是中国传统角色扮演类游戏和韩国当地较受欢迎的魔幻类游戏，典型代表有盛趣游戏、易幻网络等；而在欧美、中东等地区，则有大量中国国产的策略游戏，长期占据收入榜前列，典型代表有智明星通、龙腾简悦等。除此以外，腾讯游戏出品的竞技游戏 PUBG Mobile 和 Arena of Valor（王者荣耀海外版）则在全球范围内均有较大影响。

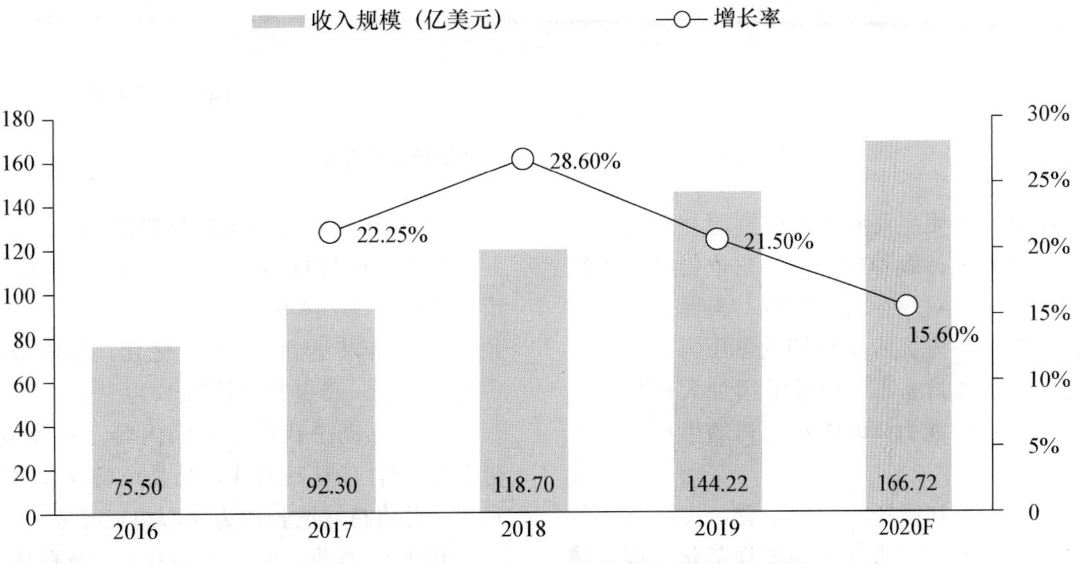

图 10　2016—2020 年中国网络游戏境外收入及预测

注：中国网络游戏境外收入是指由总部在中国大陆境内的网络游戏企业所研发或发行的网络游戏产品在境外（包括港澳台）地区所创造的充值和广告收入的总和，不包括中国网络游戏企业所收购或投资的总部在境外地区的网络游戏公司的收入。

在全球范围内，中国网络游戏企业的移动游戏的研发技术、发行策略、推广策略和用户运营等各个环节均有领先的影响力，这是中国网络游戏境外收入持续增长的核心原因。因为国外游戏公司的产品研发节奏较慢，且缺乏移动游戏经验。同时，以国外社交平台为主、国内服务公司为补充的出海产业链正在不断成熟，广告监测、网络服务、用户服务等环节均有成熟的服务企业。下一阶段，在中国网络游戏企业的持续努力下，国产网络游戏在全球各个地区的市场份额有望持续提升。

三、2019 年中国网络游戏产业发展特点

（一）领先公司市场份额持续扩大

易观分析数据显示，以中国移动游戏企业在中国大陆市场内发行的移动游戏产品的充值流水计，2019 年中国移动游戏发行市场规模仍保持基本稳定，主流厂商的市场份额持续扩大。

其中，腾讯游戏虽然在核心竞技游戏的运营上相对注重长线，同时持续加大海外市场的投入，但依靠其强大的市场资源优势和供应充足的精品发行体系，仍占据 51.86％的市场份额；网易游戏在《梦幻西游》《阴阳师》等长线产品持续运营的基础上，以 15.81％的市场份额占据第二；三七互娱在 2019 年实现了产品和业绩的爆发，自一季度开始持续发行多款成绩顶尖的精品产品，从而推动其市场份额增至 10.44％；中手游依靠多元化的精品能力，成为 MMO 市场的领先者之一，驱动其市场份额继续增加至 2.53％。分列其后的分别是完美世界、哔哩哔哩、多益网络、昆仑万维、鹰角网络、乐元素等（见图 11）。

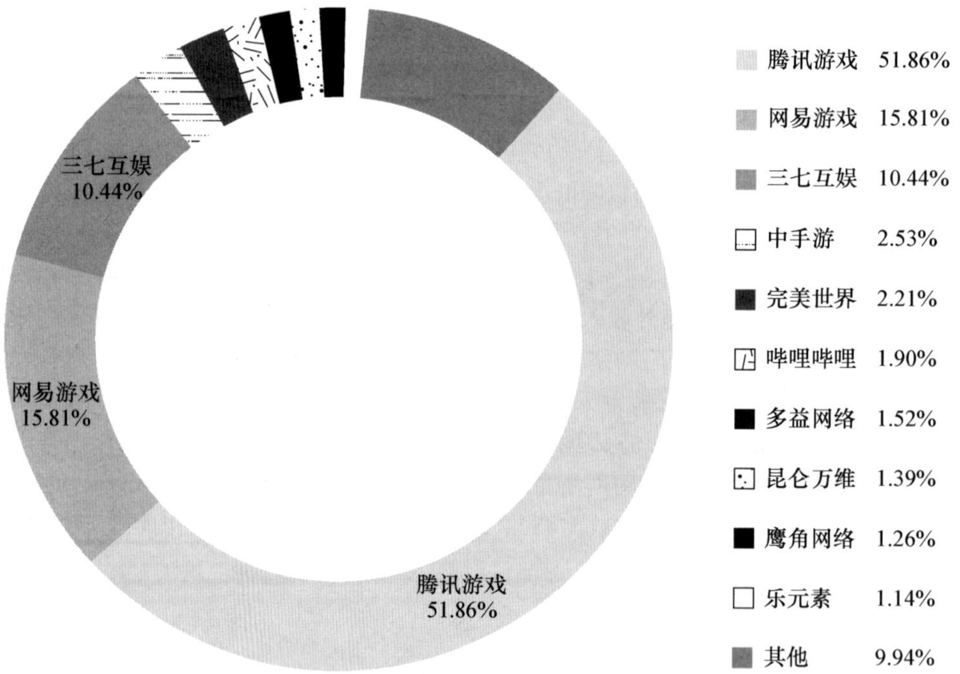

图 11　2019 年中国移动游戏发行竞争格局

整体而言，主流厂商所积累的资源和产品优势正在随着产业升级持续释放，市场竞争仍将处于较为激烈的阶段。而对中小公司而言，头部公司的市场份额持续扩大一方面带来短期竞争压力，另一方面也使得头部公司具备下一阶段继续加大产品研发和市场推广投入的能力，即中小公司的生存压力将进一步增加。

但是，从用户和市场的角度来看，头部公司的市场份额扩大，有利于市场进一步规范化发展，减少中小团队的短平快、“换皮”等产品的供应，更有利于集中生产力量进行社会价值和文化价值输出。

（二）IP 改编游戏市场规模持续扩大

易观分析数据显示，2018 年中国移动 IP 游戏市场规模为 972.4 亿元，2019 年达到 1 295.1 亿元，预计 2020 年将达到 1 499.5 亿元，在移动游戏市场中的占比进一步提升（见图 12）。

IP 是移动游戏中重要的内容元素和组成部分，带有 IP 属性的移动游戏产品是市场收入增长的主要动力，并将持续增长成为核心组成部分。

和非 IP 游戏相比，IP 游戏在粉丝群体和内容的基础上，可以获得更好的市场表现。其中，专注 IP 游戏研发和运营的厂商发挥了较大的促进作用：一

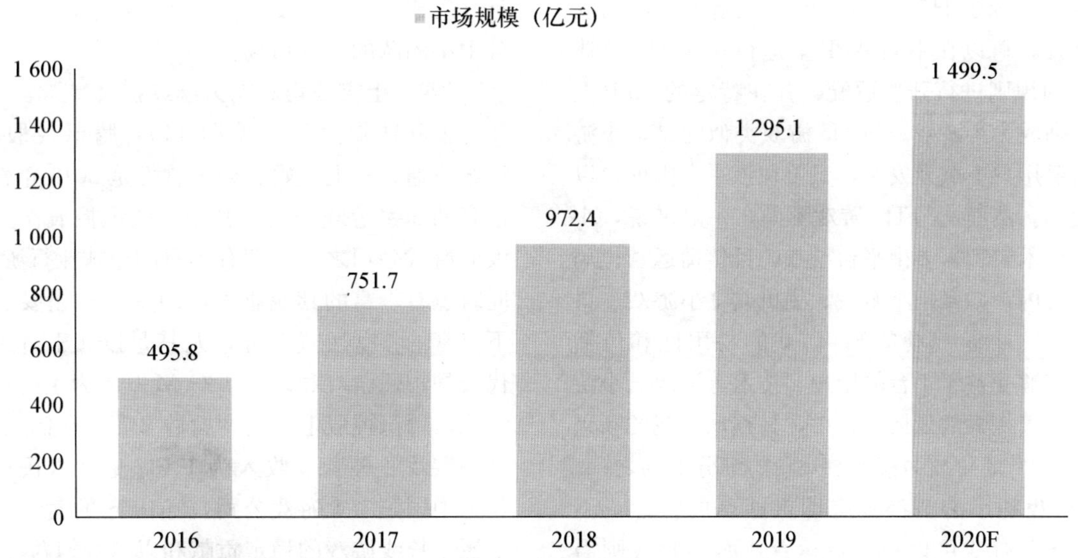

图 12　2016—2020 年中国移动 IP 游戏市场规模及预测

注：移动 IP 游戏指基于知名的其他文化产品，如电影、动画、其他游戏、小说等产品的故事、情节、人物等知识产权进行开发的移动游戏；移动 IP 游戏市场规模指在中国大陆市场内运营的移动游戏 IP 产品所创造的产品收入综合，包括游戏付费及内置广告收入。

方面，IP 拥有者在授权时更倾向选择具备研运经验和能力的厂商，在产业上游即完成了初步的择优；另一方面，游戏厂商在进行 IP 游戏研发、发行和运营过程中都需接受更严格的市场考验，能够促进厂商坚持精品研运。

同时，IP 游戏市场的发展，也为其他文化产业提供了充分的商业化前景和发展动力，不仅为文化产业提供收入分成，还将刺激创作者的生产热情，有利于促进影视、文学、动漫等产业的发展。

（三）H5 游戏及小游戏崛起

易观分析数据显示，自 2016 年起，H5 游戏及小游戏市场规模在 4 年内增长了 10 倍，在 2019 年达到了 243 亿元人民币（见图 13）。

H5 游戏是指基于 HTML 5 技术进行开发和运营的移动游戏，类似于网页游戏，用户可在移动终端通过具备网页浏览功能的平台实现使用，无须下载及安装。在盈利方式上，H5 游戏和 APP 游戏一样，以道具内购为主。H5 游戏的特点是用户易于获取，用户规模增长较快。需要指出的是，基于 HTML 5 的技术架构更有利于 H5 游戏的传播，在支持 HTML 5 标准的平台内均可运营。因此，随着技术和题材内容的成熟与发展，H5 游戏将快速成长，成为移动游戏市场的重要增长动能之一。

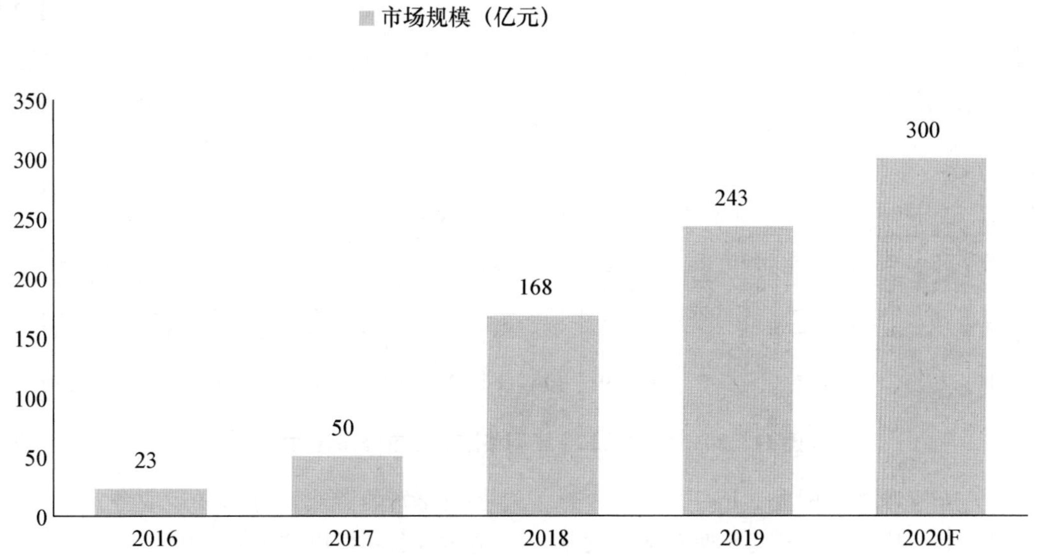

图 13　2016—2020 年中国 H5 及小游戏市场规模及预测

小游戏来源于 H5 游戏，H5 游戏基于通用的规则进行开发，可以在不同 APP 上运行，而 H5 游戏经由特定的规则进行开发适配，并在特定的 APP 上运行后，则成为小游戏。与 H5 游戏类似的是，小游戏也不需要用户下载及安装，只要在该平台内就可以打开和使用。然而，与 H5 游戏不同，一般来说，小游戏不仅技术架构需要由平台统一，且传播运营也局限于该平台内，如微信小游戏、手机 QQ 小游戏、抖音小游戏等。小游戏具备 H5 游戏的易用性和传播性，并且能够受益于平台的用户、技术等资源。小游戏正处于积极探索的发展过程中，是移动游戏的新兴市场，已在 2019 年成为移动游戏新的细分市场之一。

H5 游戏和小游戏都具有即点即玩的特点，不同点在于 H5 游戏可以跨平台运营，而小游戏则需要在特定平台运营。随着大量的移动游戏研发商和发行商对 H5 资源投入的增加及头部渠道小游戏平台的不断完善，H5 游戏及小游戏的市场规模在 2018 年和 2019 年均实现了超高速增长，成为在整体市场增速放缓背景下的重要增量市场。相对而言，H5 游戏产品更加重度，小游戏则更加轻度，正因为此，H5 游戏正在成为主流厂商的重要战场，而小游戏则拥有更多的中小团队。目前的 H5 游戏用户生命周期处于较低水平，在用户黏性和产品深度的重度化方面仍有较大的发展空间。

同时，小游戏一般采用广告变现（即在游戏内展示广告，向广告主收取广告费）的方式运营，而且开发成本较低，更加适合中小团队，是目前大部分中小团队的主要市场。

（四）上市公司影响力继续扩大

公开数据显示（见图 14），腾讯控股、网易、世纪华通、三七互娱、金山软件是 2019 年营业收入最高的 5 家游戏公司。其中，腾讯控股作为全球最大的游戏公司之一，拥有丰富的全球流行游戏产品，同时也有丰富的其他业务，2019 年，主要受益于旗下丰富的移动游戏业务，尤其是以《王者荣耀》为代表的国民游戏和以 PUBG Mobile 为主的成功出海游戏，腾讯控股上市公司营收 3 772.9 亿元人民币，其中游戏业务营业收入为 1 147 亿元人民币；网易作为中国第二大游戏公司，2019 年的营业收入主要来源于长线游戏的稳定贡献和以《梦幻西游三维版》为代表的新游戏；世纪华通是营业收入排名第三的中国游戏公司，也是 A 股上市的营业收入最高的游戏公司，旗下游戏业务以盛趣游戏和点点互动为主，拥有行业领先的游戏研发、发行和运营能力，大量的经典客户端游戏和移动游戏，如《热血传奇》端游、《热血传奇手机版》等，均属于市场头部产品，同时，2019 年发行的《热血传说》《辐射避难所 online》等新游戏亦贡献了大量的收入；三七互娱是中国四家营业收入超过百亿元的游戏公司之一，依靠丰富的研发和发行经验积累，其 2019 年国内移动游戏市场收入增长显著；金山软件游戏业务以西山居为主，是国内角色扮演游戏的领先研发商之一。

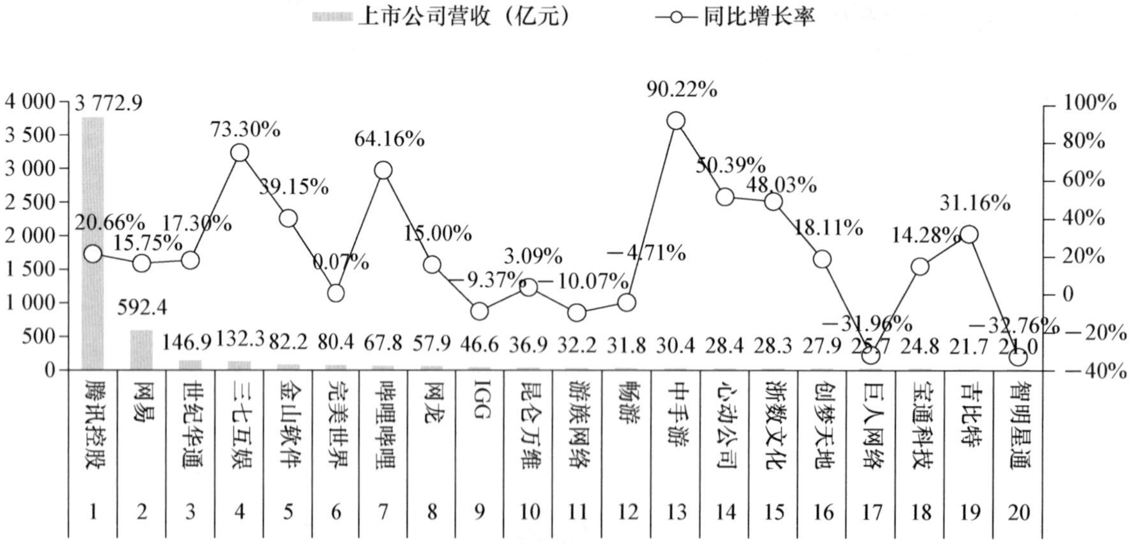

图 14　2019 年中国二十强网络游戏上市公司营收情况

完美世界、哔哩哔哩、网龙、IGG、昆仑万维则分列第六至第十，其中：完美世界拥有丰富的端游和移动游戏产品，以“完美世界”“诛仙”等 IP 为主；哔哩哔哩是近年来成长最快的发行商之一，拥有丰富的游戏发行和联运业务；网龙则是传统优势游戏公司，以“魔域”IP 为主，2019 年游戏业绩主要得益于移动化的成功；IGG 是以海外市场为主的、主要团队在国内的游戏公司；昆仑万维游戏业务以 GameArk（昆仑游戏）和闲徕互娱为主。

游族网络、畅游、中手游、心动公司、浙数文化、创梦天地、巨人网络、宝通科技、吉比特、智明星通分列其后。

头部游戏公司的营业收入规模体现了游戏产业的重要性。从上述榜单可以看到，2019 年，中国共拥有 4 家营收百亿元以上的游戏公司，13 家营收 30 亿元以上的游戏公司，说明游戏产业已经成为最大的文化娱乐产业之一，直接带动产业发展的同时，也通过 IP 开发与运营等方式为文学、影视等文化产业赋能，还对广告、手机等关联产业有明显的促进作用。更为重要的是，随着头部游戏公司对出海业务的愈加重视，游戏已经成为国产文化及产品海外传播的重要载体。

在二十强游戏公司中，大部分营收增长情况均优于市场，进一步强调了中国游戏产业的强者恒强特征：拥有更加丰富的资源储备和产品能力的公司取得了更好的发展成绩，而头部公司强大的研发实力也将为市场带来更多的精品产品。

四、中国网络游戏产业发展趋势

（一）中国网络游戏公司将扛起全球经典 IP 改编移动游戏的大旗

中国是全球领先的移动游戏市场，在庞大的用户基数和市场规模的培育下，中国厂商的研发、发行和运营能力均得到了充分的成长，整体上领先全球其他市场。同时，虽然主机游戏市场在宏观上将进入新世代，在硬件和云计算技术的升级下有望进入新的增长期，但在微观层面，持续增长的研发成本和难以提升的售价将继续增加国外传统游戏厂商的业务压力。在此背景下，随着越来越多的中国游戏厂商在国际移动游戏市场影响力的扩大，出色的移动 IP 游戏研运能力有望与国外传统游戏厂商所拥有的大量单机游戏或文化娱乐 IP 实现互利，为单机/主机游戏或文化娱乐 IP 的移动游戏改编提供研发、发行和运营等能力输出。

目前比较成功的由国外公司提供 IP，国内公司进行研发、发行和运营的移动游戏有《使命召唤手机版》、PUBG Mobile 等，在欧美、日韩、东南亚等主要市场均有庞大的用户规模。目前已知的有网易游戏负责研发的《暗黑破坏神：不朽》《宝可梦大探险》《哈利波特：魔法觉醒》《指环王：崛起之战》，腾讯游戏负责研发的《龙与地下城手游》《宝可梦大集结》，中手游负责研发的《真三国无双霸》，云畅游戏负责研发的《鬼泣-巅峰之战》等。

在 2019 年以前，改编合作更多的是将日韩 IP 引进改编，在国内市场进行发行。自 2019 年以后，在中国网络游戏公司出海实力不断增强的背景下，将有越来越多的全球 IP 改编游戏面向全球市场进行发行，在增强中国网络游戏公司全球影响力的同时，也将有效地促进中国网络游戏公司境外收入的增长。

（二）云游戏将进一步打开市场增长空间

云游戏是指绝大部分运算工作由云端服务器负责，用户不受设备限制，即点即玩的游戏。市场普遍认为云游戏会是 5G 商用建设推动较为明显的市场之一。虽然云游戏除了网络技术的基础之外，还需要芯片、云计算等技术的助力和产品供应，服务模式等商业模式的探索，这意味着云游戏真正形成基本成熟的市场仍需更多努力。但是，在目前国内各类厂商积极参与布局的市场环境下，可以预见，云游戏将进一步打开游戏产业的市场发展空间。

大部分主流游戏公司及相关产业公司均已布局云游戏，如三七互娱与华为将围绕 5G 网络、ARM 安卓云游戏等领域开展深度合作，共同探索云游戏的发展方向；盛趣游戏与咪咕互娱达成合作，搭建首个原生云游戏工作室，将上线多个云游戏；腾讯与 NVIDA、Intel 等达成合作，已开始 START 云游戏服务的搭建和测试，另有多个相关产品和方案在推进中；网易游戏与华为进行合作，已完成多款游戏云化，并上线“网易云游戏”平台测试版；中手游已投资云游戏技术服务商蔚领时代，未来有望与中手游旗下产品上云形成协同效应；包括完美世界、游族网络、顺网科技等众多游戏厂商以及其他通信设备、技术服务、云计算等产业公司也已布局云游戏。

虽然，在目前的网络条件和基础设施的基础上，云游戏的收入难以覆盖成本，且不同公司的发展路线均不明确且多样化。换言之，在短期内，云游戏产业可能面临激烈的优胜劣汰，可能使部分领先游戏公司的前期投入难以收回，存在不低的风险。但是云游戏的商业模式、游戏内容和技术价值有着广阔的前景，是 5G 全面商用后的主要应用场景之一，在风险较高的背景下，也有较高的收益前景。

（三）产业合作持续加深，游戏公司强强联合将不断增多

随着移动游戏产业的不断成熟，主流游戏厂商在战略布局的驱动下正在逐渐形成各自差异化的竞争优势，同时整体的综合竞争力正在持续增强。因此，在差异化竞争优势的基础上，主流厂商之间逐渐开始寻求积极的产业合作，以求与更多的产业伙

伴形成优势互补的深度合作关系。目前，通过相互投资、战略合作、研运合作、共同投资、IP 授权、产业联盟等诸多方式，移动游戏主流厂商的产业合作格局正在持续形成。而随着市场的进一步发展，将有更多的主流厂商继续推进产业合作，发挥各自能力优势，共同为用户打造更高质量的游戏产品和提供更优质的服务。

无论是腾讯投资盛趣游戏、祖龙娱乐、掌趣科技、西山居等，还是恺英网络与盛趣游戏、凯撒文化与字节跳动、三七互娱与盛趣游戏等达成战略合作，抑或是中手游与腾讯游戏、字节跳动达成发行合作等，强强联合的诸多案例都表明，两家或多家领先游戏公司的合作，能够发挥不同公司的竞争优势，形成优势互补，最终实现共赢。

但是，这对中小游戏公司而言不一定是有利的，因为强强联合是领先游戏公司在已经占据大部分市场份额的基础上，进一步放大其竞争力，换言之，这可能进一步增加游戏研发能力较为落后的中小游戏公司的竞争压力，从而加快游戏产业的优胜劣汰。

版

典型案件选编

DIAN XING AN JIAN XUAN BIAN

权

［编者按］ 本栏目刊登五部分内容：1. 2020年4月21日，最高人民法院发布了2019年中国法院10大知识产权案件和50件典型知识产权案例，本栏目选取其中12件著作权司法保护典型案件；2. 国家版权局联合全国“扫黄打非”工作小组办公室发布的2019年度全国打击侵权盗版十大案件；3. 2019年12月26日，国家版权局等四部门公布的“剑网2019”专项行动十大案件；4. 2020年“4·26”知识产权宣传周期间，部分省、自治区、直辖市高级人民法院公布了2019年度知识产权典型案件，本栏目选取其中的著作权司法保护典型案件；5. 部分省、自治区、直辖市公布或报送的2019年度著作权行政执法案件。

2019年全国著作权司法保护典型案件

一、明河社出版有限公司、完美世界（北京）软件有限公司与北京火谷网络科技股份有限公司、昆仑乐享网络技术有限公司、昆仑万维科技股份有限公司侵害改编权及不正当竞争纠纷案［北京市高级人民法院（2018）京民终226号民事判决书］

【案情摘要】 明河社出版有限公司（以下简称“明河社”）是《射雕英雄传》《神雕侠侣》《倚天屠龙记》《笑傲江湖》等作品在中国境内的专有使用权人。经明河社同意，查良镛（金庸）将上述作品部分区域和期间内移动终端游戏软件改编权及后续软件的商业开发权独家授予完美世界（北京）软件有限公司（以下简称“完美世界公司”）。被诉侵权的《武侠Q传》游戏由北京火谷网络科技股份有限公司（以下简称“火谷网”）开发，昆仑乐享网络技术有限公司（以下简称“昆仑乐享公司”）经授权可在中国大陆等多个国家和地区独家运营该游戏。昆仑万维科技股份有限公司（以下简称“昆仑万维公司”）为涉案游戏的运营者。涉案游戏共有人物卡牌、武功卡牌、配饰卡牌和阵法卡牌等四类卡牌，经比对，涉案游戏在人物描述、武功描述、配饰描述、阵法描述、关卡设定等多个方面与涉案武侠小说中的相应内容存在对应关系或相似性。火谷网认可开发时借鉴和参考了权利人作品中的元素。

【判决结果】 一审法院认为，现有证据不能证明涉案游戏软件构成对权利人任意一部作品的改编。但火谷网、昆仑乐享公司和昆仑万维公司的行为构成对明河社及完美世界公司的不正当竞争。据此判令火谷网、昆仑乐享公司和昆仑万维公司停止侵权、消除影响，并赔偿明河社等经济损失16 319 658元。双方当事人均不服一审判决，提起上诉。北京市高级人民法院二审认定涉案游戏构成对权利人作品的改编，火谷网构成对明河社和完美世界公司享有权利作品移动终端游戏软件改编权的侵害。火谷网作为开发者，昆仑乐享公司、昆仑万维公司作为游戏运营者，三者应共同承担侵权责任。由于已经认定涉案游戏构成对权利人改编权的侵害，故不再适用反不正当竞争法对被诉侵权行为进行评述。据此维持了停止侵权、消除影响、赔偿损失的裁判结果。

【典型意义】 本案是涉及作品游戏改编权的典型案例。《射雕英雄传》《倚天屠龙记》《神雕侠侣》《笑傲江湖》是金庸先生创作的四部知名武侠小说。被诉侵权卡牌游戏对权利人作品的改编方式，不同于通常形式上的抄袭剽窃，侵权人在改编时并未完整使用权利人作品中的故事情节，而是对人物角色、人物特征、人物关系、武功招式以及武器、阵法、场景等创作要素进行了截取式、组合式的使用。二审法院明确，在游戏改编过程中，未经许可对他人作品中人物角色、人物特征、人物关系、武功招式以及武器、阵法、场景等具体创作要素进行截取式、组合式使用，且由此所表现出的人物特征、人物关系以及其他要素间的组合关系与原作品中的选择、安排、设计不存在实质性差别，未形成脱离于原作品独创性表达的新表达，即构成对他人作品改编权的侵犯，进一步厘清了侵害改编权与合理借鉴的行为边界。此外，二审判决在充分考虑权利人作品市场价值的基础上，判令三被告承担1 600余万元的赔偿责任，坚持了知识产权侵权赔偿的市场价值导向，切实保障权利人获得充分赔偿。

二、苏州蜗牛数字科技股份有限公司与成都天象互动科技有限公司、北京爱奇艺科技有限公司侵

害著作权纠纷案［江苏省高级人民法院（2018）苏民终 1054 号民事判决书］

【案情摘要】 苏州蜗牛数字科技股份有限公司（以下简称“蜗牛公司”）开发的手机游戏《太极熊猫》于 2014 年 10 月 31 日上线，成都天象互动科技有限公司（以下简称“天象公司”）、北京爱奇艺科技有限公司（以下简称“爱奇艺公司”）开发的手机游戏《花千骨》最早版本于 2015 年 6 月 19 日上线。蜗牛公司向江苏省苏州市中级人民法院提起诉讼，主张《花千骨》手机游戏“换皮”抄袭了《太极熊猫》游戏，即仅更换了《花千骨》游戏中的角色图片形象、配音配乐等，而在游戏的玩法规则、数值策划、技能体系、操作界面等方面与《太极熊猫》游戏完全相同或者实质性相似，侵害其著作权。一审法院确认，《花千骨》游戏与《太极熊猫》游戏相比，其中有 29 个玩法在界面布局和玩法规则上基本一致或构成实质性相似；另外《花千骨》游戏中 47 件装备的 24 个属性数值与《太极熊猫》游戏呈现相同或者同比例微调的对应关系；《花千骨》V1.0 版游戏软件的计算机软件著作权登记存档资料中，功能模块结构图、功能流程图以及封印石系统入口等全部 26 张 UI 界面图所使用的均为《太极熊猫》游戏的元素和界面。同时，在新浪微博以及 IOS 系统《花千骨》游戏用户评论中，亦有大量游戏玩家评论两游戏非常相似。

【判决结果】 一审法院判令天象公司、爱奇艺公司停止侵权行为、消除影响，并赔偿蜗牛公司经济损失 3 000 万元。天象公司、爱奇艺公司不服，提起上诉。江苏省高级人民法院二审判决驳回上诉、维持一审判决。

【典型意义】 “互联网＋”产业方兴未艾，新技术和新业态的发展不断对知识产权审判工作提出新的挑战。本案是网络游戏产业领域知识产权保护的典型案例。二审法院在本案中明确，网络游戏“换皮”抄袭可能构成侵害著作权的行为，并在此基础上全额支持了权利人 3 000 万元的诉讼请求，体现了严格保护知识产权的裁判理念。本案裁判是“互联网＋”环境下司法裁判积极回应技术发展与产业需求的例证，在充分考虑网络游戏作品的知识产权价值、侵权手段的多样性与隐蔽性等因素的前提下，以有利于促进创新、有利于公平竞争、有利于消费者长远利益为指引，对网络游戏知识产权保护问题进行了有益探索，对保护新兴产业发展壮大、推动产业健康发展均具有重要意义。

三、河北山人雕塑有限公司与河北中鼎园林雕塑有限公司、遵义市播州区三合镇人民政府、遵义众和诚农业开发有限公司、贵州慧隆建设工程有限责任公司、贵州慧隆建设工程有限责任公司遵义分公司侵害著作权纠纷案［贵州省高级人民法院（2019）黔民终 449 号民事判决书］

【案情摘要】 河北山人雕塑有限公司（以下简称“山人雕塑公司”）与河北中鼎园林雕塑有限公司（以下简称“中鼎雕塑公司”）是从事雕塑设计、制作和安装的专业机构。2017 年 12 月，山人雕塑公司与贵州省遵义市播州区三合镇人民政府（以下简称“三合镇政府”）商谈合作三合镇刀靶烈士陵园的雕塑工程，山人雕塑公司将创作完成的涉案作品《刀靶大捷》设计图及展板交给三合镇政府审阅，并按三合镇政府的要求进行了数次修改，但双方最终未达成合意。后山人雕塑公司向贵州省遵义市中级人民法院提起诉讼，主张三合镇政府委托中鼎雕塑公司为刀靶烈士陵园设计、安装的被诉侵权雕塑侵害其著作权。

【判决结果】 贵州省遵义市中级人民法院一审判决由三合镇政府、中鼎雕塑公司共同向山人雕塑公司支付作品使用费 10 万元及合理支出费用 2 万元，并由中鼎雕塑公司赔礼道歉。山人雕塑公司、中鼎雕塑公司均不服一审判决，提起上诉。贵州省高级人民法院二审认定侵权行为成立，但同时认为，刀靶烈士陵园是进行革命传统教育和爱国主义教育的重要场所，从遵循利益平衡原则和有效利用资源的效益角度出发，被诉侵权雕塑不宜判决拆除。故可在通过适当提高侵权赔偿标准对山人雕塑公司的权利予以充分救济的情况下，对山人雕塑公司主张停止侵害、拆除侵权雕塑的诉讼请求不予支持。据此，改判中鼎雕塑公司、三合镇政府等共同赔偿山人雕塑公司侵权赔偿和合理支出共 20 万元。

【典型意义】 近年来，人民法院积极将社会主义核心价值观纳入知识产权司法全过程，将社会主义核心价值观贯穿法律解释和法律适用全过程。其中，妥善审理涉及红色经典作品的著作权案件，是传播知识产权司法保护正能量的重要环节。本案是一起涉及红色经典作品的著作权纠纷，二审判决秉承尊重法律、尊重权利、尊重经典的原则，在判决不停止侵权的同时，通过提高侵权赔偿金和使用费的方式对权利人进行救济，既充分考虑了对权利的有效保护，也有力兼顾了经典传承，使裁判结果符合法律，又契合社情民意，实现了法律效果、政治效果和社会效果的有机统一。

四、北京乐动卓越科技有限公司与阿里云计算

有限公司侵害作品信息网络传播权纠纷案［北京知识产权法院（2017）京73民终1194号民事判决书］

【案情摘要】 北京乐动卓越科技有限公司（以下简称“乐动卓越公司”）是移动端游戏《我叫MT Online》和《我叫MT2》的著作权人和研发人。2015年8月，乐动卓越公司经比对发现，《我叫MT畅爽版》游戏非法复制《我叫MT Online》游戏的数据包，通过callmt.com网站非法运营获利。乐动卓越公司通过whois域名查询系统、域名备案系统查询，均无callmt.com网站的经营人相关信息。经调查发现，《我叫MT畅爽版》游戏内容存储于阿里云计算有限公司（以下简称“阿里云公司”）的服务器，并通过该服务器向客户端提供游戏服务。乐动卓越公司曾三次通知阿里云公司，要求其删除侵权内容，并提供服务器租用人的具体信息，但《我叫MT畅爽版》游戏内容仍然存储于阿里云公司服务器上。乐动卓越公司遂提起诉讼，请求判令阿里云公司断开链接并停止为《我叫MT畅爽版》游戏继续提供服务器租赁服务并赔偿损失。

【判决结果】 一审法院认为，《我叫MT畅爽版》系盗版《我叫MT Online》游戏。存储该盗版游戏的服务器IP地址属于阿里云公司所有。乐动卓越公司的通知构成有效通知。阿里云公司不具有事先审查被租用的服务器中存储内容是否侵权的义务，但在他人重大利益因其提供的网络服务而受到损害的时候，其作为服务器服务的提供者应当采取必要的、合理的、适当的措施积极配合权利人的维权行为，防止损失持续扩大。阿里云公司对乐动卓越公司的通知一直持消极态度，虽已将涉案的服务器主机关停并提供了相关租用人的信息，但远远超出了反应的合理时间，主观上未意识到损害后果，存在过错，客观上导致损害后果的持续扩大，应当承担相应的法律责任。一审法院判决阿里云公司赔偿乐动卓越公司经济损失250 000元及诉讼合理支出11 240元，驳回乐动卓越公司其他诉讼请求。阿里云公司不服一审判决，提起上诉。

二审法院认为，阿里云公司提供的云服务器租赁服务不同于信息存储空间服务，也不同于自动接入、自动传输和自动缓存服务，与搜索、链接服务亦具有明显差异。阿里云公司属于《中华人民共和国侵权责任法》第36条规定的网络服务提供者。“通知”的作用在于使网络服务提供者知晓其网络中存在他人上传的侵权信息。适用《中华人民共和国侵权责任法》第36条第2款中的通知，有关通知的形式、内容及通知的程序可以参照适用《信息网络传播权保护条例》和司法解释中的有关规定。在案证据不能证明乐动卓越公司的通知符合合格通知的法定要件时，不应对网络服务提供者苛以进一步联系、核实、调查等责任。网络环境下侵权投诉与必要措施应当合理匹配。必要措施的认定，应结合侵权场景和行业特点，秉持审慎、合理之原则，实现权利保护、行业发展与网络用户利益的平衡。根据阿里云公司提供的涉案云服务器租赁服务的性质，简单将“删除、屏蔽或者断开链接”作为阿里云公司应采取的必要措施和免责事由，与行业实际情况不符，不符合审慎、合理之原则。阿里云公司应当基于通知内容所能提供的信息及根据该信息所能做出的一般性合理判断，采取与其技术管理能力和职能相适应的措施。阿里云公司在接到无效通知后未采取必要措施未违反法律规定，阿里云公司就其出租的云服务器中存储侵权软件的行为，在本案中不应承担侵权责任。二审法院判决驳回乐动卓越公司的全部诉讼请求。

【典型意义】 本案涉及云服务器租赁行业这一互联网新兴业态的主体性质认定以及过错判定等问题，受到社会各界的广泛关注。二审判决明确了以下问题：第一，云服务器租赁服务提供者属于《中华人民共和国侵权责任法》第36条规定的网络服务提供者，在《信息网络传播权保护条例》等特别法缺乏具体规定的情况下，应当适用《中华人民共和国侵权责任法》第36条对其予以规制；第二，合格通知应当使得网络服务提供者知晓其网络中存在他人上传的侵权信息，因而需具备权利人的姓名及联系方式、侵权作品的名称和网络地址以及构成侵权的初步证明材料等要素；第三，根据云服务器租赁服务提供者的技术特征、行业监管及商业伦理的要求，可以将转通知作为其在接到权利人合格通知后所采取的必要措施。

五、北京众得文化传播有限公司与万达影视传媒有限公司、新丽传媒集团有限公司、天津金狐文化传播有限公司、岳龙刚侵害作品改编权纠纷案［天津市第三中级人民法院（2019）津03知民终6号民事判决书］

【案情摘要】《牡丹之歌》于1980年由乔羽作词，吕远、唐诃作曲，蒋大为演唱，是电影《红牡丹》的主题插曲。后《牡丹之歌》词作者乔羽将包括《牡丹之歌》在内的词作品著作权授予乔方。乔方转授权给北京众得文化传播有限公司（以下简称“众得公司”），授权内容为：(1) 授权人是音乐作品《牡丹之歌》《爱我中华》……《一条大河》的歌词文字作品的权利人，享有全部歌词文字作品著作权之财产权利，授权人亦是本条全部音乐作品（合作作品）著作权共有权之财产权利人。（2）授权人将第（1）条所述全部歌词文字作品的著作权财产权利之改编权、信息网络传播权、表演权、复制权以独占排他的方式不可撤销地授予被授权人。授权期限自作品创作完成之日至 2021 年 12 月 31 日，授权地域是中国（含港澳台）。（3）授权人将第（1）条所述全部音乐作品（合作作品）著作权共有权之财产权利之改编权、信息网络传播权、表演权、复制权以独占排他的方式不可撤销地授予被授权人。授权期限自作品创作完成之日至 2021 年 12 月 31 日，授权地域是中国（含港澳台）。（4）被授权人有权进行转授权，亦有权对侵权进行维权并获得经济赔偿。被授权人有权就本授权书签订前的侵权行为进行维权，并获得相应经济赔偿。《五环之歌》系电影《煎饼侠》推广曲，演唱者岳云鹏（本名岳龙刚）、MC Hotdog，由岳云鹏、MC Hotdog 填词，发行时间为 2015 年 6 月 16 日，所属专辑为《煎饼侠电影原声带》。根据岳龙刚陈述，其最早于 2011 年 4 月在相声《学歌曲》中演唱过这段歌曲，该段歌曲使用了《牡丹之歌》部分曲作品，涉诉的《五环之歌》是在其相声的基础上融入说唱因素创作的一个更为完整的作品。众得公司认为，其经授权依法独占享有《牡丹之歌》词作品的著作权，岳龙刚未经授权同意，擅自将歌词改编后创作成《五环之歌》进行商业演出，并在万达影视传媒有限公司（以下简称“万达公司”）、新丽传媒集团有限公司（以下简称“新丽公司”）、天津金狐文化传播有限公司（以下简称“金狐公司”）拍摄的电影《煎饼侠》中作为背景音乐和宣传 MV 使用，共同侵害了音乐作品《牡丹之歌》这一歌曲整体的改编权，故请求判令万达公司、新丽公司、金狐公司、岳龙刚停止使用电影《煎饼侠》第 46 至 51 分钟有关《五环之歌》的背景音乐，停止《五环之歌》宣传 MV 的互联网传播，共同承担损失赔偿费用 1 000 000 元、合理支出费用 100 250 元及本案全部诉讼费用。

【判决结果】 一审法院认为，歌曲《牡丹之歌》系合作作品，在不损害作品完整性的前提下，曲作者就该歌曲的曲谱享有著作权，词作者就歌词部分亦享有著作权。《五环之歌》的歌词中并未使用或借鉴《牡丹之歌》歌词中具有独创性特征的基本表达，故涉案《五环之歌》的歌词已脱离《牡丹之歌》的歌词，形成了一种独立的新的表达。本案并不涉及对《牡丹之歌》曲谱使用行为的认定，仅就歌词部分而言，涉案《五环之歌》的歌词不构成对歌曲《牡丹之歌》歌词的改编。故岳龙刚创作并演唱涉案《五环之歌》的行为，未侵犯《牡丹之歌》词作品改编权。一审法院判决驳回众得公司的诉讼请求。众得公司不服一审判决，提起上诉。

二审法院认为，《牡丹之歌》属于带词的音乐作品，且词和曲分别由不同的作者创作完成。从创作过程看，词作者和曲作者的创作目的是相同的，词和曲表达的主题也是一致的。因此，应认定音乐作品《牡丹之歌》是具有共同合意而创作的合作作品，其著作权归词作者乔羽及曲作者吕远、唐诃共同享有。在没有特别约定的情况下，该合作作品的著作权应由合作作者共同行使，各个合作作者不能单独行使合作作品的著作权。众得公司仅获得合作作者中词作者的授权，未取得曲作者授权，不能行使合作作品整体著作权。但因涉案作品为可分割的合作作品，众得公司有权就其获得的词作品改编权提起诉讼。改编虽是一种再创作，但通常应当是利用了原有作品包括主题、独创性表达等在内的基本内容，创作空间受到限制。《五环之歌》与《牡丹之歌》的歌词作品从立意到内容均不相同，《五环之歌》歌词构成了全新的作品。因此，《五环之歌》没有利用《牡丹之歌》歌词的主题、独创性表达等基本内容，不构成对《牡丹之歌》歌词的改编，被上诉人也未侵害《牡丹之歌》歌词的改编权。二审法院判决驳回上诉，维持原判。

【典型意义】 本案厘清了合作作品的认定、著作权归属、权利行使等问题，具有一定指导意义。二审判决明确，认定合作作品的实质就是判定是否进行了共同创作，其核心要素包括具有共同创作的主观意图和共同实施了实质性的创作行为。判断词曲作者是否具有共同的创作意图不应脱离特定的历史条件。本案《牡丹之歌》具有特殊的创作背景，词作者和曲作者具有共同创作的主观意图和行为，属于合作作品，在无特别约定的情况下，合作作者之一不能单独行使整个音乐作品的著作权。同时，二审判决还明确，对于可分割的合作音乐作品，在不损害作品完整性的前提下，词作者和曲作者就歌词部分和曲谱部分分别享有著作权。改编他人作品进行再创作是著作权领域的热门话题之一。对于改编作品的独创性如何体现、与原作品的关联性如何把握等问题，本案判决亦提供了裁判思路，明确了改编依然应以原作品的表达为基础，受到原作品表达的限制。没有利用原作品的独创性表达，完全脱离原作品的表达应当是一种新的创作，并非对原作品的改编，其不应受到原作品改编权的控制，否则就侵犯了公众自由创作的权利，违背了著作权法保护表达方式而不延及思想的初衷。涉案歌曲具有较高的知名度和影响力，本案裁判结果对此类纠纷的防范和化解具有积极的示范作用。

六、刘宝平与内蒙古阿儿含只文化有限责任公司、巴音额日乐、内蒙古电影集团有限责任公司侵害著作权纠纷案［内蒙古自治区高级人民法院(2019)内民终156号民事判决书］

【案情摘要】 2002年11月13日，刘宝平将其创作的电影剧本《母亲》在北京市版权局进行了作品登记，作品完成日期为1993年6月。2004年7月13日，内蒙古电影制片厂同意筹建故事片《母亲》摄制组，编剧、总导演刘宝平，策划刘宝平，导演郁晓鹰，但该影片并未进行拍摄。2011年3月23日，巴音额日乐将电影文学剧本《诺日吉玛》授权内蒙古电影制片厂（后与其他单位组建为内蒙古电影集团有限责任公司）拍摄。2012年，内蒙古电影集团有限责任公司（以下简称“电影集团”）与内蒙古阿儿含只文化有限责任公司（以下简称“阿儿含只公司”）协议约定将电影《诺日吉玛》的出品方由电影集团变更为阿儿含只公司。电影集团提交的《诺日吉玛》剧本尾页写有“第1稿2010年9月17日，第2稿2011年3月22日”。巴音额日乐提交了电影文学剧本《诺日吉玛》（暂名）第三稿，在剧本尾页写有“第1稿2010年9月17日，第2稿2011年3月22日，第3稿2012年5月30日，编剧巴音”。2014年第2期的《草原：新剧本》上登载了巴音额日乐的电影文学剧本《诺日吉玛》，封底是《诺日吉玛》的宣传海报，出品单位是阿儿含只公司，编剧及导演为巴音（巴音额日乐）。电影《诺日吉玛》没有公开出版、发行、放映，但获得第30届中国电影金鸡奖最佳中小成本故事片奖、伊朗国际电影节最佳影片奖、俄罗斯外贝加尔国际电影节评委会特别奖等多个奖项。

刘宝平向内蒙古自治区呼和浩特市中级人民法院起诉，请求判令阿儿含只公司、巴音额日乐、电影集团停止《诺日吉玛》剧本及影片的出版、发行、播放、复制等侵权行为，赔礼道歉，连带赔偿损失50万元及制止侵权行为的合理开支2万元。后刘宝平放弃对电影集团的侵权责任追究。二审中，刘宝平对其诉讼请求明确为阿儿含只公司侵害其对《母亲》剧本享有的改编权、摄制权，巴音额日乐侵害其对《母亲》剧本享有的署名权、改编权、摄制权。依刘宝平申请，一审法院委托鉴定机构对刘宝平的《母亲》剧本（2004年1月22—26日手写底稿）与登载于《草原：新剧本》2014年第2期的电影文学剧本《诺日吉玛》及同名电影进行异同性比对鉴定。鉴定意见为：(1)《母亲》剧本（手写底稿）与《诺日吉玛》电影文学剧本、《诺日吉玛》电影中的蒙古族妇女救护日本和苏联伤兵、日本和苏联伤兵之间的活动两个线索即基本框架相同。(2)《母亲》剧本（手写底稿）与《诺日吉玛》电影文学剧本、《诺日吉玛》电影有3个人物关系相同。(3)《母亲》剧本（手写底稿）与《诺日吉玛》电影文学剧本存在基本相同或者相似的情节24处，《母亲》剧本（手写底稿）与《诺日吉玛》电影存在基本相同或者相似的情节25处。

二审法院另查明：补充鉴定意见表明，《母亲》剧本（手写底稿）与《诺日吉玛》电影文学剧本、《诺日吉玛》电影存在基本相同或相似的情节占《诺日吉玛》电影文学剧本内容的58.31%，占《诺日吉玛》电影内容的58.31%。内蒙古电影制片厂曾做出通知，明确故事片《母亲》摄制组筹备期组成人员包括刘宝平（编剧、总导演、策划）、郁晓鹰（导演）、哈斯巴根（策划）、王欣（策划）、刘明礼（策划）。2005—2006年期间，郁晓鹰导演拍摄的电视剧《我从草原来》由巴音额日乐担任男主角，哈斯巴根担任制片人、总导演、编剧，王欣是该剧工作人员。王欣和哈斯巴根陈述，郁晓鹰自述《母亲》剧本让巴音额日乐看过。

【判决结果】 一审法院认为，在案证据可以认定刘宝平享有《母亲》剧本的著作权。虽然巴音额日乐创作《诺日吉玛》的时间在刘宝平创作《母亲》之后，但刘宝平未证明郁晓鹰曾将剧本交由巴音额日乐的事实，不能证明巴音额日乐曾接触过其《母亲》剧本。而且，《母亲》剧本与电影文学剧本《诺日吉玛》不构成实质相似。一审法院判决驳回刘宝平的诉讼请求。刘宝平不服，上诉至内蒙古自治区高级人民法院。

二审法院认为，根据证据和鉴定意见，可以认定巴音额日乐接触了《母亲》剧本，《诺日吉玛》剧本及影片与在先剧本《母亲》已经构成实质性相似。巴音额日乐接触了刘宝平《母亲》作品的内容，并实质性使用了《母亲》作品的人物设置、人物关系以及具有较强独创性的情节表达，发展故事情节，完成《诺日吉玛》剧本作品，提供给电影集团立项拍摄，构成对涉案《母亲》作品的改编，且对原作品作者未予署名，侵害了刘宝平对《母亲》作品享有的署名权、改编权、摄制权。阿儿含只公司作为影片《诺日吉玛》的出品单位对巴音额日乐侵害涉案作品《母亲》的改编权的行为提供帮助，在《诺日吉玛》剧本的基础上实际拍摄完成《诺日吉玛》影片出品，亦侵犯了刘宝平对《母亲》作品享有的改编权、摄制权。阿儿含只公司在巴音额日乐提供的《诺日吉玛》剧本基础上实际拍摄《诺日吉玛》影片出品，并以该影片参加国内外多项影展，扩大侵权影响，与巴音额日乐共同侵害了刘宝平对《母亲》剧本享有的著作权，应共同承担停止侵害、赔礼道歉并连带赔偿损失的侵权责任。关于赔偿数额的确定问题，刘宝平未提交证据证实其因被侵权遭受的实际损失及阿儿含只公司和巴音额日乐因侵权所获得的实际利益，故本案适用法定赔偿原则确定赔偿数额。对于剧本作品而言，将剧本拍摄成影视作品是最具有市场影响和商业价值的利用方式。首先，阿儿含只公司和巴音额日乐的上述侵权行为导致刘宝平《母亲》剧本（以《金花额吉》申请立项）不能立项、拍摄，阻碍了《母亲》剧本通过拍摄进入市场的商业机会，造成刘宝平相应经济收益的减损。其次，涉案影片《诺日吉玛》虽未在影院公映，但多次参加国内外影展，已获得多个奖项，客观上提升了阿儿含只公司和巴音额日乐在国内外同行业中的声誉并为其带来了无形的经济利益和商业机会。二审综合上述情形，根据涉案作品的性质、类型、影响力、侵权使用情况、侵权作品的传播范围等因素综合考虑，确定阿儿含只公司和巴音额日乐共同赔偿的数额为 50 万元。根据阿儿含只公司和巴音额日乐的过错程度及获益情况，对双方赔偿数额进行了分担，双方亦应互负连带责任。关于合理开支刘宝平虽未提交证据，但客观发生的律师代理费用属于权利人制止侵权行为支付的开支，且 2 万元请求数额未超过相应律师收费标准，故对该请求数额予以支持。

二审法院撤销一审判决，判决阿儿含只公司、巴音额日乐立即停止《诺日吉玛》剧本及影片的出版、发行、传播和复制，在新浪网上刊登致歉声明，向刘宝平赔礼道歉，并共同赔偿刘宝平经济损失 50 万元（阿儿含只公司承担 20 万元，巴音额日乐承担 30 万元，双方互负连带赔偿责任）及为制止侵权的合理开支 2 万元（阿儿含只公司承担 8 000 元，巴音额日乐承担 12 000 元，双方互负连带责任）。

【典型意义】 本案中，法院综合考虑了剧本类作品因被侵权导致不能立项拍摄、无法就此享有利益回报的情形，以及侵权影片虽未在影院公映，但多次参加国内外影展，已获得多个奖项，客观上提升了侵权影片编剧和出品单位在国内外同行业中的声誉并为其带来了无形的经济利益和商业机会的情形，全额支持了著作权人提出的 50 万元损害赔偿和 2 万元合理开支请求，充分保护了著作权人的合法权益。本案为侵犯剧本类作品著作权案件中，在权利人实际损失或侵权人违法所得不能确定的情况下，如何考量侵权行为的情节提供了借鉴思路，也彰显了严格保护知识产权的司法价值取向。

七、曹新华与濮凤娟侵害著作权纠纷案［江苏省高级人民法院（2019）苏民终 1410 号民事判决书］

【案情摘要】 曹新华的笔名为曹雪枫，曾多次获得国内外美术作品展赛大奖。2005 年 6 月，曹新华通过北京工艺美术出版社出版了《曹雪枫画集》，该画集收藏了曹新华的多幅山水画和工笔画，其中包括工笔画《华清浴妃图》。濮凤娟在苏州高新区镇湖街道及苏州吴中区光福镇经营有濮凤娟刺绣艺术工作室。濮凤娟根据工笔画《华清浴妃图》绣制了 140cm×360cm《华清浴妃图》苏绣。搜狐新闻等对濮凤娟绣制的《华清浴妃图》苏绣进行过报道。濮凤娟在其工作室的宣传中曾表示，其创作的 70cm×170cm《华清浴妃图》单面细平绣曾获得金奖。濮凤娟向曹新华的委托代理人王兴宏表示，其多年前曾将一幅《华清浴妃图》苏绣作品出售给启奥公司，价格为 80 多万元。此后，王兴宏在微信聊天中要求濮凤娟对《华清浴妃图》苏绣作品进行报价。濮凤娟回复称：《华清浴妃图》140cm×360cm 价格为 170 万元，70cm×170cm 价格为 86 万元。濮凤娟称，一根丝线可以分解为绒、丝、毛，1 根等于 2 绒，1 绒等于 8 丝，1 丝等于 22 毛，最细的 1 根丝线可劈成 352 毛。刺绣一幅《华清浴妃图》，大致估算需要赤橙黄绿青蓝紫等 20 多大类颜色，每一类颜色又由浅到深十几种。此后，曹新华以濮凤娟侵害其画作著作权为由诉至法院，要求其承担停止侵权、赔偿损失等法律责任。

【判决结果】 苏州市中级人民法院一审认为，苏绣是画稿、图案、造型、针法、绣工、色彩、技艺、装裱等多方面的综合体现，和绘画是两种不同领域、不同载体的不同表达方式。尽管有的苏绣以画作作为底稿，但经过绣线、绣层的改编，已经形成新的表达。濮凤娟依画制作苏绣属于艺术再创作行为，其实质是对曹新华画作《华清浴妃图》的改编，并非侵犯曹新华涉案作品复制权的行为。濮凤娟的改编行为事先并未获得曹新华许可，将改编后的绣品用于商业经营也未向曹新华支付报酬，侵犯了曹新华对《华清浴妃图》享有的改编权，应承担停止侵权、消除影响并赔偿损失的法律责任，但法律没有规定侵权人应承担销毁侵犯改编权作品的责任。一审判决，濮凤娟停止侵权、赔礼道歉、消除影响并赔偿曹新华经济损失及维权合理费用22万元，驳回曹新华的其他诉讼请求。濮凤娟不服，提出上诉。

江苏省高级人民法院二审认为，改编权是指行为人在依托、借用和保留在先作品已有的基本表达的基础上，经过一定的智力劳动后所形成的具有新的独创性表达的权利。对于侵犯作品改编权的行为而言，在改编人添加了一定程度的、有别于在先作品的、具有独创性的特有表达要素、表达方式、表达效果以后，虽然改编作品和在先作品之间仍然存在着"实质性相似"的情形，但是改编作品给普通受众所呈现出的欣赏体验和感受并不能完全等同于在先作品，亦非对在先作品进行原样或基本原样"再现"的行为。曹新华享有著作权的涉案作品《华清浴妃图》为工笔画作品，而被控侵权作品为《华清浴妃图》苏绣作品，虽然后者的题材来源于前者，面向受众时具有结构、人物和色彩等相同表达要素，但是两者并不完全属于同一领域、同一类型、同一介质的表达，在创作过程中所采用的基本材料、基本技巧、基本手法等方面也有显著差异，面向受众呈现出有所不同的艺术感知和欣赏体验。濮凤娟在《华清浴妃图》工笔画作品的基础上，结合苏绣制品特点和工艺要求，在造型、针法、绣工、色彩、技艺、装裱等方面融入智力活动，采用多套不同颜色丝线，采取灵活多样的针法，在表达介质、表达方式、表达效果上形成了与《华清浴妃图》工笔画作品有着显著区分的、具有独创性的《华清浴妃图》苏绣作品，应属形成新作品的艺术再创作行为，亦系对曹新华《华清浴妃图》工笔画作品的改编行为。在没有获得曹新华许可的情形下，濮凤娟将曹新华的《华清浴妃图》工笔画作品改编成苏绣作品，侵犯了曹新华对《华清浴妃图》依法享有的改编权，应承担相应的法律责任。虽然苏绣绣品的制作需要绣娘付出再创作劳动，但是绣制内容即绣制画作底稿的选择，仍然对最终的绣品具有很大的影响。曹新华对画作《华清浴妃图》的创作、对绣品《华清浴妃图》的品质及其销售价格亦存在一定程度的影响。一审法院综合考量了曹新华在绘画行业的知名度、濮凤娟在刺绣行业的知名度、涉案原画作的艺术造诣及市场欢迎度、涉案刺绣作品的独创性程度、刺绣创作演绎所付出的艺术加工以及非物质文化遗产生产性保护等因素，酌情确定濮凤娟支付曹新华经济损失及合理开支共计22万元，并无不当。二审法院对一审判决予以维持。

【典型意义】 本案是一起涉及非物质文化遗产苏绣绣品侵权认定的较为典型的知识产权纠纷。判决明晰了绣品与作为绣品绣制基础的底稿之间的关系，明确了刺绣艺人对自身绣品享有著作权，明确了刺绣艺人未经底稿作者同意制作苏绣属于侵害他人改编权的行为，明确了要考虑底稿作品在绣品中的价值贡献并参考其他多种因素确定损害赔偿额，兼顾了刺绣艺人与底稿作品作者的利益诉求，在依法保护底稿作品著作权的同时，充分肯定和保障了刺绣艺人的刺绣再创作所付出的劳动，为刺绣艺人使用底稿作品明确了规则，有助于进一步促进刺绣传统文化及刺绣产业的健康发展。

八、杭州刀豆网络科技有限公司与长沙百赞网络科技有限公司、深圳市腾讯计算机系统有限公司侵害作品信息网络传播权纠纷案［浙江省杭州市中级人民法院（2019）浙01民终4268号民事判决书］

【案情摘要】 微信小程序是一种不需要下载安装即可使用的应用。深圳市腾讯计算机系统有限公司（以下简称"腾讯公司"）"微信公众平台"官网提供的《微信小程序接入指南》将小程序"产品定位及功能介绍"表述为"是一种全新的连接用户与服务的方式，它可以在微信内被便捷地获取和传播，同时具有出色的使用体验"。杭州刀豆网络科技有限公司（以下简称"刀豆公司"）经得到公司的排他授权，取得《武志红的心理学课》的复制权、发行权、信息网络传播权及维权权利。2018年7月4日，刀豆公司发现长沙百赞网络科技有限公司（以下简称"百赞公司"）运营的3个微信小程序中均有"武志红心理学"收听栏目。经比对，其中《命运》《自我的稳定性与灵活度》音频内容与《得到》APP上相对应的作品一致。刀豆公司遂向一审法院起诉，请求判令百赞公司、腾讯公司立即停止侵权，即百赞公司立即删除在微信小程序《在线听阅》《咯咯呜》《回播》上的涉案作品，腾讯公司立即删除上述3个侵权的微信小程序；百赞公司、腾讯公司赔偿刀豆公司经济损失以及合理费用共计人民币50 000元。一审审理过程中，涉案3个小程序已下架。

【判决结果】 杭州互联网法院一审审理认为，腾讯公司对小程序开发者提供的是架构与接入的基础性网络服务，性质类似《信息网络传播权保护条例》第20条规定的自动接入、自动传输服务，其对微信小程序中的内容无法定位删除，故不应承担开发者小程序内容出现侵权时整体下架小程序的责任。一审判决：百赞公司于判决生效之日起 10 日内赔偿刀豆公司经济损失（含为制止侵权行为所支付的合理开支）15 000 元；驳回刀豆公司的其他诉讼请求。刀豆公司不服一审判决，向杭州市中级人民法院提起上诉。

杭州市中级人民法院除对一审查明的事实予以确认外，另查明：刀豆公司在提起本案诉讼前，未就百赞公司的被控侵权行为向腾讯公司通知或投诉。该院认为，腾讯公司提供的微信小程序服务不属于《信息网络传播权保护条例》规定的四种类型服务，故本案不能适用《信息网络传播权保护条例》的相关规定；本案应根据《中华人民共和国侵权责任法》第 36 条关于网络服务提供者责任的规定确定腾讯公司在本案中是否构成帮助侵权、应否承担相应的民事责任。刀豆公司未向腾讯公司发出侵权通知并要求其采取必要措施，且腾讯公司对百赞公司的被控侵权行为并非明知，依照《中华人民共和国侵权责任法》第 36 条的规定，腾讯公司并不存在过错，不需要承担帮助侵权的责任。

对于刀豆公司要求腾讯公司立即删除侵权微信小程序的上诉主张，二审法院认为，《中华人民共和国侵权责任法》第 36 条规定的必要措施包括但不限于删除、屏蔽、断开链接等。首先，百赞公司在刀豆公司起诉后，已自行下架了被控侵权的 3 个小程序。其次，即使被控侵权小程序上的作品仍然存在，由于腾讯公司不具精准删除的能力，腾讯公司如若采取删除措施，只能彻底删除小程序，这种并非针对具体被控侵权作品，而是终止提供小程序网络服务的严厉措施，明显超出了本案被控侵权行为所造成损害的必要限度。因此腾讯公司不应承担整体下架涉案微信小程序的民事责任。当然，腾讯公司收到被侵权人的有效通知后，即使技术上无法删除被控侵权作品，也并不意味着无须按《中华人民共和国侵权责任法》第 36 条规定采取其他必要措施。至于腾讯公司应采取何种必要措施，为避免损害被投诉人的合法权益，更好地实现权利人、网络服务提供者、网络用户之间的利益平衡，应综合考量网络服务提供者提供服务的性质、形式、种类，侵权行为的表现形式、特点、严重程度等具体因素，以技术上能够实现、合理且不超必要限度为宜。二审法院判决：驳回上诉，维持原判。

【典型意义】 本案社会关注度高。二审法院认为，腾讯公司提供的微信小程序服务是一种新型的网络服务，应适用《中华人民共和国侵权责任法》第 36 条的规定判断其是否构成帮助侵权，厘清了此类案件的法律适用。本案判决还明确了无法实现"定位清除"的新型网络服务提供者在网络用户利用网络服务实施侵权行为时所应采取必要措施的标准，对今后可能出现的与新型网络服务提供者相关的案件的审理具有重要的启示和借鉴意义。

九、苗富华与优酷信息技术（北京）有限公司侵害作品信息网络传播权纠纷案［河南省高级人民法院（2019）豫知民终 231 号民事判决书］

【案情摘要】 2003 年 5 月 29 日，苗富华和河南省平顶山市豫剧团签订了一份录制协议书，双方约定合作录制《王华买爹》等 7 个剧目共计 11 部大戏，著作权归苗富华单独所有。2008 年 5 月 20 日，河南省文化艺术音像出版社出具版权证明，确认《王华买爹》由苗富华投资录制并享有维权事宜。2018 年 9 月 13 日，苗富华在河南省夏邑县公证处公证人员见证下，在夏邑县邮政局县府路邮政所营业厅通过特快专递向优酷信息技术（北京）有限公司（以下简称"优酷公司"）邮寄了告知函、版权证明。告知函主要内容为：苗富华投资录制了河南地方戏曲音像制品，现在发现优酷公司经营的网站上有苗富华拥有权利的音像制品的网络播放服务，要求优酷公司立即删除、屏蔽、断开链接。2018 年 10 月 4 日，登录优酷公司所属的"优酷网"网站首页，在搜索栏中输入"豫剧《王华买爹》"并点击搜索，可以搜索到《王华买爹》视频链接结果，并可以正常播放。播放内容和录像制品《王华买爹》的内容一致。另查明，优酷公司运营的"优酷网"网站上的涉案被控侵权视频是网络用户个人自行上传，"优酷网"网站对涉案被控侵权视频提供的是信息存储空间服务。

【判决结果】 河南省商丘市中级人民法院一审认为，依据苗富华提供的（2013）夏证民字第 477 号公证书所附的录制协议书、《王华买爹》VCD 以及版权证明可以认定苗富华对录像制品《王华买爹》享有通过信息网络向公众传播并获得报酬的权利。优酷公司收到苗富华的告知函后应当及时删除和屏蔽侵权作品的链接，但优酷公司并未及时处理。虽然优酷公司称其后来已经删除，但其侵权行为已经即时发生，依法应当承担停止侵害、赔偿损失的民事责任。综合优酷公司的过错程度、侵权情节、造成的影响及后果等，一审法院酌情确定优酷公司赔偿苗富华经济损失及维权费用 5 000 元。优酷公司不服一审判决，提起上诉。

河南省高级人民法院二审认为，信息网络传播权控制的行为是向公众提供作品的行为。未经许可实施向公众提供作品的行为构成侵害信息网络传播权的行为，属于直接侵权。涉案侵权视频是网络用户个人自行上传，优酷公司提供的是信息存储空间服务，因此优酷公司的行为不属于直接侵权。

双方当事人对“优酷网”网站中出现的被控侵权视频系侵权视频均未提出异议，判断优酷公司是否构成帮助侵权的关键在于其是否具有明知或者应知的过错，且是否及时采取必要措施。认定网络服务提供者对网络用户利用其网络服务实施的侵权行为是否应知，其核心在于确定网络服务提供者是否尽到了应尽的合理注意义务。《王华买爹》是传统戏剧剧目，有关《王华买爹》的视频有不同版本，仅通过名称难以确定是否侵犯涉案作品。再综合考虑涉案作品的知名度、侵权视频数量、侵权视频的浏览量、优酷公司所应当具有的管理能力，优酷公司不具有“应知”的过错。网络服务提供者确切知道侵权内容通常是收到了权利人的通知，该通知应符合《信息网络传播权保护条例》中的规定或者足以使网络服务提供者能够准确定位侵权内容。苗富华虽然曾经向优酷公司发送了告知函，但告知函并未列明要求删除或者断开链接的侵权内容的网络地址，苗富华也未举证证明优酷公司网站上《王华买爹》的视频较少，仅通过名称即可确定侵权涉案作品。因此，该告知函不符合《信息网络传播权保护条例》中的相关规定，且不足以使优酷公司能够准确定位侵权内容。因此，优酷公司不具有“明知”的过错。

综上，二审法院认为，对于涉案侵权视频，优酷公司提供的是信息存储空间服务，不构成直接侵权，且优酷公司不具有明知或者应知的过错，不构成帮助侵权，优酷公司的行为不构成侵害苗富华享有的涉案作品的信息网络传播权。优酷公司的上诉请求成立，判决撤销一审判决，驳回苗富华的诉讼请求。

【典型意义】《最高人民法院关于审理侵害信息网络传播权民事纠纷案件适用法律若干问题的规定》第7条第3款对如何认定网络服务提供者的过错及帮助侵权做出了具体规定，但由于隐蔽、疑难、复杂、多样的新型信息网络侵权案件层出不穷，权利人发出不实通知以及怠于全面通知而提起诉讼的情形时有发生，对侵害信息网络传播权中“明知”“应知”以及权利人通知的理解与认定成为司法实务中不可忽视的难题。本案属于典型的侵害录音录像制品信息网络传播权的案件，对上述问题进行了较为完整的梳理与阐释。

十、武汉光亚文化艺术发展有限公司、黄乾生与刘若英、叶如婷、上海拾谷影业有限公司等侵害著作权及不正当竞争纠纷案［湖北省武汉市中级人民法院（2018）鄂01民初5015号民事判决书］

【案情摘要】 武汉光亚文化艺术发展有限公司（以下简称“光亚公司”）委托黄丹蓉创作剧本《后来》。黄丹蓉完成创作后，于2015年5月4日在国家版权局进行作品登记。2015年4月13日，光亚公司获得摄制电影许可证，影片名称为《后来·懂得如何去爱》。2015年5月11日，光亚公司获得刘若英演唱的歌曲《后来》的非独家使用权，即作为电影《后来》（由刘海波导演、李易峰及刘亦菲主演）的歌曲并用于电影宣传，但不得切割使用，不得用于其他用途。光亚公司为上述电影制作策划方案，内容包括：打造2016年最值得期待的青春爱情电影，根据刘若英同名歌曲《后来》改编，片名《后来》，导演刘若英；组建强力创作团队（拟请），编剧李晗，监制薛晓路，备选演员井柏然、李易峰、黄轩、周冬雨、杨子姗、郭采洁；打造2016年最具话题性的青春校园电影“成长与失去”，2016年最感动人心的爱情故事“等待与错过”。2015年8月2日，光亚公司经与叶如婷联系，将《后来》剧本与策划方案以电子邮件发送给叶如婷，希望刘若英参与，刘若英方未同意。经查，上述剧本及策划方案中，均未出现过“恋爱、分手、错过、重逢……后来的他们再也回不去了”的表述。策划方案中涉及的监制、演员等，光亚公司均未有过联系。

电影《后来的我们》由刘若英导演，张一白监制，井柏然、周冬雨领衔主演，田壮壮主演，出品公司为上海拾谷影业有限公司（以下简称“拾谷公司”）、上海因而电影有限公司（以下简称“因而公司”）等。该片剧本署名编剧为袁媛、何昕明。被告陈述，该片系根据刘若英所著《过年，回家》改编，并提交从2016年10月25日至2018年8月28日的持续创作证据。

光亚公司、黄乾生主张，《后来》剧本与《后来的我们》剧本、电影的故事核心完全相同，均是“恋爱、分手、错过、重逢……再也回不到从前”，且剧本、电影有24处在情节上涉嫌抄袭剽窃，构成著作权侵权。同时主张，被告侵占光亚公司、黄乾生基于歌曲《后来》、剧本及策划方案的商业机会，给光亚公司、黄乾生影片摄制造成实质性妨碍，构成不正当竞争。拾谷公司、因而公司等为署名的联合出品人，共同构成著作权侵权及不正当竞争。光亚公司、黄乾生起诉要求拾谷公司、因而公司等被告停止影片《后来的我们》的复制、发行和传播行为，刘若英、叶如婷赔礼道歉，消除影响，各被告共同赔偿 7 000 万元。

【判决结果】 法院认为，就著作权侵权之诉而言，光亚公司、黄乾生主张的被改编和摄制的内容均非著作权法的保护范围，不仅如此，多处比对意见实际上已偏离了作品实际内容，有牵强附会之嫌，两个作品在故事主线、主要故事内容、人物设置、人物关系、情节事件、情节发展串联等独创性表达方面均存在实质区别，被告不构成著作权侵权。就不正当竞争之诉而言，影视行业适用一般条款应当考虑三个问题：其一，当原告就同一行为同时主张著作权侵权及不正当竞争时，如何看待反不正当竞争法与著作权法的关系，就同一行为，在不属于著作权法保护时，是否依然可依反不正当竞争法获得保护，若依反不正当竞争法保护，应当具备何种条件；其二，原告应当具有竞争法意义上的可保护利益，且该利益受到实际损害，否则不应认定被告构成不正当竞争；其三，影视行业的公认商业道德为何，被告行为是否违反该行业特有的商业道德。在此基础上认定，光亚公司、黄乾生不具有竞争法意义上的可保护利益，被诉行为在合法合理范畴之内，符合商业道德要求，既未扰乱市场竞争秩序，也未损害光亚公司、黄乾生或其他经营者、消费者的合法权益，不构成不正当竞争。法院判决驳回光亚公司、黄乾生的全部诉讼请求。

【典型意义】 热门影视作品公映后，纠纷时有发生，合理维权还是“碰瓷”，众说纷纭。本案的判决体现了法院对影视行业正当秩序的维护，具有一定的示范意义。本案涉及影视行业多个热点问题，分析了思想表达二分法的具体运用、著作权及反不正当竞争的保护边界、影视行业不正当竞争的判定标准等，具有一定的典型意义。

十一、广州网易计算机系统有限公司与广州华多网络科技有限公司侵害著作权及不正当竞争纠纷案［广东省高级人民法院（2018）粤民终 137 号民事判决书］

【案情摘要】 广州网易计算机系统有限公司（以下简称“网易公司”）主张其享有《梦幻西游》网络游戏的著作权，指控广州华多网络科技有限公司（以下简称“华多公司”）擅自在其经营的 YY、虎牙直播平台上开设直播专区，组织主播人员直播上述网络游戏，构成侵害著作权及不正当竞争，诉至法院请求判令华多公司停止侵权、赔礼道歉和赔偿网易公司 1 亿元等。广州知识产权法院经审理做出一审判决：华多公司停止网络直播《梦幻西游》游戏画面，赔偿网易公司 2 000 万元等。网易公司、华多公司均提起上诉。网易公司上诉认为：一审关于赔偿计算期间认定有误，本案索赔 1 亿元应全额支持。华多公司上诉认为：游戏运行呈现的连续动态画面不构成著作权法规定的以类似摄制电影的方法创作的作品（以下简称“类电作品”）。即使构成作品，游戏主播或玩家对被诉游戏直播画面形成有重要贡献，应成为主要权利人。游戏直播对游戏本身有极大促进作用，游戏直播创造的价值主要来源于游戏主播，游戏直播应构成著作权的合理使用，华多公司被诉行为不构成侵犯著作权的行为。即使侵权成立，华多公司经营《梦幻西游》直播业务长期亏损，游戏因素在直播获利中贡献极小，不应承担赔偿责任。

【判决结果】 二审判决认为，涉案游戏实质上是一款可运行的计算机软件程序，其运行结果即游戏程序自动或应游戏用户交互指令，临时调用游戏素材资源库中的各种文字片段、美术图片、音乐音效、技能动画等元素进行有机组合，并在终端屏幕上动态呈现出可感知的综合视听表达。涉案游戏连续动态画面属于文学、艺术领域具有独创性并能以有形形式复制的智力成果，符合“由一系列有伴音或者无伴音的画面组成”的核心特征，其复杂制作过程和最终视听表达体现了较高的创作高度，其符合类电作品实质特征，可归入类电作品范畴。从涉案游戏类型、制作技术等方面分析，玩家须按照游戏既定玩法步骤进行有限的故事探索、角色养成、互动交流和回合制战斗，其交互性操作虽然可能导致游戏画面存在细微差异，但这些差异并未超出游戏在画面表达层面上的预设范围，难以构成著作权法意义上的创作，也没有改变涉案游戏“连续动态画面”的核心特征，不影响对涉案游戏连续动态画面整体构成类电作品的判断。至于被诉游戏直播画面是否构成作品及其权利归属，也不影响对涉案游戏连续动态画面作品性质的判断。

关于游戏直播是否构成合理使用的问题。在游戏连续动态画面构成作品的情况下，游戏直播实质上是公开传播作品的行为，不属于《中华人民共和国著作权法》第 22 条规定的任何一种权利限制情形。从作品使用行为的性质和目的、被使用作品的性质、被使用部分的数量和质量、使用对作品潜在市场或价值的影响等因素综合考虑，被诉游戏直播行为基于商业营利目的，使用涉案游戏的独创性表达，使用部分的比例超出合理限度，对涉案游戏潜在市场产生不利影响，与游戏著作权人自己开展游戏直播或者对发放游戏直播许可的作品进行正常使用的方式相互竞争而产生冲突，使得权利人无法充分有效行使著作权利获得经济利益，实质上不合理地损害了其合法利益，不能认定为合理使用行为。自由竞争的市场秩序应当建立在尊重他人知识产权的基础之上，为内容付费是互联网时代通行的商业规则。虽然游戏直播对游戏有一定促进作用，人气火爆的主播、稳定运营的平台等因素对直播获利有一定贡献，但是，贡献不能取代许可，不能否定游戏著作权人对其作品传播进行排他控制的权利。对游戏进行直播所产生的经济利益，是立足于游戏本身且在游戏画面传播过程中产生的利益，不属于纯粹基于技术进步而由技术本身带来的红利。对此，被传播作品的著作权人应当享有相应份额。

关于赔偿数额的问题。在无法直接以华多公司提供的财务资料计算其经营涉案游戏直播业务获利的情况下，根据华多公司关联方财务年度报告披露的相关数据及其他因素，可估算华多公司自2011年10月至2014年12月经营《梦幻西游》直播业务所得约4 000万元。确定赔偿数额既要充分补偿权利人受损利益，又要让侵权者无利可图，还要区分不属于涉案知识产权价值贡献的部分，以免利益失衡，有悖公平。基于平衡作品创作者、传播者、使用者各方利益的原则，尤其从促进游戏及其衍生产业发展的角度考虑，应合理认定涉案游戏因素对被诉游戏直播平台获利的价值贡献。在上述估算数额基础上，综合考虑涉案游戏类型和知名度、侵权行为性质和情节、与涉案游戏直播相关的授权许可市场情况、涉案游戏因素对游戏直播平台获利的贡献程度、权利人维权费用，酌情判定华多公司赔偿网易公司2 000万元。二审法院判决驳回上诉，维持原判。

【典型意义】 近年来，网络游戏产业高速发展，已成为继影视之后发展最为迅速的新型文化载体。与此同时，网络运营逐渐进入“直播＋”时代，各种法律纷争不断，向司法提出了规范指引以确保产业健康发展的强烈要求。本案明晰了角色扮演类网络游戏的连续动态画面可依著作权法保护的审理思路，详细阐述了游戏直播是否构成合理使用的判断标准，并强调知识产权因素对直播获利的贡献比例，促使商业直播回归寻求内容许可的有序竞争状态，同时平衡了新兴产业发展变革时期著作权人权益与社会公众利益，对游戏及游戏直播行业影响深远。

十二、中国音像著作权集体管理协会与拉萨高度休闲娱乐有限公司侵害著作权纠纷案［西藏自治区拉萨市中级人民法院（2019）藏01知民初6号民事判决书］

【案情摘要】 经权利人授权，中国音像著作权集体管理协会（以下简称“中国音集协”）取得对涉案246首音乐电视作品进行集体管理的权利。2019年8月，中国音集协发现拉萨高度休闲娱乐有限公司（以下简称“高度娱乐公司”）未经许可，在其经营的KTV场所中使用了上述音乐电视作品，为公众提供放映经营活动。中国音集协认为高度娱乐公司的行为侵犯了涉案音乐电视作品权利人的相关著作权利，提起诉讼，请求人民法院判令高度娱乐公司停止侵权、删除涉案音乐电视作品并赔偿中国音集协经济损失246 000元以及为维权支付的合理费用10 957元。高度娱乐公司辩称，其经营的涉案高度纯K的点播系统及设备由第三方提供，第三方明确告知已支付播放歌曲的使用费。购买的点歌系统由第三方更新，高度娱乐公司向第三方支付了点歌系统及其设备的费用，高度娱乐公司不是适格的当事人。中国音集协主张的经济损失赔偿数额过高，且维权成本也过高，请求驳回中国音集协的全部诉讼请求。

【判决结果】 法院认为，中国音集协是依法成立的音像著作权集体管理组织，根据《中华人民共和国著作权法》的规定，涉案音乐电视作品权利人委托中国音集协在授权期限内对音乐电视作品进行集体管理，现中国音集协在授权有效期间内以自己名义提起诉讼，其具有本案起诉主体资格和诉权。中国音集协所提交的涉案音乐作品精选专辑光盘、可信时间戳认证书、取证光盘等能够证明高度娱乐公司所经营的拉萨高度纯K向公众提供了以点播方式使用涉案音乐电视作品的商业性服务，已构成对涉案音乐作品放映权的侵权。高度娱乐公司虽主张其已向提供点播系统及设备的第三方支付了使用歌曲的费用，且歌曲均由第三方更新点播系统后才使用，并不构成侵权，但未向本院提供第三方具有涉案音乐电视作品合法来源、经过相关权利人许可或中国音集协授权的相应证据加以佐证。鉴于中国音集协未能提供确实、充分的证据证明其因侵权所遭受的损失或者高度娱乐公司因侵权所获得的利益，法院根据涉案作品的类型、侵权行为性质、侵权范围、侵权人的经营规模及经营状况、侵权人的主观过错程度、流行程度及本地区的实际等情节酌情确定赔偿的经济损失及为制止侵权行为所支付的合理费用。法院判决，高度娱乐公司停止侵权，即停止涉案 246 首音乐电视作品的点播服务，并从曲库中删除上述音乐电视作品；赔偿中国音集协经济损失、制止侵权行为所支付的合理费用共计 97 720 元；驳回中国音集协的其他诉讼请求。

【典型意义】 本案系中国音像著作权集体管理协会在西藏提起的首例维权诉讼案件。通过对本案的审理，拉萨市中级人民法院明确了音乐电视作品著作权侵权的赔偿数额标准，避免了同案不同判的情况。同时，本案的审理也使西藏的社会公众和相关文化管理部门了解了著作权集体管理组织的作用，普及了著作权法。

2019年度全国打击侵权盗版十大案件

一、北京中兴华睿科技发展有限公司侵犯新闻作品著作权案

2019年6月，根据举报线索，北京市文化市场行政执法总队对本案进行调查。经查，2019年3月至7月，北京中兴华睿科技发展有限公司未经著作权人新华通讯社许可，通过其运营的“新华丝路网”向公众传播《“一带一路”结硕果 中哈合作再向前》等新闻作品，其中侵权文字作品140篇、摄影作品110幅。2019年7月，北京市文化市场行政执法总队对该公司做出罚款20万元的行政处罚。

【点　评】“剑网2019”专项行动将深化媒体融合发展版权保护作为重点任务，严厉打击未经授权转载新闻作品的侵权行为，严肃整治自媒体通过“标题党”“洗稿”方式侵犯新闻作品著作权的行为。本案的查办有力震慑了未经许可使用他人文字、图片作品的侵权行为，对强化媒体版权保护、推动媒体融合发展具有积极作用。

二、上海“补时点播影院”侵犯影视作品著作权案

2019年2月，根据国家版权局关于打击院线电影侵权盗版专项工作部署，上海市文化和旅游局执法总队对本案进行调查。经查，“补时点播影院”经营主体为上海此景文化娱乐有限公司徐汇分公司，该影院通过点播系统和投影仪等放映设备向用户提供《黑豹》等263部电影作品的点播、放映服务，其中80部电影作品经美国电影协会北京代表处确认未获授权、183部电影作品无法提供授权材料。2019年12月，上海市文化和旅游局执法总队对该公司做出罚款20万元的行政处罚。

【点　评】本案是落实院线电影版权专项整治、加强电影作品版权保护的典型案例。涉案电影作品权利人涉及多个国家和地区，除经美国电影协会核实80部作品为侵权外，执法人员探索性运用《中华人民共和国著作权法》第53条，对当事人无法证明获得合法授权放映的电影作品作为侵权情节予以考量，充分发挥了版权行政执法的威慑作用，对规范点播影院版权秩序做了有益探索。

三、江苏南京《韩剧TV》APP侵犯影视作品著作权案

2019年3月，根据江苏省打击网络侵权盗版集中办案周行动搜集的线索，江苏省南京市文化市场综合执法总队对本案进行调查。经查，南京乐酷网络科技有限公司未经著作权人许可，通过其运营的《韩剧TV》APP，向用户提供88部影视作品的在线播放，并通过发布广告牟利。2019年9月，南京市文化市场综合执法总队对该公司做出没收违法所得2万余元、罚款83.9万余元的行政处罚。

【点　评】版权执法部门开展集中办案行动，发挥了版权行政执法主动监管、快捷高效的优势，成效显著。本案是集中办案行动的典型案件，罚款数额大，体现了版权执法部门加大惩治力度、提高违法成本、发挥法律震慑作用的执法导向，有利于营造不敢侵权、不愿侵权的法律氛围，有力维护了中外著作权人的合法权益。

四、广东珠海向荣玩具厂卡通玩具侵犯著作权案

2019年1月，根据权利人投诉，广东省珠海市文化广电旅游体育局对本案进行调查。经查，广东珠海向荣玩具厂未经“宇宙英雄奥特曼”系列影视作品及人物形象美术作品著作权人许可，私自开发2套模具生产加工奥特曼系列玩具并进行销售，非法经营额4.8万余元。2019年5月，珠海市文化广电旅游体育局对该玩具厂做出没收侵权复制品、罚款20万元的行政处罚。

【点　评】本案系动漫卡通形象著作权侵权的典型案件。本案的查办对准确把握美术作品的复制权侵权行为、著作权行政执法中对实质性相似的认定方法等问题进行了有益探索，对加强动漫卡通领域著作权保护具有借鉴意义。

五、上海陈某等侵犯影视作品著作权案

2019年3月，根据公安部、国家版权局关于打击院线电影侵权盗版专项工作部署，上海市公安机关对本案进行调查，抓获犯罪嫌疑人12名。经查，2017年7月以来，陈某等人运营“子墨影视网”“秋霞电影网”“最快资源网”等10个盗版影视资源网站，下载、传播包括《流浪地球》等春节档电影在内的影视作品2 400余部，并通过添加境外赌博网站广告获利，涉案金额1 250余万元。2019年11月，上海市第三中级人民法院以侵犯著作权罪，判处陈某有期徒刑4年6个月，并处罚金50万元；判处林某有期徒刑 2 年 10 个月，并处罚金 17 万元；其余 6 人分别被判处有期徒刑并处罚金。

【点　评】“剑网 2019”专项行动严厉打击影院偷拍盗录及通过网络传播盗版影视作品行为。针对本案涉案作品数量多、类型多、权利人多的特点，司法机关准确适用相关司法解释，基于被告人非法提供网络视听服务且无法提供获得著作权人许可的证明材料，认定其“未经著作权人许可”，实现了案件的快侦快诉快判，铲除了盗版网站与影视资源站、赌博网站广告联盟的盗版黑色产业链，对加强院线电影版权保护、促进影视产业健康发展具有积极意义。

六、山西长治“圣城家园网”侵犯著作权案

2019 年 1 月，根据权利人投诉，山西省、长治市两级公安、版权部门成立专案组，对本案进行调查。经查，朱某某等以营利为目的，盗用他人身份信息进行网站备案，大量提供未经授权的电影、音乐、游戏、软件等盗版资源供会员公开下载，通过会员费与广告牟利，涉及影视作品 16 700 余部、音乐作品 16 300 余个、游戏作品 4 700 余个、软件作品 9 900 余件，网站注册会员达 200 万人次，点击量达 13 亿次。2019 年 12 月，长治市壶关县人民法院以侵犯著作权罪，判处朱某某等人有期徒刑 3 年 6 个月不等，并处罚金 81 万元不等。

【点　评】本案侵权数量大、作品种类多、调查取证难，公安部门会同版权行政执法部门组成专案组，版权执法人员全程参与案件查办工作，持续加大办案力度。本案从立案到首名嫌疑人抓捕归案只用了 15 天时间，两法衔接有力有效，是加大侵权盗版打击力度、推动版权保护两法衔接的典型案件。

七、江苏徐州“5·10”侵犯图片作品著作权案

2017 年 5 月，根据举报线索，江苏省徐州市公安、版权部门成立专案组，对本案进行调查。经查，2015 年以来，雷某投资建设“7kk 图片网”，由谢某某负责网站管理与图片编辑。二人未经著作权人许可，擅自传播他人图片作品，并植入广告牟利 240 余万元。网站非法传播图片累计 290 万余张，经抽取 3 798 张照片鉴定，均与著作权人原版照片构成实质性相似。2019 年 2 月，徐州市中级人民法院以侵犯著作权罪，判处雷某有期徒刑 3 年缓刑 4 年，并处罚金 130 万元；判处谢某某有期徒刑 1 年 6 个月缓刑 2 年，并处罚金 10 万元。

【点　评】“剑网 2019”专项行动将规范图片市场版权秩序作为重点任务，严厉打击未经许可大量传播他人图片的违法行为。本案系侵犯图片著作权的典型案件，当事人侵权主观故意明显，涉案作品数量大，非法经营额高。本案的查办对打击网络图片侵权盗版行为有重要指导意义。

八、安徽肥西谢某等侵犯著作权案

2016 年 11 月，根据举报线索，安徽省、合肥市、肥西县三级版权、公安部门成立专案组，对本案进行调查。在北京市和通州区公安、版权部门支持配合下，专案组赶赴北京等多地调查取证。经查，谢某等人自 2016 年 1 月以来，在淘宝网先后开设 3 家图书专营店，共销售各类侵权盗版图书 22.12 万笔、178 万多册，销售总额 1 520 万余元。2018 年 11 月，合肥高新技术产业开发区人民法院以侵犯著作权罪，分别判处 15 人有期徒刑 5 年至有期徒刑 2 年不等，并处罚金 316 万余元，没收违法所得 243 万余元。2019 年 6 月，合肥市中级人民法院对本案进行二审判决，维持原判。

【点　评】本案涉案图书数量多、涉案金额大、涉案人员众多，社会影响十分恶劣。版权行政执法与公安部门加强跨区域执法协作，对侵权盗版全链条进行有效打击，取得了积极成效，极大地震慑了不法分子，规范了出版物市场版权秩序。

九、江西九江陆某等侵犯网络文学著作权案

2018 年 11 月，根据举报线索，江西省九江市湖口县版权执法部门对本案进行调查，发现涉嫌构成犯罪，依法移送公安机关。经查，陆某等 5 人自 2015 年开始，先后开办“乐文小说网”“去看书小说网”等多个网站，非法采集、发布大量未经授权的网络文学作品，并在网站内嵌入广告牟利，涉案违法所得 847 万余元。2019 年 12 月，九江市湖口县人民法院以侵犯著作权罪，判处陆某有期徒刑 4 年，并处罚金 116 万元；判处刘某阳有期徒刑 3 年 9 个月，并处罚金 89 万元；判处其余 3 人有期徒刑缓刑并处罚金，并没收全部违法所得。

【点　评】本案涉及多个省份，犯罪活动分工明确，网络犯罪手段隐秘，且采用多个网站“串联式”作案方式，涉及面广、社会危害大。通过省、市、县三级版权、公安部门密切协作、追根溯源、有力推进，本案取得了“当年立案，当年挂牌，当年判决”的突出成效，判决震慑力大，是推动两法衔接、提高执法效能的一起成功案例。

十、山东菏泽“3·12”侵犯著作权案

2018 年 3 月，根据群众举报，山东省菏泽市、定陶区两级版权、公安部门对本案进行调查。经查，闫某某等委托菏泽新华贸易公司和菏泽义信印刷厂承印盗版雅思系列图书，通过网络平台注册账号，非法销售。执法部门共查处印刷、销售窝点 10 个，查获盗版书籍 25 万余册，盗版配套光盘 1.5 万余张，涉案金额达 1 500 万元，抓获犯罪嫌疑人 13 人。2019 年 6、7 月，菏泽市定陶区人民法院以侵犯著作权罪，分别判处闫某某等 9 人 4 年至 1 年 6 个月有期徒刑不等，并处罚金 6 万元至 1 万元不等，没收违法所得共计 117 万元。

【点　评】 本案是打击侵权团伙犯罪的典型案件，涉案盗版图书量大、侵权环节多、非法经营额高、涉案人员众多，严重侵犯权利人合法权益，社会影响恶劣。版权行政执法与公安部门密切配合，有效打击、震慑了不法分子，彰显了中国严格保护知识产权的坚定立场和鲜明态度，对维护出版物市场秩序、树立版权保护意识具有重要意义。

“剑网2019”专项行动十大案件

一、北京中兴华睿科技发展有限公司侵犯新闻作品著作权案

案件详情，参见本栏目“2019年度全国打击侵权盗版十大案件”之一。

二、江苏扬州马某予等涉嫌侵犯影视作品著作权案

2019年3月，江苏扬州公安机关打掉一个涉嫌翻拍制作盗版院线电影的犯罪团伙，抓获犯罪嫌疑人52名，摧毁作案窝点4处，查扣电影放映服务器、数字投影机、电脑、加密狗等各类设备1.3万余个。经查，2017年以来，马某予等人通过翻拍院线影片制作高清盗版片源，并添加水印加密，以付费加盟会员的形式将万余部盗版电影提供给点播影院非法放映牟利。

【点　评】 2019年春节档院线电影盗录盗版问题引起社会广泛关注，相关执法部门迅速采取措施，加强院线电影版权保护，严厉打击影院盗录偷拍及非法传播行为，先后破获了一批盗版院线电影重大案件，抓获了一批犯罪嫌疑人。扬州查破的特大偷拍盗录案，是春节档院线电影盗录和销售网络的源头，首战告捷打掉隐藏多年的“幽灵机”，有力震慑了违法犯罪分子，进一步净化了院线电影版权生态。

三、上海陈某等侵犯影视作品著作权案

案件详情，参见本栏目“2019年度全国打击侵权盗版十大案件”之五。

四、山西长治“圣城家园网”侵犯著作权案

案件详情，参见本栏目“2019年度全国打击侵权盗版十大案件”之六。

五、江苏南京《韩剧TV》APP侵犯影视作品著作权案

案件详情，参见本栏目“2019年度全国打击侵权盗版十大案件”之三。

六、湖北浠水91系列网站涉嫌侵犯影视作品著作权案

2018年12月，根据版权部门转办案件线索，湖北省浠水县公安部门对91系列网站涉嫌侵权案立案调查。经查，“91zy网”涉嫌传播侵权影视作品65 484部，“imeizy网”涉嫌传播侵权影视作品17 398部，“91zyw网”涉嫌传播侵权影视作品54 029部。在案件侦办中，公安部门挖出上线网站“ziyuanpian网”涉嫌传播侵权影视作品30 376部。已关闭涉嫌侵权网站500余个，向全国公安机关移交各类线索近百条，抓获犯罪嫌疑人18名，案件已移送起诉。

【点　评】 侵权网站在境外设置服务器，犯罪嫌疑人分布在9个省市，利用网络进行团队化运作，涉及中外影视作品10万余部，具有隐蔽性强、侵权传播范围广等特点。本案的成功查办，对加强两法衔接具有示范意义，对打击集团化侵权具有较强的震慑作用。

七、柔持（北京）科技有限公司传播盗版电子出版物案

2019年3月，北京市文化市场行政执法总队对柔持（北京）科技有限公司涉嫌侵权案立案调查。经查，2017年10月至2019年3月，该公司未经著作权人麦格劳希尔全球教育股份有限公司许可，通过多人云视频会议软件ZOOM平台进行网络授课，向公众传播Wonders教材等电子出版物。2019年5月，北京市文化市场行政执法总队对该公司做出罚款20万元的行政处罚。

【点　评】 版权执法部门对利用云视频会议系统传播盗版境外出版发行机构教材的行为进行严厉查处，体现了中国政府依法严格保护知识产权的坚定立场和鲜明态度，也是执法部门对查办新型网络侵权案件的有益探索。

八、江西吉安“5·28”侵犯影视作品著作权案

2018年5月，江西省吉安市公安部门对版权部门移交的微信公众号涉嫌侵权案立案侦办。经查，陈某某等人通过搭建电影资源网站，利用微信公众号吸纳注册会员，未经著作权人许可传播盗版影视作品600部。2019年9月，吉安市峡江县人民法院以侵犯著作权罪判处陈某某等人拘役6个月缓刑10个月不等，并处罚金不等。

【点　评】 近年来，侵权盗版分子利用资源网站及社交软件、网盘软件等传播盗版作品现象多发，严重损害了著作权人的合法权益，破坏了网络版权秩序。本案犯罪分子利用微信等社交平台传播侵权盗版作品，涉案人员众多、社会影响较大，江西、湖北、河南等地执法部门加强协作，美国电影协会等境外著作权认证机构密切配合，是加强跨区域执法协作、推动版权社会共治的典型案件。

九、山东淄博“6·26”涉嫌侵犯标准作品著作权案

2019年6月，根据标准出版机构自律发展联盟举报线索，山东省淄博市公安部门、版权部门成立专案组，对王某某利用“标准文献网”非法销售盗版标准案立案侦办。经查，“标准文献网”未经著作权人许可，收录31万条盗版标准进行传播，涉及国内标准16 722条、国际标准751条，非法牟利20余万元。

【点　评】 全国打击侵权假冒工作要点连续多年将打击含有著作权的标准类作品侵权盗版列为重点任务，本案是利用网络非法传播、销售盗版标准的典型案件，涉及盗版标准数量大，侵犯国内19家出版社及国际标准化组织（ISO）、国际电工委员会（IEC）、欧盟标准等国外标准化机构的合法权益。版权和公安部门积极关注含有著作权的标准类作品的版权保护，本案的查办对新业态新领域版权保护具有示范意义。

十、上海吴某锋侵犯影视作品著作权案

2018年2月至2019年2月，吴某锋经营“onlytvb网”，明知“爱港剧”等网站为盗版网站，仍从中搜索香港电视广播有限公司（TVB）的电视剧视频链接，采取解析播放等非法手段获取播放地址写入其网站数据库，供用户观看被链盗版网站上的有关视频，并通过提供广告服务牟利，非法经营额30余万元。2019年11月，上海市第三中级人民法院以侵犯著作权罪判处被告人吴某锋有期徒刑3年缓刑5年，并处罚金30万元，同时禁止被告人在缓刑期间从事视频网站经营。

【点　评】 本案并未囿于传统的网络著作权侵权标准，而将深度链接这一技术行为置于社会危害性与刑事规制可能性的视角内进行综合评判，明确了深度链接行为的社会危害性，确立了该类案件“明知+破坏技术措施”的基本证据标准，是对深度链接侵权入刑的积极探索。

2019年地方著作权司法保护典型案件

北京市

一、《武侠Q传》游戏侵害著作权及不正当竞争纠纷案［北京市第一中级人民法院（2014）一中民初字第5146号、北京市高级人民法院（2018）京民终226号］

案件详情，参见本栏目“2019年全国著作权司法保护典型案件”之一。

二、电影《九层妖塔》侵害著作权纠纷案［北京市西城区人民法院（2016）京0102民初83号、北京知识产权法院（2016）京73民终587号］

【案情摘要】 知名系列小说《鬼吹灯》由张牧野（笔名天下霸唱）创作，其中，《鬼吹灯之精绝古城》讲述了三位当代摸金校尉，为揭开部族消失的千古之谜，利用风水秘术，解读天下大山大川的脉搏，寻找失落在大地深处的龙楼宝殿的故事。梦想者电影（北京）有限公司（以下简称“梦想者公司”）经授权取得《鬼吹灯之精绝古城》的电影改编权、摄制权。梦想者公司分别与中国电影股份有限公司（以下简称“中影公司”）、乐视影业（北京）有限公司（以下简称“乐视公司”）就制作电影签订投资协议。2015年，电影《九层妖塔》公映，中影公司、梦想者公司、乐视公司为出品方，北京环球艺动影业有限公司为联合出品方，陆川为编剧/导演。张牧野主张，电影《九层妖塔》的故事情节、人物设置、故事背景均与小说相差甚远，超出了法律允许的必要改动范围，对小说存在严重的歪曲、篡改，侵害其保护作品完整权，且未给张牧野署名，侵害其署名权，请求四被告停止传播涉案电影，公开赔礼道歉、消除影响，连带赔偿精神损害抚慰金100万元。

一审法院认为，在作者将其著作财产权转让给他人后，在判断合法改编行为是否侵犯保护作品完整权时，不能简单依据是否违背作者在原作品中表达的意愿这一主观标准，而应当重点考虑改编后的作品是否损害了原作品作者的声誉。本案证据不足以证明张牧野社会评价降低、声誉受到损害。据此，一审法院支持了侵害署名权的主张，并判决中影公司等在传播涉案电影时为张牧野署名并向张牧野公开赔礼道歉、消除影响，驳回了侵害保护作品完整权的主张。张牧野不服，提起上诉。二审法院认为，作者的名誉、声誉是否受损并不是认定侵害保护作品完整权的要件。改编权无法涵盖保护作品完整权所保护的利益。涉案电影将主要人物胡八一及shirley杨分别设定为羿王子后裔及具有异能的鬼族后人，并将涉案小说从普通人类摸金校尉利用风水玄学探险的故事，改为具有超能力的英雄后人与鬼族人同怪兽战斗的故事。上述改动是对涉案小说主要人物设定、故事背景等核心表达要素的大幅度改动，对作者在原作品中表达的观点和情感做了本质上的改变，超出了必要限度，导致作者在原作品中要表达的思想情感被曲解，因而构成了对原作品的歪曲、篡改。据此，二审法院判决：撤销一审判决，中影公司、梦想者公司及乐视公司停止发行、播放涉案电影，向张牧野公开赔礼道歉、消除影响，并连带赔偿精神损害抚慰金5万元。

【典型意义】 本案系知名小说改编成电影而引发的侵权纠纷，社会关注程度非常高。当前，文化产业中普遍存在将畅销小说改编为影视剧的文化产品衍生方式，本案纠纷反映了当前影视剧行业的改编行为所面临的挑战，同时，本案对如何理解适用现行著作权法保护作品完整权进行了有益探索。改编权属于财产权，保护作品完整权属于人身权，包括改编权在内的作品财产权的转让并不影响作者享有该作品的保护作品完整权。根据《中华人民共和国著作权法实施条例》第10条的规定，取得将他人作品摄制成电影作品和以类似摄制电影的方法创作的作品许可的，有权对原作品进行必要的改动，但不得歪曲、篡改原作品。何谓必要的改动，如何判定相关改动对原作品进行了歪曲、篡改，存在不同的认识。一审判决认为保护作品完整权所强调的歪曲、篡改应重点考虑改编后的作品是否对原作品作者的声誉造成贬损，二审判决否定了此要件。上述分歧体现了本案的重要研究价值，此法律问题值得进一步探讨。

三、小说《锦绣未央》侵害著作权系列纠纷案［北京市朝阳区人民法院（2017）京0105民初62752号等］

【案情摘要】 2012—2013年，周某（笔名秦简）创作并在“潇湘书院”网站上连载了小说《庶女有毒》。后周某将该小说改名为《锦绣未央》，并于2013年出版发行。全书共6册、1 530千字。小说《锦绣未央》与温瑞安等12位知名作者在先发表的《温柔一刀》《身历六帝宠不衰》等16部权利作品相比，就语句而言，或者均使用了独特的比喻或形容，或者均采用了相同或类似的细节描写来刻画人物或事物，或者均采用大量常用语言的相似组合；就情节而言，小说《锦绣未央》采用了上述16部权利作品中具有独创性的背景设置、出场安排、矛盾冲突和具体的情节设计，共存在763处语句、21处情节相同或实质性近似，共计114千字。温瑞安等12位知名作者分别提起诉讼，请求周某停止侵权、赔礼道歉，赔偿经济损失等。

一审法院认为，周某侵害了温瑞安等12位作者对相应作品享有的署名权、复制权、发行权、信息网络传播权。据此，一审法院判令周某停止侵权、公开赔礼道歉并赔偿经济损失共计74万余元。一审宣判后，双方均服判，未提起上诉。

【典型意义】 本系列案件是典型的文学作品侵权案例，涉及一部作品抄袭温瑞安等12位知名作者的16部在先作品，抄袭作品数量、规模之大实属罕见。本案侵权行为反映了当前新技术条件下抄袭的便利性和隐蔽性，与以往的照搬照抄不同，此类侵权行为呈现出新的特点：抄袭内容既包括语句抄袭又包括情节抄袭，且二者相互掺杂，一部作品分散抄袭众多其他作品。上述特点为本案审理中查明纠纷事实提出了巨大挑战。法院在完成大量作品比对工作的基础上，结合文学作品表达及创作特点，从法律规定和基本法理出发，对文学作品语句与情节的关系、语句抄袭和情节抄袭的判定方法做了充分论证分析，对此类案件的审理具有借鉴意义。本系列案件判决的做出不仅对新技术条件下的恶意抄袭行为给予了严厉打击，而且向社会明确传递了尊重鼓励原创、抵制抄袭的声音，有利于促进文化市场的健康良性发展。

四、《吹牛》APP侵害著作权纠纷案［北京互联网法院（2019）京0491民初16794号］

【案情摘要】 腾讯科技（深圳）有限公司创作完成“微信表情系列1.0”，包括“大黄脸”等表情图标，后授权深圳市腾讯计算机系统有限公司在运营的微信软件中专有使用微信表情。北京青曙网络科技有限公司（以下简称“青曙公司”）运营《吹牛》APP，该APP主要用于社交聊天及购买游戏装备。2018年10月，二原告发现《吹牛》APP中使用了“捂脸”“奸笑”“嘿哈”等6个聊天表情，与其在先使用的微信表情中对应的表情图标相同。二原告主张青曙公司侵犯其信息网络传播权，应赔偿经济损失及合理开支共计50万元。

一审法院认为，涉案微信表情在圆形黄色面部造型基础上，通过眼部、嘴部、手势等的变化来反映人物的不同情绪，生动、形象、富有趣味，在线条、色彩运用等方面体现出一定的个性化选择和独创性表达，具有审美意义，构成美术作品。青曙公司未经许可在其经营的《吹牛》APP中使用了与涉案微信表情完全相同的聊天表情，使该软件的用户可以在其个人选定的时间和地点获得涉案微信表情，侵害了二原告享有的信息网络传播权。据此，一审法院判决青曙公司赔偿二原告经济损失30万元及合理开支1万余元。一审宣判后，双方均服判，未提起上诉。

【典型意义】 本案系社交软件中表情图标被侵权的典型案例。随着社交软件的普及应用，表情图标已成为人们日常沟通交流中多样化且不可或缺的表达元素。表情图标的表现形式较为简单、设计变量较少，但仍可以通过颜色、线条、图形等元素的搭配、取舍体现创作者的独创性表达，可以构成美术作品。经营者愿意将自己的作品用于社交软件中供用户免费使用，以增加用户使用的趣味性和表达方式，但不意味着他人也能未经许可将这些表情图标用于自己的社交软件中。互联网免费共享的理念亦应尊重他人创作成果，摒弃恶意抄袭模仿。

天　津　市

一、未来电视有限公司诉微鲸科技有限公司侵害作品信息网络传播权及不正当竞争纠纷案［天津市滨海新区人民法院（2018）津0116民初3355号、天津市第三中级人民法院（2019）津03知民终42号］

【案情摘要】 原告未来电视有限公司经央视国际网络有限公司授权，有权针对互联网电视业务模式下对《国家宝藏》节目的侵权行为进行维权。根据原告提交的公证书记载，在被告微鲸科技有限公司运营的微鲸电视上经搜索、点击即可直接播放《国家宝藏》节目的内容。原告请求法院判令被告停止通过微鲸电视向公众提供《国家宝藏》10期节目在线播放服务的行为并承担赔偿责任。

法院认为，网络服务提供者主动设置其他网络服务提供者的网络地址、名称、标识、网站首页、网页的链接，正确、完整、清楚地显示被链接网页原貌的，应当认定为链接服务。但不能仅以网络服务提供者使用了链接技术，即认定其提供的服务为链接服务。本案中，原告主张被告实施了提供涉案作品的行为已完成初步的证明责任，从原告的证据视频中无法正确、完整、清楚地显示被链接网页原貌，故无法直接认定被告提供的是链接服务。被告主张其仅提供网络链接服务，应就此承担举证责任，其提交的证据不足以证明其主张的，应承担不利后果。被告虽提交了公证书、技术说明，但该组证据系为诉讼取证需要重新上架作品后的技术演示公证，该行为与本案被控侵权行为非同一行为，不能证明两者作品来源方式相同。因该事实的举证责任在被告，其不能举证证明所实施的仅为链接服务，故应承担举证不能的不利后果。被告的行为属于未经许可的信息网络传播行为，侵犯了原告对涉案作品享有的信息网络传播权。

【典型意义】 本案是未来电视有限公司与微鲸科技有限公司侵害信息网络传播权纠纷系列案件之一。该系列案件涉及《国家宝藏》《舌尖上的中国》《大国崛起》等知名度较高的系列文化节目，是典型的侵害以类似摄制电影的方法创作的作品著作权的纠纷。本案中，双方均认可被告运营的微鲸电视可以播放涉案节目，原告主张被告提供了侵权内容，并且提供了初步证据，此时被告应对其提供链接服务的主张承担举证责任。被告虽然提交抓包取证过程的公证及相应技术说明，试图从技术上说明播放节目的来源，但相关证据系在为取证需要重新上架涉案作品后的技术演示，该行为与被诉侵权行为并非同一客观事实，被告亦无法证明重新上架的作品来源等问题，故法院对此未予采信，相应的举证不利后果应由被告承担。本案围绕如何区分提供链接服务与提供内容服务、举证责任分配、证据的采信等问题进行了深入阐释，对同类案件的审理具有借鉴意义。

二、天津网络广播电视台有限公司诉深圳聚网视科技有限公司等侵害著作权及不正当竞争纠纷案

[天津市第一中级人民法院（2017）津 01 民初 181 号、天津市高级人民法院（2018）津民终 315 号]

【案情摘要】 原告天津网络广播电视台有限公司经天津广播电视台授权，通过《万视达》软件直播天津广播电视台 11 个频道的节目，并有权就侵犯天津广播电视台权利的行为以自己的名义提起诉讼。《万视达》系原告为播放天津广播电视台授权频道及节目而开发的视频播放软件，安装于移动端，用于播放包括上述授权中涵盖的全部天津广播电视台的直播和回放节目。2015 年 5 月 16 日，原告与案外人网宿科技股份有限公司签订了合同，约定由网宿科技股份有限公司为原告播放该内容的源站提供网宿云分发网络平台软件 CDN 服务，原告支付相关服务费。后原告发现被告深圳聚网视科技有限公司（以下简称“聚网视公司”）等通过《VST 全聚合》《CIBN 微视听》《小微直播》三个 APP，以及网站 live. 91vst. com 等播放了天津广播电视台享有著作权的 71 个节目，侵害了涉案作品的广播权、信息网络传播权、广播组织权，并构成不正当竞争，遂起诉要求各被告停止侵权、赔偿损失、赔礼道歉等。被告聚网视公司、深圳极简网络科技有限公司（以下简称“极简公司”）、VST（香港）投资有限公司（以下简称“VST 香港公司”）为上述软件及网站的经营者。

法院认为，原告在本案中主张的 71 个节目具有独创性和可复制性，属于著作权法规定的以类似摄制电影的方法创作的作品，应认定著作权人为天津广播电视台。《VST 全聚合》、《小微直播》、live. 91vst. com 通过破解《万视达》使用的直播域名中的防盗链措施，转播了《万视达》广播的天津广播电视台的 11 个频道，包含涉案 71 个节目，侵害了依据《中华人民共和国著作权法》第 10 条第 1 款第 17 项规定的由著作权人享有的其他权利。被告聚网视公司、极简公司、VST 香港公司共同实施了侵权行为，应当承担连带责任。故判决被告聚网视公司、极简公司、VST 香港公司立即删除《VST 全聚合》、《小微直播》、live. 91vst. com 中直播天津广播电视台国际频道等共 11 个频道节目的链接，上述三被告连带赔偿原告经济损失及合理开支 463 198. 9 元。

【典型意义】 随着网络技术的广泛应用，网络广播已成为向公众传播文艺作品的新方式，实践中也出现了大量未经许可转播他人网络广播、侵害著作权的违法行为。由于网络广播不是中国著作权法规定的广播行为，也不属于中国著作权法中的信息网络传播行为，故权利人应依据何种权利进行保护是难点。本案判决在明确具有独创性的电视直播节目构成作品且依法享有著作权的基础上，清晰界定了广播权、信息网络传播权及《中华人民共和国著作权法》第 10 条规定的著作权人享有的其他权利的界限，厘清了网络广播组织是否能够成为广播组织权的主体等问题。本案判决有效维护了著作权人的合法权益，并在电视直播节目是否构成作品、网络广播组织转播广播电视直播的法律规制、广播组织权和广播权的权利范围等方面具有典型意义。本案为天津法院2019年度十大影响性案例。

河 北 省

一、上海美术电影制片厂有限公司与石家庄寸草爱电子商务有限公司侵害著作权纠纷案［石家庄市中级人民法院（2018）冀01民初522号、河北省高级人民法院（2019）冀民终278号］

【案情摘要】 葫芦娃角色造型美术作品属于特定历史条件下，胡进庆、吴云初创作的职务作品，由上海美术电影制片厂享有除署名权以外的其他著作权。石家庄寸草爱电子商务有限公司在其微信公众号“育儿团”《生个娃的女人等于七个葫芦娃》一文中使用了葫芦娃的图像，上海美术电影制片厂认为石家庄寸草爱电子商务有限公司上述使用行为侵害了其享有的涉案葫芦娃角色造型美术作品的著作权，起诉要求：（1）判令石家庄寸草爱电子商务有限公司立即停止侵犯涉案著作权的行为，删除涉案侵权内容，关闭“育儿团”（微信号：yuertuan123）侵权微信公众号；（2）判令石家庄寸草爱电子商务有限公司立即删除涉案侵权内容，对“育儿团”（微信号：yuertuan123）进行封号处理，并禁止石家庄寸草爱电子商务有限公司再次申请微信公众号；（3）判令石家庄寸草爱电子商务有限公司公开赔礼道歉；（4）判令石家庄寸草爱电子商务有限公司赔偿各项经济损失100 000元；（5）判令石家庄寸草爱电子商务有限公司承担本案全部诉讼费、调查取证费等合理费用。

【裁判要旨】 法院经审理认为，上海美术电影制片厂有限公司提供了上海市黄浦区人民法院（2010）黄民三（知）初字第28号民事判决书、上海市第二中级人民法院（2011）沪二中民五（知）终字第62号民事判决书，石家庄寸草爱电子商务有限公司未提出其他相反证明，故上海美术电影制片厂有限公司享有上述作品的著作权，其权利应受法律保护。石家庄寸草爱电子商务有限公司未经权利人许可，擅自在其微信公众号上使用上海美术电影制片厂有限公司享有著作权的作品，侵犯了上海美术电影制片厂有限公司的著作权，应当承担停止侵害、赔偿损失的民事责任。鉴于本案因侵权造成的实际损失以及侵权获利均无法确定，综合考虑涉案图片的类型、商业价值，侵权行为的性质、后果，以及主观过错程度等因素，对上海美术电影制片厂有限公司请求的赔偿数额在法定赔偿额限度内酌情确定为3 000元。

【典型意义】 包括葫芦娃在内的诸多卡通形象在现代商业社会中都是具有重大商业意义的无形资产，其署名、使用、授权开发周边商品等商业运营行为都要由一定的权利主体通过合法形式进行。如果相关企业未经授权，擅自使用上述作品进行商业宣传和推广，就有可能构成侵权，并须根据侵权的具体情况承担停止侵权、赔偿损失、赔礼道歉等民事责任。上述商业宣传并不局限于狭义的商业活动，也包括在微信公众号上转载相关侵权文章等广义的商业活动。商业使用的具体表现形式并不影响对构成侵权的认定，仅应作为对侵权情节和侵权后果考量的因素。

二、娱乐壹英国有限公司、艾斯利贝克戴维斯有限公司与秦皇岛富力城房地产开发有限公司侵害著作权纠纷案［秦皇岛市中级人民法院（2018）冀03民初515号、河北省高级人民法院（2019）冀知民终232号］

【案情摘要】 娱乐壹英国有限公司（以下简称“娱乐壹公司”）与艾斯利贝克戴维斯有限公司（以下简称“艾贝戴公司”）于2004年11月5日取得了美术作品 *Peppa Pig*，*George Pig*，*Daddy Pig*，*Mommy Pig* 在全球范围的著作权财产权，双方各占有50%的份额。娱乐壹公司于2014年6月向中华人民共和国国家版权局申请了作品名为 *Peppa Pig*，*George Pig*，*Daddy Pig*，*Mommy Pig*（《佩奇、乔治、猪爸爸、猪妈妈》）的著作权登记，并于2014年6月4日获得作品登记证书，娱乐壹公司、艾贝戴公司为共同著作权人。2018年4月，秦皇岛富力城房地产开发有限公司（以下简称“富力城公司”）与案外人秦皇岛图腾文化传播有限公司签订了活动合同及附件“2018年5—6月现场活动清单”，约定秦皇岛图腾文化传播有限公司为富力城公司组织策划“小猪佩奇游园会”活动并提供材料器具。该游园活动以小猪佩奇相关人物造型形象为核心元素，推出与小猪佩奇人物造型形象相关的主题场景和互动游戏。富力城公司借此吸引家庭客户，促进楼盘销售。同时，对相关的活动情况，富力城公司在微信公众号以及各大媒体上进行了同步传播。娱乐壹公司、艾贝戴公司认为富力城公司的行为构成对其复制权、发行权、展览权以及信息网络传播权的侵害，遂向法院提起诉讼，要求富力城公司立即停止侵权并赔偿经济损失50万元。

【裁判要旨】 法院经审理认为，由于富力城公司侵犯了娱乐壹公司、艾贝戴公司对涉案作品的著作权（包括复制权、发行权、展览权、信息网络传播权），故应承担停止侵权、赔偿损失的民事责任。关于赔偿数额，娱乐壹公司、艾贝戴公司提交了两份授权许可协议，虽然该两份协议中确定的授权许可使用的方式与本案中并不相同（本案中，富力城公司使用涉案美术作品，是一种广告、代言意义上的使用，而并非在授权产品上使用），但无论哪种使用方式，其使用必须具有著作权人的合法授权，因此，未经授权使用对著作权人造成的经济损失主要体现在授权许可费用的损失方面。由于本案中富力城公司与娱乐壹公司、艾贝戴公司之间并未就许可费问题进行过磋商，因此，二审法院参考娱乐壹公司、艾贝戴公司提交的两份许可协议中约定的许可费，同时考虑到涉案作品的知名度，侵权人的使用方式、使用时间、使用范围等因素，变更了一审法院侵权损害赔偿数额的计算方式和具体数额。最终二审法院酌定富力城公司赔偿娱乐壹公司、艾贝戴公司经济损失 200 000 元，为制止侵权的合理开支 20 000 元。

【典型意义】 本案涉及著作权侵权数额的计算方法问题，《中华人民共和国著作权法》中并未将许可使用费单独作为损害赔偿数额的计算方法，但许可使用费可以作为著作权人实际损失的计算依据。如果著作权人曾将作品许可给他人，许可使用费可以作为著作权人实际损失的计算依据，并以此作为确定损害赔偿数额的基准；根据著作权侵权损害赔偿方法递次适用的法律规定，人民法院在判决著作权侵权损失具体数额时，应当首先考虑是否存在可供参照的许可使用费，若没有才可以适用法定赔偿。

三、河北明尚德玻璃科技有限公司与上海乐竹文化传播有限公司侵害著作权纠纷案［沧州市中级人民法院（2018）冀 09 民初 282 号、河北省高级人民法院（2019）冀知民终 1 号］

【案情摘要】 《宅熊 NONO》美术作品的作者为林宁，作品完成日期为 2007 年 8 月 23 日，2008 年 8 月 26 日取得作品登记证书。2008 年 7 月 14 日，林宁在其新浪博客中以“nonopanda 卡通形象作者林无知”的网名发表文章《NONOpan 头像第一弹》，其发表的头像中包含附图一作品；2009 年 7 月 15 日，林宁在其新浪博客中以“nonopanda 卡通形象作者林无知”的网名发表文章《又见首映，哈利波特长残了》，其中包含附图二作品。2013 年 8 月 29 日，林宁与上海乐竹文化传播有限公司（以下简称“上海乐竹公司”）签订美术作品著作权转让合同，将涉案美术作品的复制权、发行权、出租权、展览权、表演权、放映权、广播权、信息网络传播权、摄制权、改编权、翻译权、汇编权及应当由著作权人享有的其他权利无偿转让给上海乐竹公司，转让期限自 2013 年 8 月 29 日起至作品著作权保护期限到期为止。2018 年 3 月 1 日，上海乐竹公司及林宁做出关于涉案作品衍生作品著作权归属的声明，林宁基于涉案美术作品创作的全部衍生作品自作品创作完成之日起归属上海乐竹公司。

河北明尚德玻璃科技有限公司（以下简称“河北明尚德公司”）成立于 2010 年 7 月 29 日，为生产工艺玻璃制品的股份有限公司（非上市），注册资本为 3 500 万元。2018 年 3 月 28 日，上海乐竹公司的员工在河北明尚德公司官网，以及河北明尚德公司在天猫、淘宝、阿里巴巴、京东的旗舰店发现带有附图一、附图二的牛奶杯在售，单价在 13 元至 29.9 元不等，该员工在网上以 29.9 元的价格购买了带有附图一的“熊猫玻璃牛奶杯”一个。上海乐竹公司向一审法院起诉请求：判令河北明尚德公司立即停止侵权，停止生产、销售侵权商品并销毁库存；赔偿上海乐竹公司经济损失以及制止侵权的合理费用共计人民币 500 000 元。

【裁判要旨】 法院经审理后认为，“宅熊 NONO”的作者为林宁，林宁为该作品的著作权人。《中华人民共和国著作权法》第 10 条第 3 款规定：“著作权人可以全部或者部分转让本条第一款第（五）项至第（十七）项规定的权利，并依照约定或者本法有关规定获得报酬。”本案中，林宁与上海乐竹公司签订著作权转让合同，将涉案作品及全部衍生美术作品的复制权、发行权、出租权、展览权、表演权、放映权、广播权、信息网络传播权、摄制权、改编权、翻译权、汇编权及应当由著作权人享有的其他权利转让给上海乐竹公司，上海乐竹公司受让取得涉案作品及衍生美术作品的相关著作权利，符合法律规定，上海乐竹公司有权对侵犯涉案作品及衍生美术作品著作权的行为提起诉讼，系本案的适格原告。河北明尚德公司未经上海乐竹公司许可在其生产的玻璃牛奶杯产品上使用涉案美术作品的衍生作品附图一、附图二，且未支付报酬，侵犯了涉案作品衍生作品的著作权。根据《中华人民共和国著作权法》的规定，判决河北明尚德公司停止侵权，停止生产、销售侵权商品并酌定河北明尚德公司赔偿上海乐竹公司经济损失以及制止侵权的合理费用共计 50 000 元。

【典型意义】 本案原告通过与作者签订著作权转让合同，获得了著作权中的相关财产权，任何他人未经著作权人及相关权利人许可复制他人作品的行为构成侵害著作权，应当承担停止侵权并赔偿损失的责任。

四、方正某等五名被告人犯侵犯著作权罪案 [石家庄市新华区人民法院（2019）冀0105刑初891号]

【案情摘要】 韩国MBC电视台拥有版权的《W两个世界》《m8sin89》《蒙面歌王》《Show音乐中心》等影视作品的相关数据，在中国存放在河北省石家庄市新华区北城国际IDC机房内，以上作品被吉吉米网站（www.ggmee.com）擅自发布。该网站由本案5名被告人经营使用，该5名被告人未经著作权人许可，将这些作品发布在自己经营的网站上进行获利，方正某作为该网站的总负责人，负责全面工作，李某哲系负责网站技术维护的员工，李某石系负责挂广告的员工，姜某某和方某系负责下载和上传视频的员工。吉吉米网站以会员制方式传播他人作品，注册会员达到800人以上；在该网站上传播他人作品的实际被点击数达到3万次以上。同时，被告人方正某还利用销售机顶盒的模式转播该网站上发布的韩国影视作品。经上海东方计算机司法鉴定所鉴定，从吉吉米网站上发现的501部韩国影视作品文件与韩国MBC电视台的501部影视作品文件的哈希值全部一致。5名被告人均向著作权人进行了赔偿，获得著作权人谅解。

【裁判要旨】 法院经审理认为，吉吉米网站以会员制方式传播他人作品，注册会员达到800人以上；在该网站上传播他人作品的实际被点击数达到3万次以上。根据最高人民法院、最高人民检察院、公安部《关于办理侵犯知识产权刑事案件适用法律若干问题的意见》第13条之规定，吉吉米网站侵犯他人著作权作品的数量在500部以上，且注册会员人数及点击数量达到了该条款规定标准的一半以上，属于《中华人民共和国刑法》第217条规定的“其他严重情节”。5名被告人以营利为目的，未经著作权人许可复制发行其影视作品，其行为均已构成侵犯著作权罪。五被告人系共同犯罪，被告人方正某系主犯，应当对全部犯罪承担责任，其余四被告人系从犯，可依法从轻判处。各被告人到案后均能基本如实供述案发经过，当庭自愿认罪、认罚，可认定其均具有坦白情节，均赔偿了被害单位并取得了被害单位的谅解，酌情均可从轻处罚。判处被告人方正某有期徒刑1年6个月，并处罚金人民币5万元；被告人李某哲、李某石、姜某某有期徒刑1年3个月，并处罚金人民币5万元；被告人方某有期徒刑6个月，并处罚金人民币5万元。

【典型意义】 随着互联网、手机网络的普及，网络平台传播侵权问题越来越凸显。此类案件被诉侵权人多为网络平台运营商，侵权方式涉及网页平台、PC客户端、手机客户端等。被诉侵权人一般为网络用户提供上传、交换、分享、下载作品的服务，成本较低，传播迅速，从而形成多次侵权，加重了对版权人权益的侵害。对于此类侵犯知识产权的犯罪活动，人民法院将一如既往地贯彻加强知识产权司法保护的政策导向，不断加大利用刑罚手段打击力度，坚决维护商业运营安全、市场秩序，努力为经济发展营造更加良好的法治环境。

五、张某某犯侵犯著作权罪案 [保定市竞秀区人民法院（2019）冀0602刑初218号]

【案情摘要】 2018年6月29日，国家“扫黄打非”办、河北省“扫黄打非”办、保定市文化广电新闻出版局联合竞秀区文体教育局对保定市竞秀区泰合印刷厂进行检查，发现有印刷书籍，提取样书后交河北省出版物鉴定中心鉴定。2018年7月30日鉴定，送检图书均为盗版类非法出版物。现场录像及照片清晰可见的书籍有《古汉语常用字字典》《星星离我们有多远》及中小学教材。其中《星星离我们有多远》系他人所收购的废弃图书，由张某某代为加工，去除背胶后交还田某某作为废纸出售，田某某向张某某支付加工费。《古汉语常用字字典》及中小学教材等共计2 800余册图书系被告人张某某非法印刷的盗版图书。

【裁判要旨】 法院经审理认为，根据我国刑法的相关规定，未经著作权人许可，复制发行其文字作品达1 000份即构成侵犯著作权罪，未将进行销售作为定罪要件。被告人张某某未得到著作权人的许可，以营利为目的非法复制他人文字作品2 800余册，虽未销售，但情节严重，已构成侵犯著作权罪，应承担刑事责任。判处被告人张某某有期徒刑8个月，并处罚金人民币1万元。

【典型意义】 印刷和销售盗版图书是一种较为传统的侵犯知识产权的违法手段，其侵蚀出版商市场份额，减少作品权利人的经济利益，导致消费者、出版商、原创作者之间经济利益失衡。随着科技的进步，盗版图书的制作日趋精良，使得消费者真假难辨，其因缺少图书出版的必要环节，无需额外费用，以低廉的价格优势抢占市场份额，加之生产便利度和速度的提升，在司法实践中依然多发，仍属于打击侵犯著作权犯罪活动的重点。本案对未经著作权人许可非法印刷他人文字作品的被告人处以刑罚，充分体现了人民法院对知识产权的有力刑法保护，有助于震慑和预防侵犯知识产权违法犯罪行为，维护公平竞争的市场经济秩序。

山 西 省

一、中国音像著作权集体管理协会诉太原市小店区迪加迪练歌房著作权侵权纠纷案［太原市中级人民法院（2018）晋 01 民初 1240 号、山西省高级人民法院（2019）晋民终 284 号］

【案情摘要】 2018 年 11 月 5 日，太原市城西公证处的公证员及中国音像著作权集体管理协会（以下简称“音集协”）的代理人到太原市迪加迪练歌房，以普通消费者的身份进入该店 8103 号包房内进行消费，并询问该店服务台工作人员“有多少个包间”，回答是“40 个”。先后点播了包括涉案歌曲在内的歌曲，并进行全程摄像并刻录成光盘。歌曲录制完毕后，取得消费票据。2018 年 11 月 10 日，太原市城西公证处对上述点歌过程出具了公证书，并将刻录光盘、照片附于公证书内。

音集协请求：（1）迪加迪练歌房停止侵权，立即从曲库中删除侵权作品；（2）迪加迪练歌房赔偿音集协经济损失 87 600 元。

【裁判结果】 山西高院二审认为，音集协作为音乐作品的集体管理人，经合法授权，取得涉案 10 部音乐电视作品在卡拉 OK 经营场所的独家许可放映权、复制权，为本案的适格原告。迪加迪练歌房在其经营场所的点歌设备中复制 10 部涉案音乐电视作品并提供放映服务，应取得音集协的合法授权，并支付复制、放映许可使用费，但迪加迪练歌房并未获得相关授权也未支付相关许可使用费，亦不符合著作权法规定的合理使用与法定许可的情况，故迪加迪练歌房侵犯了音集协享有的对涉案音乐电视作品在卡拉 OK 经营场所的独家许可放映权、复制权，应停止侵权，并依法承担向音集协赔偿经济损失的侵权责任。关于赔偿数额，根据《中华人民共和国著作权法》的相关规定，参照《山西省高级人民法院关于审理卡拉 OK 著作权纠纷案件的指导意见》规定。迪加迪练歌房认为，其无侵犯著作权的主观意识，且其与音集协已签订多年许可使用合同并缴纳了许可费用，音集协的主张不能成立。

综合考量本案情节，二审法院认为一审确定的赔偿数额 87 600 元过高，双方利益明显失衡，应当做相应调整，以平衡当事人之间的权利义务及利益。二审法院酌情确定本案赔偿数额为：48 000 元（包房数 40×4 元/天/包房×300 天/年）＋音集协为本案诉讼而支付的维权费用 576.3 元＝48 576.3 元。

二审法院判决迪加迪练歌房赔偿音集协各项经济损失 48 576.3 元。

【典型意义】 2006 年以来，音集协在全国范围不断提起起诉卡拉 OK 经营者侵害著作权的诉讼，此类案件在知识产权民事案件中占有相当大的比重。

在计算赔偿数额时，因对侵权获利、权利人的损失难以举证证明，法院通常选择保守、简单化的法定赔偿原则，以每首侵权歌曲确定相对固定的赔偿标准，标准不断被动调整，一首歌曲赔偿数额从数十元至数千元甚至数万元不等。此种审判模式效果并不理想，卡拉 OK 经营者感觉很受伤，音集协感觉保护力度不够，人民法院也感到十分棘手和困惑。

为破解司法难题，明确裁判标准，山西高院于 2018 年在全国率先出台了《山西省高级人民法院关于审理卡拉 OK 著作权纠纷案件的指导意见》，指导意见以国家版权局公布的卡拉 OK 著作权使用费收费标准为切入点，确定了以许可使用为基础法律关系、以侵权法律关系为补充的审判思路，明确各自的权利义务，综合考量各种现实因素，确定赔偿数额。指导意见实施后取得了较好的审判效果，部分高院也借鉴实施。

本案裁判充分考虑本案双方当事人已签订多年许可使用合同的情况（每年 2.8 万元）、现经营者经营出现的暂时困难、音集协的服务情况等因素，综合平衡双方利益，对一审判决内容做出了相应的变更调整。

二、景某某诉任某某、山西古籍出版社著作权侵权纠纷案［晋中市中级人民法院（2015）晋中中法民初字第 55 号、山西省高级人民法院（2018）晋民终 264 号］

【案情摘要】 景某某系碑石文化爱好者，自 20 世纪 80 年代始陆续收集灵石历代碑文，后与任某某结识，双方基于共同兴趣爱好决定合作编纂碑抄相关书籍，双方与第三方灵石县文史研究会在 2005 年 6 月 17 日正式签订编著《灵石碑钞》（暂名）合作协议书。此后，二人着手进行该书的编纂工作，景某某提供了多年来抄录的碑文资料，在此基础上双方进一步合作开展抄录碑文、制作拓本、拍摄图片、整理、校对等工作，最终于 2007 年 6 月编纂成《灵石碑钞》一书。2007 年 10 月 10 日，晋中市人民政府办公厅下发《三晋石刻全集》编纂方案，组织编纂更为全面的系列丛书《三晋石刻全集》，在这种情况下，灵石县文史研究会暂停了《灵石碑钞》的出版。

之后，灵石县文化局组织相关人员进行《三晋石刻大全·晋中市灵石县卷》的编纂工作，任某某接受文化局的委托负责该书的编纂，应任某某相邀，同时也基于之前的合作协议，景某某也参与到该书的编纂中，并接受政府给予的15 000元资金。因《三晋石刻大全·晋中市灵石县卷》的编纂要求更高，双方在《灵石碑钞》的基础上又做了更多的碑拓制作及拍照等工作，并将《灵石碑钞》存在的问题进一步补正。历时两年多，《三晋石刻大全·晋中市灵石县卷》编纂完成，并于2010年7月交付山西古籍出版社出版。该书主编署名为杨洪，执行主编署名为任某某，编委会成员中有景某某的署名。任某某作为执行主编，与出版社签订了图书出版合同。

任某某对《三晋石刻大全·晋中市灵石县卷》进行增补，在未经景某某同意的情况下单独编纂为《灵石古韵·碑石卷》并交付山西古籍出版社出版，该书于2013年8月出版，执行主编署名为任某某，仅在编辑部分出现景某某的署名。

景某某认为任某某署名的《三晋石刻大全·晋中市灵石县卷》《灵石古韵·碑石卷》侵犯了自己的著作权，故诉诸法院。

景某某诉讼请求：（1）确认任某某、山西古籍出版社侵权；（2）判令任某某、山西古籍出版社停止销售涉案图书；（3）判令任某某、山西古籍出版社赔偿原告经济损失人民币50万元。

【裁判结果】 山西高院二审认为，根据景某某与任某某及山西古籍出版社纠纷一案当事人的诉争焦点，本案案由应为著作权侵权纠纷。

2005年6月17日，景某某、任某某签订编著《灵石碑钞》（暂名）合作协议书，基于该合作意图，双方就编纂《灵石碑钞》共同或各自进行过抄录碑文、制作拓本、拍摄照片等行为，进行了实质性的合作行为。虽双方对对方所做的工作持有异议，但最终编纂成的《灵石碑钞》一书系景某某、任某某的合作作品。由于客观情况的变化，该书并未出版。根据《中华人民共和国著作权法》第12条的规定，改编、翻译、注释、整理已有作品而产生的作品，其著作权由改编、翻译、注释、整理人享有，但行使著作权时不得侵犯原作品的著作权。双方合作形成的作品为整理作品（演绎作品）。

关于本案涉案作品《三晋石刻大全·晋中市灵石县卷》的著作权归属问题。在灵石县文化局组织人员开展《三晋石刻大全·晋中市灵石县卷》编纂工作时，任某某与景某某均参与其中。任某某系接受灵石县文化局的委托负责编纂工作，而景某某是在任某某的介绍协调、在接受政府资金的情况下参与，二人共同进行相关的工作。该书主要是在《灵石碑钞》的基础上进行增补，是《灵石碑钞》的延续，是双方在政府组织编纂工作的契机下对其合作作品的进一步完善和扩充，在此过程中，双方与灵石县文化局并未约定《三晋石刻大全·晋中市灵石县卷》的著作权归属，依据著作权法的相关规定，《三晋石刻大全·晋中市灵石县卷》的著作权归任某某、景某某共同享有。

关于任某某是否侵犯景某某著作权的问题。山西省政府相关部门为了对全省石刻进行存史、抢救，启动了包括涉案文化遗产保护在内的全省系统公益工程，组织编纂了《三晋石刻大全·晋中市灵石县卷》《灵石古韵·碑石卷》。任某某系接受灵石县文化局的委托负责编纂工作，而景某某在接受政府资金的情况下受托参与工作，二人共同进行相应工作，应当认定为履行相关专项任务的行为。《三晋石刻大全·晋中市灵石县卷》《灵石古韵·碑石卷》使用了景某某的作品，并具署了景某某的名字，应当认定为合法使用。

山西古籍出版社出版《三晋石刻大全·晋中市灵石县卷》《灵石古韵·碑石卷》，对出版作品已尽到了必要的审查义务，且涉案出版作品并非侵权作品，故山西古籍出版社不构成侵权。

【典型意义】 合作作品的著作权由双方共同享有。本案中任某某、景某某签订合作协议，共同或各自进行了抄录碑文、制作拓本、拍摄照片等实质性创作行为，最终完成了合作作品。

对合作作品如何使用？何种情况下为合法使用？根据《中华人民共和国著作权法》第13条第2款、《中华人民共和国著作权法实施条例》第9条的规定，合作作品包括可以分割使用和不能分割使用两种，行使著作权时不得侵犯合作作品整体的著作权，合作作品不能分割使用的，其著作权由各合作作者共同享有，通过协商一致行使，不能协商一致，又无正当理由的，任何一方不得阻止他方行使除转让以外的其他权利，但是所得收益应当合理分配给所有合作作者。本案中省政府相关部门为了对全省石刻进行存史、抢救，启动涉案文化遗产保护公益工程，所有灵石县境内的石刻均在抢救、保护之列，不能因某一著作权人再创作的演绎作品而阻止、限制他人正当使用原有作品。任某某接受委托负责编纂工作，景某某在接受政府资金的情况下受托参与工作，二人共同或分别进行了抄录碑文、制作拓本、拍摄照片等实质性的再创作行为，应当认定为在履行相关专项任务中使用了双方再创作的合作作品（演绎作品），属合法正当使用。

三、北京全景视觉网络科技股份有限公司诉人民代表报社侵害作品信息网络传播权纠纷案［太原市中级人民法院（2018）晋 01 民初 686 号、山西省高级人民法院（2018）晋民终 837 号］

【案情摘要】 2009 年 11 月 6 日，国家版权局颁发了登记号为 2009-G-022011 的著作权登记证书，证书载明：申请者北京全景视觉网络科技有限公司（中国）经北京全景视拓图片有限公司（中国）转让，于 2002 年 1 月 3 日取得了中国图片库 1E 中摄影作品在中国地区的著作权，经中国版权保护中心审核，对申请者的上述权利予以登记。依据作品著作权登记查询结果，查明该涉案图片在中国图片库中的编号为 1E-00702。

人民代表报社认可在其微信公众号“人民代表报”中使用了编号为 1E-00702 的涉案图片。

北京全景视觉公司诉讼请求：（1）判令人民代表报社立即停止使用原告享有著作权的摄影作品；（2）判令人民代表报社赔偿原告著作权侵权赔偿金及其他费用共计人民币 10 000 元。

【裁判结果】 山西高院二审认为，北京全景视觉公司依法受让取得中国图片库 1E 中摄影作品，其中编号为 1E-00702 的作品收录于中国图片库 1E 中，北京全景视觉公司享有该作品的著作权，其权利应受法律保护。人民代表报社在其微信公众号上转载了源自央视财经微信公众号的涉案文章，涉案图片为该文章中的配图，但央视财经并未注明版权方或付费使用标识，涉案图片无明显的水印标志等权利人声明，也未标注不得转载、摘编。人民代表报社于 2017 年 5 月 29 日转发该文章时，已注明了文章来源以及编辑者信息。人民代表报社作为新闻媒体，转载作品并标明作品来源，属于对作品的正当使用，并不违反法律规定，并未构成侵权。但在知晓著作权人的情况下，应当依据《中华人民共和国著作权法》第 33 条第 2 款“作品刊登后，除著作权人声明不得转载、摘编的外，其他报刊可以转载或者作为文摘、资料刊登，但应当按照规定向著作权人支付报酬”之规定，依法向著作权人支付报酬。

【典型意义】 《中华人民共和国著作权法》第 33 条第 2 款规定：“作品刊登后，除著作权人声明不得转载、摘编的外，其他报刊可以转载或者作为文摘、资料刊登，但应当按照规定向著作权人支付报酬。”该款对他人如何合理使用著作权人的作品做了明确规定。

涉案编号为 1E-00702 的摄影作品发表于央视财经微信公众号，涉案图片为涉案文章中的配图，但央视财经并未注明版权方或付费使用标识，涉案图片无明显的水印标志等权利人声明，也未标注不得转载、摘编。依据《中华人民共和国著作权法》第 33 条第 2 款“作品刊登后，除著作权人声明不得转载、摘编的外，其他报刊可以转载或者作为文摘、资料刊登，但应当按照规定向著作权人支付报酬”之规定，著作权人不能阻止他人正当使用。人民代表报社转发涉案文章时，注明了文章来源以及编辑者信息，属于对作品的正当使用，并不构成侵权，但在知晓著作权人后，应当按照规定向著作权人支付相应报酬。

内蒙古自治区

一、刘某某与阿儿含只公司、巴某某、内蒙古电影集团侵害著作权纠纷案［呼和浩特市中级人民法院（2017）内 01 民初 190 号、内蒙古自治区高级人民法院（2019）内民终 156 号］

案件详情，参见本栏目“2019 年全国著作权司法保护典型案件”之六。

二、阿儿含只公司、阿某某与安达公司、内蒙古人民出版社侵害署名权纠纷案［呼和浩特市中级人民法院（2019）内 01 民初 93 号］

【案情摘要】 2016 年 2 月，阿儿含只公司与安达公司签订《蒙古族寓言故事》10 册漫画绘本外包协议，由阿儿含只公司负责策划和绘制《世界上的三个富人》等《蒙古族寓言故事》10 册绘本的 400 张漫画。协议约定涉案作品由委托方安达公司享有著作权，但阿儿含只公司及其绘制人员阿某某、钢某某享有署名权。2017 年 3 月，安达公司与内蒙古人民出版社签订图书出版合同，由内蒙古人民出版社出版了《蒙古族民间儿童故事大全》系列图书，共计 40 册。编著单位为安达公司。其中，《红牛的恩德》《世界上的三个富人》等故事同阿儿含只公司与安达公司签订的协议中约定的故事类似。阿某某提交了上述绘本的底稿并确认其绘制的图书为《蝙蝠的故事》《世界上的三个富人》等作品。阿儿含只公司和阿某某以安达公司、内蒙古人民出版社出版的《蒙古族民间儿童故事大全》（共 18 册）侵害其署名权为由，诉至法院，请求判令安达公司和内蒙古人民出版社收回侵权图书、赔礼道歉，赔偿损失 81 000 元，赔偿精神损失费 2 万元，承担合理开支 1 万元。

【裁判结果】 呼和浩特市中级人民法院认为安达公司侵害阿儿含只公司和阿某某署名权，判决：安达公司赔礼道歉，承担合理开支1万元。一审判决后，双方当事人均未提起上诉。

【典型意义】 因使用少数民族语言文字创作作品的受众较少，创作人员获得的著作权财产收益也较少，作者通常以其创作的作品参加评选、晋级等获得利益，因此作品署名权等著作人身权对作者具有更重要的意义。依照著作权法，受委托创作的作品，著作权的归属由委托人和受托人通过合同约定。对于本案委托创作作品，双方当事人约定由委托方享有涉案委托创作作品的著作权，同时受托方和创作者享有署名权。本案的裁判有效保护了创作人员和创作公司的署名权，激发了蒙古族作者的创作热情和积极性。同时考虑本案委托创作作品的著作权归属约定，判令安达公司仅负担合理开支，对各自权利边界划分清晰，实现了著作权人和创作者之间的利益平衡。

三、北京全景视觉网络科技股份有限公司与包商银行侵害作品信息网络传播权纠纷案［包头市中级人民法院（2018）内02民初481号、内蒙古自治区高级人民法院（2019）内知民终60号］

【案情摘要】 2006年2月，北京全景视觉网络科技股份有限公司（以下简称“全景视觉公司”）受让取得中国图片库1L中摄影作品在中国地区的著作权。2018年4月13日，全景视觉公司通过重庆易保全网络科技有限公司运营的易保全电子数据取证保全平台对被控侵权图片进行取证保全，获取电子数据取证证书。全景视觉公司根据其电子数据取证证书认为，包商银行在其新浪微博“包商银行信用卡”中擅自使用其享有著作权的编号为1L-15195的作品作为文章用图，侵害其案涉摄影作品享有的信息网络传播权，请求判令包商银行停止侵权、公开道歉，赔偿损失1万元。

【裁判结果】 包头市中级人民法院一审判决：包商银行停止侵权，赔偿损失500元。包商银行不服一审判决，提起上诉，内蒙古自治区高级人民法院二审判决：驳回上诉、维持原判。

【典型意义】 本案属于在信息网络传播权著作权案件中认可电子数据证据的典型案例。信息网络传播权侵权具有实时性、隐蔽性、电子化、大批量等特点，导致权利人取证困难。电子数据证据虽有取证成本低、高效、便捷等优势，但同时具有数据隐蔽、易篡改等不足。涉案电子数据取证证书是在中立的第三方平台进行保全后获取的，使用哈希值校验技术对电子数据进行在线验证，采用区块链技术将电子数据同步存储于公证处和司法鉴定中心，能够反映所记录事实的客观真实性。本案经对取证程序严格审查后，依法采信电子数据取证证书，认定包商银行的侵权事实，依法制止了著作权侵权行为。在涉及著作权信息网络传播权案件中认可电子数据证据，可以适当减轻权利人举证负担，降低维权成本，对解决此类案件的举证难问题有积极意义。

辽　宁　省

马佳、沈阳艾尔玛商贸有限公司与沈阳米豆娃娃宠物用品销售有限公司、冠军宠物食品有限合伙公司侵害作品复制权纠纷案［沈阳高新技术产业开发区人民法院（2018）辽0192民初142号］

【案情摘要】 原告沈阳艾尔玛商贸有限公司（以下简称“艾尔玛公司”）于2015年3月16日申请，2016年6月28日注册了第16501361号商标。辽宁省版权局于2018年1月2日做出辽作登字-2018-F-00000031作品登记证书，对原告马佳的《天然渴望》美术图片予以登记。

被告沈阳米豆娃娃宠物用品销售有限公司（以下简称“米豆娃娃公司”）出售的涉案商品来自第三人冠军宠物食品有限合伙公司（以下简称“冠军宠物食品公司”）。原告马佳认为被告米豆娃娃公司出售的商品上所印标识侵犯其辽作登字-2018-F-00000031作品的著作权，遂诉至法院。

第三人冠军宠物食品公司以单猫图案在美国专利及商标局申请商标注册，存档日期为2016年7月11日，登记日期为2017年2月14日，首次使用时间为2006年12月31日。经比对，原告马佳的《天然渴望》美术图片与第三人冠军宠物食品公司在美国和欧盟注册的单猫标识仅有最下方一行文字不同，后者最下方为英文短语，前者为中文“天然渴望”，其他部分完全相同。原告艾尔玛公司注册的第16501361号商标标识与第三人冠军宠物食品公司注册的第10671151号犬猫图案商标标识，仅颜色不同，其他部分完全相同。

法院认为，第三人冠军宠物食品公司以单猫图案在美国专利及商标局申请商标注册，首次使用时间为2006年12月31日，该单猫标识与涉案美术图片仅有最下方一行文字不同，其他部分完全相同即独创性部分完全相同，但第三人公开发表和使用时间远远早于二原告。另外，第三人冠军宠物食品公司于2012年3月26日以犬猫图案在中国申请商标注册，犬猫图案包含了涉案美术图片的主体创意，涵盖了其全部独创部分，该商标标识申请时间亦早于二原告能够证实的最早完成时间 2015 年 3 月 16 日。

综上所述，涉案美术图片完成以前，第三人已经公开发表并使用相关作品，涉案美术图片与第三人作品实质相同，没有独创性。不同之处仅为“天然渴望”4 个汉字，但美术作品不保护文字含义，“天然渴望”汉字部分亦没有特殊设计，不是该作品的独创性部分，单独亦不构成作品。二原告诉讼请求无事实及法律依据，不能成立，最终判决：驳回原告马佳、沈阳艾尔玛商贸有限公司的诉讼请求。

【典型意义】 本案著作权与商标权交织在一起，导致权属认定存在较大难度。原告马佳在沈阳高新技术产业开发区人民法院诉有多个案件，办案法官均反映其不同程度存在恶意诉讼问题，马佳本人曾因知识产权犯罪被追究刑事责任，且被告作为末端销售商，应诉能力较弱。为防止因涉案作品真正权利人为案外人，导致案件基本事实认定错误，法院依法追加了原告艾尔玛公司和第三人冠军宠物食品公司，根据查明的事实可以认定第三人于较早时间注册并使用涉案标识，且均与宠物食品及用品有关，并具有一定知名度。因第三人第 31 类注册在先，原告艾尔玛公司无法在与宠物相关的类别注册，故注册了第 42 类，同时利用著作权登记形式审查原则取得登记证书，然后对末端销售者提起诉讼，主观恶意明显。本案在二原告著作权初步证据认定基础上，充分发挥第三人反证规则，准确查明事实，清晰界定责任。本案对著作权与商标权交织时如何利用反证规则确认著作权权属，有效防止恶意抢注他人在先权利，具有广泛的指导意义。

吉 林 省

一、王某博与吉林省某房地产开发有限公司侵害作品复制权、署名权纠纷［长春市中级人民法院（2019）吉 01 民初 800 号］

【案情摘要】 王某博系玻璃雕塑《生长系列-山 4》的著作权人。2019 年 8 月，王某博发现吉林省某房地产开发有限公司在其施工现场的围挡、接待中心、微信公众号等处大面积、大篇幅使用了王某博玻璃雕塑《生长系列-山 4》的照片。法院经审理认为，吉林省某房地产开发有限公司未经著作权人王某博许可，在经营过程中大量使用涉案玻璃雕塑美术作品照片且未标注作者的姓名，侵害了作品的复制权、署名权，依法应当承担停止侵权、赔偿损失、赔礼道歉的责任。

【典型意义】 著作权法中的复制权所控制的复制行为既包括复制平面作品和将平面作品制成立体作品，也包括将立体作品制成平面作品。本案中，王某博的玻璃雕塑《生长系列-山 4》属于立体美术作品。吉林省某房地产开发有限公司使用涉案玻璃雕塑美术作品的照片的行为，系将三维立体作品复制成二维平面作品，侵犯了涉案作品的复制权。

二、北京全景视觉网络科技股份有限公司诉吉林某营销有限公司等 18 家公司侵害作品信息网络传播权纠纷

【案情摘要】 2018 年末，原告北京全景视觉网络科技股份有限公司因被告吉林某营销有限公司在其微信公众号“××医疗”中擅自使用原告享有著作权的作品作为文章用图，向法院提起 9 起诉讼。诉讼请求：(1) 判令被告立即停止使用原告享有著作权的摄影作品；(2) 判令被告在其微信公众号就侵权事实向原告公开致歉；(3) 判令被告赔偿原告著作权侵权赔偿金及其他费用共计人民币 10 000 元。

法院审理中发现原告还有 3 700 余件类案等待起诉，且实际上被告的侵权事实成立。如果 3 700 余件都起诉的话，则会增加双方当事人的诉累。为此，法院多次与双方当事人沟通交流意见、建议，帮助双方当事人分析各自利弊等，最终促使双方达成“一揽子”处理协议，将全部涉及侵权的 3 711 件案件一次性予以解决。

【典型意义】 本案的“一揽子”处理方式，达到了一次性实质化解纠纷的目的。同时，也为双方建立新的合作关系奠定了基础。本案的处理结果从经济方面看，不仅保护了原告被侵害知识产权所遭受的损失，也使被告以最少的经济代价解决了后续诉累。从司法角度看，不仅营造了知识产权司法保护的和谐氛围，也树立了尊重知识产权的“规则”意识，获得了双方当事人和社会的一致赞扬。

黑 龙 江 省

“三胜园”著作权侵权纠纷案［七台河市中级人民法院（2018）黑 09 民初 39 号、黑龙江省高级人民法院（2019）黑民终 205 号］

【案情摘要】 三胜合作社于 2008 年登记成立，黑土绿公司为三胜合作社设计了“三胜园”产品包装图案并在设计完成后代理销售“三胜园”牌杂粮。2013 年，三胜合作社将“三胜园”产品包装图案中的标识部分申请注册了“三胜园”商标。2018年初，三胜合作社与黑土绿公司终止合作，三胜合作社另行委托三胜杂粮店销售“三胜园”牌杂粮，同年，黑土绿公司申请“三胜园”系列图案作品著作权登记并标注作品创作完成时间为2011年。黑土绿公司向法院提起诉讼，认为黑土绿公司系“三胜园”作品的著作权人，三胜合作社在未经黑土绿公司许可的情况下擅自将该作品注册成商标并生产印有该商标的商品，三胜杂粮店代理销售该商品，均侵犯了黑土绿公司的著作权。请求法院判令：三胜合作社、三胜杂粮店停止使用黑土绿公司的作品，销毁库存的侵权商品，向黑土绿公司赔礼道歉并赔偿经济损失50万元。

法院经审理认为：涉案作品创作时三胜合作社已成立多年，涉案作品的内容主要由“三胜园”文字及图形组成，三胜合作社在本案中对作品创意做出了合理解释，涉案作品的创作体现了三胜合作社的意图和要求。虽然作品登记证书中记载创作完成时间为2011年8月15日，但著作权登记机构并不对申请人申报的作品创作完成日期进行实质性审查，故该登记证书中记载的作品创作日期不能否定该作品是黑土绿公司受三胜合作社委托创作的事实。故可以认定，涉案作品系黑土绿公司受三胜合作社委托而创作的委托作品。依据《中华人民共和国著作权法》第17条、《最高人民法院关于审理著作权民事纠纷案件适用法律若干问题的解释》第12条的规定，该作品的著作权属于黑土绿公司，三胜合作社可以在委托创作的特定目的范围内免费使用该作品。涉案作品的特定目的是三胜合作社委托黑土绿公司为“三胜园”产品设计商标标识，三胜合作社在其生产的产品上将其作为商标继续使用并不违反法律规定，不构成著作权侵权。在此情形下，三胜杂粮店销售该商品的行为亦不构成著作权侵权。判决：驳回黑土绿公司的诉讼请求。

【典型意义】 本案涉及委托作品的著作权归属及使用问题。受委托创作的作品，著作权的归属由委托人和受托人通过合同约定。合同未明确约定或者没有订立合同的，著作权属于受托人。委托人在约定的使用范围内享有使用作品的权利，双方没有约定作品使用范围的，委托人可以在委托创作的特定目的范围内免费使用该作品。本案的双方当事人系多年商业合作伙伴，在商业合作结束后产生了此案纠纷，法院以涉案作品创作及使用的事实为基础，以委托作品权利归属的法律规定为依据，判定委托人在委托创作的特定目的范围内免费使用该作品，体现了知识产权的利益平衡原则。

上 海 市

一、陈力等8人犯侵犯著作权罪案［上海市第三中级人民法院（2019）沪03刑初127号］

【案情摘要】 2017年7月至2019年3月，被告人陈力受境外人员“野草”委托，招募被告人林崟、赖冬、严杰、杨小明、黄亚胜、吴兵峰、伍健兴等人，组建“鸡组工作室”QQ聊天群，通过远程登录境外服务器，从人人影视、西瓜影视、OK资源网等网站下载，或者从爱奇艺、优酷等网站下载后转化格式，或者通过百度云盘分享等方式获取包括《流浪地球》《廉政风云》《疯狂外星人》等2019年春节档电影在内的影视作品2 425部，再将远程服务器上的片源上传至云转码服务器进行切片、转码、添加赌博网站广告及水印、生成链接后将上述链接发布至最快资源网、豆瓣资源网等多个盗版影视资源网站，从而为“野草”更新维护上述盗版影视资源网站。

其间，被告人陈力购买邮政储蓄卡用于收取“野草”汇入的运营费用。陈力收到“野草”汇入的盗版影视资源网站运营费用共计人民币1 250余万元，陈力个人获利约50万元，林崟、赖冬、严杰、杨小明、黄亚胜、吴兵峰、伍健兴等人获利1.8万～16.6万元不等。

【裁判结果】 2019年11月20日，上海市第三中级人民法院做出判决，认定被告人陈力等8人，以营利为目的，未经著作权人许可，复制并通过信息网络传播他人影视作品，其行为已构成侵犯著作权罪，分别判处有期徒刑4年6个月到10个月不等，并处罚金人民币50万元至2万元不等。一审宣判后被告人未上诉，判决已生效。

【典型意义】 网络著作权犯罪是近年来频繁发生的、较为严重的损害著作权人利益的行为，而犯罪分子利用网络技术进行跨区域、跨国犯罪是这类案件较难处理的重要原因。此类案件多属于智能犯罪，具有技术性强、历经环节多、隐蔽性高、危害性大、犯罪行为所涉作品范围广泛（海量作品）等特点，严重损害著作权人权益，重创创作人的积极性，带来了极其恶劣的社会影响。本案被告陈力等8人通过境内外相互勾结，利用网络技术租用大容量服务器，形成线下制作、线上传播的完整盗版产业链，肆意侵权，损害《流浪地球》等诸多影视作品权利人的利益，理应受到严惩。本案组织分工严密、作案手段隐蔽、危害极其严重，属于新型网络侵犯著作权案。本案处理明确了海量侵权案件中“未经著作权人许可”的认定规则，为打击网络侵犯著作权犯罪提供了判案审理的新视角与思路，彰显了司法机关保护知识产权、净化网络环境的坚定决心，对潜在的有组织的海量作品盗版者起到了警示作用。上海市检察院第三分院发挥捕诉一体办案优势，及时引导侦查取证，在1个月内完成审查起诉并判决，这种稳、准、狠的做法，对维护易受侵权的著作权人之利益极其有效。本案对于跨境网络著作权犯罪行为的捕诉和司法审判具有较强的借鉴与指导意义。

二、蔡明青等犯侵犯著作权案

【案情摘要】 日本万代公司享有“万代高达”玩具作品著作权。“大班”玩具生产厂家在未取得著作权公司许可的情况下，仿冒、复制“万代高达”玩具作品，生产、销售“大班高达”系列玩具作品。经查，该玩具生产厂家是一家注册在汕头市澄海区名为“泓利社”的公司，其生产、销售地主要位于中国广东省、福建省等地区，涉及网上、线下多个销售网点。公安机关共捣毁位于广东、福建两地的2家侵权制假工厂、7处贩假窝点，抓获犯罪嫌疑人13名，涉案金额高达2.3亿元人民币。经国家版权局鉴定，上述“大班高达”玩具均系侵犯著作权的商品。

【裁判结果】 2019年4月15日，上海市徐汇区人民法院对本案做出判决：蔡明青犯侵犯著作权罪，判处有期徒刑9个月缓刑1年，并处罚金3万元；何嘉文犯销售侵权复制品罪，判处有期徒刑8个月，并处罚金人民币10万元；姜荣抄犯销售侵权复制品罪，判处有期徒刑7个月，并处罚金5万元。其他犯罪嫌疑人另案处理。

【典型意义】 源自日本万代公司的“高达”是“机动战士高达”的简称，是从动漫发展起来的一种系列化的动漫玩具模型，也被称为“万代高达”。走进中国的“万代高达”已经拥有很大的现实市场和潜在市场，也因此引发了侵犯高达著作权的违法行为。譬如在国内市场上出现了仿冒“万代高达”的“大班高达”，日本万代公司代理人遂向上海警方举报。上海警方全力以赴，辗转数地，深谋远虑，最终人赃并获，一举将多名犯罪嫌疑人抓获归案。本案涉案金额高达2.3亿元人民币，侵权种类众多，侵权规模巨大。本案后被依法刑事起诉，已有3名犯罪嫌疑人因罪获刑。本案作为著作权刑事保护重大案件，对高达动漫玩具模型给予著作权保护，具有典型意义。

江 苏 省

一、苏州蜗牛数字科技股份有限公司诉成都天象互动科技有限公司、北京爱奇艺科技有限公司著作权侵权纠纷案［苏州市中级人民法院（2015）苏中知民初字第00201号、江苏省高级人民法院（2018）苏民终1054号］

案件详情，参见本栏目“2019年全国著作权司法保护典型案件”之二。

二、曹新华诉濮凤娟著作权侵权纠纷案［苏州市中级人民法院（2018）苏05民初557号、江苏省高级人民法院（2019）苏民终1410号］

案件详情，参见本栏目“2019年全国著作权司法保护典型案件”之七。

三、北京焦点互动信息服务有限公司南京分公司诉北京百度网讯科技有限公司侵害信息网络传播权纠纷案［南京市中级人民法院（2017）苏01民初2340号、江苏省高级人民法院（2018）苏民终1514号］

【案情摘要】 北京焦点互动信息服务有限公司南京分公司（以下简称“焦点南京分公司”）获得《匆匆那年》影视作品信息网络传播权的独占授权。2017年3—12月之间，焦点南京分公司通过多份公证书证明北京百度网讯科技有限公司（以下简称“百度公司”）经营的百度网盘中存储有《匆匆那年》电视剧01～09、11～16集等内容，且可以通过“公开”或“加密”方式创建分享链接进行分享，还可以通过离线下载方式进行下载。2017年4月10日，飞狐信息技术（天津）有限公司（以下简称“飞狐公司”）、焦点南京分公司向百度公司出具告知函，要求百度公司在收到告知函之日起7日内彻底删除百度网盘服务器中的侵权文件，断开、删除此类侵权文件的分享链接，并不得通过百度网盘服务器向互联网用户以上传、下载、分享或通过百度网盘进行在线播放、离线下载等方式提供此类侵权文件。告知函附件1为“文件校验值”，其中第33项为《匆匆那年》，列出了01～15集的MD5、SHA1、CRC32的数值；附件2为《影视作品中文名称及对应的拼音、拼音首字母和英文名称》，其中第33项为“匆匆那年（电视剧）—CongCongNaNian-Fleet of Time”。

一段时间后，焦点南京分公司发现在百度网盘中仍存在涉案作品，故向法院提起诉讼，认为百度公司构成侵权，要求百度公司立即停止侵权，并赔偿经济损失及合理开支共计300万元。

【裁判结果】 南京中院一审认为：第一，虽然焦点南京分公司提交的一系列公证书可以证明，涉案影视作品《匆匆那年》上传百度网盘时可以实现秒传，在百度网盘的不同账号之间可以通过“公开”“加密”方式进行分享，并且可以在登录百度网盘后将被诉侵权文件进行离线下载保存到用户的百度网盘，但这些均不构成对涉案作品信息网络传播权的直接侵权。第二，在焦点南京分公司已明确告知百度网盘存在与其享有信息网络传播权的涉案《匆匆那年》影视作品相同的作品时，百度公司不采取任何行动存在过错，百度公司构成帮助侵权行为，应当承担相应的侵权责任。

一审法院判决百度公司立即删除服务器中的侵权作品，并赔偿焦点南京分公司经济损失及合理费用50万元。一审判决后，百度公司向江苏省高级人民法院提起上诉。

江苏高院二审认为：百度公司未删除百度网盘服务器中相关文件的行为不构成帮助侵权。

首先，百度网盘用户将涉案被控侵权视频文件存储于百度网盘中，网盘用户的存储行为以及百度公司提供存储空间的行为均不构成侵犯涉案作品的信息网络传播权。根据百度网盘的用户协议，“百度网盘是一个向广大用户提供数据存储、同步、管理和分享等的在线服务。百度网盘是信息存储空间平台，其本身不直接上传、提供内容，对用户传输内容不做任何修改或编辑”。《中华人民共和国著作权法》第10条第1款第12项规定，信息网络传播权是指以有线或者无线方式向公众提供作品，使公众可以在其个人选定的时间和地点获得作品的权利。由此可知，该项权利指向的主要是作品在信息网络环境中面向公众并可以使公众获得的传播行为。就特定作品文件网络存储空间的提供方和作为网络存储空间使用者的网盘用户而言，存储行为具有一定程度的独立性，有别于不同网络用户之间出于文件传播目的而发起的分享行为，存储行为本身不代表存储行为的实施主体同时具有传播特定作品的主观意思，故不能将特定作品文件的存储行为简单等同于特定作品文件的传播行为，单纯的存储行为亦不必然构成对相关作品信息网络传播权的侵害。

其次，焦点南京分公司投诉的涉及《匆匆那年》作品的直接侵权传播行为并不清晰。焦点南京分公司的多份证据中，仅是证明了百度网盘中存储有涉案视频文件，且百度网盘具备的分享、离线下载、秒传等相关功能可以被用于实施侵权传播行为，但是上述证据并不足以证明确实存在焦点南京分公司及其关联公司飞狐公司公证授权委托之外的百度网盘用户，借助百度网盘实施了涉案作品的侵权传播行为且百度公司对此明知或应知。在焦点南京分公司向百度公司发送的告知函中，焦点南京分公司虽然要求百度公司断开、删除分享链接，但是在告知函附件中并未提供任何出于传播涉案作品目的的分享链接，故焦点南京分公司投诉中提出的关于涉案作品侵权传播行为的实施主体和客观形态的指向并不明确。

再次，焦点南京分公司向百度公司发送的告知函不构成有效通知。虽然二审法院在其他案件中对有效通知的认定并非严格按照上述要求必须包含侵权链接等内容，但是权利人所发出的有效通知，至少应该使得被通知方可以方便快捷地关联并提取投诉人的投诉内容，可以初步获知、定位被投诉侵权行为的实施主体、客观形态，在此基础上再进一步尽到其他应当且必要的审查注意义务，并采取包括但不限于断开链接、删除文件等各项具体处理措施。

如前所述，本案焦点南京分公司发出的告知函中并不存在任何侵权分享链接，也不存在其他能使百度公司方便快捷定位侵权传播行为及实施人的具体内容。即便焦点南京分公司提交的MD5值等文件校验值可以定位到特定文件，但是账号中保存了该特定文件的网盘用户是否实施了侵权传播行为，仍然需要百度公司进行审查甄别、审慎判断。因此，在未指明百度网盘用户使用百度网盘直接实施涉案作品侵权传播行为的情形下，焦点南京分公司发出的告知函，其实质相当于要求百度公司根据告知函内容，对百度网盘内所有文件进行完全排查或进行相应技术改造以实现快速定位。该要求显然不适当地加重了百度公司作为网络服务提供者的负担，亦可能不当损害网盘用户基于合法目的使用作品而享有的合法权益，因此二审法院认定该告知函不属于有效通知。

最后，百度网盘的性质不同于百度贴吧等其他信息发布平台。相较于其他将信息对所有公众开放的信息网络发布平台而言，百度网盘具有私密性的特征，在百度网盘用户自己没有主动对外分享网盘账号下的文件时，普通用户或公众并不能在个人选定的时间和地点随意获取到网盘内的任何内容，网盘用户所拥有的账号下的存储空间，可以视为用户个人电脑、手机等硬件物理设备存储空间在网络环境中的延伸。同时，由于百度网盘采用相同文件即同一份文件只实际存储一份的技术，如果百度公司删除了百度网盘服务器中的某一文件，涉及的后果是所有存储了该份文件的网盘用户的存储空间中的这一文件均将被删除，而这些存储该份文件的网盘用户中并不排除存在有权使用或有权合理使用的用户。在作品权利的行使、维护过程中，同时亦应尊重他人的合法权利，不得损害他人的合法权益。因此，焦点南京分公司主张百度公司应根据其通知直接删除百度网盘服务器中相关文件的请求，有可能损害未实施侵权行为的普通网盘用户的相关权益，导致信息存储空间网络服务提供者、信息存储空间网络使用者（网络用户）、作品权利人三方不同权益主体之间的利益失衡，亦超出了其所享有的涉案作品信息网络传播权的保护范围。

综上，焦点南京分公司发送的告知函不构成有效通知，其关于百度公司应删除百度网盘服务器中相关文件的要求缺乏事实和法律依据。一审法院认为百度公司未承担其作为网络服务提供者的审查义务和责任，构成帮助侵权并承担相应法律责任的认定有误，二审法院予以纠正。

当然，需要强调的是，二审法院系基于本案所涉案情认定百度公司不构成帮助侵权，但在权利人的作品为热播影视作品等特殊情形下，如果权利人已经采取了较为严密的保护措施以防止该作品非法传播，而普通公众通过正常渠道一般难以获得该作品时，在网络环境下出现权利人的作品就应当重点考虑该作品的来源是否具备正当性、是否具备合理使用的事实基础。此时，权利人通过技术手段获知并持有证据足以证明所涉作品存储于网络环境，为防止、制止该作品在网络环境之中出现非法传播，侵犯其合法权益，甚至造成难以弥补的损害，权利人向网络服务提供者提出采取删除、屏蔽、断开链接等措施的要求，网络服务提供者对此应当负有较高的注意义务，以尽到尊重知识产权、保护知识产权的责任。

同时，二审法院亦提醒百度公司重视百度网盘的秒传、分享、离线下载等功能可能引起的侵权问题。在现有运行机制包括用户协议中明确法律提示条款、设置 robots 协议等的基础上，百度公司仍然应当主动积极应对新技术开发、新应用场景、新业态运营在市场拓展过程中可能引发的侵权现象，关注其中可能存在的侵权风险，同步优化网络平台自身的技术安排和运维体系，特别是支持更多方式查询、提取网盘账号中存储文件在网盘内外交互传输状况，以进一步完善、提升保护知识产权的数据信息管理能力、技术处理能力和侵权投诉处理质量，及时采取合理措施预防侵权、制止侵权。

综上，二审法院判决：撤销一审判决，改判驳回焦点南京分公司的全部诉讼请求。

【裁判要旨】 第一，尽管网盘、云盘具备的分享、离线下载、秒传等相关功能可以被用于实施侵权传播行为，但在网络服务提供商无过错或未直接实施侵权传播行为的情形下，其提供秒传、分享、在线播放等技术功能的行为不构成侵权。

第二，权利人发出的通知，至少应当使被通知方清晰了解作品的权利状态，同时能够方便快捷地关联并提取投诉人的投诉内容，可以初步获知、定位被投诉侵权行为的实施主体、行为客观形态，否则不构成有效通知。

第三，对作品信息网络传播权的保护，应当注意平衡信息存储空间网络服务提供者、信息存储空间网络使用者（网络用户）、作品权利人三方主体之间的利益，综合考虑作品传播行为形态、平台注意义务、用户合理使用等因素，合理确定信息网络传播权的保护边界。

【典型意义】 本案是涉及网盘新技术应用过程中信息网络传播权侵权认定的一起典型案件。近年来，互联网技术中使用云存储技术的网盘服务因其存储容量大、覆盖范围广、上传下载文件方便快捷等优势获得广泛应用。但在网盘使用过程中，必然涉及作品的存储、传输等问题，引发网盘服务功能是否会涉及帮助侵权问题的争论。此前，已有判决基于案情认定网盘、云盘技术服务提供者构成帮助侵权，但本案二审法院考虑案件特殊性，做出了不同的判决结果，进一步完善了涉网盘、云盘知识产权案件侵权认定规则与思路。本案判决在合理界定信息网络传播权的保护边界、平衡涉网盘服务各方主体的利益方面做出了新的探索，在加强对网络环境下作品版权保护的同时，给网盘、云盘等新技术、新应用、新业态和新商业模式的发展留下了必要的空间。其中蕴含的裁判思路对处理类似案件具有一定的参考价值，主要体现在：

一是明晰了网盘、云盘服务提供者注意义务及主观过错的认定标准，合理界定了信息网络传播权的保护边界。本案判决首先基于过错原则，划分了网盘的技术功能与侵权行为之间的界限，明确了单纯网络存储并不侵害作品的信息网络传播权，并指出尽管网盘、云盘具备的分享、离线下载、秒传等相关功能可以被用于实施侵权传播行为，但在网络服务提供商无过错或未直接实施侵权传播行为的情形下，其提供秒传、分享、在线播放等技术功能的行为不构成侵权。其次，明确了权利人向网络服务提供者发出合格有效通知或告知函的标准，即至少应该使得被通知方清晰了解作品的权利状态，同时能够方便快捷地关联并提取投诉人的投诉内容，可以初步获知、定位被投诉侵权行为的实施主体、行为客观形态等。由此，判决认定本案中焦点南京分公司发出的包含文件MD5值及中英文名称的告知函，因其不能方便、快捷定位至侵权行为及侵权主体，不属于有效通知，其实质相当于要求百度公司根据告知函内容，对百度网盘内所有文件进行完全排查或进行相应技术改造以实现快速定位，该要求显然不适当地加重了百度公司作为网络服务提供者的负担，亦可能不当损害普通网盘用户基于合法目的使用作品而享有的权益。再次，从网盘中文件存储的唯一性特点和删除后果角度阐释了网络服务提供者采取删除措施的不合理性，即如果百度公司根据前述不当通知，删除了百度网盘服务器中的某一文件，则所有存储该份文件的网盘用户的存储空间中的这一文件均将被删除，可能损害未实施侵权行为的普通网盘用户的相关权益，导致信息存储空间网络服务提供者、信息存储空间网络使用者（网络用户）、作品权利人三方主体之间的利益失衡。

二是明确了特殊情况下网盘服务提供者必要的注意义务以及因应网络技术发展应当采取的必要措施，引导互联网行业健康发展。判决认为，如果权利人的作品为热播影视作品等，权利人已经采取了较为严密的保护措施以防止该作品非法传播，而普通公众通过正常渠道一般难以获得该作品时，在网络环境下出现权利人的作品就应当重点考虑该作品的来源是否具备正当性、是否具备合理使用的事实基础。此时，权利人通过技术手段获知并持有证据足以证明所涉作品存储于网络环境，为防止、制止该作品在网络环境中出现非法传播，侵犯其合法权益，甚至造成难以弥补的损害，权利人向网络服务提供者提出采取删除、屏蔽、断开链接等措施的要求，网络服务提供者应当负有较高的注意义务，以尽到尊重知识产权、保护知识产权的责任。同时，二审法院亦提醒百度公司重视百度网盘的秒传、分享、离线下载等功能可能引起的侵权问题，要求百度公司在现有运行机制包括用户协议中明确法律提示条款、设置robots协议等基础上，仍然应当主动积极应对新技术开发、新应用场景、新业态运营在市场拓展过程中可能引发的侵权现象，关注其中可能存在的侵权风险，同步优化网络平台自身的技术安排和运维体系，特别是支持更多方式查询、提取网盘账号中存储文件在网盘内外交互传输状况，以进一步完善、提升保护知识产权的数据信息管理能力、技术处理能力和侵权投诉处理质量，及时采取合理措施预防侵权、制止侵权，净化互联网环境。

因此，本案判决明确界定了网络服务提供者的注意义务程度及范围，厘清了云存储等新技术背景下信息网络传播权的保护边界，平衡了涉网盘服务各方主体的利益，有利于保障公众对新型网络工具的正当使用，并促进网盘、云盘等互联网技术的发展。

浙 江 省

杭州刀豆网络科技有限公司与长沙百赞网络科技有限公司、深圳市腾讯计算机系统有限公司侵害作品信息网络传播权纠纷案［杭州互联网法院（2018）浙0192民初7184号、杭州市中级人民法院（2019）浙01民终4268号］

案件详情，参见本栏目“2019年全国著作权司法保护典型案件”之八。

安 徽 省

许韬、王娜犯侵犯著作权罪案

【案情摘要】 自2014年5月开始，被告人许韬利用计算机及网络技术，租用服务器，在未经著作权人授权的情况下，采集复制他人文字作品至其个人运营的网站中供读者免费阅读以此增加读者点击量，最终通过广告联盟投放广告非法获利。为扩大规模，许韬于2015年成立合肥酷咪咪网络科技公司，先后聘用王娜等编辑人员、技术人员十余名，架设了小小书屋、虎踞阁、263zw等6个盗版侵权网站，复制、发行他人文字作品共502万余部，吸收会员共计328 334名，网站总点击量17.896亿次，仅小小书屋小说网侵犯掌阅科技股份有限公司独家著作权文章《帝少的独宠娇妻》点击量达779 498次。2017年7月至2018年1月，通过宣传易等广告联盟公司在其盗版网站上投放宣传广告获利7 133 731.82元。经中国版权保护中心版权鉴定委员会鉴定，许韬的盗版网站中的文字作品与掌阅科技股份有限公司享有独家版权的作品相同或基本相同的有1 616部。

【裁判结果】 安徽省合肥高新技术产业开发区人民法院一审判决：（1）被告人许韬犯侵犯著作权

罪，判处有期徒刑 4 年，并处罚金 400 万元；(2) 被告人王娜犯侵犯著作权罪，判处有期徒刑 2 年，宣告缓刑 3 年，并处罚金 15 万元；(3) 涉案赃款 5 926 322.82 元依法予以追缴。安徽省合肥市中级人民法院二审裁定：驳回上诉，维持原判。

【典型意义】 被告人许韬、王娜犯侵犯著作权罪案，涉及侵权盗版图书 502 万余部，涉案金额 700 余万元，属于向不特定公众传播侵权作品持续时间长、人数多、社会影响大的典型案件，案情重大为近年来罕见。本案在对被告人判处自由刑的同时，加大财产刑的处罚力度，对清理鱼目混珠的网络图书市场起到了警示规范作用，对图书行业健康发展有着重要意义。本案的审理对电子数据的认定、网络书籍相似性鉴定以及著作权犯罪中网络电子证据的认定起到了示范作用。

福　建　省

一、微软公司诉鸿星尔克（厦门）实业有限公司侵害计算机软件著作权纠纷案

【案情摘要】 微软公司就涉案 Microsoft Office Ultimate 2007 计算机软件以及 Microsoft Office Professional Plus 2010 计算机软件向美国版权局申请版权注册登记，版权所有人为微软公司。经一审法院证据保全，鸿星尔克（厦门）实业有限公司（以下简称“鸿星尔克公司”）使用的电脑中安装有涉案软件。微软公司认为鸿星尔克公司的涉案行为构成对其著作权的侵害，请求判令：鸿星尔克公司立即停止侵权并赔偿微软公司经济损失及合理费用。

厦门市中级人民法院一审认为，鸿星尔克公司系从事鞋服制造、进出口的公司，故其在计算机中安装使用涉案软件的行为属于商业使用行为。鸿星尔克公司在经营场所内电脑中使用的涉案软件系未经微软公司许可的软件，其擅自复制安装并商业使用微软公司涉案软件，侵害了微软公司对涉案软件享有的著作权。一审法院据此判决鸿星尔克公司停止侵权，赔偿微软公司经济损失 50 万元。

福建省高级人民法院二审认为，微软公司系涉案计算机软件的著作权人，鸿星尔克公司未经著作权人微软公司许可，擅自复制安装并商业使用涉案软件，侵害了微软公司对涉案软件享有的著作权，应当承担停止侵权、赔偿损失的民事责任。鉴于本案中双方当事人均未提交充分证据证明微软公司因涉案侵权行为遭受的损失，也未提交充分证据证明鸿星尔克公司因涉案侵权行为获得的收益，原审法院综合考量鸿星尔克公司的经营规模、侵权的时间和范围、主观过错程度、涉案软件的市场价格、证据保全的情况及微软公司为制止侵权支出的合理费用等因素，确定鸿星尔克公司赔偿微软公司经济损失（含制止侵权的合理费用）50 万元，并无不当。二审判决驳回上诉，维持原判。

【典型意义】 当前，计算机软件应用普遍，对计算机软件的保护主要有著作权保护、商业秘密保护以及结合计算机软件和硬件的专利权保护等。本案中，微软公司将涉案计算机软件进行版权登记，享有涉案计算机软件的著作权。计算机软件著作权侵权案件中，考虑侵权构成时，应当考量侵权人侵害的是《中华人民共和国著作权法》第 10 条规定的著作权中的哪一项权利以及是否存在该法第 22 条、23 条规定的可以不经著作权人许可、不向其支付报酬的情形；在法定赔偿时，应当考量侵权人的经营规模、侵权的时间和范围、主观过错程度、涉案软件的市场价格等因素。本案中，鸿星尔克公司系从事鞋服制造、进出口的公司，在其计算机中安装使用涉案软件的行为应当认定为商业使用行为。鸿星尔克公司未经著作权人许可，在其公司的计算机上擅自复制安装并商业使用涉案软件，侵害了微软公司对涉案软件享有的著作权。鉴于本案中双方当事人均未提交充分证据证明微软公司因涉案侵权行为遭受的损失，也未提交充分证据证明鸿星尔克公司因涉案侵权行为获得的收益，应当适用《中华人民共和国著作权法》第 49 条第 2 款规定的法定赔偿。根据《最高人民法院关于审理著作权民事纠纷案件适用法律若干问题的解释》第 25 条第 2 款的规定，本案综合考量鸿星尔克公司的经营规模、侵权的时间和范围、主观过错程度、涉案软件的市场价格、证据保全的情况及微软公司为制止侵权支出的合理费用等因素，确定赔偿金额为法定赔偿的最高限额 50 万元，依法保护了著作权人的合法权益。

二、刘奎宁诉上杭县古田华润希望小镇吴地社区居民委员会、龙岩市圣地古田文化传播有限公司著作权权属、侵权纠纷案［龙岩市中级人民法院（2018）闽 08 民初 318 号、福建省高级人民法院（2019）闽民终 809 号］

【案情摘要】 刘奎宁为纪念红军长征胜利 80 周年，原创设计了一套“古田小红军”卡通造型，包括“握红旗”“吹号”“望远镜”“握枪”“敬礼”“红缨枪”等。刘奎宁主张龙岩市圣地古田文化传播有限公司（以下简称“圣地古田公司”）未经其许可，公开陈列与“古田小红军”构成实质性相似的卡通

模型，侵害其涉案作品的著作权，起诉要求两被告承担停止侵权、赔偿损失等侵权责任。圣地古田公司辩称刘奎宁创作的“古田小红军”系采用大量公共元素创作的作品，“古田小红军”是中国共产党、中国人民解放军历史上的真实人物，“头戴淡蓝色红五星八角帽，身着工农红军的淡蓝色军装，淡蓝色布条裹腿，脚穿白袜子、黑布鞋”等属公共元素，圣地古田公司不构成侵权。

龙岩市中级人民法院一审认为，独创性是作品应当具备的条件。“握红旗”“吹号”“望远镜”“握枪”“敬礼”“红缨枪”六款“古田小红军”卡通造型，是作者根据其对红军战士的理解，对红军战士进行艺术抽象和美学修饰的创作成果。这六款“古田小红军”体现了作者的个性化选择和表达，符合著作权法对作品独创性及独创高度的保护要求，构成著作权法意义上的作品。

福建省高级人民法院二审认为，有独创性的美术作品受法律保护。本案中，红军战士系历史上真实存在的人物形象，刘奎宁对该形象进行艺术创作时不可避免地会采用公共元素，例如工农红军的淡蓝色军装、淡蓝色红五星八角帽、布条裹腿、红缨枪、大刀、军号等。通用表达不属于刘奎宁著作权保护范围，他人可以自由利用这些元素进行创作。但是，刘奎宁利用这些元素进行独创性表达受法律保护，他人未经许可不得使用。这些独特的表达主要体现在：在红军造型上，选择了“握红旗”“吹号”“望远镜”“握枪”“敬礼”“红缨枪”等造型；在头与身体的比例关系上，头部几乎与身体绑腿以上比例相同，帽子几乎占整个头部的一半；在人物神态上，通过倒八字的刀型粗眉、白色加咖啡色眼底、黑眼仁、一大一小白点高光大眼珠的浓眉大眼造型设计，展示红军良好形象。比较被控侵权产品与刘奎宁创作的作品，二者在人物造型的选择、整体结构比例、五官与脸部比例关系、浓眉大眼造型等方面均相同，这些相同之处均是作者独创性的表达。具体细节方面，例如“敬礼”“望远镜”中袖子没有挽起来，“握枪”“吹号”“握红旗”“红缨枪”中袖子挽起，二者也相同。原审法院认定二者构成实质性相似，并无不当。圣地古田公司主张二者相似之处属于公共元素，不构成侵权，事实和法律依据不足，不予支持。

【典型意义】 有独创性的美术作品受法律保护。在利用公共元素进行的创作中，通用表达不属于著作权保护范围，他人可以自由利用这些元素进行创作。本案中，刘奎宁利用工农红军淡蓝色军装、淡蓝色红五星八角帽、布条裹腿、军号等公共元素创作的“古田小红军”系列形象，是作者对公共元素的选择、取舍、安排和设计，体现了作者独特审美观，属于独创性的表达，应受法律保护。本案判决较好地说明了如何判断被控侵权产品与利用公共元素进行独创性创作的权利作品构成实质性相似，对著作权侵权案件审理具有借鉴作用。

山 东 省

“独孤残红武侠作品”侵害信息网络传播权系列纠纷案［临沂市中级人民法院（2014）临民三初字第105号、山东省高级人民法院（2019）鲁民终910号］

【案情摘要】 北京三面向版权代理有限公司经授权享有独孤残红武侠系列作品的著作权，其认为潇湘书院（天津）文化发展有限公司（以下简称“潇湘书院公司”）未经许可实施的在www.xxsy.net网站主动设置链接到载有涉案作品的侵权网站www.69993.com的行为，侵害了其信息网络传播权。经查，潇湘书院公司在本案诉讼之前就曾在www.xxsy.net网站上上传过涉案作品。

法院经审理认为，潇湘书院公司曾在其经营的www.xxsy.net网站上未经许可上传涉案作品，后虽在另案诉讼中删除了相关作品，但其对关联网站www.69993.com上上传的独孤残红武侠系列作品构成侵权属于应知或明知情形。本案中潇湘书院公司实施的主动设置链接到载有涉案作品侵权网站的行为，系共同侵权行为，应当承担连带侵权责任，故法院判决潇湘书院公司停止侵权并赔偿经济损失。

【典型意义】 本系列案是涉及网络服务提供者侵权认定的典型案件。网络服务提供者通过主动设置链接的方式链接到相关侵权网站，如有证据证明其对侵权网站上上传的作品构成侵权应知或明知，应认定为共同侵权行为，承担连带侵权责任。本案的裁判，通过对网络服务提供者侵权行为的准确界定，打击了网络著作权侵权行为，净化了网络空间。

河 南 省

一、陈东山、山西某出版社与中州某出版社、某地方史志办公室著作权侵权纠纷案［郑州市中级人民法院（2017）豫01民初4501号、河南省高级人民法院（2018）豫民终1959号］

【案情摘要】 1933年，开封开明印刷局出版

《陈氏太极拳图说》，作品载明：陈鑫著，陈雪元、陈春元编辑，陈淑贞、陈金鳌、陈绍栋参订。陈绍栋卒于 1995 年，陈东山、陈东海系陈绍栋之子。2016 年，某地方史志办公室与中州某出版社签订协作类图书出版合同，约定由中州某出版社协助某地方史志办公室出版《陈氏太极拳图说》一书，某地方史志办公室保证书稿达到出版要求，并且无侵犯他人著作权之情形及有关纠纷。2016 年 6 月 1 日，中州某出版社出版了《陈氏太极拳图说》一书。经对比，该书系 1933 年开封开明印刷局出版的《陈氏太极拳图说》的完整复刻版，注明了著者、编辑者等信息。陈东山要求中州某出版社、某地方史志办公室停止侵权无果，遂向法院提起诉讼。一审法院判决中州某出版社停止出版 1933 年版《陈氏太极拳图说》作品，某地方史志办公室赔偿陈东山、山西某出版社经济损失 50 000 元。某地方史志办公室提起上诉，二审法院经审理维持一审判决。

【典型意义】 陈氏太极拳作为中国传统文化的瑰宝，在海内外具有较大影响。《陈氏太极拳图说》一书于 1933 年由开明印刷局首次出版，对弘扬、传承太极拳文化具有重大意义。某地方史志办公室未经权利人许可，对该作品进行完整复刻，侵犯了该作品著作权人的合法权利。本案明确了对作品进行修订属于著作权法意义上的整理，参订人应成为修订作品的著作权人，合作作品的部分著作权人行使权利时不得损害其他著作权人的合法权利。

二、卢克伊尔石油公开合股公司与厦门某公司、某润滑油公司、郑州某公司不正当竞争纠纷和著作权权属、侵权纠纷案［郑州市中级人民法院（2016）豫 01 民初 50、51 号，河南省高级人民法院（2019）豫民终 574 号、575 号］

【案情摘要】 卢克伊尔石油公开合股公司（以下简称“卢克伊尔公司”）系在俄罗斯联邦注册成立的公司，连续多年蝉联财富世界 500 强企业前 100 名，是世界十大润滑油企业之一，卢克伊尔公司的润滑油产品具有较高知名度和影响力。因厦门某公司、某润滑油公司、郑州某公司生产、销售的润滑油商品包装图案、油桶形状与卢克伊尔公司润滑油商品近似，并宣传其润滑油商品是欧盟原装进口、全球十大品牌等，在对外宣传、商品包装中均使用了卢克伊尔公司的“лукойл”俄文企业名称标识、“LUKOIL”英文企业名称标识和美术作品图案，同时某润滑油公司存在以卢克伊尔公司在实际经营过程中被中国相关消费者知悉的“鲁克”名称作为企业字号等行为，卢克伊尔公司以不正当竞争纠纷和著作权权属、侵权纠纷两案诉至郑州市中级人民法院。郑州市中级人民法院认为厦门某公司、某润滑油公司、郑州某公司的行为构成擅自使用知名商品特有包装装潢的不正当竞争、虚假宣传的不正当竞争、侵害他人企业名称的不正当竞争和著作权侵权，分别判决厦门某公司、某润滑油公司、郑州某公司立即停止不正当竞争行为，某润滑油公司变更企业名称，厦门某公司、某润滑油公司共同赔偿卢克伊尔公司 80 万元，郑州某公司对上述赔偿数额在 2 万元内承担连带赔偿责任；厦门某公司、某润滑油公司、郑州某公司立即停止侵犯卢克伊尔公司著作权的行为，厦门某公司、某润滑油公司共同赔偿卢克伊尔公司 50 万元，郑州某公司对上述赔偿数额在 2 万元内承担连带赔偿责任。厦门某公司、某润滑油公司对两案均不服，向河南省高级人民法院提起上诉。两案经河南省高级人民法院审理，均判决驳回上诉，维持原判。

【典型意义】 本案是案情较为复杂的涉外“傍名牌”案件，包含擅自使用外国企业知名商品特有包装装潢的不正当竞争、虚假宣传的不正当竞争、侵害他人企业名称的不正当竞争等多种不正当竞争行为以及侵害著作权行为。经营者在产品包装、产品宣传、选择字号时，应当在本行业内充分尽到注意义务，对国际知名企业的外文企业名称、中文企业名称以及知名商品特有包装装潢均要合理避让，不得对商品来源做虚假宣传或者引人误解的宣传，不得通过投机取巧、搭便车、擅自利用他人的品牌效应等行为损害他人合法权益，不得擅自在产品包装、经营场所、广告宣传中使用、复制、发行他人作品，否则将构成不正当竞争或者著作权侵权，必须承担相应的法律责任。本案对外国企业知识产权的依法保护，彰显了河南法院加强知识产权保护，平等维护中外权利人合法权益，营造法制化、国际化营商环境的决心。

湖 北 省

光亚公司、黄乾生诉刘若英、叶如婷、拾谷公司等著作权侵权及不正当竞争纠纷案［武汉市中级人民法院（2018）鄂 01 民初 5015 号］

案件详情，参见本栏目“2019 年全国著作权司法保护典型案件”之十。

湖 南 省

汉华易美（天津）图像技术有限公司诉步步高

商业连锁股份有限公司长沙金星大道分公司、步步高商业连锁股份有限公司侵害作品信息网络传播权纠纷案［长沙市中级人民法院（2019）湘01民初1765号、湖南省高级人民法院（2019）湘知民终343号］

【案情摘要】 汉华易美（天津）图像技术有限公司提交的视觉中国 www. vcg. com 网站网页截图展示了涉案图片：图片 ID 为 VCG41dv104004a，品牌为 Digitalvision，图片上有“视觉中国”和“GettyImages”水印，图片下方有版权声明——该网站所有图片等均由该公司或版权所有人授权发布。步步高商业连锁股份有限公司在其微信公众号“湘潭步步高广场”中使用了涉案图片。汉华易美（天津）图像技术有限公司主张盖帝公司（Getty Image Inc.）通过收购数字视觉公司获得涉案图片的著作权，汉华易美（天津）图像技术有限公司再基于盖帝公司的许可获得涉案图片专有使用权，故其系涉案图片的著作权人，被告未经许可擅自在其微博、微信中使用涉案图片，侵犯了汉华易美（天津）图像技术有限公司对涉案图片享有的著作权，遂诉至长沙市中级人民法院，请求停止侵权并赔偿损失。

【裁判结果】 长沙市中级人民法院、湖南省高级人民法院审理共同认为，著作权侵权纠纷中，确定权属是侵权认定的前提和基础。根据“谁主张、谁举证”的原则，权利人应当提供证据证明其权属。本案中，汉华易美（天津）图像技术有限公司称盖帝公司通过收购数字视觉公司获得涉案图片的著作权，汉华易美（天津）图像技术有限公司再基于盖帝公司的许可获得专有使用权。故汉华易美（天津）图像技术有限公司首先应证明涉案图片著作权产生和转让的权利链条，盖帝公司获得了涉案图片的著作权，其次应证明盖帝公司将相应权利许可给了汉华易美（天津）图像技术有限公司，汉华易美（天津）图像技术有限公司获得了专有使用权。湖南省高级人民法院进一步认为，首先，盖帝公司和汉华易美（天津）图像技术有限公司均非涉案图片的作者，盖帝公司和汉华易美（天津）图像技术有限公司标注水印及权利声明和标记，仅是宣示其享有著作权或专有使用权，均非表明其系作者，不属于著作权法意义上的署名，不能适用署名推定规则推定盖帝公司享有著作权或汉华易美（天津）图像技术有限公司享有专有使用权；其次，汉华易美（天津）图像技术有限公司称盖帝公司系继受取得著作权，故盖帝公司标注水印及权利声明和标记的行为即使可视为盖帝公司的行为，但与上述理由一样，也不属于著作权法意义上的署名，不能适用署名推定规则推定盖帝公司享有著作权。且汉华易美（天津）图像技术有限公司提交的证据不能证明盖帝公司享有著作权及汉华易美（天津）图像技术有限公司享有专有使用权。综上，从拍摄者到数字视觉公司之间的权利链条缺乏证据证明，导致从拍摄者到盖帝公司之间的权利链条不清晰、不完整。在此情况下，被告亦无从核实盖帝公司的权利来源并进行反驳。长沙市中级人民法院裁定驳回了原告的起诉，湖南省高级人民法院维持一审裁定。

【典型意义】 本案涉及电子数据呈现的作品的署名问题和图片作品权属的认定。明确适用署名推定规则，首先应识别作品上的署名是否属于著作权法意义上的署名，不能将任何在作品上的署名均认定为著作权法意义上的署名。在署名者主张继受取得著作权或通过许可获得使用权的情形下，其在作品上署名（比如水印及权利声明和标记），仅是宣示其享有著作权、作品使用权或管理作品的权利，不属于著作权法意义上的作者的署名，不能适用署名推定规则。在拍摄者到原告公司之间的权利链条不清晰、不完整的情况下，仅凭涉案图片的电子文件、涉案图片的展示截图、涉案图片上的水印及权利声明和标记、授权确认书，尚不能证明原告对涉案图片享有专有使用权。本案规范了图片交易平台的经营行为，真正保护了著作权人的合法权益，防止不正当使用他人图片甚至盗取他人图片进行交易的行为。

广　东　省

一、网易公司诉华多公司侵害著作权及不正当竞争纠纷案［广州知识产权法院（2015）粤知法著民初字第16号、广东省高级人民法院（2018）粤民终137号］

案件详情，参见本栏目“2019年全国著作权司法保护典型案件”之十一。

二、深圳市建筑设计总院诉深圳市交通运输委、深圳市政设计院侵害著作权纠纷案

【案情及裁判】 深圳市交通局就某交通换乘中心征集建筑设计方案，深圳市建筑设计总院与深圳市政设计院均报名参与投标并交付设计文件。深圳市政设计院的方案中标，其后深圳市政设计院又与深圳市交通局签订补充协议，变更相关设计方案。深圳市建筑设计总院认为，深圳市政设计院重新设计的方案剽窃了其投标的方案，深圳市交通局将其设计方案交付他人，合谋实施了剽窃行为，侵害其著作权，应承担停止侵权、赔偿损失等民事责任。深圳市交通运输委设立划入了原深圳市交通局的职责。

法院认为，建筑工程设计图的著作权保护应围绕建筑艺术性方面的独创表达。本案涉及的方案设计图尚处设计初步环节，相对缺少局部的、细节化的表达，兼顾制图辅助软件工具因素，故对于方案设计图比对，重点在于建筑外形结构的设计、内部空间的布局及排列、组合所体现出来的作者独创性安排，也即作者以点、线、面、几何图形等方式对其构思、欲实现空间方案的艺术性具体表达。经比对，深圳市建筑设计总院主张保护的作品与被诉侵权作品既不相同，也不构成实质性相似，故判决驳回深圳市建筑设计总院的全部诉讼请求。一审宣判后，当事人均未上诉。

【典型意义】 在著作权侵权案件中，建筑工程设计图局部或者是设计思路的借鉴是否构成侵权往往较难判断，审判实践中尚未形成相对成熟的比对方法。本案在处理侵权比对时，将建筑审美要求从建筑功能要求、技术手段中适当剥离，同时考虑设计指标、规划、地形等限制因素，提出正确的比对方法和要点，为工程设计图侵权案件处理提供了较好的裁判思路，具有一定典型性。

三、童新钰诉恒鑫陶瓷工艺店侵害著作权纠纷案［佛山市禅城区人民法院（2018）粤0604民初27715号、佛山市中级人民法院（2019）粤06民终3469号］

【案情及裁判】 童新钰创作了名为《Q版福禄寿》的陶瓷工艺品，并进行了著作权登记。其以恒鑫陶瓷工艺店销售的产品侵害其上述作品著作权为由诉至法院，请求判令恒鑫陶瓷工艺店停止侵权、赔偿损失。

法院认为，涉案作品以中国民间传说的福禄寿三位神仙的形象为基础，通过对人物神态、服饰方面进行特别设计，具备独创性和可复制性，同时也体现了一定的艺术美感，属于中国著作权法意义上的美术作品。童新钰依法享有该作品的著作权。被诉侵权产品与涉案作品在整体形象上基本无差别，仅在人物的配饰细节方面存在微小的区别，二者实质性近似，被诉侵权产品构成侵权。恒鑫陶瓷工艺店的合法来源抗辩不能成立，其应当停止侵权，赔偿童新钰经济损失及合理维权费用。

【典型意义】 本案确认了对民间文学艺术作品形象再创作后产生的具有独创性的部分，只要符合著作权法保护的作品特征，其创作者就应依法享有著作权的司法保护理念。本案判决不仅符合著作权法的立法精神，同时保护了民间艺人创作的积极性，唤醒了传统手工艺人的版权意识，有利于传统民间艺术的延续、传承、发展、创新和繁荣，助力中国文化产业的健康发展。

四、李志诉腾讯公司、霍尔果斯公司等侵害著作权纠纷案［深圳市南山区人民法院（2018）粤0305民初15249号］

【案情及裁判】《天空之城》是国内知名民谣歌手李志创作的歌曲。歌手邱虹凯在一期《明日之子》综艺节目中演唱了该歌曲，腾讯视频提供了该期节目的点播服务。该期节目片尾出品方的署名为“腾讯视频”、“哇唧唧哇WA”和“腾讯音乐娱乐”三个标识。节目播出后，腾讯公司与李志就补授权事宜未协商一致。随后，腾讯公司陆续将上述邱虹凯翻唱《天空之城》的视频下架或替换。李志以腾讯公司、霍尔果斯公司等侵害其著作权为由诉至法院，请求判令停止侵权、赔偿损失。

法院认为，《明日之子》属于以类似摄制电影的方法创作的作品。按照中国影视节目署名的惯例，制片者通常署名为出品方，本案承担侵权责任的主体应是在《明日之子》节目中署名为出品方的腾讯公司、霍尔果斯公司和腾讯音乐娱乐公司，而非署名为版权方或联合研发制作方的其他被告。该三被告未经原告许可，在其制作的综艺节目中组织歌手邱虹凯公开表演音乐作品《天空之城》、允许腾讯视频公开播送及提供在线观看的行为，侵害了原告对《天空之城》享有的表演权和信息网络传播权，但并未侵害其享有的摄制权或汇编权。法院酌定本案赔偿数额为人民币20万元。一审宣判后，当事人均未上诉。

【典型意义】 本案著作权人系国内知名民谣歌手，纠纷发生后吸引了大量的网友以及媒体的关注。本案公开庭审被最高人民法院评为2018年度最受关注的庭审直播案件，且社会各界对此次庭审过程做出了积极评价。本案很好地解决了如何确定类电作品中使用侵权作品时的侵权责任承担者、类电作品的制作者侵犯了何种权利以及如何确定经济损失赔偿数额三个法律问题，取得了较好的社会效果和法律效果，对同类案件的处理具有较好的指导意义。

广西壮族自治区

一、广西南丹莫老爷酒业有限公司与广西洞藏

原浆贡酒酒业有限公司著作权侵权纠纷案［南宁市中级人民法院（2018）桂01民初576号、广西壮族自治区高级人民法院（2019）桂民终761号］

【案情摘要】 广西南丹莫老爷酒业有限公司（以下简称“莫老爷公司”）系涉案《莫府贡酒》美术作品的著作权人。莫老爷公司认为广西洞藏原浆贡酒酒业有限公司（以下简称“洞藏公司”）在其出品的酒瓶以及其店铺门头、宣传海报、店铺内展示柜墙壁上的牌匾所使用的“莫府贡酒”字样与该美术作品相同，故以侵害作品著作权为由将洞藏公司诉至法院。洞藏公司辩称其使用的作品与莫老爷公司的美术作品完全不同，且该作品取得著作权登记应受法律保护。

法院认为，将莫老爷公司的《莫府贡酒》美术作品与被诉侵权作品进行比对，二者构成实质性相似。洞藏公司的作品虽然获得登记，但其登记及创作的时间均晚于莫老爷公司的作品，故判定洞藏公司使用“莫府贡酒”字样的行为构成著作权侵权，应承担停止侵权、赔偿损失的责任。

【典型意义】 我国法律规定著作权自作品创作完成之日起产生，不以行政管理部门登记为要件。著作权登记采取“自愿登记，形式审查”原则，如果权利发生冲突，人民法院应当在实质审查后做出侵权与否的认定，不能仅以著作权登记证书作为判断依据。本案权利作品与侵权作品均取得著作权登记，法院综合审查作品的独创性、创作时间、登记时间以及实际使用情况等，对登记在先且创作使用在先的作品予以优先保护。通过充分发挥知识产权司法保护的主导作用，依法保护在先著作权人合法权益，有助于引导权利人增强著作权保护意识，注意留存作品原稿及创作过程记录，从而更好地保护自身合法权益。

二、老夫子动漫文化（北京）有限公司与柳州市柳北区表叔茶餐厅、南宁市沁乐餐饮娱乐管理有限公司著作权侵权纠纷案［南宁市青秀区人民法院（2018）桂0103民初8741号］

【案情摘要】 老夫子动漫文化（北京）有限公司（以下简称“老夫子动漫公司”）经权利人授权享有《老夫子》的名称、标记、设计、人物形象、视觉表现和衍生形象的著作权、商标权等知识产权。表叔茶餐厅在其经营场所招牌入口处，摆放了两个高约一米的玩偶，在餐厅三处内墙上张贴了印制有与两个玩偶头像相似图案的海报。老夫子动漫公司认为表叔茶餐厅的行为侵害其美术作品的复制权、展览权，故向人民法院起诉，请求判令表叔茶餐厅停止侵权、赔偿经济损失50万元等。

法院认为，“老夫子”“大番薯”是老夫子系列漫画的主要角色，其形象具有较高的辨识度及艺术美感，体现了独创性的特征，应当作为美术作品受著作权法的保护。经对比，原告享有著作权的美术作品“老夫子”“大番薯”形象与被告表叔茶餐厅内摆放的玩偶及张贴的海报图案，构成了实质性相似。表叔茶餐厅在其经营场所摆放上述玩偶并张贴相关海报，又无法说明上述玩偶及海报的合法授权，侵犯上述美术作品的复制权、展览权。法院判令表叔茶餐厅停止侵权，赔偿老夫子动漫公司经济损失及合理开支3万元。

【典型意义】“老夫子”“大番薯”是老夫子系列漫画的主要角色，具有较高的知名度，在不同系列的漫画中其动作、表情虽有不同，但其衣着、身形、外貌等均相同，这些相同特征具有很高的辨识度和艺术美感，其美术形象应当作为美术作品予以保护。本案根据平面动漫美术作品形象独特的辨识特征及丰富的表现形式，从美术作品的整体形象及独创性元素入手，结合与系列作品中其他形象的关联度，认定侵权形象与美术作品构成实质性相似，构成侵权，充分保护了美术作品著作权人的合法权益，有利于推动动漫虚拟人物的周边产品及周边经济的繁荣与发展。本案同时也警醒商业主体在选取知名度较高的漫画形象进行活动展示或者宣传时，应加强自我保护，提高著作权意识，尽到合理审查义务，否则会面临诉讼及侵权赔偿风险。

海 南 省

一、海南南海网传媒股份有限公司诉武进日报社侵害信息网络传播权纠纷案［海口市中级人民法院（2018）琼01民初5号、海南省高级人民法院（2019）琼民终298号］

【案情摘要】 海南南海网传媒股份有限公司（以下简称“南海网”）发现武进日报社在未经其授权许可的情况下，在武进日报社主办经营的武进新闻网（www.wj001.com）上擅自转载使用南海网的新闻报道及附图。所涉新闻均是南海网签约记者完成的作品。根据南海网与签约记者的约定，南海网享有著作权且南海网做出了禁止转载的版权声明。南海网在对武进新闻网转载新闻报道及附图的网页进行了公证取证后，遂向法院提起诉讼，主张64篇新闻报道被侵权。

【裁判结果】 根据《中华人民共和国著作权法

实施条例》的相关规定，时事新闻是指通过报纸、期刊、广播电台、电视台等媒体报道的单纯事实消息。时事新闻只有加入了作者独创性的创作元素，具有独创性的表达成分的，才能成为受著作权法保护的“新闻作品”。

法院认为，武进新闻网转载南海网的作品中，不属于时事新闻的有 9 篇，属于南海网禁止转载的政治、经济时事新闻的有 2 篇，共计 11 篇作品。该转载行为侵犯了南海网的信息网络传播权，应承担侵权责任。遂判决武进日报社赔偿海南南海网传媒股份有限公司经济损失等 27 500 元。

二、海口美兰红妆尚医学美容门诊部与漳州芗城美博士医疗美容门诊部著作权纠纷案

【案情摘要】 2015 年 6 月 8 日，海口美兰红妆尚医学美容门诊部（以下简称“红妆门诊部”）与朱丽蓉（案外人）签订了一份肖像权使用协议，约定朱丽蓉自愿按照甲方要求拍摄所属甲方企业的宣传产品（带有其肖像的照片、图形及视听资料等作品），并同意红妆门诊部以正当方式将该作品用于红妆门诊部各项业务及宣传活动。

该协议签订后，朱丽蓉依约在红妆门诊部的主持下进行拍摄，红妆门诊部在《更美》APP 中以“请叫我洋气姐”的名字使用了朱丽蓉的照片，发表了关于朱丽蓉整容改造的过程日志以对红妆门诊部的技术和公司进行宣传。

2018 年 10 月 17 日，红妆门诊部申请海口市琼崖公证处对漳州芗城美博士医疗美容门诊部（以下简称“美博士门诊部”）拥有的漳州美博士整形美容博客中的文章及所附的照片进行公证。经核实，该文章中所附的 19 幅照片均是朱丽蓉整形后的术后照片，这些照片与“请叫我洋气姐”的更美日记中朱丽蓉的图片一致。

红妆门诊部认为漳州美博士整形美容博客中使用的图片系其拍摄的享有著作权的图片，美博士门诊部的行为已经构成侵权，遂向法院提起诉讼。

【裁判结果】 法院认为，美博士门诊部在其新浪博客发布的文章中，未经朱丽蓉本人同意，也未经红妆门诊部许可，使用了红妆门诊部享有著作权的朱丽蓉的术后照片，其行为已经构成侵权。法院判决，漳州芗城美博士医疗美容门诊部立即停止侵犯海口美兰红妆尚医学美容门诊部著作权的行为，立即删除其在新浪博客中所使用的朱丽蓉的图片，并向海口美兰红妆尚医学美容门诊部赔偿损失等 15 000 元。

重 庆 市

陈俊邑与湖北中烟工业有限责任公司、重庆重百九龙百货有限公司、武汉虹之彩包装印刷有限公司侵害著作权纠纷案［重庆市第五中级人民法院（2018）渝 05 民初字 1224 号、重庆市高级人民法院（2019）渝民终 840 号］

【案情摘要】 陈俊邑系《龙凤呈祥喜庆花纹边框 2012》作品的著作权人。湖北中烟工业有限责任公司（以下简称“湖北中烟”）与武汉虹之彩包装印刷有限公司（以下简称“武汉虹之彩公司”）签订合同，委托武汉虹之彩公司为新产品“黄鹤楼（祝福）”香烟设计包装。武汉虹之彩公司未经陈俊邑许可将其上述美术作品使用并印刷在香烟外包装上，卖给湖北中烟。湖北中烟、重庆重百九龙百货有限公司（以下简称“重庆九龙百货”）销售含有涉案龙凤呈祥图案的香烟构成侵权。陈俊邑起诉湖北中烟、武汉虹之彩公司、重庆九龙百货侵害著作权，请求：（1）重庆九龙百货、湖北中烟停止侵权行为；（2）湖北中烟将黄鹤楼（祝福）香烟及相关品宣物料召回，停止生产、停止销售该款香烟并销毁该款香烟库存；（3）重庆九龙百货、湖北中烟在主流媒体说明侵权事宜消除影响并向陈俊邑道歉；（4）重庆九龙百货、湖北中烟赔偿陈俊邑人民币 3 200 万元（其中侵权赔偿 3 000 万元，律师费及合理开支 200 万元）；（5）诉讼费用由重庆九龙百货、湖北中烟承担。陈俊邑表示不请求武汉虹之彩公司在本案中承担法律责任。

【裁判结果】 重庆市第五中级人民法院认为，涉诉的图案为长方形，以龙凤为主体。作为中国传统的文化符号，龙凤图案确实很多，夔龙纹、卷云纹的表现手法也属常见。但是本案的图案运用卷云纹来描绘龙凤，使龙凤形象更为空灵、抽象和生动；龙凤各占据长方形的左右一角，既有对称美又有细微变化；龙凤头部上扬、相对，做飞翔姿态且拱卫“2012”，与图案文字“二零一二龍鳳呈祥”相呼应；金色图案配红色衬底，加金色边框装饰，结构完整。整幅作品与既有图案相比，虽然借鉴了传统的表达方式，但融入了作者自己的构思而做出了具有独创性的外在表达。因此，该院认定涉案图案属于美术作品，原告陈俊邑对该作品享有著作权，其合法权利应受法律保护。湖北中烟作为对涉案美术作品进行实际使用的生产者、销售者，同时亦是香烟烟标约定的著作权人，且对烟标设计图案进行了最后审定，理应对外承担相应的法律责任。至于湖北中烟与武汉虹之彩公司之间关于武汉虹之彩公司承诺不得侵犯他人知识产权的约定，属于另一法律关系，湖北中烟不得以合同约定的知识产权瑕疵担保条款对抗权利人。关于赔偿金额问题，涉案作品被印制在烟标上成为香烟包装的一部分，烟盒只是香烟产品的包装物，湖北中烟生产销售的是香烟而非涉案美术作品，故香烟的利润与本案侵权的违法所得显然不同，而购买香烟的影响因素与其价值贡献比例也不一样。参考类似情况下的稿酬标准或者合理许可费、转让费或设计费，并根据作品的独创性，作者的知名度，作品在产品中的显著性，侵权人的经营规模、范围、获利等因素，确定合理的赔偿额。重庆九龙百货销售的香烟有合法来源，且对涉案香烟已做下架处理，故在本案中不承担侵权的赔偿责任。判决如下：（1）湖北中烟、重庆九龙百货在判决生效后，立即停止侵犯陈俊邑《龙凤呈祥喜庆花纹边框2012》作品的著作权；（2）湖北中烟于判决生效之日起10日内赔偿陈俊邑经济损失及合理费用20万元；（3）驳回陈俊邑的其他诉讼请求。一审判决后，陈俊邑、湖北中烟均提起上诉，重庆市高级人民法院维持原判。

【裁判要旨】 侵害著作权纠纷案件中，人民法院在确定赔偿数额时应考虑侵权人的侵权方式。一般而言，如果侵权人直接复制、销售作品的复制件，由于复制件的销量与利润将直接影响作者的可得利益，此时可根据侵权复制件的销售利润与数量计算侵权人的违法所得。而在侵权人将作品用于商业用途时（比如用于商品的外包装装潢等），由于侵权人的获利主要来自自己的商品或服务，而非来自作者的作品，因此这种情况下主要应参考类似情况下的稿酬标准、合理许可费、转让费或设计费，并根据作品的独创性，作者的知名度，作品在产品中的显著性，侵权人的经营规模、范围、获利等因素，确定合理的赔偿额。

【典型意义】 商品外包装装潢越来越被商家所重视，本案提醒企业在设计外包装装潢时，应注意避免侵犯他人著作权，减少经营风险。同时，对未经著作权人许可将其美术作品使用于商品外包装构成著作权侵权的行为该如何确定赔偿数额的问题，本案亦具有一定的参考价值。

四　川　省

一、成都千佳世纪家具有限责任公司与成都一堂家具有限公司、德阳恒大市场经营管理有限公司侵害著作权纠纷案

［成都市中级人民法院（2018）川01民初188号、四川省高级人民法院（2019）川知民终176号］

【案情摘要】 2014年1月21日，成都一堂家具有限公司（以下简称“一堂家具公司”）委托案外人设计新中式风格产品，并约定由一堂家具公司享有产品设计完整的知识产权。2015年6月19日，一堂家具公司拍摄了涉案电视柜（TG6191）、厅柜（TG6182）、长几（CJ6151）、大方几（CJ6153）、沙发（SF6131）、床头柜（CG6021）、床（A6012）、床（A6016）八件家具作品照片。2016年11月9日、12月30日，一堂家具公司委托公证处取证了成都千佳世纪家具有限责任公司（以下简称“千佳家具公司”）在多处销售涉案电视柜、厅柜等产品，并在其公司网站展示涉案产品图片等事实。一堂家具公司认为千佳家具公司的行为侵犯了其电视柜、厅柜等八件家具作品的著作权，故诉至法院，请求判令千佳家具公司停止侵权、赔偿损失、消除影响等。四川省高级人民法院审理认为，对于家具而言，能够作为美术作品受到著作权法保护的是家具的立体造型，而非家具产品本身。家具作为实用艺术作品，其不同于普通的美术作品之处是其立体造型还可以受到外观设计专利的保护。因此，家具若要构成实用艺术作品获得著作权法的保护，还应当达到较高水准的艺术创作高度，否则将导致大量的实用艺术作品受到著作权法的高水平保护，从而降低美术作品的独创性高度。本案中，就权利人主张的八件家具而言，涉案的厅柜（TG6182）、床（A6012）两件家具造型较独特，体现出设计师个性化的美学视角和设计感，相比同类家具，具有较高的艺术美感，可以作为美术作品予以保护。而其他六件家具，一堂家具公司并未具体指出每件家具具有的艺术性的独特设计点，而是概括地将每件家具中所采用的中式元素及其布局作为设计要点。从整体上看，虽然经过局部造型的家具相比未做造型的同类家具具有一定的美感，但上述局部造型仍属于中式家具的惯常设计且并未改变家具的整体造型，难以认定构成美术作品。法院判决千佳家具公司停止侵犯一堂家具公司厅柜（TG6182）、床（A6012）的复制权、发行权，并赔偿一堂家具公司15万元。

【典型意义】 家具作为一种具有储物、摆放、休息等功能的家用器具，具有实用性，同时，其作为一种由线条、平面、颜色及组合构成的立体造型，当其造型具备一定的艺术美感时，则具备艺术性。

同时具有实用性和一定艺术性的家具，属于通常所称的实用艺术作品。对于家具而言，能够作为美术作品受到著作权法保护的是其立体造型，而非家具产品本身。家具作为实用艺术作品，不同于普通的美术作品之处是其立体造型还可以受到外观设计专利的保护。因此，家具若要构成实用艺术作品受到著作权法的保护，还应当达到较高水准的艺术创作高度，否则将导致大量的实用艺术作品受到著作权法的高水平保护，从而降低美术作品的独创性高度。本案的处理对实用艺术作品的著作权保护具有一定指导意义。

二、邱本犯侵犯著作权罪案［成都高新技术产业开发区人民法院（2018）川 0191 刑初 529 号］

【案情摘要】 深圳市盛大美游信息技术有限公司（以下简称"盛大美游公司"）系《人人棋牌》游戏软件权利人。2017 年 2 月，被告人邱本任职盛大美游公司总经理，其通过职务便利获知盛大美游公司 SVN 服务器账号、密码，并私自取得《人人棋牌》游戏源代码。2017 年 5 月，邱本通过他人分别设立成都九颗星科技有限公司（以下简称"九颗星科技公司"）、成都天天乐科技有限公司（以下简称"天天乐科技公司"）并成为两公司的实际控制人。邱本在未经著作权人许可的情况下，对《人人棋牌》游戏进行"换皮"、加工等形式修改后，更名为《大赢家棋牌》游戏并上线运营。2017 年 8 月，邱本从盛大美游公司正式离职后，利用九颗星科技公司负责《大赢家棋牌》游戏的技术支持，利用天天乐科技公司上线运营《大赢家棋牌》游戏营利。从 2017 年 7 月 1 日至 2017 年 11 月底案发，《大赢家棋牌》游戏共有玩家 141 721 人，游戏玩家充值金额共计 8 224 余万元，邱本供述其个人获利 200 余万元。经鉴定，《大赢家棋牌》游戏源代码与《人人棋牌》游戏源代码相似度达 99%，构成实质性相似。成都高新技术产业开发区人民检察院于 2018 年 8 月 3 日以邱本犯侵犯著作权罪向成都高新技术产业开发区人民法院提起公诉。成都高新技术产业开发区人民法院判决邱本犯侵犯著作权罪，判处有期徒刑 5 年，并处罚金人民币 400 万元。

【典型意义】 当前中国网络游戏产业正处于高速增长阶段，催生了一批经济效益高、社会影响大的游戏产品。在巨大的经济利益面前，以各类手段侵犯游戏计算机软件著作权的行为屡有发生。本案即为一起复制游戏源代码制作同类游戏并运营的侵犯著作权罪刑事案件，涉案金额在全国同类案件中罕见，影响较大。法院综合考量被告人的犯罪事实、性质、情节和社会危害程度、认罪悔罪态度、非法经营数额等因素，对被告人判处法定量刑幅度内较重处罚，彰显了重拳打击知识产权刑事犯罪的司法态度。

贵 州 省

一、河北山人雕塑有限公司诉河北中鼎园林雕塑有限公司等侵害著作权纠纷案［遵义市中级人民法院（2018）黔 03 民初 328 号、贵州省高级人民法院（2019）黔民终 449 号］

案件详情，参见本栏目"2019 年全国著作权司法保护典型案件"之三。

二、福州中久华飞文化传播有限公司与遵义市播州区万金芒果娱乐城侵害作品放映权纠纷案［遵义市中级人民法院（2019）黔 03 民初 751 号］

【案情摘要】《华飞经典合辑》（ISBN：978-7-88102-873-6）的出版方为北京东方影音公司，该专辑中收录了包含涉案的《一百天一千年》等 115 部歌曲在内的音乐电视作品。专辑的外盒及内页文本上均载明版权所有人为福州华飞公司，并注明：本专辑涉及的任何词曲、录音、音乐录影、图片、肖像，未经权利人许可不得以任何形式进行使用。视频文件显示取证人员于 2019 年 9 月 6 日进入被告遵义市播州区万金芒果娱乐城经营的金芒果时尚 KTV 包房，在该包房内电视屏幕上放映了涉案音乐电视作品。

经过比对，被告经营的好 K 量贩式 KTV 播放的涉案 115 首歌曲与原告福州中久华飞文化传播有限公司提供的《华飞经典合辑》DVD 光盘中的相应歌曲在词、曲、演唱者、画面等方面一致。一审判决生效。

【裁判内容】 由于原告未举证证明其因被侵权所受到的实际损失，也未举证证明被告因侵权所获得的利益，根据《中华人民共和国著作权法》第 49 条及《最高人民法院关于审理著作权民事纠纷案件适用法律若干问题的解释》第 25 条第 1 款、第 2 款的规定，综合考虑涉案作品的知名度，被告的经营规模、主观过错程度以及原告为制止侵权行为所支出的费用等因素，酌定被告的赔偿数额为 6 900 元（每首音乐电视作品 60 元）。对于原告主张的合理维权费用，根据《最高人民法院关于审理著作权民事纠纷案件适用法律若干问题的解释》第 26 条的规定，对本案原告因调查取证在被告经营场所支出的消费，予以支持。

【裁判结果】 遵义市播州区万金芒果娱乐城立即停止放映并删除115首涉案歌曲音乐电视作品；赔偿福州中久华飞文化传播有限公司经济损失6 900元、合理维权费用201元，共计7 101元。

【裁判要旨】 音乐电视作品属于以类似摄制电影的方法创作的作品，著作权人对其享有包括放映权在内的著作权。侵权人未经权利人许可，以营利为目的在其经营场所放映权利人作品，侵犯了放映权人对音乐电视作品所享有的放映权。在权利人未提交所受损失、侵权人获利、合理许可费的情况下，如何确定法定赔偿数额使之符合案件情况、有利于保护权利人合法权益、制裁侵权行为，成为适用法定赔偿的重要考量因素。

【典型意义】 为促进音像业及音像市场的健康有序发展，经国家版权局批准，成立了中国唯一的音像集体管理组织即中国音像著作权集体管理协会（以下简称“音集协”）。该组织致力于对音像节目著作权以及与著作权有关的权利实施集体管理，其目的是维护会员合法权利，规范音像节目的合法使用。同时，也是为了减少KTV经营者的交易成本，促进KTV行业规范发展。但现实中，存在加入音集协后以音集协名义提起的诉讼，也有以没有加入音集协的俗称小权利人名义提起的诉讼；KTV经营者有已向音集协交纳相关歌曲使用费（但涉案歌曲却不在授权范围之列）的，也有未向音集协交纳相关歌曲使用费的。对不同的维权诉讼主体（音集协和小权利人）若采取相同的赔偿标准，会造成国家版权局批准成立的音集协形同虚设、名存实亡，该组织设立的初衷亦会荡然无存。据此，应区别对待，小权利人提起诉讼的赔偿标准应低于音集协提起诉讼的赔偿标准，这样有利于促进所有小权利人都将其音像作品相关权利委托音集协统一管理、经营、维权，有利于该行业的健康有序发展。同理，对已向音集协交纳相关歌曲使用许可费用和没有交纳许可使用费的KTV经营者，赔偿标准亦应有所区别，这样，有利于减少KTV经营者的交易成本，也促进KTV经营者依法规范经营。

三、海琳诉广州市易橱厨房用品有限公司著作权侵权纠纷案［贵阳市中级人民法院（2018）黔01民初547号］

【案情摘要】 原告海琳系贵阳果妈优选商贸有限公司法定代表人，其在公司的微信公众号“果妈优选创意辅食”上发表的图片、食谱等，该公司表示系海琳原创所有。其中，29张手工制作的香肠的图片被重庆市版权局登记为摄影作品。湖南科学技术出版社有限责任公司为海琳出版《宝宝，吃饭啦》图书，书中有海琳在微信公众号发表的食谱和图片。2017年12月17日，原告海琳向贵州省贵阳市立诚公证处申请对网络上涉嫌侵犯其著作权的情况进行保全证据公证，公证人员搜索了2017年11月14日的商品名称为“正的硅胶米糕模具四连维尼熊卡通蛋糕面包宝宝辅食可蒸”，以及2017年12月6日的商品名称为“宝宝香肠模具硅胶辅食手工自制火腿肠蛋糕烘焙”的订单情况，获得食谱册子电子文档图片。广州市易橱厨房用品有限公司（以下简称“易橱公司”）认可该食谱系其销售香肠或米糕模具时所附赠。香肠模具的食谱共7组，海琳主张侵害其著作权的6组香肠食谱中，有6张制作完成并被摆放在风格各异的盘碟等容器中成为不同造型，同时搭配水果、蔬菜、儿童叉子等的香肠图片；有12张与制作方法、步骤相对应的图片，表现为食物原材料被加工为泥状及被填入香肠模具中的状态。米糕模具（小熊形状）的食谱共5组，有6张制作完成并被摆放在风格各异的盘碟等容器中成为不同造型，同时搭配儿童勺子、叉子等的小熊米糕图片；有8张与操作步骤相对应的图片，表现为食品原材料被加工为面糊状以及被填入米糕模具中的过程。以上易橱公司制作完成并经摆放拍摄的香肠和米糕图片共计12张，与香肠和米糕制作方法、步骤相对应的图片共计20张，均与海琳主张被侵权的图片相同。原告海琳认为被告易橱公司经营的两家天猫店铺“易橱居家日用专营店”和“正的烘焙易橱专卖店”在宣传和售卖商品过程中未经原告授权而使用原告创作的食品配图及食谱，侵犯了原告的著作权，其向贵州省贵阳市中级人民法院提起诉讼，请求判令被告易橱公司停止侵权，并赔偿原告损失10万元及合理开支1万元等。贵州省贵阳市中级人民法院一审判决：被告广州市易橱厨房用品有限公司于本判决生效之日起10日内赔偿原告海琳经济损失15 000元及其因维权支出的合理费用5 000元，共计20 000元。

【裁判内容】 我国著作权法保护的作品是文学、艺术和科学领域内具有独创性并能以某种有形形式复制的智力成果，其创作体现为直接产生相关作品的智力活动。法律列举的文字、摄影等作品有其具体含义：文字作品是指小说、诗词、散文、论文等以文字形式表现的作品；摄影作品是指借助器械在感光材料或者其他介质上记录客观物体形象的艺术作品。原告主张的11篇食谱、32张食品配图是否属于著作权法意义上的作品应当具体分析。第一，食谱是食品制作方法、步骤的描述性文字，表现为食品原材料通过手工劳动成为可直接食用的食品的过程，而著作权法并不限制他人对该制作方法和步骤的模仿和使用，因此，食谱虽以文字形式展现，但其作用仅在于借助手工劳动完成食品加工，具有实用性功能，而非文学、艺术和科学领域内的文字表达形式。第二，操作步骤图片是在食品制作过程中，按照食谱操作步骤形成的肉泥、面糊及其被填入模具中形态的客观反映，其作用仅是将操作过程以图片的形式进行说明，操作步骤图片虽是将肉泥、面糊及其在模具中的形状记录于原告所使用介质上的形态，但其不属于具有艺术性的作品，同食谱一样仅体现描述性、实用性功能。第三，制作完成的食品图片，系原告将制作的香肠、小熊状米糕装入盘碟等容器摆放成为不同形状并进行装饰搭配后拍照的结果，呈现出儿童食品的审美情趣和艺术效果，属于著作权法保护的摄影作品。综上所述，本案中食谱及其操作步骤图片并非文学、艺术、科学领域内的智力成果，不属于著作权法意义上的作品；制作完成的食品图片因具备摄影作品的艺术表达形式，属于著作权法保护范围。

【裁判结果】 广州市易橱厨房用品有限公司赔偿原告海琳经济损失 15 000 元及其因维权支出的合理费用 5 000 元，共计 20 000 元。

【裁判要旨】 文字作品是指小说、诗词、散文、论文等以文字形式表现的作品；摄影作品是指借助器械在感光材料或者其他介质上记录客观物体形象的艺术作品。食谱、食谱操作步骤图片能否成为著作权法保护的文字或摄影作品，应当从其内容是否属于思想的独创性表达入手进行分析。食谱是食品制作方法、步骤的描述性文字，其内容体现为借助手工劳动完成食品加工的过程，而著作权法并不限制他人对食品加工步骤的模仿和使用，其并非思想的文字表达；食谱操作步骤图片是食品制作过程中加工形态的客观反映，与食谱的文字说明具有相同的功能，缺乏摄影作品的艺术表达效果，不能成为著作权法保护的摄影作品；制作完成的儿童食品图片因体现其审美情趣和艺术效果，而成为著作权法保护的摄影作品。

【典型意义】 “作品”的认定是著作权侵权纠纷案件审理中的难点，本案从作品的定义出发，明确著作权法保护的作品应当是思想的独创性表达，从而对食谱、食谱操作步骤图片、制作完成的儿童食品图片进行逐一分析，界定了本案受著作权法保护的范围，对著作权法意义上的作品的认定标准有一定的引领作用。

甘 肃 省

中国音像著作权集体管理协会与嘉峪关梦想王国餐饮店著作权侵权纠纷案［嘉峪关市中级人民法院（2019）甘 02 民初 150 号、甘肃省高级人民法院（2020）甘知民终 6 号］

【案情摘要】 滚石国际音乐股份有限公司（以下简称“滚石公司”）是《流行歌曲经典——中国音像著作权集体管理协会会员作品精选集（第二辑）》的著作权人。2012 年，中国音像著作权集体管理协会（以下简称“音集协”）与滚石公司签订音像著作权授权合同，约定滚石公司将其依法拥有的音像节目的放映权、复制权及广播权信托给音集协管理，授权范围限于中国大陆。音集协依据合同取得的具体管理权利包括：同音像节目使用者商谈使用条件并发放使用许可，向使用者收取使用费，以自己名义向侵权使用者提起诉讼。嘉峪关梦想王国餐饮店系个体工商户，经营范围包括食品制售、零售、卡拉 OK 演唱。经公证机关公证取证，发现嘉峪关梦想王国餐饮店经营的包厢内歌曲点播机上存储的 *paradise* 等 164 部音乐电视作品属于《流行歌曲经典——中国音像著作权集体管理协会会员作品精选集（第二辑）》中的作品，且对外提供点播服务。音集协据此请求判令嘉峪关梦想王国餐饮店向其赔偿侵权损失 87 600 元以及为制止侵权行为支出的合理费用 5 000 元。

【裁判结果】 甘肃省嘉峪关市中级人民法院认为，音集协作为依法批准成立的音像著作权集体管理组织，通过与滚石公司签署音像著作权授权合同，受托在中国大陆对滚石公司拥有的音像节目的放映权、复制权及广播权进行管理，有权以自己名义对外进行商谈并发放使用许可、收取使用费、提起维权诉讼等活动。嘉峪关梦想王国餐饮店未经音集协的许可，以营利为目的，在其经营场所内的点播系统中存储涉案 164 部音乐电视作品并向消费者提供点播放映服务，该行为侵害了原权利人滚石公司对其音乐电视作品的放映权。音集协作为该项著作权的信托管理人，以自己名义提起诉讼并要求赔偿经济损失符合法律规定。因侵权行为造成的实际损失及嘉峪关梦想王国餐饮店的违法所得客观上均难以确定，综合考虑嘉峪关梦想王国餐饮店的经营性质、规模、持续时间、主观过错程度，歌曲流行程度，侵权行为地的经济发展水平等因素，判决嘉峪关梦想王国餐饮店赔偿侵权损失及维权支出费用24 579元。宣判后，双方当事人均提起上诉，甘肃省高级人民法院二审后认为一审法院判决并无不当，判决驳回上诉，维持原判。

【典型意义】 我国著作权法及其实施条例明确规定，以类似摄制电影的方法创作的作品受著作权法保护，而音乐电视作品即属于以类似摄制电影的方法创作的作品。实践中，部分KTV经营者法律意识淡薄，经营不够规范，在未取得音乐电视作品著作权人或相关权利人许可的情形下，在其经营场所向消费者提供并放映相关歌曲作品从而导致著作权侵权行为发生，特别是在专业维权渠道和模式日趋成熟的情况下，KTV音乐作品著作权侵权纠纷大量涌现，对文化市场的健康发展和KTV行业的有序发展造成不小的冲击和影响。本案中，人民法院结合庭审证据情况、地域经济发展水平以及行业发展现状等因素做出判决，既做到了打击侵权行为、维护著作权人合法权益，又兼顾了社会公平与经济效益，合理平衡了各方当事人的利益。

青 海 省

一、北京某公司诉某报社侵犯作品信息网络传播权纠纷案［西宁市中级人民法院（2018）青01民初329号、青海省高级人民法院（2019）青民终71号］

【案情摘要】 2016年11月27日，某报社主办的媒体公众号发布的《青海人注意了，这些补贴、津贴不用缴个税！速速对照查看》一文的微信页面中，在“独生子女补贴、托儿补助费”小标题下使用了编号为1L-0867的摄影作品。2018年7月3日，北京某公司以某报社未经公司授权擅自使用其摄影作品侵犯其著作权为由诉至法院，要求判令某报社立即停止使用摄影作品、公开致歉并支付赔偿金及其他费用共计人民币10 000元。

【裁判结果】 青海省高级人民法院二审认为，报社出于说明、宣传税收新政策的公益目的，为达到图文并茂的宣传效果，在其微信公众号上发表内容为解读税收新政策的转载文章，通过百度搜索引擎，下载并适当使用了北京某公司享有著作权并已发表的涉案图片。北京某公司作为图片的著作权人，未采取任何无偿下载的技术性防控措施，用户可以在该公司网站上自由下载，北京某公司默许他人下载使用，后诉求侵权赔偿，该营销模式不符合市场交易规则，对涉案图片潜在市场价值的不利影响，不能只加在某报社一方。某报社在使用图片过程中保留了北京某公司标注的水印，尽到了注意义务，某报社的行为属合理使用，不构成侵权。遂判决驳回上诉，维持一审关于驳回北京某公司诉讼请求的判决。

【典型意义】 信息网络传播权受著作权法保护，如果未征得权利人许可，不能随意使用版权作品。但《中华人民共和国著作权法》第22条亦规定了12种“合理使用”的情况，在这些情况下使用作品，可以不经著作权人许可，不向其支付报酬，但应当指明作者姓名、作品名称，并且不得侵犯著作权人享有的其他权利。合理使用抗辩对著作权法保护作者作品的目标起到了一定的反平衡作用。合理使用规则使得法院能够避免僵化地适用著作权法以至于损害法律原本要鼓励的创新活动。判断某一作品使用行为是否为合理使用，应把握以下因素：(1)使用的目的和特点，包括这一使用是否为商业性质或非营利教育目的；(2)版权作品的性质；(3)使用作品的数量；(4)使用行为对版权作品潜在市场和价值的影响；(5)使用作品是否侵犯权利人的其他权利。本案在进行“合理使用”分析时，保持了弹性认知，在明确版权保护目的的前提下，没有孤立看待上述要素，而是进行个案分析，考虑所有的要素，进行综合权衡，对合理使用规则的运用起到了示范作用。

二、北京某公司诉西宁某娱乐城KTV点歌设备播放歌曲侵害作品放映权纠纷系列案［西宁市中级人民法院（2019）青01知民初76号、青海省高级人民法院（2020）青知民终1号］

【案情摘要】 北京某公司享有《空中恋人》等234首作品的独家放映权以及维权的权利。2019年6月2日晚，北京某公司进入西宁某娱乐城B09包厢，使用该包厢内的点歌设备查找、点击、播放了涉案歌曲。诉讼中，西宁某娱乐城未提交证据证明其放映涉案作品获得了授权。北京某公司为维权支出了公证费1 200元、律师费2 700元、KTV场所消费489元。后北京某公司诉至法院请求判令西宁某娱乐城停止侵权，立即从曲库中删除侵权作品，同时赔偿经济损失129 600元及制止侵权支付的合理费用5 000元。

【裁判结果】 法院经审理认为，西宁某娱乐城在未经许可也未支付报酬的情况下，通过KTV点歌设备以营利为目的放映187首涉案音乐作品，属于通过技术设备公开再现涉案作品的行为，侵害了北京某公司的放映权，应当停止侵权、赔偿损失。综合考虑涉案作品的类型、侵权曲目的数量、侵权行为的性质、侵权范围等因素，最终判决西宁某娱乐城及其经营者立即停止放映 187 首涉案作品并赔偿北京某公司经济损失 20 000 元和合理费用 4 389 元。

【典型意义】 KTV 经营者向厂家购买点唱设备时支付了相应对价，仅仅意味着其取得了该点唱设备的所有权和使用权，并未因此取得曲库中作品的放映权。点唱设备合理抗辩主体限于复制品的发行者和出租者，KTV 经营者不在此列。且从主观过错角度来看，即使涉案歌曲是由点唱设备商提供的，KTV 经营者作为实际使用者和最终获利者，也应对歌曲的来源和授权情况进行审查，否则主观上难以认定无过错。取得曲库的 KTV 经营者，应另行按法律规定取得放映权许可，并交纳著作权使用费。

2019年地方著作权行政执法案件

天 津 市

一、天津百练教育科技集团有限公司未经著作权人许可发行其作品同时损害公共利益案

【案情摘要】 2019年4月22日，天津市河东区文化市场行政执法大队2名执法人员依法对位于天津市河东区的天津百练教育科技集团有限公司进行检查，该场所为百练教育集团河东分校区，检查时该场所正在营业。执法人员在大厅书柜中发现出版物共计69本，由于现场负责人无法提供近两年进销货清单，天津市河东区文化市场行政执法大队当场对69本涉嫌非法出版的图书进行扣押，并要求场所负责人按要求前往大队接受调查询问。

4月23日，著作权人中国财政经济出版社、经济科学出版社分别对《财务管理（2019）》《税法（2017）》等共计69本出版物进行鉴定。经鉴定，该69本出版物均为盗版侵权出版物。

经查，位于河东区的天津百练教育科技集团有限公司大光明分公司是天津百练教育科技集团有限公司的分校区，由于房屋原因分校区一直未能办理营业执照。总公司从当当网等渠道采购正版出版物，然后再将两到三套正版出版物分发给分校区。据当事人反映，由于大光明分公司原校长已经离职，现在已联系不上该校长，被执法大队扣押的69本非法出版物的进货渠道并不清楚。由于缺少这69本非法出版物的进货清单，谁也不清楚这69本非法出版物中有多少本是总公司发给他们的。

【处理结果】 天津百练教育科技集团有限公司在经营期间未经著作权人许可发行其作品，同时损害公共利益的违法行为违反了《出版物市场管理规定》第20条第3项、《中华人民共和国著作权法》第48条第1项的规定。依据《中华人民共和国著作权法实施条例》第36条，天津市河东区文化市场行政执法大队对当事人做出如下行政处罚：（1）没收侵权出版物69册；（2）罚款人民币4万元。

二、天津爱必喜印务有限公司侵犯著作权案

【案情摘要】 2018年6月6日，天津市宝坻区文化市场行政执法大队在检查时发现天津爱必喜印务有限公司在无图书、期刊印刷委托书的情况下，非法印刷“皮皮鲁”系列图书8 699册、“荒野求生”系列图书26 003册，非法经营数额共计人民币719 949元。经鉴定，“皮皮鲁”系列图书、“荒野求生”系列图书为侵权盗印图书。另外查获《斗罗大陆全集》9 672册，经鉴定，为非法出版物。该案件经执法大队初步调查后因案件情节严重涉嫌刑事犯罪移交公安宝坻分局联合办案。经查：该公司法定代表人吴敬等三人非法印刷图书44 374册，孙波、孙莉故意转移涉案物品。

【处理结果】 依据《中华人民共和国刑法》第217条等规定，天津市宝坻区人民法院于2019年12月25日做出刑事判决：（1）天津爱必喜印务有限公司犯侵犯著作权罪和非法经营罪，判处罚金人民币12万元；（2）吴敬等三人分别判处有期徒刑1年8个月至3年6个月，并处罚金；（3）孙莉、孙波分别判处有期徒刑6个月和8个月，缓刑1年；（4）扣押在案的物品依法予以没收。

（天津市版权局）

河 北 省

一、衡水学子书店销售盗版教辅案

【案情摘要】 2019年4月15日，接群众举报，衡水市文化市场综合行政执法局执法人员立即对衡水学子书店进行突击检查。经查，该书店正在销售的《一线精练》一书，是其自己复印所得，并非从正规渠道进货，执法人员就地进行查点封存，共查获《一线精练》190册。

【处理结果】 依据《中华人民共和国著作权法》第48条第1项、《中华人民共和国著作权法实施条例》第36条，衡水市文化市场综合行政执法局对衡水学子书店做出如下行政处罚：（1）停止发放现存所有教辅，待封存后销毁；（2）行政罚款3 000元。

二、衡水市桃城区爱学书店销售盗版图书案

【案情摘要】 根据群众举报，2019年9月20日上午，衡水市文化市场综合行政执法局执法人员对爱学书店进行检查。经查，该书店所销售的商务印书馆出版的《古代汉语词典》（第2版）等图书为盗版出版物。执法人员当场扣押盗版图书38册。

【处理结果】 依据《中华人民共和国著作权法》第48条第1项、《中华人民共和国著作权法实施条例》第36条，衡水市文化市场综合行政执法局对爱

学书店做出如下行政处罚：(1) 没收、销毁侵权复制品38册；(2) 没收违法所得200元人民币；(3) 行政罚款2 000元。

三、衡水市桃城区进友文具店销售盗版图书案

【案情摘要】 2019年9月20日上午，衡水市文化市场综合行政执法局执法人员联合商务印书馆工作人员对正在营业的进友文具店依法进行检查，发现该店所销售的商务印书馆出版的《古代汉语词典》(第2版) 等图书为盗版出版物。执法人员当场扣押盗版图书23册。

【处理结果】 依据《中华人民共和国著作权法》第48条第1项、《中华人民共和国著作权法实施条例》第36条，衡水市文化市场综合行政执法局对进友文具店做出如下行政处罚：(1) 没收、销毁侵权复制品23册；(2) 没收违法所得446元人民币；(3) 行政罚款2 000元。

四、衡水市立信会计培训学校未经著作权人许可发行其作品案

【案情摘要】 接衡水市"扫黄打非"办公室转办函后，2019年11月28日15时20分，衡水市文化市场综合行政执法局执法人员对正在运营的衡水市立信会计培训学校进行现场检查时发现该学校向招收的第134期学员提供的中国财经出版传媒集团经济科学出版社出版的2020年度全国会计专业技术资格考试辅导教材《经济法基础》等所有辅导教材封一左下方无防伪标识，疑为侵权复制品。

【处理结果】 依据《中华人民共和国著作权法》第48条第1项、《中华人民共和国著作权法实施条例》第36条，衡水市文化市场综合行政执法局对立信会计培训学校做出如下行政处罚：(1) 没收侵权复制品；(2) 罚款3 000元。

(河北省版权局)

内蒙古自治区

一、《假日传奇》游戏私服侵权案

【案情摘要】 2018年12月，根据群众和权利人举报，满洲里市文体旅游广电局对在满洲里市当地运营的游戏私服《假日传奇》侵犯韩国娱美德/传奇IP出品的《热血传奇》大型网络游戏作品著作权案展开调查。经过详细调查取证，张某某运营的游戏私服《假日传奇》中的人物角色类型、NPC、地图等内容，无论是游戏整体还是各个组成元素均与《热血传奇》构成实质性相似。

【处理结果】 张某某未经著作权人许可，复制、通过信息网络向公众传播权利人网络游戏作品的行为构成侵权，其行为同时损害公共利益。2019年10月，满洲里市文体旅游广电局对张某某做出没收违法所得4 500元人民币、罚款人民币45 000元的行政处罚。

二、ehshig音乐APP传播盗版音乐作品案

【案情摘要】 2018年3月，根据权利人投诉，内蒙古自治区版权局联合呼和浩特市文化市场综合行政执法局组成专案组，对ehshig音乐APP侵犯音乐作品著作权案进行调查。经查，鄂金软件开发有限公司自2016年起经营ehshig音乐APP，未经权利人许可，向公众提供168首蒙古语音乐作品的在线播放、下载服务。

【处理结果】 2019年1月，呼和浩特市文化市场综合行政执法局对该公司做出罚款人民币1万元的行政处罚。

(内蒙古自治区版权局)

辽　宁　省

沈阳市天宝利印刷美术社侵犯图书专有出版权案

【案情摘要】 2019年2月，沈阳市文化市场综合执法总队铁西大队执法人员对位于沈阳市铁西区重工北街58号6门的沈阳市天宝利印刷美术社进行检查。在现场，发现该单位印刷的辽海出版社的《学好玩好统一作业本 一年级语文》等出版物，该单位出版他人享有专有出版权的图书，其行为违反了《中华人民共和国著作权法》第48条第2项的规定。

【处理结果】 依据《中华人民共和国著作权法》第48条第2项、《中华人民共和国著作权法实施条例》第36条之规定，沈阳市文化市场综合执法总队给予当事人如下行政处罚：(1) 没收违法所得1 650元；(2) 没收非法出版物3 000册；(3) 罚款人民币5万元。

【点　评】 本案是对传统印刷单位违反著作权法进行行政处罚的典型案例，对相似案件的处理具有指导意义。加大对印刷单位盗印等违反著作权法的违法行为的处罚力度，对保护出版单位权益、维护正常线下市场版权秩序有一定的警示作用。

(辽宁省版权局)

吉　林　省

一、长春市莱德尔外语培训学校侵犯他人著作

权案

【案情摘要】 2019年1月21日，长春市文化市场综合执法支队接到北京易乐教育科技有限公司（《PoPoDoo波波嘟美语初级课程》作品著作权人）投诉，投诉称长春市莱德尔外语培训学校使用的培训教材侵犯其著作权。2019年1月22日下午，长春市文化市场综合执法支队执法人员分别对长春市莱德尔外语培训学校桂林路校区、岭东路校区、春城大街校区、临河街校区、中海校区、天嘉校区、大马路校区、净月校区依法进行检查，检查中发现上述校区有“莱德尔快乐儿童英语”系列图书1 605册、光盘285张，《新概念英语》219册，《语法》28册，“Talky English”系列图书166册，“加博分级阅读”系列图书86套，《初中必备文言文》53册，《小升初作文冲刺》19册，《莱德尔语文初级主题阅读》4册，《奥斯卡英文动画电影》58册，《英语自然拼音》4册。现场均未能提供相关证照和进货凭证，疑为侵权出版物和非法出版物。根据相关出版社出具的证明材料、长春市文广新局鉴定委员会出具的鉴定书等证据，长春市莱德尔外语培训学校侵犯他人著作权事实成立。

【处理结果】 2019年3月5日，长春市文化广电和旅游局依据《中华人民共和国著作权法》第48条、《中华人民共和国著作权法实施条例》第36条，依法给予长春市莱德尔外语培训学校没收侵权复制品113部、罚款人民币5万元的行政处罚。

二、长春市腾飞教育培训学校发行非法出版物及侵犯著作权案

【案情摘要】 2019年6月24日，根据群众举报，长春市文化市场综合执法支队执法人员依法对长春市朝阳区腾飞教育培训学校涉嫌发行非法出版物及侵犯著作权案进行调查。经查，该培训学校存放有《消防安全技术综合能力》等4种共计178册图书，疑为侵权盗版图书和非法出版物。按照有关规定，执法人员将《消防安全技术综合能力》等4种图书样品分别送往中国人事出版社、长春市版权局进行鉴定，经比对认定，《消防安全技术综合能力》《消防安全技术实务》《消防安全案例分析》为未经著作权人授权许可发行的侵权复制品，《国家一级消防工程师考试配套习题》为非法出版物。

【处理结果】 2019年7月18日，长春市文化广电和旅游局依据《中华人民共和国著作权法》第48条和第53条，《中华人民共和国著作权法实施条例》第36条，《出版物市场管理规定》第20条、第32条、第39条等规定，给予长春市朝阳区腾飞教育培训学校没收非法及盗版出版物178册、罚款人民币1万元的行政处罚。

三、长春高新区知钰图书经销店侵犯著作权案

【案情摘要】 2019年9月4日，根据群众举报，长春市文化市场综合执法支队执法人员依法对长春高新技术产业开发区知钰图书经销店进行调查。经查，该书店存放有《语文一年级（上）》等17种共计466册图书，疑为发行未经著作权人许可的侵权盗版教科书。

2019年9月6日，执法人员对长春高新技术产业开发区知钰图书经销店经营者王某进行调查询问。王某证实，该书店内存放的中小学教科书共计466册是其书店所有，无合法有效的进货凭证。2019年9月，执法人员将17种教科书样品分别送往人民教育出版社等7家出版公司进行鉴定，经鉴定，该批教材均为侵权盗版复制品。

【处理结果】 2019年11月20日，长春市文化广电和旅游局依据《中华人民共和国著作权法》第48条、《中华人民共和国著作权法实施条例》第36条、《出版管理条例》第40条等规定给予长春高新技术产业开发区知钰图书经销店没收侵权复制品466册、罚款人民币4万元的行政处罚。

四、吉林东北亚国际工程技术集团有限公司未经软件著作权人许可，复制或者部分复制著作权人软件案

【案情摘要】 2019年3月15日，欧特克软件（中国）有限公司向长春市文化市场综合执法支队投诉称，吉林东北亚国际工程技术集团有限公司涉嫌侵权使用Autodesk系列软件。2019年4月18日，长春市文化市场综合执法支队执法人员依法对该公司进行了现场检查。2019年6月，执法人员将现场取证照片送往欧特克软件（中国）有限公司进行比对，经著作权人比对，该公司使用的Autodesk CAD2007、Autodesk CAD2017软件为盗版软件。

【处理结果】 2019年7月24日，长春市文化市场综合执法支队依据《计算机软件保护条例》第24条和第28条，给予吉林东北亚国际工程技术集团有限公司罚款人民币2.6万元的行政处罚。

（吉林省版权局）

江　苏　省

一、南京乐酷网络科技有限公司侵犯影视作品著作权案

案件详情，参见本栏目“2019年度全国打击侵权盗版十大案件”之三。

二、无锡云友文化传播有限公司侵犯影视作品著作权案

2018 年 11 月，根据投诉，无锡市文化市场综合执法支队对无锡云友文化传播有限公司运营的“电影分享帮”等 10 个微信公众号侵犯影视作品著作权案进行立案调查。经查，该公司通过搭建论坛类网站“粉丝社区”，利用会员上传的各类影视资源文件的百度网盘链接及密码进行影视资源分享，网站内容关联到 10 个微信公众号，通过会员付费方式传播他人的影视作品。2019 年 1 月，无锡市版权局对该公司做出罚款 15 万元的行政处罚。

【点　评】 本案系利用微信公众号传播侵权影视作品的典型案件。近年来，通过微信公众号＋网站＋网盘传播盗版作品的行为持续高发，严重扰乱了网络版权秩序。本案的成功办理对加强网络平台治理、促进产业健康发展具有积极意义。

三、徐州“9·27”侵犯网络游戏著作权案

2017 年 9 月 27 日，徐州市公安局接到举报，对喻某等 2 人利用私服侵犯他人著作权案进行立案调查。经查，2015 年以来，喻某、贺某某为谋取非法利益，未经《诛仙》网络游戏著作权人许可，设立《凤凰诛仙》《破军诛仙》两个私服。截至 2017 年 11 月，非法经营数额达 400 余万元。2019 年 2 月，徐州市中级人民法院以侵犯著作权罪，判处喻某有期徒刑 3 年，并处罚金 205 万元；判处贺某某有期徒刑 3 年，并处罚金 205 万元；喻某违法所得 40 万元、贺某某违法所得 40 万元予以追缴。

【点　评】 本案是私服侵犯著作权的典型案件。私服活动破坏游戏行业版权秩序，严重影响网络游戏产业的健康发展。本案的查办对网络游戏私服予以重拳打击，有力震慑了侵犯网络游戏著作权的违法犯罪行为。

四、徐州“笔趣阁”小说网侵犯网络文学著作权案

2018 年 7 月，徐州市公安局云龙分局接到报案称，“笔趣阁”网站涉嫌侵犯他人著作权。经查，“笔趣阁”网站有大量涉嫌侵权的小说，李某某为网站运营人，刘某某为该网站提供技术支持，两人通过广告联盟在该网站上发布广告，获利数十万元。2019 年 10 月，徐州市中级人民法院以侵犯著作权罪判处李某某有期徒刑 3 年，缓刑 4 年，并处罚金 12 万元；判处刘某某有期徒刑 1 年，缓刑 2 年，并处罚金 6 万元；李某某违法所得 19 万元、刘某某违法所得 2 万元予以追缴。

【点　评】 本案是网络文学侵权盗版的典型案件。犯罪分子以非法营利为目的，严重损害了著作权人的合法权益。本案的查办对巩固网络文学侵权盗版治理成果具有较强的现实意义。

五、常州陈某某侵犯影视作品著作权案

2019 年 2 月 27 日，按照江苏省打击网络侵权盗版集中办案周行动部署，常州市文化市场综合执法支队对“390 影视”公众号创办人陈某某立案调查。经查，陈某某通过其公众号跳转到百度网盘链接，实现电影的正常播放，通过公众号带动流量主广告实现盈利。陈某某传播的影片有大量是正在上映的院线电影，严重影响了院线电影的市场经济秩序。2019 年 7 月，常州市文广旅局对陈某某做出没收违法所得 21 928.56 元、罚款 7 万元的行政处罚。

【点　评】 本案系传播盗版影视作品的典型案件，是江苏省打击网络侵权盗版集中办案周行动重点案件之一。案件查办历时长，办案人员多次赴外地调查取证，钻研案情细节，充分体现了常州支队办理著作权网络侵权案件的能力与水平，保护了院线电影版权方的合法权益。

六、南通市通州区版权局调处美术作品著作权侵权系列案件

2019 年度，南通市通州区版权局共受理美术作品侵权案投诉 135 件。案件受理后积极协调通州区文化市场综合执法大队、家纺城版权管理办和公安、法院等版权保护相关联动单位根据投诉人提供的相关信息进行现场检查封样登记保存，组织双方行政调解，并视情况对侵权人进行行政处罚和将案件进行司法移交等。全年行政处罚案件 1 件，行政调解结案 84 件，为权利人挽回直接经济损失 878 万元；移交法院案件 28 件，司法调解和判决为权利人挽回直接经济损失 70 多万元。

【点　评】 本案系美术作品版权保护的典型范例。南通市通州区版权局多年来重视发挥调解在化解著作权纠纷中的作用，帮助权利人挽回了损失，护航家纺设计专业化产业化，维护了家纺市场的正常秩序，对家纺行业的健康发展具有重要作用。

七、淮安李某等 4 人利用游戏外挂系列侵权案

经查，李某等 4 人自 2013 年始，未经许可，销售《地下城与勇士》和《御龙在天》两款游戏外挂软件，牟取暴利，给著作权人造成了重大经济损失。经鉴定，该两款软件均故意避开和破坏网络游戏技术保护措施，调用游戏数据，实现软件自动操作而不需要玩家手动操作，属于故意避开或者破坏著作权人为保护其软件著作权而采取的技术措施的行为，侵犯了他人著作权。李某等4人组织严密、分工明确、上下线关系明显，存在销售游戏外挂软件的明显故意，涉案金额共计1 263.305万元，非法获利217.953 8万元。2019年9月，淮安市文化广电和旅游局依法向4名当事人下达了行政处罚决定书，没收违法所得共计217.953 8万元，罚款56万元。

【点　评】本案系游戏外挂侵犯著作权的典型案例。案件涉案数额之大，案情之复杂，较为罕见。案件的成功查处，有力打击了外挂侵犯著作权的违法行为，规范了网络游戏领域版权秩序。

八、扬州“齐鲁电影网”侵犯影视作品著作权案

2018年8月27日，扬州市文化市场综合执法支队接上级案件移转函，“齐鲁电影网”涉嫌未经许可，擅自通过信息网络传播权利人作品。经查，王某某于2017年6月开始运营“齐鲁电影网”网站，通过广告推广方式牟利。2019年1月，扬州市文广旅局责令当事人立即关停涉案网站，并给予当事人罚款5万元的行政处罚。

【点　评】本案系小网站传播盗版影视作品的典型案例。小网站侵权是网络著作权侵权的高发领域，隐秘性强，办理难度大。本案涉及多个地区，通过协调不同部门、跨区域联合执法，极大缩短了办案时间，增强了办案效果，在推进跨地域版权行政执法上做出了积极有效尝试。

九、镇江“迅播影院”网站侵犯影视作品著作权案

2016年10月，镇江市公安局对“迅播影院”网站涉嫌侵犯影视作品著作权案进行立案调查。经查，2014年6月以来，犯罪嫌疑人姜某通过其经营的“迅播影院”“高清世界”“电影淘淘”“MP4吧”等网站，提供2万余部电视剧、电影的下载服务，并以发布收费广告的方式牟利，非法获利100余万元。林某某受雇于姜某，在为该网站提供影片下载、压制、上传及服务器维护服务的同时，自己开办“电玩人高清”网站，发布侵权影视作品1万余部。2019年4月，镇江经济开发区人民法院以侵犯著作权罪，判处姜某有期徒刑4年，并处罚金300万元；判处林某某有期徒刑3年，缓刑4年，并处罚金100万元。

【点　评】本案系非法传播互联网影视作品的典型侵权案件。涉案网站在国内外影响广，涉案作品数量大，非法经营额高。本案的查办在网络影视传播领域产生了重要影响，同时受到部分涉外组织的持续关注。

十、泰州“漫画1234网”侵犯著作权案

2019年3月，按照江苏省打击网络侵权盗版集中办案周行动部署，泰州市文化市场综合执法支队对“漫画1234网”依法进行立案调查。经查，该网站实际经营者俞某从网上将“漫画1234网”买下后，从他人网站获取漫画上传至自己的网站免费提供给用户浏览，运营“漫画1234网”期间获得广告收入42 590元。2019年7月，泰州市文广旅局责令当事人停止侵权行为，并给予罚款5万元的行政处罚。

【点　评】本案系传播盗版影视（动漫）作品的典型案例，是江苏省打击网络侵权盗版集中办案周行动重点案件之一。案件的查办对侵权传播他人原创版权作品的违法活动敲响了警钟，也是泰州支队首次跨部门、跨区域执法联动，具有重要的指导意义。

（江苏省版权局）

江　西　省

一、九江市陆某等侵犯网络文学著作权案

案件详情，参见本栏目“2019年度打击侵权盗版十大案件”之九。

二、吉安市“5·28”侵犯影视作品著作权案

案件详情，参见本栏目“‘剑网2019’专项行动十大案件”之八。

三、吉安市“大地影院”侵犯影视作品著作权案

2019年5月，吉安市版权执法部门根据举报，对吉安“大地影院”涉嫌侵犯影视作品著作权的违法行为进行调查。经执法人员调查取证，该影院放映厅放映的《熊出没·原始时代》《恐龙大世界》等3D动漫电影均未经行政主管部门审批，且未经影视作品著作权人许可。吉安市文化市场综合执法支队责令该公司停止侵权行为，并给予罚款10万元的行政处罚。

四、上饶市汉腾汽车有限公司侵犯软件著作权案

2019年3月，上饶市文化广电新闻出版旅游局根据投诉对汉腾汽车有限公司进行检查，发现该公司CAE仿真部的7台计算机中共安装了10套HyperWorks软件，该公司2014年购买过一套HyperWorks软件，共有5个ukey，另外5套HyperWorks软件未取得著作权人授权许可。经调解，双方于2019年8月签订了和解协议，汉腾汽车有限公司采购了价值 230 万元的 HyperWorks 软件。2019 年 9 月，上饶市文化广电新闻出版旅游局依法给予汉腾汽车有限公司罚款人民币 2 万元的行政处罚。

五、景德镇市富钰陶瓷有限公司侵犯陶瓷作品著作权案

2019 年 7 月，景德镇市版权执法部门根据举报对富钰陶瓷有限公司涉嫌侵犯著作权的违法行为进行调查。经执法人员调查取证，发现该公司以营利为目的，侵犯他人美术作品著作权销售“漏斗杯”陶瓷产品。景德镇市文化市场综合执法支队依法给予当事人没收侵权复制品、罚款 1.2 万余元的行政处罚。

六、鹰潭市龙虎山风景区一人之下饮品文创店侵犯动漫作品著作权案

2019 年 1 月，鹰潭市文化市场综合执法支队根据国家版权局的转办线索，对鹰潭市龙虎山风景区一人之下饮品文创店进行检查，发现该店在未经深圳腾讯公司许可的情况下，在店内外装潢和销售的商品中大量使用腾讯公司拥有版权的《一人之下》漫画和动漫作品中的人物、美术形象，侵犯了腾讯公司著作权。鉴于侵权商品于 2018 年 11 月中旬已停止销售，执法人员依法对当事人进行了警告，没收侵权复制品 110 件，并罚款人民币 1 万元。

七、南昌市侵权盗版二十一世纪出版社图书系列案

2019 年 7 月，根据权利人二十一世纪出版社举报，南昌市文化市场综合执法支队执法人员对南昌市三毛艺术书店、图发书店等 11 家线上线下单位进行调查检查，发现书店内有涉嫌侵权盗版的《大中华寻宝记》等系列图书，且经营单位不能提供版权授权发行等相关证明。执法人员依法对其扣押的图书进行鉴定，结果为侵权复制品。最终，执法人员依法对侵权的线下 8 家书店做出没收全部侵权图书、违法所得，并处罚款总额 4.5 万余元的行政处罚，对达到刑事立案标准的 4 起侵权案件，已移送司法机关侦办。

八、新余市侵犯司马彦文化科技有限公司著作权系列案

2019 年 8 月，新余市文化市场综合执法支队接到湖北司马彦文化科技有限公司投诉举报，反映新余市多家出版物零售门店销售《写字课课练：人教版新目标英语七年级（下册）》等多种字帖的侵权盗版出版物，严重侵犯了该公司的权利。新余市版权执法部门对全市范围内（包括县区）所有的出版物发行单位进行突击检查，并将涉嫌侵权的图书现场核查抽样送出版社进行鉴定后确定侵权盗版。新余市文化市场综合执法支队依法对涉案 11 家发行单位发行的侵权复制品进行没收，并根据实际情况分别做出 1 万～5 万元不等的行政处罚。

九、赣州会昌县 8 家音乐厅等娱乐会所侵犯著作权系列案

2019 年 7—9 月，赣州会昌县文化市场执法人员对会昌县金凰城音乐厅、鎏金岁月歌舞厅、麦动歌吧等 8 家从事音乐经营的单位进行日常检查，发现上述经营场所未经著作权人许可，通过点歌系统或其他方式擅自复制、发行、放映他人音乐作品。经立案调查，其侵权行为属实，执法人员依法给予当事人责令整改、罚款 0.6 万～2 万元不等的行政处罚。

十、抚州金溪县 7 家娱乐场所侵犯音乐作品著作权系列案

2019 年 1 月、10 月和 11 月，金溪县文化市场综合执法大队执法人员对金溪县爱尚娱乐城、蓝巨星娱乐城、小巨蛋歌舞城等 7 家娱乐场所进行现场执法检查，上述场所无法出示用于营业的点歌系统或歌曲库中的部分歌曲和 MV 视频的著作权授权证明，属于未经著作权人许可，擅自公开放映其音乐作品，侵犯权利人著作权的侵权行为。金溪县文化广电新闻出版旅游局依法给予上述当事人罚款 1 500～4 000 元不等的行政处罚。

（江西省版权局）

山　东　省

一、滨州阳信“11·22”侵犯著作权案

2017 年 11 月，根据山东省版权局案件转办线索，滨州市文化和旅游局（原滨州市文化市场综合执法局）、滨州市阳信县文化市场综合执法大队会同阳信县公安局成立专案组，对“11·22”网络发行侵权盗版图书案进行调查。历经 22 个月，先后赴上海、杭州、北京进行调查、抓捕。共查获盗版少儿图书 11 959 册，涉案码洋达 179 545 元。

依据《中华人民共和国刑法》第 217 条之规定，滨州市阳信县人民法院于 2019 年 8 月 16 日做出刑事判决：王某某犯侵犯著作权罪，判处有期徒刑 4 年，罚金 8 万元；孔某某犯侵犯著作权罪，判处有期徒刑 3 年，缓刑 4 年，罚金 6 万元。

二、菏泽“3·12”制售盗版图书案

案件详情，参见本栏目“2019 年度全国打击侵权盗版十大案件”之十。

三、青岛“8·5”张某炎侵犯著作权案

2017年7月28日，权利人投诉称，侵权人张某炎通过青岛研博电子有限公司投标的产品涉嫌侵犯著作权。经依法调查取证，成立“8·5”张某炎侵犯著作权案专案组，发现本案侵权人张某炎未经权利人许可，以本控公司、坤泰公司名义，先后申请了校园安全设备软件的著作权。2017年7月28日，在青岛市市北区鞍山二路48号公共资源交易大厅举行的“互联网+”校园安全风险防控体系项目投标会上，侵权人张某炎委托青岛研博电子有限公司携带设备、平台软件参与投标并中标。由于案值重大，该案已移送司法部门。

依照《中华人民共和国刑法》第217条、第23条、第67条第3款、第52条、第53条、第64条，《最高人民法院、最高人民检察院关于办理侵犯知识产权刑事案件具体应用法律若干问题的解释》第4条，《最高人民法院关于适用〈中华人民共和国刑事诉讼法〉的解释》第365条之规定，青岛市市北区人民法院于2019年11月6日做出刑事判决：被告人张某炎犯侵犯著作权罪，判处有期徒刑3年，并处罚金人民币20万元。

四、济宁“5·15”侵犯著作权案

2019年5月14日，根据权利人培生（北京）管理咨询有限公司投诉，济宁市文化市场综合执法局与公安部门联合成立“5·15”侵犯著作权案专案组，对嘉隆物流有限公司进行检查，发现其仓库内存放大量图书光盘制品。经清点，这批制品包括*My Big World Starter*等4种图书共计6 720册，光盘720张，学习卡片778盒，共计8 218册（张、盒）。经培生（北京）管理咨询有限公司认证，涉案制品均为盗版，涉嫌侵犯其著作权。执法人员对涉案制品依法采取了查封扣押、异地保存措施。经公安部门侦查，2017年下半年以来，济宁爱贝国际少儿英语培训机构负责人郑某某为牟取暴利，在未经权利人亚洲（培生）教育集团许可的情况下，勾结济宁双星制版印刷有限公司，大肆盗印爱贝教育机构专用培训教材（系境外进口图书），并通过德邦、安能等多家快递、物流企业向全国爱贝教育机构加盟网点销售，经初步统计，共涉及5个品种近十万册，案值超过千万元，涉及全国23个省、75个地市、160余家培训机构。

2019年10月，本案被列入国家版权局挂牌督办案件。

五、青岛李沧发顺源电子产品经营部侵犯著作权案

2019年3月1日，青岛市李沧区综合行政执法局根据省政务热线转办投诉案件线索，联合青岛市公安局李沧区分局，依法对发顺源电子产品经营部实施检查。经查，该经营部摆放台式电脑2台、笔记本电脑1台，堆放标有“广联达”“福莱”等字样加密锁、光盘共25种，合计1 193件（张），待发送涉嫌非法复制计算机软件的快递52件。当事人江某某未能提供上述计算机软件的合法来源证据，初步认定当事人存在未经许可，擅自发行、复制著作权人计算机软件的违法经营行为，涉嫌违反《中华人民共和国著作权法》《计算机软件保护条例》的相关法律规定。

通过现场检查、调查取证，案件主办方认为本案件涉及相关著作权人范围较广，涉嫌违法行为涉及案值较大，情节严重，遂于2019年3月21日将本案件移送至青岛市公安局李沧区分局。青岛市公安局李沧区分局依法对江某某侵犯著作权案立案侦查。2019年10月，本案被列入国家版权局、全国“扫黄打非”工作小组办公室、公安部、最高人民检察院联合挂牌督办案件。

六、淄博“6·26”涉嫌侵犯标准作品著作权案

案件详情，参见本栏目“‘剑网2019’专项行动十大案件”之九。

七、菏泽“11·7”侵犯著作权案

2018年11月，根据出版社维权人员投诉，菏泽市文化市场综合执法局联合东明县公安局成立专案组依法对山东菏泽“11·7”侵犯著作权案进行调查。经初步调查，犯罪嫌疑人张某、王某某系夫妻关系，于2018年9月租用一生产车间设立印刷厂，开展非法印刷活动，非法印刷的图书直接销往菏泽周边地区个体书店、中心学校等处。现场查获图书6万余册，经涉案出版社认证，以上涉案图书均为盗版，涉嫌侵犯其著作权。

犯罪嫌疑人张某、王某某因涉嫌侵犯著作权罪被刑事拘留。2019年10月，本案被列入国家版权局、全国“扫黄打非”工作小组办公室、公安部、最高人民检察院联合挂牌督办案件。

八、菏泽曹县“2·6”冯某某侵犯著作权案

根据群众举报，2018年2月6日，菏泽市文化市场执法局、曹县文化和旅游局联合曹县公安局，依法对曹县一无证地下印刷厂进行检查，共查获图书成品《2018河南中考试题研究》等图书7 700余册，以及上述图书半成品。当事人冯某某被曹县公安局抓获。经查，冯某某于2017年初在未得到印刷许可的情况下，盗用出版社书号，盗印图书7 775册，非法经营额（总码洋）391 690元。

依据《中华人民共和国刑法》第 217 条之规定，菏泽市曹县人民法院于 2019 年 7 月 19 日做出刑事判决：被告人冯某某因犯侵犯著作权罪，判处有期徒刑 3 年，缓刑 4 年，并处罚金人民币 6 万元。

九、广东华丽金科技有限公司侵犯著作权案

2017 年，山东省威海市文化、公安联合专案组从查处的一起全国性盗版光盘案件中发现，广东华丽金科技有限公司涉嫌明知他人从事侵犯著作权犯罪，仍为其提供主要原材料。联合专案组立即深入调查，查明该公司长期向数十个地下复制窝点提供有各类音乐标识的空白光盘订制业务，供其用以生产盗版音像制品。该公司副总经理方某某直接安排向刘某提供"哆咪音乐"空白光盘 30 余万张，经非法刻录音乐作品后销售至全国 27 个省市区，涉案金额 26 万余元。案件经公安部批准由威海市公安局管辖。2018 年 1 月，联合专案组赴广东将方某某及该公司法定代表人陈某某抓获。

依据《中华人民共和国刑法》第 217 条和最高人民法院、最高人民检察院、公安部《关于办理侵犯知识产权刑事案件适用法律若干问题的意见》第 15 条等之规定，威海经济技术开发区人民法院于 2019 年 8 月 26 日做出刑事判决：广东华丽金科技有限公司犯侵犯著作权罪，判处罚金 12 万元；方某某犯侵犯著作权罪，判处有期徒刑 2 年，缓刑 2 年，并处罚金 8 万元；陈某某犯包庇罪，判处有期徒刑 1 年，缓刑 1 年。

十、东营"7·18"涉嫌侵犯著作权案

2019 年 7 月，根据上级交办线索，东营市文化市场综合执法支队会同公安部门对慧阅图书有限责任公司涉嫌侵犯著作权案进行调查。经查，该公司负责人扈某某和尹某某将《习近平关于"不忘初心、牢记使命"论述摘编》等两本书委托两家复印店复印 1 700 余册，并通过淘宝店进行销售，营业额 16 余万元。

犯罪嫌疑人扈某某和尹某某因涉嫌侵犯著作权罪被刑事拘留。2019 年 10 月，本案被列入国家版权局、全国"扫黄打非"领导小组办公室、公安部、最高人民检察院联合挂牌督办案件。

（山东省版权局）

河　南　省

一、南阳"2·15"王某某等涉嫌侵犯著作权案

【案情摘要】 经查，河南内乡县奥斯卡影城 2 号厅中序列号为 A38619 的 GDC 服务器出现盗录电影现象。自 2017 年 11 月至案发，王某某等人共制作盗版影片 200 余部，先后向 160 个点播影院兜售，并从中收取押金和片源费，涉及浙江、河南、山东、安徽等 24 个省（区、市）、76 个市，非法获利 500 余万元。2019 年 6 月 14 日，本案被移送南阳市方城县检察院依法起诉。

【处理结果】 方城县人民法院依照《中华人民共和国刑法》第 217 条、第 218 条、第 307 条第 2 款、第 25 条第 1 款、第 26 条第 1 款、第 27 条、第 67 条第 3 款、第 52 条、第 53 条、第 64 条的规定，判决被告人王某某等 6 人犯侵犯著作权罪，判处有期徒刑 1 年 2 个月至 4 年不等，同时并处罚金；判决被告人李某某犯销售侵权复制品罪，判处有期徒刑 1 年 3 个月，并处罚金；判决被告人段某某犯帮助毁灭证据罪，判处有期徒刑 1 年 3 个月。

二、郑州"2·15"曾某某涉嫌侵犯著作权案

【案情摘要】 经查，曾某某利用"影像帝国"微信公众号提供电影资源链接，并从中谋取利益。自 2018 年 1 月至案发，曾某某共发送了 800 多条电影影片资源链接（其中涉及多部 2019 年春节档电影），非法获利 1 500 元左右。

【处理结果】 2019 年 3 月 4 日，曾某某被郑州市公安局金水分局刑事拘留，6 月 3 日，本案被移送郑州市金水区检察院依法起诉。

三、焦作《今日影视》APP 涉嫌侵犯著作权案

【案情摘要】 经查，沁阳聚视网络科技有限公司开发的手机应用软件《今日影视》APP 内有大量国内外影视作品或者链接聚合，并提供免费观看服务，在打开和退出界面以及首页等处均显示广告内容。由于数量巨大，有些是重复或者死链接，焦作支队重点对该 APP 内 2 100 部美国电影进行筛查，并对其中能够正常播放的 625 部电影进行取证。经美国电影协会北京代表处鉴定，取证的 625 部影视作品中，有 514 部作品的版权为美国电影协会成员公司所有，沁阳聚视网络科技有限公司未取得权利人授权。

【处理结果】 根据《中华人民共和国著作权法》《中华人民共和国行政处罚法》《公安机关受理行政执法机关移送涉嫌犯罪案件规定》等相关规定，沁阳聚视网络科技有限公司侵犯著作权行为已构成犯罪，焦作支队将此案移送沁阳市公安局。

（河南省版权局）

湖　北　省

一、罗田李某等 4 人侵犯网络游戏软件著作权案

2017 年 3 月 11 日，罗田县公安局接到本地一名网络主播报案称：QQ号码784097＊＊和某宝店铺“最强斗鱼人气熊猫人气”为网络主播提供“人气代刷”服务从而获取高额利润。3月20日，经湖北省公安厅决定，将本案指定罗田县公安局管辖侦办。3月22日，罗田县公安局成立专案组立案侦查。历时12个月侦查后，罗田警方将唐某等5名犯罪分子全部抓获。

经依法侦查查明：斗鱼直播平台中所使用的软件由武汉斗鱼网络科技有限公司研发并经国家版权局合法登记，受著作权法的保护。斗鱼公司的直播间排位是以人气为主，人气的高低直接影响正常直播间和签约主播直播间的排位，同时是斗鱼公司考核签约主播是否达标及结算签约主播酬金的重要指标，对此斗鱼公司对其直播间人气进行了通信加密。

经查，2016年7月，唐某认为制作斗鱼直播间人气外挂软件有利可图，遂在家中开始研发可以提升斗鱼直播间虚假人气的外挂软件。唐某使用网上免费下载的“NODEJS”环境、“ELECTRON”环境以及HTML等软件成功研发出了可以提升斗鱼直播间虚假人气的《斗鱼人气软件单机版》，同时根据斗鱼平台更新的情况不断更新该软件，并成功研发出《斗鱼人气代挂》《斗鱼人气软件》《斗鱼弹幕软件》《斗鱼鱼丸》《斗鱼关注》等斗鱼人气软件，之后还成功研发出可以提升熊猫直播平台直播间虚假人气的熊猫代挂软件。唐某在制作过程中复制了斗鱼、熊猫直播平台直播网页中的swf程序，破译和擅自使用了斗鱼、熊猫直播平台的通信协议，截取并修改了发送到斗鱼、熊猫服务器的端口数据。成功研发斗鱼、熊猫人气外挂软件后，唐某在明知研发并在网上传播斗鱼、熊猫人气外挂软件是违法犯罪的情况下，仍通过QQ联系发展其下级销售代理李某、张某、王某等4人帮助其销售斗鱼、熊猫人气外挂软件，并约定五五分成。

从2016年7月至2017年5月，唐某主要负责研发斗鱼、熊猫人气外挂软件，李某、张某、王某等4人负责在网上销售斗鱼、熊猫人气外挂软件，5名犯罪分子共获利达300余万元。

2019年12月5日，罗田县人民法院公开宣判：唐某犯侵犯著作权罪，依法判处有期徒刑3年，并处罚金123万元；李某、张某、王某等4人犯销售侵权复制品罪，分别判处拘役6个月至1年6个月不等的有期徒刑，并处罚金。

二、潜江丹江口潮歌娱乐中心侵犯音乐作品著作权案

2019年7月10日19时50分至20时52分，潜江市文化市场综合执法支队执法人员在对丹江口潮歌娱乐中心营业场所进行现场检查时发现该营业场所内歌曲点播系统中的歌曲涉嫌侵犯著作权人的表演权。对此，潜江市版权局于2019年7月15日予以立案。当事人未经著作权人许可，以营利为目的，在其经营的歌舞娱乐场所通过歌曲点播系统公开播送他人作品的表演，侵犯著作权人的表演权，同时损害公共利益。依照《中华人民共和国著作权法》第48条第1项和《中华人民共和国著作权法实施条例》第36条的规定，责令当事人删除曲库中的侵权曲目，对当事人做出没收违法所得77 696.3元、罚款人民币8万元的行政处罚。

三、随州湖北金戈马传媒有限公司通过信息网络擅自向公众提供他人作品侵犯著作权案

2019年6月10日，随州日报社向随州市文化市场综合执法支队投诉“随州快讯”网站长期多次盗用《随州日报》新闻资源。6月12日，支队执法人员对当事人湖北金戈马传媒有限公司运营的“随州快讯”网站进行了远程勘验，发现当事人涉嫌未经许可，通过信息网络向公众提供他人作品。6月14日，执法人员对当事人进行了现场检查，发现其办公用电脑存有“随州快讯”网站管理后台，并有侵权图片发表者的登录信息，执法人员对当事人的6台办公电脑主机等设备进行了证据先行登记保存，并于当日立案。经调查询问及进一步勘验取证，确定了当事人的侵权事实。依据《信息网络传播权保护条例》第18条第1项，对当事人予以没收网络计算机3台、罚款3万元的行政处罚。

四、浠水91系列网站涉嫌侵犯影视作品著作权案

案件详情，参见本栏目“‘剑网2019’专项行动十大案件”之六。

五、襄阳周某等涉嫌侵犯网络游戏著作权案

2018年1月3日，根据上级部门交办线索，襄阳市公安部门对周某涉嫌侵犯网络游戏著作权案进行调查。3月22日晚，专案组组成6个抓捕专班，连夜分赴湖北、河北、吉林、四川、江西等省，开展集中收网行动，先后抓获周某等11名非法制售外挂的涉案嫌疑人，扣押涉案资金1 200余万元，查明售卖外挂非法资金2 000余万元，扣押作案用计算机10台、手机10部、银行卡20余张。

经查，2018年1月，被告人周某利用网上下载的《绝地求生》游戏外挂源代码，进行修改更新后，制作《绝地求生》游戏外挂程序，该程序依附《绝地求生》游戏客户端，能够在游戏中实现透视物品、自动瞄准爆头等功能。周某将制作好的外挂修改成不同名字，以 5～7 元 1 张的价格出售给桂某、刘某、孙某某，从中获利 307.58 万元。

2017 年 11 月至 2018 年 3 月，被告人黄某某及其女友陈某从桂某、刘某、郭某等处低价购买《绝地求生》外挂卡，并在其注册的两个网名为大牛工作室的点卡销售网站（www.59net.cn 和 www.dnf2020.com）上销售，非法获利 582.74 万元。

2018 年 1 月，被告人桂某从《绝地求生》游戏外挂制作者周某处，以每张 6 元的价格购买外挂卡，然后又以 13 元 1 张的价格卖给黄某某，从中获利 89.89 万元。

2018 年 1 月，被告人刘某从《绝地求生》游戏外挂制作者周某处，以每张 5 元的价格购买外挂卡，然后再以每张 7 元的价格卖给黄某某，从中获利 28.67 万元。

2017 年 12 月，被告人孙某某从《绝地求生》游戏外挂制作者周某处，以每张 5 元的价格购买外挂卡，之后再以每张 7 元的价格卖给被告人郭某，孙某某获利 21.1 万元。郭某把从孙某某处购买的外挂卡每张加价 7.5 元卖给黄某某，获利 12.46 万元。

2019 年，襄阳市中级人民法院根据《中华人民共和国刑事诉讼法》第 15 条及《中华人民共和国刑法》第 218 条、第 25 条第 1 款等的规定，做出如下刑事判决：周某犯销售侵权复制品罪，判处有期徒刑 2 年 6 个月，并处罚金 6 万元；黄某某犯销售侵权复制品罪，判处有期徒刑 2 年 9 个月，并处罚金 12 万元；陈某犯销售侵权复制品罪，判处有期徒刑 1 年 10 个月，并处罚金 7 万元；桂某犯销售侵权复制品罪，判处有期徒刑 2 年，并处罚金 2 万元；刘某犯销售侵权复制品罪，判处有期徒刑 2 年，并处罚金 1.5 万元；孙某某犯销售侵权复制品罪，判处有期徒刑 1 年 10 个月，并处罚金 1.5 万元；郭某犯销售侵权复制品罪，判处有期徒刑 1 年 9 个月，并处罚金 1 万元；追缴周某等非法所得 1 600 多万元。

六、宜昌邹某某侵犯影视著作权案

2019 年 1 月 11 日，宜昌市文化市场综合执法支队根据市版权局的案件线索，对邹某某未取得权利人许可，将他人的作品通过信息网络向公众提供，同时损害公共利益案进行调查。经查，邹某某未取得著作权人许可，擅自将他人作品通过“TTV 影视网”向公众提供，供公众免费观看，获取广告收益 700 元。邹某某违反了《信息网络传播权保护条例》第 2 条的规定。宜昌市文化市场综合执法支队依据《信息网络传播权保护条例》第 18 条的规定，给予当事人如下行政处罚：（1）没收违法所得人民币 700 元；（2）罚款人民币 2 万元。

（湖北省版权局）

湖 南 省

一、长沙“3·29”侵犯图书著作权案

【案情摘要】 2018 年 3 月 29 日，湖南省长沙县“扫黄打非”领导小组成员单位成立专案组对“3·29”侵犯著作权案立案调查。经查：曾某弟、曾某湘、邹某玲、张某华等 4 人未经许可，印刷、销售盗版 CFA 图书牟利，共计 16 985 本，涉案价值 800 余万元。

【处理结果】 2019 年 5 月 5 日，长沙县人民法院做出判决：被告人曾某弟、曾某湘、邹某玲分别以侵犯著作权罪判处有期徒刑 3 年，缓刑 3 年；被告人张某华犯侵犯著作权罪判处有期徒刑 2 年，缓刑 2 年 6 个月，并处罚金 400 000 元。

二、刘某侵犯图书著作权案

【案情摘要】 湖南省衡阳市文化市场综合执法局于 2019 年 8 月 19—23 日对 7 所培训机构进行日常检查时发现，其销售的教材疑为侵权出版物。据查，前述培训机构均系湖南星童文化传媒有限公司“蓝天使星童”培训项目。实际运营人为刘某。9 月 2 日，执法单位予以立案调查。9 月下旬，协调权利人天津科技出版社确认授权情况。经查：刘某在网上采购，并发行侵权教材 163 套，非法经营额 54 900 元。

【处理结果】 2019 年 10 月 15 日，执法单位依据《中华人民共和国著作权法》第 48 条、《中华人民共和国著作权法实施条例》第 36 条，给予当事人罚款 274 000 元的行政处罚。

三、永州“兰莓阅读”微信公众号侵犯文字作品著作权案

【案情摘要】 湖南省永州市文化市场综合执法局在日常巡查中发现，永州微网传媒有限公司经营的微信公众号“兰莓阅读”涉嫌未经许可传播他人文学作品。经查，当事人于 2017 年 10 月至 2019 年 7 月间，未经权利人许可，复制、传播 1 525 部文字作品，通过上述公众号有偿提供在线阅读，获取违法所得 18 620 元。

【处理结果】 2019 年 7 月 11 日，永州市文化市场综合执法局依据《信息网络传播权保护条例》第

18条，依法做出行政处罚，责令停止侵权，没收违法所得18 620元，罚款80 000元。

四、陕西旅游出版公司经营部侵犯图书著作权案

【案情摘要】 湖南省衡阳市文化市场综合执法局在检查中发现，陕西旅游出版公司经营部擅自向衡阳聪明屋文体店、红星书社销售《小学英语全程达标》系列盗版教辅。经查，当事人从2016年至2018年共发行侵权出版物《小学英语全程达标》教辅共240套，码洋19 008元，违法经营额19 008元。

【处理结果】 2019年4月17日，衡阳市文化市场综合执法局依据《中华人民共和国著作权法》第48条、《中华人民共和国著作权法实施条例》第36条，没收侵权图书1套，罚款54 000元。

五、向某侵犯音乐作品著作权案

【案情摘要】 2019年5月6日，湖南省凤凰县文化市场综合执法局日常巡查发现，向某经营的凰家壹号娱乐会所在未经著作权人或著作权集体管理机构许可且未支付报酬的情况下，向消费者提供自娱性演唱或观看服务进行营利。

【处理结果】 2019年6月3日，凤凰县文化市场综合执法局依据《中华人民共和国著作权法》第48条、《中华人民共和国著作权法实施条例》第36条，做出罚款27 000元的行政处罚。

六、唐某某侵犯图书著作权案

【案情摘要】 2019年7月3日，湖南省邵阳市文化市场综合执法支队依法对唐某某经营的旺民印刷厂检查，发现其印刷的《中学教材全解》未能出示承印委托书等手续，当即抽样及封存。后立案并移送公安部门。7月5日至11月20日期间，唐某某以营利为目的，未经著作权人许可，组织印刷他人作品23 520册。

【处理结果】 2019年12月26日，邵阳市北塔区人民法院依据《中华人民共和国刑法》第217条，以侵犯著作权罪判决唐某某有期徒刑3年，并处罚金30 000元，没收侵权盗版图书23 520册。

七、岳阳"2·26"侵犯网络游戏著作权案

【案情摘要】 2019年5月，湖南省岳阳市公安局云溪区分局对李某某等侵犯网络游戏著作权案进行调查。经查，2018年12月，李某某非法获取《豪情天龙》游戏的服务器版本，并架设私服。通过网络招募，王某、黄某、孟某某、王某某参与实施了游戏侵权行为。

【处理结果】 2019年11月29日，岳阳市云溪区人民法院根据《中华人民共和国刑法》第217条，判处李某某有期徒刑3年，缓刑4年；判处黄某有期徒刑2年，缓刑3年；分别判处王某、孟某某、王某某有期徒刑1年6个月，缓刑2年。共并处罚金140 000元，没收违法所得93 000元。

八、湘北女子职业学校侵犯计算机软件著作权案

【案情摘要】 根据2019年国家推进使用正版软件有关政策要求，岳阳湘北女子职业学校对其办公计算机中复制的计算机软件未进行整改且经多次催促拒不整改。针对此行为，2019年10月30日，湖南省岳阳市文化市场综合执法局批准对其依法立案调查，经查：当事人对其办公计算机中复制的10套Windows 7、5套Microsoft Office 2010和12套WPS Office办公软件不能提供著作权人授权许可证明，已构成未经著作权人许可，复制其计算机软件的行为。

【处理结果】 2019年11月19日，岳阳市文化市场综合执法局依据《计算机软件保护条例》第24条，责令当事人删除盗版软件，停止侵权，罚款25 056元。

（湖南省版权局）

广　东　省

一、"小狐TV"影视网站侵犯影视作品著作权案

2018年5月，根据国家版权局移转案件线索，广州市文化市场综合行政执法总队会同广州市公安机关对"小狐TV"影视网站向公众提供大量侵权盗版电影电视剧进行调查。经查，"小狐TV"影视网站利用盗链其他合法视频网站的方式非法传播8 000余部影视作品，非法获利13余万元。2019年6月，广州市南沙区人民法院以侵犯著作权罪判处阳某某有期徒刑3年，并处罚金人民币1万元。

【点　评】 本案系利用技术手段提供非法链接传播侵权影视作品的典型案件。本案涉案作品数量大，非法经营额高。本案的查办对规范网络影视传播领域版权秩序产生了重要影响。

二、善品堂（北京）文化艺术有限公司等侵犯金庸文字作品著作权案

2018年11月，根据权利人投诉，广州市公安局海珠区分局对善品堂（北京）文化艺术有限公司侵犯金庸作品著作权案依法立案侦查。经查，善品堂（北京）文化艺术有限公司通过网店销售盗版《金庸作品集》16 668册，涉案金额为250 981.45元。2019年12月30日，广州市海珠区人民法院做出刑事判决：善品堂（北京）文化艺术有限公司犯侵犯著作权罪，判处罚金人民币 30 万元；何某某犯侵犯著作权罪，判处有期徒刑 3 年，缓刑 4 年，并处罚金人民币 10 万元。

【点　评】 本案是著名作家金庸先生逝世后，广东省重点查处的在国际国内具有较大影响力的权利人金庸先生的文字作品侵权重大案件。本案的依法查处彰显了广东省强化版权保护的决心，极大提升了全社会的版权保护意识。

三、广州玖和模具有限公司侵犯设计软件作品著作权案

2019 年 9 月，根据群众举报，广州市花都区文化广电旅游体育局对广州玖和模具有限公司涉嫌侵犯计算机软件著作权案依法立案调查。2019 年 12 月 17 日，广州市花都区文化广电旅游体育局对广州玖和模具有限公司做出罚款 29.994 720 万元的行政处罚。

【点　评】 本案是广东省查处的设计软件作品著作权侵权的典型案件，是广东省坚持推进企业使用正版软件工作和打击侵权盗版工作结合的典型案件，有力促进了广东省推进企业使用正版软件工作的深入开展。

四、“4·16”侵犯《流浪地球》等影视作品著作权案

2019 年 4 月，根据群众举报，深圳市市场稽查局发现微信公众号“雷锋影院”存在严重侵犯《流浪地球》等影视作品著作权的违法事实，并于 2019 年 4 月 16 日与罗湖公安部门同时立案调查。经检查，杨某某利用微信公众号侵犯 4 210 部影视作品著作权，累计侵权点击量 1 770 140 次，违法所得人民币 9 万元。2019 年 12 月 17 日，深圳市罗湖区人民法院做出刑事判决：杨某某犯侵犯著作权罪，判处有期徒刑 3 年，缓刑 4 年，罚金人民币 20 万元。

【点　评】 本案是国家部署查处侵犯春节档电影作品著作权的典型案件。本案为版权行政执法与刑事司法衔接、版权侵权证据固定等提供了有益示范，充分体现了广东省按照国家部署查处重点领域侵权盗版的能力。

五、章某某侵犯音乐作品著作权案

2019 年 1 月，根据全国“扫黄打非”办转办案件线索，深圳市“扫黄打非”办联合深圳市公安部门依法开展调查。经查，章某某未经授权，非法销售存储侵权音乐作品的成品 U 盘 14 280 个。2019 年 12 月 13 日，深圳市福田区人民法院做出刑事判决：章某某犯侵犯著作权罪，判处有期徒刑 3 年，并处罚金人民币 5 万元。

【点　评】 本案是多部门联合执法查处的典型案件。本案的查处充分体现了广东省保护网络音乐版权的态度和决心，对巩固初步形成的网络音乐版权良好生态发挥了积极作用。

六、珠海市斗门区白蕉镇向荣玩具加工厂侵犯美术作品著作权案

案件详情，参见本栏目“2019 年度全国打击侵权盗版十大案件”之四。

七、黄某侵犯美术作品著作权案

2018 年 6 月，根据权利人投诉，佛山市文化广电旅游体育局依法对黄某未经许可侵犯他人石湾公仔美术作品著作权案进行立案调查。经查，黄某通过其经营的佛山市石湾宏艺陶工作室复制他人作品，违法经营额 9 225 元。2019 年 5 月 6 日，佛山市文化广电旅游体育局对黄某做出罚款人民币 40 000 元的行政处罚。

【点　评】 本案是版权执法部门通过版权执法护航岭南优秀传统文化繁荣发展的典型案件。本案的查处有力震慑了广东省陶瓷领域的侵权盗版现象，有力推进了广东省陶瓷产业全面、健康、有序发展。

八、东莞市中堂汇发五金塑胶制品厂侵犯美术作品著作权案

2019 年 8 月，根据权利人投诉，东莞市文化广电旅游体育局依法对东莞市中堂汇发五金塑胶制品厂涉嫌侵犯他人美术作品著作权案进行调查。经查，该厂未经权利人授权，在其生产的拉杆箱上非法复制他人“小黄人”图案美术作品。2020 年 1 月 8 日，东莞市文化广电旅游体育局对其做出罚款人民币 50 000 元的行政处罚。

【点　评】 本案是查处美术作品侵权案的典型案件。近年来，美术作品侵权多发、易发，本案的查处体现了版权执法部门对打击美术作品侵权盗版的坚决态度。

九、窦某某侵犯游戏软件作品著作权案

2018 年 1 月始，窦某某未经权利人许可，以营利为目的，运营《全民奇迹》游戏私服《梦幻奇迹》，非法经营数额逾 25 万元，非法获利 10 余万元。2019 年 12 月 9 日，茂名市茂南区人民法院做出刑事判决：窦某某犯侵犯著作权罪，判处有期徒刑 3 年，缓刑 3 年，并处罚金人民币 3 000 元。

【点　评】 本案是广东省查处的网游私服侵犯著作权的典型案件。近年来，网游私服违法行为高发，严重影响网游产业的健康发展。本案的查办对网络游戏私服予以重拳打击，有力震慑了侵犯网络游戏著作权的违法犯罪行为。

十、福清市年年顺进出口贸易有限公司侵犯美术作品著作权案

2019年4月，深圳海关在日常查验中，查获未申报服装、鞋子、袜子、香水、渔具等货物一批，涉及多个品牌。其中Supreme标识的帽子、双肩包等日用品及2018俄罗斯FIFA世界杯官方会徽足球涉嫌侵犯他人著作权。经查，福清市年年顺进出口贸易有限公司的该批货物的相关标识图案未经权利人授权，涉及侵权的货物共463件，价值人民币5 785元。2019年8月29日，深圳海关对其做出罚款人民币78 900元的行政处罚。

【点　评】 本案是海关系统查处侵权盗版违法行为的典型案件。本案的查处充分体现了版权海关执法的优势和特点，对维护中国知识产权保护国际形象有重要意义。

（广东省版权局）

四　川　省

一、成都“9·25”沙某某等人侵犯著作权案

经查，沙某某等5人在未办理营业执照、出版物经营许可证的情况下，自2008年起非法从事出版物发行业务，涉案出版物1.5万余册，其中侵权盗版书籍1.2万余册，价值130余万元。2019年12月，成都市金牛区人民法院以侵犯著作权罪，判处沙某某有期徒刑4年6个月，并处罚金人民币60万元。

二、绵阳某某软件有限责任公司等侵犯软件著作权案

经查，2014年9月至2017年10月，绵阳某某软件有限责任公司以营利为目的，伙同伍某某在未经著作权人绵阳某某电子科技有限公司许可的情况下，擅自复制发行该公司享有著作权的计算机软件，销售给四川、贵州、青海等省份的10余家医疗机构，涉案金额500余万元。2019年11月，绵阳高新技术产业开发区人民法院以侵犯著作权罪分别判处徐某某等5人1年6个月到3年不等的有期徒刑，并处绵阳某某软件有限责任公司和个人共计42万元罚金。

三、成都“4·25”侵犯网络游戏著作权案

经查，2017年9月至2018年4月期间，刘某、郭某使用《天龙八部OL》的源代码私自架设《巨星天龙》网络游戏服务器，进行非法经营活动，获利90余万元。2019年8月21日，新都区人民法院以侵犯著作权罪判处刘某有期徒刑3年，缓刑4年，并处罚金30万元；判处郭某有期徒刑3年，缓刑3年，并处罚金20万元。

四、成都邱某侵犯网络游戏著作权案

经查，邱某凭借其任职深圳某公司总经理的职务便利，获知公司SVN服务器账号、密码，并私自取得公司《人人棋牌》游戏源代码，对该游戏进行换皮、加工后，更名为《大赢家棋牌》游戏并上线运营。截至2017年11月底，《大赢家棋牌》游戏共有玩家14万余人，玩家充值金额共计8 224余万元，邱某个人获利200余万元。2019年1月，成都高新区人民法院依法以侵犯著作权罪判处邱某有期徒刑5年，并处罚金400万元。

五、南充“2·9”侵害作品信息网络传播权案

经查，南充某网络工程有限公司在没有得到《阆中市2019年春节联欢晚会》作品权利人授权的情况下，于2019年1月29日通过“乐活阆中”微信公众号向公众提供《阆中市2019年春节联欢晚会》视频链接。2019年5月30日，南充市蓬安县文化广播电视和旅游局对南充某网络工程有限公司做出责令其停止侵权行为、罚款人民币1万元的行政处罚。

（四川省版权局）

陕　西　省

一、赵某杰、宋某林侵犯《新倚天》（METIN）网络游戏著作权案

【案情摘要】 2018年7月，根据权利方投诉，陕西省版权局、西安市公安局雁塔分局组成专案组，由西安市公安局雁塔分局对赵某杰、宋某林利用私服《倚世天下》涉嫌侵犯网络游戏《新倚天》（METIN）著作权行为进行立案侦查。经查，2016年1月至2018年8月期间，赵某杰、宋某林在没有取得网络游戏《新倚天》（METIN）著作权人许可的情况下，对该网络游戏的程序进行了部分修改，将游戏更名为《倚世天下》并架设服务器运营，在互联网上为网络玩家提供上述游戏，并通过充值购买游戏金币、交易游戏装备收取中介费等方式获利32万余元。案发后，赵某杰、宋某林积极赔偿了《新倚天》（METIN）著作权人经济损失，并于2018年8月主动投案。

【处理结果】 2019年9月23日，西安市雁塔区人民法院依法认定赵某杰、宋某林构成侵犯著作权罪，分别判处有期徒刑3年，缓刑4年，并处罚金5

万元。

二、王某、常某斌、安某建、赵某影侵犯高校教材著作权案

【案情摘要】 2017年11月2日，根据西安市鄠邑区文化市场行政执法队案件移交线索，西安市公安局鄠邑分局对王某、常某斌、安某建、赵某影销售盗版高校教材案进行立案侦办。之后，全国“扫黄打非”办公室、公安部治安管理局将此案列为全国“扫黄打非”重点案件予以联合挂牌督办。经查，2015年9月至2017年7月，王某在西安建筑科技大学草堂校区外租赁房屋开办“户县百草堂书屋”，存放并销售常某斌、安某建、赵某影未经授权印制的高校教材，共计102种、18 700册，被西安市鄠邑区文化市场行政执法队当场查获。后经鉴定全部为盗版，其中99种17 921册高校教材价值607 952元。常某斌、安某建、赵某影分别非法获利62 780元、44 000元、58 601元。

【处理结果】 2019年1月2日，西安市鄠邑区人民法院以销售侵权复制品罪，判处王某有期徒刑1年5个月，并处罚金30万元。以侵犯著作权罪，判处常某斌有期徒刑8个月，并处罚金6万元；判处安某建有期徒刑8个月，并处罚金4.5万元；判处赵某影有期徒刑8个月，并处罚金4.4万元。

三、王某杰开办网站侵犯影视作品著作权案

【案情摘要】 2019年5月，根据上级移转的案件线索，汉中市勉县公安局对王某杰涉嫌侵犯电影著作权行为进行立案侦办。经查明，王某杰于2017年至2019年5月18日期间，租用阿里云服务器私自注册开办酷奇影视网站，利用爬虫软件上传盗版影视剧共计13万余部至自己开办的网站供他人点播观看。

【处理结果】 2019年10月，汉中市勉县人民检察院以侵犯著作权罪、传播淫秽物品罪对王某杰提起公诉。

四、西安玄苍科技有限公司运营微信公众号侵犯影视作品著作权案

【案情摘要】 2019年11月，西安市文化市场行政执法总队在日常巡查中发现微信公众号“银狐追剧”涉嫌未经许可，擅自通过信息网络传播大量影视作品，遂立案调查。经查，西安玄苍科技有限公司非法运营“银狐追剧”微信公众号，传播未经授权许可的《我和我的祖国》《中国机长》等影视作品，通过广告推广方式牟利。

【处理结果】 2019年12月，西安市版权局根据《中华人民共和国著作权法》和《中华人民共和国著作权法实施条例》的相关规定，对西安玄苍科技有限公司做出罚款1万元的行政处罚。

五、咸阳、西安私人影院侵犯影视作品著作权系列案

【案情摘要】 2019年，针对私人影院播放盗版影片较为突出的问题，咸阳市、西安市文化市场行政执法机构进行了集中专项检查。

【处理结果】 2019年2月，咸阳市文化市场综合执法支队依法对咸阳市渭城区陈涛影院、咸阳市阳光家庭私人影院两家影院在其经营场所播放正在院线放映的《疯狂外星人》等未经授权许可的影片，分别做出罚款5 000元、2 000元的行政处罚。

2019年12月，西安市文化市场行政执法总队依法对西安美伦影视文化传播有限公司、西安润丰实业有限公司、朵拉私人影院等在其点播影院播放未经授权许可的影视作品的行为，分别做出罚款3 000元、3 000元、4 000元的行政处罚。

六、西安高校出版物市场专项行动系列案

【案情摘要】 2019年，西安市文化市场行政执法总队成立“净化高校出版物市场专项工作领导小组”，对西安地区高校及周边盗版教材等进行专项检查整治。在检查中，查明西安市长安区五花八门书店销售《数学基础过关660题》等盗版教材23本、西安市长安区延超书店销售《历年考研英语（二）真题解析及复习思路》等盗版教材12种56本。

【处理结果】 2019年1月，西安市版权局对以上两家书店分别做出没收侵权复制品、罚款3 000元的行政处罚。

（陕西省版权局）

宁夏回族自治区

一、“7·11”涉嫌侵犯著作权案

2017年7月，根据举报线索，宁夏回族自治区、银川市两级行政执法部门会同公安部门对银川市兴庆区裕民巷48号的恩光钟表电器批发部进行检查，现场查获存储涉嫌侵权音乐作品的SD卡781张、U盘293个。银川市公安局进行立案，本案件被国家版权局列为挂牌督办案件，拨付办案补贴经费8万元。2017年10月，分别在青岛、西安将嫌疑人汤某武、俞某光、谢某进、逯某敏全部抓获，并押解回银川。

经查，2016年下半年以来，嫌疑人汤某武多次通过电子购物网站、QQ、微信等渠道，购进存储有盗版歌曲、影视剧的SD卡、U盘共计2万余个，以沿街兜售、网上批发等方式公开销售。俞某光、逯某敏、谢某进等人自2017年以来分别从汤文武处购进存储有盗版歌曲、影视剧的SD卡、U盘合计4 000余个公开销售，上述盗版音像制品销往山东、河北、广西、黑龙江、陕西、新疆、宁夏、广东、湖南等9个省、自治区，涉及范围广，影响较大。通过深挖源头，专案组在河北石家庄将汤某武的供货人张某超抓获。2017年11月，专案组提请银川市兴庆区人民检察院对嫌疑人张某超进行了批捕。2018年5月，专案组赴工信部知识产权司法鉴定中心对查扣的涉案音像制品进行了鉴定。

2019年2月12日，银川市兴庆区人民法院受理了银川市兴庆区人民检察院提起的公诉，法院查明被告人张某超购进空白SD卡及U盘，在未取得著作权人授权的情况下复制著作权人享有著作权的音乐作品，并在名为“张兰军”的网店中进行销售，SD卡中有1 480个音乐内容在著作权保护期内。2月19日，法院开庭审理，认为被告张某超以营利为目的，复制发行著作权保护期内的音乐作品情节严重，其行为已构成侵犯著作权罪。依照《中华人民共和国刑法》第217条第1项，第67条第3款，第72条第1款、第3款，第73条第2款和第3款，第64条之规定，判定被告人张某超犯侵犯著作权罪，判处有期徒刑10个月，缓刑1年，并处罚金人民币5 000元，没收涉案电脑1台、手机1部、SD卡9 223个、U盘50个；没收汤某武手机2部、U盘37个、SD卡55个；没收逯某敏手机2部、U盘37个、SD卡143个；没收谢某进手机1部、U盘32个、SD卡14个；没收俞某光手机1部、U盘49个、SD卡15个；没收林某福手机1部。

二、吴忠市利通区新知书店侵犯著作权案

2018年9月11日，吴忠市文化市场综合执法队执法人员在执法检查中发现疑似侵权出版物，对吴忠市利通区新知书店（周某）进行立案。经鉴定，《课堂点睛》《课堂内外》等19种出版物均为盗版图书。宁夏版权局全程协调、指导案件查办。依据《中华人民共和国著作权法》第48条第1项，《中华人民共和国著作权法实施条例》第36条，《出版物市场管理规定》第33条、第37条第1项的规定，2019年9月3日，吴忠市新闻出版局对当事人做出没收侵权出版物、没收违法所得人民币720元、罚款人民币9 000元的行政处罚。

三、吴忠市利通区清华书香书店侵犯著作权案

2018年9月11日，吴忠市文化市场综合执法队执法人员在执法检查中发现疑似侵权出版物，对吴忠市利通区清华书香书店（周某）进行立案。经鉴定，《课堂点睛》《课堂内外》等134册出版物均为盗版图书。宁夏版权局全程协调、指导案件查办。依据《中华人民共和国著作权法》第48条第1项，《中华人民共和国著作权法实施条例》第36条，《出版物市场管理规定》第33条、第37条第1项的规定，2019年9月3日，吴忠市新闻出版局对当事人做出没收侵权出版物、没收违法所得人民币79元、罚款人民币3 000元的行政处罚。

四、吴忠市同心县学海书店侵犯著作权案

2018年9月17日，吴忠市文化市场综合执法队执法人员在执法检查中发现疑似侵权出版物，对同心县学海书店（刘某彦）进行立案。经鉴定，《课堂点睛》《课堂内外》等9种出版物均为盗版图书。宁夏版权局全程协调、指导案件查办。依据《中华人民共和国著作权法》第48条第1项，《中华人民共和国著作权法实施条例》第36条，《出版物市场管理规定》第33条、第37条第1项的规定，2019年9月3日，吴忠市新闻出版局对当事人做出没收侵权出版物、没收违法所得人民币135元、罚款人民币2 900元的行政处罚。

五、吴忠市利通区新知书店侵犯著作权案

2019年8月1日，吴忠市文化市场综合执法队执法人员在执法检查中发现疑似侵权出版物，对吴忠市利通区新知书店（周某）进行立案。经鉴定，《新华字典》（第11版）11册均为盗版图书。依据《中华人民共和国著作权法》第48条第1项，《中华人民共和国著作权法实施条例》第36条，《出版物市场管理规定》第33条、第37条第1项的规定，做出没收侵权出版物11册、罚没款1 024元的行政处罚。

六、吴忠市利通区金朝阳书坊侵犯著作权案

2019年8月1日，吴忠市文化市场综合执法队执法人员在执法检查中发现疑似侵权出版物，对吴忠市利通区金朝阳书坊（杨某嵘）进行立案。经鉴定，《现代汉语词典》（第6版）等7种206册出版物均为盗版图书。依据《中华人民共和国著作权法》第48条第1项，《中华人民共和国著作权法实施条例》第36条，《出版物市场管理规定》第33条、第37条第1项的规定，做出没收侵权出版物137册、罚没款11 400元的行政处罚。

（宁夏回族自治区版权局）

中国南通家纺城版权事务服务有限公司

中国南通家纺城版权事务服务有限公司成立于1997年3月8日，20多年来，在各级版权管理部门的大力指导下，共登记美术作品58 347件，工作得到了国家、省、市、区各级领导的充分肯定。2005年，被国家版权主管部门授予“全国版权保护示范单位”称号。2008年4月，成立了专业市场的知识产权巡回审判庭。2008年10月，被世界知识产权组织（WIPO）授予“版权创意金奖”。2009年3月，举行了“世界知识产权组织版权保护优秀案例示范点项目专家会议暨合作签约仪式”。2010年7月9日上午，中国国家家版权主管部门和世界知识产权组织共同在北京发布《加强版权保护对中国南通家纺产业发展的影响调研报告》。2010年7月，中央宣传主管部门组织新华社、《人民日报》等9大国内主流媒体集中报道南通家纺城版权保护经验，南通家纺城版权事务服务有限公司被中国版权协会评为“中国版权最具影响力企业”。2013年、2017年、2018年分别荣获国家版权主管部门颁发的“查处侵权盗版案件有功单位三等奖”。2018年荣获国家知识产权主管部门颁发的“知识产权保护规范化市场”。2018年、2019年分别荣获江苏省“打击侵权盗版十大办案单位”。

1. 2019年7月2日，中央宣传部版权管理部门领导赵秀玲视察南通家纺城版权事务服务有限公司版权登记、调解工作
2. 2005年，南通家纺城版权事务服务有限公司被国家版权主管部门授予“全国版权保护示范单位”称号
3. 2008年10月，世界知识产权组织授予南通家纺城版权事务服务有限公司“版权创意金奖”
4. 2018年11月，荣获国家版权主管部门颁发的“2017年度查处侵权盗版案件有功单位三等奖”
5. 2019年11月，荣获国家版权主管部门颁发的“2018年度查处侵权盗版案件有功单位三等奖”

中国移动咪咕探索 5G+体娱版权跨界融合新模式

2019 年，是我国构建版权现代治理体系、提升版权现代治理能力的关键之年，国家经济正处于产业转型升级、增速换挡的时期，版权产业不断发展壮大，版权运用、保护、创新、管理和服务的任务更重、作用更强、要求更高。行之力则知愈进，知之深则行愈达，中国移动咪咕公司持续坚定履行新媒体国家队责任与使命，砥砺前行，依托自身专业优势和资源优势，锐意进取，共同努力，通过融合各方资源进行有效实践，继续为文化产业的发展保驾护航，走出一条适合中国版权产业特色的发展道路，继续为建设版权强国做出更大贡献。

咪咕公司是中国移动面向移动互联网领域设立的专业子公司，负责音乐、视频、阅读、游戏、动漫五大数字内容运营，同时深耕互联网体育、演艺等垂直领域。经过五年发展，已成为国内领先的全场景品牌沉浸平台和正版数字内容汇聚平台。目前，咪咕公司已汇聚超过 4 000 万首歌曲、460 万条视频、1 200 余路音视频直播、2 000场 Live Show、60 多万册书刊、3 000 多款在线试玩 / 畅玩精品云游戏、172 万集动漫画及短视频；拥有超过 10 000 小时的超高清内容储备和 40 000 小时的 VR 内容储备。

咪咕公司上线“樱花树下 · 爱和希望”5G 大型直播活动，打造全球首场“5G+4K+VR”云直播

咪咕公司打造全球首场“5G+4K+VR”珠峰慢直播

咪咕公司是国内首个囊括足篮排“三大球”顶级联赛 IP 的平台，并上线 5G 看球黑科技

01 夯实版权管理基础，打造行业首例跨三网版权保护技术

系统能力建设

2020 年 4 月，咪咕公司自主设计搭建的覆盖公专网、自动存取证的监测维权一体化系统“咪咕维权云”系统正式在咪咕公司内部提供服务。在行业内首次实现跨三网、跨媒体的网络版权监测。该系统以其技术上的领先能力，对接公证机构，自动实现一点取证、自动存证；嵌入数字水印、区块链领先技术，创新网络版权保护模式。

系统能力输出

目前，咪咕公司已使用“咪咕维权云”系统正式开始为海外优质内容合作伙伴、重大体育赛事合作伙伴提供监测维权及网络阻断一体化服务。截至 2020 年 9 月底，全网版权监测系统实现了在 IPTV 和公网渠道中，针对体育赛事、影视剧集、综艺演出以及漫画、小说、游戏等全数字内容的监测场景。

ChinaDRM标准推广

作为新媒体国家队的一员，咪咕公司凭借广电、电信、互联网三网融合的优势，通过数字版权管理技术保护自有和合作内容商的版权安全，与央视、华为等一道将我国自主视音频内容版权保护体系（ChinaDRM）推广为国际事实标准，吸引海外优质内容进入国内，推动国有内容走出国门，促进国内外文化交流，进而激发公司发展新动能。

02 凝聚社会各界力量，积极构建版权保护研究基地

2020年9月，基地成功举办2020中国网络版权保护与发展大会闭门会，并与CBA联盟就CBA赛事节目版权保护签署合作备忘录

2020 年 9 月 17 日，由国家版权局指导，国家版权局网络版权保护研究基地和清华大学法学院知识产权法研究中心在 2020 中国网络版权保护与发展大会期间联合举办了闭门会议。会议现场，国家版权局网络版权保护研究基地聘任了基地首批名誉顾问、专家顾问，并与 CBA 联盟就 CBA 赛事节目版权保护签署了合作备忘录。

2019年12月，网络版权保护研究基地成立

2019 年 11 月，中宣部国家版权局批准在咪咕公司设立“国家版权局网络版权保护研究基地”。同年 12 月，在中宣部国家版权局和集团公司相关领导的共同见证下，基地正式挂牌成立。

2019年12月

咪咕公司根据国家版权局安排，组织 WIPO 总干事福尔班参加调研会议。

2019年4月

咪咕公司配合国家版权局开展“互联网 + 体育产业的多维探索”主题活动，助力“体育+”跨界融合新生态的版权保护工作。

03 5G五新

5G 正式商用以后，咪咕在服务个人客户领域推出五新业务，包括新看法、新听法、新拍法、新玩法、新用法，旨在为广大用户带来 5G 时代全新体验。

新看法

咪咕公司推出5G超高清视频、真4K直播和VR业务，打造5G时代“新看法”。超高清直播中的自由视角、VR视角、5G云观众、多屏同看等创新黑科技的应用，为每个观众带来更沉浸、更有趣的全场景视听体验。目前，咪咕公司拥有超过10 000小时的超高清内容储备和40 000小时的VR内容储备。

5G全面屏超高清视频彩铃

新拍法

针对“95 后”“00 后”，围绕 5G 网络特性，咪咕公司打造了更贴近年轻人兴趣和需求的互动短视频即拍即玩产品——咪咕圈圈，咪咕圈圈可以提供 4K 画质的拍摄质量，并支持 VR 互动、AR 合拍、实时合拍、AI 捏脸、动画 DIY 等多种玩法。全面升级了虚拟社交功能，为用户开启了 5G+ 短视频社交的新体验。

5G云观众

新听法

咪咕公司在全球推出了 5G 全面屏超高清视频彩铃业务，面向手机用户打造个性化、社交化、交互式新型体验。用户只需下载《咪咕音乐》APP，点击首页“视频彩铃”即可订购。也可拨打 10086/12530 转人工服务。目前，视频彩铃用户已突破 1 亿 。咪咕公司推出的至臻音质、臻 3D 能完全呈现音乐所蕴含的纯臻、细腻与震撼，“录音师母带级”的音质效果让用户可以畅享 5G 新听法。

升级虚拟社交功能

新玩法

基于5G高带宽、低时延的网络特性和超高清云技术，咪咕公司推出“超高清、无延时、云端运行、即点即玩”的5G云游戏服务并首创“云观战”“云助战”“云对战”玩法。目前，咪咕快游拥有3 000多款在线试玩/畅玩精品云游戏。

新用法

5G融媒手机报是中国移动汇聚权威媒体内容，以“融视界，趣分享”为宗旨，创新竖版新闻视频，打造AI语音读报、板块自选阅读、内容社交互动等场景化资讯获取方式，将“可看、可听、可读”的融媒体态资讯送达手机收件箱，为用户提供专业头条内容服务的产品。未来还将引入智能音视频及大数据技术增强个性化融媒体体验，为用户带来更多元化的沉浸式阅读体验，打造新一代“融媒体资讯大厦”。

沉浸式体验的云游戏平台

5G融媒手机报

腾讯：创新版权保护新技术 建设数字文化新生态

作为一家以“科技+文化”为基础的互联网企业，腾讯积极推动科技与文化的融合创新，持续打造精品内容，为用户提供更加生动、个性化和富有品质的内容。在“新文创”战略的指导下，腾讯持续在数字文化领域进行多层次、生态化布局，用数字技术与文化创新推动产业升级，打造中国特色文化IP。

版权保护是内容创作的“生命线”。腾讯一直以来高度重视版权保护工作，运用创新技术建立版权保护新模式，创造性解决版权保护面临的难题，多渠道、全方位保障版权权利人合法权益。

“科技向善”推动产业发展

一直以来，腾讯秉持“科技向善”的理念，结合技术创新，积极推动产业与社会各领域之间的发展。为响应“新基建”号召，腾讯宣布五年5 000亿元投入计划。在技术层面上，重点关注云计算、人工智能、区块链、服务器、大型数据中心、超算中心、物联网操作系统、5G网络等领域。在产业方向上，涵盖农业、工业、商业、教育、医疗、文旅等。

2020年，新冠肺炎疫情在全球蔓延，对经济社会产生巨大冲击。腾讯启动“数字方舟”计划，支持中小微企业数字化转型。农业领域，提供专属信息服务平台“为村”；工业领域，面向中小微企业开放普惠化的转型产品和服务，如“We智造”、健康码等；商业领域，面向中小微企业提供C2B的引流拓客服务和数字化工具；教育领域，提供专项基金、在线教育工具、线上培训等服务；医疗领域，为抗疫机构开放计算能力和源代码；文旅领域，启动“春光计划”，助力线下文旅机构开展线上运营。

同时，腾讯积极探索中国特色的文化创新模式。目前，腾讯已经与长城、故宫、敦煌等一系列中国传统文化IP达成战略合作，活化、传承传统文化，打造中国文化符号；与成都、杭州等城市共同进行城市品牌建设；通过开放腾讯云、小程序等产品能力和技术手段，为全球博物馆提供全面数字解决方案。

未来，腾讯将继续推进“科技+文化”融合创新，活化传统文化，促进文化产业内部、产业与社会各领域之间的生态化发展，建设产业发达、文化繁荣、价值广泛的“数字文化中国”。

构建数字文化新生态

腾讯长期致力于社交平台与数字内容两大核心业务：一方面通过微信与QQ等社交平台，实现人与人、服务及设备的智慧连接；另一方面为数以亿计的用户提供优质的新闻、视频、游戏、音乐、文学、动漫、影业等数字内容产品及相关服务。

腾讯视频已形成涵盖内地剧、海外剧、华语电影、海外电影、综艺、动漫、少儿动画、体育、音乐、时尚、自制剧、纪录片等在内的巨大视频资源库。

腾讯音乐推出“新民韵计划”，将传统民族音乐与全新现代技术结合，扶持原创民族音乐发展，将中国传统文化进行海外输出，打造来自中国的、全新的、国际化民族音乐名片。

腾讯游戏基于社会、产业二元价值进行持续探索，在教育应用、文化传承、科技演进和全球化融合四个方向上持续布局，推出全新品牌“追梦计划”，目前已累计宣发13款跨界应用游戏产品。

腾讯动漫坚持打造精品内容，以多元内容满足年轻用户的需求，以扶植原创国漫IP为核心，与中国动漫集团、华特迪士尼、集英社、万代、角川集团、讲谈社、小学馆等全球优秀行业伙伴达成合作。

腾讯电竞全力打造高品质的电竞体育赛事，推动电竞成为一项具有巨大发展潜力的体育运动；积极引领行业发展理念，推动电竞产业发展。2020年8月，腾讯电竞启动“电竞运动城市发展计划”，打造北京电竞发展的全新模式。2020年8月，全球电竞运动领袖峰会暨腾讯电竞年度发布会在海南召开，共探黄金五年下半场电竞产业发展的更多可能。

技术创新加强版权保护

近年来，腾讯在知识产权保护领域重拳打击抄袭、“洗稿”等侵权行为。微信创建三位一体的第三方知识产权保护方案，为原创者提供原创声明、转载授权、侵权投诉等服务。企鹅号“一键维权”系统，提供电子化授权、24小时全网监测、一键维权的一站式维权服务。腾讯安全神鹗大数据平台集“全网侵权发现—线索串并—电子固证—实时拦截—协助处置”于一体，提供一套网络侵权监测与全流程实时精准处置方案。

基于区块链技术，腾讯构建“至信链”版权保护平台，打造版权全生命周期的保护方案，重点解决移动互联网时代权利人确权难、监测难、取证难、维权难的痛点，为数字文化内容生态的综合治理提供经验。

目前，“至信链”与企鹅号联动，加强原创内容保护；与原创馆合作，构建图片作品保护生态；与南方文化产权交易所共建版权保护服务生态；与四川省高级人民法院打造四川司法区块链生态圈，为法院审判执行、诉讼服务和司法监管提供全程留痕能力，为案件办理提供信息共享机制，为人民群众提供区块链存证服务，建成一流的司法区块链平台。

内容产业生态的健康有序发展，是一个综合性、系统性的过程。腾讯公司积极响应国家政策要求，切实履行平台社会责任，联动行业各方共治，规范版权发展秩序，推动数字内容产业生态的健康有序发展，为版权产业发展和版权保护提供更多的“中国经验”和“中国智慧”。

2019年11月11日，在成立21周年纪念日，腾讯正式公布全新的使命愿景为“用户为本，科技向善”

腾讯启动“数字方舟”计划，从设立专项基金、建造产业基地、开放免费服务、帮助引流拓客等方面支持中小微企业转型，重点帮助农业、工业、商业、教育、医疗、文旅等六大领域数字化转型。

腾讯影业和腾讯动漫携手敦煌研究院出品“敦煌动画剧”，在微信和QQ小程序“云游敦煌”上同步首映。

腾讯与秦始皇帝陵博物院共同打造“数字秦陵”小程序，创新性地融合了秦文化科普与新文创体验。

腾讯电竞启动“电竞运动城市发展计划”，打造北京电竞发展的全新模式。

基于区块链技术，腾讯构建“至信链”版权保护平台，打造版权全生命周期的保护方案，为数字文化内容生态的综合治理提供经验。

2020腾讯游戏年度发布会以“Spark More去发现，无限可能”为主题，共计发布40多款游戏作品，为玩家带来全新互动体验。

Baidu文库

新技术赋能版权保护
百度文库“知识店铺”助力知识创造更大价值

百度文库作为中国领先的互动式文档分享平台，现已汇集文档、图书、音频、视频等多种形态专业学习资源超过7亿份，累计在平台发布资源的机构达1.8万家，专家及教师约20万位，普通创作者超过3 000万人。同时，百度文库依托百度强大的人工智能、大数据、区块链等技术能力，为广大的内容创作者提供版权认证、版权保护、版权扶持、版权维权的全方位版权服务，实现从创作源头到售卖平台的版权服务链，全力保护内容创作者正当权益。2020年百度文库推出内容营销的全新产品“知识店铺”，为全体知识内容创作者、知识服务提供者提供更强大的营销功能、更多精准流量的扶持倾斜、更多形式的激励活动，从而快速形成个人品牌塑造和内容产销深度融合的生态闭环，使知识供需双方高效对接，完成用户沉淀，实现知识变现。

开通知识店铺，获取千万流量

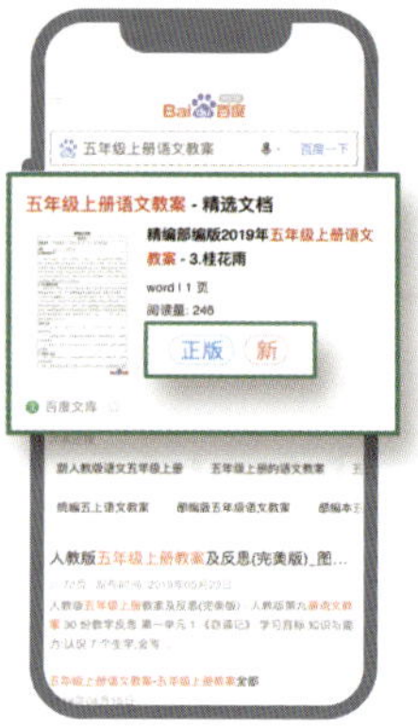

版权标识
特型展示

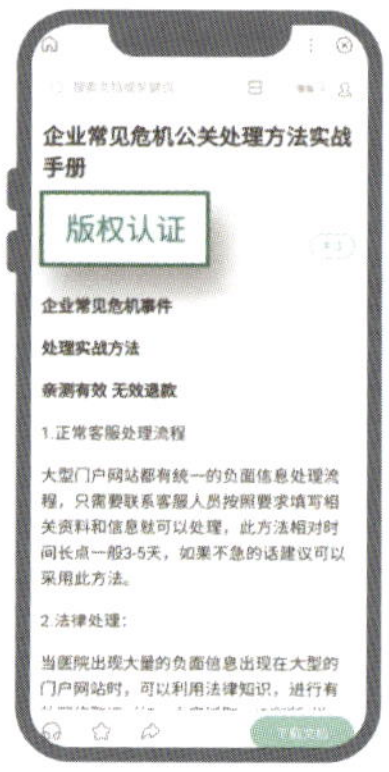

版权认证
特型展示

知识店铺
特型展示

可视化
数据管理

一键开店，享全程版权服务

1.一键开店

快速审核、高效认证，装修个性化知识店铺
可支持文档、文集、音频、视频等知识内容上传，打造多种形态内容商品

2.DNA反盗版系统甄别

采用dsim链查重、MD5信息可信度溯源、标题相似度判重、HASH算法甄别
结合可靠的文本和图片识别处理技术五项策略，持续有效地拦截线上恶意文档，日均处理能力达到百万级

3.获取版权认证

联合首都版权产业联盟提供版权认证服务，用户可获得《电子数据保管函》及作品认证证书
以证书为据，明晰作品版权归属，百度文库给予正版内容流量倾斜、收入扶持、法律扶持

4.盗版监测维权

联合12426版权监测中心提供全网盗版监测维权服务，提交服务申请，一年内持续返回盗版监测结果
原创作者一键维权，代理并完成全网盗版内容维权下线

5.千万量级流量扶持

百度搜索、百度APP、百度网盘、百度知道等全生态分发
知识直播带货带动私域流量购买力
多样化营销工具赋能原创收益

6.可视化内容数据管理

可进行知识店铺管理操作、订单处理及收益管理
可对内容浏览量、订单量以及用户使用趋势进行数据分析
自主制定优质内容推广方案，高频展示原创内容

搜狐
SOHU.com

搜狐视频近两年一直坚持"小而美"自制剧策略，试图在持续"黑洞式"烧钱的市场环境下，找出突围而出的新路。"小而美"的关键就是将主要精力和资源用于拼制作、拼创意、拼内容，而不是投到无法闭环的流量明星、天价版权和虚浮数据之上。

搜狐视频围绕人群细分、题材深耕，在自制剧开发上锁定的主要方向包括爱情甜宠和悬疑探案律政等，不断制造圈层爆款，并且让圈层内容触达大众。近一年多以来，爱情甜宠精品包括《奈何BOSS要娶我》《热搜女王》《拜见宫主大人2》《我成了他的班主任》《你成功引起我的注意了》，悬疑探案律政包括《不知东方既白》《非黑即白》等。多部自制精品再度打开新局面，涵盖用户差异化兴趣需求，升级打造全新内容。

自制综艺则有《送一百位女孩回家》《神奇图书馆在哪里》等，均获得各自圈层的高热度，为广告和会员平台提供更多新增长动力。

《奈何BOSS要娶我》做出了创新性的突破，成为实至名归的"热搜制造机"，是搜狐视频成功打造的爆款偶像剧。《奈何BOSS要娶我》也成功战略出海，"圈粉"海外，输出覆盖全球近30个国家和地区，成为中国剧集出海的现象级代表之一。

视频市场风云变幻，通向未来的道路不止一条，搜狐视频将坚持对新变化的独立判断，坚守在自己的航道，潜心打造真正属于自己的独特护城河。找到低成本创造优质内容模式的闭环是搜狐视频的使命，搜狐视频正在实现基于技术和互联网支撑的视频内容播放平台全娱乐公司。

搜狐视频除了延续自制战略，还将开拓PGC、UGC、Vlog自媒体短视频，也力争将短视频打造为精品化垂直化的平台，进行长短视频“双引擎”布局。

在这一策略下，搜狐视频在持续输出高质量自制剧集与自制综艺节目的长视频内容的同时，逐步加重由用户参与和共创的短视频内容，随着大批知识达人和大V入驻并开播，一个独特的高价值平台正在形成。

在《搜狐视频》APP新版本中，有专门的Vlog界面入口，内容涵盖美妆、3C、母婴、美食、汽车、萌宠等方面。通过算法和人工智能技术可以向用户推荐他们自己感兴趣的内容，此外还有用户关注的社交网络流，可以分享和生产制造感兴趣的内容。

搜狐视频还不断推动直播平台的创新和发展，《搜狐视频》APP关注流中每周一到周五，全天通过直播分享医疗抗疫、情感心理、母婴亲子、文化教育、汽车、美妆、房地产、健康、美食等专业内容；同时，搜狐视频在直播栏目方面不断推出《Boss1+1》等主题直播节目，还开展了多场《Charles的好物分享》《姐姐的好物分享》等主题直播带货，以推动搜狐视频在内容平台方面不断深化其价值，更好地满足用户和客户的需求。

阅文集团 CHINA LITERATURE

阅文集团于2015年3月由腾讯文学与原盛大文学整合而成，是目前国内引领行业的正版数字阅读平台和文学IP培育平台。2017年11月8日，阅文集团在香港联交所主板公开上市。

原创文学品牌

创世中文网 起点中文网 WEBNOVEL 云起书院 小说阅读网 起点女生网 红袖添香 潇湘书院 言情小说吧

图书出版品牌

聚石文华 中智博文 华文天下

影视制作与发行品牌

新丽传媒 New Classics Media

有声阅读品牌

阅文听书 天方听书网

移动阅读APP

起点读书 QQ阅读 红袖读书 飞读小说

移动创作APP

作家助手

网文生态

强大的创作阵营 健康的橄榄形结构

创作者「890万」

白金大神

《2019年中国网络文学作家影响力榜》TOP50的男作家中，来自阅文的占96%；TOP50的女作家中，来自阅文的占88%

中坚力量

80%热门题材由中坚力量拓荒，60%的TOP500作品由中坚力量创作

网络文学新力量

2020年第一季度，阅文新增作家数量33万。其中，30岁以下作家占比超过七成

全球范围中国故事 网络文学的海外影响力

2001年开启海外传播

2017年起点国际（Webnovel）上线

WEBNOVEL

FICTIONAL STORIES HUB

累计访问用户「超7 000万」

海外原创作家「7.3万人」

上架海外原创作品「12万」

上架翻译作品「930本」

网文+生态

2007年5月

《庆余年》诞生于起点中文网

猫腻作品

阅文集团白金作家

总订阅超5 200万
总收藏人次超340万
总推荐超489万
仅起点站内粉丝数达242万

2019年11月

《庆余年》剧版开播

双平台总播放量突破**150亿**次
豆瓣评分超**78万**人，获得**8.0**的高分

2019年百度指数突破**100万**
微指数网剧**名列前茅**

2019年猫眼剧集影响力
网络平台综合总排名**领先**

2020年，获得第26届上海电视节**"白玉兰奖"**
最佳编剧（改编）、最佳男配角两项大奖

2020年7月

《庆余年》手游"逢君"测试

基于庆余年IP设计，还原经典剧情
TapTap**9.2分**超高评价

扫码预约游戏体验

生态的培育与保护

新文创生态加速融合

形成一个更加高效的内容有机体，为观众带来更多“丰富生活，温暖人心，感动人性”的好作品

强力的正版保护措施

2020年6月5日，阅文集团发布“正版联盟”公告，联合行业伙伴坚决打击一切侵权盗版行为，并推出五大实质举措维护正版权益

成熟的内容培养机制

经过近二十年的发展，阅文集团开创了完整、领先的内容与作家培育体系，并将持续深化、完善。

1.系统的创作支持与运营

2.多元的内容扶持与发掘

3.专业权威的内容专家团队

立体的运营渠道体系

立体的运营渠道超过50家

掌阅科技
ZHANGYUE TECHNOLOGY

掌阅科技股份有限公司

ZHANGYUE TECHNOLOGY

掌阅科技股份有限公司成立于2008年9月，于2017年9月在上海证券交易所主板上市，（股票简称：掌阅科技，股票代码：603533），是全球领先的数字阅读平台之一，目前月活跃用户超1.7亿。掌阅主要产品及服务包括《掌阅》APP、掌阅文学、掌阅精选、掌阅校园、掌阅有声、掌阅国际版、iReader阅读器等。掌阅先后与国内外700多家优质的版权方合作，为全球200多个国家和地区的用户提供高品质的图书内容和智能化的阅读体验。

2017年9月 掌阅科技在上海证券交易所挂牌上市

2018年深圳文博会
掌阅“新时代 新阅读”展台

2018年掌阅签约青年榜样偶像王俊凯为代言人
推出青少年阅读产品“掌阅课外书”

2016年掌阅与国际知名出版集团
哈珀·柯林斯签约

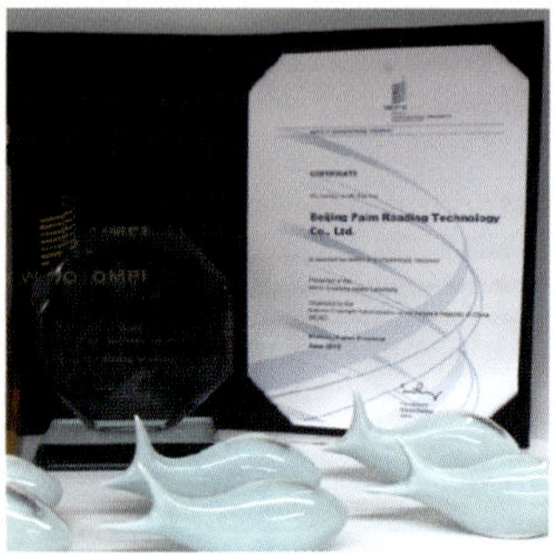

掌阅荣获“世界知识产权组织版权金奖”
和第四届“中国出版政府奖先进出版单位奖”

掌阅连续六年成为“中国好书”盛典独家合作伙伴

2019年掌阅在与厦门航空战略合作签约仪式上
推出常态化空中阅读服务“天际悦读”

2019年掌阅获批成为
“国家文化和科技融合示范基地”

掌阅主营业务为互联网数字阅读服务及增值服务业务，以出版社、版权机构、文学网站、作家为正版图书数字内容来源，对数字图书内容进行编辑制作和聚合管理，面向互联网发行数字阅读产品（包括漫画、有声内容等），同时从事网络原创文学版权运营，以及基于自有互联网平台的流量增值服务。

2015年掌阅荣获第四届“世界知识产权组织版权金奖”；2017年荣获第四届“中国出版政府奖先进出版单位奖”；2018年掌阅科技入选“国家文化出口重点企业”；2018年、2019年连续两年入选“全国文化企业30强”提名企业；2019年9月获批成为“国家文化和科技融合示范基地”。

产品矩阵

《掌阅》APP

《掌阅》APP是全球领先的数字阅读平台之一，拥有出版、原创文学、有声书、在线课程、漫画、杂志、自出版等海量正版内容，为读者提供优质便捷的阅读服务。《掌阅》APP在业内率先实现了3D仿真翻页、护眼模式等技术创新的产品应用，并在文档识别、转化、续读技术以及数字内容的精装排版等方面形成了核心技术优势，处于行业领先地位。

掌阅文学

掌阅文学成立于2015年，包括掌阅文化、红薯网、速更小说、书山中文网、趣阅科技、有乐中文网等多家原创内容平台。已签约包括月关、天使奥斯卡、解语、不信天上掉馅饼、任怨、唐欣恬等知名作家及优质作者5万多名，多部优秀作品荣获优秀网络文学作品奖项，已与爱奇艺、完美时空、克顿传媒等众多影视合作方展开合作。

校园 掌阅

掌阅校园产品专注K12领域数字阅读解决方案，包括《掌阅课外书》APP，依托掌阅科技强大的技术实力、丰富的正版内容资源、护眼墨水屏阅读器硬件以及专业研发团队，独家引入北京师范大学课程与教学研究院研发的中小学生中文分级阅读体系，为广大中小学学校、教师、学生提供全方位阅读服务。2019年入围国家新闻出版主管部门年度“数字出版精品遴选推荐计划”。

掌阅精选

掌阅精选为企业和机构独家定制专属阅读服务，依托掌阅海量内容资源和技术，通过功能定制和内容定制，提供掌上数字图书馆解决方案，降低企业学习成本，提升企业、员工能力，协助建立企业文化氛围，搭建学习型企业

掌阅国际版

掌阅是率先以APP形式出海的中国数字阅读企业，掌阅iReader目前上线英语、韩语、俄语、印尼语、法语、泰语、阿拉伯语、乌尔都语等14个语种版本，已为数千万海外用户提供60余万册优质内容。先后荣获2017—2018年度国家文化出口重点项目及重点企业，2019—2020年度国家文化出口重点企业等奖项，成为中国互联网文化企业出海的优秀代表。

iReader电子书阅读器

掌阅于2015年推出首款iReader电子书阅读器，目前已形成主打“轻阅读”的iReader Light系列、打造“为阅读发声”的iReader A6，以及集合“听·读·写·画”的iReader Smart系列等。iReader内置更适合国人使用习惯的中文阅读系统，将硬件、软件、内容完美结合，给用户极致的阅读体验，已成为国产电子书阅读器领军品牌。

塔读文学

免费好书 尽在塔读

塔读文学是国内领先的综合类网络文学平台，致力于集原创文学签约、内容分发、IP包装、衍生于一体，打造泛娱乐化生态闭环。坚定推行以用户为导向、以内容为核心、以产品求发展，满足不同需求阅读用户的使用习惯及丰富其阅读体验。

2010—2020年，是塔读文学发展的第一个十年。作为一家老牌数字阅读平台，面对日益多元化的市场竞争，塔读文学在不断巩固原有品牌优势的同时，顺应行业发展新形势、新需求，持续创新探索，持续积累原创文学内容，深度贯彻保障原创文学作者切身利益，始终保有与网络文学发展一致的蓬勃活力。在不懈探索中，塔读文学通过与明星、综艺影视节目的深度合作，也实现了自身品牌的革新升级。

未来，塔读文学将继续以数字阅读平台为基础，依托旗下小说阅读产品矩阵，为亿万用户提供精彩的数字阅读服务和贴心、优质的移动阅读体验，以丰富的品质版权内容精细化运营为特色，逐步构建起内容创作、内容分发、内容衍生开发等多板块业务布局，整合产业链上下游的泛娱乐化资源。同时，进一步加大对作者的扶持力度，打造优质数字内容，持续夯实平台发展根基。

>>>>>>

电话：400-678-5158

扫描二维码
下载塔读文学APP

作为成立十年的老牌数字阅读平台，塔读文学一直致力于通过多元化的传播形式及活动，来提升作者的创作环境及读者的阅读环境。“塔读文学IP影视孵化”、“明星品牌挚友”、“塔读文学校园征文大赛”、“塔读文学有故事系列IP活动”、“塔读文学综艺植入”等，都是塔读文学与优秀的创作者以及越来越年轻化的小说阅读者群体间品牌沟通的探索。

塔读文学综艺植入

横冲直撞二十岁▲

心动的信号第三季▲

Beauty小姐第三季 ▲

爱奇艺纪录片《无饭不起早》▲

塔读文学IP影视孵化

清落▲

▼抬头有星光

奈何boss又如何▲

塔读文学有故事系列IP活动

有故事de小酒馆▲

有故事de星际邮局▲

有故事de春运▲

有故事de万圣夜▲

塔读文学校园征文大赛

第一届校园征文大赛▲

第二届校园征文大赛▲

1

2

3

Artron 雅昌

雅昌文化集团

雅昌文化集团创建于1993年，是一家立足于艺术领域的综合性文化产业集团，现已拥有北京、上海、深圳三大运营基地，杭州、广州、南京、成都、西安、合肥六大艺术服务中心，产品和服务触及全球几十个国家和地区。

雅昌以通过“为人民艺术服务”达成“艺术为人民服务”，传承、提升、传播和实现艺术价值为使命。在艺术专业领域，传承优秀艺术文化，提升艺术价值；在艺术大众市场，传播艺术价值，让艺术之美融入生活。

面对日新月异的技术发展和商业模式的变化，雅昌不断创新，以工匠精神推动传统加工业务向智能制造和定制服务进化；以艺术数据为核心，IT技术为手段，互联网为平台，为艺术行业提供智慧化的艺术数据及IT服务综合解决方案，为艺术追随者构建数字化艺术体验；以艺术空间为体验，充分释放艺术行业内的资源潜力，开发艺术消费品，探索博雅教育新方式，满足艺术专业人士和艺术爱好者的艺术生活需要。

艺术印刷

工匠精神与现代科技，开启艺术产品智能定制

发挥工匠精神的优势，主动拥抱科技带来的变化，锻造雅昌艺术书籍印刷、高仿真复制、雅昌艺术大书、POD与纸艺术创作等领域的艺术印刷产品。

艺术数据和互联网

科技连接人与艺术

以中国艺术品数据中心为基地，提供艺术品的数据采集、分类编目、存储与管理、专业应用等服务。

以雅昌艺术网为基础架构，打造艺术家、文博机构服务平台，满足广大艺术爱好者在看内容、逛展览、查数据、做交易等应用场景中的需求，扩展雅昌线上平台在集团内外的应用。

艺术教育

艺术文献收藏，艺术推广，美育普及

以艺术文献为主要收藏对象，开展系统性的艺术收藏。通过展览和研讨会，呈现和推广艺术知识和观点。以系统化和结构化的课程，为艺术爱好者赋能，激发艺术爱好者进一步探索艺术生活的可能。

雅昌荣誉

2010年，荣获第61届美国印制大奖，其中包括：*BACCALAT*获市场推广物品“班尼金奖”；《桃实图》获J-2艺术品复制“班尼金奖”；《秦始皇帝陵》获艺术书“班尼金奖”；《中国川剧》获产品服或服务目录（4色）“班尼金奖”；《中国农村》获产品服或服务目录（4色）“班尼金奖”等。

2014“世界最美的书”评选从德国莱比锡传来捷报，由雅昌精心印制而成的《2010—2012中国最美的书》荣获“世界最美的书”称号。

2017年12月4日晚，第29届香港印制大奖颁奖典礼在香港隆重举行。雅昌文化集团一举囊括“匠心大奖”“最佳印制书籍奖”“冠军奖”等多项殊荣，以13项大奖的荣誉成为本届获奖数量最多的印刷企业。这是继9月收获5项全球印刷界最高荣誉——美国印制大奖“班尼金奖”、3项中华印制大奖金奖后，雅昌再次以出色的匠心技艺连续第四年领跑香港印制大奖。

2018年1月17日，国家新闻出版广电总局公布第四届中国出版政府奖名单，雅昌文化集团董事长万捷荣获“优秀出版人物奖”，由雅昌文化集团印制选送的《藏区民间所藏藏文珍稀文献丛刊》（精华版）荣获印刷复制奖。

2019年雅昌文化集团获得“2019—2020年度国家文化出口重点企业”荣誉；北京时间10月3日，雅昌第14次问鼎被誉为全球印刷界“奥斯卡”的美国印制大奖班尼金奖，共揽得64项“班尼金奖”，成为最近十年获得班尼金奖最多的印刷企业，在这项有70年历史的国际顶级赛事上创造了中国和世界印刷企业的夺冠纪录。

4

5

6

1 雅昌艺术中心—北京
2 雅昌艺术中心—上海
3 雅昌艺术中心—深圳
4 美术馆
5 艺术书店
6 书墙

皇城记忆

家·书

框画YY-2 黑色

传给雅昌是谁

传给雅昌成立于2013年，是依托雅昌在摄影艺术领域服务摄影师20余年的资源、技术和经验，打造的专业影像输出定制平台。

致力于为影像爱好者留存有温度的影像记忆，我们不断留存影像、创新产品，成为您身边的影像留存专家。

传给雅昌提供什么服务

1. 影像×大众

传给雅昌是专门服务于大众的影像品定制平台，我们为大众提供亲子、旅游、爱情、友情、家庭等场景下的影像定制服务。

2. 影像×IP

传给故宫项目在2018年正式上线，旨在让故宫观众可以不受时间、地点的限制，个性化定制自己与故宫的影像文创品。未来，“影像×IP”的模式将拓展到其他知名旅游景区，以影像为纽带，留存最珍贵的影像记忆。

3. 影像×摄影爱好者

39.8°C平台于2019年正式面世，作为传给雅昌的子品牌，是专为摄影爱好者打造的影像定制平台。意在让每一位摄影人都能轻松拥有属于自己的世界级摄影艺术品，满足摄影爱好者对影像艺术品的定制需求。

传给雅昌坚持什么

传给雅昌坚持以“让影像艺术之美走进每个人的生活”为使命，依托智能便捷的数字化定制平台，配套世界最新数字技术与设备，使用艺术影像专属材料，制定雅昌艺术影像输出标准，呈现世界级品质的影像输出品，将输出的影像产品及定制服务带给每一位热爱摄影的人。

中国版权协会艺术品版权工作委员会简介

组织名称：中国版权协会艺术品版权工作委员会（以下简称“艺委会”）

协会性质：艺委会是由艺术品版权权利人和从事艺术品行业的法人单位及个人自愿组成的公益性群众团体，受中国版权协会直接领导，是中国版权协会的二级委员会

上级主管单位：中国版权协会

秘书处办公地点：雅昌文化集团

艺委会主要职能：

1.建立行业自律制度

发挥行业协会优势，制定并完善艺术品版权相关行规行约，调解行业内版权纠纷，推动本行业规范健康发展。

2.维护艺术家版权权益

依托行业协会，为会员提供多种法律服务和援助，打击侵权盗版，改善艺术家的维权现状。

3.搭建艺术家与政府之间的沟通桥梁

在会员与政府之间发挥桥梁和沟通渠道作用，向上级主管部门反映艺术品版权行业实际情况和诉求，为国家立法部门和行政主管部门提供及时和科学的建议，推动并完善国家艺术品版权法律法规建设。

4.开展国内外艺术品版权宣传与交流

开展与艺术品版权相关的培训和宣传活动，向艺术家普及相关政策和法律法规，提高艺术家版权保护意识，加强与国外相关机构的交流合作，借鉴国外艺术品版权管理经验，引进输出国内外优质版权资源。

5.搭建艺术版权交易平台

搭建艺术版权供需双方沟通、交易平台，促进中国艺术品版权交易市场健康发展，并通过国内外多种形式的展览会、交易会、研讨会等活动，实现版权交易项目有效对接。

艺委会会员服务：

艺委会会员享有协会选举权和被选举权，并可获得协会以下版权服务：

版权登记、鉴证备案、合同备案、打假维权等。

艺委会成立大会嘉宾合影

中国版权协会理事长阎晓宏与雅昌文化集团董事长万捷为艺委会揭牌

版权推动创新 创新吸引非遗新青年
——酷狗“花式解锁”数字非遗

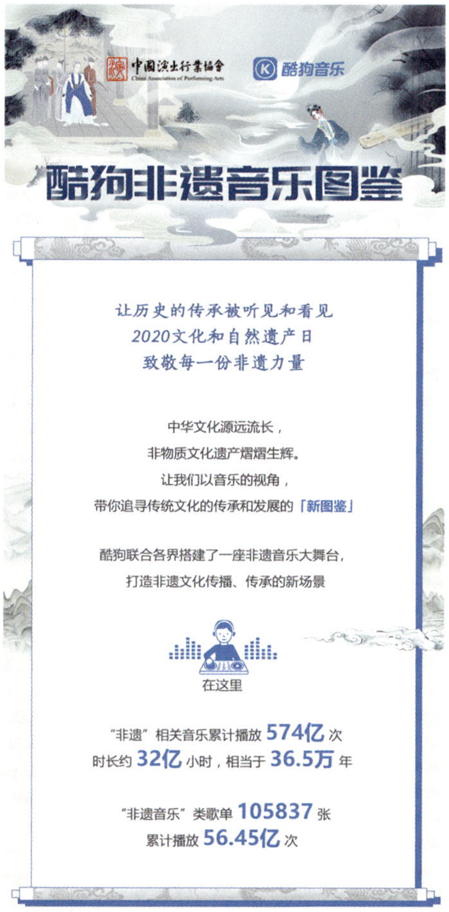

酷狗音乐目前拥有4 000万余首的海量正版曲库，其中既有现代流行音乐，也有传统韵味十足的非遗音乐。在酷狗，可以细品10多种传统地方戏曲，包括198位戏曲表演艺术家的10 137个曲目。网友自建的350张戏曲歌单，累计播放量破亿。酷狗建立的非遗数字库，在保存、保护的基础上也加以创新，致力活态传承。

据平台数据，每个月有1亿多的“90后”“00后”新生代用户在酷狗音乐对非遗“流连忘返”。例如酷狗推出的“五城记”特别企划，是将地方城市的非遗元素与古风音乐结合，助力地方非遗文化符号“声入人心”，引起了年轻人的喜爱与共鸣。

酷狗还以直播的形式推出“非遗大师课”，邀请倪惠英、陈玲玉、徐秋菊、余少萤、谢东笑等非遗大师、传承人，走进直播间与网友线上互动，以贴合年轻观众的方式传道解惑，让更多人了解非遗知识。

《文旅中国》就此评价认为，酷狗音乐用“数字娱乐助推了非遗‘渗透’进大众的日常生活中，特别是能够以创新姿态吸引到年轻受众，并激活了一批非遗新青年”。

酷狗音乐

太合音乐集团
TAIHE MUSIC GROUP

太合音乐集团作为全球领先的音乐服务机构，是“全国版权示范单位”、国家音乐产业基地——流行音乐基地、首都文化“走出去”示范单位。多年来，凭借卓越的影响力和创造力，太合音乐集团构建了以“内容生产、艺人服务、版权发行、视听服务、演出活动、粉丝社群”等为主的泛娱乐生态体系，业务贯穿音乐上下游全产业链，旗下拥有太合麦田、海蝶音乐、亚神音乐、麦田音乐、红星、兵马司等众多音乐厂牌矩阵，服务薛之谦、田馥甄、谭维维、许嵩、品冠、刺猬乐队、Click#15等百余位不同风格的知名音乐人，源源不断创作优质内容，形成了音频、短视频、长视频、图片、文字、词曲等版权形态，构建了海量的高质量、高热度的音乐版权曲库。

DMH
数字音乐分发平台

自主研发运营的版权管理及分发平台DMH，用全新的产业思维成功解决行业痛点，为数字音乐产业的发展增加了音乐版权互通的新筹码。平台拥有海量的音乐版权作品，能够实现音乐作品传播数据的实时监测，能够通过真实的播放数据与内容提供商进行版权结算；目前已有19万个厂牌，213万张入库专辑，近1 600万首入库歌曲上架，上线近半年，总使用次数超过376亿次；被列入国家新闻出版广电主管部门改革发展重大项目库，获评北京市版权管理部门“优秀版权项目”。

读者出版集团有限公司

读者出版集团是综合性文化产业集团，业务涵盖出版发行、印刷物流、文化旅游、文化创意、阅读服务、金融地产等多元产业。拥有甘肃新华书店飞天传媒股份有限公司、甘肃新华印刷厂等6家全资子公司，读者出版传媒股份有限公司、读者文化旅游股份有限公司2家控股子公司，参股甘肃银行、甘肃文化产权交易中心等公司。集团旗下读者出版传媒股份有限公司是西北地区率先在国内主板上市的出版传媒类企业，拥有9家出版社和13种期刊。集团核心产品《读者》杂志被誉为“中国人的心灵读本”，截至2019年5月，已累计发行超过20亿册。“读者”品牌连续17年被世界品牌实验室评为“中国500最具价值品牌”，2020年品牌价值达到353.69亿元。2019年，集团合并口径资产总额61.02亿元，净资产37.10亿元。2018年，集团入选“全国文化企业30强”提名企业。

读者出版集团始终坚持正确的出版导向，着力推动精品战略，推进杂志品质提升、影响力提升、传播力提升工程和精品图书出版工程，努力打造走向世界的读者出版品牌。近年来，集团加快推进“读者”品牌战略，在坚守主业基础上努力推动经营多元化和出版融合发展。大力实施“读者•新语文”中小学阅读写作教育平台融媒体项目、读者+公共文化空间、读者+文化旅游、读者+文化创意等多个领域的创意延伸。同时，努力推动书香社会建设，持续推动实施“读者•中国阅读行动”全民阅读工程，积极构建“点•线•端+全民阅读”文化服务业态，为社会提供立体、多元的文化服务，满足大众多样化的文化需求。2016年，公司获得国家新闻出版广电主管部门“出版融合发展重点实验室”牌照；2018年，被确定为“国家知识服务试点单

位”；2019年11月，“读者•中国阅读行动”全民阅读推广工程获得国家新闻出版主管部门“2019年全民阅读优秀项目”奖。

读者出版集团高度重视知识产权保护。《读者》杂志从1981年创立之初，就在全国率先实行“一稿三酬”制度，成为出版行业版权保护的标杆和典范。杂志与近千名作者签约、续约，设有专门岗位负责版权管理。集团所属各出版社积极开展版权贸易，“丝绸之路”丛书、《百年敦煌》、《中国河西走廊》、“走近敦煌丛书”、《中华上下五千年》、《游世界》等图书分别输出到乌兹别克斯坦、俄罗斯、日本等国和我国台湾地区出版发行。集团及下属单位先后荣获“2009—2010年度国家文化出口重点企业”、“第二届中国出版政府奖期刊奖”、“第四届中国出版政府奖期刊奖”、“首届中国出版政府奖先进出版单位奖”、2011—2013年“中国版权产业最具影响力企业”、“2019年全国版权示范单位”等荣誉。

图注：

1. 2020年第17期《读者》杂志封面；2. 荣获“全国文化企业30强”提名企业；3. 读者出版集团办公楼；4.《读者》荣获“第四届中国出版政府奖期刊奖”；5.“读者”品牌入选“中国500最具价值品牌”；6. 获得“国家文化出口重点企业”牌照；7. 位于兰州市西固区的读者小站•金城书房；8. 获“全国版权示范单位”荣誉；9. 获得“出版融合发展重点实验室”牌照；10.“读者•中国阅读行动”全民阅读推广工程荣获“2019年全民阅读优秀项目”奖；11. 贫困村的小学生在读者乡村文化驿站读书；12. 读者上海书店主题文化活动；13. 正在建设中的“读者印象”精品文化街区（读者出版集团办公区部分）；14.“读者丛书•中国文化读本”（甘肃人民出版社）；15.《庄严的承诺》（甘肃教育出版社）；16. 第九届中国苏州文化创意设计产业交易博览会“读者•新语文”教育平台展区；17.《阔端与萨班凉州会谈》（甘肃人民出版社）；18.《敦煌学通论》（甘肃教育出版社）；19. 升级改造后的兰州西北书城；20.《法藏敦煌文献精选》（敦煌文艺出版社）；21.《八步沙》（敦煌文艺出版社）。

中华精品字库工程 | 方正字库 FounderType

字美中华——中华精品字库工程公益应用计划

中华精品字库工程是中华优秀传统文化传承发展工程支持项目，由中国文学艺术界联合会、国家语言文字工作委员会共同指导，将精选100位中国历代书法名家的代表作品，开发成计算机字库，中国书法家协会负责字体的遴选和质量审核，北京北大方正电子有限公司负责字库的开发工作，率先推出15款精品字体，免费提供5年公益使用授权。

颜真卿楷书	赵孟頫行书	鲁迅行书
柳公权楷书	赵孟頫楷书	沈尹默行书
苏轼行书	文征明行草	舒同行书
黄庭坚行书	王铎行草	启功行楷
赵佶瘦金书	爨宝子碑楷书	刘炳森隶书

公益应用免费授权：“中华精品字库工程”字体

◎ 公益组织公益活动
各类公益组织、商业企业的公益活动。

◎ 各类学校
中小学、大学等，如北京大学等。

◎ 新闻出版相关单位
电视台、报社、出版社、杂志社等。

◎ 大型会议及展会
如博鳌亚洲论坛、北京文博会等。

◎ 政府机构
国家行政机关组织等。

◎ 体育赛事
如北京冬奥会等。

◎ 学会
如中国计算机学会等。

◎ 个人
在电脑上个人非商业使用。

公益应用五年免费使用

搜索关注微信公众号“中华精品字库工程”，点击“字体获取”。

字体咨询电话：4006-516763

北京北大方正电子有限公司

微信公众号

时代出版传媒股份有限公司

Time Publishing & Media Company Limited

时代出版传媒股份有限公司成立于2008年，由安徽出版集团以其所持有的出版、印刷等文化传媒类资产在全国率先以出版业务整体上市，目前拥有全资或控股子公司23家，其中有9家出版社。公司成立以来，积极响应国家号召，高度重视“走出去”工作，“走出去”各业务板块迅速发展，呈现业务覆盖面广、海外渠道建设快、国际合作伙伴多、政府扶持力度大等特点，“走出去”业务始终位居全国前列。

2019年，公司紧密围绕宣讲十九大精神、纪念新中国成立七十周年、徽文化推广三大时代主题，努力推动中华文化有效“走出去”。通过发挥品牌、资源和渠道等方面的优势，不断创新内容、创优产品，开展多种形式的出版国际合作，取得了明显的成效和突破。

一、围绕“一带一路”，做实出版主业。全年版权输出近500项，主要输往英国、美国、德国、黎巴嫩、土耳其、马来西亚、新加坡等20多个国家和地区，与“一带一路”沿线俄罗斯、波兰、塞尔维亚、埃及、越南等10多个国家在项目、人才、资源等层面全方位开展合作。

二、围绕共享共赢，做活合作资源。积极与国际一流文化出版企业合作，不断增强公司的国际传播能力，2019 BIBF期间成功举办“庆祝中华人民共和国成立70周年 时代出版‘一带一路’朋友圈高峰会”主题活动，公司旗下9家出版单位与俄罗斯、罗马尼亚、波兰、黎巴嫩、印度等国家和地区的出版机构签订了百余项版权合作协议。

三、围绕“文化+”，做深人文交流。2019年，时代出版积极推进出版主业技术创新，以及“文化+旅游”“文化+科技”等多元板块的融合发展，增强国际文化交流的针对性和实效性。通过实施“旅游进使馆”“旅游世界行”“洋眼看安徽”等系列活动，向海外推介安徽旅游和文创产品，利用旅游资源和文化创意产品拓展升级中外交流的渠道和模式。

1. 王民董事长率团调研时代出版海外实体公司

2. “庆祝中华人民共和国成立70周年 时代出版‘一带一路’朋友圈高峰会”主题活动在2019 BIBF期间成功举办

3. 安徽出版集团暨时代出版传媒股份有限公司在2019年法兰克福书展上与多家国际出版机构就版权贸易、联合出版等达成一系列合作意向

西安交通大学出版社 XI'AN JIAOTONG UNIVERSITY PRESS | 国家一级出版社 全国百佳图书出版单位

西安交通大学出版社成立于1983年，是具有图书、音像、电子、互联网出版资质的综合性大学出版社，2009年被国家新闻出版主管部门评为一级出版社，并获“全国百佳图书出版单位”荣誉称号。

建社37年来，共出版新书13 000余种，音像制品1 300余种，电子出版物400余种，其中300余种出版物获“国家图书奖”“中国图书奖”“中华优秀出版物奖”“全国普通高等学校优秀教材奖”“‘三个一百’原创出版工程”“向全国老年人推荐优秀出版物”“陕西省精神文明建设‘五个一工程’优秀作品奖”“陕西图书奖”“陕西普通高等学校优秀教材奖”“陕西省优秀科普作品奖”等国家、省、部级奖励。获“全国版权示范单位”“陕西省新闻出版行业文明单位”“陕西省版权示范单位”等荣誉称号，2020年入选陕西省文化产业“十百千”工程“骨干型文化企业”。

主动服务高校学科建设和科研成果转化，策划出版多部系列化精品教材和高端学术专著，多种图书入选“普通高等教育本科国家级规划教材”“国家重点出版物出版规划项目”“全国高校出版社主题出版项目”等，近百种项目获国家出版基金、陕西出版资金等政府专项资金资助。

积极响应国家战略，践行“一带一路”倡议，发挥出版社文化单位优势，先后与斯普林格·自然集团、励德-爱思唯尔集团等国际知名出版机构签署战略合作协议，共同打造高水平英文教材和学术专著；与培生教育集团、麦格劳-希尔出版集团、剑桥大学出版社、牛津大学出版社等诸多国际知名出版机构建立良好的合作关系，引进一系列前沿研究高端学术专著和国外名校经典教材等。

召开国家出版基金项目图书发布会

与斯普林格·自然集团签署版权输出协议书

近年版权输出部分图书

法律法规及规章文件

FA LYU FA GUI JI GUI ZHANG WEN JIAN

版权

国家版权局印发《关于依法加强对境外著作权认证机构常驻中国代表机构管理的意见》的通知

国版发［2019］3号

各省、自治区、直辖市版权局：

现将《关于依法加强对境外著作权认证机构常驻中国代表机构管理的意见》印发给你们，请认真贯彻执行。

国家版权局

2019年10月17日

关于依法加强对境外著作权认证机构常驻中国代表机构管理的意见

为加强对境外著作权认证机构及其常驻中国代表机构业务活动的管理，根据《中华人民共和国著作权法》和《中华人民共和国境外非政府组织境内活动管理法》的相关规定，提出如下意见：

一、根据《中华人民共和国境外非政府组织境内活动管理法》和《境外非政府组织在中国境内活动领域和项目目录、业务主管单位名录》（公安部公布），国家版权局是境外著作权认证机构常驻中国代表机构的业务主管单位，国务院公安部门和省级人民政府公安机关是境外著作权认证机构常驻中国代表机构的登记管理机关。

二、国家版权局负责对境外著作权认证机构设立常驻中国代表机构、变更登记事项、年度工作报告提出意见，指导、监督境外著作权认证机构及其常驻中国代表机构依法开展活动，协助公安机关等部门查处境外著作权认证机构及其常驻中国代表机构的违法行为。

三、境外著作权认证机构及其常驻中国代表机构应当严格遵守中国法律法规和国家政策，按照《中华人民共和国境外非政府组织境内活动管理法》的规定和登记管理机关确定的业务范围、活动地域开展著作权领域的相关活动。

四、境外著作权认证机构在中国境内设立代表机构，应当按照《中华人民共和国境外非政府组织境内活动管理法》和《境外非政府组织代表机构登记和临时活动备案办事指南》（公安部发布）的要求，向国家版权局提交相关申请文件和材料，经审核同意后，向拟设立代表机构所在地的省级人民政府公安机关申请登记。

五、境外著作权认证机构常驻中国代表机构变更登记事项，应当按照《中华人民共和国境外非政府组织境内活动管理法》和《境外非政府组织代表机构登记和临时活动备案办事指南》（公安部发布）的要求，向国家版权局提交相关申请材料，经审核同意后，向代表机构所在地的省级人民政府公安机关申请变更登记。

六、境外著作权认证机构常驻中国代表机构因故注销登记的，应当按照《中华人民共和国境外非政府组织境内活动管理法》和《境外非政府组织代表机构登记和临时活动备案办事指南》（公安部发布）的要求，在向代表机构所在地的省级人民政府公安机关申请注销登记前十日内，报国家版权局备案。

七、境外著作权认证机构常驻中国代表机构应当于每年12月31日前，将下一年度境外非政府组织代表机构年度活动计划备案表（一式两份）报送国家版权局，经审核同意后，于十日内报送相应的登记管理机关备案。

八、境外著作权认证机构常驻中国代表机构在年度活动计划外，新增在中国境内单独举办或与中央和国家机关有关部门及地方版权局联合举办培训班、研讨会等活动，应当提前三十日向国家版权局备案；举办交流互访活动，应当提前十五日向国家版权局备案。

九、境外著作权认证机构常驻中国代表机构应当于每年1月31日前，将上一年度境外非政府组织代表机构年度工作报告（一式两份）报送国家版权局，经国家版权局出具意见后，于3月31日前报送相应的登记管理机关，接受年度检查。年度工作报告应当包括经审计的财务会计报告、开展活动的情况以及人员和机构变动的情况等内容。

十、境外著作权认证机构常驻中国代表机构在中国境内聘用工作人员应当遵守中国法律法规，并及时将聘用的工作人员信息报送国家版权局备案。备案的信息包括聘用的工作人员姓名、性别、国籍、证件类型、证件号码、联系方式等，并加盖公章。

十一、境外著作权认证机构可以其常驻中国代表机构的名义，向中国有关部门进行著作权侵权纠纷投诉、出具侵权鉴定意见、出具法律意见书等。

十二、国家版权局于每年第一季度召开会议，听取境外著作权认证机构常驻中国代表机构上年度工作总结及本年度工作计划，通报国家版权局重点工作。代表机构应当依据其业务范围在各自领域积极参与和配合国家版权局的相关工作。

十三、境外著作权认证机构及其常驻中国代表机构违反中国法律法规和国家政策的，国家版权局可以视具体情况采取诫勉谈话、责令改正、暂缓审核相关文件、不予备案、向公安机关等部门提出处理建议等措施。

境外著作权认证机构及其常驻中国代表机构应当按照扩大交流、增进理解、凝聚共识、深化合作的原则，在中国境内依法开展各类活动，不断巩固和发挥中外著作权交流的桥梁和纽带作用。

本意见自印发之日起施行。

国家版权局关于废止1件规范性文件的决定

国版发［2019］4号

各省、自治区、直辖市版权局：

为贯彻落实《法治政府建设实施纲要（2015—2020年）》，国家版权局对现行版权领域规范性文件进行了全面清理，决定废止1件，自公布之日起生效。

附件：国家版权局决定废止的规范性文件目录

国家版权局

2019年11月15日

附件：

国家版权局决定废止的规范性文件目录

（共1件）

序号	发布机关	文件名称	文号	发布时间
1	国家版权局	关于不得盗版、盗映作为资料片引进的外国影片的通知	国权［1995］22号	1995-5-30

国家版权局关于公布继续有效的规范性文件目录的公告

2019年第1号

为贯彻落实《法治政府建设实施纲要（2015—2020年）》，国家版权局对现行版权领域规范性文件进行了全面清理。经清理，截至2019年11月1日，继续有效的规范性文件共48件，现将规范性文件目录予以公布。

特此公告。

附件：国家版权局继续有效的规范性文件目录

国家版权局

2019年11月15日

附件：

国家版权局继续有效的规范性文件目录

（共48件）

序号	发布机关	文件名称	文号	发布时间
1	国家版权局	关于报刊社声明对所发表的作品享有专有出版权的意见	［91］权字第25号	1991-8-9
2	国家版权局	关于对复制境外音像制品委托合同进行登记的通知	国权［1994］59号	1994-9-30
3	国家版权局	关于《录音法定许可付酬标准暂行规定》的补充通知	国权［1994］65号	1994-10-7
4	国家版权局	关于以IC和CD-ROM等方式使用音乐作品制作电脑卡拉OK付酬问题的通知	国权［1994］75号	1994-12-6
5	国家版权局	关于下发复制境外音像制品委托合同登记表的通知	权办［1994］65号	1994-12-12
6	国家版权局	关于对出版外国图书进行合同登记的通知	国权［1995］1号	1995-1-15
7	国家版权局	关于对出版境外音像制品合同进行登记的通知	国权［1995］2号	1995-1-15
8	国家版权局	关于不得使用非法复制的计算机软件的通知	国权［1995］30号	1995-8-23
9	国家版权局	关于对复制境外音像制品委托合同进行登记的补充通知	国权［1995］33号	1995-9-5
10	国家版权局	公告（计算机软件著作权登记工作由机械电子工业部移交给国家版权局管理）	国家版权局第3号	1995-9-11
11	国家版权局	公告（台湾居民在计算机软件著作权保护方面与祖国大陆居民享有同等权利）	国家版权局第4号	1995-9-11
12	国家版权局	关于对出版和复制境外电子出版物和计算机软件进行著作权授权合同登记和认证的通知	国权［1996］28号	1996-8-8
13	国家版权局	关于作品自愿登记工作有关问题的通知	权办［1997］41号	1997-5-4
14	国家版权局	公告（启动中华人民共和国国家版权局局长签发的“计算机软件登记证书”）	国家版权局第6号	1998-11-25
15	国家版权局	关于出版境外音像制品著作权合同登记工作有关问题的通知	国权［1999］15号	1999-6-8
16	国家版权局	关于复制发行境外录音制品向著作权人付酬有关问题的通知	国权［2000］38号	2000-9-13
17	国家版权局	关于同意试行《使用音乐作品进行表演著作权许可使用费标准》和《使用音乐作品制作数字化制品著作权许可使用费标准》的批复	国权［2000］44号	2000-9-21
18	国家版权局	关于市、县级（含县级市）著作权行政管理机关是否具有行政执法主体资格的请示的答复	国权［2000］47号	2000-11-28
19	国家版权局	关于贯彻落实《国务院关于鼓励软件产业和集成电路产业发展的若干政策》的意见	国权［2001］1号	2001-1-2
20	国家版权局、国家发展计划委员会、财政部、信息产业部	关于政府部门应带头使用正版软件的通知	国权联［2001］1号	2001-8-29
21	国家版权局	公告（计算机软件著作权登记机构）	国家版权局第9号	2002-1-1
22	国家版权局	公告（使用新的计算机软件登记证书）	国家版权局第10号	2002-5-20

续表

序号	发布机关	文件名称	文号	发布时间
23	国家版权局	公告（指定中国版权保护中心为软件著作权登记和其他作品著作权质押合同登记机构）	国家版权局第 11 号	2002-8-9
24	国家版权局	关于对查处涉嫌侵权 MP3 制品有关问题的意见	国权办〔2002〕12 号	2002-8-21
25	国家版权局	关于制止未经批准从事集体管理活动的通知	国权办〔2005〕49 号	2005-12-30
26	国家版权局、信息产业部、财政部、国务院机关事务管理局	关于政府部门购置计算机办公设备必须采购已预装正版操作系统软件产品的通知	国权联〔2006〕1 号	2006-3-30
27	国家版权局	关于查处著作权侵权案件如何理解适用损害公共利益有关问题的复函	国权办〔2006〕43 号	2006-11-2
28	国家版权局	对《关于卡拉 OK 歌厅使用音乐作品和音乐电视作品涉及著作权问题的请示》的复函	国权办〔2007〕33 号	2007-5-14
29	国家版权局	公告（举报、查处侵权盗版行为奖励暂行办法）	2007 年第 2 号	2007-9-20
30	国家版权局	关于发布《举报、查处侵权盗版行为奖励暂行办法实施细则》的通知	国权办〔2007〕53 号	2007-9-20
31	国家版权局	关于认定点歌系统数字化复制影音音乐作品数量的回函	国权办〔2007〕69 号	2007-12-27
32	国家版权局	关于向网络服务提供者发通知有关问题的意见	国权办〔2008〕10 号	2008-4-25
33	国家版权局	关于互联网有关版权问题的答复	国权办〔2008〕18 号	2008-6-2
34	国家版权局	关于出版外国图书进行合同登记有关问题的意见	国权办〔2008〕22 号	2008-6-17
35	国家版权局	关于进一步规范作品登记程序等有关工作的通知	国版字〔2011〕14 号	2011-10-24
36	国家版权局	关于印发《全国版权示范城市、示范单位和示范园区（基地）管理办法》的通知	国版发〔2013〕4 号	2013-9-6
37	国家版权局	关于进一步加强互联网传播作品版权监管工作的意见	国版办字〔2013〕70 号	2013-12-30
38	国家版权局	关于印发《关于贯彻落实〈政府机关使用正版软件管理办法〉的实施意见》的通知	国版发〔2014〕6 号	2014-7-25
39	国家版权局	关于规范著作权合同备案申请表及证书的通知	国版发〔2014〕7 号	2014-9-11
40	国家版权局	关于规范网络转载版权秩序的通知	国版办发〔2015〕3 号	2015-4-17
41	国家版权局	关于明确涉外著作权合同登记工作性质的通知	国版办函〔2015〕29 号	2015-6-9
42	国家版权局	关于规范网盘服务版权秩序的通知	国版函〔2015〕13 号	2015-10-14
43	国家版权局	关于规范作品登记证书的通知	国版函〔2016〕1 号	2016-2-15
44	国家版权局	关于印发《正版软件管理工作指南》的通知	国版办发〔2016〕13 号	2016-7-11
45	国家版权局	关于加强网络文学作品版权管理的通知	国版办函〔2016〕42 号	2016-11-4
46	国家版权局	关于统一启用全国版权示范城市、示范单位、示范园区（基地）申报表的通知	国版办发〔2017〕5 号	2017-6-1
47	国家版权局	关于规范电子版作品登记证书的通知	国版函〔2017〕14 号	2017-6-5
48	国家版权局	印发《关于依法加强对境外著作权认证机构常驻中国代表机构管理的意见》的通知	国版发〔2019〕3 号	2019-10-17

关于 2018 年全国著作权登记情况的通报

2018 年，各地版权行政管理部门和著作权登记机构全面贯彻落实创新型国家建设战略及版权工作

“十三五”规划，高度重视著作权登记工作，采取有效措施，积极宣传、重点拓展、改善服务，促进版权成果转化，各类作品和软件的创造、创新能力极大提升，登记数量持续增长，全国著作权登记工作取得新进展新突破。现将2018年全国著作权登记情况通报如下。

一、总体情况

2018年全国著作权登记总量达3 457 338件，相比2017年的2 747 652件，同比增长25.83%。

二、作品登记情况

根据对各省、自治区、直辖市版权局和中国版权保护中心的作品登记信息统计，2018年全国共完成作品登记2 351 952件，相比2017年作品登记量（2 001 966件）增加了349 986件，增长率为17.48%。

全国作品登记量总体呈现稳步增长趋势，登记量增长较快的分别是：北京市919 543件，占登记总量的39.10%；江苏省302 175件，占登记总量的12.85%；上海市261 642件，占登记总量的11.12%；中国版权保护中心244 150件，占登记总量的10.38%；四川省170 133件，占登记总量的7.23%；福建省96 181件，占登记总量的4.09%。以上登记量占全国登记总量的84.77%。相较于2017年，北京市作品登记量的增长突破了10万件；河北、贵州、广西、安徽、吉林等省（区）的作品登记量增长率均超过了100%；陕西省、中国版权保护中心的作品登记量增长率均达50%以上。

从作品类型看，登记量最多的是美术作品992 513件，占登记总量的42.20%；第二是摄影作品917 045件，占登记总量的38.99%；第三是文字作品278 170件，占登记总量的11.83%；第四是影视作品53 224件，占登记总量的2.26%。以上类型的作品登记量占登记总量的95.28%。还有音乐作品34 802件，占登记总量的1.48%；录像制品13 406件，占登记总量的0.57%；图形作品11 724件，占登记总量的0.50%；录音制品8 369件，占登记总量的0.36%；模型、戏剧、曲艺、建筑等共计42 699件，占登记总量的1.82%。

三、计算机软件著作权登记情况

根据中国版权保护中心计算机软件著作权登记信息统计，2018年全国共完成计算机软件著作权登记1 104 839件，同比增长48.22%。

从登记区域分布情况看，软件著作权登记区域主要分布在东部地区，登记量约80万件，占登记总量的72.78%；东北地区虽然登记量相对较少，但增长较快，高于全国整体增速约42个百分点，相比其他地区增长最快。

从各地登记数量情况看，软件著作权登记量较多的省（市）依次为：广东、北京、上海、江苏、浙江、山东、四川、福建、湖北、河南。上述地区共登记软件约85万件，占登记总量的77.38%，其中，广东省登记软件约28万件，占登记总量的24.28%。

从各类热点领域软件登记情况看，APP软件登记量增长较为明显，同比增长76.29%，是增长较快的热点领域软件类别之一。另外，人工智能软件登记数量同比增长104.02%，大数据软件登记数量同比增长64.27%，增速均高于软件登记整体增速，呈现出不同程度的快速发展态势。

四、著作权质权登记情况

根据中国版权保护中心著作权质权登记信息统计，2018年全国共完成著作权质权登记547件，同比增长82.94%；涉及合同数量380个，同比增长41.26%；涉及作品数量1 368件，同比增长29.91%；涉及主债务金额796 142.6万元，同比增长167.66%；涉及担保金额836 675.9万元，同比增长178.71%。

计算机软件著作权质权登记350件，同比增长50.21%；涉及合同数量350个，同比增长50.21%；涉及作品数量1 171件，同比增长18.64%；涉及主债务金额475 282.2万元，同比增长123.89%；涉及担保金额465 786万元，同比增长119.11%。

作品（除计算机软件外）著作权质权登记197件，同比增长198.48%；涉及合同数量30个，同比下降16.67%；涉及作品数量197件，同比增长198.48%；涉及主债务金额320 860.4万元，同比增长276.74%；涉及担保金额370 889.9万元，同比增长320.42%。

望各地版权行政管理部门和著作权登记机构继续按照国家版权局颁布实施的相关法规和规章，结合本地区本部门实际，密切关注著作权登记工作的发展趋势，充分利用国家版权监管平台，进一步规范著作权登记情况报送制度，不断提升著作权登记工作规范化、标准化、信息化水平，加强著作权登记工作队伍建设，妥善解决作品登记工作中存在的普遍性问题，全面提升著作权登记工作效能，使著作权登记工作取得新突破。

国家版权局

2019年3月1日

2019 年度第一批重点作品版权保护预警名单

按照《国家版权局办公厅关于进一步加强互联网传播作品版权监管工作的意见》及国家版权局版权重点监管工作计划，根据相关权利人上报的作品授权情况，现公布 2019 年度第一批重点作品版权保护预警名单。

相关网络服务商应对版权保护预警名单内的重点院线电影采取以下保护措施：直接提供内容的网络服务商在影片上映期内不得提供版权保护预警名单内的作品；提供存储空间的网络服务商应禁止用户上传版权保护预警名单内的作品；提供搜索链接的网络服务商、电商网站及应用程序商店应加快处理版权保护预警名单内作品权利人关于删除侵权内容或断开侵权链接的通知。

各地版权行政执法监管部门应当对本地区主要网络服务商发出版权预警提示，加大版权监测监管力度。对于未经授权通过信息网络非法传播版权保护预警重点作品的，应当依法从严从快予以查处。

序号	作品名称	相关权利人	上映期
1	流浪地球	中国电影股份有限公司	2019-2-5—2019-3-5
2	疯狂的外星人	北京坏猴子文化产业发展有限公司	2019-2-5—2019-3-5
3	新喜剧之王	北京联瑞影视制作有限公司	2019-2-5—2019-3-5
4	飞驰人生	上海博纳文化传媒有限公司	2019-2-5—2019-3-5
5	廉政风云	银都机构有限公司	2019-2-5—2019-3-5
6	神探蒲松龄	爱奇艺影业（北京）有限公司	2019-2-5—2019-3-5
7	熊出没·原始时代	华强方特（深圳）动漫有限公司	2019-2-5—2019-3-5
8	小猪佩奇过大年	阿里巴巴影业（北京）有限公司	2019-2-5—2019-3-5

2019 年度第二批重点作品版权保护预警名单

按照国家版权局《关于进一步加强互联网传播作品版权监管工作的意见》及版权重点监管工作计划，根据相关权利人上报的作品授权情况，现公布 2019 年度第二批重点作品版权保护预警名单。

相关网络服务商应对版权保护预警名单内的重点院线电影采取以下保护措施：直接提供内容的网络服务商在影片上映期内不得提供版权保护预警名单内的作品；提供存储空间的网络服务商应禁止用户上传版权保护预警名单内的作品；提供搜索链接的网络服务商、电子商务平台及应用程序商店应加快处理版权保护预警名单内作品权利人关于删除侵权内容或断开侵权链接的通知。

各地版权行政执法监管部门应当对本地区主要网络服务商发出版权预警提示，加大版权监测监管力度。对于未经授权通过信息网络非法传播版权保护预警重点作品的，应当依法从严从快予以查处。

序号	作品名称	相关权利人	拟上映日期
1	过春天	万达影视	2019-3-8
2	绿皮书	阿里影业	2019-3-1
3	驯龙高手 3	环球影业	2019-3-1
4	惊奇队长	迪士尼	2019-3-8
5	小飞象	迪士尼	2019-3-29

2019 年度第三批重点作品版权保护预警名单

按照国家版权局《关于进一步加强互联网传播作品版权监管工作的意见》及版权重点监管工作计划，根据相关权利人上报的作品授权情况，现公布2019 年度第三批重点作品版权保护预警名单。

相关网络服务商应对预警期内（自影片上映之日起 30 日）的重点院线电影采取以下保护措施：直接提供内容的网络服务商未经许可不得提供版权保护预警名单内的作品；提供存储空间的网络服务商应禁止用户上传版权保护预警名单内的作品；提供搜索链接的网络服务商、电子商务平台及应用程序商店应加快处理版权保护预警名单内作品权利人关于删除侵权内容或断开侵权链接的通知。

各地版权行政执法监管部门应当对本地区主要网络服务商发出版权预警提示，加大版权监测监管力度。对于未经授权通过信息网络非法传播版权保护预警重点作品的，应当依法从严从快予以查处。

序号	作品名称	相关权利人	拟上映日期
1	风中有朵雨做的云	北京光线影业	2019-4-4
2	反贪风暴 4	天马影联影视文化	2019-4-4
3	雷霆沙赞!	华纳兄弟	2019-4-5
4	在乎你	青年电影制片厂	2019-4-12
5	秦明·生死语者	乐创影业	2019-4-12
6	如影随心	宇乐乐文化传媒	2019-4-19
7	神奇乐园历险记	派拉蒙	2019-4-19
8	狗眼看人心	英皇影视	2019-4-20
9	复仇者联盟 4：终局之战	迪士尼	2019-4-24
10	雪暴	麦颂影视投资	2019-4-30

2019 年度第四批重点作品版权保护预警名单

按照国家版权局《关于进一步加强互联网传播作品版权监管工作的意见》及版权重点监管工作计划，根据相关权利人上报的作品授权情况，现公布2019 年度第四批重点作品版权保护预警名单。

相关网络服务商应对版权保护预警名单内的重点院线电影采取以下保护措施：直接提供内容的网络服务商在影片上映期内不得提供版权保护预警名单内的作品；提供存储空间的网络服务商应禁止用户上传版权保护预警名单内的作品；提供搜索链接的网络服务商、电子商务平台及应用程序商店应加快处理版权保护预警名单内作品权利人关于删除侵权内容或断开侵权链接的通知。

各地版权行政执法监管部门应当对本地区主要网络服务商发出版权预警提示，加大版权监测监管力度。对于未经授权通过信息网络非法传播版权保护预警重点作品的，应当依法从严从快予以查处。

序号	作品名称	相关权利人	拟上映日期
1	进京城	北京联盟影业	2019-5-10
2	大侦探皮卡丘	传奇东方影视	2019-5-10
3	音乐家	北京闪亮影业	2019-5-17
4	双生	春秋时代（霍尔果斯）影业	2019-5-18
5	灰猴	北京星普文化传媒	2019-5-24
6	阿拉丁	迪士尼	2019-5-24
7	哥斯拉 2：怪兽之王	传奇东方影视	2019-5-31

2019 年度第五批重点作品版权保护预警名单

按照国家版权局《关于进一步加强互联网传播作品版权监管工作的意见》及版权重点监管工作计划，根据相关网络服务商上报的作品授权情况，现公布 2019 年度第五批重点作品版权保护预警名单。

相关网络服务商应对版权保护预警名单内的重点作品采取以下保护措施：直接提供内容的网络服务商未经许可不得提供版权保护预警名单内的作品；提供存储空间的网络服务商应禁止用户上传版权保护预警名单内的作品；提供搜索链接的网络服务商、电子商务平台及应用程序商店应加快处理版权保护预警名单内作品权利人关于删除侵权内容或断开侵权链接的通知。

序号	名称	有关权利人	获得信息网络传播权的网络服务商
1	2019 年第 8 届国际足联女足世界杯相关节目	国际足联、中央电视台	央视网（2019-6-7—2019-8-6）
2	特别追踪	联播聚客（北京）国际传媒有限公司、最高人民法院影视中心	腾讯视频（2019-4-15—2069-4-14）
3	忠犬情缘	三弓文化传播（天津）有限公司	腾讯视频（2019-3-22—2069-3-21）
4	夺镖	上海好世观冉广告传媒有限公司、北京星路志合文化传媒有限公司	腾讯视频（2019-3-10—2069-3-9）
5	阳台上	霍尔果斯青春光线影业有限公司	爱奇艺（2019-4-21—2029-4-20） 优酷网（2019-4-21—2029-4-20） 腾讯视频（2019-4-21—2029-4-20）
6	欲念游戏	北京海润影业股份有限公司	爱奇艺（2019-5-18—2039-5-17） 优酷网（2019-5-18—2029-5-17） 腾讯视频（2019-5-18—2029-5-17）
7	祈祷落幕时	江苏安石英纳电影发行有限公司	爱奇艺（2019-5-13—2025-12-26）
8	撞死了一只羊	北京全映文化传播有限公司	爱奇艺（2019-5-22—2031-5-21）
9	罗马	北京创世星国际影视文化有限公司	爱奇艺（2019-6-9—2024-6-8）
10	龙珠超	双喜电影发行（北京）有限公司	爱奇艺（2019-6-15—2026-6-14）
11	云端之上	北京创世星国际影视文化有限公司	爱奇艺（2019-6-15—2024-6-14）
12	白蛇：缘起	追光人动画设计（北京）有限公司	爱奇艺（2019-3-3—2029-3-2） 优酷网（2019-3-3—2029-3-2） 腾讯视频（2019-3-3—2029-3-2） 哔哩哔哩（2019-3-3—2021-3-2）
13	四个春天	和和（上海）影业有限公司	爱奇艺（2019-1-18—2029-2-3）
14	狗十三	北京标准映像文化传播有限公司	爱奇艺（2019-1-6—2029-1-5） 优酷网（2019-1-6—2022-1-5） 腾讯视频（2019-1-6—2021-1-5）
15	冷案	公安部金盾影视文化中心	腾讯视频（2019-3-4—2069-3-3）

2019 年度第六批重点作品版权保护预警名单

按照国家版权局《关于进一步加强互联网传播作品版权监管工作的意见》及版权重点监管工作计划，根据相关权利人上报的作品授权情况，现公布 2019 年度第六批重点作品版权保护预警名单。

相关网络服务商应对预警期内（自影片上映之日起 30 日）的重点作品采取以下保护措施：直接提供内容的网络服务商未经许可不得提供版权保护预警名单内的作品；提供存储空间的网络服务商应禁止用户上传版权保护预警名单内的作品；提供搜索链接的网络服务商、电子商务平台及应用程序商店应加快处理版权保护预警名单内作品权利人关于删除侵权内容或断开侵权链接的通知。

各地版权行政执法监管部门应当对本地区主要网络服务商发出版权预警提示，加大版权监测监管力度。对于影院偷拍盗录及未经授权通过信息网络非法传播版权保护预警重点作品的，应当依法从严从快予以查处。

序号	名称	有关权利人	拟上映日期
1	我和我的祖国	华夏电影发行有限责任公司	2019-9-30
2	攀登者	上海电影（集团）有限公司	2019-9-30
3	中国机长	北京博纳影业集团有限公司	2019-9-30

2019 年度第七批重点作品版权保护预警名单

按照国家版权局《关于进一步加强互联网传播作品版权监管工作的意见》及版权重点监管工作计划，根据相关网络服务商上报的作品授权情况，现公布 2019 年度第七批重点作品版权保护预警名单。

相关网络服务商应对版权保护预警名单内的重点作品采取以下保护措施：直接提供内容的网络服务商未经许可不得提供版权保护预警名单内的作品；提供存储空间的网络服务商应禁止用户上传版权保护预警名单内的作品；提供搜索链接的网络服务商、电子商务平台及应用程序商店应加快处理版权保护预警名单内作品权利人关于删除侵权内容或断开侵权链接的通知。

序号	名称	有关权利人	获得信息网络传播权的网络服务商
1	罗小黑战记	北京卓然影业有限公司	爱奇艺（2019-10-18—2029-10-17） 优酷（2019-10-18—2029-10-17） 腾讯视频（2019-10-18—2029-10-17） 哔哩哔哩（2019-10-18—2029-10-17）
2	诛仙 I	新丽传媒集团有限公司	爱奇艺（2019-10-25—2029-10-24） 优酷（2019-10-25—2029-10-24） 腾讯视频（2019-10-25—2029-10-24）
3	花椒之味	寰亚电影发行（北京）有限公司	爱奇艺（2019-10-12—2029-10-11）
4	冰雪女王 4：魔镜世界	北京中影营销有限公司	腾讯视频（2019-9-21—2028-7-19） 爱奇艺（2019-9-21—2028-3-20） 芒果 TV（2019-9-21—2022-9-20）
5	奔跑的少年	永康天韵影视传媒有限公司	腾讯视频（2019-10-7—2069-12-31）

续表

序号	名称	有关权利人	获得信息网络传播权的网络服务商
6	催眠·裁决	美亚星际电影发行（北京）有限公司	爱奇艺（2019-12-6—2029-12-5） 腾讯视频（2019-12-6—2029-12-5） 优酷（2019-12-6—2029-12-5）
7	犯罪现场	寰亚电影发行（北京）有限公司	爱奇艺（2019-11-15—2029-11-14） 腾讯视频（2019-11-15—2029-11-14）
8	加油你是最棒的	上海白鲸影业有限公司	腾讯视频（2019-7-31—2029-7-30） 爱奇艺（2019-7-31—2029-7-30） 优酷（2019-7-31—2029-7-30） 咪咕（2019-7-31—2020-7-30）
9	时间都知道	上海好故事影视有限公司	腾讯视频（2019-7-16—2027-7-15） 爱奇艺（2019-7-16—2024-7-15） 咪咕（2019-7-16—2020-7-15）
10	彩虹的重力	上海蓝雀影视文化有限公司	腾讯视频（2019-10-16—2069-12-31）
11	我的机器人男友	浙江海宁盛锐影视传媒有限公司	腾讯视频（2019-10-21—2034-10-20） 咪咕（2019-10-21—2020-10-20）
12	特赦 1959	上海上象星作娱乐（集团）股份有限公司	腾讯视频（2019-7-29—2069-12-31） 央视网（2019-7-29—2022-7-28）
13	山月不知心底事	霍尔果斯悦凯影视传媒有限公司	优酷（2017-11-5—2029-8-19） 芒果 TV（2017-11-5—2029-8-19）
14	九州缥缈录	上海柠萌影视传媒有限公司	优酷（2019-7-17—2029-7-16） 腾讯视频（2019-7-17—2029-7-16）
15	大明风华	霍尔果斯好酷影视有限公司	优酷（2017-7-20—2029-12-31）
16	爱上你治愈我	北京东山洵美文化传媒有限公司	优酷（2017-10-13—2029-4-16） 腾讯视频（2019-4-17—2022-4-16） 爱奇艺（2019-4-17—2022-4-16）
17	趁我们还年轻	霍尔果斯嘉行影视文化有限公司	优酷（2019-4-13—2029-4-12） 腾讯视频（2019-4-13—2022-4-12） 爱奇艺（2019-4-13—2022-4-12）
18	幕后之王	霍尔果斯梦幻星生园传媒有限公司	优酷（2017-12-3—2029-1-5）
19	东宫	浙江唐德影视股份有限公司	优酷（2019-2-14—2029-2-13）

2019年地方性法规

天津市知识产权保护条例

（2019年9月27日天津市第十七届人民代表大会常务委员会第十三次会议通过）

目　录

第一章　总　则
第二章　行政保护
第三章　社会保护
第四章　纠纷解决机制
第五章　执法与处罚
第六章　附　则

第一章　总　则

第一条　为了加强知识产权保护，激发创新活力，营造尊重知识价值、公平竞争的营商环境，根据有关法律、行政法规的规定，结合本市实际情况，制定本条例。

第二条　本条例适用于本市行政区域内知识产权保护、管理及相关活动。

本条例所称知识产权，是指权利人依法就下列客体享有的专有的权利：

（一）作品；

（二）发明、实用新型、外观设计；

（三）商标；

（四）地理标志；

（五）商业秘密；

（六）集成电路布图设计；

（七）植物新品种；

（八）法律规定的其他客体。

第三条　本市知识产权保护应当遵循全面保护、严格保护、平等保护、依法保护的原则，坚持司法保护、行政保护与社会参与相结合，依法制止不正当竞争行为，维护知识产权权利人和相关权利人的合法权益。

第四条　市和区人民政府应当将知识产权保护工作纳入国民经济和社会发展规划及年度计划，将知识产权保护经费纳入本级财政预算，建立知识产权保护协调机制，统筹推进知识产权保护工作，协调解决知识产权保护工作中的重大问题。

第五条　市和区知识产权部门是本行政区域内知识产权工作的主管部门，负责组织推动知识产权保护、管理等工作，并按照法律、法规的规定履行职权范围内的知识产权保护职责。

市场监督管理、规划和自然资源、农业农村、文化和旅游、版权等部门（以下统称知识产权管理部门），按照法律、法规的规定履行各自职权范围内的知识产权保护职责。

第六条　市人民政府应当每年发布知识产权保护白皮书，向社会公示本市知识产权保护状况。

市和区人民政府及有关部门应当加强知识产权保护的宣传普及，增强全社会知识产权保护意识和保护能力，营造尊重知识价值、崇尚创新、诚信守法的知识产权保护环境。

鼓励新闻媒体通过多种形式开展知识产权保护的公益宣传。

第七条　自然人、法人和非法人组织应当自觉增强知识产权保护意识和自律意识，提高自我保护能力，抵制知识产权违法行为。

第八条　支持中国（天津）自由贸易试验区和天津经济技术开发区、天津港保税区、天津滨海高新技术产业开发区等国家级开发区依照国家授权，在知识产权保护的体制机制、政策措施、公共服务、信用评价等方面进行探索创新。

第九条　加强京津冀知识产权协同保护，完善案件受理移送、联合调查等工作机制，协调配合跨区域联动查处假冒、侵权案件。

支持京津冀企业、科研机构、高等学校等开展知识产权保护互助与协作，推进知识产权服务资源共享，促进知识产权保护与产业发展深度融合。

第二章　行政保护

第十条　知识产权主管部门依法受理专利、商标、地理标志产品保护的申请，依申请调解、裁决相关纠纷。

市场监督管理部门依法查处假冒专利、商标、地理标志产品的行为，依法查处侵犯专利、商标、地理标志产品等知识产权的行为，依法查处侵犯商业秘密的不正当竞争行为。

规划和自然资源、农业农村部门依法查处假冒授权植物新品种的行为，依法查处侵犯植物新品种权的行为，依申请调解相关纠纷。

版权部门依申请调解著作权纠纷。

文化和旅游部门依法查处侵犯著作权同时损害公共利益的行为。

第十一条　市知识产权主管部门应当制定知识产权分析评议工作指南，加强对知识产权分析评议工作的指导。

发展改革、科技、工业和信息化等部门在重大经济、科技活动中，对可能存在知识产权风险的重大产业规划、重大政府投资项目、重大科技创新项目，按照国家和本市的有关规定，会同知识产权主管部门进行知识产权分析评议，防范知识产权风险。

第十二条　市知识产权主管部门应当按照国家有关规定，为人工智能、生物医药、航空航天、高端装备制造、新能源、新材料等方面的专利申请提供优先审查通道，推动战略性新兴产业发展。

第十三条　知识产权主管部门和知识产权管理部门应当采取措施，支持文化传承、文化产业、新型文化业态等方面知识产权的创造和保护，引导自然人、法人和非法人组织通过著作权登记、商标注册、商业秘密保护、专利申请等方式维护自身合法权益，推动文化产业创新发展。

第十四条　知识产权主管部门和知识产权管理部门应当鼓励、引导自然人、法人和非法人组织通过著作权登记等方式，保护计算机软件著作权，促进软件产业和信息化发展。

第十五条　市场监督管理部门应当加强商业秘密保护的普法宣传，引导经营者以及其他自然人、法人和非法人组织增强商业秘密管理意识，合理选择保护方式，防止商业秘密泄露。

第十六条　知识产权主管部门和知识产权管理部门应当鼓励、引导自然人、法人和非法人组织将其老字号进行商标注册、域名注册或者专利申请。

第十七条　知识产权主管部门和知识产权管理部门应当鼓励、引导自然人、法人和非法人组织通过申请注册集体商标、证明商标以及申请地理标志产品等方式，加强对地理标志的保护，培育知名度高的地理标志产品集群。

第十八条　规划和自然资源、农业农村部门应当鼓励、引导企业、科研机构、高等学校等申请植物新品种权，促进现代高效农业发展。

规划和自然资源、农业农村、科技部门应当按照国家统筹需要建设植物新品种测试体系，鼓励和支持企业建立种业基地，加强产学研创新协作，促进植物新品种转化与推广。

第十九条　知识产权主管部门和知识产权管理部门应当组织开展知识产权保护的宣传普及，适时发布知识产权保护重要情况通报，支持举办有关知识产权的展览、竞赛、培训、咨询等活动，营造良好知识产权文化氛围。

第二十条　知识产权主管部门应当建立知识产权维权援助机制，受理维权援助申请，提供维权咨询、纠纷解决方案等服务。

第二十一条　知识产权主管部门和知识产权管理部门可以选聘专家作为技术调查员，参与知识产权案件调查，为知识产权行政保护工作提供专业技术支持。

技术调查员根据指派从事下列技术调查工作：

（一）参与调查取证；

（二）对技术事实的调查范围、顺序、方法提出意见；

（三）提出技术审查意见；

（四）知识产权主管部门和知识产权管理部门指派的其他技术调查工作。

市知识产权主管部门和市知识产权管理部门建立知识产权保护专家库，技术调查员应当从专家库中选聘。

第二十二条　知识产权主管部门和知识产权管理部门应当建立统一的投诉、举报平台，公开投诉、举报方式等信息，及时处理并答复收到的投诉、举报。

第三章　社会保护

第二十三条　自然人、法人和非法人组织应当采取措施加强对自身知识产权的保护。

自然人、法人和非法人组织应当尊重他人的知识产权。

自然人、法人和非法人组织可以向有关部门投诉、举报知识产权违法行为，提供相关线索。

第二十四条　企业、科研机构、高等学校建立健全知识产权管理和保护制度，实施知识产权管理国家标准，提升知识产权创造、运用、保护能力，依法维护自身合法权益。

企业、科研机构、高等学校以及其他从事科研活动的单位依法完善分配机制，保障完成职务发明创造、职务育种、职务作品等相关人员的合法权益。

第二十五条　商业秘密权利人建立健全商业秘

密管理制度，可以通过给予福利待遇、签订竞业禁止协议、保密协议等多种方式，对掌握核心商业秘密的相关人员进行激励和约束，提高维护自身权益的能力。

第二十六条　行业组织应当加强对行业内知识产权保护工作的引导，加强对国际国内知识产权状况、发展趋势和竞争态势的监测和研究，加强对成员处理国际、国内知识产权纠纷的信息咨询、维权支持、专业援助等服务。

行业组织应当加强对行业内知识产权保护工作的监督，制定行业知识产权保护自律公约，规范成员创造、运用、保护知识产权的行为。

第二十七条　电子商务经营者应当建立便捷、有效的投诉、举报渠道，公开投诉、举报方式。

电子商务平台经营者应当建立知识产权内部监管机制，收到投诉、举报后，应当依法采取必要措施防止侵权损害扩大；知道或者应当知道平台内经营者侵犯知识产权的，应当采取删除、屏蔽、断开链接、终止交易和服务等必要措施。

第二十八条　在本市举办展会，主办方应当在展会举办期间依法保护参展方的知识产权。

参展产品、作品、技术或者宣传材料上标注知识产权信息的，参展方应当提供合法有效的知识产权证明文件，未能如实提供的，主办方可以取消其参展资格。

第二十九条　国际性、全国性的体育、文化等重要活动的主办方，应当在知识产权主管部门和知识产权管理部门的指导下，依法规范活动中的知识产权使用行为。未经权利人许可，自然人、法人和非法人组织不得以商业目的使用权利人的知识产权。

第三十条　鼓励高等学校设置知识产权相关专业或者开设知识产权课程，与企业、科研机构、知识产权服务机构合作培养、培训知识产权事业发展所需人才。

企业、科研机构、高等学校以及其他从事科研活动的单位应当注重利用知识产权信息发现人才，加强高层次人才引进、使用中的知识产权评价工作。

第三十一条　鼓励知识产权服务业发展，规范知识产权服务，维护公平竞争的市场秩序，提升知识产权服务水平。

知识产权服务机构依法开展知识产权代理、法律、信息、商用化、咨询、培训等执业活动，不得有下列行为：

（一）泄露委托人商业秘密；

（二）以诋毁其他服务机构等不正当手段招揽业务；

（三）就同一事项接受利害关系人双方委托；

（四）其他损害委托人合法权益的行为。

第三十二条　当事人可以采取公证的方式保管知识产权相关证明材料，为证明知识产权在先使用、公开在先等提供证据支持。

鼓励公证机构创新公证证明方式，优化服务知识产权保护的公证流程，依托电子签名、数据加密等技术为申请人提供远程公证服务。

第三十三条　鼓励、支持知识产权志愿者开展知识产权保护宣传、咨询活动，参与知识产权的网络舆情调查、分析等志愿服务。

第四章　纠纷解决机制

第三十四条　本市建立和完善知识产权纠纷多元解决机制，促进知识产权行政裁决、调解、仲裁、诉讼等纠纷解决途径的有效衔接，保护当事人合法权益，维护公平竞争的市场秩序。

第三十五条　知识产权主管部门依当事人请求，依法对知识产权纠纷作出行政裁决，当事人对行政裁决不服的，可以依法提起诉讼。

知识产权主管部门对知识产权纠纷作出行政裁决前，应当先行调解，调解不成的，应当及时作出行政裁决。

第三十六条　知识产权主管部门和知识产权管理部门依当事人请求，依法对知识产权纠纷进行调解，调解不成的，当事人可以依法提起民事诉讼。

第三十七条　鼓励人民调解组织、行业协会以及其他社会组织建立知识产权纠纷调解机制。

知识产权主管部门和知识产权管理部门、司法行政部门应当根据工作职责，指导人民调解组织、行业协会以及其他社会组织开展知识产权纠纷调解，公平、高效处理知识产权纠纷。

第五章　执法与处罚

第三十八条　知识产权主管部门和知识产权管理部门调查知识产权案件，依法行使下列职权：

（一）采用测量、拍照、摄像等方式对涉嫌违法行为的场所实施现场检查和勘查；

（二）查阅、复制当事人与涉嫌违法行为有关的经营记录、票据、财务账册、合同等资料；

（三）询问当事人，要求其说明有关情况或者提供与被调查行为有关的其他资料；

（四）对证据可能灭失或者以后难以取得的，依法先行登记保存；

（五）依法查封、扣押有证据证明是假冒、侵权的产品、物品；

（六）涉嫌侵犯制造方法专利权等知识产权的，要求当事人进行现场演示，但是应当采取保护措施，防止泄密，并固定相关证据；

（七）法律、法规规定的其他职权。

第三十九条　知识产权主管部门和知识产权管理部门处理知识产权违法案件，涉及违法经营额的，按照下列方法计算：

（一）已销售的违法商品，按照实际销售价格计算；无法查清其实际销售价格的，按照市场在销售的与侵权商品相同或者相似的同类商品的市场中间价格确定。

（二）未销售的违法商品，按照标示价格计算；没有标示价格的，按照市场在销售的与违法商品相同或者相似的同类商品的市场中间价格确定。

（三）法律、法规规定的其他能够合理计算违法商品价格的方法。

查处知识产权案件，发现侵权人多次实施知识产权违法行为且未经行政处理的，其违法经营额应当累计计算。

第四十条　知识产权主管部门和知识产权管理部门依法处理知识产权侵权纠纷，对在本行政区域内侵犯同一知识产权的案件可以依法合并处理；对跨区侵犯同一知识产权的案件可以依法请求市知识产权主管部门和市知识产权管理部门处理。

第四十一条　市场监督管理部门应当依法查处制售假冒伪劣产品和知识产权虚假宣传等行为。发现重大违法线索的，应当对生产、销售等各个环节进行全面调查处理。

第四十二条　网信、版权、公安、文化和旅游等部门应当加强对网络环境的监督，依法查处网络文学、音乐、影视、动漫、游戏、计算机软件等领域的著作权侵权行为。

第四十三条　知识产权主管部门和知识产权管理部门在行政执法过程中或者受理投诉、举报时，发现知识产权违法线索的，应当及时处理；涉嫌犯罪的，应当依法移送公安机关，同时抄送同级检察机关。

第四十四条　市场监督管理部门依专利权人或者利害关系人请求，对经认定的专利侵权行为，责令侵权人立即停止侵权行为。

假冒专利的，由市场监督管理部门责令改正并予以公告，没收违法所得，并处违法所得二倍以上四倍以下的罚款；没有违法所得的，处五万元以上二十万元以下的罚款。

第四十五条　市场监督管理部门依商标权利人或者利害关系人请求，对经认定的商标侵权行为，责令侵权人立即停止侵权行为，没收、销毁侵权商品和主要用于制造侵权商品、伪造注册商标标识的工具，违法经营额五万元以上的，处违法经营额三倍以上五倍以下的罚款；没有违法经营额或者违法经营额不足五万元的，处十万元以上二十五万元以下的罚款。

将未注册商标冒充注册商标使用的，由市场监督管理部门予以制止，限期改正，并予以通报，违法经营额五万元以上的，处违法经营额百分之二十以下的罚款；没有违法经营额或者违法经营额不足五万元的，处一万元以下的罚款。

第四十六条　侵犯著作权同时损害社会公共利益的，由文化和旅游部门责令停止侵权行为，没收违法所得，没收、销毁侵权复制品，违法经营额五万元以上的，处违法经营额三倍以上五倍以下的罚款；没有违法经营额或者违法经营额不足五万元的，处五万元以上二十五万元以下的罚款；情节严重的，没收主要用于制作侵权复制品的材料、工具、设备等。

第四十七条　侵犯计算机软件著作权同时损害社会公共利益的，由文化和旅游部门依照有关法律、行政法规进行查处。

第四十八条　规划和自然资源、农业农村部门依植物新品种权利人或者利害关系人请求，对经认定的植物新品种侵权行为，涉及社会公共利益的，责令侵权人停止侵权行为，没收违法所得和种子，货值金额五万元以上的，并处货值金额五倍以上十倍以下的罚款；货值金额不足五万元的，并处五万元以上二十五万元以下的罚款。

假冒授权品种的，由规划和自然资源、农业农村部门责令停止违法行为，没收违法所得和种子，货值金额五万元以上的，并处货值金额五倍以上十倍以下的罚款；货值金额不足五万元的，并处五万元以上二十五万元以下的罚款。

第四十九条　侵犯商业秘密的，由市场监督管理部门责令停止违法行为，没收违法所得，处三十万元以上一百万元以下的罚款；情节严重的，处一百万元以上五百万元以下的罚款。法律、行政法规规定由其他部门查处的，依照其规定。

第五十条　将他人注册商标、未注册的驰名商标作为企业名称中的字号使用，误导公众，构成不正当竞争的，由市场监督管理部门责令停止违法行为，没收违法商品，违法经营额五万元以上的，并处违法经营额二倍以上五倍以下的罚款；没有违法经营额或者违法经营额不足五万元的，并处五万元以上二十五万元以下的罚款；情节严重的，吊销营业执照。

第五十一条　自然人、法人和非法人组织因知识产权违法行为受到行政处罚后，五年内重复实施同类违法行为的，知识产权管理部门应当对其依法从重处罚。

第五十二条　拒绝、阻挠知识产权主管部门和知识产权管理部门依法行使职权的，由知识产权主管部门和知识产权管理部门予以警告；构成违反治安管理行为的，由公安机关依法予以治安处罚；构成犯罪的，依法追究刑事责任。

第五十三条　自然人、法人和非法人组织受到知识产权行政处罚，或者拒不执行人民法院已经生效的知识产权判决、裁定和决定，知识产权主管部门和知识产权管理部门、人民法院应当按照国家和本市的有关规定将有关信息纳入统一的信用信息系统。

第五十四条　自然人、法人和非法人组织有知识产权严重失信行为的，有关部门和单位自其发生严重失信行为之日起三年内，按照国家和本市有关规定采取下列联合惩戒措施：

（一）禁止或者限制其承接政府投资项目、参加政府采购和招标投标；

（二）禁止或者限制其享受有关费用减免、政府资金扶持等优惠政策；

（三）取消其进入知识产权快速授权、快速维权通道资格；

（四）取消其参加政府知识产权表彰、奖励的评比资格；

（五）国家和本市规定的其他惩戒措施。

第五十五条　实施知识产权违法行为，依法承担相应民事责任；构成犯罪的，依法追究刑事责任。

实施知识产权违法行为，本条例未作处罚规定的，依照有关法律、法规执行。

第五十六条　技术调查员有下列行为之一的，由聘用的知识产权主管部门和知识产权管理部门予以解聘，并从专家库中除名；给当事人造成损失的，依法承担民事责任；构成犯罪的，依法追究刑事责任：

（一）泄露在知识产权案件调查过程中知悉的应予以保密的涉案信息的；

（二）与当事人串通，影响调查取证或者提供不实技术审查意见的；

（三）其他妨碍案件公正处理的行为。

第五十七条　知识产权主管部门和知识产权管理部门及其工作人员怠于履行职责或者滥用职权、玩忽职守、徇私舞弊的，对直接负责的主管人员和其他直接责任人员依法给予处分；构成犯罪的，依法追究刑事责任。

第六章　附　则

第五十八条　本条例自2019年11月1日起施行。本条例施行前本市有关地方性法规、政府规章与本条例规定不一致的，按照本条例执行。

版权

年度表彰

NIAN DU BIAO ZHANG

2019年度查处重大侵权盗版案件有功单位及个人

［编者按］ 2020年8月20日、10月3日，国家版权局分别印发《关于奖励2019年度查处重大侵权盗版案件（第一批）的决定》（国版发函［2020］14号）、《关于奖励2019年度查处重大侵权盗版案件（第二批、第三批）的决定》（国版发函［2020］20号），对在2019年度查处侵权盗版案件工作中做出突出贡献的208家有功单位及321名有功个人给予奖励。

第一批

【有功单位】

1. 公安部治安管理局一处

2. 最高人民检察院第四检察厅第一办案组

3. 北京市文化市场行政执法总队执法五队

4. 北京市通州区人民法院刑事审判庭

5. 北京陈某某、柏某某侵犯著作权案专案组（北京市公安局治安管理总队五支队、北京市公安局通州分局治安支队、北京市公安局通州分局郎府派出所、北京市公安局通州分局警务支援支队、北京市公安局通州分局法制支队）

6. 天津市公安局宝坻分局打击犯罪侦查支队五大队

7. 天津爱必喜印务有限公司侵犯著作权案专案组（天津市人民检察院第一分院第四检察部、天津市宝坻区人民检察院第三检察部、天津市宝坻区人民法院刑庭、天津市宝坻区文化市场行政执法大队）

8. 河北定州王某某侵犯著作权案专案组（河北省公安厅治安警察总队行动支队、河北省定州市公安局治安管理大队、河北省廊坊市公安局治安支队行动大队）

9. 河北保定铭泰达印刷有限公司侵犯著作权案专案组（河北省保定市文化广电和旅游局、河北省保定市竞秀区“扫黄打非”办公室、河北省保定市竞秀区人民检察院第一检察部、河北省保定市竞秀区人民法院刑庭、河北省保定市公安局竞秀区分局治安管理大队）

10. 上海市委宣传部版权管理处

11. 上海市文化和旅游局执法总队三支队

12. 上海市人民检察院第四检察部

13. 上海市长宁区人民检察院第三检察部

14. 上海“2·15”侵犯著作权案专案组（上海市公安局经济犯罪侦查总队食品药品环境犯罪侦查支队、上海市第三中级人民法院刑庭）

15. 上海王某等侵犯著作权案专案组（上海市松江区人民检察院第三检察部、上海市徐汇区人民法院知识产权审判庭）

16. 江苏印联实业有限公司侵犯著作权案专案组（上海市人民检察院第三分院第六检察部、上海市虹口区人民检察院第七检察部、上海市公安局虹口分局经侦支队、上海市杨浦区人民法院知识产权审判庭）

17. 江苏省委宣传部版权管理处

18. 江苏省南京市文化市场综合执法总队

19. 江苏省徐州市版权局

20. 江苏省徐州市公安局网安支队

21. 江苏省淮安市文化市场综合执法支队

22. 江苏镇江“迅播影院网”侵犯著作权案专案组（江苏省镇江市版权局、江苏省镇江市公安局网络安全保卫支队、江苏省镇江市公安局治安支队行动大队、江苏省镇江经济开发区人民法院）

23. 浙江省义乌市市场监督管理局

24. 浙江省杭州市公安局滨江区分局

25. 浙江省绍兴市公安局越城区分局

26. 安徽省委宣传部版权管理处

27. 安徽合肥许某某等侵犯著作权案专案组（安徽省“扫黄打非”办公室、安徽省公安厅治安总队、安徽省合肥市公安局高新分局治安大队、安徽省合肥市高新技术产业开发区人民检察院第一检察部、安徽省合肥市高新技术产业开发区人民法院）

28. 福建省委宣传部版权管理处

29. 福建三明庄某等制售盗版幼儿教辅案专案组（福建省三明市版权局、福建省三明市公安局、福建省三明市永安市公安局、福建省三明市永安市人民法院、福建省三明市永安市人民检察院第二检察部）

30. 福建厦门“7·13”侵犯网络游戏著作权案专案组（福建省厦门市版权局版权管理处、福建省厦门市公安局治安支队、福建省厦门市公安局网络安全保卫支队、福建省厦门市文化和旅游市场综合执法支队、福建省厦门市思明区人民检察院第三检察部）

31. 福建福州嘀哩科技有限公司侵犯著作权案专案组（福建省福州市版权局、福建省福州市文化市场综合执法支队、福建省通信管理局网络安全管理处、福建省福州市通信发展管理办公室）

32. 江西省委宣传部版权管理处

33. 江西九江陆某等侵犯网络文学著作权案专案组（江西省九江市文化广电新闻出版旅游局、江西省九江市湖口县文化广电新闻出版旅游局、江西省九江市湖口县公安局、江西省九江市湖口县人民法院、江西省九江市湖口县人民检察院）

34. 山东省委宣传部版权管理处

35. 山东滨州阳信“11·22”网络销售侵权盗版图书案专案组（山东省滨州市文化和旅游局、山东省滨州市文化市场综合执法大队、山东省滨州市阳信县文化和旅游局、山东省滨州市阳信县公安局治安大队）

36. 山东菏泽定陶“3·12”侵犯著作权案专案组（山东省菏泽市文化市场综合执法支队、山东省菏泽市定陶区文化市场综合行政执法局、山东省菏泽市公安局定陶分局刑事侦查大队、山东省菏泽市定陶区人民检察院、山东省菏泽市定陶区人民法院）

37. 山东青岛“8·5”侵犯著作权案专案组（山东省青岛市文化市场行政执法局、山东省青岛市公安局市北分局）

38. 河南郑州“12·20”侵犯著作权案专案组（河南省郑州市新闻出版局、河南省郑州市上街区文化广电和旅游局、河南省郑州市上街区公安局）

39. 河南巩义崔某某侵犯著作权案专案组（河南省郑州市巩义市公安局鲁庄派出所、河南省郑州市巩义市人民检察院、河南省郑州市巩义市文化广电和旅游局）

40. 湖北襄阳周某等侵犯网络游戏著作权案专案组（湖北省襄阳市版权局、湖北省襄阳市襄州区公安局网络安全保卫大队、湖北省襄阳市襄州区文化市场综合执法大队）

41. 广东省委宣传部版权和印刷管理处

42. 广东省互联网信息办公室网络监管处

43. 广东省广州市天河区人民法院刑事审判庭

44. 广东广州“小狐TV网”侵犯影视作品著作权案专案组（广东省广州市文化广电旅游局文化市场综合执法监督处、广东省广州市公安局治安管理支队六大队）

45. 广东省珠海市文化广电旅游体育局综合执法一支队

46. 善品堂（北京）文化艺术有限公司侵犯金庸作品著作权案专案组（广东省广州市海珠区版权局、广东省广州市公安局海珠区分局治安大队、广东省广州市海珠区人民法院刑事审判庭）

47. 广西南宁汤某某侵犯著作权案专案组（广西壮族自治区南宁市新闻出版局、广西壮族自治区南宁市文化市场综合行政执法支队、广西壮族自治区南宁市公安局治安警察支队）

48. 四川成都“9·25”侵犯著作权案专案组（四川省委宣传部版权管理处、四川省成都市版权局、四川省成都市金牛区人民检察院、四川省成都市金牛区委宣传部、四川省成都市公安局金牛区分局）

49. 四川绵阳恒微软件有限责任公司等侵犯软件著作权案专案组（四川省绵阳市版权局版权管理科、四川省绵阳市公安局治安管理支队治安管理大队、四川省绵阳市文化市场综合执法支队、四川省绵阳高新技术产业开发区人民检察院第一检察部）

【有功个人】

1. 万智炯，中央网络安全和信息化委员会办公室网络综合协调管理和执法督查局网络生态治理处

2. 王海镔，公安部治安管理局一处

3. 吴楠，最高人民检察院第四检察厅第一办案组

4. 李栋，工业和信息化部信息通信管理局

5. 宋玥，国家市场监督管理总局执法稽查局打击侵犯知识产权和制售假冒伪劣商品督查联络处

6. 北京广联达公司被侵犯著作权系列案专案组（董立波，北京市公安局海淀分局警务支援大队；王森、刘景松，北京市公安局海淀分局双榆树派出所；马骉，北京市公安局海淀分局治安支队；王云光，北京市海淀区人民检察院第二检察部）

7. 王杨，北京市朝阳区人民法院刑事审判庭

8. 蔡晨昊，北京市朝阳区人民检察院第二检

察部

9. 杨光，北京市海淀区人民法院刑事审判庭

10. 北京“12·6”侵犯著作权案专案组（姜淑珍，北京市人民检察院第四检察部；商燕萍，北京市西城区人民检察院第二检察部）

11. 中兴华睿科技发展（北京）有限公司侵犯新闻作品著作权案专案组（刘铁京，北京市文化市场行政执法总队；孙琦健，北京市文化市场行政执法总队执法五队）

12. 柔持（北京）科技有限公司在线教育平台通过信息网络传播盗版教材案专案组（王宁之，北京市文化市场行政执法总队；梁放，北京市文化市场行政执法总队执法五队）

13. 天津爱必喜印务有限公司侵犯著作权案专案组（孙伟，天津市宝坻区人民检察院第三检察部；许丽丽，天津市人民检察院第一分院；王福全、张双，天津市宝坻区文化市场行政执法大队；刘炳新，天津市宝坻区公安分局打击犯罪侦查支队五大队）

14. 晟德（天津）印刷有限公司涉嫌侵犯著作权案专案组（柴瑞皓，天津市宝坻区文化市场行政执法大队；李春富，天津市公安局宝坻分局打击犯罪侦查支队五大队；李文卫，天津市委宣传部版权管理处）

15. 河北定州王某某侵犯著作权案专案组（靳卫东，河北省定州市“扫黄打非”办公室；赵斌，河北省定州市公安局治安管理大队；王松涛，河北省定州市公安局西城派出所；岳天鹏，河北省定州市人民检察院；李永康，河北省定州市人民法院刑事审判庭）

16. 河北保定铭泰达印刷有限公司侵犯著作权案专案组（杨大勇，河北省保定市文化市场综合行政执法局；赵志，河北省保定市竞秀区“扫黄打非”办公室；马彦飞，河北省保定市竞秀区文体教育局文化市场稽查队；李铭媛，河北省保定市竞秀区人民法院；金双德，河北省保定市公安局竞秀区分局治安大队）

17. 杨志云，山西省委宣传部版权管理处

18. 山西“圣城家园网”侵犯著作权案专案组（李永权、李宏森，山西省公安厅网安总队；付建国，山西省长治市公安局网安支队；谢成祥，山西省长治市委宣传部；来晋军，山西省长治市文化市场综合行政执法队）

19. 黑龙江姚某某等侵犯著作权案专案组（赵英、周滨，黑龙江省哈尔滨市公安局香坊分局）

20. 薛彬，上海市委宣传部

21. 上海“2·15”侵犯著作权案专案组（陆琦，上海市公安局经侦总队食品药品环境犯罪侦查支队；曹博律，上海市公安局；付硕，上海市公安局网络安全保卫总队；刘晓光，上海市人民检察院第三分院第六检察部）

22. 上海吴某某侵犯著作权案专案组（陈书恺，上海市公安局经侦总队食品药品环境犯罪侦查支队；孙秀丽，上海市人民检察院第三分院第六检察部；高卫萍，上海市第三中级人民法院刑庭）

23. 倪红霞，上海市浦东新区人民法院知识产权审判庭

24. 刘燕萍，上海市杨浦区人民法院知识产权审判庭

25. 史庭栋，上海市文化和旅游局执法总队三支队

26. 武汉映象网络科技有限公司侵犯信息网络传播权案专案组（王浩、章尹代子，上海市文化和旅游局执法总队五支队）

27. 霍耀东，江苏省委宣传部版权管理处

28. 江苏南京乐酷网络科技有限公司侵犯著作权案专案组（吴靖、陶程阳，江苏省南京市文化市场综合执法总队）

29. 江苏徐州“5·10”侵犯著作权案专案组（王永歌，江苏省徐州市公安局网络安全保卫支队；李炜，江苏省徐州市人民检察院；崔悦，江苏省徐州市中级人民法院民三庭）

30. 江苏徐州“9·27”侵犯著作权案专案组（张蕾，江苏省徐州市中级人民法院民三庭；李南，江苏省徐州市版权局；刘宇，江苏省徐州市人民检察院）

31. 江苏徐州王某侵犯著作权案专案组（邓云飞，江苏省徐州市公安局网络安全保卫支队；张爽，江苏省徐州市公安局鼓楼分局网络安全保卫大队）

32. 沈军，江苏省淮安市文化市场综合执法支队

33. 江苏镇江“迅播影院网”侵犯著作权案专案组（任荣兴，江苏省镇江经济开发区人民法院；丁国庆，江苏省镇江市公安局治安支队行动大队；范利敏，江苏省镇江市公安局网络安全保卫支队；陶佳娟、郭涛，江苏省镇江市版权局）

34. 方浩，浙江省公安厅治安监督管理总队

35. 李建军，安徽省委宣传部版权管理处

36. 安徽合肥许某某等侵犯著作权案专案组（张旭东，安徽省“扫黄打非”办公室；王涛，安徽省合肥市公安局高新分局治安大队；周池，安徽省

合肥市高新技术产业开发区人民检察院第一检察部；赵晨，安徽省合肥市高新技术产业开发区人民法院）

37. 谢振芳，福建省委宣传部版权管理处

38. 福建三明庄某等制售盗版幼儿教辅案专案组（肖仕德，福建省三明市版权局；蔡媛媛，福建省三明市文化和旅游市场综合执法支队；郑丰满、周亚凯，福建省三明市公安局网络安全保卫支队；林骏，福建省三明市永安市公安局刑侦大队）

39. 福建厦门"7・13"侵犯网络游戏著作权案专案组（林珽璟，福建省厦门市版权局；陈忠南，福建省厦门市文化和旅游市场综合执法支队；刘呈勇，福建省厦门市公安局治安支队；颜豪杰，福建省厦门市公安局网络安全保卫支队）

40. 何宏勇，江西省委宣传部版权管理处

41. 江西九江陆某等侵犯网络文学著作权案专案组（范小林，江西省九江市文化广电新闻出版旅游局；周君，江西省九江市湖口县文化广电新闻出版旅游局；李跃，江西省九江市湖口县文化市场综合执法大队；秦传勇，江西省九江市湖口县人民法院；黄梦诚，江西省九江市湖口县公安局流泗派出所）

42. 于少海，山东省委宣传部版权管理处

43. 山东滨州阳信"11・22"网络销售侵权盗版图书案专案组（任敬民，山东省滨州市文化和旅游局；孙文洁、王文静，山东省滨州市文化市场综合执法大队；石建彬，山东省滨州市阳信县文化市场综合执法大队；甄永晨，山东省滨州市阳信县公安局治安大队）

44. 山东菏泽陈某某侵犯著作权案专案组（李松、袁伟，山东省菏泽市文化市场综合执法支队；孔令松、曹国良，山东省菏泽市定陶区文化市场综合行政执法局；周德勇，山东省菏泽市公安局定陶分局刑事侦查大队）

45. 山东菏泽定陶"3・12"侵犯著作权案专案组（郭志强、李健，山东省菏泽市文化市场综合执法支队；杜玉章，山东省菏泽市定陶区文化和旅游局；高升，山东省菏泽市公安局定陶分局刑事侦查大队；张虎，山东省菏泽市公安局定陶分局仿山派出所）

46. 山东青岛"8・5"侵犯著作权案专案组（孙章、孙晨光，山东省青岛市文化市场行政执法局；陈少范，山东省青岛市公安局市北分局）

47. 河南郑州"12・20"侵犯著作权案专案组（王玉林，河南省郑州市委宣传部；徐晓辉，河南省郑州市上街区公安局工业路派出所；谢小丰，河南省郑州市上街区文化市场综合执法大队；易文安，河南省郑州市文化市场综合执法支队）

48. 河南郑州"5・19"侵犯著作权案专案组（席朋飞，河南省郑州市委宣传部；刘永强、冯利军，河南省郑州市新郑市文化市场综合执法大队；张马创，河南省郑州市新郑市公安局刑侦大队；李官保，河南省郑州市新密市文化市场综合执法大队）

49. 河南新乡王某某等侵犯著作权案专案组（单旭、连世锋，河南省新乡市原阳县公安局经济犯罪侦查大队；徐林付，河南省人民检察院第四检察部）

50. 郭瑞敏，河南省新乡市公安局卫北分局治安管理大队

51. 张威，湖北省委宣传部版权管理处

52. 湖北襄阳周某等侵犯网络游戏著作权案专案组（刘志广，湖北省"扫黄打非"办公室；李宜兵，湖北省襄阳市版权局；陶军、付雪松，湖北省襄阳市襄州区公安局网络安全保卫大队；樊其江，湖北省襄阳市襄州区公安局刑事侦查大队）

53. 唐能平，湖南省衡阳市文化市场综合执法局

54. 湖南邵阳唐某某侵犯图书著作权案专案组（李志林、杨红钉，湖南省邵阳市文化市场综合执法支队；夏立坤，湖南省邵阳市公安局；张维，湖南省邵阳市公安局北塔分局；黄文广，湖南省邵阳市北塔区人民检察院）

55. 宁建芳，广东省委宣传部版权和印刷管理处

56. 广东广州"小狐 TV 网"侵犯影视作品著作权案专案组（梁斯洛，广东省广州市天河区文化广电旅游体育局；钟晓青，广东省广州市公安局网络警察支队六大队）

57. 广东广州符某某等侵犯著作权案专案组（曹虎，广东省广州市天河区人民法院；丁春华，广东省广州市天河区人民检察院）

58. 广东深圳章某某侵犯著作权案专案组（温浩，广东省深圳市福田区文化广电旅游体育局；宁金海，广东省深圳市公安局华强北派出所；朱旋风，广东省深圳市市场监督管理局福田监管局华强北所）

59. 杨帆，广东省广州市天河区人民检察院第二检察部

60. 广东珠海向荣玩具加工厂侵犯美术作品著作权案专案组（王恒升、张平，广东省珠海市文化广电旅游体育局；姚罗斌，广东省珠海市文化广电旅游体育局综合执法一支队）

61. 四川成都“9·25”侵犯著作权案专案组（余志军，四川省委宣传部版权管理处；王晓蓉，四川省人民检察院第四检察部；路强，四川省公安厅治安管理总队；赵文文，四川省人民法院民三庭；吴瀚，四川省成都市金牛区公安局沙河派出所）

62. 四川成都邱某侵犯著作权案专案组（梁瑛、晏锐，四川省成都高新技术产业开发区人民法院知识产权审判庭；王黎莉，四川省成都市人民检察院第四检察部；李飞，四川省成都高新技术产业开发区人民检察院）

第二批

【有功单位】

1. 中央网络安全和信息化委员会办公室网络综合协调管理和执法督查局专项行动处

2. 中央网络安全和信息化委员会办公室违法和不良信息举报中心信息宣传处

3. 公安部网络安全保卫局十四处

4. 工业和信息化部信息通信管理局互联网处

5. 最高人民法院民三庭第五调研组

6. 北京市委宣传部版权管理处

7. 北京市通信管理局网络安全管理处

8. 天津市南开区文化市场行政执法支队

9. 河北省委宣传部版权管理处

10. 河北省高级人民法院刑事审判第二庭

11. 河北石家庄“吉吉米网”侵犯著作权案专案组（河北省石家庄市版权局、河北省石家庄市“扫黄打非”办公室、河北省石家庄市公安局新华分局、河北省石家庄市新华区人民检察院、河北省石家庄市新华区人民法院）

12. 河北保定张某某侵犯著作权案专案组（河北省保定市“扫黄打非”办公室、河北省保定市文化市场综合行政执法局、河北省保定市清苑区“扫黄打非”办公室、河北省保定市清苑区人民法院刑庭、河北省保定市清苑区公安局治安管理警察大队）

13. 河北省三河市“扫黄打非”办公室

14. 山西省委宣传部版权管理处

15. 辽宁省委宣传部版权管理处

16. 辽宁省沈阳市文化市场综合执法总队沈河大队

17. 吉林省委宣传部版权管理处

18. 吉林省长春市文化市场综合执法支队

19. 上海市互联网信息办公室网络管理处

20. 上海市闵行区人民检察院第三检察部

21. 上海市奉贤区人民检察院第三检察部

22. 上海集诺公司侵犯著作权案专案组（上海市浦东新区人民法院知识产权审判庭、上海市浦东新区人民检察院第七检察部）

23. 江苏省高级人民法院知识产权审判庭

24. 江苏省通信管理局网络安全管理处

25. 江苏省无锡市文化广电和旅游局

26. 江苏徐州“笔趣阁小说网”侵犯著作权案专案组（江苏省徐州市“扫黄打非”办公室、江苏省徐州市人民检察院第四检察部 、江苏省徐州市中级人民法院民三庭）

27. 江苏宿迁“7·20”侵犯著作权案专案组（江苏省宿迁市公安局经济技术开发区分局古楚派出所、江苏省宿迁市宿城区人民检察院、江苏省宿迁市宿城区人民法院）

28. 浙江省委宣传部版权管理处

29. 浙江宁波弘羌公司侵犯美术作品著作权案专案组（浙江省宁波市文化市场综合行政执法队、浙江省宁波市委宣传部出版和版权处、浙江省宁波市宁海县文化和广电旅游体育局）

30. 安徽省公安厅治安总队

31. 安徽淮北淮海中学销售盗版教辅案专案组（安徽省委网络安全和信息化委员会办公室网络执法督查处、安徽省淮北市广播电视新闻出版局、安徽省淮北市文化市场综合执法支队）

32. 安徽滁州王某某侵犯著作权案专案组（安徽省滁州市广播电视新闻出版局、安徽省滁州市文化市场综合执法支队）

33. 福建省人民检察院第四检察部

34. 江西吉安“5·28”侵犯影视作品著作权案专案组（江西省吉安市版权局、江西省吉安市文化市场综合执法支队、江西省吉安市公安局网络安全保卫支队）

35. 山东省潍坊市文化市场综合执法支队

36. 河南省委宣传部版权管理处

37. 河南省互联网信息办公室网络协调管理和执法督查处

38. 河南郑州“1·18”侵犯著作权案专案组（河南省郑州市文化市场综合执法支队、河南省郑州市新郑市文化广电和旅游局、河南省郑州市新郑市公安局治安大队、河南省郑州市人民检察院第三检察部）

39. 河南省新乡市公安局平原分局治安管理大队

40. 湖北省委宣传部版权管理处

41. 湖北省委网络安全和信息化委员会办公室网络管理处

42. 湖北省通信管理局网络安全管理处

43. 湖北黄冈唐某某等侵犯著作权案专案组（湖北省黄冈市罗田县公安局网安大队、湖北省黄冈市罗田县人民法院刑事审判团队）

44. 湖南省委宣传部版权管理处

45. 湖南省人民检察院第四检察部

46. 湖南长沙“3·29”侵犯图书著作权案专案组（湖南省长沙市长沙县行政执法局、湖南省长沙市长沙县文化旅游广电体育局、湖南省长沙市长沙县公安局治安管理大队、湖南省长沙市人民检察院知识产权检察局、湖南省长沙市长沙县人民法院）

47. 广东省通信管理局网络安全管理处

48. 重庆陈某等侵犯网络著作权案专案组（重庆市高级人民法院刑事审判第二庭、重庆市南岸区人民法院刑事审判庭、重庆市公安局打假总队、重庆市南岸区公安分局铜元局派出所）

49. 四川成都刘某等侵犯网络游戏著作权案专案组（四川省成都市文化市场综合执法总队、四川省成都市人民检察院第四检察部、四川省成都市新都区人民检察院、四川省成都市公安局新都区分局网络安全保卫大队）

【有功个人】

1. 李昌昊，公安部治安管理局九处

2. 吴心旷，国家市场监督管理总局价格监督检查和反不正当竞争局反不正当竞争处

3. 陈逸舟，中国互联网协会

4. 郎贵梅，最高人民法院民三庭

5. 白云山，北京市海淀区人民检察院第二检察部

6. 北京华夏乐博咨询有限公司侵犯软件著作权案专案组（刘立新、王晓花，北京市文化市场行政执法总队执法五队）

7. 宋凯英，河北省委宣传部版权管理处

8. 河北石家庄《快听小说》APP侵犯网络文学作品著作权案专案组（任晓英，河北省石家庄市“扫黄打非”办公室；杨磊，河北省石家庄市版权局；邢惠佳，河北省石家庄市公安局新华分局；高静香，河北省石家庄市新华区人民检察院；曹江红，河北省石家庄市新华区人民法院）

9. 山西太原赵某某等侵犯著作权案专案组（洪仲校，山西省太原市文化和旅游局；张治国，山西省太原市公安局治安管理支队；连峰，山西省太原市委宣传部）

10. 李钧，内蒙古自治区党委宣传部版权管理处

11. 辽宁大连常某某等销售盗版出版物案专案组（魏春生、李胜瑾，辽宁省大连市文化旅游市场综合执法服务中心；董刚、李杰，辽宁省大连市公安局食药侦支队）

12. 杜宇震，吉林省委宣传部版权管理处

13. 黑龙江大庆徐某等销售侵权复制品案专案组（任利、赵双，黑龙江省大庆市公安局铁人分局治安五大队；李剑莹，黑龙江省委宣传部版权管理处）

14. 步屹军，上海市文化和旅游局执法总队三支队

15. 缪赟，上海市文化和旅游局执法总队三支队

16. 江春明，上海市文化和旅游局执法总队三支队

17. 谷申安，上海市文化和旅游局执法总队三支队

18. 江苏徐州“笔趣阁小说网”侵犯著作权案专案组（朱启川，江苏省徐州市版权局；吴强、朱彦忠，江苏省徐州市公安局云龙分局大郭庄派出所）

19. 江苏徐州彭某某侵犯著作权案专案组（于航，江苏省徐州市公安局网络安全保卫支队；张健，江苏省徐州市公安局云龙分局网络安全保卫大队）

20. 江苏徐州“4·10”侵犯著作权案专案组（姚备，江苏省徐州市公安局网络安全保卫支队；许存智，江苏省徐州市公安局鼓楼分局丰财派出所；尤剑，江苏省徐州市文化市场综合执法支队）

21. 江苏徐州韦某某侵犯著作权案专案组（孙林强，江苏省徐州市公安局网络安全保卫支队；王森，江苏省徐州市睢宁县公安局网络安全保卫大队）

22. 贺喜，江苏省淮安市文化市场综合执法支队

23. 江苏宿迁“7·20”侵犯著作权案专案组（曹志仁，江苏省宿迁市公安局经济技术开发区分局古楚派出所；徐立永，江苏省宿迁市公安局治安支队四大队；孔珊珊，江苏省宿迁市宿城区人民法院；景勇，江苏省宿迁市宿城区人民检察院）

24. 安徽淮北淮海中学销售盗版教辅案专案组（孙妍，安徽省淮北市文化旅游体育局；黄雪峰，安徽省淮北市广播电视新闻出版局；吴卫华，安徽省淮北市文化市场综合执法支队）

25. 傅慧强，江西省吉安市文化市场综合执法支队

26. 江西南昌玲珑书店侵犯著作权系列案件专

案组（朱军、万建明，江西省南昌市文化市场综合执法支队）

27. 广东华丽金科技有限公司侵犯著作权案专案组（张海舰、韩兵，山东省威海市文化市场综合执法局；梁虎，山东省威海市公安局治安警察支队；于丽君，山东省威海经济技术开发区人民检察院）

28. 山东菏泽“2·6”侵犯著作权案专案组（张丙立，山东省菏泽市文化和旅游局；侯松华、安云亮，山东省菏泽市文化市场综合执法支队；赵燕存，山东省菏泽市曹县文化和旅游局；郭爱波，山东省菏泽市曹县人民法院）

29. 庄鹏，山东省潍坊市文化市场综合执法支队

30. 于利，山东省潍坊市文化市场综合执法支队

31. 王振江，山东省潍坊市昌邑市文化市场综合执法大队

32. 赵骁，河南省通信管理局信息通信管理处

33. 河南郑州“8·22”侵犯著作权案专案组（孔德美，河南省郑州市委宣传部；程航，河南省郑州市人民检察院；吴强，河南省郑州市公安局丰产路分局；王昊，河南省郑州市金水区文化旅游局）

34. 河南郑州赵某某等侵犯著作权案专案组（余淼洪，河南省郑州市委宣传部；张富国，河南省郑州市二七区委宣传部；王成钢，河南省郑州市公安局嵩山路分局经侦大队）

35. 河南南阳鲁某某等侵犯著作权案专案组（代奋发、李鲲鹏，河南省南阳市方城县文化市场综合执法大队）

36. 姜楠，湖北省互联网信息办公室网络管理处

37. 陈倩，湖北省通信管理局网络安全管理处

38. 张永康，湖北省打击侵权假冒工作领导小组办公室

39. 陈蓓蓓，湖北省潜江市文化市场综合执法支队

40. 湖南岳阳“2·26”侵犯网络游戏著作权案专案组（杨建波，湖南省岳阳市公安局网技支队；吴春华、吴小军，湖南省岳阳市文化市场综合执法局；杨赣，湖南省岳阳市公安局云溪分局网络安全保卫大队）

41. 左建建，湖南省公安厅治安总队案件侦查支队

42. 刘意福，湖南省衡阳市文化市场综合执法局

43. 广东广州顺玩数码科技有限公司侵犯著作权案专案组（唐军国，广东省广州市中级人民法院；骆婷婷，广东省广州市越秀区人民检察院第二检察部）

44. 广东广州玖和模具有限公司侵犯软件著作权案专案组（汤利华、王静，广东省广州市花都区文化广电旅游体育局）

45. 善品堂（北京）文化艺术有限公司侵犯金庸作品著作权案专案组（陈文玲，广东省广州市海珠区人民法院；侯鸿剑，广东省广州市海珠区人民检察院第二检察部）

46. 胡波，广东省广州市海珠区人民检察院

47. 黄恒之，广东省东莞市第一市区人民检察院第三检察部

48. 张秋杰，广东省广州市黄埔区人民检察院派驻夏港（知识产权）检察室

49. 广东深圳“4·16”侵犯著作权案专案组（汤钦棕、许小锰，广东省深圳市市场稽查局；杨雁翔，广东省深圳市公安局罗湖经侦大队；杨钢，广东省深圳市公安局笋岗派出所）

50. 尹航，广东省中山市公安局网络警察支队三大队

51. 广东茂名窦某某侵犯著作权案专案组（刘婷婷，广东省茂名市公安局茂南分局公共信息网络安全监察大队；戴建兰，广东省茂名市茂南区人民检察院第一检察部）

52. 重庆陈某等侵犯著作权案专案组（田精庭、孙笋，重庆市公安局南岸区分局铜元局派出所；柏舟，重庆市南岸区文化市场综合行政执法支队；俞琬，重庆市南岸区人民检察院；余伶俐，重庆市南岸区人民法院刑事审判庭）

53. 杨帆，四川省成都市公安局新都区分局网络安全保卫大队

54. 徐梅，贵州省委宣传部版权管理和印刷发行处

55. 张松柳，陕西省委宣传部版权管理处

56. 陕西西安“11·2”侵犯著作权案专案组（孙晓勇、姜明浩，陕西省西安市鄠邑区文化市场行政执法队；李贻龙、华胜利，陕西省西安市公安局鄠邑分局治安管理大队）

57. 陕西西安赵某某等侵犯网络游戏著作权案专案组（张强、王煜，陕西省西安市公安局雁塔分局经侦大队；许玮，陕西省西安市雁塔区人民检察院）

58. 青海西宁盛某某侵犯著作权案专案组（付成久，青海省委宣传部版权管理处；萨其乐，青海省西宁市公安局城中分局治安管理大队）

第三批

【有功单位】

1. 公安部治安管理局办公室
2. 中国信息通信研究院泰尔终端实验室
3. 海关总署综合业务司知识产权处
4. 天津市委宣传部版权管理处
5. 天津市河东区文化市场行政执法支队
6. 河北石家庄孙某侵犯著作权案专案组（河北省石家庄市长安区“扫黄打非”办公室、河北省石家庄市公安局长安分局、河北省石家庄市长安区人民检察院、河北省石家庄市长安区人民法院）
7. 河北省石家庄市赵县文化市场行政执法队
8. 河北省衡水市文化市场综合行政执法局
9. 内蒙古自治区党委宣传部版权管理处
10. 内蒙古自治区呼和浩特市文化市场综合执法局
11. 内蒙古自治区赤峰市文化市场综合执法局
12. 辽宁省沈阳市文化市场综合执法总队网络执法大队
13. 辽宁省沈阳市文化市场综合执法总队和平大队
14. 辽宁省沈阳市文化市场综合执法总队铁西大队
15. 辽宁省沈阳市文化市场综合执法总队浑南大队
16. 吉林省吉林市文化市场综合执法支队
17. 吉林省延边朝鲜族自治州珲春市文化市场综合执法大队
18. 黑龙江省委宣传部版权管理处
19. 黑龙江省哈尔滨市香坊区人民检察院第三检察部办案组
20. 上海市通信管理局互联网管理处
21. 江苏版权纠纷调解中心
22. 江苏南京“2・15”侵犯著作权案专案组（江苏省南京市公安局江宁分局网络安全保卫大队、江苏省南京市公安局江宁分局治安警察大队、江苏省南京铁路运输检察院）
23. 江苏省扬州市文化市场综合执法支队
24. 江苏苏州李某某侵犯著作权案专案组（江苏省苏州市吴江区版权局、江苏省苏州市吴江区人民法院民事审判第二庭（知识产权审判庭）、江苏省苏州市吴江区人民检察院、江苏省苏州市吴江区公安局）
25. 江苏省无锡市新吴区人民检察院
26. 江苏省泰州市文化市场综合执法支队
27. 江苏省连云港市文化市场综合执法支队
28. 江苏张家港张某某等侵犯软件著作权系列案专案组（江苏省苏州市张家港市文化市场综合执法大队、江苏省苏州市张家港市公安局网络警察大队）
29. 江苏张家港“一本读小说网”侵犯著作权案专案组（江苏省苏州市张家港市版权局、江苏省苏州市张家港市文体广电和旅游局、江苏省苏州市张家港市公安局港口派出所）
30. 江苏省南通市文化市场综合执法支队
31. 江苏省南通市海门叠石桥国际家纺产业园区管委会
32. 江苏南通美术作品侵权系列调解案专案组（江苏省南通市通州区版权局、江苏省南通市通州区川姜镇知识产权管理办公室）
33. 江苏盐城查办系列侵犯著作权案专案组（江苏省盐城市版权局、江苏省盐城市文化市场综合执法支队）
34. 江苏省镇江市文化市场综合执法支队
35. 江苏省宿迁市沭阳县文化市场综合执法大队
36. 浙江省嘉兴市文化广电旅游局
37. 浙江省诸暨市公安局
38. 安徽省人民检察院第四检察部
39. 安徽省高级人民法院刑事审判第一庭
40. 安徽省安庆市文化市场综合执法大队
41. 安徽省阜阳市广播电视新闻出版局
42. 福建莆田陈某某侵犯著作权案专案组（福建省莆田市涵江区文化体育和旅游局、福建省莆田市公安局涵江分局治安大队、福建省莆田市涵江区人民检察院、福建省莆田市涵江区人民法院）
43. 福建莆田“3・9”侵犯影视作品著作权案专案组（福建省莆田市公安局、福建省莆田市公安局荔城分局、福建省莆田市荔城区人民法院刑事审判庭）
44. 福建莆田“5・22”销售盗版幼儿教辅案专案组（福建省莆田市版权局、福建省莆田市文化市场综合执法支队、福建省莆田市仙游县公安局经济犯罪侦查大队）
45. 福建宏兴教育咨询有限公司泉州丰泽分公司侵犯著作权案专案组（福建省泉州市版权局、福建省泉州市文化市场综合执法支队）
46. 福建省泉州市石狮市文化市场综合执法大队

47. 福建德化陶瓷制品著作权纠纷调解系列案专案组（福建省泉州市德化县新闻出版广电局、福建省泉州市德化县文化市场综合执法大队）

48. 江西省南昌市文化市场综合执法支队三大队

49. 江西省九江市文化市场综合执法支队

50. 江西省九江市彭泽县文化广电新闻出版旅游局

51. 江西省新余市文化广电新闻出版旅游局

52. 江西省新余市文化市场综合执法支队

53. 江西省新余市渝水区文化广电新闻出版旅游局

54. 江西省鹰潭市文化市场综合执法支队

55. 江西省赣州市安远县文化市场综合执法大队

56. 江西省赣州市会昌县文化市场综合执法大队

57. 江西省上饶市文化市场综合执法支队

58. 江西省吉安市吉水县文化广电新闻出版旅游局

59. 江西省吉安市永新县文化广电新闻出版旅游局

60. 江西省抚州市金溪县文化市场综合执法大队

61. 江西省萍乡市文化市场综合执法支队

62. 山东省济南市文化市场综合行政执法支队

63. 山东省济宁市嘉祥县文化市场综合执法局

64. 山东省潍坊市安丘市文化市场综合执法大队

65. 山东省潍坊市青州市文化市场综合执法大队

66. 山东省潍坊市诸城市文化市场综合执法大队

67. 山东省潍坊市文化市场综合执法支队坊子大队

68. 山东省潍坊市临朐县文化市场综合执法大队

69. 山东省潍坊市寿光市文化市场综合执法大队

70. 河南郑州“5·6”侵犯著作权案专案组（河南省郑州市惠济区文化旅游局、河南省郑州市公安局大河路分局）

71. 湖北省宜昌市文化市场综合执法支队

72. 湖北省襄阳市文化旅游综合行政执法支队

73. 湖北省随州市文化市场综合执法支队

74. 湖北省黄冈市文化市场综合执法支队

75. 湖北省潜江市文化市场综合执法支队

76. 湖北省孝感市安陆市文化市场综合执法大队

77. 湖南永州“兰莓阅读”侵犯网络文学作品著作权案专案组（湖南省永州市文化市场综合执法局、湖南省永州市版权局）

78. 湖南省湘西土家族苗族自治州凤凰县文化市场综合执法局

79. 湖南省岳阳市文化市场综合执法局

80. 湖南省常德市桃源县文化市场综合执法大队

81. 湖南省永州市道县文化市场综合执法大队

82. 湖南省株洲市文化市场综合执法局

83. 湖南省衡阳市文化市场综合执法局

84. 广东省佛山市版权局

85. 广东省佛山市文化广电旅游体育局

86. 广东茂名郑某侵犯著作权案专案组（广东省茂名市委宣传部、广东省茂名市公安局茂南分局公共信息网络安全监察大队、广东省茂名市茂南区人民检察院）

87. 福建福清年年顺进出口贸易有限公司出口侵犯美术作品著作权案专案组（深圳海关隶属大鹏海关法规科、深圳海关隶属大鹏海关查验一科、深圳海关风险防控分局风险分析二科）

88. 广东省东莞市第一人民法院民事审判三庭

89. 广东汕尾微信公众号侵犯著作权系列案专案组（广东省汕尾市文广旅体局、广东省汕尾市版权局）

90. 广州白云机场海关审核业务处

91. 深圳海关隶属邮局海关快邮件监管四科

92. 广西壮族自治区党委宣传部版权管理处

93. 广西壮族自治区南宁市公安局腰塘派出所

94. 广西壮族自治区南宁市武鸣区文化市场综合执法大队

95. 广西壮族自治区贺州市文化旅游综合执法支队

96. 广西崇左吕某某等侵犯著作权案专案组（广西壮族自治区崇左市宁明县文化市场综合执法大队、广西壮族自治区崇左市宁明县公安局城中派出所）

97. 四川南充“2·9”微信公众号侵犯著作权案专案组（四川省南充市版权局、四川省南充市蓬安县文化广播电视和旅游局、四川省南充市阆中市文化市场综合执法大队）

98. 贵州省委宣传部版权管理和印刷发行处

99. 贵州省贵阳市文化市场综合行政执法支队

100. 贵州省安顺市文化市场综合行政执法支队

101. 贵州省铜仁市文化市场综合行政执法支队

102. 云南省委宣传部版权管理处

103. 西藏自治区党委宣传部出版处

104. 陕西省委宣传部版权管理处

105. 青海省委宣传部版权管理处

106. 宁夏回族自治区党委宣传部版权管理处

107. 新疆维吾尔自治区阿克苏地区文化体育广播电视和旅游局

108. 新疆维吾尔自治区昌吉市委宣传部

109. 新疆维吾尔自治区昌吉回族自治州党委宣传部

110. 新疆伊宁青柠影咖侵犯影视作品著作权专案组（新疆维吾尔自治区伊犁哈萨克自治州党委宣传部出版印刷版权处、新疆维吾尔自治区伊犁哈萨克自治州文化市场综合执法队）

【有功个人】

1. 苏惠，中央网络安全和信息化委员会办公室网络新闻信息传播局

2. 段诚，公安部网络安全保卫局十一处

3. 孙晓璐，海关总署综合业务司知识产权处

4. 蒽晶文，文化和旅游部文化市场综合执法监督局执法督导处

5. 王柯，北京市通信管理局网络安全管理处

6. 北京《快手》APP 侵犯音乐作品著作权案专案组（刘春旺、王玉军，北京市文化市场行政执法总队执法五队）

7. 北京“新浪网”侵犯新闻作品著作权案专案组（张清，北京市文化市场行政执法总队执法五队；于鹏，北京市文化市场行政执法总队法制监督处）

8. 北京《好看视频》APP 侵犯影视作品著作权案专案组（刘北旺，北京市文化市场行政执法总队执法五队；王辉，北京市文化市场行政执法总队法制监督处）

9. 北京怡乐看视界文化传媒有限公司侵犯影视作品著作权案专案组（熊伟、史曙亮，北京市文化市场行政执法总队执法五队）

10. 北京宽客网络技术有限公司侵犯音乐作品著作权案专案组（王宝忠，北京市文化市场行政执法总队执法五队；张少帅，北京市文化市场行政执法总队法制监督处）

11. 天津冯某某侵犯著作权案专案组（袁野、部泽明，天津市文化市场行政执法总队网络执法支队；顾明、杨学昊，天津市人民检察院第一分院）

12. 天津学天教育科技有限公司侵犯著作权案专案组（张泉、宋喆，天津市南开区文化市场行政执法支队）

13. 河北石家庄“乐文小说网”侵犯著作权案专案组（李远志，河北省石家庄市“扫黄打非”办公室；许彦章，河北省石家庄市版权局；李硕，河北省石家庄市新华区人民检察院）

14. 河北保定泰合印刷公司侵犯著作权案专案组（衡国柱，河北省保定市文化市场综合行政执法局；贾蕊、王凌霄，河北省保定市竞秀区人民检察院；杜荣基，河北省保定市竞秀区文体教育局文化市场稽查队；牛景昌，河北省保定市公安局竞秀区分局治安大队）

15. 河北保定乐播咖啡厅侵犯著作权案专案组（韩长勇、胡志辉，河北省保定市文化市场综合行政执法局）

16. 周春彬，山西省运城市文化市场综合行政执法队

17. 席铁军，山西省临汾市文化市场综合行政执法队

18. 刘文妍，内蒙古自治区满洲里市文化市场综合行政执法局

19. 辽宁沈阳兴一文图文设计中心侵犯图书著作权案专案组（任东晖、夏俊雄，辽宁省沈阳市文化市场综合执法总队）

20. 党伟，辽宁省沈阳市文化市场综合执法总队铁西大队

21. 辽宁沈阳奈希来酒店管理有限公司侵犯著作权案专案组（杨忠华、张宁，辽宁省沈阳市文化市场综合执法总队浑南大队；李新阳，辽宁省沈阳市文化市场综合执法总队）

22. 吉林长春腾飞教育培训学校侵犯著作权案专案组（付伟峰、潘万路，吉林省长春市文化市场综合执法支队）

23. 吉林长春李某某销售盗版光盘案专案组（韩佳桐，吉林省长春市公安局双阳区分局通阳路派出所；张卫茹，吉林省长春市“扫黄打非”办公室）

24. 吉林长春郑某某销售盗版光盘案专案组（王磊，吉林省长春市公安局双阳区分局通阳路派出所；李东民，吉林省长春市版权局）

25. 黑龙江讷河教育系统侵犯软件著作权案专案组（刘国强、任勇，黑龙江省齐齐哈尔市委宣传部；张巍、张振旭，黑龙江省齐齐哈尔市文化市场综合执法支队）

26. 刁兴波，黑龙江省鹤岗市文化市场综合行政执法支队

27. 桑甚，黑龙江省委网络安全和信息化委员会办公室网络管理处

28. 上海章某等侵犯著作权案专案组（罗造祉，上海市浦东新区人民检察院第七检察部；冯祥，上海市浦东新区人民法院知识产权审判庭）

29. 孔岩，上海市互联网信息办公室网络管理处

30. 朱薇，上海市通信管理局互联网管理处

31. 陈萍，上海市文化和旅游局执法总队三支队

32. 叶涛，上海市文化和旅游局执法总队三支队

33. 王鉴，上海市浦东新区知识产权局

34. 赵军，江苏省委网络安全和信息化委员会办公室网络信息管理执法处

35. 赵巍巍，江苏省公安厅治安总队

36. 郑思萱，江苏版权纠纷调解中心

37. 江苏南京“2・15”侵犯著作权案专案组（齐汉卿，江苏省南京市公安局江宁分局网络安全保卫大队；段里鹏，江苏省南京铁路运输检察院）

38. 江苏南京帮通文化传播有限公司侵犯著作权案专案组（吴卫、张红伟，江苏省南京市版权局；张骁骁，江苏省南京铁路运输检察院；陈晖、白安童，江苏省南京市文化市场综合执法总队）

39. 江苏南京翰林书店侵犯著作权案专案组（孔建平，江苏省南京市版权局；何进、杨丽，江苏省南京市江宁区文化市场综合执法大队）

40. 江苏南京功夫豆信息科技有限公司侵犯著作权案专案组（曹岚、谢其昊，江苏省南京市文化市场综合执法总队）

41. 张敏，江苏省南京铁路运输检察院

42. 江苏南京粉象网络科技有限公司侵犯著作权案专案组（徐晨龙、朱皖宁，江苏省南京市文化市场综合执法总队）

43. 江苏南京海舟职业培训学校侵犯著作权案专案组（梁旭、程学新，江苏省南京市文化市场综合执法总队）

44. 江苏无锡数源科技有限公司侵犯摄影作品信息网络传播权案专案组（程峰、冯超，江苏省无锡市文化市场综合执法支队）

45. 江苏无锡好搜科技有限公司侵犯著作权案专案组（牟峰、朱轩枫，江苏省无锡市文化市场综合执法支队）

46. 江苏无锡春华教育科技有限公司销售侵权盗版图书案专案组（陈黄春、黄激，江苏省无锡市文化市场综合执法支队）

47. 江苏无锡打击销售侵权盗版图书系列案专案组（廖芸晶、胡建武，江苏省无锡市文化市场综合执法支队）

48. 江苏无锡打击影视侵权盗版系列案专案组（刘延胜、朱广芹，江苏省无锡市文化市场综合执法支队）

49. 江苏无锡培训机构侵权系列案专案组（钮卉、潘凌岭，江苏省无锡市文化市场综合执法支队）

50. 白晨，江苏省徐州市文化市场综合执法支队

51. 江苏徐州聂某某侵犯著作权案专案组（闫文旗，江苏省徐州市公安局网络安全保卫支队；张魁，江苏省徐州市公安局云龙分局网络安全保卫大队）

52. 莫睿，江苏省徐州市文化市场综合执法支队

53. 江苏常州文渊雅阁图书有限公司侵犯著作权案专案组（李君、韦绍逸，江苏省常州市文化市场综合行政执法支队）

54. 江苏常州打击影视侵权盗版系列案专案组（汤志波、相薇，江苏省常州市文化市场综合行政执法支队）

55. 江苏常州陈某某侵犯影视作品著作权案专案组（丹增塔尔巴、周晓龙，江苏省常州市文化市场综合行政执法支队）

56. 江苏常州蒋某某侵犯影视作品著作权案专案组（游镇坚，江苏省常州市委宣传部；朱姝鋆、庄蓉，江苏省常州市文化市场综合行政执法支队）

57. 李浩，江苏省苏州市文化市场综合执法支队

58. 邵建春，江苏省苏州市常熟市文化市场综合执法大队

59. 谢朝晖，江苏省苏州市常熟市文化市场综合执法大队

60. 江苏张家港“一本读小说网”侵犯著作权案专案组（孙建忠、孙天华，江苏省苏州市张家港市文体广电和旅游局；陈东平，江苏省苏州市张家港市版权局；张云峰、祁霄，江苏省苏州市张家港市公安局港口派出所）

61. 魏冉，江苏省苏州市张家港市文化市场综合执法大队

62. 朱群军，江苏省苏州市张家港市文化市场综合执法大队

63. 江苏张家港张某某等侵犯软件著作权系列案专案组（李明、周军，江苏省苏州市张家港市文化市场综合执法大队；杨芬、俞李杨，江苏省苏州市张家港市公安局网络警察大队）

64. 蔡平，江苏省苏州市张家港市文化市场综合执法大队

65. 顾人英，江苏省苏州市张家港市文化市场综合执法大队

66. 钱欢，江苏省苏州市张家港市文化市场综合执法大队

67. 江苏苏州卢某侵犯著作权案专案组（王懿，江苏省苏州市吴江区文广体旅局；鲍彦丞，江苏省苏州市吴江区版权局；徐娟，江苏省苏州市吴江区人民法院；傅张琪，江苏省苏州市吴江区公安局；薛丽娟，江苏省苏州市吴江区人民检察院）

68. 杨利华，江苏省南通市通州区川姜镇知识产权管理办公室

69. 施颖，江苏省南通市海门叠石桥国际家纺产业园区管委会

70. 卜俊哲，江苏省连云港市文化市场综合执法支队

71. 曹宇翔，江苏省淮安市文化市场综合执法支队

72. 江苏扬州“齐鲁电影网”侵犯著作权案专案组（管斌，江苏省扬州市委宣传部；徐德山、徐兰，江苏省扬州市文化市场综合执法支队；李轶，山东省济南市文化市场综合执法支队）

73. 江苏扬州“全集网”侵犯著作权案专案组（尤萌，江苏省扬州市委宣传部；唐海宁、王丁祥，江苏省扬州市文化市场综合执法支队；李光勇、陈从文，安徽省六安市文化市场综合执法支队）

74. 江苏扬州打击侵权盗版专项整治行动专案组（宋海冬、王一林，江苏省扬州市文化市场综合执法支队）

75. 管民，江苏省扬州市江都区文化市场综合执法大队

76. 王海荣，江苏省泰州市文化市场综合执法支队

77. 单继震，江苏省宿迁市沭阳县文化市场综合执法大队

78. 徐东，江苏省宿迁市沭阳县文化广电和旅游局

79. 程育红，江苏省宿迁市沭阳县文化市场综合执法大队

80. 胡艳艳，江苏省宿迁市沭阳县文化市场综合执法大队

81. 喻敢峰，浙江省绍兴市公安局治安监督管理支队

82. 安徽滁州吴某侵犯著作权案专案组（陈晓萱，安徽省滁州市广播电视新闻出版局；卢双杰、陈真，安徽省滁州市文化市场综合执法支队；郑杨、蒋敏，安徽省滁州市定远县文化市场综合执法大队）

83. 安徽合肥博奥电子产品经营部侵犯著作权案专案组（何渊，安徽省文化和旅游厅文化市场综合执法监督处；汝梦芸、史继华，安徽省合肥市文化市场综合执法支队）

84. 安徽黄山新世纪学校销售侵权图书案专案组（胡荣孙，安徽省黄山市文化和旅游局；韦俊，安徽省黄山市文化市场综合执法支队）

85. 安徽滁州姜某某销售侵权出版物案专案组（张伟、张莉，安徽省滁州市文化市场综合执法支队）

86. 安徽合肥辉群电器商行侵犯著作权案专案组（汤明、张立广，安徽省合肥市文化市场综合执法支队）

87. 谢茹绿，福建省通信管理局网络安全管理处

88. 福建莆田“3·9”侵犯影视作品著作权案专案组（林荣容、宋征，福建省莆田市公安局治安支队；蔡相、林超，福建省莆田市公安局荔城分局治安大队；陈少贞，福建省莆田市荔城区人民检察院）

89. 福建莆田“5·22”销售盗版幼儿教辅案专案组（郑玉辉，福建省莆田市版权局；周智峰，福建省莆田市文化市场综合执法支队；黄金福，福建省莆田市仙游县公安局经济犯罪侦查大队）

90. 福建莆田赵某某侵犯著作权案专案组（罗冬碧、唐国太，福建省莆田市文化市场综合执法支队）

91. 福建南平启华图书贸易有限公司销售盗版图书案专案组（兰林凯，福建省南平市版权局；林斌、林汉钦，福建省南平市文化市场综合执法支队）

92. 福建福州星海洋玩具商行侵犯著作权案专案组（刘超、刘莹，福建省福州市文化市场综合执法支队）

93. 福建福州“涂鸦设计网”侵犯著作权案专案组（林晓艺，福建省福州市版权局；吴邦楷、王天柱，福建省福州市文化市场综合执法支队）

94. 福建厦门普罗米修斯科技有限公司侵犯著作权案专案组（王栋、刘向锋，福建省厦门市版权局；林翔莺，福建省厦门市文化和旅游市场综合执法支队五大队；蔡云斌，福建省厦门市文化和旅游市场综合执法支队一大队）

95. 福建泉州惠信教育科技有限公司销售盗版图书案专案组（陈晓东，福建省泉州市版权局；薛廷、陈勐，福建省泉州市文化市场综合执法支队）

96. 福建泉州侵犯陶瓷作品著作权系列案专案组（邱益民、颜希宇，福建省泉州市文化市场综合执法支队；盛进良，福建省泉州市德化县文化市场综合执法大队）

97. 江西吉安“5·28”侵犯影视作品著作权案专案组（刘秋华，江西省吉安市文化市场综合执法支队；朱寒汀、陈铭轩，江西省吉安市公安局网络安全保卫支队；陈忠志，江西省吉安市井冈山市文化市场综合执法大队；刘小平，江西省吉安市吉水县文化市场综合执法大队）

98. 江西南昌白塔岭文化艺术专修学校侵犯著作权案专案组（饶兴奇、刘凯，江西省南昌市文化市场综合执法支队）

99. 赵扬超，江西省南昌市文化市场综合执法支队

100. 万绍鹏，江西省南昌市文化市场综合执法支队

101. 江西南昌三毛艺术书店侵犯著作权案专案组（邹爱强、熊子薇，江西省南昌市文化市场综合执法支队）

102. 江西南昌读书乐书屋侵犯著作权案系列案专案组（罗盛磊、周明，江西省南昌市文化市场综合执法支队）

103. 江西南昌天一阁书城侵犯著作权案专案组（赵清鹤、夏勇强，江西省南昌市新建区文化市场综合执法大队）

104. 江西九江阿里巴巴商务国际俱乐部侵犯著作权系列案专案组（司马平，江西省九江市彭泽县文化广电新闻出版旅游局；汪志勇，江西省九江市彭泽县文化市场综合执法大队）

105. 江西九江江南汇娱乐会所侵犯著作权案专案组（宋少波，江西省九江市文化广电新闻出版旅游局；伍宏东，江西省九江市彭泽县文化广电新闻出版旅游局）

106. 张艳芳，江西省九江市彭泽县文化市场综合执法大队

107. 吴义胜，江西省九江市彭泽县文化市场综合执法大队

108. 徐涵，江西省景德镇市文化市场综合执法支队

109. 江西新余文豪书店侵犯著作权案专案组（刘军武，江西省新余市“扫黄打非”办公室；傅永兵，江西省新余市文化市场综合执法支队）

110. 江西新余广缘书店侵犯著作权案专案组（黄爱兵，江西省新余市“扫黄打非”办公室；刘君，江西省新余市文化市场综合执法支队）

111. 江西新余严某某销售盗版图书案专案组（张志平，江西省新余市渝水区文化市场综合执法大队；刘刚，江西省新余市文化市场综合执法支队）

112. 江西鹰潭乐林咖啡馆侵犯著作权案专案组（周四军、徐志勇，江西省鹰潭市文化市场综合执法支队）

113. 江西鹰潭顺发文具店侵犯著作权案专案组（李六、陈建华，江西省鹰潭市贵溪市文化市场综合执法大队）

114. 尧飞武，江西省赣州市安远县文化市场综合执法大队

115. 郭强，江西省赣州市会昌县文化市场综合执法大队

116. 张人有，江西省赣州市会昌县文化市场综合执法大队

117. 刘天明，江西省赣州市会昌县文化市场综合执法大队

118. 陈伟明，江西省赣州市会昌县文化市场综合执法大队

119. 田玉华，江西省赣州市会昌县文化市场综合执法大队

120. 谢芸华，江西省赣州市于都县文化广电新闻出版旅游局

121. 张县春，江西省赣州市于都县文化广电新闻出版旅游局

122. 谭春森，江西省赣州市于都县文化市场综合执法大队

123. 易长军，江西省赣州市于都县文化市场综合执法大队

124. 彭小芸，江西省赣州市于都县文化市场综合执法大队

125. 李人庆，江西省赣州市兴国县文化广电新闻出版旅游局

126. 李年锦，江西省赣州市兴国县文化广电新闻出版旅游局

127. 董显祥，江西省赣州市文化广电新闻出版旅游局

128. 谢雁，江西省赣州市文化广电新闻出版旅游局

129. 黄丽萍，江西省赣州市文化广电新闻出版旅游局

130. 江西步步高商业连锁有限责任公司宜春中山路店侵犯著作权案专案组（胡文卿、王胜威，江西省宜春市文化市场综合执法支队）

131. 张国华，江西省上饶市广信区文化广电新闻出版旅游局

132. 麻卫清，江西省上饶市余干县文化市场综合执法大队

133. 肖前玉，江西省吉安市永新县文化市场综合执法大队

134. 陈重信，江西省吉安市吉水县文化市场综合执法大队

135. 曹小春，江西省共青城市文化广电新闻出版旅游局

136. 方正才，江西省共青城市文化广电新闻出版旅游局

137. 谢鹏，江西省瑞金市文化市场综合行政执法大队

138. 朱敏，江西省瑞金市文化市场综合行政执法大队

139. 张琳，江西省瑞金市文化市场综合行政执法大队

140. 朱海泉，江西省瑞金市文化市场综合行政执法大队

141. 朱鹏，江西省瑞金市文化市场综合行政执法大队

142. 山东济宁任城浩然图书城销售盗版图书案专案组（孟杰、张浩，山东省济宁市任城区文化旅游综合执法大队）

143. 山东济宁嘉祥学者教育培训学校销售盗版图书案专案组（王守俊、曹景凯，山东省济宁市嘉祥县文化旅游综合执法大队）

144. 山东潍坊粉墨私人影院侵犯著作权案专案组（邹新利、谭继胜，山东省潍坊市文化市场综合执法支队；赵燕、程吉亮，山东省潍坊市文化市场综合执法支队奎文大队）

145. 山东淄博卓越剑桥英语培训学校侵犯著作权案专案组（张洋、王桂清，山东省淄博市周村区文化市场综合执法大队）

146. 高旭，山东省济南市历城区文化市场综合行政执法大队

147. 刘光柱，山东省德州市文化市场综合执法支队

148. 刘永利，山东省潍坊市文化市场综合执法支队

149. 李政，山东省潍坊市文化市场综合执法支队寒亭大队

150. 张兴扬，河南省洛阳市文化市场综合执法支队

151. 周清华，河南省商丘市新闻出版局

152. 河南民权李某某侵犯著作权案专案组（刘瑞芳，河南省商丘市新闻出版局；王伟，河南省商丘市民权县文化广电旅游局；陈先剑、王兰，河南省商丘市民权县新闻出版局；袁俊峰，河南省商丘市民权县文化市场综合行政执法大队）

153. 宋先学，湖北省潜江市文化市场综合执法支队

154. 曹娟，湖北省潜江市文化市场综合执法支队

155. 樊丽，湖北省潜江市文化市场综合执法支队

156. 尹忠国，湖南省衡阳市文化市场综合执法局

157. 沈蓓，湖南省衡阳市文化市场综合执法局

158. 湖南祁东知源文化传播公司侵犯图书著作权案专案组（邹高波、曾罗晓，湖南省衡阳市祁东县文化市场综合执法大队）

159. 刘伟，湖南省岳阳市文化市场综合执法局版权大队

160. 张雷，湖南省益阳市文化市场综合行政执法支队

161. 湖南彭某某侵犯著作权案专案组（谭琪琳、胡清，湖南省娄底市文化市场综合执法支队；杨黎军、陈超，湖南省娄底市新化县文化市场综合执法大队）

162. 李军，湖南省岳阳市文化市场综合执法局版权大队

163. 杨志慧，湖南省常德市桃源县文化市场综合执法大队

164. 湖南长沙百愚文化传播公司侵犯著作权案专案组（曹平、彭海，湖南省长沙市长沙县行政执法局）

165. 北京煊坤博文公司侵犯著作权案专案组（谭励军、周淼，湖南省株洲市文化市场综合执法局）

166. 湖南长沙李某侵犯音乐作品著作权案专案组（娄卫华、文红波，湖南省长沙市宁乡市文化市场综合执法局）

167. 程烽，湖南省常德市汉寿县文化市场综合执法大队

168. 湖南永州杨某侵犯著作权案专案组（唐泰华、唐博，湖南省永州市文化市场综合执法局）

169. 湖南凤凰唐某侵犯音乐作品著作权案专案组（王宴、张希，湖南省湘西土家族苗族自治州凤凰县文化市场综合执法局）

170. 湖南永州杨某某侵犯著作权案专案组（蒋崇涛、阳儒，湖南省永州市文化市场综合执法局）

171. 湖南邵阳向某某侵犯影视作品著作权案专案组（赵邵华、谢璨，湖南省邵阳市文化市场综合执法支队）

172. 湖南邵阳唐某侵犯影视作品著作权案专案组（曹文杰、禹颖，湖南省邵阳市文化市场综合执法支队）

173. 湖南凤凰周某侵犯音乐作品著作权案专案组（白奎、杨鹤鸣，湖南省湘西土家族苗族自治州凤凰县文化市场综合执法局）

174. 湖南岳阳富兴房地产公司侵犯软件著作权案专案组（肖国雄、张俊，湖南省岳阳市文化市场综合执法局）

175. 邓洺，湖南省衡阳市文化市场综合执法局

176. 王军，湖南省衡阳市文化市场综合执法局

177. 李莉，湖南省衡阳市文化市场综合执法局

178. 何向明，湖南省衡阳市文化市场综合执法局

179. 湖南衡阳星河休闲吧侵犯影视作品著作权案专案组（陈炜、钟淙，湖南省衡阳市文化市场综合执法局）

180. 广东茂名曾某侵犯著作权案专案组（柯科，广东省茂名市公安局茂南分局；柯天寿，广东省茂名市茂南区人民检察院）

181. 张英颖，广东省佛山市南海区人民检察院

182. 王兴鹏，深圳海关隶属大鹏海关

183. 华建中，深圳海关隶属大鹏海关

184. 胡文颖，深圳海关隶属蛇口海关

185. 李健军，广东省东莞市文化广电旅游体育局

186. 周喜平，广东省汕头市公安局

187. 钟科念，广西壮族自治区南宁市文化市场综合行政执法支队

188. 韦宁，广西壮族自治区南宁市横县文化市场综合行政执法大队

189. 余刚，重庆市奉节县文化市场综合行政执法支队

190. 四川遂宁“7·18”侵犯著作权案专案组（薛雪，四川省遂宁市版权局；范金龙，四川省遂宁市船山区新闻出版（版权）局；杨周玉、文琛，四川省遂宁市船山区文化广播电视和旅游局）

191. 黎万里，贵州省贵阳市南明区文化市场综合行政执法大队

192. 孙秒，贵州省铜仁市文化市场综合行政执法支队

193. 陕西西安查处侵犯影视作品著作权系列案专案组（李军、王星星，陕西省西安市文化市场行政执法总队）

194. 李炜，甘肃省兰州市文化市场综合行政执法队

195. 曹强，甘肃省天水市秦安县文化市场综合行政执法队

196. 张宁学，宁夏回族自治区党委宣传部版权处

197. 宁夏银川“7·11”侵犯著作权案专案组（王志翔，宁夏回族自治区银川市委宣传部出版影视管理科；买玉龙，宁夏回族自治区银川市文化市场综合执法支队；马瑞、顾鑫，宁夏回族自治区银川市公安局侵犯知识产权犯罪侦查支队；王海滨，宁夏回族自治区银川铁路运输法院）

198. 宁夏吴忠新知书店等侵犯著作权案专案组（余钧彦，宁夏回族自治区吴忠市委宣传部；杨建忠、白海兴，宁夏回族自治区吴忠市文化旅游体育广电局）

199. 吾拉木江·哈帕尔，新疆维吾尔自治区党委宣传部版权管理处

200. 艾克拜·牙生，新疆维吾尔自治区乌鲁木齐市文化市场综合行政执法队

201. 图尔荪·图尔贡，新疆维吾尔自治区阿克苏地区文化体育广播电视和旅游局

2019 年（第十一届）全国大学生版权征文获奖名单

［编者按］ 2019 年 12 月 4 日，由国家版权局主办、四川省版权局和四川省教育厅支持、中国人民大学国家版权贸易基地和成都市版权局承办的第十一届全国大学生版权征文颁奖仪式在四川成都举行，会上公布了第十一届全国大学生版权征文获奖名单。本届征文活动共收到参赛论文 1 492 篇，其中本科生组 906 篇，研究生组 586 篇。经专家评审，最终评选出特等奖论文 3 篇，本科生组和研究生组一等奖论文各 10 篇、二等奖论文各 20 篇、三等奖论文各 30 篇，优秀奖论文 30 篇，优秀指导老师奖 20 名，优秀组织奖 20 名。

优秀论文奖

一、特等奖

奖项	姓名	学校	论文题目
特等奖	许耀乘	中国政法大学	禁止权利滥用原则在规制著作权滥用中的适用 ——以黑洞图片事件为视角
	孜里米拉·艾尼瓦尔	中南财经政法大学	著作权侵权损害中的许可使用费的适用：理论与规则 ——兼评《著作权法（修订草案送审稿）》第 76 条
	万紫嫣	华东政法大学	网络服务提供者通知受理程序研究及构建 ——兼评微信小程序案

二、研究生组优秀论文奖

奖项	姓名	学校	论文题目
一等奖	刘乐耀	中山大学	论美国版权转换性使用的新发展
	王　颖	江苏师范大学	作品署名规则的解构与建构
	谭　缙	南京师范大学	“转换性使用”的本土化适用研究 ——兼评《著作权法（修订草案送审稿）》第 43 条
	高　婧	中南财经政法大学	机器“深层阅读”的著作权法规制
	秦　倩	西安交通大学	论“禁令—访问限制”规则在著作权网络侵权救济中的适用
	杨子君	华中科技大学	欧洲追续权制度的历史沿革与本土借鉴
	施业祥	复旦大学	论大数据时代的企业数据保护之道
	李　鋆	华东政法大学	论著作权惩罚性赔偿与法定赔偿之关系
	田鹏志	西北政法大学	著作权法定类型之外的作品的保护路径 ——以音乐喷泉案为例
	郝亚军	华东政法大学	《数字单一市场版权指令》中在线内容分享服务提供者责任规则评析及其对我国的借鉴意义
二等奖	沐云霓	同济大学	著作权转换性使用标准的研究 ——以美国判例为视角
	桂　沁	苏州大学	改编侵权中的实质性相似与实质性差异

续表

奖项	姓名	学校	论文题目
二等奖	龙书培	中国政法大学	著作权纠纷中电子存证的审查与认定研究
	张扬欢	西南政法大学	论责任规则视角下的著作权集体管理制度
	王昊鹏	中南财经政法大学	时事类短视频是否属于时事新闻 ——以央视国际诉暴风影音为视角
	张文宜	华南理工大学	古文点校成果版权问题研究
	兰琪琪	中南财经政法大学	类著作权集体管理中的诉权问题研究
	谢嘉图	西南政法大学	守法视角下整治洗稿的路径研究 ——兼论著作权法的定位反思
	杨笑宇	南京师范大学	自媒体“洗稿”之判定：“接触＋实质性相似”标准的改良性应用
	刘　琳	中南财经政法大学	演绎类短视频合理使用问题的制度回应
	刘　衡	中国政法大学	任意诉讼担当视域下著作权商业维权现象分析
	平乐祥	中国政法大学	人工智能生成物生成机理视角下作品观分析
	孙丽洁	南京理工大学	论我国体育赛事直播节目著作权法的保护路径 ——以《著作权法》第三次修改为视角
	虞婷婷	清华大学	同人创作的合理使用分析
	邢家仪	中南大学	重混创作行为的著作权法规制研究
	季善豪	华东政法大学	欧盟版权改革对“避风港”的颠覆及其对我国的启示
	冯锦涵	华中师范大学	从“黑洞图片事件”谈我国版权滥用行为的规制 ——从谨慎认定侵权行为人过错出发
	赵洁莹	西南科技大学	论音乐喷泉作品的属性 ——兼论《著作权法》第三条的适用
	赵歆扬	中国人民大学	论网络混剪视频的法律规制
	陈　静	华东政法大学	初探通知删除规则的适用问题 ——以小程序案与阿里云案为例
三等奖	付贤会	华东政法大学	论网络服务提供者的注意义务 ——从百度网盘盗版问题说起
	郭雨笛	中南财经政法大学	从“微信小程序”案浅谈“避风港”规则适用问题
	开　瑞	南京师范大学	人工智能创作物的版权问题探讨
	郑　丹	西南政法大学	互联网环境下我国著作权刑事保护的反思与完善 ——基于279份判决书的实证分析
	张迩瀚	郑州大学	我国版权领域网络服务商审查义务的司法认定
	金　宁	华东政法大学	论人工智能创作物的可版权性 ——基于对独创性概念的分析
	付　耀	中南大学	我国电影产业版权质押的困境及完善建议
	魏宵林	中南财经政法大学	基础性网络服务提供者注意义务的设定 ——兼评微信小程序案
	马凯旋	同济大学	著作权保护民刑衔接问题的理论初探
	何璐君	西南政法大学	公版书的版权之忧与疏解之道
	朱木阑	华东政法大学	论作品元素商品化权非正当性
	赵宇琦	华东政法大学	新闻类文字作品实质性相似判断方法的适用 ——对洗稿行为的规制
	申岳玫	哈尔滨商业大学	市场主导下的著作权转让登记对抗制度正当性的思考

续表

奖项	姓名	学校	论文题目
三等奖	王小涵	南京理工大学	法定作品类型化条款适用问题研究 ——以西湖音乐喷泉案为例
	张　禹	南京理工大学	媒体融合背景下新闻出版者权利保护 ——以欧盟《数字化单一市场版权指令》为考察对象
	林蔡波	华东政法大学	人工智能创作的合理使用困境及出路
	陈莹婷	内蒙古大学	从“合理使用”视角看游戏直播行为
	鲍强强	郑州大学	我国影视作品片头片尾字幕署名的反思与建构
	温捷潇	华东政法大学	论广播组织录制权及录制后权利之否定
	周婉露	中南财经政法大学	浅析云盘网络服务提供商的侵权责任 ——以《侵权责任法》第 36 条“互联网专条”为出发点
	张　倩	中南财经政法大学	Iaas 模式云服务提供者著作权间接侵权认定标准探究
	翁润东	中国政法大学	智能软件生成内容的著作权分析 ——以“菲林诉百度案”为中心
	王雨亭	武汉大学	从电影剪辑视频看我国著作权合理使用
	汪赛飞	华东政法大学	不可分割的合作作品共有性质的认定与规范解释
	于　群	烟台大学	论网络游戏规则的著作权法保护
	郑　悦	华东政法大学	数字图书馆共享问题的解决路径研究
	康　瑞	华东政法大学	著作权侵权中接触要件的定性与认定规则
	戴翊君	南京理工大学	基于微信小程序案对“通知—删除”规则的思考
	郑　驰	重庆邮电大学	论重混创作适用合理使用的正当性 ——以科斯理论为视角
	李　涛	南京理工大学	新兴媒体版权内容过滤义务研究

三、本科生组优秀论文奖

奖项	姓名	学校	论文题目
一等奖	李乙勃	广东外语外贸大学	阈值分析视角下合理使用制度与技术措施行为利益平衡机制研究
	杨　倩	南开大学	“换皮”游戏著作权侵权认定问题研究
	陈怡欣	华中师范大学	二次创作中转换性使用解释下合理使用制度之调适
	王廷仪	华东政法大学	音乐编曲法律保护路径探讨
	艾　青	中南民族大学	侵犯著作权罪量刑规范化之实证研究 ——以 50 份刑事判决书为例
	李炫圻	华中科技大学	同人作品与原作品著作权法律关系释疑
	金鑫妮	杭州师范大学	临摹的著作权保护问题研究
	郭梅娟	厦门大学	著作权集体管理制度中区块链技术的运用
	刘世杰	中南大学	论人工智能创作物的泛化困境与筛查机制
	张艺凝	安徽大学	试论新闻聚合行为的著作权法规制
二等奖	李明芮	华东政法大学	图片版权商业性维权现状反思
	龚尚欢	同济大学	网络文学维权诉讼迷途 ——以“晋江诉动景案”为切入点
	梁楚晖	华南理工大学	我国著作权法延长保护期的必要性探讨
	傅天怡	华东政法大学	试述“通知—删除”规则在小程序平台被限缩的法理
	董千千	浙江工商大学	动态游戏画面版权属性三辨

续表

奖项	姓名	学校	论文题目
二等奖	高卉一	重庆邮电大学	论短视频的可版权性 ——兼评“抖音诉伙拍”案
	贾晓涵	山东大学	无主无形财产权的归属制度研究 ——以无主作品著作权为主要考察对象
	张珈玮	澳门科技大学	论不当得利在网络版权侵权案件中的适用可能性
	董美琴	重庆理工大学	我国著作权转换性使用问题分析
	陈　颖	南开大学	论侵犯保护作品完整权的精神损害赔偿
	钱琳佳	华东政法大学	“模仿讽刺作品”合理使用认定
	胡梦杰	东北财经大学	网络环境下体育赛事转播画面的保护
	崔禾泽	浙江工商大学	作品实质性相似规则判定方法之发展与完善
	廖焰迪	华中师范大学	论我国孤儿作品规定中查找制度的完善 ——兼评《著作权法（修订草案送审稿）》第 51 条
	潘　笛	中南大学	“民间文艺”版权保护的法律困境及应对
	胡浩翔	华东政法大学	论网络环境下转载摘编法定许可规则的适用
	张　鑫	南京理工大学	短视频平台的合理注意义务判断问题研究
	孙　悦	山东科技大学	P2P 技术服务提供商版权侵权责任问题的研究与思考 ——美、英、中相关法律比较研究
	李金潇	烟台大学	网络服务提供者注意义务的界定
	杨小佳	对外经济贸易大学	人工智能生成物的著作权问题分析
三等奖	徐　珺	华东政法大学	服装设计可版权的类型化分析
	潘　天	山东政法学院	追续权制度的理论基础和现实争议
	常　瑶	中南财经政法大学	《著作权法》修订背景下孤儿作品的保护构想 ——以延伸性集体管理制度为视角
	顾男飞	湘潭大学	论科技成果可视化表达的可版权性 ——以黑洞照片为例
	陆瑜莉	江苏师范大学	不确定性人工智能创作物可版权性及其权利归属探讨
	林敏英	华南理工大学	保护作品完整权的侵权认定
	王雯慧	华中科技大学	论人工智能生成物非赋权模式的合理性 ——以公共领域理论为基础
	李梦迪	上海外国语大学	浅析基于侵权作品的影视创作的责任认定 ——《锦绣未央》原著抄袭案引发的思考
	轩志豪	中南财经政法大学	音乐作品“剽窃”判定规则研究与反思 ——以 10 宗案件为样本
	冯梓泳	广州医科大学	动漫周边著作权侵权纠纷的法律实证研究 ——基于 93 份裁判文书的分析
	金　源	华东政法大学	小程序平台通知—删除规则适用性分析及相关义务的界定 ——兼评国内首例小程序侵权案
	谢钟漓	华东政法大学	电影介绍类短视频合理使用问题研究
	刘　湘	江苏师范大学	法定赔偿实证探究 ——基于《著作权法》第四十九条第二款的思考
	王　元	集美大学	侵害著作权之惩罚性赔偿的制度设计
	张露文	江苏师范大学	对人工智能生成成果著作权案之判决的思考 ——正当性分析及支撑性理由的再提出

续表

奖项	姓名	学校	论文题目
三等奖	郭毅航	郑州大学	过度保护之矫正：对我国著作权法技术保护措施反规避条款的检讨
	宋天一	中南民族大学	习近平关于知识产权论述中版权保护思想的理论与实践
	袁鹭娟	西北政法大学	网络游戏规则的知识产权保护
	贺心怡	华东交通大学	认知心理学的创造解释与合作作品解构
	叶依文	华东政法大学	首张黑洞图像的可版权性思考
	王敏昊	中国社会科学院大学	游戏直播构成合理使用的类型化探讨
	李英雪	重庆理工大学	“区块链能否引起著作权交易模式变革”再思考
	代　琦	中国社会科学院大学	人工智能“作品”的可版权性分析
	彭丽滢	华中师范大学	浅析版权保护期限的平衡点
	杨　欣	河南科技大学	网络音乐的强制许可制度
	牛　莉	烟台大学	古籍点校成果的著作权两难处境之抉择
	魏雪然	中南民族大学	保护作品完整权的权利边界及裁判标准
	辛艳芳	烟台大学	摄影作品与照片的司法界分
	董子旖	云南大学	网络文学版权的多层面系统性保护
	任容予	九江学院	论网络环境下数字音乐作品的版权保护

四、优秀奖

奖项	姓名	学校	论文题目
优秀奖	张巧玲	北京师范大学	配音剪辑视频的合理使用问题
	郭云飞	河南科技大学	论著作权的权利穷竭原则
	黄思颖	湖南大学	动漫角色商品化权益保护模式探究
	林雨晓	安徽大学	网络游戏及其操作画面的著作权保护
	杨　灿	西华大学	论我国版权代理制度 ——以版权贸易为视角
	张殷慈	安徽理工大学	国内外科技论文杂志版权管理的比较研究及其启示
	罗红婷	同济大学	软件生成分析报告的权益及其归属探析
	顾晨昊	中南财经政法大学	网络版权侵权纠纷中技术服务提供者主观过错的认定
	傅晓媚	山东科技大学	计算机软件著作权侵权认定的模式研究
	马聪慧	郑州大学	社交类短视频不认定为版权法上作品问题探究
	王梦迪	北京大学	微信公众号转载中的著作权侵权问题研究
	王　森	中原工学院	浅析自媒体生态对版权侵权的影响
	邓　倩	湖北文理学院	关于人工智能生成物的著作权保护问题
	李　萌	中国人民大学	利用他人作品元素行为的司法对策研究：从“金庸诉江南案”看著作权法与反不正当竞争法的关系
	谭　颖	安徽理工大学	浅析短视频当前版权问题 ——在“草莽”时代与5G时代交叉口的选择
	王　柳	中国传媒大学	浅论创意中插广告的版权归属问题
	熊诗倩	北京印刷学院	有声书著作权集体管理研究
	颜晓焜	广东外语外贸大学	从“著佐权”运动看我国二次创作版权问题
	董芮孜	上海大学	网络游戏直播的合理使用及侵权问题研究
	高晓悦	安徽财经大学	从版权角度看网易云音乐软件下架
	辜凌云	北京外国语大学	版权保护与竞争利益的博弈：网络音乐“独家版权”模式问题思考
	左从宇	中国人民大学	试论短视频的作品属性

续表

奖项	姓名	学校	论文题目
优秀奖	梁恺为	湖南大学	网络游戏直播著作权问题探究
	朱艺浩	北京大学	游戏自由度视角下的网络游戏直播画面版权定性研究
	马　佳	北京印刷学院	数字音乐版权运营问题分析
	宋婧翾	对外经济贸易大学	浅谈电子地图知识产权保护中的侵权豁免情形
	李奥滢	吉林大学	技术中立原则与信息网络传播权中提供行为的判断标准
	邢　楠	内蒙古工业大学	大数据视野下的数字音乐作品信息网络传播权保护
	董鉴泉	广西大学	“合理使用”的比较法研究 ——以电影介绍类短视频为例
	邓添榕	广州医科大学	音乐类综艺节目翻唱的版权问题探析

优秀指导老师奖

（以姓氏拼音为序）

陈绍玲　华东政法大学
韩天竹　山东科技大学
何炼红　中南大学
何　平　中南民族大学
黄武双　华东政法大学
李　静　河南科技大学
李　扬　中山大学
刘　华　华中师范大学
卢纯昕　广东外语外贸大学
马晓燕　南京师范大学
孟祥娟　华南理工大学
牛　强　浙江工商大学
宋红松　烟台大学
吴汉东　中南财经政法大学
熊　琦　华中科技大学
徐喜荣　广州医科大学
杨文彬　安徽大学
张春艳　江苏师范大学
张德芬　郑州大学
张伟君　同济大学

优秀组织奖

（排名不分先后）

安徽省版权局
四川省版权局
安徽省教育厅
华东政法大学
中南财经政法大学
江苏师范大学
上海大学
中南大学
华南理工大学
南京师范大学
北京印刷学院
安徽大学
广东外语外贸大学
烟台大学
中国传媒大学
山东科技大学
西南科技大学
重庆理工大学
集美大学
中原工学院

版

理论研究

LI LUN YAN JIU

权

同祖国共成长

——2019年中国著作权法研究综述

于　波*

一、成长的脚步

2019年，适逢中华人民共和国成立70周年，中国的知识产权事业也在风雨70年的历程中诞生、发展和壮大。回首我国知识产权事业发展历程，从对知识产权制度的初步探索①，到建立起门类较为齐全的知识产权法律法规，我国的知识产权事业一步一步实现了历史性跨越，为国家经济、文化的发展提供了有力的支撑。

为应对新技术带来的挑战，国家对知识产权保护愈加重视。在这一年里，国家加大版权执法监管力度，开展“剑网2019”专项行动，对行业乱象的治理力度在不断加大，相关行业版权秩序得以逐渐规范。2019年度，国内以知识产权保护为主题召开的学术会议有：3月23日，在北京举办的“2019年阳光知识产权论坛”②；4月13—14日，在郑州举办的“2019知识产权南湖论坛‘全球化与知识产权保护’国际研讨会暨第四届知识产权中原论坛”③；4月26日，在北京举办的“2019中国网络版权保护与发展大会”④；9月21日，在合肥举办的“2019世界制造业大会知识产权论坛”⑤；10月21日，在上海举办的“第十六届上海知识产权国际论坛”⑥；11月21—22日，在海口举办的“2019中欧互联网知识产权保护与创新大会”⑦。

此外，本年度的国内其他著作权法活动还有：4月13日，在广州举办的“2019年岭南知识产权诉讼大会”⑧；6月4日，在成都举办的“2019中韩版权研讨会”⑨；6月16日，在上海交通大学凯原法学院举办的“2019上海娱乐法国际会议”⑩；9月2—3日，在杭州召开的“第十届中国知识产权年会”⑪。

在国际上，2019年1月1日，日本《版权法》修正案正式生效⑫。1月17日，新加坡知识产权局发布了《新加坡版权审查报告》⑬。2月11日，美国

* 于波，中法法学双博士，华东政法文学知识产权学院副教授。

① 1950年，我国就颁布了《保障发明权与专利权暂行条例》《商标注册暂行条例》等知识产权法规，对实施专利、商标制度做出了初步的探索。

② 论坛以“知识产权保护助推改革开放”为主题，由中国知识产权法学研究会、中国人民大学知识产权学院、北京阳光知识产权与法律发展基金会联合举办。

③ 论坛由中南财经政法大学、中原工学院、郑州市人民政府、中国政法大学共同主办。

④ 会议由国家版权局主办，会议主题为“守正创新：新时代网络严格保护与产业发展”。

⑤ 论坛以“知识产权运营与保护”为主题，由安徽省人民政府主办，安徽省市场监督管理局（知识产权局）、国家知识产权运营公共服务平台和中国知识产权发展联盟联合承办。

⑥ 论坛由国家知识产权局、世界知识产权组织和上海市人民政府共同主办，上海市知识产权局承办，论坛主题为“加强知识产权保护国际合作 打造国际一流营商环境”。

⑦ 会议由中国产学研合作促进会反侵权假冒创新战略联盟（CAASA）和欧盟IP Key中国项目组共同主办。

⑧ 会议由广东省知识产权保护中心支持，广东省知识经济发展促进会、广州市律师协会主办。

⑨ 会议以“数字环境下中韩版权交流与合作”为主题，由中国国家版权局和韩国文化体育观光部联合主办。

⑩ 会议由上海市法学会、上海交通大学凯原法学院、上海交大-南加州大学文化创意产业学院、美国电影协会、上海电影集团、阅文集团合办，北京大学知识产权学院、美国洛杉矶洛约拉大学法学院、上海交通大学立法研究中心、中国传媒大学政法学院、英雄互娱科技股份有限公司、网易游戏、上海市法学会文化产业研究小组协办，上海交通大学知识产权与竞争法研究院承办。这是继2018年第三届中美娱乐法国际会议以来第二次在上海举办的国际娱乐法会议。本次会议围绕“数字时代的IP：电影、音乐和游戏”的主题展开。

⑪ 会议由国家知识产权局、浙江省人民政府指导，知识产权出版社有限责任公司主办，杭州市人民政府承办，主题为“知识产权与时代同行”。

⑫ 日本《版权法》修正案对豁免条款进行了完善，扩大了未经版权人同意使用版权作品的适用范围。豁免条款主要适用于以下三种类型：一是在未察觉的情况下使用了版权作品；二是将版权作品用于电脑上（辅助使用）；三是将版权作品用于计算机处理方面（无关紧要的使用）。

⑬ 《新加坡版权审查报告》提到，为更好地保护创作者的权利以及促进创意作品的使用，新加坡司法部将对本国的《版权法》进行修改。修正提案包括：更好地认可创作者的工作，允许出于教育目的使用版权材料，支持创作者和用户采纳版权作品集体许可。

商会全球创新政策中心发布了题为《2019年美国商会国际知识产权指数：启迪未来》（U. S. Chamber International IP Index 2019：Inspiring Tomorrow）的报告①。4月15日，欧盟《数字化单一市场版权指令》（Directive Copyright in the Digital Single Market）在欧盟理事会以71.26%的比率通过，正式成为欧盟数字监管领域一项严苛的法律②。4月25日，美国贸易代表办公室发布了《2019年度特别301报告》③。6月6日，欧盟知识产权局发布《2019年知识产权侵权状况报告》（2019 Status Report on Intellectual Property Rights Infringement）④。6月18—19日，世界知识产权组织和英国知识产权局联合举办了"人工智能：知识产权解码"（AI：Decoding IP）研讨会⑤。9月15—18日，2019年AIPPI世界知识产权大会⑥在英国伦敦举办。12月2日，爱尔兰《2019年版权与其他知识产权法案》（Copyright and Other Intellectual Property Law Provisions Act 2019）生效，这标志着于2011年启动的爱尔兰版权法律现代化活动的结束⑦。

二、研究的基本维度

2019年，学界从理论研究到应用研究、从司法实践到行业实务、从历史回溯到域外探究，对著作权展开了多角度、深层次的研究。据不完全统计，截至2019年底，我国全年出版著作权法相关著作共计66部，以著作权为主题的期刊论文1 000余篇，其中硕博论文共200余篇。纵观上述著作，学者们对著作权法的研究有以下基本维度：

（一）理论研究与应用研究并行

把握著作权的一般原理与规则，是展开著作权研究的前提与基础。《著作权法基本原理》⑧一书利用立法论和解释论相区别的方法论，集中探讨了著作权法的各种问题。《著作权法的价值构造研究》⑨一书则认为，公共利益目标应当贯穿于从规范建构到具体法律关系形成的全过程。作品作为著作权法保护的客体，因作品类型的差异，其保护条件、权利限制也存在区别。《戏剧舞蹈作品著作权的法律保护》⑩一书对戏剧舞蹈涉及的著作权问题、相关法律纠纷等进行了深入的分析和探讨。《视障者利用作品之著作权限制研究》⑪围绕"为谁限制""怎样限制""限制什么"三方面对我国视障者利用作品之著作权限制问题进行研究。《学术信息开放存取法律问题研究》⑫一书释明了学术信息开放存取与著作权限制和例外，以及著作权限制和例外的"三步测试法"之间的关系。此外，作为2019年度知识产权领域最为热门的主题之一，知识产权的惩罚性赔偿制度也被众多学者所积极探讨。如袁杏桃出版了《著作权侵权惩罚性赔偿研究》⑬，对著作权侵权行为适用惩罚性赔偿机制的可行性进行了研究。

计算机的普及使文字内容的载体从纸张转变为电子数据，互联网技术的发展让作品的传播媒介从纸媒过渡到信息网络，也带来了许多著作权法上的新问题，部分学者也从纯粹的著作权理论研究转向应用研究。在网络著作权客体方面，《新技术时代新类型客体的可版权性研究》⑭一书梳理和研究了新类型著作权客体的可作品性问题，这是研究相关新类型的智力成果能否受到著作权法保护的前提。在网络著作权主体方面，《网络服务提供者侵犯著作权

① 该报告显示，美国的知识产权指数仍居首位；美国、英国、瑞典、法国和德国知识产权保护环境全球领先；中国排名与去年持平，排在第25位。

② 《数字化单一市场版权指令》由欧盟理事会通过后，仍需由成员国批准，并在生效后两年内被成员国转换为国内法。该指令在第15条"出版商邻接权"和第17条"网络服务商上传审查义务"条款上备受争议。

③ 报告下载地址：https://ustr.gov/sites/default/files/2019_Special_301_Report.pdf。

④ 报告下载地址：https://euipo.europa.eu/ohimportal/web/observatory/status-reports-on-ip-infringement。

⑤ 会议主要探讨了人工智能应用、新商业模式、所有权、责任、权利、竞争、数据访问、监管鼓励措施和道德规范等议题。

⑥ 国际保护知识产权协会（AIPPI）成立于1897年，是世界上成立最早的非政府组织之一，致力于知识产权事业的提升和发展。其总部设于瑞士，现拥有来自100多个国家和地区的9 000多名会员，并在全球68个国家和2个地区设有分会。2019年AIPPI大会对人工智能的知识产权保护、商标诉讼中消费者调查证据的应用、信息时代的全球专利申请、非销售行为的知识产权侵权损害赔偿等多方面的知识产权问题进行了深入探讨。

⑦ 爱尔兰《2019年版权与其他知识产权法案》对现有的版权法及相关专利、商标和工业设计等其他知识产权法进行了修订，扩大了巡回法院和地区法院的管辖范围，拓宽了现有例外情形的适用范围，延长了设计和艺术作品的版权保护期。

⑧ 李扬．著作权法基本原理［M］．北京：知识产权出版社，2019.

⑨ 付继存．著作权法的价值构造研究［M］．北京：知识产权出版社，2019.

⑩ 徐康平．戏剧舞蹈作品著作权的法律保护［M］．北京：学苑出版社，2019.

⑪ 王瑞．视障者利用作品之著作权限制研究［M］．济南：山东人民出版社，2019.

⑫ 焦海洋．学术信息开放存取法律问题研究［M］．北京：中国法制出版社，2019.

⑬ 袁杏桃．著作权侵权惩罚性赔偿研究［M］．北京：知识产权出版社，2019.

⑭ 丁文严．新技术时代新类型客体的可版权性研究［M］．北京：人民法院出版社，2019.

责任问题研究》[①] 则对深度链接、P2P 文件分享、视频分享网站、网页快照、聚合平台、云盘服务等网络服务提供者侵犯著作权问题进行了探讨与分析。在网络著作权实施行为方面，《网络著作权刑法保护研究》[②] 以侵犯网络著作权犯罪为视角进行系统研究，对 P2P 软件和服务提供商的著作权刑事责任、搜索引擎引发的网络著作权刑事保护问题、规避著作权技术措施行为的刑法规制以及私人复制分享行为的刑法考量等疑难争议问题进行了深入探讨。在网络著作权权利限制方面，《权利限制与数字技术》[③] 一书则从数字技术的变化出发，对著作权合理使用制度进行了研究。

（二）司法实践与行业实务兼具

学术理论的最终目的是作用于实践，只有运用于实践，理论才能最终被检验。但是，在法学领域，理论研究与实践仍存在巨大差距，这要求对知识产权的研究必须回归实践，通过实践不断完善知识产权理论认知，进而调整实践行为。因此，随着社会新技术的发展，人们对著作权的实践运用也愈加重视，这也反映到了 2019 年度著作权的相关著作中。

司法案例反映的是进入司法程序并经司法裁决的法律事件，围绕裁判规则、裁判活动及裁判做出的社会背景进行司法案例研究，有助于理解“行动中的法”。2019 年度的著作权法学研究正是从此维度出发，聚焦著作权领域热点疑难问题，对著作权相关案例裁判进行梳理。

例如，《中国知识产权审判年度典型案例评析：2019 年卷》[④]《知识产权案件裁判思维与实例分析》[⑤]《知识产权法学案例研究指导》[⑥]《版权前沿案例评析：2017—2018》[⑦] 《知识产权案件裁判规则（一）：著作权案件审理中客体可著作权性判断》[⑧]《上海知识产权法院裁判文书精选（2017—2018）》[⑨] 均对著作权领域的典型性案例进行了收集和法律解读，对司法界、学术界和实务界具有重要的参考价值。此外，相关著作权著作还从知识产权领域的具体主题出发，对相关司法案例进行了整理和分析。如：《互联网知识产权典型案例精选与注解》[⑩] 分析了当前互联网知识产权纠纷的争议焦点、审理难点、裁判要旨等案件审理的基本情况；《知识产权犯罪案件典型问题研究》[⑪] 则从知识产权刑事角度，对“转码、搜索行为的著作权法适用”“私自架设服务器运营盗版网络游戏行为的刑事责任”等典型性问题进行了解读。

2019 年度著作权相关著作不仅着眼于司法判例的经验运用，而且也意在通过实务规范减少企业实操中的著作权风险，促进整个市场及行业的良性健康发展。《最新企业知识产权保护研究》[⑫] 对企业在知识产权开发、管理、保护以及应对侵权等过程中涉及的法律问题进行了分析与讨论。《互联网产业知识产权管理实证研究》[⑬] 以“集群”的观点和“实证”的方法，梳理了互联网产业的著作权管理、专利权管理和商标品牌管理等内容。当前处于全球性版权贸易的全盛时期，版权贸易已经成为文化企业发展版图的重要组成部分。在此背景下，《版权贸易实务指南》[⑭] 展示了欧洲版权贸易实践细节，为文化企业提供了工作指南。《版权贸易实战教程》[⑮] 则主要对版权贸易合同条款谈判、版权贸易合同撰写和版权输出、版权引进、版权合作等实务操作进行指引。在全民娱乐年代，文化产业与知识产权的融合愈加深入，相关知识产权问题也不断显现。《当代文化企业管理与资产评估研究》[⑯] 一书分析了当代文化企业的经营管理、战略管理、投融资管理以及企业价值评估和著作权资产评估等内容，对文化企

① 张玲玲．网络服务提供者侵犯著作权责任问题研究［M］．北京：中国人民大学出版社，2019．

② 杨加明．网络著作权刑法保护研究［M］．北京：知识产权出版社，2019．

③ 刘劭君．权利限制与数字技术［M］．北京：知识产权出版社，2019．

④ 北京知识产权司法保护研究会．中国知识产权审判年度典型案例评析：2019 年卷［M］．北京：中国法制出版社，2019．

⑤ 朱文彬．知识产权案件裁判思维与实例分析［M］．北京：知识产权出版社，2019．

⑥ 来小鹏．知识产权法学案例研究指导［M］．北京：中国政法大学出版社，2019．

⑦ 王志．版权前沿案例评析：2017—2018［M］．北京：人民出版社，2019．

⑧ 丁文严．知识产权案件裁判规则（一）：著作权案件审理中客体可著作权性判断［M］．北京：法律出版社，2019．

⑨ 陈亚娟．上海知识产权法院裁判文书精选（2017—2018）［M］．北京：人民法院出版社，2019．

⑩ 宋建宝．互联网知识产权典型案例精选与注解［M］．北京：人民法院出版社，2019．

⑪ 秦天宁．知识产权犯罪案件典型问题研究［M］．北京：法律出版社，2019．

⑫ 冷荣芝．最新企业知识产权保护研究［M］．北京：现代出版社，2019．

⑬ 梅术文，郝世博，锁福涛．互联网产业知识产权管理实证研究［M］．北京：知识产权出版社，2019．

⑭ 彼得拉·克里斯蒂娜·哈特．版权贸易实务指南［M］．宋含露，等译．上海：上海文化出版社，2019．

⑮ 崔波．版权贸易实战教程［M］．杭州：浙江大学出版社，2019．

⑯ 暴迪．当代文化企业管理与资产评估研究［M］．北京：北京工业大学出版社，2019．

业的发展提供了可资借鉴的建议。《视听媒体版权实务指南》[①] 从视听媒体版权法律实务方面进行了阐述，内容涉及节目制作、播出、商业再开发中的版权问题。《博物馆馆藏资源著作权、商标权和品牌授权操作指引》[②] 则针对博物馆馆藏资源著作权、商标权和品牌涉及商业使用的授权进行指导。此外，《图书馆著作权工作实务》[③] 旨在针对图书馆业务中不同的资源类型，提供相应法律条款理解与适用的法律指南。

（三）历史回溯和域外探究同步

欲知大道，必先为史。对于著作权研究而言，对著作权发展历史的回顾、总结、反思有助于铺平著作权法制之路，促进文化艺术市场的繁荣与兴盛。2019 年度著作权相关著作鲜明地反映了此特征，《中国知识产权发展报告 2016—2017》[④]《中国知识产权统计年报 2018》[⑤] 分别对我国 2016—2017 年度、2018 年度著作权领域的发展状况进行了数据统计，对著作权领域的重要议题进行了研究分析。同时，刘春田教授的《中国知识产权四十年》[⑥] 一书回顾了改革开放 40 年来我国知识产权各个方面的发展情况，对展望知识产权事业的发展具有非凡意义。

知识产权法是法学领域的一门新兴学科，通过比较法窥探域外著作权法律制度，也是当前知识产权法领域运用较多的一种研究方法。《中日著作权法比较》[⑦] 一书比较分析了中日著作权法中信息网络传播权、人格权、表演者的商品化权以及二次使用费的相关规定。《论美国的版权犯罪刑事责任体系》[⑧] 从美国的成文法和判例法两个方向，阐释了现行美国版权犯罪刑事责任条款的主要内容，并与我国著作权犯罪的相关内容进行了比较研究。此外，学者们也对域外著作权制度进行了基本介绍，如李昊主编的《德国著作权法》（第 2 版）[⑨]，张大伟主编的《美国版权法》[⑩]《世界版权条约》[⑪]《欧盟版权法》[⑫]，对比较研究中外著作权法制度大有裨益。

三、研究问题的导向

（一）著作权之宏观层面分析

（1）著作权价值观。有学者认为知识产权并非限于保护私权，而是在私权保护基础之上追求需要维护和实现的公共利益，并实现二者的平衡[⑬]。有学者对版权作为财产的属性及背后原因进行了分析[⑭]。

（2）著作权发展趋势。学者们从知识产权国际规则构建[⑮]、知识产权保护与国际贸易[⑯]、著作权秩序与文化产业秩序[⑰]等方面，对著作权发展趋势进行了研究。有学者探讨了中国知识产权制度建设法治观和发展观的精神实质和规范表现[⑱]。还有学者提出，知识产权文化建设是知识产权强国建设的应有之义[⑲]。

（3）著作权法定位。有学者提出，由于相关方在诸多法律概念解释和制度价值认知上缺乏基本共识，我国著作权法需要从立法论和解释论两个层面同时推进[⑳]。有学者提出，在立法上应保留著作权法、专利法和商标法单独立法[㉑]。有学者认为，应

---

① 严波. 视听媒体版权实务指南［M］. 北京：知识产权出版社，2019.

② 国家文物局. 博物馆馆藏资源著作权、商标权和品牌授权操作指引［M］. 北京：文物出版社，2019.

③ 罗娇，刘细文. 图书馆著作权工作实务［M］. 北京：科学技术文献出版社，2019.

④ 中国人民大学知识产权教学与研究中心，中国人民大学知识产权学院. 中国知识产权发展报告 2016—2017［M］. 北京：清华大学出版社，2019.

⑤ 国家知识产权局. 中国知识产权统计年报 2018［M］. 北京：知识产权出版社，2019.

⑥ 刘春田. 中国知识产权四十年［M］. 北京：知识产权出版社，2019.

⑦ 胡云红. 中日著作权法比较［M］. 北京：人民法院出版社，2019.

⑧ 张燕龙. 论美国的版权犯罪刑事责任体系［M］. 北京：中国政法大学出版社，2019.

⑨ 图比亚斯·莱特. 德国著作权法：第 2 版［M］. 张怀岭，吴逸越，译. 北京：中国人民大学出版社，2019.

⑩ 张大伟. 美国版权法［M］. 上海：东方出版中心，2019.

⑪ 张大伟. 世界版权条约［M］. 上海：东方出版中心，2019.

⑫ 张大伟. 欧盟版权法［M］. 上海：东方出版中心，2019.

⑬ 冯晓青，周贺微. 知识产权的公共利益价值取向研究［J］. 学海，2019（1）.

⑭ 杰西卡·李特曼. 视版权为财产时我们会忽视什么［J］. 知识产权，2019（9）.

⑮ 刘劭君. 知识产权国际规则的内在逻辑、发展趋势与中国应对［J］. 河北法学，2019（4）.

⑯ 管育鹰. 我国知识产权法学研究进程与新时代展望［J］. 知识产权，2019（3）.

⑰ 向光富，卫绪华. 著作权法秩序下文化产业逻辑预设的发现与启示：从商业电影中的市场价值与艺术价值矛盾切入［J］. 知识产权，2019（4）.

⑱ 吴汉东. 试论知识产权制度建设的法治观和发展观［J］. 知识产权，2019（6）.

⑲ 赵志彬. 中国知识产权文化的发展与展望［J］. 知识产权，2019（8）.

⑳ 熊琦. 中国著作权法立法论与解释论［J］. 知识产权，2019（4）.

㉑ 熊琦. 知识产权法与民法的体系定位［J］. 武汉大学学报（哲学社会科学版），2019（2）.

采用额外因素法来明确反不正当竞争法在知识产权保护中的适用边界[①]。有学者分析了著作权法的四次浪潮以及知识产权法政策学视点下的司法回应[②]。还有学者认为，设置作品类型与著作权兜底条款有违立法与司法的权力配置原则，建议将著作权兜底条款在第三次修正案中删除[③]。

（二）著作权之微观层面分析

（1）著作权客体。作品作为著作权的客体，是著作权法的核心内容。有学者对“作品”一词的内涵外延[④]、“可复制性”要件[⑤]、功能性原则[⑥]进行了重新解读，有学者则对美术作品独创性理论进行了重构[⑦]。不少学者针对新技术时代出现的新兴产物进行了积极的探讨，如人工智能生成物的智力财产属性[⑧]与可版权性[⑨]、游戏画面的作品属性[⑩]、音乐喷泉的可版权性与作品类型[⑪]、专业体育赛事直播画面与体育赛事节目的可版权性[⑫]、短视频的作品独创性[⑬]与判断方法[⑭]。此外，还有学者对手游的游戏玩法与规则[⑮]、VR三维数字模型[⑯]、食物味道和香水气味[⑰]等的著作权的适格性进行了研究。

（2）著作权归属。针对人工智能领域，一些学者对人工智能的生成物归属问题进行了广泛的探讨[⑱]，部分学者对人工智能生成物的类型做了具体划分，分别对人工智能诗集[⑲]、人工智能数据新闻作品[⑳]等著作权客体进行了研究。针对当前游戏行业涌现的游戏直播画面著作权归属问题，有学者认为应采取类型化分析方法[㉑]。此外，短视频产业的迅速发展也带来了一些法律层面的问题，有学者指出，适当调整《著作权法》的相关规则是解决短视频利用问题的根本之策[㉒]。

（3）著作权权利内容。有学者对数字作品作者的精神权利进行研究[㉓]，有学者对此予以细化，分别对发表权[㉔]、修改权[㉕]、保护作品完整权[㉖]进行分析。还有学者针对不同的主体，对书刊版式专有权[㉗]、互联网环境下广播组织权[㉘]、网络出版者权[㉙]，以及作

---

① 卢纯昕．反不正当竞争法在知识产权保护中适用边界的确定［J］．法学，2019（9）．

② 李扬．著作权法的四次浪潮及其司法回应［J］．人民论坛，2019（28）．

③ 刘银良．著作权兜底条款的是非与选择［J］．法学，2019（11）．

④ 张继成．对“作品”一词内涵外延及其适用方法的法逻辑诠释［J］．求是学刊，2019（6）．

⑤ 金松．论作品的“可复制性”要件：兼论作品概念条款与作品类型条款的关系［J］．知识产权，2019（1）．

⑥ 梁志文．论版权法上的功能性原则［J］．法学，2019（7）．

⑦ 刘文献．美术作品独创性理论重构：从形式主义到理论主义［J］．政治与法律，2019（9）．

⑧ 曹博．人工智能生成物的智力财产属性辨析［J］．比较法研究，2019（4）．

⑨ 丛立先．人工智能生成内容的可版权性与版权归属［J］．中国出版，2019（1）；邵松，乔监松．基于学术出版伦理的AI创作物可版权性探讨［J］．科技与出版，2019（3）．

⑩ 来小鹏，贺文奕．论电子游戏画面的作品属性［J］．电子知识产权，2019（11）．

⑪ 王迁．论作品类型法定：兼评“音乐喷泉案”［J］．法学评论，2019（3）；袁锋．论音乐喷泉的著作权法定性：兼评我国“音乐喷泉著作权第一案”［J］．电子知识产权，2019（7）．

⑫ 崔国斌．体育赛事直播画面的独创性标准选择［J］．苏州大学学报（法学版），2019（4）；杨幸芳．体育赛事节目的法律性质与保护之评析：兼评新浪诉凤凰网中超赛事案［J］．电子知识产权，2019（12）．

⑬ 卢海君．短视频的《著作权法》地位［J］．中国出版，2019（5）．

⑭ 孙山．短视频的独创性与著作权法保护的路径［J］．知识产权，2019（4）；周灿．短视频作品独创性判断标准论［J］．中国出版，2019（24）．

⑮ 焦海洋．论手游玩法规则构成作品与否的认定标准［J］．电子知识产权，2019（2）．

⑯ 郭如愿．论VR三维数字模型的作品属性［J］．电子知识产权，2019（2）．

⑰ 黄武双，查汝玲．食物味道和香水气味的著作权适格性问题研究［J］．科技与法律，2019（6）．

⑱ 朱梦云．人工智能生成物的著作权归属制度设计［J］．山东大学学报（哲学社会科学版），2019（1）；张怀印，甘竞圆．人工智能生成物著作权归属问题研究：谁有资格放弃《阳光失了玻璃窗》的版权？［J］．科技与法律，2019（3）．

⑲ 李伟民．人工智能诗集的版权归属研究［J］．电子知识产权，2019（1）．

⑳ 沈思言，刘建．人工智能数据新闻作品著作权归属问题探析［J］．中国出版，2019（8）．

㉑ 焦和平．类型化视角下网络游戏直播画面的著作权归属［J］．法学评论，2019（5）．

㉒ 丛立先．论短视频作品的权属与利用［J］．出版发行研究，2019（4）．

㉓ 蔡晓东．数字作品作者精神权利：规范、技术和条约解读［J］．西部法学评论，2019（4）．

㉔ 李雨峰，陈伟．为何“一次性”的发表权需要期限限制?：基于发表权的理论逻辑与权利框架的反思［J］．电子知识产权，2019（9）．

㉕ 李琛．论修改权［J］．知识产权，2019（10）．

㉖ 管育鹰．保护作品完整权之歪曲篡改的理解与判定［J］．知识产权，2019（10）；张玲．保护作品完整权的司法考察及立法建议［J］．知识产权，2019（2）．

㉗ 李杨．论书刊版式专有权的保护范围：关于《著作权法》第36条的解释论问题［J］．知识产权，2019（11）．

㉘ 秦俭．互联网环境下广播组织权与著作权的利益冲突与平衡：以“网络转播权”的利益分配为例［J］．电子知识产权，2019（5）．

㉙ 郝明英．论网络出版者权的法律规制［J］．中国出版，2019（13）．

者与表演者的公平报酬权[①]进行了探讨。

（4）著作权利用。有学者对现场直播的“固定”要件[②]、著作权法意义上的“网络出版”行为[③]、刑法意义上的“复制发行”行为[④]进行了分析。此外，有学者研究了出售软件序列号和破解程序行为的定性[⑤]、网络游戏直播平台相关行为的合法性[⑥]等问题。还有学者对构建合理的转让不破许可规则体系提出了自己的建议[⑦]。

（5）著作权使用限制。正确界定著作权的权利边界是实现利益平衡的重要手段。针对著作权的合理使用例外，学者们从多维度展开了研究，梳理与分析我国著作权合理使用制度的设立与演变过程[⑧]，借鉴域外国家合理使用制度的经验[⑨]，明确转换性使用在本土法上的构成要件[⑩]，探究合理使用对滥用通知现象的遏制[⑪]，研究对合理使用情形作具体类型化的“中间层次”一般条款[⑫]，并提出扩张著作权合理使用规则的路径[⑬]。还有部分学者对合理使用制度的具体化适用进行了研究，如网络游戏在线直播[⑭]、人工智能[⑮]、MOOC 教育模式[⑯]、数字图书馆[⑰]的著作权合理使用问题。针对作品的法定许可，有学者从制度立法价值的角度对播放作品法定许可的存与废进行了分析[⑱]，有学者对我国广播权法定许可的修法路径进行了相关探讨[⑲]。此外，还有学者提出为表演和录音的专有许可规定法定期限[⑳]，以及建议适当引入针对数字音频播放的新类型的音乐著作权法定许可制度[㉑]。

（6）著作权侵权与损害赔偿。伴随网络技术的发展，有学者对短视频平台治理[㉒]、网络聚合平台深层链接的著作权侵权责任分配[㉓]、网络服务提供者的刑事保护规则[㉔]进行了分析，提出重构网络著作权间接侵权规则制度[㉕]。《电子商务法》的出台与实施也使不少学者对避风港规则[㉖]、通知—移除制度[㉗]、服务提供商的过滤义务[㉘]等知识产权侵权责任规则进行了研究。还有学者对文本与数字挖掘技术

---

① 崔立红．作者、表演者公平报酬权比较研究［J］．山东社会科学，2019（9）．

② 王迁．论现场直播的“固定”［J］．华东政法大学学报，2019（3）．

③ 彭桂兵．论我国著作权法意义上的“网络出版”：兼对《著作权法》（修订草案送审稿）第 31 条的解读［J］．出版发行研究，2019（5）．

④ 贾学胜．著作权刑法保护视阈下“复制发行”的法教义学解读［J］．知识产权，2019（6）；曹波．网络环境中“复制发行”司法认定新论［J］．西部法学评论，2019（5）．

⑤ 王迁．论出售软件序列号和破解程序的行为定性［J］．法学，2019（5）．

⑥ 吴真文，杜牧真．网络游戏直播平台相关行为的合法性分析［J］．电子知识产权，2019（3）．

⑦ 张扬欢．论知识产权转让不破许可规则［J］．电子知识产权，2019（10）．

⑧ 姜亦周．中国著作权合理使用制度之演变与完善研究：从 1991 年《著作权法》到 2014 年《著作权法（修订草案送审稿）》［J］．出版科学，2019（3）．

⑨ 易磊．对我国当前合理使用修改的思考：以德国“合理使用”为视角［J］．电子知识产权，2019（2）．

⑩ 熊琦．著作权转换性使用的本土法释义［J］．法学家，2019（2）．

⑪ 蔡元臻．论合理使用对滥用通知现象的遏制：美国“跳舞婴儿案”的启示与反思［J］．知识产权，2019（1）．

⑫ 谢晴川，何天翔．论著作权合理使用制度的开放化路径：以“中间层次”一般条款的引入为中心［J］．知识产权，2019（5）．

⑬ 刘水美．扩张合理使用目的的法律适用新规则［J］．知识产权，2019（8）；梁九业．著作权合理使用规则的司法扩张与理路修正［J］．出版发行研究，2019（5）；李燕．《著作权法》修改背景下合理使用制度的完善路径［J］．出版发行研究，2019（4）．

⑭ 焦和平．网络游戏在线直播的著作权合理使用研究［J］．法律科学（西北政法大学学报），2019（5）．

⑮ 张金平．人工智能作品合理使用困境及其解决［J］．环球法律评论，2019（3）．

⑯ 梁九业．MOOC 教育模式下著作权合理使用问题研究［J］．电子知识产权，2019（9）．

⑰ 范春雷．数字图书馆版权合理使用制度的立法完善［J］．河北法学，2019（7）．

⑱ 彭桂兵，朱雯婕．论广播电台电视台播放作品法定许可的存与废：基于立法价值的视角［J］．西南政法大学学报，2019（5）．

⑲ 刘银良．我国广播权法定许可的国际法基础暨修法路径［J］．清华法学，2019（2）．

⑳ 王迁．著作权法限制音乐专有许可的正当性［J］．法学研究，2019（2）．

㉑ 蒋一可．数字音乐著作权许可模式探究：兼议法定许可的必要性及其制度构建［J］．东方法学，2019（1）．

㉒ 田小军，郭雨笛．设定平台版权过滤义务视角下的短视频平台版权治理研究［J］．出版发行研究，2019（3）．

㉓ 黄汇，刘家会．网络聚合平台深层链接著作权侵权责任的合理配置［J］．当代法学，2019（4）．

㉔ 孙禹．论网络服务提供者的保护规则：以刑事责任的限制为视角［J］．北方法学，2019（2）．

㉕ 王昊．著作权间接侵权分析：以信息存储空间服务为视角［J］．电子知识产权，2019（4）；朱开鑫．网络著作权间接侵权规则的制度重构［J］．法学家，2019（6）．

㉖ 杨立新．电子商务交易领域的知识产权侵权责任规则［J］．现代法学，2019（2）；徐卓斌．《电子商务法》对知识产权法的影响［J］．知识产权，2019（3）；刘文杰．“通知删除”规定、必要措施与网络责任避风港［J］．电子知识产权，2019（4）．

㉗ 万勇．人工智能时代的版权法通知—移除制度［J］．中外法学，2019（5）．

㉘ 谭洋．在线内容分享服务提供商的一般过滤义务：基于《欧盟数字化单一市场版权指令》［J］．知识产权，2019（6）．

应用的版权例外规则进行了相关分析[①]。作为著作权侵权民事责任的承担方式，著作权侵权损害赔偿的计算方法向来存有争议。有学者提出知识产权损害赔偿应以“准确反映出知识产权市场价值”为目标[②]；有学者提出应在传统赔偿方式中给予法院足够的自由裁量权，而不是一味地改造法定赔偿规则本身[③]；还有学者通过判例样本采集与统计分析，对完善知识产权侵权损害赔偿数额计算标准提出了建议[④]。

（7）著作权保护。数字技术的变革催生了大量新兴的著作权客体，这些客体的性质与特征也要求以不同的著作权保护模式对其予以针对性保护。不少学者分析了人工智能系统的法律地位[⑤]，对人工智能生成物的著作权保护[⑥]与邻接权保护[⑦]的可行性进行了研究。有学者提出了“洗稿”作品的著作权侵权判断规则[⑧]，从著作权法的功能出发探讨了网络“洗稿”的社会规范路径[⑨]。此外，还有学者对音乐采样[⑩]、视觉艺术作品[⑪]、互联网混剪视频[⑫]、服装设计[⑬]、时尚设计[⑭]、体育赛事实况转播[⑮]、“用户生成内容”[⑯]、数据财产[⑰]、机器学习[⑱]，以及非典型作品[⑲]的著作权保护模式进行了探析。

四、结语

2019年是新中国成立70周年。70年风雨兼程，70年励精图治。我国在经济建设上经历了巨大的曲折与困惑，也创造了前无古人的伟大辉煌。改革开放诱发了全体国人跨越世纪的伟大觉醒，知识产权立法从无到有，形成相对健全的局面[⑳]。2008年《国家知识产权战略纲要》颁布实施，知识产权上升为国家战略，我国知识产权保护格局逐步形成。随着国家的强大，我国知识产权事业逐渐成长、发展，并在我国经济、文化、科技等领域展现出生命力、创造力、影响力。

同时，科技的发展带来了作品表现形式和传播媒介的革命性变化，知识产权事业也不断接受着新的考验与挑战。人工智能生成物、短视频、网络游戏画面等新型客体的出现，打破了著作权领域的传统生态，冲击了著作权法的理论预设和基础架构，这些也深刻地反映到著作权的理论研究中[㉑]。应对数字与互联网技术的变革，我国知识产权事业的发展必须与知识产权理论研究、知识产权实践紧密相连。以理论研究指导知识产权实践，在实践中不断完善知识产权理论研究，在与新技术的互动中实现二者的融合与统一，从而提升我国知识产权事业。在新时代背景下，通过与时俱进的知识产权发展路径同祖国共成长，通过长久屹立的创新精神支撑实现中华民族伟大复兴。

---

① 董凡，关永红．论文本与数字挖掘技术应用的版权例外规则构建［J］．河北法学，2019（9）；阮开欣．欧盟版权法下的文本与数据挖掘例外［J］．图书馆论坛，2019（12）．

② 徐小奔．知识产权损害的价值基础与法律构造［J］．当代法学，2019（3）．

③ 蒋舸．知识产权法定赔偿向传统损害赔偿方式的回归［J］．法商研究，2019（2）；袁杏桃．确定著作权侵权惩罚性赔偿金的模式选择［J］．中国出版，2019（2）．

④ 曹新明．我国知识产权侵权损害赔偿计算标准新设计［J］．现代法学，2019（1）．

⑤ 曾炜，曾姣玉．知识产权法下人工智能系统的法律地位［J］．南昌大学学报（人文社会科学版），2019（2）．

⑥ 朱梦云．人工智能生成物的著作权保护可行性研究［J］．出版科学，2019（3）；马忠法，肖宇露．人工智能创作物的著作权保护［J］．电子知识产权，2019（6）．

⑦ 陈虎．论人工智能生成内容的邻接权保护：从立论质疑出发的证伪［J］．电子知识产权，2019（9）．

⑧ 谢晶．论微信公众号“洗稿”作品著作权侵权判定［J］．电子知识产权，2019（3）．

⑨ 谢嘉图．论规制网络洗稿的社会规范路径：以反思著作权法的功能为逻辑展开［J］．电子知识产权，2019（8）．

⑩ 鲁甜．音乐采样法律规制路径的解析与重构：以美、德规制路径为视角［J］．法律科学（西北政法大学学报），2019（4）；王宇．数字环境对音乐版权制度的挑战及立法应对：以美国《音乐现代化法案》为研究样本［J］．电子知识产权，2019（11）；刘家瑞．论美国数字音乐版权制度及启示［J］．知识产权，2019（3）．

⑪ 杨绪东．美国视觉艺术作品版权制度革新梳理与借鉴［J］．电子知识产权，2019（7）．

⑫ 李蕾，魏伟．合理使用视阈下的互联网混剪视频保护困境及出路［J］．西南政法大学学报，2019（5）．

⑬ 郝敏．服装设计相关的知识产权保护模式探析［J］．知识产权，2019（9）．

⑭ 朱楠．时尚设计的抄袭认定、保护困境和路径选择［J］．浙江理工大学学报（社会科学版），2019（5）．

⑮ 胡晶晶．“信号”抑或“画面”之保护：体育赛事实况转播保护路径研究［J］．北方法学，2019（3）；张雅涵．论体育赛事节目在互联网传播中的著作权法保护［J］．中国发明与专利，2019（4）．

⑯ 倪朱亮．“用户生成内容”之版权保护考［J］．知识产权，2019（1）．

⑰ 郝思洋．知识产权视角下数据财产的制度选项［J］．知识产权，2019（9）．

⑱ 刘友华，魏远山．机器学习的著作权侵权问题及其解决［J］．华东政法大学学报，2019（2）．

⑲ 曹阳．非典型作品著作权保护的审慎原则证成与修正［J］．电子知识产权，2019（12）．

⑳ 刘春田．跨越世纪的伟大觉醒：发现创造和知识产权［J］．知识产权，2019（8）．

㉑ 王忠诚．著作权客体制度的现实反思与未来改革［J］．电子知识产权，2009（5）．

2019 年著作权学术论文导览

［编者按］ 本栏目刊登两部分内容：1. 根据论文主题、发表期刊、被引次数、下载次数、专家推荐，选取2019 年度著作权热点问题研究十佳论文；2. 在中国知网以“核心期刊”“CSSCI”为限定条件，搜索著作权相关学术论文，收录每篇学术论文摘要。

一、2019 年度著作权热点问题研究十佳论文

篇名	作者	发表期刊	被引	下载
著作权法限制音乐专有许可的正当性	王 迁	《法学研究》2019 年第 2 期	10	3 196
短视频的独创性与著作权法保护的路径	孙 山	《知识产权》2019 年第 4 期	10	2 803
网络游戏在线直播的著作权合理使用研究	焦和平	《法律科学（西北政法大学学报）》2019 年第 5 期	4	2 125
论人工智能的法学分析方法——以著作权为例	李 琛	《知识产权》2019 年第 7 期	14	2 071
著作权转换性使用的本土法释义	熊 琦	《法学家》2019 年第 2 期	19	1 972
网络著作权间接侵权规则的制度重构	朱开鑫	《法学家》2019 年第 6 期	6	1 326
保护作品完整权的司法考察及立法建议	张 玲	《知识产权》2019 年第 2 期	10	1 050
著作权兜底条款的是非与选择	刘银良	《法学》2019 年第 11 期	2	766
人工智能时代的版权法通知—移除制度	万 勇	《中外法学》2019 年第 5 期	5	590
论版权法上的功能性原则	梁志文	《法学》2019 年第 7 期	3	551

注：下载次数的统计截至 2020 年 8 月 23 日。

二、2019 年度著作权学术论文摘要

1. 著作权法限制音乐专有许可的正当性

【作者简介】 王迁，华东政法大学知识产权学院教授、博士生导师，法学博士。

【发表期刊】《法学研究》2019 年第 2 期

【内容摘要】 音乐作品的特殊性在于其传播通常需要借助音乐表演的录音。欣赏音乐的主要渠道在前网络时代主要为购买音乐表演的录音制品，在网络时代为点播或下载音乐表演的录音。如果大量音乐作品的权利人对录制、发行和通过网络以交互式手段传播音乐录音的权利发放专有许可，会影响人们欣赏风格各异的音乐表演，从而损害音乐文化的多样性。通过非自愿许可对此种专有许可进行限制具有正当性。同时，要提供音乐录音的点播和下载，还需要针对表演和录音取得许可。如果各录音制作者向一家数字音乐平台发放数量占绝对优势的音乐录音的专有许可，人们欣赏音乐的主要渠道就会被垄断。基于我国实体唱片市场几乎消亡的现实，对此种专有许可进行干预具有正当性。与设定非自愿许可相比，为表演和录音的专有许可规定法定期限更具有可行性。

【关键词】 音乐作品　专有许可　制作录音制品法定许可　强制许可

2. 短视频的独创性与著作权法保护的路径

【作者简介】 孙山，西北政法大学经济法学院副教授、硕士生导师，法学博士。

【发表期刊】《知识产权》2019 年第 4 期

【内容摘要】 短视频保护中需要明确的首要问题是短视频的独创性。独创性的高低与有无以及短视频制作者的主体身份，决定了短视频将会受到何种保护。虽然短视频的选择空间小、时间短，但它依旧可能具有独创性，以视听作品的身份获得狭义上著作权的保护。基于短视频传播的特性和我国对音像制品制作实行严格管理的现状，理论上成立的音像制作者权根本不会出现在短视频的制作和传播的商业实践中。对于无法达到一定创作高度、不符合视听作品之独创性要求的短视频，只要其中包含

了人的表演，可以通过表演者权主张获得著作权法上的救济。对于那些不具备独创性同时也不包含人的表演的短视频，著作权法不能提供任何保护。以狭义的著作权和表演者权为基础，短视频的权利人可以在现行法的框架下获得充分保护，无须对制度做出任何修改。

【关键词】 短视频　独创性　著作权　音像制作者权　表演者权

3. 网络游戏在线直播的著作权合理使用研究

【作者简介】 焦和平，西北政法大学经济法学院副教授，法学博士。

【发表期刊】《法律科学（西北政法大学学报）》2019年第5期

【内容摘要】 网络游戏直播是我国当前发展最为迅猛的文化产业新业态，但未经许可直播网络游戏属于侵权行为还是合理使用在理论和实务中均有争议。游戏动态画面是吸引网络用户在线观看直播的主要原因，游戏直播市场属于游戏画面权利人的预期市场。在认定网络游戏直播是否构成合理使用时，不宜直接将美国版权法上的四要素标准和国际公约中的三步检测法作为我国司法实践中审理具体案件的适用依据。基于解释论立场，网络游戏直播不属于合理使用，这一结论也可依据四要素标准从学理上得到检验。

【关键词】 网络游戏直播　版权侵权　合理使用

4. 论人工智能的法学分析方法——以著作权为例

【作者简介】 李琛，中国人民大学法学院教授、博士生导师，联合国教科文组织版权与邻接权教席主持人。

【发表期刊】《知识产权》2019年第7期

【内容摘要】 法律不能领先于社会现实，以猜想为基础、对人工智能的法律规制提出过于琐细的规则设计，没有太大价值。技术有变，法理有常。要评估人工智能对法律的影响，先要返回制度原理，研究现行制度蕴含的回应能力。有关人工智能与著作权的讨论，反映出人工智能的法学分析在方法上存在缺陷。与想象性规则设计相比，对讨论方法本身的先行批判、对现有制度回应新技术之潜力的发掘，更具理论意义与实践价值。

【关键词】 知识产权　著作权　法律主体　创造　人工智能

5. 著作权转换性使用的本土法释义

【作者简介】 熊琦，华中科技大学法学院教授、博士生导师，法学博士。

【发表期刊】《法学家》2019年第2期

【内容摘要】 著作权转换性使用系美国法官造法的产物，在我国被法院直接用来缓解合理使用穷尽式列举类型不足的问题。由于未能廓清转换性使用的概念和适用范围，导致实务中合理使用条款的判定标准模糊，同时引发了我国合理使用未来立法选择的争议，因此有必要从比较法中发掘转换性使用的本土化意义，通过回溯其造法源起和适用目的，明确界定转换性使用在本土法上的构成要件，并基于我国合理使用的现有立法构造，提炼出符合“三步检验法”的解释规则，将转换性使用纳入我国著作权法“评论或说明问题”类的合理使用中，并辅以《著作权法实施条例》第21条对合理使用法定类型适用的限定，这既可以为网络环境下大量借助既有作品的创作行为提供合法性保护，也能避免合理使用范围的扩大而造成弱化著作权经济激励的弊端。

【关键词】 转换性使用　合理使用　三步检验法　著作权例外　法官造法

6. 网络著作权间接侵权规则的制度重构

【作者简介】 朱开鑫，法学博士，中国社会科学院法学研究所博士后。

【发表期刊】《法学家》2019年第6期

【内容摘要】 随着网络著作权侵权形势的不断严峻，为了打破著作权法定性原则产生的责任追究困境，网络著作权间接侵权规则应运而生。我国现有的网络著作权间接侵权规则体系在科学性和完整性方面存在诸多问题，亟须对其加以制度重构：一方面应当坚持归责体系的一元化制度设计路径，摒弃避风港规则等免责规则的适用；另一方面应当厘清共同侵权理论指导下的著作权帮助侵权规则和教唆侵权规则的区别，并通过将《侵权责任法》中的“安全保障义务”规则作为制度接口和适用依据，明确著作权侵权替代责任的独立价值。

【关键词】 著作权间接侵权　网络服务提供者　避风港规则　共同侵权责任　侵权替代责任

7. 保护作品完整权的司法考察及立法建议

【作者简介】 张玲，南开大学法学院教授、博士生导师。

【发表期刊】《知识产权》2019年第2期

【内容摘要】 研读我国保护作品完整权的判决

书后发现，法官的裁判标准各异，存在同案异判现象，权利规则需要在反思后予以完善。作者声誉不属于著作权保护的精神利益，应回归人格权保护范畴。保护作品完整性的体系价值在于：确保作品的同一性，即表达信息的完整性和思想与表达的一致性。应取消修改权，将误读的含义归还保护作品完整权。侵害保护作品完整权的行为方式包括：作品文本的改动和作品文本之外的改动。侵权判定标准的基点由作者声誉回归作品本体，并以社会公众作为判断的主体标准。

【关键词】 作品　保护作品完整权　作者声誉　作品同一性　修改权

8. 著作权兜底条款的是非与选择

【作者简介】 刘银良，北京大学法学院教授、博士生导师，法学博士。

【发表期刊】《法学》2019 年第 11 期

【内容摘要】 我国著作权法关于著作权兜底条款的设置弊端众多，导致著作权制度的严重缺陷，属于错误的立法选择。著作权兜底条款既无必要，也无著作权法理论基础。根据著作权法的基本目标和著作权法定原则，立法者既没有权力赋予作者无限制的著作权，也没有权力将其职责让渡给司法机构。作者的著作权具有有限性，需在著作权法中明确规定，实则无底可兜。我国著作权法设置作品类型与著作权兜底条款有违立法与司法的权力配置原则，也不具备现实的必要性和充分的合理性，且已导致著作权法适用的混乱和法律的不确定性，建议在第三次修正案中删除。

【关键词】 著作权　版权　其他作品　其他权利　兜底条款

9. 人工智能时代的版权法通知—移除制度

【作者简介】 万勇，中国人民大学法学院教授、博士生导师，中国人民大学未来法治研究院研究员。

【发表期刊】《中外法学》2019 年第 5 期

【内容摘要】 现行版权法的通知—移除制度是 web 1.0 时代的产物，以人工通知和人工审查为制度预设。随着 web 2.0 和人工智能技术的发展，利用算法自动发出通知，自动过滤涉嫌侵权作品等方式进行算法执法成为常态，从而对传统的通知—移除制度提出重大挑战。通知—移除制度作为一种私人规制机制，本来就是内容产业与技术产业之间妥协的产物，缺乏对作为网络用户的广大公众的利益考量，算法执法进一步加剧了利益失衡。为了恢复权利人、网络服务提供商与公众之间的利益平衡，应当要求网络服务提供商承担构建合理的算法设计义务、披露收到的通知信息义务，以及在法律中引入黑箱测试豁免条款。

【关键词】 算法　人工智能　通知—移除制度　版权保护

10. 论版权法上的功能性原则

【作者简介】 梁志文，南京师范大学教授、博士生导师，广东外语外贸大学华南国际知识产权研究院教授。

【发表期刊】《法学》2019 年第 7 期

【内容摘要】 作为区分版权客体与实用专利客体的沟渠原则，功能性原则是版权法上隐藏在思想观念与表达二分法、合并原则、必要场景原则等概念下的重要制度，它是版权客体扩张至功能性、实用性作品等非纯文学艺术作品类型后，用于确定版权保护范围的过滤审查与门槛标准。功能性原则区分事实功能性与法律功能性，应坚持“技术功能性决定的表达”这一法律功能性的判断标准。实用艺术作品是适用功能性原则的典型，应该区分事实功能性（实用功能）与独创性的不同作用，也应以法律功能性确定可分离性标准的具体含义。将功能性原则独立且明确地予以界定，具有统一各种法律理论并使其简化的效果，能够有力地维护版权制度的协调发展。

【关键词】 功能性原则　事实功能性　法律功能性　可分离性标准　实用艺术作品

11. 论修改权

【作者简介】 李琛，中国人民大学法学院教授、博士生导师，联合国教科文组织版权与邻接权教席主持人。

【发表期刊】《知识产权》2019 年第 10 期

【内容摘要】 修改权的规范目的在于保障作者的修改自由。修改权既不是保护作品完整权的重复，也不是为了禁止程度轻于“篡改”的“小改”。对修改权的“中国式误读”不仅不合法理，也造成了裁判标准的不统一。对修改权的理解事关是否废除该权利的立法选择，对其误读原因的分析，也能引发对法律解释方法的思考。

【关键词】 修改权　保护作品完整权　收回权

12. 短视频产业著作权问题的制度回应

【作者简介】 李琛，中国人民大学法学院教授、博士生导师，联合国教科文组织版权与邻接权教席主持人。

【发表期刊】《出版发行研究》2019 年第 4 期

【内容摘要】 短视频产业的兴起并未给著作权理论或制度带来根本性的冲击。短视频著作权问题的主要根源不是制度缺陷，而是权利保护在操作层面的难度。根据产业现状合理设置短视频传播企业的注意义务，遵循著作权原理认定作品独创性、消除“视听作品需有较高独创性”的误解是解决短视频产业著作权问题的两个重点。

【关键词】 短视频　著作权　独创性　注意义务

13. 论作品类型法定——兼评“音乐喷泉案”

【作者简介】 王迁，华东政法大学知识产权学院教授、博士生导师，法学博士。

【发表期刊】《法学评论》2019 年第 3 期

【内容摘要】 我国《著作权法》采取了“作品类型法定”的模式，限定了作品的表现形式，为著作权权利内容法定奠定了基础，有助于明晰权利界限、维护交易安全。虽然《伯尔尼公约》对作品采取了开放式定义，但这不能成为法院突破《著作权法》规定的作品类型的依据。同时《伯尔尼公约》对作品类型的列举对于确定成员国保护源自其他成员国作品的义务具有重要意义。法院自行创设新的作品类型或者不合理地扩大解释某类作品的内涵，都会导致我国与其他《伯尔尼公约》成员国在保护义务方面的不对等，并不足取。

【关键词】 著作权法定　作品类型法定　美术作品　国民待遇

14. 论现场直播的“固定”

【作者简介】 王迁，华东政法大学知识产权学院教授、博士生导师，法学博士。

【发表期刊】《华东政法大学学报》2019 年第 3 期

【内容摘要】 电影作品只有“摄制在一定介质上”才能受到我国《著作权法》的保护，这明显属于对“已固定”的要求。在为修改《伯尔尼公约》召开的斯德哥尔摩外交会议上，各国对是否应将“已固定”规定为“电视作品”受保护的条件而展开的讨论，说明多数国家并不认为现场直播的连续画面在被他人转播时已被固定。美国《版权法》将“随录随播”的现场直播视为“已固定”属于法律拟制。英国等其他英美法系国家和地区并不将此类现场直播视为“已固定”的电影或录音，且专门将“广播”列为一种独立的作品类型，以对现场直播进行保护。美国《版权法》与我国《著作权法》在结构上大相径庭，其法律拟制对我国没有借鉴意义。现场直播的连续画面在我国并不符合“已固定”的要求，无法作为电影作品受到《著作权法》的保护。

【关键词】 电影作品　现场直播　固定　《伯尔尼公约》《著作权法》

15. 论出售软件序列号和破解程序的行为定性

【作者简介】 王迁，华东政法大学知识产权学院教授、博士生导师，法学博士。

【发表期刊】《法学》2019 年第 5 期

【内容摘要】 出售软件序列号和破解程序虽然能使购买者不经软件著作权人许可运行软件，但此类行为并不涉及对他人软件中“代码化指令序列”的复制或发行，无法构成“侵犯著作权罪”。一些法院以此类行为的后果和目的与复制或发行相似为由追究行为人的刑事责任并不合理。因用户未经许可运行软件的行为并不构成侵权，出售软件序列号和破解程序也不构成间接侵权及相应的犯罪行为。此类行为可被归入提供规避技术措施的手段以及擅自许可他人行使软件著作权，依《信息网络传播权保护条例》和《计算机软件保护条例》构成民事侵权，但不构成刑事犯罪。

【关键词】 软件序列号　计算机软件　技术措施　提供规避手段

16. 如何研究新技术对法律制度提出的问题——以研究人工智能对知识产权制度的影响为例

【作者简介】 王迁，华东政法大学知识产权学院教授、博士生导师，法学博士。

【发表期刊】《东方法学》2019 年第 5 期

【内容摘要】 新技术对法律制度具有不同影响。有时新技术并未带来新的法律问题，现行法在经过合理解释后完全可以适用。有时新技术只是凸显了原先存在的问题，没有产生需要研究的新问题。在研究新技术对法律制度提出的新问题时，应先确认该新问题真实存在，有科学证据作为支撑。对于人工智能时代个人隐私及算法的保护问题，现行法中已有回应，或者属于原先就已存在的问题。人工智能生成的内容是否可作为作品受到著作权法保护，是值得研究的新问题。但以未来将出现具有独立思维能力的强人工智能为前提，研究强人工智能发明创造的可专利性，似过于超前。

【关键词】 人工智能　作品　发明创造　可专利性

17. 美国最高法院在知识产权案件中的法律解释——基于 2018 年度判例的考察

【作者简介】 金海军，中国人民大学法学院教授、博士生导师。

【发表期刊】 《知识产权》2019 年第 12 期

【内容摘要】 在美国最高法院 2018 年度的 6 起知识产权案件判决中，绝大部分涉及制定法特定用语的解释。文章介绍了这些判例的基本案情、判决结果与依据，着重阐述了法院针对涉案法律用语是如何进行解释的。这些用语包括美国专利法中的"销售""人"，著作权法中的"全部费用""登记"，以及商标法中的"违反道德"等。最后简要概括了美国最高法院在知识产权案件中的法律解释方法与特点。

【关键词】 美国最高法院　知识产权　法律解释　遵循先例

18. 中国著作权法立法论与解释论

【作者简介】 熊琦，华中科技大学法学院教授、博士生导师，法学博士。

【发表期刊】 《知识产权》2019 年第 4 期

【内容摘要】 虽然基于各种数据都能得出著作权法学研究已成为"显学"的结论，但在版权产业模式日趋复杂化的今天，著作权法在立法论和解释论上都面临着深层次的新问题，致使相关方在诸多法律概念解释和制度价值认知上缺乏基本共识，立法和司法层面的相关讨论难以展开。这意味着我国著作权法无法如民法和刑法一般基本进入解释论的时代，而需要在立法论和解释论两个层面同时推进。在立法论层面应从单纯的规则借鉴进入对制度价值、制度绩效、制度执行全方面的深层次比较，为著作权法研究上的方法论自觉和研究范式形成提供理论支持。在解释论层面应全面构建以尊重既有规则和基本法理为基础的著作权法教义学范式，把补充不完全规则的推理建立在穷尽体系解释和类推适用的基础上，避免法官自行定义个案中的实质正义，保证法官造法的结论和引入的域外司法经验符合本土既有规则体系的解释结果。

【关键词】 著作权法　比较法　立法论　解释论　法教义学

19. 知识产权法与民法的体系定位

【作者简介】 熊琦，华中科技大学法学院教授、博士生导师，法学博士。

【发表期刊】 《武汉大学学报（哲学社会科学版）》2019 年第 2 期

【内容摘要】 我国知识产权入典和成典所引发的争议，根源在于未能清晰地梳理知识产权法与民法的体系逻辑。回溯两者的立法传统可以发现，知识产权法与民法彼此独立发展的史实在现有研究中未被重视。再观权利属性的类型衔接，知识产权、私权、财产权的概念边界不明，最终造成片面地为了制度创新和特色而忽视体系科学的现状。历史上知识产权法的变革与发展，很大程度上体现的是商法自治性和超国家的发展特色，因而以民法与商法的关系来类比民法与知识产权法的关系更为科学。鉴于无体物与有体物财产权在规则设计上不可忽略的差异以及知识产权法内部各权利类型无法提取公因式的实际现状，立法上应该保留著作权法、专利法和商标法单独立法，避免出现为法典化而法典化导致的例外远多于一般的窘境。

【关键词】 知识产权法典　民法典编纂　商法法典化　体系化

20. 我国广播权法定许可的国际法基础暨修法路径

【作者简介】 刘银良，北京大学法学院教授、博士生导师，法学博士。

【发表期刊】 《清华法学》2019 年第 2 期

【内容摘要】 广播权法定许可是著作权法设置的广播权限制措施。在我国著作权法框架下，广播权法定许可制度一直处于修订中，至今仍然问题重重。它在《著作权法》第三次修订草案中失而复得，相关规定依然缺陷明显。《伯尔尼公约》规定了传统的广播权限制，《世界知识产权组织版权条约》（WCT）规定了基础的权利限制与例外规则，它们奠定了广播权法定许可制度的国际法基础，有助于理解该制度的基础和制度要素，亦为我国著作权法修正该制度提供了路径。广播权法定许可制度有切实的法理基础，在《著作权法》第三次修正案中需依据国际公约予以完善，规定契合网络技术时代的法定许可范畴和条件，使之成为公平与合理的广播权限制制度与利益平衡制度。

【关键词】 著作权　广播权　法定许可　《伯尔尼公约》《世界知识产权组织版权条约》（WCT）

21. 大数据有限排他权的基础理论

【作者简介】 崔国斌，清华大学法学院副教授。

【发表期刊】《法学研究》2019年第5期

【内容摘要】 人类社会进入大数据和人工智能时代，大规模数据集合的知识产权保护问题日益突出。诞生于“小数据”时代的知识产权法满足了数据产业的基本需求，但还是留下了一些空白。处在公开状态的没有独创性的大数据集合缺乏具体的法律保护手段。为了避免这一领域的市场失败，同时避免限制公共领域的行动自由，应当为耗费实质投入并达到实质规模的大数据集合设置有限排他权，即公开传播权。这一保护机制既能够满足数据行业的需求，又能够兼顾后续数据利用者的利益，不会损害著作权法等法律所维护的公共政策。

【关键词】 大数据　知识产权　公共领域　公开传播权

22. 论短视频作品的权属与利用

【作者简介】 丛立先，华东政法大学知识产权学院教授、博士生导师。

【发表期刊】《出版发行研究》2019年第4期

【内容摘要】 短视频作品的著作权归属和利用问题是短视频著作权领域的核心问题。本文对此进行了有针对性的探讨，认为短视频作品的权属判断应该兼顾创作、权利约定和传播的具体情况，对于短视频作品利用中广泛存在的侵权现象，厘清短视频平台的著作权责任至关重要，而适当调整《著作权法》的相关规则则是解决短视频利用问题的根本之策。

【关键词】 著作权　短视频作品　著作权归属　著作权利用

23. 应从哲学高度探讨人工智能生成物著作权问题

【作者简介】 李扬，中山大学法学院教授、博士生导师。

【发表期刊】《中国出版》2019年第1期

【内容摘要】 人工智能（artificial intelligence），大意是指一套试图使机器能够像人一样从事某些特定活动的计算机和机器系统。《新一代人工智能发展规划》、《“互联网+”人工智能三年行动实施方案》与《智能制造发展规划（2016—2020年）》已将发展人工智能提高到国家战略层面。可以预计，随着人工智能技术的进一步发展和应用，人类社会生产和生活方式将发生重大变革。

24. 著作权法的四次浪潮及其司法回应

【作者简介】 李扬，中山大学法学院教授、博士生导师。

【发表期刊】《人民论坛》2019年第28期

【内容摘要】 著作权法第三次浪潮方兴未艾之时，随着人工智能技术的发展、虚拟现实的出现，著作权法又匆匆步入第四次浪潮的门槛。作为为知识产权法制度决定者提供决策的理论依据和具体技法的知识产权法政策学，对于司法如何回应著作权法遭遇的四次浪潮的冲击，具有重要的指导意义和操作价值。

【关键词】 著作权法　知识产权法政策学　司法回应

25. 论算法创作

【作者简介】 梁志文，南京师范大学法学院教授、博士生导师，广东外语外贸大学华南国际知识产权研究院教授；李忠诚，南京师范大学法学院博士研究生。

【发表期刊】《华东政法大学学报》2019年第6期

【内容摘要】“数据驱动创作”现象，即算法广泛用于版权产品的定制与营销决策，它建立在精准发现消费需求的基础上，必将深刻影响版权制度的发展。当内容创作越来越依赖于投资而非天才作者的灵感时，传统的浪漫主义理论就无法为作者与作品的保护提供有说服力的支持，这既将促成著作人格权与“创作”这一作品要件的制度变革，也使得投资保护将发挥更为重要的作用。算法创作的质量受数据偏见、算法偏见的影响，故应适度扩张适用合理使用制度；而算法精准发现消费需求，降低了版权产品的市场风险，也需要重新构建版权法的利益平衡机制。最后，算法创作具有一些负面的社会效应，对算法创作的适度监管和反垄断审查将保障版权产业的技术进步，服务于促进社会进步的目标。

【关键词】 算法　数据驱动创作　浪漫主义作者　著作财产权　合理使用

26. 论摄制权的存废——对《著作权法》修订草案送审稿取消摄制权的讨论

【作者简介】 刘华，华中师范大学法学院教授、博士生导师，华中师范大学知识产权研究所所长；姚舜禹，华中师范大学法学院助教、华中师范大学知识产权研究所助理研究员。

【发表期刊】《知识产权》2019年第12期

【内容摘要】《著作权法》修订草案送审稿中将摄制权并入改编权的方案应予取消。摄制权与改编权是两种不同的演绎权，摄制权单列具有正当性及必要性。将改编权的外延和内涵扩大，无法囊括摄制权的内容和取代演绎权的地位，并不利于法律的科学化、体系化目标。摄制权关涉编剧和利益相关者的利益堆积体，即使编剧权益保护与法律的体系化追求产生冲突，后者也应让位于编剧权益保护的现实需求。

【关键词】摄制权　改编权　演绎权　编剧权益保护　价值法学

27. 侵害短视频著作权案件的审理思路和主要问题——以“抖音短视频”诉“伙拍小视频”侵害作品信息网络传播权纠纷一案为例

【作者简介】张雯，北京互联网法院院长；朱阁，北京互联网法院法官。

【发表期刊】《法律适用》2019 年第 6 期

【内容摘要】短视频蕴含商业价值、满足公众多元化表达需求，法院应持谨慎积极的态度审理好相关案件。运用好独创性标准弹性合理界定短视频构成作品的界限，如果短视频体现了制作者的个性化表达，则可以认定其具备独创性。以诚实信用原则为指导适用通知—删除规则，平衡个案中双方的利益，既为法官自由裁量权的行使指明方向，又有利于当事人乃至公众善意观念的养成。技术应用的法律属性是什么，应该看这项技术在具体案件中是如何应用的，推进技术应用的规范化工作，是充分保障当事人权利救济和解决法院认定难等实践问题的出路之一。

【关键词】短视频　独创性　通知—删除规则　技术措施

28. 媒体融合中的版权冲突及解决对策

【作者简介】来小鹏，中国政法大学民商经济法学院教授、博士生导师，法学博士；高森，中国政法大学博士研究生。

【发表期刊】《中国出版》2019 年第 15 期

【内容摘要】各种媒介呈现多功能一体化是信息技术进步推动下传媒产业的发展趋势和传播规律的必然结果。媒体融合作为国家战略涉及思维理念、政策环境、法律法规、体制机制等诸多方面。如何从法律层面正确认识和解决媒体融合中的版权冲突，运用法律手段为推进传统媒体和新兴媒体深度融合保驾护航，既是当前媒体融合能否创新发展的一个重要因素，也是影响我国未来媒体融合战略实施的一个关键问题。

【关键词】媒体融合　版权冲突　制度完善

29. 网络环境下摄影作品著作权保护探析

【作者简介】来小鹏，中国政法大学民商经济法学院教授、博士生导师，法学博士；马晓明，中国政法大学 2018 级刑事司法学院网络法博士研究生。

【发表期刊】《中国出版》2019 年第 21 期

【内容摘要】图片已经成为网络传播的基础配置。图片侵权盗版现象也呈爆炸式增长，摄影作品高判赔并没有对网络侵权起到明显的警示作用。通过对司法案例的研究及网络环境下摄影作品大量侵权的实证分析，认为在解决摄影作品的侵权问题上，要明确摄影作品的独创性标准，严格保护具备独创性的作品；推行“法定许可”制度，将现有的法定许可制度扩展到网络媒体，将传统的报刊和网络媒体同等对待；辅助以健全的著作权集体管理制度作为解决方案。

【关键词】摄影作品　独创性标准　法定许可　集体管理

30. 论电子游戏画面的作品属性

【作者简介】来小鹏，中国政法大学民商经济法学院教授、博士生导师，法学博士；贺文奕，中国政法大学民商经济法学院博士研究生。

【发表期刊】《电子知识产权》2019 年第 11 期

【内容摘要】电子游戏画面是指在玩家操作下形成的动态画面，电子游戏画面的独创性体现于“电子游戏机制”与“玩家的操作行为”，对“以某种有形形式复制”含义的理解应当是“具有以某种有形形式复制的可能性”。因此，大多数电子游戏画面均符合独创性和可复制性要件，可以构成一般意义上的作品。但是，在现行法律规范下，无论将其归入何种类型的作品都存在争议，应通过法解释学的方法发掘对旧有规则的可能解读。通过文义解释和体系解释的方法，电子游戏画面更符合类电作品的构成要件。

【关键词】独创性　可复制性　作品　游戏画面

31. 欧盟著作权法改革与中国借鉴

【作者简介】张今，中国政法大学民商经济法学院教授、博士生导师；田小军，中国政法大学法学博士研究生。

【发表期刊】《中国出版》2019年第6期

【内容摘要】 数字化环境下传统出版机构控制其版权内容数字化传播的能力严重不足，面临着向互联网企业发放版权许可和获取报酬的困难，以及大数据、人工智能技术带来的冲击。改革中的欧盟《数字化单一市场版权指令》，增加了“版权过滤”“链接税”“文本与数据挖掘例外”条款，得到欧洲议会初步通过。在我国《著作权法》第三次修订进程中，数字环境下的著作权问题始终是关注重点，理论成果和立法建议不断跟进。考察和研究欧盟著作权法改革的初步成果，有助于回应我国社会关切，提供学习和借鉴之道。

【关键词】 版权过滤义务　链接税　文本与数据挖掘

32. 体育赛事直播相关法律问题探讨

【作者简介】 管育鹰，中国社会科学院法学研究所研究员、博士生导师，法学博士。

【发表期刊】《法学论坛》2019年第6期

【内容摘要】 体育赛事本身是事实而不是著作权法意义上的作品。赛事直播画面也难以具备电影作品应有的独创性，因而合法转播产生的权益类似于广播组织者的邻接权。赛事转播权的实质是赛事组织者对其合法拥有的比赛实时信息进行控制和使用的权益，属于保障投资经营者收益的无形财产权。赛事直播涉及的著作权和相关权及其行使的具体内容须以合同明确约定。对赛事直播的网络盗播问题，可通过完善我国现行《著作权法》及其配套法规、司法解释解决，也可通过修改或制定相关的体育法律规范进行规制。

【关键词】 体育　赛事转播权　网络直播　著作权及相关权　合同约定

33. 保护作品完整权之歪曲篡改的理解与判定

【作者简介】 管育鹰，中国社会科学院法学研究所研究员、博士生导师，法学博士。

【发表期刊】《知识产权》2019年第10期

【内容摘要】 保护作品完整权是国际社会公认的作者精神权利的核心内容。因不同国家和地域的历史文化观念、社会经济发展状况之差异，各国在保护作品完整权的保护方式、执法力度等具体规则方面不尽相同。与《伯尔尼公约》相比，我国《著作权法》对保护作品完整权的定义省略了“有损作者声誉”的表述，给如何判定某一行为是否构成“歪曲、篡改”带来困惑，造成了实践中裁判结果的不统一。应参照公约完善立法，在实践中借鉴英、美经验，以一般理性人的感受之客观标准来判定是否构成歪曲篡改；或者借鉴德、法经验，以专门条款限制电影作品、计算机软件等大型或功能性作品之作者对拥有合法使用权的人行使保护作品完整权，以建构诚信环境，促进相关产业的发展。

【关键词】 保护作品完整权　歪曲篡改　精神权利　有损作者声誉

34. 知识产权动态化探析——基于知识产权使用规则

【作者简介】 陈健，中国政法大学民商经济法学院副教授，中国政法大学民商经济法学院知识产权法研究所副所长，民法学博士。

【发表期刊】《中国政法大学学报》2019年第5期

【内容摘要】 本文通过对有形财产与智力成果两种不同类型财产性质差异的分析，提出智力成果的使用规则是知识产权权利规则中应当充分重视的制度。通过对知识产权权利规则特点的分析，以及对知识产权排他性与请求权限制的研究，提出了建立知识产权使用规则的基本原则及应当加以着重建立的若干制度。

【关键词】 智力成果　知识产权　使用规则　排他性　请求权

35. 食物味道和香水气味的著作权适格性问题研究

【作者简介】 黄武双，华东政法大学知识产权学院教授、博士生导师，法学博士；查汝玲，华东政法大学知识产权学院硕士研究生。

【发表期刊】《科技与法律》2019年第6期

【内容摘要】 从著作权法诞生以来，著作权法保护的客体均是视觉作品和听觉作品。无论是国际公约还是各国的著作权法均未提及作为嗅觉产品的香水气味和味觉产品的食物味道能否成为著作权法保护客体。本文意图从构成作品的表现载体角度对上述问题进行分析。香水气味的表现载体为香水液体及液体挥发后的气体分子，食物味道的表现载体为食物和溶解在唾液中的食物。这两类表现载体均无法满足《伯尔尼公约》第2条第1款要求表现载体须准确、客观的要求。因此，香水气味和食物味道无法受到著作权法保护。

【关键词】 香水气味　食物味道　视觉作品

听觉作品　表现载体

36. 知识产权国际保护对司法裁判提出的挑战及应对——涉国际贸易知识产权纠纷疑难问题研究

【作者简介】 郎贵梅，最高人民法院法官，法学博士。

【发表期刊】《法律适用》2019 年第 7 期

【内容摘要】 知识产权是现代社会最为重要的生产要素和生活元素，在助推经济增长和丰富社会生活方面日益重要。知识产权权利人及其所属国持续推动加强知识产权国际保护。知识产权国际保护促进了国际贸易和投资的发展，也对人民法院司法裁判提出了挑战，重点体现在涉国际贸易知识产权纠纷的管辖权和法律适用方面。本文结合典型案例和我国民事诉讼法、涉外民事关系法律适用法以及国际公约的相关规定，对于人民法院可以受理、排除受理以及不方便受理的涉国际贸易知识产权纠纷及法律适用等疑难问题进行分析论证，并从促进国际贸易、吸引外资的角度提出建议，包括在立法方面增加有助于制止借助于我国境内帮助行为而在境外实施侵害我国专利权行为的相关规定，以及人民法院应当在对涉国际贸易知识产权纠纷行使管辖权方面持更为积极开放的态度。

【关键词】 知识产权国际保护　国际贸易　管辖权　法律适用

37. 类型化视角下网络游戏直播画面的著作权归属

【作者简介】 焦和平，西北政法大学经济法学院副教授，法学博士。

【发表期刊】《法学评论》2019 年第 5 期

【内容摘要】 在网络游戏直播产业发展中，游戏直播画面的著作权归属是各利益攸关方最为关心的问题，当前理论与实务对此均有分歧。基于游戏直播画面作品结构的复合型，对其著作权归属的界定应采取类型化分析方法：首先，应区分游戏直播画面与游戏运行画面，并分别就二者的著作权归属进行界定。其次，在运行画面构成作品的前提下，应根据游戏是否有表达空间及玩家是否有创作行为将游戏分为三种类型并对其著作权归属逐项分析。最后，就游戏直播画面的著作权归属而言，应根据直播平台与游戏主播的不同法律关系，区分“合作分成模式”、“签约模式”和“平台服务模式”分别认定。

【关键词】 网络游戏直播画面　著作权归属　类型化分析　知识产权

38. 知识产权法与反不正当竞争法一般条款的关系——以图式的认知经济性为分析视角

【作者简介】 蒋舸，清华大学法学院副教授、博士生导师，法学博士。

【发表期刊】《法学研究》2019 年第 2 期

【内容摘要】 在非典型信息成果和非传统利用方式大量出现的背景下，正确认识著作权法、专利法、商标法等具体知识产权部门法和以反不正当竞争法一般条款为代表的兜底规范之间的关系，具有重大意义。兜底规范被频繁用于调整新型创新活动的现象引发了顾虑，但停留在本体论层面的研究并不能为纠偏提供完善的指引。激励创新是高度复杂的认知任务，其完成离不开认识论层面的分析。具体知识产权部门法代表高效的图式化认知，能为解决细分创新领域的认知难题提供结构化经验，大幅提升认知效率。兜底规范则代表迫不得已的非图式化认知，所提供的经验在数量和质量方面都无法与具体知识产权部门法媲美。创新规则体系的发展方向是在谨慎对待信息产权扩张的前提下充分利用和发展图式，而非放任兜底规范的滥用。

【关键词】 知识产权　反不正当竞争　兜底规范　图式　认知心理学

39. 人工智能应用与著作权保护相关基础问题探讨

【作者简介】 向波，南开大学法学院副教授，法学博士。

【发表期刊】《南昌大学学报（人文社会科学版）》2019 年第 2 期

【内容摘要】 人工智能在文化产业市场中的应用主要影响到相关文化产品的生产模式与供给成本。当人工智能作为一种投入要素加以使用时，便会在新的收入流的基础上产生某种制度变迁的激励。基于人工智能生成内容的利益冲突发生以后，通过财产权制度来协调和解决该种利益冲突有其必要性与合理性，但著作权并不是唯一可选的制度方案。基于解释论的立场，我们不能从现有法律规定得出人工智能生成内容属于智力成果的结论。基于消费者偏好与社会评价机制，有必要区分人工智能生成内容与自然人创作的作品。人工智能生成内容并不表达人工智能的思想、情感，可被定性为纯粹的表达。从解释的主观性来说，不能将人工智能生成内容的独创性判定视为纯客观的过程。相比较而言，通过邻接权来保护人工智能生成内容可能是一种更优的制度安排。

【关键词】 人工智能　著作权　智力成果　独

创性

40. 解释论中体育赛事传播者权益之版权保护

【作者简介】 张新锋，厦门大学知识产权研究院副教授，法学博士。

【发表期刊】《现代法学》2019年第6期

【内容摘要】 目前，司法实践中对体育赛事传播者权益保护的法律适用缺乏一致的意见。从解释论的视角观之，体育赛事转播者的信号权益是广播组织权的客体，体育赛事转播内容则是录像制作者权的客体。解释体育赛事内容的独创性时应当考虑解释目的。体育赛事传播内容体现为唯一的表达形式，并不鼓励多样化的创作，所以不是著作权法意义上的作品。将体育赛事传播内容作为邻接权的客体，其法律缺陷是救济程度较弱，不利于体育赛事传播内容的后续商业开发。该缺陷只能通过立法完善广播组织权或设置新的版权客体类型来解决。

【关键词】 体育赛事转播权　广播组织权　独创性　信息网络传播权　版权客体

41. 著作权法意义上的"作品"——以人工智能生成物为切入点

【作者简介】 卢海君，对外经济贸易大学法学院教授、博士生导师，法学博士。

【发表期刊】《求索》2019年第6期

【内容摘要】 人工智能生成物客观上同人类创作产物无实质差别，人工智能产出的过程同人类创作无实质差别，人工智能生成物为著作权法意义上的作品，在其具有原创性时，应受著作权法保护。人工智能创作物的著作权归其投资者或操作者，此种"创作者—权利人"二元结构的安排不仅有成例可循，而且具有合理性，不会对现有法律体系造成结构性冲击。人工智能创作物本质上为一种商品，对其进行产权保护有利于资源的有效配置。

【关键词】 人工智能生成物　作品　原创性　二元结构

42. 论著作权法的体系化——以《著作权法》第三次修订为中心

【作者简介】 卢海君，对外经济贸易大学法学院教授、博士生导师，法学博士。

【发表期刊】《社会科学》2019年第6期

【内容摘要】 体系化的著作权法应正视著作权法作为系统的整体性存在。著作权法系统中产权保护是主旋律，产权保护与服务于文化产业发展是主要矛盾。我国未来著作权法应尊重作品客观存在的第一性问题，建构开放式的作品定义和类型结构，废除作品与制品的区分；应当遵循市场机制，以产权保护为核心，搭建以"传播权"为统领的"伞形"权利体系，构建以著作权法基本原理为支撑的开放式合理使用制度，废除报刊转载法定许可制度和著作权集体管理组织法定垄断制度；应正视作品无体物的属性，可以通过立法彰显"思想表达两分法"等著作权法基本原理在著作权法中的地位。在制度建构的时候不仅要反映产业发展的诉求，而且要尊重产业发展的格局。

【关键词】 著作权法　体系化　系统　市场机制　"伞形"结构

43. 短视频的《著作权法》地位

【作者简介】 卢海君，对外经济贸易大学法学院教授、博士生导师，法学博士。

【发表期刊】《中国出版》2019年第5期

【内容摘要】 短视频是作者自我表达的手段，是作者思想与情感的外在表现，是著作权法意义上的作品。短视频的时长及艺术价值的高低跟短视频是否属于作品及是否满足原创性标准无关。只要作品来源于作者，并非抄袭剽窃的产物，都满足原创性标准而受著作权法保护。

【关键词】 短视频　作品　原创性　著作权

44. 人工智能生成内容的法律保护路径初探

【作者简介】 冯刚，北京知识产权法院法官。

【发表期刊】《中国出版》2019年第1期

【内容摘要】 人工智能发展势头强劲，但由于传统著作权理论的限制，关于人工智能生成内容的著作权保护在主客体双重层面都存在障碍。然而溯源至知识产权制度的理论根基，无论是基于财产论和劳动价值论，还是从知识产权激励论的角度，都应充分肯定人工智能生成内容的可保护性。人工智能生成内容本质上仍然是人类利用技术设备创作完成的作品，在著作权法体系下实现对其法律保护是现有的最佳选择。

【关键词】 人工智能生成内容　财产论　劳动价值论　著作权

45. 论人工智能的法律主体性——以人工智能生成物的著作权保护为视角

【作者简介】 许春明，上海大学知识产权学院教授、博士生导师，管理学博士；袁玉玲，上海大学知识产权法方向硕士研究生。

【发表期刊】《科技与法律》2019 年第 2 期

【内容摘要】人工智能生成物著作权保护的核心问题就是人工智能的法律主体性问题。以现有法律为认定标准，人工智能不具有法律主体资格，其生成物不构成作品；抛开人工智能的法律主体性，人工智能生成物符合作品构成要件，可以认定为著作权法上的作品。现有技术条件下人工智能不具有法律主体资格，未来超人工智能也不应具有法律主体资格。基于激励理论，人工智能生成物应当受著作权法保护，其核心问题是权利归属，著作权应归属于开发者、所有者或使用者。

【关键词】人工智能　法律主体　著作权　权利归属

46. 人工智能生成物著作权归属问题研究——谁有资格放弃《阳光失了玻璃窗》的版权？

【作者简介】张怀印，同济大学上海国际知识产权学院副教授；甘竞圆，同济大学硕士研究生。

【发表期刊】《科技与法律》2019 年第 3 期

【内容摘要】“微软（亚洲）研究院是否有资格放弃微软小冰生成的《阳光失了玻璃窗》的版权”是人工智能时代对著作权保护制度提出的新课题。对该课题的回答取决于两个问题，即《阳光失了玻璃窗》是不是著作权法意义上的作品以及微软（亚洲）研究院是不是《阳光失了玻璃窗》的著作权人。人工智能虽能生成与众不同的表达，但缺乏自主产生创作思想的能力。基于此，《阳光失了玻璃窗》不应成为著作权法保护的作品，人工智能也不应被赋予拟制法律人格，否则将颠覆私法主客体不得相互转换的原理，更违背维护人类主体地位的伦理要求。微软（亚洲）研究院也无法从职务作品制度的角度成为《阳光失了玻璃窗》的著作权人，因而也就没有资格放弃《阳光失了玻璃窗》的版权。出于激励投资和繁荣文化创作的目的，邻接权制度或可为人工智能生成物提供法律规制，但仍有待立法者根据我国国情做出安排。

【关键词】人工智能　思想与表达二分法　权利主体　人格　邻接权

47. 关于作品深度链接行为法律性质的再思考

【作者简介】何炼红，中南大学法学院教授、博士生导师；尹庆，中南大学法学院知识产权法方向硕士研究生。

【发表期刊】《甘肃政法学院学报》2019 年第 6 期

【内容摘要】作品深度链接行为著作权定性的复杂性主要表现在作品深度链接行为的内涵模糊、标准理论混乱以及信息网络传播行为的法律解释不清晰三个方面。著作权法规制的深度链接应当是能够在网络用户的终端界面上链接网页中能够呈现作品的链接行为。著作权法上的定性标准也应当从技术回归至法律事实层面，从理论适用标准的法律解释角度辨析，理清信息网络传播行为的认定思路，最终认定作品深度链接行为属于信息网络传播行为，未经授权的作品深度链接行为属于直接侵权行为。通过区别对待不同类型的网络服务提供行为及其责任承担方式，既可以避免牵连无辜的搜索链接服务提供商，为网络正当行为及合理的商业模式留出空间，也能精准打击作品深度链接行为所涉及的侵权行为。

【关键词】作品深度链接　提供行为　控制行为　直接侵权行为

48. 新闻出版业高质量发展及版权保障

【作者简介】张祥志，华东交通大学人文学院副教授；米钰洁，华东交通大学人文学院本科生。

【发表期刊】《中国出版》2019 年第 24 期

【内容摘要】对于新闻出版业的高质量发展而言，学理内涵是规律，版权保障是关键。学理层面，经济理性和管理科学的理论为新闻出版业高质量发展指明了要求和路径。版权层面，著作权法的制度功能和创新价值构成了其保障新闻出版业高质量发展的法理基础。基于此，通过实证剖析出版领域 163 个典型案例，可以从版权司法保护的微观视角追踪我国新闻出版业高质量发展版权保护的现状、特征和问题。最终，从公共政策制定、企业创新发展和版权保护体制三个维度，给出我国新闻出版业高质量发展的对策建议。

【关键词】新闻出版业　高质量发展　司法保护　著作权法第三次修改

49. 论人工智能的法律地位

【作者简介】刘洪华，广东外语外贸大学土地法制研究院副教授、云山学者，法学博士。

【发表期刊】《政治与法律》2019 年第 1 期

【内容摘要】人工智能拥有类似人类的智能，但是并未发展出人类理性，也不能为自己立法，不可取得类似自然人的法律主体地位。人工智能虽然具有某些超越人类能力的强大工具，但是为其拟制一个法律主体并无实益，不可赋予其类似法人的法律主体地位。人工智能超强的智能蕴含巨大的风险，必须处于人类的支配和控制之下，只能是法律关系客体而非主体。鉴于人工智能的智能性和自主性，可以将高度智能化的人工智能作为客体中的特殊物，予以特殊的法律规制。

【关键词】 人工智能　主体　客体　理性

50. 人工智能生成物的著作权归属制度设计

【作者简介】 朱梦云，武汉大学法学院2016级博士研究生。

【发表期刊】《山东大学学报（哲学社会科学版）》2019年第1期

【内容摘要】 人工智能生成物作为科学技术发展的产物，在著作权法范畴内的主要争议问题包括两个。其一，是否可以成为著作权法的适用对象；其二，著作权的权利归属应如何确定。针对世界现有的人工智能生成物著作权归属理论学说进行利弊分析和比较研究可知，相比于“人工智能作者说”或“虚拟法律人格说”将著作权赋予人工智能本身，以及“社会公有领域说”将著作权纳入社会公共资源，采用“人工智能使用者说”更能够发挥著作权对人类主体进行创造的激励作用；并且，从对人工智能生成物产生的实际贡献等角度来看，将“人工智能使用者”认定为著作权法意义上的作者更具有合理性。因此，在我国构建以“人工智能使用者说”为基础，并类推适用职务作品的相关规定的人工智能生成物著作权归属制度，能够实现对人工智能生成物的充分保护和有效利用。

【关键词】 人工智能　人工智能生成物　著作权　利益归属

51. 我国知识产权侵权损害赔偿计算标准新设计

【作者简介】 曹新明，中南财经政法大学知识产权研究中心教授、博士生导师，法学博士。

【发表期刊】《现代法学》2019年第1期

【内容摘要】 我国现行知识产权各单行法规定的侵权损害赔偿数额计算标准主要有实际损失、非法获利、许可使用费的合理倍数以及法定赔偿四项。除此之外，全国各级人民法院在审判实践中用以确定损害赔偿数额的还有约定赔偿、酌定赔偿、综合赔偿（或称裁量性赔偿）等计算标准。通过判例样本采集与统计分析，在知识产权侵权纠纷审判实践中，我国人民法院适用法定赔偿标准确定损害赔偿数额的比率非常高，超过了判例样本总数的90%。这种做法导致了知识产权侵权损害赔偿数额严重偏低的后果，引起了各界人士的诟病。为加强知识产权保护，应修改完善我国知识产权侵权损害赔偿数额计算标准，以增加计算标准、提升损害赔偿额度，促进创新驱动发展。

【关键词】 知识产权　损害赔偿　计算标准　新标准设计

52. 人工智能生成内容保护模式选择研究——兼论我国人工智能生成内容的邻接权保护

【作者简介】 许辉猛，河南财经政法大学民商经济法学院副教授。

【发表期刊】《西南民族大学学报（人文社科版）》2019年第3期

【内容摘要】 人工智能生成内容迅猛发展呼唤法律保护。目前存在解释现有著作权法规则、制定特殊著作权保护规则以及著作权法外采取保护措施三种保护模式。我国不少学者建议采用单位作品制度进行调整，不过采用邻接权保护更合理。邻接权保护需要注意区分人工智能生成内容与借助计算机创作的情形。应对人工智能生成内容进行标记。适度降低保护水平，排除人格权和演绎权保护，缩短保护期限。

【关键词】 人工智能生成内容　邻接权保护　特殊保护　法律解释

53. 区块链技术在数字著作权保护中的运用与法律规制

【作者简介】 王清，武汉大学信息管理学院教授、博士生导师；陈潇婷，武汉大学信息管理学院2016级博士研究生。

【发表期刊】《湖北大学学报（哲学社会科学版）》2019年第3期

【内容摘要】 区块链本质是基于互联网的去中心化账本模式，其共享、分布式与高效化特质可广泛运用于数字作品流通领域，在著作权确权、数字资产存储、著作权交易与维权运用上具有较强优势，可实现著作人身权的保护，也可促成著作财产权的实现与保护。但基于区块链技术的著作权保护也存在一定问题，如区块链技术本身的规范标准问题，区块链技术并不一定能完全有效遏制侵权现象，并且技术条件下的绝对控制可能引发表达自由问题。据此，有必要从法律或政策层面对区块链技术运用进行规制，首先在国家层面应出台区块链技术规范标准，其次需要对区块链系统中的智能合约进行法律规范化处理，最后适宜在区块链中推行监管模式。

【关键词】 区块链 数字出版 著作权 法律规制

54. 人工智能诗集的版权归属研究

【作者简介】 李伟民，中国政法大学法学博士后，中国政法大学知识产权研究中心研究员。

【发表期刊】《电子知识产权》2019年第1期

【内容摘要】 古诗词是浓缩的文化，是中华民族文化传承的纽带和桥梁，源远流长的古代诗词深植人心，现代诗人追随前人的足迹，也创作了脍炙人口的绝妙佳句，增添了现代文明的光彩。根据传统的版权归属原则，谁创作了诗集谁就是作者，诗集的作者原则上是诗集的著作权人，当然享有诗集的完整的著作权。随着互联网科技发展，人工智能成为生活的常态，人工智能智力成果频现，当“小冰诗集”出现时，传统的诗集著作权归属原则被打破，“小冰”被称为“少女诗人”。但是，事实上“小冰”是微软公司新开发的一款机器人，人们在欣赏美妙佳句的时候，发现“小冰不是活生生的人”，人们开始反思：机器人创作的智力成果与自然人所创作的作品性质是否相同？如果承认人工智能作品的著作权法地位，人工智能作品的作者是谁？人工智能作品的著作权又归属谁？这些问题，对传统著作权法理论提出了挑战。我们第一要承认“人工智能诗集”的作品地位，第二要通过“法律拟制”确立“人工智能诗集”的“法律作者”的地位，第三要以“视为作者原则”安排“人工智能诗集”的著作权归属。

【关键词】 微软小冰 诗集的著作权 人工智能 人工智能著作权归属

55. 著作权法修订中的“用户创造内容”问题——以中国内地与香港的比较为视角

【作者简介】 刘颖，暨南大学法学院教授；何天翔，香港城市大学法律学院助理教授，法学博士。

【发表期刊】《法学评论》2019年第1期

【内容摘要】“用户创造内容”是随着互联网以及相伴而来的兴趣社区的出现而引发的一种人类创作活动。不论按中国内地法律还是按香港地区法律，多数“用户创造内容”创作行为存在侵犯著作权人专有权利的可能。但是，“用户创造内容”也与著作权保护例外制度及司法实践中发展出来的“转换性使用”密切相关。为应对数字和网络技术对传统著作权制度带来的挑战，中国内地启动了对《著作权法》的第三次修订，于2014年6月公布了送审稿，对著作权保护例外进行了一定程度的调整。香港地区于2014年6月提出了《2014年版权（修订）条例草案》。该草案既通过规定“向公众传播方式侵犯版权”，将所规制之侵权传播行为由仅限于有线、无线和广播等特定形式的传播，扩张至以任何电子形式进行的传播，又规定了戏仿、讽刺、营造滑稽和模仿等版权保护例外。与内地送审稿之权利限制相比，香港该草案更为合理，值得借鉴。就戏仿等之外其他形式的“用户创造内容”而言，著作权人应提前介入版权产品的市场化阶段，与“用户创造内容”创作者达成良好的沟通与合作。通过转换商业模式、利用授权许可以及“声明”等综合性手段，著作权人才能实现与“用户创造内容”创作者的共赢。

【关键词】 用户创造内容 著作权合理使用 《著作权法》修订 《版权条例》修订

56. 论著作权合理使用制度的开放化路径——以“中间层次”一般条款的引入为中心

【作者简介】 谢晴川，南开大学法学院讲师，日本早稻田大学法学博士；何天翔，香港城市大学法律学院助理教授，荷兰马斯特里赫特大学、中国人民大学法学博士。

【发表期刊】《知识产权》2019年第5期

【内容摘要】 对于著作权合理使用制度而言，传统的封闭式列举立法模式已难以适应当今科技的迅猛发展。《著作权法（修订草案送审稿）》引入了合理使用的一般条款，实现了向完全开放式立法模式的急剧转变，也留下了较大的法律适用空白。一般条款本质上属于一种法律漏洞，引入一般条款也意味着具体规则制定主体的移转，因此仅引入“总括式”或“兜底式”一般条款并不足以解决问题。建议同时引入对合理使用情形做具体类型化的“中间层次”一般条款，由此建立“总括式一般条款—中间层次一般条款—具体合理使用情形列举条款”的三层次规范结构。日本最新修法对合理使用情形做了“无害使用”“轻微使用”“公共政策目的下的使用”三类型区分，并采用领域分割下的“总则＋列举＋兜底”复合规范结构，形成了一种新的立法范式，可提供理论参照，但也存在中间层次一般条款独挑大梁、过于强调领域分割等问题。在我国相关规则的形成中，需要通过具有较高开放性的民主协商平台把握本国实际需求，尊重市场博弈在其中的重要作用。

【关键词】 著作权法 合理使用 著作权限制 一般条款 转换性使用

57. 非典型作品著作权保护的审慎原则证成与修正

【作者简介】 曹阳，上海政法学院教授，法学博士。

【发表期刊】《电子知识产权》2019年第12期

【内容摘要】 现今非典型作品的保护模式主要包括相对开放模式、相对封闭模式与折中审慎模式。相对开放模式对满足作品构成要件的智力成果提供著作权保护；相对封闭模式一般拒绝对非典型作品提供著作权保护；折中审慎模式并不拒绝对非典型作品的著作权保护，但强调必须坚持审慎原则。折中审慎模式通过将非典型作品类推入典型作品予以保护，保证了著作权法实施的逻辑性、体系化、预期性与稳定性。修正激励理论、法律价值理论与社会规范理论为非典型作品审慎性保护提供了理论证成。类型化理论为审慎保护原则提供了方法证成。现行的审慎保护模式有扩张适应的趋势，需对之进行修正。

【关键词】 非典型作品　著作权保护　审慎原则　理论证成　模式修正

58. 人工智能生成物被视为作品保护的合理性

【作者简介】 黄汇，西南政法大学民商法学院和知识产权学院教授、博士生导师；黄杰，西南政法大学民商法学院和知识产权学院硕士研究生。

【发表期刊】《江西社会科学》2019年第2期

【内容摘要】 人工智能生成物是随着新技术发展而产生的一种新型客体。人工智能生成物被视为作品来保护，既符合技术理性，也符合著作权保护对象乃主体对客体利益建构关系的法律本质，同时亦符合近代法律拟制化的逻辑规律和晚近以来著作权法人格主义衰落和实用主义兴起的价值取向。将人工智能生成物视为作品保护，有利于我国占领人工智能技术发展的潮头，为把我国建成世界人工智能技术的研发中心和创新高地，奠定重要的规范理论基础。

【关键词】 人工智能生成物　著作权保护　人工智能

59. "用户生成内容"之版权保护考

【作者简介】 倪朱亮，重庆邮电大学法学院副教授、硕士生导师，法学博士。

【发表期刊】《知识产权》2019年第1期

【内容摘要】 "用户生成内容"因涉及未经许可大量使用受版权法保护的作品而引起学界和实务界广泛关注。从逻辑自洽来讲，"用户生成内容"的概念界定、独创性标准以及版权归属等问题是解决"用户生成内容"版权问题的前提与基础。传统版权许可制度在以社会公众为作品使用主体的"用户生成内容"的适用上陷入困境。"用户生成内容"作为社会公众参与文化的方式具有主动性，不能完全依赖于抗辩性的合理使用制度解决作品事先许可的需求。版权法应当保证版权人退出使用的选择，同时增设能区分对待"用户生成内容"中业余者与专业者差异的法定许可制度内容，实现版权人与作品使用者之间的利益平衡，促进文化繁荣发展。

【关键词】 版权　用户生成内容　合理使用　"选择退出"机制　法定许可

60. 拟制作者规则下人工智能生成物的著作权困境解决

【作者简介】 谢琳，中山大学法学院副教授、硕士生导师，法学博士；陈薇，中山大学法学院民商法学硕士研究生。

【发表期刊】《法律适用》2019年第9期

【内容摘要】 人工智能作为非人类创作主体颠覆了现行著作权法的基础。人工智能生成物具有著作权法保护的必要性，只有赋予人工智能使用者相关著作权，才能激励使用者使用人工智能从而促进人工智能技术的开发。在确定著作权法保护必要性之后，可采用客观独创性标准将生成物纳入著作权法保护，从而实现著作权法促进作品创作、满足公众需求的立法目的。基于人工智能作为创作主体不具有也不应具有法律人格，可将非创作主体的人工智能使用者拟制为作者，之后根据我国著作权法相关权利归属的规定，进行具体的权利分配。

【关键词】 人工智能生成物　著作权保护必要性　客观独创性标准　权利归属　拟制作者规则

61. 机器学习的著作权侵权问题及其解决

【作者简介】 刘友华，湘潭大学法学院教授；魏远山，湘潭大学法学院博士研究生。

【发表期刊】《华东政法大学学报》2019年第2期

【内容摘要】 机器学习是人工智能的关键技术，包括输入、学习与输出三个过程，需要以大量资料作为训练数据，但在获取、使用受著作权法保护的作品时可能侵犯他人著作权。严苛的著作权保护模式在一定程度上将阻碍机器学习技术的发展与应用，反之，过于宽松的著作权保护模式将抑制作者的创作激情。利益平衡理论要求著作权制度在保护著作权人利益时应考虑社会公共利益，为机器学习技术的发展与应用让渡一定空间。相较于合理使用制度的倾斜保护，法定许可制度能兼顾各方利益，实现技术发展与文化创新的平衡。

【关键词】 机器学习　著作权制度　人工智能　利益平衡理论

62. 人工智能的著作权主体性探析

【作者简介】 史永竞，河南财经政法大学产业与金融发展研究中心副研究员。

【发表期刊】《吉林大学社会科学学报》2019年第4期

【内容摘要】 著作权法的“作者—作品”构成了该法律的核心，人工智能的著作权主体性问题研究的推进与深化，会促进人工智能著作权法律主体制度研究水平的整体性提升。目前，国内外学界形成了五种人工智能著作权主体资格论观点，即否定作者资格论、法人意志下的创作者论、拟制的创作受委托人论、创作雇员论以及电子人拟制人论。对人工智能的著作权主体性问题的认识，要置于著作权作者论与主体论发展的历史当中予以考察。作为部门法的著作权法在人工智能领域的探索与创新性实践，会对转型中的民法体系产生影响。人工智能著作权主体资格论为最终建构一种全方位、多视角的新型法律主体理论提供了阶段性的思路与方案。

【关键词】 人工智能　人工智能创作物　著作权　著作权主体　作者

63. 人工智能生成物的著作权问题探讨

【作者简介】 魏丽丽，华东政法大学知识产权学院博士研究生，河南财经政法大学知识产权学院副教授。

【发表期刊】《郑州大学学报（哲学社会科学版）》2019年第3期

【内容摘要】 在现行著作权制度下，人工智能生成物因不符合“独创性”要件而不能被认定为作品，因此被排除在著作权法保护范围之外。然而，从外在表现形式分析，大量的人工智能生成物与人类创作的作品已难以区别甚至无法区别，由此导致人工智能生成物在著作权司法实践中“实然”与“应然”之间的困惑，也使得大量的“无主作品”充斥著作权市场，给著作权市场秩序带来混乱。出于对人工智能产业健康、持续发展的考量，以及基于人工智能生成物的自身属性和特点，应当在现行著作权法律体系内创设新的邻接权权利类型，同时对人工智能生成物予以类型化区分，以对具有一定程度创造性的人工智能生成物给予邻接权保护。

【关键词】 人工智能生成物　法律保护　著作权　邻接权

64. 人工智能创作内容的作品定性与制度因应

【作者简介】 孙松，中南财经政法大学知识产权研究中心。

【发表期刊】《科技与出版》2019年第4期

【内容摘要】 人工智能的出现和发展，在打破作品创作主体一元化模式的同时，也使得著作权法律制度呈现出“灰色”的适用困境。肯定人工智能创作内容的作品属性，既是满足人工智能技术发展的产业诉求，也是适应著作权不断扩张理念的现实表现，还是规范人工智能创作活动的立法需要。但是，在权利归属方面，无论是采取“雇佣作品”“法人作品”的归属路径，还是明确给予“智能机器人”“法律主体地位”的解决方式，都存在着一定的不足和缺陷。鉴于此，建议参照英国等国家的立法经验，将其以“计算机生成作品”的方式，纳入著作权法定的作品类型之中，并将权利归属于“为作品创作提供必要安排或者贡献的人”。

【关键词】 人工智能创作内容　著作权　作品属性　权利归属　计算机生成作品

65. 论区块链技术对于数字版权治理的价值与风险

【作者简介】 石丹，北京大学法学院博士研究生。

【发表期刊】《科技与出版》2019年第6期

【内容摘要】 以区块链技术为代表的智能网络正逐步变革数字版权治理体系。针对数字版权领域存在授权许可难、侵权盗版多和维权成本高等问题，区块链技术提供了可行的技术治理方案。区块链技术去中心化、公开透明和安全可信的特征可以简化许可交易程序，降低版权人交易成本和潜在维权成本，预防版权侵权行为。然而，技术架构风险及其对中心化社会体系和法律架构的冲击也为区块链技术发展敲响了警钟。

【关键词】 区块链　版权许可　版权保护

66. 人工智能生成物所涉著作权问题研究

【作者简介】 叶霖，中南财经政法大学知识产权研究中心博士研究生。

【发表期刊】《科技与出版》2019年第5期

【内容摘要】 人工智能生成物究竟归属于作品还是其他客体，成为人们争论的焦点，判断人工智能生成物之属性，应从不同角度进行考察。如果将人工智能作为人类创作的辅助工具，生成物若是符合作品条件，就作为作品受著作权法保护；生成物是人工智能的所有权人、实际操作者或者内容结构安排者的智力成果，由他们享有相应的权利。如果将人工智能作为虚拟人主体，生成物不能作为作品受保护，只能作为一种孳息对待，此时，权利客体归属于人工智能所有权人或者用益物权人。

【关键词】 人工智能生成物　著作权　作品　孳息　权利归属

67. 论人工智能编创应适用版权合理使用制度

【作者简介】 梅术文，南京理工大学知识产权学院副教授，江苏省知识产权发展研究中心研究员，法学博士；宋歌，南京理工大学知识产权学院。

【发表期刊】《中国编辑》2019年第4期

【内容摘要】 人工智能编创是通过机器学习自主抓取并整合信息，形成独创性的表达。市场失灵理论肯定了人工智能编创版权合理使用制度的必然性，政策选择理论彰显了人工智能编创版权合理使用制度的时代性。人工智能编创具有内容和目的的转换性，在原作品的基础上创作出新的作品，属于非表达性使用，契合合理使用的判断要素，同时也不与作品的正常使用相冲突。

【关键词】 人工智能编创　转换性使用　非表达性使用　版权法　合理使用制度

68. 新兴媒体发展中时事性文章的认定

【作者简介】 梅术文，南京理工大学知识产权学院副教授，江苏省知识产权发展研究中心研究员，法学博士；宋歌，南京理工大学知识产权学院。

【发表期刊】《中国出版》2019年第12期

【内容摘要】 新兴媒体传播各类新闻信息，离不开时事性文章的认定。目前，时事性文章的学理解释存在不周延之处，司法实践缺乏统一的认定标准。时事性文章的认定关系到作者财产权利和精神权利的范围，关涉普通文化消费者知情权的边界，与新兴媒体合理使用的范围紧密关联。正确认定时事性文章，应当以创作主体为起点，以创作内容为主线，以创作形式为终点。据此，能够符合著作权法上合理使用要求的时事性文章应当是以党政机关为创作主体，创作内容具有时效性、重大性、权威性、非学术性，语言文字简洁、严谨、理性、客观的记叙文或议论文。

【关键词】 时事性文章　合理使用　利益平衡　著作权

69. 破解信任困局：我国著作权集体管理“信任机制”的法治关注

【作者简介】 张祥志，华东交通大学人文学院副教授，江西省知识产权学院研究员。

【发表期刊】《新闻与传播研究》2019年第3期

【内容摘要】 我国版权市场存在“潜力大、保护强”但“收益低、机制弱”的突出问题。已有研究和市场实践均将问题源头指向了我国著作权集体管理的“信任困局”。以信任理论为逻辑线，以法制关注为切入口，以实践困境为落脚点，我国著作权集体管理的信任困局体现为“信任基础不牢”、“组织公信力不够”和“信任关系缺失”。基于此，在深入分析法律规范、法律规则和法律关系三个维度制度缺陷的基础上，论文从实务层面的管理模式路径选择和机构改革的有效应对，制度层面的《著作权法》修订草案送审稿和《著作权集体管理条例》的评析与完善，给出了维系著作权集体管理组织、权利人、使用者和社会公众多主体“信任机制”的法治策略。

【关键词】 著作权集体管理　信任　《著作权法》修改　《著作权集体管理条例》

70. 网络短视频的著作权保护问题初探

【作者简介】 刘佳，郑州大学西亚斯国际学院。

【发表期刊】《出版广角》2019年第3期

【内容摘要】 随着移动互联网的发展，网络短视频以短平快的特点，紧紧抓住了网民的碎片化时间而得到迅速发展，已成为新兴的娱乐形式和商业增长点。与此同时，短视频的著作权保护问题也浮出水面。具有独创性的短视频可以作为“类电作品”享有著作权，不具有独创性的短视可以频作为录像制品享有著作邻接权中的录像制作者权。权利主体是短视频的制作者或受让其权利的短视频平台等。短视频的类型不同，权利主体享有的权利内容也不同。“类电作品”短视频享有著作人身权和著作财产权，录像制品短视频只享有少量的财产性权利。

【关键词】 短视频　独创性　著作权　邻接权

71. 论作品的“可复制性”要件——兼论作品概念条款与作品类型条款的关系

【作者简介】 金松，南开大学滨海学院法政学系讲师。

【发表期刊】《知识产权》2019 年第 1 期

【内容摘要】 作品的“可复制性”要件在理论上和司法实践中存在不同理解。实践中法院主要对涉案智力成果的“独创性”进行考察，而“可复制性”要件则基本处于被漠视的尴尬境地，这在客观上造成了“可复制性”要件的“名存实亡”。“可复制性”应被界定为“能够被客观感知的外在表达”。在对此进行明确的基础上，应重构我国作品概念条款，明确作品的属概念为“表达”。这既能契合“思想/表达二分法”的要求，又可避免对“可复制性”的误读。界定某一智力成果是否构成作品，应依据作品概念条款。作品类型条款不是可版权要件，无法归属于现行法的作品类型条款不影响智力表达成果的作品属性。

【关键词】 作品　可复制性　固定性　作品类型

72. 论人工智能深度学习中著作权的合理使用

【作者简介】 徐小奔，中南财经政法大学知识产权研究中心研究员、讲师，法学博士；杨依楠，中南财经政法大学法学院硕士研究生。

【发表期刊】《交大法学》2019 年第 3 期

【内容摘要】 自由地分析数据是通过深度学习发展人工智能的前提。如果人工智能分析的对象恰巧是作品，则不可避免地需要对其进行扫描与复制，由此便会产生著作权的侵权争议。互联网时代，作品以数据的形式进行传播。由于作品在利用上存在非竞争性的特点，人工智能可以借助于机器分析不断从作品中发掘出新的价值，满足不同主体的特定需要。尽管深度学习中对作品的分析行为与原作品息息相关，但机器分析后形成的价值既不是对作品的原样呈现，也不是对作品内容的演绎性表达，而是独立的、新的作品增值。作品增值的结果是对作品思想层面的利用，但是知识增值的过程——深度学习则不可避免地要对作品进行转换性使用，可归入合理使用的范畴。将人工智能深度学习纳入合理使用不仅与合理使用规则变迁的历史趋势相一致，也符合著作权法激励创新的目的，更有助于人工智能产业的健康发展。

【关键词】 人工智能　深度学习　作品　合理使用　权利限制

73. 在线内容分享服务提供商的一般过滤义务——基于《欧盟数字化单一市场版权指令》

【作者简介】 谭洋，中国人民大学法学院知识产权法方向博士研究生。

【发表期刊】《知识产权》2019 年第 6 期

【内容摘要】 欧盟版权法改革迎来“大地震”——形式上不要求但实质上要求在线内容分享服务提供商履行一般过滤义务，该改革将产生极大危害，包括算法引发的私人执行和监视风险、侵犯言论自由、对私人数据和隐私产生危害、妨碍营业自由以及损害版权例外与限制。对此，我国在未来的著作权法改革中不应引入一般过滤义务，应理性看待欧盟版权法改革过程中的“价值差”，从经济利益和非经济利益层面关注用户权益，最后，著作权人和网络服务提供商应通过市场创新满足消费者需求。

【关键词】 欧盟版权法　《欧盟数字化单一市场版权指令》　网络服务提供商　一般过滤义务　言论自由　算法

74. 论微信公众号“洗稿”作品著作权侵权判定

【作者简介】 谢晶，中南财经政法大学知识产权研究中心博士研究生。

【发表期刊】《电子知识产权》2019 年第 3 期

【内容摘要】 在新媒体时代，微信公众号“洗稿”猖獗，严重侵犯著作权人的合法权益。“洗稿”作品不符合著作权法中的“独创性”要求，从法理而言，“洗稿”作品并非著作权法意义上的创作，而是一种“高级”剽窃。在司法实践中，应适用“接触＋实质性相似”规则予以认定，将“整体观感法”与“抽象分离法”组合适用为“洗稿”作品的著作权侵权判定提供应对之策。

【关键词】 微信公众号　“洗稿”　实质性相似　著作权侵权

75. 著作权法体系下体育赛事直播画面的权利保护

【作者简介】 游凯杰，厦门大学知识产权研究院博士研究生。

【发表期刊】《武汉体育学院学报》2019 年第 2 期

【内容摘要】 对新近发生的涉体育赛事直播画面侵权案件进行梳理后发现，不同法院对事实基本相同的该类案件，做出了不同的判决结果。究其原因，一是不同法官对体育赛事直播画面在著作权法上的定性存有争议，二是体育赛事直播画面在著作权法下的保护遇到了法律适用困境。鉴于著作权法与其他法律的外部协调和“著作权—邻接权”二分体系下的内部协调，以及根据“同类案件相同处理”的法律推理原则，研究认为，在我国《著作权法》框架下，通过扩张解释和完善广播组织者权来保护体育赛事直播画面是更为合理的路径选择。

【关键词】 体育法学　著作权法　体育赛事直播画面　反不正当竞争法　“著作权—邻接权”二分体系　广播组织者权

76. 自媒体洗稿的成因、界定及防范

【作者简介】 赵泓，华南理工大学新闻与传播学院教授；陈因，华南理工大学新闻与传播学院硕士研究生。

【发表期刊】《现代传播（中国传媒大学学报）》2019年第2期

【内容摘要】“洗稿”作为一种变相侵犯知识产权的现象，近年来有愈演愈烈的趋势。这种戕害原创精神的行为有必要加以严格监管和整治。本文从“洗稿”的来源和概念入手，结合相关文献和案例，主要分析自媒体时代“洗稿”的成因和特征，进而提出具体的防范和应对措施。

【关键词】 自媒体　洗稿　成因　防范

77. “屏蔽或变现”：一种著作权的再配置机制

【作者简介】 黄炜杰，香港大学法学博士研究生，美国加州大学伯克利分校富布赖特访问学者，新加坡管理大学亚洲智慧资产及法律应用研究中心访问学者。

【发表期刊】《知识产权》2019年第1期

【内容摘要】 近年来，网络平台不仅允许著作权人屏蔽涉嫌侵权的内容，还可以让著作权人利用该内容在平台的传播获得广告收入。这一“屏蔽或变现”规则，为著作权人增加了将侵权转化为事后许可的责任规则保护方式，有助于在越来越多用户生成内容（UGC）处于侵权与合理使用的权利模糊地带的情况下，促进著作权的再配置。但是，现行“屏蔽或变现”规则完全依靠技术力量来判断UGC的产权归属，剥夺了UGC创作者的谈判能力，最终将抑制UGC的创作，也阻却著作权通过分散的市场机制发现更有效率使用者的通道。为实现“屏蔽或变现”规则的制度优势，UGC创作者应享有与著作权人对等的保护机制。具体而言，UGC创作者应享有要求恢复原状或共享收益的反通知权，UGC平台应承担尽合理注意义务处理反通知的责任。

【关键词】 用户生成内容　财产规则　责任规则　侵权货币化　著作权的再配置

78. 数字音乐著作权许可模式探究——兼议法定许可的必要性及其制度构建

【作者简介】 蒋一可，北京大学法学院博士研究生。

【发表期刊】《东方法学》2019年第1期

【内容摘要】 当代数字音乐的传输和消费，给音乐著作权许可制度体系带来了巨大挑战。在独占许可遭遇政策性否定、集中许可的推广尚存制度性阻碍的前提下，我国数字音乐市场亟待探索许可模式上的创新以有效回应互联网时代企业对传播效率的追求。而与独占许可和集中许可相比，法定许可在数字音乐著作权许可模式的法律构建中仍然显示出其不可替代性。未来在音乐作品著作权人、录音制品制作者、网络音乐服务提供者之间创设新的法定许可类型，允许在线音乐平台依法定许可向公众提供交互式流媒体播放服务，不失为降低数字音乐市场权利交易成本、维护产业运行效率的一种有益尝试。同时在具体制度设计上，应着力于增强法定许可程序的可操作性以确保权利人获报酬权的实现。

【关键词】 数字音乐　独家版权　集中许可　法定许可

79. 人工智能“创作”的人格要素

【作者简介】 徐小奔，中南财经政法大学知识产权研究中心研究员、讲师，法学博士。

【发表期刊】《求索》2019年第6期

【内容摘要】 人工智能技术对著作权制度的挑战表现为人工智能“创作”的主体资格、“创作”结果（人工智能“作品”）的作品资格以及权利归属问题。创作是人类智力活动的过程，作品是人类智力活动的结果，人工智能不具备自然人所特有的自由意志与实践目的，不具备权利主体的人格性，不能视为作者，进而不能将人工智能生成内容的过程称为创作。但是，人工智能“作品”中内在地蕴含着人工智能设计者（自然人）的个性。这种个性直接表现为综合理念上的价值选择，间接表现为对特定具体表达形式的积极追求。据此，人工智能“作品”可被认定为作品受著作权保护。在权利归属上，为协调创作中心主义与投资保护主义，应当原则上将人工智能作品视为法人作品，将著作权归属于法人，并通过委托作品机制允许设计者与使用者通过市场交易来协调双方利益。

【关键词】 人工智能　作者　独创性　法人作品　委托作品

80. 知识产权视角下数据财产的制度选项

【作者简介】 郝思洋，中国人民大学法学院2016级知识产权法专业博士研究生。

【发表期刊】《知识产权》2019年第9期

【内容摘要】 调整对象的相似性、类似的制度目标以及相似的历史发展轨迹使知识产权制度能够为数据财产研究提供独特的研究视角和制度参照。在制度选择时，应以激励数据流转为首要价值目标，并按照既有制度优先于创设制度的原则进行排序。在既有制度中，反不正当竞争法关于商业秘密的规定能够为数据财产提供一定程度的保护，邻接权制度在扩展客体类型后也可作为数据财产的一类制度选项。在创设制度中，在反不正当竞争法中设定独立法益类型的模式不仅能够通过控制特定行为赋予企业有限的财产保护，而且有利于数据流通目标的实现，是数据财产未来较为恰当的制度选项。

【关键词】 知识产权　数据财产　反不正当竞争法

81. 智能洗稿法律规制研究

【作者简介】 周勇，华东政法大学传播法研究中心助理研究员，马克思主义学院硕士研究生。

【发表期刊】《当代传播》2019年第4期

【内容摘要】 建立于传统著作权保护环境中的网络自治模式、司法诉讼模式和专项整治模式，难以完全适用于智能著作权保护工作，致使智能洗稿法律规制陷入窘境。因此，规制智能洗稿必须充分考虑智能传媒产业发展、智能延伸人类创作能力等因素，转变智能洗稿法律规制原则，将基于政府主导的规制转变为基于行业主导的规制，将以静态利益平衡为导向的规制转变为以动态利益平衡为导向的规制，将着眼于传播流程的规制转变为“软件开发—作品生成—传播”全流程并重的规制。在该原则指导下构建“互动循环”规制制度，通过多主体协商为规制提供制度基础，通过创新智能著作权保护监管体系和优化庭审机制为规制提供重要保障，维护权利人利益，促进智能传播产业健康发展。

【关键词】 智能洗稿　法律规制　智能洗稿软件　智能著作权保护

82. 论人工智能生成内容的著作权法保护

【作者简介】 李俊，甘肃政法学院讲师。

【发表期刊】《甘肃政法学院学报》2019年第4期

【内容摘要】 人工智能生成内容从表现形式上看与人类创作的作品相差无几，但究竟能否将其作为作品进行保护，则要从其创作原理及创作过程入手进行分析，目前人工智能生成内容是运用算法、规则，套用已有模板得出的结果，不符合作品的独创性要求，为了避免对既有的著作权理论体系造成冲击，不宜将其直接认定为作品，但由于人工智能生成内容与作品类似，同时，出于促进人工智能产业发展的考虑，应将其作为著作权的特殊保护对象进行调整。

【关键词】 人工智能　著作权　独创性　保护

83. 人工智能创作物的著作权保护

【作者简介】 马忠法，复旦大学法学院教授、博士生导师；肖宇露，复旦大学法学院。

【发表期刊】《电子知识产权》2019年第6期

【内容摘要】 近年来，得益于大数据及人工神经网络和机器深度学习等人工智能技术的迅猛发展，在文学、艺术等领域涌现出了大量人工智能创作物。人工智能的自主创造性，使其不再仅仅是人类创作的辅助工具，还是人类创作的“合作者”。但是人工智能作为创作工具的局限性、不具有自然人的主观能动性及相关法律规范的缺失等，导致其无法在作品创作中具备作者的主体资格，其完成的创作也只是人工智能设计者、训练者和使用者创作的一部分。根据当前的技术和法律规范，人工智能创作物属于我国著作权法意义上的作品，其权利归属应以约定优先为原则；在没有约定或约定不明的情形下，作品的著作权归属于人工智能使用者。对于非法使用他人所有的人工智能所获得的人工智能创作物，其著作权归应属于其所有人；属于职务作品的人工智能创作物，使用者享有署名权，其他权利应当归属于单位。

【关键词】 人工智能　创作物　著作权　作品权利归属

84. 人工智能作品合理使用困境及其解决

【作者简介】 张金平，中央财经大学法学院博士后。

【发表期刊】《环球法律评论》2019年第3期

【内容摘要】 人工智能是收集、整理海量信息并进行计算机分析的技术，因而在一开始就可能复制大量他人享有著作权的作品。这些作品的使用（尤其是商业目的使用），并不必然可以援引现行著作权法的合理使用规定而获得豁免。如此一来，企业为开展人工智能领域的研究必须对大量作品的复制支付许可费用。这不仅在实践中不可能完成，也会严重阻碍我国在该领域的科技进步。与此同时，现有《著作权法》修订草案所提供的合理使用原则性条款也无法为人工智能发展过程中的作品合理使用提供确定性。在美国、日本和欧盟等国家或地区已经提供或正在讨论提供合理使用解决方案的情况下，为了扫清人工智能发展的著作权障碍并提供国际相对竞争优势，我国有必要通过修法提供专门的著作权限制与例外。同时，为了防止该例外的扩大化适用对著作权人产生不合理的损害，仍须科学界定该例外的具体适用情形。

【关键词】 人工智能　著作权　商业目的　合理使用

85. 人工智能生成物的著作权保护可行性研究

【作者简介】 朱梦云，武汉大学法学院2016级博士研究生。

【发表期刊】《出版科学》2019年第3期

【内容摘要】 在以数据信息的发展和应用为主要特点的大数据时代，人工智能技术进步日新月异。人工智能生成物作为人工智能与大数据结合的产物，其产生过程依赖于自身的自主决策且经济价值和社会影响巨大。本文从赋予人工智能生成物著作权保护的角度，对其存在的主体非法定、独创性标准认定不明以及容易导致“反公地悲剧”等问题进行分析；进而从劳动价值论和功利主义论以及我国现行的《著作权法》规定等视角，论证其享有排他性著作权保护的正当性和合理性；最终为人工智能生成物的充分保护和有效利用提供理论依据。

【关键词】 大数据　人工智能生成物　著作权

86. 人工智能创作物著作权保护问题研究

【作者简介】 程梦瑶，武汉大学信息管理学院2016级博士研究生。

【发表期刊】《图书馆》2019年第3期

【内容摘要】 随着人工智能技术的深入发展，人工智能逐渐渗透到文化领域，人工智能创作文学、音乐、美术作品的出现将人工智能创作物著作权保护问题提上议程。本文从人工智能创作物作者界定、独创性判定和权利归属确定等角度分析人工智能著作权保护所面临的问题，并从著作权“利益平衡”精神、技术创新与著作权制度协同发展、市场公平竞争等方面指出人工智能创作物著作权保护的必要性，总结国外相关经验，对我国人工智能创作物著作权保护提出设想。

【关键词】 人工智能创作物　著作权　设想

87. 嵌入社会网络的技术：区块链在著作权交易中的应用再检讨

【作者简介】 臧志彭，华东政法大学传播学院副教授、硕士生导师，文化产业研究所所长；崔煜，华东政法大学传播学院。

【发表期刊】《同济大学学报（社会科学版）》2019年第1期

【内容摘要】 区块链可以变革著作权交易模式的观点自这一技术出现以来已为多方论述，但这些讨论将区块链技术视为脱离社会网络的物质工具，低估了行动者互动的复杂性。本文基于复杂科学理论，重新思考区块链技术在著作权领域的应用，关注技术应用者及其互动关系。从社会网络视角来看，区块链技术面临着中心化风险。这是因为，在真实世界中，存在社会资本不均等和信息不对称等现象，由此，技术使用者经由自身努力改变节点状态并实现了网络结构的变化，中心化节点在重尾分布中出现。据此，区块链难以从根本上改变目前著作权领域中心化交易模式。有关区块链音乐平台的案例分析支持了我们的观点。在著作权交易中，中心机构还发挥着信息过滤等其他作用，是否应当借由区块链技术实现去中心化交易模式仍有待商榷。

【关键词】 著作权　区块链　社会网络　中心化　音乐平台

88. 对我国当前合理使用修改的思考——以德国“合理使用”为视角

【作者简介】 易磊，德国萨尔大学法学院法学博士研究生。

【发表期刊】《电子知识产权》2019年第2期

【内容摘要】 在1871年第一部现代意义的《德国著作权法》中，只有4条具体的“合理使用”规定。20世纪后，德国修改其著作权法，并形成了“一般概括式”与“法定列举情形”分开适用的“合理使用”立法例。此立法例沿用至今。由此也可知，德国采用的是较为开放的“合理使用”立法技术。对比德国可见，我国现行《著作权法》中的合理使用立法例过于封闭，缺乏一般概括条款，并不鼓励后续创作。《著作权法（修订草案送审稿）》中新添

“其他情形”和合理使用一般概括式条款是合适的，删除或明确“其他情形”的做法将僵化我国合理使用制度。但建议将“其他情形”修改为“特定、特殊情形”，这既符合“三步检验法”表述，也可为今后法院的解释适用提供思路。

【关键词】《德国著作权法》 立法例 合理使用 自由使用 三步检验法

89. 知识付费平台著作权私立规则对图书馆的启示

【作者简介】张麒麟，南京大学信息管理学院博士研究生，西南大学图书馆馆员。

【发表期刊】《图书馆建设》2019 年第 3 期

【内容摘要】第三次《著作权法》修订工作虽然迟滞，但在互联网环境下出现的著作权私立规则却很好地回应了技术创新。相较近年来在互联网领域爆发的“知识付费”行业，图书馆的著作权意识和版权政策比较落后。本文选取了 8 个典型的互联网知识付费平台案例，采用网络调研法和内容分析法，将相关规则总结归纳为“内容独占许可”、“放弃著作财产权”和“补充著作权法”3 个范畴下的 8 个概念。在知识付费著作权私立规则的启示下，从内容、形式和效用 3 个维度对图书馆制定著作权私立规则的操作方案进行具体分析，认为著作权私立规则可以增强图书馆著作权工作的主动性，有利于保障图书馆日常管理与服务的顺利开展。

【关键词】知识付费 著作权 私立规则 图书馆

90. 论人工智能生成内容著作权法保护

【作者简介】易玲，中南大学法学院副教授、硕士生导师，法学博士；王静，中南大学法学院硕士研究生。

【发表期刊】《湘潭大学学报（哲学社会科学版）》2019 年第 6 期

【内容摘要】人工智能生成内容符合“独创性”的客观标准，应当受到著作权法保护。当前学界提出改造“作者”范围以涵盖非人类作者或以职务（雇佣）作品、法人作品、邻接权模式确定人工智能生成内容的权利归属，均存在一定缺陷。在机器创作受到著作权法保护的正当性前提下，我国可扩张适用“视为作者”模式，在没有人类作者参与直接创作的情形下，将“对作品创作之必要安排承担责任”的人认定为“作者”。法院应当合理评价“必要安排”的行为，综合考量行为主体是否具有独立的创作意志以及对作品的控制力，其他主体可与权利人通过合同约定，适当分配人工智能生成内容带来的经济利益，以此发挥著作权法的激励作用。

【关键词】人工智能生成内容 独创性 “视为作者”模式

91. 智能社会法律的算法实施及其规制的法理基础——以著作权领域在线内容分享平台的自动侵权检测为例

【作者简介】张吉豫，中国人民大学法学院副教授，中国人民大学未来法治研究院研究员。

【发表期刊】《法制与社会发展》2019 年第 6 期

【内容摘要】随着信息网络空间日益成为人类活动的重要空间，智能算法在网络空间被广泛运用，我们正在快速进入智能社会。在智能社会中，法律的算法实施及其规制是不容忽视的重要问题。著作权领域法律的算法实施较早地开始实践，提供了一个有益的观察视角。世界范围内著作权法治实践逐渐脱离传统的避风港规则，从平台自发采用侵权检测算法、司法裁判对平台责任加重、立法确立新原则这三个维度，加强了在线用户分享内容平台的事前审查，激励了网络空间中著作权的算法实施机制和规制的创新与发展。智能社会中著作权算法实施具有必然性和积极意义。其规制机制应以信息的合法高效流通原则，算法权力与公权力、私权利平衡原则，共享经济、新零工经济的“助推型”治理理念，“共建共治共享”的社会治理理念等智能社会的法理信念为指引，构建用户与平台之间新的利益平衡机制、超越“过滤义务”的多元共治机制、著作权状态及归属的公信认证机制、争端解决的“在线合议”机制。

【关键词】智能社会 避风港规则 过滤义务 法律的算法实施 算法规制 版权区块链 在线争端解决 共建共治共享

92. 论人工智能生成物著作权权利的秩序重构

【作者简介】徐珉川，东南大学法学院副研究员，人民法院司法大数据研究基地研究人员，法学博士；马文博，东南大学法学院。

【发表期刊】《东南大学学报（哲学社会科学版）》2019 年第 5 期

【内容摘要】近年来内容生成领域的人工智能技术得到爆发式发展，人工智能“创作”的生成物同自然人创作的作品在外观上愈加难以分辨。由于

《著作权法》的规范体系延续“作者—作品”的权利框架，这就使得人工智能生成物上的著作权规则体系陷入了权利规范秩序缺失的困境。应对人工智能生成物加以准确认知并做出规范上的合理评价，而权利归属层面的不确定，并非意味着规范缺乏解决问题的能力。从人工智能生成物研发、运行的活动现实秩序出发，现实方案还需要回归到具体的人工智能“创作”实践本身来重建权利秩序。

【关键词】 人工智能　著作权　人工智能生成物　著作权法

93. 服装设计的知识产权保护

【作者简介】 金银，上海海事大学徐悲鸿艺术学院副教授，博士。

【发表期刊】《丝绸》2019年第10期

【内容摘要】 针对服装设计的知识产权保护问题，采用比较研究与案例分析方法，对服装设计的著作权保护模式和外观设计专利保护模式进行了分析。相对而言，服装设计的著作权保护模式的优势在于权利自动获得，但缺点在于著作权对“创造性”的要求高、只保护艺术性的表达、权利效力不足以覆盖服装设计的商业过程；服装设计的外观设计专利保护模式虽然需履行法定程序，付出金钱与时间成本，但其优点在于授权标准要求较低、保护范围大、保护商业全过程。研究表明：服装设计的知识产权保护应以外观设计专利为主，以著作权作为补充，以商业秘密保护前期成果，在满足条件时以发明和实用新型专利进行保护。

【关键词】 服装设计　知识产权　外观设计专利　著作权　商业秘密

94. 人工智能创作的版权侵权问题研究

【作者简介】 曾田，北京大学法学院博士研究生。

【发表期刊】《河北法学》2019年第10期

【内容摘要】 人工智能作为新时代科技革命的代表走进了人们的生活，也带来了版权领域的新问题。人工智能创作的本质主要是通过计算机算法对大量作品样本进行解码、学习和训练，形成某种代表作品集规律的概率模型，并依此进行模仿和预测。人工智能所学习和复制的作品集规律可体现创作者对构成元素的独创性选择和编排，具有可版权性，故人工智能创作物存在版权侵权风险。此外，由于人工智能创作的特殊性，适用传统实质性相似标准认定侵权存在一定模糊性。建议引入市场替代标准辅助版权侵权认定，实质性相似与市场替代的结合，是判定人工智能创作版权侵权问题的最佳选择。

【关键词】 人工智能　作品集规律　独创性　实质性相似　市场替代

95. 新时代中国知识产权保护国际化对策

【作者简介】 管荣齐，天津大学知识产权法研究基地研究员、博士生导师，中国社会科学院知识产权中心客座研究员。

【发表期刊】《学术论坛》2019年第4期

【内容摘要】 知识产权保护国际化是知识产权国际保护和域外保护的融合，在国家利益至上、贸易保护抬头、区域合作热络、创新驱动发展和建设知识产权强国等新时代背景下，我国知识产权保护范围、保护方式、保护规则的国际化需要有新的目标、定位和作为，特别是要借鉴美国法院“长臂管辖”、欧洲“确定重点国家”、日本“海外市场管理”等经验，深化知识产权供给侧结构性改革，探索知识产权法院（庭）的域内外长臂管辖，依据对等原则查处知识产权不公平贸易，适度支持更高标准的知识产权保护规则。

【关键词】 新时代　知识产权保护　国际化　长臂管辖　不公平贸易　知识产权法院（庭）

96. 网络文学改编影视剧著作权保护的启示——以著作权法与合同法制度为视角

【作者简介】 刘元华，北京印刷学院。

【发表期刊】《出版广角》2019年第13期

【内容摘要】 移动互联时代，网络文学改编影视剧规模不断扩大，出现了互利共赢的局面。本文拟从著作权法和合同法相关制度方面对网络文学改编影视剧的保护路径进行研究和分析，以探索网络文学与影视作品权益保护的未来发展方向。

【关键词】 网络文学　著作权　改编权　合同解除

97. 论音乐喷泉的著作权法定性——兼评我国“音乐喷泉著作权第一案”

【作者简介】 袁锋，华东政法大学助理研究员，师资博士后。

【发表期刊】《电子知识产权》2019年第7期

【内容摘要】 音乐喷泉整体喷射效果的法律定性在理论界和实务界产生了较大争议，最近我国“音乐喷泉著作权第一案”更是将这一争论推上了风口浪尖。当前理论界和实务界的主流观点皆试图运用“新型美术作品”或“其他作品”对其进行扩张保护，然而都欠缺妥当的解释力。解决音乐喷泉争议的关键是结合音乐喷泉的创作机制和形成原理对其进行作品适格性的分析。虽然音乐喷泉的整体喷射效果十分具有美感，但其本质上是基于硬件设备和控制系统运作的产物，人为因素所起的作用有限，因而其本质上无法构成著作权法意义上的作品。

【关键词】 音乐喷泉　新型美术作品　其他作品　作品适格

98. 网络游戏直播著作权问题研究——以主播法律身份与直播行为之合理性为对象

【作者简介】 蒋一可，北京大学法学院博士研究生。

【发表期刊】《法学杂志》2019 年第 7 期

【内容摘要】 网络游戏直播作为新传播技术发展背景下的产物，其著作权争议主要集中于主播在直播中的法律身份与直播行为的合理性判定这两大问题上。游戏主播直播游戏操作的行为不同于表演，但依据游戏类别不同以及相应操作空间与个性化程度的差异，直播所临时呈现的游戏操作画面可能产生有别于游戏固有素材的独创性内容，构成基于游戏运行画面的演绎作品。而直播行为是否构成合理使用同样应以游戏类别为标准，竞技类游戏的网络直播具有高度转换性，对游戏商业市场的潜在推广远大于其对市场的破坏效应，不属于游戏作品著作权限制的例外，而应被视为合理使用。

【关键词】 网络游戏直播　著作权　游戏主播　法律身份　合理使用

99. 网络直播侵权问题：争议焦点与法治趋向

【作者简介】 孟德楷，武汉大学法学院。

【发表期刊】《现代传播（中国传媒大学学报）》2019 年第 7 期

【内容摘要】 网络直播产业快速发展，呈现出参与主体多样化、播放平台层次化、直播内容丰富、网络直播产业化和泛娱乐化的趋势，同时，网络直播的民事侵权和行政违法问题涌现。横向上，网络直播侵权在宽领域发生；纵向上，网络直播侵权在直播各个环节均有发生。其中民事侵权主要涉及著作权、隐私权、肖像权、名誉权等，行政违法领域主要涉及违反相应行政法规以及其他规范性文件。网络直播的侵权问题已经在立法、执法和司法领域得到回应，但仍存在模糊地带，如立法有待完善，执法主体部分重合或缺位，司法救济的有效性和及时性存在冲突，等等。

【关键词】 网络直播　侵权问题　争议焦点　法治趋向

100. 认识论视域下人工智能著作权主体适格性分析

【作者简介】 郭壬癸，厦门大学知识产权研究院博士研究生。

【发表期刊】《北京理工大学学报（社会科学版）》2019 年第 4 期

【内容摘要】 人工智能著作权主体适格性分析是研究人工智能创作物权属、定性以及行为责任承担的前提，关涉著作权法律制度逻辑的自洽性。以认识论为视角，运用文本、比较和逻辑分析方法分析后可知，人工智能主体适格性与其特定发展阶段是相适应的。弱人工智能与强人工智能阶段，人工智能扮演“工具”角色，不可作为著作权主体，其行为视为自然人的机能器官的延伸，行为产生侵权责任由制造者或使用者承担。类人人工智能和超级人工智能阶段，人工智能具备自主意识，可作为创作者层面上的作者，具备著作权主体资格。在涉及著作权侵权时，如若侵权行为属于独立行为，则应独立承担著作权侵权责任，具体损害赔偿责任可采取著作权侵权保险方式予以承担；如若侵权行为属于制造者或使用者控制或者指示下的行为，则应按照“雇主责任”方式处理，由制造者或使用者替代承担著作权侵权责任。

【关键词】 认识论　人工智能　著作权　主体地位　主体适格性

101. 论著作权合理使用中的“适当引用”——以谷阿莫二次创作短视频为例

【作者简介】 李佳妮，华东政法大学知识产权学院硕士研究生。

【发表期刊】《东南大学学报（哲学社会科学版）》2019 年第 S1 期

【内容摘要】 近年来，我国影视创作呈井喷之势，引用影视作品中的素材制作介绍电影内容的短视频的现象愈加常见，未经版权人的同意而制作和传播这类短视频牵涉著作权侵权问题，如何界定这类视频的合法性问题亟待法律给出答案，而判断侵权的关键在于该行为是否能够适用著作权法中的合理使用规则。在此背景之下，本文从谷阿莫短视频侵权纠纷出发，基于利益平衡理论并借鉴国内外的立法和司法实践，对著作权合理使用中的“适当引用”准确定位，以缓和信息独占与资源共享之间的矛盾，从而实现利益平衡的价值目标。

【关键词】 著作权　合理使用　适当引用　二次创作　短视频　著作权侵权

102. 中国著作权合理使用制度之演变与完善研究——从1991年《著作权法》到2014年《著作权法（修订草案送审稿）》

【作者简介】 姜亦周，北京大学法学院2015级博士研究生。

【发表期刊】《出版科学》2019年第3期

【内容摘要】 著作权合理使用制度是各国通过相关立法设立的一项权利限制制度，目的是通过对权利人的权利加以限制以保障社会公众接触、获取作品与信息的自由。我国著作权合理使用制度设立于1991年，采用“列举式”立法模式，列举了12项构成合理使用的适用情形，并随着2001年《著作权法》第一次修改，以及《著作权法实施条例》《信息网络传播权保护条例》等法规的出台在不断完善。2011年我国正式启动《著作权法》第三次修改，并于2014年6月颁布了《著作权法（修订草案送审稿）》，提议对合理使用制度进行大幅调整，但之后由于一直没有达成统一意见，至今并没有公布任何新的修改意见稿。在此背景下，本文将通过梳理与分析我国著作权合理使用制度的设立与演变过程，详细分析《著作权法（修订草案送审稿）》中的修改意见，探讨如何更有效地完善我国著作权合理使用制度。

【关键词】 著作权　合理使用　“三步检验法”　“四要素”判定法　《著作权法（修订草案送审稿）》

103. 区块链技术驱动下的著作权登记制度变革

【作者简介】 张颖，湖北大学政法与公共管理学院讲师，法学博士。

【发表期刊】《图书馆论坛》2019年第12期

【内容摘要】 网络环境下著作权公示失灵导致的作品利用障碍使得著作权登记制度备受关注，但基于自愿登记原则的著作权登记制度存在着登记成本高、效力低、信息更新不足等困境。具有去中心化、可信赖、匿名性等特征的区块链技术有利于著作权登记制度克服弊端，但两者的结合面临挑战。区块链技术驱动下的著作权登记制度应依托区块链技术的现实状况，结合著作权登记的基础环境，从构建公私合作登记模式、明确登记服务提供商的法律责任、强化变更登记规则三个层面进行变革。

【关键词】 区块链　著作权登记　登记模式　变更登记

104. 3D打印带来的知识产权挑战与应对

【作者简介】 翟业虎，首都经济贸易大学法学院教授；许峻实，首都经济贸易大学法学院硕士研究生。

【发表期刊】《首都经济贸易大学学报》2019年第3期

【内容摘要】 3D打印技术正如火如荼地发展，对于变革生产方式、改变全球经济格局现状以及促进基础科学研究都具有重要作用，但与此同时，也将给法律制度带来冲击和挑战。研究3D打印带来的知识产权问题，可以深入地解读侵权行为、合理使用以及间接侵权制度的内涵，有助于法律制度的发展与完善，从而更好地促进技术的进步。

【关键词】 3D打印　知识产权　侵权行为　合理使用　间接侵权

105. 人工智能数据新闻作品著作权归属问题探析

【作者简介】 沈思言，对外经济贸易大学法学院博士研究生，讲师，对外经济贸易大学离退休人员工作处副处长；刘建，中央财经大学法学院民商法专业博士研究生，中央财经大学离退休人员工作处活动中心主任，助理研究员。

【发表期刊】《中国出版》2019年第8期

【内容摘要】 当前人工智能在新闻创作中的应用已经成为常态，但针对由其创作生成的数据新闻作品的著作权归属问题存在争议，引起了有关各界的关注和思考。人工智能数据新闻因具备一般最低原创性当属新闻作品的一种，受著作权保护。然而，著作权人不应为直接“作者”机器人，而当为智力“源头”的间接作者人类，具体的著作权权益当在众多参与创造者中根据新闻作品类型和参与创作者的贡献度进行有机分派。

【关键词】 人工智能　数据新闻作品　著作权归属　权利主体

106. 深度链接著作权侵权认定的现实路径与制度创新

【作者简介】 周园，西南政法大学知识产权学院博士研究生，重庆理工大学重庆知识产权学院副教授；杨珊，重庆理工大学“一带一路”知识产权与创新发展研究院助理研究员。

【发表期刊】《重庆社会科学》2019 年第 4 期

【内容摘要】 深度链接行为引发的著作权侵权认定标准之争在国内外尚未形成定论。除国际上截然对立的“服务器标准”和“用户感知标准”，近年来我国理论界和实务界还提出“实质呈现标准”、“法律标准”和“提供标准”等多种标准。结合《世界知识产权组织版权条约》(WCT)，探究我国信息网络传播权的立法原意，应对信息网络传播行为做扩大化解释。在现有法律框架下，将深度链接定性为“提供作品内容”的信息网络传播行为，适用“实质呈现标准”认定其构成著作权直接侵权行为。就未来立法完善而言，应采取“向公众提供权”之概念，重新创设“信息网络提供权”，以明确我国网络环境下著作权的保护范围，平衡版权市场各主体间的利益关系。

【关键词】 深度链接　侵权认定　信息网络传播权　制度创新

107. 美国转换性使用转型及对我国的借鉴

【作者简介】 周贺微，中国政法大学、美国加州大学伯克利分校联合培养知识产权法学专业博士研究生。

【发表期刊】《新闻界》2019 年第 4 期

【内容摘要】 合理使用制度是著作权保护与公共利益保护的平衡器。美国转换性使用的扩张，扩大了著作权合理使用的范围。在美国转换性使用规则膨胀的同时，一些新的商业模式和技术发展带来的著作权相关利益分配新问题，使美国在一定程度上注意到了转换性使用扩张的弊端。美国在最近的案件中，对转换性使用的限制及规范对合理使用中“转换性”的边界遏制有较大的帮助。我国近年来徘徊在是否引入美国转换性使用规则的边缘，虽无明文规定，司法中也较少直接引用“转换性使用”的概念，但该概念仍然存在于相关司法裁判文书中及法官的裁判理念中。基于美国在转换性使用方面的经验及我国实际情况，对该制度的借鉴应慎重，并着力于合理使用规则本身的完善。

【关键词】 著作权　转换性使用　合理使用　生产性使用　公共利益

108. 西藏非物质文化遗产保护与利用的公法—软法—私法混合管理模式探讨

【作者简介】 肖艺能，北京大学法学院博士研究生，斯坦福大学、剑桥大学访问学者。

【发表期刊】《西藏大学学报（社会科学版）》2019 年第 1 期

【内容摘要】 近年来，“一带一路”沿线国家展开了深入的知识产权国际合作。由于各沿线国家具有丰富的非物质文化遗产，对非物质文化遗产的保护和利用成为各沿线国家知识产权国际合作的重要主题。西藏是我国“一带一路”建设中面向南亚的战略枢纽和开放门户，具有丰富的非物质文化遗产和传统文化资源，西藏非物质文化遗产保护与利用模式值得深入研究探讨。文章结合西藏地域文化特点，强调了在西藏非物质文化遗产保护机制研究中被学界长期忽略的软性的传统社区内部规范所起的重要作用，并提出了一种西藏非物质文化遗产保护与利用的新模式：由《非物质文化遗产法》、传统社区内部规范、《著作权法》构建的“公法—软法—私法”三位一体的混合管理机制；通过混合管理机制的动态实践和自身演化，最终形成适合西藏地区和我国国情的非物质文化遗产的保护与利用的管理实践机制，供“一带一路”沿线国家的非物质文化遗产保护与国际知识产权合作借鉴。

【关键词】 知识产权　西藏　非物质文化遗产　混合管理机制　传统社区

109. 人工智能创作“作品”的著作权保护模式研究

【作者简介】 田原，北京印刷学院新闻出版学院硕士研究生；叶文芳，北京印刷学院新闻出版学院副教授。

【发表期刊】《科技与出版》2019 年第 3 期

【内容摘要】 技术的变革给社会带来广泛的影响，而人工智能作为新技术的代表之一，给我国的著作权保护带来了挑战。目前，关于人工智能创作物的著作权归属问题在学界并无定论。文章通过明确人工智能创作物的“作品”属性，认为应将人工智能创作物视为职务作品，投资者和设计者均应视为人工智能“作品”的作者，著作权归属由当事人约定，设计者享有署名权，并依据著作权法中汇编作品的保护模式对该类作品进行保护。

【关键词】 人工智能　作品　著作权　权利归属

110. 自媒体洗稿行为的司法认定规则及其治理

【作者简介】 余为青，阜阳师范学院政法学院副教授，法学博士；桂林，阜阳师范学院政法学院。

【发表期刊】《科技与出版》2019 年第 3 期

【内容摘要】 自媒体洗稿行为的实质是通过对原创的剽窃来达到“复制式创作”的效果，其涉嫌侵犯著作权的危险就在于其对原创作品中独创性表达或者思想的抄袭，侵犯的是权利人的著作财产权，而非著作人身权。因此，自媒体洗稿行为的治理应当坚持“接触＋实质性相似”与行为人主观过错相结合的司法认定规则，在此基础上，建立正向激励与反向约束相结合的规制机制。

【关键词】 自媒体 洗稿 实质性相似 正向激励 反向约束

111. 替代性纠纷解决机制在著作权侵权纠纷中的适用——以著作权集体管理组织为原告的案件为例

【作者简介】 许可，中国科学院大学公共政策与管理学院、中国科学院科技战略咨询研究院博士研究生；肖冰，中国科学院科技战略咨询研究院助理研究员，法学博士。

【发表期刊】 《山东大学学报（哲学社会科学版）》2019年第2期

【内容摘要】 替代性纠纷解决机制是降低纠纷解决成本、提高纠纷解决效率的有效途径。对于“证据确凿、事实清晰、案情明确”的案件，有必要采取替代性纠纷解决机制，避免浪费司法资源，提升纠纷解决效率。以著作权集体管理组织作为原告的著作权侵权纠纷案件，具有诉讼成本高、诉讼标的小、案情较为简单的特点，符合替代性纠纷解决机制适用的条件。同时，上位法确立的制度框架也为替代性纠纷解决机制的引入奠定了立法空间。因此，针对此类纠纷，建立“诉前调解”或“调解前置”机制，可以有效降低权利人维权成本，解决司法资源被过度占用的现实问题。

【关键词】 著作权集体管理 替代性纠纷解决机制 多元化纠纷解决机制

112. 重塑技术措施的保护——从技术措施保护的分类谈起

【作者简介】 李晓阳，西南政法大学民商法学院知识产权法博士研究生。

【发表期刊】 《知识产权》2019年第2期

【内容摘要】 技术措施保护适用的前提是技术措施的分类，该分类由美国版权法发展而来。“版权保护措施”以著作权侵权作为保护基础，无法适用于破坏、规避技术措施但不侵犯著作权的情形；“接触控制措施”通过构建“接触”的概念，克服了“版权保护措施”的部分缺陷，但公众接触作品的权利同时也受到过度限制。技术措施保护分类的适用困境在于其试图从著作权的角度出发规制破坏、规避技术措施的行为，忽视了破坏、规避技术措施行为自身的特征。故应从破坏、规避技术措施的行为模式出发，衔接著作权及其相关权益的保护，构建以传播为核心的技术措施保护体系，优化司法适用的裁判逻辑。

【关键词】 版权 技术措施 接触控制措施 破坏、规避技术措施 传播

113. 网络小说IP全版权运营版权保护

【作者简介】 张丽君，温州大学党委宣传部。

【发表期刊】 《中国出版》2019年第4期

【内容摘要】 网络小说版权运营从最初的在线阅读、付费运营模式，发展为小说、影视、动漫、游戏、衍生产品的全产业链开发模式。然而，不尽完善的IP（知识产权）版权开发评价体系和一定程度上存在的盗版行为，对网络小说IP全版权运营构成了挑战。推进网络小说IP可持续发展，需要从构建互联网著作权市场、建立全产业链价值评估体系、完善法律法规、提高版权意识等方面多管齐下。

【关键词】 网络小说 IP 全版权运营 版权保护

114. 大数据时代学术期刊法律风险规避

【作者简介】 姚锋，中南大学法学院博士研究生；卢宇，湖南大学出版社。

【发表期刊】 《中国出版》2019年第2期

【内容摘要】 在大数据时代，学术期刊有了新的机遇，但更多的是面临不少的风险。其中，法律风险尤为突出。为了规避学术期刊的法律风险，需通过分析大数据时代的新趋势和风险，保护学术出版参与者和学术期刊的合法权益，同时责任编辑应当成为法律风险规避的“把关人”。

【关键词】 大数据 学术期刊 学术出版 著作权 法律风险

115. 侵犯著作权罪实证研究——以上海市近5年的裁判文书为分析样本

【作者简介】 徐宏，华东政法大学法律学院副教授，法学博士；陈颖，上海市闵行区人民检察院第三检察部检察官助理。

【发表期刊】 《中国出版》2019年第2期

【内容摘要】 当今网络社会，著作权领域犯罪高发，新型案件不断涌现，给刑事司法带来挑战。

文章以上海市近5年来侵犯著作权罪的裁判文书为分析样本，直观展现当前司法现状。目前，刑事司法理念存在偏差，立法较为滞后，被害人权利处于边缘化地位，均影响了侵犯著作权犯罪的实际规制效果。对此，建议应当进一步提高刑事立法的前瞻性与统一性，建立多元化的事实查明机制，完善刑罚结构体系，重视被害人的权利保护，并加强对著作权保护的社会培育。

【关键词】 侵犯著作权罪　实证研究　刑事司法　知识产权

116. 著作权合理使用的学术研究状况、趋势与对策分析

【作者简介】 马玄，重庆市巫溪县城厢镇人民政府副主任科员，知识产权法学硕士；刘有东，西南政法大学民商法学院副教授、硕士生导师。

【发表期刊】《重庆社会科学》2019年第1期

【内容摘要】 为进一步明晰我国著作权合理使用的学术研究现状，并增强该领域立法与司法的整体协调功能，运用可视化图谱分析工具 CiteSpace III，对1990—2018年期间具有重要影响力的学者、研究机构等状况进行知识图谱分析，发现我国在著作权合理使用的研究领域取得显著成效，并可能在互联网相关的著作权合理使用研究、利益分配机制领域形成研究热点。为使著作权合理使用制度进一步适应经济、文化和社会发展的现实需要，应当相应地适时启动著作权法的修订工作。

【关键词】 著作权　合理使用　知识图谱分析　CiteSpace

117. 面向数字出版的电子书著作权授权模式优化研究

【作者简介】 刘佳，南京理工大学知识产权学院讲师，法学博士，江苏省版权研究中心研究员。

【发表期刊】《科技与出版》2019年第1期

【内容摘要】 电子书出版的授权链可分为单线型和多线型两种类型。授权过程中，存在确权成本高、侵权风险低、授权效率低、授权渠道少等困境，形成这些困境的根本原因是：数字出版产业的市场导向与著作权制度的权利保护存在冲突；文化产业发展需要大量地利用作品，而著作权的授权模式却比较单一。缓解上述困境，需要对授权模式进行优化：在《著作权法》中明确电子书出版权；变革著作权限制制度；推动全国数字出版授权平台的整合；推行多元化著作权授权模式。

【关键词】 数字出版产业　电子书著作权　著作权授权　机制创新

118. 短视频作品独创性判断标准论

【作者简介】 周灿，三峡大学法学与公共管理学院。

【发表期刊】《中国出版》2019年第24期

【内容摘要】 短视频属于何种类型的作品，能否受著作权法保护，应受何种程度的保护，是当前著作权法研究及实践领域广受关注的新问题。在微播视界诉百度在线等侵害作品信息网络传播权案判决中，北京互联网法院认为，独创性是判断短视频法律地位及受保护程度的核心标准，符合独创性标准的短视频应纳入电影及类电作品予以保护。针对独创性，相关法律法规并未明确规定，在短视频领域，建议通过“整体观感法”“抽象分离法”，从素材选择、拍摄素材方式方法、画面剪辑和编排三方面综合判断其独创性有无及程度高低，确定其是否应受著作权法保护，以及受保护程度。

【关键词】 短视频作品　著作权　独创性　判断标准　作品信息网络传播权

119. 人工智能生成物著作权伦理探究

【作者简介】 曹新明，中南财经政法大学知识产权研究中心教授、博士生导师；杨绪东，中南财经政法大学知识产权研究中心博士研究生。

【发表期刊】《知识产权》2019年第11期

【内容摘要】 人工智能自动生成作品的能力逐渐增强，对以自然人作为创作者为伦理基础而构建的著作权制度构成挑战，主要表现在人工智能生成物与著作权保护价值的伦理冲突上。人工智能生成物与自然人依靠自己的大脑创作的作品在表达形式上并无差异，两者的功能、用途基本一致。基于著作权制度是以自然人为本旨而构建的伦理规则体系，实难接纳人工智能作为作者而给予其保护，否则会造成整个制度伦理及功用的倾覆。人工智能生成物本质上属于人类的投资行为，将其归属于以激励投资者为原则的著作权制度，在法律伦理上是十分契合的。而且，从人工智能的产业发展而言，将著作权授予人工智能生成物的投资者更为恰当，这不仅可以保持既有制度伦理基础的稳固，而且可以激励人工智能生成产业的投资。

【关键词】 人工智能　规制伦理　著作权　权利归属

120. 人工智能生成内容的著作权问题探析

【作者简介】 孙正樑，西南政法大学民商法学院博士研究生。

【发表期刊】《清华法学》2019年第6期

【内容摘要】 正确认识人机关系是回答人工智能生成内容的性质认定及权利归属问题的前提。从技术、伦理、法律三个维度考察，人工智能在当下及可预见的未来，应当是人类从事创造性实践活动的工具。人工智能生成内容满足独创性、智力成果等作品构成要件，具有可版权性；确定人工智能生成内容的著作权归属，既要遵照著作权归作者的一般原则，又要发挥著作权法的激励功能，灵活运用现有的特殊规则。

【关键词】 人工智能生成内容　人机关系　可版权性　权利归属

121. 美国法信息盗用制度的演进及其对我国数据财产权益保护的启示

【作者简介】 杨翱宇，清华大学法学院民法学专业博士研究生，美国宾夕法尼亚大学访问学者。

【发表期刊】《政治与法律》2019年第11期

【内容摘要】 为调整与事实信息有关的财产权益纠纷，美国在其普通法中确立了信息盗用制度。该制度形成于百年前的“美联社案”，历经“全美篮球协会案”等重要判例的发展，在当今大数据时代仍具有不可替代的适用价值。信息盗用制度根植于反不正当竞争，核心要义在于为事实信息提供强度适中的有限度保护而非赋予其绝对性财产权，典型要件包括信息权益者投入了劳动与成本、信息盗用者实施了搭便车行为、双方之间具有竞争关系、搭便车行为对信息权益者造成了损害、信息具有一定时效性等。以信息盗用制度为基础构建我国的数据盗用规则在保护客体、裁判精神和立法规范等层面均具有正当性，应在我国《反不正当竞争法》中新增相应条款，并在司法适用时参酌数据的性质与目的、被盗用数据的数量、产出原有数据所需的劳动和投资、数据盗用的市场影响、原有数据的时效性等因素。

【关键词】 信息盗用　数据　竞争法　准财产权

122. 国内英文学术期刊实证分析：关于论文著作权和期刊著作权的思考

【作者简介】 陈昕伊，上海大学期刊社《电化学能源评论》（英文版）编辑部；何晓燕，上海大学期刊社《电化学能源评论》（英文版）编辑部。

【发表期刊】《编辑学报》2019年第5期

【内容摘要】 论文著作权和期刊著作权在法律和经济层面都很重要。随着学术期刊与国际出版的合作日益密切，它们关系到中国学术期刊的国际形象，也影响着著作权相关贸易和我国学术出版“走出去”的发展。本文讨论了国内和国际英文学术期刊的论文著作权现状，指出了信息时代和国际化背景下国内英文学术期刊著作权的问题，为国内英文学术期刊处理论文与期刊著作权归属问题提供参考。

【关键词】 著作权转让　国际出版合作　著作权贸易　知识产权　国内英文期刊

123. “微时代”新闻传播的“合理使用”与传播权益：以“甘柴劣火”为例

【作者简介】 王思文，中国人民大学新闻学院博士研究生，大同大学文学院讲师；陈绚，中国人民大学新闻学院教授，中国人民大学新闻与社会发展研究中心研究员。

【发表期刊】《国际新闻界》2019年第10期

【内容摘要】 本文以“甘柴劣火”事件为例，从新闻传播的角度对新环境中的著作权法“合理使用”制度进行了分析，思考了微时代环境下新闻传播各方权力与权益的博弈。“人人都是报道者”意味着传播权力的转移，权力与权益关系也需要平衡，著作权法中的“合理使用”制度是保护双方利益的关键。此外，本文对新闻事实引述与作品抄袭的界限进行了解析。从目前的环境看，《甘柴劣火》是一篇具有“洗稿”性质的稿件还是具有独创性，这一问题实际并无太大意义，学界与业界更需要讨论的应该是，如何营造贯彻“合理使用”制度的法律环境，以实现个人权利与社会利益的平衡。

【关键词】 合理使用　传播权　新闻价值

124. 论人工智能生成内容的邻接权保护——从立论质疑出发的证伪

【作者简介】 陈虎，华东政法大学知识产权学院博士研究生。

【发表期刊】《电子知识产权》2019年第9期

【内容摘要】 以狭义著作权保护人工智能生成内容存在机器不具备作者资格与生成内容是否具有独创性的障碍，有观点随即认为以邻接权加以保护具有可行性。国际公约只为邻接权保护设置最低标准，是各国在不违背国际公约的情况下保护本国投资者的重要工具，使得邻接权保护对象从传统的传播者向投资者异化。但是，投资者利益保护作为人工智能生成内容邻接权保护的立论基础，不符合邻接权的制度理念，无法实现广义著作权的激励功能。由于人工智能生成内容与作品外观相似，易带来邻接权人将生成内容署名为作品的寻租行为。邻接权范畴在我国立法中呈限缩趋势，且人工智能生成内容不具有构成财产应有的稀缺性，以反不正当竞争模式代替邻接权设权保护更加妥当。

【关键词】 人工智能　邻接权　投资者利益　录像制品

125. 微信公众平台作品的著作权保护向度

【作者简介】 齐盛，华东政法大学法律学院2016级博士研究生，河南科技大学法学院讲师。

【发表期刊】《广西社会科学》2019年第9期

【内容摘要】 目前我国微信公众平台作品的著作权侵权行为较为突出，主要表现在微信公众平台作品未经许可使用他人作品，并且未标明来源，以及微信公众号未经作者许可使用其作品，虽标明了作品来源，但作者声明未经许可不得使用和转载等方面。同时，在对著作权进行保护的过程中面临用户的知识产权保护意识薄弱、权利人维权成本过高和网络服务提供者缺乏足够的保护知识产权的技术措施等现实问题。对此，应从提高微信公众平台用户的知识产权保护意识、降低微信公众平台著作权人的维权成本、完善保护原创作品著作权方面的技术措施等方面创新保护机制。

【关键词】 微信公众平台　作品　著作权　侵权行为　保护机制

126. 扩张合理使用目的法律适用新规则

【作者简介】 刘水美，美国印第安纳大学布鲁明顿摩利尔法学院法律科学博士研究生。

【发表期刊】《知识产权》2019年第8期

【内容摘要】 自英国《安娜女王法案》以来，著作权利益平衡就包含了在保护版权人利益的同时兼顾使用者权益的精神，因此设立了著作权合理使用原则。现代以来，著作权扩张侵蚀了合理使用制度下的使用者权益和社会公共利益。故只有在合理使用目的判断中发展出一些新的法律适用规则，才能维护使用者权益，进而维护著作权平衡。本文提出了三种我国在立法上扩张著作权合理使用目的的法律适用规则路径，以期在扩张合理使用目的之路上，探求到合理使用目的背后司法判定应当遵从的实质，从而寻找到合理使用目的法律适用规则的合适边界。

【关键词】 合理使用目的　著作权　兜底条款　转换性使用　社会公益

127. 论文本与数字挖掘技术应用的版权例外规则构建

【作者简介】 董凡，广东技术师范大学法学与知识产权学院讲师，法学博士；关永红，华南理工大学法学院教授、知识产权研究所所长、博士生导师，法学博士。

【发表期刊】《河北法学》2019年第9期

【内容摘要】 数字时代背景下，文本与数据挖掘技术已然成为科研创新与丰富文化生活的重要工具。然而，在我国现行版权法框架下，文本与数据挖掘技术的应用无法通过“临时复制”、“合理使用”与“版权许可协议”摆脱版权侵权的窠臼。借鉴域外的相关立法制度与司法裁判经验，并且基于我国创新发展的需要，发现将文本与数据挖掘技术的应用纳入版权例外范围有其正当性；同时，我国应当选用“有条件的允许模式”将文本与数据挖掘技术应用纳入版权例外范围。在具体构建文本与数据挖掘技术应用的版权例外规则方面，应当将合法获取版权保护信息源的主体作为“主体要件”，将“非营利性”与“用于计算分析的科学研究目的”作为“目的要件”，并允许复制与转码行为，以及确立保护权利人正当利益的具体规则。

【关键词】 文本与数字挖掘技术　版权法　版权例外　利益平衡　规则构建

128. 欧盟版权法下的文本与数据挖掘例外

【作者简介】 阮开欣，华东政法大学知识产权学院副研究员，法学博士。

【发表期刊】《图书馆论坛》2019年第12期

【内容摘要】 近期通过的《数字化单一市场版权指令》第3、4条对TDM的版权例外做出规定。欧盟TDM例外的成因在于提高TDM技术应用率，充分发挥其对科学研究的作用，而欧盟现行法律对TDM缺乏明确的适用边界，未经许可实施TDM存在很大的法律风险。《数字化单一市场版权指令》区分了“科研目的下的TDM例外”与“分析处理层面的TDM例外”。欧盟TDM例外的适用要件包括来源合法和安全保存措施。文章探析欧盟TDM例外的成因、适用分类和适用条件，分析其立法经验和借鉴意义。

【关键词】 欧盟版权法　TDM例外　科学研究

《数字化单一市场版权指令》

129. 大数据时代图书馆著作权例外制度的挑战与重构

【作者简介】 李秋容，中共天津市委党校天津行政学院副教授，管理学博士。

【发表期刊】 《图书馆工作与研究》2019 年第 7 期

【内容摘要】 图书馆著作权例外制度需要保持著作权与公共利益的平衡。大数据时代带来的数字化阅读、图书馆数字化建设、著作权权利中心的变化，对著作权例外制度的适用范围、运行方式、鼓励图书馆自身创新、排除著作权实现障碍等方面均产生了一定冲击和挑战。文章认为，重构大数据时代图书馆著作权例外制度，应坚持公共利益优先、鼓励创新、开放共享原则，采取设置原则性条款、扩大制度适用的读者对象与空间范围、鼓励使用共享与馆际互借、坚决破除著作权权利垄断、以技术手段严格保护著作权人的合法权利等具体制度安排。

【关键词】 大数据 大数据时代 图书馆 著作权例外制度 重构

130. IP 热背景下网络文学作品的版权问题及优化策略

【作者简介】 陈维超，湖南师范大学新闻与传播学院讲师，台湾政治大学传播学院访问学者，博士。

【发表期刊】 《广西社会科学》2019 年第 7 期

【内容摘要】 目前网络文学作品版权问题主要表现为网络文学作品非法传播、文学作品内容抄袭频现、修改权与改编权易引发权限冲突以及网络文学作品版权授权混乱。IP 热背景下网络文学巨大的版权价值，是助推侵权问题频现的社会经济根源，此外，智能写作软件侵权隐蔽性以及网络版权相关法律法规滞后性也是造成网络文学作品版权问题的主要原因。对此，除了完善版权相关法律法规，还应从市场机制、专业技术标准、行业自律等方面构筑网络文学版权保护体系。

【关键词】 IP 热 网络文学 版权问题 优化路径

131. 三网融合背景下报纸版权保护问题探究——以《重庆日报》为例

【作者简介】 姚纽蒙，武汉科技大学图书馆助理馆员；杨思思，武汉科技大学图书馆助理馆员。

【发表期刊】 《出版广角》2019 年第 12 期

【内容摘要】 著作权的法律制度与科学技术的进步密切相关。当前，三网融合丰富了作品的传播路径，但也带来了新的著作权侵权问题。对于报纸版权的保护，将有助于推动报纸行业的良性竞争与可持续发展。本文试图对报纸版权保护所涉及的问题进行分析，进而为三网融合背景下报纸版权保护法律体系创新提供相应参考。

【关键词】 三网融合 报纸版权 《重庆日报》 法律保护

132. 著作权刑法保护视阈下“复制发行”的法教义学解读

【作者简介】 贾学胜，暨南大学教授，法学博士。

【发表期刊】 《知识产权》2019 年第 6 期

【内容摘要】 对侵犯著作权罪的核心构成要件“复制发行”的解释必须坚持教义刑法学的基本立场，而非著作权法对“复制权”和“发行权”的法律规定。复制和发行是著作权法定利用行为的两大支柱，而刑法上的“复制发行”则涵括了著作权法规定的所有法定利用行为，侵犯著作权罪因而能够对著作权提供全面的保护。私服和外挂、提供规避技术措施工具和设链行为均是“复制发行”在信息互联网环境下的新形态，应该予以刑法的规制。司法解释对“复制发行”的解释并没有架空销售侵权复制品罪，“发行”与“销售”是两种不同的行为类型。

【关键词】 著作权 复制发行 私服和外挂 提供规避技术措施工具 设链行为 销售

133. 利益平衡视野下我国著作权合理使用异化问题

【作者简介】 刘建，中央财经大学法学院教师。

【发表期刊】 《出版发行研究》2019 年第 6 期

【内容摘要】 设立著作权制度原本目的在于维护权利人的个人利益与社会公共利益及两者间的平衡。但当前《著作权法》压缩了著作权合理使用空间，少数人利益诉求得以制度化，这在一定程度上使得著作权制度背离其促进公共利益发展的本质，趋于异化。深入研究著作权合理使用异化的基础法理，分析著作权合理使用异化的形态和弊害，有助于从异化角度分析著作权制度的根本价值，探究著作权合理使用下私益与公益平衡的途径以及维护著作权合理使用制度正常发展的对策。

【关键词】 利益平衡 著作权 基础法理 合理使用异化 价值取向

134. 三网融合背景下的广播组织权研究——以传媒经济为视角

【作者简介】 崔立红，山东大学法学院教授、博士生导师，山东省版权教学科研基地主任。

【发表期刊】《政法论丛》2019 年第 3 期

【内容摘要】 三网融合正处于各自独立、互相竞争的有保留融合的阶段，广播组织权有从合同权利转化到开放财产权的趋势。广播组织将复制著作权人的权利并带来多重诉讼；对广播组织权的赋能，成为传媒市场进出壁垒和路径依赖，给传媒市场绩效带来负面影响。通过对美国广播组织及其权利定位的历史考察，启示我国采用有限排他权措施，平衡行业各主体的利益，创造公平的市场竞争环境。基于我国广播电视组织内容上的竞争优势，以及司法实践不支持将广播组织权扩张到互联网的态度，分阶段在广播组织传播的内容、传播的信号使用上，适用法定许可。

【关键词】 三网融合 传媒经济 广播组织权 开放财产权 有限排他权 法定许可

135. 论非法信息网络传播行为的刑法规制

【作者简介】 张燕龙，北京外国语大学法学院讲师，法学博士。

【发表期刊】《西南民族大学学报（人文社科版)》2019 年第 6 期

【内容摘要】 刑事司法实践中的非法信息网络传播行为已经远远超出了其在著作权法上的含义，成为一个包含了多种行为类型的集合体。在司法解释将发行行为扩大解释为包含了信息网络传播行为的背景下，司法实践对非法信息网络传播行为进行了几乎无限制的扩大解释，使其已经具备了口袋罪的基本特征，使法院规制陷入了极大的困境。侵犯著作权罪立法类型化的贫乏，以及其不适宜借鉴著作权法权利划分体系的特点，增加了刑法上的规制难度。应当在不分罪名的情况下，对侵犯著作权罪的行为类型进行梳理，整合非法信息网络传播行为，形成“群”行为的概念，最终采用类型加“群”行为或者“群”行为加“群”行为的方式叙明侵犯著作权罪的罪状。

【关键词】 非法信息网络传播行为 类型 刑法规制 “群”行为

136. 著作权法合理使用规则的司法扩张与理路修正

【作者简介】 梁九业，吉林大学司法文明协同创新中心。

【发表期刊】《出版发行研究》2019 年第 5 期

【内容摘要】 我国著作权法对合理使用的规定采用的是封闭式列举的立法技术，即合理使用情形被完全限定在《著作权法》第 22 条所列举的 12 种情形之中。这种完全闭合式的立法模式暗含了人类唯理建构主义的理想，即人凭借理性就能洞察社会现实和重构社会，但法律实践证实尚存诸多人类理性所不及的领域，新的社会实践不断促使合理使用规则在司法裁判中扩张适用。因此，为解决封闭式立法模式与司法实践中扩大解释需求之间的现实矛盾，破除司法不断偏离立法的局面，应对合理使用规则的裁判理路进行必要修正，以统一司法适用尺度。

【关键词】 著作权 合理使用 利益平衡 司法裁判

137. 人工智能创作物版权保护的刑法分析

【作者简介】 吴涛，南京大学法学院。

【发表期刊】《中国出版》2019 年第 9 期

【内容摘要】 近年来，发展人工智能技术已提升至国家战略高度，人工智能成为优先发展的产业之一。随着人工智能技术的不断发展完善，人工智能创作物越来越多地进入我们的日常生活。基于对人工智能创作物提供版权保护的现实需要，对于人工智能创作物“独创性”的判断应以客观差异为标准，同时弱化“人”的主体资格作用。引入发展成熟的“法人”制度，维护人工智能创作物在版权方面的合法权益。在刑事司法层面，当他人以营利为目的且未经著作权人许可而侵权，违法所得数额较大或者有其他严重情节时，应适用《中华人民共和国刑法》第 217 条的规定予以处罚。

【关键词】 人工智能 人工智能创作物 独创性 版权 刑法保护

138. 弱人工智能背景下侵犯著作权罪犯罪对象之扩张

【作者简介】 叶良芳，浙江大学光华法学院教授、博士生导师；李芳芳，浙江大学光华法学院博士研究生。

【发表期刊】《学习与探索》2019 年第 5 期

【内容摘要】 人工智能正在冲击传统著作权基

本理论，法学理论应对此做出积极回应。刑法作为推进著作权保护的一般目的的手段之一，不应置身事外。客观而言，人工智能的发展将长期处于弱人工智能阶段。在这一技术背景下形成的人工智能生成物，是一种“人工智能作品”，其著作权应当归属于对作品投入“个性”的人。当下，人工智能作品大量涌入著作权市场，对侵犯著作权罪的保护法益造成了直接的侵害和威胁。由此，通过价值、规范以及事实层面的分析，可以将人工智能作品纳入侵犯著作权罪的犯罪对象范畴；通过妥适的扩张解释，可以将人工智能作品分别归属于侵犯著作权罪的犯罪对象之“具体作品”之中。

【关键词】 弱人工智能　人工智能作品　著作权　侵犯著作权罪　犯罪对象　扩张解释

139. 知识产权法下人工智能系统的法律地位

【作者简介】 曾炜，福建农林大学文法学院教授、博士生导师，法学博士，“‘一带一路’暨自贸区法治研究中心”研究员；曾姣玉，福建农林大学文法学院法律硕士研究生。

【发表期刊】《南昌大学学报（人文社会科学版）》2019年第2期

【内容摘要】 当今人工智能系统已经“创造”了音乐、小说、食谱等作品和潜在的可授予专利的发明。然而各国知识产权法却并不承认非人类作者或发明人的法律地位。为了实现知识产权法的目的，知识产权法应适时承认人工智能具有作者和发明人的身份。其条件是人工智能创造物符合知识产权的客体要件，而且人工智能与其作品的发展或发明的创造存在因果关系。对于符合这两个要件的人工智能创造物，应通过借鉴现有的职务作品或职务发明的分配机制，将其知识产权分配给特定的自然人或法人。

【关键词】 人工智能　知识产权　法律地位　权利归属

140. 《著作权法》修改背景下合理使用制度的完善路径

【作者简介】 李燕，广东省清远市仲裁委员会。

【发表期刊】《出版发行研究》2019年第4期

【内容摘要】 合理使用制度发轫于英国的判例法，我国《著作权法》在制定时便吸收了这一规则。从法律文本的表面与深层次两个角度来看，合理使用具有利益平衡和分配正义双重法理。通过研究合理使用的实践现状，发现其具有司法裁判中“三步检验法”难以落地、单一列举模式限制了适用范围、网络普及化限缩了实践空间的问题，应当从完善“三步检验法”的构成要件、兼采“列举式”与“概括式”两种模式、强化对使用者和运营商的双重监管三个方面提出改良路径。

【关键词】 合理使用　利益平衡　分配正义　“三步检验法”

141. 论视频聚合APP中深层链接的法律规制

【作者简介】 王云鹤，华中科技大学法学院博士研究生；何佳磊，华中科技大学法学院。

【发表期刊】《中国出版》2019年第7期

【内容摘要】 近年来层出不穷的关于视频聚合APP侵权事件的争议都集中于其核心技术深层链接行为的著作权问题争论，文章通过逻辑分析法对深层链接进行分析探讨，对视频聚合APP中深层链接行为的责任主体、侵权标准进行界定，并引入反不正当竞争法进行补充，可为今后互联网空间中由深层链接问题引发的法律困境提供解决思路。

【关键词】 视频聚合APP　深层链接　信息网络传播权

142. 人工智能时代体育新闻的版权之困与纾解之道——以腾讯机器记者为考察对象

【作者简介】 张惠彬，西南政法大学民商法学院副教授，重庆知识产权保护协同创新中心研究员，法学博士。

【发表期刊】《上海体育学院学报》2019年第2期

【内容摘要】 人工智能时代，机器记者新闻创作之版权适格性应就独创性、作者、权利保护等要件进行检测。分析腾讯机器记者的创作过程发现：从独创性的角度看，传统创作与机器记者的区别在于人类“精神含量”的高低；从作者的角度看，将其所有人视为作者是较为合适的做法；从权利保护角度看，应将软件所有人视为作者。本文认为：在我国现有版权法中，机器记者创作体育新闻的独创性应就个案而定；在具有独创性的前提下，适宜以法人作品对其进行规制；机器记者介入体育新闻报道越多，传统版权体系受到的冲击越大，我国对于人工智能创作物实有立法规制之必要。

【关键词】 机器记者　体育新闻　人工智能　版权　立法

**143. 大数据时代数字版权保护“焦虑”的刑法

治理探析

【作者简介】 向鹏，贵州民族大学法学院副教授，法学博士；张婷，贵州民族大学法学院博士研究生。

【发表期刊】《华东理工大学学报（社会科学版）》2019 年第 2 期

【内容摘要】 随着大数据时代的到来，版权的形式发生变化，从“印刷版权”向“数字版权”转变。数字版权犯罪与传统版权犯罪相比呈现出新的犯罪特点。尽管我国已初步建立版权刑法保护制度，但刑法的规定还不能完全适应数字版权保护的需要，还存在如犯罪对象范围模糊给司法认定带来困难、犯罪主体多元化给刑事责任的认定及追究带来困难、刑法规定内容的滞后性难以适应数字版权犯罪特点的新变化、以“营利为目的”的规定限制了版权刑法的适用等问题。为了使刑法更好地保护数字版权，需要在数字版权刑法保护的理念上、刑事立法上、刑事司法上进行完善。在数字版权刑法保护的理念上，强调保护版权人的权利优先的价值取向；在刑事立法上，让版权犯罪的犯罪圈得到适度扩展；在刑事司法上，颁布司法解释，完善犯罪情节的认定标准。完善版权刑法的规定，对侵犯数字版权的行为发挥刑法治理作用，保护数字版权人的合法权益。

【关键词】 大数据时代　数字版权　版权保护　刑法治理

144. 复制发行“实质性相似”标准反思与重构——以近五年来网络游戏类侵犯著作权犯罪为视角

【作者简介】 余为青，阜阳师范学院副教授，法学博士；桂林，安徽省宿松县人民检察院助理检察员，法律硕士。

【发表期刊】《中国出版》2019 年第 4 期

【内容摘要】 信息网络的发达，使得传统复制发行方式发生了改变，出于强化对著作权人利益的保护，复制发行“实质性相似”的认定标准应运而生并得以广泛运用。“实质性相似”不仅自身存在难以界定的问题，而且突破了复制发行的外延判断标准，涉入刑法类推适用的危险境地。应严格区分民事侵权与侵犯著作权犯罪的界限，坚持复制发行同一性的认定标准。

【关键词】 复制发行　实质性相似　网络游戏　同一性

145. 图书馆版权限制与例外国际新发展及其启示

【作者简介】 石超，中南财经政法大学知识产权研究中心 2017 级博士研究生。

【发表期刊】《图书馆工作与研究》2019 年第 2 期

【内容摘要】 2017 年，世界知识产权组织设立的版权及相关权常设委员会（SCCR）在图书馆版权限制与例外方面取得了新的成果，并制定了新的发展走向。本文分析图书馆版权限制与例外的国际新动态及走向，并提出其对我国的启示。

【关键词】 图书馆　著作权法　版权限制与例外　SCCR

146. 民间文学艺术表达司法实践发现和概念再认识——兼评《民间文学艺术作品著作权保护条例》（征求意见稿）第二条

【作者简介】 李秀娜，国际关系学院法律系副主任、副教授，法学博士。

【发表期刊】《科技与法律》2019 年第 1 期

【内容摘要】 民间文学艺术表达的著作权保护应明确传统性和群体性要求，注重保护审美价值，而非拘泥于物质形式固定。把握民间文学艺术表达概念内涵应重点界定传承性，同时关注文化价值，放宽对集体创作方面的要求，将个人和家族纳入创作集体范畴。结合我国社会管理特点，授权地方政府代表创作集体主张权利。民间文学艺术表达外延应将传统手工技艺表达、传统工艺美术和杂技的外在表现形式也纳入保护范围。

【关键词】 民间文学艺术表达　著作权　著作权保护　司法实践　表现形式

147. 新闻聚合模式发展的制度障碍及其克服——欧盟“链接税”规则修正后的借鉴

【作者简介】 刘铁光，湘潭大学法学院知识产权学院副教授、博士生导师，法学博士；黄维，湘潭大学法学院知识产权学院硕士研究生。

【发表期刊】《新闻界》2019 年第 2 期

【内容摘要】 伴随互联网与数字技术发展而出现的新闻聚合模式尽管存在著作权法上的制度障碍，却具有继续发展的正当性。《著作权法》将来的修订，应该对修正后的欧盟“链接税”规则予以借鉴，建议赋予新闻出版者对其所提供内容数字化利用的权利，明确其权利的主客体、内容与边界，并将该种权利纳入法定许可的限制范畴，配合合理报酬的确定机制，以消除传媒产业中新闻聚合这种新商业模式发展的制度障碍。

【关键词】 新闻聚合　新闻出版者权　法定许可

148. 我国法人作品著作权归属之争

【作者简介】 孙新强，北京航空航天大学法学院教授、博士生导师；樊宇，北京航空航天大学法学院2014级博士研究生。

【发表期刊】《甘肃社会科学》2019年第1期

【内容摘要】 在美国的司法实践中，雇佣作品与委托作品之争由来已久。1989年美国最高法院在"创建无暴力社会诉里德"一案中，对过去频繁引发纠纷的《1976年美国版权法》关于雇佣作品的规定做出了明确的权威解释，从而一锤定音，结束了这场旷日持久的争论。无独有偶，发生在美国的这场雇佣作品与委托作品之争在我国的司法实践中竟以变种的形式再次上演。由于我国《著作权法》在职务作品（雇佣作品）和委托作品之外又规定了法人作品，致使争论更具戏剧性，相互矛盾甚至自相矛盾的司法裁判层出不穷，不断侵蚀着我国司法的公信力。本文特选取美国这一具有里程碑意义的判例进行评析，旨在揭示我国法人作品与职务作品、法人作品与委托作品之争的根源，以期对立法的完善及学术研究有所裨益。

【关键词】 雇佣作品原则　雇佣关系　法人作品　职务作品　委托作品

149. 机器人新闻著作权保护研究

【作者简介】 周勇，华东政法大学传播法研究中心助理研究员，马克思主义学院硕士研究生。

【发表期刊】《编辑学刊》2019年第1期

【内容摘要】 人工智能时代，机器人新闻在获得快速发展的同时也引起了业界和学界对其是否能获得著作权保护的研究。文章从智力投入和独创性要素分析了机器人新闻获得著作权保护的合理性，梳理了保护机器人新闻著作权所遇到的权利归属困境，最终提出了技术导向型保护模式。

【关键词】 机器人新闻　著作权　智能

150. 引导版权作品合理使用，助推数字化产业跨越式发展——Google Library终审合法对完善我国《著作权法》的启示

【作者简介】 沈洋，遵义医科大学发展规划处；刘赟，遵义师范学院历史文化与旅游管理学院；刘伟，遵义医科大学党政办公室。

【发表期刊】《中国编辑》2019年第1期

【内容摘要】 2013年11月，美国地区法院判定Google Library计划扫描图书创建数字图书馆行为构成合理使用，未侵犯版权。2015年10月，美国联邦第二巡回上诉法院同样认为谷歌数字化图书并进行片段显示的行为不构成侵权，维持一审判决，同时美国最高法院宣布不再受理Google Library案件的上诉请求。至此，谷歌在美国持续十年的版权之争尘埃落定。文章通过对Google Library十年版权争议历程的回顾，对Google Library合法判决展开判例研究，探索Google Library终审合法对完善我国《著作权法》的重要启示，从而引导版权作品合理使用，助推数字化产业跨越式发展。

【关键词】 谷歌数字图书馆　版权法　著作权法　合理使用

151. 手稿著作权客体类型探究——基于"茅盾手稿案"的分析与思考

【作者简介】 石超，中南财经政法大学知识产权研究中心2017级博士研究生。

【发表期刊】《中国出版》2019年第1期

【内容摘要】 手稿集表达与书写于一体的形式，使其在形式上同时符合《著作权法》文字作品与美术作品的构成要件。应从法教义学、作品的特征、手稿的本质等角度出发，正确认识手稿的文字作品属性。在利益平衡原则的指导之下，应认定以下4种例外情况将手稿界定为美术作品进行处理：以美术作品方式处理手稿、文字实质性内容已公开、作者同意公开文字内容和超过著作权保护期限。

【关键词】 手稿　著作权　文字作品　美术作品

152. 体育赛事节目的法律性质与保护之评析——兼评新浪诉凤凰网中超赛事案

【作者简介】 杨幸芳，武汉大学法学院博士研究生，中国政法大学知识产权研究中心研究员。

【发表期刊】《电子知识产权》2019年第12期

【内容摘要】 随着体育赛事商业价值不断攀升，赛事产业迎来黄金发展期，同时，与体育赛事节目相关的侵权也越发严重，主要表现为侵权方式多样，规制难度加大，对体育赛事节目的法律规制能力亟待提升。目前，无论学术界还是实务界，均一致认可保护体育赛事节目的必要性和可行性，但体育赛事节目的法律性质争论于作品与制品之间，难以形成统一意见，对于体育赛事节目规制与保护的具体方式仍众说纷纭。本文在分析体育赛事节目的独创性、可固定性等基本属性基础上，认为体育赛事节目是《伯尔尼公约》“电影作品和以类似电影表达的作品”，是我国《著作权法》第 3 条第 6 项“电影作品和以类似摄制电影的方法创作的作品”，以《著作权法》保护这一类型的作品符合相关立法精神和产业利益需求。未来立法，确立“视听作品”的概念，更能加强对体育赛事节目的保护。

【关键词】 体育赛事节目　著作权法保护　反不正当竞争法保护　独创性　可固定性

153. 数字环境对音乐版权制度的挑战及立法应对——以美国《音乐现代化法案》为研究样本

【作者简介】 王宇，武汉大学法学院知识产权与竞争法研究中心博士研究生。

【发表期刊】《电子知识产权》2019 年第 11 期

【内容摘要】 数字技术颠覆了音乐作品的储存和传播方式，改变了音乐内容的主要变现渠道，对版权制度提出了新的挑战。美国《音乐现代化法案》从音乐版权许可制度、音乐版税收发制度等方面展开重大改革，通过新建集体管理组织、词曲作品数据库，更新版税标准制定规则、版税收益分配规则和版税争议解决机制，扩展联邦版权法保护的录音作品范围以及录音作品版税获益主体范围等具体措施回应数字音乐产业的发展。基于美国版权制度现代化变革中的成就与不足，我国《著作权法》第三次修订应慎重考量著作权权利体系的整合与协调、著作权集体管理组织的权能范围、集体管理版税制度更新与反垄断监管以及法定许可制度的存废等问题。

【关键词】 音乐版权　数字化　音乐现代化法案

154. 有声出版中文字有声化的版权困局与定性探讨

【作者简介】 兰昊，浙江大学光华法学院博士研究生。

【发表期刊】《电子知识产权》2019 年第 11 期

【内容摘要】 有声出版中的版权困局是对文字有声化转换行为的定性分歧，认定为复制、表演还是演绎将导致不同的权利义务后果。文字有声化转换过程可分为人工朗读和机器输出两种方式。人工朗读的转换属于表演行为，朗读人员可享有表演者权；尽管一些人工朗读体现朗读者个性化的编排设计，但是没有实质性地改变原作品的最终表达形式，并不构成演绎。然而朗读过程中对声调音律等进行设计编排或者添加音乐音效，呈现出了一定的节奏和旋律，但是难以构成新的音乐作品。机器输出的转换行为本身并不属于复制，目前还无法在著作权法中准确定性，下一步可通过对机械表演的扩大解释将其纳入法律调整范围。对于融合人工智能技术的机器输出中所产生的价值利益，其所有者可通过反不正当竞争法获得保护。

【关键词】 有声书　朗读　表演　演绎　人工智能

155. 人工智能生成物刑法保护的基础和限度

【作者简介】 刘宪权，华东政法大学法学院教授、博士生导师，法学博士。

【发表期刊】《华东政法大学学报》2019 年第 6 期

【内容摘要】 弱人工智能时代下的人工智能生成物在形式上和实质上都具备了著作权法中对“作品”的要求，应赋予其在著作权法意义上的排他性保护。刑法规定著作权犯罪主要保护的是著作财产权。在将相关自然人作为人工智能生成物所承载的著作财产权主体的基础上，对行为人实施的刑法所禁止的著作权犯罪行为给予刑罚处罚具有合理性，也符合刑法规定著作权犯罪的立法目的。应基于人工智能生成物的特点，给予其低于自然人创作的作品的保护，以保证文化市场中利益分配的均衡。对此，可从司法和立法两个方面，为人工智能生成物的刑法保护设立合理的限度和途径。而强人工智能时代下人工智能生成物的刑法保护会发生深刻的变化：对人工智能生成物与自然人创作的作品予以相同程度的保护，且涉人工智能生成物犯罪的主体涵括智能机器人。

【关键词】 人工智能生成物　著作人身权　著作财产权　作品　智能机器人

156. 人工智能创作物的著作权归属：投资者对创作者的超越

【作者简介】 陈全真，海南大学法学院助理研究员，国家“2011 计划”司法文明协同创新中心南方基地助理研究员。

【发表期刊】《哈尔滨工业大学学报（社会科学版）》2019 年第 6 期

【内容摘要】 人工智能进行创作已成为现实，目前学界普遍认可人工智能创作物的可版权性，只是在著作权归属原则上有较大分歧。创作原则基于其深厚的自然法根基而成为传统著作权归属认定的固有原则，但人工智能不是自然法思想下的“人”，不具备完全的权利能力，人工智能创作物适用创作原则认定著作权归属显然存在法理悖论。投资原则在人工智能创作物领域突破传统创作原则的桎梏而成为著作权归属的另一个原则，已然是一种不可逆转的趋势，应构建一套以人工智能投资者（一般为所有者）为著作权人、同时辅之以意思自治原则的人工智能创作物归属制度。

【关键词】 人工智能创作物　著作权归属原则　创作者　投资者

157. 游戏直播活动中的著作权侵权行为与侵权责任

【作者简介】 覃仪，武汉大学法学院博士研究生。

【发表期刊】《哈尔滨工业大学学报（社会科学版）》2019年第6期

【内容摘要】 游戏直播活动中以用户为主体的直播行为方式及以电子游戏画面为基础的新兴商业模式，不但使直播主体身份的多样性给判断其二次使用是否构成著作权侵权例外带来了困难，而且导致游戏画面著作权人与其二次使用者在游戏直播活动中的贡献多寡难以判断。虽然已有判决默认所有直播主体的直播行为均属侵权，要求游戏直播平台全数赔付相关利润，但是为了平衡个人权利与公共利益，并防止著作权人从侵权损害赔偿中不当得利，应该对签约主播与非签约主播做出区分，仅就不构成合理使用的签约主播行为要求游戏直播平台承担连带责任，同时明晰游戏直播视频上存在的增值利益，严格依照权利人的损失计算侵权损害赔偿数额。

【关键词】 游戏直播　著作权　侵权行为　侵权责任

158. 网络自媒体洗稿的成因、危害及其治理

【作者简介】 张红显，河南师范大学法学院副教授，博士。

【发表期刊】《传媒》2019年第19期

【内容摘要】 随着网络自媒体平台的崛起和网络内容生产的主体多元化，内容成为自媒体获取关注量的前提。一些自媒体平台因为对内容缺乏有效监管、自媒体创业者媒介素养不高、获取流量的需求以及现实利益的驱使等原因，采用洗稿的方式进行内容生产。这不仅严重侵害了原作者的知识产权，而且扰乱和破坏了网络内容生态。探索和反思自媒体洗稿的成因及危害，防范和治理自媒体洗稿现象，具有现实意义。

【关键词】 自媒体　洗稿　著作权　网络治理

159. 论独创性判断标准“空洞化”问题的破解——以科技类图形作品为切入点

【作者简介】 谢晴川，南开大学法学院讲师，法学博士。

【发表期刊】《学术论坛》2019年第5期

【内容摘要】 独创性判断标准的“空洞化”问题源于保护著作权的哲学基础、作品的独创性判断标准和作品的独创性判断规则三者的混用。作品独创性的判断往往被过度简化为寻找“作者个性的体现”，使得判断流于主观化，与侵权判断中实质性相似的认定也脱节。科技类图形作品的独创性判断标准“空洞化”问题尤为典型，但为在一个特殊语境下破解该问题提供了理论切入点。通过参照制图学领域的理论，发现科技类图形作品中包含信息汇编和抽象化图形表达等独特的独创性表达形式，能够形成在科学领域的独创性表达。这一事实证明“表达”要素是区分不同类别作品的内在依据，需要根据作品的表达形式建立细化的独创性判断标准，由此实现与侵权认定规则的协调。

【关键词】 著作权法　独创性　实质性相似　抽象分层法　图形作品

160. 视版权为财产时我们会忽视什么

【作者简介】 杰西卡・李特曼，美国密歇根大学法学院教授。

【发表期刊】《知识产权》2019年第9期

【内容摘要】 版权学者们认为我们过去为之抗争的所谓版权之战名义上是作者、创作者利益与读者、社会公众之间的利益冲突导致的，但是，现在我们愈加清楚这场战争根本不是这么一回事。相反，真正的冲突出现在20世纪具有市场支配地位的出版商、唱片公司、电影公司以及其他中间商与作为21世纪版权市场强有力的参与者的数字服务商、平台之间。本文认为，至少有部分人主张20世纪出版者与21世纪数字平台之间的冲突应当留待双方律师解决，而我们应当关注那些并未引起我们注意的问题。当版权学者致力于讨论究竟是作者利益还是读者利益至上时，很显然我们已经错过了研究这场版权战争中那些让人难以理解的问题的最佳时机。比如，所有论述都认为作者在版权体系中具有核心地位，但是，事实上版权法几乎没有赋予作者权力，也没

有给予他们足够的金钱回报。相反，中间商拥有版权，并构建许可体系，以实现自身收益最大化，同时缩减支付给作者的报酬。对于这一点，版权学者的认识一贯十分肤浅。原因在于法律人士理所当然地认为版权就是财产，财产权通过自由转让可以使受让人取得原权利人的地位。通过比较创设法定版权并将权利集中到出版商、印刷商手里的 1710 年英国《安娜女王法案》与对美国剥夺印第安人土地起着关键作用的 1887 年《道斯法案》，本文从中抽离出一个相同的寓意，即若将某些事物归为可以自由转让的财产权的话，其结果往往会反映或者恶化财富与议价能力之间的悬殊差异，而有关财产权的法律信条极易让我们忽略这个结果。

【关键词】 版权　财产　作者

161. 服装设计相关的知识产权保护模式探析

【作者简介】 郝敏，国际关系学院国政系副主任、副教授。

【发表期刊】《知识产权》2019 年第 9 期

【内容摘要】 现代服装早已远远超越了遮体御寒的基本作用，其功能已经延伸到社会、文化和精神领域。服装设计已发展成为一门综合类艺术，是设计师运用各种工艺元素、手工技艺，以色彩、图案、形状组合形成的具有美感和个性的产物，其过程体现了设计师的独特创意和个性风格表达，是智慧创造的结晶。服装设计的成果是具有审美价值的艺术品，更是能为企业带来高额回报的知识产品。我国作为服装生产大国，保护原创服装设计，激励创新投入，对繁荣我国的服装设计产业大有裨益。世界上包括美国和欧盟在内的许多国家和组织对服装设计都给予知识产权保护，理论发展和保护模式各有千秋。我国对服装设计的保护主要根据现行的著作权法、专利法和商标法等，多种保护模式和路径各有利弊、互有交叉。本文拟对服装设计的中外立法和保护模式予以比较分析，并结合近期热点案例进行探讨。

【关键词】 服装设计　外观设计　保护现状　商品外观　位置商标

162. 电影衍生品版权保护与版权运营研究

【作者简介】 邓文，华东政法大学知识产权学院博士研究生。

【发表期刊】《新疆社会科学》2019 年第 5 期

【内容摘要】 电影衍生品作为文化创意产业的重要组成部分，其发展高度依赖版权保护与版权运营。盗版泛滥成为电影衍生品版权保护的最大阻碍，版权保护规则的不完善以及版权运营能力的缺乏给盗版侵权人提供了规避侵权责任的机会。文章认为我国应于立法规则上肯定影视角色的商品化权益，执法体制上创新版权执法体系和执法机制，司法赔偿上明确惩罚性赔偿机制适用的具体要件来立体化完善版权保护规则；并从作品创作、作品运用以及作品维权等方面入手，全方位培育版权运营体系，维护并推动电影衍生品产业的发展。

【关键词】 电影产业　电影衍生品　版权　运营体系

163. 论网络表演直播的著作权法适用与完善

【作者简介】 刘佳，南京理工大学知识产权学院讲师，江苏省版权研究中心研究员，法学博士。

【发表期刊】《南京社会科学》2019 年第 9 期

【内容摘要】 网络表演直播相关的权利包括表演直播内容创作者的权利和表演直播表演者的权利两种类型。网络表演直播中表演者适用的著作权比较明晰，但涉及表演作品创作者的传播类著作权在适用时则存在缺失，其主要原因为传播类著作权内涵界定与类型化的不足，可以通过丰富表演权与广播权的内涵、科学整合权利类型等方式完善著作权制度。

【关键词】 网络表演直播　著作权法适用　著作权法完善

164. 互联网环境下版权许可格式合同的兴起与应对

【作者简介】 贾引狮，厦门大学知识产权研究院博士研究生，桂林电子科技大学法学院副教授；林秀芹，厦门大学教授、博士生导师，法学博士。

【发表期刊】《大连理工大学学报（社会科学版）》2019 年第 6 期

【内容摘要】 在互联网环境下，信息的复制和传播方式发生着巨大的变化。面对海量的作品和使用者，传统的协商授权许可、著作权集体管理组织授权许可等方式已不能满足网络作品授权需要。于是，版权许可格式合同顺势而生，它契合了互联网环境下版权市场主体变更的发展趋势，可以弥补集体管理组织版权许可方式的不足，提高版权授权效率，解决协同创作作品的传播问题。但是，互联网环境下的版权许可格式合同也存在着大量违反版权法规定的条款，对版权法例外和限制构成了反限制，不当扩张了著作权人的权利范围。因此，我们必须将互联网环境下的版权许可格式合同置于合同法范畴之下进行规制，必须依据版权法的规范和原则对授权内容的合法性进行判断，对我国的著作权法的内容进行必要修改，以促进互联网环境下的版权交易。

【关键词】 版权许可格式合同 兴起 应对

165. 档案数字化中的著作权合理使用制度初探

【作者简介】 陈智慧，南京大学信息管理学院硕士研究生。

【发表期刊】《档案学通讯》2019 年第 5 期

【内容摘要】 文章在介绍档案数字化和合理使用制度的相关概念的基础上，分别从国内和国外角度分析了档案数字化著作权合理使用制度的立法现状，进一步分析得出档案数字化实践中著作权合理使用遭遇的挑战、档案数字化实践与著作权合理使用制度的冲突及当前档案数字化作品所受到的约束。从利益平衡理论的角度提出了完善档案数字化合理使用制度立法的建议：档案数字化合理使用制度表述具体化、范围扩大化，并要注意协调《档案法》与《著作权法》的矛盾，在档案馆著作权领域引入法定许可制度、发挥著作权集体管理的组织功能、档案馆纳入规避技术保护措施的例外中等。

【关键词】 档案数字化 著作权 合理使用制度

166. 我国服装设计知识产权保护的困境及解决建议

【作者简介】 张红玲，北京服装学院副教授；胡丹丹，北京创博律师事务所律师；董奇，北京创博律师事务所实习律师。

【发表期刊】《艺术设计研究》2019 年第 3 期

【内容摘要】 我国现行法律框架虽然为服装设计提供了多元、并行的知识产权保护体系，但是囿于种种因素，这一体系不但没能实现综合、立体的保护效果，甚至其中任何一种保护途径均难以为服装设计提供切实保护。在分析各路径保护困境的基础上，本文针对各路径提出以下解决建议：在著作权法保护方面，建议在《著作权法》中创设或修订适当的作品类型，同时应在理论层面明确“功能性”不成为服装设计著作权保护的障碍；在专利法保护方面，建议推行外观设计专利实质审查制度，突破“整体比对”的局限，引入“设计空间”规则，还可以通过制定专门规范性文件的形式对服装设计进行保护；在反不正当竞争法保护方面，具体条款和一般条款均可作为服装设计保护的法律依据。

【关键词】 服装设计 知识产权保护 著作权法 专利法 反不正当竞争法

167. 从“黑洞照片侵权事件”反思我国网络图片的著作权合理使用规则

【作者简介】 徐峰，上海海事大学法学院讲师、硕士生导师，博士。

【发表期刊】《现代出版》2019 年第 5 期

【内容摘要】 网络图片的传播环境为滋生图片霸权行为提供了土壤，“黑洞照片侵权事件”就是典型的代表。对著作权合理使用规则“封闭式”的立法模式进行反思很有必要：图片霸权行为虽然符合现行著作权法的规定，但不符合其立法本意；为适应网络发展需求，应当对现有的合理使用规则做出调整，重新平衡网络用户与图片公司双方利益，引入弹性化的立法技术，扩大合理使用范围，尤其在网络图片霸权环境下重新界定网络用户合理使用的行为。在现有著作权法律体系下，网络用户应尊重原创，避免不必要的争议；从经济学的角度出发，合理使用规则的修改也能纠正网络图片传播市场的失灵。

【关键词】 网络图片传播 图片霸权行为 合理使用 封闭式立法 弹性化立法

168. 美术作品独创性理论重构：从形式主义到历史主义

【作者简介】 刘文献，湖南文理学院文法学院讲师，法学博士。

【发表期刊】《政治与法律》2019 年第 9 期

【内容摘要】 形式主义独创性是传统版权法调整的所有作品可版权性之基石。传统版权法确立的独创性理论起源于文字作品，其对内在作品的个性不加区分。当前，美术作品的独创性理论继承了传统版权法的形式主义独创性，这种独创性与美术作品所具有的艺术本质存在根本的冲突，形成了诸多的理论困惑，为此，理论上需要回归美术作品本质规律，需要检讨形式主义独创性的理论框架，重构美术作品的独创性理论，实现从形式主义到历史主义独创性的转换。美术作品的独创性应归结为历史主义独创性或者本真独创性。

【关键词】 版权法 本真性 独创性 历史主义 形式主义 美术作品

169. 大数据背景下信息安全与版权保护的冲突

与协调维度

【作者简介】 毛怡欣，厦门大学管理学院；赵华阳，中国政法大学商学院。

【发表期刊】《中国出版》2019 年第 16 期

【内容摘要】 大数据背景下的信息安全和版权保护的冲突不可避免。在相关司法实践典型案例中，不同法院对相同和类似案件的判决存在显著差异。这种由大数据下的权利冲突而产生的差异作为一种新兴的法律现象，尚缺乏科学的机制对其进行有效协调，主要表现在对信息安全和版权保护之间的关系的法律规定、对信息安全和版权保护平衡的司法实践基本准则，以及对相关冲突对大数据产业发展本身影响考虑的缺乏。因此，可以采取通过司法解释明确信息安全保护优先的原则、依托个案平衡确保司法实践中的结果公正，以及建立有利于大数据产业发展的协调标准等举措，构建大数据下信息安全和版权保护的冲突协调机制。

【关键词】 大数据 信息安全 版权保护 冲突与协调

170. 论规制网络洗稿的社会规范路径——以反思著作权法的功能为逻辑展开

【作者简介】 谢嘉图，西南政法大学民商法学院博士研究生。

【发表期刊】《电子知识产权》2019 年第 8 期

【内容摘要】 网络洗稿是互联网环境下各内容平台所面临的现实挑战，仅在著作权法框架内展开讨论并不能有效解决这一问题。一方面，著作权法只保护表达，因而一些高级抄袭行为并不能受到著作权法的规制。另一方面，以获取流量为中心的新商业模式可能架空停止侵权、赔偿损失等民事责任，使司法救济归于无效。学术界在应对学术抄袭问题上并未完全依赖于著作权法，而更多的是寻求学术规范的社会规范路径进行治理，这一经验值得借鉴。尽管目前网络平台上的作者群体已经形成了反洗稿的义务共识，但由于平台代码架构设计的不足，这种义务共识尚未能形成有效的社会规范。从平台层面规制网络洗稿，应当引入民主化的评议机制和针对用户的评分机制，并落实在代码架构的修改上。著作权法的定位不应停留于裁判功能之上，更应当是政府规制平台修改代码架构的根据，还应当发挥其表达功能以促进社会层面的反抄袭社会规范的达成。

【关键词】 网络洗稿 著作权法 社会规范 学术规范

171. 人工智能生成内容的著作权问题研究

【作者简介】 崔皓，武汉大学国际法研究所。

【发表期刊】《出版广角》2019 年第 14 期

【内容摘要】 随着人工智能生成内容数量的增长和受关注度的提高，关于其著作权的问题也引发诸多争议。一方面，这些生成内容具有一定的市场价值，但其能否作为著作权法意义上的作品及其权利归属众说纷纭。另一方面，人工智能生成内容的基础是大量数据信息的输入，若是受保护作品在未授权的情况下被输入，必然会涉及著作权人的复制权等专属权利问题。因此，著作权法首先有必要将人工智能生成内容纳入著作权法保护范围，之后基于相关人员对人工智能生成内容的贡献，将著作权赋予人工智能的开发者、使用者，或参照职务作品的规定确定著作权人。另外，著作权法通过完善合理使用规则，为人工智能编创活动提供合法化依据，并在人工智能生成内容和来源作品的权益保护之间寻求平衡。

【关键词】 人工智能生成内容 创造性机器人 著作权保护 合理使用

172. 科技进步与制度创新的融合——基于人工智能创作物著作权问题的视角

【作者简介】 王敏虹，华南农业大学艺术学院。

【发表期刊】《科技管理研究》2019 年第 15 期

【内容摘要】 著作权法的产生和发展与科技进步具有十分紧密的关系。随着科技的发展，人工智能创作物因高度类似于人类作品而引起广泛关注，人工智能创作物带来的新问题，要求著作权法进行回应和创新。本文首先介绍学界对人工智能创作物的热议，然后从作品属性及独创性等视角，分析现阶段人工智能创作物获得版权保护的多重障碍，最后分析对人工智能创作物保护的必要性，并分别对保守型模式和激进型模式进行深入论述。对于飞速发展的人工智能技术，制定相应规则，人类才能更好地对其进行控制。

【关键词】 人工智能 作品 著作权 法律拟制

173. 论古籍整理成果的著作权保护

【作者简介】 李菊丹，中国社会科学院法学研究所副研究员，法学博士。

【发表期刊】《首都师范大学学报（社会科学版）》2019 年第 4 期

【内容摘要】 学术界对古籍整理成果能否获得

著作权保护分歧较大，司法领域也出现了截然不同的判决。确定古籍整理成果是“表达”还是“客观事实”，以及古籍整理作品是否具有独创性是解决这一问题的关键所在。论文通过分析“古籍整理成果”与“古籍原意”的关系以及各类古籍整理作品的独创性，认为：（1）“古籍原意”不是一种客观事实，而是有待整理者发现和创作的内容；（2）探究“古籍原意”的过程就是作者创作的过程；（3）古籍整理成果是古籍整理者对其探究到的“古籍原意”的一种“表达”，属于文字作品的一种；（4）应根据著作权保护的通行标准对此类作品的独创性、保护范围以及是否侵权进行判断。

【关键词】 古籍整理　表达　客观事实　独创性

174. 以影响性诉讼案为例论网络著作权保护

【作者简介】 自正法，浙江大学光华法学院。

【发表期刊】《中国出版》2019年第14期

【内容摘要】 本文以1999年到2017年近20年的影响性网络著作权诉讼案件为样本，着重概括和凝练影响网络著作权保护的裁判要素，即避风港规则、合理使用、法定许可、信息网络传播权、网络作品“独创性”及电子证据的证据效力等。通过对影响性网络著作权诉讼案件分析发现，当下网络著作权法律保护面临着合理使用和法定许可范围滞后、直接侵权与间接侵权之间界限模糊、网络电子证据采信步履维艰等问题，有必要通过配置专业化与精英化的网络著作权审判组织、改变立法模式、建立以真实性为核心的电子证据采信规则等，渐进式地构建网络著作权保护的法律生态。

【关键词】 互联网时代　网络著作权　合理使用制度　法定许可　信息网络传播权

175. 论《欧盟版权指令》的改革举措及其借鉴——基于虚拟现实新业态产业的分析

【作者简介】 韩赤风，北京师范大学法学院教授、博士生导师；刁舜，北京师范大学法学院博士研究生。

【发表期刊】《电子知识产权》2019年第7期

【内容摘要】 为了因应数字经济时代的挑战，欧盟与我国都不遗余力地开启了著作权法的修订工作，2019年颁布的《欧盟版权指令》也引起了我国版权界的关注。从虚拟现实新业态产业的角度而言，《欧盟版权指令》的改革举措未能有效地体现VR作品的跨行业、跨空间、跨规则等特性，在具体规则方面缺乏对VR作品属性及全景自由条款的规制，但在网络平台版权监管和侵权责任以及纠纷解决机制的改革方面具有相对进步性。以此为鉴，我国应尽早在《著作权法》中明晰VR作品属性，摒弃欧陆式的“著作权例外”模式而采用“合理使用”立法例，适度建立VR内容共享服务平台的事先授权机制，以及鼓励建立第三方VR自治组织，探索“VR＋ODR”途径以完善多元纠纷解决机制，以加强我国新业态新领域的著作权保护。

【关键词】 欧盟版权指令　虚拟现实　新业态　著作权

176. 三网融合下北京冬奥会赛事直播节目的法律保护研究

【作者简介】 赵杰宏，上海财经大学法学院副教授，博士研究生；马洪，上海财经大学法学院教授、博士生导师，博士。

【发表期刊】《北京体育大学学报》2019年第7期

【内容摘要】 2022年北京冬奥会赛事直播节目法律保护存在着新旧问题重叠的情形，旧问题是指赛事直播节目性质在法律上的缺失使网站盗播网站的行为是以《体育法》、《反不正当竞争法》还是以《著作权法》规制存在争议。新问题则是三网融合技术使网站盗播电视台的赛事直播节目成为现实，此行为法律上定性困难并使盗播电视台及网站不当扩大其免责事由。有效解决新旧问题的方式，一是以《著作权法》修改为契机，将赛事直播节目认定为视听作品，同时整合广播权与信息网络传播权为传播权方式；二是在《著作权法》修改完成前，最高人民法院可通过指导案例统一赛事直播节目的裁判规则。

【关键词】 北京冬奥会　赛事直播节目　三网融合　视听作品　传播权　指导案例

177. 网络聚合平台深层链接著作权侵权责任的合理配置

【作者简介】 黄汇，西南政法大学民商法学院教授、博士生导师，法学博士；刘家会，西南政法大学知识产权研究中心研究员，重庆两江新区翠云司法所司法助理。

【发表期刊】《当代法学》2019年第4期

【内容摘要】 网络聚合平台著作权侵权责任配置问题不仅关涉著作权人与聚合服务提供者之间的私权利益，也关乎整个互联网生态的良性发展。网络聚合服务以深层链接技术为核心，判断提供深层链接行为是否构成作品提供行为是信息网络传播权侵权判定的关键。本文通过评析判断提供深层链接行为法律属性的诸种标准，根据深层链接的技术事实提出了“指示链接/提供链接”二分标准，进而结合二分标准与“法律标准”的合理因素，提出了认定网络聚合服务提供者的主观过错、分配双方举证责任的方法。同时，为平衡著作权保护、传播技术创新与资讯共享之价值，在认定平台直接侵权责任时，应为著作权人施加设置技术措施或 robots 协议择出机制，从而达至网络聚合平台著作权侵权责任的合理配置。

【关键词】 网络聚合平台　深层链接　作品提供行为　信息网络传播权　责任配置

178. 论网络出版者权的法律规制

【作者简介】 郝明英，中国政法大学民商经济法学院。

【发表期刊】《中国出版》2019 年第 13 期

【内容摘要】 近年来网络出版产业发展迅速，网络中出版者权的纠纷也逐渐凸显，其中的焦点问题是出版者权能否控制作品的网络传播。然而并没有相关法律对此问题做出明确规范，加之我国对网络出版的法律性质规定不明，现有司法实践中认定信息网络传播权的客体并不包括出版者的版式设计。因此亟须明确网络出版的法律地位，明确出版者权的内容包括信息网络传播权，以此回应网络技术发展对出版者权利带来的挑战，促进网络出版产业有序健康发展。

【关键词】 网络出版　出版者权　法律保护　法律规制　信息网络传播权

179. 专有出版权性质和范围辨析

【作者简介】 吕凌锐，中国人民大学法学院。

【发表期刊】《中国出版》2019 年第 13 期

【内容摘要】 专有出版权不属于著作邻接权，它是出版者根据著作权人的授权获得的复制权和发行权，是出版者依据出版合同取得的专有许可使用权，是出版者为确保自身在相关市场的垄断地位而取得的独占许可权。为实现经济利益、保证交易安全、防止和减少纠纷，出版者应当在出版合同中明确约定专有出版权的控制范围。即使在没有约定具体内容的情况下，权利的控制范围也应及于已经享有专有出版权的图书，不论是图书的整体还是与之构成市场竞争关系的组成部分。

【关键词】 专有出版权　复制权和发行权　出版合同

180. 市场价值导向下著作权法定赔偿司法适用研究

【作者简介】 邱国侠，合肥工业大学文法学院副教授；丁苏婷，合肥工业大学文法学院硕士研究生。

【发表期刊】《江淮论坛》2019 年第 4 期

【内容摘要】 我国著作权法定赔偿制度因无法体现著作权市场价值，维权效果较差，难以适应权利保护的需要，在实践中饱受诟病。本文基于著作权审判实践，在强调法定赔偿判赔额与权利市场价值相适应的背景下，探讨著作权法定赔偿制度司法适用中存在的现实问题，并以著作权市场价值为导向，提出规范法定赔偿司法适用的若干措施，以期推进契合著作权市场价值的司法保护机制的构建。

【关键词】 著作权　法定赔偿　市场价值　司法适用

181. 我国博物馆数字化建设中的版权困境与对策

【作者简介】 张曼，西北大学副教授，法学博士。

【发表期刊】《西北大学学报（哲学社会科学版）》2019 年第 4 期

【内容摘要】 博物馆的数字化建设使其传统角色发生了革命性改变，扩展了其在文化、历史、政治和商业方面的特色和优势，“体验经济”更是未来博物馆数字化建设的重要内容。对我国博物馆的实际调查表明，博物馆在数字化建设中容易忽视和侵犯作者的精神权利，同时博物馆对数字化作品所有权的理解偏差导致衍生作品授权困难，而博物馆官网建设中权利声明格式与内容表达混乱，不仅难以保护博物馆自身权利，也妨碍了公众对博物馆藏品的正常使用。因此，本文从作者精神权利与财产权利二分法、作者权利滥用以及博物馆自我定位不清三方面进行深度原因分析，并借鉴域外博物馆的合同约定、分阶段规范许可和权利声明界限划定的经验，认为我国博物馆数字化建设可以考虑转让作者精神权利，扩大合理使用范围，统一权利声明形式，防范侵权风险，以缓解当前博物馆数字化建设中的版权困境。

【关键词】 博物馆　数字化　精神权利　版权许可　权利声明

182. 体育赛事及体育赛事直播节目版权问题研究

【作者简介】 华劼，香港大学博士，同济大学上海国际知识产权学院副教授。

【发表期刊】《兰州学刊》2019年第7期

【内容摘要】 近几年来，网络平台盗播体育赛事直播节目的版权侵权案件的出现，引发了实务界和学界对体育赛事和体育赛事直播节目版权保护的关注。由于体育赛事呈现出类型多样化、表演性强的特点，它是否具有可版权性值得进一步探讨。而体育赛事直播节目由于具有制作者的策划、编排和配音等，表现出独特的叙述方式，是否将体育赛事直播节目认定为具有独创性的作品，学界观点不一，有的认为是视听作品，有的认为尚达不到作品要求，属于录像制品，因而产生了不同的版权保护路径。分析体育赛事直播节目的可版权性和版权保护路径有利于完善对体育赛事直播节目的版权保护。

【关键词】 体育赛事　体育赛事直播节目　可版权性　视听作品　录像制品

183. 在线知识共享中侵权问题及其技术破解框架研究

【作者简介】 高锡荣，重庆邮电大学网络社会发展问题研究中心教授，博士；谭宇，重庆邮电大学硕士研究生。

【发表期刊】《数字图书馆论坛》2019年第6期

【内容摘要】 在线知识共享作为一种新的知识共享形式，在管理研究和实际应用中均值得关注。系统梳理在线知识共享中存在的侵权问题，设计技术破解框架，有助于消除主体侵权现象，塑造良性发展的在线知识共享环境。本文基于技术嵌入的视角，从侵犯著作权、侵犯用户财产、侵犯用户隐私等方面，提出利用区块链、智能合约等新兴技术手段对侵权问题加以解决。目前我国网络环境下的侵权现象较为严重，管理制度和法律保障体系还不够完善，通过技术方案的设计能够补齐管理和法律上的短板，有效保护在线知识共享中的各方权益。

【关键词】 知识共享　技术嵌入　区块链　智能合约　信息加密

184. 互联网环境下广播组织权与著作权的利益冲突与平衡——以“网络转播权”的利益分配为例

【作者简介】 秦俭，重庆知识产权保护协同创新中心研究人员，西南政法大学博士研究生。

【发表期刊】《电子知识产权》2019年第5期

【内容摘要】 网络转播产业的兴起引发了互联网平台对广播信号的需求。现行禁止式的设权模式无法平衡信号著作权人与广播组织权在客体层面、设权模式层面以及利益分配层面的冲突。通过分析禁止式设权模式的缺陷与专有权模式的合理性，本文认为我国立法应明确规定广播组织拥有对信号转播的授权性权利。转播信号之价值在于信号内容，内容权利人作为著作权人当然地成为网络转播市场的利益分配主体。法定许可制度具有简化授权流程、促进知识增值、运行经验丰富之优势，建议修订广播组织权法律条文，应用转播法定许可制度以期实现广播组织与著作权人利益之平衡。

【关键词】 网络转播权　广播组织权　著作权　法定许可

185. “信号”抑或“画面”之保护——体育赛事实况转播保护路径研究

【作者简介】 胡晶晶，西南政法大学讲师，法学博士。

【发表期刊】《北方法学》2019年第3期

【内容摘要】 体育赛事实况转播侵权问题日益凸显，该问题的实质在于对“信号”的盗窃。相关侵权案件倾向于著作权法保护模式，但该模式仅能解决“重播画面”侵权问题，而无法处理实况转播侵权问题，因为“信号”既非作品，也非广播组织权的客体。体育赛事转播权属于具有绝对权属性的民事权益，属于我国一般侵权行为的保护范围。盗窃信号的行为因致使权利人利益受损，而可作为一般侵权行为来规制。然而，囿于“禁止向一般条款逃逸”原则，当盗窃信号构成不正当竞争行为时则排除一般侵权行为条款的适用，而应适用反不正当竞争法。

【关键词】 体育赛事转播　著作权　信号　节目画面　一般侵权行为　不正当竞争

186. 论我国著作权法意义上的“网络出版”——兼对《著作权法（修订草案送审稿）》第31条的解读

【作者简介】 彭桂兵，华东政法大学传播学院副教授。

【发表期刊】《出版发行研究》2019年第5期

【内容摘要】《著作权法（修订草案送审稿）》第31条对“出版”进行了定义——“复制并发行”，但并没有明确表明是不是包含“网络出版”。根据第

31 条的上下条款，这里的“出版”不包含“网络出版”。为了进一步确证这一观点，笔者分别对《伯尔尼公约》中的“出版”和我国著作权法上的“网络复制”及“网络发行”进行分析，得出著作权法意义上的“网络出版”在我国并不成立，并和行政法意义上的“网络出版”进行了区分，认为后者有必要存在。

【关键词】 著作权　网络复制　网络发行　网络出版

187. 当前我国网络出版情境下著作权与隐私权之间的博弈

【作者简介】 康慧强，重庆大学法学院。

【发表期刊】 《出版发行研究》2019 年第 5 期

【内容摘要】 数字技术的发展在改变当前我国网络出版情境的同时，使得网络作品的著作权保护与隐私权保护都更为复杂，这两者之间的冲突也在加剧。在这个过程中著作权限制发生异化，加大了隐私权受到侵犯的危险。为了解决这一问题，本文对网络出版环境下著作权和隐私权之间的冲突进行分析，并提出了完善法律法规、规范应用平台和提高隐私意识的策略，为更好地推动网络环境下的著作权和隐私权之间的良性博弈奠定基础。

【关键词】 网络出版　著作权　隐私权

188. 同人作品的版权争议与侵权协调

【作者简介】 胡晓，北京师范大学珠海分校，澳门城市大学教育学院；何知坦，上海读客文化有限公司；罗弦，北京师范大学珠海分校。

【发表期刊】 《出版发行研究》2019 年第 5 期

【内容摘要】 本文所讨论的同人作品侵权及其协调，主要是基于二次创作的粉丝群体特点，从同人创作的主要活动空间——网络及其与现实侵权纠纷的关联出发，在新闻法制与网络传播伦理等交叉领域为其潜在的“侵权”指摘进行抗辩，并提出利用知识共享许可协议增补现行著作权法、为同人创作法制化实现中国在地化管理等协调建议。

【关键词】 同人作品　版权争议　二次创作　知识共享许可协议　侵权协调

189. 网络文学版权保护中的“法律与技术”命题——基于抄袭问题的法理探析

【作者简介】 洪乐为，浙江大学光华法学院。

【发表期刊】 《中国出版》2019 年第 9 期

【内容摘要】 在“互联网＋大数据”背景下的网络文学版权保护中，法理学中的“法律与技术”命题日益凸显。尤其在抄袭问题上，现行著作权法律体系在新技术环境之下面临挑战，难以有效应对。因此立法和司法层面皆须着眼技术背景进行完善。其中立法需参照技术发展进行明确详规，司法也需把握技术机遇进行程序优化，以期更好地救济版权侵权，强化版权治理。

【关键词】 版权保护　著作权法　网络文学　抄袭　法律与技术

190. 媒体融合下著作财产权体系的重构

【作者简介】 张俊发，南京师范大学法学院。

【发表期刊】 《科技与出版》2019 年第 5 期

【内容摘要】 媒体形态的变迁推动着著作财产体系的变革。媒体融合的加深不仅给信息传播方式带来了深度变革，也给著作财产体系带来了挑战。这表现为传统著作财产权利体系不清、传播权面临权利真空、权利存在交叉等问题。这些问题产生的原因在于媒体融合冲击了著作财产权独立性赖以存在的基础，新作品传播方式不断涌现造成了规范真空，以及作品价值实现方式的转变带来了法律适用困境。为此，有必要以权利体系整合应对媒体融合，对现有的著作财产权体系进行抽象整合，具体而言将其整合为复制权、发行权、向公众传播权、演绎权，并突出作品传播在权利体系构建中的地位，明确复制、演绎未进行后续传播不属于著作权法意义上的复制、演绎行为。

【关键词】 媒体融合　著作财产权　权利整合

191. 著作权法秩序下文化产业逻辑预设的发现与启示——从商业电影中的市场价值与艺术价值矛盾切入

【作者简介】 向光富，曲靖师范学院副教授，法学博士；卫绪华，广西师范学院副教授、硕士生导师，法学博士。

【发表期刊】 《知识产权》2019 年第 4 期

【内容摘要】 文化产品评判中可能包括了单个文化产品、部分文化产品、全部文化产品的三种评判悖论。基于不同的预设，对这三种悖论能否兼容的回答并不相同。在厘清这些不同预设的过程中，著作权法秩序下文化产业所预设的认识论、体制与产权制度、评判秩序也得以发现，因而，在著作权法秩序下苛求在商业电影中解决前两种悖论，是评判秩序的错位。为发挥著作权制度的优势，以及应对著作权保护文化产业的模式被绝对化及制度失灵的问题，我国应当对文化产品进行更精确的分类，厘清适合不同文化产品的商业模式、产权制度、评判标准。

【关键词】 著作权法　电影作品　文化产业　艺术价值　市场价值

192. 论人工智能“创作”物的版权保护

【作者简介】 邱润根，南昌大学法学院教授，法学博士；曹宇卿，南昌大学法学院2017级法律专业硕士研究生。

【发表期刊】《南昌大学学报（人文社会科学版）》2019年第2期

【内容摘要】 人工智能“创作”物是否构成作品而受版权保护取决于其是否是智力成果并满足独创性特征。人工智能“创作”物实质是在人的意识支配下的一种智力创作成果，当其内容能够与其他表达相区别而触动受众就满足了独创性特征而属于作品并受版权保护。人工智能在人的支配下的“自主创作”能力，使得人工智能并非人工智能“创作”物的作者，人工智能的使用者才是真正作者，因而人工智能“创作”物的版权应归属人工智能使用者。人工智能“创作”物的保护程度应兼顾人工智能使用者和其他受众的利益。

【关键词】 人工智能　创作物　独创性　版权保护

193. 著作权间接侵权分析——以信息存储空间服务为视角

【作者简介】 王昊，百度集团交易及合规法律部法律顾问。

【发表期刊】《电子知识产权》2019年第4期

【内容摘要】 网络技术的发展在为信息传播带来便利的同时也增加了侵权发生的概率，网络环境下侵权成本的降低及传播手段的多样化无不加剧侵权的发生。尽管随着《网络安全法》的颁布，用户实名制逐渐推广，锁定、追踪侵权行为的直接实施者成为可能，然而由于维权成本与收益的巨大反差，权利人更倾向于追究信息网络服务提供商的间接侵权责任。然而，我国法律并未明确规定间接侵权，这就导致司法实践对于间接侵权的认定尺度不一。本文将结合相关法律法规及司法实践案例，从间接侵权基本理论出发，探讨间接侵权构成要件，剖析其免责情形，以期构建完善的间接侵权制度。

【关键词】 间接侵权　注意义务　过错　责任承担

194. 论出版界对公有领域作品的著作权保护

【作者简介】 张洋，中南财经政法大学，河南财经政法大学。

【发表期刊】《科技与出版》2019年第4期

【内容摘要】 著作权保护期限届满是作品进入公有领域的一般判断标准，但是应当注意对进入公有领域的未发表作品使用的限制。演绎行为产生的“双重著作权”，对作品进入公有领域的判断具有重要影响，应当以演绎作品为客体进行判定。出版界使用公有领域作品应当加强对其著作权的有效保护。

【关键词】 出版界　公有领域作品　著作权保护

195. 论网络游戏直播的法律属性及其利益平衡

【作者简介】 张志伟，河南师范大学法学院特聘教授，法学博士。

【发表期刊】《甘肃政法学院学报》2019年第2期

【内容摘要】 学界对网络游戏直播画面的法律性质和直播行为是否构成合理使用存在较大争议，且著作权法该如何规范才能平衡各方利益尚需深入探讨。本文认为，网络游戏直播画面因其创造性程度较低无法构成作品，也不是即兴表演的结果。游戏直播画面是游戏玩家利用了游戏厂商开发的具有著作权的游戏素材制作的录像制品。游戏玩家享有录像制品制作者的相关权利，同时，游戏厂商对画面的传播享有著作权法上的控制权。网络游戏直播行为为非公益行为，一般也不为转换性使用，且认定合理使用有违利益平衡，故难以构成著作权法意义上的合理使用。现阶段游戏开发商很容易垄断直播市场，现行著作权法的制度设计难以平衡各方利益。游戏直播欲达到著作权法上的利益平衡，需遵循的条件为：游戏厂商无权禁止自由进行游戏直播，但其有权收取费用；收费不宜过高；游戏直播利益的分配方式宜采取固定比例的方式。我国著作权法可以通过设定法定许可制度实现游戏直播各方利益的平衡。

【关键词】 网络游戏直播　法律属性　利益平衡　法定许可

196. 区块链在图书馆著作权保护中的效用研究

【作者简介】 汪琼，东莞理工学院图书馆研究馆员；陈伟，东莞理工学院图书馆研究馆员。

【发表期刊】《数字图书馆论坛》2019年第3期

【内容摘要】 在移动互联网时代，区块链以去中心化、强安全共识等特性，成为社会高度关注的应用技术。本文分析区块链适用于著作权保护的技术特性，以及在图书馆著作权保护中的具体作用。基于此，阐释区块链技术对图书馆服务的促进作用。

【关键词】 区块链　著作权　图书馆

197. 大数据时代智慧图书馆知识产权风险及对策

【作者简介】 万映红，四川师范大学图书馆馆员，法学硕士；任思莹，四川师范大学图书馆馆员，教育学硕士；万莉，四川师范大学副教授。

【发表期刊】《图书馆学研究》2019 年第 5 期

【内容摘要】 智慧图书馆实现了馆藏资源开发利用、本地访问与远程访问的融合、图书馆服务与图书馆资源融合、图书馆与社区融合等多层次的服务内容、广泛的服务对象和多元化的服务方式的结合。一方面促进了图书馆馆藏资源的开发利用，另一方面也产生了新的知识产权风险问题。只有对相关的知识产权风险问题进行梳理并有效管理，才能有力推动图书馆智慧化服务进程，实现图书馆的转型发展，发挥馆藏资源的整体效益，最大限度实现图书馆公共文化服务职能。

【关键词】 智慧图书馆　知识产权风险　解决对策

198. 赛事直播节目网络盗播的规制困境与出路

【作者简介】 赵杰宏，上海财经大学法学院博士研究生，副教授；马洪，上海财经大学法学院教授、博士生导师。

【发表期刊】《武汉体育学院学报》2019 年第 3 期

【内容摘要】 赛事直播节目蕴含着巨大的经济利益，使其容易成为盗播的对象。三网融合前，对盗播行为可根据路径以侵犯广播权或信息网络传播权为由进行规制。三网融合后，直播路径与终端的分离使权利人无法确定盗播行为是侵犯广播权还是信息网络传播权，《著作权法》陷入了规制困境。《著作权法（修改草案送审稿）》试图通过将广播权改为播放权，沿用现行信息网络传播权，保留兜底权利的方式应对网络盗播，但此种“补充型”立法思路无济于事。现阶段，应以是否具有交互性作为区分播放权与信息网络传播权的唯一依据，未来，可通过在著作财产权上建立“伞形”权利体系，设置立体的传播权。

【关键词】 赛事直播节目　网络盗播　交互性　信息网络　播放权　著作财产权　传播权

199. 图书馆数据主体著作权归属问题探讨

【作者简介】 张晓新，四川外国语大学图书馆副研究馆员，硕士。

【发表期刊】《情报理论与实践》2019 年第 7 期

【内容摘要】 ［目的/意义］大数据背景下，图书馆在日常工作中产生了海量数据流，对这些数据进行规范治理成为图书馆目前迫切需要解决的议题。图书馆数据具有多种类型，分属不同数据主体，明确图书馆各类型数据主体的权利归属，是图书馆开展数据规范治理的首要前提。［方法/过程］结合现有知识产权法规，分类剖析图书馆各类型数据的主体权利归属，帮助图书馆在现阶段规避数据权纠纷，并为制定切合当前形势的数据法提供前期基础。［结果/结论］图书馆各种类型数据的主体权属并不如表面所呈现的那么简单，目前图书馆数据主体的界定只能依照现有知识产权法规中的相关条款进行，但在实践操作中存在不适用等障碍，时代呼吁尽快制定切合实际的数据法律规范体系。

【关键词】 图书馆数据　数据主体　权属关系　数据立法

200. 网页整体作为汇编作品保护探析——从一起互联网典型案例析公司网页的法律保护

【作者简介】 徐骏，江苏彰信律师事务所律师。

【发表期刊】《出版广角》2019 年第 2 期

【内容摘要】 一般而言，网页并不能仅仅因刊载数字化作品而取得新的所谓网页著作权，但制作精美、引人注目的网页，因其编排、体例的安排与众不同而具有独特性，因此，将网页整体作为汇编作品保护是最为贴切的保护模式。

【关键词】 网页　汇编作品　版权保护

201. 地方文献信息资源共享中的信息网络传播权保护研究——以皖江文献为例

【作者简介】 何承斌，安庆师范大学图书馆副研究馆员，博士。

【发表期刊】《数字图书馆论坛》2019 年第 2 期

【内容摘要】 随着信息网络传播权在网络环境下的扩张，地方文献信息资源的共享与信息网络传播权保护的矛盾日益突出。鉴于此，可通过提高知识产权保护意识、开展地方文献资源的版权状态评价工作、充分利用信息网络传播权例外条款、构建信息网络传播权侵权责任制度等措施予以规避，以达至地方文献信息资源共享与信息网络传播权保护之间的合理平衡。

【关键词】 地方文献　皖江文献　资源共享　信息网络传播权

202. 数字有声读物版权保护现状实证研究——以“喜马拉雅FM”为例

【作者简介】 王涵，中国政法大学。

【发表期刊】《出版发行研究》2019年第2期

【内容摘要】 近年来，市场规模不断扩张的数字有声读物深陷版权保护困境，本文以“喜马拉雅FM”为研究对象，分析数字有声读物版权法律纠纷的特征发现，案件争议焦点通常是是否未经许可非法传播涉案有声作品，法院对侵权责任的认定大都倾向于提高网络运营平台的注意义务，对于侵权损失和其他合理费用的计算，法院会综合考量侵权行为的性质、情节、后果等因素来确定。面对有声读物版权保护的严峻形势，应积极探索多元的版权纠纷解决机制。首先，明确司法救济是有声读物版权纠纷最终的而非最主要的解纷机制；其次，对有声读物纠纷进行繁简分流，充分发挥行政解纷机制和行业组织的作用；最后，强化网络运营平台的解纷责任，推广著作权审查等配套机制。

【关键词】 有声读物　版权保护　实证研究　喜马拉雅FM

203. 出版行业中劳务派遣对职务作品权属的影响

【作者简介】 付丽霞，中南财经政法大学知识产权研究中心；刘鑫，中南财经政法大学知识产权研究中心。

【发表期刊】《科技与出版》2019年第2期

【内容摘要】 随着出版行业中劳务派遣关系的增多，相关职务作品的权利配置由作者和单位之间的争夺，变成了作者、派遣机构、要派机构三方的博弈，法律适用上的难题也由此产生。派遣机构和要派机构分别以“劳动关系”和“业务范围”作为其成为职务作品适格单位的判断标准，前者由于理论上的缺陷而被摒弃，后者由于符合《著作权法》的立法目的而被认可。为实现劳务派遣中职务作品的著作权及相关财产权利的合理配置，有必要从引入约定著作权归属模式和完善法定著作权归属模式两方面入手，对现行职务作品著作权归属机制予以调整。

【关键词】 职务作品　劳务派遣　著作权归属

204. 论追续权之权利性质

【作者简介】 戴哲，法国埃克斯-马赛大学法学院博士研究生，华东政法大学知识产权学院博士研究生。

【发表期刊】《大连理工大学学报（社会科学版）》2019年第2期

【内容提要】 我国在《著作权法》修改草案中新增了追续权条款，但草案并未规定追续权的权利性质。理论界在界定追续权权利性质上存在4种不同的观点，即征税权说、著作人身权说、著作财产权说、综合权利说。追续权并非税法上之征税权，追续金不具有税的属性，将追续金视为税的观点源于对原始词语的错误理解。追续权虽具有“不可转让、不可放弃”的人身权特征，但这一特征的产生不同于身份权，也有别于传统人格权和著作人身权，追续权不具有人身权属性。追续权是一项报酬请求权，源于对艺术作品使用的补偿，应当将追续权置于著作财产权之中。

【关键词】 追续权　著作权　权利性质

205. 确定著作权侵权惩罚性赔偿金的模式选择

【作者简介】 袁杏桃，杭州师范大学沈钧儒法学院副教授。

【发表期刊】《中国出版》2019年第2期

【内容提要】 惩罚性赔偿金的确定是一个复杂的问题，它需要考虑多种因素，同时也是很重要的问题，它直接影响惩罚性赔偿制度的实施效果。当前，不同国家和地区采取了不同的确定方式，我国《著作权法》在第三次修改时应如何确定惩罚性赔偿的数额，可以借鉴他人经验，从惩罚性赔偿的本质出发，在法条中不明确规定惩罚性赔偿的额度，由法官根据具体案情客观公正地确定，以防侵权人将惩罚性赔偿金作为侵权成本提前转嫁给消费者。

【关键词】 著作权侵权　惩罚性赔偿金　利弊分析　模式选择

206. 数字时代版权授权的法律风险

【作者简介】 刘佳欣，中国政法大学民商经济法学院知识产权法专业博士研究生。

【发表期刊】《中国出版》2019年第1期

【内容摘要】 数字出版较传统出版呈现出新的

特点，其版权授权的阶段也存在于更多交易环节中，法律风险时有发生，其法律风险体现在授权主体、使用方式、约定与法定的不一致性等多个方面。因此，数字时代，版权出版企业应当在版权授权风险的防范上从授权源头、数据挖掘等多方面进行全方位立体预防，同时结合司法确权的裁判逻辑，规范自身的服务模式。

【关键词】 数字出版　版权授权　法律风险

207. 司法实践中出版者合理注意义务的判断标准及启示

【作者简介】 沈思，人民教育出版社。

【发表期刊】《科技与出版》2019 年第 1 期

【内容摘要】 随着著作权人维权意识的不断增强，近年来著作权法律纠纷呈现增长趋势。同时，越来越多的出版者因出版他人提供的侵权作品而身陷纠纷之中。《最高人民法院关于审理著作权民事纠纷案件适用法律若干问题的解释》第 20 条作为法院审理此类案件的重要依据，明确了出版者是否履行合理注意义务与侵权责任承担之间的关系，但对于合理注意义务的范围和标准并未做详细的限定。文章在对相关案例进行研究的基础上，勾勒出法院在判定出版者是否尽到合理的注意义务时所遵循的具体标准，从而为出版者在业务管理的全流程中建立起有效的侵权风险识别和规避机制提供有益的指引。

【关键词】 著作权纠纷　归责原则　合理注意义务　出版业务管理

208. 中国首例人工智能生成内容著作权争议与前瞻分析

【作者简介】 林嘉琳，清华大学新闻与传播学院博士研究生。

【发表期刊】《新闻爱好者》2019 年第 12 期

【内容摘要】 从体育实况转播到股市行情、房地产新闻乃至诗词创作，人工智能生成内容技术在实践中的应用越来越广泛，也引发了一系列法律问题和伦理争议。本文以人工智能生成内容著作权纠纷第一案为研究对象，具体分析人工智能生成内容在当前法律体系中的法理依据和实践中的技术窘境，并对未来的立法思路展开了探讨。此案具有划时代的意义，也是对人工智能侵权的开拓性探索。

【关键词】 人工智能生成内容　机器写作　版权

209. 网络游戏直播画面作品属性相关问题研究

【作者简介】 徐哲旻，上海交通大学凯原法学院硕士研究生。

【发表期刊】《东南大学学报（哲学社会科学版）》2019 年第 S2 期

【内容摘要】 网络游戏直播涉及向公众传播游戏中的视听画面，游戏公司也常常因直播可能侵犯其对游戏作品的著作权而向法院提起诉讼。确定直播是否侵权要解决的首要问题是在线实时播放的游戏画面是否是作品以及该直播画面的著作权归属于谁。由于具有独创性和可有形复制性，网络游戏直播画面成为作品具有学理依据；基于公平原则，游戏开发者因其投入大量的资金享有对直播画面的著作权。

【关键词】 网络游戏直播画面　视听作品　演绎创作

210. 印度图书馆版权例外制度述评

【作者简介】 魏钢泳，中南财经政法大学法学院欧盟与人权法研究所助理研究员，博士研究生。

【发表期刊】《图书馆杂志》2019 年第 12 期

【内容摘要】 印度版权法规定了适用范围宽泛的图书馆版权例外制度。其中，印度图书馆复制、出借与保存的版权例外，使图书馆能够充分有效地使用版权作品，服务于公众利益。为了保障残疾人利用图书馆获取信息和知识的权利及充分发掘孤儿作品的价值，印度还赋予图书馆促进残疾人获取作品及孤儿作品开发的版权例外。同为发展中国家，我国应借鉴印度的有益经验，进一步明确并扩大我国《著作权法》中图书馆版权例外的适用范围。

【关键词】 印度版权法　图书馆　版权例外　合理使用

211. 绝版书数字化利用的著作权对策——以法国“20 世纪绝版书数字化法案”为视角

【作者简介】 陈晓屏，厦门大学法学院民商法学博士研究生。

【发表期刊】《出版发行研究》2019 年第 12 期

【内容摘要】 数字网络技术为激活释放绝版书价值创造了契机，但缺乏匹配的使用权交易机制制约了绝版书数字化利用。法国“20 世纪绝版书数字化法案”采用“推定集体管理”机制缔造使用权交易市场，克服了绝版书权利归属分散和权利管理消极的弊端，推动商业主体的参与，改善了各方利益状况，符合我国数字出版业发展和公共文化建设的实际需求，具有借鉴价值。

【关键词】 绝版书　数字图书馆　推定集体管理

212. 作品元素商品化利用的法律治理——以“金庸诉江南案”为考察中心

【作者简介】 张惠彬，西南政法大学民商法学院副教授，重庆知识产权保护协同创新中心研究员，法学博士。

【发表期刊】《科技与法律》2019年第6期

【内容摘要】 作品标题、角色名称、人物形象等元素构成一部完整的作品。作品代表了作者在文化市场上的声誉，能为作者带来经济利益。传统的作品利用方式主要是对作品的全部表达或者部分表达进行复制，而现在出现了对作品里简短的元素或抽象的元素进行利用的方式。对作品元素的再利用，一方面是公民表达言论自由的权利，另一方面则可能侵害作者、出版社的合法权益。同人小说、傍名出版等行为导致的法律争议越来越多，成为整顿我国文化市场秩序迫切需要解决的问题。由于著作权法、商标法的缺位，将作者解释为经营者，利用反不正当竞争法规制作品元素商品化利用是我国当前较为妥善的选择。

【关键词】 作品元素　商品化利用　法律治理　反不正当竞争法

213. “隐匿”的编辑：对编辑成果产权化的批判及编辑权益保护的非产权化安排

【作者简介】 谭洋，中国人民大学法学院博士研究生。

【发表期刊】《科技与出版》2019年第12期

【内容摘要】 编辑的工作具有隐匿性特征，使得编辑创意性的工作无法得到有效回馈，从而抑制了编辑的工作效率和质量的提升。对编辑成果进行产权化安排是现有研究的方向，但却忽视了编辑成果的模糊性、不可分性，使得对编辑成果予以产权化的成本大于收益，在《著作权法》和《出版管理条例》中创设编辑权利的设想无法成行。对编辑创意性成果的非产权化安排是可取之策，在认识到编辑权利具有相对性这一前提下，出版社或出版协会通过物质、工作和荣誉层面的制度设计来对编辑创意性的成果予以奖励、激励，与此同时，立法者应当对编辑责任承担方面的规定予以细化以减少不确定性，以此更有效地保护编辑权益。

【关键词】 隐匿　编辑　创意性工作　产权化　著作权　权益　非产权化

214. 融媒体时代增设新闻出版者邻接权问题研究——基于欧洲著作权修法的思考

【作者简介】 袁锋，华东政法大学助理研究员。

【发表期刊】《中国出版》2019年第23期

【内容摘要】 融媒体时代，是否增设新闻出版者邻接权成为版权学界和实务界争议的焦点。近年来，为保护本土新闻出版产业的发展，德国、西班牙以及欧盟纷纷对著作权法予以修改，但同时也引发了相关利益团体和学界的激烈反对。就我国当前而言，通过对本国国情、法律保护现状以及立法的社会成本和绩效进行综合考量，可以认为并无增设新闻出版者邻接权的必要。

【关键词】 融媒体　新闻出版　邻接权　欧洲修法

215. 美国著作权合理使用制度评析

【作者简介】 陈潇婷，武汉大学信息管理学院博士研究生；聂欣妍，武汉大学信息管理学院硕士研究生。

【发表期刊】《中国出版》2019年第23期

【内容摘要】 合理使用是各国著作权法中不可或缺的组成部分，也是权衡作者、相关权利人利益与公共利益之间关系的重要工具。世界范围内存在着封闭式与开放式两种关于合理使用的制度模式，其区别在于是否穷尽列举例外情形。不同国家根据其国情采用不同的制度模式。美国是开放式合理使用制度的代表，其无穷尽地规定了各种例外情形，并使用合理性要素分析法来检验合理性。文章通过对美国的合理使用制度的评析，归纳了该制度的特点，总结了开放式合理使用制度在数字新媒体时代的适用性。

【关键词】 合理使用　著作权法　法律修订　侵权诉讼

216. 著作权权利“兜底”条款的解释适用——基于398份裁判文书的类型化

【作者简介】 王一璠，中国政法大学民商经济法学院。

【发表期刊】《中国出版》2019年第23期

【内容摘要】《中华人民共和国著作权法》权利清单规定了“应当由著作权人享有的其他权利”这一兜底条款。该兜底条款不是法律的漏洞，而是运用开放性的立法技术，留给法官自由裁量的空间，但实践中对于该条款的适用却存在矛盾与混乱。在认识论上对该兜底条款进行重构，从“应然权利”

的角度，将其理解为法官在个案中予以保护的利益，有助于平衡著作权自然权利和法定权利之属性，防止向《中华人民共和国反不正当竞争法》一般条款的逃逸。

【关键词】 著作权　兜底条款　模糊词语　解释适用

217. 著作权聚合中介服务企业的价值、异化与治理——兼论我国著作权流转法律制度的问题与变革

【作者简介】 张志坚，华侨大学新媒体研究中心主任，华侨大学海外华文媒体研究中心副教授，博士。

【发表期刊】《编辑之友》2019 年第 12 期

【内容摘要】 著作权流转制度的效率无法匹配新时代传播大规模、高效率使用作品的要求，是我国著作权制度的主要问题之一。著作权聚合中介服务企业发挥了润滑著作权流转过程、提升流转效率的作用，有重要的产业和公共价值。但有些企业在利用市场、技术等优势谋求利益时，产生了角色异化和行为失范，应对其加以治理。还应建构著作权流转公共服务平台，提供充足的公共产品并对著作权法进行价值调适和制度变革，为新时代传播发展营造制度空间。

【关键词】 著作权流转　聚合服务　效率　制度变革

218. 人工智能创造物不真实署名的风险与规制

【作者简介】 姚志伟，广东财经大学法治与经济研究所副研究员，法学院副教授；沈燚，上海财经大学法学院网络与大数据法治研究中心。

【发表期刊】《西安交通大学学报（社会科学版）》2020 年第 1 期

【内容摘要】 在现行法下，人工智能创造物的著作权保护面临作品认定难题和权属分配难题。解决这两个难题存在两条思路：一是改革现行著作权法，为人工智能创造物设计新的规则；二是不对著作权法进行特别的改革，而从实然层面解决问题，即通过不真实署名，将人工智能创造物伪装成人的作品，从而使其获得著作权法的保护。第二条思路避开了重新设计规则的难题，但是在实践中会面临困难。同时，署名行为的影响具有复合性，其影响不限于著作权范围。不真实署名会冲击以作品为基础的社会评价机制，且存在公共安全风险。2019 年 5 月公布的《数据安全管理办法（征求意见稿）》对不真实署名行为进行了规制，基本的规制方法是披露，即披露信息由人工智能所创造。该规则存在有待完善之处，包括披露的方式应改进、披露的范围应缩减、披露义务的承担主体应更明确。

【关键词】 著作权保护　人工智能创造物　不真实署名　披露　社会评价机制　公共安全风险

219. 人工智能创作物的作品认定及法律保护

【作者简介】 张倩，重庆人文科技学院政治与法律学院。

【发表期刊】《出版广角》2019 年第 21 期

【内容摘要】 人工智能创作物被认定为作品的前提是，人工智能被认可为著作权法上的主体，以及其创作物具有“独创性”。而判断人工智能创作物是否具有“独创性”的标准，则是该创作物是否独立完成，是否体现作者独特的选择和判断，并在“创造性”上达到较高标准。版权保护层面，需要建立人工智能作品的认定标准和权属认定版权登记制度。在权利归属上，人工智能作品署名权归人工智能，著作权其他权利视情况而定。

【关键词】 人工智能创作物　权利主体　作品认定　独创性　版权登记

220. 网络服务提供者著作权侵权中的双重注意义务

【作者简介】 宁园，武汉大学法学院博士研究生。

【发表期刊】《重庆大学学报（社会科学版）》2019 年第 4 期

【内容摘要】《民法典侵权责任编（草案）（二次审议稿）》对现行通知—删除规则进行了科学修正，但事前保护缺位与事后救济程序失范的问题仍悬而未决。随着网络服务提供者完成角色转型和技术升级，其作为网络侵权风险的控制者和参与者，有必要且有能力承担未通知阶段的主动预防义务和已通知阶段的证明材料审查义务，以弥补著作权保护和用户利益保护的漏洞。双重注意义务应分别与网络服务提供者对侵权危险的预期和控制能力以及材料审查能力相适应。未通知阶段之注意义务以技术措施为主要履行方式，其注意标准的认定应综合考量技术水平、服务类型、内容介入程度、是否直接获取收益等要素，未尽该注意义务仅为过错认定的考量因素而非唯一标准，并不必然导致侵权责任。已通知阶段之注意义务仅限于对提交的证明材料进行形式审查和有限的实质审查，尽到此注意义务的，可以免于承担侵权责任。

【关键词】 新通知规则 主动预防义务 证明材料审查义务 合理注意标准

221. 对“作品”一词内涵外延及其适用方法的法逻辑诠释

【作者简介】 张继成，中南财经政法大学教授、博士生导师，中南财经政法大学法哲学与法律方法研究所所长。

【发表期刊】《求是学刊》2019年第6期

【内容摘要】“作品”作为法律概念，是著作权法的基石，它的科学含义是通过学理定义、法典定义，内涵定义、外延定义，语词性定义、规定性定义，积极定义、消极定义，完整定义、局部定义等方式揭示出来的。给出定义的目的就是将争议中的个案事实涵摄到“作品”这个概念的外延之下。外延判定法、内涵外延综合判定法都可能将那些具有独创性、可复制性而不在著作权法所列举的九种类型之中的作品排除在外，因而不是正确的法律适用方法，内涵判定法才是兼具形式正义和实质正义的法律适用方法。

【关键词】 作品 法律概念 法典定义 内涵定义 外延定义 法律适用

222. 知识产权法惩罚加强型特质分析

【作者简介】 柯林霞，南通大学马克思主义学院副教授，博士。

【发表期刊】《南通大学学报（社会科学版）》2019年第6期

【内容摘要】 人们通常根据知识产权法抑制侵权的能力来对其表现进行评价。知识产权保护手段从最初的补偿性赔偿过渡到惩罚性赔偿，从民事、行政救济手段过渡到刑罚手段，但事实上，随着惩罚力度的加大，知识产权侵权丝毫没有减弱的迹象，相反，是愈来愈猖獗了。这种逆反现象警示我们，由于天然的缺陷，惩罚正面功能的发挥在知识产权领域已日趋式微，其到达一定临界点之后便难以发挥理想的作用。惩罚也不是越严越好，刑事惩罚手段在知识产权领域的运用需要特别地谨慎。在侵权控制手段的创立上，惩罚通常被视为是第一位的，但是假如说在整个知识产权法发展史上，惩罚是真正决定秩序的决定性力量，那知识产权法便突破其私法的属性了。惩罚仍未过时，但要实现知识产权法的目标须另辟蹊径。

【关键词】 知识产权 惩罚 版权法

223. 体育赛事转播权的多重解读及其类型化保护

【作者简介】 龚韬，湖南师范大学体育学院副教授，博士；何炼红，中南大学法学院教授、博士生导师。

【发表期刊】《武汉体育学院学报》2019年第11期

【内容摘要】 体育赛事转播权是一种新兴的复合型权利，是指电视台、视频网站、直播平台等转播机构就其制作的体育赛事节目和提供的转播信号享有的著作权或者录音录像制品权、广播组织权，同时也是指赛事组织者就体育赛事享有的“转播许可权”。对其不同层次的内容应当分别予以解读，而不宜笼统地在“体育赛事转播权”这一概念下进行讨论。对赛事组织者的权利保护，有赖于体育法对其权利予以法定化；对相应的著作权人和邻接权人的保护，需要在完善著作权法的基础上，坚持作品独创性判断标准，并提升邻接权的保护水平。

【关键词】 体育赛事转播权 体育赛事 转播信号 权利法定化 知识产权保护

224. 论人工智能创作物刑法保护路径

【作者简介】 姚杏，南京森林警察学院讲师，博士研究生；陶羡华，江苏省连云港市人民检察院。

【发表期刊】《中国出版》2019年第21期

【内容摘要】 在强人工智能背景下，应当肯定人工智能创作物系著作权所有者独立创作完成的作品。原则上，人工智能创作物的著作权应当归属于创作作品的人工智能。无论从技术层面还是从社会危害性、罪刑法定原则等价值层面，抑或是从《中华人民共和国刑法》第217条的规范层面，都应当对侵犯著作权罪进行与时俱进的解释，将人工智能创作物纳入其中，以完善其刑法保护路径。

【关键词】 人工智能创作物 独创性 著作权归属 侵犯著作权罪

225. “黑洞照片侵权事件”背景下我国网络图片著作权保护研究

【作者简介】 徐峰，上海海事大学法学院讲师、硕士生导师，博士。

【发表期刊】《中国出版》2019年第21期

【内容摘要】“黑洞照片侵权事件”涉及著作权法中如何合理使用网络图片的问题，需要加强相关的普法教育与执法活动；图片版权侵权涉及经济损失的认定，应在立法上予以明确，考虑引入惩罚性赔偿制度；鉴于互联网图片的广泛传播性与高度扩散性，应完善与健全网络图片著作权许可制及登记制。

【关键词】 黑洞照片 侵权 执法 普法 经济损失认定 许可制 登记制

226. 书报刊出版：稿酬支付常见纠纷及其规避对策

【作者简介】 杨贻军，军委后勤保障部政工保障室。

【发表期刊】《科技与出版》2019 年第 11 期

【内容摘要】 为了保护文字作品著作权人的权利，规范使用文字作品的行为，国家版权局继 1999 年施行《出版文字作品报酬规定》后，于 2014 年又公布并施行《使用文字作品支付报酬办法》，其保护著作权人的经济权利条款进一步完善、支付著作权人稿酬标准进一步提高，极大地促进了文字作品的创作和传播。但书报刊出版单位稿酬支付纠纷仍时有发生，这无疑会对著作权人的创作热情及其作品的传播产生消极影响。文章用典型案例，依出版相关法律法规，结合工作实例，论述了稿酬支付纠纷成因及其对策，并提出立法管理建议，期待与文字作品出版使用者在出版法律法规的认知层面共同提高，在守法和践约层面知行合一。

【关键词】 稿酬支付 常见纠纷 出版合同 规避纠纷对策 立法管理

227. 版权行政保护的边界及其与司法保护的衔接论

【作者简介】 王立新，重庆人文科技学院政治与法律学院副教授；王之晓，南昌大学法学院思想政治教育系主任。

【发表期刊】《出版广角》2019 年第 19 期

【内容摘要】 版权行政保护是我国《著作权法》确立的与司法保护并行的版权保护的主要方式之一。基于版权行政保护的有限性，充分发挥版权行政保护的优势和《著作权法》等相关法律的规定，对版权行政保护进行边界设定，构建其与司法保护的衔接机制十分必要。采取行政裁决机制和司法保护之间的有效衔接、严格规定版权行政处罚和刑事处罚转换的标准，以及构建版权行政保护和司法保护之间的综合协调机制等措施，可有效构建版权行政保护与司法保护之间的科学衔接机制，促进版权保护整体效能的提高。

【关键词】《著作权法》 版权 行政保护 司法保护 衔接机制

228. 自媒体“洗稿”的著作权法规制

【作者简介】 王雅芬，浙江工商大学知识产权与创新研究所所长，法学院、知识产权学院教授；韦俞村，浙江工商大学法学院、知识产权学院硕士研究生。

【发表期刊】《出版广角》2019 年第 18 期

【内容摘要】 “洗稿”本质上是一种“形换神不变”的隐性抄袭，该行为具有法律上的可归责性，其所涉及的社会关系与著作权法所调整的社会关系“不谋而合”，理应受到著作权法的规制。当前环境下，自媒体“洗稿”行为“野蛮生长”，损害了原创的积极性。而事实上，当前的文化形态相较于思想表达二分法诞生之时的文化形态发生了嬗变，因此对于思想表达二分法的适用也应当有所调整。

【关键词】 “洗稿” 思想表达二分法 规制

229. 数字时代著作权保护期延长的非必要性

【作者简介】 王辉，北京市京师律师事务所律师，博士。

【发表期刊】《中国出版》2019 年第 20 期

【内容摘要】 长期以来，为激励创作，立法实践对著作权保护期的延长多持支持态度，从而使各国著作权保护期不仅呈现延长趋势，且表现出明显的不可逆性。事实上，保护期的过度延长，不仅会侵蚀公共领域，阻碍公众便捷接触和使用作品，而且对作者创作的激励作用也颇为有限。数字时代，由于作品衍生品类型的增多，市场对有价值作品争夺的越发激烈，人均寿命的延长，在不延长保护期的情况下，只需依法对著作权利人尤其是作者权利进行保护，即可对权利人尤其是作者给予足够激励，实现著作权法促进作品创作与传播、推动文化发展的立法目的。

【关键词】 著作权 保护期 非必要性

230. 网络盗版侵权新动向及其应对思路

【作者简介】 程新晓，河南大学出版社副编审。

【发表期刊】《新闻爱好者》2019 年第 10 期

【内容摘要】 随着互联网技术的不断发展，社会上网络盗版侵权行为越来越多，为减少网络盗版侵权行为，需探讨网络盗版侵权行为的新动向，并采用有效的应对思路解决网络盗版侵权问题。由于网络盗版侵权行为较多，以电影类网络盗版侵权行为为例，发现该行为具有隐蔽性强、赔偿少、追责时间长等特点，且网络盗版侵权现象严重。针对网络盗版侵权存在的盗版链接、恶性搜索和内容复制三种方式，研究发现，网络盗版侵权行为多发的原因，主要表现在网络发展加速信息传播、公众版权意识淡薄以及法律保护不足等方面。为此，提出加强对版权的法律保护、坚持平衡原则等应对思路，以期在减少网络盗版侵权行为的同时维护著作权人的合法权益。

【关键词】 网络盗版　侵权行为　新动向　应对思路　法律保护

231. 论知识产权转让不破许可规则

【作者简介】 张扬欢，西南政法大学知识产权学院博士研究生，重庆知识产权保护协同创新中心研究人员。

【发表期刊】《电子知识产权》2019年第10期

【内容摘要】 我国知识产权制度中尽管已有转让不破许可规则，但仍缺乏体系化的分析与合理化的论证。就在先被许可人是否有权在知识产权转让后继续使用知识产权客体的问题，在立法价值层面，应以维护在先许可交易秩序为取向来构建转让不破许可规则，使在先被许可人有权继续其使用行为。规则的实现路径依据是否以在先许可的公示为前提可分为权利继受保护规则和登记对抗制度。对比我国转让不破许可规则的立法缺陷，比较法上提供了根据许可使用权权利性质来确定转让不破许可实现路径和适用原理的制度经验。受此启发，我国应在明确专有和非专有使用权分别具有物权性和债权性效力的基础上，对专有许可适用登记对抗制度，对非专有许可适用权利继受保护规则，以此构建合理的转让不破许可规则体系。

【关键词】 转让不破许可　许可使用权　权利性质　权利继受保护规则　登记对抗制度

232. 凸显合理使用量化观的美国高校图书馆版权指南文本研究

【作者简介】 张立彬，南开大学图书馆研究馆员；张晓新，四川外国语大学图书馆副研究馆员。

【发表期刊】《图书馆学研究》2019年第19期

【内容摘要】 版权指南是指导美国高校图书馆开展版权信息服务工作的法理依据和重要理论基础，其专业化的编制水平代表了美国高校图书馆在版权信息服务领域的发展现状及未来研究趋势。对美国高校图书馆版权指南文本内容进行全面且深入的调查，可为我国高校图书馆制定版权指南文本内容及开展版权信息服务提供有益借鉴。文章对2019年U. S. News排名前100名的美国高校图书馆进行深入调研，通过聚类分析及文本内容研究，归纳总结了美国高校图书馆版权指南文本的总体概况和特点。美国高校图书馆版权指南的总体特点有：严格遵循传统著作权法和网络著作权法框架；其内容侧重于指导用户合理使用；在第三方资源不适用于合理使用的情形下，提供寻找各类优质替代资源的指导；提供针对新型知识产权问题的相关版权服务指导，如对MOOC及其开放在线课程提供相应的版权信息服务，注重对科学研究数据进行管理和权利归属探讨，等等。建议我国高校图书馆适当借鉴其合理使用的量化标准，率先推行针对MOOC的版权信息服务。

【关键词】 美国　高校图书馆　版权指南文本　合理使用　量化观

233. 论美国《音乐现代化法案》的体系化制度创新——兼论其对我国未来数字音乐立法的启示

【作者简介】 杨绪东，中南财经政法大学知识产权研究中心博士研究生。

【发表期刊】《科技与法律》2019年第5期

【内容摘要】 音乐传播载体及渠道的数字化变迁，彻底颠覆了传统“物化”著作权体制构建的根基，使得当下著作权制度备受质疑。应此情形，美国在数字音乐著作权制度创新上率先做出了制度现代化的示范。总其要义，其对音乐的数字化变迁做出了完全涵盖音乐作品权利“公示—许可—分配”等关键环节的系统化制度创新。鉴于我国目前正面临着音乐数字化变迁带来的诸多制度困境，因此对美国音乐现代化立法的创新经验进行总结，将为我国音乐现代化立法提供有益的系统化借鉴。

【关键词】 音乐数字化　制度现代化　美国立法经验　中国立法借鉴

234. 新闻聚合模式引发的著作权问题与对策——以欧盟新闻出版媒体邻接权为借鉴

【作者简介】 咸晨旭，中南财经政法大学知识产权研究中心博士研究生。

【发表期刊】《科技与法律》2019年第5期

【内容摘要】 新闻聚合作为当今我国新闻数字化利用的重要模式，在充分满足用户新闻搜索需求的同时，亦引发了相关著作权问题。欧盟新设的新闻出版媒体邻接权规则在解决该问题上具有可借鉴性，但亦存在授权成本过高、破坏新闻传播的时效性等局限。鉴于保护新闻内容提供者利益的必要性以及我国严格网络平台责任的立法趋势，建议在我国引进欧盟新闻出版媒体邻接权规则。同时，为克服该规则的局限性，消除普通授权许可模式可能引发的不利影响，我国应辅以规定默示许可机制，以更好发挥该规则的功能。

【关键词】 新闻聚合　邻接权　默示许可

235. 浅析国家教育考试试题试卷的著作权权利归属与保护

【作者简介】 傅金泽，中国人民大学法学院硕士研究生。

【发表期刊】《中国考试》2019 年第 10 期

【内容摘要】 国家教育考试试题试卷的著作权问题在学术界一直存有争论。本文在我国现有法律规定的框架下，对国家教育考试试题试卷著作权的权利归属、权利限制以及如何更好地权衡公共领域的需要与著作权的保护进行探讨，提出保护国家教育考试试题试卷著作权的三点建议。

【关键词】 教育考试　试题　著作权

236. 欧盟数字版权多层治理的理论与实践探析

【作者简介】 彭丹丹，同济大学，平顶山学院。

【发表期刊】《出版广角》2019 年第 16 期

【内容摘要】 文章以互联网背景下欧盟《数字化单一市场版权指令》立法为切入点，以多层治理作为理论分析工具，以欧盟数字版权的治理实践为分析对象，探讨了欧盟在超国家层次、国家层次和次国家层次的数字版权治理实践，思考了多层次主体参与版权立法和多层次版权执法体系的数字版权治理模式对中国及“一带一路”建设中版权治理的借鉴意义。

【关键词】 数字版权　多层治理　欧盟版权指令

237. 网络著作权的利益权衡机制研究

【作者简介】 刘芳芳，山西大同大学法学院讲师。

【发表期刊】《出版广角》2019 年第 16 期

【内容摘要】 互联网时代，网络著作权保护日益重要，利益权衡机制则是均衡多方利益的基本保障，有助于著作权人合法权益的实现。著作权人与互联网信息传播者存在合作与竞争关系，资源使用者与互联网信息传播者存在利益契合与利益博弈关系，著作权人与资源使用者存在制约和反制约关系，可以通过立法、公共政策制定、管理模式创新等途径不断完善网络著作权的利益权衡机制。

【关键词】 网络著作权　利益权衡机制　授权许可　侵权

238. 网络游戏直播监管困境的法律出路

【作者简介】 李爱年，湖南师范大学法学院教授、博士生导师；秦赞谨，湖南师范大学法学院硕士研究生。

【发表期刊】《中南大学学报（社会科学版）》2019 年第 5 期

【内容摘要】 在互联网技术迭代更新的背景下，网络游戏直播活动面临新的规制难题。被监管主体当中存在网络游戏主播侵犯著作权、直播平台著作权侵权行为与不正当竞争行为竞合、直播用户使用行为违法违规等诸多乱象。原因在于网络游戏直播监管主体的监管规范存在缺漏，监管机构与部门权责不清，监管技术与方式存在缺陷。走出上述困境的法律出路，即从监管主体入手，加强网络游戏直播监管立法体系化建设，理顺监管主体的内部权责分配，革新监管技术和监管方式。

【关键词】 网络游戏直播　监管困境　法律出路

239. 中国古籍整理成果的著作权保护研究

【作者简介】 周刚志，中南大学法学院教授、博士生导师，中南大学中国文化法研究中心执行主任；王星星，中南大学法学院博士研究生。

【发表期刊】《中南大学学报（社会科学版）》2019 年第 5 期

【内容摘要】《公共图书馆法》第 41 条赋予公共图书馆古籍开发利用权。但是，在学术理论及司法实践中，对古籍开发过程中所形成的古籍整理成果的著作权保护问题却引起了巨大争议，进而如何利用古籍整理成果传承和发展中华优秀传统文化也成为难点。当前，我国将要制定《古籍保护条例》，然而该条例在名称上相对忽略了古籍开发利用的问题，其名称宜修改为《古籍保护与开发条例》。同时，文化和旅游部等部门应当通过制定《公共图书馆古籍整理成果著作权保护与利用指南》等文件，指导公共图书馆遵循著作权法上的“独创性”标准等司法基准，推进古籍的整理、出版和研究利用，以传承和发展中华优秀传统文化。

【关键词】 古籍整理成果　著作权　独创性　公共图书馆　文化安全

240. 为何“一次性”的发表权需要期限限制——基于发表权的理论逻辑与权利框架的反思

【作者简介】 李雨峰，西南政法大学民商法学院院长、教授；陈伟，西南政法大学民商法学院知识产权法专业博士研究生。

【发表期刊】《电子知识产权》2019年第9期

【内容摘要】 发表权系决定作品是否公之于众的权利。其理论逻辑在于通过保障作者的意志自由塑造一个以作者自身为目的的独立自主的人格形象，进而解放作者的理性与创造天性，实现作者的自主表达和创作自由，激励其生产性努力。发表权的享有意味着作者有权将作品置于私人的控制之下，不为公众接触甚至知晓。但作品并非作者的私产，作品的创作亦是对共有知识的借用和复制，因此应当对发表权予以限制。对此，《著作权法》设置了发表权保护期制度。发表权保护期限届满，其效力减弱，作者丧失禁止他人将作品公之于众的权利。此时，发表权由法定权利变为自然权利。从这个意义上讲，发表权期限届满不是发表权的消灭事由，而是发表权的限制事由。除非发表权期限届满后，作品被公之于众，发表权才真正归于消灭。这为发表权制度在《著作权法》第三次修改中的存续和完善提供了理论基础。

【关键词】 发表权　理论逻辑　权利框架　期限限制

241. MOOC教育模式下著作权合理使用问题研究

【作者简介】 梁九业，吉林大学司法文明协同创新中心博士研究生。

【发表期刊】《电子知识产权》2019年第9期

【内容摘要】 MOOC教育模式是基于数字网络技术以“知识传播与知识共享”为理念而发展起来的新型教学形式，其在教学形式上完全突破了传统学校课堂教学的时空界限。在著作权法体系内，快速发展的MOOC教育模式对合理使用制度的司法适用提出了前所未有的挑战，主要表现为合理使用制度在以数字网络为载体的MOOC教育模式面前没有适用空间而陷入新的理论困境。为使MOOC教育模式与合理使用制度相衔接，适应并促进MOOC教育模式的发展，有必要在著作权法之合理使用制度中增加设置一般性适用条款，并以“三步检验法”作为是否构成合理使用情形的判定标准。

【关键词】 MOOC教育模式　著作权　合理使用　立法目标

242. 整体保护模式下的计算机游戏作品著作权侵权判定研究

【作者简介】 田辉，重庆大学法学院博士研究生。

【发表期刊】《大连理工大学学报（社会科学版）》2019年第6期

【内容摘要】 在著作权侵权案件判决中，有部分法院将计算机游戏整体画面作为类电影作品进行整体保护，这是对游戏著作权整体保护的有益尝试。我国传统对计算机游戏著作权采取了拆分保护的模式，将游戏的构成元素拆分成软件、音乐、绘画等多个现有著作权法规定的作品类型，对每类作品进行独立保护，这在实践中造成了诉讼成本高、损失赔偿数额低、知识产权利益失调等问题。本文通过分析计算机游戏的特征，比较分析美国游戏著作权案件的裁判侵权判定历史演化，提出了在整体保护模式下进行侵权判定，建立了著作权侵权实质性相似判定模型，并尝试在我国审判制度下进行实践研究。

【关键词】 计算机游戏作品　著作权　整体保护　侵权判定

243. 国外孤儿作品合理使用问题的评介与思考——以日本、欧盟的法理思考为例

【作者简介】 米梓源，吉林大学珠海学院图书馆馆员，工程硕士；丁可宁，吉林大学珠海学院图书馆馆员；郝群，复旦大学图书馆副研究馆员；张立彬，南开大学图书馆研究馆员。

【发表期刊】《图书馆杂志》2019年第9期

【内容摘要】 孤儿作品的版权问题是当今世界著作权法所面临的重要挑战之一，解决该问题对著作权法的完善及孤儿作品的数字化应用具有重要的理论价值和现实意义。本文基于对国外文化设施及文化企业有关孤儿作品侵权案例的法理分析，探讨和评价这些国家对孤儿作品版权问题提出或采取的一些主要建议和模式，以实现促进孤儿作品的合法跨境获取为目标，提出孤儿作品适用的法律框架。本文对国外孤儿作品使用中的政策措施进行总结，探寻了相关适用法律的类型，并从中获得有意义的经验启示。

【关键词】 孤儿作品　著作权法　行政许可　版权限制与例外

244. 再论网络虚拟财产的法律性质——以玩家对网络游戏装备享有的权利性质为视角

【作者简介】 邓社民，武汉大学法学院、新疆大学法学院教授、博士生导师。

【发表期刊】《新疆大学学报（哲学·人文社会科学版）》2019 年第 5 期

【内容摘要】 网络游戏装备作为网络游戏的重要组成部分，是玩家获取的主要对象。随着网络游戏产业的发展，司法实践中因盗取或者转让网络游戏装备的纠纷时有发生，法院对于此类纠纷的判决也无统一标准，学者们关于玩家对网络游戏装备享有权利的法律性质亦存在不同认识。从著作权法的角度来看，网络游戏是计算机软件，属于作品，网络游戏创作者对其享有著作权，该专有权自然及于作为网络游戏组成部分的网络游戏装备。玩家基于游戏服务协议，对网络游戏及其装备享有在一定期限内和条件下的非排他性许可使用权。

【关键词】 网络虚拟财产　网络游戏装备　服务协议　许可使用权

245. 体育赛事 GIF 动图的法律性质及保护路径

【作者简介】 曹博，重庆大学法学院讲师，法学博士。

【发表期刊】《北方法学》2019 年第 5 期

【内容摘要】 体育赛事 GIF 动图正在成为移动互联网时代传播体育赛事节目视频画面的重要手段。从形成过程分析，体育赛事 GIF 动图是一种复制体育赛事节目视频画面片段的新型技术。网络用户和网络平台经营者的使用行为存在较大差异，前者的使用可归入个人使用和合理使用的范畴，而后者的使用则侵犯了复制权与信息网络传播权。尽管体育赛事节目的定性存在着作品说与录像制品说的争议，但合理使用制度可适用于邻接权、录像制品制作者权，使得相应的定性争议对法律评价的结果不会产生实质性影响。通过对利益平衡和交易成本的综合考量，扩展法定许可制度的适用范畴将有助于提升体育赛事 GIF 动图的传播效率，实现商业价值的最大化。

【关键词】 GIF 动图　传播模式　体育赛事节目　著作权保护

246. 同人作品著作权保护路径研究

【作者简介】 陈维君，华南农业大学人文与法学学院讲师；许纯纯，华南农业大学人文与法学学院。

【发表期刊】《编辑学刊》2019 年第 5 期

【内容摘要】 随着互联网的普及以及公众对同人文化需求的高涨，同人作品日益繁荣。其在借鉴原作品部分元素的基础上展开创作，故与原作品关系密切，亦与之存在着著作财产权和著作人身权利益冲突。传统的著作权法律体系难以合理规制新生事物，因此亟须做出相应的调整。同人作品符合著作权法意义上的独创性，是作品的一种新形式，所以不宜予以全盘否定；但原作作者的合法权利亦应得到尊重，不可厚此薄彼牺牲其权益。据此，缓和原作作者和同人作品作者之间的著作权冲突实属必要，通过平衡二者之间的关系，促进文化的良性发展，推动文化事业的兴盛。

【关键词】 同人作品　原作品　著作财产权　著作人身权　保护路径

247. 舞剧作品的著作权及其法律保护

【作者简介】 张革新，兰州财经大学法学院教授。

【发表期刊】《社会科学家》2019 年第 9 期

【内容摘要】 舞剧作品是由剧本编剧、舞蹈编导、音乐作曲等人员共同创作的以舞台演出为表现形式的作品。依据著作权归属的一般原则确定其著作权归属，虽有法律依据但在实践中行不通。舞剧作品的著作权应当由组织、协调作品创作并承担市场风险责任的歌舞剧院享有，但编剧、编导、作曲等作者享有署名权和保护作品完整权。这一定性和著作权归属原则可以解开实践中舞剧作品无法真正寻求著作权法保护的困惑。对于舞剧作品的法律保护应当重视创作过程中的主动保护和海外维权。

【关键词】 舞剧作品　权利归属　法律保护

248. 作者、表演者公平报酬权比较研究

【作者简介】 崔立红，山东大学法学院教授、博士生导师。

【发表期刊】《山东社会科学》2019 年第 9 期

【内容摘要】 作者、表演者（创作者）在其付出创造性劳动的作品、表演（创意产业）上都有获得公平报酬的权利，但市场的不确定性和信息的不对称性给创作者公平报酬权的实现带来了现实困难。国外理论及立法、司法实践中由创作者组织与相关产业部门之间确定的报酬标准及规则，是合同签订的事先保护；合同履行中赋予创作者有条件、有期限的变更、解除合同的权利，则是对创作者公平报酬权的事后保护。借鉴国外经验修正我国的著作权法，以实现创作者的公平报酬权，既符合版权及版权合同的特殊性要求，也是对合同法意思自治原则的创造性突破。

【关键词】 作者、表演者 公平报酬 标准报酬规则 合同 版权法立法

249. 刑法视角下自然人侵犯广电节目著作权的维权思考

【作者简介】 李佺，湖北广播电视台版权媒资管理中心高级主管；孙浩凯，湖北广播电视台版权媒资管理中心版权专员；束怡，湖北广播电视台电视卫星频道编导。

【发表期刊】《中国广播电视学刊》2019年第9期

【内容摘要】 广播电视节目被自然人侵权，通常会因为案发零散、违法所得有限、追查难度大而被广电媒体放弃追责。不少业界人士认为，运用刑事手段维权门槛太高，适用范围小，颇有杀鸡用牛刀之感，对广电媒体基本不适用。本文通过对我国《刑法》及相应司法解释和规定对侵犯著作权行为的界定进行综合分析，认为从刑事制度方面着手对侵权人展开追责，反而相对容易，对调取、固定证据以及保护权利人利益都有好处。广电媒体应当认清著作权刑事保护的优势，在民事救济方式难以奏效或无法开展之时，从刑事法律体系的角度考量如何保护节目著作权。

【关键词】 广电节目 著作权 刑法 自然人侵权 误区

250. 论舞蹈作品独创性的法律认定

【作者简介】 杨华权，北京理工大学法学院副教授，法学博士。

【发表期刊】《北京舞蹈学院学报》2019年第4期

【内容摘要】 舞蹈作品是多种艺术手段共同作用的结果。文章首先界定了舞蹈作品的定义及其构成要件，分析了独创性的法律含义，进而探讨舞蹈作品独创性的具体体现，分析了影响舞蹈作品独创性的因素，并以《千手观音》为例对舞蹈作品的独创性进行实例解析。

【关键词】 舞蹈作品 独创性 《千手观音》

251. 《美国著作权法》若干术语的定义及其汉译

【作者简介】 郑安文，安徽工业大学外语学院。

【发表期刊】《中国科技翻译》2019年第3期

【内容摘要】《美国著作权法》中译本若干术语的翻译存在两方面的问题，一是术语定名不符合术语定名原则，二是术语概念的翻译存在误译。上述问题是由译者未能严格遵守法律术语翻译的相关原则所造成的。

【关键词】《美国著作权法》 法律术语 术语学 翻译

252. 人工智能时代著作权刑法保护的困境与出路

【作者简介】 武良军，海南大学法学院。

【发表期刊】《出版发行研究》2019年第8期

【内容摘要】 人工智能时代著作权的刑法保护，不仅面临着犯罪构成要件要素裂变所导致的法律适用上的技术困境，也面临着面对人工智能时代著作权侵权行为，刑法在“进”与“退”之间两难抉择的价值困境。秉持前瞻性与现实性兼顾的立法理念，积极且不失妥当地回应人工智能时代著作权刑法保护的困境，是目前应有的态度。人工智能时代著作权刑法保护的具体应对，一方面要在前置法即著作权法中明确人工智能生成物的属性与归属，以解决对人工智能生成物刑法保护的障碍；另一方面要在刑法中增设拒不履行人工智能安全管理义务罪，以解决人工智能时代著作权侵权行为主体多元化刑事追责的困难。

【关键词】 人工智能 著作权 刑法保护 风险防控 刑法谦抑

253. 聚合平台深度链接的法律适用问题

【作者简介】 赵俊梅，中信信托有限责任公司法律保全部，法律硕士。

【发表期刊】《法律适用》2019年第15期

【内容摘要】 聚合平台未经许可的深度链接是否侵害作品权利人的信息网络传播权，十几年来一直存在较大争议。但对深度链接应当予以规制、对作品权利人的利益应当予以保护这一点，争议各方的意见基本一致。具体到规制路径，有人认为应该适用技术措施相关法律规范，有人认为应该适用反不正当竞争法相关条文，也有人认为前两种途径都达不到理想效果，适用著作权法关于信息网络传播权的规定，认定深度链接构成直接侵权才最符合著作权法的立法宗旨。本文在论述前两种法律适用的局限性之后，对第三种法律适用进行了深入分析，提出适用信息网络传播权法律规范规制聚合平台深度链接的依据、价值和意义。

【关键词】 聚合平台 深度链接 技术措施 信息网络传播权

254. 数据新闻作品使用数据的著作权法规制——兼谈《著作权法（修订草案送审稿）》的相关规定

【作者简介】 文杰，华中师范大学法学院教授，法学博士。

【发表期刊】《中国出版》2019 年第 15 期

【内容摘要】 为保护数据智力成果著作权人的权益、维护数据新闻作品的独创性和保障公众对数据使用的知情权，数据新闻作品使用数据应受《著作权法》的规制。我国《著作权法》应从健全著作权合理使用制度、设立著作权默示许可制度等方面对数据新闻作品使用数据加以规制。数据新闻作品使用数据违反我国《著作权法》的规制，可适用惩罚性赔偿制度。

【关键词】 数据新闻作品　合理使用　默示许可　著作权法

255. 新中国成立 70 周年以来我国版权的立法回顾与制度展望

【作者简介】 李振杰，西南政法大学法学院博士研究生。

【发表期刊】《编辑之友》2019 年第 8 期

【内容摘要】 新中国成立以来，我国版权制度取得了举世瞩目的成就。回顾过去的 70 年，以《著作权法》的制定和修改为节点，主要分为探索性建法、主动性修法两个时期，版权立法模式也由外源型走向内发型，并逐步建立了具有中国特色、中国风格、中国气派的版权法律法规体系。当前，应当以新中国成立 70 周年为契机，提出兼顾本土化与国际化的未来方案，从而助力我国由国际版权事业的参与者、追随者向制定者、引领者转变，也为国际版权的立法和实践贡献中国经验与中国智慧。

【关键词】《著作权法》　版权制度　人工智能作品　后 TRIPS 时代　国际话语权

256. 网站屏蔽制度的国际发展及本土化构建

【作者简介】 周澎，中南财经政法大学知识产权研究中心博士研究生，国家知识产权战略实施研究基地助理研究员。

【发表期刊】《知识产权》2019 年第 7 期

【内容摘要】 网站屏蔽作为打击网络版权侵权行为的严厉手段，虽长期存在争议，但也不断被各国通过立法认可并完善。2018 年网站屏蔽制度在日本和澳大利亚等国的发展表明，网络版权侵权行为亟须加强规制。我国网络版权侵权行为猖獗已久，但因立法、执法和司法机制衔接不畅，其法律责任极易被侵权人规避。网络版权侵权行为愈演愈烈，不仅给著作权人的利益造成损害，还会影响知识产权的创造与发展。我国应当立足网络版权产业的发展，选择性借鉴网站屏蔽的适用要件、适用分类以及动态延伸规则，构建科学化、系统化的制度体系。

【关键词】 网络版权侵权行为　网站屏蔽　言论自由

257. 美国“热点新闻挪用规则”的确立、发展与启示

【作者简介】 林爱珺，暨南大学新闻与传播学院教授、博士生导师，暨南大学传播与国家治理研究院研究员；余家辉，暨南大学新闻与传播学院 2016 级博士研究生。

【发表期刊】《国际新闻界》2019 年第 7 期

【内容摘要】“热点新闻挪用规则”是美国限制非法转载新闻的规则，它用于规制不当挪用新闻机构发布单纯事实消息的搭便车行为，对解决当前中国媒体新闻报道不正当竞争纠纷与新闻聚合网站的新闻生产与传播中的版权争议非常有借鉴意义。本文从历史溯源的维度，认真梳理“热点新闻挪用规则”在美国 INS 案、NBA 案、ANH 案和 Barclays 案、DowJones 案等一系列判例中确立的司法实践与演进逻辑，分析此规则背后预设的法理，讨论它在制止“不经播种，便要收获”的新闻生产中的意义，强调以“额头出汗原则”保护新闻生产的劳动价值，以维护新闻行业的公平竞争和社会公共利益。

【关键词】 热点新闻挪用规则　新闻搭便车行为　单纯事实消息　不正当竞争　版权

258. 我国司法实践中的“著作权合理使用”认定要素探究——基于中国裁判文书网的实证分析

【作者简介】 闫玲玲，华东师范大学传播学院硕士研究生；邓香莲，华东师范大学传播学院副教授，中国社会科学评价研究院期刊评价专家，上海社会科学院新闻研究所副研究员，管理学博士。

【发表期刊】《编辑学刊》2019 年第 4 期

【内容摘要】 文章以“著作权合理使用”为关键词在中国裁判文书网上检索，对获取判例进行梳理和分析，实证考察了司法实践中法院认定“合理使用”所考虑的要素，并对研究结果做出了总结，以期为著作权合理使用制度提供实践层面的反思，助力第三次《著作权法》的修订。

【关键词】 著作权　合理使用　司法实践　认

定要素　中国裁判文书网

259. 新中国稿酬制度变迁历程、动因及启示

【作者简介】 张惠彬，西南政法大学民商法学院副教授，重庆知识产权保护协同创新中心研究员，法学博士；吴运时，西南政法大学行政法学院 2017 级硕士研究生，重庆知识产权保护协同创新中心研究助理。

【发表期刊】《出版科学》2019 年第 4 期

【内容摘要】 新中国成立以来，稿酬制度历经更迭。由新中国成立初期的优厚待遇，到“文革”时期的全面消亡，再到改革开放后的恢复与发展。这些变迁源于著作权制度的确立、知识分子社会地位的提高、政府对稿酬性质的认识以及出版市场和互联网技术的发展。新中国成立以来稿酬制度的变迁，折射出管理部门的重视与著作权法律制度的发展，稿酬性质逐渐由“劳务费”变成“版税”，知识分子身份也由“写者”蜕变为著作权法意义上的“作者”。但是新形势下，我国稿酬制度仍存在稿酬数额较低、作者权益在新技术下救济不足等问题。

【关键词】 稿酬　版税　写者到作者　知识分子地位　70 年

260. 论信息网络传播权服务器标准的正当性

【作者简介】 洪莉鸥，华南理工大学法学院 2015 级博士研究生；蒋一可，北京大学法学院 2016 级博士研究生。

【发表期刊】《现代出版》2019 年第 4 期

【内容摘要】 网络深度链接技术的出现使得信息网络传播权的侵权判定标准愈加趋向复杂。对于代表直接侵权的“用户感知标准”与代表间接侵权的“服务器标准”这两种判定标准的理解与权衡，应当脱离对纯技术事实问题的争辩，而回归到对其背后所蕴含的法律政策价值及利益分配机制的探讨。传统的“用户感知标准”及其延伸性标准虽然看似顺应了互联网传播技术与商业模式的发展，但不合理地扩大了信息网络传播权的边界，加大了互联网链接技术的运行成本。随着技术措施和网络授权协议不断发展完善，坚持技术立法主义的“服务器标准”不仅能够在认定网络侵权行为的同时保障权利人的传播利益，也能够促进信息流通，兼顾公共利益的平衡。

【关键词】 信息网络传播权　深度链接　服务器标准　用户感知标准

261. 类型化视角下网络游戏动态画面的著作权权属

【作者简介】 金泳锋，暨南大学法学院（知识产权学院）讲师，博士。

【发表期刊】《江西社会科学》2019 年第 6 期

【内容摘要】 学术界对网络游戏播放著作权问题的探讨未区分不同网络游戏的类型，从而导致对该问题的分析过于笼统和不精确，应以网络游戏动态画面为切入视角，对不同类型的网络游戏播放的著作权问题加以分析。网络游戏分为竞技策略类和角色扮演类。竞技策略类动态画面既非表达，也不体现思想，所以不构成作品画面中包含游戏制作者享有著作权的独创性元素的，对动态画面的使用行为构成对组成元素的转换性使用，不属于对游戏制作者著作权的侵权。角色扮演类动态画面反映出一定的剧情，是制作者思想的体现，可视为作品并适用影视作品的规则；呈现角色扮演类动态画面构成对游戏制作者所享有的动态画面著作权的侵犯，但在个别游戏中要考虑合理使用的适用空间。

【关键词】 著作权　网络游戏动态画面　角色扮演　竞技策略　游戏直播

262. 音乐采样法律规制路径的解析与重构——以美、德规制路径为视角

【作者简介】 鲁甜，西北政法大学经济法学院讲师，师资博士后。

【发表期刊】《法律科学（西北政法大学学报）》2019 年第 4 期

【内容摘要】 录音制品版权侵权随音乐采样技术的发展而频发。2016 年的 *Metall auf Metall* 案与 *Vogue* 案凸显了音乐采样版权规制全球讨论的必要性。管窥德国和美国音乐采样版权规制路径，微量使用例外是判定音乐采样侵权的考量因素，挖掘自由使用及合理使用的宪法意义是平衡著作权与基本权利的具体化表现。有鉴于此，为了完善音乐采样的版权规制路径，一方面，我国现行著作权法应当坚持将邻接权纳入合理使用适用范围，并通过微量使用例外弥补合理使用和版权侵权司法判定的不足。另一方面，在具体个案中，法院应当权衡宪法权利与个人权利，将宪法作为合理使用司法解释的资源。

【关键词】 音乐采样　录音制品　微量使用例外　自由使用　合理使用

**263. 著作权转让登记对抗主义辩护及其改进——兼评《著作权法修订草案（送审稿）》第

59条

【作者简介】 包红光，中南财经政法大学知识产权学院博士研究生，副教授。

【发表期刊】《科技与法律》2019年第3期

【内容摘要】 著作权转让登记制度对于保护善意第三人的信赖利益、维护交易安全、促进版权产业的发展具有重要意义，应当在我国立法上予以确立。相较于登记要件主义，登记对抗主义契合民事法律的意思自治原则，有利于节约制度成本和交易成本，提高交易效率，符合国际立法潮流。单纯的登记对抗主义存在诸多缺陷，还应与著作权善意取得制度相结合，以进一步明确著作权转让过程中的权利归属，达至法律体系的逻辑自洽。与此同时，应完善著作权转让登记相关配套措施，确保著作权转让登记制度的有效运行。

【关键词】 著作权转让　交易安全　交易效率　登记对抗主义　登记要件主义　善意取得

264. 红色经典作品版权“私有化”辨析——从“红色娘子军”版权案争论说起

【作者简介】 蒋鸣湄，广西民族大学法学院副教授。

【发表期刊】《理论月刊》2019年第6期

【内容摘要】 本文围绕“红色娘子军”版权案中被告中央芭蕾舞团对原告梁信“将集体智慧窃为己有”的指责、人们对法律将红色经典“化公为私”的质疑，展开讨论。作品文本、创作史实以及著作权法法理证明了对梁信的指责不能成立。以此为基础，通过回顾我国著作权法颁行前三十年的文艺创作制度情况及后果，分析后三十年的著作权法立法初衷与相关制度构成，证明法律溯及既往对个体私有版权进行确认与保护是一种必要的历史还原，具有正当性。尽管实践中存在困难，但是红色经典作品上的公私权益平衡问题还是可以通过法律技术来解决的。

【关键词】 红色经典　著作权　溯及力　集体创作　公私权益平衡

265. 二次创作版权问题探讨

【作者简介】 卞娜娜，河南大学新闻与传播学院；王鹏飞，河南大学新闻与传播学院。

【发表期刊】《中国编辑》2019年第6期

【内容摘要】 二次创作是互联网技术催生的一种新型创作模式，发展迅速但问题频发。原作使用未经授权、合理使用制度界定模糊、独创性判定标准缺失、版权利益分割难以平衡等问题成为当下不可忽视的版权问题。娱乐性创作动机造成商业性侵权，平台内部监管动力不足以及外部监管力度不够是造成以上版权问题的主要原因。为解决上述问题，可以考虑从增强二次创作主体版权意识、加强平台监管、建立行业版权联盟、跟进产业保护四个方面入手，探讨应对策略。

【关键词】 二次创作　版权　合理使用　版权利益

266. 数字出版的著作权授权模式研究

【作者简介】 王鑫，西南科技大学法学院副教授；宋伟，中国科学技术大学公共事务学院教授、博士生导师。

【发表期刊】《科技与出版》2019年第6期

【内容摘要】 破解数字出版作品著作权授权难题的关键在于找到与数字出版相适应的著作权授权模式。尽管现行著作权授权模式种类繁多，但归纳起来主要可以分为法定授权型、代理授权型、个人授权型三类。然而，各类著作权授权模式均有不足，难以找到一种理想化的可以独立、有效解决数字出版著作权授权问题的模式，唯有整合、优化多种模式，取长补短、协同运作，才是走出数字出版著作权授权困境的可行之路。

【关键词】 数字出版　著作权　授权模式

267. 交易费用理论视角下我国内容产业版权交易的优化分析

【作者简介】 黄先蓉，武汉大学信息管理学院教授、博士生导师，管理学博士；李鑫，武汉大学信息管理学院。

【发表期刊】《出版广角》2019年第8期

【内容摘要】 在内容市场版权交易不断增加的背景下，版权流转速度的快慢成为影响内容产业发展的重要因素。如何节约买卖双方的版权交易成本，优化交易流程，提高版权交易效率以促进内容产业的发展和繁荣，成为行业研究的重要课题。文章在分析内容产业版权发展特征的基础上，概述了内容产业版权交易的主要模式，并通过分析内容产业版权交易成本的主要构成，从平台、机构以及制度建设的角度提出建议，以优化内容市场版权交易环节中交易双方的成本。

【关键词】 交易费用　内容产业　版权交易　成本优化

268. CPTPP 著作权最大化保护规则解析及启示

【作者简介】 刘宇，安徽财经大学法学院副教授，法学博士。

【发表期刊】《电子知识产权》2019 年第 5 期

【内容摘要】《跨太平洋伙伴关系全面进展协定》(CPTPP) 由《跨太平洋伙伴关系协定》(TPP) 发展而来。虽然 CPTPP 著作权保护规则较之 TPP 有所减少，但其中著作财产权以及权利限制与例外等规则在国际层面仍具有较强的扩张性。从比较维度而言，CPTPP 著作权最大化保护标准远高于中国现行规则。中国完成新近修法后，二者之间的衔接性将得到极大提高。为此，中国应在现实定位基础上，加快推进《著作权法》修改。同时须注重以利益平衡为导向，汲取 CPTPP 在临时复制、向公众传播权、"三步检验法"及其平衡机制等方面的有益经验，进一步完善拟议规则，适度加强著作权保护。

【关键词】 CPTPP 著作财产权　权利限制与例外　三步检验法

269. 图书馆使用孤儿作品制度的理论基础、概念重塑与具体实施建议——以《著作权法》(修改草案送审稿) 第 51 条为对象

【作者简介】 石超，中南财经政法大学知识产权研究中心博士研究生，英国牛津大学联合培养博士研究生，国家知识产权战略实施研究（中南）基地研究助理。

【发表期刊】《图书馆学研究》2019 年第 9 期

【内容摘要】 图书馆使用孤儿作品，存在着著作权法上的障碍，草案送审稿第 51 条有了突破性规定，但仍存在不足。依据授权主体范畴，需重塑孤儿作品概念。在类比民法中无主财产理论的基础上，本文结合现行《著作权法》与《继承法》制度，论证出国家具有授权孤儿作品的正当性。并提出由国家版权局授权、国家图书馆统筹申请信息的管理模式，构建民事诉讼和行政诉讼相结合的救济路径等图书馆使用孤儿作品制度的具体实施建议。

【关键词】 图书馆　孤儿作品　著作权法

270. 禁止计算机软件反向工程条款的合法性研究——AWS 客户协议之许可限制条款所引发的思考

【作者简介】 陈潇婷，武汉大学信息管理学院 2016 级博士研究生。

【发表期刊】《出版科学》2019 年第 3 期

【内容摘要】 本文通过解读全球最大的云服务提供商之一——亚马逊云服务公司（AWS）在其客户协议中所设置的限制性条款，分析知识产权人限制客户权利的合法性。基于美国和欧盟以往的相关立法及司法实践，重点阐述其"禁止反向工程条款"的合法性。这种为强化知识产权人的优势地位而在许可合同中添加限制性条款的行为从本质上将限制竞争，引起行业垄断，从而破坏个人与社会公共利益的平衡。本文基于美国与欧盟已建立的反垄断法规制，研究国际社会规范许可合同中限制性条款的相关管理措施，明确"禁止反向工程条款"是违反软件版权合理使用的规定，并针对我国计算机软件反向工程的合理使用提出相关立法建议。

【关键词】 反向工程　合理使用　知识产权　许可限制

271. 在线音乐付费：版权消费中的权益平衡

【作者简介】 刘彤，成都大学影视与动画学院副教授；肖珊珊，四川大学文化传播研究中心研究助理。

【发表期刊】《当代传播》2019 年第 3 期

【内容摘要】 在在线音乐免费获取时期，音乐产业链中各主体之间的权益失衡制约了在线音乐产业的持续健康发展。国家版权局下发《关于责令网络音乐服务商停止未经授权传播音乐作品的通知》是我国为规范音乐版权市场、加强版权保护、保障各方权益平衡走出的重要一步，此后，我国正式步入在线音乐付费时代。为探究在线音乐产业发展过程中的阻碍因素，进一步推动在线音乐正版化进程，本文对付费模式兴起前后各主体间权益交换过程的差异进行分析，发现付费模式在很大程度上解决了免费模式中存在的弊端，但目前在线音乐产业在平台建设、版权保护、著作权集体管理方面还存在进一步发展的空间。

【关键词】 在线音乐　音乐付费　版权消费　权益平衡

272. 著作权强制许可的法理分析与具体规则构建

【作者简介】 马生军，运城学院政法系讲师，博士；徐曦哲，大连海事大学法学院。

【发表期刊】《出版发行研究》2019 年第 5 期

【内容摘要】 本文以作品构造中作者创作思维和公共知识为根据，提出作品创作中个人利益与社会利益对立统一的结构，构造著作权限制的法理基础，论证强制许可制度设定的必要性和具体立法规则，实现著作权权利保护中个人利益与社会利益的有效平衡。

【关键词】 作品构造　个人利益　社会利益　著作权滥用　强制许可

273. 广播组织权客体研究

【作者简介】 崔立红，山东大学法学院教授、博士生导师，山东大学“山东省版权教学科研基地”主任；曹慧，山东大学法学院博士研究生。

【发表期刊】 《法学论坛》2019 年第 3 期

【内容摘要】 广播电视产业中广播组织生产“节目”与“受众注意力”双重商品。广播组织利用取得的频谱资源对特定信息的传播途径进行垄断，生产受众注意力商品，成为其获取经济利益和社会影响力的直接来源。受众注意力是广播组织从事广播活动所创造的具有财产价值的产品，是广播组织利益的载体，因而构成广播组织权的客体。将广播电视节目同步进行网络转播会导致受众注意力的分流，因此转播权应当分阶段扩张至网络转播行为。

【关键词】 广播组织权　民事权利客体　邻接权客体　受众注意力　网络转播

274. 网络时代图书馆著作权侵权案件的案例分析与法理思考

【作者简介】 王果，天津商业大学法学院讲师，博士；张立彬，南开大学图书馆研究馆员。

【发表期刊】 《图书情报工作》2019 年第 8 期

【内容摘要】 ［目的/意义］通过分析 2000—2018 以年来图书馆涉及著作权侵权纠纷案件的判决书，了解图书馆所涉著作权侵权案件的现状与特点。［方法/过程］采用案例分析法，在北大法宝上搜索整理 246 份判决书，从涉嫌侵权的主体、侵犯的权利及作品类型、侵权结果三方面，对图书馆侵犯著作权的案件进行全面统计与分析。［结果/结论］图书馆防范著作权侵权，应从完善著作权立法和改进自身行为两方面入手。具体的立法措施为：适当放宽合理使用的限制条件，允许以合理使用为目的规避技术措施，限制数据商的合同权利。改进图书馆的自身行为，可从建立专门著作权清理部门、从合法来源获取文献、区分内容提供与服务提供、借助团体的力量四方面展开。

【关键词】 图书馆　著作权侵权　合理使用　合理注意义务　网络服务提供者

275. 我国著作权保护期制度优化研究

【作者简介】 左晶，中国人民大学、新疆财经大学；李然，北京金融学院。

【发表期刊】 《出版发行研究》2019 年第 4 期

【内容摘要】 著作权保护期制度不仅对人类文化、艺术等非物质财产的创新动力具有重要的保护意义，而且更为公众享有人类进步的成果提出了规制手段。本文对世界主要国家著作权保护期制度的演变历程进行了简单的回顾；并对当下我国著作权保护期制度存在的问题及挑战进行了讨论；最后对英美著作权保护期限延长的立法经验和英美著作权保护期限延长的优点进行了分析，以期为我国著作权保护期制度的完善和发展提供借鉴。

【关键词】 著作权　保护期限制度　英美著作权　保护期限延长

276. 促进数字化转型：美国图书馆著作权例外改革示范条款评析

【作者简介】 汪东丽，北京航空航天大学法学院博士研究生，铁道警察学院法学系副教授。

【发表期刊】 《图书馆论坛》2019 年第 11 期

【内容摘要】 美国图书馆著作权例外主要建立在模拟复制技术的基础之上，无法有效地满足图书馆利用数字技术服务读者的实践需要，目前已列入国会版权法修改议程。2017 年美国版权局发布的《版权法》第 108 条的改革示范条款及研究报告吸收、调整现有规定并引进新的规定，为图书馆藏品的保存、存档、更换、读者使用等基本服务提供合法性依据，提升了图书馆利用数字技术的能力且兼顾著作权保护。我国《著作权法》第三次修改可以借鉴美国示范条款的改革思路与具体做法，革新图书馆著作权例外立法，促进图书馆服务的数字化转型。

【关键词】 图书馆著作权例外　示范条款　数字技术　美国

277. 数字时代电子出版变革与版权对策

【作者简介】 张惠彬，西南政法大学民商法学院副教授，重庆知识产权保护协同创新中心研究员，法学博士；沈浩蓝，重庆知识产权保护协同创新中心研究人员。

【发表期刊】 《新闻界》2019 年第 4 期

【内容摘要】 数字时代的到来改变了图书出版方式，数字技术的发展和普及、经济利益的驱动和读者的多元阅读需求共同促成了电子书行业的兴起。

在数字出版已经进入web 2.0时代的今天，我国的著作权法却仍然停留在1.0时代，电子书行业的发展面临着电子书出版权归属不明、电子书转售的合法性存疑以及新兴电子书租赁业务缺乏立法规制等版权难题。为了实现电子书行业的健康有序发展，我国立法必须及时跟进，明确电子书出版权的归属、发行权用尽原则在数字环境下的适用条件，并增加电子书为出租权适用对象的规定。

【关键词】 电子书　电子书出版权　发行权穷竭　出租权

278. 高校图书馆数字资源长期保存的著作权问题研究

【作者简介】 朱如龙，安庆师范大学图书馆馆长、副研究馆员。

【发表期刊】《图书情报工作》2019年第7期

【内容摘要】［目的/意义］针对高校图书馆数字资源长期保存过程中的著作权问题进行研究，从法律角度对数字资源长期保存建设主体、客体和行为进行分析，明确著作权风险并提出应对策略。［方法/过程］对研究文献和立法、司法案例进行综合分析，通过法理分析解构高校图书馆数字资源长期保存的主体、客体和行为。［结果/结论］高校图书馆数字资源长期保存在数字复制、技术应用、新型资源建设和超链接服务等方面存在较大的著作权风险，可以通过法律途径、合同授权和制度创新等策略应对著作权问题。

【关键词】 高校图书馆　数字资源　长期保存　著作权

279. 面向互联网的著作权数字授权许可CC0研究

【作者简介】 麻思蓓，中国科学技术信息研究所信息资源中心副研究馆员；许燕，中国科学技术信息研究所科技报告服务与产业情报研究中心助理研究员。

【发表期刊】《图书馆理论与实践》2019年第3期

【内容摘要】 依据著作权法将作品贡献给公共领域是相当困难的。CC0能够让权利人放弃全部著作权，为作品开辟新的传播渠道，作品能被更多的人分享，为专有权和公共获取之间的利益平衡增加了筹码。文章用比较的方法分析了CC0与CC Licenses之间的异同，用CC0文本的具体条款和美国法院的判例说明CC0具有法律效力，认为CC0客观上对著作权法是一种补充。同时用实例说明欧美国家图书馆、博物馆等已经用CC0将部分馆藏投入公共领域，最后，具体提出在利用CC0时需要注意的问题。

【关键词】 CC0　CC Licenses　公共领域　著作权　数据库权　资源共享

280. 接触要件的基本内涵及认定规则

【作者简介】 丁文杰，复旦大学法学院讲师。

【发表期刊】《知识产权》2019年第3期

【内容摘要】 接触要件并非实质性相似的附随要件，而是为保障独立创作的自由而设立的、具有独立存在意义的要件。在司法实践中，主流的思考模式是将被告是否具有接触原告作品的可能性作为接触要件的具体内涵。然而，有无接触原告作品的可能性，仅仅是认定接触要件的间接事实，而接触要件的具体内涵，应当理解为“将既存作品用于自身作品中”这一客观事实。关于接触要件的举证责任分配问题，原告承担接触可能性以及证据性相似等间接事实的举证责任，而被告应当就是否独立创作承担举证责任。

【关键词】 接触要件　独立创作　间接事实　接触可能性　证据性相似

281. 非法规避版权保护技术措施类行为的刑法应对——以美国法为对象的比较研究

【作者简介】 张燕龙，北京外国语大学法学院。

【发表期刊】《电子知识产权》2019年第3期

【内容摘要】 我国并没有直接规制非法规避版权保护措施类行为的刑事条款，司法实践中采用扩大解释“发行”概念的方式或者采用类似共犯的理论来处理这些犯罪行为，但这两种方案都存在较大的弊端。美国版权法对于非法规避控制接触作品的技术措施、非法提供规避设施行为的规制，为解决这一难题提供了一定的立法借鉴，这种规制方法在刑事政策上具有重大的意义，其应对机制上的特色也值得学习。我国在应对此类犯罪的立法上，对于直接规避类的行为应当仅仅打击针对控制接触作品的技术措施的行为，同时要把握“距离原则”，打击提供、交易规避版权保护技术设施的行为。

【关键词】 非法规避　技术保护措施　美国版权法

282. 网络游戏直播平台相关行为的合法性分析

【作者简介】 吴真文，湖南师范大学出版社社长，法学院教授；杜牧真，北京工商大学法学院硕士研究生。

【发表期刊】《电子知识产权》2019 年第 3 期

【内容摘要】 网络游戏直播行业是近年来新兴的行业，应当将网络游戏直播的整体游戏画面定性为电影作品。网络游戏直播平台在直播行为中可被认定为表演者。其可因录制直播的音频、视频产品而被认定为录音录像制作者。网络游戏直播平台对于网络游戏画面的直播，在不明显损害游戏市场价值的情况下，应当被认定为合理使用。

【关键词】 网络游戏直播平台　电影作品　表演者权　合理使用

283. 论我国著作权侵权的证明责任——兼谈《著作权法》关于证明责任的修改

【作者简介】 周浩仁，中国政法大学证据科学研究院博士研究生。

【发表期刊】《科技与出版》2019 年第 3 期

【内容摘要】 文章将“证明责任”做广义理解，结合相关法律规定分析著作权侵权的类别和救济体系，著作权侵权证明责任的类别、减轻和免除，并提出对著作权侵权证明责任的修法建议。

【关键词】 著作权侵权　证明责任　《著作权法》修改

284. 基于学术出版伦理的 AI 创作物可版权性探讨

【作者简介】 邵松，华南理工大学建筑学院南方建筑编辑部编审；乔监松，黎明职业大学文化传播学院讲师。

【发表期刊】《科技与出版》2019 年第 3 期

【内容摘要】 随着人工智能（artificial intelligence，AI）技术快速的发展，AI 创作物的数量越来越多，涉及领域越来越广，探讨其版权保护是不可回避的问题。通过对 AI 创作物是否具有可版权性进行讨论，建议采用 AI 创作物监护人制度，采取有限制地赋予版权的策略。AI 创作物监护人制度尊重绝大多数国家对知识产权立法的精神，能够保护 AI 创作物的权利，维护学术传播过程中的伦理规范和社会秩序，也具备法律上的可能性。AI 创作物监护人制度遵循责任和义务对应的原则，将以较小的社会成本和代价防范 AI 创作在出版传播过程中的失范，有效地化解 AI 创作物版权问题的疑难杂症。

【关键词】 人工智能创作物　著作权保护　作品监护人制度　学术出版伦理

285. 专有出版权侵权及司法保护的法律分析

【作者简介】 赵勐，山西财经大学法学院。

【发表期刊】《出版广角》2019 年第 1 期

【内容摘要】 在图书出版业蓬勃发展的今天，重复出版、汇编作品侵权、“文抄公”大拼盘和盗版盗印等行为给正常的文化出版业带来了极大的危害。为更好地应对图书出版过程中产生的侵权行为，我们要以《中华人民共和国著作权法》《出版管理条例》及司法解释等为依据，充分了解专有出版权侵权行为的类型，对司法审判中出现的难点进行思考，只有这样才能真正对专有出版权之上的合法利益加以保护。

【关键词】 图书出版　专有出版权　侵权

286. 论 VR 三维数字模型的作品属性

【作者简介】 郭如愿，北京师范大学法学院民商法学博士研究生。

【发表期刊】《电子知识产权》2019 年第 2 期

【内容摘要】 除了独创性，作品是否必须具备固定性是判断 VR 三维数字模型是否属于作品的关键。综观国外著作权立法实践，固定性并非必要。并且，作品的非固定性是目前理论通说。在数字时代，符合独创性标准的作品只要能够以可被人感知的方式呈现即应为著作权法意义上的“作品”。VR 三维数字模型异于创造性、艺术性要求均高于一般作品的美术作品。VR 三维数字模型虽然形式上类似于实用艺术品，却因其重视感官体验、缺乏实际功效而实质上并不属于实用艺术品。计算机程序的源代码、目标代码与 VR 三维数字模型保持一致。将 VR 三维数字模型归入计算机程序的范畴不仅符合法理，也符合著作权制度的利益平衡要求。

【关键词】 VR 三维数字模型　作品　计算机程序

287. 论手游玩法规则构成作品与否的认定标准

【作者简介】 焦海洋，重庆工商大学法学院讲师，法学博士。

【发表期刊】《电子知识产权》2019 年第 2 期

【内容摘要】 手机游戏由不同的元素组成，包括计算机代码、游戏主题、角色形象、画面、音乐、视频和玩法规则等。手机游戏不属于我国《著作权法》规定的独立的作品类型。不同的元素在符合作品构成条件的情形下，均能获得著作权法的保护。当前，手机游戏领域的克隆行为频发，特别是对于玩法规则的模仿。只有明确玩法规则构成作品与否的认定标准，才能更全面地保护手机游戏著作权人的权益。而在判定玩法规则是否构成作品的过程中，我国法院应当基于玩法规则的特殊性，以《著作权法实施条例》第2条的规定为认定标准，并应结合“思想与表达的二分法”、“合并”及“情景”原则，以准确判定玩法规则是否构成作品，进而实现利益平衡。

【关键词】 手游玩法规则　作品构成条件　判定标准

288. 网络实时转播电视直播节目的法律规制

【作者简介】 白俊勇，天津市第一中级人民法院助理审判员，中国社会科学院马克思主义学院博士研究生。

【发表期刊】《电视研究》2019年第2期

【内容摘要】 具有独创性的电视直播节目构成作品，未经许可的网络实时转播行为侵犯作者著作权。电视台对其制作的直播节目享有著作权，同时享有对其直播信号的广播组织权。如果电视台并非节目制作者，且未获得受让权利或获得独占许可，其对该节目并不享有著作权，只对其直播节目的信号享有广播组织权；针对任何未经许可的网络实时转播行为，均可以侵犯广播组织权为由获得救济。

【关键词】 互联网　实时转播　广播权　广播组织权

289. 公共考试试题著作权保护理论辨析——由法律职业资格考试试题未公开事例谈起

【作者简介】 商志超，西南政法大学知识产权法学博士研究生。

【发表期刊】《河北法学》2019年第3期

【内容摘要】 我国现行著作权法未明确将公共考试试题排除在保护范围之外，司法实践中亦承认公共考试试题的著作权保护。域外司法实践中亦多注重公共考试试题的著作权保护。公共考试试题的著作权保护是著作权法利益平衡的内在要求，亦不违反公共利益。公共考试试题著作权的保护，符合我国考试制度改革发展的趋势，有利于保障考试功能的有效实现，有利于公共考试试题所涉著作权诸问题的便捷高效解决，有利于遏制公共考试试题的过度开发，有利于促进公共考试与社会考试的公平竞争与良性发展，从而促进我国考试制度的发展与完善。

【关键词】 公共考试　公共考试试题　著作权　利益平衡　公共利益

290. 图书馆直接适用著作权法定许可规则的现实需求和法理依据

【作者简介】 吉宇宽，河南大学图书馆、文献信息研究所教授。

【发表期刊】《图书馆学研究》2019年第1期

【内容摘要】 “互联网＋”背景下，图书馆打造信息服务新业态，日益参与到教材编写、远程教育、MOOC课程、文化扶贫、移动阅读服务过程中，在作品特定目的的使用方面积累了一定的实践，产生了直接适用法定许可的现实需求。图书馆直接适用法定许可，能够让著作权博弈机制中的所有局中人合作共赢，达到社会福利最大化，实现社会的公平正义，维护著作权利益平衡，提高作品利用的效益。因此，图书馆直接适用法定许可，具有充分的法理依据。

【关键词】 图书馆　著作权　法定许可　现实需求　法理依据

291. 图书出版中与侵权改编作品相关的著作权问题

【作者简介】 杜牧真，北京工商大学法学院硕士研究生。

【发表期刊】《现代出版》2019年第1期

【内容摘要】 未经在先作品著作权人许可，利用其作品进行改编而形成侵权改编作品，侵权改编者享有相应的著作权；当他人侵犯其著作权时，其可向侵权者主张权利。但是侵权改编者享有著作权并不意味着其有权擅自将该图书出版。此外，在侵权改编的责任承担问题上，不宜适用没收或销毁侵权图书的民事责任。

【关键词】 侵权改编作品　侵权改编图书　图书编写者

292. 收益法在电视剧版权价值评估中的应用

【作者简介】 李方丽，中国人民大学创意产业技术研究院院长助理，中国人民大学国家版权贸易基地办公室主任；范宏达，中国人民大学创意产业技术研究院助理研究员。

【发表期刊】《中国广播电视学刊》2019年第3期

【内容摘要】 近年来我国文化产业快速发展，作为文化产业重要组成部分的电视剧行业也呈现出良好的发展态势并深受资本的青睐，以电视剧版权为标的开展的质押融资、投资入股等成为电视剧行业重要的投融资方式。但是，电视剧版权成本的弱对应性、收益的不确定性和交易数据的难以获得性使得电视剧版权价值评估十分困难，成为制约电视剧发展的瓶颈之一。本文采用灰色关联度分析法，对电视剧版权价值的因素进行实证研究，在此基础上探讨收益法在电视剧版权价值评估中的适用性，以期为电视剧版权投融资提供价值参考。

【关键词】 电视剧　版权价值　评估　灰色关联度

2019 年著作权相关图书简介

1. 《视听媒体版权实务指南》，严波主编，北京：知识产权出版社，2019 年 1 月。

该书紧紧围绕视听节目内容生产、经营、交易、保护、维权全过程中可能出现的版权问题和法律问题，从视听媒体版权法律实务方面进行阐述，内容涉及电视节目制作、播出、商业再开发中的版权问题，围绕电视与新媒体的版权冲突与协调、电视版权合同的管理、音乐作品付酬与清权、版权保护技术在电视台的应用与数字版权管理、电视产业发展与著作权法修法方案的相关讨论等展开论述。该书分为理论篇、实务篇、案例篇三大部分，共计收录 22 篇文章，从视听媒体版权实务（电台、电视台、影视公司、新媒体）工作者、学者、法官、律师等不同作者视角出发，针对视听媒体版权实务领域引人关注的相关前沿问题进行了有益探讨。

2. 《权利限制与数字技术——著作权合理使用制度的变革》，刘劭君著，北京：知识产权出版社，2019 年 1 月。

该书重点讨论数字技术带来的作品传播方式的改变对著作权合理使用制度的挑战，主要通过利益平衡的视角来论证“技术变化必将带来的制度变化”的必要，希望通过更深入地探讨合理使用的本质和功能，重新定位合理使用制度，为中国著作权权利限制制度的体系设计提出更好的方案。

3. 《网络服务提供者侵犯著作权责任问题研究》，张玲玲著，北京：中国人民大学出版社，2019 年 4 月。

该书分为两个部分，第一部分是关于网络服务提供者侵犯著作权基本问题的研究。作者首先从网络服务提供者承担侵权责任的背景入手，分析网络数字时代对著作权保护的正当性提出的挑战。其次，作者从经济学的角度分析了网络著作权保护的正当性以及网络服务提供者承担责任的经济性和合理性。再次，作者从立法和司法两个层面详细分析了网络服务提供者的侵权责任现状及存在的问题。最后，作者从立法论和解释论的角度提出一些有利于建立网络服务提供者侵权责任制度的建议。该书第二部分挑选了目前各国普遍关注的网络著作权保护的热点问题并结合相关案例进行讨论，如深度链接、P2P 文件分享、视频分享网站、网页快照、聚合平台、云盘服务等网络服务提供者侵犯著作权问题。

4. 《著作权起源的社会结构》，毛高杰著，郑州：郑州大学出版社，2019 年 5 月。

表达构成了人类互动的基础，并进而形成了组织社会的不同知识。表达行为在社会结构的多重约束下逐渐分化出来多重价值，当其中的经济价值在政治、经济和文化的支持下获得支配地位的时候，通过经济和政治权力的方式所构建的著作权体系就会涌现出来。

5. 《网络环境下著作权保护制度研究》，张媛著，天津：天津科学技术出版社，2019 年 1 月。

该书主要在著作权基本理论的指导下，研究网络环境下著作权保护制度存在的问题及原因，并对完善著作权保护制度提供了一些参考性意见等。

6. 《美国音乐产业发展进程中的版权因素研究》，黄虚峰著，北京：知识产权出版社，2019 年 4 月。

该书被纳入华东政法大学文化产业书系。在涉及精神产品制造的美国工业里，知识产权发挥的作用是基础性的，音乐产业亦不例外。该书通过对版权基础上美国音乐产业发展历程的梳理与研究，以在某种程度上揭示版权交易如何把不同媒介产业，乃至媒介外围产业、关联产业联系起来，使之相辅相成、共生共荣，以及行业协会在其中可以发挥的多重作用，这对中国发展媒介产业具有重要的启发意义。

7. 《论美国的版权犯罪刑事责任体系》，张燕龙著，北京：中国政法大学出版社，2019 年 1 月。

该书主要研究数字技术时代美国的版权犯罪刑

事责任体系。首先通过历史的研究方法，深入介绍美国版权犯罪刑事责任体系是如何完成从模拟技术时代到数字技术时代的转型的，从中找到数字技术时代版权犯罪立法的基本规律；其次从美国的成文法和判例法两个方向，详细阐释了现行美国版权犯罪刑事责任条款的主要内容，并对其做出评价；再次采用比较的方法，对比研究了中国版权犯罪的相关内容，并在借鉴美国经验的基础上提出了完善建议；最后就中美两国都没有解决的未来版权犯罪的根本应对问题给出预测，并提出方案。

8. 《戏剧舞蹈作品著作权的法律保护》，徐康平、冷荣芝等著，北京：学苑出版社，2019 年 3 月。

该书根据中国《著作权法》以及相关的法律、法规、司法解释，汇集了人民法院的相关司法判例，吸收了国内外其他学者的研究成果，对戏剧舞蹈作品涉及的著作权问题、相关法律纠纷等进行了深入的分析和探讨。该书的写作体例综合采用理论、案例、解析等形式，力求使读者既能从理论上了解，又能从实例中获取经验，做到举一反三，触类旁通，具有较强的理论性和实务性。

9. 《中国著作权制度的规范解读与原理阐释》，曹阳著，北京：法律出版社，2019 年 3 月。

该书全面分析了中国著作权法订立以来的著作权相关理论发展脉络与现状，提出中国著作权理论与实践体系必须以中国现实为依归，注重著作权法自身逻辑，关注中国社会现实，促进经济文化发展与技术进步。

10. 《德国著作权法》（第 2 版），［德］图比亚斯·莱特著，张怀岭、吴逸越译，北京：中国人民大学出版社，2019 年 4 月。

该书属于贝克出版社“法学基础”系列教材，体现了学术和教学上的新趋势，其突出特征是简洁明了，适合著作权法入门者使用。特别值得强调的是，书中附有若干案例及解析，使得学生入门之时，易于获得法规范之适用能力。其针对的使用人群为本科生以及所有想以生动、形象方式了解德国著作权法的实务界人士。

11. 《“一带一路”著作权法律制度研究》，林秀芹主编，北京：知识产权出版社，2019 年 5 月。

该书是对“一带一路”沿线国家和地区著作权法律制度的系统研究，分三编从亚洲、欧洲、非洲选取“一带一路”沿线典型国家和地区，介绍其著作权立法、司法和执法状况，在中国“一带一路”倡议下，具有现实的指导意义。该书适合知识产权领域的工作者及相关研究者阅读。

12. 《视听表演者权利保护研究》，何莹著，武汉：华中科技大学出版社，2019 年 5 月。

该书以国际条约为主线，回溯了自《伯尔尼公约》至《视听表演北京条约》的历史演进，认为正是表演者权与著作权间“由结果事实固化为保护标准”的等级关系与资本扩张本性引发的“权利势差”共同导致了视听表演者权利制度在价值理念与规则设计上的偏差。全书最后落脚于中国文化发展与产业实践，对标《视听表演北京条约》，结合《著作权法》修订重点探讨了我国视听表演者权利归属及二次获酬权的规则设计。

13. 《学术信息开放存取法律问题研究》，焦海洋著，北京：中国法制出版社，2019 年 4 月。

该书以著作权法为视角深入探讨、研究与学术信息开放存取相关的法律问题，依次展开分析、论述。该书的创新点主要为研究视角、研究问题和研究内容的创新。该书共计七章，全面解析了学术信息开放存取的概念、特征、产生、发展、法律性质及其法律关系，并介绍了开放存取在中国的发展现状，系统阐释了学术信息开放存取的理论基础，厘清了学术信息开放存取与著作权保护的对立统一关系，释明了学术信息开放存取与著作权限制和例外，以及著作权限制和例外的“三步测试法”之间的关系，分析了学术信息开放存取对著作权许可方式的新要求、强制开放存取政策对出版权行使的挑战，详细比较了西班牙、美国、阿根廷、秘鲁、欧盟、意大利、德国与荷兰通过立法或修法方式规定的开放存取条款（强制开放存取或赋予作者二次发表权），并依次分析其对学术信息开放存取的作用。

14. 《全球数字版权保护技术跨世纪追踪与分析（1994—2017）》，张立、张凤杰、王瑶等著，北京：社会科学文献出版社，2019 年 5 月。

该书分析了 1994—2017 年全球主要国家和相关组织的数字版权保护技术发展情况。从多硬件环境相关技术、加密认证相关技术、数字水印相关技术、内容比对相关技术、内容访问控制相关技术、区块链相关技术以及其他相关技术七大主题着手，对专利文献、专利申请趋势、专利申请人排名、技术发展趋势、各地区技术发展现状以及未来发展趋势做相应分析，全面展示了20多年来，数字版权保护技术的发展进程、成果和趋势，对我国数字版权保护工作具有很高的指导价值。

15.《著作权侵权惩罚性赔偿研究》，袁杏桃著，北京：知识产权出版社，2019年6月。

该书以著作权侵权惩罚性赔偿为研究对象，通过对其内涵、性质、功能和历史演进的阐述，分析了著作权侵权惩罚性赔偿是一种集传统的民事、刑事和行政救济措施功能于一体的新型侵权救济制度。它不仅具有法哲学、法经济学、民法学和心理学上的正当理论基础，而且是完善现行著作权立法、有效遏制著作权侵权的现实需要。该书借鉴各国各地区的有益经验，充分考虑著作权侵权惩罚性赔偿与现有相关制度的衔接，从适用的原则、适用的条件、赔偿的范围、赔偿数额的确定、赔偿金的归属等方面对著作权侵权惩罚性赔偿制度进行了系统研究。

16.《欧盟版权法》，张大伟主编，王灵丽、马作鹏译，上海：东方出版中心，2019年6月。

该书涉及数字技术、信息技术、通信技术领域的欧盟版权法及欧盟各成员版权法。以时间为顺序，不仅翻译了欧盟版权法相关文件，也翻译了实施细则。除关注具体法律条文规定之外，亦关注欧盟在面对数字化和一体化进程时，在知识产权领域所思考的问题、解决问题的思路。

17.《英国版权法》，张大伟主编，王灵丽、马作鹏译，上海：东方出版中心，2019年6月。

该书主要从版权、邻接权、注册外观设计、表演权及其相关版权等方面介绍、论述英国版权法。作者尊重原作，在立足原作的基础上，对该书内容进行直译，较为准确翔实。

18.《美国版权法》，张大伟主编，王智丽、杨丽娟、俞峥译，上海：东方出版中心，2019年6月。

美国与版权有关的法律条文记载于《美国法典》第17编第1章至第8章、第10章至第12章。1976年10月19日颁布的1976年《版权法》为现行版权法提供了基本框架，内容富有实践意义，具有较好的研究和参考价值。

19.《世界版权条约》，张大伟主编，王智丽、杨丽娟编，上海：东方出版中心，2019年6月。

该书主要编译了世界知识产权组织现行的主要知识产权法、知识产权公约及实施细则。为了体现知识产权法体系的完整性，还补充翻译了现行版权法的修改文件或补充性法规。中国目前对国外版权法的了解十分有限，缺乏对国外版权法的整体性关照，也缺乏对数字时代国外版权法变革的系统深入了解。该译丛具有显著的社会效益和较高的文献资料价值。

20.《网络著作权刑法保护研究》，杨加明著，北京：知识产权出版社，2019年6月。

刑法应当在一定条件下为网络著作权提供保护。该书将侵犯网络著作权犯罪置于中国传统的犯罪构成理论体系中系统研究，力图为网络著作权的刑法保护提供系统的理论支撑。研究的主要内容为：重新界定网络著作权，揭示网络著作权刑法保护演进的路径及层次，探究利益平衡语境下刑法保护的客体，在侵犯网络著作权的行为人范围内廓清犯罪主体及类型，新论复制发行与信息网络传播、以营利为目的，探讨侵犯网络著作权行为方式的多样性与危害的不确定性。

21.《博物馆馆藏资源著作权、商标权和品牌授权操作指引（试行）》，国家文物局编，北京：文物出版社，2019年6月。

该指引是国家文物局为加强文物保护利用和文化遗产保护传承，指导各地博物馆提高馆藏资源著作权、商标权和品牌开发及活化利用能力，完善体制机制，激发博物馆运行活力，而制定的推荐性规范文件，指引及后附的协议范本供博物馆开展有关工作参考使用。指引主要针对博物馆馆藏资源著作权、商标权和品牌涉及商业使用的授权进行指导；用于公益性展示、教育、研究、交流用途的授权，参考本指引。

22.《视障者利用作品之著作权限制研究》，王瑞著，济南：山东人民出版社，2019年6月。

目前，中国只有极少部分作品被以无障碍格式出版，其数量远远不能满足视障者的需求。而中国《著作权法》等相关法律法规急需修订和完善，以适应《马拉喀什条约》提出的要求。该书就是在此背景下围绕“为谁限制”“怎样限制”“限制什么”三个方面对中国视障者利用作品之著作权限制问题进行的研究，对改善此类作品的流通和传播具有一定的理论和现实意义。

23.《国外艺术法规经典案例·音乐篇》，张金海译，北京：中国法制出版社，2019 年 7 月。

该书精选国外 14 个与音乐作品及音乐著作权人相关的经典案例。这些经典案例极具代表性，堪称艺术法判例中的典范，判决均出自在国际上有重要影响力的著名大法官之手，让读者在了解艺术法规的同时，也欣赏到法官们的审判艺术。该书采用汉英双语对照的形式进行编排，希望它的出版能够对大家的学习和工作有所帮助。

24.《著作权法基本原理》，李扬著，北京：知识产权出版社，2019 年 8 月。

该书在知识产权法定主义观念、知识产权法—民法的整体性知识产权法思想指导下，利用立法论和解释论相区别的方法论，集中探讨了著作权法的各种问题。全书展现了作者独特的解释视角和智慧，是一本贯通了著作权法基本理论和实践的学术专著，适合关注著作权法的各领域知识产权人才。

25.《著作权法的价值构造研究》，付继存著，北京：知识产权出版社，2019 年 8 月。

现代著作权法实现的价值目标对物权构造出现了面向当下与未来的困境。唯物史观下的谱系学分析表明，对物权关系不是著作权法律关系的本质属性，而是由偶然的历史事件聚合而成的人文知识，偶然性而非必然性观念具有立足当下实践解构作为人文知识的著作权法所生力量的可欲性。公共利益目标应当贯穿于从规范建构到具体法律关系形成的全过程。对物权结构能够将公共利益代言者“社会中的人”去蔽化，具有立足主体间兼顾双重目标的价值。

26.《版权·创新·未来——第十届全国大学生版权征文活动优秀论文选》，中国人民大学国家版权贸易基地编，北京：人民教育出版社，2019 年 8 月。

该书汇集了第十届全国大学生版权征文活动获奖者的优秀论文，由中国人民大学国家版权贸易基地、中国人民大学创意产业技术研究院组织编纂。该书中的 50 篇优秀获奖论文，以版权为核心，从同人作品、洗稿、人工智能等多角度对版权热点问题进行全面的分析与阐释，充分展示学生们努力成果的同时，鼓励更多师生参与全国大学生版权征文活动，为中国的版权事业增添活力。

27.《版权研究新态势——江苏省大学生版权研究优秀论文集（第二辑）》，左健主编，南京：南京大学出版社，2019 年 8 月。

该书编辑收录了江苏省大学生近两年关于版权研究的近 40 篇优秀论文。全书分为网络直播版权问题研究、人工智能版权问题研究、版权产业发展研究、版权制度完善研究、版权法案例研究等专题，所收录论文立足于版权研究面临的新挑战，并致力于版权制度与实践的创新发展。

28.《技术进步与版权制度变迁》，唐伶俐著，北京：国家图书馆出版社，2019 年 8 月。

该书为国家社科基金后期资助项目成果。该书不仅关注技术与版权法之间的关系理论，分析版权传统理论存在的不足与缺陷，归纳版权法应对技术进步的规律，还考察了这些理论原则在不同国家的具体实施情形，探讨了遵循规律完善中国版权制度的建议，具有重要的理论参考价值与现实指导意义。

29.《数字版权保护技术在垂直领域的应用》，张立等著，北京：中国书籍出版社，2019 年 11 月。

该书为中国新闻出版研究院的研究课题项目之一，全书分为“数字版权保护技术概述”“数字版权保护技术现状分析”“数字版权保护应用系统”“数字版权保护应用案例”“数字版权保护技术发展趋势分析”等五部分，对数字版权保护技术在新闻出版行业垂直领域的应用做了较为系统的研究，为行业发展提供了较有价值的参考。

30.《版权贸易与中国文学国际传播》，谢山青编著，南京：江苏凤凰教育出版社，2019 年 9 月。

该书是 2016 年由凤凰出版集团组织的“国际版贸与文学”德国研修班的论文集，在中国文化如何“走出去”的大背景下，探讨国际版贸交易与中国文学“走出去”的关联和影响。各篇论文从不同角度对在德国所学的有关课程进行了梳理和阐发，其中既有版贸实操的案例与分析，也有对相关课题的思考与建议。特别是德方授课老师的精彩讲解，对凤凰出版集团的版贸发展将有极大帮助。

31.《版权贸易实战教程》，崔波编著，杭州：浙江大学出版社，2019 年 11 月。

该书分为上、下两编。上编为理论篇，主要包括版权相关概念、版权贸易主客体、全球版权贸易的历史和现状、版权贸易的法理基础等。下编为实践篇，主要包括版权引进的信息获取途径、版权贸易合同条款谈判、版权贸易合同撰写，以及版权输出、版权引进和版权合作等案例分析。另附有法规，主要包括国际版权法的起源和各主要的版权公约。

32. 《中国知识产权四十年》，刘春田主编，北京：知识产权出版社，2019年4月。

改革开放40年来，中国知识产权发展取得了很大成就，同时也面临更多的发展机遇和挑战。该书总结回顾了改革开放40年来中国知识产权各个方面的发展情况，既分析了其存在的问题，又提出了对未来发展的展望。既有以专利、商标、著作权等知识产权领域为横向线索的分析，又有以知识产权的立法、司法、行政管理、教育、学术研究等为纵向线索的分析。既有宏观层面的研究，又有知识产权理论和实践具体热点、难点问题和个人感受体会等微观分析。

33. 《最新企业知识产权保护研究》，冷荣芝编著，北京：现代出版社，2019年1月。

该书主要讲述了企业与知识产权、企业专利权保护、企业商标权保护、企业著作权保护、企业商业秘密的保护、企业与反不正当竞争等内容。以一般企业常见的商标权、专利权、商业秘密、著作权等主要知识产权为分析出发点，依据中国最新的知识产权法律制度，分析企业在这些知识产权的开发、管理、保护以及应对侵权等过程中涉及的法律问题，并依据中国2017年11月修订通过、2018年1月1日起实施的《反不正当竞争法》就企业涉及的知识产权领域反不正当竞争问题进行分析和讨论。

34. 《2019中华人民共和国知识产权法律法规全书（含司法解释）》，法律出版社法规中心编，北京：法律出版社，2019年2月。

该书以知识产权相关法律法规及司法解释、司法文件、行政规章、规范性文件等为主要内容，涵盖了著作权、商标权、专利权三大传统知识产权以及植物新品种权、集成电路布图设计等新兴知识产权，以及中国加入的国际公约等，并收录了最高人民法院发布的知识产权方面的典型案例，以指导实践。

35. 《中国知识产权审判年度典型案例评析（2019年卷）》，北京知识产权司法保护研究会编，北京：中国法制出版社，2019年3月。

该书汇集中国法院知识产权典型案例，聚焦知识产权热点疑难问题，涵括专利、商标、著作权、不正当竞争、植物新品种等案件。案例由主审法官撰写法官评析，展现审判思路，剖析法律依据，高度提炼案情和裁判要旨，突出争议焦点，剔除无效信息。

36. 《知识产权裁判思维与实例分析》，朱文彬著，北京：知识产权出版社，2019年4月。

该书共分为四篇，分别为专利侵权篇、商标侵权及不正当竞争篇、著作权侵权篇、其他（证据、程序及“三合一”等）篇。该书收录了作者过去12年在一审、二审或者再审申请审查程序中担任经办法官审理的共35个案件，来反映作者在审理案件中的心路历程和思考。关于每个案例的具体结构，分为内容摘要、关键词、裁判要点、相关法条、案件索引、基本案情、裁判理由及结果、案例评析八部分。其中，内容摘要主要阐述该案例在本篇逻辑体系中的功能、价值及作用；关键词的作用在于与该书最后的关键词目录相对应，作为检索工具使用；案件索引除了提示案件所经的审理程序、审理法院等内容外，还注明了作者具体在哪一审程序中担任经办法官的信息；基本案情、裁判理由及结果部分在裁判文书内容的基础上进行了归纳整理，突出了与案例评析互相呼应的部分，对其他内容适当进行了简化。

37. 《深圳经济特区40年知识产权经典案例汇览》，深圳市知识产权经典案例汇览项目组编著，北京：中国法制出版社，2019年4月。

深圳经济特区成立40年以来，随着深圳市各企业的转型升级，深圳市的知识产权案件也逐步从加工产业的商标纠纷转变为版权、商标、专利、商业秘密、不正当竞争等多种类型的纠纷。该书收录了“上药牌”六神丸商标侵权纠纷案、深圳大学反光材料厂侵犯微软商标案、与美国FBI联合办理侵犯著作权第一案、华为诉IDC标准必要专利纠纷案等典型案例，总结了深圳经济特区成立以来对知识产权保护的成果及经验，旨在为相关企业知识产权的保护提供借鉴及参考。

38. 《互联网知识产权典型案例精选与注解》，宋建宝主编，北京：人民法院出版社，2019年

5 月。

该书作为《人民法院案例选》特辑，严格遵循编选标准和编选要求，确保入选案例的权威性和指导性，重视案例的多角度研究，深度挖掘案例的应用价值。该书所收录的互联网知识产权典型案例涉及著作权、商标权、专利权以及不正当竞争等主要类型的知识产权纠纷，基本上涵盖了当前互联网知识产权领域的热点问题和难点问题。通过对这些典型案例进行收集、分析和注解，该书向读者比较全面地介绍了当前涉及互联网知识产权纠纷的争议焦点、审理难点、裁判要点等案件审理的基本情况。该书所收录案例的审理法院涵盖北京、上海、深圳、南京、天津、江苏、武汉等区域的法院，所收录案例有一部分基于一审生效判决，一部分基于二审生效判决，还有部分案例基于再审判决，基本上可以反映当前中国互联网知识产权相关司法领域的审判情况。

39.《文娱产业知识产权保护实证研究》，郝敏著，北京：法律出版社，2019 年 10 月。

该书研究文娱产业相关的知识产权保护，对涉及著作权、专利权、商标权和反不正当竞争等领域的中外立法和判例进行系统的整理、阐述和对比研究，对中国文娱界近期具有代表性和突破性的典型案例予以剖析评价，并在此基础上进一步梳理归纳知识产权理论的最新发展和司法保护实践的动态和趋势，对新时期文娱产业的创新激励与保障发展具有重要的理论和实践意义。该书分为六编：影视作品的知识产权保护；电视节目模式的知识产权保护；网络环境下音乐的知识产权保护；体育赛事的知识产权保护；网络游戏的知识产权保护；服装设计的知识产权保护。

40.《互联网产业知识产权管理实证研究》，梅术文、郝世博、锁福涛等著，北京：知识产权出版社，2019 年 6 月。

该书以“集群”的观点和“实证”的方法，聚焦产业内的典型企业，借助信息分析、案例研究以及比较分析等手段，梳理互联网基础设施产业、互联网服务平台产业、互联网内容产业、电子商务产业、软件和集成电路产业、互联网信息安全产业和物联网产业等互联网产业的知识产权管理现状、问题和措施，涉及互联网产业著作权管理、专利权管理和商标品牌管理等内容，旨在阐释互联网企业面对的知识产权竞争态势，预测互联网产业知识产权战略的趋势和走向。

41.《知识产权法学案例研究指导》，来小鹏主编，北京：中国政法大学出版社，2019 年 4 月。

该案例教程作为知识产权法律教学的教材，收集了近期中国和国外有关法院和行政主管部门裁判的有一定影响的案件，其内容涉及专利法、著作权法、商标法以及反不正当竞争法等领域。同时，针对现代互联网技术的发展和移动电子设备的不断更新换代带来的学习方式多样化，该书通过在纸质图书中置入二维码的方式，使无法在纸质教材中呈现的案例学习内容得到延伸、拓展，为学生提供完整的案例学习资源。该书从法律规范层面进行解释，且从法学理论或原则的角度进行分析，更适合学生学习或者研究知识产权法人士的需要。

42.《知识产权法》，漆海燕、李飞鸣、马丽主编，成都：西南交通大学出版社，2019 年 7 月。

该书结合中国现行法律，系统阐述了知识产权法的基础理论和具体制度，主要内容包括知识产权法概论、著作权、商标权、专利权、其他知识产权、知识产权的国际保护等，较为全面地反映了知识产权法律体系的现状和研究成果。该书每章设有“学习目标与要求”、“案例”及“思考问题”，方便学生掌握重点和发散思维。此外，该书单独用一章的篇幅介绍了农业知识产权保护的相关理论和实践，突出了知识产权保护的中国特色。

43.《知识产权犯罪案件典型问题研究》，秦天宁著，北京：法律出版社，2019 年 7 月。

该书是业内一线从业者的实践著作，在对知识产权刑事司法状况与检察环节知识产权研析的基础上，结合典型性案例，对“转码、搜索行为的著作权法适用”“知识产权刑事诉讼中的赔偿救济”“网络提供影视作品侵权行为的刑事归责路径”“私自架设服务器运营盗版网络游戏行为的刑事责任”“假冒注册商标刑事案件中‘刷信誉’的定性”“犯罪圈划定如何兼顾知识产权创新”“知识产权案件中‘四位一体’和‘四类人员’的诉讼价值”等问题进行了全面的法律解读，并提供了有效的解决问题的经验。

44.《中国知识产权发展报告 2016—2017》，中国人民大学知识产权教学与研究中心、中国人民大学知识产权学院编，北京：清华大学出版社，2019

年8月。

该书包括：第一部分，发展总况与评价；第二部分，专利领域的发展状况与重要议题；第三部分，商标领域的发展状况与重要问题；第四部分，著作权领域的发展状况与重要议题；第五部分，与知识产权相关的竞争法的发展状况及重要议题；第六部分，知识产权综合管理改革的发展状况与重要议题；第七部分，知识产权司法的发展状况与重要议题；第八部分，知识产权教育与学术的发展状况与重要议题；第九部分，重点区域与产业的知识产权发展状况及重要议题；第十部分，全球经济治理中的知识产权国际协调。

45.《知识产权案件裁判规则（一）：著作权案件审理中客体可著作权性判断》，丁文严主编，北京：法律出版社，2019年8月。

该书聚焦当前审判实务中争议较多的客体可著作权性问题，基于大数据检索，从大量案例中提炼出二十条具有典型意义的裁判规则，这些规则可为著作权纠纷客体可著作权性的判断，特别是争议较大的一些新型客体的认定问题，提供有效的参考。该书的每条裁判规则均包含四大板块：(1)“类案检索大数据报告”包含同类案件的裁判规则和检索信息，从案件裁判结果、时间趋势、地域分布和案由分布四个维度，分析同类案件的裁判情况。(2)“可供参考例案索引”从案件基本信息、基本案情、案件争点和裁判要旨四个方面为读者展示经典的例案，对案件争点进行简明的概括，选取裁判结果中与争点有关的部分形成裁判要旨，便于读者了解案件的核心要点。(3)“裁判规则提要”对裁判规则进行进一步的阐述，全面、深入地分析论证同类案件的裁判规则及相关的法律问题。(4)辅助信息，提供同类案件裁判中经常援引的法条。

46.《知识产权概论》，朱芳芳著，咸阳：西北农林科技大学出版社，2019年11月。

该书主要内容包括：计算机软件的著作权保护、知识产权与竞争法、著作权的继承和继受、著作权的内容和邻接权、侵犯商标权的法律责任、商标管理概述、发明和实用新型专利侵权的判定、专利申请的复审与专利权的无效宣告、知识产权法律制度设计和法律体系、知识产权的概念和范围。

47.《知识产权法概论》，马海霞著，北京：法律出版社，2019年11月。

知识产权法是民商法领域的热点和难点领域。该书全面深入地对知识产权法进行了研究，分别对著作权法、商标法、专利法进行了详细介绍和系统阐述，在传授知识产权法理论知识的同时，通过生动典型的案例讲解，使读者可以更好地理解知识产权法的适用规则，能够满足专业读者尤其是法学专业学生读者系统学习知识产权理论与实务的需要。

48.《上海知识产权法院裁判文书精选》，陈亚娟主编，北京：人民法院出版社，2019年11月。

为更好地展现上海知识产权法院审判工作成果，发挥优秀裁判文书、全国精品文书的引领示范作用，也为全国审判实务提供有益经验，该书选取了上海知识产权法院2017—2018年的优秀裁判文书，具体分为专利权属、侵权纠纷，商标权权属、侵权纠纷，著作权权属、侵权纠纷，知识产权合同纠纷及其他等类进行呈现。

49.《知识产权保护与高质量发展》，戚湧、董新凯主编，北京：知识产权出版社，2019年11月。

该书以知识产权保护与产业高质量发展为主题，对相关产业的网络著作权保护、商标注册质量提升、标准必要专利许可规制、军民融合知识产权问题、区块链相关的知识产权问题、人工智能的知识产权问题、高价值专利培育、新业态相关知识产权问题等在理论上和实践中受到高度关注的知识产权问题，从不同的角度就提升中国知识产权的创造质量、增强中国知识产权的运用效率、加大中国知识产权的保护力度、促进知识产权推动经济发展转型升级等进行探讨，提出一些有益的建议或者对策。

50.《中国知识产权统计年报2018》，国家知识产权局编，北京：知识产权出版社，2019年12月。

该年报汇集了我国知识产权领域2018年度的统计数据，全面反映了我国知识产权领域每年的发展状况，涵盖专利、商标、版权、计算机软件、集成电路布图设计、农业植物新品种、林业植物新品种、海关知识产权保护、知识产权司法保护等方面的内容。

51.《当代文化企业管理与资产评估研究》，暴迪著，北京：北京工业大学出版社，2019年11月。

该书从文化企业的定义出发，在国内外文化企业的发展现状之上，深入、系统地分析了当代文化企业的治理与组织、经营管理、战略管理、投融资管理以及价值评估和著作权资产评估等内容。

52.《中国文化产业的竞争政策研究》，相靖著，北京：中国工商出版社，2019 年 12 月。

该书为作者博士后出站报告。报告从提升国家文化软实力、维护国家文化安全的宗旨出发，以著作权和反垄断法为视角，对中国文化产业的竞争政策问题进行了研究，论证了文化产业应该纳入竞争性的市场机制，这样既可以生产出符合社会核心价值的文化产品，又能成为国家新的经济增长点。报告引入经济分析的方法对著作权与竞争法的法律范式进行了比较，总结出著作权作为激励创新的制度自身存在着限制竞争的缺陷。该结论部分地被软件产业的市场竞争状况所证实。报告还对中国电影产业、出版产业、音乐产业及著作权集体管理组织的市场竞争状况进行了分析，并对中国文化产业竞争政策的制定提出了建议。该书体系完整，表达流畅，具有较高的学术参考价值。

顾　翀 | Gu Chong
第十三届韬奋出版奖

顾翀，1969年出生，编审。1992年毕业于北京邮电学院计算机通信专业，2001年于上海财经大学获得工商管理硕士学位。现任中国工信出版传媒集团党委委员、董事，人民邮电出版社有限公司党委书记、执行董事、总经理。入选中宣部文化名家暨“四个一批”人才工程，获评“全国新闻出版行业领军人才”，享受国务院政府特殊津贴。牢固树立“四个意识”，坚定“四个自信”，做到“两个维护”。2015年主持出版社工作以来，人民邮电出版社净资产增长了50%，年利润总额增幅超过70%，一批出版物荣获国家大奖，实现了社会效益与经济效益双丰收，在连续三届荣获“中国出版政府奖先进出版单位”的基础上，2015年获评“全国文明单位”。

一、热爱出版事业，推进出版高质量发展

以策划出版高品质出版物为己任，编辑出版大量促进信息技术普及和产业发展的出版物，相关丛书销量超过百万册，多种图书入选国家级重点项目或荣获重要奖项，多种图书版权输出海外。担任社领导和总编辑期间，组建社编辑委员会，强化中长期选题规划，推进编辑队伍建设。担任社长后，加强顶层设计，完善组织机构和激励机制，促进优质出版资源的开发，为高质量发展汇聚强劲动能。

二、立足科技前沿，助力制造强国和网络强国建设

坚持以出版服务科研、促进科技创新，聚焦国家制造强国、网络强国战略，指导有关部门开发5G、大数据等方面的重点选题，组织打造了一批入选“十三五”国家重点出版规划项目或获得国家出版基金资助的精品力作，《空间多维协同传输理论与关键技术》荣获中国出版政府奖图书奖，《文明之光》荣获中华优秀出版物图书奖，“科学家带你去探险”系列图书荣获国家科学技术进步奖二等奖，《“芯”想事成》《百鸟朝凤》等好书输出海外。指导创办了《大数据》《物联网学报》等权威学术期刊。加强主题出版，组织策划的“科技改变中国丛书”入选中宣部2019年主题出版重点出版物选题。

三、坚持创新引领，推动出版转型升级

把握技术创新和社会发展大势，不断完善出版质量保障体系，优化绩效管理，加强市场营销和渠道建设，在业务开拓、经营创新、提升效率等方面走在行业前列。积极推进传统出版与新兴出版融合创新，指导建设异步社区、人邮学院等融合发展项目，参与建设国家首批出版融合重点实验室。注重在生产经营中积极使用新技术，积极推动数码按需印刷的广泛使用，对于解决库存过多这一行业顽疾起到了引领和示范作用。

顾翀始终保持着强烈的文化责任感和出版使命感，带领人民邮电出版社在高质量发展的道路上不断取得进步。

宗俊峰 | Zong Junfeng
第十三届韬奋出版奖

宗俊峰，现任清华大学出版社社长、中国大学出版社协会理事长、中国出版协会科技出版工作委员会副主任、中国版权协会常务理事，曾在《现代出版》等行业刊物发表文章十余篇。2010年获评“北京市新闻出版行业领军人才”，2011年获评“北京市新闻出版先进个人”，2014年获评中宣部文化名家暨“四个一批”人才、北京市宣传文化系统“四个一批”人才，2016年获评“全国新闻出版行业领军人才”，2019年获评第十三届韬奋出版奖。

宗俊峰具有较高的领导水平和突出的经营管理能力，在企业经营中鼓干劲、推实策、出实效。在他的领导下，清华大学出版社荣获“中国出版政府奖先进出版单位”“全国百佳图书出版单位”“中国版权最具影响力企业”等荣誉和称号。近十年来，清华大学出版社各项经营指标快速增长，国有资产大幅增值，综合实力不断增强。

宗俊峰坚持党的领导，贯彻执行党和国家的出版方针，坚守意识形态主阵地，始终把社会效益放在首位，带领全社员工出版了一大批精品力作。2009年以来，清华大学出版社有6种图书和期刊入选中国出版政府奖图书奖或期刊奖（含提名奖），6种图书入选中华优秀出版物图书奖（含提名奖），4种图书荣获年度“中国好书”，上百种图书入选“十二五”“十三五”国家重点出版规划项目及国家出版基金等重点资助项目。这些荣誉和成绩的取得，进一步扩大了清华大学出版社的社会影响力，品牌形象得到了持续提升。

宗俊峰密切关注学术出版，积极推动清华版高端学术著作“走出去”。2009年以来，作为“中国图书对外推广计划”成员单位和“国家文化出口重点企业”，清华大学出版社累计输出版权800余项，版权输出总量位于全国单体出版社前列。

宗俊峰注重学术期刊建设，创建了期刊中心。清华大学出版社目前拥有期刊32种，其中《纳米研究》等6种英文期刊被SCI收录。2019年，有8种期刊入选“中国科技期刊卓越行动计划”，入选项目数和经费总金额位居全国出版社前三。目前，清华大学出版社已经成为国内领先的综合性学术期刊出版机构，为提高中国科技期刊国际影响力做出了突出贡献。

在宗俊峰的带领下，清华大学出版社积极探索融合发展新模式，拥有“大众知识”“教育教学”“专业内容”三大数字业务服务领域，建立了“一体两翼”的数字出版组织架构，累计获得48项软件著作权，成功获批“数字出版转型示范单位”等7项单位资质，有14个数字出版项目获国家多个部门的资金支持。其中，清华大学出版社成功中标“科技期刊数字化传播国际平台服务”子项目，成为数字出版平台3个中标单位中仅有的出版机构，数字出版建设在全国出版业中处于先进水平。

领导清华大学出版社快速发展的同时，宗俊峰作为中国大学出版社协会理事长，积极组织大学出版社开展转型升级与高质量发展研究，带领大学出版社迈入健康、快速发展的新阶段，为国家出版事业的发展做出了重要贡献。

清華大學出版社
TSINGHUA UNIVERSITY PRESS

清华大学出版社（以下简称“清华社”）成立于1980年6月，是教育部门主管、清华大学主办的综合性大学出版社。2009年4月由国有独资全民所有制企业改制为有限责任公司。2014年10月成立清华大学出版集团。清华社作为国内领先的综合性教育与专业出版机构，先后荣获“全国先进高校出版社”“全国优秀出版社”“全国百佳图书出版单位”“中国版权最具影响力企业”等荣誉和称号。2007年、2017年分别荣获“中国出版政府奖先进出版单位”。历年来，清华社出版的一大批图书和期刊获得中国出版政府奖、中华优秀出版物图书奖、“中国好书”等荣誉。

清华社现设有“计算机与信息”“理工”“经管与人文社科”“外语”“职业教育”“音像电子与数字出版”“少儿”“医学”八个分社和期刊中心、学术出版中心，下辖九个子公司，建立了完善的经营体系与集团化架构，形成了图书、音像制品、电子出版物、期刊和网络等多种媒体融合的立体化出版格局。其中，高品质、多层次、全方位的计算机图书是清华社的特色品牌，自1995年以来一直雄踞我国计算机教材市场前列；依托清华大学的学科资源，理工和基础学科类图书已成为强势板块；经管与人文社科类图书也已跃居全国前列；外语、职业教育类图书一直保持着良好的发展势头。此外，清华社在文学、艺术、法律、建筑、少儿和医学等领域的出版竞争力不断增强。

清华社不断加强与清华大学“双一流”建设相匹配的高水平学术著作板块和学术期刊群建设，业已成为国内领先的综合性学术出版机构之一。在信息科学、航天航空、智能制造、能源环境、数理科学等自然科学领域以及哲学、历史、社会、经济等人文社科领域出版了一大批学术精品力作，多次入选国家出版基金、国家重点图书出版规划等项目。现出版学术期刊32种，《纳米研究》等6种英文科技期刊被SCI收录，多种中文期刊入选CSSCI及其扩展版等主要中文核心期刊数据库。

清华社重视国际化发展，积极开展版权贸易和合作出版，与多家国际著名出版公司建立了长期合作关系。在引进海外优质版权资源的同时，面向全球开展组稿，自主或合作策划的英文版学术著作和期刊已销往全世界，进入了国际学术界和教育界的视野。作为“中国图书对外推广计划”成员单位，清华社迄今已有800余项约20个语种的各类图书版权输出到北美、欧洲和亚洲其他国家，另有500余项图书的中文繁体字版在中国港澳台地区出版发行。

在数字时代，清华社积极探索融合发展模式，努力实现由单一出版产品形态向复合出版产品形态升级，从传统产品提供商向内容资源、技术、服务提供商转型。

清华社依托清华大学的综合优势，秉承“自强不息，厚德载物”的清华精神，实施“集团化、数字化、品牌化、国际化、人才化”战略，努力追求高质量发展，致力打造国际一流的文化品牌企业。

地址：清华大学学研大厦A座　邮编：100084　网址：http://www.tup.tsinghua.edu.cn/index.html
发行电话：010-62770175转3525　邮购地址：北京市海淀区清华大学出版社邮购组　邮购电话：010-62786544

清華大學出版社 TSINGHUA UNIVERSITY PRESS

《2021高考日历》

作者：文鸯

定价：88.00元

《智慧空间》

作者：[美]加布里埃尔·雷内 [美]丹·马普斯 著

徐锷 孙亚洛 译

定价：49.00元

《中国妆束：大唐女儿行》

作者：左丘萌 末春

定价：89.80元

《重企强国》

作者：卢纯

定价：88.00元

《知识图谱与深度学习》

作者：刘知远 韩旭 孙茂松

定价：99.00元

清华大学出版社
TSINGHUA UNIVERSITY PRESS

《不头疼的故事作文课》

作者：马翼翔

定价：99.60元

《大话数据科学：大数据与机器学习实战（基于R语言）》

作者：陈文贤

定价：128.00元

《教导：伍登教练是怎样带队伍的》

作者：[美]约翰·伍登 著
[美]史蒂夫·贾米森
杨斌 译

定价：69.80元

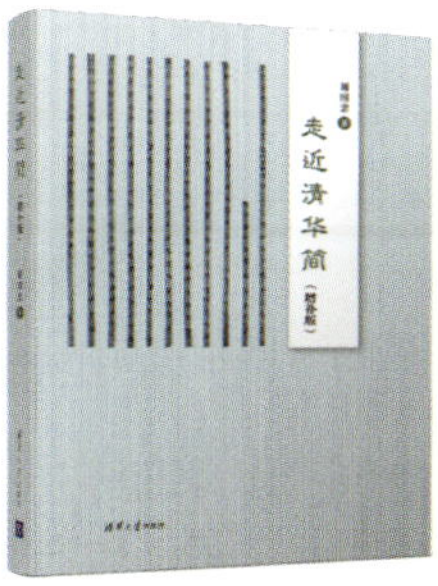

《走进清华简》（增补版）

作者：刘国忠

定价：99.00元

《向阳而生：柱子哥的抗癌指南》

作者：柱子哥

定价：59.00元

张大禾 | Zhang Dahe
第十三届韬奋出版奖

张大禾，军事科学出版社总编辑，编审，大校军衔。1967年3月出生，1989年从北京大学中文系编辑专业毕业后，被特招入伍到军事科学出版社从事编辑工作，其间曾被组织安排赴云南老山战区下部队当兵代职锻炼一年，经历了战火的洗礼及基层部队的艰苦磨炼。

他30多年来一直工作在军事图书编辑一线，心系国防和军队建设，热爱并钻研本职工作，取得了突出的成绩：曾四次荣立三等功，三次被军事科学院通报表彰，先后荣获“第三届全国优秀中青年编辑奖”、“首届全国新闻出版行业有突出贡献的中青年专家”、“全国新闻出版行业领军人才”、中宣部文化名家暨“四个一批”人才、韬奋出版奖，享受国务院政府特殊津贴。

在多年的军事理论图书编辑实践中，他始终树立坚定的政治信念，保持高度的政治敏锐性和政治鉴别力，注重政治理论学习，不断提高思想和政策理论水平，认真学习贯彻习近平新时代中国特色社会主义思想、习近平强军思想和党的十九大精神，坚持正确新闻出版导向，坚决贯彻执行党和国家的路线、方针、政策，在编辑实践中严把图书的政治关和保密关，大力弘扬主旋律，多出精品，努力为国防和军队建设服好务。

他热爱编辑工作，爱岗敬业，作为编辑骨干先后承担了许多重要图书，特别是国家和军队的重点课题的编辑工作，参与策划、组稿和责编的许多图书取得了很好的社会效益和经济效益，仅担任责任编辑的图书就获得30余项国家和军队的各项图书奖，涵盖了国家和军队的大部分图书奖项，其中《马克思主义战争观和当代战争》《中国人民解放军军史》分别获第二届、第三届中国出版政府奖图书奖，《邓小平新时期军事理论研究》《抗美援朝战争史》分别获第五届、第八届“五个一工程”奖，《中国军事通史》获第四届国家图书奖提名奖，《中国人民解放军军史》《第二次世界大战史》分获第四届、第六届中华优秀出版物奖，《世界军事革命史》入选第四届“三个一百”原创图书出版工程，《晚清名将左宗棠全传》获第四届中国传记文学奖，《世界军事革命史》获首届中国人民解放军出版奖图书奖，《邓小平新时期军事理论研究》等多本图书分别获得第一届至第七届中国人民解放军图书奖。

作为总编辑，除承担了大量的书稿终审任务外，他率领全社编辑坚持正确的出版方向，按照以国防和军队建设需求为牵引、聚焦强军兴军总目标、服务保障军事科研工作、助力科研创新发展的总体思路，牢固树立精品意识，进一步推出更多的精品力作，为更好地服务国防和军队建设，服务军事科研工作，发展和繁荣军事科学贡献自己的力量。

军事科学出版社

2017年9月，在中央军委的统一决策和军事科学院党委的部署安排下，原军事科学出版社、原人民军医出版社、原军事医学出版社共同组建新的军事科学出版社，主要负责军事理论、军事科技、军事医学、医药科技类图书，以及《人民军医》杂志、《解放军医学杂志》、《军事医学研究（英文）》杂志、军事音像数字产品的编辑出版发行工作。新军事科学出版社整合了原三家出版社的人力资源和图书、音像及电子出版物的出版资源，继承和发扬原三家出版社的优良传统，继续为传承优秀军事文化、繁荣发展军事科学做出积极贡献，推出更多的精品力作。

作为出版军事理论图书和医学专业图书的中央级出版社，新社自组建以来，就有多种图书获得了国家和军队各种图书评奖活动的最高奖项。《岛屿战争论》荣获第四届中国出版政府奖图书奖，《第二次世界大战史》荣获第六届中华优秀出版物奖，《舰载航空医学》荣获第四届中国出版政府奖图书提名奖和第六届中华优秀出版物奖，《汪曾炜刘维永张宝仁心脏外科学》荣获第四届中国出版政府奖图书提名奖，《马克思主义军事理论中国化》荣获第七届中华优秀出版物奖提名奖，《中国工农红军简史》被中宣部指定为全国党员干部学习必备书目，《世界军事哲学思想史》等多个项目获国家出版基金资助，《当代世界军事转型史》等多个项目入选国家主题出版项目。《解放军医学杂志》被评为中国精品科技期刊，《军事医学研究（英文）》杂志被评为“2017中国国际影响力优秀学术期刊”并入选中国科技核心期刊。出版社每年均被表彰为“书香中国•北京阅读季优秀合作机构”。

伴随着国家和军队铿锵前行的步伐，军事科学出版社坚持以“军事特色、学术品位”为出版导向，聚焦军事科研，强化服务保障，砥砺奋进，锐意进取，在军事理论、军事科技、军事医学、医药科技等领域发挥学术引领、文化传播作用，更好地为国防和军队建设贡献力量。

黄 强 | Huang Qiang
第十三届韬奋出版奖

黄强，现任中国教育出版传媒集团党委委员，人民教育出版社党委书记、社长，编审。从事出版工作30余年，被评为全国中青年优秀编辑，全国百名有突出贡献的新闻出版专业技术人员，全国新闻出版行业领军人才，入选中宣部文化名家暨“四个一批”人才，先后荣获2017年度中国十大出版人物、第十三届韬奋出版奖。

黄强坚持正确出版导向，具有较强的党性修养、大局意识和政策法规水平，踏实奉献，成绩显著。

具有较强的出版创新能力和策划组织能力。他策划组织、编辑出版了一批特色鲜明、社会效益突出的图书，为甘肃出版界赢得了荣誉。“国际敦煌学丛书”“敦煌学研究丛书”“敦煌讲座”书系为国家“九五”“十五”“十一五”重点图书出版规划项目并获国家图书大奖；“陇文化丛书”、《藏族文化发展史》（上下）、《三礼研究论著提要》等图书连续七年获国家大奖；《西藏教育五十年》入选中宣部向十六大献礼百种图书，《别样西部》入选向全国少年儿童推荐百种图书，《北朝图像研究》入选“三个一百”原创图书出版工程，“走近敦煌丛书”入选经典中国国际出版工程。

具有较强的市场意识和开拓能力。他以敏锐的战略眼光分析教育出版市场，策划出版了一大批高质量教学用书，赢得了可观的经济效益。“名校精讲精练”系列、“课堂教学形成性测试卷”等精品教辅畅销市场，《教育学原理》、中学《甘肃历史》、中小学《劳动技术》等更是双效突出。任中教股份副总经理期间，受教育部委托，组织出版了“中国教育改革发展丛书”，在教育领域产生重要影响。

任中国教育出版传媒集团党委委员、中教股份副总经理期间，积极参与公司组建、资源整合等工作，在各项管理制度（如薪酬和考核制度）建立、重大管理项目（如ERP项目）建设、推动公司建成现代企业方面做了大量工作。主持制定中教股份《“弘扬社会主义核心价值观，做强教育出版主业”方案》并推动落实。其间主持中教图公司工作，保证了公司稳定发展。

善于总结编辑出版及管理工作的经验和规律，具有较好的研究能力。曾撰写《应当提倡编辑学者化》《创新体制，苦练内功——谈专业社发展之路》《西部出版业发展纵论》等多篇论文，出版论集《编辑出版与先进文化建设》。论文《观念转变与出版强国》获“建设新闻出版强国”征文优秀奖，《中国出版“公益不足”的制度障碍及市场机制效用研究》获第五届中华优秀出版物科研论文奖，完成博士论文《转型期大众文化杂志的现代追求——〈读者〉研究》，在中美教育出版论坛发表演讲《中国教育出版的数字化转型》并刊登于美国《出版研究季刊》。

黄强在长期实践中形成了自己的出版理念和经营管理风格，他在人民教育出版社社长这一岗位上将发挥更为重要的作用。

PEOPLE'S EDUCATION PRESS 人民教育出版社

2019年，人民教育出版社（以下简称“人教社”）继续积极实施“以中小学教材为核心的品牌拓展战略”，积极配合教育部教材局，以高度的政治担当和精益求精的专业精神，全面完成义教三科统编教材和高中三科教材的编辑出版工作。2019年秋季学期，义教三科统编教材在全国实现了全覆盖，约有1.5亿学生用上了全新的义教三科教材；高中三科统编教材在北京、天津、上海、山东、辽宁、海南等6省市率先投入使用，超过100万的高一学生用上了全新的高中三科教材。习近平总书记和其他中央领导同志及中宣部（国家新闻出版署）、教育部的领导给予了高度评价。

人教社与澳门教青局合作编写出版了初二和高二年级《历史》教材、高中《品德与公民》教材，2019年秋季学期在澳门投入使用。2019年以来香港出现的乱象，反衬出人教版澳门教材在加强澳门学子的国家意识和爱国情怀方面所发挥的积极作用。该两套教材得到了习近平总书记的充分肯定。

人教社积极落实“以内容建设为基础的融合发展战略”，积极推进传统出版与数字出版的融合发展。完成“第三代人教数字教材”等配套数字资源开发和内容更新工作，其中三科统编配套数字教材21册、新修订高中教材配套数字教材12册、义教11个学科95册教材。持续优化以“人教云”为核心的技术体系。完成基础教育数字教学资源库V2.0项目升级工作，基本实现义教阶段数字资源内容全覆盖。完成少数民族双语教学资源建设项目，通过评审验收。持续优化数字教材垂直服务平台及人教智慧教学平台。人教社还发起成立中国版权协会数字出版工作委员会，积极为我国数字版权事业的发展提供助力。

人教社在全国出版界率先将“以版权运营为重点的合作共赢战略”列入“十三五”规划。将版权资源作为战略性资源，加强保护和开发，开展多领域、多区域、多形式的合作。作为人教版教科书的权利人，人教社通过版权管理、经营，实现了教科书的版权价值，版权运营稳步推进。全年中小学教材著作权收入稳中有增；分类制定中小学三科统编教材配套教辅授权管理办法，有序开展教辅授权工作，教辅著作权使用费稳中有增；开展了三科统编教材授权教辅质量专项抽查，以保证授权教辅的意识形态安全，提升内容质量和编校质量。针对三科统编教材等的侵权行为开展重点维权工作。

人教社国际版权贸易在2019年获得新进展。教育部颁布的新高中课程标准将由人教社和圣智集团联合出版英文版，由人教社输出版权的《该学中文了》教材列入俄罗斯政府学生采购清单。2019年，人教社与美国、俄罗斯等10家境外出版机构，就《中国读本》（英语版）等162个项目达成版权输出协议，引进版权30项。与美国圣智集团、英国培生教育集团、加拿大灵通传媒集团等的合作项目进展顺利。组织参加法兰克福等10个国际书展，参加多个国际会议。

《中国文化读本》新书发布会

工作人员在查获窝点清点盗版图书

国际书展版权洽谈

黄强社长与俄罗斯教育出版社首席执行官Dmitry Klimishin先生签署战略合作协议

与律师商讨《中日交流标准日本语》侵权案件

与著作权集体管理机构商讨教科书选用摄影作品问题

杜　贤　|　Du Xian

第十三届韬奋出版奖

杜贤，中共党员，编审，人民卫生出版社有限公司总编辑、董事、党委常委。1987年毕业于华西医科大学（现四川大学华西医学院），对外经济贸易大学工商管理在职研究生学历。1987年到人民卫生出版社工作，历任副总编辑、党委常委，副总编辑兼副总经理、董事、党委常委。2013年9月任人民卫生出版社有限公司总编辑至今。享受国务院政府特殊津贴，荣获第十三届韬奋出版奖、中宣部2014年文化名家暨“四个一批”人才、全国新闻出版行业领军人才、北京市新闻出版行业领军人才等多项嘉奖。

杜贤从事出版工作33年来，遵循出版规律，敢于担当、勇于创新、开拓进取、无私奉献，在卫生出版和科技出版领域做了大量富有成效的工作，在出版理论研究、实践创新、服务行业发展方面都取得了丰硕成果。

坚持正确的政治方向和科学的出版导向，在出版界创新建立“九三一”质量控制体系和“三三一一”选题论证体系；大力推动以选题为源头、以编辑为重点的出版供给侧结构性改革；创新以书号严控为抓手，推动人民卫生出版社实现由高速增长向高质量发展、由数量规模向质量效益的两个转变，为科技出版改革发展及人民卫生出版社高质量发展做出了贡献。

坚持弘扬科技创新出版主旋律，坚守卫生出版主阵地，融合政府、院校、学会、机构、专家、国外院校等六大资源，构建人民卫生出版社“两会”年会平台，创新中国特色的医药科技出版模式。带领创建了涵盖医学教育各阶段、各层次、各专业的2 500余种教材的多方位、立体化的医药卫生教材体系。策划打造了“中华”“实用”“原创”等系列人卫学术专著品牌，策划实施了“中国医药学术原创精品图书工程”“三名工程”等系列人卫学术出版工程，推出了一大批原创学术精品著作。

坚持改革创新、开拓进取，大力推动人民卫生出版社数字出版转型升级，实现传统媒体和新兴媒体深度融合发展。带领创建中国医学数字化出版平台，创新提出建设中国医学教育慕课联盟和中国医学教育慕课平台，催生了中国医学教育MOOCs元年；大力推动“人卫临床助手”等中国临床决策辅助系统建设。创新探索“数字教材课程—开放大学—数字平台—融合出版—AR/VR/MR—大数据、人工智能—5G万物互联”的人卫数字化创新发展格局，为人民卫生出版社数字出版转型融合发展位居国内前列做出了突出贡献。

坚持解放思想、实事求是、与时俱进，注重出版理论研究和实践经验总结，公开发表多篇高水平出版专业学术论文，被广泛引用并被评为高影响力论文，编写出版多种学术著作，得到了业内的认可和高度评价，为出版行业创新发展提供了理论思考和实践经验。

人民卫生出版集团
人民卫生出版社有限公司

人民卫生出版社（以下简称“人卫社”）成立于1953 年，在国家卫生健康委员会、中宣部、财政部、教育部等的领导下，始终坚持正确出版方向，坚持把社会效益放在首位、实现社会效益与经济效益相统一，坚持“根植卫生健康，服务健康中国”的发展宗旨，秉持“传授医学知识、传递医学信息、传扬医学科技、传播医学文化、传承医学文明”的社会责任和历史使命，已发展成为我国出版规模大、产品质量高、综合实力强，涵盖医药教材、学术专著、科普图书、医学期刊、外文图书、数字新媒、多元产业的有国际影响力的医药卫生出版传媒企业，形成了具有广泛知名度和认知度的“人卫”品牌集群。人卫社现每年出版图书4 000多种，其中新书1 800种以上，主要发展指标连续多年保持健康稳定增长，质量效益不断提升。

坚持高质量发展，综合实力和学术影响力位居出版行业前列。人卫社先后荣获第五届全国文明单位、全国首批优秀出版单位、“全国文化企业30强”提名企业、中国出版政府奖先进出版单位、“全国百佳图书出版单位”，是全球唯一WHO卫生信息和出版合作中心、原国家新闻出版广电总局数字出版转型示范单位。人卫社单位集体、产品和个人获得中国出版政府奖、中华优秀出版物奖等国家各类奖项900多项，获得多项国家文化产业发展专项资金和其他专项资金资助。

近年来，人卫社深入贯彻落实习近平总书记系列重要讲话精神和“没有全民健康，就没有全面小康”重要指示，贯彻落实全国卫生与健康大会精神和党的卫生健康工作、教育工作、新闻出版工作方针，不断提高出版质量和效益，做强做实做精做优卫生健康出版事业和产业，打造了一大批人卫教材、学术、科普、数字出版系列精品力作，服务医药卫生人才培养和大众健康，为健康中国建设和实现中华民族伟大复兴的中国梦贡献更大力量。

1. 2019年11月，人民卫生出版社“健康中国行动”系列出版物首发仪式
2. 2017年11月，人民卫生出版社经典学术名著《实用内科学》（第15版）、《实用外科学》（第4版）、《实用妇产科学》（第4版）首发仪式

董素山 | Dong Sushan
第十三届韬奋出版奖

董素山先后任河北少年儿童出版社总编辑、方圆电子出版社社长、河北教育出版社社长。他围绕“四名工程”建设带队伍、定规划、树特色、创效益，使所在出版社形成了自己独特的出版风格和特色。共编辑出版图书800余种，先后4次获中宣部“五个一工程”奖，6次获中国出版政府奖和中华优秀出版物奖，多次获得中国原创游戏精品出版工程奖、全国优秀青年读物奖、全国优秀畅销书奖、全国优秀科普读物奖、冰心儿童图书奖、河北省人民政府优秀图书奖等，20余种图书被列入国家图书出版规划，10余种图书获国家出版基金资助，20余种图书入选国家新闻出版总署向全国青少年推荐的百种优秀图书，出版了一批畅销书、常销书，印数10万册以上的图书达100多套，30多种160余册品牌图书入选国家农村书屋工程。先后获得中宣部文化名家暨“四个一批”人才、全国百佳出版工作者、第四批全国新闻出版行业领军人才、河北省有突出贡献中青年专家、燕赵文化英才等一系列荣誉称号，2019年荣获第十三届韬奋出版奖。

他坚持社会效益第一，围绕宣传主旋律推出代表国家、民族、时代精神的主题出版物，强调出版物的时代性、经典性、系列化、纸数融合，出版了《好人365》《忠魂铁血——李大钊》《五星红旗》《多瑙河的春天——“一带一路”上的钢铁交响曲》《高地——“时代楷模”报告文学精选》《我的幸福谁当家》《涅槃》等一批主题力作；策划出版了《平山记忆》《潮起京津冀2018》《爱的红利》《信仰•信念•信心》等主旋律精品纪录片、专题片。紧紧围绕大家名作，推出具有经典性的内容厚重、作者一流、作品一流、具有标志性影响的高端出版物，策划推出了高洪波、金波、李东华、伍美珍、郝月梅等一批儿童文学名家名作，《阳光姐姐美绘馆》《阳光姐姐小说总动员》《郝月梅幽默儿童小说系列》等儿童文学类图书近年发行量达到400万册；策划了《世界文豪书系》《大家讲红楼》《最美奋斗者》等一批内容高水准、作者一流、原创性强的高端选题和具有较大社会影响力、经济效益突出的市场化选题。主动适应数字化时代，用数字化手段改造提升传统出版，有步骤、有计划地推进融合发展进程，打造了《平山记忆》《古剑奇谭》及融媒体出版物《好人365故事•青少版》《冰雪运动》《九州天空城3D》《琅琊榜：风起长林》，开发了“中小学家庭教育平台”和中国传统书画系列创意数字产品《赵孟頫书画全集》等一批社会效益和经济效益俱佳的电子、音像、图书和游戏产品。

河北教育出版社

河北教育出版社成立于1986年12月，年出版图书千余种，主要有教育、学术、文化、艺术、少儿等门类。拥有韬奋出版奖获奖者、全国新闻出版行业领军人才、中宣部文化名家暨“四个一批”人才、省管优秀专家、燕赵文化英才、河北省“三三三人才工程”人才、河北省有突出贡献中青年专家等一批优秀人才。近年来荣获“中国版权最具影响力企业”“河北省知名文化企业30强”等奖项，连续四年入选河北省精品出版先进单位。近两年，河北教育出版社调整出版结构，实施精品战略，推进“四名工程”建设，探索数字转型，综合实力得到显著提高，社会影响力和经济效益稳步提升。

教学用书方面，重点推出冀教版教材、公告教辅、地方教材、职业教材和本版市场化教辅等产品。先后有9种66册教材通过教育部审定，18种170册地方教材及公告教辅通过了河北省教育厅审定，市场覆盖西藏、甘肃等全国十余个省份。

精品出版方面，在学术、文史、少儿、艺术等领域精耕细作，近年来推出了《齐如山文集》、《顾随全集》、《费•陀思妥耶夫斯基全集》、《巴赫金全集》、《卡夫卡全集》、《非琴俄罗斯文学经典译文集》、《二十世纪中国文学编年》、《中国民间故事史》、“古典文学与华夏民族精神建构”丛书、《中国古典诗词分类鉴赏辞典》等一大批双效明显的精品图书，600余种图书获得省部级以上优秀图书奖，50余种图书获得国家级大奖。《梦想照亮生活》荣获中宣部“五个一工程”奖；《顾随全集》《中国民间故事史》《米芾书法全集》等荣获中国出版政府奖；“古典文学与华夏民族精神建构”丛书、《王羲之王献之书法全集》、《詹锳全集》等荣获中华优秀出版物奖；《中国民间文学史》《中国梆子》《世界汉学诗经学》等入选国家出版基金资助项目；《多瑙河的春天——“一带一路”上的钢铁交响曲》《高地——“时代楷模”报告文学精选》《绿色奇迹塞罕坝》等入选中宣部主题出版重点选题。

在融合发展方面，近几年来，紧密围绕教育出版主业，依托教材教辅图书资源和一般图书优秀选题，管理、建设了几个数字出版项目，主要包括冀教学习APP、冀教版教材资源库、信息技术电子教材平台和《米芾书法全集》、《王羲之王献之书法全集》等一般图书融合发展项目，取得了良好的经济效益和社会效益，形成了图书、音像、网络及数字出版协调发展的良好局面，呈现出强劲的发展态势。

①

②
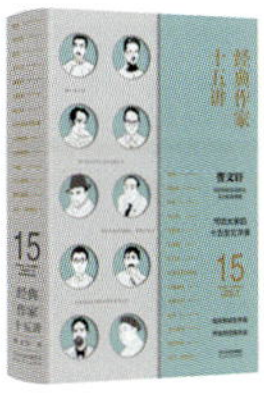

③

④

⑤

⑥

⑦

⑧
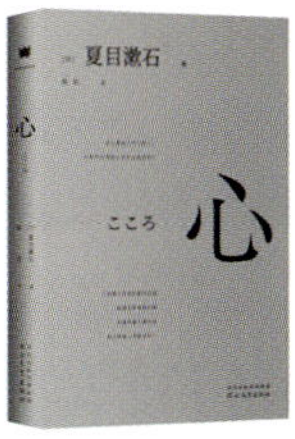

⑨

⑩

1. 《非琴俄罗斯文学经典译文集》；2. 《经典作家十五讲》；3. 《〈世说新语〉十三讲》；4. 《我爱秋风劲》；5. 《我读齐白石》；6、7. 《小哪吒童书馆诺贝尔文学奖绘本》；8. 《心》；9. 《中国民间文学史》；10. “自然保护区探险”系列

刘东杰 | Liu Dongjie

第十三届韬奋出版奖

刘东杰自1987年参加出版工作以来，先后从事科技出版19年、美术出版2年、教育出版12年，历任山东科学技术出版社副总编辑（2001—2006年），山东美术出版社副社长（2006—2008年），山东教育出版社总编辑（2008—2011年）、社长（2011年至今，其中2011—2015年兼任山东出版传媒股份有限公司副总经理）。30多年来始终坚持党的出版方针政策，将出版作为实现人文情怀和理想抱负的终生志业，爱岗敬业、甘于奉献，紧跟时代发展潮流，开拓进取、勇于创新，为党的出版事业努力奋斗，取得了突出的出版业绩。荣获第十三届韬奋出版奖（2019年）、中宣部文化名家暨“四个一批”人才（2019年）、第四届中国出版政府奖优秀出版人物奖（2018年）、2018年度中国十大出版人物（2018年）、2018年度推动引进输出的典型人物（2018年）、2016年度全国新闻出版行业领军人才（2017年）、第二届山东省新闻出版奖优秀人物奖（2014年）、山东省第二批齐鲁文化英才（2012年）、山东省出版系统十佳人才（1998年）、首届山东省优秀中青年编辑奖（1994年），被聘为国家出版基金评审专家、国家新闻出版改革发展项目库项目评审专家。兼任中国版协教育图书工作委员会副主任、中国教育学会教育出版研究专业委员会副理事长，山东艺术学院硕士研究生导师、青岛科技大学客座教授。

一、坚守出版使命，勇于担当作为，取得突出社会效益

从事编辑工作期间，敏锐捕捉代表时代高度和学科前沿水平的选题，充分发扬精益求精的工匠精神，策划、编辑《气液两相流特征参数的电子测量》《原子簇的结构规则和化学键》《科学的丰碑——20世纪重大科技成就纵览》等图书，获“五个一工程”奖、中国图书奖、国家图书奖等国家级大奖7种；2011年起走上社长岗位，主持《中华大典·数学典》《中华大典·理化典》等国家出版基金项目和“在线分层自适应教学评测服务云平台”等国家新闻出版改革发展项目库入库项目多项，运作成立山东基础教育出版基地、山东教育出版社阅读与写作基地、小荷工作坊等重点工程，策划出版《秋雨合集》、“小荷工作坊”、“布拉迪斯拉发国际插画双年展（BIB）获奖书系”等重点图书，开发培育出“小荷听书”有声读物出版阅读平台、小荷网等重点融合出版项目，在进一步优化教育学、人文社科、科技史等既有品牌产品线的基础上，又开拓出名家文集、原创儿童文学、图画书、融合出版项目等多条产品线，带领山东教育出版社获得全国版权示范单位、山东省首批传统出版数字化转型示范单位、山东省新闻出版奖优秀集体奖、山东省第三批重点文化企业、山东省全民阅读示范单位、山东省全民阅读书香企业等荣誉称号。

二、紧跟时代发展，锐意改革创新，保持企业发展活力

担任山东教育出版社社长以来，始终把社会效益放在首位，努力实现社会效益与经济效益的有机统一，带领山东教育出版社取得优异社会效益的同时，实现经济效益连年稳步增长。紧跟时代发展要求，锐意改革

山东教育出版社 Shandong Education Press

创新，提出“立足教育，科技赋能，多元融合，一体化创新发展”整体工作思路，科学制定发展规划，致力于打造具有全媒质出版功能的一流教育出版企业，带领山东教育出版社实现创新发展：一是以服务教育教学为主线，形成了国标教材、地方教材和教辅产品研发优势，12个学科的国标教材在全国使用；二是注重精品力作品牌建设，推动优势出版板块社会影响力进一步凸显，8种图书连续四届荣获中国出版政府奖，10种出版物连续七届荣获中华优秀出版物奖；三是突破开发原创图书，成立原创儿童文学品牌工作室“小荷工作坊”、新锐作家工作室“米吉卡工作室”，推出《狮子崖》《梁晓声童话》《有鸽子的夏天》等双效图书，市场化转型取得突出成效；四是技术引领数字出版，推动纸电融合、纸网融合、数字出版与智能化教育融合、阅读终端跨界融合，打造全媒质教育出版服务体系，逐步形成以数字出版为主导的新型出版产业格局；五是加快国际化全面布局，在海外成立澳山国际教育出版公司和罗马尼亚中国主题图书编辑部，输出版权160多种，17个项目获“丝路书香工程”等国家资助；六是创新推动全民阅读，在全国建设“阅读与写作基地”，开展“小荷听书—我爱朗读”活动，用线上线下相结合的形式将建设书香校园与推动全民阅读有效融合。

三、研究出版理论，发表专业文章，具有较高行业影响力

2016年以来在《中国出版》《中国新闻出版广电报》《图书馆报》等专业报刊发表《内容为本、科技引领、融合创新，打造新时代全媒质教育出版服务体系》《网络社群营销撬动图书销售变革》等专业文章10余篇。《人民日报》、中央电视台、《中国新闻出版广电报》等重要媒体对其出版理念及其带领下的山东教育出版社的特色发展之路进行过深度报道。

8种图书连续四届荣获中国出版政府奖

第四届中国出版政府奖图书奖
中国文化发展史
中外文学交流史

第三届中国出版政府奖图书奖（提名奖）
转型期西方教育理论与实践丛书
20世纪文学史理论创新探索丛书

第二届中国出版政府奖图书奖
罗常培文集
中国历代著名文学家评传

首届中国出版政府奖图书奖（提名奖）
中国现代海洋科学丛书
中国著名大学校长书系（第1辑）

10种出版物连续七届荣获中华优秀出版物奖

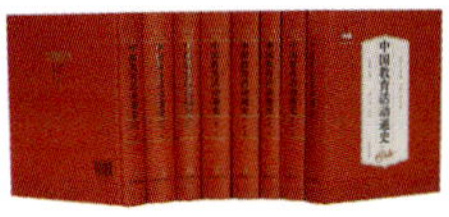
第七届中华优秀出版物奖图书奖
中国教育活动通史

第七届中华优秀出版物奖音像电子出版物提名奖
中国书画技法

第六届中华优秀出版物奖图书奖
中外文学交流史

第六届中华优秀出版物奖音像电子游戏出版物奖（提名奖）
刘公岛之约

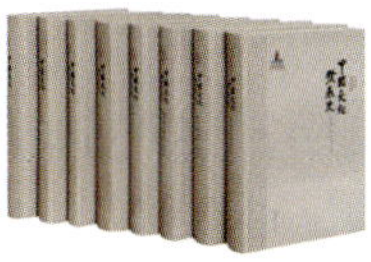
第五届中华优秀出版物奖图书奖
中国文化发展史

第五届中华优秀出版物奖图书奖（提名奖）
西方教育史经典名著译丛

第四届中华优秀出版物奖图书奖
教育史学研究新视野丛书

第三届中华优秀出版物奖图书奖
罗常培文集

第二届中华优秀出版物奖图书奖
创新教育书系

首届中华优秀出版物奖图书奖
中国现代海洋科学丛书

何成梁 | He Chengliang

第十三届韬奋出版奖

何成梁，1964年12月生，浙江诸暨人，编审，现任浙江出版联合集团党委委员、董事，浙江出版传媒股份有限公司董事、副总经理，浙江教育出版社集团有限公司董事长、社长，兼任中国出版协会常务理事、中国图书评论学会常务理事、浙江省出版协会副会长。

从事出版工作30余年，坚守出版人的职责，坚持正确政治方向、出版导向和价值取向，既熟悉编辑出版业务，又擅长出版业的经营管理，出色地完成了宣传文化和国有资产保值增值任务。获得第十三届韬奋出版奖，先后入选浙江省“新世纪151人才工程”、浙江省宣传文化系统“五个一批”人才、全国新闻出版行业领军人才以及浙江省“万人计划”人文社科领军人才等。

一、坚持正确政治方向，大力弘扬时代精神

何成梁先后担任浙江文艺出版社社长、浙江人民出版社社长和浙江教育出版社社长，坚持把政治建设放在首位，始终把主题出版工作作为主抓手和先手棋，组织出版了一大批主题出版精品力作，为党和国家中心工作提供了有力的出版支持。组织出版《生命第一》、《牵挂》、《红船启航》、“创新报国70年”大型报告文学丛书等一大批主题出版图书；2013年报中办批准重印《之江新语》一书，并精心组织好发行工作，满足了广大党员干部学习习近平总书记治国理政新理念新思想新战略的需要。

二、坚持专业立社方向，做大做强精品出版

何成梁遵循出版工作的内在规律，结合不同出版社的专业特质，通过明确主攻方向、集中优势资源、坚持垂直深耕，打造有竞争优势的产品线矩阵，形成品牌特色和规模效应。浙江文艺出版社《夏衍全集》获中国出版政府奖提名奖；浙江人民出版社有“当代非洲发展研究文库”等11套75种图书列入国家出版基金资助项目，《毛泽东著作辞典》获中国出版政府奖；浙江教育出版社有6个项目入选2017年、2018年国家出版基金项目，有1套丛书入选2019年度中宣部主题出版重点出版物选题，1种图书获2020年度“中国好书”。

三、不断创新经营理念，努力实现双效统一

何成梁具有强烈的市场意识和经营意识，在坚持把社会效益放在首位的前提下，能够从实际出发，采取灵活有效的经营策略，打造出《大数据时代》《之江新语》《最好的告别》等一大批畅销书，使三家出版社的市场竞争力和品牌影响力都有较大提升，经营规模和经济效益持续增长。

四、坚持科学发展理念，全面加强企业管理

何成梁具备良好的系统思维和底线思维能力，贯彻落实意识形态工作责任制，抓细抓实内部管理，从导向管理、财务管理、库存管理着手，修订制度，规范流程，落实责任，切实防范和化解各种重大风险，努力实现企业持续健康发展。

浙江教育出版集团
ZHEJIANG EDUCATION PUBLISHING GROUP

浙江教育出版社成立于1983年9月，是一家地方教育专业出版社。2005年5月完成“事转企”改制，成立浙江教育出版社有限公司。2016年1月，经国家新闻出版广电主管部门批准，变更组建为浙江教育出版社集团有限公司，简称“浙江教育出版集团”。建社以来，浙江教育出版集团始终以“服务教育，繁荣学术，积累文化”为宗旨，主要从事教材、文教读物、科普读物、大众读物以及教育学、心理学等学术著作的出版发行。

建社以来，浙江教育出版集团立足教育，出版了近千种中小学教材，包括国标教材和浙江省九年制义务教育教材、地方教材，以及幼儿教材、培智教材、专题教材等。20世纪80年代，出版的九年制义务教育教材列入教育主管部门课改8套教材之一，在浙江全省中小学校使用。21世纪初国家课程改革启动，率先成为全国新课标教材13家出版社之一。

依托丰富的作者资源、专业的出版经验、敏锐的市场意识，出版的文教读物和大众读物赢得了教师、家长和学生的信赖。如“中学数理化精编”系列问世后连续畅销了20多年；《中国少年儿童百科全书》自1991年出版以后畅销至今，创造了中国出版业的奇迹，并于2017年4月再版；从美国引进的“科学启蒙”“科学探索者”“科学发现者”等科学教育系列丛书，均成为常销图书，在市场上树立了良好的品牌。

坚持精品出版战略，努力传承文化，打造了一批高品位学术著作，有数千种图书在省级以上图书评奖中获奖。作为我国教育学、心理学著作的出版基地之一，出版的以“世纪心理学丛书”“认知神经科学前沿译丛”“汉译世界高等教育名著丛书”“大国教育战略研究”等为代表的心理学、教育学理论著作在我国学术界产生了广泛影响。

在2009年全国出版社等级评估中被评为一级出版社，荣获“全国百佳图书出版单位”称号，2010年荣获“中国出版政府奖先进出版单位”称号；连续被商务主管部门等六部门列入2011—2012年度和2013—2014年度国家文化出口重点企业名单。

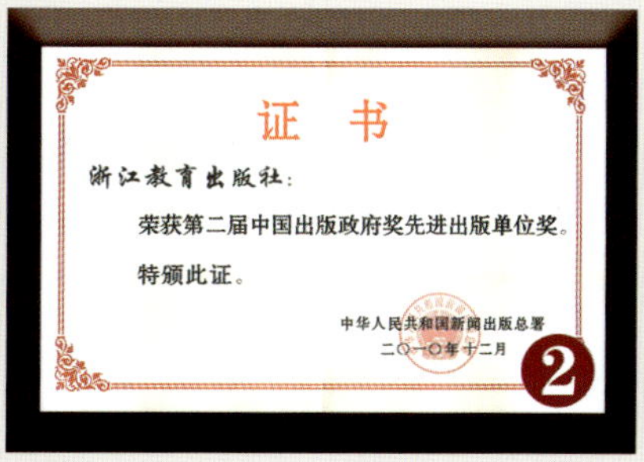

1. 浙江教育出版社荣获“全国百佳图书出版单位”称号
2. 浙江教育出版社荣获“中国出版政府奖先进出版单位”称号
3. 2018年8月，浙江教育出版集团与中国科学院科学传播局进行项目合作协议续签

刘明辉 | Liu Minghui

第十三届韬奋出版奖

刘明辉，1964年出生于湖南汨罗。大连出版社社长兼总编辑，会计名家、审计专家、财务管理领军人才、国家重点学科带头人。第十三届韬奋出版奖获得者。

他1993年通过公开竞聘执掌东北财经大学出版社，堪称一位“老社长”；他跨学科、跨行业游弋，既是博士、教授、博导、全国会计名家、审计专家、财务管理领军人才、国家重点学科带头人、中国中青年财务成本研究会的发起者、中国注册会计师职业准则体系的建造者，又是编审、资深传媒专家、版权资源产业化运营的领跑者、幻想儿童文学的扛旗者、全国新闻出版行业领军人才、中国十大出版人物；他的获奖，实现了韬奋出版奖自1987年设立以来辽宁省零的突破。

1993年，他将资不抵债的东北财经大学出版社带入快速健康发展轨道，以国际视野，率先引进欧美经典财经教材，打造会计、财务教材品牌，为东北财经大学出版社成为全国百佳出版社打下坚实基础，也实现了他从教学科研到编辑出版和经营管理的跨界。2004年，他临危受命，挽大连出版社于危难之中，带领员工走上第二次创业之路，爬坡过坎、滚石上山，一年扭亏为盈，两年资产翻番，三年实现“资产上规模、管理上水平、质量上档次、效益上台阶”。

2011年，在刘明辉带领下的大连出版社，策划出版了“高级会计师考试用书系列”“第三届全国会计知识大赛系列”等专业书籍，引得财经出版同人羡慕纷纷。刘明辉却在这现世安稳中洞察中国原创幻想文学崛起爆发的机遇——保卫儿童想象力。

2012年，刘明辉带领大连出版社实行战略转型与产业升级，举起保卫想象力的旗帜。尽管当时大连出版社仅有1位童书作家，没有童书营销渠道，甚至在童书策划出版方面也是新手。无论是业界，还是出版社内部，不解、质疑，铺天盖地。

凡变革者，必荷重担。2015年，刘明辉彻底辞去市管干部身份，辞去各种独立董事职务，辞去各种商业授课任务，专事幻想儿童文学产业化研究与实践。

经过几年努力，大连出版社先后有20多部原创童书作品成功实现IP运营，涉及动漫、舞台剧、电影、游戏及衍生品等多元产品形态，带动投资近75亿元人民币，初步打造出中国原创幻想儿童文学产业链领导者品牌，收获中华优秀出版物奖、全国优秀儿童文学奖、中宣部“优秀青少年读物出版工程”等国家级荣誉。

跨界途中的“梦”与“痛”，创业路上的“苦”与“乐”，是刘明辉职业生涯的主旋律。不忘初心，牢记使命，挑战自我，矢志奋斗，这或许就是新时代出版人践行韬奋精神的生动写照。

大连出版社
DALIAN PUBLISHING HOUSE

大连出版社成立于1988年3月15日，始终坚持正确导向，坚持“两为”方向和“双百”方针，坚持“内容为王、导向为魂、创新为要、品质为本”的出版理念，不断创新体制机制，狠抓主题出版，专注特色出版，注重融合发展，赢得了导向正确、特色鲜明、双效显著的良好局面。

坚持实施人才战略，近20人次获得“韬奋出版奖”“全国十大出版人物”“全国新闻出版行业领军人才”“全国会计名家”“全国企业财务管理领军人才”等荣誉称号。

坚持实施品牌战略，坚持“质量源于责任，质量成就品牌”的品质追求，积累了“校园三剑客”“海军陆战队”“大白鲸金牌作品”等大批品牌图书。《大机车》等入选国家主题出版重点出版物选题规划，《大白鲸原创幻想儿童文学读库》等近百种图书入选“十三五”国家重点出版规划，《富民与安居》等入选国家出版基金项目。《百年见证》《拯救天才》荣获中华优秀出版物奖，《拯救天才》《大熊的女儿》荣获全国优秀儿童文学奖，《奇迹之夏》入选中宣部优秀青少年读物出版工程，《寻找蓝色风》入选中宣部优秀儿童文学出版工程。

坚持实施国际化战略，《大熊的女儿》《拯救天才》等90多种图书版权输出，《图说满族民俗风情》等30多种图书实物产品输出。

坚持实施产业化战略，打造中国原创幻想儿童文学产业链领导者品牌。20多部作品成功实现IP运营，涉及动漫、舞台剧、电影、游戏及衍生品等多元产品形态，带动投资75亿元人民币。

坚持实施融合发展战略，策划实施了一系列重大项目。“中国幻想儿童文学在线”等五个项目入选国家新闻出版改革发展项目库；“中国幻想儿童文学新媒体平台”等三个项目获中央文化产业发展专项资金支持。大连出版社被国家海洋局授予“全国海洋文化产业示范基地”。

动力，源于心存梦想！品质，赖于持续创新！

大连出版社将高扬习近平新时代中国特色社会主义思想旗帜，坚持把社会效益放在首位，以全面实施人才战略、品牌战略、产业化战略、国际化战略和融合发展战略为重点，以新媒体平台工程、精品生产工程、阅读推广工程、产业融合工程为抓手，继续为“传承先进文化、创造阅读价值”贡献力量！

①

②

③

④

⑤

2011年10—12月，大连出版社先后召开关于公司发展战略转型的系列研讨会，决定打破原有的“十三不靠”的尴尬局面，将未来发展战略确定为“在发展模
上走产业化道路，在产品内容上走品牌化道路，在传播媒介上走数字化道路，在资源渠道上走国际化道路，在管理模式上走现代化道路”，高举“保卫想象
”旗帜，专注幻想儿童文学图书出版，致力于打造幻想儿童文学产业基地

2013年9月13日，首届大白鲸世界杯原创幻想儿童文学奖启动仪式在哈尔滨举行。此活动因倡导“保卫想象力”的理念，专门奖励原创作品，实行全程匿名
审，充分尊重小读者意见，被业界誉为“最纯粹的文学奖”

中国首位获雨果奖的作家刘慈欣在第二届幻想儿童文学高层论坛上发表《幻想儿童文学中的科幻小说》主题演讲。他认为，科幻文学既有现实主义文学所缺
的想象力，又有童话所不具备的真实性，具有现代神话的特征，在儿童文学中是不可替代的

中国首位获国际安徒生奖的作家曹文轩在第四届幻想儿童文学高层论坛上发表《第二世界的创造》主题演讲。他认为，造物主将第一世界交到人类手上的时
是单调、枯燥的，是人类调动伟大想象力并且付出巨大的劳动才使它成为今天如此斑斓多彩的景象

2017年1月，“明日之星——幻想儿童文学作家培训班”在北京开班，雨果奖和星云奖双奖得主、著名科幻作家南希·克雷斯，国内唯一的科幻文学博士生
师吴岩，《科幻世界》主编姚海军，资深儿童文学评论家、翻译家舒伟同台授课，超豪华的导师团队只为首批10位学员传授秘籍

黄 俭 | Huang Jian

第十三届韬奋出版奖

黄俭政治素质好、专业造诣高，坚持弘扬韬奋精神，长期在少儿出版行业勤奋工作、默默耕耘，为促进中国少儿出版事业的改革和发展做出了重要贡献。

黄俭将少年儿童读物出版工作视为塑造中国未来一代人灵魂的理想事业，并始终为之努力。在这份初心的引领下，他认真学习贯彻习近平新时代中国特色社会主义思想和党的十九大精神，坚决执行党的各项方针政策，坚持正确的政治方向和出版导向，专注传播先进文化，致力弘扬主流价值，始终坚持把社会效益放在首位，社会效益和经济效益相统一。

多年来，秉承接力出版社“追求卓越、追求合作”的企业文化理念，带领接力团队充分发挥少儿出版的文化引领作用和出书育人的服务精神，为丰富和活跃广大少年儿童的精神文化生活，提供了一大批以“中华先锋人物故事汇”丛书、《资本论（少儿彩绘版）》、《共产党宣言（少儿彩绘版）》为主要代表的具有重大文化价值的高品质文化产品，对宣传社会主义核心价值观，传承、弘扬中华民族优秀文化发挥了重要作用。

黄俭长期工作在编辑一线，策划编辑的出版物具有重要的思想价值、科学价值、文化价值。接力出版社曾连续八次获中宣部“五个一工程”奖，先后有《神脑聪仔》《我爱大自然》等29种图书和音像电子出版物获得“五个一工程”奖、国家图书奖、中国出版政府奖、中华优秀出版物奖等，500多种图书获省部级以上各类奖项。在迄今总共四届中国出版政府奖的评选中，接力出版社共获得三次“先进出版单位奖”（分别是第一、第二、第四届）。

黄俭锐意改革，开拓创新，积极探索传统出版业的自强之路，成功探索出一个地方出版社由小变大、由弱变强、由地域经营向全国出版大平台跨越的内涵式发展模式，在全国青少年文化图书出版市场形成了自身独特的竞争优势和品牌效应，成为广西在全国乃至全世界的一张文化名片。多年来接力出版社影响力持续扩大，核心竞争力稳步提升，始终位列国内专业少儿出版社第一方阵。

黄俭以强化中国少儿图书在世界的影响力和传播力为己任，带领接力出版社不断提升原创图书品牌的国际影响力、传播力，使之融入世界童书出版的潮流。至今接力出版社已与全球30多个国家和地区的60多家出版单位展开版权合作，共输出图书版权700余种，图书版权输出至英国、法国、德国、美国等国家和中国港澳台地区。并于2016年建立埃及分社，成为中国首个在国外建立分社的少儿出版机构，为向国际讲述中国故事、传递中国声音发挥了积极的作用。

接力出版社 Jieli Publishing House

全国百佳图书出版单位 Top 100 publishing house in China

接力出版社于1990年建社，30年来，曾连续八届荣获中宣部“五个一工程”奖，三次荣获由国家新闻出版广电总局颁发的“中国出版政府奖先进出版单位奖”。2020年5月，接力出版社荣获“博洛尼亚年度最佳出版社大奖”，成为中国大陆第二家获此殊荣的少儿出版社，也是接力出版社继2016年获得“BookBrunch国际儿童及青少年出版商奖”后获得的另一国际奖项，接力出版社由此成为首个同时荣获以上两个国际奖项的中国少儿出版社，这是中国少儿出版走向世界、加入国际合作和竞争的收获和成果。

多年来，接力出版社始终坚持“以社会效益为先，两个效益统一”的原则。截至目前，接力出版社共有29种图书（或音像电子出版物）获得“五个一工程 ”奖、国家图书奖、中国图书奖、中国出版政府奖、中华优秀出版物奖等奖项，500多种图书获省部级以上各类奖项。

从世纪之交开始，接力出版社调整产业结构，一般图书发货码洋快速提升。特别是党的十八大以来，接力出版社高速度、高质量发展，年出新书500余种，年均在售图书2 800多种，2019年发货码洋达到8.83亿元。自上市以来，有“怪物大师”“荒野求生”两个套系图书发货码洋超过两个亿，“暮光之城”“鸡皮疙瘩”等七个套系图书发货码洋超过一个亿。

接力出版社长期与国内外众多优秀作家有着良好的合作，包括金波、曹文轩、秦文君、彭懿、黑鹤、贝尔•格里尔斯等，并推出了“大王书”系列、“小鸟公主”系列、“黑鹤动物文学精品系列”、“小饼干和围裙妈妈”系列、“少儿万有经典文库”、“中国梦之歌校园朗诵诗”系列、“巴巴爸爸”系列、“蓝精灵”系列、“荒野求生少年生存小说系列”等一大批双效显著的优秀图书。

接力出版社始终坚持“让世界读者感受中国精彩，让中国读者与世界同步阅读”的出版理念，截至2019年，向30多个国家和地区输出图书版权700余种。接力出版社埃及分社于2016年10月注册成功并正式运营，这是中国少儿出版社首次在海外建立分社。

长期以来，接力出版社致力推动少儿分级阅读和全民阅读推广。2016—2019年，连续四年主办横跨全年的“少年阅读纪”公益阅读推广活动。通过邀请名家开展“少儿家庭阅读电视论坛”“作家进校园”“行走的课堂”“山村儿童温暖阅读活动”等活动，唤起学校和家庭在培养儿童良好阅读习惯方面的责任，实现少年儿童阅读的全方位、多角度立体推广。

近年，接力出版社紧追知识付费的发展，加快数字化转型升级探索。2019年，接力出版社“天鹅阅读网”注册用户突破50万，累计流量达到900余万人次，在各合作平台上线数字内容670余种，累计播放量近两千万。

接力-东盟少儿图书联盟签约仪式

获奖照片

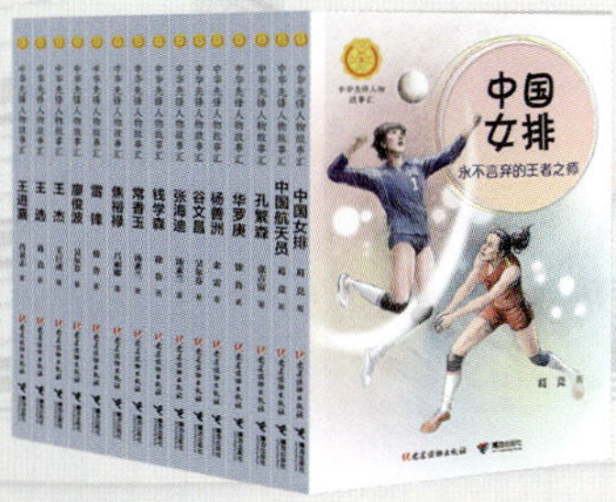

“中华先锋人物故事汇”丛书

龚曙光 | Gong Shuguang
第十三届韬奋出版奖

龚曙光，中共党员，编审。全国新闻出版行业领军人才、“出版湘军”领军人物，是湖南出版强势崛起的主要决策者、操盘者和推动者，获评全国十大创新传媒人物、全国十大报业领军人物、中国百名优秀出版企业家、中国出版政府奖优秀出版人物奖、全国宣传文化系统“四个一批”人才、全国五一劳动奖章、全国文化体制改革先进个人、2011CCTV中国经济年度人物、2013中国文化产业年度人物、2019第十三届韬奋出版奖等荣誉。享受国务院政府特殊津贴，当选湖南省文联副主席，是第十二届、十三届全国人大代表。

一、顺时而为的改革者：推动产业发展和管理创新走在前列

龚曙光战略思维前瞻，战略定力坚韧，坚持以党建为引领，以改革为动力，推动湖南出版实现跨越发展。2007年执掌湖南出版集团以来，将中南传媒打造成为全国领先的全产业链上市的出版龙头股。2013年率先创立文化行业财务公司，2015年起加速推进媒体融合发展，组建红网新媒体集团；提出“三个并重”（传统出版产品和新技术新媒体产品并重、“一带一路”欠发达国家与欧美发达国家并重、版权贸易和平台搭建并重）的国际化发展思路，创造性地提出并大力推进“文化教育援外模式”，领导和推动集团在产品、版权、展会、资本“走出去”和对外交流上取得全方位突破，集团营收、利润、总资产等指标翻倍增长。

二、逆势而思的出版人：促进传统出版和数字出版齐头并进

龚曙光既有强烈的忧患意识，又有强硬的执行作风。在传统出版日子尚好时，他将数字出版确定为中南传媒第一的、优先的发展战略，强调“不做是最大的失职，犹疑是最大的风险”，提早战略布局，确立“全员进入、全链介入、平台推进、资源整合”的发展原则，依托内容自主开发和技术开放合作，使湖南出版的数媒产业走在全国前列。而在业界普遍唱衰传统出版时，他又响亮提出“振兴传统出版”战略，打出了主题出版工程、重点文化工程、畅销书工程、压库增效工程等一系列组合拳。几年下来，集团传统出版呈全面振兴之势。

三、躬身而行的实干家：收获编辑策划和个人创作累累硕果

龚曙光勤于学习、敏于思考、勇于实践，对出版的热爱、对事业的追求、对社会的责任和对文字的敬畏，让他多年来始终保有喷薄的工作激情和旺盛的创作精力。他策划、主编了一大批具有重大影响的国家重点文化工程和优秀出版物，以文学评论家的身份连续10年与张炜、余秋雨、韩少功、残雪、唐浩明、阎真、李修文、王跃文等知名作家进行高端对话，被誉为行业盛事。他作为全国人大代表，提交了“文化传承”“数字教育”“全民阅读”“文化扶贫”“国有企业分类改革”“文化走出去”“保护原创出版”等议案，产生了积极的社会影响。著有《宽度深度——我的企业管理演讲》《一个经济人的文学观察》等出版业务专著，散文集《日子疯长》《满世界》成为散文新作畅销书、文学评论界的新热点。

中南出版传媒集团
CHINA SOUTH
PUBLISHING & MEDIA GROUP

中南出版传媒集团股份有限公司

中南出版传媒集团股份有限公司成立于2008年12月，2010年10月在上海证券交易所上市（股票代码:601098），成为中国全产业链整体上市的出版传媒龙头股。集团经营业务涵盖图书、报纸、期刊、音像、电子、网络、动漫、电视、手机媒体、框架媒体等多种媒介，集编辑、印刷、发行各环节于一体，是典型的多介质、全流程、综合性出版传媒集团，形成了出版、印刷、发行、报刊、新媒体、金融六大产业格局，下辖31家子（分）公司。2019年实现营业收入102.61亿元、净利润14.07亿元，市值和利润均居中国出版传媒上市公司前列，连续十一年入选“中国文化企业三十强”，多次被评为“国家文化出口重点企业”，荣获“中国版权最具影响力企业”“版权输出先进奖”“中国图书对外推广计划特别贡献奖”等多个国家奖项。

新中国成立70周年之际，中南传媒旗下湖南教育出版社与英国海伦埃克斯利出版社就《从饥寒交迫走向美好生活——中国民生70年(1949—2019)》签订版权输出协议。该书将在广大英语国家出版发行，中国的脱贫实践将为世界提供宝贵经验

2019年8月，中南传媒被南苏丹驻华大使馆授予“中国-南苏丹文化交流使者”荣誉称号

中南传媒图书多次入选国家“走出去”项目

从左至右分别为：
《中国民营经济发展40年》英文版（民主与建设出版社）
《从饥寒交迫走向美好生活——中国民生70年(1949—2019)》英文版（湖南教育出版社）
《乡村国是》阿拉伯文版（湖南人民出版社）
《十村记：精准扶贫路》俄文版（湖南教育出版社）

孟鸣飞 | Meng Mingfei

第十三届韬奋出版奖

孟鸣飞始终牢记社会主义出版工作者的政治和社会责任，在体制改革、机制创新、经营管理等方面大胆突破。在其带领下，青岛出版集团先后荣获“中国出版政府奖先进出版单位”“全国新闻出版系统先进集体”“全国文化体制改革先进单位”“国家文化出口重点企业”“全国数字出版转型示范单位”等荣誉称号，其本人也获得“中国出版政府奖优秀出版人物奖”“中国出版十大人物”“泰山产业领军人才”“韬奋出版奖”等重磅荣誉。

一、坚持正确政治导向，实现“两个效益”双丰收

在任期间，孟鸣飞始终坚持把社会效益和正确导向放在首位，青岛出版集团出版了《中国共产党的社会主义建设理论与实践》（第十三届中国图书奖）、《公民道德建设通论》（第十四届中国图书奖）等一批思想精深、艺术精湛、制作精良的主题出版物。在其带领下，青岛出版社荣膺国家一级出版社，荣获全国百佳出版单位称号，综合实力位居副省级城市出版社前列。集团18年间复合增长率保持两位数，实现了规模、效益、质量的全面提升。

二、深化体制机制改革，完成“城市传媒”主板上市

2009年3月，青岛出版集团正式挂牌成立，标志着孟鸣飞确立的“转型升级、流程再造”发展战略初步实现。随后，孟鸣飞以极具战略远见的发展眼光，紧锣密鼓地开启了上市之旅。2015年9月17日，青岛出版集团所属青岛城市传媒股份有限公司在上海证券交易所正式上市，是山东省率先在主板上市的文化企业，孟鸣飞兼任董事长。通过重组，上市公司市值从24亿元提升至最多时近150亿元；国有资产权益从34.26%提升到62.94%，公司治理、企业影响力、品牌价值以及国有资产保值增值大幅提升。

三、蓄力深耕精品出版，弘扬中华优秀传统文化

孟鸣飞在任期间提出“精品出版”战略，带领青岛出版集团积极践行“传播知识、传承文化、传递幸福”的企业使命。推出了《三江源》《云冈石窟》《中国木版年画代表作》等一批传统文化高端专著，出版了《国学启蒙经典》《有故事的汉字》《少年读史记》《澄衷蒙学堂字课图说》等大批广受未成年读者好评的启蒙读物。在他领导下，集团连续11年共计20个项目获国家出版基金资助，4次斩获中国出版政府奖，6个项目获得中华优秀出版物奖；在“走出去”方面，孟鸣飞力促青版优质版权资源对外传播，出版的图书被国家汉办孔子学院总部选为指定教材。与澳大利亚威尔顿国际集团合作，出版大型全媒体画册《中国—新长征》多个语言版本。此外，集团于2016年9月完成山东省国有文化企业海外并购经典案例——全面收购日本渡边淳一文学馆，为促进中日文化交流做出积极贡献。

青岛出版集团

青岛出版集团前身是1987年成立的青岛出版社，2009年3月整体转企改制为国有独资公司，是国家一级出版社、全国百佳图书出版单位、中国出版政府奖单位。多年来，聚焦精品出版，形成了教育、生活、少儿、社科四大品牌图书板块，签约了冯其庸、冯骥才、葛剑雄、梁晓声、渡边淳一等大批国内外名家，连续12年共22个项目入选国家出版基金，主营业务连续10年保持10%以上的增长，成为全国城市出版行业的领跑者。

在巩固出版主业的基础上，青岛出版集团持续推动业态转型创新，加大开放合作力度，形成了书、报、刊、金融投资、电子音像、网络出版、影视、游戏联动的多元发展格局，打造了独具特色的国有文化企业发展模式。现有青岛城市传媒股份有限公司、青岛首页传媒有限责任公司、青岛出版艺术馆、日本渡边淳一文学馆株式会社等64家控股公司。2015年9月，青岛城市传媒股份有限公司在上交所上市。

2019年以来，集团深入贯彻青岛市委市政府建设开放、现代、活力、时尚的国际大都市战略部署和“学深圳、赶深圳”、发起十五个攻势等系列要求，提出了“建设国内一流现代文化企业，争当国有文化企业改革先锋”的目标，实施精品出版战略，升级文化空间，推动媒体融合，优化文化投资，完善企业治理，全面开启“二次创业”新征程。集团被评为国家文化出口重点企业，获“山东省优秀企业”称号，入选山东省“十强”产业集群文化创意类领军企业。社会效益考评获得100分，名列全国12家满分单位之一，实现了社会效益和经济效益的双丰收。

面向未来，青岛出版集团将坚持“改革、创新、开放”总基调，坚持把社会效益放在首位、社会效益和经济效益相统一，牢牢抓住“建设国内一流现代文化企业和国有文化企业改革先锋”主线，加快“二次创业”前进步伐，全力推进高质量发展。

1. 青岛出版集团大楼 2. 荣誉室 3. 城市传媒广场

王 焰 | Wang Yan
第十三届韬奋出版奖

王焰，编审，华东师范大学出版社董事长兼社长。从事编辑出版工作30余年，荣获第十三届韬奋出版奖、全国新闻出版行业领军人才、2019年中宣部文化名家暨“四个一批”人才、2017年度中国十大出版人物、上海出版人奖、上海出版新人奖、中国大学出版社高校出版人物奖等荣誉。她带领华东师范大学出版社连续六次实现销售码洋每年增长一个亿，2019年回款码洋突破13亿元，获得第四届中国出版政府奖先进出版单位、上海文化企业十强等荣誉。

一、强调专业化发展，护好教育出版基本盘

王焰提出“引领中国教育出版，建设国内一流、国际知名的大学出版社”的企业发展目标，主抓经营管理和选题规划，打造教育产品产业链，形成了从学前、青少到成人，从基础教育到高等教育、继续教育的产品线布局。华东师范大学出版社以上海学术•专业出版中心“教育学出版中心”为平台，组织了“中国教育发展出版工程”，不断推出教育类重磅产品。

二、重视主题出版，坚持精品战略

王焰坚持正确的政治导向，对宣传社会主义核心价值观、弘扬中华民族优秀文化不遗余力。2019年，华东师范大学出版社开发了《共和国教育公平之路》、“走进中国战舰丛书”等优质选题。同时持续推进重大出版项目，共承担12项国家“十三五”重点出版规划项目。王焰独立策划的《中国文字发展史》荣获第四届中国出版政府奖图书奖等荣誉。

三、推动融合出版，构建教育出版生态圈

王焰大力推动融合发展，率先提出打造“教育出版生态圈”的理念。华东师范大学出版社设有国家新闻出版主管部门授予的出版融合发展重点实验室，打造了服务中小学素质教育的“智慧树”教育出版云平台，开发了服务教师终身学习的“大夏悦读——教师教育云平台”。

王焰策划的教材《人工智能基础（高中版）》，入选中国教育新闻网2018年度十大教育事件，推动了《乐高教育STEAM基础教程》等一系列科创教育选题的开发。

四、推动“走出去”、国际化和版权贸易

王焰积极响应国家“一带一路”等顶层倡议。华东师范大学出版社先后获评全国版权示范单位、中国版权最具影响力企业，入选2019—2020年度国家文化出口重点企业目录。

在她的推动下，《华东师大教育评论（英文）》成为国内第一份拥有正式CN号的教育研究英文国际学术期刊。《华东师大版一课一练•数学》在英国400余所学校使用，并销售至美、法、加、澳，被《人民日报》列入“2017年海外热议的中国五本书”。《三招过关》版权输出到英国，持续提升“上海数学”的国际影响力，向世界讲好中国故事。

华东师范大学出版社

ECNUP

华东师范大学出版社（以下简称“华东师大出版社”）创建于1957年，是全国百佳图书出版单位、国家数字出版转型示范单位、全国版权示范单位，2018年被授予“第四届中国出版政府奖先进出版单位”“上海文化企业十强”等荣誉，2019年入选“2019—2020年度国家文化出口重点企业”。

华东师大出版社以“大教育”出版为特色，出版物主要由教材教辅、学术著作、社会读物构成，且已形成成熟的印刷类图书、电子音像出版、数字网络出版等全品种出版格局。年出版图书超过5 000种（次），其中教育类图书占70%。

建社至今，华东师大出版社始终坚持为教育和学术服务，注重出版物的高质量，《中国文字发展史》《中古汉字流变》《中国教育史研究》等多种图书荣获中国出版政府奖等图书大奖。华东师大出版社设有国家新闻出版主管部门授予的出版融合发展重点实验室，并以实验室为依托，结合教育出版优势，打造了“教育出版生态圈”。《华东师大版一课一练•数学》版权输出到英国，影响广泛，被《人民日报》列入“2017年海外热议的中国五本书”。出版的《人工智能基础（高中版）》是我国第一本人工智能高中教材，入选中国教育新闻网2018年度十大教育事件。

未来的发展中，华东师大出版社将继续围绕“引领中国教育出版，建设国内一流、国际知名的大学出版社”的企业目标，不断改革创新、提质增效，做好人民满意的教育出版。

金鑫荣 | Jin Xinrong

第十三届韬奋出版奖

金鑫荣，博士，编审，南京大学信息管理学院（出版研究院）博士生导师，南京大学出版社社长兼总编辑。兼任中国大学出版协会副理事长、华东地区大学出版协会理事长、江苏出版协会副会长、江苏版权协会副会长。担任国家新闻出版主管部门新闻出版改革发展项目库专家库成员、教育主管部门社科司出版项目评审专家、南京艺术学院客座教授，CSSCI集刊《文学研究》编委。先后荣获第十三届韬奋出版奖、中宣部文化名家暨“四个一批”人才、2018年度中国十大出版人物、全国新闻出版行业领军人才等荣誉称号。

金鑫荣从事出版工作三十余年，从编辑一直到担任南京大学出版社社长兼总编辑，韬奋精神始终是他实践的楷模、前行的灯塔。尤其是担任南京大学出版社负责人十多年来，主抓编辑出版业务，拓展融合出版，锐意进取，开拓创新，使得南大社近十年来取得快速的发展，学术影响力和出版美誉度大幅提升，经济效益持续增长，取得两个效益的双丰收。

金鑫荣认为，新时代的大学出版社要紧跟时代发展、科技创新的步伐，致力传播中国学术，聚焦精品学术出版，回归学术出版本原，服务大学教学科研。为此，南大社秉承“学术为本，精品为魂”的出版理念，“昌明国粹，融化新知”的出版宗旨，“学术立社，品牌兴社”的出版方向，着力推进出版的专业化、精品化、国际化、数字化进程，努力向一流的大学出版社迈进。在具体工作实践中，南大社积极回应国家战略的重大关切，弘扬中华优秀传统文化，着力推动国家级重大项目的出版。“十二五”以来，南大社共获得4项中国政府出版奖，8项中华优秀出版物奖。此外，南大社共取得43项国家“十二五”“十三五”重点图书、电子出版物出版规划项目，6项国家新闻出版改革发展项目库项目，4项财政部文化产业引导资金，多项国家出版基金项目，以及江苏省文化产业以及精品出版资助项目。其中国家“十二五”“十三五”重点图书以及电子出版物出版规划入选项目位居全国大学出版社前列。金鑫荣同时提出，在加强大学社传统出版主体地位的同时，面对互联网蓬勃发展的新形势，新时期的大学出版社要形成以学术出版为主体，“知识服务”“文化创意”为辅翼的“三足鼎立”的发展格局。在他的带领下，南大社在“十三五”期间取得了长足的进步：在国家重大项目、国家大奖、文化“走出去”、海外馆藏影响力等综合指数上，位居综合性大学出版社第一方阵。

金鑫荣认为，出版人要坚守文化使命与责任，始终把社会效益放在首位，坚持挺拔主业，走融合创新之路。要以习近平新时代中国特色社会主义思想为指导，把个人的职业理想与崇高的文化事业结合在一起，用优秀出版物去鼓舞人、感染人、引领人。在接下来的工作中，南大社将继续服务国家的文化强国战略，弘扬中华优秀传统文化，紧跟学校“双一流”发展要求，努力建设成为一流学术思想、科技发明、理论创新的传播阵地，努力建设成为一流的大学出版社。

南京大学出版社作为国内著名一流大学出版社，坚持“学术立社，品牌兴社”的出版方向，注重出版交流，一直以来十分重视版权工作，在实际工作中切实践行“好书引进来、文化‘走出去’”。在版权引进方面，近20年来已累计引进近千种图书，范围涵盖学术类、大众类及少儿类读物；在版权输出方面，截至2020年，共面向美国、英国、德国、法国、日本、俄罗斯等多个国家及地区，完成了上百种图书的“走出去”工作，包括学术专著、高校教材及童书绘本等，与多家国际一流出版社保持着战略合作关系，如英国劳特里奇出版社、德国施普林格出版社、美国宾州州立大学出版社、日本东京大学出版社等。目前共有数十种图书获得了“中国图书对外推广计划”“经典中国国际出版工程”“丝路书香工程”“国家社科基金中华学术外译项目”等项目的资助。其中，南京大学出版社围绕《南京大屠杀史》一书进行了一系列版权“走出去”的尝试，已出版及确定出版的译本包括英文版、西班牙文版、韩文版、希伯来文版、阿拉伯文版、哈萨克文版及波兰文版。

南京大学出版社在版权工作中秉持“中西融通，合作共赢”的原则，同时与南京大学创建一流国际化高校的办学思路相结合，努力提升国际合作水平，始终贯彻“两条腿走路”的经营方针，秉持出自学衡派学术传统的社训“昌明国粹，融化新知”，在传播中国传统文化的同时，引进西方优秀学术著作，打造中国传统思想文化出版高地、中华民国史出版重镇，以及国外学术前沿重要译介平台。

1. 2019年5月南京大学出版社与印第安纳大学出版社合作出版的《史记》英文版发布
2. 2019年2月《南京大屠杀史》阿拉伯文版签约仪式在埃及开罗举办
3. 2019年11月《南京大屠杀史》印地文版签约仪式在印度举办

刘东风 | Liu Dongfeng
第十三届韬奋出版奖

刘东风，1964年1月生，陕西师范大学出版总社董事长兼社长，编审，中国出版协会常务理事，中国版权协会常务理事，中国图书评论学会常务理事，中国出版协会“一带一路”工作委员会副主任委员，陕西省出版协会副理事长。

刘东风1984年加入中国共产党，1985年7月参加工作，1991年至今就职于陕西师范大学出版总社，从事出版工作近30年，策划主持的多个项目荣获国家奖项、入选国家重点规划，双效突出。两次被评为“陕西省优秀图书编辑”，先后入选陕西省宣传文化系统“四个一批”人才、全国新闻出版行业领军人才、中宣部文化名家暨“四个一批”人才，获得“2019年度中国十大出版人物”称号，荣获第十三届韬奋出版奖。

刘东风热爱出版事业，坚持正确导向，恪守职业道德，以习近平新时代中国特色社会主义思想为指导，树立“四个意识”，坚定“四个自信”，坚持“两个维护”，坚持社会效益首位，把总社工作自觉纳入国家文化发展大局，抓战略，谋全局。在经营上，刘东风提出“高质量出版、大市场经营、全媒介服务”的发展路径，坚持发展定位，提升集约化水平，加快融合转型步伐，推进精品出版和教育服务转型，出版了一批精品书刊、品牌产品，教育文化服务成效显著。总社经营能力、综合实力和行业影响力不断增强，位列全国大学出版社、省内出版社前列。

打造精品，加大内容创新力度。“十二五”“十三五”以来，刘东风提出“坚守事业、挺拔主业、延伸产业、壮大基业”的发展目标，坚持按照原创、独特、品牌的标准，提升出版特色和专业影响力，双效显著。《中华嫁衣》等图书连续五届荣获“中华优秀出版物奖”；《先前的风气》获第六届“鲁迅文学奖”，并入选中宣部2014年度“中国好书”；《唐诗百话》等多种图书获总局向全国推荐；30余种图书获中国“最美的书”、“冰心散文奖”、陕西“五个一工程”优秀图书奖等奖项。50余个大项目入选“十二五”“十三五”国家重点图书出版规划、国家规划教材、国家新闻出版改革发展项目库等，20多个项目分别获得国家出版基金、国家文化产业发展专项资金、国家古籍整理出版专项资金资助，60多个项目获陕西出版资金、陕西省重大文化精品项目资金资助。总社经营的8种中学教学参考期刊被国家主管单位认定为学术期刊，其中有7种先后入选全国中文核心期刊。

陕西师范大学出版总社

SHAANXI NORMAL UNIVERSITY GENERAL PUBLISHING HOUSE

陕西师范大学出版总社成立于1985年，现已发展成为集图书、期刊、电子音像、数字出版、教育文化服务于一体的综合出版传媒机构。出版的图书荣获“中国图书奖”“国家图书奖”“中华优秀出版物奖”“茅盾文学奖”“鲁迅文学奖”“中国好书”“最美的书”等奖项，先后被陕西省版权主管部门、国家版权主管部门授予“陕西省版权示范单位”“全国版权示范单位”称号，被中国版权协会评为“中国版权年度最具影响力企业”。2018年、2019年连续获评中宣部图书出版单位社会效益评价考核优秀单位。

陕西师范大学出版总社在大项目带动的精品战略指引下，自主研发创新能力显著增强，精品图书不断涌现。与此同时，高度重视版权管理与开发工作，在制度建设、软件正版化、尊重作者著作权、拓展合作平台、加大“走出去”步伐等方面取得可喜成绩。与俄罗斯、美国、英国、韩国等国出版机构建立合作关系，成立俄语、英语、小语种三个翻译出版基地，拓展版权贸易，一大批图书入选丝路书香工程、经典中国国际出版工程、中国图书对外推广计划等。陕西师范大学出版总社正在高质量发展的道路上阔步前进。

2019年7月28日，总社举行《八万里丝路云和月》俄文版、《延河边的中国梦》韩文版版权输出签约仪式

2019年8月21日，总社在京举行《贾平凹散文选》土耳其语版权输出签约仪式

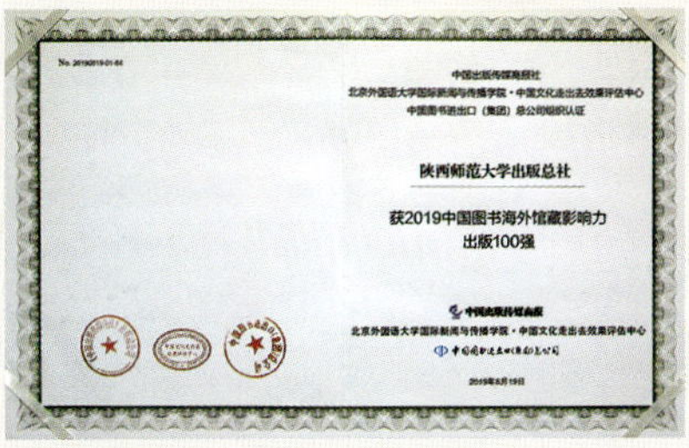

总社进入“2019中国图书海外馆藏影响力出版100强”

荣获第七届中华优秀出版物奖

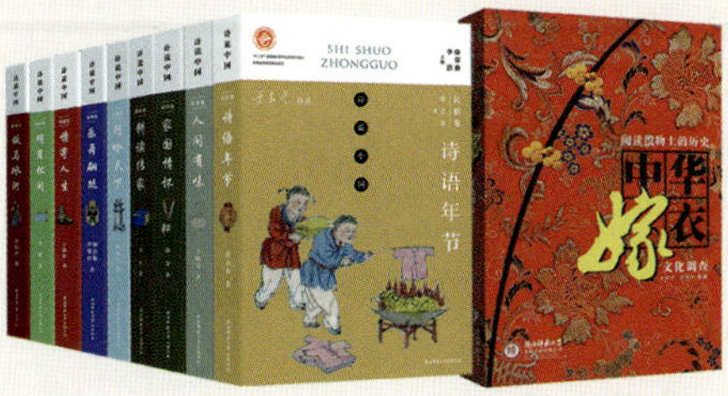

入选中国图书对外推广计划

入选丝路书香工程项目

入选新中国70年百种译介图书推荐目录

总社部分精品图书

王明亮 | Wang Mingliang

第十三届韬奋出版奖

王明亮，中国知网创始人，《中国学术期刊（光盘版）》电子杂志社有限公司、知网公司董事长、总经理、总编辑，教授级高级工程师。曾先后荣获“新中国60年百名优秀出版人物”、“中国百名优秀出版企业家”、“全国新闻出版行业领军人物”及“第二届中国出版政府奖优秀出版人物奖”等荣誉。

一、创意、创新，创建数字出版产业

1995年，王明亮基于高温超导前沿课题的科研体会和对信息化趋势的判断，为破解制约我国知识创新国际竞争能力的科研情报获取和学术成果发表两大战略性难题，在清华大学支持下，带领团队开发出数字出版技术，并研发了全文检索与原版显示相结合的数字出版系统，创办了国内领先的大型全文电子期刊数据库——《中国学术期刊（光盘版）》（CAJ-CD）。1996年，国家教育主管部门鉴定该系统技术达到国际先进水平。此后，王明亮提出市场化运作与公益性服务相结合的B-B-C数字出版商业模式，为教学科研机构提供文献服务和文献增值服务，标志着我国数字出版产业的初步形成。

二、“三个服务”塑造知识产业价值

受世界银行提出的发展中国家应重视利用现代化信息基础设施建议的启发，王明亮于1999年提出以建设中国知识基础设施(CNKI)为目标发展我国数字出版与知识服务产业的理念和规划。历经25年艰苦创业，为企业确立并领导践行了“服务全国创新发展、服务人类文明进步、服务出版业转型升级”的三服务价值观，建成集73个国家和地区85%以上重要“科学数据、政务数据、社会数据”知识资源于一体的“世界知识大数据”，利用先进的知识工程技术服务全球56个国家和地区各行各业机构、个人的创新与学习，机构和个人用户分别达3.3万和1.2亿，实现了社会效益与经济效益的统一。

三、重塑远景，开拓知识创新服务业

面向实现中华民族伟大复兴的中国梦，为更好地落实国家创新驱动发展战略，2019年，王明亮提出打造知识生产与知识应用供需两侧深度融合的“知识创新服务业”的先进理念，坚持“诚信为本、合作共赢”经营原则与自主创新、高质量发展战略，带领公司4 000多名员工二次创业，以建设CNKI 2.0为抓手，携手产业链上下游合作伙伴，着力打造服务我国“出版产业转型升级”“世界一流科技期刊建设”“世界一流学科建设”“世界一流企业建设”“国家治理体系与治理能力现代化”和服务各行各业知识创新能力提升的知识创新基础设施，不断深化探索新业态下的运营服务模式与商业模式，为全国教学科研、党政军、立法司法、工农卫、社团智库、公图文博等各行业创新发展提供更深入、精准的服务。

中国知网：整合全球知识资源，打造“知识创新基础设施”

自强不息 厚德载物 诚信为本 合作共赢

中国知网创始于1995年，发祥于清华大学，发端于科教兴国战略。25年来，中国知网始终坚持“凝聚知识，服务创新”的初衷，不断开拓进取，主营业务集数字出版、知识服务、知识管理与信息化教育服务四大产业于一体，取得技术专利、软件著作权300多个，荣获国家、省部级奖项100多项，用户遍及全球56个国家和地区，其中机构用户达3.3万家、终端读者超1.2亿人，已成为国内领先的数字出版和知识服务企业。目前，中国知网积极响应国家创新驱动发展战略，正在从建设“知识基础设施”（CNKI 1.0）向构建“知识创新基础设施”（CNKI 2.0）转型升级。

1995—1998 科教兴国激发知网创业

中国知网创始人王明亮提出以“全文检索+原版显示”技术融合模式开发全文数字出版系统，创立了大规模数字化整合出版传播全国学术期刊现刊全文的《中国学术期刊（光盘版）》（CAJ-CD），并在国家新闻出版和版权主管部门的指导下，依法建立了规范的期刊版权和论文著作权使用管理制度，在以产业化机制运营CAJ-CD的同时，向全社会免费开通题录摘要数据库，开启我国数字出版产业之先河。

1999—2009 知识经济触发CNKI愿景

1999年3月，受世界银行《1998年度世界发展报告》对发展中国家应利用现代化信息基础设施建设提升本国全社会知识创新能力的国家知识基础设施（NKI）的建议启发，王明亮提出建设中国知识基础设施工程（CNKI），该工程被清华大学列为重点项目，得到社会各界的积极响应。2004年，作为CNKI基础工程的《中国知识资源总库》建成发布，内容覆盖学术期刊、学位论文、会议、报纸、年鉴、工具书、专利等各类文献。2008年，中国知网不断创新出版模式，推出“学术期刊优先数字出版系统”，并以云服务方式为用户提供内容定制平台。同年成功研发“学术不端文献检测系统”。

2010—2015 知识服务打造CNKI 1.0

中国知网从文献信息服务转向知识服务，基于知识挖掘、主题标引、XML碎片化数据标注、动态重组等基础性人工智能关键技术的原始创新取得突破，成功研发出一系列知识服务产品，奠定了中国知网服务知识创新与知识学习、支持科学决策的产业战略发展方向。各类产品与服务走向海外，成为众多世界知名大学、科研机构、学术团体，以及公共图书馆、博物馆长期使用的战略资源，CNKI 1.0基本建成。

2016—2020 知识创新服务业定位CNKI 2.0

中国知网以新型数字出版模式、跨领域与多层次知识网络、全球化大数据知识管理与个性化知识服务，构建了知识创新服务业运行业态与机制，支持创新成果网络首发、数据研究、问题导向、协同创新、探究式学习等当代研究与学习范式，为各类组织机构与个人研究确定决策及执行和解决相关问题提供方案与所需知识，推出了党政军企、医卫农教等430多个知识服务平台。2016年，发布支持协同创新的知识管理与知识服务平台，在国内大中型企业、产学研组织、政府智库及高校中广泛使用。2020年，中国知网基本建成“世界知识大数据”，推出“全球学术快报”，以全面应用大数据与人工智能技术打造知识创新服务业为新的起点，CNKI跨入2.0时代。

面向未来构建知识创新基础设施，全面服务国家创新驱动发展战略

以全面启动“百行知识创新服务工程”为开局，面向支撑和服务我国一流科技期刊建设、出版产业转型升级、高校“双一流”建设、各行各业“创新驱动发展”、国家治理体系与治理能力现代化和中华文化国际影响力提升等一系列国家重大战略的贯彻实施，中国知网将始终坚持CNKI愿景和目标，以数字出版、知识服务、知识管理、信息化教育服务四位一体，服务创新、服务学习！

米加德 | Mi Jiade

荣获 2019年度中国十大出版人物称号

米加德，编审，硕士生导师。1987年7月入职西南师范大学，工作至今。历任西南师范大学出版社副社长、社长、董事长，现任西南大学期刊社社长。

西南师范大学出版社坚持以邓小平理论、“三个代表”重要思想和科学发展观为指导，深入贯彻党的十八大、十九大精神，以习近平新时代中国特色社会主义思想为指引，坚持正确的出版方向，取得了良好的社会效益和经济效益。

一、坚持深化改革

完善分社目标责任制，深化出版社内部管理体制改革。新成立文学分社、法律分社、学前分社等部门，使分工更加合理，职能更加完善。

积极探索多元化发展，控股成立重庆大雅数码印刷有限公司、重庆西西文星文化传播有限公司，参股重庆新课堂数字出版有限公司。在沈阳音乐学院、四川音乐学院等地成立了工作站。投入资金一亿多元新建办公大楼。

二、努力抓好主业

以教材建设为中心，构建核心竞争力。出版的小学语文、小学数学、小学音乐、初中音乐课标教材修订通过国家审查，在四川、重庆、河南、贵州、广东等省市使用。**以艺术图书为特色，做强品牌号召力。**音乐、美术教育图书成为西南师范大学出版社的特色品牌产品。**以重大项目为龙头，彰显文化影响力。**申报获批国家各类图书基金资助16项，资助金额突破7 000万元，市级图书基金资助项目30项，金额900余万元；国家级数字出版项目6项，获得资助1 900余万元，市级数字出版项目9项，获得资助200余万元。**以国家政策为导向，提升国际影响力。**引进版权图书“中俄文学作品互译出版项目•俄罗斯文库”“英皇考级辅导丛书”等。“易汉语”在泰国落地，推动泰国地区汉语教学，《域外汉籍珍本文库》等图书销往美国、日本、韩国等地。**以数字出版为创新，打造出版融合力。**立足教育改革和自身的实际情况，由单一的传统出版向融合出版方向转移，申报“中小学个性化教学数字服务平台”等10余项国家、省部级数字出版项目，获得资助资金2 000余万元。**以社会效益为首位，确保产品生命力。**严格按照图书质量相关规定，坚持三审和重大选题备案等制度，完善相关流程管理制度，全面提升图书质量，确保产品生命力。**以人才建设为根本，夯实发展推动力。**编辑岗位人员80%以上已获得出版中级资格或注册责任编辑，专业技术人员70%以上具有中级和高级职称，其中高级职称人数35人。

三、强化经营效果

2011—2019年，利润总额4.43亿元，净资产4.20亿元，货币资金1.56亿元，上交学校利润1.19亿元，上交国有资本收益0.33亿元，交税0.93亿元，投入资金1.03亿元新建办公大楼，实现了国有资产的保值增值。

四、提升社会影响

在教育主管部门、重庆市新闻出版主管部门社会效益考核中，均获优秀等级。获得了各级各类奖励百余项，如中国出版政府奖装帧设计奖提名奖、全国“三个一百”原创出版工程奖、中华优秀出版物奖提名奖等。

西南师範大學出版社

国家一级出版社 全国百佳图书出版单位

西南师范大学出版社成立于1985年1月，是国家教育部门主管、西南大学主办的集图书、电子、音像、网络出版于一体的综合性大学出版社，拥有以学术著作、大中专教材、艺术教育图书、中小学课程标准教材、教师教育图书等为主导产品的出版物，已经形成“以教材建设为中心，以艺术图书为特色，以重大项目为龙头，以国家政策为导向，以数字出版为创新，以社会效益为首位，以人才建设为根本”的特色出版理念。

在30多年的发展历程中，出版社不断解放思想、创新机制，取得了良好的社会效益和经济效益，并先后承担了中共中央、国务院《国家“十一五”时期文化发展规划纲要》国家重大出版工程项目《域外汉籍珍本文库》《中华大典•法律典》《中华大典•农业典》和国家新闻出版广电主管部门“十三五”国家重点图书出版规划项目等多项重大项目，彰显了“书香天下，传承文明”的时代使命和文化担当。

获得的荣誉：

全国百佳图书出版单位
第二届中国出版政府奖先进出版单位
中国十佳教育出版社
全国新闻出版统计工作先进单位
全国服务“三农”图书出版发行工作先进单位
全国新闻出版系统学法用法知识大奖组织奖优秀奖
重庆市精神文明建设“五个一工程”奖
重庆市新闻出版先进单位
重庆市文化体制改革工作先进单位
重庆数字出版转型示范单位
重庆市文化产业示范基地
纳税信用等级A级单位
重庆市新闻出版系统廉政文化建设理论研讨征文活动组织奖
中国出版政府奖装帧设计奖提名奖
中华优秀出版物奖抗震救灾特别奖
中华优秀出版物奖电子出版物提名奖
全国“三个一百”原创出版工程奖
全国优秀通俗理论读物奖
全国古籍整理图书奖二等奖
全国优秀外国文学奖三等奖
教育部全国优秀教材二等奖
重庆出版政府奖优秀出版物奖
中国出版政府奖优秀出版人物奖
新中国百名有突出贡献的新闻出版专业技术人员
全国百佳先进出版工作者
全国新闻出版行业领军人才
重庆出版政府奖优秀人物奖
中国大学出版社高校出版人物奖
重庆市宣传文化“五个一批”人才

SPM 南方出版传媒

全国优秀出版社
全国百佳图书出版单位

广东教育出版社

抗疫图书

《你好，钟南山》
作者：叶依
ISBN:978-7-5548-3277-6
已授权：英文

《钟南山谈健康》
作者：钟南山
ISBN:978-7-5406-6935-5
所有语种版权在售

《写给孩子的新型冠状病毒科普绘本》
作者：安潇
ISBN:978-7-5548-3273-8
所有语种版权在售

主题图书

《中国共产党指导思想发展史》（三卷）
作者：郑谦
ISBN:978-7-5406-8530-0；978-7-5406-8531-7；
978-7-5406-8532-4
已授权：英文、波斯文、泰文

“中国特色社会主义研究论丛”（三卷）
作者：郑谦　黄一兵　徐贵相
ISBN:978-7-5406-8530-0；978-7- 5406-8531-7；
978-7-5406-8532-4
已授权：英文、波斯文、泰文

《党的建设理论热点今日谈》
作者：石仲泉
ISBN:978-7-5548-2293-7
已授权：老挝文、泰文

少儿图书

《我的家在中国》（6大系列，48册）
作者：檀传宝
ISBN:978-7-5548-1102-3
已授权：英文、俄文、老挝文、法文、
菲律宾文

《汉字里的故事》（8册）
作者：金波
ISBN:978-7-5406-8402-0
已授权：老挝文、印尼文

《写给孩子的中国民间故事》（10册）
作者：谭旭东
ISBN:978-7-5548-3280-6；
978-7-5548-3281-3
所有语种版权在售

中国人民大学出版社

中国人民大学出版社成立于 1955 年，是中华人民共和国成立后的第一家大学出版社。1982 年被教育部确定为全国高等学校文科教材出版中心，2007 年获首届中国出版政府奖先进出版单位奖，2009 年获首届全国百佳图书出版单位荣誉称号，2017 年再度获中国出版政府奖先进出版单位奖，是中国最重要的高校教材和学术著作出版基地之一。

人大出版社始终秉承“出教材学术精品，育人文社科英才”的出版理念，实施精品战略，以优秀的出版物传播先进文化，建社 65 年来已累计出书四万余种，出版了一大批具有文明传播、文化累积价值的优秀教材和学术著作。作为涵括图书、音像、电子、网络和数字出版物等形式的跨媒体经营大型综合性出版社，人大出版社已成为我国哲学社会科学出版的重镇和旗舰。

新中国的大学出版事业，从这里开始

人大出版社举办了朱永新教育作品（中、英、德、俄、尼泊尔、希伯来语）新书发布会。

中国民主促进会中央委员会常务副主席刘新成，中国民主促进会中央委员会副主席、新教育实验发起人朱永新，中国人民大学副校长贺耀敏，中宣部进出口管理局副局长张泽辉以及来自德国、俄罗斯、罗马尼亚等海外出版机构的出版人出席了活动。

人大出版社与哈萨克斯坦国立大学出版社共同举办中哈经典学术著作互译项目成果发布会。

中宣部副部长蒋建国、中国人民大学校长刘伟、哈萨克斯坦国立大学校长哈里木卡耶尔·穆塔诺夫、中宣部对外推广局副局长张雁彬、中宣部对外推广局副局长李智慧、中宣部进出口管理局副局长张泽辉、中国人民大学副校长贺耀敏、中国人民大学出版社社长李永强、哈萨克斯坦国立大学出版社社长阿桑·阿尔玛兹等嘉宾参加活动。

人大出版社与波兰马尔沙维克出版社、乌克兰海勒维提卡出版社和吉尔吉斯斯坦阿克斯出版社共同举办了“一带一路”共建国家出版合作体成果发布会。

成果发布会内容包括《全球治理的中国担当》等六种波兰文版图书新书首发仪式，与波兰马尔沙维克出版社、乌克兰海勒维提卡出版社和吉尔吉斯斯坦阿克斯出版社签署版权合作签约仪式。

重大突发公共卫生事件应急治理丛书

为依法科学防控疫情提供有力的学术支撑
为疫后重建提出具体可行的政策建议
为国家治理体系的完善拓宽研究路径
为今后重大突发公共卫生事件的防控提供思路与方法
来自人民大学的专家学者，对时代之问的思考与回答

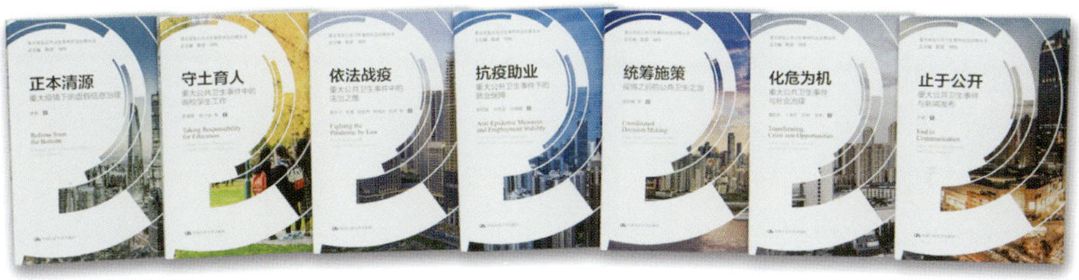

“认识中国 · 了解中国”书系

书名	作者
中国道路能为世界贡献什么	韩庆祥 黄相怀
我眼中的中韩关系	[韩] 金胜一
中国治理：东方大国的复兴之道	燕继荣 等
社会主义核心价值观与中国文化国际传播	韩震
时代大潮和中国共产党	李君如
中国声音：国际热点问题透视	中国国际问题研究院
中国智慧：十八大以来中国外交	金灿荣 等
中国道路的世界贡献	韩庆祥 黄相怀 等
全球治理的中国担当	靳诺 等
当代中国社会：基本制度和日常生活	李路路 石磊 等

书名	作者
当代中国教育	顾明远
当代中国农村	孔祥智 钟真 李宾 等
当代中国人权保障	常健
中国大视野 2：国际热点问题透视	中国国际问题研究院
国际关注 · 中国声音	本书编写组
中国大视野：国际热点问题透视	中国国际问题研究院
中国经济发展的轨迹	贺耀敏
中国之路	程天权
中国人的价值观	宇文利
中国共产党就是这样成功的	杨凤城

为了更好地向国际社会介绍新时代中国的发展理念、发展道路、发展方向、政策主张，宣介习近平新时代中国特色社会主义思想，阐释中国共产党治国理政丰富实践为全球治理提供的中国智慧、中国方案，中国人民大学出版社组织策划了“认识中国 · 了解中国”书系。书系精心编撰而成，注重通俗性和感染力，努力讲好中国故事，体现新时代中国学者和出版企业的责任与担当。目前，该系列图书已经推出 40 多本。绝大多数图书都成为中宣部外宣重点出版物，并被翻译成多种语言文字，多次在各大国际书展和中外文化交流活动中予以重点宣介和陈列，为中国图书“走出去”和中国文化国际传播做出了一定的贡献。

中国之治的制度密码

靳诺 刘伟 主编

本书依据党的十九届四中全会精神、《中共中央关于坚持和完善中国特色社会主义制度 推进国家治理体系和治理能力现代化若干重大问题的决定》和习近平总书记系列重要讲话精神编写而成，具体阐述和解读了我国国家制度和国家治理体系具有的十三个方面的显著优势。本书用清楚明晰的逻辑框架和通俗易懂的语言，论证和揭示出中国特色社会主义制度体系和国家治理体系的强大生命力和显著优越性，指出坚持和巩固中国特色社会主义制度，完善和发展中国特色社会主义制度和国家治理体系，具有深刻的理论意义、实践意义与世界意义，将大力推动新时代中国特色社会主义发展，积极引领当代中国和中华民族稳健前行，为人类制度文明的发展做出更大贡献。

中国之治

——国家治理体系和治理能力现代化十五讲

杨开峰 等 著

- 如何认识中国国家治理的制度刚性、制度韧性与制度包容性的有机统一？
- 如何将党和政府组织及市场组织、社会组织等多元主体有机地整合起来，形成一核多元、协商共治的治理格局？
- 如何将中国国家治理的制度优势转化为治理的高效能？
- 如何在国家治理各领域和各层面的工作中落实以人民为中心的理念？

坚持和完善中国特色社会主义制度、推进国家治理体系和治理能力现代化，是开启“中国之治”新境界的钥匙。围绕上述问题，中国人民大学公共管理学院的 15 位学者在《中国之治：国家治理体系和治理能力现代化十五讲》一书中给出了他们的思考和回答。本书从公共管理、政治学、经济学等多学科的角度，选取制度建设、行政体制、经济治理、民生保障、社会治理、应急管理、生态文明、治理工具等国家治理的多个重要切面进行剖析，提出了诸多新思想和新理念。

民族复兴的制度蓝图

靳诺 刘伟 主编

本书依据党的十九届四中全会精神、《中共中央关于坚持和完善中国特色社会主义制度 推进国家治理体系和治理能力现代化若干重大问题的决定》和习近平总书记系列重要讲话精神编写而成，从十三个方面对新时代如何坚持和完善中国特色社会主义制度，实现国家治理体系和治理能力现代化进行了论述。本书兼具理论性和可读性，具体内容包括：坚持和完善党的领导制度体系，提高党科学执政、民主执政、依法执政水平；坚持和完善人民当家作主制度体系，发展社会主义民主政治；坚持和完善中国特色社会主义法治体系，建设更高水平的法治中国；坚持和完善中国特色社会主义行政体制；坚持和完善社会主义基本经济制度，推动经济高质量发展；等等。

王明舟社长在北大博雅讲坛演讲

"走出去"图书成果展示

北京大学出版社
PEKING UNIVERSITY PRESS

北京大学出版社把发展版权贸易作为走向世界、融入国际社会、参与国际竞争的重要途径，在版权贸易工作中一直坚持"输出引进并举"的工作思路，建立了让版权贸易健康发展的长效机制。目前，北京大学出版社已同几十个国家、地区的上百家出版社建立了业务往来。

北京大学出版社在引进版权图书上坚持"为我所需"和"双效并重"方针，坚持社会效益与经济效益并重，引进各种版权3 000余种。北京大学出版社组织翻译的一系列高质量优秀外版图书，如《全球通史》《科学的旅程》《经济学原理》等，受到读者的广泛欢迎，并多次获得各级图书奖。

近年来北京大学出版社积极响应党中央、国务院的中国文化"走出去"战略，立足于版权输出，整合全社资源，结合本社的发展规划，大力推进本社图书"走出去"工作。北京大学出版社根据自身

《中国历史十五讲》阿拉伯文版新书发布

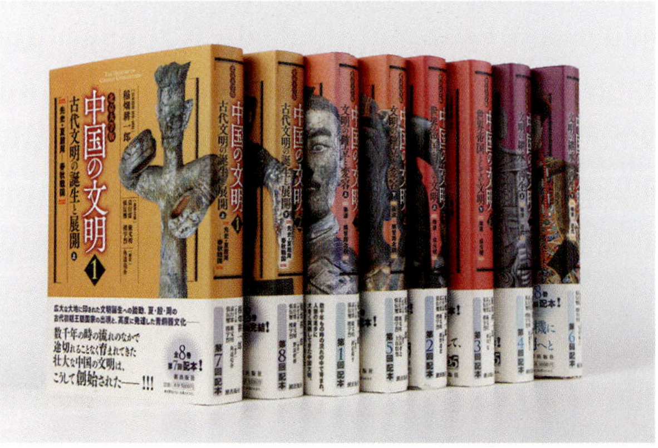

《中华文明史》日文版

参加北京国际图书博览会

与香港中和出版有限公司签署合作协议

的出版特点和优势，将对外汉语教材和人文社科类图书作为版权输出的重点领域，与剑桥大学出版社、荷兰博睿出版社、施普林格出版社等一批国际知名出版社展开深入广泛的合作，共向海外输出版权1 800余种，涉及英语、德语、法语、俄语、日语、韩语、泰语、越南语等十几个语种。其中《中华文明史》成功输出了英文版、日文版、韩文版、塞尔维亚文版、匈牙利文版和印地文版，《解读中国经济》成功输出了英文版、日文版、韩文版、德文版、阿拉伯文版、泰文版、吉尔吉斯文版等，出版后在国际市场上产生了良好反响。北京大学出版社共获得“经典中国国际出版工程”、“中国图书对外推广计划”、“中华文化著作翻译出版工程”、“丝路书香工程”重点翻译资助项目、“外国人写作中国计划”、“国家社科基金中华学术外译项目”等“走出去”项目立项170余项。

北京大学出版社是全国“新闻出版‘走出去’先进单位”、“中国版权最具影响力企业”以及“中国图书对外推广计划”工作小组成员单位之一，并被商务主管部门、文化主管部门、国家广电主管部门、新闻出版主管部门联合认定为2007—2008年度、2009—2010年度、2011—2012年度、2013—2014年度、2015—2016年度、2017—2018年度、2019—2020年度“国家文化出口重点企业”。

北大社图书亮相阿尔及尔国际书展1

北大社图书亮相阿尔及尔国际书展2

商務印書館 The Commercial Press

创于1897

2019年，商务印书馆继续与英、美、德、日等20余个国家的一流出版机构，如英国牛津大学出版社、英国剑桥大学出版社、英国泰勒和弗朗西斯集团、德国德古意特出版社、德国施普林格出版社、荷兰威科集团等国际知名的出版机构保持着密切的业务往来，持续深化与战略合作伙伴的关系，加强双向出版合作；积极实施中国品牌辞书海外传播项目，持续推进《新华字典》15个语种及《现代汉语词典》4个语种的海外版开发。向德国、英国、韩国、日本、印尼等国家输出主题出版、语言、社科、管理、文学、对外汉语教学等类别的图书版权，全年输出版权66项。《中国官僚政治研究》《奋进的历程》《孟子公开课》《汉字构形学导论》《中国动画史》等优秀图书顺利实现“走出去”。《“一带一路”——引领包容性全球化》英文版、《汉语儿童早期语言的发展》英文版、《现代汉语词类研究》英文版、《韵律句法学》英文版等由卢德里奇集团出版发行，《中国道路与跨越中等收入陷阱》、《生态美学导论》英文版等由施普林格•自然集团出版发行，学术“走出去”再结累累硕果。全年引进版权477项，引进图书品种涉及外语工具书和教材、人文社科学术著作和大众文化类图书等。

2019年8月21日，商务印书馆与泰勒和弗朗西斯集团在第26届北京国际图书博览会上联合举行《“一带一路”——引领包容性全球化》英文版发布会

2019年8月21日，商务印书馆与牛津大学出版社在第26届北京国际图书博览会上联合举行新书发布会，推出《牛津学术英语词汇精练》（基础篇+进阶篇）和《牛津小学生英汉双解词典》（第2版）

2019年8月22日，商务印书馆与施普林格出版社在第26届北京国际图书博览会上举行《中国道路与跨越中等收入陷阱》英文版发布会

获得多项荣誉和奖励：商务印书馆被主管部门评为2019—2020年度国家文化出口重点企业；在中国出版协会、中国新闻出版研究院、出版参考杂志社联合发起主办的2018年度输出版引进版优秀图书推介活动中，《奇迹是如何创造的》（英文版）、《几率》、《现代汉语词汇学》（英文版）被评为2018年度输出版优秀图书；于殿利被评为2018年度推动版权输出引进的典型人物。

2019年，商务印书馆参加了第26届北京国际图书博览会、第71届法兰克福国际书展，以及英国伦敦国际书展、美国纽约书展等各种大型的版权贸易和文化交流活动。全年共接待英国牛津大学出版社、英国剑桥大学出版社、德国施普林格出版社等合作伙伴代表来访100余人次。各项展览和会谈活动推动了商务印书馆的版权贸易工作，扩大了商务印书馆的品牌影响力。2019年，商务印书馆跻身2019年度海外馆藏出版社百强排行榜，在“中国大陆出版机构入藏品种排行榜TOP100”中排名第8位（2018年度有361种图书进入世界图书馆系统）。

2019年8月22日，商务印书馆在第26届北京国际图书博览会上举行《现代汉语词典》（第7版）APP发布会

2019年8月23日，商务印书馆在第26届北京国际图书博览会上举行《汉语世界》“中国好书榜”征集启动仪式

2019年8月23日，商务印书馆举行《牛津高阶英汉双解词典》（第9版）APP媒体发布会

明天出版社

明天出版社成立于1984年，是一家出版少年儿童读物的专业出版社。自建社以来，明天出版社始终坚持正确的出版导向，以向广大少年儿童提供精美的精神食粮为己任，以高质量、高品位、高格调的精品图书赢得读者、赢得市场，把确保图书的质量、努力为少年儿童打造精品图书作为求生存、谋发展的着力点。经过多年的精耕细作，明天出版社建构了少儿文学读物、低幼读物、少儿知识读物和教育读物四大图书出版板块。近年来，明天出版社一直处于全国同行业第一方阵，先后被评为国家一级出版社、全国百佳图书出版单位、全国新闻出版系统先进集体、中国版权最具影响力企业。

文学类

《幸运女神的宠儿》

《孤独星球杂货店》

《陶瓷小人奇妙物语》

《我和姐姐的战争》

《深山点灯人》

《幸福像花开》

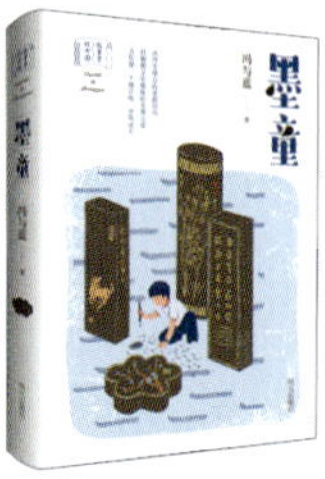
《墨童》

《穿越时空的古代朋友》

《你是我的眼》

《他们的塔》

知识类

“马小跳发现之旅”系列

《神龙寻宝队》

“新时代好少年成长读本”系列

《人文大课堂》

“沈石溪动物探索营”系列

低幼类

“曹文轩纯美故事”系列

“最美的逆行·献给奋战在抗击疫情一线的勇士”系列

“冰波成长童话”系列

《古诗里的小童话》

“听金波爷爷讲故事”系列

《小板栗上学了》

联系地址：济南市市中区万寿路19号
联系电话：0531-82098622
欢迎关注明天出版社官方微信公众号

希望出版社

HOPE PUBLISHING HOUSE

希望出版社成立于1985年，是山西省一家少儿出版社，出版范围以青少年读物为主。多年来，希望出版社始终秉持“传承文明、服务教育、助力成长、播种希望”的出版理念，始终坚持正确的出版方向，牢牢把社会效益放在首位，努力实现社会效益与经济效益的统一，多种图书荣获中国出版政府奖、中华优秀出版物奖、国家科学技术进步奖等重要奖项。《流动的花朵》、《乍放的玫瑰》和《少年的荣耀》三种图书分别荣获中宣部第十一届、第十二届和第十三届精神文明建设“五个一工程”优秀作品奖；《一诺的家风》《老土豆》两种图书一同入选中宣部优秀儿童文学出版工程。60余种图书输出至英国、法国、约旦、韩国、马来西亚等国家以及我国香港、台湾地区。2018年，希望出版社被评为“中国版权最具影响力企业”。2020年，希望出版社被评为“全国版权示范单位”。

1. 已输出图书——“中国风・儿童文学名作绘本书系”等
2. 2019年版权输出至英国的图书
3. 2020年版权输出图书

外语教学与研究出版社

FOREIGN LANGUAGE TEACHING AND RESEARCH PRESS

外语教学与研究出版社（以下简称“外研社”）以“记载人类文明，沟通世界文化”为使命，以国际化发展为特色，是中国较早开展版权贸易的出版社。《新概念英语》《书虫》《新标准英语》等国际合作的明星产品取得了出色的社会效益和经济效益。“一带一路”倡议提出以来，外研社加快“走出去”步伐，将《中华思想文化术语》、《走遍中国》、“中华学术文库”系列等一大批代表国家水准、传承中华文明、反映时代风貌的优质图书推向海外，迄今以45种外语输出图书版权1 200余种。外研社已在11个国家创立海外公司、中国主题编辑部等机构，深入开展出版本地化运营。2018年，外研社发起成立中国-中东欧国家出版联盟，为中国和中东欧国家出版机构提供互利共赢的合作平台，目前联盟已有44家成员单位。

1. 2019年4月，《中华思想文化术语》波斯语版在伊朗德黑兰国际书展上发布
2. 2019年8月，外研社在“中国外语教育发展与出版高端论坛”上向牛津大学出版社、剑桥大学出版社、培生教育集团、施普林格·自然集团颁发卓越合作伙伴奖
3. 2019年8月，中国-中东欧国家“教育发展与出版创新”论坛在北京国际图书博览会上举办

统计资料

TONG JI ZI LIAO

版权

2019年中国版权统计资料

2019年全国作品登记情况统计

单位：件

	合计	文字	口述	音乐	戏剧	曲艺	舞蹈	杂技	美术	摄影	建筑	影视	图形	模型	录音	录像	其他
全国合计	**2 701 564**	**179 314**	**841**	**17 283**	**453**	**262**	**163**	**16**	**1 288 139**	**1 015 620**	**262**	**88 230**	**16 075**	**550**	**35 232**	**19 480**	**39 644**
北　京	1 003 091	4 360	0	4 013	2	0	0	0	270 081	707 450	0	2 397	857	6	0	12 900	1 025
天　津	58 153	370	0	11	14	0	0	0	29 919	8 002	0	19 746	87	0	0	0	4
河　北	19 004	3 839	4	80	8	214	16	1	11 633	2 036	0	91	60	42	11	275	694
山　西	594	116	0	31	1	0	1	0	305	0	0	50	25	0	0	0	65
内蒙古	1 411	244	10	146	10	1	3	0	654	69	0	6	8	0	53	6	201
辽　宁	10 512	1 995	0	806	11	0	0	1	5 430	194	0	2 059	2	0	3	11	0
吉　林	5 609	266	0	139	38	0	10	0	4 923	0	0	4	5	0	0	0	224
黑龙江	658	305	0	118	0	0	0	0	167	63	0	5	0	0	0	0	0
上　海	291 803	22 532	0	742	23	0	11	0	151 357	59 283	1	13 015	887	0	30 510	2 992	10 450
江　苏	246 607	46 899	332	743	64	7	25	3	161 241	18 335	9	16 251	1 746	6	457	489	0
浙　江	24 851	1 675	0	98	1	0	1	0	20 263	2 022	0	45	15	0	10	43	678
安　徽	42 378	696	0	54	26	1	1	0	8 473	32 108	0	130	664	49	3	141	32
福　建	111 955	936	3	1 105	10	3	0	2	105 196	1 012	131	1 640	584	177	97	844	215
江　西	12 796	5 860	187	50	3	0	0	0	5 345	244	0	773	39	1	279	15	0
山　东	100 309	5 584	236	565	4	8	4	2	22 252	69 626	3	1 461	454	7	0	0	103
河　南	1 831	736	0	24	2	0	0	0	742	193	0	79	10	0	0	0	45
湖　北	45 018	4 522	0	47	7	2	5	0	31 609	7 074	0	302	160	0	1 054	235	1
湖　南	5 081	591	0	64	1	0	0	2	1 886	633	24	516	290	0	5	970	99
广　东	49 337	2 065	18	1 372	2	5	1	1	34 989	4 021	0	729	1 392	9	1 746	30	2 957
广　西	3 003	458	0	157	0	0	0	0	1 706	18	0	16	475	1	3	153	16
海　南	186	33	0	28	5	0	1	0	82	4	0	1	23	0	0	0	9
重　庆	157 692	4 181	1	601	7	1	3	0	62 072	51 751	17	21 449	1 385	35	32	137	16 020
四　川	171 060	52 739	42	1 684	3	13	24	4	64 521	46 958	64	1 640	3 188	164	0	0	16
贵　州	36 987	698	0	117	1	0	1	0	30 310	2 629	7	311	2 412	48	82	16	355
云　南	1 160	387	0	78	0	0	0	0	328	349	0	12	0	0	2	0	4
西　藏	25	0	0	0	0	0	0	0	22	0	0	3	0	0	0	0	0
陕　西	15 982	1 815	0	113	52	1	0	0	13 049	91	0	712	12	0	19	9	109
甘　肃	788	33	0	20	2	0	1	0	302	415	0	4	0	0	0	0	11
青　海	0	0	0	0	0	0	0	0	0	0	0	0	0	0	0	0	0
宁　夏	214	31	0	3	0	0	0	0	131	0	0	0	49	0	0	0	0
新　疆	928	111	0	86	0	0	0	0	696	1	0	6	24	3	0	1	0
中国版权保护中心	282 541	15 237	8	4 188	156	6	55	0	248 455	1 039	6	4 777	1 222	2	866	213	6 311

2019 年全国版权合同登记情况统计

单位：份

	合计	图书	期刊	音像制品	电子出版物	软件	电影	电视节目	其他
全国合计	**20 313**	**16 144**	**74**	**1 563**	**296**	**1 156**			**1 080**
中国版权保护中心	1 661			1524		137			
北　京	8 212	8 066	73		72	1			
天　津	431	428				3			
河　北	236	236							
山　西	9	9							
内蒙古									
辽　宁	227	227							
吉　林	91	91							
黑龙江	277	277							
上　海	1 104	991		38	75				
江　苏	1 562	730			25	807			
浙　江	908	677			45	186			
安　徽	59	59							
福　建	69	57				12			
江　西	320	320							
山　东	364	364							
河　南	229	229							
湖　北	391	313			2				76
湖　南	357	355	1						1
广　东	1 298	218			77				1 003
广　西	195	195							
海　南	160	160							
重　庆	230	230							
四　川	1 102	1 094				8			
贵　州	67	67							
云　南	258	258							
西　藏	16	15		1					
陕　西	303	301				2			
甘　肃	75	75							
青　海									
宁　夏	78	78							
新　疆	24	24							

2019 年全国版权执法情况统计

案件查处情况				收缴盗版品情况			
项目	上年度数量	本年度数量	同比增减(%)	项目	上年度数量	本年度数量	同比增减(%)
行政处罚数量（件）	3 033	2 539	—16.29	合计	7 440 122	7 303 778	—1.83
案件移送数量（件）	203	186	—8.37	书刊	4 937 904	5 740 610	16.26
检查经营单位数量（个）	522 135	384 641	—26.33	软件	240 968	221 700	—8.00
取缔违法经营单位数量（个）	2 361	1 224	—48.16	音像制品	1 195 203	693 861	—41.95
查获地下窝点数量（个）	203	152	—25.12	电子出版物	197 044	149 265	—24.25
其中：地下光盘生产线（条）	2	1	—50.00	其他	869 003	498 342	—42.65
违法经营网站服务器（个）	737	330	—55.22	未分类项			
罚款金额（人民币元）	16 155 654	23 995 277	48.53				

2019 年全国引进出版物版权汇总表

单位：项

原版权所在国家或地区名称	合计	图书	录音制品	录像制品	电子出版物
引进出版物版权总数	**15 977**	**15 684**	**78**	**204**	**11**
美　国	4 322	4 234	15	73	
英　国	3 420	3 409	3	7	1
德　国	1 234	1 225	3	6	
法　国	1 056	1 046	2	8	
俄 罗 斯	82	75		7	
加 拿 大	108	103		5	
新 加 坡	264	236	22	6	
日　本	2 224	2 162	4	52	6
韩　国	407	404			3
中国香港	216	203	10	3	
中国澳门	3	3			
中国台湾	816	797	19		
其　他	1 825	1 787		37	1

2019 年全国输出出版物版权汇总表

单位：项

版权购买者所在国家或地区名称	合计	图书	录音制品	录像制品	电子出版物
输出出版物版权总数	**14 816**	**13 680**	**290**	**8**	**838**
美　国	1 003	614			389
英　国	505	493			12
德　国	389	381			8
法　国	194	170			24
俄罗斯	954	947	2	3	2
加拿大	130	130			
新加坡	476	404			72
日　本	361	357			4
韩　国	918	836	3	1	78
中国香港	1 137	879	253	2	3
中国澳门	12	11	1		
中国台湾	1 556	1 441	10		105
其　他	7 181	7 017	21	2	141

2019年中国新闻出版产业统计资料

2019年全国各地区图书出版总量

	图书总计											
	种数（种）		租型	总印数（万册、张）			总印张（千印张）			定价总金额（万元）		
	合计	新版		合计	新版	租型	合计	新版	租型	合计	新版	租型
全国总计	**505 979**	**224 762**	**11 077**	**1 059 756**	**249 737**	**190 372**	**93 803 742**	**25 891 351**	**13 760 614**	**21 789 626**	**8 412 048**	**1 459 871**
中　央	**204 644**	**89 650**	**22**	**289 287**	**93 113**	**164**	**32 108 122**	**11 239 697**	**11 670**	**8 044 994**	**3 585 834**	**1 164**
地　方	**301 335**	**135 112**	**11 055**	**770 469**	**156 624**	**190 208**	**61 695 620**	**14 651 654**	**13 748 944**	**13 744 632**	**4 826 214**	**1 458 707**
北　京	12 350	5 923	106	22 475	6 440	980	2 112 493	719 630	74 772	664 586	281 363	7 268
天　津	7 819	4 198	201	11 500	3 452	1 229	1 006 375	314 830	90 980	357 653	141 420	9 261
河　北	9 980	3 477	454	33 300	5 526	10 443	2 604 125	531 690	811 215	518 606	160 550	82 949
山　西	3 380	1 957	242	11 185	3 294	3 849	1 112 872	491 862	289 246	181 971	96 069	27 456
内蒙古	3 641	1 630	341	6 481	982	3 217	520 850	96 893	263 184	78 495	25 667	27 344
辽　宁	10 384	4 708	300	16 841	3 991	3 316	1 454 861	408 127	263 010	322 438	124 957	27 280
吉　林	25 170	13 204	598	27 335	6 789	4 343	2 387 929	666 445	352 642	603 179	207 892	37 335
黑龙江	8 110	4 943	305	8 453	1 915	2 739	673 102	144 763	207 341	161 018	58 004	21 482
上　海	30 876	14 017	33	53 253	18 406	501	5 179 680	1 715 693	38 392	1 577 684	669 486	5 973
江　苏	29 534	10 459	396	75 030	14 770	9 690	5 673 135	1 300 441	688 391	1 225 687	377 510	73 176
浙　江	16 083	7 131	386	44 900	11 066	8 897	3 361 385	966 880	602 528	841 379	359 417	67 944
安　徽	10 066	3 767	608	28 760	4 156	9 361	2 265 314	328 735	697 196	451 553	113 471	80 472
福　建	4 380	2 227	208	14 386	3 310	4 208	1 112 814	292 083	296 365	213 286	83 257	30 680
江　西	8 337	4 820	220	24 955	7 906	7 410	1 783 832	593 663	587 034	395 412	171 238	56 815
山　东	16 348	5 123	699	55 322	7 016	15 872	3 641 307	515 347	969 713	704 698	179 814	109 446
河　南	8 950	4 384	264	37 473	5 557	14 532	2 811 022	438 828	1 086 009	429 072	129 767	102 763
湖　北	13 052	5 847	403	31 700	7 559	7 212	2 359 553	592 465	542 814	593 402	216 971	62 112
湖　南	10 397	3 942	447	48 747	9 523	11 622	4 137 525	951 801	775 959	823 926	279 183	89 185
广　东	11 062	5 007	135	39 467	5 626	10 017	3 122 799	542 334	743 792	586 657	190 810	74 324
广　西	6 096	2 340	552	31 796	3 689	10 029	2 385 358	350 219	755 342	397 992	98 827	76 819
海　南	3 942	1 626	279	6 715	1 240	1 802	523 172	137 061	113 970	113 250	41 352	12 542
重　庆	5 127	1 522	308	13 804	1 444	3 803	983 755	166 041	268 316	203 073	56 845	30 671
四　川	13 885	7 305	473	36 565	6 407	9 561	2 863 942	549 774	690 327	638 699	226 247	71 604
贵　州	1 222	696	576	13 663	770	8 226	874 800	73 439	607 247	169 814	27 004	68 921
云　南	7 015	3 895	303	18 224	5 201	6 800	1 564 757	536 617	528 753	279 155	126 215	49 498
西　藏	773	409	295	1 782	175	1 168	131 635	19 483	80 418	21 113	6 296	10 018
陕　西	11 615	4 910	577	20 140	3 132	5 647	1 775 466	350 517	402 987	457 944	128 086	42 565
甘　肃	4 026	1 863	252	9 540	1 666	3 380	641 270	146 414	232 168	144 586	56 386	23 616
青　海	621	280	229	1 153	80	795	99 299	10 549	59 300	14 075	4 550	6 335
宁　夏	3 220	1 101	190	8 432	1 762	925	995 052	210 815	69 559	286 393	69 620	8 549
新　疆	3 666	2 251	675	17 017	3 710	8 634	1 531 112	483 815	559 974	285 687	116 012	64 304
兵　团	208	150		75	64		5 029	4 400		2 149	1 928	

2019 年全国各级

	合计					中央及省、自治区、直辖市级				
	种数（种）	平均期印数（万份）	总印数（万份）	总印张（千印张）	总金额（万元）	种数（种）	平均期印数（万份）	总印数（万份）	总印张（千印张）	总金额（万元）
全国总计	**1 851**	**17 303.34**	**3 175 891**	**79 651 200**	**3 923 884**	**960**	**13 598.78**	**2 185 382**	**53 414 857**	**2 755 194**
中　央	**213**	**2 835.35**	**775 647**	**20 389 903**	**984 786**	**213**	**2 835.35**	**775 647**	**20 389 903**	**984 786**
地　方	**1 638**	**14 467.99**	**2 400 244**	**59 261 297**	**2 939 098**	**747**	**10 763.43**	**1 409 735**	**33 024 953**	**1 770 408**
北　京	33	145.83	37 738	1 575 652	46 313	33	145.83	37 738	1 575 652	46 313
天　津	19	92.83	24 986	648 673	30 151	19	92.83	24 986	648 673	30 151
河　北	62	428.55	106 684	1 899 353	114 142	25	295.25	69 898	970 291	74 051
山　西	60	3 147.96	228 715	2 027 737	265 414	38	3 075.07	206 809	1 595 232	240 214
内蒙古	57	106.99	25 151	483 236	27 213	22	56.82	11 794	230 365	12 776
辽　宁	66	465.40	69 971	1 748 461	80 038	18	314.08	28 708	452 199	37 012
吉　林	51	865.61	64 422	1 104 378	98 231	24	757.83	48 858	811 326	79 928
黑龙江	64	269.09	42 801	697 696	53 335	23	103.45	19 964	333 528	20 376
上　海	70	350.36	78 057	3 441 650	98 379	70	350.36	78 057	3 441 650	98 379
江　苏	81	1 120.58	202 867	4 675 267	240 481	30	714.40	105 926	1 982 489	122 232
浙　江	66	716.26	200 192	6 071 515	216 311	19	283.64	70 585	1 491 274	80 490
安　徽	51	265.30	61 730	1 199 142	61 196	19	139.81	30 473	572 316	32 158
福　建	42	389.77	73 810	2 759 306	89 389	20	277.00	35 712	1 461 332	41 932
江　西	38	1 055.96	79 462	988 951	91 706	17	989.77	59 957	663 867	71 387
山　东	86	656.41	183 913	7 101 853	194 082	28	320.35	96 100	4 456 429	97 453
河　南	77	1 211.25	157 481	3 217 861	229 930	32	1 005.62	102 543	1 764 932	150 980
湖　北	73	293.69	73 238	2 058 148	100 087	27	127.04	31 311	1 021 987	44 694
湖　南	47	441.87	79 440	1 898 449	96 795	21	329.38	46 901	1 233 407	66 337
广　东	97	648.39	171 635	6 598 193	300 361	31	309.15	72 940	3 257 275	138 918
广　西	48	186.70	51 427	1 083 904	58 863	19	100.33	23 912	547 896	28 194
海　南	14	62.69	16 969	491 942	22 584	10	46.95	12 771	389 200	16 745
重　庆	27	114.77	22 762	473 165	27 847	24	106.81	20 515	427 074	25 722
四　川	79	476.54	120 412	2 602 142	146 634	32	276.02	59 314	1 295 790	74 513
贵　州	27	83.82	25 257	591 305	32 565	11	38.01	10 942	306 422	15 055
云　南	41	126.08	32 511	612 460	38 708	16	76.23	18 244	359 671	23 967
西　藏	27	49.59	10 714	209 507	8 252	11	25.72	5 486	93 982	3 268
陕　西	43	200.81	48 561	1 158 725	58 210	27	129.20	29 203	724 552	34 566
甘　肃	50	214.10	41 127	631 392	42 086	23	150.45	21 344	324 335	27 913
青　海	26	32.05	8 071	206 828	7 464	13	15.60	3 652	94 818	4 674
宁　夏	14	46.12	10 103	219 009	15 049	10	40.74	8 757	198 342	13 302
新　疆	82	170.46	43 520	682 196	39 802	32	53.45	12 266	220 847	11 944
兵　团	20	32.12	6 515	103 199	7 487	3	16.28	4 072	77 800	4 764

报纸出版数量

地、市级					县　级				
种数（种）	平均期印数（万份）	总印数（万份）	总印张（千印张）	总金额（万元）	种数（种）	平均期印数（万份）	总印数（万份）	总印张（千印张）	总金额（万元）
872	**3 670.30**	**980 510**	**26 048 423**	**1 159 535**	**19**	**34.26**	**9 999**	**187 921**	**9 155**
872	**3 670.30**	**980 510**	**26 048 423**	**1 159 535**	**19**	**34.26**	**9 999**	**187 921**	**9 155**
36	131.95	36 454	922 420	39 716	1	1.35	332	6 642	375
21	72.62	21 880	432 241	25 150	1	0.28	26	264	50
32	48.86	13 159	251 013	14 269	3	1.30	199	1 858	167
45	149.52	40 956	1 294 722	42 728	3	1.80	308	1 540	297
27	107.78	15 564	293 053	18 303					
41	165.65	22 838	364 168	32 959					
51	406.19	96 941	2 692 778	118 249					
44	413.02	122 587	4 425 297	129 650	3	19.60	7 020	154 944	6 170
32	125.49	31 257	626 827	29 038					
22	112.77	38 097	1 297 974	47 457					
19	63.00	18 998	320 015	19 704	2	3.19	507	5 068	615
58	336.06	87 814	2 645 425	96 629					
45	205.64	54 938	1 452 929	78 950					
43	161.50	40 507	1 021 966	54 075	3	5.16	1 420	14 196	1 318
26	112.50	32 539	665 042	30 457					
66	339.25	98 695	3 340 918	161 443					
29	86.37	27 516	536 008	30 668					
4	15.74	4 198	102 742	5 839					
3	7.97	2 247	46 090	2 125					
47	200.52	61 098	1 306 352	72 121					
16	45.82	14 315	284 883	17 509					
25	49.85	14 267	252 789	14 741					
16	23.87	5 228	115 525	4 984					
16	71.61	19 358	434 174	23 644					
27	63.66	19 782	307 058	14 172					
11	15.06	4 250	108 695	2 645	2	1.39	169	3 315	146
4	5.38	1 346	20 668	1 746					
49	116.83	31 235	461 254	27 841	1	0.19	19	95	17
17	15.85	2 443	25 399	2 723					

2019 年全国各地区

	合计					综合					哲学、社会科学				
	种数（种）	平均期印数（万册）	总印数（万册）	总印张（千印张）	总金额（万元）	种数（种）	平均期印数（万册）	总印数（万册）	总印张（千印张）	总金额（万元）	种数（种）	平均期印数（万册）	总印数（万册）	总印张（千印张）	总金额（万元）
全国总计	**10 171**	**11 957.32**	**218 928**	**12 126 593**	**2 198 286**	**360**	**668.23**	**14 315**	**762 758**	**133 310**	**2 683**	**6 624.59**	**111 473**	**5 751 340**	**1 039 145**
中　央	**3 092**	**5 182.90**	**76 126**	**5 204 258**	**949 140**	**66**	**84.12**	**1 763**	**121 727**	**24 311**	**932**	**3 850.34**	**55 877**	**3 040 257**	**586 227**
地　方	**7 079**	**6 774.41**	**142 802**	**6 922 335**	**1 249 146**	**294**	**584.10**	**12 552**	**641 031**	**108 999**	**1 751**	**2 774.24**	**55 596**	**2 711 083**	**452 918**
北　京	174	143.48	2 535	164 541	31 527	2	0.15	0.40	75	32	51	60.53	1 148	64 431	11 939
天　津	252	155.87	2 861	134 058	30 877	3	0.25	2	190	20	50	51.76	1 117	48 804	8 916
河　北	227	188.61	4 213	203 493	33 604	10	2.34	28	1 618	550	59	89.58	1 694	83 636	12 324
山　西	202	109.03	2 088	130 870	23 793	3	1.05	33	2 479	817	53	49.84	786	44 628	8 529
内蒙古	152	64.80	1 142	58 741	7 862	3	1.15	13	899	221	51	44.09	737	34 199	4 459
辽　宁	322	375.73	6 791	300 058	48 656	6	4.08	32	2 148	388	73	220.36	4 492	190 276	28 176
吉　林	240	162.44	5 019	239 538	38 806	3	1.34	23	1 608	409	62	53.46	1 578	77 178	11 468
黑龙江	315	152.56	3 050	173 379	26 805	8	1.85	17	1 414	293	74	79.27	1 447	81 784	12 426
上　海	641	477.10	7 383	377 501	78 367	14	5.87	50	3 692	909	146	161.94	2 893	138 515	27 292
江　苏	476	324.53	10 791	474 535	108 614	16	2.59	25	2 478	636	105	130.21	4 316	192 685	42 681
浙　江	235	486.64	7 010	299 250	54 246	21	3.10	22	1 422	260	49	116.17	1 803	98 434	17 496
安　徽	186	201.62	3 742	169 958	32 714	25	2.65	17	1 417	338	35	65.92	1 179	52 967	9 449
福　建	174	140.16	2 158	112 603	20 488	7	4.01	45	1 918	561	54	89.75	1 397	64 801	11 430
江　西	166	276.24	7 589	234 644	47 156	6	2.62	57	3 911	990	49	84.05	1 875	72 908	13 005
山　东	277	350.34	7 871	344 894	54 199	17	7.58	226	10 394	2 106	78	192.63	2 794	171 735	22 960
河　南	247	294.06	7 752	365 962	58 053	21	2.54	15	1 365	240	68	142.73	3 358	179 970	27 706
湖　北	430	462.48	10 449	514 356	86 066	21	186.07	4 030	166 016	27 193	105	134.40	3 355	147 780	26 290
湖　南	260	418.16	9 451	470 429	83 966	13	1.23	8	756	102	53	120.33	2 307	107 483	16 783
广　东	387	495.46	10 480	539 431	89 992	27	19.36	334	19 574	5 046	99	223.23	4 865	241 643	34 799
广　西	181	160.61	3 644	159 048	29 307	12	4.35	89	4 969	982	48	70.45	1 275	61 231	9 048
海　南	43	32.92	534	37 312	6 599	2	8.20	96	9 670	1 792	14	8.67	103	5 511	1 096
重　庆	142	170.99	3 711	195 781	41 424	4	1.30	20	1 965	630	33	115.10	1 995	92 002	17 703
四　川	364	281.81	5 231	287 782	60 694	14	21.84	660	17 563	4 898	75	134.77	2 415	135 005	24 834
贵　州	93	65.40	1 668	93 566	15 533	6	1.28	10	877	288	29	42.10	1 158	74 138	11 623
云　南	129	133.46	2 226	105 428	17 401	6	1.72	27	2 164	631	40	85.13	1 138	49 048	6 994
西　藏	39	21.29	244	14 750	2 409	1	0.30	1	104	6	13	11.18	98	4 424	713
陕　西	287	145.43	3 115	177 669	35 192	6	1.48	14	1 335	340	56	66.20	1 598	81 313	14 362
甘　肃	131	361.27	8 038	434 242	68 823	7	272.96	6 413	363 335	58 057	33	65.16	1 267	47 277	7 048
青　海	54	15.91	268	14 953	2 144						20	7.99	152	5 938	946
宁　夏	37	20.44	445	30 268	5 976	1	0.27	3	400	117	14	14.00	356	22 280	4 052
新　疆	199	74.53	1 174	57 446	6 465	8	20.58	243	15 267	147	56	39.06	819	35 145	5 583
兵　团	17	11.04	130	5 851	1 387	1	0.03	0.10	9	1.00	6	4.20	84	3 913	788

注：含高校学报、公报、政报、年鉴 1 610 种，平均期印数 305 万册，总印数 3 768 万册，总印张 763 470 千印张。

各类期刊出版数量

自然科学、技术					文化、教育					文学、艺术				
种数（种）	平均期印数（万册）	总印数（万册）	总印张（千印张）	总金额（万元）	种数（种）	平均期印数（万册）	总印数（万册）	总印张（千印张）	总金额（万元）	种数（种）	平均期印数（万册）	总印数（万册）	总印张（千印张）	总金额（万元）
5 062	**1 891.57**	**27 758**	**2 401 778**	**408 481**	**1 398**	**2 156.66**	**51 664**	**2 466 975**	**470 918**	**668**	**616.27**	**13 717**	**743 742**	**146 431**
1 590	**713.81**	**9 069**	**1 295 493**	**195 303**	**359**	**413.81**	**7 235**	**593 885**	**106 925**	**145**	**120.82**	**2 183**	**152 897**	**36 374**
3 472	**1 177.76**	**18 690**	**1 106 285**	**213 179**	**1 039**	**1 742.85**	**44 430**	**1 873 091**	**363 993**	**523**	**495.45**	**11 535**	**590 845**	**110 058**
76	24.98	328	26 408	5 616	33	46.96	910	58 062	10 940	12	10.85	149	15 566	3 000
145	49.65	672	38 922	9 319	32	25.92	531	20 091	5 032	22	28.29	539	26 051	7 590
109	45.25	738	50 472	9 639	35	43.79	1 615	57 906	9 697	14	7.65	139	9 861	1 394
92	22.15	244	20 374	3 340	34	23.27	812	51 377	8 519	20	12.72	213	12 011	2 588
51	10.82	244	14 696	1 883	24	4.33	105	5 909	845	23	4.42	43	3 038	455
180	66.32	781	48 126	9 724	45	80.70	1 419	54 876	9 363	18	4.27	67	4 633	1 004
104	16.60	214	19 144	3 778	45	31.93	891	35 219	7 346	26	59.12	2 314	106 388	15 806
162	38.20	793	39 199	5 814	53	23.52	650	41 328	7 076	18	9.72	143	9 654	1 197
361	116.03	1 354	95 536	21 359	78	89.01	1 230	60 582	14 473	42	104.25	1 857	79 176	14 334
264	93.85	1 888	86 341	18 218	62	68.07	3 724	156 009	36 578	29	29.82	838	37 022	10 501
117	40.15	412	24 604	4 895	31	313.18	4 485	160 035	28 002	17	14.05	289	14 756	3 593
88	39.64	649	38 032	5 041	26	76.50	1 600	57 821	10 413	12	16.91	297	19 721	7 474
71	22.94	213	19 935	3 835	31	16.98	405	20 303	3 695	11	6.48	97	5 645	967
69	14.65	184	10 263	1 744	32	167.40	5 282	139 473	29 748	10	7.52	192	8 088	1 669
135	37.41	489	30 063	5 879	30	83.37	3 533	109 854	18 416	17	29.35	829	22 848	4 839
114	35.16	867	38 590	7 721	24	89.24	2 775	112 116	15 873	20	24.40	737	33 921	6 514
211	58.34	761	60 493	12 488	63	42.18	959	48 497	8 484	30	41.49	1 346	91 569	11 611
134	68.26	916	46 859	8 327	45	209.63	5 719	287 366	54 557	15	18.72	501	27 966	4 196
181	180.62	3 911	195 977	32 693	48	57.72	1 194	67 470	14 448	32	14.53	176	14 766	3 006
76	32.51	585	28 809	6 089	29	49.06	1 664	61 772	12 774	16	4.24	32	2 267	414
14	3.77	76	4 773	756	10	10.66	246	16 127	2 750	3	1.62	13	1 231	204
83	20.58	373	28 917	6 245	19	33.12	1 317	72 511	16 789	3	0.89	7	385	57
212	50.27	631	53 501	10 462	45	68.51	1 442	75 113	19 391	18	6.41	83	6 600	1 109
35	6.19	62	4 802	1 042	16	13.70	403	10 176	1 957	7	2.13	34	3 573	623
51	13.86	261	13 578	2 925	20	15.95	426	21 382	3 798	12	16.80	373	19 255	3 053
8	1.78	7	415	62	12	7.18	134	9 550	1 595	5	0.85	4	257	33
174	43.96	847	52 511	11 598	37	26.99	513	33 310	7 043	14	6.80	144	9 199	1 849
65	9.56	87	7 928	1 516	20	12.53	264	15 109	2 129	6	1.06	7	595	73
18	1.95	10	660	105	8	3.95	85	6 660	848	8	2.02	20	1 694	245
11	2.57	27	2 215	425	7	2.73	50	4 386	1 288	4	0.88	9	987	94
55	7.92	52	3 279	506	44	4.74	49	2680	123	36	2.24	12	1074	107
6	1.83	16	863	139	1	0.06	0.36	19	2	3	4.93	30	1 048	457

2019 年全国各地区电子出版物出版品种、数量及发行数量（按载体形式分类）

单位：种、万盒（张）

	电子出版物合计					只读光盘（CD-ROM）				高密度只读光盘（DVD-ROM）				交互式光盘（CD-I）				其他载体			
	合计		其中：新版		发行数量	合计		其中：新版		合计		其中：新版		合计		其中：新版		合计		其中：新版	
	种数	数量	种数	数量		种数	数量	种数	数量	种数	数量	种数	数量	种数	数量	种数	数量	种数	数量	种数	数量
全国总计	**9 070**	**29 261.88**	**3 729**	**4 839.02**	**24 600.34**	**5 910**	**23 340.51**	**2 150**	**2 995.68**	**2 555**	**5 618.59**	**1 046**	**1 766.94**	**1**	**0.85**	**1**	**0.85**	**604**	**301.92**	**532**	**75.55**
中　央	**4 989**	**22 076.36**	**1 235**	**2 548.46**	**17 398.03**	**3 332**	**17 789.53**	**643**	**1 774.59**	**1 346**	**4 001.17**	**331**	**711.46**					**311**	**285.66**	**261**	**62.40**
地　方	**4 081**	**7 185.52**	**2 494**	**2 290.57**	**7 202.32**	**2 578**	**5 550.99**	**1 507**	**1 221.09**	**1 209**	**1 617.42**	**715**	**1 055.48**	**1**	**0.85**	**1**	**0.85**	**293**	**16.26**	**271**	**13.15**
北　京	28	48.33	28	48.33	57.26	13	46.59	13	46.59	10	1.44	10	1.44					5	0.30	5	0.30
天　津	32	8.75	31	7.75	8.55	13	3.65	13	3.65	14	4.70	13	3.70					5	0.40	5	0.40
河　北	104	159.86	35	24.62	159.80	75	134.52	16	14.42	29	25.34	19	10.20								
山　西	61	3.21	61	3.21	3.21	48	2.56	48	2.56	13	0.65	13	0.65								
内蒙古	88	40.33	58	7.83	40.70	81	31.85	58	7.83	7	8.48										
辽　宁	142	93.99	77	16.01	95.36	120	89.98	61	13.76	17	3.96	11	2.20					5	0.05	5	0.05
吉　林	59	17.57	59	17.57	17.57	24	14.57	24	14.57	35	3.00	35	3.00								
黑龙江	12	79.45	12	79.45	79.45	12	79.45	12	79.45												
上　海	464	943.00	41	14.40	926.09	324	835.55	18	2.82	123	105.52	16	10.44					17	1.94	7	1.13
江　苏	490	2 577.32	131	721.18	2 570.84	291	2 460.11	57	684.05	178	116.92	53	36.84					21	0.29	21	0.29
浙　江	418	968.72	263	58.87	967.99	180	768.42	89	18.49	118	197.93	54	38.01					120	2.37	120	2.37
安　徽	7	1.28	6	1.08	1.28					7	1.28	6	1.08								
福　建	21	8.05	21	8.05	8.05	8	2.41	8	2.41	12	5.63	12	5.63					1	0.02	1	0.02
江　西	32	6.76	31	6.70	6.81	19	5.96	18	5.90	12	0.77	12	0.77					1	0.03	1	0.03
山　东	364	85.35	258	22.97	120.04	236	23.29	229	19.62	114	59.75	26	3.24					14	2.31	3	0.11
河　南	262	14.29	262	14.29	13.05	5	0.03	5	0.03	222	12.54	222	12.54					35	1.72	35	1.72

续表

	电子出版物合计					只读光盘（CD-ROM）				高密度只读光盘（DVD-ROM）				交互式光盘（CD-I）				其他载体			
	合计		其中：新版		发行数量	合计		其中：新版		合计		其中：新版		合计		其中：新版		合计		其中：新版	
	种数	数量	种数	数量		种数	数量	种数	数量	种数	数量	种数	数量	种数	数量	种数	数量	种数	数量	种数	数量
湖　北	101	18.21	88	15.94	18.97	75	8.01	67	6.34	23	10.03	18	9.43					3	0.17	3	0.17
湖　南	93	222.31	26	31.19	222.09	75	162.69	23	30.72	18	59.63	3	0.47								
广　东	354	917.03	187	330.81	914.33	249	617.44	92	33.31	73	295.17	64	293.17					32	4.43	31	4.33
广　西	7	1.54	7	1.54	1.54	2	0.21	2	0.21	4	0.48	4	0.48	1	0.85	1	0.85				
海　南	3	0.15	3	0.15	0.15	3	0.15	3	0.15												
重　庆	129	60.66	43	11.98	61.09	40	16.18	2	0.20	84	44.35	36	11.65					5	0.13	5	0.13
四　川	580	121.98	550	112.99	119.38	566	120.31	538	111.62	7	1.30	5	1.00					7	0.37	7	0.37
贵　州	4	0.70	4	0.70	0.70													4	0.70	4	0.70
云　南	56	103.74	49	95.81	105.74	10	88.95	5	84.66	44	14.75	42	11.11					2	0.04	2	0.04
西　藏	30	3.50	30	3.50	3.50	20	2.00	20	2.00	10	1.50	10	1.50								
陕　西	118	49.65	111	3.86	48.99	83	2.77	80	2.37	19	45.89	15	0.51					16	0.99	16	0.99
甘　肃																					
青　海																					
宁　夏																					
新　疆	22	629.79	22.00	629.79	629.79	6.00	33.36	6.00	33.36	16	596.43	16.00	596.43								
兵　团																					

2019 年全国各地区录音制品出版品种、数量及发行数量（按载体形式分类）

单位：种、万盒（张）

	录音制品合计					录音带（AT）				激光唱盘（CD）				高密度激光唱盘（DVD-A）				其他载体			
	合计		其中：新版		发行数量	合计		其中：新版		合计		其中：新版		合计		其中：新版		合计		其中：新版	
	种数	数量	种数	数量		种数	数量	种数	数量	种数	数量	种数	数量	种数	数量	种数	数量	种数	数量	种数	数量
全国总计	**6 571**	**16 931.93**	**2 528**	**3 772.50**	**16 174.38**	**965**	**5 230.93**	**141**	**1 026.15**	**5 040**	**11 539.10**	**1 971**	**2 645.71**	**84**	**47.19**	**47**	**16.77**	**482**	**114.73**	**369**	**83.87**
中　央	**3 189**	**12 935.15**	**1 087**	**2 965.23**	**12 233.56**	**549**	**4 497.24**	**86**	**1 016.66**	**2 438**	**8 370.55**	**841**	**1 896.07**	**27**	**7.98**	**26**	**7.83**	**175**	**59.38**	**134**	**44.67**
地　方	**3 382**	**3 996.78**	**1 441**	**807.27**	**3 940.82**	**416**	**733.69**	**55**	**9.49**	**2 602**	**3 168.55**	**1 130**	**749.64**	**57**	**39.20**	**21**	**8.94**	**307**	**55.35**	**235**	**39.20**
北　京	165	72.74	156	70.46	69.27					140	70.68	131	68.40	1	0.10	1	0.10	24	1.96	24	1.96
天　津	17	6.18	13	4.22	6.11	2	0.49			8	3.27	6	1.80					7	2.42	7	2.42
河　北	47	383.24	10	153.00	387.03	26	4.16			21	379.08	10	153.00								
山　西	44	39.80	44	39.80	39.80	2	1.60	2	1.60	42	38.20	42	38.20								
内蒙古	14	2.95	13	2.90	2.95					13	2.75	12	2.70					1	0.20	1	0.20
辽　宁	100	99.87	17	12.25	108.89					73	86.35	12	11.75	5	0.50	5	0.50	22	13.02		
吉　林	86	130.39	10	2.05	126.71	37	70.46			49	59.93	10	2.05								
黑龙江	6	0.06	6	0.06	0.06					1	0.01	1	0.01	5	0.05	5	0.05				
上　海	1 225	778.68	208	294.46	758.06	96	70.41			1 036	673.90	178	291.27	38	30.14	4	0.58	55	4.22	26	2.60
江　苏	179	553.00	37	7.10	553.00	78	493.10	1	0.04	78	57.50	13	4.66	2	0.30	2	0.30	21	2.10	21	2.10
浙　江	74	216.09	30	9.28	216.09	25	14.08			48	201.96	29	9.23					1	0.05	1	0.05
安　徽	13	0.38	12	0.33	0.35	11	0.18	10	0.13	2	0.20	2	0.20								
福　建	29	7.87	12	2.23	6.65	8	2.28			20	5.56	11	2.20					1	0.03	1	0.03
江　西	87	80.53	25	7.25	80.53	19	8.90	15	4.50	68	71.63	10	2.75								
山　东	125	131.14	62	6.12	134.74	22	2.20	22	2.20	95	128.14	32	3.12					8	0.80	8	0.80
河　南	8	0.95	8	0.95	0.45					8	0.95	8	0.95								

续表

	录音制品合计					录音带（AT）				激光唱盘（CD）				高密度激光唱盘（DVD-A）				其他载体			
	合计		其中：新版		发行数量	合计		其中：新版		合计		其中：新版		合计		其中：新版		合计		其中：新版	
	种数	数量	种数	数量		种数	数量	种数	数量	种数	数量	种数	数量	种数	数量	种数	数量	种数	数量	种数	数量
湖　北	21	3.80	12	0.80	3.80	1	0.40			18	2.80	11	0.70	2	0.60	1	0.10				
湖　南	103	261.40	21	3.80	261.50	8	7.28			94	253.97	21	3.80					1	0.15		
广　东	817	1 120.45	618	141.63	1 079.21	74	57.84	5	1.02	579	1 032.42	469	111.77					164	30.19	144	28.84
广　西	77	37.36	26	8.76	37.03					77	37.36	26	8.76								
海　南	16	1.14	16	1.14	1.14					16	1.14	16	1.14								
重　庆	18	7.26	5	1.93	7.30	2	0.20			16	7.06	5	1.93								
四　川	9	0.58	8	0.48	0.67					9	0.58	8	0.48								
贵　州	2	0.20	2	0.20	0.20													2	0.20	2	0.20
云　南	29	12.97	24	12.86	12.96	5	0.11			22	5.85	22	5.85	2	7.01	2	7.01				
西　藏	1	0.30	1	0.30	0.10									1	0.30	1	0.30				
陕　西	41	28.47	16	3.93	28.47					40	28.27	16	3.93	1	0.20						
甘　肃	1	0.30	1	0.30	0.30					1	0.30	1	0.30								
青　海																					
宁　夏	6	0.50	6	0.50	0.50					6	0.50	6	0.50								
新　疆	22	18.19	22	18.19	16.94					22	18.19	22	18.19								
兵　团																					

2019 年全国各地区录像制品出版品种、数量及发行数量（按载体形式分类）

单位：种、万盒（张）

	录像制品合计					录像带（VT）				数码激光视盘（VCD）				高密度激光视盘（DVD-V）				其他载体			
	合计		其中：新版		发行数量	合计		其中：新版		合计		其中：新版		合计		其中：新版		合计		其中：新版	
	种数	数量	种数	数量		种数	数量	种数	数量	种数	数量	种数	数量	种数	数量	种数	数量	种数	数量	种数	数量
全国总计	**4 141**	**6 239.43**	**2 879**	**2 130.05**	**5 911.18**					**416**	**933.32**	**118**	**151.08**	**3 441**	**5 271.48**	**2 504**	**1 945.92**	**284**	**34.64**	**257**	**33.05**
中　央	**1 893**	**3 550.90**	**1 227**	**628.00**	**3 265.09**					**121**	**547.91**	**13**	**118.76**	**1 563**	**2 975.36**	**1 018**	**483.05**	**209**	**27.63**	**196**	**26.20**
地　方	**2 248**	**2 688.53**	**1 652**	**1 502.05**	**2 646.10**					**295**	**385.41**	**105**	**32.32**	**1 878**	**2 296.12**	**1 486**	**1 462.88**	**75**	**7.01**	**61**	**6.85**
北　京	108	15.72	107	15.17	11.22					1	0.15			86	13.50	86	13.50	21	2.07	21	2.07
天　津	5	1.50	5	1.50	1.50									5	1.50	5	1.50				
河　北	24	1.40	12	0.77	1.23									24	1.40	12	0.77				
山　西	45	7.88	45	7.88	4.89									45	7.88	45	7.88				
内蒙古	8	2.18	8	2.18	2.18									8	2.18	8	2.18				
辽　宁	35	1.69	33	1.28	2.40									35	1.69	33	1.28				
吉　林	96	13.21	95	12.76	11.93					1	0.10	1	0.10	92	12.96	91	12.51	3	0.15	3	0.15
黑龙江	4	0.06	4	0.06	0.06									4	0.06	4	0.06				
上　海	514	1 466.88	278	951.84	1 438.40					104	35.51	56	19.67	394	1 431.14	219	932.00	16	0.23	3	0.17
江　苏	52	5.55	49	4.85	5.30					6	1.80	6	1.80	46	3.75	43	3.05				
浙　江	66	14.79	50	5.34	33.99					4	1.10			62	13.69	50	5.34				
安　徽	44	3.71	43	3.56	4.29									44	3.71	43	3.56				
福　建	32	5.87	29	5.74	5.62									32	5.87	29	5.74				
江　西	219	517.43	62	15.05	517.93					147	334.54	28	9.05	68	182.49	30	5.60	4	0.40	4	0.40
山　东	120	35.37	99	21.29	34.02									119	35.27	98	21.19	1	0.10	1	0.10
河　南	21	3.03	21	3.03	2.11					2	0.20	2	0.20	18	2.80	18	2.80	1	0.03	1	0.03

续表

	录像制品合计					录像带（VT）				数码激光视盘（VCD）				高密度激光视盘（DVD-V）				其他载体			
	合计		其中：新版		发行数量	合计		其中：新版		合计		其中：新版		合计		其中：新版		合计		其中：新版	
	种数	数量	种数	数量		种数	数量	种数	数量	种数	数量	种数	数量	种数	数量	种数	数量	种数	数量	种数	数量
湖　北	28	11.51	15	3.36	9.49					1	0.30	1	0.30	26	11.13	13	2.98	1	0.08	1	0.08
湖　南	131	118.00	67	31.32	119.66					5	1.34			126	116.66	67	31.32				
广　东	279	44.96	247	25.58	33.72					5	1.37	3	0.40	269	43.28	240	24.98	5	0.31	4	0.21
广　西	19	4.74	13	4.14	4.74									19	4.74	13	4.14				
海　南	29	2.95	29	2.95	2.95									29	2.95	29	2.95				
重　庆	26	12.94	15	4.16	12.62					6	6.95			20	5.99	15	4.16				
四　川	43	2.97	43	2.97	2.71									43	2.97	43	2.97				
贵　州																					
云　南	82	17.92	82	17.92	16.54					8	0.80	8	0.80	54	14.26	54	14.26	20	2.86	20	2.86
西　藏	28	11.95	28	11.95	7.43									27	11.35	27	11.35	1	0.60	1	0.60
陕　西	65	6.36	58	4.51	6.29					5	1.25			58	4.93	56	4.33	2	0.18	2	0.18
甘　肃	9	1.11	9	1.11	1.11									9	1.11	9	1.11				
青　海	12	4.50	12	4.50	1.40									12	4.50	12	4.50				
宁　夏																					
新　疆	104	352.35	94	335.29	350.38									104	352.35	94	335.29				
兵　团																					

2019 年全国新华书店系统、出版社自办发行单位出版物发行进、销、存情况

单位：万册（张、份、盒）、万元

	购进		销售		库存	
	数量	金额	数量	金额	数量	金额
全国总计	**2 360 064**	**36 618 876**	**2 331 486**	**35 655 010**	**717 123**	**14 771 552**
中　央	**278 453**	**8 314 451**	**270 449**	**7 979 838**	**150 363**	**5 336 127**
地　方	**2 081 610**	**28 304 425**	**2 061 037**	**27 675 172**	**566 761**	**9 435 424**
北　京	24 213	679 449	24 814	705 372	13 267	470 324
天　津	13 363	252 919	13 362	246 286	6 111	142 071
河　北	96 830	1 152 576	99 964	1 180 015	42 183	182 043
山　西	39 886	512 290	40 661	509 340	15 163	188 425
内蒙古	26 434	285 511	26 955	274 777	2 753	66 564
辽　宁	30 505	474 501	30 405	482 060	10 112	226 814
吉　林	23 609	461 696	23 897	460 583	5 819	146 201
黑龙江	13 771	261 092	14 415	263 906	4 111	85 234
上　海	52 330	1 370 087	50 915	1 307 191	27 919	931 358
江　苏	224 933	2 833 178	209 057	2 647 738	94 735	1 248 712
浙　江	152 904	2 590 693	157 605	2 526 249	45 127	1 104 044
安　徽	118 413	1 449 321	120 844	1 495 850	20 139	324 536
福　建	46 612	539 043	46 856	551 618	10 604	143 469
江　西	94 479	1 382 830	96 728	1 406 764	12 644	228 084
山　东	171 101	2 244 162	171 719	2 127 171	58 292	817 569
河　南	183 589	1 538 938	184 966	1 531 478	16 987	238 854
湖　北	72 260	1 013 753	73 297	1 035 506	9 526	207 696
湖　南	131 507	1 806 914	114 166	1 691 666	60 985	702 734
广　东	102 809	1 340 527	105 158	1 284 522	34 096	568 194
广　西	81 448	846 488	81 194	847 527	6 317	144 376
海　南	15 807	193 702	15 457	195 179	1 712	26 745
重　庆	41 445	539 507	40 917	511 104	6 820	131 081
四　川	86 918	1 495 273	80 377	1 372 912	20 716	518 978
贵　州	41 402	430 625	41 047	426 956	3 635	32 366
云　南	38 149	519 570	38 567	527 956	5 516	110 167
西　藏	3 975	42 962	3 922	38 976	986	12 328
陕　西	69 812	862 535	71 456	865 705	16 529	220 846
甘　肃	30 223	347 453	30 382	350 850	4 006	41 229
青　海	2 455	39 165	2 371	39 073	1 439	12 409
宁　夏	6 765	104 626	6 687	100 745	1 153	22 917
新　疆	43 665	693 036	42 876	670 098	7 359	139 061

2019 年全国图书、期刊、报纸进出口情况

类别		出口		进口	
		数量（万册、万份）	金额（万美元）	数量（万册、万份）	金额（万美元）
总计		**1 472.85**	**6 079.69**	**4 206.50**	**38 560.51**
图书	合计	1 134.37	5 521.35	3 139.18	24 147.74
	哲学、社会科学	176.72	1 566.51	185.01	3 327.95
	文化、教育	123.99	851.82	753.45	6 239.37
	文学、艺术	107.82	841.12	507.58	4 444.72
	自然、科学技术	39.19	366.34	81.28	2 691.90
	少儿读物	480.95	652.08	1 156.84	3 841.71
	综合性图书	205.70	1 243.48	455.02	3 602.09
期刊		294.87	516.34	295.34	13 365.54
报纸		43.61	42.00	771.98	1 047.23

注：以上数据为全国有出版物进口经营许可证的出版物进出口经营单位数据。

2019 年全国音像制品、电子出版物、数字出版物进出口情况

类别		出口		进口	
		数量（盒、张）	金额（万美元）	数量（盒、张）	金额（万美元）
总计		**11 126**	**205.90**	**113 804**	**41 116.31**
录音	合计	10 286	55.30	108 721	95.06
	录音带（AT）				
	激光唱片（CD）	2 868	14.25	108 721	95.06
	高密度激光唱盘（DVD-A）	7 418	41.05		
录像	合计	840	0.99	5 083	9.11
	录像带（VT）				
	高密度激光视盘（DVD-V）	840	0.99	5 083	9.11
	数码激光视盘（VCD）				
电子出版物					
数字出版物			149.61		41 012.14

注：以上数据为全国有出版物进口经营许可证的出版物进出口经营单位数据。

2019年全国广播电视发展主要指标一览表（一）

	宣传情况				覆盖情况				有线广播电视发展情况				
	广播节目播出时间（万小时）	电视节目播出时间（万小时）	广播节目制作时间（万小时）	电视节目制作时间（万小时）	广播综合人口覆盖率（%）	电视综合人口覆盖率（%）	无线广播综合人口覆盖率（%）	无线电视综合人口覆盖率（%）	有线广播电视实际用户（万户）	数字电视实际用户（万户）	付费数字电视实际用户（万户）	有线广播电视用户占本地区总户数比重（%）	有线广播电视网络传输干线总长（不含县级前端以下）（万公里）
全国合计	**1 553.40**	**1 950.99**	**801.87**	**345.58**	**99.13**	**99.39**	**98.15**	**97.80**	**20 661.43**	**19 417.44**	**7 986.53**	**46.22**	**218.87**
国家广播电视总局			0.06	0.00									4.00
中央广播电视总台	18.08	23.74	28.88	19.53									
其他部门所属单位		4.38	0.00	0.81									
北京市	18.23	12.90	11.64	18.83	100.00	100.00	100.00	99.80	598.92	593.46	106.21	109.13	21.18
天津市	14.97	15.33	9.77	1.71	100.00	100.00	100.00	100.00	356.02	351.12	126.13	89.77	0.41
河北省	83.25	92.82	42.98	16.08	99.58	99.68	99.22	98.53	695.78	570.82	192.01	26.47	13.77
山西省	57.44	63.60	25.64	13.87	98.91	99.59	98.67	99.34	372.50	300.52	88.13	28.84	7.19
内蒙古自治区	67.41	66.44	29.23	8.70	99.24	99.22	99.01	97.73	218.20	213.40	150.34	25.32	2.10
辽宁省	68.75	79.09	40.40	15.39	99.24	99.27	99.15	98.27	663.45	615.86	163.44	43.38	3.21
吉林省	58.09	52.05	25.14	9.34	99.36	99.41	99.01	97.03	435.64	426.05	233.83	42.48	1.74
黑龙江省	60.10	60.26	23.40	8.86	99.21	99.12	99.21	99.12	666.21	652.27	238.83	42.90	8.98
上海市	14.89	16.04	13.71	5.16	100.00	100.00	100.00	100.00	452.71	425.43	201.87	82.02	5.43
江苏省	77.01	75.82	55.45	18.82	100.00	100.00	100.00	100.00	1 545.68	1 499.96	724.78	61.89	4.35

续表

	宣传情况				覆盖情况				有线广播电视发展情况				
	广播节目播出时间（万小时）	电视节目播出时间（万小时）	广播节目制作时间（万小时）	电视节目制作时间（万小时）	广播综合人口覆盖率（%）	电视综合人口覆盖率（%）	无线广播综合人口覆盖率（%）	无线电视综合人口覆盖率（%）	有线广播电视实际用户（万户）	数字电视实际用户（万户）	付费数字电视实际用户（万户）	有线广播电视用户占本地区总户数比重（%）	有线广播电视网络传输干线总长（不含县级前端以下）（万公里）
浙江省	76.80	73.85	54.32	17.63	99.73	99.82	99.71	99.08	1 346.73	1 327.25	536.24	79.46	3.85
安徽省	58.18	64.65	22.75	8.03	99.87	99.87	99.85	99.78	786.55	587.71	148.73	36.45	3.23
福建省	53.15	41.28	26.03	6.11	99.62	99.71	98.54	97.50	727.40	727.40	474.14	67.30	20.78
江西省	37.69	68.48	16.83	8.65	98.62	99.14	98.32	98.90	551.85	526.85	191.02	42.49	10.36
山东省	102.43	142.44	59.07	24.01	99.13	99.10	98.75	98.50	1 579.20	1 448.58	654.11	49.19	44.16
河南省	69.65	95.48	29.99	13.75	99.44	99.47	99.43	99.45	903.09	784.90	37.52	27.48	4.94
湖北省	52.69	68.90	24.67	8.80	99.79	99.70	99.62	99.48	1 071.48	1 055.00	471.97	51.19	3.17
湖南省	48.39	76.41	22.03	11.40	99.36	99.72	98.48	98.68	790.51	725.50	274.20	37.06	11.34
广东省	81.90	87.75	57.23	26.62	99.98	99.98	99.17	99.20	1 767.05	1 705.31	826.61	65.51	23.67
广西壮族自治区	42.93	60.61	22.14	7.92	97.81	98.92	95.98	97.22	674.34	660.81	215.36	42.06	1.16
海南省	14.45	10.13	7.59	2.06	99.06	99.08	99.06	99.08	155.77	145.06	27.96	58.16	0.23
重庆市	20.11	31.51	9.05	6.34	99.17	99.40	93.16	92.47	624.06	552.12	255.75	49.24	0.66
四川省	69.44	118.79	29.37	14.82	98.23	98.95	96.60	97.09	1 023.40	948.97	593.36	31.78	2.79
贵州省	25.54	47.53	14.94	4.37	94.63	97.00	86.07	78.11	813.02	813.02	395.11	59.89	0.95
云南省	39.42	90.88	22.64	15.01	98.95	99.14	96.96	97.05	376.28	361.70	251.98	26.38	3.10
西藏自治区	15.26	35.91	3.84	1.61	98.07	98.61	96.51	96.87	24.64	21.92	1.23	30.56	0.47
陕西省	45.24	57.11	22.99	13.39	98.87	99.38	98.06	98.22	745.76	745.76	180.82	72.61	4.02
甘肃省	37.22	54.78	14.61	6.45	98.57	98.90	94.98	95.34	174.79	122.15	86.24	20.63	1.67
青海省	25.50	31.27	5.00	2.08	98.81	98.82	98.75	98.63	97.16	95.95	19.00	54.26	0.75
宁夏回族自治区	13.27	16.89	5.06	2.35	99.61	99.88	99.12	96.37	108.00	106.87	55.05	48.32	0.51
新疆维吾尔自治区	85.92	113.89	25.42	7.07	98.30	98.52	98.16	98.26	280.75	279.23	64.59	42.11	3.04
新疆生产建设兵团									34.51	26.49			1.63

注：广播影视产业主要数据由国家广播电视总局财务司提供，计算结果保留小数点后两位。

2019 年全国广播电视发展主要指标一览表（二）

	从业人员（万人）	总收入（亿元）	实际创收收入（亿元）	广告收入（亿元）	广播广告收入（亿元）	电视广告收入（亿元）	网络媒体广告收入（亿元）	网络收入（亿元）	有线电视收视维护费收入（亿元）	付费数字电视频道收入（亿元）	三网融合业务收入（亿元）	新媒体业务收入（亿元）	网络视听节目服务收入（亿元）	资产总额（亿元）
全国合计	**99.44**	**8 107.45**	**6 766.90**	**2 075.27**	**121.24**	**877.61**	**828.76**	**753.35**	**326.68**	**50.40**	**116.12**	**1 361.16**	**609.28**	**21 836.96**
国家广播电视总局	0.99	85.39	33.86	1.79		1.00	0.63	4.06			0.82	8.98	0.39	328.69
中央广播电视总台	4.01	626.09	614.21	346.50	7.87	333.71	4.74					62.99	1.25	1874.45
其他部门所属单位	0.43	61.67	50.85	24.18		20.58	2.93					1.24	1.09	147.26
北京市	9.42	2 358.40	2 111.39	689.30	4.96	56.91	471.25	23.99	9.93	0.66	5.86	661.86	265.48	4 737.16
天津市	0.91	70.27	58.86	8.04	3.09	4.52	0.01	7.69	3.74	0.86	1.44	4.38	0.16	288.24
河北省	3.94	100.49	59.28	15.63	4.70	9.57	0.32	20.16	8.94	0.61	3.06	6.06	0.00	280.93
山西省	2.64	69.23	35.84	8.88	2.92	5.72	0.06	8.71	5.59	0.26	0.42	1.32	0.01	130.47
内蒙古自治区	1.87	55.13	20.64	3.30	1.00	2.25	0.00	13.42	6.49	1.23	0.54	1.24	0.00	123.52
辽宁省	2.51	70.09	39.75	12.94	4.61	7.77	0.10	21.14	15.00	0.45	1.78	0.38	0.08	214.94
吉林省	2.06	56.72	34.49	9.97	2.45	7.33	0.01	17.59	8.82	3.43	1.50	1.76	0.00	329.11
黑龙江省	2.49	61.08	35.22	12.17	3.95	8.00	0.00	16.08	11.34	0.90	2.27	0.40	0.04	187.73
上海市	3.68	737.24	638.40	178.54	5.71	38.44	124.44	36.30	12.30	3.94	10.68	138.17	80.95	1 674.93
江苏省	5.90	376.63	348.44	76.30	11.39	48.32	1.79	76.45	31.94	4.55	9.12	17.36	1.85	1 658.72
浙江省	5.62	507.03	443.48	91.97	11.73	66.87	5.60	79.93	28.43	5.89	14.82	32.00	9.35	2 125.20
安徽省	3.04	101.51	66.20	28.98	3.48	17.01	5.62	13.39	7.14	0.95	0.54	2.52	0.09	191.83

续表

	从业人员（万人）	总收入（亿元）	实际创收收入（亿元）	广告收入（亿元）	广播广告收入（亿元）	电视广告收入（亿元）	网络媒体广告收入（亿元）	网络收入（亿元）	有线电视收视维护费收入（亿元）	付费数字电视频道收入（亿元）	三网融合业务收入（亿元）	新媒体业务收入（亿元）	网络视听节目服务收入（亿元）	资产总额（亿元）
福建省	2.99	162.79	130.38	21.86	2.83	8.35	4.97	35.40	8.97	2.79	4.82	7.38	0.19	300.45
江西省	1.97	62.61	40.87	12.91	2.02	9.71	0.51	14.03	7.31	0.84	0.56	1.79	0.26	127.19
山东省	5.34	172.72	126.07	47.29	8.33	29.40	5.23	42.42	19.62	1.81	3.94	9.03	0.02	467.60
河南省	4.68	83.93	54.44	14.71	3.79	8.56	0.12	14.34	9.04	0.87	1.11	7.87		253.71
湖北省	3.72	194.79	146.68	16.53	4.04	10.47	0.91	36.33	15.95	1.61	7.74	77.77	0.10	461.62
湖南省	4.86	344.18	314.56	151.72	5.26	93.43	45.89	26.16	13.10	2.07	3.49	41.44	17.36	898.13
广东省	7.38	780.23	705.68	207.43	8.74	33.35	149.24	82.06	40.37	4.06	15.96	233.28	215.17	2 382.39
广西壮族自治区	1.82	77.22	41.02	5.90	1.46	4.01	0.10	22.15	7.76	0.53	2.40	2.75		187.19
海南省	0.64	39.92	38.24	6.31	0.55	5.14	0.56	4.37	2.30	0.14	1.04	0.33	0.04	78.42
重庆市	1.42	66.72	54.15	10.40	1.53	7.39	0.21	18.89	7.82	1.34	4.12	5.24	2.51	165.24
四川省	4.73	219.69	106.16	20.49	4.17	10.41	0.90	38.21	13.74	2.70	7.07	7.28	0.34	564.62
贵州省	1.86	112.31	99.28	15.35	2.39	8.01	0.04	32.30	8.39	2.62	4.15	2.25		273.76
云南省	2.12	66.14	41.01	13.06	2.00	10.35	0.19	13.85	7.20	0.79	1.92	1.85	0.01	210.34
西藏自治区	0.42	12.25	0.85	0.50	0.01	0.48		0.34	0.28	0.01				16.50
陕西省	1.96	73.78	51.75	8.00	2.81	4.72	0.19	18.13	8.29	2.38	4.21	2.52	0.14	225.16
甘肃省	1.47	34.01	13.90	3.51	1.08	2.17	0.04	4.97	2.39	0.28	0.38	0.96		173.06
青海省	0.44	12.75	3.39	1.11	0.21	0.87		1.61	0.68	0.21		0.20		28.27
宁夏回族自治区	0.47	13.72	5.50	1.59	0.29	0.97	0.06	1.97	0.84	0.57	0.22	0.36		55.41
新疆维吾尔自治区	1.66	233.80	199.94	7.92	1.86	1.62	2.08	6.58	2.64	1.02	0.15	18.15	12.40	674.69
新疆生产建设兵团		6.92	2.09	0.20		0.20		0.33	0.33			0.03		

2019年各省市软件和信息技术服务业业务收入表

单位：万元

地区	企业个数	软件业务收入				
		总收入	(一) 软件产品收入	(二) 信息技术服务收入	(三) 信息安全收入	(四) 嵌入式系统软件收入
全国合计	**36 958**	**720 718 665**	**208 572 001**	**435 803 400**	**13 017 846**	**63 325 418**
北京市	3 728	119 830 665	35 843 568	79 482 798	4 150 080	354 219
天津市	333	20 261 151	3 475 943	16 219 881	21 778	543 549
河北省	269	3 266 656	472 024	2 700 489	7 625	86 518
山西省	153	489 207	193 969	261 522	4 543	29 173
内蒙古自治区	33	62 637	18 559	41 470	1 911	697
辽宁省	1 667	17 599 753	7 515 634	8 320 640	1 334 119	429 360
吉林省	253	3 966 438	518 615	2 498 471	74 522	874 831
黑龙江省	121	558 999	181 841	295 670	4 999	76 490
上海市	1 649	59 119 032	16 971 047	41 443 920	685 354	18 712
江苏省	5 949	97 793 124	29 920 319	53 605 521	1 352 868	12 914 417
浙江省	1 864	61 098 805	18 614 325	37 336 726	214 116	4 933 638
安徽省	408	6 697 673	2 871 118	2 857 615	31 682	937 260
福建省	2 500	29 718 718	8 616 219	15 886 188	570 218	4 646 094
江西省	152	1 819 566	1 106 376	676 628	11 010	25 552
山东省	4 118	54 943 384	20 914 841	23 608 252	1 752 064	8 668 227
河南省	185	3 521 292	953 270	2 295 290	41 532	231 200
湖北省	2 489	20 652 300	8 660 975	10 987 162	746 375	257 789
湖南省	841	6 106 519	2 254 261	3 096 737	39 749	715 773
广东省	4 854	118 745 554	24 588 464	73 969 919	530 984	19 656 187
广西壮族自治区	165	4 073 776	377 390	3 641 797	17 054	37 535
海南省	236	2 860 219	508 638	2 330 445	19 896	1 241
重庆市	1 707	17 145 664	4 165 751	10 370 313	357 533	2 252 068
四川省	1 790	36 914 223	12 043 586	21 653 009	944 364	2 273 264
贵州省	260	2 123 360	239 848	1 828 346	41 143	14 023
云南省	205	1 023 819	259 207	745 265	12 485	6 863
西藏自治区						
陕西省	698	28 693 155	6 879 783	18 478 611	26 639	3 308 123
甘肃省	122	609 110	192 148	403 786	8 765	4 412
青海省	7	21 543	324	20 791	65	362
宁夏回族自治区	74	239 325	39 313	172 375	3 884	23 753
新疆维吾尔自治区	128	762 994	174 647	573 766	10 491	4 091

2019 年全国软件和信息技术服务业主要经济指标表

指标名称	单位	2019 年统计数据
企业个数	个	36 958
软件业务收入	亿元	72 071.9
其中：1. 软件产品收入	亿元	20 857.2
2. 信息技术服务收入	亿元	43 580.3
3. 信息安全收入	亿元	1 301.8
4. 嵌入式系统软件收入	亿元	6 332.5
软件业务出口	亿美元	569.4
利润总额	亿元	9 835.1
研发经费	亿元	7 336.4
从业人员年末数	万人	677.5

资料来源：工业和信息化部运行监测协调局。

注：软件和信息技术服务业统计范围为：

1. 在我国境内注册（港澳台地区除外），主要从事软件研发、系统集成及相关信息技术服务业务，且主营业务年收入 500 万元以上，具有独立法人资格的软件企业；

2. 在我国境内注册，主营业务年收入在 1 000 万元以上，并有软件研发、系统集成及相关信息技术服务收入，且该收入占本企业主营业务收入 30%以上的独立法人单位；

3. 在我国境内注册，主要从事集成电路设计或其集成电路设计和测试的收入占本企业主营业务收入 60%以上，且主营业务年收入 500 万元以上的独立法人单位。

版权名录

MING LU

版权行政管理部门

国家版权局
分管副部长：张建春
版权管理局局长：于慈珂
地　址：北京市西城区宣武门外大街40号
邮　编：100052
电　话：010-83138740
传　真：010-83138737
网　址：www.ncac.gov.cn

北京市版权局
局　长：王野霏
地　址：北京市通州区运河东大街56号院1号楼
邮　编：100743
电　话：010-55569229
传　真：010-55569034

天津市版权局
局　长：石　刚
地　址：天津市河西区宾水道9号环渤海发展中心A座
邮　编：300000
电　话：022-28368166
传　真：022-28139740

河北省版权局
局　长：宋文新
地　址：石家庄市维明南大街46号
邮　编：050052
电　话：0311-87907743
传　真：0311-87907759

山西省版权局
局　长：夏　祯
地　址：太原市迎泽大街369号
邮　编：030001
电　话：0351-8301532
传　真：0351-8301532
邮　箱：sxsbqj@163.com

内蒙古自治区版权局
局　长：吴振清
地　址：呼和浩特市如意开发区敕勒川大街1号
邮　编：010010
电　话：0471-48255542
传　真：0471-48255542
邮　箱：nmgbqjbqc@163.com

辽宁省版权局
分管副部长：邵玉英
地　址：沈阳市和平南大街45号
邮　编：110001
电　话：024-23128820
传　真：024-23128820
邮　箱：lnsbqj@163.com

吉林省版权局
局　长：姚玉和
地　址：长春市宽城区新发路577号
邮　编：130051
电　话：0431-88792388
传　真：0431-88965400

黑龙江省版权局
局　长：朱德宝
地　址：哈尔滨市南岗区花园街294号
邮　编：150090
电　话：0451-53605229
传　真：0451-53605229

上海市版权局
局　长：徐　炯
地　址：上海市绍兴路5号
邮　编：200020

电　话：021-64339268
传　真：021-64339268

江苏省版权局
局　长：焦建俊
地　址：南京市鼓楼区北京西路 70 号
邮　编：210013
电　话：025-88802956
传　真：025-88802954

浙江省版权局
分管副部长：李　杲
地　址：杭州市省府路 8 号
邮　编：310025
电　话：0571-81050763
传　真：0571-81050763

安徽省版权局
局　长：查结联
地　址：合肥市中山路 1 号
邮　编：230091
电　话：0551-62609343
传　真：0551-62609343
邮　箱：anhuibanquan@126.com

福建省版权局
局　长：肖贵新
地　址：福州市东水路 76 号
邮　编：350001
电　话：0591-87532711
传　真：0591-87532711

江西省版权局
分管副部长：黎隆武
地　址：南昌市红谷滩新区卧龙路 999 号
邮　编：330000
电　话：0791-88912724
传　真：0791-88912724

山东省版权局
局　长：钟　华
地　址：济南市纬一路 482 号
电　话：0531-51775308
传　真：0531-51775308
邮　箱：sdbq8606@126.com

河南省版权局
局　长：谭福森
地　址：郑州市金水区金水路 17 号
邮　编：450003
电　话：0371-65905451
传　真：0371-65905450

湖北省版权局
分管副部长：陈树林
地　址：武汉市武昌区黄鹂路 39 号
邮　编：430077
电　话：027-68892427
传　真：027-68892427

湖南省版权局
局　长：蒋祖烜
地　址：长沙市韶山北路 1 号
邮　编：410001
电　话：0731-82219530
传　真：0731-82219530
邮　箱：hncopyright@126.com

广东省版权局
分管副部长：杜新山
地　址：广州市越秀区合群三马路省委大院 4 号楼
邮　编：510000
电　话：020-87197985
传　真：020-87197985

广西壮族自治区版权局
局　长：王晓华
地　址：南宁市民族大道 112 号广西新闻中心 7 楼
邮　编：530028
电　话：0771-2092981
传　真：0771-2093005

海南省版权局
局　长：陈　莹
地　址：海口市国兴大道 69 号
邮　编：570203
电　话：0898-65396384
传　真：0898-65336134
邮　箱：wtt.tuyin@hainan.gov.cn

重庆市版权局
分管副部长：李　鹏
地　址：重庆市江北区鸿恩路25号
邮　编：400020
电　话：023-67502723
传　真：023-67502723

四川省版权局
局　长：周　青
地　址：成都市红星路二段119号
邮　编：610072
电　话：028-86697076
传　真：028-86697076

贵州省版权局
局　长：谢　念
地　址：贵阳市延安中路5-9号
邮　编：550001
电　话：0851-85813428
传　真：0851-85823147

云南省版权局
局　长：杨　润
地　址：昆明市环城西路609号新闻出版大楼
邮　编：650034
电　话：0871-64192869
传　真：0871-64192869
邮　箱：xcbbqglc@email.yn.gov.cn

西藏自治区版权局
局　长：刘立强
地　址：拉萨市城关区江苏路1号
邮　编：850000
电　话：0891-6329729
传　真：0891-6329729

陕西省版权局
局　长：程宁博
地　址：西安市雁塔路10号
邮　编：710061
电　话：029-85223059
传　真：029-85223196
邮　箱：sxbqc@163.com

甘肃省版权局
局　长：王成勇
地　址：兰州市南昌路1468号
邮　编：730030
电　话：0931-8928809
传　真：0931-8414715
邮　箱：gsbqj@163.com

青海省版权局
局　长：董杰人
地　址：西宁市城中区七一路346号
邮　编：810000
电　话：0971-8484165
传　真：0971-8484165
邮　箱：qhsbqc@163.com

宁夏回族自治区版权局
局　长：马英俊
地　址：银川市金凤区康平路1号
邮　编：750066
电　话：0951-6669515
传　真：0951-6669502

新疆维吾尔自治区版权局
分管副部长：周旭勇
地　址：乌鲁木齐市北京南路591号
邮　编：830011
电　话：0991-3637543
传　真：0991-3637542

版权公共服务机构

中国版权保护中心
主　任：段桂鉴
地　址：北京市西城区天桥南大街1号天桥艺术大厦A座3层

邮　编：100050
电　话：010-68003887
网　址：www. ccopyright. com

北京版权保护中心

主　任：薛　峰
地　址：北京市东城区朝阳门内大街 55 号新闻出版大厦
邮　编：100010
电　话：010-64081206

北京计算机软件登记中心

主　任：崔玉军
地　址：北京市东城区朝阳门内大街 55 号新闻出版大厦
邮　编：100010
电　话：010-64081391

河北省版权保护中心

主　任：刘　浏
地　址：石家庄市和平西路新文里 8 号
邮　编：050071
电　话：0311-67561197
传　真：0311-67561112

浙江省版权服务中心

主　任：张蓓君
地　址：杭州市上城区庆春路 219 号 6 楼
邮　编：310006
电　话：0571-85062879
传　真：0571-85062879
网　址：home. zjbanquan. org

江西省版权保护中心

主　任：赖政兵
地　址：南昌市红谷滩区翠林路 339 号
邮　编：330038
电　话：0791-86895220
传　真：0791-86894610
邮　箱：jxcopyright@163. com
网　址：www. jxbq. gov. cn

湖北省版权保护中心

主　任：郑凌辉
地　址：武汉市武昌区公正路 9 号
邮　编：430077
电　话：027-87329148
传　真：027-87329148
网　址：www. ccct. net. cn

重庆市版权保护中心

副主任：马雪吟
地　址：重庆市渝中区人民路 248 号盛迪亚商务大厦 29 楼
邮　编：400015
电　话：023-67708231
传　真：023-67708231
邮　箱：cpc1604@yahoo. com. cn
网　址：www. cqca. com. cn

山西省版权保护中心

主　任：康瑞波
地　址：太原市并州北路 31 号
邮　编：030001
电　话：0351-4088107
传　真：0351-4113046
邮　箱：sxbanquan@163. com

版权协会

中国版权协会

理事长：阎晓宏
常务副理事长：于慈珂
副理事长兼秘书长：孙　悦
地　址：北京市朝阳区化工路甲 18 号中国北京出版创意产业基地先导区 3 层
电　话：010-68003910
传　真：010-68004450
邮　箱：csc@csccn. org. cn
网　址：www. csccn. org. cn

首都版权协会

常务副理事长：韩志宇
秘书长：冯　华
地　址：北京市东城区朝内大街55号新闻出版大厦二期209室
邮　编：100010
电　话：010-64081085
邮　箱：bjcopyright@sdbq.org
网　址：www.sdbq.org

天津市版权协会

会　长：刘锦泉
秘书长：宋庆伟
地　址：天津市南开区长实道19号
邮　编：300191
电　话：022-23678898
传　真：022-23678898
邮　箱：TJBQXH@126.com

河北省版权协会

会　长：陈建英
秘书长：刘　浏
地　址：石家庄市和平西路新文里8号
邮　编：050071
电　话：0311-67561197
传　真：0311-67561112
邮　箱：hebeicopyright@126.com

山西省版权协会

会　长：张金柱
秘书长：王　琦
地　址：太原市建设南路21号希望出版社
邮　编：030012
电　话：0351-4922243
传　真：0351-4922249
邮　箱：3523482@163.com

辽宁省版权保护协会

负责人：许科甲
地　址：沈阳市和平区十一纬路25号
邮　编：110003
电　话：024-23284110

吉林省版权保护协会

秘书长：李长江
地　址：长春市卫星路2066号广电大厦18A-13
邮　编：130021
电　话：0431-85816271
传　真：0431-85816275

黑龙江省版权保护协会

会　长：丁一平
秘书长：赵傲莉
地　址：哈尔滨市道里区田地街106号
邮　编：150010
电　话：0451-84691240
邮　箱：65340255@qq.com

上海市版权协会

会　长：张　宏
秘书长：游闽键
地　址：上海市张江路69号612
邮　编：200020
电　话：021-50278103
传　真：021-50278103

江苏省版权协会

会　长：傅杰三
秘书长：曹　阳
地　址：南京市鼓楼区高云岭56号
邮　编：210009
电　话：025-83207838
传　真：025-83207838
邮　箱：jssbqxh@163.com

浙江省版权协会

会　长：单　烈
秘书长：吾晓红
地　址：杭州市上城区庆春路219号
邮　编：310006
电　话：0571-88137853
传　真：0571-88137853

安徽省版权保护协会

主　席：李金华
联系人：李慧珺
地　址：合肥市桐城南路355号A座1705室
邮　编：230022
电　话：0551-62609342
传　真：0551-62609342

邮　箱：ahsbqbhxh@163. com

福建省版权协会

理事长：严桂忠
秘书长：袁俊华
地　址：福州市东水路 76 号
邮　编：350001
电　话：0591-87535956
传　真：0591-87535956
邮　箱：fjsbqxh@163. com

山东省版权协会

地　址：济南市纬一路 482 号
邮　编：250062
电　话：0531-51775308
传　真：0531-51775308
网　址：sdbq8606@126. com

湖北省版权保护协会

会　长：陈　锋
秘书长：赵文福
地　址：武汉市武昌区黄鹂路 39 号
邮　编：430061
电　话：027-68892562
传　真：027-68892562

湖南省版权保护协会（湖南省反盗版联盟）

会　长：郑年田
秘书长：刘傅红
地　址：长沙市营盘东路 3 号
邮　编：410005
电　话：0731-82231655
传　真：0731-82231655

广东省版权保护联合会（广东省版权事务所）

常务副会长：陈冬云
副会长兼秘书长：梁守坚
地　址：广州市环市东水荫路 44 号 4 楼
邮　编：510075
电　话：020-37667333，37638239
传　真：020-37638192
邮　箱：gdcopyright@gdpg. com. cn

广西壮族自治区版权保护协会

会　长：齐爱民
秘书长：陈　星
地　址：南宁市望园 13 号
邮　编：530023
电　话：0771-5346956
传　真：0771-5346956
邮　箱：gxbq123@163. com

海南省版权协会

会　长：王　琦
秘书长：唐　俐
地　址：海口市海南大学社科联楼 708 房
邮　编：570100
电　话：0898-66259079
传　真：0898-66259079
邮　箱：18907526181@189. cn

四川省版权保护协会

理事长：黄立新
地　址：成都市大石西路 36 号 9 幢 3 单元 4 楼 5 号
邮　编：610072
电　话：028-81700337
传　真：028-81700337

云南省著作权保护协会

会　长：艾罕炳
秘书长：马云虹
地　址：昆明市环城西路 609 号新闻出版大楼
邮　编：650034
电　话：0871-64110371
传　真：0871-64110371

陕西省版权协会

会　长：曹先觉
秘书长：党　雷
地　址：西安市碑林区建国五巷社团大厦三楼
邮　编：710054
电　话：029-89131693

深圳市版权协会

会　长：司　晓
秘书长：陈　彦
地　址：深圳市南山区沙河西路深圳湾科技生态园 6 栋 6 楼
邮　编：518057

电　话：0755-86185519
邮　箱：szcopyright@163. com
网　址：www. scs. org. cn

宁波市版权协会
会　长：陆开江
地　址：宁波市江东区兴宁路 53 号
邮　编：315000
电　话：0574-89187806
传　真：0574-89187806
邮　箱：1807614413@qq. com

苏州市版权协会
会　长：张　梅
秘书长：冯　坚
地　址：苏州市干将路 178 号苏州大学北校区科技园 309（中）
邮　编：215004
电　话：0512-65156801
传　真：0512-65156801

青岛市版权保护协会
会　长：张　焱
秘书长：封红雨
地　址：青岛市市北区郑州路 43 号 A 栋 125 室
邮　编：266045
电　话：0532-67773267
邮　箱：gy1@rubbervalley. com
网　址：bqbh. org

大连市版权保护协会
会　长：李毅男
秘书长：吕启广
地　址：大连市西安路 107 号
邮　编：116021
电　话：0411-84522067
传　真：0411-84522067
邮　箱：wgj _ dcpa@dl. gov. cn
网　址：www. dlcopyright. org. cn

南京市版权保护协会
会　长：江　飞
副会长：陈　锷
秘书长：陈　锷
地　址：南京市中山东路 532-1 号中山坊科技文创园 A 座 103 室
邮　编：210016
电　话：025-84645491
邮　箱：1148694563@qq. com
网　址：www. njbq. org. cn

郑州市版权协会
理事长：倪天礼
地　址：郑州市西太康路 19 号郑州购书中心 820 室
邮　编：450018
电　话：0371-66280990
网　址：www. zzbq. org

厦门市版权协会
秘书长：詹朝晖
地　址：厦门市软件园二期望海路 6 号 303
邮　编：361008
电　话：0592-5914419

著作权集体管理组织

中国音乐著作权协会
主　席：赵季平
总干事：屈景明
地　址：北京市东城区东单三条 33 号京纺大厦五层
邮　编：100005
电　话：010-65232656
传　真：010-65232657
网　址：www. mcsc. com. cn

中国音像著作权集体管理协会
理事长：周建潮
代理总干事：周亚平
地　址：北京市朝阳区东三环北路 38 号院 3 号

楼安联大厦 22 层 2212 号
邮　编：100020
电　话：010-66086468
传　真：010-66086475
邮　箱：cavca@cavca. org
网　址：www. cavca. org

中国文字著作权协会
会　长：陈建功
总干事：张洪波
地　址：北京市西城区珠市口西大街太丰惠中大厦 1027-1036 室
邮　编：100050
电　话：010-65978926
传　真：010-65978926
邮　箱：wenzhuxie@126. com
网　址：www. prccopyright. org. cn

中国电影著作权协会
理事长：任仲伦
秘书长：史文霞
地　址：北京市西城区北展北街 5 号楼 F 座 5 层
邮　编：100044
电　话：010-62364675
传　真：010-62369799
邮　箱：cfcac2009@163. com
网　址：www. cfca-c. org

中国摄影著作权协会
总干事：林　涛
地　址：北京市东城区东四十二条 48 号
邮　编：100007
电　话：010-65978100
传　真：010-65595720
邮　箱：hyb@icschina. net

版权代理公司

中华版权代理总公司
总经理：贺传军
地　址：北京市西城区天桥南大街一号天桥艺术大厦 A 座 4 层
邮　编：100050
电　话：010-68003887，84195154
网　址：www. cpcccac. com

中国图书进出口（集团）总公司版权部
主　任：雷建华
地　址：北京市朝阳区工体东路 16 号
邮　编：100020
电　话：010-65069500
邮　箱：publishing@cnpiec. com. cn
网　址：www. cnpiec. com. cn

中国出版对外贸易总公司
负责人：宋　旭
地　址：北京市朝阳区安定门外安华里 504 号
邮　编：100011
电　话：010-64210403
传　真：010-64214540
网　址：www. cnpitc. com. cn

中国国际电视总公司
地　址：北京市海淀区羊坊店路 9 号京门大厦
邮　编：100038
电　话：010-63950016
传　真：010-63955916
邮　箱：office@citvc. com

九洲音像出版公司版权贸易部
负责人：张小康
地　址：北京市西城区广安大厦 12 层
邮　编：100032
电　话：010-85286515

北京版权代理有限责任公司
负责人：张　巍
地　址：北京市海淀区知春路 23 号量子银座 1403
邮　编：100191
电　话：010-82915383

天津正源国际版权交易市场有限公司
负责人：王国栋
地　址：天津空港经济区商务园东区 E9-403
电　话：022-58676389

湖南省版权代理公司
负责人：张树清
地　址：长沙市营盘东路 3 号
邮　编：410005
电　话：0731-82231655

重庆市版权代理有限公司
负责人：马雪吟
地　址：重庆市渝中区人民路 248 号盛迪亚商务大厦 29 楼
邮　编：400015
电　话：023-67708231
传　真：023-67708231

国家级版权交易机构

中国人民大学国家版权贸易基地
主　任：白连永
地　址：北京市海淀区中关村大街甲 59 号文化大厦
邮　编：100872
电　话：010-62514334
传　真：010-62516959
邮　箱：copyrightyb@126. com

北京国际版权交易中心
董事长：李　蘅
地　址：北京市朝阳区团结湖公园南门内西侧独栋
邮　编：100026
电　话：010-65978017
传　真：010-65978207
邮　箱：kf@e-bq. com
网　址：www. e-bq. com

东方雍和国际版权交易中心
董事长：殷秩松
地　址：北京市东城区安定门东大街 28 号雍和大厦西楼 1-2 层
邮　编：100007
电　话：010-64097700
传　真：010-84195406
网　址：www. cbice. com

华中国家版权交易中心
董事长：赵建潮
总经理：隋晓英
地　址：武汉市武昌区公正路 9 号
邮　编：430000
电　话：027-87329631
邮　箱：hzbq@ccct. net
网　址：www. ccct. net

台儿庄国家版权贸易基地
董事长：王玉珏
地　址：枣庄市台儿庄区大衙门街西首台儿庄古城
邮　编：277400
电　话：0632-6679218
邮　箱：tezgc6679218@126. com

青岛国际版权交易中心
总经理：安　波
地　址：青岛市崂山区文岭路白金广场四层
邮　编：266000
电　话：0532-68607777
传　真：0532-68851222
邮　箱：qicec@vip. 163. com
网　址：www. qicec. net

国家海峡版权交易中心
总经理：詹朝晖
地　址：厦门市软件园二期望海路 6 号 2 层
邮　编：361008
电　话：0592-5953686
传　真：0592-5953687
邮　箱：contact@hxnce. net

广州市越秀区国家版权贸易基地
总经理：武东兴

地　址：广州市越秀区流花路117号流花展贸中心13号馆
邮　编：510014
电　话：020-83526156
邮　箱：123@banquanmaoyi. com
网　址：www. banquanmaoyi. com

西部国家版权交易中心
董事长：党　雷
地　址：西安市雁塔区雁塔南路陕西文化大厦B座6楼
邮　编：710061
电　话：029-89131653
传　真：029-89131698
邮　箱：ctvtc@ctvtc. cn
网　址：www. xtce. cn

国家版权贸易基地（上海）
董事长：任义彪
地　址：中国（上海）自由贸易试验区外高桥保税区马吉路2号
邮　编：200131
电　话：021-58697777
传　真：021-58698366
邮　箱：renyibiao@jingwen. com. cn
网　址：www. soict. com. cn

成都国际版权交易中心
主　任：李华南
地　址：成都市高新区世纪城南路599号天府软件园D区2栋1层
邮　编：610213
电　话：028-61375595
邮　箱：cdbqdj@cdice. com. cn
网　址：www. cdice. com. cn

横琴国际版权交易中心
负责人：陈钦禄
地　址：珠海市香洲区海洲路8号九昌大厦6C
邮　编：519015
电　话：0756-3211668
传　真：0756-3210567

北方国家版权交易中心
董事长：颜成林
地　址：大连市金普新区辽河东路9号
电　话：0411-39271001
传　真：0411-39271098
邮　箱：13898868883@139. com

保利国家艺术品版权贸易基地
负责人：何　辉
地　址：北京市东城区东直门南大街14号保利剧院写字楼963室
邮　编：100010
电　话：010-65513130
传　真：010-65513130
邮　箱：linchenbin@polycc. cn

江苏国家版权贸易基地
秘书长：郑礼贵
地　址：南京市秦淮区水西门大街2号锦创广场3楼
邮　编：210004
电　话：025-87769375
传　真：025-87769375
邮　箱：13801584525@139. com

知识产权教学与研究机构

中国人民大学知识产权学院
地　址：北京市海淀区中关村大街59号中国人民大学明德法学楼
邮　编：100872
电　话：010-82500369
传　真：010-62514365
邮　箱：law612@126. com
网　址：www. law. ruc. edu. cn

北京大学知识产权学院
地　址：北京市海淀区颐和园路5号北京大学凯原楼

邮　编：100080
电　话：010-62751268
邮　箱：zscq@pku. edu. cn
网　址：www. iplaw. pku. edu. cn

中国社会科学院知识产权中心
地　址：北京市东城区沙滩北街15号
邮　编：100720
电　话：010-64054144
邮　箱：ipstudies@163. com
网　址：www. iolaw. org. cn

中国政法大学民商经济法学院知识产权法研究所
地　址：北京市昌平区府学路27号
邮　编：102249
电　话：010-58909336
网　址：msjjfxy. cupl. edu. cn

中南财经政法大学知识产权研究中心
地　址：湖北省武汉市东湖高新技术开发区南湖大道182号
邮　编：430073
电　话：027-88386157
邮　箱：Justice _ Appraise@iprcn. com
网　址：www. iprcn. com

上海大学知识产权学院
地　址：上海市宝山区上大路99号
邮　编：200444
电　话：021-66132597
传　真：021-66133938
网　址：www. ips. shu. edu. cn

华中科技大学法学院科技法与知识产权系
地　址：湖北省武汉市洪山区珞瑜路1037号东四楼
邮　编：430074
电　话：027-87545438
传　真：027-87542228
邮　箱：fxyxwzx@hust. edu. cn
网　址：law. hust. edu. cn

复旦大学知识产权研究中心
地　址：上海市淞沪路2005号法学楼410室
邮　编：200438
电　话：021-51630042
传　真：021-51630112
邮　箱：zhangng@fudan. edu. cn
网　址：www. ipcenter. fudan. edu. cn

华东政法大学知识产权学院
地　址：上海市松江区龙源路555号
邮　编：201620
电　话：021-57090083
邮　箱：zsb@ecupl. edu. cn
网　址：ipschool. ecupl. edu. cn

暨南大学知识产权学院
地　址：广东省广州市黄埔大道西601号
邮　编：510632
电　话：020-85228561
网　址：law. jnu. edu. cn

上海国际知识产权学院
地　址：上海市四平路1239号同济大学综合楼10-11楼
邮　编：200092
电　话：021-65983113
邮　箱：sicip@tongji. edu. cn
网　址：sicip. tongji. edu. cn

武汉大学知识产权高级研究中心
地　址：湖北省武汉市武昌区珞珈山街16号
邮　编：430072
电　话：027-68752135
邮　箱：cfchen@whu. edu. cn
网　址：www. whu. edu. cn

西安交通大学知识产权研究中心
地　址：陕西省西安市咸宁西路28号
邮　编：710049
电　话：029-82668972
邮　箱：xjtuiprc@126. com
网　址：ip. xjtu. edu. cn

中国科学技术大学知识产权研究中心
地　址：安徽省合肥市包河区金寨路96号
邮　编：230026
电　话：0551-63602663
邮　箱：wangq@ustc. edu. cn

网　址：pas. ustc. edu. cn

西北大学知识产权学院

地　址：陕西省西安市长安学府大道 1 号
邮　编：710127
电　话：029-88308080
传　真：029-88308079
邮　箱：lawdep@nwu. edu. cn
网　址：fxy. nwu. edu. cn

华南理工大学知识产权学院

地　址：广东省广州市广州大学城华南理工大学 B9
邮　编：510006
电　话：020-39380308
传　真：020-39380308
邮　箱：scutg06@scut. edu. cn
网　址：www2. scut. edu. cn/law

南京理工大学知识产权学院

地　址：江苏省南京市孝陵卫 200 号
邮　编：210094
电　话：025-84303386
传　真：025-84303386
网　址：ip. njust. edu. cn

中山大学知识产权学院

地　址：广东省广州市新港西路 135 号
邮　编：501275
电　话：020-84036761
传　真：020-84037920
网　址：law. sysu. edu. cn

重庆知识产权学院（重庆理工大学知识产权学院）

地　址：重庆市巴南区李家沱红光大道 69 号重庆理工大学花溪校区
邮　编：400054
电　话：023-62563375
传　真：023-62563375
邮　箱：cqip@vip. cqut. edu. cn
网　址：ipschool. cqut. edu. cn

湘潭大学知识产权学院

地　址：湖南省湘潭市雨湖区湘潭大学法学院知识产权学院
邮　编：411105
电　话：0731-58292281
邮　箱：zscqxy@xtu. edu. cn
网　址：ipf. xtu. edu. cn

厦门大学知识产权研究院

地　址：福建省厦门市思明南路 422 号厦门大学知识产权研究院
邮　编：361005
电　话：0592-2182729
传　真：0592-2182729
网　址：www. iprixmu. com

西南政法大学知识产权学院（民商法学院）

地　址：重庆市渝北区宝圣大道 301 号
邮　编：401120
电　话：023-67258430
邮　箱：xsczsb@supsl. cn
网　址：ccls. swupl. edu. cn

深圳大学知识产权学院

地　址：广东省深圳市南山区南海大道 3688 号
邮　编：518060
电　话：0755-26534171
传　真：0755-26535115
网　址：law. szu. edu. cn

中南大学知识产权研究院

地　址：湖南省长沙市麓山南路中南大学法学院
邮　编：410083
电　话：0731-88660219
传　真：0731-88660219
邮　箱：csuips@csu. edu. cn
网　址：law. csu. edu. cn/zscq

山东师范大学法学院（知识产权学院）

地　址：山东省济南市长清区长清大学科技园大学路 1 号
邮　编：250358
电　话：0531-89611070
网　址：www. law. sdnu. edu. cn

南京三江学院法律与知识产权学院

地　址：江苏省南京市雨花台区龙西路 310 号
邮　编：210012

电　话：025-52354934
网　址：www. sju. edu. cn/flyzs

青岛大学法学院
地　址：山东省青岛市宁夏路308号
邮　编：266071
电　话：0532-85953085
邮　箱：faxueyuanzp@126. com
网　址：law. qdu. edu. cn

杭州师范大学沈钧儒法学院
地　址：浙江省杭州市余杭区仓前街道余杭塘路2318号恕园17号楼
邮　编：311121
电　话：0571-28865484
传　真：0571-28865484
网　址：fxy. hznu. edu. cn

中国计量大学法学院（知识产权学院）
地　址：浙江省杭州市下沙高教园区学源街
邮　编：310018
电　话：0571-86835791
邮　箱：cjlufxy@cjlu. edu. cn
网　址：fxy. cjlu. edu. cn

浙江工商大学法学院（知识产权学院）
地　址：浙江省杭州市江干区学正街18号
邮　编：310018
电　话：0571-28008182
邮　箱：law@mail. zjgsu. edu. cn
网　址：law. zjgsu. edu. cn

重庆邮电大学网络空间安全与信息法学院
地　址：重庆市南岸区崇文路2号
邮　编：400065
电　话：023-62461824
传　真：023-62471932
网　址：sl. cqupt. edu. cn

温州知识产权学院（浙江工贸职业技术学院）
地　址：浙江省温州市鹿城区府东路717号
邮　编：325002
电　话：0577-88325601，88111397
传　真：0577-88325601，88111397
邮　箱：zscq@mail. zjitc. net
网　址：www. wzipb. com

中原工学院法学院（知识产权学院）
地　址：河南省新郑市双湖经济开发区龙湖镇淮河路1号中原工学院南校区三号组团楼B座
邮　编：451191
电　话：0371-69975763
网　址：fxy. zut. edu. cn

四川轻化工大学法学院（知识产权学院）
地　址：四川省自贡市汇兴路学苑街180号
邮　编：643000
电　话：0813-5364828
网　址：fxy. suse. edu. cn

北京知识产权学院（北京工业大学）
地　址：北京市朝阳区平乐园100号
邮　编：100124
网　址：bjip. bjut. edu. cn

郑州大学法学院（知识产权学院）
地　址：河南省郑州市科学大道100号
邮　编：450001
网　址：www5. zzu. edu. cn/newlaw

辽宁大学法学院
地　址：辽宁省沈阳市沈北新区道义南大街58号
邮　编：110136
电　话：024-62602408
网　址：law. lnu. edu. cn

桂林电子科技大学法学院（知识产权学院）
地　址：广西桂林市灵川县灵川乡灵田镇桂林电子科技大学花江校区第一教学楼1318室
邮　编：541004
电　话：0773-2290081
网　址：www. gliet. edu. cn/dept9

中国科学院大学知识产权学院
地　址：北京市石景山区玉泉路19号（甲）
邮　编：100049
电　话：010-88256638
传　真：010-88256553
网　址：ip. ucas. ac. cn

大连理工大学知识产权学院
地　址：辽宁省盘锦市辽东湾新区大工路 2 号
邮　编：124221
电　话：0427-2631279
网　址：ip. dlut. edu. cn

西华大学知识产权学院
地　址：四川省成都市金牛区金周路 999 号
邮　编：610039
电　话：028-87387822
邮　箱：iplaw@mail. xhu. edu. cn

江苏大学知识产权学院
地　址：江苏省镇江市学府路 301 号
邮　编：212013
电　话：0511-88795397
邮　箱：zscq@ujs. edu. cn

河南大学法学院（知识产权学院）
地　址：河南省开封市明伦街 85 号
邮　编：475001
电　话：0371-22866490
网　址：zscqxy. henu. edu. cn

天津工业大学法学院（知识产权学院）
地　址：天津市西青区宾水西道 399 号
邮　编：300387
电　话：022-83956858
网　址：law. tjpu. edu. cn

西北政法大学经济法学院（知识产权学院）
地　址：陕西省西安市长安区西长安街 558 号
邮　编：710122
电　话：029-88182620
网　址：jjfxy. nwupl. edu. cn

山东科技大学文法学院（知识产权学院）
地　址：山东省青岛市崂山区松岭路 99 号
邮　编：266061
电　话：0532-86057098
网　址：wenfa. sdust. edu. cn

河南科技大学知识产权学院
地　址：河南省洛阳市开元大道 263 号
邮　编：471003
电　话：0379-65626225
网　址：fx. haust. edu. cn

河南财经政法大学知识产权学院
地　址：河南省郑州市文化路 90 号
邮　编：450046
电　话：0371-86157759
网　址：msjj. huel. edu. cn

附录：国际版权动态

FU LU: GUO JI BAN QUAN DONG TAI

综　述

全球化与信息化背景下的著作权制度：挑战与回应

——2019 年国际著作权法制发展回顾

郭　禾　白志晖*

在著作权制度的产生与发展过程中，传播技术与市场经济一直扮演着至关重要的角色。从技术的角度而言，著作权是随着传播技术的发展而诞生并逐渐丰富起来的。著作权法的发展过程无不反映着作品复制与传播技术的发展①，因为著作权中的每一项内容都是与作品的特定使用或传播方式直接对应的。从市场角度而言，著作权作为民事权利中的一种财产权，只有在市场经济环境下才有其存在的意义②。如果没有相对发达的复制和传播技术，即使有作品存在也不可能在作品的复制或传播过程中获得财产利益。比如以竹简抄录方式传播作品，因为复制和传播成本过于高昂，以致作品的价值就被淹没了。这种状况导致社会或公众没有把作品当作财产保护的需求，著作权制度也就无须建立。在当今全球化与信息化的背景下，无论是作品的复制和传播技术，还是一体化的市场机制，较之古代社会可谓天壤之别，保护著作权的需求自然也随之诞生并逐渐增强。面对现实社会提出的挑战，各国的著作权法均不得不做出相应的回应。

全球著作权市场日益庞大，经济发展水平的差异和利益分配格局的改变，导致作品权利方与使用方以及权利方内部的利益分歧日趋突出。2019 年 11 月 7 日，国际作者和作曲者协会联合会（International Confederation of Societies of Authors and Composers，CISAC）③ 发布了《2019 全球版税报告》。该报告显示，在过去一年里，全球创作者的版税收入增长 0.9%，达到 96.5 亿欧元，这是全球创作者版税收入连续第六年增长，版税总收入创历史新高。但与此同时，欧洲与北美地区的著作权市场占据了版税总收入的 79%。亚太地区仅占 14.8%，各国著作权市场发展极不均衡。尽管近五年里，亚太尤其是东亚地区对全球经济增长的贡献率越来越大，有学者称中国将成为全球经济增长的主要动力源④，但从这组数据中我们可以看出包括中国在内的新型经济体仅仅是在物质生产领域崭露头角，远没有真正成为版权产业，乃至知识产权行业的大国。

信息网络技术对过去的作品传播方式形成了颠覆性的改变，作品的传播与利用不再受到时间、空间与物质载体的限制，传播利用的范围和效率大大增加。技术的发展改变了作品的使用方式和途径，直接造就了全球统一的市场，但又改变了原有的著作权利益分配格局。根据《2019 全球版税报告》，近一年全球来自数字化渠道的版税突破 16.4 亿欧元，增幅达到 29%，在过去五年中增长了两倍有余。但与此同时，著作权产业的内容创作者、运营者、普通用户之间的利益冲突也进一步加剧，围绕作品使用而产生各类摩擦的风险大大增加。云计算、大数据、人工智能、区块链等信息技术高速发展，这些技术的普及运用在很大程度上打破了原来的利益分配格局。这些在许多著作权制度建立之初难以预料的场景完全可能导致争议大量出现。

技术进步在总体上推动了市场发展。这既给现行的著作权制度带来了持续的冲击，也为著作权制

---

* 郭禾，中国人民大学知识产权学院副院长、教授，博士生导师；白志晖，中国人民大学知识产权学院博士研究生。

① WIPO，Introduction to Copyright：Basic Notions of Copyright，WIPO/GIC/CNR/GE/86/1，para. 2.

② 皮特·纽曼．新帕尔格雷夫法经济学大辞典：第 3 卷［M］．许明月，等译．北京：法律出版社，2003：180－186；皮特·纽曼．新帕尔格雷夫法经济学大辞典：第 1 卷［M］．许明月，等译．北京：法律出版社，2003：541－545.

③ 国际作者和作曲者协会联合会（CISAC）成立于 1926 年，总部位于法国，是一家非营利组织，也是全球最大的创作者协会联合组织（集体管理组织），其宗旨为保护世界各地创作者的权利和利益。

④ 林毅夫．中国将成为全球经济增长的主要动力源［N］．新京报，2020－04－13.

度的改革与创新带来了契机。各国官方与民间机构、各类国际组织等在这一年里纷纷有所作为，积极回应新时代著作权制度面临的挑战。下面将从立法、行政、司法、国际协调等四个层面展开，对 2019 年国际著作权法制发展进行简要回顾。

一、立法层面：著作权法律制度的改革与创新

2019 年，随着全球贸易环境的变化与互联网技术的飞速发展，众多国家和地区都加快了著作权法律制度改革的步伐。如何应对新技术带来的挑战，如何协调好著作权人与普通用户之间的利益平衡，如何实现著作权法的根本目的，即促进更多高质量的作品产生与传播、促进国家文化与版权事业的进步，是 2019 年各国和地区著作权法律制度改革的核心命题。欧盟、日本、菲律宾、爱尔兰等的著作权法律改革实践为我们提供了许多有益的参考。

2019 年 3 月，欧洲议会通过了新的《数字化单一市场版权指令》（以下简称《版权指令》），其中包括遭到广泛反对的第 13 条（后来重新编为《版权指令》第 17 条）。该条款对在线内容分享服务提供商（online content-sharing service providers，OCSSP）施加了诸多限制，要求网络服务平台，如 YouTube 和 Facebook 等网站停止用户共享未经授权的受版权保护的内容。而要实现这一目的，网络服务平台必须建立严格的自动过滤机制，监控用户上传到网站的所有数据。近期，有 50 多位欧盟学者联合发表了旨在限制《版权指令》对网络用户潜在负面影响的建议，其中的核心内容就是成员国实施《版权指令》前，应“充分探索”广泛获得版权内容许可的法律机制。建立此类配套机制，目的在于尽可能地确保将网络服务平台的侵权预防义务限制在一定程度内。否则，欧盟公民在线创建内容和分享的自由将受到侵犯，在线环境中的言论自由和信息自由也将被削弱①。但鉴于《版权指令》第 17 条已经正式通过，所有成员国将该条款转换为本国法律的进程即将开始。想要合理地实施该项规范，成员国势必要花费大量资源来确保各方主体的权益均得到关照。即便上述配套机制得以建立，那些不像 YouTube 一样拥有雄厚资金与实力的小型平台无疑也会受到沉重打压。这一问题反映出技术发展与欧盟各国长期信奉的基本理念之间的冲突。欧盟国家有关国内立法的进一步动态是值得我们进一步关注的。

同样处于争议中的还有日本的《著作权法修正案》。为了更好地防止利用数字复制技术侵犯著作权的情形，日本政府决定将个人非法下载的范围扩大至包括漫画、杂志等静止画面在内的所有作品，并将此纳入著作权法的修正案中。此前，日本著作权法规定的非法下载对象仅包括电影和音乐，即在明知是非法上传的情况下仍对电影和音乐进行下载的行为是违法的。该修正案于 2019 年 2 月 22 日在自由民主党联合会议上被同意通过，但随后法学研究者，甚至遭受侵害的漫画家均对该修正案提出了不同意见。反对意见主要认为该修正案忽视了国民的信息收集自由的重要性，并且过度限缩了网络资料收集、创作与研究活动。在 2019 年 3 月 1 日的自由民主党党总务会议上经慎重讨论后，旨在扩大非法下载对象的《著作权法修正案》被暂缓提交，原因在于修正案“对相关人士的解释不足”以及“未能得到相关人士的理解”②。关于个人使用问题在印刷时代本不是问题，但进入数字网络时代，传播和复制技术的普及迫使人们开始在著作权法中顾及个人下载问题。

相比之下，菲律宾与爱尔兰的著作权制度改革则并未引起过多争议。2019 年，菲律宾知识产权局向菲律宾国会提交了建议修订《菲律宾知识产权法典》的议案，强调了对知识产权保护的支持，尤其突出了在数字环境中对知识产权的保护。上述议案直面新技术发展给著作权行政执法带来的挑战，力图使知识产权局在保护和激励创新中发挥更大的作用。议案允许在网络上对侵犯著作权的行为人采取干预措施，加大对侵权行为的惩罚力度，知识产权局可根据法律的授权，删除侵犯著作权的线上网站；针对网络盗版和抄袭行为，知识产权局有权发出警告并责令相关网站删除侵权内容；在著作权人的救济方面，著作权人不仅有权从侵权网站的广告收入中获得损害赔偿，还可以拥有侵权网站域名的所有权。除此之外，菲律宾知识产权局已着手修改于 2011 年颁布的《最高法院知识产权案件诉讼程序规则》，以使该规则适应知识产权行政执法和司法诉讼方面的新挑战③。这一议案一定程度上在全球知识产权立法中涂上了一抹东方国家的色彩。

2019 年 12 月，爱尔兰商业、企业与创新部部

① https://torrentfreak.com/eu-academics-publish-recommendations-to-limit-negative-impact-of-article-17-191113/.

② https://keisenassociates.com/japan-agency-for-cultural-affairs-alleged-unfair-report-downloading-copyright-policy/.

③ http://www.mondaq.com/x/819394/Copyright/; https://www.ipophil.gov.ph/news/ipophl-highlights-positive-developments-in-the-philippine-ip-system-at-59th-general-assembly-of-wipo-members/.

长希瑟·汉弗莱斯签署了《2019年版权与其他知识产权法案》生效令。该法案旨在于数字时代不断调整和完善爱尔兰的著作权和其他知识产权制度，并确保权利人能够更好地保护其收益。该法案中涉及诸多呼应新时代市场与技术条件变化的条款，如：拓宽现有著作权例外情形的适用范围，使研究人员能更便捷地使用文本和数据挖掘工具；扩大教育使用例外，允许在教室或通过访问安全的学校网络使用数字作品；便利残疾人获得作品的方式，使用新技术使作品适应残疾人的需求；允许著作权人在地区法院和巡回法院提出小额著作权侵权索赔要求；等等。汉弗莱斯指出："这一重要的立法标志着于2011年启动的爱尔兰版权法律现代化活动的结束。"① 爱尔兰在很长一段时间里一直是美国数字产品尤其是计算机程序进入欧洲市场的桥梁，诸多针对欧洲的本土化工作是在爱尔兰完成的。从这种视角审视爱尔兰提出的法案，就不会对其中提出这些限制性条款而感到惊讶。此外，尽管爱尔兰在20世纪已经从英国独立，但其关于著作权小额诉讼管辖的改革不知是否在一定程度上受到英国企业法院管辖知识产权案件的影响。或许爱尔兰的改革让著作权案件真正回归了普通民事案件的本色。

二、行政层面：行政现代化改革与盗版治理

著作权作为一种知识产权，与物权不同，不能通过事实上的占有来确定权利人对其财产的支配，故而非常容易被侵害。为了保护作品这样的无体财产，人们不得不通过法律来拟制这种支配关系，并冠以知识产权的名义②。因此，自著作权制度建立之初，行政机关就在权利人登记确权、维权等方面发挥着举足轻重的作用。在当今全球化与信息化背景下，各国家与地区既迎来了改革现有行政程序的契机，也面临着维护正常版权市场秩序的巨大压力。

（一）行政现代化改革

市场发展与技术进步带来了改革与创新的契机，各国家和地区对现行的著作权行政管理程序、方式进行了广泛的调整，使之与市场需求、技术发展相协调，2019年全球值得关注的各国行政现代化改革包括四个方面：

一是建立数字记录系统，便利公众对记录的查询。根据美国版权局新任局长卡林·坦普尔2019年7月在司法委员会知识产权小组委员会监督听证会上的分享，版权局目前正在进行公共记录评估，包括传统系统中的记录和难以在网上搜集到的记录，准备逐步将1978年之前记录在纸质上的条目转换成可以在网络上查询搜集到的资源，在保证质量的前提下将超过26 000本记录册转化成电子版。但他也强调，这一项目不会立即开展。版权局计划在2020年春季先推出一个小型试点项目，到2024年发展成一个规模化的正式数字化存档项目，并最终使用这种新型系统取代版权局旧有的纸基系统③。这类计划当是数字时代版权管理部门最应当关注的事务。

二是发展完善企业版权系统，制定数据管理计划。美国版权局在2019年9月召开的第五次现代化系列在线研讨会中表示，版权局的现代化工作将针对记录和登记系统发展完善企业版权系统；还将继续检验商业情报和数据分析方案，决定多渠道的数据在企业版权系统中的去留。版权局目前已经制定完成了初始数据管理计划和初始企业数据模型④。从该计划中可以感知著作权在市场经济或者企业信息中越来越重要的地位。隶属于国会图书馆的美国版权局专门就企业版权系统中的信息利用问题制定方案，反映出版权信息在市场经济中地位的提升。

三是推动著作权集体管理组织与科技公司合作，利用区块链等前沿技术进行版权管理。区块链网络由基于相互信任的分散数据组成，这种去中心化的架构不易被人修改和攻击，被业界视为保护著作权的最佳技术选择。在区块链的框架下，每个受著作权保护的作品可被分配一个唯一的标识符号。通过该标识，许可费可直接转移到权利人的账户，而无需第三方机构。这在简化交易程序的同时，也提高了交易的透明度。权利人也可以随时监控他们的作品以何种形式被使用、所获得的许可费是否与行业通行标准一致。2019年12月6日，意大利版权集体管理组织SIAE宣布将与Algorand公司合作开发一款开放的版权管理生态系统。该生态系统以区块链技术为基础，管理基础数据和交易信息，并应用于版权管理。这一系统推动了著作权集体管理组织与科技公司的合作，有助于发展新的经济模式，形成包容度与透明度高的、摩擦与争议少的市场交易环境。事实上，借助区块链的技术优势进行版权管理，

---

① http://ipr.mofcom.gov.cn/article/gjxw/lfdt/oz/bqoz/201912/1945269.html；https://mp.weixin.qq.com/s/W7S3sDHZrOu8ijwkGp13hg.

② 郭禾．关于滥用知识产权问题的法律逻辑推演［J］．知识产权，2013（5）．

③ https://www.ipwatchdog.com/2019/07/22/time-congress-modernize-united-states-copyright-office/id=111439/.

④ https://www.copyright.gov/copyright-modernization/.

在全球范围内已经有多家企业进行了不同程度的尝试：索尼在 2018 年公开了用于纸质作品的区块链版权管理系统，用于记录数据、时间和创建者的身份；百度推出 PIC-CHAIN 区块链以保护图像作品；阿里巴巴、HTC 等投资了 Bitmark 公司开发区块链网络解决抄袭问题；韩国希杰集团的 IT 部门也推出了专注于音乐作品的区块链数字版权系统①。所有这些关于区块链的应用场景，无疑对传统的著作权登记制度构成冲击，甚至在一定程度上对著作权集体管理模式造成影响。欧洲国家的做法值得中国版权登记机构和著作权集体管理组织认真思考。

四是在版权管理机关内部成立小额索赔裁判庭，专门处理涉案金额较小的侵权纠纷。2019 年 9 月 10 日，美国众议院司法委员会全票通过了《2019 年版权小额索赔替代法案》(The Copyright Alternative in Small-Claims Enforcement Act of 2019, the CASE Act，以下简称“CASE 法案”)，此法案旨在于版权局内设立版权小额索赔裁判庭，专门处理涉案金额低于 3 万美元的著作权纠纷，以便使文创产业能够公平地利用受版权保护的内容，为小型文创业者提供负担得起的法律资源，并遏制盗版行为。成千上万的个人作者和小型企业对美国经济发展起着重要作用，但普遍面临着仅享有权利却难以获得针对侵权行为的救济措施的难题。提起诉讼的综合成本较高，只有少数人能够负担。CASE 法案针对此难题对现行法进行了适度修改，为创作者提供自愿性的、低成本且精简的替代方案，包括无须雇用律师即可进行辩论、可远程参加诉讼等规定，大大降低了个人作者的诉讼成本，使得诉讼能够成为大多数创作者可选择、可负担得起的维权途径。美国版权联盟(Copyright Alliance)首席执行官基思·库普弗施密德(Keith Kupferschmid)表示：“在版权局内成立小额索赔裁判庭是对现状的巨大改进，同时为版权所有人和作品使用者提供了之前并不曾拥有的选择机会，可以预见在 CASE 法案正式实施后，会有许多版权拥有者和使用者将其视为解决版权纠纷的可行选择。”② 网络提供了更多的作品使用和传播的机会，同样地，人们也可以利用网络为维护作品著作权提供方便，比如通过远程网上开庭以降低维权成本。

（二）盗版治理

从全球范围来看，盗版问题仍然十分严峻。特别是在与新技术相关的流媒体领域，盗版问题呈现愈演愈烈的态势，争议问题与诉讼纠纷层出不穷。欧盟知识产权局(EUIPO)在 2019 年底发布的一项研究表明，欧盟范围内基于网站的盗版情形正在减少，但基于应用程序、流媒体设备和 IPTV 服务等的盗版情形不在报告涉及的范围内。欧盟知识产权局也坦承，选择来自欧洲视听观察组织和欧盟统计局的数据作为数据源，是为了尽可能全面地了解欧盟网络版权侵权情况。但那些较新的盗版工具却更难追踪，可能根本没有办法获得有效数据③。有相当一部分业内人士认为流媒体工具等才是目前最大的盗版威胁，世界范围内的整体盗版状况不仅没有减弱，甚至可能严重了许多。盗版治理，特别是有针对性地打击流媒体领域的盗版问题是 2019 年全球各国著作权人的普遍需求。

印度尼西亚的盗版流媒体 IndoXXI 是互联网上最大的盗版网站之一。该网站尽管在西方国家声名不显，但在印度尼西亚却是最受欢迎的几个网站之一，每天的访问量可以达到几百万。早在 2019 年初，该网站就引起了好莱坞的重视，美国电影协会(MPA)将 IndoXXI 列在恶名盗版网站的年度审查名单中。为了避免被屏蔽，该网站不断进行迁移，网络用户可以通过包括 idxx1. cam、indoxx1. art 和 indoxx1. kim 在内的域名访问该网站。亚洲视频行业协会的反盗版联盟(CAP)开展的一项新调查显示，印尼的盗版流媒体十分猖獗，有 63%的网络用户访问了流媒体盗版网站或 torrent 网站；此外还有 29%的消费者使用可播放盗版视频内容的机顶盒，IndoXXI (Lite) 是其中最受欢迎的应用程序。作为国家反盗版活动的一部分，印尼政府开始大力打击流媒体盗版现象。自 2019 年 7 月以来，印度尼西亚信息和通信部为了打击 IndoXXI，已经屏蔽了 1 000 多个盗版域名④。但考虑到众多镜像网站的存在，这一行动仍然任重而道远。由此观之，网络盗版现象的治理在全球范围内都还任重道远。

① https://www. algorand. com/resources/blog/siae-partners-with-algorand-for-efficient-management; https://www. ledgerinsights. com/blockchain-copyright-siae-algorand-italy/; https://tokenpost. com/Italian-copyright-pioneer-collaborates-with-blockchain-firm-to-protect-intellectual-property-4463.

② https://copyrightalliance. org/news-events/copyright-news-newsletters/copyright-small-claims/; https://copyrightalliance. org/ca_post/why-is-no-one-talking-about-this-provision-of-the-case-act-its-because-it-benefits-users-of-copyrighted-works/.

③ https://torrentfreak. com/eu-study-shows-online-piracy-is-complex-and-not-easy-to-grasp-191204/.

④ http://ipr. mofcom. gov. cn/article/gjxw/lfdt/yz/bqyz/202001/1946463. html.

在澳大利亚，2015年《版权修正法案》授权联邦法院允许互联网服务提供商封锁在线盗版网站。在众多电影制片厂和娱乐公司对大量盗版网站和镜像网站的声讨下，澳大利亚在2015年《版权修正法案》的支持下封锁了包括海盗湾（The Pirate Bay）、Torrentz、IsoHunt等在内的大量海盗网站。到2019年已经封锁的网络域名就多达数百个。但是，澳大利亚通信部部长米奇·法菲尔德仍在推动更严厉的法律，使当局能够更广泛地查封盗版网站，并禁止新的盗版网站的运营①。网络让世界连为一体。通过互联网进行盗版，必定影响到全球。查封域名固然可在一定程度上遏制网络盗版的势头，但这种“猫鼠游戏”现象在目前尚未见有穷期。

世界各国都在大力打击在线盗版网站，但现实中普通网络用户并不一定就能随意浏览或访问此类网站。通常，用户需要预先安装载有非法流媒体应用程序的机顶盒才能真正访问大量盗版作品。用户购买机顶盒后无须订阅，便可观看数千部盗版电影和节目。美国已查处了多起销售此种机顶盒的案件，附属美国商会的全球创新政策中心（GIPC）在2019年6月发布的研究报告显示，网络盗版每年至少给美国带来292亿美元的经济损失，但现行的法律制度远远跟不上科技发展的步伐。在美国，下载和传播未经授权的作品是最高可判5年有期徒刑的重罪，而未经许可传输作品内容却属于侵犯公开表演权，是最高仅可判1年有期徒刑的轻罪。业内人士将其称为“流媒体漏洞”。美国版权局局长卡林·坦普尔指出非法流媒体已经成为视频盗版的首选方式，其带来的问题日益严重；执法机关难以充分履行其保护著作权人的职能，以保护每个人的权利。他向参议院知识产权小组委员会提议加大对非法流媒体案件中侵权人的处罚，帮助执法机关建立打击盗版的有效手段。此外，美国电影行业人士还呼吁海关与边境保护局查处“盗版物品”的范围应当扩展到那些规避“复制控制”（copy controls）的设备，以阻止或至少限制盗版流媒体机顶盒的进口。涉及该内容的《贸易便利化和贸易执法法案》（TFTEA）在2019年11月时公开征求意见，其后续的出台与执行值得我们进一步关注②。

三、司法层面：如何应对新技术对著作权制度提出的问题

社会的高速发展使得新问题新争议层出不穷，司法作为维护社会公平正义的最后一道防线，肩负着协调和弥合社会现状与著作权制度之间差距的重任。在全球化与信息化的大背景下，许多过往理所当然的法律解释与法律观念，可能需要被重新审视。如何准确界定专有权利在新媒体时代的适用范围，如何把握侵犯著作权与合理使用的界限，如何平衡权利人和社会公众之间的利益，都是新时代司法机关所面临的重要议题，2019年各国法院亦提供了诸多值得关注的著作权案例。

（一）对著作权客体的解释

基于促进和鼓励官方文件进行广泛传播等公共利益的考量，大多数国家都将法律、法规等具有立法、行政、司法性质的官方文件排除在著作权法的保护范围之外。那么一部性质介于官方文件与私人文件之间的文件，是否属于著作权法的保护客体呢？

2019年12月，“佐治亚州诉公共资源组织”（*State of Georgia* v. *Public.Resource.org*）一案在美国最高法院开庭审理，引起广泛关注。案件的争议核心就是《佐治亚州官方法典注释》是否属于受美国版权法保护的作品。《佐治亚州官方法典注释》是佐治亚州法律的官方版本，除了法律文本之外，它还包括评注、编者笔记、法律评论文章节选等各种类型的注释，该法典的编辑和更新都是在佐治亚州法规修订委员会的指导监督下完成的，律商联讯集团从法规修订委员会处获得了出版和售卖法典注释的专有许可。公共资源组织是一家致力于让公众更便捷获取政府文件的非营利性组织，其购买并扫描了《佐治亚州官方法典注释》并上传到网络上供公众免费获取。法规修订委员会以侵犯版权为由向州法院提起诉讼，州法院的判决认可注释是应当受到版权保护的；然而联邦第十一巡回上诉法院却撤销了州法院的判决，认为法典中的注释不应得到版权保护，主要基于以下几个因素：第一，法规修订委员会是佐治亚州立法议会的重要组成部门；第二，该法典注释由立法机关通过并经州长签署成为法律；第三，尽管注释本身没有法律效力，但它却是佐治亚州法律的官方权威解读，因此注释的法律意义也

① https://www.techradar.com/au/news/australia-set-to-block-over-80-more-piracy-and-stream-ripping-sites；https://www.techradar.com/au/news/australias-government-wants-to-know-if-its-current-anti-piracy-laws-are-effective-enough.

② https://torrentfreak.com/mpa-wants-enhanced-border-enforcement-against-pirate-streaming-boxes-191219/；https://torrentfreak.com/images/Motion_Picture_Association.pdf；https://www.thestar.com.my/tech/tech-news/2019/11/18/.

不容忽视[①]。最高法院接受了法规修订委员会关于案件的调卷审理请求，判决结果如何，有待持续关注。基于作品的无体性，著作权作为一种纯粹拟制的专有关系，其边界存在模糊地带。这在一定程度上给著作权保护客体的认定带来了困难，究竟如何解释才能强化著作权的价值、实现著作权法的立法目的，有待法官、学者进一步思考和研究。

（二）对著作权专有权利的解释

在认定特定行为是否构成对著作权的侵犯时，司法机关要看该行为是否落入了著作权人专有权利所控制的范围，如复制权所管制的是复制作品的行为，广播权所控制的是将作品通过信号进行传播的行为，等等。但随着信息网络技术的发展，许多未曾预料到的应用情形纷至沓来，而法律却尚未做好如何分配其利益的准备。

2014 年，荷兰出版商协会（NUV）和通用出版商集团（GAU）对荷兰二手电子书在线交易市场 Tom Kabinet 提起了诉讼，认为其出售数字化的二手图书侵犯向公众传播权，故向法院请求禁令救济。2019 年底，欧盟法院做出裁决，认定未经授权通过网站出售受版权保护的二手电子书构成向公众传播，侵犯了版权人的专有权利。欧盟法院指出，非实物化的电子书复制件不会随着使用而损耗，因此在任何二手市场上，可以完美取代原件，不能适用权利用尽原则。对于著作权专有权利范围的解释，欧盟法院继续坚持了“新公众”的标准。判断提供二手电子书的行为是否构成“向公众传播”，要考虑采用的技术手段是否与先前使用的技术手段不同，或者该传播是否面向“新公众”，即版权所有者在授权向公众进行首次传播时没有考虑到的受众。欧盟法院认为，在本案中提供电子书的行为通常是以电子书用户许可方式实现的，而给用户的许可仅仅授权已下载相关电子书的用户在自己的设备上进行阅读。Tom Kabinet 所进行传播的对象是版权持有人尚未考虑的公众，因此是向新公众进行的[②]。基于上述理由，欧盟法院判定，为公众提供可永久使用的电子书下载涵盖在“向公众传播”的概念中，即通过“向公众提供作者作品”的方式使公众可以在他们自己选择的地点和时间访问作者的作品。很显然，欧盟法院在这里并未从图书复制的角度，而是从网络传播的角度来考虑本案。对此学术界有不同的解释，不同法院或许亦有不同做法。无论如何，类似的问题是值得我们研究的。

（三）对著作权限制的解释

美国知名歌星凯蒂·佩里的热门单曲《黑马》（*Dark Horse*）卷入了一场被控抄袭的风波。2019 年夏天，案件陪审团裁定凯蒂·佩里侵犯了说唱歌手弗拉姆（Flame）所创作的基督教说唱歌曲《欢乐的噪音》（*Joyful Noise*）的著作权，需要对其赔偿数百万美元。业界对此一片哗然。该案件中被控侵权的主要“乐句”是一个三音符、四拍子的“固定乐句”。这是一种基本的三音符乐句，一种大众化的、普遍性的音乐结构。例如在巴赫的《F 小调的柔板》《欢乐的圣诞老人》《去吧，摩西》等经典曲目中，都可以找到类似的音乐结构。而音乐借鉴又是音乐创作领域极为寻常的事情，从巴赫、贝多芬到莫扎特，他们都借鉴了既有的音乐作品并以此为灵感创作出属于他们自己的不朽作品。音乐创作中借鉴是司空见惯之事。借鉴几乎存在于任何音乐之中。审理本案的法官指出，保护音乐版权不应当忽略合理的音乐借鉴这种艺术现实。如果不问缘由一律判决后使用者侵权，将鼓励许多人使用结构短小、非原创性的音乐结构，并利用它从那些知名音乐人那里狠狠捞一笔[③]。著作权的行使不应当对公共领域原有的秩序造成破坏，导致相关主体之间的利益失衡。信息网络时代，作品的创作方式较以往有了很大不同。音乐创作更是如此。近年来在音乐创作领域流行的混编行为更是争议不断。如何准确解释对著作权的限制、把握好合理使用或公有领域与侵犯著作权之间的界限，将是著作权制度发展中的永恒话题。

四、国际协调层面：合作与冲突并行

著作权制度在国际层面的运行，特别是对于社会公共利益的维护，离不开各国家、地区以及国际组织之间的通力合作；但与此同时，2019 年全球经济格局和贸易环境持续变化，各国间的竞争策略不断调整，涉及著作权的利益博弈也更加激烈。因此，2019 年著作权法制发展在国际协调层面体现为合作

---

① https://www.law.com/newyorklawjournal/2019/09/10/supreme-court-to-decide-whether-the-government-edicts-doctrine-precludes-copyrighting-annotations-to-the-official-code-of-georgia/；https://copyrightalliance.org/policy/amicus-briefs/；https://www.law.com/dailyreportonline/2019/10/15/former-sgs-face-off-in-puerto-rico-board-case-will-the-insular-cases-follow-korematsus-fate-sg-francisco-wants-time-in-georgia-copyright-case-podcast-catch-up-with-nicole-saharsky-404-37852/? slreturn=20190918095822.

② https://torrentfreak.com/eu-court-unauthorized-sale-of-used-ebooks-infringes-copyright-191221/.

③ https://www.ipwatchdog.com/2019/08/29/katy-perry-verdict-proves-music-copyright-laws-need-tune/id=112644/.

与冲突并行。

国际协调层面的合作首先体现在国际条约的签订与执行上，如签订于2013年6月的《马拉喀什条约》。该条约自诞生之初便致力于为患有阅读障碍疾病者、视力障碍及其他阅读障碍人群畅通其获取公开发表作品的渠道。根据国际图书馆协会联合会（IFLA）在2019年8月牵头制定的监测报告，《马拉喀什条约》在各成员国立法及施行过程中体现出了不同程度的进展：在玻利维亚、泰国、美国等国家，该条约获得了批准；新西兰业已将该条约内容列入立法议程中；部分欧洲国家如意大利、德国完成了国内法对应相关欧盟指令内容的替换。各国内部如火如荼的著作权制度改革显然离不开国际性条约所发挥的指导性作用①。在未来，建立相关书籍资源的跨境交易制度，健全对视力障碍者等群体的切实利益保障，仍有赖于各国或地区间的合作与协商。

国际协调层面的合作还体现在地区性的知识产权协定的签署上，2019年12月美国总统特朗普与加拿大和墨西哥签署了新的《美墨加贸易协议》，取代了已有25年历史的《北美自由贸易协定》。新的贸易协定涉及了包括著作权问题在内的广泛议题，应当更加适应三国多年来的贸易变化，尤其是互联网环境下的贸易。该贸易协定还为互联网公司提供了责任方面的保护措施，采取了与《数字千禧年版权法案》（DMCA）中避风港规则类似的规定②。

国际协调层面的冲突主要体现在各国由于经济发展水平、文化理念、著作权宏观管理政策的差异，在全球化的贸易环境下产生了涉及著作权的利益博弈。2019年10月25日，美国贸易代表办公室（USTR）宣称基于南非的知识产权保护和执法问题，将针对南非开展新的通用优惠制（GSP，该制度允许从发展中国家进口符合特定标准的免税商品）资格审查。南非著作权法一度受到广泛批评，比如其过于宽泛的著作权限制将损害教材、本地发行作品和在线作品的合法市场，针对严重的网络盗版行为南非法律未能发挥应有作用，等等③。如今，南非极有可能因为网络盗版问题的泛滥而受到美国的贸易制裁。

无独有偶，欧盟委员会在2019年12月发布了存在版权政策问题的国家名单，加拿大名列其中，受到广泛关注。根据欧盟委员会的报告，"加拿大的知识产权制度仍然存在某些缺陷。尽管近期其版权政策开始向积极方向发展，但仍有许多问题有待解决，特别是在版权和相关权以及版权执法方面"。欧盟委员会督促加拿大对健全合理使用制度、合理认定在线服务提供商的责任以及打击盗版等关键性问题做出回应④。可见国家间有关著作权问题的冲突并非仅仅发生在发达国家和发展中国家之间。

五、总结

总体上讲，国际著作权市场欣欣向荣，技术发展日新月异，市场发展与技术进步给现行的著作权制度带来了持续的挑战。世界各国家和地区均积极作为，通过修订法律、行政现代化改革、打击盗版等手段，对新问题做出回应，以求定分止争、化解矛盾，从而保障了全球著作权产业在整体上的持续发展。在立法层面，随着全球贸易环境的变化与互联网技术的飞速发展，众多国家和地区都加快了著作权法律制度改革与创新的步伐。在行政层面，各国家和地区对现行著作权程序进行改革，严厉打击以流媒体盗版为代表的盗版现象，取得了十分突出的效果。在司法层面，各国家或地区法院纷纷尝试对如何准确界定专有权利在新媒体时代的适用范围、如何平衡权利人和社会公众之间的利益关系等重要议题做出回应。在国际协调层面，全球经济格局和贸易环境持续变化导致各国间的竞争策略不断调整，涉及著作权的利益博弈也更加激烈，著作权法制发展在国际协调层面体现为合作与冲突并行。

青山遮不住，毕竟东流去。著作权是一种财产权，因此相关制度的发展必定遵从市场规律。著作权的行使受复制和传播技术制约，因此著作权制度必定跟随技术进步的脚步。他山之石，可以攻玉。国外的相关信息对完善我国著作权制度是有参考价值的，需要我们细致研究和发掘。

① https://www.ifla.org/publications/node/81925; https://www.ifla.org/node/92418?og=5852; https://www.shutterstock.com/zh/image-photo/audio-book-concept-1050667685?src=qO390kyfI9GqsAWrxrHvmw-1-0.

② https://torrentfreak.com/president-trump-signs-usmca-trade-deal-that-exports-us-copyright-policy-200130/.

③ https://ustr.gov/about-us/policy-offices/press-office/press-releases/2019/october/ustr-announces-gsp-enforcement; http://info-justice.org/archives/41736.

④ http://ipr.mofcom.gov.cn/article/gjxw/lfdt/mj/bqmj/202001/1946455.html.

2019年国际版权动态

◆ 立法与行政

【日本：扩大非法下载对象的《著作权法修正案》被搁置】

为了更好地防止通过数字化手段侵犯作者著作权的情形发生，日本一直致力于让著作权法在更大程度上约束下载在线盗版资料的网络用户。

一直以来，日本法律规定的非法下载对象仅包括电影和音乐，即在明知是非法上传的情况下仍对电影和音乐进行下载的行为是违法的（所谓“下载非法化”），即使目的是供私人使用也不例外。为了规制如“漫画村”等网站所引起的盗版网站侵权问题，政府决定将非法下载的范围扩大至包括漫画以及杂志的静止画面在内的所有作品，并将此纳入著作权法的修正案中。

日本文化厅在文化审议会上对政府的提议进行了讨论，并于2019年2月13日向执政的自由民主党提交相关的说明材料。该修正案在2019年2月22日的联合会议上被同意通过，但是在2019年3月1日的党总务会议上经慎重讨论后被暂缓提交，原因在于“对相关人士的解释不足”以及“未能得到相关人士的理解”等意见不断出现。有批评意见指出该修正案的讨论“操之过急”，并且不仅是法学研究者，甚至遭受侵害的漫画家对此也提出反对意见。

2019年3月3日，明治大学知识产权法政策研究所以文化厅的说明材料存在“大问题”为由，公开发布了对该内容进行验证和批评的“验证报告”。研究所对材料中的“将所有受侵犯内容的下载规定为非法行为”谴责道：“这忽视了国民信息收集自由的重要性，并过度限缩了网络资料收集、创作、研究活动等”。此外，文化厅为了给该修正案的正当性提供依据，在材料中以德国、法国、加拿大作为例子的行为被指出不具有针对性。研究所指出，德国已经允许了“供个人学习目的”的复制行为，参考国外的经验应当比较与“供私人使用”相关的规定，而非任意选择比较对象。另外，研究所对文化厅的说明材料和会议记录进行比较后发现，说明材料并未“忠诚地反映”会议上的意见。材料中显示对于扩大非法下载对象的“积极意见”有7个，而“慎重意见”有3个且理由不同。但其实提出“积极意见”的委员仅有2位，意味着共有9位委员处于“积极意见”的对立一方。文化厅在材料中的表述让人产生了“积极意见”是多数派的误解。

2019年3月14日，自民党决定暂缓向国会提交该《著作权法修正案》，要求文化厅重新准备修正案。

（信息搜集、编译：钟翘骏。

资料来源：https://keisenassociates.com/japan-agency-for-cultural-affairs-alleged-unfair-report-downloading-copyright-policy/；https://blogos.com/article/361837/；https://www.nikkei.com/article/DGXMZO42391180T10C19A3MM0000/；https://www.itmedia.co.jp/news/articles/1903/04/news069.html）

【澳大利亚将封锁80多个海盗网站和流媒体网站】

澳大利亚目前在互联网盗版问题上的立场可以追溯到2015年，当时政府通过了《版权修正法案》，该法案授权联邦法院允许互联网服务提供商封锁许多在线盗版网站。早在2016年，一些电影制片厂和娱乐公司就成功地展开了针对一些盗版网站和镜像网站的声讨，并提请澳大利亚政府注意。在《版权修正法案》的支持下，联邦法院于2016年12月下令封锁大量海盗网站，海盗湾（The Pirate Bay）、Torrentz、IsoHunt等被澳大利亚互联网服务提供商封锁，否则这些网络服务提供商将面临巨额处罚。

尽管已经封锁了澳大利亚的数百个域名，通信部部长米奇·法菲尔德却正在推动更严厉的法律，使当局能够更广泛地封锁网站，并禁止新网站的运营。此后澳大利亚政府宣布，网络侵犯版权的行为有所减少，但法院仍有更多的禁令申请悬而未决，因此澳大利亚政府决定加大力度制止国内的互联网盗版行为。

自此次裁决成功以来，一系列娱乐公司（包括威秀电影、派拉蒙、哥伦比亚、迪士尼和20世纪福克斯）投入了大量精力打击更多涉嫌侵权的领域，其中包括海盗湾（The Pirate Bay）在内的80多个海盗网站。澳大利亚本次打击盗版范围之广特别体现在澳大利亚联邦法院正在处理的两份新申请中。一份由上述电影公司提出，另一份由一些音乐公司针对四大流媒体网站提出。这些流媒体网站使用户能够从流行的流媒体服务（如 YouTube）上下载各类未经授权的文件，从而侵犯创作人的版权，已被澳大利亚音乐权利协会、澳大利亚表演权利协会（APRA）、环球、索尼和华纳音乐控诉。

（信息搜集、编译：彭聪。

资料来源：https://www. techradar. com/au/news/australia-set-to-block-over-80-more-piracy-and-stream-ripping-sites；https://www. techradar. com/au/news/australias-government-wants-to-know-if-its-current-anti-piracy-laws-are-effective-enough；https://www. techradar. com/au/news/australian-government-to-introduce-new-rapid-takedown-anti-piracy-legislation）

【美参议院就美国版权局工作召开听证会】

2019 年 7 月 30 日，美国参议院司法委员会下属的知识产权小组委员会针对美国版权局召开了一场监督听证会，听取了新任命的美国版权局局长卡林 · 坦普尔的证词。这场听证会主要聚焦于版权局在其信息技术基础设施和业务流程现代化方面所做的工作，《音乐现代化法案》和数字盗版新形式的相关情况也在讨论之列。

1. 参议员蒂利斯宣布成立版权局现代化工作小组

参议院知识产权小组委员会主席汤姆 · 蒂利斯指出，版权局局长上一次在参议院司法委员会现身已经是 10 年前的事了。当时，版权局开启了长达多年的现代化进程，但正如蒂利斯在之前发表的一篇专栏文章中所说，他仍然担心版权局因没有足够的权力和资源而在其实现现代化目标上难以取得令人满意的进展。蒂利斯宣布，参议院知识产权小组委员会将会组建跨党派、跨两院的工作组，重点关注推进版权治理现代化方面的工作，并尽可能使所有的利益相关者都参与其中进行讨论。

参议院知识产权小组委员会的资深参议员克里斯 · 库恩斯在开场致辞中说道："受版权保护的内容是让美国人民安居乐业的核心。"他援引了坦普尔的证词，其中谈到核心版权产业每年为美国国内生产总值（GDP）贡献逾 1 万亿美元。

2. 推动现代化工作和数字化记录试点项目

坦普尔公开证词的内容主要集中在美国版权局在其现代化方面所做的努力上，其中包括，2018 年才成立的版权现代化办公室如今已有 25 名员工致力于十几项版权现代化工作。版权局还致力于改进版权登记程序，在过去两年将申请版权登记者的平均等候时间减少了 40%，并彻底解决了过去大量积压的可进行的权利登记请求。在此后接受询问时，坦普尔表示，处理传统登记的平均用时为 5 个月，而处理不涉及书面信件的在线权利登记的平均用时为 4 个月。坦普尔在公开证词中还提出，需要更为有效的执法手段来打击数字内容盗版，并且，版权局建议，在 2019 年末安排的"STELAR 日落条款"议题中将《版权法》第 119 条广播法定许可问题纳入讨论。

对于蒂利斯提出的关于美国版权局现代化工作现状的问题，坦普尔回应称，他很高兴版权局在 2019 年首次获得资金支持用于开展现代化方面的工作。按照坦普尔的说法，版权局在推动现代化工作方面的资金需求总额接近 1 亿美元，包括将在 5 年内每年投入 1 210 万美元用于信息技术开发，以及在 7 年内每年投入 500 万美元用于历史公共记录的数字化和可检索化。不过他也指出，如果国会授权版权局使用以前预算周期中尚未使用的余款，版权局在信息技术和其他基础设施升级方面的长期规划可能会更好地开展。更为灵活地使用这些费用也会使版权局在政府停摆时能够继续工作。对于参议员库恩斯提出的问题，坦普尔表示，要想使用这些费用就需要有法定授权，光凭委员会的工作报告是不能授予权限的。

坦普尔还分享了版权局开发数字记录系统试点项目的计划，这种新型系统最终将取代版权局旧有的纸基系统。版权局打算在 2020 年春季先推出一个小型试点项目，到 2024 年发展成一个规模化的正式数字化存档项目。

3. 流媒体盗版问题与《音乐现代化法案》的实施

如何应对日渐猖獗的数字盗版是参议院知识产权小组委员会成员需要考虑的另一个问题。参议员库恩斯和哈诺引用了美国商会全球创新政策中心 2019 年 6 月发布的一份报告，报告指出，数字视频盗版每年给美国内容制作产业造成的收入损失达 292 亿～710 亿美元。坦普尔认为非法流媒体带来的问题日益严重，非法流媒体已经成为视频盗版的首选方式。非法下载侵犯了版权人的复制权，根据联邦法律可以重罪起诉；而非法流媒体的做法是对公开表演权的侵犯，只能以轻罪起诉。坦普尔认为，流媒体还在不断发展壮大，缺乏有效手段来找出制作盗版的主要途径会对执法机关造成损害，执法机关也难以充分履行其职能以保护每个人的权利。

在实施《音乐现代化法案》议题上，参议员哈诺提出了自己的担忧。根据《音乐现代化法案》，为流媒体音乐服务颁发一揽子许可的 MLC 可能没有合适的激励措施确保每个独立艺术家获得他们应得的版税。坦普尔指出，根据法律规定，MLC 和 DLC 都有责任告知音乐人有关许可框架的内容。此外，版权局计划在 2021 年 7 月完成一项 MLC 版税分配最佳实施办法的研究，该研究将在首次无人认领的版税分配之前发布。

参议员理查德提到了最近批准更新的《数字千禧年版权法案》（DMCA）第 1201 节规避版权保护措施的豁免，特别是和测试选举安全性相关的豁免。参议院情报委员会最近公布的一份报告显示，鉴于 2016 年大选期间，俄罗斯将矛头对准了全美 50 个州的投票设施，并试图入侵 21 个州的选举系统，这种允许进行网络安全测试的豁免非常重要。参议员布卢门撒尔和哈诺提出，是否应把某些每隔 3 年需要申请重新得到 DMCA 豁免授权的项目变为永久豁免。坦普尔说，这种永久性豁免需要国会授权，但如果申请人能够证明自上次授权豁免以来，市场并没有发生变化，版权局就可以简化重新批准豁免的流程。

坦普尔还向知识产权小组委员会告知，版权局根据 DMCA 第 512 条就避风港条款的有效性进行了多年研究，将在 2019 年底前向国会提出相关建议。此外，他谈到了版权局在登记费用研究方面的最近进展，表明费用变更的最终规则也将在 2019 年底之前发布。

（信息搜集、编译：丁夏青。

资料来源：https://www.ipwatchdog.com/2019/07/22/time-congress-modernize-united-states-copyright-office/id=111439/；https://www.ipwatchdog.com/2019/07/31/register-copyright-office-modernization-streaming-piracy-music-modernization-act-implementation/id=111768/）

【监测报告：关于《马拉喀什条约》施行的最新进展】

《马拉喀什条约》签订于 2013 年 6 月，自诞生之初，其便致力于为患有阅读障碍疾病者，即盲人、视力障碍及其他阅读障碍人群，畅通其获取公开发表作品的渠道。其中一项规定便是免除制作或分享书籍复制品主体提交申请的义务。然而，该条约也不乏非强制性规定，这便给予成员国在法律适用中更多的自由。例如，成员国有权要求书籍提供者向原作品权利人支付报酬或者承担其他行政性义务；成员国也有权选择对其他障碍人群，如听力障碍者获取相关资源提供便利或者加以限制。

为持续跟踪该条约的执行进展，并就施行过程中亟待改进之处提出建议，关于《马拉喀什条约》的监测报告应运而生。《马拉喀什条约》生效于 2016 年 9 月，在过去三年内，由国际图书馆协会联合会（IFLA）牵头制定的监测报告共发表了五份，就截至 2019 年 8 月第四轮所更新的内容，对各成员国国内立法情况及主要特征做一简要说明：

首先，监测报告共包含六项审查要点，以各成员国国内图书馆为受监测主体，就其是否可以借助《马拉喀什条约》规定无须履行或从事相关活动做出如下回答：（1）是否无须向书籍或有声书权利人支付报酬；（2）是否无须确认原作品的商业可用性；（3）是否无须履行登记义务；（4）是否无须满足额外的记录要求；（5）是否适用于阅读障碍者；（6）是否适用于其他障碍人群。

自 2019 年 1 月 24 日第三期监测报告发布以来，截至 2019 年 8 月，《马拉喀什条约》在各成员国立法及施行过程中体现出了不同程度的进展：在玻利维亚、塔吉克斯坦、泰国、美国等国家，该条约获得了批准；另有部分国家，如新西兰业已将条约内容列入其立法议程中；部分欧洲国家，如意大利、德国等也都完成了对相关欧盟指令内容的替换。

令人感到欣喜的是，就本期监测数据来看，多数成员国尚未计划向可获取格式复制品的制作和传播者征收费用；就商业可用性确认的义务，目前仅有八个国家加以规定。绝大多数国家，也并未将授权主体进行登记列为强制性要求。此外，就非视力受损的其他障碍群体，一方面，所有国家均将阅读障碍者视为该条约的受益主体；但另一方面，对于其他功能障碍者，从受监测国家当前法律适用情况来看，将其纳入或排除出该条约规定的国家各占半数。

《马拉喀什条约》始终致力于推动各国国内立法改革，但不可否认的是，国内改革的如火如荼离不开其作为一项国际性条约所发挥的指导性作用。作为同样致力于实现相关书籍资源跨境交易的制度措施，条约希望，各国间能够就监测报告中的六项要点进行统一，以便简化其跨境交易。

另外，就使用相同语言的国家，虽然实现规范上的统一以便捷其跨境交易的前景较为积极，但目前的趋势并不明朗。

（信息搜集、编译：张伟扬。

资料来源：https://www.ifla.org/publications/

node/81925；https://www.ifla.org/node/92418? og=5852；https://www.shutterstock.com/zh/image-photo/audio-book-concept-1050667685? src=qO390kyfI9GqsAWrxrHvmw-1-0）

【印尼政府继续打击盗版流媒体网站】

印度尼西亚信息和通信部继续对盗版网站进行打击。自2019年7月以来，该政府机构已屏蔽了1 000多个盗版域名，主要打击目标是盗版流媒体IndoXXI。尽管印尼政府希望降低国内盗版率，但到目前为止，盗版流媒体服务一直在增加。IndoXXI是互联网上最大的盗版网站之一，每天都有数百万的访问量。

尽管在西方世界该网站不会吸引大多数人的注意，但是该网站在印尼是访问量最高的25个网站之一，仅次于Google和YouTube等网站。该网站的受欢迎程度引起了好莱坞的重视。2019年初，美国电影协会（MPA）在向美国贸易代表办公室提交的恶名盗版网站的年度审查名单中列出了该网站。MPA称，IndoXXI已成为印尼和马来西亚主要的印尼语盗版网站。根据SameWeb的数据，其中一个相关网站indoxx1.center在印尼的本地排名为第40名，2019年8月的月访问量为2 385万。IndoXXI仍然是印尼访问量最大的盗版网站，但为了避免被屏蔽，该网站不断进行迁移。

一直以来，印度尼西亚的网络用户都可以通过idxx1.cam、indoxx1.art和indoxx1.kim等域名访问该网站门户。但自2019年12月中旬，印尼信息和通信部开始介入干预并陆续屏蔽这些域名。

就在印尼信息和通信部采取行动之际，亚洲视频行业协会的反盗版联盟（CAP）委托他方开展的一项新调查结果对外公开。该调查表明，印尼的流媒体盗版十分猖獗。根据这项调查，印尼有63%的人访问了流媒体盗版网站或torrent网站。此外，有29%的消费者使用可播放盗版视频内容的机顶盒，其中indoXXI（Lite）是迄今为止最受欢迎的应用程序。

这并不是印尼信息和通信部第一次采取行动。作为国家反盗版活动的一部分，很多其他域名已经被禁止。实际上，自2019年7月以来，该政府机构已屏蔽了1 000多个域名。

显然，印尼政府正在认真对待盗版问题，但似乎收效甚微。许多人在社交媒体上提到了盗版替代方案。经查实，indoXXI的镜像或雷同网站确实可用。该网站的许多用户似乎并没有被屏蔽措施所影响，还有人发布了一篇证明措施无效的图文，在几日内被浏览了上千万次。由此可见，屏蔽措施并非100%有效，因此有必要寻找其他方法来解决盗版问题。例如，从供应端入手解决问题。

印尼新闻网站Coconuts报道，印尼最大的互联网提供商Telkomsel已阻止其用户访问Netflix网站。国有互联网服务提供商基于审查理由正式屏蔽了Netflix网站。但也有些人认为可能还有财务原因，因为该公司与印尼流媒体服务有联系。

（信息搜集、编译：蒋海楠。

资料来源：https://torrentfreak.com/indonesian-government-continues-whac-a-mole-against-local-streaming-piracy-giant-191223/）

【英国政府报告称，分散的网络平台独家发行不同的版权内容可能促使用户选择使用盗版内容】

2019年9月5日，英国知识产权局（UKIPO）发布了年度报告——《2018—2019年知识产权犯罪与执法报告》。该报告概述了版权权利人打击盗版取得的最新成果，同时介绍了盗版方面存在的新威胁。但报告内容主要基于规模较大的版权权利人提供的反馈，因此可能略显片面。

盗版和假冒依然严重是整个报告强调的主题。作为在知识产权执法领域处于领先水平的国家，英国在全球打击假冒与盗版方面扮演着重要角色。而有迹象表明，以“网络种子”（BT）实施的盗版行为持续增长。报告指出，BT行业应承担其相应的治理责任。同时，报告指出，由于合法平台上的内容日益趋于分散，盗版可能会持续增长。换句话说，由于越来越多的合法内容均是服务商以独家的形式发布的，人们很难从一个地方获得其想要的所有内容。因此，用户可能会更加积极地寻找选择盗版资源，而不是从众多内容提供商中购买订阅服务。报告原文写道：“尽管P2P文件共享在几年前已消亡，但BT下载有所抬头。其原因可能是，越来越多的合法平台都在施行独家许可内容，而订阅者不一定拥有访问其想要的所有内容的权限。”

内容分散问题不是首次被提及，但此前针对此类问题提出关切的不是政府或权利人。在电子游戏产业，独家发行的模式尤为普遍，该领域存在大量独家的流媒体服务。这种现象在未来几年对盗版有何影响还不得而知，但可以肯定的是该问题不容忽视。

（信息搜集、编译：闫冰。

资料来源：https://torrentfreak.com/platformexclusives-could-boost-piracy-uk-govt-report-notes/；http://www.ccct.net.cn/html/bqzx/2019/0927/1114.html）

【美众议院司法委员会不希望在贸易协定中加入类似 DMCA 避风港规则之条款】

美国前总统克林顿于 1998 年将《数字千禧年版权法案》（DMCA）签署成为法律，DMCA 旨在使版权法适应数字时代的发展。DMCA 针对网络服务提供商（ISP）制定了避风港规则，即只要 ISP 适当处理要求删除侵权内容的通知并对反复侵权者采取措施，则无须为用户的盗版行为承担责任。如今，DMCA 这一由四个字母构成的缩略词已被全球知晓，美国有意在未来的贸易协定中加以采纳。一条颇具 DMCA 风格的条款被写入《美墨加贸易协议》（USMCA）中。USMCA 涉及众多贸易问题，包括版权有关问题。或许在 20 年前，此举会受权利人欢迎，但现在情况已大不相同。音乐界认为 DMCA 已过时且无法发挥作用，甚至有害无益。因此，大型行业组织希望用更好的版本对目前的法律制度进行替代。

在 USMCA 第一版草案发布时，美国唱片业协会（RIAA）主席米奇·格莱齐尔（Mitch Glazier）表示，“现代贸易条约应让公共平台承担更多而不是更少的责任”。

司法委员会在写给美国贸易代表办公室（USTR）的信函中指出，DMCA 第 512 条已引起广泛讨论，一些人呼吁国会应更新该条款。

司法委员会表示：“美国版权办公室将在 2019 年底发布一份有关第 512 条的报告，这是于 2015 年启动的法条审查与回顾的成果。另外，欧盟发布的《版权指令》对类似避风港的规则进行了改革，这可能对美国国内的政策辩论产生影响。”司法委员会并未在政策辩论中表明立场，但其强调，将颇具争议的避风港规则写入 USMCA 和其他贸易协定并非明智之举。

司法委员会在写给 USTR 的信函中写道：“我们认为，围绕避风港规则的政策讨论仍在进行，美国此时把该条款纳入贸易协定不合时宜。因此，我们认为不应该要求贸易协定的成员方采纳类似第 512 条的避风港规则。”司法委员会敦促 USTR 认真考虑该问题以及可能出现的变化。这在很大程度上反映了几大版权行业组织的立场，包括 RIAA。如果避风港条款真的被删除或修改，ISP 和数字版权组织会受挫。

（信息搜集、编译：黄琦琦。

资料来源：https://torrentfreak.com/house-judiciary-committee-doesnt-want-dmca-style-safe-harbor-in-trade-agreements-190921/；http://ipr.mofcom.gov.cn/article/gjxw/gfgd/201909/1942087.html）

【美国通过 CASE 法案，有望在版权局内成立小额索赔裁判庭】

2019 年 9 月 10 日，美国众议院司法委员会全票通过了《2019 年版权小额索赔替代法案》（The Copyright Alternative in Small-Claims Enforcement Act of 2019，the CASE Act，以下简称“CASE 法案”），此法案旨在于版权局内设立版权小额索赔裁判庭，该裁判庭将专门处理涉案金额低于 3 万美元的版权侵权纠纷诉讼。

CASE 法案由众议院议员哈基姆·杰弗里斯（Hakeem Jeffries）和道格·柯林斯（Doug Collins）于 2019 年 5 月 1 日提出。该法案的参议院版本 S.1273 号法案则由参议员约翰·肯尼迪（John Kennedy）、汤姆·蒂利斯（Thom Tillis）等人提出，于 2019 年 7 月 18 日由参议院司法委员会通过。提出此法案是为了回应美国版权局于 2013 年 9 月发布的主题为“版权小额索赔”的研究报告。

哈基姆·杰弗里斯提出，CASE 法案“将使创作者能够公平地利用受版权保护的内容”，道格·柯林斯则表示，CASE 法案是“基于常识的立法”（common sense legislation），它将为小型创作者提供负担得起的法律资源，以使他们能够应对盗版行为。在过去的十几年里，成千上万的个人创作者和小型企业对美国经济发展起着重要作用，美国版权法理应保护其权利。然而，大多数创作者一直面临着仅享有权利却难以获得针对侵权行为的救济措施的难题。由于联邦法院高昂的诉讼成本只有少数人能够负担，大多数创作者无法真正行使权利。CASE 法案针对此难题对版权法进行了适度修改，为创作者提供自愿性的、廉价且精简的替代方案，包括无须雇用律师即可进行辩论、可远程参加诉讼等规定，大大降低了创作者的诉讼成本，使得诉讼能够成为大多数创作者可选择和负担得起的维权途径。版权联盟（Copyright Alliance）首席执行官基思·库普弗施密德（Keith Kupferschmid）表示：尽管反版权组织专注于宣扬他们对版权的蔑视及对 CASE 法案的怀疑，尽管 CASE 法案可能不是解决所有版权小额纠纷的完美方案，但毫无疑问，它是对现状的巨大改进，它同时为版权所有者和合理使用者提供了他们之前并不拥有的选择机会，这无疑对他们是有益的。小额索赔程序对各方都是选择性措施，如果没有意愿发起小额索赔程序，则不必选择。但是，可以预见，在CASE法案正式实施后，会有许多版权拥有者和使用者将其视为解决版权纠纷的可行选择。

（信息搜集、编译：刘贞贞。

资料来源：https://copyrightalliance.org/news-events/copyright-news-newsletters/copyright-small-claims/；https://copyrightalliance.org/ca_post/why-is-no-one-talking-about-this-provision-of-the-case-act-its-because-it-benefits-users-of-copyrighted-works/；https://copyrightalliance.org/news-events/press-releases/house-judiciary-committee-case-act/）

【美国版权局召开现代化系列在线研讨会】

美国版权局从2019年1月31日开始召开其现代化系列在线研讨会，该研讨会每隔几个月就会召开一次，借此向公众传达其进行现代化的各类进展。

美国版权局对版权局“现代化”的定义是：（1）建立一个新的以用户为中心、较为灵活的企业版权系统；（2）简化流程和放宽政策；（3）为版权信息的搜集提供便利；（4）重塑版权局架构。

截至2019年9月底，美国版权局已经召开了五次现代化在线研讨会。其中，第三次现代化在线研讨会于美国东部时间2019年5月30日召开，此次会议重点讨论了如何将数据管理有效运用于版权数据管理以及版权现代化有关的事项中。比如向用户提供便利的版权信息搜集条件是版权局最重要的目标之一，从这里也能看出数据管理能力在版权局现代化进程中发挥了重要作用。数据管理部门的主任在会议上讨论了如何在收集、储存、分析数据上更好地服务公众。

第四次现代化在线研讨会于美国东部时间2019年7月25日召开，会议重点讨论了公众关注的一些问题，比如阐释企业版权系统（ECS）的功能以及未来可利用数据等事项。

第五次在线研讨会于美国东部时间2019年9月26日召开，版权局正在经历从纸质记录向数字化平台记录的过渡。会议上还讨论了现代化的原因、目前的进程等问题。

截至第五次现代化在线研讨会，版权局的现代化进程和规划如下：

1. 发展并完善企业版权系统

目前企业版权系统重点发展3个方面：记录（正在进行中），登记（预计于2019年秋开始）和公共记录系统（预计于2019年秋开始）。

2. 便利对公共记录的查询

版权局会继续扩大搜集公共记录的渠道，目前在进行公共记录评估，包括传统系统中的记录和难以在网上搜集到的记录，逐步将1978年之前记录在纸质上的条目转换成可以在网络上查询搜集到的资源。在保证质量的前提下将超过26 000本记录册转化成电子版，工程量巨大，需要若干年。

3. 数据管理计划

数据管理在未来还是版权局在现代化进程中关注的重点。目前已经制定完成了初始数据管理计划和初始企业数据模型。版权局将继续检验商业情报和数据分析方案，并形成一个数据移民方案，决定多渠道的数据在企业版权系统中的去留。

（信息搜集、编译：倪梦瑶。

资料来源：https://www.copyright.gov/copyright-modernization/；https://www.copyright.gov/copyright-modernization/Quick%20Facts%20September%202019.pdf；https://www.copyright.gov/copyright-modernization/Quick%20Facts%20June%202019.pdf；https://www.copyright.gov/copyright-modernization/Quick%20Facts%20March%202019.pdf）

【菲律宾知识产权局建议对本国知识产权法典做出修订】

2019年10月2日，菲律宾知识产权局（IPOPHL）在瑞士日内瓦举行的第59届WIPO成员国大会上报告了菲律宾完善知识产权制度方面所取得的新成就。在未来，菲律宾知识产权局将致力于推动本国整个知识产权领域的发展，通过多元的政策和项目鼓励创新，保障制度实施。

此前，菲律宾知识产权局已向国会提交了建议修订《菲律宾知识产权法典》的议案，强调了对知识产权保护的支持，尤其突出了在数字环境中对知识产权的保护。此次议案直面新技术发展给知识产权行政执法带来的挑战，使知识产权局在保护和激励包容性创新中发挥更大的作用。

同时，议案还将允许在网络上对侵犯知识产权的行为人采取干预措施，加大对侵权行为的惩罚力度。具体而言，菲律宾知识产权局可根据《数字执法修正案》的授权，删除侵犯知识产权所有人权利的线上网站。同时，针对网络盗版、抄袭和仿冒行为，菲律宾知识产权局将有权发出警告并责令相关网站删除侵权内容。

此外，目前仅适用于侵犯版权行为的“市场开办者法律责任”（landlord liability）也在此次修订中被扩大了适用范围，其将及于侵犯商标权的行为。同时，菲律宾国家知识产权委员会将拟根据议案成为专门打击盗版行为的常设机构，并在全国各地设立多个分支机构。

在针对侵犯版权行为的权利人救济方面，菲律宾知识产权局还提议，版权所有人不仅有权从侵权网站获得的广告收入中获得损害赔偿，还可以拥有侵权网站域名的所有权。但是，此项提议预计将写入另一议案，并拟于下一届国会会议中提出。

除此之外，菲律宾知识产权局还加强了与司法机构的合作，以期快速处理在法院提出的与侵犯知识产权相关的案件。

（信息搜集、编译：陈亦欣。

资料来源：http://www.mondaq.com/x/819394/Copyright/；https://www.ipophil.gov.ph/news/ipophl-highlights-positive-developments-in-the-philippine-ip-system-at-59th-general-assembly-of-wipo-members/；http://ipr.mofcom.gov.cn/article/gjxw/gfgd/201907/1938414.html）

【肯尼亚版权委员会和通信管理局发布联合通告加强版权保护】

2019年12月，肯尼亚版权委员会和肯尼亚通信管理局对外发布了一份联合通告，要求广播服务提供商以及电信内容服务提供商必须做好版权保护工作。

实际上，这份通告中的内容与《肯尼亚信息和通信法》中的诸多规定完全一致。根据该法，获得版权许可的服务提供商在提供服务时应该做好相关内容的版权以及邻接权的保护工作。同时，这份通告也引用了《2019年版权修正法案》中的部分规定。

根据这份通告，获得版权许可的内容提供商在对外传播或者分发版权内容之前应先与版权所有人进行沟通，并签订符合法律规定的合同。换句话来讲，内容提供商需要对因自己传播以及分发各种版权作品所造成的一切后果承担起相应的责任和义务。

此外，根据上述通告的要求，这些内容提供商还需要向肯尼亚通信管理局提交其已向版权所有人支付版税的书面证据。据此，由于肯尼亚通信管理局会仔细核实这些内容供应商是否履行了其保护版权的义务，因此内容提供商在未来陷入版权侵权纠纷的风险会大幅降低。

2019年10月2日，肯尼亚正式实施了该国的《版权法修正案》。该修正案废除了此前《版权法》中若干条规定，并做出了相应的调整。新的修正案旨在对可获得版权保护的作品的性质进行重新定义。具体来讲，《版权法修正案》将戏剧作品划分到一个单独的类别，并规定音乐作品只有在誊写为符号乐谱时才能得到版权保护。此外，该修正案还删除了所有涉及“民间传统”的内容。据悉，“肯尼亚版权收费协会”将会改名为“肯尼亚版权集体管理组织”，而肯尼亚税务局将会负责为该组织代收相应的版权使用费。根据修正案的要求，任何人在开展版权转让工作时都应该前往肯尼亚版权委员会进行备案。在完成备案后，肯尼亚版权委员会会提供一份备案证明。修正案要求肯尼亚的首席大法官必须尽快建立起一个专门的版权法庭。这个版权法庭将会负责处理一切有关版权注册工作的争端。修正案明确列出了一部分版权侵权的例外情形。其中，戏仿作品（parody）就属于上述例外情形之一，不过前提是该作品必须先要获得原创作品创作人的认可。

（信息搜集、编译：黄琦琦。

资料来源：https://www.mondaq.com/copyright/875394/overview-of-the-copyright-amendment-act-20-of-2019；http://ipr.mofcom.gov.cn/article/gjxw/gfgd/202001/1946940.html）

【爱尔兰《2019年版权与其他知识产权法案》生效】

2019年12月2日，爱尔兰商业、企业与创新部部长希瑟·汉弗莱斯（Heather Humphreys）签署了《2019年版权与其他知识产权法案》（Copyright and Other Intellectual Property Law Provisions Act 2019）生效令。该法案旨在于数字时代不断调整和完善爱尔兰的版权和其他知识产权制度，并确保权利人能够更好地保护其知识产权。相对于原有制度法案，该法案的重要变化如下：

将爱尔兰专利局更名为爱尔兰知识产权局。此次更名彰显出该知识产权机构所能发挥的作用，与欧盟各成员国知识产权机构的标准化命名惯例保持一致。

允许知识产权所有人在地区法院和巡回法院提出小额知识产权侵权索赔要求。

拓宽现有例外情形的适用范围，使研究人员能够更易于使用文本和数据挖掘工具。

将实用设计中的版权期限从25年延长到创作者的寿命再加上70年。实用艺术作品的新版权保护期将于 2019 年 12 月 26 日开始实施。法案规定了一个过渡期，在该过渡期中，如果某些行为是根据 2019 年 12 月 26 日之前签订的合同进行的，则允许该行为。

规定了出于讽刺或模仿目的使用作品的例外。

将合理使用抗辩范围扩大到与任何时事、经济、政治或宗教等类似问题有关的作品的使用，但前提是该行为是媒体公司在一定条件下向公众的传播。

出于教育、研究或私人学习目的或出于漫画、模仿目的，将合理使用抗辩延伸至表演。

向版权被许可人提供与版权权利人相同的权利和救济，以进行版权侵权索赔。以前，只有版权所有者才能进行此类诉讼。

规定“随电影一起播放的原声带”的作者现在被视为制片人和主要导演。

扩大教育使用例外，以允许在教室或通过访问安全的学校网络使用数字作品。

便利残疾人获得作品的方式，包括扩大残疾例外范围，以使用新技术使作品适应残疾人的需求。

知识产权界普遍欢迎将管辖权明确分配给下级法院以审理某些知识产权索赔案件，因为在爱尔兰，在高等法院诉讼的费用通常可能成为许多客户寻求救济的障碍。

汉弗莱斯指出：“这一重要的立法标志着于 2011 年启动的爱尔兰版权法律现代化活动的结束。法案中所包含的条款将备受那些从事科学和其他研究以及教育和培训领域的人员的青睐，并将提高爱尔兰在保护知识产权方面的声誉。”

（信息搜集、编译：杨漫雨。

资料来源：http://ipr.mofcom.gov.cn/article/gjxw/lfdt/oz/bqoz/201912/1945269.html；https://mp.weixin.qq.com/s/W7S3sDHZrOu8ijwkGp13hg）

【特朗普签署《美墨加贸易协议》，输出美国版权政策】

美国总统特朗普与加拿大和墨西哥签署了《美墨加贸易协议》（USMCA）。该协议涵盖了广泛的贸易议题，包括版权问题。尽管遭到许多版权权利人的反对，USMCA 仍然为互联网公司提供了责任方面的保护措施，包括了类似 DMCA 的避风港规则的规定。

USMCA 取代了已有 25 年历史的《北美自由贸易协定》。USMCA 将适应这三个国家多年来见证的贸易变化，特别是互联网贸易。美国参议院通过了该法案，特朗普总统签署了新法案，使之成为法律。签订新协议取代《北美自由贸易协定》是总统的选举承诺之一。

USMCA 涵盖广泛的贸易议题，包括版权和反盗版执法。在版权方面，该协议没有给美国法律带来多少变化。然而，新协议却要求墨西哥和加拿大修改它们的一些法律政策。例如，USMCA 要求所有国家在创作者去世后至少持续 70 年的版权保护期。这在美国已经存在，但对加拿大则意味着该国目前的版权期限必须延长 20 年。这虽不会立即发生，因为该国已经协商了一个过渡时期，就如何最好地满足这一要求征求公众的意见，但从长远来看，将版权保护期延长似乎是不可避免的。

专家和利益相关者广泛讨论的另一个具有争议的议题是 DMCA 风格的避风港规则。在美国，在某些情况下，根据 DMCA 的避风港条款，互联网服务提供商不承担版权侵权责任，而新协议将这种避风港规则扩展到了墨西哥和加拿大。这一避风港规则的扩张受到许多大型科技公司的欢迎，包括互联网提供商和服务器托管平台。然而，许多大型娱乐公司和版权保护组织并不高兴，因为它们试图摆脱这些宽泛的避风港政策。美国导演协会 DGA 此前表示，它对 USMCA 将输出“有缺陷和过时的美国政策”感到“非常失望”，该政策将允许在线服务商“逃避侵犯版权的责任”。

2018 年，美国众议院司法委员会还敦促美国贸易代表办公室不要在贸易协议中使用任何“避风港”字眼，而美国版权局正在审查 DMCA 的有效性，但没有结果。即便如此，USMCA 的避风港条款的语言措辞中仍含有对在线服务商设立的义务。该协议特别提到，如果互联网服务提供商想申请避风港保护，他们必须删除盗版内容，并实施对重复侵权者的应对政策。这在很大程度上是仿效 DMCA。

尽管受到许多版权权利人团体的批评，美国电影协会（MPA）还是对新贸易协议成为法律感到高兴。MPA 首席执行官查尔斯·里夫金（Charles Rivkin）评论道：“USMCA 将有助于促进合法数字内容市场的发展，同时解决数十亿美元的在线盗版威胁。”

（信息搜集、编译：赵一洲。

资料来源：https://torrentfreak.com/president-trump-signs-usmca-trade-deal-that-exports-us-copyright-policy-200130/）

◆ 司法判例

【美国最高法院拒绝恢复针对耐克公司的著作权诉讼】

耐克公司在一个侵犯著作权的案件中占据了上

风，该案维护了其获得“Jumpman”标识的照片的权利，尽管该照片几乎与起诉耐克公司使用该照片的摄影师所拍摄的照片相同。美国最高法院在 2019 年 3 月 25 日表示，其不会介入裁判耐克公司和一名摄影师之间的著作权纠纷，后者曾拍摄了篮球巨星迈克尔·乔丹的著名照片。最高法院这一表态意味着下级法院对这家运动服装制造商的判决将继续有效。

摄影师雅各布斯·伦特梅斯特（Jacobus Rentmeester）曾起诉耐克公司，因为耐克公司使用了他在 20 世纪 80 年代拍摄的一张迈克尔·乔丹的照片作为其广告的灵感来源。耐克公司将照片用于海报和广告牌，并成为耐克 Air Jordan 鞋子上“Jumpman”标识的基础。雅各布斯·伦特梅斯特于 2015 年起诉俄勒冈州比弗顿的耐克公司，称耐克公司的照片和标识均侵犯了他的图片著作权。

1984 年，当乔丹还在北卡罗来纳大学读书时，伦特梅斯特为《生活》杂志拍摄了乔丹的原始照片。在这张照片上，乔丹左手拿着一个篮球，像跳芭蕾舞一样跳向篮球筐。当时乔丹正在为即将在洛杉矶举行的夏季奥运会做准备，照片中的乔丹穿着美国奥林匹克队的队服。

伦特梅斯特的照片和耐克公司的照片都在图像的右侧有一个篮球筐，并且是从类似的角度拍摄的。两张照片中乔丹的姿势相似。但在耐克公司的照片中，乔丹穿着芝加哥公牛队的红黑色队服，他于 1984 年加入芝加哥公牛队，芝加哥的轮廓线就是这一照片的背景。另一个不同之处在于，在伦特梅斯特的照片中乔丹穿着匡威的鞋。

此前，下级法院已判决耐克公司胜诉。伦特梅斯特对最高法院拒绝恢复诉讼的决定表示不服，坚持认为他的照片和耐克公司的照片之间的差别是“微小的”，并且表明自己照片中几乎所有的原始元素都出现在耐克公司的照片中。

（信息搜集、编译：周坤。

资料来源：https://www.spin.ph/basketball/nba/michael-jordan-nike-dispute-photographer-jacobus-rentmeester-a994-20190326；https://www.nydailynews.com/news/national/ny-nike-copyright-infringement-logo-photographer-lawsuit-20190326-pgkrc6nhybcb7mgfgqqh5jiwwu-story.html）

【美国联邦最高法院同意受理谷歌与甲骨文长达近 10 年的版权诉讼战】

2019 年 3 月 26 日，美国联邦巡回上诉法院对一个备受瞩目的案件做出裁定，认为谷歌公司复制甲骨文公司的 Java 应用程序编程接口（API）库的结构、顺序以及组织方式的行为并不属于版权法意义上的合理使用（fair use）。甲骨文公司和谷歌公司之间的版权之争始于 2010 年，当时甲骨文公司起诉谷歌，称谷歌复制了部分 Java API 并将其整合到谷歌旗下的安卓（Android）系统平台中。因为在版权问题上的争议，该案最终上诉到了联邦巡回上诉法院，法院裁定谷歌公司复制的部分 Java API 确实受到版权法的保护。但是，依据以上裁判结论，陪审团仍然于 2016 年裁定谷歌的复制行为属于合理使用，此案再次上诉至联邦巡回上诉法院。为支持甲骨文公司，美国版权联盟（Copyright Alliance）于 2018 年向法庭提交了一份法庭之友意见书，意见书中认为如果维持陪审团的裁决，将对合理使用原则产生严重影响，并会限制各类创作者的权利。

最初，依据美国版权法合理使用的四要素判定方法，法院认为在第一个合理使用因素下，谷歌已将 Java API 从其在台式机上的使用转变为智能手机上的使用，而在第四个合理使用因素下，甲骨文没有针对智能手机行业销售 Java API，因此谷歌不会损害甲骨文的目标市场。

联邦巡回上诉法院裁定谷歌公司的复制行为不属于合理使用，并重新启动对该案的审理以解决损害赔偿问题。在判决甲骨文胜诉的这份裁决中，关于合理使用的四个因素分析，法院在认定第二个合理使用因素时支持了谷歌公司，对第三个因素则持中立立场，在认定第一个和第四个合理使用因素时则坚定地支持了甲骨文公司，并阐明了认为谷歌的复制行为不属于合理使用的原因。在权衡了所有因素后，法院认为谷歌的复制使用在版权法上不构成合理使用。法院指出，此案涉及的问题是：谷歌未获得许可授权以及未真正转换性地使用甲骨文所拥有的 API，以及谷歌对甲骨文以版权拥有者的身份使用其作品而应受到的限制。

因素一：将受版权保护的作品复制为另一种格式或媒介并不具有转换性。

法院支持甲骨文主张的第一个原因是，认为谷歌的复制使用行为不够非商业化，也不够具有转换性。也就是说，谷歌认为自己的复制行为属于合理使用范围，就必须具有足够的非商业化动机以及对 Java API 的转换性使用。就商业性方面而言，谷歌认为其使用行为具有非商业用途，理由：（1）谷歌公司根据开放的源代码许可免费向公众提供了安卓系统平台；（2）谷歌公司的收入来自“其搜索引擎中的广告，而该搜索引擎已先内置于安卓系统”。但是法院并未采纳谷歌公司的辩护理由，并指出：（1）关于安卓系统的开发，谷歌可能是具有非商业性动机的，但是这一事实与谷歌是否能从系统使用中获利这一问题无关；（2）“商业性并不依赖于谷歌如何赚钱”，获利或者不获利并不是判断商业性的决定性因素。法院还认为谷歌的转换性使用行为并不充分。谷歌辩称公司已经通过创建“用于智能手机的开创性平台”改变了甲骨文拥有的Java API。但法院指出，甲骨文公司已经在许可他人使用以及销售用于智能手机中的Java API。此外，法院还指出，谷歌不仅使用安卓系统中的API来实现与Java平台中的API包相同的功能和目的，而且还没有对受版权保护的资料中所表达的内容和信息进行更改，以上是相关的转换性分析应适当关注的方面。法院解释，如果谷歌能真正地通过例如复制Java API来教其他人如何设计API，而赋予API新的含义，那么谷歌的使用行为就有可能具有转换性。和法院的解释相反，谷歌只是把Java API“从一个平台搬到另一个平台，而缺乏任何改变”。在联邦巡回上诉法院看来，这种“逐字抄写”的做法并没有带来足够的“转换性”，不足以使得法院支持谷歌所称的“转换性使用”。

因素四：版权所有者无须立即计划进入市场，版权许可方也可以成为市场的一部分。

法院坚决支持甲骨文的态度表现在第四个因素上：潜在市场会对版权所有者造成损害在裁决中体现得更为明显。谷歌认为，安卓没有直接与Java API竞争，因为：（1）甲骨文公司不是设备制造商；（2）甲骨文公司没有搭建自己的智能手机平台。法院驳回了谷歌公司的这两个辩护理由。

法院首先指出，事实上，甲骨文公司是智能手机设备制造商还是平台制造商都无关紧要，因为确定潜在市场损害的分析聚焦于：在市场中，“原创作品的创造者一般来说是会自己开发，或是许可他人开发”。有大量证据表明，甲骨文公司备受争议的Java程序可被许可用于智能手机和移动设备市场，例如亚马逊的Kindle（一种电子阅读器）。法院进一步指出，潜在市场包括版权所有者没有立即计划或还未成功进入的市场。正如法院所言，甲骨文在针对移动设备的Java编程使用和许可方面展示了其潜在市场，因为在开发和发布安卓之前，甲骨文和谷歌就关于许可已经进行了漫长的谈判。法院指出：安卓系统的发行实际上取代了Java SE，成为甲骨文受版权保护作品的供应商，并阻止了甲骨文公司进入发展中市场。这种替代使用本质上是不公平的。而提交法庭之友意见书的版权联盟对这一裁定表示了赞赏，因为它既保留了合理使用的合理性，又保留了创作者权利的完整性。合理使用并不意味着要奖励那些恰巧进入受版权保护作品市场的人，也并不意味着要惩罚可能没有立即计划进入该市场的版权拥有者。这个案子也不是为了阻碍所有未来的软件和应用程序的开发，也不是阻碍创新和创造，而事实恰恰与此相反。版权所有者和创作者拥有的许可和进入其作品市场的权利和能力促进了创新和创造。正如法院在裁决结论中所言：“尽管谷歌可以通过开发自己的API或者通过获得甲骨文的API许可来开发新平台并实现拥有版权的目标，以促进创意表达和创新，但相反，谷歌选择了复制甲骨文的创造性成果。‘逐字抄写’受版权保护的作品并在与之竞争的平台上将其用于与原作相同的目的和功能，这对版权拥有者来说，是极为不公平的。”

2019年11月15日，美国联邦最高法院接受了谷歌公司请求复审此案的申请。谷歌公司提出的问题是：（1）版权保护是否要延伸至软件界面；（2）在创建新计算机程序的过程中使用软件界面是否构成合理使用。

（信息搜集、编译：翁洁。

资料来源：https://copyrightalliance.org/ca_post/oracle-v-google-preserving-fair-use-and-creators-rights/；https://copyrightalliance.org/ca_post/oracle-v-google-preserving-fair-use-and-creators-rights/；https://copyrightalliance.org/ca_post/oracle-v-google-preserving-incentives-creativity-innovation/）

【美国最高法院：版权人仅有权就经版权局登记的作品提起侵权诉讼】

2019年3月4日，美国最高法院在公益新闻公司与华尔街新闻网站（*Fourth Estate Public Benefit Corp. v. Wall-Street.com, LLC*）一案的判决中做出了一个于版权至关重要的决定。最高法院一致同意将获得美国版权局的版权登记作为提起版权侵权诉讼的前置条件。

版权登记与侵权诉讼的关系规定于美国《版权法》第4章第11条（17，U.S.C，§411），巡回法院之间对如何理解本条中的“登记”争论已久，有些巡回法院只要求在提起版权诉讼之前向版权局提交版权登记申请即可，而另一些巡回法院则认为必须获得版权局的版权登记才可提起侵权诉讼。申请版权登记到获得版权登记的整个过程可能耗时几个月，甚至超过一年。因此，最高法院的这一判决对那些急需法院做出及时救济的被侵权人而言影响重大。当然，最高法院同时也允许了涉及广播和有线电视的例外情形。对于广播直播或在发行前可能面临侵权的作品（如某部电影或电视节目在发行之前发现被他人抄袭），可以在获得版权登记之前提起侵权诉讼。

本案中，华尔街日报未经许可在其网页上刊登了由上诉人 Fourth Estate Public Benefit Corp. 提供的新闻内容。Fourth Estate Public Benefit Crop. 在起诉前已向版权局提交了登记申请，但是尚未得到版权局的回复。其表示版权登记已由原来的几周延长至几个月，使得作者寻求诉讼救济多出一段空白期，并且理论上可能会发生因等待获得版权登记而超过三年诉讼时效的情况。对此，金斯伯格大法官在判决中回应："目前版权登记的平均时间为七个月，即便侵权行为发生于提交版权登记申请之前，版权人在获得版权登记后仍有充足的时间提起诉讼。"

根据版权自动产生原则，作品一经创作完成，作者无须经过任何主管机关登记、审批程序即可依法自动取得作品的版权。尽管美国作为《伯尔尼公约》成员国一员，在其《版权法》中明确规定了"版权登记并非版权保护的条件"（17，U.S.C，§408（a）），但最高法院在本案中确定了只有侵权对象是经版权局登记的作品时，版权人才可提起侵权诉讼以寻求救济的规则。试问，作品未经登记的版权人面对侵权行为无法提起侵权诉讼难道不正说明了登记是保护的条件吗？得不到司法救济的"权利"还能否被称为权利呢？事实上，最高法院的这一决定一定程度上反映了国会的政策目标，即维护版权的公共登记秩序、节约司法资源以及丰富国会图书馆收藏的版权作品。无论如何，最高法院已经做出了决定，版权人只能提高警惕，尽早申请版权登记以便在遭遇侵权时能够及时提起诉讼。

（信息搜集、编译：刘慧。

资料来源：https://www.broadcastingcable.com/news/supremes-infringement-suits-must-await-copyright-registration；https://www.mandourlaw.com/blog/u-s-supremecourt-requires-copyright-registration-to-file-lawsuit/；https://www.jurist.org/news/2019/03/supreme-court-rules-registration-of-copyright-claim-occurs-when-copyright-office-grants-registration/；https://www.natlawreview.com/article/supreme-court-decision-impacts-copyright-registration）

【欧洲法院将新闻自由和信息自由排除于著作权限制之外】

欧洲法院于 2019 年 7 月 29 日做出的一份初步裁决引发争议，法院认为，公众的新闻自由和信息自由由于不在《信息社会指令》（InfoSoc Directive，以下简称《指令》）第 5 条规定之中，所以不应当构成著作权行使的例外和限制。

欧洲法院在 Reformistischer Aufbruch 案中认为，新闻自由和信息自由不应被考虑纳入著作权法法典规定的例外和限制情形之中。在判决中，法院强调，对利益的平衡将会损害《指令》的协调作用以及所追求的法律确定性的目标。因而如果一个未被写入的例外因为新闻自由和信息自由而限制著作权人的利益，不被认定为违反法律，那么法律所追求的价值就会受到贬损。因此，除了立法机关可以进行这种利益衡量，司法机关没有进行利益衡量的裁判空间。

有观点认为，欧洲法院的这种判决实际上是为把滥用著作权作为言论审查手段打开了大门。虽然法院在相关案件中确实认为应根据信息自由之基本权利解释法律明文规定的例外与限制规则，但是，在著作权被滥用的情形下，所谓例外和限制将极为容易受到事实上的限制，以致无法充分体现其重要作用。例如，在通常逻辑下，由于缺乏事先的首次公开，泄露的信息可能从一开始就不属于著作权法中的引用例外。如果内容未与"时事报道"一起发布，则该用途也不会被时事报道所覆盖，因此可以通过著作权加以阻止。而这在一定程度上，实际上是阻碍了公众行使权利，在政治活动尤其是竞选活动当中，公众需要凭借一些关键性信息来使权利得到有效行使，即使决策结果变得理智和正确，但是由于著作权法的规定，关键信息可能无从得知。

例外和限制在《指令》中是可选的，各国的著作权法仅被要求部分保持一致。因此，即使按照欧洲法院的裁决，各国法院仍然有机会在其裁决中考虑新闻自由和信息自由的基本权利，而不仅仅是《指令》中明文规定的例外和限制规则。但是，如果德国法院因欧洲法院的裁决而无法这样做，则德国法中的基本权利的效力尚待讨论。这种情况将需要经由德国联邦宪法法院决定，即如果欧洲法院的一项裁决侵犯了基本的成员国权利，成员国的法院是否仍然必须尊重欧盟法的首要地位。

虽然这只是一个初步性的裁决，最终关于这个问题的结果尚待裁判，但是该案件没有反映出一个好的趋势，欧洲法院的判决很可能做出了一个错误的导引和示范。在知识产权日益发展、受到越来越多关注的今天，著作权人的权利在不断扩张，利益团体在不断进行游说，立法和司法应当更加注重保障社会公众的利益，公众得知信息来源的渠道一旦被封锁，不仅会对政治生活造成影响，而且还会波及言论及思想自由。当然，欧盟在保护公众利益方面也做出了贡献，例如加入《马拉喀什条约》，以此来保障盲人等残疾人以他们能够获得的方式使用作品，并因此规定了很多限制和例外，尝试改善现有情形，并把非歧视的原则融合进著作权体系，也表示了其对公共政策的认可，不仅为盲人提供了便利，而且也契合了商业市场对于格式化作品的利用需求。

（信息搜集、编译：丁健壹。

资料来源：http://copyrightblog. kluweriplaw. com/2019/10/14/copyright-as-a-censorship-right-a-critical-evaluation-of-two-current-preliminary-ruling-proceedings-of-the-cjeu/；http://copyrightblog. kluweriplaw. com/2019/08/16/eu-opens-copyrights-eyes-to-the-blindness-world/）

【凯蒂·佩里版权诉讼案的判决结果证明现行音乐相关版权法律规定亟待优化】

目前美国音乐产业中所适用的版权法规定在多个方面尚不完善。就在 2019 年夏天，陪审团要求凯蒂·佩里（Katy Perry）以及美国唱片公司（Capitol Records）对原告进行数百万美元赔偿的判决，表明音乐创作与旨在“保护”音乐作品的版权法之间缺乏协调性。据陪审团的意见，凯蒂·佩里的大热单曲《黑马》（*Dark Horse*）侵犯了说唱歌手弗拉姆（Flame）所创作的基督教说唱歌曲《欢乐的噪音》（*Joyful Noise*）的著作权。陪审团裁定弗拉姆获得近 280 万美元的损害赔偿。如果上诉维持了此判决结果，那么对音乐界来说，这将是备受打击的一天，现在的情况是，这一天恐怕已经到来。

审理本案的法院认为，“凯蒂·佩里案的判决结果将鼓励一些音乐人士使用结构短小、非原创性的音乐结构，并利用这种音乐结构从那些名利双收的著名音乐人士处捞一笔”。但该份判决暴露了美国涉及音乐问题时版权法运作的一些主要的结构性问题，下面就其中一些问题做出说明。

1. 不应保护大众化的音乐元素

首先，据称侵权的主要“乐句”是一个三音符、四拍子的“固定乐句”，由模式 C-C-C-C-B-B-B-B-A 组成。这是一种基本的三音符乐句，一种大众化的、非原创性的、普遍性的音乐结构。人们不必花大量时间去浏览音乐史资料，就可以看到这种基本的音乐结构流行于各个地方。在巴赫（Bach）的《F 小调的柔板》（*Adagio in F Minor*）、《欢乐的圣诞老人》（*Jolly Old Saint Nicholas*）、《去吧，摩西》（*Go Down，Moses*）和伊福部昭（Akira Ifukube）的《哥斯拉》（*Theme to Godzilla*）（1954 年的一部电影）中，人们可以找到类似的音乐结构。版权法绝不保护类似于“Call Your Mom”、“Now or Never”或者“Let it Go”这样的非原创性的三字短语。同样地，我们也不应该保护非原创性的三音符的音乐节奏形态。但是，凯蒂·佩里案的判决结果却会鼓励一些音乐人士使用这种短小的、非原创性的音乐构想，以此利用这种音乐结构从那些名利双收的著名音乐人士处大捞一笔。此类事件的发生与我们每个人都息息相关。

2. 音乐借鉴是美式传统

其次，从根本上讲，目前美国针对音乐的相关版权法理念有意忽视了延续了几个世纪的音乐传统。我们假设陪审团的审判意见是正确的：凯蒂·佩里和她的音乐团队听到了《欢乐的噪音》中的副歌部分（hook），并且把它用进了《黑马》中。那么，他们这种借鉴音乐的行为真的应该受到惩罚吗？现代社会的答案毋庸置疑：“是的”。但是今天所认为的侵权行为仅仅是已发展数个世纪的西方音乐发展中一直存在的启发他人创作的事件。事实上，从巴赫到贝多芬（Beethoven）到比利·乔尔（Billy Joel），他们都借鉴了既有的音乐作品并以此为灵感来创作出属于他们的不朽作品，这些经典的音乐中充满了一些音乐大师从另外一些音乐大师处借鉴来的作品。亨德尔（Handel）、巴赫、勃拉姆斯（Brahms）、莫扎特（Mozart）、拉赫玛尼诺夫（Rachmaninoff）和无数其他音乐人，他们互借乐句和理念，而不必担心侵权索赔。事实上，音乐借鉴有着“美国式”的意义：殖民地时期的歌舞剧在既存的音乐作品中填写新的歌词；一些非裔美国人的圣歌采用了爱尔兰、苏格兰式的旋律；甚至我们最喜爱的一些爱国歌曲也不是美国人或美国作曲家的“原创”，例如，美国国歌曲调来源于英国饮酒歌的曲调，独立日歌曲《美国》也是创作于大西洋的另一端，实际上，《美国》这首歌的曲调来自《天佑女王》，这在音乐史上是颇具讽刺意味的事件。美国的音乐版权法完全忽视了这种艺术现实。正如一个学者在 20 世纪 30 年代恰如其分地指出的那样："音乐借鉴和音乐本身一样古老，它们诞生于同一时间。"

3. 内含严重缺陷的法律结构

再次，该判决强调了在计算音乐版权案件中损害赔偿时的固有推定逻辑。陪审团判决凯蒂·佩里赔偿原告 280 万美元，依据是《黑马》这首歌为凯蒂·佩里和共同被告带来了约 4 100 万美元的收入。这是一份极其过分依靠推断的判决。《黑马》这首歌为什么就产生了 4 100 万美元的销售收入？或许，所有的收入都是来自那些付费下载这首歌的消费者，而这些消费者愿意为此付费，是因为歌曲演唱者是凯蒂·佩里，或许是歌曲的歌词吸引了消费者，又或许是人们在听歌的时候，会联想到凯蒂·佩里。事实是，我们永远不会知道收入中有多少（如果有的话）可归因于被借鉴的那个非原创的三音符乐句，陪审团当然也永远不会知道。由于法律上的缺陷，音乐片段的"经济价值"是无法计算的。

4. 解决办法之一：强制性音乐许可

最后，我们应当摆脱当前的有关音乐版权侵权认定的范式，建立一个全新的开始。我们应该实施"强制性许可"制度，类似于我们目前业已建立的音乐作品强制许可制度，即允许任何艺术家录制和出售先前已录制的歌曲版本。在新的强制许可制度下，每一位音乐人士都可以被允许从既存的音乐作品中"借鉴"乐句，并且为此支付固定的许可费用。此种做法将与艺术的形式更加协调，并且将增加更多的确定性和可预测性。我们现有的音乐版权系统已经出现问题，凯蒂·佩里就是最新受害者。

（信息搜集、编译：翁洁。

资料来源：https://www.ipwatchdog.com/2019/08/29/katy-perry-verdict-proves-music-copyright-laws-need-tune/id=112644/）

【举证责任的转换——微软对盗版软件的常年诉讼终获胜诉】

根据 BSA（商业软件联盟）调查，乌克兰有 80%的软件是盗版的，已经对微软造成了 20 亿美元以上的损失，因而长年被美国贸易代表办公室（USTR）列入《特别 301 报告》（Special 301 Report）的优先观察名单（priority watch list），这表示美国政府可以决定是否对其不注重知识产权保护而进行贸易报复。

2014 年底，微软起诉乌克兰日托米尔煤气公司，对其使用盗版软件的侵权行为请求赔偿，但依据乌克兰刑法该请求无法成立，微软败诉，刑事程序终结。2017 年 4 月，微软向日托米尔的经济法庭提出诉讼，以刑事诉讼的资料作为证据。一审法庭称微软的陈述于刑事诉讼时已认定为不成立，判其败诉，微软提出上诉。

2018 年，乌克兰最高法院经济法庭认为原审法院未适当评估原告提出的证据，撤销原判发回一审。微软律师以 2014 年以来通过搜索协议确认的侵权次数作为侵权数额的基准计算损害金额。但一审法院认定该协议仅是一种推定，不能作为使用盗版软件的事实是否存在的真正衡量标准。然而，西北经济法院上诉庭肯认微软提出的侵权事实，强调侵害著作权的罪责推定和举证责任应落在被告身上，被告需证明其合法使用授权著作。上诉法院最终宣判被告未提供充足的合法使用程序的证据，换言之，其使用的程序未经授权属于侵权。

微软使法院改变了在刑事诉讼中被告的无罪推定原则——变更为有罪推定原则。系争公司提出发票作为购买电脑的证据，但法院认为发票仅能作为购买有体物的证明，而无法作为购买无体知识财产的证明，法院强调软件使用者应保存货物销售合同、订购单、发票及确认付款的文件，而不是电脑。

然而，上诉法院更改了赔偿金的数额。法官采用最低生活所需费用（UAH 1 762），而不是最低基本工资（UAH 3 723）作为基数。经过重新计算，赔偿金从 UAH 521 000 下降至 UAH 247 000，且被告需再负担 UAH 19 000 的裁判费。

最高法院赞同上诉法院的见解。最高法院对计算机程序著作权人提出了进一步的保护措施。即使无法于刑事诉讼，甚至非刑事案件中，证明被告使用未经授权的软件，但其证据皆能适用于经济法庭的审判中，其中：

（1）合法购买电脑设备的事实不能推定为合法安装软件；

（2）软件使用者（被告）需负担证明其合法安装软件的举证责任；

（3）刑事诉讼中确定的事实可以作为经济争端中的证据。

（信息搜集、编译：张雅婷。

资料来源：https://www.ipwatchdog.com/2019/08/31/presumption-guilt-microsoft-won-protracted-battle-unlicensed-software-ukraine/id=112810/；https://en.wikipedia.org/wiki/Special_301_Report）

【美联邦最高法院就《佐治亚州官方法典注释》能否获得版权法保护进行裁决】

美国司法部副部长诺尔·弗朗西斯科请求在联邦最高法院审理“佐治亚州诉公共资源组织”（*State of Georgia* v. *Public. Resource. org*）一案时出庭陈述十分钟，以表达对佐治亚州的支持，该州正致力于赋予法典注释和其他法律文件版权保护，本案于2019年12月2日在美联邦最高法院首次开庭审理。

《佐治亚州官方法典注释》是佐治亚州法律的官方版本，它除了法律文本之外，还包括评注、编者笔记、法律评论文章节选等类型的注释，该法典的编辑和更新都是在佐治亚州法规修订委员会的监督下完成的。法规修订委员会与律商联讯集团签约，由该集团负责《佐治亚州官方法典注释》的维护、出版、发行以及编辑注释等工作，律商联讯集团也因此获得了出版和售卖法典注释的专有许可。

公共资源组织是一家致力于让公众能够更便捷地获取政府文件的非营利性组织，其购买并扫描了《佐治亚州官方法典注释》的全部186卷，使之能够在网上被免费获取，同时将存储在U盘中的电子拷贝版寄给了佐治亚州的立法者。

法规修订委员会以侵犯版权为由向州法院提起诉讼，州法院做出了支持委员会的简易判决，认为注释是应当受到版权保护的。然而，联邦第十一巡回上诉法院却撤销了州法院的判决，认为法典中的注释不应得到版权保护，上诉法院主要考量了以下几个因素：注释的创作主体、创作程序以及注释本身的性质。第一，从主体角度讲，法规修订委员会是佐治亚州立法议会的重要组成部门，对于律商联讯集团的注释编纂工作发挥着直接和权威的影响力；第二，《佐治亚州官方法典注释》要由立法机关两院通过并经州长签署成为法律；第三，尽管注释本身没有法律效力，但它却是佐治亚州法律的官方权威解读，因此注释的法律意义也不容忽视。

最高法院接受了法规修订委员会关于案件的调卷审理请求，司法部副部长诺尔·弗朗西斯科请求出庭陈述意见，来支持佐治亚州将法典注释纳入版权法保护范围的努力，因为他认为该案的审理结果将对整个美国产生重大影响。版权联盟（Copyright Alliance）也发表了非当事人意见陈述，以支持佐治亚州的做法。版权联盟认为，版权法可将法规注释作为独创性作品加以保护，并允许州政府对注释享有著作权。联邦最高法院应当撤销第十一巡回上诉法院的判决，这样有助于进一步强化版权的价值，推动实现版权法的立法目的，同时激励作者为了公共利益创作更多作品。

【后续】最高法院于2020年4月27日对本案做出裁定，佐治亚州可能不拥有其整个州法典的版权，该法典包括该州的法律和对其进行解释的注释。这一裁决很可能会引起广泛的关注，因为其他约20个州声称类似的注释法典的某些部分已获得版权。首席大法官小约翰·G. 罗伯茨（John G. Roberts Jr.）表示：“能否获得版权保护的核心在于相关作品的完成者是否是法官或立法者。如果是的话，那么他们在履行立法或司法职责过程中完成的任何作品都不具有可版权性。”

（信息搜集、编译：梁雨佳。

资料来源：https://www.law.com/newyorklawjournal/2019/09/10/supreme-court-to-decide-whether-the-government-edicts-doctrine-precludes-copyrighting-annotations-to-the-official-code-of-georgia/；https://copyrightalliance.org/policy/amicus-briefs/；https://www.law.com/dailyreportonline/2019/10/15/former-sgs-face-off-in-puerto-rico-board-case-will-the-insular-cases-follow-korematsus-fate-sg-francisco-wants-time-in-georgia-copyright-case-podcast-catch-up-with-nicole-saharsky-404-37852/? slreturn = 20190918095822；https://apnews.com/article/633afdad7292829aea38124fca61ee2c.）

【欧盟法院：未经授权出售二手电子书侵犯版权】

出售二手纸质书是全球成千上万家公司的常规业务，但如果这些图书是数字化的，那结果又如何？2019年12月，欧洲的最高法院欧盟法院做出一项裁决，认定未经授权通过网站出售受版权保护的二手电子书构成向公众传播，因此侵犯了版权权利人的权利。

2014年，荷兰出版商协会（NUV）和通用出版商集团（GAU）对荷兰二手电子书在线交易市场Tom Kabinet提起了诉讼。由于担心出售此类内容会破坏其商业模式，荷兰出版商协会和通用出版商集团向法院寻求禁令，禁止Tom Kabinet继续销售二手电子书。该项请求被法院驳回，此后原告上诉，然而经手的地方法院似乎都无法确定根据欧盟的相关法律是否允许出售二手电子书。因此，与其他复杂的版权问题一样，该案件被提交至欧盟法院（CJEU），请求欧盟法院确认本案出售二手电子书的行为是否与出售软件类似，可以适用权利用尽原则

（在首次销售产品后，版权持有人的发行权用尽）。

2019年9月，欧盟法院佐审官什普纳尔（Szpunar）发表了不具有约束力的意见，向审理此案的法院建议，《信息社会指令》（InfoSoc Directive）第4条所规定的权利用尽原则不适用于此案，而且提供电子书属于版权持有人向公众传播的权利。

欧盟法院现在已经做出了与佐审官意见完全一致的决定。欧盟法院裁定如下，“本院认为，为公众提供可永久使用的电子书下载不属于《信息社会指令》第4条第（1）款规定的‘向公众发行’（distribution to the public）的权利范畴，但是属于该指令第3条第（1）款规定的‘向公众传播’的权利范畴，在这种情况下，权利用尽原则不适用于该条第（3）款”。

欧盟法院的决定引用了《世界知识产权组织版权条约》，并指出欧盟立法机构打算将权利用尽规则保留给诸如纸质书籍之类的实物传播。

法院指出：“与纸质书不同，将这一用尽规则用于电子图书可能会影响权利持有人获得适当报酬的利益，这种影响将远远超过其在纸质书媒介上的使用，因为非实物化的电子书复制件不会随着使用而损耗，因此在任何二手市场上，其完全可以完美取代新的复制件。”

而关于提供二手电子书的行为是否构成“向公众传播”，法官表示其考虑了采用的技术手段是否与先前使用的技术手段不同，或者传播是否面向“新公众”，即版权所有者在授权向公众进行首次传播时没有考虑到的受众。法院认为，“在本案中，提供电子书的行为通常是以电子书用户许可方式实现的，而给用户的许可仅授权已下载了相关电子书的用户从自己的设备中阅读该电子书，而Tom Kabinet所进行传播的对象是版权持有人尚未考虑的公众，因此是向新公众进行的”。

基于上述理由，欧盟法院（大审判庭）裁定如下：根据欧洲议会和欧盟理事会《信息社会指令》第3条第（1）款的释义，为公众提供可永久使用的电子书下载涵盖在“向公众传播”的概念中，具体而言，是通过“向公众提供作者作品”的方式使公众可以从他们自己选择的地点和时间访问作者的作品。

该裁决受到GAU的欢迎。GAU在声明中写道：“现在，欧盟法院采纳了GAU/媒体联合会的论据及佐审官的意见。很明显，Tom Kabinet多年来所做的一切与版权保护背道而驰。这项决定不仅对图书行业十分重要，而且对音乐和电影行业也意义非凡，因为由此，音乐和电影的下载副本可能也无法转售。GAU/媒体联合会感到高兴的是，经过多年的努力，终于可以澄清版权法在电子书领域中的应用。”GAU总结称：“GAU/媒体联合会现在将与作者和出版商一起调查Tom Kabinet造成的损害。”

（信息搜集、编译：代明东。

资料来源：https://torrentfreak.com/eu-court-unauthorized-sale-of-used-ebooks-infringes-copyright-191221/）

【英国高等法院：在线音乐广播平台未经权利人许可传播权利人作品的行为构成侵权】

国际唱片业协会（IFPI）在2019年11月分享了一则信息，英国的英格兰和威尔士高等法院对索尼音乐娱乐公司和华纳音乐集团针对TuneIn公司提起的著作权侵权诉讼做出了判决（[2019] EWHC 2923（ch）），判定来自美国的在线音乐广播平台TuneIn，对未经许可向公众传播索尼音乐娱乐公司和华纳音乐集团音乐的行为负有侵权责任。

原告索尼音乐娱乐公司（以下简称“索尼公司”）和华纳音乐集团（以下简称“华纳集团”）是世界三大唱片公司中的两大，共同占据了英国数字音乐销售市场一半以上的份额，占全球市场份额约43%。两公司拥有或持有涉案音乐的著作权独占许可。

被告TuneIn公司是一家美国科技公司，运营一个名为“TuneIn Radio”的在线广播平台，为用户提供全球广播站点的路径链接。TuneIn Radio可通过网站并可从相关应用商店下载应用程序在移动设备上使用。TuneIn广播平台上有通往超过十万个不同广播站的入口链接，这些广播内容由来自世界各地的不同地理位置的第三方提供，并通过向免费用户播放广告和收取付费用户的订阅费用来实现营利目的。

原告索尼公司和华纳集团发现被告未经允许向用户提供其音乐的网站链接后，将被告诉至法院，要求被告与之签订许可协议并支付许可费。被告TuneIn公司辩称，其本身并未传播或储存任何原告的音乐，其行为仅仅是在不受任何地域或其他限制的情况下向TuneIn广播的用户提供超链接，指向已经在网络上免费提供的作品，因此TuneIn公司的行为不构成侵犯著作权。

Birss大法官将TuneIn上可用的广播分为四类：

类别一：在英国拥有音乐版权许可的广播电台；

类别二：在英国或外国领土内没有获得版权许

可的广播电台；

类别三：在国外（但不在英国）具有音乐版权许可的广播电台；

类别四：为TuneIn自身创建的高级广播电台，可供高级TuneIn订阅用户使用。

法官进一步解释如下：TuneIn所从事的是一种向公众传播的行为，TuneIn提供的服务应当与传统搜索引擎区分开，因为它直接对提供用户的超链接进行了干预并且直接推送给用户。

对于类别一，广播电台已在英国获得许可，这意味着相关音乐在版权所有人的同意下可免费提供给公众，这之中当然也包括TuneIn用户，因此TuneIn没有将音乐传播给“新用户”。

对于类别二，广播电台未在海外或英国获得许可。TuneIn提供相关版权音乐的行为明显是侵权行为，因为平台签订的关于得到许可的保证合同中也注明了这一规定。

对于类别三，广播电台已获得外国许可并进行传播。但是此案中TuneIn的传播行为是针对英国的“新公众”，这并没有得到许可。

对于类别四，向TuneIn自己创建的广播电台提供未经许可的版权作品显然是侵权行为。

针对被告使用避风港规则作为其赔偿责任的抗辩事由的情形，法官认为：首先毋庸置疑的是，TuneIn向公众提供的是一种信息社会服务；其次，TuneIn向公共提供服务的网站管理技术不符合英国《2002年电子商务（EC指令）条例》第12条、第13条、第14条［i］中对信息社会服务商提出的纯粹中转、短期缓存、无审查义务的要求，因此TuneIn公司不属于避风港规则中规定可以免责的主体，其行为侵犯索尼公司与华纳集团的音乐著作权。

（信息搜集、编译：王子豪。

资料来源：https://www.sohu.com/a/354221041_120071519；https://ipwhiteboard.com.au/hyperlinks-killed-the-radio-star-high-court-of-england-and-wales-tunes-in-to-the-radio-streaming-debate/；https://www.bailii.org/ew/cases/EWHC/Ch/2019/2923.html）

【印度电影制片人诉谷歌、YouTube版权侵权案胜诉】

2019年12月，印度电影制片人苏尼尔·达尔山（Suneel Darshan）在与谷歌印度公司（Google India）及其视频网站YouTube所进行的长达八年的版权侵权之争中获得胜诉判决。根据印度古尔冈地方法院的裁定：(1）被告应立即删除公然侵犯原告版权的内容，而无须收到删除通知；(2）被告应向原告赔偿50 000卢比（约700美元）。

2011年，印度电影制作公司Shree Krishna International的制片人苏尼尔·达尔山在古尔冈地方法院向谷歌印度公司、YouTube公司及其美国总公司提起了原始诉讼，指控被告侵犯了他合法享有的版权。原告苏尼尔·达尔山曾制作多部极具知名度的宝莱坞电影，包括《风尚》(Andaaz)、《雨中寄情》(Barsaat）和《友谊万岁》(Dosti)。苏尼尔·达尔山的律师指出，被告谷歌和YouTube公司严重侵犯了该制片人的录音、电影以及歌曲的版权，使得该制片人蒙受了巨大的经济损失。

而谷歌和YouTube的律师辩称，他们仅仅是供用户交流以及分享信息的免费中介平台，此前并不知晓用户所上传的内容侵犯了他人的版权，也无法对用户上传的内容进行控制，因此不应当承担直接责任。此外，谷歌和YouTube的律师还表示，谷歌和YouTube通过处理版权所有者的删除通知和使用Content-ID系统自动删除涉嫌侵权作品来解决侵权问题的做法，符合印度《2000年信息技术法案》的规定，而原告苏尼尔·达尔山实际上并未发布删除通知和使用删除工具，因此被告应当免责。

然而，地方法院裁定谷歌和YouTube应当明知视频内容受版权保护，因此无须等待收到版权所有者的删除通知再采取行动。此外，法院认为，被告故意保留侵犯原告版权的视频而牟利。这点可以通过以下事实得到证实：网站上的特定视频需要付费观看，而广告收入在视频上传者和被告之间进行分配。

被告竭力推翻原告的控诉，因为一旦原告胜诉，他们此后将要承担识别受版权保护的作品并主动删除它们的责任。目前，被告尚未对此案发表公开评论，但他们毫无疑问会对该判决提出上诉，否则，他们将不得不改变其几乎所有的运营方式。

（信息搜集、编译：李小婧。

资料来源：https://www.technadu.com/indian-court-rules-against-youtube-google-copyright-infringement-case/87116/）

◆ 业界动态

【“Hakuna Matata”商标引发的文化与版权争论】

备受期待的迪士尼《狮子王》真人版翻拍电影

于 2019 年 7 月在全球各地的电影院上映。但针对《狮子王》的炒作并非都是积极的。两个单词“Hakuna Matata”正在成为文化版权问题的焦点。

“Hakuna Matata”是斯瓦希里语，几乎每天都在东非部分地区被使用，1994 年因迪士尼大片创作全球闻名。它也是 1982 年斯瓦希里语歌曲 *Jambo Bwana* 中的抒情诗，由 Kenyan 乐队的 Them Mushrooms 创作。瑞典流行乐团 Boney M 也是 20 世纪 80 年代录制了该版本歌曲的众多乐队之一，直到今天这首歌曲仍经常由乐队在东非的酒店演出。

最近一段时间，许多肯尼亚人和其他斯瓦希里语使用人都震惊地发现，迪士尼在 1994 年就已将“Hakuna Matata”用于商标，主要用于商品推销。许多人质疑迪士尼从他们所说的“文化资产”中获利的权利。来自肯尼亚的知识产权领域律师 Liz Lenjo 表示：“文化资产在法律意义上并不容易定义，我们必须调查，文化资产是什么意思，或者你可以说这是来自 Taita 或 Masai 社区的一种制作饰品的技术，但是你如何定义这种技术，就成为另一个问题了。”

这不是第一次在商业中出现“文化资产”的使用问题。早在 2014 年，南非就成功地阻止了法国名为 Rooibos 的商标注册，这是一种仅在南非种植的红色灌木茶的名称。但是，正因为迪士尼已将“Hakuna Matata”注册为商标，这是否意味着它的情况完全不同了呢？律师 Lenjo 说：“肯尼亚的公司可以使用它，因为知识产权通常有其地域性，侵权与否由它是否在我的领域内注册决定。如果它没有在我的国家注册，这是公平的使用行为。如果交易发生在这里，并且在美国没有发生，那么就没有侵权行为。”

文化版权问题仍然是尚不明确的法律领域。但对于斯瓦希里语和美国版权区以外的使用“Hakuna Matata”这一短语的其他粉丝来说，当我们想表示“无忧无虑”时还是可以说“Hakuna Matata!”

（信息搜集、编译：赵玲。

资料来源：https://america. cgtn. com/2018/12/17/disneys-trademark-of-swahili-phrase-hakuna-matata-sparks-debate-on-cultural-copyright；https://globalnews. ca/news/4774037/disney-hakuna-matata-petition-lion-king/）

【法国著名 DJ、音乐人大卫·库塔涉嫌抄袭被诉】

2019 年 3 月，法国著名 DJ、音乐制作人、歌手大卫·库塔（David Guetta）在南非被起诉。原告是南非音乐人丹尼尔·巴伦（Daniel Baron）。音乐人巴伦认为，库塔创作的歌曲 *Light Headed* 在旋律上抄袭了自己的单曲 *Children of the Sun*。

2017 年，库塔在南非参加了当年的 Ultra South Africa 音乐节，而歌曲 *Children of the Sun* 正是发行于音乐节前一年，并且迅速红遍南非。从接触可能性上看，库塔在南非时很有可能听过这首歌。

原告巴伦在接受电台采访时详细讲述了两首歌的相似之处，并且表示：“库塔参加了音乐节，他很有可能在音乐节上听到过其他 DJ 表演我的作品。当我第一次听到那首歌（*Light Headed*）时，我简直气疯了，我感到非常震惊、非常不可思议，库塔的这种抄袭行为毫无荣誉可言。”

据称，巴伦原本想私下解决其与库塔之间的纠纷，并曾于 2018 年 12 月主动通过律师联系库塔。巴伦的律师函中标注出了两首歌的相似之处，指出库塔应取得巴伦的授权，并且要求库塔向巴伦支付 *Light Headed* 所带来的一半收益作为赔偿。然而，库塔并没有对巴伦的要求做出回应，巴伦这才决定诉诸司法途径解决这一纠纷。

著名的音乐创作人、威特沃特斯兰德大学教授、南非国歌创作者之一的珍妮·萨德尔-鲁道夫（Jeanne Zaidel-Rudolph）博士认为库塔的歌曲可能侵犯了巴伦对 *Children of the Sun* 所享有的著作权，法院已经要求她对这两首歌进行全面分析。

（信息搜集、编译：张振锋。

资料来源：https://www. lexology. com/library/detail. aspx? g=2207ebe2-61bc-4056-a9e9-30fc052a5cb9；https://www. edmtunes. com/2019/03/david-guetta-sued-copyright/；http://www. mondaq. com/southafrica/x/793466/Copyright/David+Guetta+Accused+Of+Copyright+Infringement；https://www. digitalmusicnews. com/2019/03/19/daniel-baron-v-david-guetta-lawsuit/）

【日本爱知县艺术博物馆公布经典作品供公众免费使用】

日本爱知艺术博物馆加入了免费使用公有领域作品的全球潮流。爱德华·蒙克（Edvard Munch）、古斯塔夫·克里姆特（Gustav Klimt）和伊藤若冲（Ito Jakuchu）等艺术家的代表作品现在可以从爱知县艺术博物馆的网站免费下载和使用。这些艺术品已于博物馆网站（https://jmapps. ne. jp/apmoa/）的搜索数据库中公开，其中包括其他经典作品与艺术作品。人们可以在网上便捷地下载它们，并用于商业和非营利性目的。

这些艺术作品图像有望在社交网站上分享，或成为新艺术作品的创作来源。与此同时，爱知县艺术博物馆要求用户明确这些艺术品为该馆所有，以及艺术品是否完整。

1. 允许公众免费使用作品逐渐成为潮流

截至2019年3月，日本只有部分几家博物馆加入了这一全球潮流，比如足立美术馆（Adachi Museum of Art）。因此，在博物馆领域内免费使用公有领域作品仍是非常罕见的。在过去几年里，纽约大都会艺术博物馆、芝加哥艺术学院、阿姆斯特丹国立博物馆（Rijksmuseum）和世界各地的其他著名博物馆都允许人们基于任何目的免费使用其公共领域财产的图像。

《朝日新闻》2017年进行的一项问卷调查结果显示，在接受调查的148家日本公立博物馆中，有36家将其公共领域艺术作品的照片出租给了那些想把这些照片用于博物馆研究和推广之外的其他目的的人。尽管近70%的网站免费提供公有领域作品的照片，但几乎所有网站都要求用户提前提交申请，以便对作品的使用细节进行筛选。博物馆表示此做法的原因主要是避免这些图像以不被提倡的方式使用或分享。

这意味着博物馆经营者正试图严格控制自己所有的艺术作品的图像使用。与此相反，爱知县艺术博物馆虽然是一家区域性博物馆，但其决定按照“全球标准”使公众可免费使用其所有艺术作品的图像。这一决定的背后是一种信念，即公共领域作品的图像“应该在社会上共享”。这样，著名的艺术作品就可以印在T恤上或者用于创作新的艺术品而不需要作品所有者的同意。爱知县艺术博物馆馆长Kazuho Soeda说：“大多数公共博物馆收藏的艺术品都是用纳税人的钱购买的，所以公共领域的作品是公民的财产。而且版权法和其他法规没有禁止免费使用图像的规定。”

2017年的研究表明，博物馆经营者担心允许免费使用艺术品图像后人们将只满足于图像上的艺术体验而导致博物馆参观者的数量减少。Kazuho Soeda馆长则认为实际上的情况正好相反。“那些在网站上下载艺术作品图像的受众必须是艺术爱好者，因此推广公有领域作品的免费使用反而将激励这些人参观博物馆，观看这些作品的实体。”他补充道。据Kazuho Soeda馆长介绍，爱知县艺术博物馆允许公共领域的作品在特殊展览上进行试拍，但此举并没有导致这些展览中的艺术品画册的销量下降。其甚至断言，允许免费使用公共领域艺术品的图像没有任何缺点。

日本政府已经开始努力在公共领域向公众开放艺术品的照片。反观美国的做法，国家文化遗产研究院（National Institutes for Cultural Heritage）在2017年建立了一个名为ColBase的网站。在这个网站上，该机构运营的4家国家博物馆共有9 500件藏品，这些藏品的图片可以免费下载。但高分辨率的照片不包括在该计划内。每家博物馆的经营者与外部代理商合作，以几千日元到几十万日元的价格出售高分辨率照片。曾任日本文化厅厅长、国家西方艺术博物馆（National Museum of Western Art）馆长的Masanori Aoyagi批评道，分辨率决定价格的政策是不恰当的。Aoyagi说：“在社会上分享公共领域的作品包括向公众开放它们的图片，允许人们自由地拍摄展出的作品。但是公立博物馆在开放图片的过程中只做了一半的事情，仍有些博物馆不允许他们的艺术作品照片被自由使用，在一些方面仍然落后于海外同行。”

2. 数字化保存的优势

为了在爱知县艺术博物馆发布公共领域艺术品的图片，11名策展人在日常工作之余花了整整一年的时间做准备。

同时，在根据作品名称和创作年份对图片进行分类后，博物馆委托一位代理人对图片进行扫描，与其他许多博物馆一样，爱知县艺术博物馆使用正片而不是负片来更好地再现艺术品的生动色彩。此举总共有6 000张图片被转换成数字格式，其中包括一些非公共领域的图片，花费了210万日元。这些数码照片实际上在一个每月仅需3万日元租用的在线云系统中管理而不是保存在昂贵的专用服务器上。

爱知县艺术博物馆的图片分辨率极高，可以在明信片大小的纸上打印出来。当有要求时，博物馆会为用户发送高质量的图片。以前，每次向外界提供正片图像时，都会对其进行扫描，增加了降解损耗的风险。数字化使这些胶片能够永久地保存在一个存储库中。同时，允许免费使用图像还减轻了博物馆工作人员的工作负担。

（信息搜集、编译：邱雯黛。

资料来源：http://www.asahi.com/ajw/articles/AJ201903250009.html；https://www-art.aac.pref.aichi.jp；http://www.nehuai.com/html/ajw/articles/AJ201903250009.html）

【日本音乐行业要求苹果公司删除应用商店中侵犯版权的程序】

2019 年 6 月，日本各大音乐行业组织及多家流媒体服务商呼吁严厉打击未经授权的应用程序，并宣布已与苹果公司就此事进行交涉。

日本唱片业协会（RIAJ）、日本音乐企业协会、日本音乐版权商协会和音乐制作人联合会等行业组织联合 AWA、KKBOX Japan、LINE MUSIC Corporation 和 Rakuten 等多家流媒体服务商于 2019 年 6 月 28 日向苹果公司提交了一份请求，要求严格控制未经授权的音乐应用程序。未经授权的应用程序指未经音乐的版权所有者和邻接权所有者授权或超出授权范围运营的应用程序。这些应用程序通常对音乐版权构成了直接侵权，除此以外，对法律未明确规定但明显侵犯了版权所有者合法权益的行为也应进行规制。

抗议的组织和公司称，未经授权的音乐应用程序允许用户免费收听受版权保护的音乐。应用程序运营商以此获得广告收益，侵犯了版权所有者合法享有的版权和本可以获得的利润。其中，日本唱片业协会表示，在防止侵权方面，苹果应用商店对未经授权的音乐应用程序的删除机制远不能发挥有效作用。苹果应用商店经常不执行删除请求，且这些被删除的应用程序很有可能在改名后重新上架，音乐的版权所有者无法得到切实保护。鉴于此，日本唱片业协会向苹果公司提出如下两个请求：第一，在应用程序注册和发布之前，加强审查流程，并与日本唱片业协会协商，处理疑似未经授权的音乐应用程序；第二，根据版权所有者提出的要求，删除违反苹果公司条款和条件的相关应用程序。

此外，RIAJ 认为，苹果应用商店现有的审核机制已不足以应对侵权音乐应用程序的泛滥，希望苹果应用商店能以此为契机，修改并制定更为严格的审核制度。

（信息搜集、编译：李小婧。

资料来源：https://www.digitalmusicnews.com/2019/07/11/apple-unauthorized-music-apps/）

【声田、谷歌、潘多拉、亚马逊联手起诉词曲版权费用增加的决议】

声田（Spotify）、谷歌、潘多拉和亚马逊正联手起诉美国版税委员会（Copyright Royalty Board，CRB）的一项争议裁决，如果该项裁决通过，歌曲作者获得的费用将增加 44%。前三家公司的联合声明写道："最近美国版税委员会在一项分拆决定中发布的美国法定税率调整引起了严重程序性和实质性问题。如果我们放弃抗争，版税委员会的决定会伤害音乐许可证持有者和版权所有者。因此，我们要求美国上诉法院审查该决定。"

这四家公司都分别向法院提起诉讼。消息人士称，苹果音乐（Apple Music）是唯一一个不打算上诉的主要流媒体服务公司，正如歌曲作者所证实的那样，苹果公司谴责了其他数字公司看似统一的战线。

全国音乐出版商协会（National Music Publishers' Association）主席兼首席执行官 David Israelite 此前曾表示，如果数字音乐服务公司对版税增加提出上诉，他们将对歌曲创作社区"宣战"。在得知确实提出上诉后，David Israelite 表明已准备好进行战斗。"当《音乐现代化法案》成为法律，标志着数字音乐服务和词曲作者之间关系有望得到改善，" David Israelite 在一份声明中说，"今天声田和亚马逊以可耻的方式起诉歌曲作者来减少近三分之一支出。……没有任何虚伪和空洞的公共关系姿态，这些技术恶霸不尊重、不重视那些使他们有事可做的词曲作者。"

美国版税委员会在 2018 年的一项决定中大幅增加了作家的版税。了解情况的人士指出，对法官意见的反对在于两位法官创造了没有人提出过的新组合费率。这些公司认为，在做出决定之前，相关各方从未有机会讨论法官所确定的费率。

2019 年 2 月初，美国版税委员会将 2018 年做出的决定正式公布，开启了为期 30 天的上诉期，各方可以在此期间提出上诉。纳什维尔国际歌曲作家协会执行主任巴特·赫比森（Bart Herbison）与 David Israelite 一起讨论了数字公司的呼吁。"不幸的是，亚马逊和声田决定对版税委员会向美国词曲作者支付更高的数字版税决定提出上诉，"巴特·赫比森在一份声明中说，"许多词曲作者发现在流媒体音乐时代很难留在这个行业。当你为数百万的流量赚取数百美元时，你无法养活一个家庭。"巴特·赫比森与 David Israelite 都没有提及谷歌和潘多拉，尽管目前尚不清楚他们是否知道这两大服务平台在加入声田和亚马逊的同时也在对裁决提出上诉。

David Israelite 对没有参与上诉的苹果公司提出称赞。"我们感谢苹果音乐接受 CRB 决定并继续成为歌曲作者的朋友，"他说，"虽然声田和亚马逊肯定希望悄悄地在上诉法庭上发挥作用，但每位歌曲作者和每一位音乐迷都应该关注。我们将为每一个可用资源进行斗争，以保护美国版税委员会的决定。”全国音乐出版商协会将提交自己的上诉通知。

（信息搜集、编译：赵玲。

资料来源：https://variety.com/2019/music/news/spotify-google-and-pandora-go-to-u-s-appeals-court-to-overturn-royalty-increase-exclusive-1203157697/；https://slashdot.org/story/19/03/08/1435201/spotify-google-pandora-amazon-go-to-us-appeals-court-to-overturn-royalty-increase）

【谷歌在法国的举措给欧洲版权法改革带来挑战】

谷歌于2019年9月25日表示，其将不会向欧洲媒体支付其在法国谷歌搜索中所使用文章、图片及视频的费用，此举将削弱新的欧盟《版权指令》的实施。这家科技巨头曾表示，其只是在搜索引擎和来源于允许免费使用的媒体的谷歌新闻中显示内容。

2019年3月26日，欧洲立法者批准了全面的版权法改革。这一立法旨在确保媒体公司能够从展示原创内容的谷歌、脸书以及其他掌控线上广告市场的科技巨头处获取报酬。如包括法国新闻社在内的新闻出版商称，由于他们的读者从传统媒体向线上迁移，亟须这一新指令来改变现状，以帮助他们应对收入暴跌的问题。

这一改革将极大程度地为谷歌、脸书等技术巨头带来深远的法律后果。在那些从伴随着搜索结果以及其他主办内容一起显示的广告中获得巨大利润的科技公司的强烈抵制下，新的欧盟《版权指令》依旧获得了通过。但在欧洲议会投票过后，谷歌曾提出警告，称这一改变将“导致法律上的不确定性，并将损害欧洲的创造力以及数字经济”。

新的欧盟《版权指令》的第11条近来遭到了批评。该条允许成员国禁止包含超出内容或标题中的一或两个词组的超链接，换言之，由超出来源于文章的“摘要”的范围组成的文本内容将被纳入全新的版权法形式下的保护对象。新规定创造了一种“邻接权”，以确保媒体公司在使用其他类型的网页例如搜索引擎的内容时能够得到保护或补偿。谷歌新闻副总裁理查德·金格拉斯（Richard Gingras）在巴黎告诉记者，欧洲新闻出版商须决定是否允许谷歌在法国的搜索结果显示内容的“片段”或缩略图。他说如果对方接受，出版商将不会从谷歌收到任何补偿。但如果对方不同意，搜索结果中将仅出现标题和一个内容单调的指引主要内容的链接，导致出版商的曝光度降低。这项举措主要打击了那些被谷歌、脸书以及其他美国互联网公司吞噬了广告收入的媒体组织。拒绝接受谷歌的许可方案或将使得线上观众急剧减少，因为互联网用户更有可能点击包含摘要和图片的搜索结果。批评人士认为，这项改革将使得“链接税”的产生在所难免，其将限制互联网话语权，且无法在信息的自由流通和版权保护之间找到最佳平衡点。

（信息搜集、编译：黄宇韬。

资料来源：https://lawvize.com/2019/07/10/europes-newest-copyright-law-creating-a-wild-west/；https://app.pdnews.cn/NewsDetailPage/NormalNews?newsId=news17141ac94c4348aa850c01cd4794966c&dataMode=1&showType=1）

【南非恐因网络盗版问题面临美国贸易制裁】

2019年10月25日，美国贸易代表办公室（USTR）宣布针对七个国家的通用优惠制（GSP）执法行动和成功案例，其中基于南非的知识产权保护和执法问题将针对南非开展新的GSP资格审查。USTR将在即将发布的《联邦公报》公告中宣布新的和现有的GSP国家或地区资格审查的公开听证会日期和意见征询期。

USTR宣布即将对南非在GSP下获得贸易利益的资格进行审查，该制度允许从发展中国家进口符合特定标准的免税商品。根据公告，USTR“基于对南非在版权保护和执行方面遵守GSP知识产权标准的担忧，正在接受国际知识产权联盟的请愿书”。它将发布联邦公告，征求意见和建议，宣布公开听证会的日期。

迄今为止，国际知识产权联盟（IIPA）尚未在线提供请愿书。但是，IIPA在先前与USTR的通信中已经表达了其担忧。2018年2月提交的2019年《特别301报告》对南非的《版权修正案》进行了详尽的抨击。IIPA特别关注以下事实：该法案包含以美国法律为蓝本的合理使用条款，并附有版权封闭例外清单，对引入美国“合理使用”规则的错误考虑，加上版权保护极为广泛的例外和限制的泛滥，其后果将损害教育材料、本地发行作品和在线作品的合法市场。拟议法案的“合理使用”或“公平交易”方面都不是理想的，但更重要的是，拟议的“混合”模式在起草和对任何可能尝试采取行动或实际使用它的实体构成的挑战是最令人关注的问题。

IIPA的评论还提出了对有关该法案下许可和合同的运作方式、侵权行为的刑事和民事处罚以及违反规避技术保护措施的规定的担忧。它声称，南非

《版权修正案》将违反世界贸易组织《与贸易有关的知识产权协定》（TRIPs）第 13 条所述的"三步检验法"。最后，它指出，该法案将违反《世界知识产权组织表演和录音制品条约》和《世界知识产权组织版权条约》的条款。

法案的拥护者过去一直反对这些主张。用户权利专家网络和知识共享组织的联合评论指出，混合模型结合了一组用于各种目的的现代特定例外（第12B 节）和一个开放的通用例外，可用于评估未经特别授权的任何使用。这两项规定大大提高了现有法律的清晰度和平衡性。

开普敦大学知识产权中心主任 Tobias Schonwetter 在提交给南非政府的呈件中指出，开放式和特定的版权限制都通过了三步检验法：开放式、灵活的合理使用条款（如《版权修正法案》中包含的条款）在三步检验法中并与之一致，实际上是允许的，是版权法适应数字技术所必需的。至于ss12B～19D 法案中包含的其他例外，Tobias Schonwetter 也认为看不到与三步检验法有任何明显的冲突：这些规定中有一些是基于当前的版权法，并且假定它们符合三步检验法。就新引入的例外和限制而言，其中一些是基于外国法律中的类似规定。这本身可能无法证明对三步检验法的遵守，但是如果这些规定在其他国家未受到挑战，则至少可以建议遵守。

（信息搜集、编译：陈亦欣。

资料来源：https://ustr. gov/about-us/policy-offices/press-office/press-releases/2019/october/ustr-announces-gsp-enforcement；http://infojustice. org/archives/41736）

【日本拟缩小下载受版权保护漫画的限制范围，允许少量下载或截屏】

据 2019 年 11 月 27 日的报道，日本文化厅就打击非法下载受版权保护作品成立了专家小组，探讨具体措施。

据悉，专家小组批准了一项缩小受版权保护作品（包括漫画、电子游戏和文学作品）下载限制范围的计划，改变了最初广泛限制在线使用作品行为的方案。日本文化厅专家小组称未来著作权法修正案将不会适用于下载部分受版权保护作品的行为，例如下载一本漫画中的几帧图像或对漫画的部分内容、照片及报刊文章进行截屏等行为。

Irodori 漫画的首席执行官 On Takahashi 表示：针对盗版漫画，少量截图是被允许的。一般而言，对于"少量"没有明确限定。但在日本，"少量截图"意味着少于五张。此外，下载未经作者许可上传的照片或艺术作品，以及下载明知是违法上传的内容等行为均是违法行为。而对于漫画，下载超过半个章节的内容即为违法。许多人深感疑惑的一点是，下载可免费获取的漫画亦属违法行为。通常，网络漫画、文章及杂志只能免费浏览，但不允许下载。

目前，非法下载的对象仅限视频和音乐作品。由于盗版猖獗，著作权人遭受的损失日益增加。政府曾呼吁扩大非法下载的范围，将所有受版权保护的内容囊括其中，以惩罚严重侵权者。然而，专家小组于 2019 年早些时候提出的计划引发公众广泛关注。批评人士称，严厉打击的范围过于宽泛可能导致对互联网用户言论自由的限制。

专家小组原本希望于 2019 年 3 月之前将法案提交国会，但因随后不断涌现的反对意见而不得不推迟。现在，日本文化厅拟定于 2020 年 1 月左右完成新计划，并在 2020 年初召开的国会例会上提交《著作权法修正案》。

日本盗版网站 Mangamura 在 2018 年 4 月被禁用之前，每月有超过 1 亿次的点击量。据估计，该网站在 2017 年 9 月至 2018 年 2 月间，对出版商造成了 3 000 亿日元损失。在该网站上，用户可以获取很多未经授权的流行漫画复制品，包括《进击的巨人》和《海贼王》等。

还有一些专家指出除盗版网站外，著作权人因其他网站上的下载行为也遭受了严重损失。可是据日媒报道，尽管出版商为打击盗版漫画做出了积极努力，日本粉丝们仍在竭力维持这些网站的生命。

（信息搜集、编译：刘慧。

资料来源：http://www. asahi. com/ajw/articles/AJ201912310001. html）

【欧盟学术界就欧盟《版权指令》第 17 条提出建议】

2019 年 3 月，欧洲议会通过了新的《版权指令》，其中包括遭到广泛反对的第 13 条（后来重新编为《版权指令》第 17 条）。最具争议的第 17 条对 YouTube 等在线内容分享服务提供商（Online Content-sharing Service Providers，OCSSP）施加了诸多限制。《版权指令》带来的不确定性让许多人对合理使用制度的顺利实施表示担忧，因为内容上传平台将部署严格的自动过滤器，以避免承担不利的法律后果。虽然《版权指令》中的一些条款在近年遭到广泛反对，但2019年3月26日，欧洲议会仍然通过了最终版本的《版权指令》。

近期，有50多个欧盟学者发表了旨在限制《版权指令》对终端用户具有负面影响的建议。建议主要围绕第17条（在《版权指令》此前的草案中为第13条），该条对用户生成内容平台（例如YouTube）施加了更大的限制。

但是对于很多音乐权利人来说，第17条的设立是一件喜闻乐见的事，因为如果没有正式的许可授权，同时又没有设法减少侵权内容而使得其保留下来，则YouTube（作为OCSSP）之类的网站可能会对侵权内容承担责任。这种不确定性使许多人担心未来的合理使用制度的实施，内容上传平台将会设置严格的版权内容自动过滤器，这种过滤器的过滤标准将会非常严苛，以避免在新法律规定下产生可能的负面法律后果。

尽管该法已在欧盟层面通过，但仍需转化为各欧盟成员国当地的法律。已有50多位欧盟学者提出了相关建议，大多数都认为新法规可能会限制用户的创作自由。

学者最主要的一项建议是成员国实施《版权指令》前，应"充分探索"广泛获得版权内容许可的法律机制。学者们呼吁建立此配套机制，以确保尽可能将OCSSP的侵权预防义务限制在一定程度内。学者们希望广泛的许可授权机制可以避免OCSSP为了规避责任，而必须费力证明其已尽力确保权利人指定的作品不可访问或表明他们已"迅速"采取了行动去删除内容并根据权利人的请求阻止授权内容的重新上传。学者警告说："如果不采取有效的授权机制，将可能侵犯欧盟公民参与民主的在线内容创建和分发的自由，并将削弱在线环境中的言论自由和信息自由。"

此外，学者们的上述建议着重确保OCSSP在费尽心思掩护自己免于侵权责任时，平台上非侵权作品的使用不会被纳入附带损害的计算中。例如，当内容用于批评、评论或用于讽刺、模仿时，《版权指令》中平台预防侵权的义务实际上不会启动。而如果平台删除或错误地过滤了内容，则成员国必须确保OCSSP建立了"有效而迅速的"投诉和补救系统。

在《版权指令》第17条通过之前，上传内容自动过滤一直是备受争议的话题，但是学者们认为，他们已经找到了更好地保护表达自由和信息获取的方法。学者提出，"建议在采取预防机制时，尤其是在相应机制将导致内容向公众公开被过滤和屏蔽时，成员国应尽可能将类似措施仅用于'表面上（即第一印象）即属于侵犯版权的情况'"。其中，表面上的版权侵权指的是上传的受版权保护的内容素材与权利人此前提供给OCSSP的"相关必要信息"相同或等同，相关必要信息包括之前已被认为构成侵权的信息。而"等同"信息的概念应做严格解释。

学者认为，如果平台基于构成表面侵权行为而删除了上传的内容，则用户有权启动投诉和补救程序。如果不存在表面侵权行为，则在确定其最终的法律地位之前，不得删除内容。而当用户上传的内容不符合表面上侵权的判定标准，但与版权所有者提供的"相关和必要信息"（如数字指纹等）相匹配，则OCSSP必须允许用户基于合理使用等例外原则声明其内容不构成侵权。同时，提供此类声明的方式应准确、公开、明了，并以可轻易获取、使用清晰易懂的语言的方式（例如上传内容状态的格式化声明，如"此引用被法律允许"或"此戏仿被法律允许"）呈现给其他用户。如果用户在上传后的"合理"时间内没有提供声明，则OCSSP（如YouTube等）"可以"删除内容，并允许用户启动争议解决和补救程序。

虽然第17条已经通过，但距离所有成员国将其条款写入当地法律还有很长的路要走。即使实施了上述保护性建议，成员国也必须花费大量资源来确保每个人的权利得到保护。同时缺乏类似YouTube规模资金预算的平台无疑会受到打压。

（信息搜集、编译：王子豪。

资料来源：https://torrentfreak.com/eu-academics-publish-recommendations-to-limit-negative-impact-of-article-17-191113/）

【意大利版权集体管理组织与区块链公司合作保护版权】

2019年12月6日，意大利版权集体管理组织SIAE宣布其将与Algorand公司合作共同开发一款开放的版权管理生态系统。SIAE先前在罗马大学和初创公司Blockchain Core的支持下，依靠Hyperledger技术发起过类似项目。目前，考虑到该平台去中心化性能和优质的业务能力，SIEA决定将重点放在Algorand平台。

区块链网络是基于相互信任的分散数据，此种去中心化的架构不易被人修改和攻击而被视为保护知识产权的最佳选择。在区块链的框架下，每个受著作权保护的作品都将被分配一个唯一的标识符。通过标识符，许可费可直接转移到作者的账户，而无需第三方机构。这在简化交易的同时也提高了交易的透明度。此外，作者可以监控他们的作品以何种形式被使用，以及所获得的许可费是否与行业标准一致。

Algorand 和 SIAE 都意识到区块链的技术非常适合于管理基础数据和交易信息，对于版权管理，该技术有着很好的使用前景。Algorand 和 SIAE 的合作将有利于版权管理工具和服务的提升，同时为版权管理提供一种新的、现实的方案。SIAE 总经理 Gaetano Blandini 表示："世界在不断发展。意大利版权集体管理组织的创立初衷就是保护创造力，这一点并没有改变。我们同 Algorand 的合作与世界范围内的创新和发展密不可分。" Algorand 的创始人 Silvio Micali 在评价与 SIAE 的合作伙伴关系时表示："技术提供商与 SIAE 之间的合作为发展新的经济模式提供了广阔的机会，这些新的经济模式有助于形成包容度、透明度高的，摩擦争议少的交易。"

借助区块链的技术优势进行版权管理，全球范围内多家企业已经进行了不同程度的尝试。2018 年，索尼宣布了用于纸质作品的区块链版权管理系统。该系统可以记录数据、时间和创建者的身份。在中国，百度已推出 PIC-CHAIN 区块链以保护图像作品。阿里巴巴、HTC 和其他一些公司已经投资了初创公司 Bitmark，该公司正在开发一个区块链网络来解决抄袭问题。此外，韩国希杰集团的 IT 部门也推出了专注于音乐作品的区块链数字版权系统。

（信息搜集、编译：蒋海楠。

资料来源：https://www.algorand.com/resources/blog/siae-partners-with-algorand-for-efficient-management；https://www.ledgerinsights.com/blockchain-copyright-siae-algorand-italy/；https://tokenpost.com/Italian-copyright-pioneer-collaborates-with-blockchain-firm-to-protect-intellectual-property-4463）

【Facebook 将版权滥用视为平台的主要挑战之一】

社交媒体巨头 Facebook 表示对其平台的"权利管理器"被滥用和误用的问题非常重视。Facebook 认为这种滥用是其面临的主要挑战之一，并且需花费大量时间来确保平台没有屏蔽合法的内容。该平台在欧盟委员会关于欧盟《版权指令》第 17 条的利益相关者会议上发表了上述意见。

近年来，为了解决侵权问题，Facebook 推出了一些反盗版计划。除了处理常规的侵权内容删除要求外，该公司还推出了"权利管理器"工具，该工具可以自动检测侵权素材，并允许权利人将内容下线或从中收取费用。

为了促进各方之间就实施第 17 条的可行解决方案进行对话，欧盟委员会召开了一次利益相关者会议，Facebook 在会议上详细介绍了该自动化系统的工作原理。权利管理器的产品经理戴夫·阿克塞尔加德（Dave Axelgard）在演示中解释了如何在社交媒体网络上自动进行版权内容的匹配。他还详细介绍了版权人如何对侵权内容采取行动，以及用户如何对滥用和误用该系统提出抗辩。参加该次会议的除版权人外，还有代表数字版权组织的相关人士。

Facebook 明确表示其将尽力维护各方利益，但是也特别强调指出，滥用权利管理器是一个十分严重的问题。阿克塞尔加德在演讲中称："我们花费了大量时间来构建系统以避免合法内容被屏蔽。不当屏蔽的发生情况有两种。一种是版权人获得访问权利管理器的权限时，不使用正规的申请程序，而试图直接将内容上传到不属于他们的工具中。另一种情况是，版权人上传不属于他们的内容时也可能发生过度屏蔽，例如添加编辑视频但其中包括不属于他们的内容。"阿克塞尔加德表示："滥用是一个严重的问题，在运营权利管理器多年后，我们可以告诉人们，这是均衡系统需要解决的最敏感的事情之一。"

Facebook 一直努力查找并防止此类滥用和误用，以确保其自动检测系统不会删除合法内容。这也是实现第 17 条中关于可能的"上传过滤器"十分重要的一点。Facebook 试图通过各种措施来限制滥用。该公司将其权利管理器工具的访问权限限制为获得验证的版权人群体。此外，该工具始终需要可播放的参考文件，因此可以对所有请求进行正确的审查。

Facebook 的自动化操作（例如删除或阻止）仅对一部分权利管理器用户开放。部分原因是一些较小的权利人可能不完全理解版权法的内涵，这可能会导致误用。

最后，Facebook 指出，滥用其权利管理器工具违反了其服务条款，该公司有权终止反复犯错的权利人的使用权限。阿克塞尔加德指出："如果发现权利管理器被滥用，那么根据我们的权利管理器条款，我们可以终止某人对该工具的访问。我们想强调的是，对于平台来说，有权利调整与这些强大技术相关的访问和功能以避免滥用是一件非常重要的事情。"

包括 Communia 在内的数字版权组织都非常重

视滥用问题。但是，这也引发了权利人的不同意见。代表体育权利持有人联盟的英格兰超级联赛的马蒂厄·莫雷伊（Mathieu Moreuil）询问Facebook权利管理器滥用是否真的是该公司面临的主要挑战。阿克塞尔加德确认称："我认为这绝对是我们面临的主要挑战之一。"同时，他也指出Facebook从没有忘记版权人的利益。

总而言之，Facebook仔细介绍了其系统的优点和缺点。该工具是否是在欧盟国家中实施第17条的理想工具是另一个问题。至少目前看来，权利管理器并不合适，因为它不能对所有版权人开放使用。此外，权利管理器可以处理音频和视频，但不能处理数字图像，这是另一个主要的限制。而从消费者的角度来看也存在弊端。自动化系统在检测受版权保护的内容方面可能非常准确，但Facebook也证实，目前尚无法就模仿和合理使用等版权豁免做出决定。

阿克塞尔加德在回答Communia的保罗·凯勒（Paul Keller）的问题时解释称，"我们的匹配系统无法考虑具体的语境，只能试图确定两个内容是否相互匹配"。该系统这一缺点也得到了热门的音乐匹配服务Audible Magic的证实，目前，有数十家大公司使用Audible Magic的服务来检测版权侵权。Audible Magic首席执行官万斯·伊科耶（Vance Ikezoye）表示："版权例外需要高度的智力判断以及对上下文的理解和评估。自动化系统不代表任何技术都能自动解决此问题。最终，这些类型的决定必须通过人工判断来处理。"

正如Communia指出的那样，会议再次表明，自动内容识别系统非常强大，同时功能也非常有限。如果这些技术中的任何一种能够为实施第17条的要求打下基础，那么这些技术的缺点应该引起重视。或正如Facebook所言，应花费大量时间和精力来研究如何防止合法内容被屏蔽。

（信息搜集、编译：翁洁。

资料来源：http://ipr.mofcom.gov.cn/article/gjxw/gfgd/202001/1946807.html）

【美国电影协会希望加强对盗版流媒体机顶盒的边境执法】

美国电影协会（MPA）希望美国海关与边境保护局（CBP）能够加强对盗版设备的执法，并且建议扩充"版权保护措施"的定义，以便在边境检查中查获更多用于盗版的工具设备。

隶属于美国国土安全部的美国海关与边境保护局定期对侵犯版权的商品进行查处。此外，规避《数字千禧年版权法案》（DMCA）版权保护措施的设备也是其执法目标。这些设备包括蓝光光盘盗录工具（Blu-ray ripper）或用于破解的直读芯片（mod-chip）。

近年来，与DMCA相关的没收物品数量相对较少。2016年仅没收了70件违法物品。尽管一年后截获量增加到297批，但这在版权人看来是微不足道的。不过，这种状况在未来可能会发生改变。就在不久前，海关与边境保护局对其计划实施的《贸易便利化和贸易执法法案》（TFTEA）公开征求意见，其中包括针对查处"盗版物品"的若干拟议法规变更。MPA对此进行了回应，表示支持大多数的变更，但也担心该拟案所谓的"版权保护措施"涵盖的范围不够广。根据该拟案，版权保护措施仅涉及那些规避DMCA规定的访问控制的设备。但是，MPA希望将保护范围扩大到那些规避"复制控制"（copy controls）的设备。MPA在回应中写道："为了充分实施TFTEA，并确保对违反DMCA的所有规避设备都可以进行有效的边境执法，CBP应该修改版权保护措施的范围，将版权控制纳入其中。"MPA希望通过扩大版权保护措施的范围阻止或者至少限制盗版流媒体机顶盒的进口。目前，边境执法人员很少（甚至从来没有）查处过这些设备。MPA希望这些拟议的法规能加强对盗版设备（也称为"非法流媒体设备"，在某些情况下也称为"Kodi box"）的边境执法，因为这些设备使用户能够在互联网上进行流传输、下载或访问未经授权的内容。

根据电影行业的说法，将执法焦点放在这些盗版机顶盒上不足为奇，因为流媒体盗版被视为最新和最大的盗版威胁。MPA还指出，仅盗版设备就已经给北美娱乐业造成预计数十亿美元的损失。通过边境执法截获这些设备绝非难事。MPA还指出，"这些设备开发了盗版的应用程序和附加程序，使这些设备可用于盗版内容"。

目前尚不清楚拟议案是否会采纳MPA的建议，其更改是否会导致更多的扣押产生也不得而知。不过，值得注意的是，许多流媒体设备本身并不是非法的，还可以用于流传输或下载合法内容。但是，MPA的回应清楚地表明，电影行业正在努力想办法解决版权保护的问题，当然，最理想的情况是通过执法部门的帮助。

（信息搜集、编译：蒋海楠。

资料来源：https://torrentfreak.com/mpa-wants-enhanced-border-enforcement-against-pirate-streaming-boxes-191219/；https：//torrentfreak. com/images/Motion_Picture_Association. pdf）

【非法流媒体设备将盗版产品带入大众市场】

Hisham Alshaikhli 和 Laith Alqaraghuli 在圣迭戈埃尔卡洪（El Cajon）开设了一家实体店，用于销售最新款的盗版设备。这种设备是一款类似于美国流媒体设备 Roku 的机顶盒，其中预先装载有非法流媒体应用程序，用户无须订阅便可观看数千部盗版电影和节目。2019 年 10 月，因帮助和教唆侵犯作品公开表演权，圣迭戈联邦法官判处两人 1 年缓刑及每人 1 000 美元的赔偿金。美国国土安全调查局（Homeland Security Investigations）指出，Alshaikhli 和 Alqaraghuli 是美国第一批因销售非法流媒体设备而被判刑的人。

在数字时代，盗版电影和节目一直是网络存储平台上的常见内容，并在对等网络（peer-to-peer networks）上共享，但大众互联网用户并不易访问和浏览此类在线门户网站。随着拥有用户友好界面的非法流媒体设备的出现，盗版产品才真正进入大众市场。通过这种能连接电视机的机顶盒预先装有看似合法的流媒体应用程序，用户可观看大量未经授权的媒体内容。

日益扩张的盗版趋势让内容创作者倍感忧虑，好莱坞资深制作人、Creative Future 的首席执行官鲁思·瓦伊塔尔（Ruth Vitale）表示："我们的利益受到了损害，观众并不知道超过 85%的影视企业是雇员不足 10 人的小企业，而美国目前有 220 万人在影视业谋生。"美国商会附属机构全球创新政策中心（GIPC）在 2019 年 6 月发布的一份研究中指出，全球网络盗版每年至少给美国带来 292 亿美元的经济损失。

然而，美国目前保护作品的法律尚跟不上科技发展的步伐。下载和传播未经授权的内容是最高可判 5 年徒刑的重罪。与此相比，未经许可流式传输此类内容属于侵犯公开表演权，是最高被判 1 年徒刑的轻罪。鲁思·瓦伊塔尔表示："现在 80%的盗版是通过流媒体发生的，这种情况急需改变。"所谓的"流媒体漏洞"问题已于 2019 年初提交给参议院司法委员会知识产权分委会，美国版权办公室支持法院对非法流媒体案件中的侵权人给予重罪处罚，该办公室在写给知识产权分委会的信中指出："现有版权法不能有效解决未经授权的网络播放问题。"

流媒体服务运营商或非法设备销售商通常采用伪装的身份或虚假的地址，许多都位于海外。美国国家知识产权协调中心的安东尼·弗雷泽（Anthony Frazier）表示，美国与欧洲、加拿大和墨西哥就知识产权执法问题开展了紧密合作，但许多其他国家并没有制定相应的版权法，外交合作常常遇到阻碍。与其他形式的有组织犯罪类似，盗版者在组织行动时会限制彼此的互动，这会使得追踪盗版链条非常困难。在这方面有一定突破的是 El Cajon 案。

Heroes IPTV 是一家 2015 年成立的加州公司，在 Jamacha 大街上的一栋办公楼进行实体运营。据处理此案的国土安全调查局称，2017 年，卧底特工曾多次造访，并听取了公司对其产品非法用途的销售宣传。该公司的机顶盒来自境外，进入美国后安装了非法程序。虽然 El Cajon 一案已悄然结案，但流媒体行业一直密切关注着另一起重大案件的展开。

美国联邦调查局（FBI）称，2019 年 8 月，位于弗吉尼亚州东区的美国检察官办公室起诉了 8 名与 Jetflicks 有关的人员，Jetflicks 是一家总部位于拉斯维加斯的订阅流媒体服务公司，可以处理从电脑到机顶盒再到智能手机等多种不同类型的设备。起诉书称，Jetflicks 涉嫌使用复杂的计算机代码在全球范围内搜索盗版网站，以获取其内容。其中一名被告离开 Jetflicks 并创建了自己的公司——iStreamItAll。联邦调查局表示，Jetflicks 曾一度声称拥有 183 200 多部电视剧资源，该公司将这些电视剧分发给了美国各地数以万计的付费用户。两名主要被告目前正面临着包括复制和发行受版权保护的作品和洗钱罪的重罪指控。

专家指出，在打击流媒体盗版执法的同时，还应该提醒消费者，这些非法流媒体设备可能预装了恶意软件。通过将一个机顶盒设备插入家庭的互联网进行传输，使用户自愿绕过路由器防火墙保护，吸引潜在的入侵者进入，这会使网络上的其他设备极易受到攻击。数字公民联盟（Digital Citizens Alliance）和网络安全公司 Dark Wolfe Consulting 在 2019 年 4 月公布的调查结果显示，他们在盗版应用程序上发现了窃取用户名和密码的恶意软件，此类软件未经用户同意上传数据，并可监测用户网络中的薄弱环节。

（信息搜集、编译：杜田田。

资料来源：https：//www. thestar. com. my/tech/tech-news/2019/11/18/）

【美国大量标志性作品将从 2019 年起陆续进入公共领域】

当 2019 年的新年钟声敲响时（2019 年 1 月 1

日)，1923 年在美国创作的电影、歌曲和书籍，甚至是像《菲利克斯猫》这样受到广泛喜爱的漫画，人们都可以任意地获取以及选择以他们喜欢的方式进行改编。

长达 20 年的版权保护期延长，阻止了多达 1 923 件作品进入公共领域的进程，包括派拉蒙公司的电影《十诫》、查理·卓别林的喜剧《朝圣者》和奥尔德斯·赫胥黎的小说。许多知识产权专家表示，如此大规模的标志性作品进入公共领域是史无前例的。渥太华大学法学教授迈克尔·盖斯特（Michael Geist）则在刊物 *Motherboard* 上表示："版权进入公共领域当然有很大的价值，但错误之处在于之前延长了对已经创作的作品的保护期限。"

1998 年，作为扩展版权保护的手段，《桑尼·博诺版权期限延长法案》（Sonny Bono Copyright Term Extension Act，CTEA）在迪士尼公司的游说下产生。迪士尼公司希望延长 1928 年的卡通片《汽船威利》的版权，在这部动画片中米奇首次亮相。该法案以过去曾发起类似立法（被戏称为"米老鼠保护法"）的议员博诺（Bono）命名。新规则修改了现行法律，进一步延长了已受保护作品的保护期限。该法案将职务作品（版权归属于公司）的版权从第一次出版开始 75 年延长至 95 年，或者延长至从创作开始起 120 年。从而将米老鼠的版权形象推迟到 2014 年才进入公共领域；法案还对 1978 年 1 月 1 日或之后发表的作品授予作者死后 70 年的版权保障。1923 年出版的作品条款经过追溯修改，一并保留了 95 年的版权。

纵观各国的版权制度，相较于加拿大、日本和新西兰，美国的版权法从某些方面来说局限性更大，人们普遍认为上述法案这种保护整个历史时期的决定对社会造成了极大的危害。而版权"黑暗时代"的结束可能会带来如同文艺复兴时期般的创造力。纽约大学法学教授克里斯托弗·斯普里格曼（Christopher Sprigman）认为："当版权消失时，我们的遥远过去的东西再次出现。迪士尼有些早期的东西，像米老鼠漫画，他们希望永远保留版权。但这对于创造力并不利。"

2013 年，伊利诺伊大学香槟分校的法学教授保罗·希尔德（Paul Heald）对亚马逊上出售的书籍进行了调查。他发现，从 20 世纪 80 年代开始出售的书比 20 世纪 90 年代还要多。当大多数作品进入公共领域时，公众集体拥有它们。这种自由让编剧们将简·奥斯汀的《爱玛》（*Emma*）变成了电影；允许迪士尼将可怕的格林兄弟故事改编成 G 级童话故事（适于各年龄阶段，内容健康积极）；并给了我们几十部以布拉姆·斯托克《惊情四百年》（*Dracula*）为原型的恐怖片。

公共领域对我们使用的互联网负有一定责任，允许维基百科在编辑名人介绍页时使用名人的照片；公共领域使得书籍得以被翻译成多种语言，以及让研究人员能分享他们的科学发现。东北大学法律系创新和创造力中心的联合主任杰西卡·西尔比（Jessica Silbey）认为："公共领域是毋庸置疑的创造力和创新的沃土，大多数人创造和发明而不期望知识产权法提供这种排他性。在知识产权制度建立之前，以及在正式知识产权制度之外，存在着充足的创造力和创新。"

然而版权制度是很复杂的，存在许多例外情况。1923 年至 1963 年期间出版的数千件作品的版权保护期限没有按照法律规定进行更新，因此也将进入公共领域。有时作者会故意让作品进入公共领域；有时尽管个人作品本身不受版权保护，但作品集可能受到版权保护。展望未来，每年 1 月 1 日，都有新一批作品进入公共领域。虽然可以安全地假设 1923 年之前的任何作品版权都将属于公共领域，但仍需每年不断更新版权到期的年份。

我们几乎可以肯定的是，跨越了版权大萧条之后，20 世纪 50 年代和计算机时代的作品最终将在未来几十年内每年陆续发布，开启自由和公共知识的大门。这可能启动一场激动人心的创造性革命。"我们应该适当庆祝每年扩大的公共领域。"杰西卡·西尔比说。

（信息搜集、编译：赵玲。

资料来源：https://motherboard.vice.com/en_us/article/bjek4z/a-massive-amount-of-iconic-works-will-enter-the-public-domain-on-new-years-eve；http://www.mondaq.com/unitedstates/x/791996/Copyright/US+Copyright+Numerous+Works+Enter+Public+Domain+For+First+Time+In+Over+Two+Decades）

【欧盟研究显示网络盗版情况复杂】

2019 年 11 月，欧盟知识产权局（EUIPO）发布了一项新研究，该研究表明欧盟的盗版正在减少。尽管该研究仅限于基于网站的盗版，但也发现了一些颇为有趣的事实。例如，人均收入较低的国家会更频繁地访问盗版网站。此外，研究表明，提升对合法内容的意识并不一定总是能减少盗版。

EUIPO 发布的研究表明，盗版 IPTV 服务每年仅在欧洲便可产生近 10 亿欧元的非法收入。该数据证实了盗版仍然是一个大问题，但是报告中的第二项研究也提供了一些更积极的消息。从 2017 年到 2018 年，欧洲用户对盗版内容的访问量下降了 15%以上。毫无疑问，这一数据受到版权权利人的欢迎。

但是，这项研究仅涵盖盗版情况的一部分。该研究基于盗版跟踪公司 MUSO 提供的数据，但该公司仅监控网站访问情况。这意味着数据范围不包括应用程序、流媒体设备和 IPTV 服务。近年来，这些未被追踪的盗版渠道爆炸式增长，这可能为盗版减少提供了另一种视角。一些人认为，流媒体工具才是目前最大的盗版威胁。如此一来，整个盗版水平很可能没有下降，甚至有可能上升。针对这种观点，EUIPO 表示其选择 MUSO 的数据以及来自欧洲视听观察组织（European Audiovisual Observatory）和欧盟统计局（Eurostat）的数据是为了尽可能完整地反映盗版情况。EUIPO 称："选择 MUSO 数据库作为数据源，能够使我们尽可能全面地了解欧盟网络版权侵权情况。"EUIPO 的解释是合理的，因为较新的盗版工具更难追踪，因此可能根本没有办法获得有效数据。

虽然 EUIPO 的报告仅涵盖了部分盗版情况，但内容非常详细，并且可根据各种各样的变量进行长期比较。这提供了一些有趣的分析，尤其是在涉及地区差异时。例如，根据每个用户每月访问网站的次数来确定盗版网站访问总量，目前拉脱维亚和立陶宛访问量最高，是芬兰访问量的 6 倍多。

EUIPO 的另一项研究结果显示，一方面，拉脱维亚的 IPTV 盗版访问率低于平均水平，而本研究报告中的数据却非常高。另一方面，在 IPTV 盗版严重的西班牙，基于网站的盗版却低于平均水平。基于网站的盗版和 IPTV 盗版之间的主要区别是后者通常需要订阅。换句话说，人们必须为盗版付费。这种差异在某种程度上可归因于地区差异，因为各国的人均收入不同。EUIPO 的研究中还考虑了金钱因素。经过统计分析后，研究人员发现人均收入较低与盗版行为有更多关系。同样，这也是完全基于网站访问量的结果。

报告总结称："在众多社会经济因素中，人均收入水平和不平等程度似乎对盗版内容的消费产生最大影响——人均收入高和收入不平等程度低与非法消费水平低有关。"收入与盗版之间的联系是符合常理的。社会对盗版的接受程度与盗版访问量之间的联系也是如此。然而，令人惊讶的是，合法服务意识与盗版之间关系复杂。EUIPO 发现，一方面，合法电视服务意识越高，电视盗版活动越多。在音乐领域也发现了类似的趋势，尽管在统计数据上并不显著。不过，另一方面，却与预期的一样，人们对合法电影服务了解得越多，盗版越少。EUIPO 总结称："合法提供的内容与盗版之间的关系似乎很复杂，值得进一步调查。"

总体而言，EUIPO 研究对欧盟的盗版情况提出了一些看法。虽然它仅涵盖基于网站的流量统计，但很明显，各国之间的盗版习惯差异很大，而且并不总是容易掌握。

（信息搜集、编译：黄宇韬。

资料来源：https://torrentfreak.com/eu-study-shows-online-piracy-is-complex-and-not-easy-to-grasp-191204/）

【版权制度与视觉作品：机遇与挑战并存的法律前景】

视觉作品为国家提供了视觉记忆，并对国家的新闻、文化和商业企业发展做出了不可估量的贡献。许多利益攸关方，包括摄影师、平面设计师、插图画家和特许经营商，经常就当前的版权法和相关实践指出他们面临的具体问题。这些问题可分为三大类：（1）登记过程中的困难；（2）一般许可和在线视觉作品货币化方面的挑战；（3）一般执法障碍。据此，美国版权局正在通过其技术现代化进程以及更新条例和审查等做法来解决相应的登记、许可和执行等问题。

1. 注册系统

在现代化及科技领域，美国版权局花了数年时间进行深入研究和制定计划（包括 2017 年与国会图书馆首席信息官办公室共同制定的 IT 计划），为大规模的技术升级奠定基础。这项工作的一个重点是注册门户，包括一个简化的用户界面和增强的工作流工具。此外，eCO（在线注册系统）最重要的挑战之一是其对外部用户的界面。为了解决这一问题，美国版权局正在对用户界面进行全面整改。第三方供应商基于此开发了一个潜在界面的早期版本，全国范围内已经完成了 40 多次可用性测试。

许多视觉艺术家建议美国版权局将应用程序编程接口（API）合并到注册系统中，以创建一个低摩擦、低成本、集成的、自动化的注册和授权平台。此外，美国版权局还发出了一项询问通知，要求公众就与登记现代化有关的各种问题提供意见。内容涉及从申请流程到存款问题和公开记录等各个方面。例如，通知要求提供有关如何改进申请流程的意见，该局是否应充分利用电子应用和付款等。

在应用程序的分组工作方面，许多视觉艺术家面临着“量大价值低”的难题。版权局认识到，如果要求摄影师单独登记每张照片，摄影师将面临巨大的付出和财政负担，所以美国版权局为摄影师创建了某些小组应用程序来解决其中一些问题。此外，关于登记现代化的问题，美国版权局建议允许所有视觉作品的在线群组注册，而不仅仅是照片。

在出版物方面，视觉艺术家关注的另一个注册问题是如何确定作品是否根据版权法出版。由于各种原因，登记版权要求的申请必须区分已出版作品和未出版作品。根据现行美国法律，将已出版和未出版的作品混合在一个应用程序中会严重混淆分析结果，因此美国版权局不允许应用程序同时包含已出版和未出版的作品。

虽然确定一个作品发布状态的重要性是显而易见的，但是确定一个作品是否实际上已经发布并不总是那么容易。美国《版权法》将“出版”定义为通过出售或其他所有权转让，或通过租赁或出借，向公众分发作品的副本或录音制品。它还指出，为进一步分发、公开演出或公开展示而向一群人分发副本或录音制品的行为构成出版，但公开演出或公开展示作品本身并不构成出版。这一定义在实践中也很模糊，例如，尽管一些法院认为，仅仅在公众可访问的网站上发布作品就构成了美国《版权法》下的出版，但另一些法院采取了更具体的做法，即在互联网上发布数字文件本身并不构成出版。作为一般规则，如果版权所有者授权最终用户保留该作品的副本，或者所有者在线提供副本并且提议将其分发给中介以进一步分发或公开展示，美国版权局会承认这个作品已发表。但如果一件作品只是在网上展示，美国版权局则不会承认已出版。

2. 许可

现代作品授权模式已经从印刷媒介和传统授权模式彻底转变为视觉作品授权模式。视觉艺术家必须驾驭一个新的在线系统，这个系统在与潜在的授权方联系方面既提供了令人难以置信的机会，也面临着许多挑战。障碍包括广泛侵权以及由于第三方剥离识别元数据的共同在线实践而难以将潜在的被许可人与许可人联系起来等情况。用户和艺术家对越来越多的孤儿作品感到非常沮丧，这些作品仍在版权期限内，但却很难或无法找到和联系到权利人。许多视觉艺术家担心他们的作品有成为孤儿作品的风险，也就是说，人们将无法识别或定位他们作为视觉作品中权利的所有者。用户也对如何使用缺乏确定性的孤儿作品感到沮丧。视觉作品尤其容易受到孤儿作品难题的影响，因为作品的所有权信息往往无法从作品表面看出来，而且照片等作品可能保存状况不佳，或者在没有任何附加文件的情况下被捐赠给博物馆。

美国版权局通过现代化来改善公共记录，可以将所有者与潜在的许可方联系起来，解决其中的一些问题。在2014年，美国版权局发表了一份有关记录的报告，建议建立一套电子记录系统，以配合版权局的登记制度。2017年修改后的信息技术计划进一步阐明了重新设计记录系统的必要性，该系统将与美国国会图书馆首席信息官办公室从头开始开发合作。在2018年，版权局的努力取得了一个里程碑式的成绩，即向公众推出了虚拟卡片目录（VCC）的概念证明。概念的证明以及最终VCC的全面发布，将使办公室的记录对世界各地的用户更加方便和有用。

3. 执法

在数字环境和新技术方面，许多互联网用户似乎认为，否认侵犯版权（通常包括在其使用时贴出无意侵犯版权的免责声明）将免除他们的责任，截至2011年，约489 000个YouTube上的视频就包含了这样的免责声明，大约664 000个视频引用了《版权法》的合理使用条款，发布了版权免责声明。自2017年以来，美国版权局正在大力开展公众教育，更新网站和信息文献，还计划开展更多的教育工作，向在线用户介绍版权以及如何获得合法使用作品的许可，并正在开发在线视频以帮助该项目。

此外，框架和嵌入会导致广告收入的损失，因为当用户通过嵌入而不是通过传统链接来查看数字内容时，承载内容的网站不会收到广告收入，而广告收入由嵌入或框架网站获得。到目前为止，法院对著作权人通过美国《版权法》第106（5）条规定的公共展示专有权来控制其作品的框架和嵌入的能力存在分歧，这使得创作者对其作品的使用不那么确定。

在权利管理信息和元数据方面，虽然美国《版权法》第1202条禁止在某些情况下附加虚假的CMI和删除或更改CMI，但对于用户和在线服务提供商来说，从数字文件中删除CMI和元数据是常见的做法。例如，当摄影师在社交媒体平台上发布作品时，作为上传过程的一部分，元数据和CMI通常会被自动删除，使得图片的权利难以追踪。无论这种删除行为是有意还是无意，剥离标识信息的做法都使创作者难以跟踪作品的使用情况，这让那些本来希望获得使用作品许可的用户感到沮丧，并且人为地增加了孤儿作品的数量。

据图形艺术家协会 2012 年的调查，44.9%的创作者拒绝为版权侵权诉讼寻求法律代理，因为维权成本将超过预期的损害。美国版权局认为，解决这一问题的路径之一是另设一个机构来解决经济价值相对较小的纠纷。众议院司法委员会在发布关于其 2013—2015 年美国版权法全面审查的第一份政策提案时，强调了其建立小额索赔法庭的承诺。此外，近年来美国国会还提出了几项法案，以应对与强制小额索赔相关的挑战。比如于第 115 届国会出台的《2017 年小额索赔强制执行法》，近期将对第 17 章进行修订，增加一个新的章节，为版权小额索赔法庭提供一个简单、快捷、廉价的执法论坛，旨在协助那些值得从他们的劳动成果中受益的创意中产阶级。按照美国版权局的建议，可获得的损害赔偿最高达 93 万英镑；符合资格的索赔包括侵权索赔、非侵权声明，以及某些撤除纠纷；诉讼程序将由远程管理；决定只对当事各方有约束力；法庭和书记官处均应允许提出复议请求。

综上，视觉艺术家应该拥有一个行之有效的版权体系，既能让他们继续工作，又能让广大公众受益。

（信息搜集、编译：义娟花。

资料来源：https://www.copyright.gov/policy/visualworks/；https://www.copyright.gov/policy/visualworks/senate-letter.pdf；https://www.copyright.gov/policy/visualworks/house-letter.pdf）

索引

SUO YIN

索　引

0～9

2017 年中国版权产业行业增加值超 6 万亿元　180b
2018 CPCC 十大中国著作权人评选结果揭晓　141a
2018 年度上海十大版权典型案件发布　121b
2018 年国家音乐产业基地（园区）总资产 235 亿元　182a
2018 年国内数字出版产业收入规模达 8 330.78 亿元　185b
2018 年中国版权产业的经济贡献　195
2018 年中国电子竞技市场规模突破 940.5 亿元　184b
《2018 年中国网络版权保护年度报告》在京发布　142a
2018 年中国艺术品市场交易额 128 亿美元　178b
2018 年中国音乐产业总规模达 3 747.95 亿元　188a
《2018 年中国知识产权发展状况评价报告》发布　144a
2019—2020 年中国数字出版产业年度报告　268
2019 北京优秀版权项目推介会在京开幕　166b
2019 成都国际数字版权交易博览会开幕　168a
2019 国际知识产权澳门论坛举行　191a
2019 年版权工作文件　403
2019 年版权公共服务机构与社会服务组织工作（版权工作概览）　99
2019 年地方版权工作（版权工作概览）　51
2019 年地方性法规　413
2019 年地方著作权司法保护典型案件（典型案件选编）　356
2019 年地方著作权行政执法案件（典型案件选编）　385
2019 年（第十一届）全国大学生版权征文获奖名单　436
2019 年度查处重大侵权盗版案件有功单位及个人　421
2019 年度第二批重点作品版权保护预警名单　408
2019 年度第六批重点作品版权保护预警名单　411
2019 年度第七批重点作品版权保护预警名单　411
2019 年度第三批重点作品版权保护预警名单　409
2019 年度第四批重点作品版权保护预警名单　409
2019 年度第五批重点作品版权保护预警名单　410
2019 年度第一批重点作品版权保护预警名单　408
2019 年度全国打击侵权盗版十大案件（典型案件选编）　351
2019 年各省市软件和信息技术服务业业务收入表　548
2019 年国际版权动态　576
2019 年国家版权监管平台应用专题培训在京举办　146a
2019 年国有企业软件正版化工作培训班在长沙举办　147a
2019 年海峡两岸版权保护论坛在吉林长春举办　154b
2019 年全国版权工作（版权工作概览）　45
2019 年全国版权合同登记情况统计　528
2019 年全国版权示范城市联盟年会在广州举行　147b
2019 年全国版权司法保护工作（版权工作概览）　48
2019 年全国版权行政管理工作（版权工作概览）　45
2019 年全国版权执法情况统计　529
2019 年全国各地区电子出版物出版品种、数量及发行数量（按载体形式分类）　536
2019 年全国各地区各类期刊出版数量　534
2019 年全国各地区录像制品出版品种、数量及发行数量（按载体形式分类）　540
2019 年全国各地区录音制品出版品种、数量及发行数量（按载体形式分类）　538
2019 年全国各地区图书出版总量　531
2019 年全国各级报纸出版数量　532
2019 年全国广播电视发展主要指标一览表（二）　546
2019 年全国广播电视发展主要指标一览表（一）　544
2019 年全国软件和信息技术服务业主要经济

指标表 549
2019 年全国输出出版物版权汇总表 530
2019 年全国图书、期刊、报纸进出口情况 543
2019 年全国新华书店系统、出版社自办发行单位出版物发行进、销、存情况 542
2019 年全国音像制品、电子出版物、数字出版物进出口情况 543
2019 年全国引进出版物版权汇总表 529
2019 年全国著作权司法保护典型案件（典型案件选编） 339
2019 年全国作品登记情况统计 527
《2019 年深入实施国家知识产权战略 加快建设知识产权强国推进计划》印发 136a
2019 年中国版权十件大事 117
2019 年中国版权统计资料 527
2019 年中国电影产业发展报告 281
2019 年中国动漫产业发展报告 304
2019 年中国广播电视与网络视听产业发展报告 276
2019 年中国广播影视产业统计资料 544
2019 年中国软件产业发展报告 320
2019 年中国软件产业统计资料 548
2019 年中国网络游戏产业发展报告 325
2019 年中国新闻出版产业分析报告 241
2019 年中国新闻出版产业统计资料 531
2019 年著作权相关图书简介 517
2019 年著作权学术论文导览 452
2019 青岛国际版权交易会签约额超 137 亿元 161b
2019 阳光知识产权论坛在京举办 149a
2019 粤港澳大湾区知识产权交易博览会在广州闭幕 192a
2019 知识产权南湖论坛在郑州举办 150b
“2019 中国·北京国际版权授权大会”在北京召开 165b
2019 中国·广东广州国际版权授权大会召开 169a
2019 中国上海国际童书展达成中外版权贸易协议约 1 500 项 176a
2019 中国网络版权保护与发展大会在京召开 152a
《2019 中国网络视听发展研究报告》在成都发布 181a
2019 中韩版权研讨会聚焦数字环境下交流与合作 173b
2020 年深入实施国家知识产权战略加快建设知识产权强国推进计划 10

A

阿里影业发布 2019 财年业绩报告 181b
爱尔兰《2019 年版权与其他知识产权法案》生效 582b
安徽举办全省版权执法工作培训班 145a
安徽省（版权工作概览） 69b
安徽省（典型案件选编） 371b
安徽省开展打击利用移动存储介质从事侵权盗版违法行为专项整治 136b
澳大利亚将封锁 80 多个海盗网站和流媒体网站 576b
澳门举办内地与港澳地区知识产权研讨会 191a
AIPPI 中国版权热点论坛（2019 年度）在京举行 157b

B

百度文库正版联盟成立 167a
版权产业与版权贸易 193
版权代理公司（名录） 560
版权工作概览 43
版权公共服务机构（名录） 555
版权协会（名录） 556
版权行政管理部门（名录） 553
版权要闻 115
版权制度与视觉作品：机遇与挑战并存的法律前景 602b
版权资产管理与内容产业论坛在京举办 150b
北京部署图片版权整顿工作 《规范图片版权运营秩序倡议书》获业界响应 132b
北京互联网法院一年共收案三万多件 著作权案件近八成 126b
北京互联网法院“在线智慧诉讼服务中心”启动 124a
北京将打造“国际音乐之都”和“国际网络游戏之都” 188b
北京全面启动 2019 年软件正版化工作 132a
北京市（版权工作概览） 51a
北京市部署“剑网 2019”专项行动 134a
《北京市超高清视频产业发展行动计划(2019—2022 年)》发布 181a
北京市（典型案件选编） 356a
北京文博版权授权交流培训会举办 152b
北京知识产权法院五年结案近六万件 127b

C

产业发展 177a
长三角版权产业高质量发展论坛举行 153b

成都举办 2019 版权宣传活动 40 家企业发起禁止网络侵权行为倡导 142b
重庆市（版权工作概览） 85b
重庆市（典型案件选编） 378b
处理侵权链接 6 362 条 国家版权局强力遏制春节档影片盗播行为 129b

D

第 15 届海图会达成两岸图书版权贸易 396 项 164a
第 71 届法兰克福书展闭幕 175b
第八届中国知识产权司法保护热点问题研讨会举办 156a
第二届江苏（南京）版权贸易博览会闭幕 163b
第二十六届北京国际图书博览会闭幕 174b
第九届北京国际电影节“北京市场”首次搭建版权交易平台 159b
第三届中国龙山黑陶版权作品展览开展 142a
第十二届福建厦门国际动漫节达成国际版权合作意向 120 多项 176a
第十届全国大学生版权征文活动优秀论文结集出版 145b
第十一届全国大学生版权征文活动颁奖仪式在成都举行 146b
第一届当代艺术国际 IP 授权展举行 162b
典型案件选编 337
“电影和版权”论坛呼吁北京条约早日生效 151a
电子商务版权保护研讨会在京举办 149b
电子商务法颁布 1 周年研讨会召开 154a
动态百条 119
抖音与六大影视公司达成战略合作共同推出“视界计划” 180a
短视频与避风港规则研讨会在沪举行 153a

F

法国著名 DJ、音乐人大卫·库塔涉嫌抄袭被诉 592a
法律法规及规章文件 401
法院裁定禁止“刷宝”抓取“抖音”短视频行为 124a
法院首次确认 AI 生成作品具独创性 受著作权法保护 128b
非法流媒体设备将盗版产品带入大众市场 600a
菲律宾知识产权局建议对本国知识产权法典做出修订 581b
佛山市获批创建全国版权示范城市 139a
福建启动“剑网 2019”专项行动 133b
福建省（版权工作概览） 71b
福建省（典型案件选编） 372a
附录：国际版权动态 567
Facebook 将版权滥用视为平台的主要挑战之一 598a

G

甘肃省（版权工作概览） 95a
甘肃省（典型案件选编） 382b
港澳台版权信息 190
谷歌在法国的举措给欧洲版权法改革带来挑战 595a
关于 2018 年全国著作权登记情况的通报 406
关于强化知识产权保护的意见 3
广东东莞滨海湾新区牵手中国版权保护中心打造大湾区版权服务高地 164b
广东省（版权工作概览） 80b
广东省（典型案件选编） 375b
广东省（典型案件选编） 395b
广东推出版权维权保险 侵权立案即可赔 161a
广深佛举办版权服务体系建设交流会 157b
广西壮族自治区（版权工作概览） 82b
广西壮族自治区（典型案件选编） 376b
广州法院针对游戏直播平台发出第一个禁令 121a
贵州省（版权工作概览） 88a
贵州省（典型案件选编） 380b
贵州省软件正版化工作推进暨培训会议召开 147a
国际交流与合作 172b
国家版权交易中心联盟签署版权保护战略合作协议 161a
国家版权局等四部门启动“剑网 2019”专项行动 132b
国家版权局关于废止 1 件规范性文件的决定（国版发［2019］4 号） 404
国家版权局关于公布继续有效的规范性文件目录的公告（2019 年第 1 号） 404
国家版权局确定 2019 版权宣传活动主题 141b
国家版权局设立网络版权保护研究基地 168b
国家版权局通报“剑网 2018”成果 130a
国家版权局印发《关于依法加强对境外著作权认证机构常驻中国代表机构管理的意见》的通知（国版发［2019］3 号） 403
国家版权局在深圳前海设立“国家版权创新发展基地” 138a

国家电影局出台措施支持港澳电影业在内地进一步发展 180a
国家级版权交易机构（名录） 561
国家新闻出版署发布《2018 年新闻出版产业分析报告》 186a
国内第一起问答类作品侵权案件宣判，“知乎”赢了 123b
国内首个版权保护“IPTM 时间标志”生态平台上线 160b
国内首例涉及“微信表情”和“微信红包”著作权纠纷案宣判 125a
国务院公布《优化营商环境条例》 加大对知识产权保护力度 120b

H

海南获批设海口知识产权法庭和海南涉外民商事法庭 122b
海南省（版权工作概览） 84a
海南省（典型案件选编） 377b
“海峡两岸暨香港、澳门地区著作权法制发展研讨会”在深圳召开 158a
河北省（版权工作概览） 54b
河北省（典型案件选编） 359a
河北省（典型案件选编） 385b
河南省（版权工作概览） 76b
河南省（典型案件选编） 373b
河南省（典型案件选编） 392a
黑龙江省（版权工作概览） 62a
黑龙江省（典型案件选编） 366b
湖北省版权保护中心在夷陵区举办著作权法宣讲培训会 146b
湖北省（版权工作概览） 78a
湖北省（典型案件选编） 374b
湖北省（典型案件选编） 392b
湖北省动漫游戏企业版权管理培训班在武汉举行 145b
湖南省（版权工作概览） 80a
湖南省长沙市马栏山版权服务中心正式揭牌运行 170b
湖南省（典型案件选编） 374b
湖南省（典型案件选编） 394b
湖南卫视原创节目模式输出北美 179b
互联网教育行业知识产权保护研讨会召开 154a
华为与优酷达成内容合作 183a
欢聚时代吞并海外直播 剥离在线游戏 177b
“Hakuna Matata”商标引发的文化与版权争论 591b

J

吉林省（版权工作概览） 61a
吉林省（典型案件选编） 366a
吉林省（典型案件选编） 386b
监测报告：关于《马拉喀什条约》施行的最新进展 578a
“剑网 2019”专项行动成果及十大案件发布 140b
“剑网 2019”专项行动十大案件（典型案件选编） 354
江苏版权服务平台上线运营 159b
江苏国家版权贸易基地揭牌 164a
江苏省（版权工作概览） 64b
江苏省（典型案件选编） 368b
江苏省（典型案件选编） 387b
江苏省“剑网 2019”专项行动重点案件联合督办会在南京召开 137b
江苏省可信时间戳服务中心成立 163a
江西省（版权工作概览） 72b
江西省（典型案件选编） 389b
交流研讨 148a
进博会版权服务工作受各方好评 166b
景德镇市获批创建全国版权示范城市 138b
举证责任的转换——微软对盗版软件的常年诉讼终获胜诉 588a

K

凯蒂·佩里版权诉讼案的判决结果证明现行音乐相关版权法律规定亟待优化 587a
肯尼亚版权委员会和通信管理局发布联合通告加强版权保护 582a
跨越世纪的伟大觉醒 19

L

廊坊成河北首个“全国版权示范城市” 137b
理论研究 443
立　法 119a
立法与行政 576a
辽宁省（版权工作概览） 59a
辽宁省（典型案件选编） 365b
辽宁省（典型案件选编） 386b
伦敦书展闭幕 中外出版交流结硕果 173a

M

美参议院就美国版权局工作召开听证会 577a
美国版权局召开现代化系列在线研讨会 581a
美国大量标志性作品将从 2019 年起陆续进入公共领域 600b
美国电影协会希望加强对盗版流媒体机顶盒的边境执法 599a
美国联邦最高法院同意受理谷歌与甲骨文长达近 10 年的版权诉讼战 584a
美国通过 CASE 法案，有望在版权局内成立小额索赔裁判庭 580b
美国最高法院：版权人仅有权就经版权局登记的作品提起侵权诉讼 585b
美国最高法院拒绝恢复针对耐克公司的著作权诉讼 583b
美联邦最高法院就《佐治亚州官方法典注释》能否获得版权法保护进行裁决 589a
美众议院司法委员会不希望在贸易协定中加入类似 DMCA 避风港规则之条款 580a
《梦幻西游》网络游戏直播侵权案终审宣判 网易获赔 2 000 万元 129a
名录 551

N

南非恐因网络盗版问题面临美国贸易制裁 595b
内蒙古打击网络侵权盗版“剑网 2019”专项行动拉开帷幕 135b
内蒙古自治区（版权工作概览） 57b
内蒙古自治区（典型案件选编） 364b
内蒙古自治区（典型案件选编） 386a
年度表彰 419
宁夏回族自治区（版权工作概览） 96b
宁夏回族自治区（典型案件选编） 398b

O

欧盟法院：未经授权出售二手电子书侵犯版权 589b
欧盟学术界就欧盟《版权指令》第 17 条提出建议 596b
欧盟研究显示网络盗版情况复杂 601b
欧洲法院将新闻自由和信息自由排除于著作权限制之外 586b

Q

青海省（版权工作概览） 96a
青海省（典型案件选编） 383a
区块链技术与版权保护研讨会于中国人民大学举行 156b
全国人大立法调研组赴津 对修改著作权法进行立法调研 119a
全国首部省级知识产权保护综合性地方性法规出台 120a
全国首个开放式媒体区块链版权保护平台上线 167b
全国首例“图解电影”案一审宣判 优酷胜诉获赔 3 万元 125a
全国新华书店 2018 年营收 1 278.62 亿元 184b
全国政协双周协商座谈会围绕“著作权法的修订”建言资政 119b
全国政协围绕“网络环境下的知识产权保护”建言资政 汪洋主持 148a
《全球电影产业发展报告（2019）》发布 187b
全球化与信息化背景下的著作权制度：挑战与回应 569
《全球数字版权保护技术跨世纪追踪与分析（1994—2017）》发布 144b
《全球音乐报告 2019》发布 中国音乐市场跃升全球第 7 位 179a

R

日本爱知县艺术博物馆公布经典作品供公众免费使用 592b
日本：扩大非法下载对象的《著作权法修正案》被搁置 576a
日本拟缩小下载受版权保护漫画的限制范围，允许少量下载或截屏 596a
日本音乐行业要求苹果公司删除应用商店中侵犯版权的程序 594a

S

山东省（版权工作概览） 73b
山东省版权监管工作会议在青岛市即墨区召开 134b
山东省“版权进乡村”行动总结推进会议召开 148a
山东省版权局举办 2019 年全省版权执法监管培训班 145b
山东省（典型案件选编） 373b
山东省（典型案件选编） 390b
山西省（版权工作概览） 56a
山西省（典型案件选编） 362a
陕西省（版权工作概览） 92b

陕西省（典型案件选编） 397b
陕西省首届教育软件正版化主题活动举行 144a
上海成立影视版权服务机构 助力青年影人圆梦 170a
上海判决首个“深度链接”侵权案 128a
上海市（版权工作概览） 64a
上海市（典型案件选编） 367b
上海网游年收入超 700 亿元 沪上区位优势明显 183a
上海约谈东方 IC 等 5 家图片类企业 下架 5 万张图片 133a
社会管理与服务 159a
摄影作品著作权与肖像权法律问题研讨会在京举办 155a
深圳版权产业高峰论坛举办 158b
声田、谷歌、潘多拉、亚马逊联手起诉词曲版权费用增加的决议 594a
盛趣游戏宣布正式回归 A 股 启动新文化业态 184a
十大事件 117
十三届全国人大二次会议听取两高报告 121b
试论知识产权制度建设的法治观和发展观 31
首例云服务器存储侵权案改判 阿里云不担责 123a
“数据驱动的国际版权贸易与保护”高峰论坛在京举行 151b
司法 121a
司法判例 583b
四川省（版权工作概览） 87a
四川省（典型案件选编） 379a
四川省（典型案件选编） 397a

T

太合音乐强化互联网音乐版权运营 177b
特朗普签署《美墨加贸易协议》，输出美国版权政策 583a
特载 1
腾讯发布 2018 年业绩报告：全年收入 3 126.94 亿元人民币 178a
天津市（版权工作概览） 53b
天津市（典型案件选编） 357b
天津市（典型案件选编） 385a
天津市启动打击网络侵权盗版“剑网 2019”专项行动 135a
天津市实行作品著作权免费登记 136b
天津市网信办依法对视觉中国网站做出行政处罚 132a
天津市知识产权保护条例 413
同祖国共成长 445
统计资料 525
推进使用正版软件工作部际联席会议第八次全体会议在京召开 131a

V

VFine Music 与日本音乐版权交易平台 Audiostock 达成战略合作 175a

W

网络视频市场三年翻三番 182b
网络视听版权论坛在上海举办 151a
网络游戏内容知识产权研讨会在京召开 155a
微信公布 2018 年知识产权保护进展状况 160a
文著协网络维权第一案终落槌 128b
我国首起“同人小说”纠纷案尘埃落定 126a
我国与“一带一路”相关国家版权贸易协议 3 年增长 86.5％ 176a

X

西藏自治区（版权工作概览） 91a
厦门知识产权法庭正式揭牌 127a
香港与澳大利亚就知识产权领域合作签订谅解备忘录 190b
香港知识产权署公布“香港市民保护知识产权意识调查 2018”结果 190a
新疆维吾尔自治区（版权工作概览） 98a
新形势下开展游戏反盗维权工作发布会在沪召开 145a
行政管理 129b
宣传教育 141a

Y

衍生品开发与版权服务论坛在京举办 150a
业界动态 591b
“一带一路”版权国际论坛在成都举行 176b
艺术品版权保护研讨会在京召开 154b
“易犬智能版权大数据平台”在沪发布 168a
意大利版权集体管理组织与区块链公司合作保护版权 597b
因出售新丽传媒股份 光线传媒 2018 年净利润同比增长逾六成 180b
音像版权研讨会在京召开 156b
印度电影制片人诉谷歌、YouTube 版权侵权

案胜诉 591a
印尼政府继续打击盗版流媒体网站 579a
英国高等法院：在线音乐广播平台未经权利人许可传播权利人作品的行为构成侵权 590a
英国政府报告称，分散的网络平台独家发行不同的版权内容可能促使用户选择使用盗版内容 579b
院线电影版权保护联盟成立 160a
阅文集团发布网络文学发展报告 177a
阅文集团与传音控股达成战略合作 共同开发非洲在线阅读市场 182a
粤港知识产权与中小企业发展研讨会在广州举行 191b
云南版权登记系统正式上线 171a
云南省（版权工作概览） 89a

Z

浙江省（版权工作概览） 68a
浙江省（典型案件选编） 371b
浙江知识产权审判“三合一”已受理3.3万余件案件 127b
知乎4.34亿美元融资将重点扶持原创内容 185a
知识产权大数据泛东北亚区域平台正式发布上线 165a
知识产权教学与研究机构（名录） 562
直播行业的平台责任学术研讨会在京举行 156a
中埃两国企业签署12部中国图书阿语版权协议 172b
中办、国办印发《关于强化知识产权保护的意见》 139a
中国版权保护中心（版权工作概览） 99a
中国版权保护中心华南版权登记大厅正式启用 159a
中国版权保护中心与阿里达成战略合作 172a
中国版权协会（版权工作概览） 101b
中国版权协会第六届理事会成立 171b
中国财经媒体版权保护联盟与腾讯达成战略合作 166a
中国出版协会与拼多多签署协议合力打击盗版 167a
《中国传媒产业发展报告（2019）》发布 187a
中国电影著作权协会（版权工作概览） 113a
《中国电子商务知识产权发展研究报告（2019）》发布 147a
中国—东盟版权贸易服务网在京正式上线 163a
中国公司与俄总统办公厅国家电影资料档案馆签署电影版权购买协议 172b
《中国互联网络发展状况统计报告》出炉 177a
中国漫动画版权服务联盟在江苏海门成立 170a
中国（上海）自贸试验区版权服务中心启动运行 164b
中国摄影著作权协会（版权工作概览） 111b
中国摄影著作权协会启动超200万元稿酬转付工作 162a
中国网络版权产业发展报告（2019） 209
中国网络文学IP价值智能评估系统发布 162b
中国文字著作权协会（版权工作概览） 107b
中国音乐家版权保护与服务平台上线 169b
中国音乐著作权协会（版权工作概览） 103a
中国音像著作权集体管理协会（版权工作概览） 105b
中国银保监会发布《关于进一步加强知识产权质押融资工作的通知》 137a
中国银保监会 国家知识产权局 国家版权局关于进一步加强知识产权质押融资工作的通知 7
中国政法大学知识产权创新与竞争研究中心成立 143a
《中国知识产权保护与营商环境新进展报告（2018）》发布 142b
中罗建交70年首次签署翻译出版协议 174a
中欧数字环境下版权保护研讨会举行 175a
中日版权研讨会在东京举行 174b
中宣部版权管理局与文化和旅游部市场管理司举办“卡拉OK领域版权工作座谈会” 139b
中英版权研讨会在苏州举行 173b
“重版权·控风险”网络媒体版权研讨会在京召开 149a
著作权集体管理法律研讨会热议卡拉OK版权收费 153a
著作权集体管理组织（名录） 559
专文 17
综述 569
最高法：知识产权司法保护体制不断完善 123a
最高检：2018年起诉侵犯知识产权犯罪案4 458件 122b